HUNDERTFÜNFZIG
JAHRE
COMMERZBANK
1870–2020

STEPHAN PAUL
FRIEDERIKE SATTLER
DIETER ZIEGLER

HUNDERTFÜNFZIG JAHRE COMMERZBANK 1870–2020

Herausgegeben von der
Eugen-Gutmann-Gesellschaft e.V.

Siedler

Sollte diese Publikation Links auf Webseiten Dritter enthalten, so übernehmen wir für deren Inhalte keine Haftung, da wir uns diese nicht zu eigen machen, sondern lediglich auf deren Stand zum Zeitpunkt der Erstveröffentlichung verweisen.

Hinweis zu den Abbildungen im Text: Sofern nicht anders angegeben, stammen die Abbildungen aus dem Historischen Archiv der Commerzbank, Frankfurt am Main.

Herausgegeben von der
Eugen-Gutmann-Gesellschaft e. V.
www.eugen-gutmann-gesellschaft.de

MIX
Aus verantwortungsvollen Quellen
FSC® C011124

Verlagsgruppe Random House FSC® N001967

Erste Auflage
Februar 2020

Projektkoordination sowie Bild- und Textredaktion: Dr. Detlef Krause und Dr. Katrin Lege, Eugen-Gutmann-Gesellschaft e. V., Frankfurt am Main
Lektorat: Dunja Reulein, Bamberg
Lithographie: Regg Media GmbH, München
Umschlaggestaltung: Büro Jorge Schmidt, München
Umschlagabbildung unter Verwendung von Bild 1–3 (v. l.): Historisches Archiv der Commerzbank, Frankfurt am Main, und Bild 4 (v. l.): Julia Schwager, Königstein
Satz und Tabellen: Vornehm Mediengestaltung GmbH, München
Druck und Bindung: Mohn Media, Gütersloh
Printed in Germany
ISBN 978-3-8275-0134-9

www.siedler-verlag.de

Dieses Buch ist auch als E-Book erhältlich.

Inhalt

Geschäftsmodell und Governance als Leitgedanken durch 150 Jahre Geschichte

Als die Commerzbank im Jahr 1995 ihr 125-jähriges Jubiläum feierte, verzichtete sie auf die Erstellung einer wissenschaftlichen Studie über ihre bisherige Geschichte und publizierte stattdessen eine Festschrift mit werbendem oder werblichem Charakter, für die sie prominente Autoren außerhalb der Bank wie den ehemaligen Wirtschaftsminister Otto Graf Lambsdorff oder den Bundesbankpräsidenten Hans Tietmeyer gewonnen hatte. Ganz anders beging die Deutsche Bank ihr Jubiläum im gleichen Jahr, als sie eine Festschrift vorlegte, die höchsten wissenschaftlichen Ansprüchen genügte und auch heute noch als das Standardwerk zur Geschichte einer deutschen Filialgroßbank gelten darf. Im Gegensatz dazu sind Leser, die an der Geschichte der Commerzbank interessiert sind, weiterhin auf deren Festschrift zum 100-jährigen Jubiläum von Volkmar Muthesius, Hans Kurzrock und Herbert Wolf aus dem Jahr 1970 angewiesen. Ähnlich wie die Deutsche Bank-Festschrift aus dem gleichen Jahr von Fritz Seidenzahl entsprach diese Arbeit jedoch schon damals in keiner Weise wissenschaftlichen Ansprüchen.[1] Sie präsentierte vielmehr eine über weite Strecken geschönte und, was die Jahre des NS-Regimes betrifft, sogar apologetische Sicht auf die ersten 100 Commerzbank-Jahre. Damit war sie aber keine Ausnahme unter den während des Kalten Krieges in Auftrag gegebenen Unternehmensfestschriften.

Das heißt allerdings nicht, dass es bisher keinerlei wissenschaftliche Auseinandersetzung mit der Geschichte der Commerzbank gegeben hat. Gerade in den letzten Jahren sind vielmehr mehrere Monografien, in erster Linie Dissertationen, erschienen, die einzelne Aspekte der Geschichte der Bank beleuchten. Zu nennen wären hier unter anderem Thomas Weihes Geschichte der Personalpolitik während der Weimarer Republik und des »Dritten Reichs«, Ingo Looses und Christoph Kreutzmüllers Studien zur Rolle der deutschen Großbanken im besetzten Polen bzw. in den besetzten Niederlanden während des Zweiten Weltkriegs und Simon Gonsers Analyse des Einstiegs der Großbanken in das Privatkundengeschäft in den späten 1950er Jahren.[2] Alle genannten Studien besitzen eine breitere Perspektive, stellen aber die Geschichte der Commerzbank in den Mittelpunkt ihrer Darstellungen. Anders ist das bei Detlef Krauses Dissertation, die als eine breit angelegte, gründlich recherchierte und ohne Einschränkung wissenschaftlichen Standards entsprechende Geschichte der ersten rund 50 Jahre der Commerzbank anzusehen ist. Eine ähnliche Qualität besitzt Nicolai M. Zimmermanns kürzlich abgeschlossene Dissertation über die Commerzbank und ihre Kunden in den Jahren 1924 bis 1945, die, obgleich thematisch etwas enger gefasst, gewissermaßen eine Fortsetzung von Krauses Studie darstellt.[3] Insofern kann die Geschichte der Commerzbank bis zum Vorabend der Bankenkrise von 1931 als insgesamt gut und für die Jahre 1931 bis 1945 als in einigen wichtigen Aspekten weitgehend erforscht gelten. Für die Jahre seitdem sieht die Literaturlage dagegen deutlich schlechter aus. Allerdings gilt für alle drei Großbanken des ausgehenden 20. Jahrhunderts, dass dessen erste Hälfte einschließlich der NS-Zeit mittlerweile besser erforscht ist als die Jahrzehnte danach.

Als die Commerz- und Disconto-Bank im Jahr 1870 gegründet wurde, war für die Zeitgenossen kaum absehbar, dass der Ort der Gründung, die Freye und Hansestadt Hamburg, die zu diesem Zeitpunkt zwar dem Norddeutschen Bund, nicht aber dem Deutschen Zollverein angehörte, nur ein Jahr später Teil eines deutschen Nationalstaats sein würde. Entsprechend dürften sich die Gründer auch nicht vorgestellt haben, dass ihre Bank etwa 50 Jahre später über ein weite Teile dieses Reichs erfassendes Filialnetz verfügen sollte und die Zentrale, unabhängig vom juristischen Firmensitz, nach Berlin verlegt worden sein würde. Außerdem sprach 1870, aber auch 1920 nur wenig dafür, dass die Commerzbank seit 1932 nur noch eine von drei reichsweit operierenden Großbanken und seit 2009 sogar nur noch eine von zwei bundesweit tätigen deutschen Großbanken sein würde. Tatsächlich sind von den zahlreichen zwischen 1848 und 1873 in den deutschen Staaten gegründeten privaten Aktienkredit- und Notenbanken heute – abgesehen von einigen wenigen regionalen Instituten – lediglich die Deutsche Bank und die Commerzbank übrig geblieben. Auch der Aufstieg von Sparkassen und Genossenschaftsbanken, deren Geschäftsmodelle denen der privaten Aktienkreditbanken im Lauf des 20. Jahrhunderts immer ähnlicher wurden, konnte die Stellung von Deutscher Bank, Commerzbank und bis zur Wende zum 21. Jahrhundert auch der Dresdner Bank nicht ernsthaft gefährden. Demnach haben die Verantwortlichen bei der Commerzbank scheinbar alles richtig gemacht.

Wenn man genauer hinschaut, muss man allerdings ein wenig Wasser in den Jubiläumssekt gießen. Denn ihre lange Lebensdauer verdankt die Commerzbank nicht nur dem Engagement ihrer Beschäftigten und dem Geschick ihrer jeweiligen Unternehmensführungen, sondern auch der Zufall – etwa wenn zum richtigen Zeitpunkt ein geeigneter Übernahmekandidat zur Verfügung stand, um den nächsten Expansionsschritt gehen zu können – und das Glück spielten eine nicht unbeträchtliche Rolle. Neben dem Beinahezusammenbruch aufgrund der Substanzverluste nach dem Zweiten Weltkrieg und der anschließenden, am Ende aber nur vorübergehenden Zerschlagung in ein knappes Dutzend Regionalinstitute musste die Commerzbank auch zweimal in Friedenszeiten während ihrer 150 Jahre währenden Geschichte durch den Steuerzahler vor dem Untergang gerettet werden. Die Expansion der 1920er und der 2000er Jahre hatte die Commerzbank einerseits davor bewahrt, von einer größeren Konkurrentin übernommen zu werden. Andererseits waren die Fusionen mit der Mitteldeutschen Privat-Bank (1920), der Mitteldeutschen Creditbank (1929) und die weiteren in dieser Zeit erfolgten Übernahmen kleinerer Banken sowie der Erwerb der Eurohypo (2005/06) und die Fusion mit der Dresdner Bank (2008/09) mit solch hohen Risiken behaftet, dass die Bank die Wirtschafts- und Finanzkrisen der Jahre 1931/32 und 2008/09 aus eigener Kraft nicht überstanden hätte. Dank der Übernahmen im Vorfeld der Krisen war die Commerzbank »too big to fail«, sodass die Folgen einer unterbliebenen Staatsintervention sehr wahrscheinlich noch verheerender für die wirtschaftliche Entwicklung der gesamten Volkswirtschaft und damit noch teurer für den Steuerzahler als ohnehin schon ausgefallen wären.

Es ist deshalb ein Ziel dieser Geschichte der Commerzbank, die Faktoren Geschick, Gelegenheit und Glück für den Unternehmenserfolg zu identifizieren, wobei das Geschäftsmodell und dessen Anpassung an die im Lauf der letzten 150 Jahre oft sehr radikal wechselnden Rahmenbedingungen einen Schwerpunkt der Darstellung bilden werden. Geschäftsmodelle und ihre laufenden Modifikationen fallen aber nicht vom Himmel. Es wird deshalb untersucht werden, zu welchen Zeitpunkten und mit welchen Motiven sie von wem gestaltet wurden. Insofern dient der Begriff des Geschäftsmodells in der folgenden Darstellung als analytische Strukturierungshilfe im Sinne einer Leitperspektive.

Im Mittelpunkt eines Geschäftsmodells steht die strategische Geschäftsidee zur Wertschaffung. Praktisch bedeutet dies, dass das Geschäftsmodell eine Antwort auf die Frage zu geben hat, worin die Nutzenstiftung im Angebot der Unternehmung für ihre Kunden liegt, während es gleichzeitig gewährleistet, dass die Ressourcen des Unternehmens möglichst effizient eingesetzt werden können. Dazu müssen die marktlichen Gelegenheiten zur Erzielung von Wettbewerbsvorteilen gegenüber Konkurrenten in den Augen der Nachfrager bestimmt werden. Im vorliegenden Fall hatte sich die Commerzbank z. B. um die Wende zum 20. Jahrhundert durch die Übernahme eines Privatbankhauses in Frankfurt und Berlin Zugang zu den beiden wichtigsten Kapitalmärkten des Reichs verschafft, sodass sie ihren Kunden in Hamburg eine deutlich breitere Palette an Finanzdienstleistungen anbieten konnte als zuvor. Damit konnte sie einen Wettbewerbsnachteil gegenüber den beiden wichtigsten Konkurrentinnen auf ihrem Heimatmarkt, der Deutsche Bank-Filiale Hamburg und der Norddeutschen Bank, ausgleichen, die über diesen Zugang schon seit Längerem verfügten. Der Abgrenzung von der Konkurrenz zur Erzielung von Wettbewerbsvorteilen diente auch der mehrfach von der Commerzbank beschworene »eigene Weg«, so beim Aufbau statt Kauf von Filialen bzw. Niederlassungen in Ostdeutschland und Osteuropa nach der Maueröffnung. Er war jedoch zugleich auch durch die vielfach stark limitierten (Kapital-)Ressourcen der Bank erzwungen.

Vor allem eine Spezialisierung kann zu einem Nettonutzenunterschied für den Kunden führen, wenn der Nachfrager aufgrund bestimmter, sonst nicht verfügbarer Qualitätsmerkmale der Leistung dieser eine bessere Preis-Nutzen-Relation als den Konkurrenzangeboten beimisst, den Anbieter als einzig relevanten ansieht und sich zumindest innerhalb bestimmter Bandbreiten des Preises binden lässt. So konnte die Spezialisierung der Commerzbank auf die Außenhandelsfinanzierung dazu führen, dass mittelständische Unternehmen, als das Exportgeschäft in den 1920er Jahren für sie eine immer größere Bedeutung gewann, von den Sparkassen und Kreditgenossenschaften abwanderten, die über die notwendige Expertise nicht verfügten, während die konkurrierenden Großbanken an dieser Kundenklientel nur wenig Interesse zeigten und an Standorten ohne größere Industriekunden nicht durch Filialen präsent waren. In dieser Tradition stand auch der Aufbau der »Mittelstandsbank« in den frühen 2000er Jahren. Hier konnte sich die Commerzbank eine beachtliche Marktposition durch die strategische Konzentration auf ein spezielles Segment des Firmenkundengeschäfts und die klare Ausrichtung der (Mitarbeiter-)Ressourcen hierauf erarbeiten.

Über Erfolg oder Misserfolg eines bestimmten Geschäftsmodells entscheidet am Ende der ökonomische Erfolg der Unternehmung, der auf unterschiedliche Art und Weise gemessen werden kann. Während früher bestimmte absolute Gewinnziele bei den meisten Unternehmensleitungen im Vordergrund standen, wird heute – und dies macht die zweite Perspektive der Wertschaffung aus – zunehmend auf Steigerungen des Unternehmenswerts geachtet. Das insoweit zentrale Element der Wertschaffung wird durch drei Faktoren beeinflusst. Aus den unternehmerischen Zielvorstellungen der Eigentümer leitet sich zunächst das jeweilige Selbstverständnis der Unternehmung ab. Bei Unternehmen in Streubesitz, wie der Commerzbank während des weitaus größten Teils ihrer Existenz, ist das nicht immer leicht zu bestimmen. Aber für die Mehrheit der zwölf Gründerfirmen des Jahres 1870 lässt sich eindeutig nachweisen, dass das vorrangige Ziel keineswegs die unmittelbare Gewinnerzielung durch Dividenden und Kurssteigerungen der Commerzbank-Aktie war, sondern der mittelbare Gewinn, der sich dadurch ergab, dass die Commerzbank bestimmte Finanzdienstleistungen anbot, auf deren Bereitstellung die im Außenhandel engagierten Gründer dringend angewiesen waren. Die »Bedarfsdeckung« ist heutzutage vollständig aus dem Zielkatalog der Commerzbank verschwunden. Das Institut und die Mitglieder seiner Leitungsgremien werden in der Öffentlichkeit vor allem anhand des Marktwerts des Hauses beurteilt. Da private Investoren eine zahlenmäßig nur noch untergeordnete Rolle spielen, hängt das Schicksal der Commerzbank davon ab, ob die institutionellen Investoren an die für die Werterzielung gewählte Strategie tatsächlich glauben.

Das Geschäftsmodell erhält seine Impulse zweitens durch externe Einflüsse in Form der Ausprägung der jeweiligen Rahmenbedingungen. Dazu können sowohl gesamtwirtschaftliche Entwicklungen als auch technische, politisch-rechtliche oder demografisch-gesellschaftliche Entwicklungen gehören. Nach der Finanzkrise musste und muss die Commerzbank Antworten auf den Dreiklang von Niedrigzinsphase, Ausbau der Regulierung und Digitalisierung finden.

Nachhaltige Unterschiede zwischen einzelnen Unternehmungen, die sich in Ergebnisdivergenzen niederschlagen, sind drittens auf die Ausstattung mit bestimmten Ressourcen zurückzuführen. Im Gegensatz zu Produktionsfaktoren im Sinne von »Commodities« (wie Roh-, Hilfs- und Betriebsstoffe, Kapital usw.), zu denen alle Marktakteure in gleicher Weise Zugang haben, besitzen Ressourcen einen unternehmungsspezifischen Charakter. Als zentrale Ressource zur Erlangung von Wettbewerbsvorteilen wird das in einer Unternehmung versammelte Wissen angesehen. Da dieses niemals statisch ist, sondern sich nicht zuletzt durch die gewonnenen Erfahrungen pfadabhängig fortentwickelt, resultiert Überlegenheit gegenüber der Konkurrenz in erster Linie aus Wissensvorsprüngen, die dann die Identifikation von zu Innovationen führenden Handlungsmöglichkeiten erlauben. Ressourcen können ihre Wirkung für Märkte aber nur dann entfalten, wenn sie zielgerichtet aktiviert werden. Eine besonders anspruchsvolle Aufgabe der Unternehmensleitung ist es daher, Produktionsfaktoren mit unternehmenseigenen Merkmalen zu versehen. Das darf allerdings nicht zum internen Selbstzweck ohne Wettbewerbsbedeutung geschehen, sich nicht in einem l'art pour l'art erschöpfen. Vielmehr müssen die Unterschiede gegenüber Konkurrenten in marktfähigen Produkten oder Leistungen erkennbar sein, sich hierin widerspiegeln. Dazu muss die Unternehmung eine adäquate Corporate Governance besitzen, die ein Geschäftsmodell nicht nur gegen interne Widerstände durchzusetzen in der Lage ist, sondern es auch weiterzuentwickeln und veränderten Rahmenbedingungen anzupassen vermag. Ist sie unzureichend – das lehrt der Ausflug der Commerzbank in das Investmentbanking –, kann sie das Geschäftsmodell existenziell bedrohen. Die Corporate Governance ist deshalb die zweite analytische Strukturierungshilfe, an der sich die Beiträge in diesem Buch orientieren.

Die folgende Geschichte der Commerzbank wird von drei Autoren in drei Zeitabschnitten erzählt. Der Beitrag von Dieter Ziegler behandelt die erste Hälfte der 150-jährigen Geschichte der Commerzbank, wobei das Jahr 1945 natürlich nicht wegen des Jubiläums als Zäsur gewählt wurde. Der zweite Beitrag von Friederike Sattler umfasst die Jahre der Besatzung und die der »alten« Bundesrepublik, die, wie erwähnt, bankenhistorisch deutlich schlechter aufgearbeitet sind als die Jahrzehnte zuvor und deshalb relativ zum ersten

Zeitabschnitt etwas ausführlicher behandelt werden. Während diese beiden Teile überwiegend auf der Grundlage der der wissenschaftlichen Öffentlichkeit frei zugänglichen Akten im Historischen Archiv der Commerzbank erarbeitet wurden, war das bei dem dritten Teil von Stephan Paul (mit Fabian Schmitz und Falk Liedtke), der die Jahre seit der Wiedervereinigung behandelt, nicht durchgehend möglich. Da sich die Commerzbank bei den Nutzungsregeln ihres Archivs mit Ausnahme der kundenbezogenen Akten an die für die öffentlichen Archive gültigen Regeln hält, waren die Akten der Commerzbank für diesen Zeitabschnitt nur teilweise einsehbar. Es waren allerdings genug, um die Entwicklungen, wie sie in der zeitgenössischen Berichterstattung dargestellt wurden, durch interne Unterlagen der Bank auf ihre Richtigkeit hin überprüfen und gelegentlich auch ergänzen oder korrigieren zu können.

1945 und die folgenden Jahre der Besatzungszeit stellen mit dem Zusammenbruch des »Dritten Reichs« und der Aufteilung des verbliebenen Reichsgebiets in vier Besatzungszonen einen tiefen Einschnitt in der Geschichte der Commerzbank dar. Denn die Bank stand vor einem Substanzverlust, den sie ohne fremde Hilfe nicht hätte ausgleichen können. Die Vermögensverluste waren nicht nur aufgrund der Gebietsverluste, der entschädigungslosen Enteignungen und des Bombenkriegs gewaltig, sondern auch das Engagement in der Staatsfinanzierung vor und während des Krieges trug seinen Teil dazu bei. Denn an eine Rückzahlung seitens des Staats war 1945 bis auf Weiteres nicht zu denken. Damit war die Situation für die Commerzbank noch dramatischer als nach der Bankenkrise von 1931, als das Reich in Verbindung mit der Reichsbank durch ihre Sanierungshilfen den Fortbestand der Bank hatte sichern müssen. Darüber hinaus bedrohten nach dem Zweiten Weltkrieg – wie schon 1932/33 – auch noch ordnungspolitische Bedenken den Fortbestand des deutschen Modells einer Universalgroßbank und damit auch der Commerzbank als Unternehmen.

Bis 1931 erscheint die Geschichte der Commerzbank dagegen wie eine anhaltende Erfolgsgeschichte. Als vergleichsweise spät gegründete Hamburger Aktienkreditbank gelang es ihr, sich auf dem Hamburger Finanzmarkt zu etablieren, ohne dass sie ihre unternehmerische Selbstständigkeit hätte gefährden müssen. Ein wichtiger Faktor dabei war eine – nach einigen Rückschlägen – personell glückliche Besetzung des Vorstands, der sich nach und nach von der Bevormundung durch den aus den Gründern der Bank bestehenden Verwaltungsrat befreien konnte. Dem Vorstand gelang es bis zur Jahrhundertwende, den Aktionsradius der Bank vorsichtig, aber konsequent regional zu erweitern, um gerade noch rechtzeitig das zum Überleben als eigenständiges Institut notwendige Standbein in Berlin zu schaffen. Während die Übernahme des Frankfurter Bankhauses Dreyfus mit seiner Berliner Niederlassung nur bedingt den erhofften Erfolg brachte, konnte sich die Commerzbank wenig später mit der Übernahme der Berliner Bank auch auf dem

Berliner Finanzmarkt etablieren. Während sie sich in dieser Zeit mit weiteren Filialgründungen an anderen Plätzen noch weitgehend zurückhielt, erweiterte sie ihre Ressourcenbasis durch die Errichtung von Depositenkassen auf ihren Heimatmärkten. Die Funktion dieser Kassen bestand vor allem in der Sammlung von Einlagen eines überwiegend bürgerlichen Publikums durch ein wohnortnahes Angebot aller von dieser Klientel nachgefragten Finanzdienstleistungen.

Im letzten Jahr des Ersten Weltkriegs gab die Commerzbank ihre Zurückhaltung auf und begann, Privatbankhäuser und kleinere Aktienbanken in der Provinz aufzukaufen und in Filialen oder Depositenkassen (außerhalb Hamburgs und Berlins) umzuwandeln. Eine Strategie ist dabei zunächst nur bedingt zu erkennen. Die Übernahmen erfolgten zu dieser Zeit eher nach dem Zufallsprinzip. Größere Banken waren zunächst nicht darunter, denn im Gegensatz zu den Konkurrentinnen Deutsche Bank oder Dresdner Bank reichten dafür die Ressourcen nicht aus. Dank der zu Beginn der 1920er Jahre an Fahrt aufnehmenden Inflation konnte dieses Vorgehen aber durch den gezielten Versuch ergänzt werden, in wichtigen Industrieregionen wie dem Ruhrgebiet und Sachsen durch die Übernahme bedeutenderer Banken Fuß zu fassen. Im Jahr 1920 konnte die Commerzbank mit der Übernahme der Mitteldeutschen Privat-Bank einen spektakulären Erfolg erzielen. Diese kaum kleinere Bank hatte den Zeitpunkt verpasst, um sich auf dem Berliner Finanzmarkt noch etablieren zu können, und sah sich nun durch Filialgründungen Berliner Großbanken auf ihrem Heimatmarkt existenziell bedroht.

Mit der Übernahme dieser regional bedeutenden Bank hatte sich die Commerzbank endgültig unter den Berliner Filialgroßbanken etabliert. Dabei ließ sie es aber nicht bewenden, sondern führte bis zur Stabilisierung der Währung 1923/24 ihren aggressiven Expansionskurs fort. Zu diesem Zeitpunkt besaß die Commerzbank das dichteste Filialnetz aller deutschen Banken, wobei dieses Netz südlich des Mains und östlich der Oder allerdings noch recht lose geknüpft war. Im Norden, im Westen und in Mitteldeutschland war die Commerzbank aber auch an zahlreichen kleineren Orten präsent, wo sie hoffen konnte, mittelständische Kunden zu erreichen, die den örtlichen Sparkassen und Genossenschaftsbanken geschäftlich entwachsen waren.

Tatsächlich war die Commerzbank von Beginn ihrer Existenz an eine Bank für den Mittelstand, den Handel und die kleinere und mittlere Industrie. Anfangs gab es dazu auch keine Alternative. Denn in Hamburg fehlten um 1870 noch größere Industriebetriebe, während der Verwaltungsrat ohnehin vor allem daran interessiert war, dass die Commerzbank ihren geschäftlichen Schwerpunkt in der Finanzierung des Überseehandels behielt, wie es von den Gründern beabsichtigt gewesen war. Als auch in Hamburg die Industrialisierung einsetzte, war ihr allerdings die Norddeutsche Bank deutlich voraus, die dank ihrer engen Verbindung zur Berliner Disconto-Gesellschaft über wesentlich mehr Ressourcen und den Zugang zum Berliner Kapitalmarkt verfügte. Der Schritt nach Berlin war insofern konsequent, aber auch dort blieb es bei der mittelständischen Kundschaft, die sie von der Berliner Bank, einer im Berliner Vergleich bestenfalls mittelgroßen Bank, ererbt hatte. Die großen Unternehmen hatten dort längst ihre Hausbankverbindung zu den vor Ort etablierten größeren Banken geknüpft. So musste sich die Commerzbank in den großen Emissionskonsortien mit der Rolle eines einfachen Mitglieds mit einer bescheidenen Quote oder gar als Unterbeteiligte begnügen.

Dieses Geschäftsmodell funktionierte aber durchaus zufriedenstellend, auch wenn es sehr personalintensiv war und Umsatz und Gewinn je Beschäftigtem deutlich hinter der Konkurrenz lagen. Allerdings wurden die größeren Berliner Banken für ihre Politik, sich weitgehend auf größere, aber vergleichsweise wenige Kunden zu beschränken, in den 1920er Jahren auch heftig kritisiert. Denn mit der Übernahme der Provinzaktienbanken durch die Berliner Großbanken waren viele kleinere Unternehmen in der Provinz von der Kreditversorgung abgeschnitten, weil die Ressourcen der Großbanken nicht ausreichten, um neben den Kreditwünschen ihrer Premiumkunden auch noch die der traditionellen Klientel der übernommenen Provinzbanken zu befriedigen. Zeitgenossen diagnostizierten deshalb in Deutschland ein Phänomen, das in Großbritannien als »Macmillan Gap« bekannt werden sollte. Wie keine andere Berliner Bank schien die Commerzbank etwas gegen diese Tendenz zu unternehmen, weshalb sie fast durchweg unter dem Radar der öffentlichen Bankenkritik blieb.

Das galt auch noch für die ersten Monate nach der akuten Bankenkrise vom Juli 1931, als Regierung und Öffentlichkeit ihr sogar zutrauten, die angeschlagene, aber deutlich größere Dresdner Bank zu übernehmen. Dabei hatte die Commerzbank nur zwei Jahre vor der Krise schon die Mitteldeutsche Creditbank übernommen, womit die beiden kleinsten unter den Berliner Großbanken näher an die Konkurrenz herangerückt waren. Im Zuge der Neuordnung des Bankwesens im Jahr 1932 übernahm sie dann auf Druck von Regierung und Reichsbank mit dem Barmer Bank-Verein die bedeutendste unter den verbliebenen Provinzialgroßbanken mit einem dichten Filialnetz in den preußischen Provinzen Rheinland und Westfalen. Obwohl der Bank-Verein ein grundsätzlich gesunder Übernahmekandidat gewesen war, setzte die Fusion eine erste Sanierung voraus, wodurch das fusionierte Institut mehrheitlich in den Besitz der öffentlichen Hand geriet. Nach der Machtübernahme durch die Nationalsozialisten wurde dann sogar eine zweite Sanierung notwendig, die die Regierung jedoch geheim zu halten verstand, weil die NSDAP die Rettungsmaßnahmen der Regierung Brüning 1932 heftig kritisiert hatte und deshalb einen Ansehensverlust bei ihrer Anhängerschaft befürchten musste.

Die Großbankenkritik wurde dann von den Nationalsozialisten rassistisch überformt, sodass im Grundsatz bei der Commerzbank alles beim Alten blieb, allerdings die jüdischen Mitarbeiter, einschließlich Vorständen und Aufsichtsräten, sukzessive aus der Bank verdrängt wurden. Dabei ging die Bank äußerst pragmatisch vor, entließ auch ohne gesetzliche Verpflichtung »nichtarische« Mitarbeiter, um regimekonformes Verhalten zu demonstrieren und andere nur schwer zu ersetzende Mitarbeiter halten zu können. Überhaupt war die nationalsozialistische Machtübernahme die Stunde der Opportunisten: Fast alle Mitglieder des Vorstands traten 1933 als »Märzgefallene« der NSDAP bei, ein »Überzeugungstäter« war aber wohl keiner von ihnen. Das war auch nicht nötig, denn die Regierung gestattete 1936 die Reprivatisierung der Commerzbank, was vielleicht nicht in erster Linie, aber auch als ein Vertrauensbeweis der Regierung in das Commerzbank-Management verstanden werden kann.

Pragmatismus kennzeichnet auch die Geschäftspolitik der Commerzbank während der Diktatur. So verhielt sie sich sowohl bei der »Arisierungs«-Vermittlung als auch bei der Expansion in die vor und während des Krieges besetzten Gebiete lange Zeit sehr vorsichtig und musste wiederholt feststellen, dass ihr die forscher auftretende Konkurrenz zuvorkam. Ähnliches galt für die Beteiligung an der Finanzierung von Aufrüstung und Autarkiewirtschaft. Trotz aller Bedenken, sich nicht zu sehr von einem Schuldner abhängig zu machen, investierte sie nach einer Übergangszeit einen wachsenden Teil der ihr zufließenden Ressourcen in die kriegsvorbereitenden Maßnahmen der öffentlichen Hand; und auch bei der Expansion in die besetzten Gebiete trat sie – nach den anfänglichen Rückschlägen in Österreich und der Tschechoslowakei – in den Niederlanden und im Baltikum sehr entschieden auf und versuchte, die Chancen zu nutzen, die die Raub- und Vernichtungspolitik der Nationalsozialisten ihr eröffnete. Mit dem Zusammenbruch des »Dritten Reichs« brach dann aber auch das deformierte Geschäftsmodell der Commerzbank zusammen.

Der Neuanfang der Commerzbank nach Kriegsende war geprägt von der alliierten Bankenpolitik, die in den westlichen Besatzungszonen zwar nicht zu einer vollständigen Zerschlagung, aber zu einer Aufgliederung der früheren Großbanken in mehrere Filialgruppen führte. Ihre Geschäftstätigkeit kam nach der Währungsreform von 1948 wieder in Gang, musste aber streng auf die einzelnen Länder beschränkt werden. Erst 1952 konnten drei rechtlich eigenständige Nachfolgeinstitute der Commerzbank etabliert werden, von denen sich die Bankverein Westdeutschland AG in Düsseldorf mit dem wirtschaftlichen Aufschwung der Bundesrepublik rasch zum stärksten Institut der Commerzbank-Gruppe entwickelte. Obwohl das Kredit- und Versicherungsgewerbe noch nicht dem freien Wettbewerb ausgesetzt wurde, sondern die Zinssätze weiterhin der Regulierung unterlagen, entfaltete sich zwischen den Nachfolgeinstituten der früheren Großbanken, den Sparkassen und den Genossenschaftsbanken in den 1950er Jahren ein lebhafter Wettbewerb. Trotz ihrer relativ schlechten Startbedingungen, vor allem in Süddeutschland, gelang es den Nachfolgeinstituten der Commerzbank, sich zu behaupten und den Abstand zur Konkurrenz der beiden anderen Großbankennachfolgeinstitute bis Ende 1957 sogar zu verkleinern. Dem lag eine vergleichsweise risikofreudige Geschäftspolitik zugrunde, die um den raschen Ausbau des Kreditgeschäfts mit der prosperierenden bundesdeutschen Industrie bemüht war.

Nach dem im Herbst 1958 beschlossenen und rückwirkend zum 1. Juli 1958 vollzogenen Zusammenschluss der drei Nachfolgeinstitute zur neuen Commerzbank AG gelang ein rascher wirtschaftlicher Wiederaufstieg. Angesichts der wachsenden Konkurrenz durch die Sparkassen, Genossenschaftsbanken und Realkreditinstitute, die besonders vom Sparwillen der Bevölkerung und vom allgemeinen Bauboom profitierten, konnten die drei wiederbegründeten Großbanken dem Verlust von Marktanteilen allerdings nur durch die gezielte Ausweitung ihres Privatkundengeschäfts hin zum Mengengeschäft mit breiten Kundenkreisen entgegenwirken. Für die Commerzbank ging es bei der in den 1960er Jahren in einem wahren Kraftakt vorangetriebenen Verdichtung und Erweiterung ihres Filialnetzes, bei der die Gewinnung von Marktanteilen, nicht die Frage der Rentabilität im Mittelpunkt stand, freilich nicht nur um die bessere Erreichbarkeit von privaten Kunden, sondern immer zugleich auch um die Gewinnung neuer Firmenkunden. Denn die Sparkassen hatten längst begonnen, sich ihrerseits verstärkt dem Industriefinanzierungsgeschäft zuzuwenden, vor allem im gewerblichen Mittelstand, den auch die Commerzbank als ihre traditionelle Zielgruppe fest im Visier hatte. Um die Firmenkunden bei Im- und Exportgeschäften sowie ersten ausländischen Direktinvestitionen zu unterstützen, baute die Commerzbank ferner ihre Verbindungen zu Korrespondenzbanken überall auf der Welt und ihr Netz an eigenen Auslandsstützpunkten – von Repräsentanzen über Beteiligungen und Joint Ventures bis hin zu ersten Auslandstöchtern und -filialen in London, Luxemburg und New York – zügig weiter aus. Anders als die Deutsche Bank, aber ganz ähnlich wie die Dresdner Bank trat sie dabei früh auch im eigenen Namen auf, nicht nur in Kooperation mit anderen westeuropäischen Banken. Gleichwohl schmiedete die Commerzbank mit dem französischen Crédit Lyonnais eine enge Kooperation, die zur Europartners-Gruppe ausgebaut wurde.

Auf die doppelte Expansionsstrategie der 1960er Jahre, sowohl hinsichtlich der Kundenkreise als auch des Geschäftsstellennetzes im In- und Ausland, folgte nach dem Ende der außerordentlichen Nachkriegsprosperität eine Phase der Konsolidierung im Mengengeschäft und der forcierten Internationalisierung im Firmenkundengeschäft. Gestützt auf eine Vielzahl neuer Produkte wurde das Mengengeschäft zu einem kundengruppenspezifisch ausdifferenzierten Privatkundengeschäft weiterentwickelt. Das Firmenkundengeschäft wiederum stützte sich nach der Ölpreiskrise von 1973/74, die das Problem des »Recyclings« der auf die internationalen Finanzmärkte strömenden Einnahmen der Öl exportierenden Länder aufwarf, zunehmend auf die nun massiv anschwellenden und weitgehend unreguliert bleibenden Euromärkte in London, Luxemburg und andernorts. Dies gilt sowohl für die

Außenhandelsfinanzierungen als auch die mittel- und langfristigen Investitionskredite. Neben privaten und staatlichen Unternehmen nahmen vor allem die in Zahlungsbilanzschwierigkeiten steckenden Industrieländer Großbritannien, Frankreich und Italien sowie Schwellen- und Entwicklungsländer in Lateinamerika und Asien in der zweiten Hälfte der 1970er Jahre vermehrt Eurokredite in Anspruch. Dieses lukrative Geschäft wollte sich auch die Commerzbank nicht entgehen lassen und schaltete sich deshalb im großen Stil in die Vergabe von Großkrediten und Staatsfinanzierungen über die Euromärkte ein, zunächst vor allem über ihre Tochtergesellschaft in Luxemburg und ihre Filiale in London, dann auch über eine neue Filiale in Tokio und eine neue Tochtergesellschaft in Singapur. Die Zinsänderungsrisiken gerieten angesichts der überaus liquiden Geld- und Kapitalmärkte zunehmend aus dem Blick. Erst mit dem Beginn der zweiten Ölpreiskrise im Januar 1979 nahm das Risikobewusstsein wieder zu. Doch die Versuche, die Risiken des internationalen Geschäfts durch eine Rückbesinnung auf den bundesdeutschen Mittelstand auszubalancieren, kamen zu spät, denn mit der im Herbst 1979 eingeleiteten Wende der amerikanischen Geld- und Währungspolitik zogen die kurzfristigen Zinsen an den internationalen Finanzmärkten kräftig an. Da sich die Commerzbank im langfristigen Großkreditgeschäft jedoch an relativ niedrige Festzinsen gebunden hatte, geriet sie nun in schweres Fahrwasser.

Die prinzipiell schon im Sommer 1979 erkannte Notwendigkeit zur Ertragssteigerung im klassischen Kreditgeschäft durch eine flexiblere Zinsgestaltung war nur auf längere Sicht erreichbar. Um die veritable Ertragskrise zu meistern, waren also kurzfristige Entlastungsmöglichkeiten gefragt, wozu die Kündigung problematischer Kreditlinien ebenso zählte wie der Verkauf von Beteiligungen und das Aussetzen der Dividendenzahlung an die eigenen Aktionäre. Die zeitgleich angekündigte »Strategie für die achtziger Jahre« stand im Zeichen der Rückgewinnung von Ertragskraft: Erreichen wolle man dieses Ziel durch eine nachhaltige Verbesserung der Zinsmarge im Kreditgeschäft, insbesondere durch Rückbesinnung auf die mittelständischen Firmenkunden im Inland, durch eine flexible, zunehmend auf eigene Schuldverschreibungen setzende Beschaffung von Refinanzierungsmitteln und eine Intensivierung sowohl des Provisionsgeschäfts im Wertpapier- und Auslandsbereich als auch im Eigenhandel mit Wertpapieren. Zusätzlich erschwert wurden diese Bemühungen durch die Verschuldungskrise vieler Schwellen- und Entwicklungsländer, deren Terms of Trade sich durch die Wende in der amerikanischen Geld- und Währungspolitik massiv verschlechtert hatten, sodass sie ihre Gläubigerbanken immer häufiger um den Aufschub von Zins- und Tilgungszahlungen bitten mussten. Auch die Commerzbank war mit dem Problem der wachsenden Rückstände wichtiger Schuldner befasst und musste sich an den immer neuen Umschuldungsverhandlungen beteiligen. Von politischer Seite wurden die Bemühungen zur Entschärfung der Probleme mit weiteren Liberalisierungsschritten für die Kapitalmärkte unterstützt, sodass

Kredite für hoch verschuldete Länder nach und nach in handelbare Wertpapiere umgeschichtet und damit aus den Bankbilanzen herausgebracht werden konnten. Dies beförderte die Ausrichtung der Geschäftsbanken auf das Wertpapiergeschäft und stärkte ihre Bereitschaft, sich von Industriebeteiligungen zu trennen, um die Risikopuffer zu erhöhen und auch Investitionsmittel flüssig zu machen, die für die Festigung der eigenen Position im kommenden europäischen Binnenmarkt, den Einstieg in das internationale Investmentbanking und die Umsetzung der in den späten 1980er Jahren immer intensiver diskutierten Allfinanz-Strategie gebraucht wurden. Die von der eigenen Ertragskrise wie der internationalen Schuldenkrise gebeutelte Commerzbank hatte in dieser Hinsicht lange auf eine noch engere, durch wechselseitige Kapitalverflechtung untermauerte Zusammenarbeit mit dem Crédit Lyonnais gehofft, zu der es jedoch nicht kam.

Die drei Jahrzehnte seit der Wiedervereinigung waren dadurch geprägt, dass die Commerzbank mehrere Expansionsversuche in unterschiedliche Richtungen unternahm, um sich als eigenständige Großbank zu behaupten. Damit sollte vor allem das latente Hauptproblem des Konzerns kompensiert werden: das chronisch defizitäre Privatkundengeschäft. Statt einer durchgreifenden Sanierung dieses Geschäftsfelds wurden immer wieder andere »Ventile« gesucht, um die Ertragskraft der Bank zu stärken. Hierdurch wurden die bestehenden Probleme jedoch nur verschoben statt gelöst, weil man im Vergleich zum Wettbewerb meist zu spät in die betreffenden Märkte hineinging oder keine ausreichenden Ressourcen zur Erlangung nennenswerter Wettbewerbsvorteile (einschließlich Managementkompetenz) besaß. Daher folgte auf Expansion immer wieder Konsolidierung – besonders ausgeprägt nach der Finanzmarktkrise, unter der die Commerzbank in besonderer Weise litt, weil sie auf dem Höhepunkt der Krise die Dresdner Bank erworben hatte. Im darauffolgenden Jahrzehnt wurde das Geschäftsmodell zwar mehrfach modifiziert, dennoch besteht am Ende der Betrachtungsperiode Unsicherheit darüber, ob es die Grundlage bietet, dauerhaft eigenständig agieren zu können.

Gegen Ende der 1980er Jahre erschien dem Vorstand eine geografische Expansion als Erfolgsrezept. Die Bank hatte sich strategisch die Geschäftsausweitung im anstehenden europäischen Binnenmarkt auf die Fahnen geschrieben, als – unerwartet für das Management wie für die gesamte Öffentlichkeit – die Öffnung des ostdeutschen (und osteuropäischen) Markts erfolgte. Während man in Westdeutschland schon die Notwendigkeit einer Konsolidierung des Filialnetzes eingeleitet hatte, wurde nun in Ostdeutschland und Osteuropa expandiert. In Westeuropa ging man dagegen (und im Gegensatz etwa zur Deutschen Bank) den Weg der Kooperation, da die Ressourcen für eine eigenständige Erschließung der Märkte in West und Ost nicht ausreichten.

In der Mitte der 1990er Jahre wurden die Probleme im inländischen Filialgeschäft – auch aufgrund der zuvor gestarteten Expansion – immer größer, was weiter gehende Konsolidierungsschritte erforderlich machte. In dieser Situation erschien das Investmentbanking als Hoffnungsträger, da es hohe Renditen und starkes Wachstum bei geringer regulatorischer Kapitalbindung versprach. Um hier trotz ihres späten Starts rasch zu expandieren, erwarb die Commerzbank Asset-Management-Gesellschaften in den USA, Asien und Europa.

Nach der Jahrtausendwende zeigten sich jedoch schon bald die Schattenseiten dieser Expansion. Die übernommenen Investment Banks waren »an der langen Leine« gelassen statt adäquat integriert worden. Führungs- und speziell Entgeltkultur passten nicht zur traditionellen Commerzbank und erwiesen sich als signifikante Risikotreiber. Vor dem Hintergrund der entstandenen Ertragsbelastungen war die Bank zur Konsolidierung im Investmentbanking gezwungen und konzentrierte sich zudem auch geografisch wieder stärker. Es folgte zum einen eine Rückbesinnung auf das traditionelle Geschäft mit mittelständischen Unternehmen, das durch die Gründung einer eigenen organisatorischen Einheit, der »Mittelstandsbank«, forciert wurde. Zum anderen bedeutete die vollständige Übernahme der Eurohypo eine deutliche Veränderung des Geschäftsmodells, in dem das Immobilien- und das Staatsfinanzierungsgeschäft erheblich größere Bedeutung erfuhren. Die Bilanzsumme stieg um über ein Drittel, die Commerzbank wurde zweitgrößtes deutsches Kreditinstitut und fühlte sich vor Übernahmen geschützt.

Das neue Geschäftsmodell schien zunächst erfolgreich zu sein, sodass die Bank durch weitere Fusionen zu einem »Nationalen Champion« aufzusteigen hoffte, der auch von der Bundesregierung für notwendig gehalten wurde. Ein Zusammenschluss mit einer anderen deutschen (Groß-)Bank wurde als unausweichlich angesehen, um vor allem im Privatkundengeschäft eine hinreichende Größe zu erlangen. Nach Abwägung unterschiedlicher Alternativen entschied man sich schließlich für den Kauf der Dresdner Bank. Dieser wurde unter großem Zeitdruck und ganz kurz vor dem Kulminationspunkt der Finanzmarktkrise – dem Lehman-Debakel (15. September 2008) – beschlossen. Dabei nahm man einen großen Unsicherheitsbereich über die tatsächliche Lage der Dresdner Bank in Kauf. Die kurz darauf nicht nur, aber nicht zuletzt aufgrund der Krise auftretenden dramatischen Verluste brachten die Commerzbank an den Rand des Abgrunds, sodass sie zum zweiten Mal in ihrer Geschichte während Friedenszeiten auf Staatshilfe angewiesen war.

Nach der Überwindung der akuten Krise wechselten sich Fort- und Rückschritte ab. So konnte einerseits ein großer Teil der Staatshilfe zurückgezahlt werden, andererseits traten neue Belastungen durch die Staatsschuldenkrise auf. Während sich die Situation des Privatkundengeschäfts verbessert hatte, wurde die »Mittelstandsbank« aufgrund ihrer rückläufigen Erträge wieder aufgelöst. Die Digitalisierung des Instituts schritt schnell voran, sein Marktwert sank jedoch kontinuierlich, sodass die Commerzbank aus dem DAX 30 abstieg. Mit der Strategie »Commerzbank 4.0« konnte die Kundenzahl deutlich gesteigert werden, die Erträge blieben aber hinter den Zielen zurück. Von der Politik getrieben, führte man im Frühjahr 2019 Fusionsgespräche mit der Deutschen Bank, die aber schon nach einem guten Monat beendet wurden. Um nicht nur Getriebene in der nationalen und internationalen Bankenkonsolidierung zu sein, sondern Eigenständigkeit und Gestaltungskraft zu wahren, bemüht sich die Commerzbank aktuell darum, ihr Geschäftsmodell nachhaltig zukunftsfähig zu machen.

Wenn eine geschichtswissenschaftliche Arbeit publiziert wird, deren empirische Basis wesentlich auf unveröffentlichten Quellen beruht, benötigen die Autoren eine intensive Beratung einschließlich wichtiger Hinweise auf einzelne Akten oder ganze Aktenbestände für die Beantwortung bestimmter Fragestellungen. Den Archivmitarbeitern kommt deshalb in fast jedem Fall eine besondere Bedeutung zu, die den Lesern im Allgemeinen verborgen bleibt. Deshalb gilt unser sehr herzlicher Dank den Mitarbeitern des Historischen Archivs der Commerzbank sowie der Eugen-Gutmann-Gesellschaft, vor allem Frau Monika Kunzendorf, Frau Dr. Katrin Lege und Herrn Dr. Detlef Krause. Darüber hinaus danken wir allen ehemaligen und heutigen Mitarbeiterinnen und Mitarbeitern der Commerzbank, die uns für Gespräche zur Verfügung standen. Unser Dank gilt aber auch dem Referatsleiter beim Bundesarchiv in Berlin, Herrn Dr. des. Nicolai M. Zimmermann, der uns nicht nur sein noch nicht veröffentlichtes Dissertationsmanuskript zur Verfügung gestellt hat, sondern auch bei der Recherche in seinem Hause behilflich war. Um »Betriebsblindheit« zu vermeiden, aber auch um einzelne Interpretationen auf ihre Plausibilität hin zu überprüfen, haben sich drei ausgewiesene Spezialisten für die jeweils von den Autoren behandelten Zeitabschnitte bereit erklärt, die Manuskripte vor der Veröffentlichung kritisch zu lesen und zu kommentieren. Dafür sei Prof. Dr. Johannes Bähr (Frankfurt am Main), Prof. Dr. Christopher Kopper (Bielefeld) und Prof. Dr. Bernd Rudolph (München) ganz herzlich gedankt.

Stephan Paul
Friederike Sattler
Dieter Ziegler

November 2019

I

Die Commerzbank 1870 bis 1945

Entwicklung und Behauptung als Filialgroßbank

Dieter Ziegler

1. Der Finanzplatz Hamburg und die Gründung der Commerz- und Disconto-Bank 1870

Um 1870 war Hamburg der bedeutendste Überseehafen für die deutschen Staaten, aber fast während des gesamten 19. Jahrhunderts »fremdelte« die Stadt und insbesondere ihre großbürgerliche Oberschicht mit dem übrigen Deutschland. Das galt besonders für den mächtigen Nachbarn Preußen und seine agrarisch-feudale Führungsschicht. Deshalb war Hamburg ebenso wie die Hansestädte Bremen und Lübeck dem 1834 gegründeten Deutschen Zollverein nicht beigetreten. Preußen und damit auch der von ihm dominierte Zollverein betrieben zwar eine im kontinentaleuropäischen Vergleich liberale, aber keine konsequent freihändlerische Handelspolitik. Für die Stadt Hamburg, die zu diesem Zeitpunkt noch fast ausschließlich vom Handel, insbesondere vom Überseehandel lebte, war jedoch selbst ein moderater (Einfuhr-)Zollschutz eine Gefährdung ihrer wirtschaftlichen Grundlage.

Auch den unter den Zollvereinsstaaten vereinbarten Münzkonventionen war Hamburg nicht beigetreten. Die Stadt hielt vielmehr an ihrer Verrechnungswährung, der Mark Banco der Hamburger (Giro-)Bank, fest. Dabei handelte es sich um eine Buchgeldwährung, die zwar auf Silber basierte, aber als Münzwährung nicht ausgeprägt wurde. Da die Eröffnung eines Kontos bei der Hamburger (Giro-)Bank an hohe Hürden (Mindesteinlagen und Mindesthöhen für einzelne Überweisungen) gebunden war, war die Hamburger Währung nur für den Groß- und Fernhandel von Bedeutung.[1] Für Barzahlungen in der Stadt wurden vermutlich überwiegend (Silber-)Talermünzen der norddeutschen Zollvereinsstaaten oder zunehmend auch auf Taler lautende Banknoten genutzt. Seit 1856 war deshalb konsequenterweise auch in Hamburg der in allen norddeutschen Zollvereinsstaaten gültige Talerfuß als Landesmünzfuß anerkannt worden.[2] Insofern wäre es anders als im Fall Bremens, das lange an seinem Taler als Goldwährungseinheit festgehalten hatte, für Hamburg vergleichsweise einfach gewesen, sich dem neuen Währungssystem des Zollvereins anzuschließen. Da aber nicht nur die 1619 gegründete Hamburger Bank, sondern auch die 1856 gegründeten Aktienkreditbanken, die Vereinsbank und die Norddeutsche Bank, in Mark Banco rechneten, sah die Stadt Hamburg bis zur Reichsgründung keine Veranlassung, sich von der vertrauten Währungseinheit zu trennen.

Die Kehrseite dieser Haltung war die enge Bindung an Großbritannien. Nicht von ungefähr wurde Hamburg als die »englischste Stadt« des Kontinents bezeichnet. Mit London verband Hamburg nicht nur die Außenhandelsorientierung mit ihrer konsequenten Freihandelspolitik, auch das politische System war trotz der englischen Monarchie den Vorstellungen der Hamburger näher als das preußische. Denn die politische Führungsschicht des Landes war nicht der adlige Großgrundbesitz, sondern das Großbürgertum der Londoner City, das seinen Reichtum ähnlich wie die Hamburger Oberschicht ausschließlich dem (Fern-)Handel verdankte.

Der Finanzplatz Hamburg war zum Zeitpunkt der Gründung der Commerz- und Disconto-Bank im Jahr 1870 zwar nur der viertbedeutendste im deutschsprachigen Raum, aber er war speziell. Frankfurt, Berlin und Wien verfügten jeweils über eine bedeutende Wertpapierbörse, die im Fall von Frankfurt und Wien wegen des Finanzierungsbedarfs der zum Deutschen Bund gehörenden Staaten nach den Napoleonischen Kriegen das Zentrum des jeweiligen Finanzplatzes bildete. Der Aufstieg des Finanzplatzes Berlin erfolgte etwas später, wobei die Börse ihren Aufschwung vor allem dem Handel mit Aktien der privaten, vor allem preußischen Eisenbahngesellschaften verdankte. Um die Mitte des 19. Jahrhunderts entwickelte sich die Berliner Börse aber auch zu einer Konkurrentin Frankfurts bei der Staatsfinanzierung, insbesondere nachdem Frankfurt 1866 von Preußen annektiert worden war. Sowohl in Frankfurt als auch etwas später in Berlin etablierten sich in den mittleren Vierteln des 19. Jahrhunderts die bedeutendsten deutschen Privatbankhäuser, die sich im Effektenhandel, dem Emissionsgeschäft, aber auch bei der Vermögensverwaltung engagierten, wie S. Bleichröder, Delbrück, Leo & Co., Robert Warschauer & Co. oder Mendelssohn & Co. in Berlin und M. A. Rothschild & Söhne, Gebr. Bethmann, Gebr. Sulzbach, B. H. Goldschmidt oder Lazard Speyer-Ellissen in Frankfurt. Nach der Jahrhundertmitte versuchten auch Aktienkreditbanken an diesen beiden Finanzplätzen Fuß zu fassen, aber die institutionellen Hürden waren hoch und die Zahl der erfolgreichen Gründungen entsprechend niedrig.

In Hamburg sah die Situation zu dieser Zeit grundlegend anders aus. Die Stadt verfügte zwar über die älteste (Waren-)Börse Deutschlands, aber erst gegen Ende des ersten Viertels des 19. Jahrhunderts nahm sie auch den Wertpapierhandel auf. Dabei dominierte der Handel mit Staatsanleihen, neben Anleihen der deutschen Staaten vor allem der skandinavischen Staaten und Russlands. Den Aktienhandel nahm die Hamburger Börse erst vergleichsweise spät auf. Folglich war ihre Bedeutung für den Finanzplatz im weiteren Verlauf des 19. Jahrhunderts nicht mit derjenigen der Börsen in Frankfurt und Berlin vergleichbar. Gegen Ende des 19. Jahrhunderts begegnete die Hamburger Börse der Berliner Dominanz, ähnlich wie die Frankfurter Börse, vor

Die »Neue Börse« von 1841 in Hamburg, zwischen 1855 und 1880;
Quelle: Handelskammer Hamburg, Hamburgensien-Sammlung.

allem durch Spezialisierung. Während sich die Frankfurter Börse auf US-, insbesondere Eisenbahnbonds spezialisierte, war die Hamburger Börse bei Schifffahrtsaktien und Kolonialanleihen führend.[3]

Aufgrund der im Vergleich zu Frankfurt und Berlin untergeordneten Stellung der Börse gab es in Hamburg kaum Privatbankhäuser, deren Geschäftsschwerpunkt im Emissionsgeschäft und Effektenhandel lag. Der Finanzplatz war vielmehr durch Institute geprägt, die in Anlehnung an die Londoner City als »Merchant Banker« bezeichnet wurden. Dabei handelte es sich um Überseehandelsfirmen (»Merchants«), die auch die Außenhandelsfinanzierung in ihr Dienstleistungsangebot aufnahmen, wobei sich nicht wenige von ihnen nach und nach auf diesen jungen Geschäftszweig konzentrierten und den Warenhandel ganz aufgaben. Auch in Hamburg spielte für manche »Merchant Bankers« der Warenhandel um 1870 immer noch eine große, womöglich gar überragende Rolle, andere dagegen waren im dritten Viertel des 19. Jahrhunderts auf dem Weg, sich ganz von ihm zu lösen.[4] Im 20. Jahrhundert sollte sich das Bankhaus M. M. Warburg & Co. zu einer der bedeutendsten deutschen Privatbanken entwickeln und Max Warburg zu einem international hoch angesehenen »Money Doctor«[5] aufsteigen. Aber um 1870 war M. M. Warburg & Co. noch eine Hamburger »Merchant Bank« unter anderen, auch wenn das Bankgeschäft dort bereits eine größere Bedeutung besaß als bei den meisten anderen Hamburger »Merchant Banks«.[6]

Die »Merchants Bank« waren nicht die einzige dem englischen Vorbild nachempfundene Institution des Hamburger Finanzmarkts um die Mitte des 19. Jahrhunderts. Auch die erste Aktienkreditbank der Stadt, die 1856 gegründete Hamburger Vereinsbank, glich eher einer Londoner »Commercial Bank«[7] als einer Universalbank, wie sie etwa zu derselben Zeit in anderen Teilen der deutschsprachigen Welt gegründet wurden. Denn das tendenziell auf längere Fristen angelegte Industriefinanzierungs- und auch das Effektengeschäft gehörten ausdrücklich nicht zum Geschäftsmodell der Vereinsbank. Die Bank wollte sich vielmehr dem kurzfristigen Kreditgeschäft, insbesondere dem Wechsel- und Warenlombard, sowie dem bargeldlosen Zahlungsverkehr widmen,[8] wobei die Förderung des bargeldlosen Zahlungsverkehrs als wichtiges Geschäftsfeld der Hamburger Vereinsbank vermutlich eine unmittelbare Konsequenz aus der unzureichenden Zahlungsmittelversorgung der Hamburger Wirtschaft aufgrund der fehlenden Notenbank gewesen war.

Um die Mitte der 1850er Jahre erlebte die deutsche (Industrie-)Wirtschaft einen bis dahin nie da gewesenen Aufschwung, von dem auch der (Außen-)Handelsplatz Hamburg erfasst wurde, sodass sich der Zahlungsmittelmangel hier besonders stark bemerkbar machte. Zur Erleichterung des Zahlungsverkehrs war zwar ursprünglich die Hamburger Bank gegründet worden. Aber deren Kundschaft bestand neben dem hamburgischen Staat vor allem aus den führenden Großkaufleuten der Stadt. Dem Zahlungsmittelmangel konnte sie in Anbetracht ihres sehr eng begrenzten Kundenkreises nicht abhelfen.[9]

Nachdem die Initiatoren für eine private Hamburger Notenbank zehn Jahre lang keinen Erfolg gehabt hatten[10] und deshalb erkennen mussten, dass weitere Gesuche um eine Konzession für die Notenausgabe aussichtslos waren, gründeten sie mit der Norddeutschen Bank – die Gründung fand im gleichen Jahr wie die der Vereinsbank statt – eine zweite Aktienkreditbank ohne Notenausgaberecht.[11] Ihr Geschäftsmodell unterschied sich aber insofern von demjenigen der Hamburger Vereinsbank, als sich die Norddeutsche Bank zu einer Emissionsbank für Staatsanleihen, darunter als Mitglied internationaler Konsortien auch für internationale Anleihen, insbesondere der skandinavischen Staaten, entwickelte. Das für deutsche Universalbanken typische Geschäft mit der Industriefinanzierung nahm aber auch die Norddeutsche Bank einstweilen noch nicht auf.[12]

Zum Zeitpunkt der Gründung des Norddeutschen Bundes existierten in Hamburg neben den »Merchant Banks« demnach drei größere Banken, wobei die Hamburger Bank nur noch ein Schattendasein fristete. Denn wie die erfolgreiche Gründung der zwei Konkurrentinnen zeigte, hatte sich die Hamburger Bank der veränderten Nachfrage nach Finanzdienstleistungen ihrer Kundschaft nicht hinreichend angepasst, wobei allerdings nur bedingt von einem Managementversagen gesprochen werden kann. Denn die Deckungsregeln im Giroverkehr ließen gar nichts anderes zu. Insofern kann es auch nicht verwundern, dass die Bank kurz nach der Reichsgründung im Zuge der Einführung der Mark als Reichsgoldwährung liquidiert wurde. Als ein Verlust wurde das Ende dieser traditionsreichen Bank zu diesem Zeitpunkt von den Hamburgern vermutlich nicht mehr betrachtet. Im Gegenteil, bereits 1872 hatte die Hamburger Handelskammer beim Senat beantragt, sich für die Errichtung einer Filiale der 1847 als Zentralnotenbank in Berlin gegründeten Preußischen Bank in der Stadt einzusetzen.[13] Tatsächlich hatte sich die Preußische Bank während der Krisenwochen der Jahre 1866 und 1870 als »Lender of Last Resort« für die preußischen Banken bewährt.[14] Um während der nächsten Krise ebenfalls von einer mit vergleichsweise wenig restriktiven Deckungsregeln für ihre Notenemission ausgestatteten Zentralnotenbank profitieren zu können, waren die Hamburger demnach sogar bereit, einer staatsnahen preußischen Institution die Tore der Stadt weit zu öffnen. Tatsächlich kam es aber zunächst nicht zur Errichtung einer Hamburger Filiale der Preußischen Bank. Denn nach der Reichsgründung war auch deren Zukunft in der Schwebe. Erst nachdem die Preußische Bank in die Reichsbank überführt worden war, wurde die Reichsbankhauptstelle Hamburg als Kopffiliale der Reichsbank im Gebäude der ehemaligen Hamburger Bank errichtet und der Finanzplatz damit auch an den reichsweiten und sehr leistungsfähigen Giroverkehr der Reichsbank angeschlossen.

Nachdem sowohl die Vereinsbank als auch die Norddeutsche Bank die Krisen der Jahre 1857 und 1866 leidlich überstanden hatten und sich nach Aufnahme eines eigenen Giroverkehrs auch als gegenüber der Hamburger Bank überlegene Konkurrenz etabliert hatten, setzte insbesondere die Norddeutsche Bank auf Expansion. Ende der 1860er Jahre hatte sich außerdem eine Gruppe von Berliner Privatbankhäusern zusammengefunden, um eine auf die Außenhandelsfinanzierung ausgerichtete neue Aktienbank zu gründen, die den englischen Banken ebenbürtig war.[15] Denn die deutschen Banken, und das schloss die Hamburger »Merchant Banks« ein, waren nicht annähernd in der Lage, die Finanzierung des in den 1860er Jahren rasant wachsenden deutschen Außenhandels sicherzustellen. Da in Preußen seit 1848 keine Konzession für eine Aktienbank erteilt worden war, wandten sich die Initiatoren an mehrere der führenden Hamburger »Merchant Bankers«, um sie für eine Bankgründung in Hamburg zu interessieren. Da sich in der Hamburger Gruppe zahlreiche Gründer und Verwaltungsräte der Norddeutschen Bank sowie auch einige der Vereinsbank befanden, bestanden die Hamburger auf einer klaren Abgrenzung der Geschäftsfelder von Norddeutscher Bank und Vereinsbank auf der einen und der neu zu gründenden Internationalen Bank auf der anderen Seite. Eine solche Beschränkung war für die Berliner Gruppe jedoch nicht akzeptabel, und so zog sie sich wieder zurück, während die Hamburger das Projekt auf der Grundlage der Arbeitsteilung mit den etablierten Hamburger Aktienbanken weiter betrieben.

Im Gegenzug für die Selbstbeschränkung der Internationalen Bank stellte die Norddeutsche Bank Büroräume und Personal zur Verfügung und erklärte sich bereit, die Führung des Emissionskonsortiums sowie einen Anteil von 10 Prozent des Aktienkapitals zu übernehmen. Diese sehr ungewöhnlichen

Zugeständnisse erfolgten sicherlich nicht in erster Linie, um den Gründern gefällig zu sein, sondern auf diese Weise konnte die Norddeutsche Bank sicherstellen, dass sich die Internationale Bank nicht zu einer Konkurrentin entwickelte, indem sie den vereinbarten Verzicht auf das reguläre Bankgeschäft in Hamburg unterlief. Insofern ist der Charakterisierung von Detlef Krause zuzustimmen, wenn er die Internationale Bank als Beteiligungsgesellschaft der Norddeutschen Bank für das Auslandsgeschäft bezeichnet. Das Aktienkapital der Internationalen Bank war mit 15 Mio. Taler (45 Mio. Mark) sehr hoch bemessen – auch wenn zunächst nur die Hälfte emittiert wurde und darauf nur 40 Prozent eingezahlt werden mussten – und sollte wohl sicherstellen, dass die Bank zur Förderung ihres einzigen Geschäftsbereichs, des Auslandsgeschäfts, Niederlassungen an mehreren Plätzen im Ausland errichten konnte. Tatsächlich erfolgte noch im Gründungsjahr 1870 die Eröffnung einer Filiale in London. Es sollte sich aber sehr schnell zeigen, dass die Vorbehalte der Berliner Gruppe berechtigt waren. Denn wegen des weitgehenden Verzichts auf das Inlandsgeschäft reüssierte die Internationale Bank nicht und wurde bereits neun Jahre nach ihrer Gründung liquidiert.[16]

Parallel zur Hamburger Gruppe verfolgte auch die Berliner Gruppe ihre Pläne zur Gründung einer Außenhandelsbank, nun aber nicht mehr in Hamburg, sondern in Berlin. Denn obwohl die Konzessionspflicht für Aktiengesellschaften in Preußen noch nicht aufgehoben war, waren die Chancen auf die Konzession für eine Aktienkreditbank in Berlin dank der Gründungsinitiative für die Internationale Bank deutlich gestiegen. Zum einen hatte der Norddeutsche Reichstag bereits begonnen, über die Abschaffung der Konzessionspflicht für Aktiengesellschaften zu debattieren, sodass die Verweigerung der Konzession wahrscheinlich nur eine aufschiebende und keine verhindernde Wirkung mehr gehabt hätte, und zum anderen war es der preußischen Regierung schließlich wichtig, das Feld der Außenhandelsfinanzierung nicht den Hamburgern allein zu überlassen und den aufstrebenden Finanzplatz Berlin nicht zu schwächen. Deshalb genehmigte das preußische Handelsministerium im März 1870, nur wenige Wochen nach der Gründung der Internationalen Bank in Hamburg, die geringfügig seinen Wünschen angepassten Statuten des als Deutsche Bank firmierenden Instituts in Berlin.[17]

Etwa zeitgleich hatte sich aber auch eine zweite Hamburger Gruppe von »Merchant Banks« zusammengefunden, deren Mitglieder kaum oder gar keine Verbindung zu den beiden bereits bestehenden Häusern hatten. Ihr Ziel war es, ein Institut zu gründen, um »den Handel durch die Zuführung von Kapitalien zu erleichtern«, indem »der Verkehr des Inlandes und die commercielle Verbindung Deutschlands mit dem Auslande« gefördert würden. Darüber hinaus sollten aber auch den »Mitgliedern der Hamburger Börse ... bedeutende Geldmittel« zur Verfügung gestellt werden.[18] Um dem Anspruch als Außenhandelsbank gerecht zu werden, bemühten sich die Gründer nicht nur um die Bankhäuser B. H. Goldschmidt in Frankfurt und Mendelssohn &

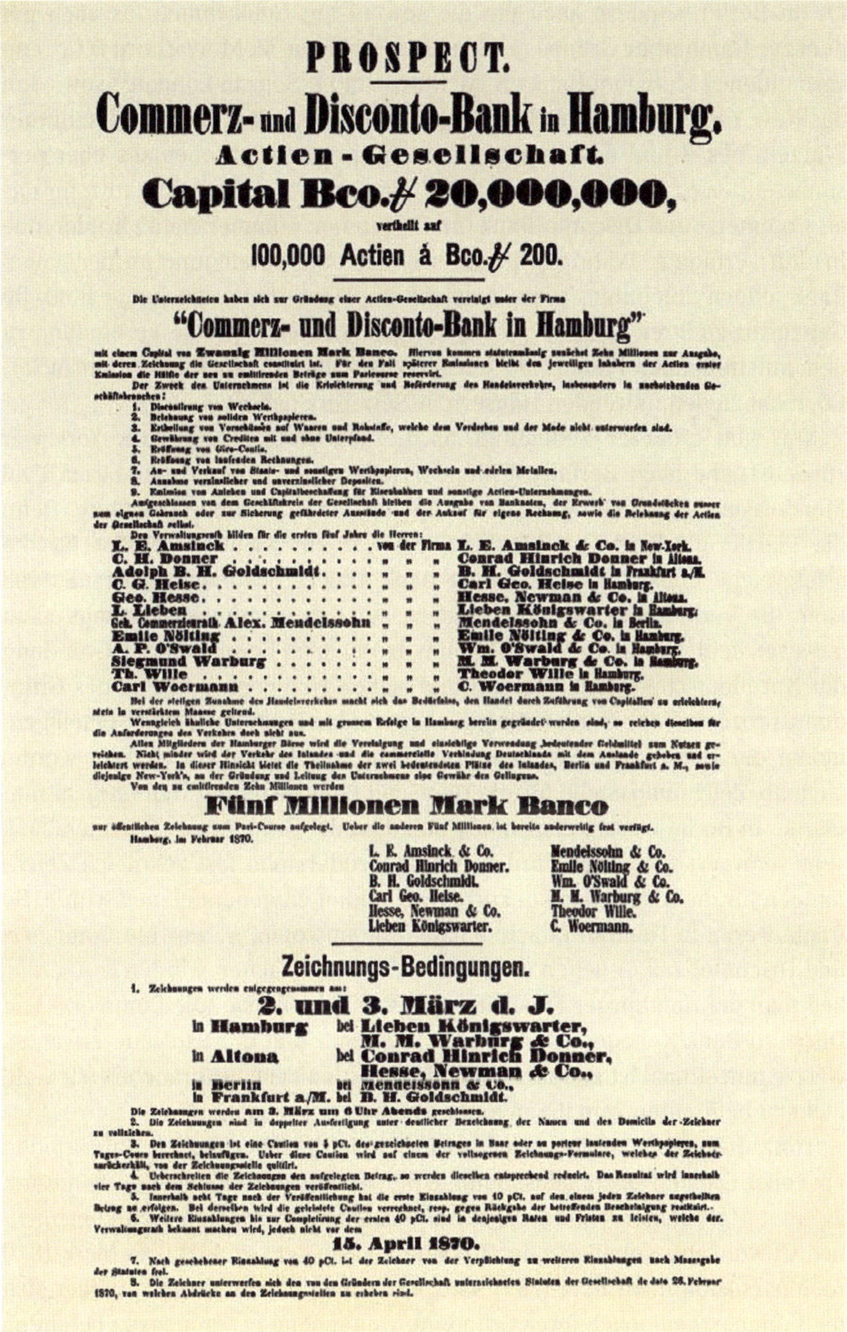

PROSPECT.

Commerz- und Disconto-Bank in Hamburg.

Actien - Gesellschaft.

Capital Bco.ℳ 20,000,000,

verthellt auf

100,000 Actien à Bco.ℳ 200.

Die Unterzeichneten haben sich zur Gründung einer Actien-Gesellschaft vereinigt unter der Firma

"Commerz- und Disconto-Bank in Hamburg"

mit einem Capital von **Zwanzig Millionen Mark Banco.** Hiervon kommen statutenmässig zunächst Zehn Millionen zur Ausgabe, mit deren Zeichnung die Gesellschaft constituirt ist. Für den Fall späterer Emissionen bleibt den jeweiligen Inhabern der Actien erster Emission die Hälfte der neu zu emittirenden Beträge zum Paricourse reservirt.

Der Zweck des Unternehmens ist die Erleichterung und Beförderung des Handelsverkehrs, insbesondere in nachstehenden Geschäftsbranchen:

1. Discontirung von Wechseln.
2. Beleihung von soliden Werthpapieren.
3. Ertheilung von Vorschüssen auf Waaren und Rohstoffe, welche dem Verderben und der Mode nicht unterworfen sind.
4. Gewährung von Crediten mit und ohne Unterpfand.
5. Eröffnung von Giro-Conto.
6. Eröffnung von laufenden Rechnungen.
7. An- und Verkauf von Staats- und sonstigen Werthpapieren, Wechseln und edlen Metallen.
8. Annahme verzinslicher und unverzinslicher Depositen.
9. Emission von Anleihen und Capitalbeschaffung für Eisenbahnen und sonstige Actien-Unternehmungen.

Ausgeschlossen von dem Geschäftskreis der Gesellschaft bleiben die Ausgabe von Banknoten, der Erwerb von Grundstücken ausser zum eignen Gebrauch oder zur Sicherung gefährdeter Ausstände und der Ankauf für eigene Rechnung, sowie die Beleihung der Actien der Gesellschaft selbst.

Den Verwaltungsrath bilden für die ersten fünf Jahre die Herren:

L. E. Amsinck	von der Firma	**L. E. Amsinck & Co.** in New-York.
C. H. Donner	" " "	**Conrad Hinrich Donner** in Altona.
Adolph B. H. Goldschmidt	" " "	**B. H. Goldschmidt** in Frankfurt a/M.
C. G. Heise	" " "	**Carl Geo. Heise** in Hamburg.
Geo. Hesse	" " "	**Hesse, Newman & Co.** in Altona.
L. Lieben	" " "	**Lieben Königswarter** in Hamburg.
Geh. Commerzienrath **Alex. Mendelssohn**	" " "	**Mendelssohn & Co.** in Berlin.
Emile Nölting	" " "	**Emile Nölting & Co.** in Hamburg.
A. P. O'Swald	" " "	**Wm. O'Swald & Co.** in Hamburg.
Siegmund Warburg	" " "	**M. M. Warburg & Co.** in Hamburg.
Th. Wille	" " "	**Theodor Wille** in Hamburg.
Carl Woermann	" " "	**C. Woermann** in Hamburg.

Bei der steigen Zunahme des Handelsverkehrs macht sich das Bedürfniss, den Handel durch Zuführung von Capitalien zu erleichtern, stets in verstärktem Maasse geltend.

Wenngleich ähnliche Unternehmungen und mit grossem Erfolge in Hamburg bereits gegründet worden sind, so reichen dieselben für die Anforderungen des Verkehrs doch nicht aus.

Allen Mitgliedern der Hamburger Börse wird die Vereinigung und einsichtige Verwendung bedeutender Geldmittel zum Nutzen gereichen. Nicht minder wird der Verkehr des Inlandes und die commercielle Verbindung Deutschlands mit dem Auslande gehoben und erleichtert werden. In dieser Hinsicht bietet die Theilnahme der zwei bedeutendsten Plätze des Inlandes, Berlin und Frankfurt a. M., sowie diejenige New-York's, an der Gründung und Leitung des Unternehmens eine Gewähr des Gelingens.

Von den zu emittirenden Zehn Millionen werden

Fünf Millionen Mark Banco

zur öffentlichen Zeichnung zum Pari-Course aufgelegt. Ueber die anderen Fünf Millionen ist bereits anderweitig fest verfügt.

Hamburg, im Februar 1870.

L. E. Amsinck & Co.	Mendelssohn & Co.
Conrad Hinrich Donner.	Emile Nölting & Co.
B. H. Goldschmidt.	Wm. O'Swald & Co.
Carl Geo. Heise.	M. M. Warburg & Co.
Hesse, Newman & Co.	Theodor Wille.
Lieben Königswarter.	C. Woermann.

Zeichnungs-Bedingungen.

1. Zeichnungen werden entgegengenommen am:

2. und 3. März d. J.

in **Hamburg** bei **Lieben Königswarter, M. M. Warburg & Co.,**
in **Altona** bei **Conrad Hinrich Donner, Hesse, Newman & Co.,**
in **Berlin** bei **Mendelssohn & Co.,**
in **Frankfurt a./M.** bei **B. H. Goldschmidt.**

Die Zeichnungen werden **am 3. März um 6 Uhr Abends** geschlossen.

2. Die Zeichnungen sind in doppelter Ausfertigung unter deutlicher Bezeichnung der Namen und des Domicils der Zeichner zu vollziehen.
3. Den Zeichnungen ist eine Caution von 5 pCt. des gezeichneten Betrages in Baar oder an porteur lautenden Werthpapieren, zum Tages-Course berechnet, beizufügen. Ueber diese Caution wird auf einem der vollzogenen Zeichnungs-Formulare, welches der Zeichner zurückerhält, von der Zeichnungsstelle quittirt.
4. Ueberschreiten die Zeichnungen den aufgelegten Betrag, so werden dieselben entsprechend reducirt. Das Resultat wird innerhalb vier Tage nach dem Schlusse der Zeichnungen veröffentlicht.
5. Innerhalb acht Tage nach der Veröffentlichung hat die erste Einzahlung von 10 pCt. auf den einem jeden Zeichner zugetheilten Betrag zu erfolgen. Bei derselben wird die geleistete Caution verrechnet, resp. gegen Rückgabe der betreffenden Bescheinigung restituirt.
6. Weitere Einzahlungen bis zur Completirung der ersten 40 pCt. sind in denjenigen Raten und Fristen zu leisten, welche der Verwaltungsrath bekannt machen wird, jedoch nicht vor dem

15. April 1870.

7. Nach geschehener Einzahlung von 40 pCt. ist der Zeichner von der Verpflichtung zu weiteren Einzahlungen nach Maassgabe der Statuten frei.
8. Die Zeichner unterwerfen sich den von den Gründern der Gesellschaft unterzeichneten Statuten der Gesellschaft de dato 28. Februar 1870, von welchen Abdrücke an den Zeichnungsstellen zu erheben sind.

Prospekt zur Zeichnung von Aktien der Commerz- und Disconto-Bank in Hamburg, Februar 1870

Co. in Berlin, sondern auch um die sowohl mit Goldschmidt als auch mit dem zur Hamburger Gruppe gehörenden Bankhaus M. M. Warburg & Co. eng verbundene »Merchant Bank« N. M. Rothschild & Sons in London[19] sowie um das New Yorker Bank- und Handelshaus L. E. Amsinck & Co., das Hamburger Wurzeln besaß und dessen Eigentümer wahrscheinlich ebenfalls über persönliche Beziehungen zu einzelnen Mitgliedern der Gründerinitiative für das als Commerz- und Disconto-Bank (im Folgenden: Commerzbank) firmierende Institut verfügten. Während die Rothschilds eine Beteiligung an der neuen Bank jedoch ablehnten, sagte Amsinck zu. Damit hatte die junge Bank im Gegensatz zu ihren Hamburger Konkurrentinnen eine direkte Verbindung zu dem aufstrebenden Finanzplatz jenseits des Atlantiks, auch wenn Amsinck & Co. nicht zu den führenden Häusern in New York gehörte.

Von weit größerer Bedeutung als die Verbindung nach New York war zunächst jene nach Berlin, zu Mendelssohn & Co., die mit der Firma Paul Mendelssohn-Bartholdy über eine Dependance in Hamburg verfügte. Denn die Platzierungskraft von Mendelssohn war ein wichtiger Faktor für die erfolgreiche Emission der Commerzbank-Aktien. Besonders vertrauensvoll kann die Verbindung zu den Gründern der Commerzbank allerdings nicht gewesen sein. Denn die Mendelssohns hatten sich bereits an der Gründung der Norddeutschen Bank beteiligt und sollten sich noch während des Gründungsprozesses der Commerzbank auch an der Deutschen Bank beteiligen, indem die Hamburger Mendelssohn-Filiale aus Berlin angewiesen wurde, auch als Zeichnungsstelle für die Deutsche Bank-Aktien in Hamburg zu fungieren. In Berlin wusste man sehr wohl, dass die Gründer der Commerzbank sehr verärgert reagieren würden, wenn Mendelssohn fast zeitgleich Zeichnungen für die Aktien der Konkurrenzgründung entgegennehmen würde. So fragte Berlin in Hamburg nach: »Sagen Sie uns gefl., … was die Commerz- und Discontobank Collegen wohl für ein Gesicht machen würden?« Aber, so ließ man die Hamburger Filialleitung wissen: »Wenn sie (die Commerz- und Disconto-Bank-Kollegen, D. Z.) vernünftig sind, und die Sachlage erwägen, wie sie nun einmal ist und nicht geändert werden kann, so brauchen wir wohl nicht zu befürchten, von ihnen todtgeschlagen zu werden.«[20]

Trotz dieser Irritationen war das Ergebnis der öffentlichen Subskription ein voller Erfolg. Die zunächst aufgelegten 5 Mio. Mark Banco des insgesamt 20 Mio. Mark Banco betragenden Aktienkapitals wurde 135-fach überzeichnet. Obwohl abgesehen von der Zeichnungsliste der Gründer vom März 1870 Aktionärslisten nicht überliefert sind, kann man davon ausgehen, dass sich die Commerzbank nach ihrer Gründung weitgehend in Streubesitz befunden hat. Obwohl einzelne Gründer Aktien im Nominalwert von bis zu 2 Mio. Mark Banco zeichneten, verfügten diese Gründer anschließend deswegen über keine beherrschende Stellung, weil sie weder zum Zeitpunkt der Zeichnung noch danach beabsichtigt hatten, die zugeteilten Aktien auf Dauer zu halten. Insbesondere das Berliner Bankhaus Mendelssohn und das Frankfurter

Bankhaus Goldschmidt, die jeweils Aktien im Nominalwert von 1 bzw. 2 Mio. Mark Banco gezeichnet hatten, werden dies in der Absicht getan haben, die Aktien auf ihren aufnahmefähigen Heimatmärkten zu platzieren. Ähnliches dürfte für das Hamburger Handelshaus Wm. O'Swald gelten, das seine Commerzbank-Aktien innerhalb eines Jahres bis auf einen kleinen Rest wieder verkauft hatte.[21] Auch die Tatsache, dass Adolph B. H. Goldschmidt nur sieben Jahre, Albrecht Percy O'Swald nur zwei Jahre und die Repräsentanten von Mendelssohn & Co. zusammen nur vier Jahre ein Verwaltungsratsmandat bei der Commerzbank innehatten, deutet darauf hin, dass ihr Engagement nicht auf Dauer angelegt war. Bei der zweiten Hälfte des Aktienkapitals, das dem breiten Publikum zur Zeichnung angeboten worden war, war die breite Streuung allein schon durch die Überzeichnung sichergestellt, denn nur ein Bruchteil der gezeichneten Aktien konnte unter diesen Umständen auch tatsächlich zugeteilt werden.

Unter diesen Zeichnern waren auch Gründerfirmen der beiden Hamburger Konkurrentinnen, der Vereinsbank und der Norddeutschen Bank, darunter L. Behrens & Söhne, Schröder Gebr. & Co. sowie Joh. Ces. Godeffroy & Sohn, die zu den bedeutendsten »Merchant Bankern« der Stadt gehörten. Auch sie hatten nicht vor, Commerzbank-Aktien zu halten, sondern sie veräußerten die ihnen zugeteilten Aktien in einer konzertierten Aktion, um dadurch den Aktienkurs des Newcomers unter Druck zu setzen.[22] Um dieses Störfeuer unbeschadet zu überstehen, konnten sich die Gründer der Commerzbank keinen Konflikt mit den Mendelssohns wegen deren Interessenahme bei der Deutschen Bank leisten. Trotz einer losen Verbindung seiner Bank zur Norddeutschen Bank missbilligte der Leiter der Hamburger Dependance Paul Mendelssohn-Bartholdy das Vorgehen gegen die Commerzbank auf das Schärfste. Gleichzeitig beruhigte er seine Berliner Verwandten, die wegen der durch den Kursverlust ausgelösten Unruhe an der Hamburger Wertpapierbörse besorgt waren, und betonte, dass ihm das Verhalten von Godeffroy und Schröder »wirklich sehr zuwieder [sic!]« sei, und empfahl, beim Verkauf der Commerzbank-Aktien weiterhin »so ruhig und sinnig wie möglich zu verfahren«.[23]

Obwohl Mendelssohn & Co. alle von ihnen gezeichneten Aktien platzierten und deswegen über keinen Eigenbesitz verfügten,[24] war den Gründern der Commerzbank die Verbindung zu den Mendelssohns trotz des Ärgers über deren Liaison mit der Deutschen Bank so wichtig, dass sie die Seniorchefs von Mendelssohn & Co., Alexander Mendelssohn, und – nach dessen Tod 1871 – dessen Vetter Paul Mendelssohn-Bartholdy, in den Verwaltungsrat der Bank wählten. Nach dem Tod von Paul Mendelssohn-Bartholdy im Jahr 1874 wurde jedoch kein Repräsentant der Mendelssohns mehr neu gewählt, und gegen Ende der 1870er Jahre kappten die Mendelssohns sogar die geschäftliche Verbindung. Seitdem bildete die Norddeutsche Bank wieder ihre wichtigste Verbindung in Hamburg.[25]

2. Von Hamburg nach Berlin: Der Weg zur kleinen Berliner Großbank (1873 bis 1914)

2.1 Eigentümerstruktur und Governance

Über die Eigentümerstruktur der Commerzbank ist nur wenig bekannt. Gesichert ist lediglich, dass die Gründer von Anfang an über keine Aktienmehrheit verfügten. Es kann aber als sehr wahrscheinlich angenommen werden, dass sie zunächst eine ausreichende Zahl von Aktien besaßen, um jeden Versuch, ihre Dominanz im Unternehmen über die Generalversammlungen zu beschränken, als aussichtslos erscheinen zu lassen. Im Lauf der Zeit scheint dann der Anteil der Gründer am Aktienkapital zugunsten einer immer breiteren Streuung des Aktienbesitzes deutlich zurückgegangen zu sein. Das älteste überlieferte Verzeichnis der zu einer Generalversammlung der Commerzbank erschienenen Aktionäre und Aktionärsvertreter stammt aus dem Jahr 1904 und legt eine deutliche Konzentration des Kapitalbesitzes nahe. Denn es waren nur gut 20 Personen anwesend.[1]

Schaut man jedoch genauer hin, erkennt man, dass solche Verzeichnisse von Aktionären und Aktionärsvertretern, die ihre Aktien für die Generalversammlung angemeldet hatten, in keiner Weise die Zusammensetzung der Aktionäre widerspiegeln. Abgesehen von der Tatsache, dass das für die Generalversammlung angemeldete Aktienkapital nur etwas mehr als 10 Prozent des Gesamtkapitals repräsentierte, war der Grund für die schwer zu ermittelnde Eigentümerstruktur das Depotstimmrecht, das es einem Aktionär erlaubt, einen Stellvertreter an seiner Stelle mit seinen Stimmrechten auszustatten. Bis zur Aktienrechtsreform 1937 war es den Banken gestattet, ihre Geschäftsbedingungen so abzufassen, dass sie diejenigen Aktien, die sie im Auftrag ihrer Kunden in ihren Depots verwahrten und für die die jeweiligen Inhaber kein Stimmrecht auszuüben gedachten, wie den Eigenbesitz für die Generalversammlung anmelden konnten. So war es theoretisch möglich, dass eine Bank ohne Eigenbesitz eine Stimmenmehrheit auf der Generalversammlung besaß. Praktisch trat dieser Fall allerdings nie ein, weil sich die Aktien jeder Aktiengesellschaft in Streubesitz auf zu viele Depots bei unterschiedlichen Banken verteilten, als dass eine Bank ohne Verbündete eine einfache Mehrheit auf sich hätte vereinigen können.

Über die Möglichkeit von Banken, dank des Depotstimmrechts Eigentümerrechte zu nutzen, auch wenn diese über keinen nennenswerten Eigenbesitz an anderen Gesellschaften verfügten, ist im Zuge der »Bankenmacht«-Diskussion fast während des gesamten 20. Jahrhunderts viel diskutiert worden. Weit weniger Aufmerksamkeit erlangte dagegen eine zweite Eigenart des Depotstimmrechts. Denn die Stimmrechtsermächtigung ermöglichte es, dass die Bankleitungen sich selbst kontrollierten. Weder das Aktiengesetz von 1884 noch das Bankdepotgesetz von 1896 untersagten es, das Stimmrecht für Bankaktien, die in den Depots der betreffenden Bank verwahrt wurden, durch »Strohmänner« ausüben zu lassen.[2] Außerdem scheint es unter den großen Aktienbanken ein Gentlemen's Agreement gegeben zu haben, dass man auf den Generalversammlungen der Konkurrentinnen die Stimmrechte, über die man aufgrund des Depotstimmrechts verfügen konnte, nicht zum Schaden der Konkurrentin einsetzte.

Natürlich war diese Entwicklung, die sich zwar deutlich vor 1904, aber auch nicht unmittelbar nach der Gründung der Commerzbank eingestellt haben dürfte, von den Gründern nicht intendiert worden. Im Gegenteil, die Gründer hatten sich an der Governance orientiert, wie sie sie in ihren als Personengesellschaften verfassten Unternehmen gewohnt waren, und die Statuten der Commerzbank entsprechend abgefasst. Dort entschieden die Eigentümer, in der Regel ein sehr kleiner Kreis von Personen, über alle wichtigen geschäftlichen Fragen. So sollte es im Prinzip auch bei der neuen Bank sein, nur dass der Kreis der Eigentümer größer war als bei den Gründerfirmen. Die zwölf Gründer sahen sich deshalb als eine Art Konsortium, das gemeinsam entschied; und das Organ, in dem das ohne konkurrierende Einflussnahme möglich war, war der Verwaltungsrat.

Zum Zeitpunkt der Gründung der Commerzbank hatte der Verwaltungsrat in fast allen Aktiengesellschaften in Deutschland noch eine andere Funktion als der spätere Aufsichtsrat. Die frühen deutschen Aktiengesellschaften waren von den Verwaltungsräten noch tatsächlich geleitet worden, die sich, ähnlich wie ein englisches Board of Directors, angestellter Manager für das Routinegeschäft bedienten. Zu Beginn der 1870er Jahre hatte sich daran nur insofern etwas geändert, als das kurz nach der Gründung von Deutscher Bank und Commerzbank erlassene Aktiengesetz des Norddeutschen Bundes dem Verwaltungsrat zwar seine Leitungskompetenz beließ. Weil aber die zuvor in Preußen gültige Konzessionspflicht für die Gründung von Aktiengesellschaften aufgehoben worden war, sollte der Verwaltungs- auch als Aufsichtsrat die zurückgenommene staatliche Aufsicht ersetzen.[3]

Der wichtigste Sicherungsmechanismus für die Dominanz des aus dem Gründerkreis bestehenden Verwaltungsrats war die Gewährleistung der Mehrheit auf der Generalversammlung. Offenbar waren die Gründer der Commerzbank

ACTIE DER COMMERZ- UND DISCONTO-BANK IN HAMBURG

Nº [redacted]

Mark Bco. 200.

ACTIE

der

Commerz- und Disconto-Bank in Hamburg

über

Zweihundert Mark Banco.

Der Eigenthümer dieser Actie hat für den eingezahlten Betrag von Zweihundert Mark Banco den statutengemässen Antheil am Eigenthum und Gewinn der Gesellschaft.

Hamburg, 15. Mai 1872.

Der Verwaltungsrath

der Commerz- und Disconto-Bank in Hamburg.

Präsident

Vice-Präsident

Der Couponbogen kann abgetrennt werden.

Aktie über 200 Mark Banco mit den Unterschriften der Aufsichtsräte Carl Woermann und Ludwig Erdwin Amsinck, 15. Mai 1872

nicht interessiert oder in der Lage, gemeinsam die Aktienmehrheit zu halten. Dennoch war es fast unmöglich, eine Mehrheit gegen sie zu organisieren. Um die theoretische Möglichkeit auszuschließen, dass ein Außenstehender versuchen könnte, eine dominante Stellung auf der Generalversammlung dadurch zu erlangen, dass er über den Kapitalmarkt größere Aktienpakete erwarb, bestimmten die Statuten, dass kein Aktionär auf der Generalversammlung mehr als zehn Stimmen abgeben durfte.[4] Da jede Stimme Aktien im Nennwert von 5000 Mark Banco entsprach, machte es aus dieser Perspektive wenig Sinn, Aktien im Nennwert von mehr als 50 000 Mark Banco zu erwerben. Darüber hinaus hatten die Gründer ihre Stellung auch noch insofern abgesichert, als ihnen nach dem Statut für die Dauer von fünf Jahren unter Ausschluss anderer Aktionäre ein Verwaltungsratssitz garantiert war.[5]

Der als »Direktion« bezeichneten Geschäftsleitung der Bank gestanden die Verwaltungsräte nur eine ähnliche Funktion wie den Prokuristen in ihren Stammhäusern zu. Auch in diesem Fall waren die Statuten der Bank eindeutig. So sollte die aus (mindestens) zwei Personen bestehende Direktion zwar den »Geschäftsbetrieb … selbständig« leiten, aber »innerhalb der vom Verwaltungsrat aufzustellenden … Normen«. Außerdem hatte die Direktion die »Beschlüsse des Verwaltungsrats auszuführen«.[6] Im Einzelnen drückte sich das so aus, dass der Verwaltungsrat mindestens einmal im Monat zusammentrat und für bestimmte schneller zu entscheidende Fragen Ausschüsse bildete. So lag die Entscheidung über die Vergabe von größeren Krediten ausschließlich bei einem aus fünf Mitgliedern des Verwaltungsrats gebildeten Kreditausschuss, der je nach Höhe des beantragten Kredits entweder mit Mehrheit oder einstimmig entscheiden durfte oder den Antrag an den Verwaltungsrat zur Entscheidung weiterzuleiten hatte, wodurch das Procedere außerordentlich zeit- und arbeitsaufwendig wurde.[7] Für alle »wichtigen Geschäftsangelegenheiten, soweit solche nicht anderen Ausschüssen zugewiesen sind«, war ein Finanzausschuss zuständig, der ebenfalls aus fünf Mitgliedern des Verwaltungsrats gebildet wurde und den Kern des Machtzentrums Verwaltungsrat bildete. In besonders bedeutsamen Fragen konnte aber auch der Finanzausschuss nicht allein entscheiden. So musste etwa bei größeren Konsortialgeschäften die Genehmigung aller Verwaltungsräte eingeholt werden.[8] In Verbindung mit den weiteren Ausschüssen für Beamte und Immobilien waren die Kompetenzen der Direktoren sehr klar eingehegt. Auch die Bücher- und Depotprüfungen oblagen jeweils einem Ausschuss des Verwaltungsrats.[9]

Aus der Sicht der Gründer war die dominante Stellung des Verwaltungsrats auf Kosten von Generalversammlung und Direktion wichtig, um sicherzustellen, dass die neue Bank zum einen daran gehindert werden konnte, Geschäftsfelder zu erschließen, in denen die »Merchant Banker« unter den Gründern selbst engagiert waren; und zum anderen konnte so verhindert werden, dass die neue Bank irgendwann Geschäftsfelder vernachlässigte, die für die reinen Handelshäuser von existenzieller Bedeutung waren. Die kollektive Entscheidung über die Vergabe von Großkrediten hatte aber auch noch einen zweiten Vorteil: Sie verhinderte zwar kein »Inside Lending«, was auch gar nicht in der Absicht der Gründer lag;[10] aber sie verhinderte, dass sich ein Verwaltungsratsmitglied einen Großkredit über die Direktion verschaffen konnte, ohne dass die anderen Verwaltungsräte davon Kenntnis bekamen. So war sichergestellt, dass die Verwaltungsräte einen Kredit an einen der anderen Gründer ablehnen konnten, wenn dieser in Höhe, Laufzeit oder Besicherung unangemessen erschien. In dieser Hinsicht unterschieden sich die Rechte der Gründer nicht von denen anderer Kreditkunden, was im Interesse aller lag. Allerdings war der Verwaltungsrat in der Praxis zumindest am Anfang nicht immer so vorsichtig, wie es die Statuten nahelegten. 1875 hatte er den größten Einzelkredit, der in den 1870er Jahren überhaupt eingeräumt wurde, ausgerechnet einem Mitglied des Gremiums gewährt.[11]

Trotz der äußerlich klaren Regeln, wie sie in den auf der ersten Verwaltungsratssitzung aufgestellten Statuten festgelegt worden waren, war die Auswahl der Direktoren nicht einfach. Die Personen mussten einerseits ein gutes Standing besitzen, sodass sie Kunden für die Bank gewinnen und lukrative Geschäfte akquirieren konnten; andererseits durften sie aber auch nicht zu selbstständig sein, um ihren Informationsvorsprung durch ihre dauernde Präsenz im Kontor nicht gegen die nur stundenweise in der Bank präsenten Verwaltungsräte ausnutzen und damit deren Leitungsanspruch untergraben zu können. Zunächst schien es so, als hätte man die ideale Person für die Position des ersten Direktors gefunden. Denn in dem Leiter der Filiale der Preußischen Bank in Altona,

Direktor Schayer, ergänzten sich beide Voraussetzungen für einen angestellten Manager prima facie in idealer Weise: Als Leiter der Hamburg unmittelbar benachbarten Filiale der preußischen »Bank der Banken« kannte Schayer alle Bankiers aus Hamburg und Altona persönlich[12] und dürfte bei ihnen immer eine offene Tür finden, da er einen sehr guten Ruf genoss. Als Beamter war er es außerdem gewohnt, Anweisungen seiner Vorgesetzten in Berlin zu befolgen, sodass die Unterordnung unter die Autorität des Verwaltungsrats für ihn nichts Fremdes sein sollte. Aber Schayer wusste um seinen Wert und stellte Forderungen, die der Verwaltungsrat nicht bereit war zu erfüllen.[13]

Da sich die Verhandlungen mit Schayer erst im März 1870 zerschlagen hatten, war Eile geboten, und deshalb versuchte man es mit zwei Vorstandsmitgliedern, die nur zusammen das Anforderungsprofil erfüllten. Zunächst bemühte man sich mit Pierre Isaac Plate um den 58-jährigen Prokuristen der »Merchant Bank« H. J. Merck & Co., deren Einverständnis man zunächst noch einholen musste. Auch Plate besaß einen guten Ruf, aber der Verwaltungsrat war sich offenbar nicht sicher, ob alle potenziellen Kunden einen ehemaligen Prokuristen seines Alters als gleichwertigen Geschäftspartner akzeptieren würden; und ob Plate wirklich so proaktiv agieren würde, wie es nötig war, um eine neue Bank auf dem Hamburger Finanzmarkt und darüber hinaus zu etablieren, war aus der Sicht der Verwaltungsräte wohl ebenfalls nicht sicher. Deshalb stellten sie dem »gediegenen und soliden« Plate mit Gustav Halberstadt einen zweiten Direktor an die Seite, der es als selbstständiger Fonds- und Wechselmakler gewohnt war, eigenverantwortlich neue Geschäfte zu akquirieren, dem aber der Ruf vorauseilte, eine »gewisse Leichtigkeit des Charakters« zu besitzen.[14] Offenbar hoffte man, dass Plate eine möglicherweise zu große Risikofreude seines zweiten Direktors ausbremsen würde, während Halberstadt andererseits etwas mehr Dynamik in die Geschäftsakquise bringen sollte. Als weiteren Sicherungsmechanismus gegen ein zu selbstständiges Agieren Halberstadts war in den Statuten der Bank ausdrücklich niedergelegt worden, dass es Direktoren untersagt sei, »Handelsgeschäfte für eigene Rechnung zu treiben«.[15]

Das Experiment ging schief. Halberstadt scheint seinen Co-Direktor schnell marginalisiert zu haben, sodass dieser dem Verwaltungsrat bereits nach gut einem halben Jahr mitteilte, dass er seinen auf fünf Jahre geschlossenen Arbeitsvertrag nicht erfüllen werde, und im Januar 1871 aus den Diensten der Commerzbank wieder ausschied. Offenbar war der Verwaltungsrat aber trotz Halberstadts Verhaltens gegenüber Plate mit dessen Leistungen zufrieden. So gestattete man ihm als neuem ersten Direktor eigentlich nach den Statuten verbotene Arbitragegeschäfte, die der Bank dank der Expertise des ehemaligen Fondsmaklers in den ersten Geschäftsjahren hohe Gewinne bescherten, und verzichtete zunächst auch auf die Berufung eines neuen »Aufpassers«, was sich aber als ein schwerer Fehler entpuppen sollte. Denn nachdem sich Halberstadt zunächst seines Konkurrenten Plate entledigt hatte, legte er sich nun verstärkt mit dem Verwaltungsrat an, indem er ihn nur unzureichend und widerwillig über die laufenden Geschäfte informierte. Im Sommer 1871 eskalierte der Konflikt, wobei es vielleicht kein Zufall war, dass sich der Verwaltungsrat genau zu dieser Zeit bemühte, einen neuen zweiten Direktor zu finden. Im September 1871 wurde das Anstellungsverhältnis wegen unüberbrückbarer Meinungsverschiedenheiten ebenfalls vorzeitig gelöst, und Halberstadt machte sich wieder selbstständig, blieb der Commerzbank aber weiterhin geschäftlich verbunden.[16]

Die ersten beiden Geschäftsjahre waren trotz der Schwierigkeiten zwischen den Direktoren und zwischen Geschäftsführung und Verwaltungsrat günstig verlaufen, und so scheint man die Probleme vor allem den persönlichen Unzulänglichkeiten der beiden Direktoren angelastet zu haben. Das Strukturproblem der Governance blieb demzufolge noch unentdeckt, sodass man es wieder mit einem in Hamburg bestens vernetzten und geschäftlich aktiven sowie mit einem vermeintlich eher soliden und an unternehmerische Hierarchien gewöhnten Direktor versuchte. Die zu Jahresbeginn 1872 eingestellte neue Geschäftsführung waren Sally Werner als erster und Georg August Fedisch als zweiter Direktor. Über Fedisch ist nicht viel mehr bekannt, als dass er vor seiner Berufung Chef de Correspondence bei einer Wiener Bank gewesen war, während der zuvor selbstständige Kaufmann Werner 1870 in die sehr einflussreiche Hamburger Kaufmannsfamilie Robinow eingeheiratet hatte und ihm damit ein gewisses Standing innerhalb der Hamburger Kaufmannschaft garantiert schien.[17]

Hatten sich die ersten beiden Direktoren noch als eine Fehlbesetzung erwiesen, so bescherten die Nachfolger der Commerzbank ein wahres Desaster. Denn einer der Prokuristen, der zugleich Leiter der bald nach der Gründung der Bank errichteten Wechselstube war und deshalb offenbar glaubte, weniger streng kontrolliert zu werden, hatte während der Börsenhausse umfangreiche, unerlaubte und vor allem verdeckte Spekulationsgeschäfte getätigt. Mit dem Zusammenbruch der Börse im Herbst 1873 gingen auch die in die Spekulation investierten Mittel verloren, und der Verlust wurde durch fingierte Geschäfte verschleiert. Darunter war auch ein Geschäft mit dem Handelshaus des Schwiegervaters von Direktor Werner, was den Verdacht nahelegte, dass die Direktoren nicht nur um die Geschäfte des Wechselstubenleiters wussten, was diese auch zugaben, sondern zumindest Werner auch persönlich involviert war. Obwohl das Vorgehen von allen drei Beteiligten einen Straftatbestand darstellte, wurde seitens der Bank auf eine Strafanzeige verzichtet. Im Gegenzug erklärten sich die Direktoren bereit, für den entstandenen Schaden aufzukommen. Werner war aufgrund seines Fehlverhaltens, aber auch wegen seiner mangelnden Einsichtigkeit sofort entlassen worden, während der umfänglich geständige Fedisch zunächst noch in seiner Position belassen wurde.[18] Es war aber wohl klar, dass er nur noch ein Direktor auf Abruf war, bis sich der Nachfolger von Werner eingearbeitet hatte und auch Fedischs Position neu besetzt werden konnte.

Unter dem Deckel halten ließ sich der Skandal trotz des Verzichts auf einen öffentlichen Strafprozess aber nicht. So musste die Bank in ihrem Geschäftsbericht für 1873 einräumen, dass bei ihrer Wechselstube wegen der Veruntreuung von Geldern ein erheblicher Verlust entstanden war. Trotz eines Reingewinns von 1,25 Mio. Mark Banco konnte für 1873 keine Dividende ausgeschüttet werden, weil fast der gesamte Betrag für Abschreibungen auf Effekten (infolge des Zusammenbruchs der Börsenkurse) und zur Verlustabdeckung der veruntreuten Gelder verwandt werden musste.[19]

Mit den weiteren Besetzungen der Direktorenstellen hatte die Bank dann endlich mehr Glück. Als Nachfolger für Werner wurde nur kurze Zeit nach dessen Ausscheiden mit Ernest Müller erneut der Prokurist eines etablierten Handelshauses bestellt. Im Gegensatz zu Plate war Müller erst 37 Jahre alt und hatte noch eine Karriere vor sich, sodass man hoffen konnte, einen dynamischeren neuen Direktor gefunden zu haben, der dem verunsicherten und deshalb vermutlich eher übervorsichtigen Fedisch an die Seite gestellt wurde. Nach zweieinhalb Jahren traute der Verwaltungsrat Müller dann die alleinige Geschäftsführung zu, sodass auf Fedisch verzichtet werden konnte. Fedisch wurde dann durch einen ebenfalls eher unerfahrenen zweiten Direktor ersetzt, den Prokuristen aus dem eigenen Haus, Hermann Buchheister. Buchheister, der gerade erst 1872 32-jährig Prokura erhalten hatte, war im Folgejahr wesentlich an der Aufklärung der Spekulationsgeschäfte des Wechselstubenleiters beteiligt gewesen und wurde wahrscheinlich mit der Berufung zum zweiten Direktor für seine Zuverlässigkeit belohnt. Damit verfügte die Bank über zwei junge Direktoren, die die Bank wieder in ruhigeres Fahrwasser steuerten. Als Buchheister allerdings 1880 im Alter von nur 40 Jahren verstarb, wurde schon wieder ein Wechsel fällig, und erneut vertraute der Verwaltungsrat mit Georg Wellge einem Prokuristen aus dem eigenen Haus. Auch Wellge, der aus kleinen Verhältnissen stammte und die geforderte Kaution nicht selbst aufbringen konnte, hatte erst ein Jahr zuvor Prokura erhalten und bekam deswegen einen auf nur drei Jahre befristeten Direktorenvertrag.

Wellge, der als 38-Jähriger 1870 in den Dienst der Bank eingetreten und zum Zeitpunkt seiner Ernennung 48 Jahre alt war, ordnete sich als zweiter Direktor klaglos dem deutlich jüngeren Müller unter, sodass die Bank endlich ein Direktorenduo gefunden hatte, das nicht nur über einen längeren Zeitraum reibungslos zusammenarbeitete, sondern auch eine klare Arbeitsteilung entwickelte. Während Müller eine rege Reisetätigkeit entfaltete, um die Commerzbank auch außerhalb des Hamburger Finanzmarkts zu etablieren, und dabei recht erfolgreich agierte, hielt ihm Wellge, der aus seiner langjährigen und ziemlich weit unten in der Bankhierarchie begonnenen Laufbahn die Angestellten und die Betriebsabläufe sehr gut kannte, den Rücken frei.

Mit der Zeit wuchs dann auch das Vertrauen des Verwaltungsrats in das Führungsduo, und er räumte ihm immer weiter gehende Befugnisse ein. Denn mittlerweile war das Geschäft komplexer geworden und erforderte

Der Überseekaufmann und Reeder Carl Woermann (1813–1880) war für die Commerzbank als erster Vorsitzender des Aufsichtsrats von 1870 bis 1880 tätig.

deutlich schnellere Entscheidungswege als in der Gründungszeit, sodass an eine effektive Leitung durch den Verwaltungsrat nicht mehr zu denken war. Aufgrund der positiven Entwicklung, die die Bank seit Müllers Amtsantritt genommen hatte, trat dieser auch selbstbewusster gegenüber dem Verwaltungsrat auf, wobei es aber sehr wahrscheinlich nie zu einer Kraftprobe zwischen ihm und dem Verwaltungsratsvorsitzenden kam, wie das bei der Deutschen Bank und der Dresdner Bank der Fall war. Das mag zum einen an dem

Verwaltungsratsvorsitzenden, dem Kaufmann und Kaffeeimporteur Theodor Wille, gelegen haben, der das Amt 1880 von seinem Vorgänger, dem Kaufmann und Reeder Carl Woermann, nach dessen Tod übernommen hatte. Vor allem aber lag es wohl an Müller selbst, der seinen Wert kannte, aber auch wusste, dass er ersetzbar war. Im Gegensatz dazu waren Eugen Gutmann bei der Dresdner Bank und Georg Siemens bei der Deutschen Bank Ende der 1870er, spätestens aber in den 1880er Jahren wohl nicht mehr ohne einen erheblichen Bedeutungsverlust »ihrer« Banken ersetzbar, sodass sie ihre Verwaltungsräte bzw. deren Vorsitzende, Michael Kaskel (Dresdner Bank) und Adelbert Delbrück (Deutsche Bank), weitgehend ihres Einflusses auf das Bankgeschäft berauben konnten.[20] Die Verschiebung in der Governance der Commerzbank zugunsten der Direktoren und zulasten des Verwaltungsrats vollzog sich deshalb eher schleichend als durch einen offenen Konflikt.

Unterstützt wurde die Emanzipation der Direktion vom Verwaltungsrat durch die Aktienrechtsnovelle des Jahres 1884, durch die zwar die Kontrollmöglichkeiten des Aufsichtsrats gegenüber der Geschäftsführung des Vorstands deutlich erweitert wurden. Im Gegenzug waren Eingriffe in die Geschäftsführung aber nur noch gestattet, wenn sie zuvor durch entsprechende Regelungen im Gesellschaftsvertrag ausdrücklich festgelegt worden waren. Das Ziel dieser Reform war, das Konfliktpotenzial im täglichen Geschäft durch die Aufhebung der Zwitterstellung des alten Verwaltungsrats zwischen Geschäftsführung und Aufsicht deutlich zu verringern.[21]

Durch die Novelle wurde eine Überarbeitung der Statuten bei der Commerzbank notwendig. Äußerliches Zeichen des Gesetzeseinflusses war die Umbenennung des »Verwaltungsrats« in »Aufsichtsrat«. In Paragraf 21 der Statuten war dann konsequenterweise auch nicht mehr davon die Rede, dass der Aufsichtsrat »die oberste Leitung der Geschäfte« innehabe, wie es noch 1870 geheißen hatte.[22] Das Gleiche gilt für die Maßgabe, dass die Direktion »Beschlüsse des Verwaltungsrats auszuführen« habe. Auch dieser Satz entfiel ersatzlos.[23] Stattdessen hieß es nun, dass »der Aufsichtsrat die ihm vom Vorstande vorgelegte Bilanz und Gewinn- und Verlustrechnung« zu prüfen und »der Generalversammlung darüber Bericht« zu erstatten habe. Auch die Beschränkung des Stimmrechts in der Generalversammlung auf zehn Stimmen entfiel,[24] wodurch das Machtmonopol des gründerdominierten Aufsichtsrats ebenfalls empfindlich, nun aber zugunsten der außerhalb des Gründerkreises stehenden Aktionäre deutlich eingeschränkt wurde.

Diese Statutenänderungen wurden von der Generalversammlung ohne größere Diskussion angenommen. Lediglich die Frage, ob die Bilanz weiterhin durch gesondert von der Generalversammlung zu wählende Revisoren geprüft werden sollte, war umstritten. Der Verwaltungsrat wollte in seinem Beschlussvorschlag nicht von der im Gesetz eröffneten Möglichkeit Gebrauch machen und die Revision allein dem Aufsichtsrat übertragen, sodass diese Tradition einstweilen beibehalten wurde.[25] Zu Revisoren wurden aber nicht hauptberufliche Wirtschaftsprüfer bestellt – diesen Beruf gab es zu diesem Zeitpunkt noch gar nicht –, sondern Aktionäre, die es als Kaufleute gewohnt waren, Bilanzen zu erstellen und das Geschäftsgebaren ihrer Angestellten zu prüfen. Daneben existierte auch der Bücher-(= Revisions-)Ausschuss des Aufsichtsrats weiter, der seinerseits in unregelmäßigen Abständen und ohne Vorankündigung Buchprüfungen vornahm. Dessen Arbeit wurde dadurch erleichtert, dass den Angestellten Mitte der 1870er Jahre ein Urlaubsanspruch eingeräumt wurde. Allerdings durfte der Zeitpunkt von diesen nicht frei gewählt werden, sondern wurde durch die Direktion festgelegt und musste sofort angetreten werden. Der Urlaub eines Angestellten wurde dann sehr häufig dazu genutzt, die von diesem geführten Bücher zu prüfen.[26]

Bis zur Jahrhundertwende hatten sich die Eigentumsverhältnisse vermutlich nicht grundsätzlich verändert. Einige der Gründerfirmen lockerten oder lösten ihre Beziehungen zur Commerzbank, als die Gründer verstorben waren und deren Nachfolger andere Prioritäten setzten. Auch wenn das im Einzelfall schwer zu belegen ist, sind die Nichtwiederbesetzung des Verwaltungs- bzw. Aufsichtsratsmandats sowie die fehlende persönliche Präsenz auf der Generalversammlung ein starkes Indiz für die Aufgabe der Aktienbeteiligung einer Gründerfamilie. Obwohl an deren Stelle andere Kaufleute oder »Merchant Bankers« neu hinzutraten, sodass sich die soziale Zusammensetzung des Aufsichtsrats Ende der 1890er Jahre nicht grundsätzlich von jener des Gründerkreises unterschied, waren im Einzelfall doch schmerzliche Verluste zu verzeichnen. Besonders bitter dürfte die Hinwendung des Handelshauses Carl Woermann zur Norddeutschen Bank nach dem Tod des Gründers und langjährigen Verwaltungsratsvorsitzenden der Commerzbank Carl Woermann im Jahr 1880 gewesen sein. Der Sohn und Nachfolger Adolph Woermann richtete das Unternehmen ganz auf den Afrikahandel aus und gehörte seit 1883 zu den Beratern Bismarcks in Fragen des Überseehandels und der Kolonialpolitik.[27] In diesem Zusammenhang dürfte Woermann in Kontakt zu dem Geschäftsinhaber der Berliner Disconto-Gesellschaft, Adolph von Hansemann, gekommen sein, der ebenfalls über exzellente Beziehungen zur Reichsregierung verfügte und sich früher und stärker als andere Großbankenvertreter für eine aktive deutsche Kolonialpolitik engagierte.[28] Anstatt in den Aufsichtsrat der Commerzbank trat Woermann 1885 in den Aufsichtsrat der Disconto-Gesellschaft ein,[29] und obwohl er die Beziehungen zur Commerzbank allem Anschein nach nicht vollständig kappte, arbeiteten die Woermann'schen Unternehmen seit den 1880er Jahren in erster Linie mit der Norddeutschen Bank zusammen, in deren Aufsichtsrat Adolph Woermann 1892 ebenfalls eintrat.[30] Denn die Norddeutsche Bank stand seit den 1860er Jahren in einer engen Geschäftsbeziehung mit der Disconto-Gesellschaft[31] und schloss sich 1895 sogar der Berliner Großbank an.

Auch die Beziehungen zu den Finanzplätzen Berlin und Frankfurt hatten sich gelockert. Beide unter den Gründern firmierende Privatbankiers aus Berlin und Frankfurt hielten ihre Verwaltungsratsmandate nicht einmal über die garantierte Mindestlaufzeit von fünf Jahren, sondern zogen sich relativ bald wieder zurück, ja, nach dem Tod von Paul Mendelssohn-Bartholdy näherten sich Mendelssohn & Co. sogar wieder der Norddeutschen Bank an.[32] Während aber Mendelssohn auch weiterhin zu den bedeutendsten Privatbankhäusern in Deutschland gehörte, verlor B. H. Goldschmidt im letzten Viertel des 19. Jahrhunderts den Anschluss und fungierte vor der Jahrhundertwende ähnlich wie das mit Goldschmidt eng verbundene Bankhaus M. A. Rothschild & Söhne in erster Linie nur noch als Vermögensverwaltung der Eigentümerfamilie(n). Zu Beginn des 20. Jahrhunderts wurde das Bankhaus dann sogar liquidiert.

Man kann auch angesichts des fehlenden Interesses der beiden Banken, ihr Verwaltungsratsmandat bei der Commerzbank über längere Zeit zu behalten, schließen, dass sie ihren Aktienbesitz von zusammen 3 Mio. Mark Banco relativ schnell nach der Aktienerstemission veräußert hatten und damit ein nicht unwesentlicher Teil des Aktienkapitals der Commerzbank in Berlin und Frankfurt gehalten wurde. Unter den dortigen Aktionären war aber offenbar zunächst niemand, der sich für ein Engagement bei der Commerzbank interessierte, sodass die Bindungen zu den beiden wichtigsten Finanzmärkten des Reichs, die von den Gründern zum Zeitpunkt der Gründung als äußerst wichtig angesehen worden waren, wesentlich gelockert wurden.

Es ist deshalb sehr wahrscheinlich, dass die aktive Reisetätigkeit von Ernest Müller in erster Linie dem Ziel diente, wieder neue Korrespondenz- und Geschäftsbeziehungen im Reichsgebiet sowie in Österreich und Skandinavien anzubahnen, um diesen Rückschlag wettzumachen. Müller war damit auch durchaus erfolgreich. Denn 1878 vereinbarten der Wiener Bankverein sowie die Deutsche Bank, die bereits wenige Jahre nach der Gründung der Deutschen Bank eine enge Zusammenarbeit gepflegt hatten,[33] mit der Commerzbank künftig im österreichischen Konsortialgeschäft zusammenzuarbeiten.[34] Die Deutsche Bank hatte zwar 1872 eine eigene Niederlassung in Hamburg gegründet, sogar als erste Filiale im Inland überhaupt, aber anscheinend reichte deren Platzierungskraft nicht aus, um das Potenzial des Hamburger Finanzmarkts für das Österreichgeschäft voll ausnutzen zu können.[35] Eine Kooperation mit der in Hamburg bereits länger etablierten Norddeutschen Bank hätte zwar nähergelegen. Aber deren enge Verbindung zur Disconto-Gesellschaft, der großen Berliner Konkurrentin, dürfte aus der Sicht der Deutschen Bank gegen diese Verbindung gesprochen haben.

Ein Jahr später gelang es Müller, den Kontakt zum Finanzplatz in Berlin noch weiter zu vertiefen, indem er Beziehungen zu dem Berliner Privatbankier Jacob Landau knüpfte,[36] dessen gleichnamiges Bankhaus seit den 1870er Jahren einen rasanten Aufstieg erlebte und zu einem der führenden deutschen Häuser mit einem Schwerpunkt im Industriegeschäft aufstieg. Nach Jacob Landaus Tod führte dessen Sohn Eugen das Geschäft seit 1882 weiterhin sehr erfolgreich und vertiefte die Beziehungen zur Commerzbank noch.

Landau passte allerdings nicht recht in die soziale Gruppe der Gründer, die sich selbst vermutlich als seriöse hanseatische Kaufleute sahen und sich mit dem Sohn eines jüdischen Selfmademans aus Schlesien schwertaten, der seinen schnellen Erfolg nicht zuletzt der – aus hanseatischer Sicht eher spekulativen – Anbahnung von Mergers & Acquisitions verdankte.[37]

Bei der Commerzbank war es üblich, dass sich der Verwaltungs- bzw. Aufsichtsrat beim Ausscheiden eines Mitglieds auf dem Weg der Kooptation selbst ergänzte. Mitte der 1880er Jahre hatte der Aufsichtsrat aber auf die Kooptation eines neuen Mitglieds verzichtet. Allem Anschein nach hatte Landau zu dieser Zeit bereits einen Teil der Berliner Stimmen auf den Generalversammlungen auf sich vereinigen können – ob im Eigenbesitz oder als Vertreter, ist nicht mehr zu ermitteln – und hätte eigentlich zum Eintritt in den Aufsichtsrat aufgefordert werden müssen. Das geschah jedoch zunächst nicht. Daraufhin formulierte Landau, der zugleich Aufsichtsratsvorsitzender der 1881 unter Beteiligung der Commerzbank gegründeten Nationalbank für Deutschland war, gegenüber dem Aufsichtsrat eine entsprechende Erwartung, was auch nicht gerade hanseatischen Gepflogenheiten entsprach. Der Aufsichtsrat sah sich, vermutlich durch die Bedeutung der Berliner Stimmen veranlasst, in seiner letzten Sitzung vor der Generalversammlung im Jahr 1889 genötigt, »diesem Wunsche Rechnung zu tragen« und Landau der Generalversammlung zur Wahl in den Aufsichtsrat vorzuschlagen.[38] Landau wurde gewählt und war damit der erste Nichthamburger im Aufsichtsrat der Commerzbank, der nicht dem Gründerkreis angehört hatte. Sich aktiv in die Geschäfte der Commerzbank einzubringen war aber Landaus Interesse nicht. Er war nur selten bei den Sitzungen des Aufsichtsrats zugegen und trat auch in keinen Aufsichtsratsausschuss ein. Ihm ging es vermutlich in erster Linie darum, die Commerzbank als Partner im Konsortialgeschäft fester an »seine« Nationalbank für Deutschland zu binden.[39]

Auch die Generalversammlungen waren eine weitgehend geschlossene Hamburger Veranstaltung, nachdem in den Statuten ausdrücklich festgelegt worden war, dass die Versammlung in Hamburg stattzufinden hatte. Die geringe Präsenz der Aktionäre auf den Generalversammlungen dürfte dadurch zu erklären sein, dass die in Berlin und Frankfurt platzierten Aktien breit gestreut waren und außer Landau niemand über ein so großes Aktienpaket verfügte, dass es sich für ihn gelohnt hätte, nach Hamburg zu reisen. Offenbar war aber auch keine Berliner Bank daran interessiert, einen Vertreter für die in den eigenen Depots liegenden Aktien nach Hamburg zu schicken.

Den Kontakt nach Frankfurt zu reaktivieren fiel der Commerzbank schwerer. Das änderte sich 1897, als sich die Gelegenheit ergab, das sehr renommierte Frankfurter Bankhaus J. Dreyfus & Co. zu erwerben. Die Initiative für eine Expansion war zwar ursprünglich von Landau ausgegangen, der seinen Verwaltungsratskollegen im Oktober 1897 eine Aktivität in diese Richtung empfahl.[40] Landau hatte dabei sicherlich nicht an J. Dreyfus & Co. gedacht,

Theodor Wille (1818–1892), Kaufmann und Reeder in Hamburg, war einer der Gründer der Commerzbank und von 1880 bis 1892 Vorsitzender des Aufsichtsrats.

sondern eher an eine Gemeinschaftsgründung mit anderen Banken oder womöglich gar an eine Fusion mit der Nationalbank für Deutschland. Aber Letzteres kam für die Hamburger Verwaltungsräte auf keinen Fall infrage, weil das bedeutet hätte, dass sich der Schwerpunkt des Geschäfts, ja wahrscheinlich sogar der Firmensitz nach Berlin verlagert hätte. Daran konnte auch und gerade das Bankhaus Warburg kein Interesse haben, das einen starken Partner vor Ort benötigte. Etwa zu der gleichen Zeit stellte deshalb der damals gerade 30-jährige Max Warburg, der nach einer Lehrzeit bei J. Dreyfus & Co. wenige Jahre zuvor als Teilhaber in die väterliche Bank eingetreten war, einen Kontakt seines ehemaligen »Lehrherren« mit der Commerzbank her. Über den Vater seiner Schwägerin, den New Yorker Bankier Jacob Schiff, der einer der Kommanditisten von J. Dreyfus & Co. war, wusste er, dass Isaac Dreyfus Ausschau nach einem starken Partner hielt. Denn die Investition in eine eigene Niederlassung in Berlin hatte nicht den gewünschten Erfolg gebracht.[41]

Die Commerzbank ergriff die Gelegenheit beim Schopfe, und die Direktoren konnten dem Aufsichtsrat schon wenige Wochen nach Landaus Vorstoß einen Vertragsentwurf vorlegen.[42] Nachdem der Aufsichtsrat den Vertragsbedingungen zugestimmt hatte, wurde noch vor Jahresende eine außerordentliche Generalversammlung angesetzt, die sich ebenfalls anschloss,[43] sodass die Fusion noch 1897 vollzogen werden konnte. Dadurch änderten sich die Eigentumsverhältnisse vermutlich erstmals in der Geschichte der Commerzbank grundlegend. Denn das Grundkapital wurde von 30 auf 50 Mio. Mark erhöht, wobei die Hälfte der Kapitalerhöhung an die ehemaligen Inhaber von J. Dreyfus & Co. zu einem Kurs von 107 Prozent als Gegenleistung für die Einbringung ihres Geschäfts übertragen wurde. Damit steigerte sich nicht nur der Teil des Aktienkapitals, der außerhalb von Hamburg gehalten wurde, sondern es verfügten erstmals auch Aktionäre außerhalb Hamburgs über einen nennenswerten Aktienbesitz, der mit Blick auf Entscheidungen künftiger Generalversammlungen nicht ignoriert werden konnte. Die restlichen 10 Mio. Mark wurden den alten Aktionären über ein Bankenkonsortium, dem neben M. M. Warburg & Co. auch Mendelssohn & Co., die Norddeutsche Bank, das Bankhaus Jacob Landau und die Nationalbank für Deutschland angehörten,[44] zu 125 Prozent angeboten.[45] In Anbetracht der aktuellen Kursnotierung der Aktie, die Anfang Dezember bei 145 Prozent stand, war das ein attraktives Angebot, sodass davon auszugehen ist, dass die meisten Altaktionäre von dieser Möglichkeit Gebrauch machten. Der Kreis der Aktionäre dürfte sich, abgesehen von den persönlich haftenden Gesellschaftern von J. Dreyfus & Co., nicht so stark erweitert haben, wie es bei einer Erweiterung der Kapitalbasis um 66 Prozent ansonsten zu erwarten gewesen wäre.

Diese Vermutung wird durch die erste vollständig überlieferte Liste der auf einer Generalversammlung angemeldeten Aktien aus dem Jahr 1904 bestätigt. Die Hamburger Aktionäre verfügten trotz der breiteren Streuung durch die Kapitalerhöhung des Jahres 1897 immer noch über eine sehr große Mehrheit. Von den Aktionären, die ihren Wohnsitz außerhalb Hamburgs hatten, waren lediglich Eugen Landau und mit Lucien Picard einer der Vorbesitzer des Bankhauses Dreyfus anwesend, der als einer der Leiter der zur Commerzbank-Filiale Berlin umgewandelten ehemaligen Dreyfus-Niederlassung in der Reichshauptstadt selbst in den Vorstand der Commerzbank aufgenommen worden war. Es war deshalb kaum anzunehmen, dass die Gefahr einer der »Verwaltung« unangenehmen Initiative von Picard ausgehen würde. Picard vertrat neben seinem eigenen auch noch das Aktienpaket des zweiten, ursprünglich von Dreyfus übernommenen und in den Vorstand der Commerzbank aufgenommenen Berliner Niederlassungsleiters Waldemar Risch. Isaac Dreyfus, der Sohn und Erbe des Gründers von J. Dreyfus & Co. mit Wohnsitz in Frankfurt, der mit der Übernahme seines Bankhauses in den Aufsichtsrat der Commerzbank gewählt worden war, war nicht erschienen und ließ sein Aktienpaket vertreten. Zusammengenommen machte das von den ehemaligen Dreyfus-Eigentümern kontrollierte, angemeldete Aktienkapital mit 2866 Stimmen nur einen Anteil von etwa 5,5 Prozent aller Stimmen aus. Noch bescheidener war das von Eugen Landau vertretene Stimmrecht, der neben seinem eigenen Aktienbesitz (bzw. möglicherweise den Aktien der Nationalbank für Deutschland) auch ein größeres Aktienpaket des Hamburger Bankhauses L. Behrens & Söhne sowie eines weiteren Hamburger Aktionärs vertrat. Insgesamt lag sein Stimmenanteil bei gerade einmal knapp 3,5 Prozent.[46] Es ist deshalb nicht davon auszugehen, dass die Übermacht der Hamburger »Merchant Banks« und Handelshäuser durch die Kapitalerhöhung von 1897 ernsthaft beeinträchtigt worden wäre.

Über den Kapitalbesitz ließ sich für die ehemaligen Inhaber von J. Dreyfus & Co. demzufolge wenig Einfluss ausüben. Isaac Dreyfus' anfängliches Interesse, sich im Aufsichtsrat zu engagieren, ließ deshalb auch nach einiger Zeit nach, wobei die Hamburger Aufsichtsräte und insbesondere der Aufsichtsratsvorsitzende C. F. W. Nottebohm auch wenig unternahmen, ihn stärker in die Arbeit einzubinden.[47]

Trotz der durch die neue Eigentümerstruktur kaum veränderten Machtverhältnisse löste die Übernahme von J. Dreyfus & Co. auf der Ebene der Geschäftsleitung eine geradezu revolutionäre Entwicklung aus, oder wie es der Sozialhistoriker Morten Reitmayer ausdrückt: »Kapitalmäßig wurde Dreyfus & Co. von der Aktienbank übernommen, personell war es umgekehrt.«[48] Denn abgesehen von Isaac Dreyfus, der in den Aufsichtsrat der Commerzbank eintrat, wurden zwei ehemalige Inhaber und ein leitender Angestellter von J. Dreyfus & Co. in den Vorstand berufen und den zwei Commerzbank-Vorstandsmitgliedern an die Seite gestellt. Abgesehen davon, dass die neuen Rollen der alten Dreyfus-Leitung bei der »neuen« Commerzbank Teil der Verhandlungen um die Übernahme gewesen sein dürften, machte die Dezentralisierung der Vorstandsarbeit in Anbetracht der Bedeutung der neuen Niederlassungen in Berlin und Frankfurt aber auch durchaus Sinn. Die Filiale in Berlin wurde von Dreyfus' Schwager Lucien Picard und von Waldemar Risch geleitet, der als Niederlassungsleiter von der Deutschen Bank abgeworben worden war.[49] Der Niederlassungsleiter in Frankfurt wurde der dritte ehemalige Eigentümer von J. Dreyfus & Co., Carl Brettauer, wobei davon auszugehen ist, dass auch Isaac Dreyfus in der Frankfurter Filiale ein gewichtiges Wort mitzureden hatte.

Mit seiner Rolle als Niederlassungsleiter wollte sich Brettauer aber nicht abfinden. Denn die Hamburger im Aufsichtsrat der Commerzbank hatten eine etwas andere Vorstellung von der Geschäftsführung ihrer Filialen als die ehemaligen Privatbankiers, und so verließ Brettauer schon nach nur gut einem Jahr die Bank wieder, um sich als Privatbankier selbstständig zu machen. Trotz des sehr unterschiedlichen Verständnisses über die erfolgreiche Führung des Geschäfts der Frankfurter Niederlassung entschied sich der Aufsichtsrat der Commerzbank für personelle Kontinuität in Frankfurt und übertrug nicht nur zwei ehemaligen Dreyfus-Prokuristen die Filialleitung, sondern berief sie ebenfalls in den Vorstand der Commerzbank. Damit wären von den sechs Vorständen der Commerzbank vier von J. Dreyfus & Co. gekommen. Der Aufsichtsrat muss unter diesen Umständen die Gefahr einer Lockerung der etablierten Geschäftsgrundsätze, ja sogar einer Marginalisierung Hamburger Interessen gesehen haben und mischte sich deshalb wieder stärker in die Geschäftsführung ein. Außerdem berief er ein weiteres Mitglied in den Vorstand, das weder von Dreyfus kam noch ein »Eigengewächs« der Commerzbank war.

Man könnte die Berufung von Gustav Pilster durchaus als den Versuch werten, dem Übergewicht des Dreyfus-Einflusses im Vorstand etwas entgegenzusetzen. Pilster war bei der Nationalbank für Deutschland ausgebildet worden und anschließend dort so erfolgreich tätig gewesen, dass er bereits mit 32 Jahren in die Direktion einer westdeutschen Aktienkreditbank berufen wurde.[50] Pilster galt als Spezialist für das Kontokorrentgeschäft, und genau diesen Geschäftszweig, der bei J. Dreyfus & Co. nicht sonderlich gepflegt worden war, sollte er aufbauen. Obwohl Isaac Dreyfus die Berufung Pilsters im Aufsichtsrat aktiv unterstützt hatte, wird dessen Schwager Picard, dessen Betätigungsfeld als ehemaliger Privatbankier eher im Börsen- und Wertpapiergeschäft gelegen haben dürfte, die Berufung Pilsters wohl nicht gern gesehen haben. Immerhin lag dessen Wirkungsstätte aber zunächst noch in Hamburg. Das aber begründete für den gerade erst 34-jährigen Pilster eine herausgehobene Stellung im Vorstand. Denn er war nur dem ersten Direktor Wellge, der ebenfalls in Hamburg tätig war, unterstellt, den übrigen Mitgliedern des Vorstands, deren Arbeit er »koordinieren« sollte, aber übergeordnet.[51]

Damit war der Vorstand innerhalb von zwei Jahren von zwei auf sieben Personen erweitert worden: Das Hamburger Geschäft wurde von den »alten« Vorstandsmitgliedern, dem ersten Direktor Georg Wellge und Wilhelm Heintze, der Ernest Müller nachgefolgt war, sowie dem jungen Gustav Pilster geleitet, das Frankfurter Geschäft von den ehemaligen Dreyfus-Prokuristen Hugo Rosenberger und Carl Kolb und das Berliner Geschäft von Lucien Picard und Waldemar Risch. Um die Entscheidungswege zu verkürzen, hatte der Aufsichtsrat den Vorstandsmitgliedern höhere Kompetenzen einräumen müssen, bestand aber auf einer engen Absprache zwischen den Standorten. Da alle sieben Vorstandsmitglieder ein Interesse daran haben mussten, dass sich der Aufsichtsrat nicht doch wieder stärker in die Geschäftsführung einmischte, scheint die Zusammenarbeit zwischen den auf drei Standorte verteilten Vorstandsmitgliedern leidlich funktioniert zu haben, auch wenn die

Hamburger Direktoren gelegentlich Bedenken zu den genehmigungspflichtigen Geschäften der Frankfurter Kollegen äußerten und die Entscheidung an den Aufsichtsrat verwiesen.[52]

Im Gegenzug zur Kompetenzerweiterung des Vorstands wurden alle drei Standorte in der Folgezeit einer strikten Überwachung durch den Aufsichtsrat bzw. seine Ausschüsse unterzogen. Dabei traten die unterschiedlichen Vorstellungen über das Geschäft sehr deutlich zutage, und es kam wiederholt zu Auseinandersetzungen zwischen der Frankfurter und Berliner Niederlassungsleitung auf der einen und dem Aufsichtsrat auf der anderen Seite. Solche Konflikte hatte es bei der Commerzbank seit der Gründungszeit nicht mehr gegeben. Der Verwaltungs- bzw. der Aufsichtsrat hatte den Direktoren Müller und Buchheister bzw. Müller und Wellge mit der Zeit zwar einen größeren Handlungsspielraum eingeräumt, bei der Auswahl der Personen aber nach der Erfahrung mit dem zuvor selbstständigen Fondsmakler Halberstadt offenbar darauf geachtet, dass diese sich im Konfliktfall der Direktive des Aufsichtsrats beugen würden. Die ehemaligen selbstständigen Privatbankiers ließen sich eine solche Gängelung aber nicht gefallen und unternahmen wiederholt Alleingänge, die dem Aufsichtsrat gar nicht gefielen.[53]

Als Wellge Ende des Jahres 1901 altersbedingt aus dem Vorstand ausschied und in den Aufsichtsrat wechselte sowie mit Wilhelm Heintze der dienstälteste Direktor ihm in seiner Funktion als erster Direktor nachfolgte und Pilster zum Stellvertreter ernannt wurde, mussten die ehemaligen Dreyfus-Mitarbeiter erkennen, dass der Machtkampf mit dem Aufsichtsrat nicht zu gewinnen war. Das Anciennitätsprinzip, das Heintze an die Spitze brachte, wäre vermutlich noch akzeptabel gewesen. Denn Heintze war mit seinen 61 Jahren ein Übergangskandidat. Aber mit der Ernennung des an Alter und nach Dienstjahren jüngsten Vorstandsmitglieds zum Stellvertreter wurde klargestellt, dass weder Picard noch einer der anderen ehemaligen Dreyfus-Mitarbeiter in der Commerzbank die Chance auf einen weiteren Aufstieg bekommen würden. Als der Aufsichtsrat dann auch noch ein Jahr später den langjährigen Prokuristen der Commerzbank Amandus de la Roy zum Vorstandsmitglied beförderte und als verlängerten Arm der Hamburger nach Frankfurt entsandte,[54] war das Maß voll, und Rosenberger und Kolb reichten im Sommer 1903 ihre Kündigung ein. Innerhalb des Aufsichtsrats waren zu dieser Zeit sogar Stimmen laut geworden, die die Niederlassung ganz schließen wollten, woraufhin der Aufsichtsrat und Isaac Dreyfus vereinbarten, dass die Commerzbank ihre Frankfurter Niederlassung in eine Kommandite umwandeln würde, um Dreyfus so die Wiedergründung seines Bankhauses, allerdings ohne die Niederlassung in Berlin, zu ermöglichen.[55] Anschließend schied Dreyfus aus dem Aufsichtsrat der Commerzbank aus. In der Zwischenzeit hatte sich auch Picard nach einer Alternative umgesehen und entschied sich ebenfalls, die Commerzbank zu verlassen, um als Teilhaber in das Bankhaus Lazard Speyer-Ellissen einzutreten.[56]

Bei der Nachfolgeregelung für die drei innerhalb weniger Monate ausgeschiedenen Vorstandsmitglieder wählte der Aufsichtsrat eine »konservativ-bürokratische« Lösung, wie der Historiker Detlef Krause es bezeichnet.[57] Gemeint ist damit die Rückkehr zu den alten Grundsätzen der Gründungszeit, als man Personen zu Direktoren ernannte, von denen der Aufsichtsrat annahm, dass sie sich in ein hierarchisch klar gegliedertes Unternehmen einfügen und seine Autorität nicht infrage stellen würden: Mit de la Roy hatte man ja bereits einen langjährigen Mitarbeiter zum Vorstand befördert, und mit Ferdinand Lincke folgte nun ein zweiter. Außerdem wurde mit Curt Korn der zweite Vorsteher der Reichsbankhauptstelle Hamburg berufen. Der Dienstort aller drei neuen Direktoren war Hamburg. Gustav Pilster wurde zeitgleich nach Berlin versetzt und leitete die dortige Niederlassung mit Waldemar Risch, der als einziger ehemaliger Mitarbeiter von J. Dreyfus & Co. im Vorstand der Commerzbank verblieben war. Auch in Berlin wurde schließlich noch mit Carl Harter ein langjähriger Mitarbeiter in den Vorstand berufen, sodass nun drei Vorstandsmitglieder für das Berliner und vier Vorstandsmitglieder für das Hamburger Geschäft zuständig waren.

Die Rückbesinnung auf die alten Hamburger Rekrutierungskriterien bedeutete aber nicht, dass sich die Bank auch wieder auf den Finanzplatz Hamburg zurückziehen wollte. Andernfalls hätte man ja auch die Zahl der Vorstandsmitglieder verringern müssen. Der nächste Expansionsschritt wurde deshalb schon direkt nach dem Teilrückzug der Commerzbank aus Frankfurt vorbereitet: die Übernahme der Berliner Bank. Dadurch wurde zwar eine weitere Kapitalerhöhung notwendig, aber den Fehler bei der Übernahme von J. Dreyfus & Co., als sich die Commerzbank bereit erklärt hatte, die wichtigsten Persönlichkeiten in Aufsichtsrat und Vorstand aufzunehmen und damit das Risiko einer Veränderung der Geschäftsführungsgrundsätze einzugehen, beging die Commerzbank nicht noch einmal. So erklärte man sich nur bereit, den achtköpfigen Aufsichtsrat der Commerzbank durch die Aufnahme von vier Aufsichtsräten der Berliner Bank auf zwölf Personen zu erweitern, wodurch die Hamburger Dominanz gesichert werden konnte.[58] Von den vier Vorstandsmitgliedern der Berliner Bank wurde mit Ernst Simon sogar nur eines in dieser Funktion übernommen.[59] Diese weitgehenden Zugeständnisse von Aufsichtsrat und Eigentümern der Berliner Bank sind wohl nur durch deren akute Ertragsschwäche zu erklären, die sich auch beim Umtauschkurs zeigte, der bei fünf Berliner Bank-Aktien für vier Commerzbank-Aktien lag.[60]

Die Berliner Bank war seit ihrer Gründung im Jahr 1889 zunächst rasant gewachsen. Diesem Tempo musste sie in der Krise von 1901 jedoch Tribut zollen und erholte sich von dem Rückschlag nur sehr langsam. So hatte in den Jahren 1901 bis 1903 im Durchschnitt jeweils fast 1 Mio. Mark für zweifelhafte Forderungen abgeschrieben werden müssen, und das bei einem Bruttogewinn (vor Steuern) von zwischen 3,5 und 4 Mio. Mark. Auf mittlere Sicht sollte sich die Übernahme aber als ein kluger Schachzug erweisen, denn damit etablierte sich die Commerzbank endgültig als eine »kleine« Berliner Großbank, auch wenn das durch die Fusion ermöglichte Wachstum der Bilanzsumme den Abstand zu den »großen« Großbanken kaum verkürzte.

Obwohl die Übernahme der Berliner Bank bis zum Ausbruch des Ersten Weltkriegs der wichtigste Expansionsschritt der Commerzbank war, erfolgten mit der Übernahme des Hannoveraner Bankhauses B. Magnus, der Altonaer Bank und der Leipziger Credit- und Spar-Bank noch drei weitere Schritte. Eine personelle Anpassung erforderte jedoch lediglich die Übernahme von B. Magnus, als der Seniorchef des Bankhauses, Eduard Magnus, in den Aufsichtsrat kooptiert und sein Neffe Ernst Magnus zum Mitleiter der neuen Filiale in Hannover ernannt wurde.[61] Im Fall der Leipziger Credit- und Spar-Bank wurde lediglich ein Lokalausschuss für Leipzig gebildet, bestehend aus vier Mitgliedern des Aufsichtsrats der Leipziger Bank,[62] dessen Aufgabe vermutlich kurzfristig darin bestand, besorgte Kunden davon zu überzeugen, dass die Bank ihre Politik auch unter der neuen Firma nicht ändern werde, und mittelfristig, neue Kunden zu werben. Zwei Jahre zuvor hatte die Commerzbank bereits einen Lokalausschuss für Berlin errichtet, in den allerdings ausschließlich Aufsichtsratsmitglieder der Commerzbank berufen wurden und dessen Funktion vor allem darin lag, Entscheidungen zu beschleunigen, wenn die Berliner Vorstandsmitglieder für eine Maßnahme die Zustimmung des Aufsichtsrats benötigten.[63] Um die unterschiedlichen Zwecke der Lokalausschüsse zu verdeutlichen, wurde der Lokalausschuss in Berlin während des Krieges in »Hauptausschuss« umbenannt und ein zweiter Hauptausschuss für Hamburg gegründet.

Der Grund für das besondere Entgegenkommen gegenüber der Familie Magnus dürfte deren Bedeutung für die Hannoveraner Wirtschaft gewesen sein. Eduard Magnus besaß neun Aufsichtsratsmandate, darunter auch bei der Continental-Caoutchouc- und Gutta-Percha-Compagnie,[64] und verfügte über verwandtschaftliche Beziehungen zur Inhaberfamilie des vielleicht bedeutendsten Privatbankhauses Norddeutschlands (außerhalb Hamburgs), Ephraim Meyer & Sohn, das zu den wichtigsten Finanziers des deutschen Kalibergbaus gehörte, an dem auch die Commerzbank interessiert war. Ferner ist davon auszugehen, dass durch die Übernahme von B. Magnus mit den Hackethal-Draht- und Kabel-Werken in Hannover und der Eisenbahnsignal-Bauanstalt Max Jüdel & Co. in Braunschweig zwei weitere bedeutende Unternehmen der Region als Kunden gewonnen werden konnten.[65]

2.2 Das Geschäftsmodell

Während der frühen 1870er Jahre wurden in Hamburg zahlreiche neue Aktienbanken gegründet. Viele dieser Neugründungen hatten nicht lange Bestand, wie die Hamburger Filiale der Provinzial-Disconto-Gesellschaft,[66] oder waren als Spezialbanken konzipiert worden, wie die Hamburger Hypothekenbank.[67] Durchsetzen konnten sich auf mittlere Sicht von den bis 1872 in Hamburg ansässigen Kreditbanken allerdings nur die Vereinsbank, die Norddeutsche Bank, die Deutsche Bank und die Commerzbank. Die Gründe dafür, dass sich die Commerzbank in diesem schwierigen Umfeld zweier bereits etablierter Konkurrentinnen und zahlreicher, fast zeitgleich mit ihr gegründeter Aktienbanken durchsetzte, waren zweierlei: Erstens garantierte ihr Gründerkreis, der sich aus angesehenen Vertretern dauerhaft erfolgreicher Handelshäuser und »Merchant Banks« sowie aus Vertretern zum Teil bedeutender Privatbankiers anderer Finanzplätze zusammensetzte, eine solide Geschäftsentwicklung; und zweitens erwies sich das Geschäftsmodell als erfolgreich.

Anders als die Deutsche Bank und die Internationale Bank war die Commerzbank von Anfang an nicht nur als Institut zur Exportfinanzierung, sondern als Universalbank konzipiert worden. Nach der Terminologie des vielleicht einflussreichsten Bankbetriebswirts des frühen 20. Jahrhunderts, Georg Obst,[68] bedeutete das die Verbindung von drei Geschäftsfeldern: der Vermittlung des Geld- und Kreditverkehrs (»reguläres Bankgeschäft«), der Emissions- und Gründungstätigkeit (»Finanzierungsgeschäft« oder »spekulatives Bankgeschäft«) sowie der Verwaltung und Aufbewahrung von Effekten:[69] »Die deutschen Kreditbanken«, den Begriff »Universalbank« verwendete Obst nicht, bearbeiten alle drei Geschäftsfelder, »soweit sie nicht den Spezialbanken – wie Notenbanken, Landschaften, Hypothekenbanken oder den Kreditgenossenschaften – oblagen, gleichzeitig ..., im Gegensatz zu England, wo die verschiedenen Funktionen auf Depositenbanken, merchant bankers, Kolonialbanken, billbrokers und stockbrokers verteilt waren«.[70]

Wegen der Unterentwicklung der Finanzmärkte konnte sich in Deutschland um die Mitte des 19. Jahrhunderts das Finanzierungsgeschäft aus dem »regulären Bankgeschäft« heraus entwickeln. Wenn nämlich der Kreditbedarf eines Schuldners zu groß für seine Hausbank geworden war, konnte diese im Auftrag des Schuldners und sofern die rechtlichen Voraussetzungen für den Zugang zum Kapitalmarkt gegeben waren, eine Anleiheemission durchführten, um mit einem Teil des Erlöses aus der Anleihe den aufgelaufenen Kredit zu reduzieren; oder wenn die rechtlichen Voraussetzungen nicht gegeben waren, konnte die Bank diese durch die Gründung einer Aktiengesellschaft schaffen und die Platzierung der Aktien beim Publikum durchführen und zusätzlich sogar garantieren. Aus der Emissionstätigkeit ergab sich dann zwangsläufig auch die Notwendigkeit, im Auftrag des Kunden Effekten anzukaufen oder zu veräußern und diese zwischenzeitlich im Depot zu verwahren.[71]

Während sich die Deutsche Bank im weiteren Verlauf ihrer Geschichte von ihrem am englischen Vorbild der Depositenbank orientierten Geschäftsmodell trennte, hielt die Vereinsbank weiterhin daran fest, wodurch ihre Chancen auf eine Ausdehnung ihres Geschäfts stark verengt wurden. Am ähnlichsten von allen Hamburger Banken war der Commerzbank zu Beginn der 1870er Jahre die Norddeutsche Bank, die sich zwar sehr viel stärker auf das Inlandsgeschäft konzentrierte, aber sich anders als die etwa zeitgleich gegründete Vereinsbank und ähnlich wie später auch die Deutsche Bank zu einer Universalbank entwickelte. Ein Grund für den Erfolg der Norddeutschen Bank, die sich ihre Marktführerschaft in Hamburg auch durch die zahlreichen Neugründungen zu Beginn der 1870er Jahre nicht abjagen ließ, war allerdings die enge Bindung an die Berliner Disconto-Gesellschaft, die sie am Ende ihre Unabhängigkeit kosten sollte.

Die Commerzbank kooperierte zwar mit anderen Banken, achtete aber sehr genau darauf, dass keine Abhängigkeiten entstanden – auch wenn das bedeutete, dass ihr Geschäftsvolumen noch nicht einmal in die Nähe der Bilanzsumme der Norddeutschen Bank kam[72] und ihre Industriekundschaft eher einen mittelständischen Charakter besaß, während die Norddeutsche Bank, als Juniorpartner der Disconto-Gesellschaft, zahlreiche Großunternehmen zu ihren Kunden zählte. Für ihre Kundschaft – Handelshäuser, »Merchant Banks« und kleinere und mittlere Industriekunden – bot die Commerzbank aber die gesamte Palette von Finanzdienstleistungen an, die ihr gesetzlich erlaubt waren: Giro- und Depositenkonten, Kontokorrentkredite, Waren- und Effektenlombardkredite, Wechseldiskont, Wertpapier- und Edelmetallhandel sowie Anleiheemissionen.[73] Dieses Portfolio erforderte natürlich eine deutlich höhere Eigenkapitalquote als bei einer Beschränkung auf die Geschäftsfelder einer englischen Depositenbank, wie es die Vereinsbank betrieb. Entsprechend hoch lag die Eigenkapitalquote bei der Commerzbank 1875 mit gut 60 Prozent im Vergleich zur Vereinsbank (16 %). Tendenziell nahm die Eigenkapitalquote der Commerzbank zwar ab,[74] aber dennoch verteilte sich der Reingewinn auf deutlich mehr Aktienkapital, sodass sowohl Dividende als auch Aktienkurs bis zum Ersten Weltkrieg fast immer niedriger lagen als bei der Vereinsbank. Als Universalbank lag die Eigenkapitalquote der Norddeutschen Bank in etwa auf dem Niveau der Commerzbank,[75] allerdings scheint die Ertragskraft der Norddeutschen Bank erheblich höher gewesen zu sein. Jedenfalls konnte sie – zum Teil deutlich – höhere Dividenden ausschütten, und entsprechend lag auch der Aktienkurs der Norddeutschen Bank höher als der der Commerzbank.

Nach Aufnahme der Geschäftstätigkeit im Jahr 1870 agierte die Commerzbank während der gesamten »Gründerjahre« zunächst eher zurückhaltend, was in Anbetracht ihrer Governance nicht verwundern kann. Der Schwerpunkt lag vermutlich zunächst beim Wechseldiskont[76] und wenig später auch beim Kontokorrentgeschäft[77]. Ganz fern von den später berüchtigten »Gründergeschäften« in der Zeit des Börsenbooms hielt sich die Commerzbank dann aber doch nicht. Gleich bei mehreren, auf mittlere Sicht gescheiterten Bankgründungen hatte sie sich engagiert. So beteiligte sie sich an einem Konsortium für die Mecklenburg-Schwerin'sche Boden-Kredit-AG, die die Commerzbank sogar zu Beginn der Krise noch erfolglos zu stützen versucht hatte, an der Stuttgarter Bank, der Vereinsbank in Mühlhausen (Thüringen), der Österreichischen Bankgesellschaft und der Börsen-Liquidations- und Commissionsbank. Die Gründer dieser Banken waren in allen Fällen etablierte und gut beleumundete Privatbankhäuser, sodass deren Geschäftsmodell wahrscheinlich grundsätzlich seriös gewesen war. Aber die Gründungen erfolgten einfach zu spät, als dass sie sich noch vor der Krise hätten etablieren können. Die Initiativen für diese Gründungsgeschäfte sind vermutlich von einzelnen Verwaltungsratsmitgliedern ausgegangen, die sich auch in den Aufsichtsrat der neu gegründeten Aktiengesellschaften wählen ließen.[78]

Das Geschäftsgebaren, von einem durchdachten Geschäftsmodell kann man in dieser Zeit der Spekulationsblasen sicher nicht reden, war zwar nicht risikolos, aber im Vergleich zu den Exzessen dieser Jahre war das eine insgesamt konservative Strategie. Wie richtig sie auf mittlere Sicht war, sollte sich schon bald zeigen. Kurz nach der Geschäftsaufnahme hatte die Bank ein Büro in der Hamburger Zollvereinsniederlage für die Annahme von Einlagen und den An- und Verkauf von Wechseln und Devisen eröffnet. Das Geschäft lief aber nicht befriedigend, sodass das Büro nur ein Vierteljahr später wieder geschlossen wurde. Stattdessen eröffnete die Bank im Folgejahr eine Wechselstube, deren Leiter einen größeren Entscheidungsrahmen bekam, als sie der Leiter des Büros in der Zollvereinsniederlage besessen hatte. Um nicht das gleiche Schicksal wie die Vorgängereinrichtung zu erleiden, nutzte der Wechselstubenleiter seinen Handlungsspielraum bis an die Grenzen und darüber hinaus und verschleierte die infolge der Kursstürze im zweiten Halbjahr 1873 erlittenen Verluste durch Scheingeschäfte, die durch eine unangekündigte Revision der Wechselstube entdeckt wurden.[79] Angesichts dieser Episode, die nur die kleine Wechselstube betraf, darf man wohl vermuten, dass die Commerzbank die »Gründerkrise« ohne ihre konservative, d.h. im Wesentlichen »reguläre« Geschäftspolitik während des Booms wie so viele andere Banken in diesen Jahren nicht überlebt hätte.

Diese Erfahrung dämpfte dann auch manche Initiativen aus den Reihen des Verwaltungsrats, im Inland und auch im Ausland zu expandieren. Pläne wie die Gründung einer Filiale in Indien, der Erwerb einer Kommanditbeteiligung an Privatbanken in Paris und Berlin sowie Filialgründungen in

Flensburg und Altona wurden spätestens nach dem Desaster des Jahres 1873 nicht mehr verfolgt. Das galt jedoch nicht für eine von Adolph Goldschmidt ausgehende Initiative für die Gründung einer »großen continentalen Bank in London« unter Beteiligung mehrerer kontinentaleuropäischer und Londoner Banken. Das Vorhaben war lukrativ, da zu dieser Zeit ein Standbein am Finanzplatz London für jede kontinentaleuropäische Bank, die das Überseegeschäft betreiben wollte, ein wichtiger Konkurrenzvorteil war. Auf der anderen Seite erlaubte es das englische Aktienrecht zu Beginn der 1870er Jahre ausschließlich englischen Unternehmern, eine Bank als juristische Person mit beschränkter Haftung zu gründen. Unter diesen Umständen war die Gründung einer eigenen Niederlassung in London für kontinentaleuropäische Banken nicht möglich.[80]

Bereits im Juni 1870 erklärte sich der Verwaltungsrat der Commerzbank unter bestimmten Bedingungen bereit, sich mit dem Betrag von 100 000 Pfund Sterling an der »großen continentalen Bank in London« zu beteiligen.[81] Allerdings zog sich die Commerzbank später aus der Gründerinitiative zurück und favorisierte die Gründung einer Bank, an der keine weiteren kontinentaleuropäischen Banken beteiligt waren.[82] Sehr schnell sollte sich zeigen, dass diese Entscheidung richtig war. Denn Goldschmidts Initiative hatte bereits 1871 zur Gründung der German Bank of London Ltd. geführt, an der die Deutsche Bank mit 40 Prozent beteiligt war. Die Deutsche Bank erkannte jedoch schnell, dass dies ein Fehler gewesen war, eröffnete, nachdem die rechtlichen Voraussetzungen geschaffen worden waren, bereits im März 1873 eine eigene Niederlassung in London und zog sich 1879 unter Inkaufnahme eines erheblichen Verlusts aus der German Bank of London wieder zurück.[83]

Im Mai 1873 eröffnete dann auch die Commerzbank ihre London & Hanseatic Bank, an der sie einen Anteil von etwa 60 Prozent hielt.[84] Das restliche Kapital wurde von Londoner Partnern aufgebracht, deren Beteiligung in erster Linie der Initiative der Verwaltungsräte Siegmund Warburg und Emile Nölting zu verdanken war. Der Verwaltungsrat der Londoner Bank wurde zu gleichen Teilen durch Vertreter der Commerzbank und ihrer Londoner Partner besetzt, darunter waren auch William Cotton Curtis von der Privatbank Robarts, Lubbock & Co. und Robert Wigram von der »Merchant Bank« Benson & Co., die jeweils zur »ersten Liga« des Finanzplatzes London zählten.[85] Eine Filiale der Commerzbank war die London & Hanseatic Bank demzufolge nicht, sodass sie in der Geschäftsführung die Interessen der englischen Partner berücksichtigen musste. Auf der anderen Seite musste sie das Geschäft ihrer Londoner Tochter aber nicht ganz neu aufbauen, sondern konnte davon ausgehen, dass ihre Londoner Partner der Bank den Zugang zu den Überseemärkten des Welthandelszentrums London schon verschaffen würden. Denn die Funktion der Bank bestand in erster Linie darin, den Handel zwischen Großbritannien und Deutschland, aber auch zwischen Deutschland und den britischen Kolonien sowie China und Lateinamerika zu finanzieren.

Für die im Verwaltungsrat der Commerzbank vertretenen Hamburger Handelshäuser wird die Perspektive auf einen direkten Anschluss an die Londoner Handels- und Finanzierungsnetzwerke ein wichtiges Motiv gewesen sein, sich bei der Gründung der London & Hanseatic Bank zu engagieren. Das galt nicht zuletzt für den Kaffeeimporteur Theodor Wille, den Verwaltungsratsvorsitzenden der Commerzbank.[86] Der praktische Nutzen für die Handelshäuser bestand in der Bevorschussung der Warenverschiffung bei Exportgeschäften und in der Gewährung von Rembourskrediten bei Importgeschäften. Diese Geschäfte konnten zwar grundsätzlich auch von Hamburg aus getätigt werden, da aber der weitaus größte Teil des Welthandels in britischen Pfund abgewickelt wurde, war es außerordentlich vorteilhaft, im Zentrum des Sterlingraums präsent zu sein.[87] Davon abgesehen versuchte die London & Hanseatic Bank wahrscheinlich auch, die deutsche Valuta auf den überseeischen Handelsplätzen einzuführen, wofür die Chancen nach der Einführung der Mark als reichseinheitlicher Goldwährung, die wenige Monate vor der Gründung der Bank erfolgt war, auch nicht so schlecht standen.

Die Geschäftsentwicklung der London & Hanseatic Bank verlief in den folgenden Jahren mehr als befriedigend. Die Krise des Jahres 1873 hatte sich zwar negativ auf das Volumen des Welthandels ausgewirkt, der Finanzplatz London selbst war aber nur geringfügig erfasst worden. Deshalb konnte schon im ersten Geschäftsjahr eine Dividende von 5 Prozent ausgezahlt werden. In den folgenden Jahren schüttete die Bank zuverlässig eine Dividende aus, die zwischen 5 und 7 Prozent lag. Vor dem Ersten Weltkrieg erreichte sie sogar 8 Prozent. In den 1880er Jahren verringerte die Commerzbank zwischenzeitlich ihren Anteil am Aktienkapital der London & Hanseatic Bank, der 1890 mit 31 Prozent einen Tiefpunkt erreichte. Wahrscheinlich dienten die Aktienverkäufe dazu, durch die Buchgewinne die Dividendenhöhe und damit den während der 1880er Jahre unter Druck geratenen Aktienkurs der Commerzbank zu stabilisieren.[88] In den Folgejahren stockte die Commerzbank ihren Aktienbesitz zwar wieder auf, erreichte aber zu keinem Zeitpunkt mehr einen Anteil von mehr als 50 Prozent.[89]

Auch wenn die London & Hanseatic Bank von der Krise des Jahres 1873 weitgehend verschont blieb, schuf ihre Gründung doch insofern ein Problem für die Commerzbank, als sie ihr Aktienkapital aufstocken musste, um die Beteiligung an der Londoner Bank finanzieren zu können. Die Aktien kamen aber erst auf den Markt, als die Kurse an der Börse in Wien bereits eingebrochen waren. Die Rückwirkungen auf die deutschen Börsen hielten sich Mitte Mai 1873 zwar noch in Grenzen. Dennoch warnten Siegmund Warburg und Adolph Goldschmidt ihre Kollegen im Verwaltungsrat davor, mit der Aktienemission wie geplant fortzufahren.[90] Gleichwohl dürfte es keine andere Möglichkeit gegeben haben, die Beteiligung an der London & Hanseatic Bank zu finanzieren, sodass das Agio auf die neuen Aktien vermutlich deutlich geringer ausfiel, als wenn die Transaktion einige Wochen früher durchgeführt worden wäre. In Anbetracht der günstigen Ertragslage der Londoner Bank war das aber wohl zu verschmerzen.

Mit den Abschreibungen des Jahres 1873 und dem Aussetzen der Dividendenzahlung in diesem Jahr waren die unmittelbaren Krisenfolgen für die Commerzbank zwar überwunden, aber während der auf die »Gründerkrise« folgenden konjunkturell schwachen Jahre erholte sich das Geschäft nur langsam. Außerdem hatte die Commerzbank einige Kontokorrentverbindungen gelöst. Allem Anschein nach näherte sich das Geschäftsmodell für einige Zeit wieder demjenigen der Vereinsbank bzw. einer Londoner Depositenbank an. Denn der Diskont guter Handelswechsel war deutlich risikoärmer als das sonstige Kreditgeschäft, insbesondere als der Kontokorrent. Allerdings war das Aktienkapital für dieses Geschäftsmodell im Verhältnis zum Umsatz viel zu hoch. Eine Gruppe von Aktionären forderte deshalb im Oktober 1875 eine Kapitalherabsetzung um etwa 20 Prozent auf 16,5 Mio. Mark durch den Rückkauf eigener Aktien, weil die »flüssigen Capitalien« der Commerzbank »continuirlich mehr betragen, als zum gedeihlichen Geschäftsbetriebe nothwendig ... erscheint«.[91] Die daraufhin angesetzte außerordentliche Generalversammlung folgte diesem Antrag, wobei der Buchgewinn durch den Rückkauf der unter pari stehenden Aktien zur Stärkung des Reservefonds sowie zur Bildung einer »Spezialreserve für zweifelhafte Außenstände« herangezogen wurde.[92]

Nach der Überwindung des unmittelbaren Krisenschocks kehrte der Verwaltungsrat trotz der Kapitalherabsetzung dann aber allem Anschein nach doch wieder zum Geschäftsmodell einer Universalbank zurück und engagierte sich verstärkt im Emissions- und Wertpapiergeschäft. Auch im »regulären« Bankgeschäft ging er höhere Risiken ein. So fädelte er, wenige Monate bevor die Aktionäre die Kapitalherabsetzung durchsetzten, ein Kreditgeschäft ein, das, wenn es schiefgegangen wäre, den Schaden durch die Spekulationen des Wechselstubenleiters bei Weitem in den Schatten gestellt hätte. Die Entscheidung, ein solches Risiko einzugehen, ist vermutlich nur mit der Not zu erklären, die »flüssigen Capitalien« unterzubringen: Im Juni 1875 billigte der Verwaltungsrat ein Kreditgesuch des Kaufmanns Conrad Poppenhusen, dessen Größenordnung alles in den Schatten stellte, was er in den 1870er Jahren genehmigt hatte, und wählte Poppenhusen gleichzeitig noch in den Verwaltungsrat. Der Inhaber des Hamburger Handelshauses Poppenhusen & König, der zugleich Hauptaktionär einer Eisenbahngesellschaft in den USA war, erhielt einen Kredit über fast 2 Mio. Mark, der wenig später noch um weitere 1,2 Mio. Mark aufgestockt wurde. Die Mittel waren dazu gedacht, den weiteren Ausbau der Bahn zu finanzieren. Als die Eisenbahngesellschaft zwei Jahre später in Schwierigkeiten geriet, musste Poppenhusen & König Konkurs anmelden. Damit war die Besicherung des Kredits, die ausschließlich aus Aktien und Bonds US-amerikanischer Gesellschaften des Poppenhusen-Imperiums bestand, gefährdet, woraufhin sich Poppenhusen und die Com-

Das 1874 eingeweihte Stammhaus der Commerzbank am Neß in Hamburg wurde nach den Plänen des Architekten Martin Haller errichtet; Foto um 1886.

merzbank einigten, die Sicherheiten zu verwerten und den Kredit in Höhe von aktuell 3,2 Mio. Mark entsprechend zurückzuführen.[93] Zur Abdeckung der Verluste richtete der Verwaltungsrat eine Spezialreserve II einzig für den Zweck ein, Verluste bei der Verwertung der Poppenhusen-Sicherheiten decken zu können.[94] Tatsächlich wurden die Rückstellungen am Ende nicht gebraucht, sodass die Spezialreserve II aufgelöst und 1882 dem Gewinn bzw. dem 1872 eingerichteten Wertberichtigungskonto für Debitoren (»Delcrederekonto«) zugeführt werden konnte.[95]

Der Großkredit an Poppenhusen war nur der Auftakt zu einer neuen, wieder stärker expansiven Geschäftspolitik. Auch das Engagement der Commerzbank im Anleihegeschäft wurde erneut ausgebaut. Bereits kurz nach ihrer Gründung hatte die Commerzbank die beiden Hamburger Konkurrentinnen um die Konsortialführerschaft für eine Anleihe der Hamburg-Amerikanischen Packetfahrt-AG (HAPAG) ausgestochen. Die Marge war zwar äußerst gering, aber zu diesem frühen Zeitpunkt zählte vor allem der Prestigegewinn.[96] Während der Krisenmonate 1873/74 war zwar an Anleiheemissionen nicht zu denken. Aber als der Markt wieder aufnahmefähig zu werden schien, wurde die Commerzbank auch in diesem Geschäftsfeld erneut aktiv, indem sie größeren Konsortien beitrat. Diese Geschäftsmöglichkeiten mögen zwar im Einzelfall auch von Müller akquiriert worden sein. Ganz sicher spielte aber die Vermittlungstätigkeit von M. M. Warburg & Co. dabei die Hauptrolle, die jeweils eine Provision erhielten[97] und meist auch als Unterbeteiligte einen Teil der der Commerzbank zustehenden Tranche übernahmen.

Ende der 1870er Jahre nutzten viele Anleiheschuldner die Niedrigzinsphase während der »großen Deflation« zur Konversion. Auch hier gelang es der Commerzbank in vielen Fällen, in die Anleihekonsortien aufgenommen zu werden. Das schloss sogar eine Zusammenarbeit mit der Norddeutschen Bank nicht aus. Nachdem die Commerzbank bereits 1876 akzeptiert hatte, dass die Norddeutsche Bank bei einer Anleihekonversion die Konsortialführerschaft beanspruchte, ordnete sie sich widerstrebend der Norddeutschen Bank auch bei der Konversion einer Anleihe der HAPAG unter. Denn die Norddeutsche Bank hatte aufgrund der Erfahrung von 1870, als die Commerzbank sie bei ihrer ersten Anleiheemission mit einem Dumpingangebot ausgestochen hatte, von vornherein die Verständigung mit der Commerzbank und der Vereinsbank gesucht, um sowohl einen Unterbietungswettbewerb wie 1870 zu vermeiden als auch ein Eindringen anderer Banken in das Geschäft zu verhindern. Die Verständigung unter den Konkurrentinnen brachte der Commerzbank zwar einen höheren Gewinn als die Anleiheemission von 1870, aber sie musste auch akzeptieren, dass die Norddeutsche Bank für sich die höchste Quote beanspruchte.[98]

Auch wenn die Norddeutsche Bank in diesem Fall ihre Marktführerschaft noch ausspielen konnte, muss ihr klar gewesen sein, dass sich die Commerzbank bei einer längerfristig angelegten Kooperation nicht mit der Juniorrolle zufriedengeben würde, sondern die Gefahr bestand, dass sie auch ohne Dumping die Marktführerschaft der Norddeutschen Bank in Hamburg bedrohte. Als im Jahr 1879 die Konversion einer Anleihe der staatlichen Hamburger Feuerkasse anstand, lud die Norddeutsche Bank die Commerzbank deshalb nicht ein, einem gemeinsamen Konsortium zur Abgabe eines Gebots beizutreten, sondern schwärzte die Konkurrentin bei der Finanz-Deputation des Hamburger Staats mit der Behauptung an, die Platzierungskraft der Commerzbank sei zu schwach, um die Konversion der Anleihe erfolgreich durchführen zu können – und erreichte damit auch ihr Ziel. Denn die Commerzbank wurde überhaupt nicht zur Abgabe eines Angebots aufgefordert.[99] Das war aber nur der Beginn einer verschärften Konkurrenz zwischen den beiden Banken. Denn auch bei zwei weiteren Geschäften kam die Commerzbank nicht gegen die Konkurrenz der Norddeutschen Bank an, deren Platzierungskraft offenbar nicht nur vom Hamburger Staat als höher eingeschätzt wurde.[100]

Die Entwicklungsperspektiven im Emissionsgeschäft konnte die verschärfte Konkurrenz zur Norddeutschen Bank aber nicht ernsthaft beeinträchtigen. Zeitgleich mit den erwähnten drei Niederlagen gegen die Norddeutsche Bank konnte die Commerzbank in ihrem Geschäftsbericht verkünden, dass es ihr in Verbindung mit der niederländischen Bank Lippmann, Rosenthal & Co. erstmals gelungen war, die Konsortialführerschaft zu erlangen, und das mit einer Anleihe für den brasilianischen Staat sogar auf internationalem Parkett.[101] Langfristig von größerer Bedeutung war jedoch die Verbindung mit dem Bankhaus Jacob Landau aus Berlin bzw. Breslau, die ebenfalls 1879 geknüpft wurde. Dabei nutzte die Commerzbank ähnlich wie bei M. M. Warburg & Co. die guten Kontakte eines umtriebigen Privatbankiers. Jacob Landau war vor allem deswegen interessant, weil die Commerzbank über diesen Kanal neue Kundenbeziehungen außerhalb der bereits erschlossenen Regionen in Norddeutschland und Skandinavien knüpfen konnte, wo sie immer wieder auf die Konkurrenz der Norddeutschen Bank stieß. Das erste gemeinsame Geschäft mit Jacob Landau war deshalb auch die Konversion einer Anleihe der Oberschlesischen Eisenbahn.[102]

Aktienemissionen und das Gründergeschäft spielten schon vor 1873 bei der Commerzbank nur eine untergeordnete Rolle und danach erst recht.[103] Oberflächlich betrachtet weist die Bilanz der Commerzbank ultimo 1879 mit gut 6 Mio. Mark oder 17 Prozent der Bilanzsumme einen vergleichsweise hohen Effektenbestand aus. Bei der Vereinsbank waren es nur etwa 2,5 Prozent und bei der Norddeutschen Bank knapp 8 Prozent. Auch bei der Deutschen Bank war der Effektenanteil an der Bilanzsumme bis gegen Ende der 1890er Jahre deutlich niedriger als bei der Commerzbank.[104] Bei genauerer Betrachtung zeigt sich allerdings, dass den Löwenanteil des Effektenbesitzes mit 2,85 Mio. Mark die Beteiligung an der London & Hanseatic Bank ausmachte.[105] Zieht man diesen Posten von dem in der Jahresbilanz ausgewiesenen Wert der Effekten ab, kommt man auf etwa dieselbe Größenordnung (relativ zur Bilanzsumme) wie bei der Norddeutschen Bank. Weitere dauernde Beteiligungen[106] scheint die Bank an zwei der von ihr (mit-)gegründeten Aktiengesellschaften mit jeweils etwa 500 000 Mark gehalten zu haben.

Die Zurückhaltung gegenüber Aktienemissionen und Gründergeschäften änderte sich in den 1880er Jahren, sodass die Wiederaufnahme dieses Geschäftszweigs bei der Commerzbank im Vergleich zu den anderen Berliner und Hamburger Banken verhältnismäßig früh erfolgte. Auffällig ist dabei allerdings, dass sich die Commerzbank nicht an Konsortien der großen Unternehmen der Schwer- oder Elektroindustrie beteiligte, obwohl das durch die Vermittlung Landaus vermutlich möglich gewesen wäre. Der Schwerpunkt lag vielmehr in den weniger kapitalintensiven Branchen wie der Nahrungs- und Genussmittelindustrie oder den im Kolonialhandel engagierten Außenhandelsgesellschaften und Reedereien sowie einigen Spezialbanken, was andererseits aber angesichts der Wirtschaftsstruktur der Hansestadt zu dieser Zeit auch nicht verwunderlich ist. Das wiederum deutet darauf hin, dass die Commerzbank zu diesen Unternehmen schon länger in einem Geschäftskontakt stand und sich das Emissionsgeschäft quasi urwüchsig aus dem Kreditgeschäft entwickelte – wie man es auch von einer Universalbank erwarten würde.

Die einzige Ausnahme war die Gründung der Elektrizitäts-Aktiengesellschaft vorm. Schuckert & Co. (EAG) in Nürnberg, wobei auch hier eine besondere Beziehung zur Stadt Hamburg den Hintergrund des Engagements bildete. Denn die Vorgängerin Schuckert & Co. hatte sich schon in den 1880er Jahren in Altona und Hamburg engagiert[107] und erhielt 1893 den Auftrag, die Stromversorgung der Stadt Hamburg aufzubauen.[108] Denkbar ist zwar auch hier eine schon etablierte Kreditbeziehung, wichtiger für die Entscheidung der Commerzbank dürfte aber die Bedeutung des Unternehmens für die Stadt Hamburg und ihre Infrastrukturpläne gewesen sein. Selbst wenn die Commerzbank gewollt hätte, hätte sie sich deshalb von diesem Geschäft kaum fernhalten können. Allerdings erwies sich die Gründung der EAG als sehr erfolgreich, und deshalb beteiligte sich die Commerzbank auch an der Gründung der Continentalen Gesellschaft für elektrische Unternehmungen, in die Schuckert seine Beteiligungen an Elektrizitätswerken, Straßenbahngesellschaften und anderen ausgliederte.[109] Ebenfalls dank ihrer Verbindung zur EAG hatte sich die Commerzbank schon kurz zuvor an der Gründung der Hamburgischen Electricitäts-Werke (HEW) beteiligt, ein anfänglich privatwirtschaftliches Unternehmen, zu dessen Aktionärskreis neben dem Mehrheitsaktionär EAG nur noch die Commerzbank, der Schaaffhausen'sche Bankverein aus Köln, der auch schon am Schuckert-Konsortium beteiligt war, und einige Hamburger Handelshäuser, nicht aber die Hamburger Konkurrentinnen Norddeutsche Bank (bzw. Disconto-Gesellschaft), Vereinsbank oder Deutsche Bank gehörten.[110] Ihren HEW-Besitz betrachtete die Commerzbank als dauernde Beteiligung, sodass sie im Folgejahr in Verbindung mit dem Schaaffhausen'schen Bankverein eine erste Kapitalerhöhung durchführte und die von ihr zu übernehmenden Aktien zunächst in ihr Portefeuille aufnahm.[111] Anders verhielt es sich mit den Schuckert-Aktien, die die Commerzbank offenbar zügig bei ihrer Kundschaft platzierte, wie sie es auch sonst zu tun pflegte. Jedenfalls erwähnen die Geschäftsberichte der folgenden Jahre keinen Besitz an Schuckert-Aktien, wie es andernfalls üblich gewesen wäre. Trotzdem beteiligte sich die Commerzbank wenig später an der ersten Kapitalerhöhung von Schuckert & Co., wickelte aber auch dieses Geschäft »vollkommen mit Nutzen« ab, wie es im Geschäftsbericht hieß.[112]

Während demnach für die Gründertätigkeit und folgende Aktienemissionen eine lange Geschäftsbeziehung mit der Vorgängerin der zu gründenden Aktiengesellschaft der ausschlaggebende Grund für das Konsortialgeschäft war, spielten bei der Entscheidung über die Beteiligung an Anleiheemissionen weniger die Schuldner, sondern die Mitglieder der Konsortien und die von diesen mit den Anleiheschuldnern ausgehandelten Konditionen die entscheidende Rolle. Da die Commerzbank schon Ende der 1870er Jahre gute Beziehungen zu kapitalstarken oder einflussreichen Partnern aufgebaut hatte, die sie gern zur Beteiligung an einem Anleihekonsortium einluden, blieb auch die Zahl der Konsortialbeteiligungen bei Anleiheemissionen in der Folgezeit recht hoch. Als besonders wertvoll erwies sich dabei die Verbindung zur Österreichischen Länderbank, die die Commerzbank an ihrer Konsortialquote für Anleiheemissionen des österreichischen Staats beteiligte. Ganz im Gegensatz zur Norddeutschen Bank vermied es die Commerzbank allerdings, dauerhaft mit einer größeren Bank zusammenzuarbeiten. Trotz der engen

Beziehung etwa zu Jacob Landau und der von diesem in Berlin gegründeten Nationalbank für Deutschland oder zur Österreichischen Länderbank hielt die Commerzbank immer Abstand und engagierte sich in Konsortien, an denen die mit ihr »freundschaftlich« verbundenen Banken nicht beteiligt waren.[113]

Obwohl die Commerzbank bemüht war, die im Rahmen der diversen Konsortien übernommenen Effekten – von wenigen Ausnahmen wie der HEW abgesehen – möglichst schnell bei ihrer Kundschaft unterzubringen, führte die hohe Taktung der Emissionen doch dazu, dass der Anteil der Effekten an der Bilanzsumme in den 1880er Jahren noch einmal deutlich gegenüber den 1870er Jahren anstieg. Im Jahr 1884 erreichte er seinen Höhepunkt, als die Bank in ihrer Bilanz Effekten im Wert von knapp 17,2 Mio. Mark auswies, was einem Anteil von 27 Prozent der Bilanzsumme entsprach. Entsprechend groß war die Bedeutung des Konsortial- und Wertpapiergeschäfts für die Gewinn-und-Verlust-Rechnung der Commerzbank. Im Jahr 1884 betrugen die Zinsen und Kursgewinne aus Effekten gut 650 000 Mark bei einem Reingewinn (vor Steuern) von 2,1 Mio. Mark.[114] Rechnet man noch den leider nicht quantifizierbaren Anteil der Provisionen aus dem Konsortialgeschäft hinzu, erreichte das Wertpapier- und Konsortialgeschäft einen Anteil von über einem Drittel und zeigt die Abhängigkeit der Commerzbank von diesem volatilen und der Liquidität des Instituts nicht gerade zuträglichen Geschäftsfeld. Entsprechend zog sich die Commerzbank in den 1880er Jahren immer wieder die Kritik der Finanzpresse zu, die ihr eine riskante und spekulative Geschäftspolitik bei ungenügenden Reserven und niedriger Liquidität bescheinigte.[115]

Mit dem Einstieg in die Industriefinanzierung ergab sich auch ein höherer Kontrollbedarf. Das betraf zum einen die Sicherheit der eingeräumten Kredite, zum anderen aber auch den Emissionskredit der Commerzbank, dessen Beeinträchtigung in Anbetracht der hohen Bedeutung des Konsortialgeschäfts für das Geschäftsergebnis auf jeden Fall verhindert werden musste. Deshalb nahm die Commerzbank im Lauf der 1880er Jahre immer mehr Aufsichtsratsmandate bei Aktiengesellschaften wahr, bei denen sie engagiert war. In Anbetracht des gegen Ende der 1880er Jahre immer noch nicht ganz geklärten Verhältnisses zwischen Vorstand und Aufsichtsrat ist es ein wenig überraschend, dass Aufsichtsräte der Commerzbank lediglich bei der London & Hanseatic Bank die Vertretung übernahmen, wobei auch noch zu berücksichtigen ist, dass ein englisches Board of Directors eher mit dem alten Verwaltungsrat, aber nicht mit einem deutschen Aufsichtsrat nach der Aktienrechtsreform von 1884 vergleichbar war. Alle anderen Mandate nahmen die beiden Direktoren der Bank wahr. Das waren im Fall von Müller sechs Mandate und von Wellge eines,[116] zu dem in den 1890er Jahren aber auch ein Mandat bei der HEW hinzukam.[117] Dort sowie im Aufsichtsrat der Nationalbank für Deutschland saßen neben Müller bzw. Wellge noch die Aufsichtsratsmitglieder Amsinck und Witt[118] (HEW) bzw. Böhl (Nationalbank für Deutschland) als Vertreter der Commerzbank.

Um die Mitte der 1890er Jahre, zum Zeitpunkt der Übernahme der Norddeutschen Bank durch die Disconto-Gesellschaft, besaß die Commerzbank ein hybrides Geschäftsmodell, das zwar zu diesem Zeitpunkt noch funktionierte, aber das, ex post betrachtet, die Selbstständigkeit der Bank während der folgenden 20 Jahre vermutlich nicht mehr hätte garantieren können. Einerseits glich das Geschäftsmodell dem der strikt zentralistisch ausgerichteten Berliner Handels-Gesellschaft, die sich zwar auf ihren Sitz in Berlin beschränkte, aber ansonsten auch Kunden aus anderen Regionen von Berlin aus versorgte. Gemessen an der Größe der Bank spielte auch bei der Berliner Handels-Gesellschaft das Emissions- und Konsortialgeschäft eine überdurchschnittlich wichtige Rolle. Während der ersten Hälfte des 20. Jahrhunderts fuhr die Bank damit gut, auch wenn ihr Wachstum deutlich hinter den anderen Berliner Großbanken zurückblieb.[119] Andererseits war Hamburg nicht Berlin; und die Commerzbank war selbst in Hamburg und im Gegensatz zur Berliner Handels-Gesellschaft in Berlin nicht die älteste Aktienkreditbank am Ort mit entsprechend festen Geschäftsbeziehungen zu den alteingesessenen (Groß-)Kunden. Auf mittlere Sicht war zwar ein Standbein in Berlin für den Geschäftserfolg nicht zwingend, auch in der Provinz ließ sich mit der mittelgroßen Industriekundschaft vor Ort gutes Geld verdienen, ohne dass die Gefahr des Verlusts der Selbstständigkeit bestand. Aber die sogenannten Provinzialgroßbanken hatten bereits Ende des 19. Jahrhunderts damit angefangen, sich ein dichtes Filialnetz in ihrer Region aufzubauen, indem sie kleinere Aktienkreditbanken oder örtlich bedeutende Privatbankhäuser im Umkreis von vielleicht 100 bis 150 Kilometern übernahmen, sodass eine Überwachung der Filialleitung durch die Zentrale noch gewährleistet war.[120] Die Commerzbank war aber beides nicht und musste sich neu aufstellen, wenn sie nicht den Anschluss verlieren wollte.

Das war riskant, erforderte viel Kapital und bedeutete mittelfristig auch die Verlegung der Zentrale der Bank, wenn auch nicht notwendigerweise des juristischen Sitzes, nach Berlin. Die Commerzbank ging das Risiko ein und hatte damit Erfolg. Mit der Übernahme des Bankhauses J. Dreyfus & Co. wurde der Anfang gemacht, auch wenn die Dreyfus-Filiale in Berlin wohl zu klein war, um den großen Berliner Banken ernsthaft Konkurrenz machen zu wollen, zumal die Filialleiter als ehemalige Privatbankiers eher am Wertpapier- und Börsengeschäft und weniger am »regulären«, dem »Brot-und-Butter-Geschäft« einer Bank, dem Depositen-, Wechsel- und Kreditgeschäft interessiert waren. Mit der Übernahme der Berliner Bank war dann aber genügend Substanz geschaffen worden, um als Faktor auf dem Berliner Finanzmarkt ernst genommen zu werden – und zwar sowohl von den potenziellen Kunden als auch von der Konkurrenz.

Durch die Übernahme der Berliner Bank wurde besonders die Industriefinanzierung ausgebaut, zunächst im Kreditgeschäft, später aber auch im Emissionsgeschäft. Die Berliner Bank hatte ähnlich wie die Commerzbank ihre Kundschaft eher unter den kleinen und mittelgroßen Unternehmen. Durch die Übernahme erhöhte sich aber nicht nur die Zahl der industriellen Kreditkunden, sondern auch das durchschnittliche Kreditvolumen sowie die Bedeutung der Kontokorrentdebitoren unter den Aktiva der Bank.[121]

Bis zum Ausbruch des Ersten Weltkriegs erlebte die Commerzbank dann durch die Berufung des Direktors der Nationalbank für Deutschland Curt Sobernheim in ihren Vorstand im Jahr 1911 eine weitere Belebung des Industriefinanzierungsgeschäfts. Sobernheim war sehr wahrscheinlich auf Empfehlung seines Stiefvaters Eugen Landau zur Commerzbank gekommen und erhielt die Zuständigkeit für das Konsortialgeschäft.[122] Dort konnte er seine Erfahrungen, die er sowohl durch seinen Stiefvater als auch durch seine Tätigkeit bei der Nationalbank für Deutschland erworben hatte, am besten einbringen.[123] Tatsächlich erreichte die Zahl der Aktienemissionen mit 17 schon im Jahr 1912 einen Höhepunkt in der bisherigen Geschichte der Commerzbank. Hinzu kamen noch 13 Emissionen von Bank- und Industrieobligationen.[124]

Die Ausweitung des Industriefinanzierungsgeschäfts machte sich auch bei der Zahl der Aufsichtsratsmandate bemerkbar. Im Jahr 1911 verfügten die Vorstandsmitglieder der Commerzbank über zusammen 49 Mandate. Weitere 59 Mandate hatten die Aufsichtsratsmitglieder der Commerzbank inne.[125] Diese sollten aber überwiegend nicht der Commerzbank zugerechnet werden. Denn man unterscheidet zwischen »persönlichen Mandaten« und »Bankmandaten«. Letztere hatte eine Person als Repräsentin einer Bank inne, und sie waren im Prinzip übertragbar, Erstere waren dagegen an die Person gebunden und waren insofern nicht übertragbar. Während man bei Eugen Landau, Eduard Magnus oder Moritz Warburg (bis zu seinem Ausscheiden 1907) davon ausgehen kann, dass es sich bei ihren Mandaten ausschließlich um persönliche Mandate bzw. im Fall Landaus auch um Bankmandate der Nationalbank für Deutschland handelte, hatten die ehemaligen Vorstandsmitglieder Heintze und Wellge (bis zu seinem Tod 1908) sicherlich ausschließlich Mandate inne, die sie in ihrer Funktion als Vorstandsmitglieder übernommen hatten und als Aufsichtsratmitglieder behalten durften. Da Landau und Magnus unter den Aufsichtsräten der Commerzbank im Jahr 1911 die meisten und Heintze nur (noch) vier Mandate innehatte, sollte man von nicht mehr als gut 50 Mandaten der Commerzbank ausgehen, zumal Wellges Mandate, die sich 1906, als er bereits in den Aufsichtsrat gewechselt hatte, auf immerhin 15 belaufen hatten, nach dessen Tod überwiegend auf das Vorstandsmitglied Ferdinand Lincke übertragen wurden.[126]

Um diesen Kraftakt der Bildung eines zweiten, mit Hamburg mindestens gleichwertigen Standbeins in Berlin zu stemmen, musste das Kapital der Commerzbank innerhalb von zehn Jahren von 30 auf 85 Mio. Mark fast verdreifacht werden. Noch stärker als das Eigenkapital stiegen in dieser Zeit die Kreditoren an, von etwa 21 (1895) auf knapp 160 Mio. Mark (1905). Diese Steigerung war nicht allein auf die Übernahme der beiden Banken und deren

Berliner Geschäft zurückzuführen. Denn zur gleichen Zeit begann die Commerzbank mit der Gründung sogenannter Depositenkassen, deren Hauptzweck darin lag, den Bestand an Fremdmitteln zu erhöhen. Auch hier folgte sie einem Trend, den die großen Berliner Banken vorgegeben hatten.[127] So hatte die Deutsche Bank schon in den 1870er Jahren eine erste Zweigstelle in Berlin eröffnet, während die anderen Berliner Banken ab den 1880er Jahren diesem Beispiel folgten. Dank der Wohnortnähe der Depositenkassen gelang es, neue Kundenkreise zu erschließen. Denn Depositenkassen wurden überwiegend in bürgerlichen Wohnquartieren oder den Geschäftszentren Berlins errichtet, sodass es für die (ausschließlich wohlhabenden) Kunden[128] bequem war, ihre Geldgeschäfte von der nächstgelegenen Depositenkasse besorgen zu lassen. Der Unterschied zu einer Filiale, wie sie die Berliner Großbanken Ende des 19. Jahrhunderts ebenfalls, aber außerhalb Berlins errichteten, lag darin, dass eine Depositenkasse keine Geschäfte auf eigene Rechnung durchführen durfte, sondern nur als Vermittler zwischen dem Kunden und der Zentrale stand.[129]

Auch in Hamburg, wo sie schon seit 1872 mit einer Filiale präsent war, gründete die Deutsche Bank als erstes Kreditinstitut 1896 zwei Depositenkassen und erweiterte ihr Netz innerhalb von zehn Jahren auf insgesamt zehn Kassen allein im Raum Hamburg.[130] Dadurch herausgefordert, folgte die Norddeutsche Bank durch die Errichtung einer Depositenkasse im preußischen Harburg, während sich die Vereinsbank dem politisch zu Hamburg gehörenden, aber etwa 100 Kilometer elbabwärts gelegenen Cuxhaven zuwandte. Die Commerzbank folgte erst etwas später und errichtete ihre erste Hamburger Depositenkasse im Jahr 1900 in St. Pauli und im Folgejahr eine zweite Depositenkasse in St. Georg. Vermutlich entwickelte sich das Geschäft der beiden Kassen positiv, sodass sich die Commerzbank im Jahr 1904 entschloss, drei weitere Hamburger Depositenkassen zu eröffnen.

Wichtiger als der Standort Hamburg war auch für die Depositenkassen der Commerzbank Berlin. Dort gründete sie 1899 ihre erste Depositenkasse überhaupt. Das war zwar im Vergleich zu den anderen Berliner Banken spät. Aber wenn man berücksichtigt, dass die Commerzbank zwei Jahre zuvor überhaupt erst die Dreyfus-Dependance in Berlin übernommen hatte, beweist das, welch große Bedeutung sie dem Depositengeschäft mittlerweile beimaß. Bis zur Fusion mit der Berliner Bank kamen acht weitere Depositenkassen in Berlin und eine in Potsdam hinzu. In den meisten Fällen handelte es sich dabei nicht um Neugründungen, denn durch den Kauf eines kleinen Privatbankgeschäfts in günstiger Lage oder die Übernahme einer Depositenkasse einer anderen Bank ließ sich die Kundenakquise erheblich erleichtern, auch wenn das Geschäft einer Depositenkasse nicht unbedingt jenem der Vorgängerbank entsprochen hatte, wenn es sich um ein Privatbankhaus handelte. Der Geschäftsschwerpunkt einer kleinen Privatbank lag beim Börsengeschäft und der Vermögensverwaltung bzw., in der Terminologie von Georg

Depositenkasse in Berlin-Charlottenburg, Bismarckstraße 79–80, um 1907

Obst, bei »Verwaltung und Aufbewahrung«. Am »regulären Bankgeschäft«, der Vermittlung des Geld- und Kreditverkehrs, das den Schwerpunkt der durch eine Depositenkasse angebotenen Dienstleistungen darstellte, waren Privatbanken eher weniger interessiert. Die Hälfte der Depositenkassen war allerdings von der noch selbstständigen, aber seit der Krise von 1901 schwer angeschlagenen Berliner Bank übernommen worden. Da auch die Vorsteher der Depositenkassen sowie mehrere Angestellte ebenfalls zur Commerzbank wechselten, war hier sogar eine direkte Fortführung des Geschäfts möglich, wobei es für die Kunden in Anbetracht des ihnen gut bekannten Personals kaum einen Grund gab, nicht bei der nun unter Commerzbank firmierenden Depositenkasse zu bleiben.

Es mag wie das simple Kopieren eines bereits erprobten Geschäftsmodells erscheinen, wenn die Commerzbank dem Beispiel anderer Banken aus der Provinz folgte und sich ein Standbein in Berlin schuf sowie darüber hinaus wie viele andere großstädtische Banken zur Verbreiterung ihrer Ressourcenbasis Depositenkassen gründete. Diese Interpretation wäre aber zu einfach und würde dem Ablauf der Ereignisse nicht gerecht. Bereits in den 1880er Jahren war deutlich erkennbar, dass die anziehende Konjunktur auch wieder bessere Möglichkeiten im »regulären« Bankgeschäft eröffnete. So sank der Effektenanteil an den Aktiva der Bank bis 1905 deutlich, auf etwa 14 Prozent, ab.[131] Sehr wahrscheinlich hatten die Leiter der ehemaligen Dreyfus-Filiale dazu nur wenig beigetragen. Denn sie mussten aus Hamburg immer wieder aufgefordert werden, dem »regulären« Bankgeschäft mehr Aufmerksamkeit zu widmen.[132] Es war demzufolge eine Hamburger Strategie, und sie wurde wahrscheinlich schon Mitte der 1880er Jahre implementiert. Denn bereits zu diesem Zeitpunkt begann sich der Anteil der Effekten an den Aktiva rückläufig zu entwickeln.

Die Entscheidung, nach Berlin zu gehen, ist dem Aufsichtsrat offenbar sehr schwergefallen. Die Mitglieder fürchteten nicht zu Unrecht, dass sich der Geschäftsschwerpunkt regional von Hamburg nach Berlin verschieben werde, wie es sich etwa bei der Darmstädter Bank und der Dresdner Bank gezeigt hatte; und das lag ganz und gar nicht im Eigeninteresse der Groß- und Außenhändler im Aufsichtsrat.[133] Die Entscheidung wurde offenbar aufgeschoben, bis sich mit der Übernahmemöglichkeit von J. Dreyfus & Co. die Möglichkeit ergab, eine Filiale in Berlin (und Frankfurt) zu eröffnen, deren Größe bis auf Weiteres nicht erwarten ließ, dass sie den Hamburgern ihre Funktion als Zentrale der Bank streitig machen würde. Diese scheinbar elegante Lösung entpuppte sich jedoch schon bald als ein fauler Kompromiss. Ein »bisschen« Berlin funktionierte nicht, wie es zu etwa derselben Zeit auch der Schaaffhausen'sche Bankverein feststellen musste, der sich ebenfalls nicht dazu durchringen konnte, Berlin statt Köln zur De-facto-Zentrale auszubauen.[134] Bevor die Commerzbank jedoch mit ihrem Berlin-Experiment gänzlich scheiterte, riskierte sie doch noch den entscheidenden Schritt zur Etablierung als Berliner Großbank und übernahm die Berliner Bank, was in Anbetracht von deren Schieflage nicht ohne Risiko war.

Die entscheidenden strategischen Weichenstellungen der Jahre 1897 bis 1904 einer bestimmten Person oder Personengruppe zuzuordnen, ist schwierig. Nach der Krise von 1873 lassen sich zunächst kaum strategische Entscheidungen nachweisen. Die Hinwendung zum »Finanzierungsgeschäft« seit Ende der 1870er Jahre war eine Folge der schwachen Konjunktur, die es nicht erlaubte, im »regulären« Bankgeschäft genügend Anlagemöglichkeiten zu finden, um die »flüssigen Capitalien« zu beschäftigen und Dividende und Aktienkurs halten zu können. Der Erfolg dieser nicht ganz ungefährlichen Geschäftspolitik ist neben einigen Aufsichtsräten wie Siegmund Warburg oder später auch Jacob bzw. Eugen Landau sicherlich zu einem Gutteil Ernest Müller zuzuschreiben, dem es gelang, Einladungen zur Beteiligung an Konsortien zu akquirieren, deren Emissionstätigkeit seriös und gewinnbringend war. Auch ihm, wie allen anderen Entscheidungsträgern in der Bank, wird klar gewesen sein, dass es sich um eine aus der Not geborene Verlegenheitspolitik handelte. Dazu brauchte es nicht der Kritik der Finanzpresse, und so stellte es auch keine strategische Entscheidung dar, wenn mit dem Anziehen der Konjunktur wieder das »reguläre« Bankgeschäft in den Vordergrund rückte.

Anders ist die Frage der Expansion nach Berlin zu bewerten. Das war eine strategische Entscheidung, die eine gehörige Portion Mut erforderte. Unter den Aufsichtsräten dürfte dieser Schritt auf große Skepsis, vielleicht sogar auf offene Gegnerschaft getroffen sein. Die Vorstände Wellge und Heintze werden für den Schritt votiert haben. Insbesondere bei Heintze ist das zu vermuten, da er kein Hamburger war und vermutlich dem Berliner Aufsichtsratsmitglied Eugen Landau seine Stellung zu verdanken hatte.[135] Aber es ist kaum vorstellbar, dass sich die beiden Direktoren gegen eine weitgehend geschlossene Front im Aufsichtsrat hätten durchsetzen können. Es spricht deshalb viel dafür, dass Eugen Landau in dieser Frage eine wichtige Rolle zukam. Er hatte ein persönliches Interesse an einer Fusion mit der maßgeblich von ihm gegründeten Nationalbank für Deutschland, an der die Commerzbank zunächst eine Beteiligung von 4 Mio. Mark hielt[136] und deren Aufsichtsratsvorsitzender er war. Eine solche Fusion hätte Landau auf einen Schlag zu einer der bedeutendsten Persönlichkeiten auf dem Berliner Finanzmarkt und damit als Bankier im gesamten Reichsgebiet gemacht. Auch wenn sich Landau in dieser Frage nicht durchsetzen konnte, wird er den Hamburger Kollegen deutlich gemacht haben, welche Entwicklungsperspektiven die Commerzbank besaß, wenn sie nicht nach Berlin ginge. Die Übernahme der Norddeutschen Bank durch die Disconto-Gesellschaft wird den Aufsichtsräten die Schwäche des Finanzplatzes Hamburg im Vergleich zu Berlin dann noch einmal nachdrücklich vor Augen geführt haben. Die Übernahme von J. Dreyfus & Co. kann insofern als ein Kompromiss interpretiert werden, der im Aufsichtsrat eine Mehrheit finden konnte – und der den risikofreudigen und unter seinen Kollegen nicht unbedingt beliebten Landau nicht zu mächtig werden ließ.

Die Ausweitung des Depositengeschäfts ergab sich dann zwangsläufig aus der Entscheidung, zunächst J. Dreyfus & Co. und dann die Berliner Bank zu übernehmen. Denn um die Alteigentümer bzw. die Aktionäre abzufinden, war die erwähnte Kapitalerhöhung auf zunächst 50 und dann 85 Mio. Mark unumgänglich. Gemessen an ihrem Geschäftsvolumen war die Commerzbank überkapitalisiert und hätte Probleme bekommen, ihre Aktionäre zufriedenzustellen. Ein Absenken der Eigenkapitalquote konnte aber nur durch eine deutliche Steigerung der Fremdmittel bewerkstelligt werden. Das war mit der Zentrale in Hamburg und den Filialen in Frankfurt und Berlin nach der Übernahme von J. Dreyfus & Co. nicht zu machen zumal die dortigen Niederlassungsleiter die Entwicklung des Depositengeschäfts nicht gerade als ihre vornehmste Aufgabe ansahen. Der Weg zur Gründung von Depositenkassen quasi als Ansaugstutzen für Einlagen bisher nicht erschlossener Kundenkreise war demzufolge eine logische Folge der Übernahmeentscheidungen, zumal andere Banken in Berlin und Hamburg damit bereits erfolgreich waren.

In der Literatur wird die Gründung der Depositenkassen und Filialen vor allem mit dem Namen von Gustav Pilster verbunden. Das hatte schon die Commerzbank in ihrem Nachruf im Jahr 1944 so gesehen,[137] und das ist für die gesamte Amtszeit Pilsters betrachtet auch richtig. Aber die 1897, spätestens 1898 getroffene strategische Entscheidung, mit dem Aufbau von Depositenkassen zu beginnen, wird kaum ein 34-jähriges Vorstandsmitglied getroffen haben, das gerade erst wenige Monate im Amt war. In der Folgezeit allerdings setzte Pilster wie niemand vor ihm auf Expansion. Dabei zeigte er sich als extrem durchsetzungsstark und stellt damit das neben Picard erste Vorstandsmitglied in der Geschichte der Commerzbank dar, das zur Not auch auf Konfrontationskurs zum Aufsichtsrat zu gehen bereit war. Im Gegensatz zu Picard wurde diese Attitüde bei Pilster vom Aufsichtsrat aber nicht nur hingenommen, sondern sogar goutiert. Denn wenn Pilster schon 1901 als mit 37 Jahren jüngstes Vorstandsmitglied zum Stellvertreter des ersten Direktors, des dienstältesten Vorstandsmitglieds Wilhelm Heintze, ernannt wurde, war das höchst ungewöhnlich. Ein noch größerer Vertrauensbeweis war allerdings Pilsters Versetzung nach Berlin, wo er 1904 die Nachfolge von Lucien Picard antrat. Picard hatte die Filiale nicht so geführt, wie die Hamburger das erwartet hatten, und das sollte Pilster jetzt besser machen. Außerdem war der Standort Berlin kein beruflicher Abstieg durch das Abschieben eines Vorstandsmitglieds in eine Filiale, sondern nach der Übernahme der Berliner Bank, die er in seiner neuen Funktion vermutlich schon ausgehandelt hatte, wurden die großen Geschäfte in Berlin getätigt und vor allem die für die künftige Entwicklung der Bank wichtigen Entscheidungen vorbereitet.[138] Entsprechend waren auch deutlich mehr Personen in Berlin beschäftigt als in Hamburg. Im Jahr 1915 standen 1281 Angestellten in Berlin nur 436 Angestellte in Hamburg gegenüber[139] – und die Berliner verdienten im Durchschnitt besser.[140]

So, wie die Berliner Niederlassung ab etwa 1905 de facto zur Zentrale der Bank geworden war, hatte Pilster dem deutlich älteren Heintze, der in Hamburg geblieben war, informell seine Stellung als erster Direktor abgenommen, bevor dieser 1908 in den Aufsichtsrat wechselte. Pilster wusste von Anfang an um seine Bedeutung für die Bank, und deshalb konnte er sich schon 1904 leisten, seine Kompetenzen zu überschreiten. So entschied er eigenmächtig, nachdem im Aufsichtsrat beschlossen worden war, mehrere Berliner Depositenkassen der Berliner Bank zu übernehmen, dass auch das Leitungspersonal mit übernommen werden musste. Die Zeit drängte, und nach einem entsprechenden Aufsichtsratsbeschluss wären die für den Weiterbetrieb der Depositenkassen äußerst wertvollen Mitarbeiter womöglich von Konkurrentinnen abgeworben worden. Außerdem hatte er ohne Rücksprache die erste Berliner Depositenkasse an einen anderen, aus seiner Sicht günstiger gelegenen Standort verlegt.[141]

Die Erweiterung des Netzes der Berliner Depositenkassen war in den folgenden Jahren eine von Pilsters wichtigsten Aufgaben. Durch die Übernahme der Berliner Bank war ihre Zahl auf zunächst 24 angestiegen. Hinzu kam noch die Berliner Bankkommandite S. Kaufmann & Co. Von den nach der Übernahme zunächst bestehenden 24 Depositenkassen wurden zwar einige geschlossen, insbesondere wenn zwei Kassen denselben Einzugsbereich hatten. Aber damit wurde der Expansionskurs nicht gebremst. Im Gegenteil, vor dem Ersten Weltkrieg besaß die Commerzbank 44 Depositenkassen allein in

Berlin und damit das nach der Deutschen Bank und der Dresdner Bank drittgrößte Geschäftsstellennetz im Berliner Raum.[142] Nach anfänglichem Zögern befürwortete Wilhelm Heintze im Jahr 1906 dann auch die weitere Expansion im Großraum Hamburg, sodass bis 1910 zu den bestehenden fünf Kassen noch zehn weitere hinzukamen. Damit besaß die Commerzbank in Hamburg sogar das nach der Deutschen Bank zweitgrößte Netz von Geschäftsstellen in der Hansestadt. Darüber hinaus hatten die Hamburger auch noch eine »Abteilung« in Kiel gegründet, die 1907 in eine Filiale umgewandelt wurde und eine Depositenkasse angegliedert erhielt.[143]

Die Expansion jenseits des weiteren Einzugsbereichs der beiden Standorte Hamburg und Berlin erfolgte vor dem Ersten Weltkrieg aber noch recht vorsichtig. Man wartete auf eine günstige Gelegenheit, um ein bestehendes Geschäft übernehmen zu können und eine Filiale nicht neu aufbauen zu müssen. Das gelang allerdings bis zum Kriegsausbruch nur in Hannover (auf Grundlage des Bankhauses B. Magnus) im Jahr 1906, in Altona und Neumünster, wo die Altonaer Bank eine Filiale besessen hatte,[144] im Jahr 1910 sowie ein Jahr später in Leipzig und Altenberg, wo die Geschäftsstelle der Leipziger Credit- und Spar-Bank von der Commerzbank weitergeführt wurde.[145] Zusammen mit einer neu gegründeten Filiale in Brandenburg verfügte die Commerzbank damit vor Kriegsausbruch neben Hamburg und Berlin über sieben Niederlassungen.[146] Der Kommanditvertrag mit J. Dreyfus & Co. war 1908 nicht verlängert worden,[147] sodass die Commerzbank vor dem Ersten Weltkrieg über kein Standbein mehr auf dem zweitwichtigsten Finanzplatz des Reichs verfügte. Das Filialnetz war damit im Vergleich zu dem Netz von Depositenkassen der Commerzbank in Berlin und Hamburg, aber auch im Vergleich zu den mittlerweile von den anderen Berliner Großbanken aufgebauten Filialnetzen[148] noch sehr überschaubar. Aber die Commerzbank war schließlich, da sie erst spät in die Reichshauptstadt gekommen war, auch die jüngste unter den Berliner Großbanken.

Obwohl die beiden Jahrzehnte vor dem Ersten Weltkrieg insgesamt eine sehr positive Entwicklung der Commerzbank brachten, gab es auch Rückschläge. Diese waren nicht sonderlich spektakulär, aber schmerzhaft. So besaß die Commerzbank zwei Industriekunden im Kontokorrentgeschäft, die der erste Direktor Heintze als »Schmerzenskinder der Bank« bezeichnete.[149] Dabei handelte es sich um zwei Zuckerfabriken, die im Jahr 1908 ihren Betrieb einstellten, sodass die Bank einen Großteil der Kredite abschreiben musste.[150] Das könnte sogar zum Rücktritt des allerdings zu diesem Zeitpunkt schon 68-jährigen Wilhelm Heintze geführt haben.[151] Ob es einen unmittelbaren Zusammenhang zwischen den von Heintze zu verantwortenden Verlusten und der Absenkung der Dividende von 6,5 auf 5,5 Prozent in den Jahren 1907 und 1908 gab, kann nicht geklärt werden.[152] Auf jeden Fall war der Aktienkurs wegen der schwachen Ertragslage erheblich unter Druck geraten und stand Ende 1907 nur noch knapp über pari. Um eine solche vorübergehende

Ertragsschwäche ausgleichen zu können, entschied sich der Aufsichtsrat im November 1907, ein Kursregulierungskonsortium zu schaffen.[153] Seine Aufgabe war es, Aktien der Commerzbank aufzukaufen, wenn sie unter Druck gerieten. Sobald sich der Kurs erholt hatte, konnten die Aktien dann wieder verkauft werden. Das war in der Öffentlichkeit nicht gern gesehen, aber legal. Denn der Besitz eigener Aktien war in Deutschland seit 1884 nicht mehr verboten.[154] Später diente der Bestand an eigenen Aktien vermutlich auch dazu, diese bei Übernahmen im Tausch gegen Aktien der zu übernehmenden Bank einzusetzen.

Ende 1911 sah sich der Aufsichtsrat aufgrund eines Revisionsberichts der Niederlassung in Berlin veranlasst, die Berliner Vorstandsmitglieder für die ungenehmigten Überziehungen von Kreditlinien und die ungenügende Besicherung zahlreicher Kredite zu rügen. Ausdrücklich wurde dabei ausgerechnet von dem gerade erst in den Aufsichtsrat gewechselten ehemaligen ersten Direktor Heintze bemängelt, dass die interne Kontrolle der Filiale unzureichend sei. Um Wiederholungen zu vermeiden, empfahl Heintze, ein Kontrollsystem wie in Hamburg auch in Berlin einzuführen.[155] Offenbar waren die unterschiedlichen Ansichten in Hamburg und Berlin über die Führung eines Bankgeschäfts auch nach der personellen Neuausrichtung in Berlin noch nicht vollständig beseitigt worden.

Die Probleme mit der Kursregulierung und der Kontrolle der Geschäftspraxis der Niederlassungen sollten die Commerzbank noch lange beschäftigen und sich im Zuge der Bankenkrise von 1931 zu einem zentralen Problem auswachsen. Aber aus der Sicht der Jahre vor dem Ersten Weltkrieg, als das Unternehmen regional noch im Wesentlichen auf zwei Standorte beschränkt war und die Geschäfte von kleineren Rückschlägen abgesehen gut liefen, waren die angesprochenen Probleme Petitessen im Vergleich zu dem Aufstieg, den die Commerzbank innerhalb von gut vier Jahrzehnten erreicht hatte. Die Bilanzstruktur machte vor dem Ersten Weltkrieg einen insgesamt soliden Eindruck mit einer Eigenkapitalquote von 19,5 Prozent, einem Anteil der Effekten (einschließlich dauernder Beteiligungen) an der Bilanzsumme von knapp 12, der Debitoren von 39 sowie der Wechsel von knapp 15 Prozent.[156]

Mit ihrem Aktienkapital von 85 Mio. Mark (plus ca. 14 Mio. Mark Reserven) und einer Bilanzsumme von gut 500 Mio. Mark war die Commerzbank bis 1913 in die »erste Liga« der deutschen Banken aufgestiegen und bildete nach den vier D-Banken (Disconto-Gesellschaft, Deutsche Bank, Darmstädter Bank und Dresdner Bank) sowie der Berliner Handels-Gesellschaft und der allerdings kaum größeren Nationalbank für Deutschland die Nummer sieben unter den Berliner Großbanken nach Aktienkapital.[157] Der Schaaffhausen'sche Bankverein war zwar ebenfalls größer als die Commerzbank, hatte aber, nachdem sich das Berliner Geschäft nicht so entwickelt hatte wie bei anderen in Berlin vertretenen Banken aus der Provinz, seine Unabhängigkeit verloren. Zunächst war er im Jahr 1903 eine Interessengemeinschaft mit der Dresdner Bank eingegangen, jedoch eindeutig als Juniorpartner, und hatte sich dann, nachdem die Interessengemeinschaft nach fünf Jahren gescheitert war, kurz vor Kriegsausbruch der Disconto-Gesellschaft angeschlossen. Es ist nicht ganz abwegig anzunehmen, dass die Commerzbank einen ähnlichen Weg gegangen wäre, wenn sie nicht mit der Übernahme der Berliner Bank konsequent auf die Berliner Karte gesetzt hätte.

Ähnlich gut stand die Commerzbank auch im Vergleich zur Nationalbank für Deutschland und der Berliner Handels-Gesellschaft da. Die Nationalbank für Deutschland rangierte trotz eines etwas höheren Aktienkapitals bei der Bilanzsumme schon deutlich hinter der Commerzbank. Denn das Geschäft der Nationalbank fußte nicht so vergleichsweise solide auf dem »regulären« Bankgeschäft, sondern das sehr schnelle Wachstum der Bank war durch eine konsequente Schwerpunktsetzung auf das wesentlich riskantere Finanzierungsgeschäft erreicht worden, was auch eine höhere Eigenkapitalquote erforderte. Mit Blick auf die kommenden Ereignisse war die Commerzbank damit deutlich besser aufgestellt als die Konkurrentin. Im Fall der Berliner Handels-Gesellschaft war die Lage anders. Die Bank verfolgte eine solide Geschäftspolitik, verzichtete aber auch weiterhin auf den Expansionskurs, mit dem die anderen Berliner Banken bereits vor dem Ersten Weltkrieg durch die Bildung von Interessengemeinschaften und durch erste Fusionen begonnen hatten. Damit musste sie mittelfristig hinter die anderen Berliner Banken bei Bilanzsumme und Aktienkapital zurückfallen. Allerdings war diese Politik erfolgreich genug, sodass die Selbstständigkeit der Berliner Handels-Gesellschaft, abgesehen von einem kurzen, aber erfolglosen Übernahmeversuch während der Inflation, bis zur Neuordnung des deutschen Bankwesens nach dem Zweiten Weltkrieg nie ernsthaft gefährdet war.

3. Die Filialgroßbank (1914 bis 1929)

3.1 Die Commerzbank im Ersten Weltkrieg

Der Kriegsausbruch traf nicht nur die Reichsregierung insofern unvorbereitet, als sie keinerlei Vorkehrungen für einen langen Wirtschaftskrieg getroffen hatte, auch die Banken waren nicht vorbereitet. Die letzte Juli- und die erste Augustwoche 1914 lösten unter den Kunden der Großbanken Panik aus, was ganz im Gegensatz zu ihrer zur Schau gestellten Kriegsbegeisterung stand. So verloren die Berliner Großbanken innerhalb kürzester Zeit etwa 20 Prozent ihrer Depositen.[1] Auszahlungen dieser Größenordnung wären die Banken nicht gewachsen gewesen, sodass sie ihre Schalter hätten schließen müssen, wenn nicht die Reichsbank umfangreiche Refinanzierungsmöglichkeiten eröffnet hätte, was sie im Vorgriff auf eine gesetzliche Lockerung der Deckungsregeln ihrer Noten[2] auch tat. Wie sehr die Reichsbank während dieser Zeit von den Geschäftsbanken als »Bank der Banken« in Anspruch genommen wurde, zeigen folgende Zahlen: Während im Durchschnitt der letzten Jahre der Wechselbestand der Reichsbank in der letzten Juliwoche um 26 Mio. Mark angestiegen war, waren es 1914 1,3 Mrd. Mark. Noch dramatischer war die Situation eine Woche später. Während in einer »normalen« Augustwoche der Wechselbestand der Reichsbank meist zurückging, stieg er in der ersten Augustwoche 1914 um 1,66 Mrd. Mark an.[3] Die Commerzbank würdigte in ihrem Geschäftsbericht die Hilfestellung der Reichsbank freimütig: »Für kurze Zeit fand eine lebhafte Abhebung von Geldern ... statt, doch gelang es durch die hervorragende Leitung unserer Reichsbank, ... bald dieser Störungen Herr zu werden.«[4] Der Reichsbankpräsident erhielt für diese Hilfsaktion in Börsenkreisen scherzhaft den Ehrentitel des »Reichsgeldmarschalls«.[5] Erleichtert wurde der Reichsbank die Sicherstellung der Zahlungsfähigkeit der Berliner Großbanken durch die Errichtung von sogenannten Darlehenskassen, die gegen die Verpfändung von Effekten oder Waren und unter Aufsicht der Reichsbank Kredite vergeben konnten und zu diesem Zweck mit den Darlehenskassenscheinen ein eigenes (ungedecktes) Papiergeld ausgaben.[6]

Aber nicht nur auf der Passivseite der Bilanz lauerten während der ersten Kriegswochen Gefahren. Durch die Schließung der Börsen Ende Juli veränderte sich der Liquiditätscharakter des Effektenbesitzes der Banken. Die Wertpapiere konnten nur noch mit großen Problemen verkauft werden, sodass die Banken darauf angewiesen waren, dass die Reichsbank sie als Sicherheiten für Lombardkredite akzeptierte. Auf der anderen Seite lehnten die Banken ihrerseits Kreditgesuche ab, sperrten vorübergehend bereits bewilligte Kredite und kürzten Kreditlinien,[7] was von den Banken selbst aber in ihren Geschäftsberichten heruntergespielt oder ganz bestritten wurde.[8]

Eine gewisse Erleichterung der Kreditklemme der ersten Kriegswochen wurde allerdings dadurch erreicht, dass das Reich neben den Darlehenskassen unter Beteiligung des privaten Bankwesens sogenannte Kriegskreditbanken errichtete. Die Initiative für die Gründung von Kriegskreditbanken ging wesentlich auf Max M. Warburg zurück,[9] dessen Bankhaus traditionell enge Beziehungen zur Commerzbank besaß, weshalb die Commerzbank auch zu den Gründern der ersten Kriegskreditbank in Deutschland, der Hamburgischen Bank von 1914, gehörte.[10]

Mitte August 1914 war die Kredit- und Zahlungsmittelkrise aber schon wieder überwunden, und die abgehobenen Gelder flossen nach und nach zurück. Im weiteren Verlauf des Krieges stiegen die Kreditoren sogar schneller an als während der Vorkriegszeit. So wuchs das Kreditorenkonto bei der Commerzbank von ultimo 1914 auf ultimo 1915 um mehr als ein Drittel von 299 auf 406 Mio. Mark.[11] Trotzdem gab es keine Rückkehr zu den Vorkriegsverhältnissen. Denn im Kreditgeschäft sank der Bedarf der Industrie, deren Selbstfinanzierungsquote sich dank der Rüstungskonjunktur im Durchschnitt deutlich erhöhte. Ausgeglichen wurde dieser Rückgang der privaten Kreditnachfrage durch den Kreditbedarf staatlicher Lenkungsstellen der Kriegswirtschaft sowie der halbstaatlichen Kriegsgesellschaften. Die erste in den Akten nachweisbare Kriegsgesellschaft, die einen Kredit der Commerzbank erhielt, war die im November 1914 gegründete Kriegsleder AG, die sich zu etwa 40 Prozent im Reichsbesitz befand und deren Hauptaufgabe es war, durch die Heeresverwaltung beschlagnahmte Großviehhäute an die Gerbereien zu verteilen, die im Gegenzug den größten Teil des restlichen Kapitals bereitstellten.[12] Die Kriegsleder AG gehörte zu den kleineren Kriegsgesellschaften, und auch in den folgenden Jahren waren es eher diese, die Kredite bei der Commerzbank nachfragten. Das ist insofern nicht verwunderlich, als es Unternehmen der eher mittelständisch strukturierten Industriebranchen waren, die vor dem Krieg die Mehrheit der Kreditkunden der Commerzbank gestellt hatten und die sich nun zur Sicherstellung ihrer Rohstoffversorgung an einer Kriegsgesellschaft beteiligten.[13] Trotzdem war der Kreditbedarf selbst der kleineren Kriegsgesellschaften zu groß für eine Bank, sodass sich Konsortien bilden mussten, um ihn zu befriedigen. Besichert waren die Kredite durch eine Bürgschaft des Reichsschatzamts.[14]

In Anbetracht der offiziellen Schließung der Börsen wäre eigentlich zu erwarten gewesen, dass sich das Effektengeschäft stark rückläufig entwickelte. Das war allerdings abgesehen von den ersten Kriegswochen nicht der Fall. Denn die Reichsregierung war wegen ihrer Kriegsanleihen durchaus daran interessiert, dass trotz geschlossener Börsen ein Sekundärmarkt für Wertpapiere erhalten blieb. So hatte sich sehr schnell nach der Schließung der Börsen der Effektenhandel zunächst im Telefonverkehr zwischen den Banken und seit Ende 1914 als ein geduldeter Freiverkehr entwickeln können, an dem sich die Großbanken aber zunächst auf Wunsch der Reichsbank nicht beteiligten. Als das aber dazu führte, dass viele Großbankkunden zu den Privatbankiers abwanderten, beteiligten sich auch die Großbanken seit Mitte 1915 am Freiverkehr.[15] Das bedeutete, dass sich Bankenvertreter und freie Makler in den Räumen der Börse trafen. Dort wurden die An- und Verkaufspreise im freien Ermessen festgelegt, unterlagen aber grundsätzlich Angebot und Nachfrage. Amtliche Kursmakler nahmen an den Treffen nicht teil, und so wurde auch kein offizieller Börsenkurs bestimmt.[16]

Unter diesen Rahmenbedingungen war Folgendes möglich: Erstens beteiligte sich natürlich auch die Commerzbank an der Unterbringung von Kriegsanleihen,[17] womit der zunächst freiwillige Verzicht auf Anleiheemissionen anderer Schuldner kompensiert werden konnte. Zweitens wandten sich viele Unternehmen seit 1915 an die Großbanken, um eine Kapitalerhöhung durchzuführen. Das war zulässig, da Aktien anders als Industrieobligationen nur bedingt eine Konkurrenz für die Kriegsanleihen auf dem Kapitalmarkt darstellten, der ansonsten unbedingt der Kriegsfinanzierung vorbehalten bleiben sollte.[18] Das Effekten- und Emissionsgeschäft dürfte ganz wesentlich für die Steigerung des Bruttoertrags im Jahr 1917 verantwortlich gewesen sein. Allein im Jahr 1917 war die Commerzbank an 13 Konsortien zur Emission junger Aktien beteiligt.[19] Bankintern erklärte Pilster den daraus resultierenden hohen Bestand an Effekten damit, dass die Bank zwar »eine Reihe von Beständen«, die sie im Rahmen ihrer Emissionstätigkeit übernommen hatte, »positiv realisiert« habe. Er halte aber andere Bestände »in Erwartung noch höherer Preise« zurück und werde sie zu gegebener Zeit »mit erheblichem Gewinn« veräußern.[20] Der Reichsregierung gefiel das überhaupt nicht, sodass die Behörden die Banken davon abzuhalten versuchten, weitere Kapitalerhöhungen durchzuführen. So beklagte die Commerzbank 1918, dass das Handelsministerium Kapitalerhöhungen zweier mit der Commerzbank eng verbundener Aktiengesellschaften nur unter der Bedingung genehmigt habe, dass sie als Konsortialführerin die jungen Aktien den Aktionären nur zu einem Kurs anbot, der sich für die Aktionäre »als verlustbringend herausgestellt« habe,[21] was auch für den Emissionskredit der Commerzbank nicht gerade vorteilhaft war.

Aus der Sicht der Banken war der Freiverkehr aber auch aus einem zweiten Grund sinnvoll. Denn nur so war es möglich, die aus Börsentermingeschäften der Vorkriegszeit stammenden Kredite abzubauen, indem Schuldner ihre der Bank als Sicherheiten übereigneten Wertpapiere im Direktverkauf veräußerten und mit dem Erlös ihren Kredit oder Teile davon tilgen konnten. Bei der

Commerzbank behielt der Mischposten »Reports und Lombards gegen börsengängige Wertpapiere« in der Bilanz allerdings ein höheres Gewicht als bei den anderen Berliner Großbanken, nur dienten diese Kredite nun vor allem dem Absatz der Kriegsanleihen, der durch die Kreditvergabe an die Zeichner gefördert wurde. Daneben waren es während des Krieges aber auch staatliche Stellen wie Kommunen, Sparkassen und öffentliche Verbände, die diese Kreditmöglichkeit direkt in Anspruch nahmen.[22]

Ähnliches gilt für das Wechseldiskontgeschäft. Während der Umlauf von »echten« Handelswechseln zurückging, stiegen die Wechselbestände in den Bankbilanzen stark an, was allein dadurch zu erklären ist, dass die Banken vermehrt nicht kaufmännische Wechsel, sondern Wechsel des Reichs und der Bundesstaaten sowie sogenannte Kommunalwechsel diskontierten.[23] Bei der Commerzbank wirkte sich der Rückgang des (Handels-)Wechselumlaufs wegen ihres Vorkriegsengagements bei der Finanzierung des Außenhandels vermutlich sogar noch stärker aus als bei den anderen Berliner Großbanken.[24] Die Bedeutung der Finanzwechsel der öffentlichen Hand in der Bilanz der Commerzbank dürfte deshalb noch weit größer gewesen sein, als es der Anstieg ihres Wechselbestands von etwa 75 (1913) auf knapp 750 Mio. Mark (1918) nahelegt. Trotzdem klagte die Commerzbank in ihren Geschäftsberichten 1915, 1916 und 1917, dass sie Schwierigkeiten habe, kurzfristige Gelder auch nur »mit einem geringen Zinsnutzen« unterzubringen.[25]

Besonders schmerzhaft dürfte für die Commerzbank der Verlust ihrer Beteiligung an der London & Hanseatic Bank gewesen sein. Nach Kriegsausbruch hatten die Hamburger Mitglieder des Board of Directors zunächst ihre Mandate niedergelegt,[26] und ein Jahr später wurde der Aktienbesitz der Commerzbank, der zu diesem Zeitpunkt wieder etwa 48 Prozent der Londoner Bank erreicht hatte, von der britischen Treuhandbehörde für feindliche Vermögen eingezogen. Die Bank arbeitete auch während des Krieges weiter, sodass sie sogar eine Dividende auszahlen konnte, die allerdings mit 5 Prozent deutlich unter der Dividendenhöhe der Vorkriegszeit lag. Außerdem änderte sie ihre Firmierung in London Merchant Bank Ltd. Nach dem Krieg wurde das beschlagnahmte Aktienkapital an ein Konsortium englischer Banken verkauft.[27] Die Commerzbank ging dabei zwar leer aus, aber sie wurde für das entzogene Vermögen durch die Reichsregierung später entschädigt.[28]

Allem Anschein nach wandte sich die London Merchant Bank nach dem Krieg dann erneut der Finanzierung des britisch-deutschen Handels zu, sodass auch die Commerzbank wieder in den Londoner Fokus geriet. Die Zusammenarbeit erfolgte aber verdeckt, indem die Commerzbank der London Merchant Bank eine Beteiligung an ihrer Amsterdamer Kommandite überließ. Gleichzeitig erwarb eine Tochtergesellschaft ihrer Kommandite Anteile an der London Merchant Bank. Außerdem schickte die Commerzbank in den 1920er Jahren einige ihrer Beschäftigten zu Weiterbildungszwecken zur London Merchant Bank.[29]

Über die Entwicklung der Beschäftigtenzahlen während des Krieges gab die Commerzbank keine Auskunft. Es ist aber davon auszugehen, dass die Beschäftigtenzahl, die im August 1914 1664 Personen betragen hatte, während des Krieges gestiegen ist. Einberufen wurden im Lauf des Krieges insgesamt 1108 Mitarbeiter, von denen knapp ein Viertel gefallen ist.[30] Die Einberufenen mussten durch Hilfskräfte ersetzt werden, deren Rekrutierung offenbar keine allzu großen Probleme machte, die aber größtenteils über keinerlei Erfahrung im Bankgeschäft verfügten und deshalb die Einberufenen nicht vollwertig ersetzen konnten. Der Geschäftsbericht für 1915 bemerkt dazu: »Die Ersetzung dieser erfahrenen Beamten hat uns viele Schwierigkeiten bereitet, trotzdem wir eine große Anzahl von Hilfsarbeitern einstellten.«[31]

Unter diesen »Hilfsarbeitern« wird eine sehr hohe Anzahl Frauen gewesen sein, wozu allerdings leider keine Daten vorliegen.[32] Vor dem Krieg waren nur sehr wenige Frauen bei der Commerzbank beschäftigt. In der Hauptverwaltung in Berlin waren es elf, von denen fünf in der Auskunftei und sechs in der Kantine arbeiteten.[33] Es ist demzufolge davon auszugehen, dass in den Büros der Commerzbank vor 1914 so gut wie keine weiblichen Schreibkräfte beschäftigt waren. Das entsprach auch der Praxis bei der Deutschen Bank,[34] nicht aber der der Darmstädter Bank, wo bereits vor dem Krieg Sekretärinnen und Stenotypistinnen in den Büros Einzug gehalten hatten.[35] Weshalb die Beschäftigung von Frauen in den Büros der Commerzbank nicht schon vor dem Krieg eingesetzt hatte, ist zwar durch Quellen nicht zu belegen. Es ist aber davon auszugehen, dass es wie bei fast allen anderen Banken vor allem der Widerstand der männlichen Beschäftigten war, der das Einrücken der deutlich geringer bezahlten weiblichen Konkurrenz verhinderte.[36] Während des Krieges gab es jedoch zur Beschäftigung von Frauen keine Alternative, zumal das erhöhte Arbeitsaufkommen durch das inflationsbedingte Anwachsen des Zahlungsverkehrs keine im Bankbetrieb qualifizierten Arbeitskräfte erforderte, sodass sich Frauen wegen der Gehaltsdifferenz gegenüber männlichen Mitarbeitern für diese Beschäftigung geradezu anboten.

Im Gegenzug wurden die freiwilligen sozialen Leistungen der Commerzbank während des Krieges ausgebaut. So wurde den einberufenen Mitarbeitern ein »erheblicher Teil ihrer Bezüge« weiter bezahlt,[37] um deren Familien zu versorgen – quasi als Kehrseite des bürgerlichen Familienbildes mit dem Ehemann als Alleinverdiener. Nicht zu unterschätzen ist aber auch die Konkurrenz durch die anderen Banken, die zum Teil sehr weitgehende Maßnahmen zur Sicherung des Lebensstandards der Familien ihrer eingezogenen Mitarbeiter ergriffen.[38] Das zeigte sich auch bei den Maßnahmen zur Abmilderung der Folgen der Kriegsinflation. »Teuerungszulagen« wurden bei der Commerzbank schon vor dem Krieg gezahlt. Während des Krieges wurde offenbar jeweils im Dezember eine Gehaltserhöhung gewährt, über deren Größenordnungen allerdings nichts bekannt ist. Spätestens im »Steckrübenwinter« 1916/17 muss der Commerzbank aber klar geworden sein, dass

Die Berliner Hauptverwaltung befand sich seit 1905 in der Behrenstraße, Ecke Charlottenstraße; Foto um 1920.

ihre Mitarbeiter auf dem Schwarzmarkt Lebensmittel zukaufen mussten, um ihre Familien ernähren zu können. Obwohl Bankangestellte deutlich besser verdienten als der Durchschnitt der abhängig beschäftigten Bevölkerung, reichten die Gehälter nicht aus, um die horrenden Schwarzmarktpreise zu bezahlen. Deshalb sah sich die Bank gezwungen, vor dem auf den »Steckrübenwinter« folgenden Winter 1917/18 die Gehälter bereits im Oktober anzuheben. Allerdings war auch hier die Konkurrenz der Nachbarbanken ein mindestens ebenso wichtiges Motiv wie die Sorge um die Familien der Mitarbeiter. So hieß es im Aufsichtsrat, als die vorgezogene Gehaltserhöhung ab Oktober 1917 beschlossen wurde, dass »mit Rücksicht auf die Nachbarbanken eine Gehaltszulage nicht zu umgehen« sein werde.[39]

Die steigenden Personalausgaben trieben die »Unkosten« in die Höhe. Dieser zeitgenössische Begriff umfasste sämtliche persönlichen und sachlichen Aufwendungen mit Ausnahme von Steuern und Abschreibungen auf Gebäude. Die Gewinn-und-Verlust-Rechnung weist auf der »Ausgaben«-Seite auch nur diese drei Posten aus. Die Aufwendungen bei Zinsen und Provisionen wurden direkt gegen die entsprechenden Erträge aufgerechnet und fallen demnach zwar nicht unter die »Unkosten«, lassen sich aber folglich noch weniger quantifizieren. Streng genommen sind die »Unkosten« zu unspezifisch, um gesicherte Aussagen über den Anstieg der Personalausgaben zu machen. Da die Mechanisierung des Bankbetriebs während des Krieges aber noch in den Kinderschuhen steckte, ist wohl davon auszugehen, dass die Personalaufwendungen den weitaus größten Teil der »Unkosten« bildeten.[40] Sie stiegen bei der Commerzbank während des Krieges von 6,5 als letztem Vorkriegswert auf 11,1 Mio. Mark (1918) an. Im Verhältnis zum »Reingewinn« (ohne Gewinnvortrag) machte sich diese Steigerung aber nicht bemerkbar. Der Reingewinn stieg etwa in demselben Umfang, sodass das Verhältnis von »Unkosten« zu »Reingewinn« stabil etwa auf dem Vorkriegsniveau gehalten werden konnte.

In Anbetracht der Tatsache, dass die Commerzbank während des Krieges keine Kapitalerhöhung durchführte, hätte die Dividende eigentlich deutlich steigen müssen, weil sich ein höherer Reingewinn auf eine gleichbleibende Zahl von Aktien verteilte. Das geschah aber nicht. Im Gegenteil, in den beiden ersten Kriegsjahren lag die Dividende unter dem Niveau der Vorkriegszeit. Die Commerzbank begründete in ihrem Geschäftsbericht für 1914 diese für die Aktionäre höchst unerfreuliche Entwicklung damit, dass sie die Dividende von 6 (1913) auf 4,5 Prozent gekürzt habe, um bei einem grundsätzlich zur Verteilung anstehenden Reingewinn von 6,6 Mio. Mark den Betrag von 1,5 Mio. Mark »für weitere Abschreibungen ... entnehmen« zu können. Denn sie könne »noch nicht mit voller Sicherheit übersehen, ... ob und inwieweit uns infolge des Krieges außer den bereits jetzt als notwendig erkannten Abschreibungen aus unseren Aktiven Verluste entstehen können«. Davon abgesehen scheint es auch in erheblichem Umfang Vorwegabschreibungen auf den Effektenbestand gegeben zu haben. Das erklärt vermutlich auch den ausgewiesenen Verlust »auf Wertpapiere und Konsortialbeteiligungen« in Höhe von knapp 500 000 Mark. Denn im Geschäftsbericht heißt es weiter: »Wir haben bei Einstellung unserer Effekten- und Konsortialbestände in die Bilanz der durch den Krieg geschaffenen Lage in vorsichtiger Weise Rechnung getragen.«[41]

Im Folgejahr wurde die Beibehaltung der bescheidenen Dividendenhöhe trotz leicht gestiegenen »Reingewinns« dann damit erklärt, dass dem Gewinn ein entsprechend höherer Betrag »zu Abschreibungszwecken« entnommen werden müsse.[42] Ein wesentlicher Grund für den gestiegenen Betrag waren Abschreibungen auf die Aktien der London & Hanseatic Bank, die kriegsbedingt keine Dividendenzahlung an die Commerzbank leistete.[43] Erst als im Jahr 1916 der ausgewiesene »Reingewinn« deutlicher auf 8,2 Mio. Mark gestiegen war, war eine Rückkehr zur Dividendenhöhe des letzten Vorkriegsjahrs möglich. Der »Reingewinn« hätte zwar auch eine deutlich höhere Dividende erlaubt. Aber aus ihm hatte die Bank eine Sonderzahlung an alle »Beamten« unterhalb des Vorstands von gut 1 Mio. Mark finanziert.[44] Im Jahr 1917 erreichte die Dividende dann mit 7 Prozent trotz einer leicht erhöhten Sonderzahlung an die »Beamten« ihren Höchststand während des Krieges.[45] Weshalb die Sonderzahlung in diesen beiden Jahren nicht wie üblich unter den »Unkosten« subsummiert wurde, wird in den Geschäftsberichten nicht erklärt. Der Zweck ist aber offensichtlich. Denn so wurde der als »Gratifikationen« bezeichnete »Teuerungsausgleich« an die Bankmitarbeiter aus dem vermeintlich den Aktionären zustehenden Gewinn bestritten, was mit Blick auf die Diskussion um die Kriegsgewinne der Unternehmen vor allem aufgrund der Außenwirkung erfolgt sein dürfte.

Durch die Vorwegabschreibungen auf Effekten und Konsortialbeteiligungen sowie die Sonderabschreibungen der ersten beiden Kriegsjahre schuf sich die Commerzbank stille Reserven in einer Größenordnung, wie es sie in der Geschichte der Bank bis dahin vermutlich noch nicht gegeben hatte. Denn die inoffiziellen Kurse der (börsennotierten) Wertpapiere fielen nicht, sondern sie stiegen in den meisten Fällen im Verlauf des Krieges an. Damit schien die Commerzbank für jeden Ausgang des Krieges gerüstet zu sein. Aber der Kurssturz vom September 1918, der vor allem, aber keineswegs ausschließlich die staatlichen Papiere traf, sowie die Kursverluste der Industrieaktien während der folgenden Revolutionsmonate scheinen die stillen Reserven der Commerzbank, die zu diesem Zeitpunkt vom Vorstand auf 13 bis 14 Mio. Mark geschätzt wurden,[46] vollständig vernichtet zu haben. So wies die Gewinn-und-Verlust-Rechnung erstmals seit 1914 wieder einen »Verlust auf Wertpapiere« aus, der diesmal jedoch mit 2 Mio. Mark eine ganz andere Größenordnung erreichte als 1914. Wenn die Bank trotzdem an ihrer zuletzt gezahlten Dividende von 7 Prozent festhielt, kann das wohl nur dadurch erklärt werden, dass die Aktionäre und mittelbar wohl auch die Kunden beruhigt und von Panikreaktionen abgehalten werden sollten. Der Journalist Alfred Lansburgh ließ sich durch die Dividendenpolitik der Großbanken jedoch nicht blenden und kommentierte: Die Banken stehen jetzt »vor der ernsten Tatsache, daß sie weit über ihr Erwerbsinteresse hinaus auf das engste mit dem Staatskredit verknüpft sind und daß ihr Schicksal davon abhängt, ob und inwieweit das Reich, die Bundesstaaten und die Kommunen imstande sein werden, ihren Verpflichtungen nachzukommen. Dadurch sind sie in eine Lage geraten, die es ihnen eigentlich unmöglich macht, eine halbwegs zuverlässige Bilanz aufzustellen.«[47]

3.2 Fusionen, Übernahmen und Filialneugründungen

Die scheinbar gute Ertragslage des Jahres 1917, die hohen stillen Reserven und der permanente Einlagen- bzw. Liquiditätszuwachs bildeten neben steuerlichen Gründen[48] einen starken Anreiz für die Berliner Großbanken, mit dem durch den Kriegsausbruch unterbrochenen Ausbau ihrer Filialnetze fortzufahren, indem sie Banken in der Provinz aufkauften und deren Filialen weiterführten. Vorreiter war erneut die Deutsche Bank, die im Februar 1917 den

Schlesischen Bankverein in Breslau und die Norddeutsche Creditanstalt in Königsberg übernahm. Es folgte die Dresdner Bank, die im gleichen Jahr die 1871 in Aachen gegründete Rheinisch-Westfälische Disconto-Gesellschaft mit Niederlassungen unter anderem in Düsseldorf und Köln erwarb. Zu dieser Zeit war die Rheinisch-Westfälische Disconto-Gesellschaft die bedeutendste Provinzaktienbank in Westdeutschland, deren Aktienkapital mit 95 Mio. Mark sogar höher war als das der Commerzbank.[49]

Übernahmen in dieser Größenordnung waren für die Commerzbank zu diesem Zeitpunkt wohl noch eine Nummer zu groß und ohne eine Kapitalerhöhung ohnehin nicht möglich. Obwohl der Aufsichtsratsvorsitzende Franz Heinrich Witthoefft den Vorstand 1917 ermutigte, »aufgrund der günstigen Entwicklung der Geschäfte ... eine Ausdehnung des Wirkungskreises der Bank« voranzutreiben, wobei namentlich der Standort Bremen genannt wurde,[50] kam es während des Krieges zunächst nur zur Übernahme von eher kleineren Privatbankhäusern in der Provinz, deren Geschäftsmodell durch den Krieg vermutlich stark gelitten hatte. Die meisten dieser Banken lebten vor allem vom Effektenkommissionsgeschäft, also dem An- und Verkauf von Wertpapieren im Auftrag und auf Rechnung ihrer wohlhabenden Kunden, sowie von der Bereitstellung kurzfristiger und durch die erworbenen Wertpapiere besicherter Kredite für diesen Zweck (»Spekulationskredite«). Durch die Schließung der Börsen waren die Privatbankiers jedoch von den Informationen über die Kursentwicklungen weitgehend abgeschnitten, zumal Veröffentlichungen der im Freiverkehr gehandelten Effekten streng verboten waren.[51] Lediglich die Großbanken durften innerhalb ihres Betriebs Kursnotierungen verbreiten. Damit waren jeder Depositenkassenleiter einer Großbank in Berlin oder Hamburg sowie jeder Filialleiter der Commerzbank in der Provinz besser über die im Freiverkehr gehandelten Effekten informiert als ein Privatbankier, der aufgrund der räumlichen Entfernung zur nächstgelegenen Börse am Börsenhandel im Freiverkehr nicht teilnahm. Um die Kunden zu halten, erschien es deshalb vielen Privatbankiers sinnvoll, sich dem Netzwerk einer Großbank anzuschließen, sofern sie als Filialleiter den Betrieb weiterführen durften, was die Commerzbank schon im Fall von Ernst Magnus in Hannover akzeptiert hatte.[52]

In den Jahren 1917 und 1918 übernahm die Commerzbank sechs Privatbankhäuser in Stettin, Lübeck, Cottbus, Guben, Recklinghausen und Nürnberg. Den Erwerb dieser, sich eher zufällig ergebenden Filialgründungen konnte die Commerzbank problemlos durch die Auflösung stiller Reserven finanzieren. Eine ganz andere Größenordnung hatte der Plan, den »Wirkungskreis« der Commerzbank mit Sachsen und Schlesien auf zwei der wichtigsten deutschen Industrieregionen auszuweiten, in denen die Commerzbank noch nicht präsent war. Ein gutes halbes Jahr nach der Übernahme des Schlesischen Bankvereins durch die Deutsche Bank schien die Suche erfolgreich gewesen zu sein. Im Herbst 1917 fasste der Aufsichtsrat der Commerzbank den Beschluss, die Anteile von Disconto-Gesellschaft und Berliner Handels-Gesellschaft an der Schlesischen Handelsbank in Höhe von nominal 7,5 Mio. Mark zum Kurs von 125 Prozent zu übernehmen, womit die Commerzbank zur Mehrheitsaktionärin dieser schlesischen Provinzaktienbank geworden wäre.[53] Der Aktienerwerb kam aber offenbar nicht zustande. Denn im Geschäftsbericht für 1917 wurde er nicht erwähnt. Außerdem übernahm später die Disconto-Gesellschaft die Schlesische Handelsbank,[54] was darauf hindeutet, dass jene sich im letzten Moment gegen die Veräußerung ihrer Anteile entschieden hatte, um die Bank selbst als Sprungbrett nach Schlesien zu nutzen.

Parallel zur Expansion nach Schlesien hatte sich die Commerzbank auch auf die Suche nach geeigneten Übernahmekandidaten in Sachsen gemacht und wurde mit dem Chemnitzer Bank-Verein fündig. Auch in diesem Fall fasste der Aufsichtsrat den Beschluss, die Bank, deren Aktienkapital zu diesem Zeitpunkt 15 Mio. Mark betrug, zu übernehmen. Allerdings war die Beschlussfassung nicht unumstritten, und deshalb wurde der Erwerb von einer Buchprüfung unter der Leitung von Vorstandsmitglied Sobernheim abhängig gemacht. Ob diese Prüfung dazu führte, dass die Bank nicht übernommen wurde, ob die Übernahme ohne eine Kapitalerhöhung, die nicht erwünscht war, nicht finanziert werden konnte oder ob es Vorbehalte auf sächsischer Seite gab, die Unabhängigkeit vollständig zu verlieren,[55] kann aufgrund der Quellen nicht geklärt werden. Jedenfalls erwarb die Commerzbank nur für 2,5 Mio. Mark Aktien des Bank-Vereins zum Kurs von 140 Prozent, stützte die Verbindung aber durch den Abschluss eines »Freundschaftsvertrags« ab. Gleichzeitig wurden zwei Vertreter der Commerzbank in den Aufsichtsrat des Bank-Vereins und zwei Vertreter des Bank-Vereins in den Aufsichtsrat der Commerzbank kooptiert,[56] darunter der Generaldirektor Otto Weissenberger, der zu den einflussreichsten Provinzbankiers in Sachsen gehörte.[57] Daneben wurden noch zwei weitere Verträge mit sächsischen Provinzaktienbanken geschlossen, deren Bedeutung aber zu gering war, um ein Aufsichtsratsmandat bei der Commerzbank beanspruchen zu können.[58] Auch der Erwerb der Anteile an den drei sächsischen Banken konnte noch ohne eine Kapitalerhöhung finanziert werden. Es ist deshalb wohl davon auszugehen, dass die Bank Umschichtungen unter ihren Effekten vorgenommen hat, um Platz für die neuen Beteiligungen zu schaffen.

Für die Commerzbank war dieser Umweg zur Vollfusion über eine Interessengemeinschaft eher ungewöhnlich. Bisher war sie nur einmal, im Jahr 1904 mit der Leipziger Credit- und Spar-Bank, eine Interessengemeinschaft eingegangen, auf die sieben Jahre später die Übernahme folgte. Unter den anderen Berliner Großbanken, insbesondere bei der Disconto-Gesellschaft, der Deutschen Bank und der Dresdner Bank, war die Bildung solcher Interessengemeinschaften dagegen vor 1914 sehr verbreitet. Die Grundlage bildete ein Vertrag, der in der Regel für einen längeren Zeitraum, meist 30 Jahre oder mehr, geschlossen wurde. Der Aktientausch bzw. der einseitige Erwerb von Aktien war meist Bestandteil des Vertrags, aber nicht zwingend. Im Fall der wohl bedeutendsten, aber nach wenigen Jahren gescheiterten Interessengemeinschaft zwischen der Dresdner Bank und dem Schaaffhausen'schen Bankverein wurde der Aktientausch sogar geheim gehalten.[59] Ihren Anfang nahmen die Interessengemeinschaften häufig mit der Kapitalerhöhung einer Provinzbank, die von einer der Berliner Großbanken als Konsortialführerin durchgeführt wurde. Der Aktientausch, scheinbar ein Geschäft unter Gleichen, wirkte sich aber bei den beiden Partnern sehr unterschiedlich aus. Denn während die Berliner Großbank dadurch häufig zum größten Aktionär der Provinzbank aufstieg, verfügte die in der Regel deutlich kleinere Provinzbank nur über einen unbedeutenden Bruchteil des Kapitals der Großbank. Sollte in dem Vertrag eine Koordinierung der Geschäftspolitiken beider Banken vereinbart worden sein, dürfte sich dieses Kräfteverhältnis einseitig zulasten der Provinzbank ausgewirkt haben.[60] Daran änderte auch die häufig vereinbarte gegenseitige Delegation von Vorstandsmitgliedern des einen in den Aufsichtsrat des anderen Partners nichts.

Mit der ins Auge gefassten Zuwahl von drei Managern aus dem Ruhrbergbau in den Aufsichtsrat der Commerzbank wurde Ende 1917 sogar schon der nächste Expansionsschritt ins Ruhrgebiet vorbereitet.[61] Die Funktion dieser drei neuen Aufsichtsräte wäre es wohl gewesen, jeweils einen Lokalausschuss für Dortmund und Essen zusammenzustellen und damit die Grundlage für eine Filialgründung in den beiden Städten zu schaffen. Kurze Zeit später waren diese Pläne aber schon überholt, sodass von den drei avisierten Personen nur Otto Gehres, Generaldirektor mehrerer Zechengesellschaften, darunter der Gewerkschaft Lothringen bei Bochum,[62] in den Aufsichtsrat gewählt wurde. Die Gewerkschaft Lothringen (seit 1921 Bergbau AG Lothringen) hatte als erste Zechengesellschaft des Ruhrgebiets bereits vor dem Krieg die Weiterverarbeitung von Kokereiammoniak zu Salpetersäure für die Sprengstoffproduktion aufgenommen,[63] sodass Gehres eine herausgehobene Bedeutung für die Kriegswirtschaft zugekommen sein dürfte. Seine Bereitschaft, in den Aufsichtsrat einer Bank einzutreten, die in seiner Heimatregion überhaupt nicht präsent war, war ein großer Erfolg für die Ambitionen der Commerzbank.

Der Grund für die Änderung der Pläne waren die Gelegenheiten, zwei mittelgroße Aktienbanken im Ruhrgebiet zu erwerben. Kurz vor Kriegsende übernahm die Commerzbank den Gelsenkirchener Bankverein im westfälischen Teil des Reviers und die Mülheimer Bank im rheinischen Teil.[64] Beide Banken waren mit der Rheinisch-Westfälischen Disconto-Gesellschaft oder der Bergisch-Märkischen Bank, weder was die Zahl der Niederlassungen noch ihre Größe oder die Bedeutung ihrer Industriekundschaft betrifft, vergleichbar.[65] Aber durch die Niederlassungen in Gelsenkirchen, Wanne, Wattenscheid, Mülheim, Oberhausen und Sterkrade war die Commerzbank nun im wichtigsten deutschen Industrierevier mit eigenen Filialen vor Ort präsent. Dafür nahm sie auch einen als »verhältnismäßig hoch« kritisierten Kaufpreis für die Mülheimer Bank hin, der in einem Aktientausch im Verhältnis 9 (Mülheimer Bank) zu 8 (Commerzbank) bestand. Die für die Übernahme notwendigen Aktien der Commerzbank wurden der Bank nach dem Geschäftsbericht von »befreundeten Aktionären« zur Verfügung gestellt.[66] Damit wurden wahrscheinlich Aktien umschrieben, die sich im Besitz des Kursregulierungskonsortiums befanden. Eine andere realistische Möglichkeit, Commerzbank-Aktien im Nominalwert von 8 Mio. Mark ohne Kapitalerhöhung in kürzester Zeit verfügbar zu machen, wird es kaum gegeben haben.

Die Pläne zur Erweiterung des »Wirkungskreises« waren aber Ende 1917 noch weiter gesponnen worden. Als nächster, auf das Ruhrgebiet folgender Expansionsschritt wurden im Aufsichtsrat Elsass-Lothringen und Luxemburg vorgeschlagen,[67] was in Anbetracht der militärischen Lage an der Westfront etwas abenteuerlich anmutet. Allerdings scheint die Zuversicht auf einen für das Reich glücklichen Kriegsausgang groß gewesen und im Frühjahr 1918, nach dem Sieg über Russland, noch gewachsen zu sein. Denn die Commerzbank reagierte zustimmend auf ein Ansinnen der Preußischen Seehandlung, der Bank des preußischen Staats, das sie wenige Tage nach der Unterzeichnung des Friedensvertrags von Brest-Litowsk erreichte, in dem Sowjetrussland auf seine Hoheitsrechte in Polen, Litauen und Kurland verzichtete. Um auch nach der Gründung eigenständiger Staaten den Einfluss des Reichs im Baltikum abzusichern, plante die Seehandlung, unter der Firmierung Bank für Kurland, Litauen und Livland eine Notenbank mit angeschlossener Darlehenskasse zu gründen. Im März 1918 beschloss der Aufsichtsrat eine Beteiligung der Commerzbank in Höhe von 20 Prozent des mit 10 Mio. Mark angegebenen Aktienkapitals des Bankprojekts. Als weitere Beteiligte schlossen sich die Darmstädter Bank, die Berliner Handels-Gesellschaft und die Ostbank für Handel und Gewerbe aus Posen der Initiative an.[68] Die Ostbank war vermutlich dabei, weil sie bereits Erfahrung auf diesem Gebiet gesammelt hatte, indem sie als ehemalige Zettelbank[69] für die deutschen Besatzungsbehörden in Russland Banknoten in Rubelwährung ausgab.

Ein Grund für die Beteiligung der Commerzbank an dem Projekt dürfte die Erkenntnis gewesen sein, dass eine eigenständige Expansion in den Osten die Ressourcen der Bank übersteigen würde. Das sah bei der großen Konkurrentin, der Deutschen Bank, ganz anders aus. Dort war die Übernahme des Schlesischen Bankvereins und der Norddeutschen Creditbank im Februar 1917 intern unter anderem damit begründet worden, dass die Deutsche Bank von Breslau und Königsberg aus schneller und vor allem vor der Konkurrenz in die nach einem Sieg über Russland »einverleibten« Ostgebiete expandieren könne.[70] Diese Absicht wird den kleineren Konkurrenten nicht verborgen geblieben sein und sie zum Handeln angetrieben haben, um der Deutschen Bank das Feld nicht allein zu überlassen. Die Gemeinschaftsgründung kam dann aber ebenso wenig zustande wie die eigenständige Expansion der Deutschen Bank nach Osten.

Eine zweite kriegswirtschaftliche Neugründung, an der die Commerzbank maßgeblich beteiligt war, war erfolgreicher. Als sich abzeichnete, dass die kriegsbedingten Verluste der Schifffahrtsgesellschaften nach Kriegsende ein umfangreiches Neubauprogramm erfordern würden, das die finanziellen Möglichkeiten der kleineren Reedereien überfordern würde, gründete der Hamburger Reeder Alfred Taggesell im Verbund mit mehreren anderen Reedern die erste deutsche Schiffshypothekenbank, die Deutsche Schiffsbeleihungs-Bank. Ihre Aufgabe sollte es sein, den Reedereien langfristige Darlehen gegen die Einräumung von Pfandrechten an Binnen- und Hochseeschiffen zu gewähren und sich die notwendigen Ressourcen durch die Ausgabe von Schuldverschreibungen zu verschaffen. Nachdem sich die Reichsregierung uninteressiert gezeigt hatte, wandten sich die Gründer an die Commerzbank, die Ende 1917 im Verbund mit befreundeten Banken wie J. H. Stein und M. M. Warburg, aber auch der Hamburger Vereinsbank, die finanziellen Voraussetzungen für die Gründung schuf.[71] Die Geschäftsräume der Deutschen Schiffsbeleihungs-Bank befanden sich zunächst in der Hauptverwaltung der Commerzbank in Hamburg, die auch zwei der drei Vorstandsmitglieder stellte. Bis Kriegsende stand die Bank jedoch unter der Kontrolle eines vom Hamburger Senat bestellten Kommissars. Das Geschäft entwickelte sich dennoch gut und sollte das Kriegsende auch überleben.[72]

Um den Expansionskurs fortsetzen zu können, diskutierte der Aufsichtsrat kurz vor Kriegsende doch noch eine Kapitalerhöhung. Die Festlegung der Größenordnung wurde aber vom Erfolg laufender Übernahmeverhandlungen abhängig gemacht, die Curt Sobernheim aktuell mit den drei Banken in Sachsen führte, mit denen die Commerzbank im Vorjahr eine Interessengemeinschaft eingegangen war.[73] Vor Kriegsende konnten die Verhandlungen jedoch nicht abgeschlossen werden, und der Waffenstillstand und der Zusammenbruch des Kaiserreichs unterbrachen die Bemühungen der Commerzbank zunächst.

Die Übernahmen des Bankvereins Gelsenkirchen und der Mülheimer Bank waren aber vollzogen und machten die Zuwahl von drei Aufsichtsratsmitgliedern dieser Banken in den Aufsichtsrat der Commerzbank, unabhängig von den politischen Umständen, notwendig. Eine Zuwahl des vor den Übernahmen vorgesehenen Vorstandsmitglieds der Essener Steinkohlenbergwerke AG Ernst Tengelmann kam deshalb wohl ebenso wenig infrage wie die Zuwahl von Fritz Funke, Sohn und Erbe des 1912 verstorbenen Carl Funke, der einer der Gründer der Essener Steinkohlenbergwerke AG und ihr Aufsichtsratsvorsitzender gewesen war.[74] Mit fünf Aufsichtsräten hätte das Ruhrgebiet auf einer Stufe mit Hamburg gestanden, und so bedeutend waren die Erwerbungen nun auch wieder nicht.

Die zwei durch die Übernahme der Mülheimer Bank im Ruhrgebiet in den Aufsichtsrat kooptierten Mitglieder waren zum einen Gustav Stinnes, Mitinhaber der Firma Mathias Stinnes und Aufsichtsratsvorsitzender der Mülheimer

Bank, und Carl Weyhenmeyer, Generaldirektor der Rheinischen Kohlenhandel- und Rhederei GmbH, einer Handelsgesellschaft des Rheinisch-Westfälischen Kohlensyndikats.[75] Durch die Übernahme des Bankvereins Gelsenkirchen gelangte kein Ruhrunternehmer von der Bedeutung Weyhenmeyers oder Stinnes' in den Aufsichtsrat. Als Bedingung für die Übernahme der Bank hatte die Commerzbank die Aufnahme des Aufsichtsratsvorsitzenden Ernst Bischoff in ihren Aufsichtsrat akzeptieren müssen. Bischoff galt zwar als einer der reichsten Bürger Gelsenkirchens, aber er war kein Mann der Eisen- und Stahlindustrie oder des Steinkohlenbergbaus. Er war Inhaber der Firma Wilhelm Bischoff, des größten Grubenpferdeverleihers im Ruhrgebiet, und besaß mehrere Grubenbeteiligungen.[76] Bischoff hätte womöglich die Übernahme blockiert, wenn man ihn nicht berücksichtigt hätte. Denn er war schon einmal als Aufsichtsratsmitglied einer Provinzaktienbank im Ruhrgebiet, der Rheinischen Bank in Essen,[77] leer ausgegangen, die 1914 mittelbar von der Disconto-Gesellschaft übernommen worden war.[78] Danach hatte er sich dem weit weniger bedeutenden Bankverein Gelsenkirchen zugewandt, in dem er, anders als bei der Rheinischen Bank, die einflussreichste Persönlichkeit war. An die Bedeutung von Gehres kam Bischoff ganz sicher nicht heran. Dieser blieb deshalb wohl die wichtigste Persönlichkeit aus dem westfälischen Teil des Ruhrgebiets im Aufsichtsrat der Commerzbank.

Entgegen der ursprünglichen Pläne wurden im Ruhrgebiet zwar zwei Lokalausschüsse gebildet, aber nicht in Dortmund und Essen, sondern in Mülheim und Gelsenkirchen, um dort bestehende, von den Vorgängerbanken ererbte Geschäftsbeziehungen abzusichern.[79] Dabei wies der Lokalausschuss Mülheim eine wirklich bemerkenswerte Zusammensetzung von regional bedeutenden Unternehmern auf, wie sie zu diesem Zeitpunkt kein anderer Lokalausschuss der Commerzbank besaß. Mitglieder waren neben Stinnes und Weyhenmeyer das Vorstandsmitglied der Concordia Bergbau AG in Oberhausen, Wilhelm Liebrich, der geschäftlich eng mit der Familie Haniel verbunden war, sowie Carl Spaeter, der abgesehen von seinen Rombacher Hüttenwerken ein persönlicher Freund von Peter und Florian Klöckner war. Der Bankverein Gelsenkirchen verfügte dagegen neben Wilhelm Bischoff wohl über keinen bedeutenden Industriekunden, weshalb die neue Filiale auch in erster Linie als »Mittelpunkt eines Depositenkassennetzes« vorgesehen war, das auch Dortmund und Essen erfassen sollte.[80]

Die Unterbrechung des Expansionskurses durch die militärische Niederlage der Mittelmächte und die anschließende Revolution währte nur kurz. Schon im Sommer und Herbst 1919 wurden weitere kleinere Banken übernommen, darunter die Creditbank Duisburg,[81] wodurch die Präsenz im Ruhrgebiet noch einmal verstärkt wurde, was sich auch in der Gründung eines Lokalausschusses Duisburg niederschlug.[82] Ein wesentlicher Grund für die Übernahme der Creditbank Duisburg dürfte deren Aufsichtsratsvorsitzender Florian Klöckner gewesen sein, der mit der Übernahme der Bank in den Aufsichtsrat der Commerzbank wechselte. Klöckner war Mitinhaber von Klöckner & Co,[83] muss aber wohl, ebenso wie Gustav Stinnes, als Platzhalter für einen unternehmerisch bedeutenderen Verwandten betrachtet werden: Hugo Stinnes bzw. Peter Klöckner.

In den anderen Fällen handelte es sich, wie schon in den beiden letzten Kriegsjahren, um Übernahmen in kleineren Provinzstädten, die wohl eher dem Zufall als einer Strategie geschuldet waren. Die strategischen Überlegungen richteten sich eher auf Industrieregionen wie Sachsen, wo die Commerzbank mit eigenen Niederlassungen weiterhin nicht präsent war, sowie einige Großstädte in West- und Süddeutschland, in denen eine Bank mit dem Anspruch, ein Institut von nationaler Bedeutung zu sein, vertreten sein musste.

Da es nicht gelungen war, in Essen, Dortmund, Stuttgart und München geeignete Übernahmekandidaten zu finden, fasste der Aufsichtsrat im April 1919 den Beschluss, Filialen in diesen vier Städten zu gründen,[84] wobei Ende des Jahres eine weitere Filialgründung in Köln und im Folgejahr eine in Frankfurt beschlossen wurde.[85] Die Startvoraussetzungen waren in Essen ohne Übernahme einer bestehenden Bank sicherlich schwierig. Über die Umsätze ist zwar nichts bekannt,[86] aber die Filiale wird nicht annähernd die Bedeutung derjenigen der Disconto-Gesellschaft (seit der Übernahme der Rheinischen Bank) und der Deutschen Bank (seit der Übernahme der Essener Credit-Anstalt) gehabt haben. Vermutlich wird sogar die Mitteldeutsche Creditbank, die 1908 als erste Berliner Großbank durch die Übernahme des Bankhauses Hoffmann & Götze nach Essen gekommen war,[87] in den 1920er Jahren die drittgrößte Großbankfiliale in Essen besessen haben.[88] Der Geschäftserfolg der Commerzbank-Filiale Dortmund scheint sich anfangs auch in Grenzen gehalten zu haben, zumal Otto Gehres, dem es sicherlich hätte gelingen können, in Dortmund und Bochum potente Neukunden für die Commerzbank zu gewinnen, nach nur drei Jahren aus unbekannten Gründen aus dem Aufsichtsrat der Commerzbank wieder ausschied.[89] Als ein Indiz für ein eher bescheidenes Geschäft der beiden Neugründungen kann wohl auch die Tatsache gewertet werden, dass weder in Dortmund noch in Essen ein Lokalausschuss gebildet wurde.

Keine Rolle scheint bei der Entscheidung über die Filialgründungen die Tatsache gespielt zu haben, dass sich der Schwerpunkt der Revolution zu diesem Zeitpunkt von Norddeutschland und Berlin in das Ruhrgebiet sowie nach Mitteldeutschland und Bayern verlagert hatte. Noch ungewöhnlicher als die Gründung der Dortmunder und Essener Filiale in einer von Massenstreiks um die Sechsstundenschicht im Ruhrbergbau geprägten Zeit war die Entscheidung einer Filialgründung in München. Denn dort war Ende Februar 1919 der erste Ministerpräsident der bayerischen Republik, der unabhängige Sozialdemokrat Kurt Eisner, ermordet worden, woraufhin ein Machtkampf zwischen den parlamentarisch orientierten (Mehrheits-)Sozialdemokraten und der revolutionären Arbeiterschaft Münchens entbrannte, der am gleichen Tag, an dem die Gründung der Münchner Filiale der Commerzbank beschlossen wurde, mit der Ausrufung der Bayerischen Räterepublik einen vorläufigen Höhepunkt erreichte.

Im Herbst 1919 wurden dann die Verhandlungen mit den drei sächsischen Banken mit dem Ziel einer Übernahme wieder aufgenommen. Auch die Frage einer Kapitalerhöhung wurde erneut diskutiert, zumal das seit 1905 nicht mehr erhöhte Aktienkapital von 85 Mio. Mark selbst unter Berücksichtigung der offenen Reserven in Höhe von 17,5 Mio. Mark in keinem akzeptablen Verhältnis zur Bilanzsumme mehr stand, die zu dieser Zeit knapp 2,4 Mrd. Mark erreichte. Das entsprach einer Eigenkapitalquote von 4,3 Prozent. Sollte die Expansion nach Sachsen durch die Übernahme dieser Banken gelingen, wurde vom Aufsichtsrat eine Erhöhung um 20 Mio. Mark ins Auge gefasst.[90]

Tatsächlich kam es dazu aber nicht, denn zu Beginn des Jahres 1920 ergab sich die Chance, mit einer der bedeutendsten Provinzialgroßbanken des Reichs zu fusionieren, weshalb die Expansionspläne in Sachsen einstweilen zurückgestellt wurden. Wenige Wochen vor der ordentlichen Generalversammlung, die für Anfang Juni angesetzt war, teilte die Mitteldeutsche Privat-Bank der Commerzbank mit, dass sie mit dem durch Curt Sobernheim im Auftrag der Commerzbank mit ihrem Verhandlungsführer Moritz Schultze ausgehandelten Fusionsvertrag einverstanden sei.[91]

Die Mitteldeutsche Privat-Bank war ursprünglich eine für die preußische Provinz Sachsen in Magdeburg gegründete Zettelbank, die ihr Notenprivileg kurz vor der Jahrhundertwende aufgeben und ein neues Geschäftsmodell als Provinzaktienbank entwickeln musste. Das gelang ihr unter der Leitung Schultzes so glänzend, dass sie vor dem Ersten Weltkrieg zur führenden Bank in Mitteldeutschland aufgestiegen war, die ihr umfangreiches Filialnetz über die Provinz Sachsen und Thüringen bis ins Königreich Sachsen sowie nach Hamburg ausdehnte. Mit einem Aktienkapital von 60 Mio. Mark war die Mitteldeutsche Privat-Bank vor dem Ersten Weltkrieg nicht wesentlich kleiner als die Commerzbank. Allerdings war ihre Expansion zu spät erfolgt, um noch eine realistische Chance zu besitzen, durch den Schritt nach Berlin in den Kreis der Berliner Großbanken aufzusteigen. Andererseits expandierten die Großbanken nach Magdeburg und setzten damit die Mitteldeutsche Privat-Bank auf ihrem Heimatmarkt unter erheblichen Konkurrenzdruck.[92]

Ähnlich wie die Commerzbank reagierte die Mitteldeutsche Privat-Bank auf die zunehmende Konkurrenz in der zweiten Kriegshälfte mit der Wiederaufnahme ihres Expansionskurses durch die Übernahme kleinerer Banken. Doch die wachsende Größe erwies sich im Fall der Mitteldeutschen Privat-Bank und im Unterschied zur Commerzbank als ein Fluch. Denn Expansion und Geldentwertung ließen die Bilanzsumme von etwa 285 Mio. Mark 1914 auf über 1 Mrd. Mark im Jahr 1919 anwachsen.[93] Das war an sich nicht ungewöhnlich, aber es erforderte mittelfristig eine Kapitalerhöhung. Da sie kein eigenes Standbein in Berlin besaß, benötigte die Mitteldeutsche Privat-Bank dazu die Unterstützung einer der dortigen Großbanken. Bei einer Kapitalerhöhung in der Größenordnung, die ein Fortführen des Expansionskurses zuließ, bestand jedoch die Gefahr, dass die beauftragte Großbank die Kontrolle über einen Großteil der neuen Aktien gewann. Statt einer möglichen feindlichen Übernahme zog die Bankleitung einen geordneten und für sie kontrollierbaren Übergang auf eine Großbank vor.[94] Unter den Berliner Großbanken erhielt die Commerzbank wahrscheinlich deswegen den Zuschlag, weil sie nur geringfügig größer war und damit der Magdeburger Einfluss auf das vereinigte Institut gesichert schien.[95] Das war bei der Deutschen Bank, mit der ebenfalls verhandelt wurde, offenbar anders.[96] Außerdem war die Commerzbank im Unterschied zur kleinsten der Berliner Großbanken, der Mitteldeutschen Creditbank, in Mitteldeutschland bisher kaum vertreten, sodass sich die Filialnetze von Commerzbank und Mitteldeutscher Privat-Bank gut ergänzten.

Finanziert wurde die Fusion durch eine Kapitalerhöhung der Commerzbank um 115 auf 200 Mio. Mark. Junge Aktien im Nominalwert von 60 Mio. Mark gingen an die Aktionäre der Mitteldeutschen Privat-Bank, die für jede Aktie ihrer Bank im Wert von nominal 1000 Mark eine Aktie des nun als Commerz- und Privat-Bank firmierenden fusionierten Instituts im gleichen Nennbetrag erhielten. Die restlichen Aktien von nominal 55 Mio. Mark bildeten einen Puffer, um weitere Übernahmen zu finanzieren, die trotz der Fusion mit der Mitteldeutschen Privat-Bank noch im gleichen und in den Folgejahren getätigt werden sollten. Sie wurden zum Kurs von 138 Prozent den Aktionären der beiden Banken angeboten, wobei für drei alte Aktien eine junge Aktie erworben werden konnte.[97] So ging die Kapitalerhöhung vergleichsweise geräuschlos über die Bühne.

Bei den meisten der im Jahr 1920 erworbenen Banken handelte es sich um eher kleine Institute von örtlicher, bestenfalls regionaler Bedeutung. Dabei ist allerdings die Übernahme des Breslauer Privatbankhauses G. von Pachaly's Enkel hervorzuheben, das eines der ältesten Bankhäuser Schlesiens war und dessen Inhaber Ernst v. Wallenberg-Pachaly zu den bedeutendsten Bankiers Schlesiens gehörte. Wallenberg-Pachaly war in der schlesischen Wirtschaft über zahlreiche Aufsichtsratsmandate bestens vernetzt und wurde deswegen auch in den Aufsichtsrat der Commerzbank kooptiert, wo er das lang ersehnte Bindeglied zum, neben dem Berliner Raum und Sachsen, wichtigsten Industriegebiet östlich von Elbe und Saale bildete.[98]

In den Inflationsjahren 1921 bis 1923 erfolgten dann Übernahmen zahlreicher kleinerer Banken, wobei erneut keine Strategie erkennbar ist. Betrachtet man die Akquisitionen dieser Zeit, hat man vielmehr den Eindruck, dass die Commerzbank alles übernahm, was sie übernehmen konnte, und da die Informationen zu möglichen Übernahmekandidaten dort am besten waren, wo die Bank bereits vor Ort präsent war, erfolgten die meisten Akquisitionen eben in solchen Regionen, insbesondere in Nord- und Mitteldeutschland, wo das

Filialnetz besonders dicht war (Quedlinburg, Nordenham, Peine, Stadthagen). Die einzigen süddeutschen Übernahmen dieser Zeit waren zwei Augsburger Banken, womit sich die Commerzbank immerhin an einem weiteren wichtigen Standort in Bayern etablieren konnte, wo allerdings mit Ausnahme der Dresdner Bank zu diesem Zeitpunkt schon alle anderen Berliner Großbanken eine Filiale unterhielten. Zur Finanzierung dieser Übernahmen erhöhte die Commerzbank zwei weitere Male ihr Aktienkapital, zunächst 1921 von 200 auf 350 Mio. Mark und ein Jahr später um 450 auf 800 Mio. Mark.[99]

Die im Dezember 1922 beschlossene Kapitalerhöhung stellte zwar hinsichtlich ihrer Größenordnung alle bisher erfolgten Kapitalerhöhungen in den Schatten. Sie erklärt sich aber vor allem durch die weiter an Fahrt aufnehmende Inflation. Neben dem Aspekt der Geldentwertung spielte jedoch noch ein zweites Motiv eine Rolle, das als zeittypisch angesehen werden kann. Denn die Kapitalerhöhung erfolgte nicht allein durch die Ausgabe neuer Stammaktien, sondern neben 350 Mio. Mark Stammaktien wurden auch 100 Mio. Mark Vorzugsaktien emittiert, wobei sich Letztere dadurch von den Stammaktien unterschieden, dass sie nur einen begrenzten Dividendenanspruch besaßen, dafür aber mit einem mehrfachen Stimmrecht ausgestattet waren.[100] Die Möglichkeit, Vorzugsaktien – oder auch Mehrstimmrechtsaktien genannt – zu schaffen, existierte zwar schon vor dem Krieg. Sie wurde aber erst nach dem Krieg tatsächlich von vielen deutschen Aktiengesellschaften genutzt. Unter dem Vorwand, die deutsche Industrie vor »Überfremdung«, d. h. vor dem Erwerb von Aktienmehrheiten deutscher Aktiengesellschaften durch ausländische Investoren, zu schützen, gaben zahlreiche Aktiengesellschaften Mehrstimmrechtsaktien an – aus ihrer Sicht – zuverlässige Personen, in der Regel Aufsichtsratsmitglieder, aus. Die Furcht vor »Überfremdung« war aber keineswegs nur auf ausländische Investoren bezogen.[101] Vielmehr waren es häufig Banken, darunter auch die Mitteldeutsche Creditbank, die in verstärktem Maße feindlichen Übernahmeversuchen seitens deutscher Industrieller ausgesetzt waren, die sich eine von ihnen abhängige Hausbank schaffen wollten.[102] Dagegen wollte sich die Commerzbank durch die Ausgabe von mit dem zehnfachen Stimmrecht ausgestatteten Vorzugsaktien schützen, die direkt in den Eigenbesitz übernommen wurden.[103] Lange musste sich die Commerzbank allerdings nicht durch ihre Mehrstimmrechtsaktien schützen. Im Zuge der Erstellung der Goldmarkeröffnungsbilanz 1924 wurden sie wieder eingezogen.[104]

Insofern dienten lediglich die Stammaktien dazu, die Ressourcenbasis der Bank zu verbreitern, wobei ein Großteil der Stammaktien im Wege des Aktientauschs die Übernahme anderer Banken finanzierte.[105] Dadurch wurde zwar das Filialnetz noch einmal wesentlich verbreitert, aber trotzdem war die Commerzbank in Bayern, Baden, Württemberg und der bayerischen Pfalz Ende 1924 nur an acht Orten präsent.[106] Allerdings tat sich nicht nur die Commerzbank schwer, in Süddeutschland Fuß zu fassen. Auch die anderen Berliner Großbanken waren insbesondere in Bayern vergleichsweise schwach vertreten, was an der starken Stellung zweier Provinzialgroßbanken, der Bayerischen Vereinsbank und der Bayerischen Hypotheken- und Wechsel-Bank, lag, die ihrerseits eine expansive Politik verfolgten und die Anlehnung an eine Berliner Bank tatsächlich nicht nötig hatten. Vielmehr verschafften sie sich selbst ein »Standbein« in Berlin, ohne dabei die Ambition zu besitzen, eine Berliner Großbank zu werden.[107]

Im Jahr 1922 übernahm die Commerzbank endlich all diejenigen Banken, mit denen sie selbst oder die Mitteldeutsche Privat-Bank eine Interessengemeinschaft geschlossen hatten, darunter auch die drei sächsischen Banken Chemnitzer Bank-Verein, Löbauer Bank und Vogtländische Bank.[108] Zu den Übernahmen ist nicht viel bekannt. Die Umtauschkurse richteten sich zwar grundsätzlich nach der Rentabilität der übernommenen Bank.[109] Aber inwieweit die Bilanzen dieser Banken zum Zeitpunkt der Übernahmeentscheidung Ende 1922 überhaupt noch aussagefähig waren und ob einzelne Banken ihre Dividende nicht vielleicht mit Blick auf eine mögliche Übernahme aus der Substanz bezahlten, wird die Commerzbank in Anbetracht der hohen Zahl von Akquisitionen vermutlich nicht so gründlich geprüft haben können wie bei den Übernahmen in den Jahren 1917 bis 1920. Auffällig ist allerdings, dass entgegen der Übernahmevereinbarung, die die Commerzbank mit dem Chemnitzer Bank-Verein 1917 unter Vorbehalt geschlossen hatte, die aber nicht vollzogen worden war, der Vorstandsvorsitzende des Chemnitzer Bank-Vereins Otto Weissenberger nicht in den Vorstand übernommen wurde. Er gründete vielmehr sein eigenes Privatbankhaus Otto Weissenberger in Dresden. Ob er darin die bessere Perspektive sah im Vergleich zu einem Wechsel vom Aufsichtsrat in den Vorstand der Commerzbank oder ob die Commerzbank von ihrem ursprünglichen Angebot abrückte, ist nicht bekannt. Auf jeden Fall scheint das den Beziehungen zwischen Weissenberger und der Commerzbank keinen Abbruch getan zu haben. Denn Weissenberger blieb weiterhin Mitglied in deren Aufsichtsrat.

Mit den Übernahmen der drei sächsischen Banken sowie der vier vertraglich mit der Mitteldeutschen Privat-Bank verbundenen Provinzbanken, der Thüringischen Landesbank in Weimar, dem Hessischen Bankverein in Kassel, dem Bankverein Göttingen und dem Freiberger Bankverein, übernahm die Commerzbank knapp 180 Filialen in Thüringen, Sachsen und dem an Thüringen anschließenden hessisch-hannoverschen Grenzraum. Hinzu kamen dann noch die 1921 und 1922 erfolgten Filialneugründungen, etwa in Barmen, Düsseldorf, Hagen, Braunschweig oder Königsberg. Obwohl es an vielen Orten zu Zusammenlegungen mit bestehenden Geschäftsstellen der Commerzbank gekommen sein dürfte,[110] schuf sich die Commerzbank damit das umfangreichste Filialnetz aller Berliner Großbanken. Ende 1922, auf dem Höhepunkt der Übernahmewelle, hatte sie Niederlassungen in 308 Orten, wobei die Bank in gut der Hälfte dieser Orte auch das Bankgebäude erworben hatte.[111] Außerdem besaß die Commerzbank etwa 120 Depositenkassen in Berlin, Hamburg, Leipzig, Dresden, Frankfurt am Main und Magdeburg.

Während die anderen Großbanken wesentlich weniger kleine Bankhäuser in der Provinz übernahmen und Filialen übernommener Provinzaktienbanken in kleineren Städten von vornherein nicht weiterführten, war die Commerzbank auch in Orten wie Annaberg (Sachsen), Apolda (Thüringen), Luckenwalde (Brandenburg), Genthin (Preuß. Provinz Sachsen), Schmalkalden (Preuß. Provinz Hessen-Nassau), Pinneberg (Schleswig-Holstein), Neustrelitz (Mecklenburg), Walsrode (Preuß. Provinz Hannover) oder Bad Zwischenahn (Oldenburg) präsent, wo bis 1922 keine andere Großbank eine Niederlassung besaß. Ende 1921 befanden sich etwa 27 Prozent aller Commerzbank-Filialen in Orten unter 10000 Einwohnern, bei der Deutschen Bank und der Dresdner Bank lag dieser Wert dagegen nur bei etwa 10 Prozent.[112] Um Präsenz an Orten dieser Größenordnung bemühte sich ansonsten nur noch die Darmstädter Bank, die allerdings in Nord- und Mitteldeutschland keinen Schwerpunkt besaß, sondern vor allem in Bayern, Baden, Hessen und Schlesien ihre regionalen Schwerpunkte hatte, wo wiederum die Commerzbank kaum mit eigenen Filialen präsent war.[113] Insofern lag es auf der Hand, dass die Commerzbank auch mit der Darmstädter Bank in Verhandlungen über eine Interessengemeinschaft oder gar über eine Fusion eintrat. Interne Quellen erwähnen diese Verhandlungen nicht, und die offizielle Begründung für das Scheitern der Gespräche, wonach die bei einer Fusion fälligen Steuern als untragbar bezeichnet wurden,[114] ist nicht besonders glaubwürdig. Denn noch im gleichen Jahr schloss die Darmstädter Bank eine Interessengemeinschaft mit der Nationalbank für Deutschland, der nur ein Jahr später die Fusion zur Darmstädter und Nationalbank (Danat-Bank) folgte. Wahrscheinlich hatte die Nationalbank einfach günstigere Konditionen angeboten und deshalb den Zuschlag bekommen.

Mit der Stabilisierung der Mark wurde 1924 der Substanzverlust durch Kriegs- und Nachkriegsinflation offenbar. Trotz der zahlreichen Übernahmen lagen sowohl das Aktienkapital als auch die Bilanzsummen unter 50 Prozent des letzten Vorkriegswerts. Damit endeten die Übernahme- und Fusionsaktivitäten, und es setzte ein Schrumpfungsprozess ein, der sowohl Standorte als auch das stark angewachsene Personal betraf. Die Commerzbank reduzierte ihr Filialnetz von 308 (1922) auf 245 (1924) Niederlassungen (jeweils ohne Depositenkassen).[115] Damit hatte sie aber immer noch das umfangreichste Filialnetz aller deutschen (Groß-)Banken. Für weitere Übernahmen gab es insofern kaum Veranlassung und auch kaum die Mittel, um größere Transaktionen zu finanzieren.

Das änderte sich im Jahr 1929. Trotz der vier »goldenen 20er Jahre« hatten sich sechs (Filial-)Großbanken als zu viele erwiesen. Eine neue Stufe im Konzentrationsprozess des deutschen Bankwesens lag in der Luft, nun aber unter den Großbanken selbst. Den Anfang machte dieses Mal tatsächlich die Commerzbank. Aber ihr kam der Zufall zu Hilfe. Denn es war keinesfalls von der Commerzbank von langer Hand vorbereitet, als sie als fünftgrößte Berliner Großbank mit der sechstgrößten und damit kleinsten Großbank fusionierte.

Der Fusionspartner, die Mitteldeutsche Creditbank – 1856 als Notenbank im thüringischen Herzogtum Sachsen-Meiningen gegründet –, hatte schon frühzeitig Niederlassungen zunächst in Frankfurt und später auch in Berlin errichtet und pflegte trotz des Notenprivilegs schon das »spekulative Bankgeschäft«. Wie die meisten privaten Notenbanken verzichtete die Mitteldeutsche Creditbank nach der Gründung der Reichsbank 1875 auf ihr Notenprivileg und entwickelte sich zu einer modernen Universalbank, deren geschäftlicher Schwerpunkt sich mehr und mehr von Frankfurt nach Berlin verlagerte. In der zweiten Kriegshälfte und während der Nachkriegsjahre hatte die Bank zwar auch mehrere Banken übernommen, aber sie verfolgte keinen aggressiven Expansionskurs wie die Commerzbank oder die Darmstädter Bank in diesen Jahren. Damit fiel sie als ohnehin kleinste der Berliner Großbanken weiter zurück, sodass ihre Goldmarkeröffnungsbilanz nur noch ein Aktienkapital von 22 Mio. GM ausweisen konnte. Das entsprach gerade noch 52 Prozent des Aktienkapitals der Commerzbank, während es 1913 immerhin noch bei gut 70 Prozent gelegen hatte. Bei der Bilanzsumme war der Abstand noch größer, was ähnlich wie schon bei der Berliner Bank nicht ohne Rückwirkungen auf die Dividende bleiben konnte. Auch in den Folgejahren entwickelte sich das Geschäft der Mitteldeutschen Creditbank langsamer als das der Konkurrentinnen.

In Anbetracht ihrer relativen Schwäche war die Mitteldeutsche Creditbank ein geeigneter Kandidat für Investoren, die ein Interesse an der Kontrolle einer Großbank besaßen. Tatsächlich hatte der Industrielle und »Inflationsgewinnler« Jakob Michael, nach der Stabilisierung der Mark zunächst einer der reichsten Deutschen, während der Inflationsjahre damit begonnen, Aktien der Mitteldeutschen Creditbank aufzukaufen. Ende des Jahres 1924 verkaufte Michael das Aktienpaket jedoch an Ludwig Katzenellenbogen, der es mit der Unterstützung des Berliner Privatbankiers Alfred Jarislowsky erwerben konnte. Es war bekannt, dass die Hausbank der Ostwerke AG, deren Generaldirektor Katzenellenbogen war, lange Zeit die Commerzbank gewesen war, in deren Aufsichtsrat Katzenellenbogen auch für zwei Jahre als Mitglied gesessen hatte. Es wurde deswegen schon länger über eine Fusion der beiden Banken spekuliert, insbesondere nachdem Ludwig Katzenellenbogens Bruder Fritz 1927 in den Aufsichtsrat der Commerzbank gewählt worden war. Tatsächlich wurde auch verhandelt. Aber bei der Mitteldeutschen Creditbank widersetzte sich das Vorstandsmitglied Friedrich Reinhart. Er hatte keinerlei Interesse an Großaktionären und schon zu Beginn der 1920er Jahre die Aufnahme von Michael in den Aufsichtsrat seiner Bank verhindert. Außerdem muss er Katzenellenbogen gut gekannt haben. Denn Reinhart saß für die Mitteldeutsche Creditbank im Aufsichtsrat des Berliner Brauereikonzerns Schultheiß-Patzenhofer,[116] wo Katzenellenbogen stellvertretender Aufsichtsratsvorsitzender war. Möglicherweise hielt er Katzenellenbogen aufgrund seiner Erfahrungen auch für einen schwer berechenbaren Spekulanten, von dessen geschäftlichen Manövern man sich besser fernhielt. Jedenfalls blockierte er sämtliche Forderungen Jarislowskys, obwohl die durch einen Poolvertrag verbundenen Aktien von Jarislowsky und Katzenellenbogen knapp 50 Prozent des gesamten Aktienkapitals der Mitteldeutschen Creditbank und zwei Drittel der umlaufenden Aktien repräsentierten. Eine Übernahme gegen den Willen von Vorstand und Aufsichtsrat war dank der von diesen kontrollierten Vorrats- und Vorzugsaktien allerdings dennoch nicht möglich.[117] Andererseits war auf der Generalversammlung gegen die Sperrminorität der beiden Großaktionäre auch keine Kapitalerhöhung durchzusetzen. So blockierten sich beide Fraktionen zulasten der Expansionsmöglichkeiten der Bank. Als die Verhandlungen festgefahren schienen und die Mitteldeutsche Creditbank sogar mit der Danat-Bank in Fusionsgespräche eintrat, verstarb Jarislowsky völlig überraschend im Alter von 31 Jahren. Nun schaltete sich wieder einmal Eugen Landau ein, der mittlerweile den stellvertretenden Aufsichtsratsvorsitz bei der Commerzbank übernommen hatte, und konnte Reinhart offenbar davon überzeugen, dass der Vetter von Reinharts Vorstandskollegen Albert Katzenellenbogen keine Gefahr für das fusionierte Institut darstellen würde.[118]

Zur Finanzierung der Fusion erhöhte die Commerzbank ihr Aktienkapital, das sie nach der Stabilisierung schon einmal 1927 von 42 auf 60 Mio. RM erhöht hatte, auf 75 Mio. RM. Das Umtauschverhältnis der Aktien betrug 1:1, was für die Aktionäre der Mitteldeutschen Creditbank – und damit vor allem für Ludwig Katzenellenbogen – günstig war. Außerdem wurden sämtliche Aufsichtsratsmitglieder in den Aufsichtsrat der Commerzbank übernommen.[119] Gleichzeitig übernahm die Commerzbank mit der Braunschweigischen Bank und Kreditanstalt sowie der Aachener Bank für Handel und Gewerbe noch zwei Regionalbanken, wobei die Aachener Bank nur örtliche Bedeutung besaß. Anders war die Situation bei der Braunschweigischen Bank und Kreditanstalt, deren Aktienmehrheit 1925 von der Braunschweigischen Staatsbank erworben worden war. Nachdem die Commerzbank dieses Aktienpaket übernommen hatte, erwarb sie nun auch die restlichen Aktien. Gleichzeitig trat der Präsident der Staatsbank Oscar Stübben in den Aufsichtsrat der Commerzbank ein. Die Braunschweigische Bank und Kreditanstalt besaß in der Region sowie im Harz eine recht große Bedeutung und verfügte über ein dichtes Netz von Filialen. Deshalb wurde auch ein Lokalausschuss für Braunschweig gebildet, der sich aus dem ehemaligen Aufsichtsrat zusammensetzte.[120]

Durch die Fusion mit der Mitteldeutschen Creditbank wurde das Filialnetz der Commerzbank dagegen kaum verbreitert. Denn die Mitteldeutsche Creditbank hatte erstens nur ein vergleichsweise wenig ausgebautes Filialnetz. Zweitens war die Bank überwiegend in größeren Städten präsent gewesen, wo die Commerzbank ihrerseits bereits eine Geschäftsstelle besaß. Durch die Zusammenlegung zahlreicher Filialen konnte aber der Marktanteil der Com-

Der Privatbankier Eugen Landau (1852–1935), Mitglied des Aufsichtsrats von 1889 bis 1932, trug maßgeblich zur Entwicklung der Commerzbank bei; Foto: undatiert, Ullstein Bilderdienst.

merzbank an diesen Standorten erheblich gesteigert werden, da sie aufgrund der zahlreichen Neugründungen an vielen Plätzen gegenüber der Konkurrenz, die ein bestehendes Bankhaus übernommen hatte, im Nachteil war.

Das gilt etwa für Essen, wo die Mitteldeutsche Creditbank bereits 1908 als erste Berliner Großbank eine Filiale errichtet hatte. Nach der Zusammenführung mit der deutlich kleineren Commerzbank-Geschäftsstelle war Essen die neben Hamburg profitabelste aller Commerzbank-Filialen.[121] Aber das waren Einzelfälle. Wichtiger waren die Industriebeziehungen, die die Mitteldeutsche Creditbank mitbrachte, da sie anders als die Mitteldeutsche Privat-Bank durch ihren Standort Berlin auch für viele Unternehmen der Großindustrie ein interessanter Partner gewesen war.

3.3 Eigentümerstruktur und Governance

Vorstand und Aufsichtsrat hatten sich während des Krieges personell kaum verändert. Der Vorstand hatte 1914 vier Mitglieder aus Berlin und drei aus Hamburg, und dieselben sieben Personen waren auch 1918 noch im Amt. Der Primus inter Pares war zunächst noch der nach Berlin versetzte Gustav Pilster, dem aber mit Curt Sobernheim ein weiteres Vorstandsmitglied aus Berlin den Rang streitig machte. Während Pilster die Expansion in Westdeutschland vorantrieb, kümmerte sich Sobernheim um die Expansion in Mitteldeutschland, womit er eindeutig erfolgreicher war. In Hamburg hatte Ferdinand Lincke die Führungsrolle inne, aber auf der Ebene der Gesamtbank scheint er deutlich im Schatten von Pilster und Sobernheim gestanden zu haben. Nachdem mit dem Rückzug von Picard, Kolb und Rosenberger zunächst wieder ein nicht nur kollegiales, sondern sogar unkompliziertes Zusammenarbeiten im Vorstand möglich geworden war, funktionierte seit Kriegsende das Kollegialprinzip nicht mehr ganz reibungslos. Pilster stand zwar ebenso wie Sobernheim weiterhin für die Expansionspolitik, hatte sich aber immer noch ein wenig von der traditionell hanseatischen Vorsicht bewahrt, während Sobernheim kaum ein Risiko scheute. Der Wirtschaftsjournalist Felix Pinner beschrieb die Doppelspitze 1924 treffend: Pilster sei ein »gewifter [sic] und geweckter Bankmann ohne sonderlich originelle Note, der Prototyp des gesunden Bankmenschenverstandes, der keine großen Führereigenschaften besitzt. … Neben ihm Curt Sobernheim, eine gewandte Vermittlernatur.«[122] Unter diesen Voraussetzungen war es eigentlich klar, dass Pilster und Sobernheim immer öfter aneinandergerieten, wobei sich Sobernheims Charisma und Pilsters fehlende »Führereigenschaften« so auswirkten, dass Sobernheim unter seinen Berliner Kollegen mehr Rückhalt genoss, sodass Pilster 1926 62-jährig freiwillig seinen Vorstandsposten räumte und in den Aufsichtsrat wechselte.[123]

Es war aber vermutlich nicht nur Sobernheim, der Pilster das Leben im Vorstand schwer machte, sondern mit Moritz Schultze auch ein neues Vorstandsmitglied, das im Zuge der Fusion mit der Mitteldeutschen Privat-Bank in den Vorstand kam. Schultze hatte die Bank in Magdeburg wie ein Eigen-

Gustav Pilster (1864–1944), Vorstandsmitglied von 1899 bis 1926, forcierte den Aufstieg der Commerzbank zu einer der Berliner Großbanken.

tümerunternehmer geführt, sie aus ihrem Dornröschenschlaf als Notenbank aufgeweckt und zur bedeutendsten Provinzaktienbank in Mitteldeutschland gemacht. Er war es gewohnt, allein, bestenfalls nach Rücksprache mit seinem Aufsichtsratsvorsitzenden, Entscheidungen zu treffen, und hatte vermutlich auch für die Magdeburger maßgeblich den Fusionsvertrag ausgehandelt. Dabei hatte er nicht zuletzt für seine eigene Zukunft vorgesorgt, indem er durchsetzen konnte, dass er als erster Repräsentant einer übernommenen Bank seit 15 Jahren in den Vorstand der Commerzbank wechseln durfte. Um die Zustimmung seiner Aufsichtsratsmitglieder zu erhalten, sicherte er ihnen auch die Übernahme in den Aufsichtsrat der Commerzbank. Da die übrigen Vorstandsmitglieder der Mitteldeutschen Privat-Bank nicht in der gleichen Funktion übernommen worden wären, zogen sie es vor, die Bank zu verlassen.[124] Den stellvertretenden Vorstandsmitgliedern wurde allerdings die gleiche Position bei der neuen Bank angeboten, sodass die Mehrheit in den Dienst der Commerzbank eintrat. Im Gegensatz zu Schultze, der seinen Dienstsitz in Berlin hatte, durften sie in Magdeburg bleiben. Denn genauso wie die stellvertretenden Vorstandsmitglieder an den Standorten Berlin und Hamburg leiteten sie das Geschäft an ihrem Standort. Auch die Filialleiter der Mitteldeutschen Privat-Bank wurden, soweit bekannt, in ihren Stellungen übernommen und zu Prokuristen der Commerzbank ernannt.[125]

Schultze muss ein persönlich recht unangenehmer Mensch gewesen sein, der sich in Magdeburg wegen seines ruppigen Auftretens viele Feinde gemacht hatte und von dem eigentlich erwartet werden musste, dass er sich mit dem bei der Commerzbank geltenden Kollegialprinzip gar nicht anfreunden würde. Das scheint aber nicht der Fall gewesen zu sein, auch wenn Carl Goetz, seit 1922 stellvertretendes und seit 1930 ordentliches Vorstandsmitglied, in ihm eher einen »spekulativen Unternehmer als einen Bankdirektor« sah. Immerhin überließen die dienstälteren Berliner Kollegen Schultze schon nach wenigen Jahren den Vortritt bei der Berichterstattung im Aufsichtsrat. Die Quellen vermitteln auch eher den Eindruck eines »Kümmerers«, der trotz seiner exzellenten Beziehungen zu den großen Unternehmen der Zuckerindustrie und des Kalibergbaus immer auch den kleinen Geschäftskunden, dessen Konto aus Rentabilitätsgründen eigentlich geschlossen werden sollte, nicht fallen lassen wollte. Mit solchen Vorstellungen isolierte sich Schultze zwar im Vorstand, aber handfeste Konflikte scheint es nur mit dem sich als weltmännisch verstehenden Sobernheim gegeben zu haben, der in Schultze wohl eher den ewigen Provinzbankmanager sah.[126]

Zu einer Erweiterung des Vorstands kam es trotz der Übernahmen und der Fusionen nach der Berufung Schultzes nicht mehr. Es blieb bei acht bis zehn Mitgliedern. Neue Vorstandsmitglieder lösten in der Regel alte ab, die altersbedingt ausschieden und anschließend noch für einige Jahre in den Aufsichtsrat wechselten. Bei den Neuberufungen wich die Commerzbank nicht vom bewährten Prinzip der »Hauskarriere« ab, sodass die aus Magdeburg stammenden stellvertretenden Vorstandsmitglieder den nächsten Karriereschritt in den ordentlichen Vorstand sämtlich nicht schaffen sollten. Fast alle neuen Vorstandsmitglieder der 1920er Jahre waren schon als Prokuristen bei der Commerzbank tätig gewesen und gelangten über die Zwischenschritte des stellvertretenden Direktors und des stellvertretenden Vorstandsmitglieds in den Vorstand, nur gelegentlich schaffte es auch ein besonders rühriger Filialdirektor wie Carl Goetz von der Filiale Frankfurt oder Friedrich Neuerbourg von der Filiale Köln dorthin. Die einzigen Ausnahmen waren Schultze und Otto Christian Fischer, der als stellvertretendes Vorstandsmitglied der Darmstädter Bank in den Vorstand der Commerzbank wechselte, dort aber nach nur zwei Jahren wieder ausschied, um in den Vorstand der reichseigenen Reichs-Kredit-Gesellschaft zu wechseln.[127]

Erst 1929, nach der Fusion mit der Mitteldeutschen Creditbank, kam mit Friedrich Reinhart wieder ein Mitglied in den Vorstand der Commerzbank, das nicht aus dem Hause stammte. Albert Katzenellenbogen trat zwar zunächst ebenfalls in den Vorstand der Commerzbank ein, verließ ihn aber nach nur wenigen Monaten wieder und wechselte in den Aufsichtsrat, zu dessen stellvertretendem Aufsichtsratsvorsitzenden sein Vetter Ludwig als neuer Großaktionär nach der Fusion gewählt worden war. Reinhart war zum Zeitpunkt seines Übertritts 58 Jahre alt und galt als ein erfahrener Bankmanager,[128] dem in der Bankenkrise eine führende Rolle zufallen sollte, weil Sobernheim und Schultze Engagements zu verantworten hatten, die die Commerzbank während der Krise vor erhebliche Probleme stellten, und Reinhart im Gegensatz zu Harter oder Lincke ein »politischer Bankier« war, wie er in der Ausnahmesituation einer Teilverstaatlichung gebraucht wurde.

Auch der Aufsichtsrat behielt während des Krieges noch seine Hamburg-Berliner Balance, wobei es sich bei den Hamburgern strukturell um denselben Personenkreis handelte wie zum Zeitpunkt der Gründung, nämlich um Inhaber von großen Hamburger Außenhandelsunternehmen. Es fehlten lediglich Vertreter der Hamburger Privatbanken bzw. die »Merchant Bankers«.[129] Die Gruppe der Berliner Aufsichtsräte hatte dagegen ein anderes Gesicht. Bei ihnen handelte es sich um Eugen Landau, der 1914 das nach dem Aufsichtsratsvorsitzenden Nottebohm dienstälteste Aufsichtsratsmitglied der Commerzbank gewesen war. Von den 1905, nach der Übernahme der Berliner Bank, in den Aufsichtsrat der Commerzbank gewählten Personen waren dagegen noch zwei übrig geblieben, davon ein Privatbankier, während der vierte Berliner Platz im Aufsichtsrat der Commerzbank von dem ehemaligen preußischen Handelsminister Theodor von Möller, einem Neffen von Carl Woermann,[130] eingenommen wurde, der vermutlich vor allem für die Kontakte zu Regierungsstellen und Behörden in den Aufsichtsrat gewählt worden war und deswegen während des Krieges auch den stellvertretenden Aufsichtsratsvorsitz übernahm.

Etwas aus dem Rahmen fällt lediglich der Kölner Privatbankier Heinrich von Stein, der 1914 gewählt worden war. Er ersetzte offenbar Eduard Magnus, der im Vorjahr aus dem Aufsichtsrat ausgeschieden war, und es vermutlich als Fortsetzung der Tradition angesehen wurde, einen überregional bedeutenden Privatbankier im Aufsichtsrat zu haben. Jedenfalls passte dieses Profil perfekt zu Stein, der nicht nur wie Alexander Mendelssohn ein halbes Jahrhundert zuvor einer der bedeutendsten Privatbankiers seiner Zeit war, sondern auch noch ein Multiaufsichtsrat, der 1921 37 Mandate innehatte und viele wertvolle Kontakte außerhalb von Berlin und Hamburg knüpfen konnte.

Während des Krieges wurden allerdings, wie bereits erwähnt, zwei Vertreter des Chemnitzer Bank-Vereins und der Ruhrindustrielle Otto Gehres in den Aufsichtsrat kooptiert, was als ein erstes Indiz für die neue Qualität der Expansionsbestrebungen gewertet werden kann, die eine andere Größenordnung erhalten sollten als die Übernahmen örtlich bedeutender Privatbankhäuser, deren Inhaber kaum für einen Sitz im Aufsichtsrat der Commerzbank

Curt Sobernheim (Commerzbank, M.) im Gespräch mit Johann Friedrich Schröder (J. F. Schröder Bank, l.) und Jakob Goldschmidt (Danat-Bank, r.) an Bord des Passagierschiffs Europa, 1930; Foto: Ullstein Bilderdienst.

infrage kamen und die auch nicht die Vorherrschaft der Hamburger Aufsichtsräte gefährdeten.

Der Bedeutungszuwachs, den die Commerzbank seit der Übernahme der Berliner Bank erfahren hatte, bildete sich ebenfalls im Aufsichtsrat ab. Denn für die beiden von der Berliner Bank übernommenen und 1914 noch verbliebenen Aufsichtsräte konnten zwei wesentlich bedeutendere Unternehmer als Nachfolger gewonnen werden. Bei ihnen handelte es sich um Otto Henrich und Robert Held. Henrich vertrat die Siemens-Schuckertwerke GmbH,[131] zu der seit der Beteiligung der Commerzbank an der Gründung der Elektrizitäts-Aktiengesellschaft vorm. Schuckert & Co. (EAG) eine enge Geschäftsbeziehung bestand, und Held vertrat die C. Lorenz AG, ebenfalls ein bedeutendes elektrotechnisches Unternehmen dieser Jahre, bei dem die Commerzbank die Konsortialführerschaft bei Kapitalerhöhungen und Anleiheemissionen innehatte.

Seit dem Jahr 1919 veränderte der Aufsichtsrat der Commerzbank sein Gesicht dann grundlegend, denn nun wurde die Hamburger Dominanz endgültig gebrochen. Einige der 1918/19 übernommenen Banken waren zum Teil so bedeutend, dass sie die Aufnahme von ein bis zwei Personen in den Aufsichtsrat der Commerzbank fordern konnten, was letztlich aber auch in deren Interesse lag, um die Bindung der Kundschaft der übernommenen Banken an den neuen Eigentümer sicherzustellen. Dieses Ziel war ja auch ausschlaggebend für die Bildung zahlreicher Lokalausschüsse gewesen, von denen es in der Provinz vor dem Krieg nur einen in Leipzig gegeben hatte. Indem 1919 zu den zwei Vertretern des Chemnitzer Bank-Vereins und Gehres noch die zwei Mülheimer Stinnes und Weyhenmeyer, der Duisburger Klöckner sowie der Gelsenkirchener Bischoff hinzukamen, war der Aufsichtsrat nicht nur von zwölf (1914) auf 18 Personen (1919) angewachsen, sondern den fünf Hamburgern und fünf Berlinern standen nun sieben Aufsichtsräte aus Sachsen und dem Ruhrgebiet gegenüber. Den Hamburgern war damit nur noch der Aufsichtsratsvorsitz geblieben, den Franz Heinrich Witthoefft von der Hamburger Außenhandelsfirma Arnold Otto Meyer 1915 nach dem Tod von Carl Friedrich Wilhelm Nottebohm übernahm.

Die Änderungen in der Zusammensetzung des Aufsichtsrats im Jahr 1919 waren jedoch nur das Vorspiel für die Veränderungen, die im Folgejahr auf das Gremium zukamen. 1920 stieg die Zahl der Aufsichtsratsmitglieder von 18 auf 32 Personen an. Die Mehrheit der zusätzlichen Mandate ging an den Aufsichtsrat der Mitteldeutschen Privat-Bank, dessen Mitglieder vertraglich sämtlich in den Aufsichtsrat der Commerzbank übernommen werden mussten, sofern sie das wünschten. Lediglich die Amtszeit der neuen Mitglieder ging nicht über die Amtszeit bei der Mitteldeutschen Privat-Bank hinaus,[132] und über die Wiederwahl gab es keine Vereinbarung.[133] Die neuen Aufsichtsräte bildeten allerdings keinen Magdeburger Block, sondern die Mehrheit stammte aus Orten, in denen die Mitteldeutsche Privat-Bank Filialen unterhalten hatte, die oftmals ihrerseits zuvor Zentralen von Provinzaktienbanken gewesen waren. Das gilt etwa für den Dresdner Bankverein, der 1909 von der Mitteldeutschen Privat-Bank übernommen worden war, als er mit einem Aktienkapital von 21 Mio. Mark selbst eine bedeutende Provinzaktienbank in Sachsen war, und für den nun ein Repräsentant im Aufsichtsrat der Commerzbank saß.[134] Daneben wurden nur noch die bereits erwähnten Wallenberg-Pachaly und Ludwig Katzenellenbogen zusätzlich in den Aufsichtsrat gewählt.

Im Jahr 1922 brachen mit der Übernahme aller mit der Commerzbank in einer Interessengemeinschaft verbundenen Provinzaktienbanken bei der Besetzung des Aufsichtsrats alle Dämme. Neben den Personen, die im Zusammenhang mit den in diesem Jahr erfolgten Übernahmen in den Commerzbank-Aufsichtsrat gewählt werden mussten,[135] wurden offenbar auch viele andere Personen gewählt, die als wichtige Geschäftspartner an die Bank gebunden werden sollten. Das gilt etwa für Richard Friedmann, Generaldirektor der Telephonfabrik AG vorm. J. Berliner aus Berlin, und Richard Platz, Generaldirektor der Hackethal-Draht- und Kabel-Werke in Hannover, deren Unternehmen schon seit vielen Jahren in einer engen Beziehung zur Commerzbank (bzw. dem Bankhaus B. Magnus) standen, oder Gerhard Korte, Vorsitzender des Burbach-Konzerns in Magdeburg, des drittgrößten deutschen Kalikonzerns, der ein langjähriger Geschäftspartner der Mitteldeutschen Privat-Bank war. Alle drei waren wahrscheinlich schon länger Kandidaten für den Aufsichtsrat, konnten aber wegen der Illusion, den Aufsichtsrat arbeitsfähig halten zu müssen, und den bei verschiedenen Übernahmen eingegangenen Verpflichtungen zur Kooptation bislang nicht zum Zuge kommen.

Diese Illusion war spätestens 1922 nicht mehr aufrechtzuerhalten. Der Aufsichtsrat der Commerzbank war nun vor allem ein Gremium zur Informationsbeschaffung und zur Kundenbindung geworden. Das war zwar für die Bank und ihren Geschäftserfolg wichtig, aber der gesetzliche Auftrag war ein anderer. Weil die Kontrolle der Geschäftsleitung, die der Aufsichtsrat vor dem Krieg noch sehr ernst genommen hatte, nun kaum noch eine Rolle spielte, konnte der Aufsichtsrat noch weiter aufgebläht werden. Im Jahr 1922 hatte der Aufsichtsrat der Commerzbank 48 Mitglieder und nach der Fusion mit der Mitteldeutschen Creditbank 1929 sogar 65, weil, wie im Fall der Mitteldeutschen Privat-Bank, alle Aufsichtsratsmitglieder der Mitteldeutschen Creditbank übernommen werden mussten. Seit 1922 waren unter den Aufsichtsratsmitgliedern aber auch zwei Betriebsräte, die aufgrund einer gesetzlichen Regelung vom Februar des gleichen Jahres[136] bei Unternehmen von der Größe der Commerzbank ein Anrecht als Arbeitnehmervertreter auf einen Aufsichtsratssitz hatten. Es ist insofern eine Ironie der Zeitgeschichte, dass die Arbeitnehmer, als sie endlich ihr Recht auf Mitbestimmung bei Unternehmensentscheidungen durchgesetzt hatten, in einem Gremium saßen, das de facto nichts mehr entschied.

Mit der Expansion, insbesondere der räumlichen Expansion in das Ruhrgebiet und nach Mitteldeutschland, konnte der Aufsichtsrat in der alten Form nicht mehr weiterarbeiten. Um über die Kreditgesuche der Großkunden zu entscheiden, fehlte dem Gremium die Kenntnis der Verhältnisse im jeweiligen Filialbezirk. Außerdem war die Zahl der Anträge, über die der Aufsichtsrat hätte entscheiden müssen, so sehr angewachsen, dass sich die Sitzungen endlos hingezogen hätten. Deshalb wurden sogenannte Hauptausschüsse gebildet: vor dem Krieg, wie bereits erwähnt, in Berlin und Hamburg, und nach dem Krieg auch für Westdeutschland und Mitteldeutschland.[137] Diese Hauptausschüsse sind nicht zu verwechseln mit den Lokalausschüssen, die in großer Zahl aus den Aufsichtsräten der übernommenen Banken gebildet wurden. Während die Lokalausschüsse nur beratende Funktion besaßen, entschieden die Hauptausschüsse über die Genehmigung von Kreditgesuchen der Großkunden aus ihrer Region und wurden deshalb ausschließlich aus den Aufsichtsratsmitgliedern der Commerzbank aus der jeweiligen Region gebildet. Dadurch konnten die Sitzungen des Aufsichtsrats entlastet werden, in denen die von den Hauptausschüssen genehmigten Kredite nur noch mitgeteilt wurden. Damit behielten die Aufsichtsratsmitglieder die Entscheidungen über die Vergabe dieser Kredite in der Hand, nur entschied nicht mehr jedes Mitglied über jeden Kredit.

Mit dem Wachstum der Bank und der dadurch notwendigen Straffung der Arbeit eines kaum arbeitsfähigen Gremiums namens Aufsichtsrat ging auch dessen Entmachtung weiter. In den Sitzungen, in denen keine Berichte über den aktuellen Stand der Geschäfte durch den Vorstand gegeben wurden, entschied der Aufsichtsrat nur noch über Personalia, insbesondere über die Erteilung von Prokura an einzelne Bankbeamte. In diesen Fällen konnte eine Sitzung auch schon einmal nach zehn Minuten beendet sein.[138] Bei der Lektüre der Aufsichtsratsprotokolle der Commerzbank hat man das Gefühl, dass seit 1922 nur noch abgenickt wurde, was dem Aufsichtsrat vorgelegt wurde. Der Aufsichtsrat der 1920er Jahre und seine Funktion in der Governance der Commerzbank waren nicht mehr mit dem Aufsichtsrat der Vorkriegszeit vergleichbar. Andererseits ist es aber kaum vorstellbar, dass Aufsichtsrats- und Vorstandsmitglieder aus Berlin oder dem Ruhrgebiet nach Hamburg fuhren, um an einer Sitzung von zehn Minuten Dauer teilzunehmen. Es werden deswegen informelle Treffen unter einzelnen Aufsichtsratsmitgliedern mit dem und ohne den Vorstand stattgefunden haben, von denen aber nichts in den Protokollen zu finden ist. In Anbetracht seiner Größe und der Tatsache, dass manche Mitglieder quasi als »Beifang« durch eine Übernahme in dieses Gremium gelangt waren, wäre es nur normal gewesen, wenn sich eine Kerngruppe aus Mitgliedern des Aufsichtsrats gebildet hätte, die die wirklich wichtigen Fragen außerhalb der Sitzungen mit den Vorstandsmitgliedern besprochen haben. Sie bildeten die »Inside Shareholders« des Instituts.

In der Generalversammlung und damit unter den Aktionären schien der Hamburger Einfluss anders als in Vorstand und Aufsichtsrat nach wie vor überragend zu sein. Doch der Schein trügt. Für die Generalversammlung vom Juni 1920, als die Fusion mit der Mitteldeutschen Privat-Bank sowie die Kapitalerhöhung von 85 auf 200 Mio. Mark beschlossen wurden, liegen Anwesenheitsliste und Protokoll vor.[139] Angemeldet waren 30 Aktienpakete mit zusammen etwa nominal 20,8 Mio. Mark Aktien. Das entsprach gerade einmal einem Viertel des Aktienkapitals. Erschienen waren nur 14 Personen. Schaut man sich die angemeldeten Pakete an, so entsteht der Eindruck einer erdrückenden Hamburger Dominanz. Denn von den 30 Anmeldungen kamen 20 aus Hamburg, und unter den Anwesenden waren bis auf eine Person ebenfalls alle aus Hamburg. Tatsächlich vertrat aber kaum ein Aktionär seinen persönlichen Aktienbesitz, sondern die Stimmen verteilten sich fast ausschließlich auf Stimmrechtsvertreter. Deshalb kann aus der Liste nicht ersehen werden, wie sich das angemeldete Aktienkapital regional tatsächlich verteilte.

Trotz der großen Bedeutung der Entscheidungen der Versammlung für die Zukunft der Commerzbank waren unter den 14 Erschienenen nur acht Personen, die nicht zum Vorstand oder Aufsichtsrat der Commerzbank gehörten und die auch nicht das Depotstimmrecht für irgendeine Bank ausübten. Aber selbst diese acht Personen waren nicht alle Kleinaktionäre, sondern unter ihnen waren mindestens drei Vertreter von Hamburger Außenhandelsfirmen, die schon zum Gründerkreis der Commerzbank gehört hatten, aktuell aber keinen Vertreter im Aufsichtsrat stellten. Den Löwenanteil aller anwesenden Stimmen gaben gerade einmal zwei Personen ab, ein Vorstandsmitglied der Commerzbank aus Hamburg und ein Rechtsanwalt, ebenfalls aus Hamburg. Sie vertraten aber nicht ihren Eigenbesitz, sondern Aktien aus den Depots der Commerzbank an den verschiedenen Standorten sowie Aktien aus Depots anderer Banken, die sich aber nicht in allen Fällen zu erkennen gaben.

Es ist natürlich denkbar, dass sich ein Großaktionär eines Strohmanns bediente, um nicht in Erscheinung treten zu müssen und den Vorstand in dem Glauben zu lassen, sämtliche Aktien seien weit gestreut. Wahrscheinlich aus dieser Befürchtung heraus hatte die Commerzbank zur Generalversammlung 1927 eine Liste aller ihr bekannten Aktionäre erstellt. Auf dieser Generalversammlung sollte die Kapitalerhöhung von 42 auf 60 Mio. RM unter Ausschluss des Bezugsrechts für Altaktionäre beschlossen werden. Vermutlich befürchtete die Commerzbank einen Angriff, wie ihn Jakob Michael kurz zuvor gegen die Mitteldeutsche Creditbank geführt hatte. Wenn den Altaktionären ihr angestammtes Bezugsrecht verwehrt wurde, konnte man die neuen Aktien an zuverlässige Aktionäre, etwa die Mitglieder des Aufsichtsrats oder befreundete Banken, veräußern. Auf jeden Fall war dieser Beschlussvorschlag, der eine Mehrheit von 75 Prozent der anwesenden Stimmen erforderte, ein eindeutiges Indiz für eine Abwehrmaßnahme gegen einen feindlichen Übernahmeversuch.

Diese sehr seltene Quelle nennt etwa 4300 Aktionäre, die ihr Stimmrecht aber nicht selbst ausübten, sondern es mehrheitlich auf drei Vertreter der Commerzbank übertrugen. Zwei Rechtsanwälte aus Hamburg vertraten etwa 1300 Aktionäre bzw. 1600 Aktionäre und ein Prokurist der Commerzbank weitere etwa 1150 Aktionäre. Die größten Einzelaktionäre waren weder Aufsichtsratsmitglieder noch andere »Wirtschaftsführer«. Denn ihre Namen finden sich in den einschlägigen biografischen Handbüchern nicht. Damit könnten sie zwar immer noch als Strohmänner fungiert haben, aber dann hätten sie ihr Stimmrecht nicht von Vertrauensmännern der Commerzbank vertreten lassen. Persönlich anwesend waren nur etwa 50 Personen, von denen einige einzelne andere Personen vertraten. Von den persönlich Anwesenden, die nicht zugleich als Vertreter für Dritte fungierten, besaß niemand mehr als 16 000 Stimmen, was einem Stimmenanteil von 0,11 Prozent bei insgesamt anwesenden gut 1,4 Mio. Stimmen entsprach. Da knapp 68 Prozent des Aktienkapitals bei dieser Generalversammlung angemeldet waren, scheinen die Befürchtungen der Commerzbank, Ziel eines feindlichen Übernahmeversuchs zu sein, gegenstandslos gewesen zu sein.[140]

Wen die Commerzbank in Verdacht hatte, ist nicht belegt. Es wird aber wahrscheinlich Ludwig Katzenellenbogen gewesen sein, von dem bis heute in der Literatur angenommen wird, dass er nach dem Krieg ein größeres Aktienpaket der Commerzbank erworben hatte, mit dem er den Anspruch auf einen Sitz im Aufsichtsrat durchsetzen konnte.[141] Sein späteres Dementi ist aber insofern glaubwürdig, als es durchaus Sinn ergab, wenn er bei seinem belegten Angriff auf die Mitteldeutsche Creditbank seine Kräfte gebündelt und ganz auf die Karte der Mitteldeutschen Creditbank gesetzt hätte. Sollte er demnach ein größeres Paket Commerzbank-Aktien besessen haben, wird er es ziemlich sicher schon 1921/22 wieder verkauft haben, als er damit begann, Aktien der Mitteldeutschen Creditbank aufzukaufen. Das würde auch erklären, weshalb sich Katzenellenbogen genau zu der Zeit, als er nach nur zwei

Jahren aus dem Aufsichtsrat der Commerzbank wieder ausschied, stattdessen in den Aufsichtsrat der Mitteldeutschen Creditbank wählen ließ. Ein Grund für die Verlagerung seines Interesses könnte die Ausgabe von 100 Mio. Mark Vorzugsaktien im Zuge der Kapitalerhöhung des Jahres 1922 gewesen sein, die der Sicherung der Unternehmenskontrolle durch den Hamburger Gründerkreis und die mit diesem »befreundeten« Aktionäre wie Eugen Landau oder Heinrich von Stein gedient haben dürfte.

Es stellt sich aber dennoch die Frage, weshalb die Banken eine solch große Furcht vor einem Großaktionär hatten, dass sie zu höchst ungewöhnlichen und in der Öffentlichkeit sehr kritisch gesehenen Manövern[142] wie einer Kapitalerhöhung ohne Bezugsrecht der Altaktionäre oder der Ausgabe von Vorzugsaktien schritten. Der Grund ist eine Governance, die manche Zeitgenossen als »Verwaltungsherrschaft« bezeichneten.[143] Denn die »Inside Shareholders«, der Vorstand ergänzt durch den Aufsichtsratsvorsitzenden und eine kleine Zahl von weiteren Aufsichtsräten, entschieden nicht nur über alle Fragen von Bedeutung, sondern kontrollierten sich auch selbst. Die »einfachen« Aktionäre wussten das und erschienen gar nicht erst; erst recht nicht diejenigen, die nicht in Hamburg wohnten, wo die Generalversammlungen stattfanden. Eine Bedrohung der »Verwaltungsherrschaft« ging von ihnen insofern nicht aus. Bei einem Großaktionär vom Kaliber eines Jakob Michael oder eines Ludwig Katzenellenbogen sah die Sache anders aus.

Wenn aber auf der Generalversammlung 1920 ein Rechtsanwalt, der auch das Depotstimmrecht für einen Teil der von der Commerzbank kontrollierten Aktien ausübte, das von der Deutschen Bank angemeldete Aktienpaket in Höhe von nominal gut 600 000 Mark vertrat, kann schon der Eindruck entstehen, als bildeten die Banken ein Kartell zur Beherrschung der Wirtschaft in Deutschland, wie es unter dem Schlagwort der »Bankenmacht« zeitgenössisch keineswegs nur von sozialistischer Seite angeprangert wurde. Tatsächlich herrschte aber unter den Banken eine harte Konkurrenz. So verhielten sich die »fremden« Banken in den Generalversammlungen von Aktiengesellschaften nur so lange ruhig, wie sie keine Chance besaßen, selbst über ihre Depotstimmen Einfluss auf die Mehrheitsverhältnisse in der Generalversammlung zu nehmen. In dieser Zeit funktionierte tatsächlich das Gentlemen's Agreement, sich nicht in die Quere zu kommen, das die Großbanken auch untereinander bei ihren Generalversammlungen beachteten. Wenn die Deutsche Bank versucht hätte, die Fusion der Commerzbank mit der Mitteldeutschen Privat-Bank durch ihr Stimmverhalten zu hintertreiben, hätte sie das, abgesehen von der Tatsache, dass sie dafür keine Mehrheit hätte mobilisieren können, womöglich teuer bezahlt. Denn auch die Deutsche Bank hatte kein Interesse daran, dass ihre »Verwaltungsherrschaft« von der Konkurrenz bedroht werden würde.[144]

Das bedeutete aber nicht, dass eine Großbank, die im Zuge der Kapitalerhöhung einer kleineren Bank die Kontrolle über ein größeres Aktienpaket dieser Bank erlangte, aus Gründen der »Fairness« die Gelegenheit ausließ, Einfluss auf diese Bank zu gewinnen, was bis zu einer »feindlichen Übernahme« gehen konnte; und es war ja diese Gefahr, die die Mitteldeutsche Privat-Bank 1919/20 dazu veranlasst hatte, die Großbank selbst auszusuchen, von der sie sich übernehmen lassen wollte. Andererseits waren es gerade in den Inflationsjahren weniger die Banken, von denen eine feindliche Übernahme drohte, sondern eher Industrielle, die die Kontrolle über eine Bank erlangen wollten, um sich eine nie versiegende Finanzierungsquelle zu schaffen. Damit war aber die »Verwaltungsherrschaft« bedroht. Das war auch der Grund, weshalb sich Friedrich Reinhart den Wünschen des Großaktionärs Jakob Michael nach einem Mandat im Aufsichtsrat der Mitteldeutschen Creditbank widersetzte und die »Verwaltungsherrschaft« durch die Emission von Vorzugsaktien sicherte. Daran scheiterte auch der zweite Übernahmeversuch durch Ludwig Katzenellenbogen und den mit ihm verbündeten Bankier Alfred Jarislowsky.

Aber auch ganz grundsätzlich galt, dass, wenn sich die Möglichkeit ergab, die Vorherrschaft einer Konkurrenzbank bei einer Aktiengesellschaft zu brechen, keine Bank auch nur einen Moment zögerte und ihre Chance suchte. Genauso zögerte keine Bank, wenn sich etwa durch eine Fusion die Gelegenheit ergab, Konkurrentinnen zu verdrängen.[145] Trotz der engen Bank-Industrie-Beziehungen im »Land der Kartelle« kann von einem »organisierten Kapitalismus« weder im späten Kaiserreich noch in der Weimarer Republik die Rede sein.[146] Das sollte sich spätestens 1931 eindrucksvoll beweisen.

3.4 Die Fortentwicklung des Geschäftsmodells

Von einem Geschäftsmodell konnte während des Krieges keine Rede sein. Die Commerzbank war eine Universalbank und konnte deshalb eine breite Palette von Finanzdienstleistungen anbieten. Während des Krieges fielen einige dieser Geschäftsfelder weg, sodass sich die Bank zwangsläufig auf andere konzentrieren musste. Alternativen gab es keine – es sei denn, man wäre bereit gewesen, eine Schrumpfung des Geschäfts zuzulassen. Aber das war erstens aus politischen Gründen wegen des großen staatlichen Kreditbedarfs keine Option, und zweitens war auch aus der eigenen geschäftspolitischen Logik heraus eine größere Zurückhaltung bei der Kreditvergabe an die öffentliche Hand nicht angezeigt. Denn es gab auf der einen Seite wegen des Wegbrechens der Diskontnachfrage für Handelswechsel und des Rückgangs der Debitoren als Folge der gestiegenen Selbstfinanzierungsquote der Industrie kaum andere Möglichkeiten, Gelder kurzfristig anzulegen, als den Ankauf von Finanzwechseln und den durch Staatspapiere gedeckten Lombardkredit. Auf der anderen Seite hatte die Bank gerade erst ihr Depositenkassennetz aufwendig ausgebaut, und diese Kreditorensammelstellen verrichteten nun ihre Arbeit wegen der steigenden Geldmenge bei gleichzeitig reduziertem

Güterangebot besser, als es vor dem Krieg erwartet werden konnte. Die zufließenden Gelder mussten zinsbringend angelegt werden.

Erfolgreich lief insbesondere in der zweiten Kriegshälfte auch das Emissions- und Konsortialgeschäft, sodass die Ertragslage der Bank, jedenfalls in Nominalwerten betrachtet, bis kurz vor Kriegsende sehr gut war und eine für Commerzbank-Verhältnisse hohe Dividende ausgeschüttet und gleichzeitig in beträchtlichem Umfang stille Reserven gebildet werden konnten. Das ermöglichte der Bank dann auch ab 1917, ihre Expansionspolitik durch die Übernahme von fast einem Dutzend (meist kleinerer) Banken fortzusetzen, ohne dass eine Kapitalerhöhung notwendig gewesen wäre. Solange man noch die Illusion hatte, dass »Mark gleich Mark« sei,[147] konnte die Commerzbank mit der Ertragslage zufrieden sein.

Der Wechselbestand wurde auch nach dem Krieg nicht reduziert, denn der Kreditbedarf der öffentlichen Hand blieb weiterhin hoch. Da es ein einfaches und scheinbar risikoloses Geschäft war, gab es zunächst auch keinen Grund, den Ankauf von Finanzwechseln zu begrenzen, zumal Handelswechsel weiterhin zum Diskont kaum angeboten wurden. Nach einer zeitgenössischen Schätzung sollen die Schatzwechsel des Reichs 1920 etwa 50 Prozent aller Aktiva der Kreditbanken ausgemacht haben.[148] Die Verzinsung war zwar niedrig, aber wegen der weiterhin hohen Kreditorenzuflüsse, von 1,3 Mrd. Mark 1918 über 2,1 Mrd. Mark 1919 (bzw. unter Berücksichtigung der Mitteldeutschen Privat-Bank 3 Mrd. Mark) auf 5 Mrd. Mark 1920, waren die Gewinne auch bei einer kleinen Marge hoch, solange die Commerzbank das dividendenberechtigte Eigenkapital nicht erhöhte.[149] Das ergab den Spielraum für die Fortsetzung der Expansionspolitik, bei der zumindest im Fall des Ruhrgebiets und Sachsens eine klare Strategie der Unternehmensleitung erkennbar wird.

Mindestens genauso wichtig für die Ertragslage wie der Wechseldiskont war das Emissions- und Konsortialgeschäft, das sich selbst gegenüber der zweiten Kriegshälfte noch einmal deutlich erhöhte. In ihrem Geschäftsbericht für 1920 schrieb die Commerzbank dazu, dass die »Geschäfte in Wertpapieren … zeitweilig einen … gewaltigen Umfang« angenommen hätten, sodass sich der Wertpapier- und Konsortialbestand in diesem Jahr gegenüber dem Vorjahr mehr als verdoppelte.[150] Das verwundert nicht, denn die Commerzbank war in diesem Jahr an folgenden Konsortialgeschäften beteiligt: 95 Kapitalerhöhungen, neun Gründungen von Aktiengesellschaften und 42 Emissionen von Anleihen der öffentlichen Hand und von Industrieobligationen. Der Anteil der Provisionen erreichte folgerichtig einen Rekordwert von knapp 40 Prozent der in der Gewinn-und-Verlust-Rechnung ausgewiesenen Einnahmen.

Wann genau die Commerzbank-Leitung begriffen hatte, dass Mark doch nicht gleich Mark war, ist nicht zu ermitteln. Vermutlich wird es nach der Fusion mit der Mitteldeutschen Privat-Bank, aber vor der Entscheidung der Reichsbank im Jahr 1922 gewesen sein, große Posten von Schatzwechseln nicht mehr en bloc zum Rediskont anzunehmen.[151] Vermutlich wird sich die

Commerzbank schon 1921 um Alternativen bemüht haben, und spätestens 1922 hatte sie damit begonnen, Nostroguthaben auf Devisenkonten bei ausländischen Banken anzulegen. Es ist davon auszugehen, dass die Commerzbank diese Anlageform nicht nur als liquide und entwertungssicher betrachtete, sondern auch als Möglichkeit der Substanzerhaltung. Allerdings nutzte die Commerzbank diese Möglichkeit erst vergleichsweise spät. Während die Bilanzen in den Jahren 1919 bis 1921 relativ konstant einen Anteil der Nostroguthaben an der Bilanzsumme von 6 Prozent auswiesen, stieg er selbst 1922 zunächst nur auf 9 Prozent an, um 1923 36 Prozent zu erreichen. Auch wenn die Bilanzen für 1922 und 1923 nur einen geringen Aussagewert besitzen, ist die Tendenz zumindest für das Jahr 1923 eindeutig.

Während viele andere deutsche Banken schon Anfang der 1920er Jahre Tochtergesellschaften in Amsterdam gründeten, um deutsche Guthaben unter Umgehung der deutschen Kapitalfluchtgesetzgebung und der Steuerpflicht inflationssicher in den neutralen Niederlanden anzulegen,[152] schickte die Commerzbank 1920 zunächst nur einen ihrer Angestellten nach Amsterdam, um Informationen vor Ort über den wieder aufstrebenden Finanzplatz zu sammeln. In den Geschäftsberichten und auch in den Protokollen des Aufsichtsrats spielte Amsterdam zu dieser Zeit keine Rolle, was möglicherweise mit den gerade erst in London gemachten Erfahrungen zusammenhing. Erst im Juni 1921 schloss die Commerzbank dann eine vertragliche Vereinbarung über eine feste Zusammenarbeit mit der N. V. Algemeene Handels-Associatie, einer erst kurz zuvor von dem gebürtigen Deutschen Hugo Kaufmann in Amsterdam gegründeten kleinen Handelsgesellschaft. Der Vorteil dieser Konstruktion gegenüber der Gründung einer eigenen Niederlassung bestand darin, dass es in den Niederlanden zwar im Unterschied zu Großbritannien möglich war, eine eigene Niederlassung zu gründen. Aber da ausländische Bankniederlassungen nicht zur Börse zugelassen und auch vom Rediskont bei der Nederlandschen Bank ausgeschlossen waren, war es sinnvoller, sich an einem einheimischen Institut zu beteiligen.[153]

Ob sich die Commerzbank an dem Unternehmen beteiligte, ist nicht belegt, aber wahrscheinlich.[154] Denn Kaufmann konzentrierte sich seit Vertragsabschluss ganz auf das Bankgeschäft. Erst im Mai 1923 machte die Commerzbank ihre Beteiligung überhaupt öffentlich, als das Aktienkapital des Unternehmens aufgestockt und es in N. V. Hugo Kaufmann & Co's Bank umbenannt wurde. Der Anteil der Commerzbank am Aktienkapital lag seitdem bei 20 Prozent. Wenig später traten dann auch noch das stellvertretende Vorstandsmitglied der Commerzbank Carl Goetz als zweiter Direktor in den Vorstand sowie Witthoefft und Sobernheim in den Aufsichtsrat der Bank ein.[155] Im Geschäftsbericht der Commerzbank für 1923 wird Hugo Kaufmann & Co's Bank dann erstmals unter den Kommanditen aufgeführt. Es ist zwar nicht zu belegen, aber diese Beteiligung könnte erklären, weshalb die Nostroguthaben erst 1923 in der beschriebenen Weise angestiegen waren. Wegen der geringen

Höhe der in der Bilanz von Hugo Kaufmann & Co's Bank ausgewiesenen Nostroverbindlichkeiten könnte die Commerzbank ihre eigenen Gelder auch auf die zahlreichen Tochtergesellschaften von Hugo Kaufmann & Co's Bank verteilt haben.[156]

Eine weitere Maßnahme zur Substanzerhaltung waren die mit den Übernahmen der Provinzbanken verbundenen Investitionen in Bankgebäude. Im Jahr 1913 besaß die Commerzbank Immobilien mit einem Buchwert von etwa 10 Mio. Mark, was knapp 10 Prozent ihres Eigenkapitals entsprach. In der Goldmarkeröffnungsbilanz 1924 war das Immobilienkonto auf 26 Mio. GM angewachsen.[157] Das entsprach über 40 Prozent des Eigenkapitals. Bei der Deutschen Bank und bei der Dresdner Bank war der Anteil deutlich geringer. Nur die Mitteldeutsche Creditbank hatte den Erwerb von Immobilien zur Substanzerhaltung noch etwas intensiver betrieben. Dort lag der Anteil bei 45 Prozent. Allerdings hatte die Mitteldeutsche Creditbank nur wenige Banken übernommen, sodass der Anteil der Bankgebäude an den erworbenen Immobilien wesentlich niedriger lag als bei allen anderen Großbanken. Die Strategie der Commerzbank verband somit, wahrscheinlich zumindest in den ersten Jahren nach Kriegsende nicht intendiert, zwei Ziele: Sie investierte erstens in wertbeständige Objekte, was mit Blick auf den kommenden Währungsschnitt vorteilhaft war, selbst wenn die Verzinsung des Immobilienkontos vielleicht nicht so hoch lag wie bei anderen Anlagearten; und zweitens sicherte sie sich durch die Übernahme von Bankgebäuden und den dazugehörigen Banken neue Kundenbeziehungen, was für die Zeit nach dem Währungsschnitt wichtig werden sollte.[158]

Trotz nominal hoher Gewinne, hoher Abschreibungen und Investitionen in substanzerhaltende Anlagearten zeigte die Goldmarkeröffnungsbilanz ein erschütterndes Bild der Lage. Eigenkapital und Bilanzsumme waren gegenüber 1913 deutlich geschrumpft. Die Aktionäre erhielten neue Aktien, deren Nennwert in Goldmark gerade einmal 6 Prozent des Nennwerts ihrer alten Aktien betrug, und zwar unabhängig davon, wann die Aktien emittiert worden waren. Somit wurden die auf 200 Mark Banco lautenden Aktien von 1870 mit fast dem gleichen Faktor umgestellt wie die jüngst ausgegebenen Aktien über 10 000 Mark.[159] Allerdings waren sowohl die eigenen Mittel als auch die Bilanzsumme im Vergleich zu den anderen Großbanken unterdurchschnittlich stark zurückgegangen,[160] was wohl vor allem auf die zahlreichen Übernahmen zurückzuführen ist. Die Commerzbank war deshalb, zumindest ausweislich der veröffentlichten Goldmarkeröffnungsbilanz,[161] besser durch Krieg und Inflation gekommen als die Berliner Konkurrenz.[162] Zieht man als Vergleichsmaßstab die Provinzbanken heran, dann zeigt sich der relative Positionsgewinn der Commerzbank noch deutlicher. Bei zwei der größten Provinzaktienbanken, die während der Inflationsjahre nicht übernommen worden waren, der Allgemeinen Deutschen Credit-Anstalt und dem Barmer Bank-Verein, waren die eigenen Mittel 1924 auf 20 Prozent des Vorkriegsstands zusammengeschmolzen.[163] Das erklärt auch, weshalb sich viele vor dem Krieg ertragsstarke Provinzbanken zwischen 1917 und 1923 so lautlos haben von den Großbanken übernehmen lassen. Erstens war deren Ertragslage während des Krieges und nach dem Krieg, selbst in Nominalwerten, keineswegs so gut wie die der Großbanken, weil sie nicht über das Emissions- und Konsortialgeschäft verfügten, das eines der beiden Standbeine für die Ertragsstärke der Großbanken gewesen war, und zweitens verfügten die Provinzbanken nicht über die Möglichkeiten, Nostroguthaben auf Devisenkonten ausländischer Banken zu bilden, sodass hier eines der beiden Standbeine der Substanzerhaltungspolitik der Großbanken fehlte.

Das geschrumpfte Geschäftsvolumen, aber auch der Wegfall zahlloser Hilfsarbeiten, die durch die aufgeblähte Geldmenge notwendig geworden waren und durch die die Beschäftigtenzahl der Commerzbank auf dem Höhepunkt der Inflation im Oktober 1923 auf 25 400 Mitarbeiter angewachsen war,[164] machten eine Anpassung an die neuen Verhältnisse unter einer stabilisierten Währung erforderlich. Im Lauf des Jahres 1924 wurden von den 246 Filialen einige geschlossen, die, wie es der Geschäftsbericht für 1924 ausdrückte, »eine hinreichende Rentabilität nicht mehr versprachen«. Ende des Jahres war die Commerzbank immer noch an 219 Plätzen vertreten, hatte aber nur noch 10 260 Beschäftigte. Filialschließungen erfolgten danach kaum noch, aber der Personalabbau setzte sich fort. Ende 1925 erreichten die Anzahl der Filialen mit 214 und die Zahl der Beschäftigten mit 7109 Personen ihre jeweiligen Tiefpunkte.[165] Die »Unkosten«-Ersparnis machte sich allerdings zunächst nur bei den Personalkosten bemerkbar, da sich die Mietverträge für die freigezogenen Räume nicht kurzfristig kündigen ließen.[166] Von den Entlassungen waren in erster Linie die während der Inflationsjahre eingestellten Hilfskräfte, darunter vermutlich überproportional viele Frauen, betroffen,[167] während nur 9 Prozent aller Entlassenen ausgebildete Bankangestellte waren.[168]

Die Filialschließungen mögen ein schmerzhafter Anpassungsprozess gewesen sein, der womöglich im Vorstand auch nicht unumstritten war, aber er fiel im Vergleich zu den Maßnahmen der anderen Großbanken eher zurückhaltend aus.[169] Das bedeutete aber auch, dass die »Unkosten« der Commerzbank deutlich höher lagen als vor dem Krieg.[170] Das ist wegen des nach wie vor hohen Beschäftigungsstands, deutlicher Lohnsteigerungen und des geschrumpften Umfangs der einzelnen Geschäfte nicht überraschend, erklärungsbedürftig ist allerdings der Unterschied zu den anderen Großbanken, deren »Unkosten« im Verhältnis deutlich niedriger lagen, woran sich grundsätzlich auch bis zur Bankenkrise von 1931 nichts ändern sollte.

Die Commerzbank war eine Mittelstandsbank. Vor dem Krieg war sie es notgedrungen. Denn Hamburg war zu ihrer Gründungszeit noch keine Industriestadt mit großen Unternehmen; und nach Berlin und in die großindustriell geprägten Industriezentren kam sie mit Ausnahme Hannovers erst vergleichsweise spät, als die Großkunden schon ihre Geschäftsbeziehungen mit der Konkurrenz

Buchhaltungsabteilung der Filiale Hannover, um 1923

geknüpft hatten. Nach der Stabilisierung machte die Commerzbank offenbar aus der Not eine Tugend, blieb mit einer Filiale auch weiterhin an kleineren Orten vertreten[171] und pflegte das Geschäft mit den dortigen mittelständischen Kunden, die dem zwar ausgeweiteten, aber immer noch begrenzten Dienstleistungsangebot der Genossenschaftsbanken entwachsen waren.[172] Damit unterschied sich das Geschäftsmodell der Commerzbank fundamental von dem der anderen Großbanken, die ihre im Vergleich zur Vorkriegszeit begrenzten Mittel stark auf die Großkunden konzentrierten und dafür heftig kritisiert wurden.[173] Denn mit dem weitgehenden Verschwinden der Provinzaktienbanken hatten sich die Kreditmöglichkeiten für den gewerblichen Mittelstand sowie kleine und mittlere Unternehmen deutlich verschlechtert. Diese Kundenkreise litten unter einer deutschen Spielart der englischen »Macmillan Gap«.[174]

Die wenigen »goldenen« der 1920er Jahre waren vor allem durch eine erfolgreiche Rückkehr der deutschen Industrie auf den Weltmarkt gekennzeichnet sowie den Zufluss ausländischer Gelder aufgrund eines hohen Zinsniveaus und eines starken Kreditbedarfs der Industrie, die ihren Maschinenpark nach zehn Jahren fehlender Ersatzbeschaffung und Modernisierung erneuern musste. Die Commerzbank partizipierte besonders am Aufschwung des Außenhandels, sodass ihr lange brachliegendes, traditionell starkes Geschäftsfeld endlich wieder entwickelt werden konnte. So machten die Rembours- und andere kurzfristige Warenkredite 1930 fast 15 Prozent der Bilanzsumme aus.[175] Da sich auch die Debitoren deutlich erhöhten, wuchs sogar die Beschäftigtenzahl wieder und erreichte Ende 1928 knapp 8000 Personen. Durch die Fusion mit der Mitteldeutschen Creditbank stieg sie dann zwischenzeitlich noch einmal kräftig auf 9378 Personen an, um kurz vor Ausbruch der Bankenkrise wieder auf 7601 Personen abzusinken.

Die Geschäftsbelebung wurde ausschließlich durch eine Steigerung der Kreditoren finanziert; und das bedeutete, dass sich die Eigenkapitalquote seit der Goldmarkeröffnungsbilanz, als sie 30 Prozent betragen hatte, auf etwa 6 Prozent in den Jahren 1928 bis 1930 einpendelte. Damit lag sie deutlich unter der zeitgenössisch als Untergrenze für Kreditbanken betrachteten Marke von 10 Prozent. Die Barliquidität 1. Grades lag mit gut 34 Prozent (1930) wegen des hohen Wechselbestands zwar in einem für eine deutsche Universalbank angemessenen Rahmen.[176] Aber beruhigt konnte man darüber nur sein, wenn man davon ausging, dass die Reichsbank ihre Bereitschaft zum jederzeitigen Rediskont von Handelswechseln nicht einschränkte. Von einem Ausfall der Reichsbank als »Lender of Last Resort« ging aber zeitgenössisch, nicht zuletzt aufgrund ihres mittlerweile über 50-jährigen Wirkens, niemand aus. Die mittelfristigen Erwartungen waren trotz der Eintrübung der Konjunktur im Jahr 1930 positiv.

Werbung der Commerzbank in Magdeburg für Sparbücher, 1929

4. Die Katastrophe 1931/32

4.1 Die Bankenkrise

Die Ursachen der Bankenkrise von 1931 sind vielfältig. Die Forschung geht heute überwiegend davon aus, dass es sich um eine »Zwillingskrise« gehandelt hat – eine Banken- und eine Währungskrise, wobei es diese Kombination war, die den in der deutschen Wirtschaftsgeschichte einmalig dramatischen Charakter der Krise erklärt.[1] Wäre es allein eine Liquiditätskrise gewesen, hätte die Reichsbank intervenieren und die Banken mit zusätzlicher Liquidität unterstützen können, so, wie sie es Ende Juli 1914 getan hatte. Die Gewissheit, von der Reichsbank im Notfall unterstützt zu werden, konnte es aber unter den Rahmenbedingungen der zum Schutz der Reparationsgläubiger geschaffenen deutschen Währungsgesetzgebung eigentlich nicht mehr geben. Da das Reich nicht in der Lage war, seinen Reparationsverpflichtungen durch Haushalts- bzw. Handelsbilanzüberschüsse aus eigener Kraft nachzukommen, verschuldete es sich gegenüber dem Ausland, insbesondere den USA. Um deutsche Anleihen jedoch für die internationalen Anleger attraktiv zu machen, musste das Zinsniveau in Deutschland deutlich über dem der Gläubigerländer liegen. Damit war aber auch der Weg für andere Gebietskörperschaften frei, sich durch Auslandskredite den finanziellen Spielraum zu verschaffen, den die bescheidenen Einkünfte aus Steuern und Abgaben aktuell nicht hergaben. Aber auch die deutsche Industrie, die einen gewaltigen Nachholbedarf an Investitionen besaß, um ihre internationale Konkurrenzfähigkeit zurückzuerlangen, war auf Kredite angewiesen. Der inländische Kredit- und Kapitalmarkt war jedoch nicht in der Lage, die notwendigen Mittel bereitzustellen, sodass sich auch diejenigen deutschen Unternehmen, die groß genug waren, um für ausländische Anleger attraktiv zu sein, im Ausland verschuldeten. Schließlich flossen auch den deutschen Banken aufgrund des hohen Zinsniveaus Auslandsgelder zu, die es ihnen ermöglichten, ihr Kreditgeschäft trotz der Substanzverluste, die sich in ihren Goldmarkeröffnungsbilanzen offenbart hatten, zügig wieder aufzubauen. Im Ergebnis entsprach die deutsche Auslandsverschuldung im Jahr 1930 etwa einem Drittel des deutschen Bruttosozialprodukts.[2]

Allerdings hatten die den deutschen Banken zufließenden Gelder überwiegend nur eine kurze Laufzeit, während die Banken die Gelder langfristig ausliehen, was unter »normalen« Bedingungen eines stabilen Weltwährungssystems, eines zuverlässigen »Lender of Last Resort« und einer stabilen politischen Lage in Deutschland auch als ein beherrschbares Risiko erschienen wäre. Diese Rahmenbedingungen waren aber entgegen der verbreiteten Vorstellung von den »Goldenen 20ern« zu keinem Zeitpunkt gegeben. Im Gegenteil, trotz der Stabilisierung der Währungsverhältnisse gesundete die deutsche Wirtschaft nicht, sondern trat in einem »unnormalen, ja kranken« Zustand in die »Große Krise« ein, wie es der Wirtschaftshistoriker Knut Borchardt zusammenfasste.[3]

Einen ersten Rückschlag erfuhr der Wiederaufbau der deutschen Wirtschaft »auf Pump« durch den »Schwarzen Freitag« in New York im Oktober 1929, in dessen Folge viele Investoren ihre Gelder aus Deutschland abzogen. Als sich ein Jahr später durch die Reichstagswahl im September 1930 und den Erfolg der Nationalsozialisten die zuvor scheinbar stabilisierten politischen Verhältnisse der Weimarer Republik als deutlich fragiler erwiesen, als es für die ausländischen Investoren bislang den Anschein gehabt hatte, setzte sich der Abzug der Auslandsgelder fort. Da die Rückzahlungen in Devisen, in erster Linie in US-Dollar, erfolgen mussten, war die Reichsbank gefordert, deren Devisenvorrat, der zugleich die Deckungsreserve für den inländischen Notenumlauf war, entsprechend schrumpfte. Dadurch wurde ihr Interventionsspielraum für den Fall einer Liquiditätskrise immer kleiner. Mehrere spektakuläre Firmenzusammenbrüche sowie beunruhigende Forderungen nach einer Aufgabe der Gold- bzw. Devisendeckung der Reichsmark, dem Sicherheitsanker für die ausländischen Gläubiger, verschärften die Situation im Lauf des ersten Halbjahrs 1931 weiter.

Der Zusammenbruch kam dann, nachdem die Danat-Bank gegenüber Reichsregierung und Reichsbank eingestehen musste, dass sie ihre Schalter schließen müsse, wenn ihr nicht die Reichsbank, die bereits zuvor wegen des anhaltenden Devisenabflusses ihren Rediskont hatte einschränken müssen, zu Hilfe komme. Die Reichsbank war dazu aber nicht bereit und ohne eine international abgestimmte Hilfsaktion auch nicht in der Lage. Da sich außerdem die Deutsche Bank wegen des für sie unübersehbaren Risikos nicht bereitfand, die Danat-Bank zu übernehmen, war deren Schicksal besiegelt.[4] Die Reichsregierung entschied daraufhin, dass die Geschäftsstellen der Danat-Bank am 13. Juli 1931 geschlossen bleiben sollten, während sie gleichzeitig die Einlagen der Danat-Bank garantierte, um so einer Panik vorzubeugen, in deren Folge auch die anderen Banken in Mitleidenschaft gezogen werden würden. Tatsächlich verhinderte die Einlagengarantie für die Danat-Bank-Gläubiger jedoch den befürchteten Bank Run nicht. Denn das Publikum sah die Danat-Bank nicht als einen Sonderfall an, sondern zweifelte nun auch an der Zahlungsfähigkeit aller anderen Kreditinstitute und hob in großer Zahl Guthaben ab. Nachdem die Dresdner Bank dem Run schon am Tag der Schließung der Danat-Bank-Schalter nicht mehr hatte standhalten können,[5] verkündete die

Regierung zwei Bankfeiertage, um auch anschließend Bankgeschäfte nur in einem eng begrenzten Rahmen wieder zuzulassen. Gleichzeitig wurden auch die Börsen geschlossen und blieben es gut sechs Wochen.[6]

Diese Aktionen dienten dazu, Zeit zu gewinnen, um durch verschiedene Maßnahmen die Voraussetzungen zu schaffen, damit das Vertrauen in die Funktionsweise des Kredit- und Kapitalmarkts zurückkehren konnte. Zunächst wurde unter anderem mit der Tilgungskasse für gewerbliche Kredite (Tilka) eine Bad Bank geschaffen, die eingefrorene Forderungen der Banken übernahm. Des Weiteren führte die Regierung die allgemeine Devisenbewirtschaftung ein und erreichte in schwierigen Verhandlungen ein allgemeines Moratorium für deutsche kurzfristige Auslandsschulden. Schließlich erließ die Reichsregierung durch eine Notverordnung die sogenannte »kleine Aktienrechtsreform«, durch die unter anderem die Pflichtprüfung für den Jahresabschluss größerer Aktiengesellschaften sowie eine Bankenaufsicht eingeführt wurden.

Die Commerzbank segelte in den Krisentagen des Juli 1931 ganz am Rande der öffentlichen Wahrnehmung. Im Mittelpunkt standen neben Danat-Bank und Dresdner Bank vor allem die öffentlich-rechtlichen Institute, ebenso einige Privatbanken und Genossenschaftsbanken. Auch die Deutsche Bank stand trotz ihrer Marktführerschaft unter Beobachtung, da sie gerade erst mit der Disconto-Gesellschaft fusioniert hatte und niemand wusste, welche Risiken die Bank dabei eingegangen war. Obwohl die Commerzbank mit der Übernahme der Mitteldeutschen Creditbank ein relativ zu ihrer Größe vergleichbares Risiko eingegangen war und auch sie in einige spektakuläre Unternehmenskrisen verstrickt war, galt sie weiterhin als vergleichsweise solide. Nachdem bekannt geworden war, dass mit Gustav Pilster und Carl Goetz auf Geheiß der Reichsregierung zwei Persönlichkeiten mit Commerzbank-Vergangenheit in Schlüsselpositionen der Dresdner Bank berufen worden waren, traute ihr die Wirtschaftspresse sogar zu, die deutlich größere Dresdner Bank zu übernehmen. Da die dafür notwendige Kapitalerhöhung nicht über den Kapitalmarkt erfolgen, sondern nur durch Reichsmittel sichergestellt werden konnte, wurde sogar über eine Fusion von Commerzbank, Dresdner Bank und der reichseigenen Reichs-Kredit-Gesellschaft spekuliert.[7]

Die tatsächliche Situation der Commerzbank war jedoch weitaus kritischer, als es im Sommer 1931 den Anschein hatte. Die im Geschäftsbericht veröffentlichte Eigenkapitalquote war mit gut 6 Prozent auch aus zeitgenössischer Sicht niedrig. Aber noch schwerwiegender war, was im Geschäftsbericht nicht zu lesen war: Wie oben erwähnt, hatte der Aufsichtsrat bereits im Jahr 1907 ein Kursregulierungskonsortium eingerichtet, das aber wohl in den Jahren 1907 bis 1929 vornehmlich dazu gedient hatte, Aktien der Commerzbank vorzuhalten, um sie den Aktionären der übernommenen Banken im Tausch für deren Aktien anbieten zu können, um so eine Kapitalerhöhung zu vermeiden. Ende der 1920er Jahre sollte die ursprüngliche Aufgabe wieder in den

Nach dem Zusammenbruch der Danat-Bank blieben alle Bankschalter aufgrund einer Notverordnung am 14. und 15. Juli 1931 geschlossen; Foto: Stadtarchiv Darmstadt.

Vordergrund rücken. Denn der Kurs der Commerzbank-Aktie geriet, ebenso wie der der übrigen Großbankaktien, erheblich unter Druck.

Nach der Fusion mit der Mitteldeutschen Creditbank wurde deshalb 1929 ein neues Kursregulierungskonsortium gebildet und mit 11 Mio. RM ausgerüstet, die von den Mitgliedern des Konsortiums, überwiegend Mitglieder von Vorstand und Aufsichtsrat, aufzubringen waren. Schon im November 1929 reichte diese Summe aber nicht mehr aus und wurde um 3 Mio. RM und wenige Monate später um weitere 3 Mio. RM erhöht.[8] Da diese Personen jedoch kaum über liquide Mittel in der Größenordnung von im Durchschnitt etwa 250 000 RM[9] verfügten, erhielten sie diese als Kredit von der Commerzbank. Der Vorteil dieser Regelung gegenüber dem Ankauf direkt auf Rechnung der Bank bestand darin, dass die Aktien in der Bilanz nicht im Effektenbestand ausgewiesen werden mussten, weil die Bank formaljuristisch nicht der Eigentümer war. Stattdessen konnten die Kredite an die Konsortiumsmitglieder, mit denen diese die Aktien erworben hatten, unter den »Reports und Lombards gegen börsengängige Wertpapiere« versteckt werden. Ein weiterer Vorteil bestand darin, dass zusätzlich die Verschlechterung der Liquidität unsichtbar blieb. Denn Aktien waren grundsätzlich schwerer zu verwerten als die kurzfristigen Reports und Lombards.

Diese Praxis war zwar nicht verboten, aber sie durfte trotzdem auf keinen Fall öffentlich bekannt werden. Denn das Hauptproblem bestand darin, dass das haftende Eigenkapital, das ja ausweislich der veröffentlichten Bilanz schon sehr niedrig im Verhältnis zum Fremdkapital war, auf diese Weise noch weiter verringert wurde. Wenn die Praxis einer über Jahre anhaltenden Kursregulierung bekannt geworden wäre, wäre das Vertrauen der Gläubiger in die Sicherheit ihrer Einlagen und das der Aktionäre in die künftige Entwicklung des Aktienkurses schwer beschädigt worden. Die Folge wäre eine Flucht der Anleger aus den Commerzbank-Aktien und ein Rückzug der Einleger in bis dahin nicht erreichter Größenordnung gewesen. Deshalb wurde der Beschluss über den Ankauf eines größeren Pakets eigener Aktien im Juni 1931 zwar im Arbeitsausschuss des Aufsichtsrats gefasst, aber nur handschriftlich protokolliert. Im maschinengeschriebenen und unter den Mitgliedern zirkulierten Protokoll tauchte er nicht auf.[10]

Weshalb die Commerzbank – wie im Übrigen auch alle anderen Großbanken – dieses Risiko einging, ist wohl so zu erklären, dass die Bank anfangs noch die Erwartung hatte, dass die Aktien wenige Monate nach dem Ankauf ohne Verlust wieder veräußert werden könnten. Das war aber seit Ende der 1920er Jahre nicht mehr möglich. Denn der Kursverfall hielt an.[11] Hätte man die Aktien wieder veräußert, wäre der Aktienkurs noch weiter unter Druck geraten, was man ja gerade vermeiden wollte. So stieg der Bestand an eigenen Aktien immer weiter an und erreichte im Juni 1931 einen Wert von nominal etwa 38,5 Mio. RM. Damit war mehr als jede zweite Commerzbank-Aktie nicht mehr im Umlauf.[12]

Als sich im September 1931 abzeichnete, dass eine Sanierung, womöglich auch eine Zusammenlegung des Aktienkapitals erforderlich werden würden, lösten die Mitglieder ihr Konsortium auf, indem sie als Entscheidungsträger der Commerzbank durchsetzten, dass die Bank die Aktien nun direkt übernahm. Der Ankaufskurs lag bei 120 Prozent und damit weit über dem aktuellen Aktienkurs von 65 Prozent.[13] Allerdings waren die Aktien zu einem Durchschnittskurs von 154 Prozent angekauft worden, sodass die Konsortiumsmitglieder zwar von dem Risiko eines weiteren Wertverlusts befreit wurden, aber immerhin einen Verlust von zusammen gut 5,5 Mio. RM hätten übernehmen müssen. Dazu waren sie aber nicht bereit, und tatsächlich beschloss der Arbeitsausschuss des Aufsichtsrats im April 1932, nach der später noch zu behandelnden Fusion mit dem Barmer Bank-Verein, dass die Bank die Hälfte des Verlusts übernehmen werde.[14] Verschwiegen wurde dabei gegenüber den zwischenzeitlich neu in den Aufsichtsrat berufenen Mitgliedern, dass sich unter den zu 120 Prozent übernommenen Aktien auch solche befanden, die während der Inflation von den älteren Konsortien zu hohen Nominal-, aber sehr niedrigen Goldmarkbeträgen erworben worden waren. Unter Berücksichtigung dieser Aktien erlitten die meisten Mitglieder des hier in Rede stehenden Konsortiums deshalb gar keinen Verlust, sondern erzielten per saldo sogar oftmals Gewinne.[15] Wie dem Aufsichtsrats- und ehemaligen Vorstandsmitglied Gustav Pilster, der an allen Konsortien beteiligt gewesen war, von der Staatsanwaltschaft Berlin später vorgehalten wurde, hätte er bei einer Abrechnung der Aktien zum Tageskurs im September 1931 einen Verlust in Höhe von etwa 161 000 RM erlitten, der durch die beiden Entscheidungen über den Übernahmekurs und die teilweise Verlustabdeckung durch die Commerzbank jedoch in einen Gewinn in Höhe von knapp 120 000 RM verwandelt worden war.[16]

Von den neun Mitgliedern des Arbeitsausschusses, die die Entscheidung zur vermeintlichen Verlustübernahme trafen, waren drei Vertreter des Reichs, dem nach der Sanierung vom Frühjahr 1932 neuen Mehrheitsaktionär. Sie waren entsprechend auch keine Mitglieder des Konsortiums und, wie sie später glaubhaft versicherten, über die älteren Konsortien nicht informiert. Das Gleiche gilt für den Vertreter des Barmer Bank-Vereins. Von den übrigen sollten fünf Mitglieder des Gremiums jedoch unmittelbar persönlich von der Entscheidung profitieren. Das Gleiche gilt für vier der sieben in der Sitzung anwesenden Vorstandsmitglieder. Von den fünf Konsortiumsmitgliedern, die zugleich Mitglieder des Arbeitsausschusses waren, waren vier sowie von den vier Vorstandsmitgliedern zwei mit dem Höchstbetrag von 510 000 RM beteiligt gewesen. Ihr persönlicher Verlust reduzierte sich durch diesen Beschluss – natürlich ohne Berücksichtigung der verschwiegenen Gewinne – von jeweils knapp 115 000 auf etwa 57 750 RM, während die Commerzbank mit knapp 2,8 Mio. RM zusätzlich belastet wurde.[17]

Weshalb sich die Vertreter des Reichs im Arbeitsausschuss dieser Regelung ebenso wenig widersetzten wie die Vertreter des Barmer Bank-Vereins, ist nicht überliefert.[18] Die Vertreter des Barmer Bank-Vereins werden jedoch vermutlich stillgehalten haben, weil der Barmer Bank-Verein einen noch höheren Teil seines Aktienkapitals hatte ankaufen lassen als die Commerzbank, und es ist sehr wahrscheinlich, dass für Vorstand und Aufsichtsrat des Bank-Vereins eine ähnlich großzügige Regelung getroffen worden war. Sie hatten also allen Grund, in dieser Sache nicht zu widersprechen.

Die Vertreter des Reichs wird vermutlich das Argument der Betroffenen überzeugt haben, dass die Beteiligung an dem Konsortium nicht aus Eigeninteresse, sondern ausschließlich im Interesse der Bank erfolgt sei; und genau aus diesem Grund wurden die früheren Gewinne anderer Kursregulierungskonsortien verschwiegen. Andernfalls wäre das Entlastungsargument kaum mehr zu halten gewesen. So aber gingen die Reichsvertreter von einer unbilligen Maßnahme aus, wenn die Mitglieder des Konsortiums als Privatpersonen für eine verfehlte Investitionspolitik der Bank persönlich in dieser Größenordnung hätten einstehen müssen. Immerhin setzte der Vertreter des Reichsfinanzministeriums aber durch, dass vor der Durchführung der Maßnahme die Genehmigung von Reichsfinanzminister Dietrich persönlich eingeholt werden musste, dessen skeptische Haltung gegenüber der Verlustübernahme durch die Bank deren Leitung bekannt war. Tatsächlich verweigerte Dietrich bis zum Sturz der Regierung im Juni 1932 seine Zustimmung und verzögerte so den Abschluss der Liquidation des Konsortiums. Die Genehmigung erfolgte erst im November 1932 durch den Nachfolger Schwerin von Krosigk, der –

weiterhin in Unkenntnis der Gewinne aus den älteren Konsortien – den Anteil der von den Konsorten zu tragenden Verluste etwas erhöhte, womit sich die Gegenseite schließlich einverstanden erklärte.[19]

Erst später wurde aufgrund einer externen Revision die Existenz der älteren Konsortien bekannt[20] und auch ein Ermittlungsverfahren wegen handelsrechtlicher Untreue gegen einzelne Vorstands- und Arbeitsausschussmitglieder eingeleitet. Dabei war die Staatsanwaltschaft zu dem Schluss gekommen, dass der stellvertretende Aufsichtsratsvorsitzende August Weber die an den Konsortien nicht beteiligten Mitglieder des Aufsichtsrats so unzureichend informiert hatte, dass sie »die finanziellen Auswirkungen« ihrer Beschlüsse »nicht hätten übersehen können«. Auf eine entsprechende Nachfrage eines Aufsichtsratsmitglieds hatte Vorstandsmitglied Lincke sogar die Unwahrheit gesagt, »um ihn zu beruhigen«.[21] Die schriftliche Nachfrage eines anderen Aufsichtsratsmitglieds blieb unbeantwortet. Trotzdem wurde das Verfahren zur Vermeidung eines erneuten Vertrauensverlusts gegenüber den Großbanken eingestellt.[22] Auch ein vom Reichsfinanzministerium erwogenes Zivilverfahren mit dem Ziel einer Teilrückzahlung der erschlichenen Verlustübernahme seitens der Konsortiumsmitglieder wurde nicht eingeleitet, da das Ministerium nach der Reprivatisierung der Commerzbank das Interesse verloren hatte.[23]

Kursstützungskonsortien waren Ende der 1920er Jahre aber nicht nur bei den Banken zu einer verbreiteten Einrichtung geworden, sondern auch Industriekonzerne bedienten sich dieser Möglichkeit, um den »inneren Wert« ihrer Aktien zu verschleiern. Bereits im Jahr 1925 wurde im Aufsichtsrat der Commerzbank über Beteiligungen an Stützungskonsortien mehrerer großer, aber namentlich nicht protokollierter Konzerne berichtet. Zur Beruhigung der Aufsichtsräte fügte der Berichterstatter des Vorstands aber hinzu, dass man für den Fall, dass Rückstellungen erforderlich werden würden, stille Reserven in Höhe von 30 Mio. RM in der Hinterhand habe.[24] Als es sechs Jahre später ernst wurde, sollte sich diese Aussicht allerdings als Fata Morgana erweisen.

Ein besonders prominenter, aber erst nach den Tagen der akuten Krise aufgedeckter Fall war die Kursstützung des Braukonzerns Schultheiß-Patzenhofer, an dem die Commerzbank maßgeblich beteiligt war. Hauptbeteiligter war Ludwig Katzenellenbogen bzw. die zur Verwaltung seiner Unternehmensbeteiligungen gegründete Ludwig Katzenellenbogen GmbH. Belegt ist das zwar nicht, aber möglicherweise war die Finanzierung von Katzenellenbogens im Jahr 1929 gebildeten Stützungskonsortium durch eine von der Commerzbank kontrollierte Bankengruppe[25] die Bedingung für dessen Unterstützung bei der Übernahme der Mitteldeutschen Creditbank im gleichen Jahr. Sicher ist hingegen, dass auch Curt Sobernheim, dessen Bruder Walter, zugleich Vorstandsvorsitzender der Schultheiß-Patzenhofer Brauerei AG, und deren Stiefvater Eugen Landau persönlich an Katzenellenbogens Konsortium beteiligt waren.[26] Innerhalb des Aufsichtsrats der Commerzbank hatte Ludwig Katzenellenbogen in dieser Zeit in einem atemberaubenden Tempo an Bedeutung gewonnen. Unmittelbar nach der Fusion mit der Mitteldeutschen Creditbank wurde er nicht nur in den Aufsichtsrat, sondern auch in dessen Machtzentrum, den Arbeitsausschuss, kooptiert und wenig später sogar zum stellvertretenden Aufsichtsratsvorsitzenden gewählt.[27] In dieser Funktion durfte er seit April 1930 in Berlin als ständiger Vertreter des in Hamburg wohnenden Aufsichtsratsvorsitzenden Witthoefft auftreten,[28] wodurch er zur einflussreichsten Persönlichkeit im Aufsichtsrat der Commerzbank aufgestiegen war.

Durch die vermeintliche Kursstützungsaktion erreichte Katzenellenbogen 1930 sein eigentliches Ziel, die Fusion seiner Ostwerke mit dem Braukonzern, was für sich genommen nicht problematisch war, denn dessen Vorstandsvorsitzender war ja selbst an dem Konsortium beteiligt. Zum Skandal wurde es aber durch die Tatsache, dass sich Katzenellenbogen eine Abnahmegarantie für die Aktien durch die Ostwerke zum Einkaufspreis gesichert hatte, sodass für die Konsorten keinerlei Kursrisiko bestand. Da zum Zeitpunkt der Fusion der Tageskurs jedoch deutlich unter dem Einkaufspreis der Aktien lag, hätten Rückstellungen in erheblichem Umfang in die Bilanz der Ostwerke aufgenommen werden müssen. Da das aber nicht erfolgte, wurden die Fusionspartner über die wahre Finanzlage der Ostwerke getäuscht.[29] Ein Aufsichtsratsmitglied der Ostwerke sagte später im Strafverfahren gegen Katzenellenbogen aus, dass der Aufsichtsrat keine Prüfung der Bilanz, auf deren Grundlage die Bewertung des Ostwerke-Vermögens erfolgt war, veranlasst habe. Das begründete er damit, dass der Ostwerke-Aufsichtsrat wegen des rückwirkenden Fusionsbeschlusses dafür nicht mehr zuständig gewesen sei.[30] Offenbar hatte jeder Beteiligte jedem anderen Beteiligten blind vertraut. Denn das personelle Netzwerk zwischen der Commerzbank und der Interessengemeinschaft Ostwerke/Schultheiß (Curt und Walter Sobernheim, Eugen Landau sowie Albert und Ludwig Katzenellenbogen) war nicht nur geschäftlich, sondern auch verwandtschaftlich selbst für deutsche Verhältnisse ungewöhnlich eng.

Ausgerechnet Friedrich Reinhart, der als Vorstandsmitglied der Mitteldeutschen Creditbank ein langjähriges Aufsichtsratsmitglied des Brauereikonzerns war und nach der Übernahme seiner Bank durch die Commerzbank auch seinen neuen Arbeitgeber dort vertrat, hätte diese Affäre wegen staatsanwaltschaftlicher Ermittlungen fast die ehrenvolle und für ihn persönlich als »politischer« Bankier[31], besonders aber für die Commerzbank äußerst wertvolle Berufung in den vom Reichspräsidenten geschaffenen Wirtschaftsbeirat gekostet.[32] Tatsächlich gelang es, Reinhart ganz aus den staatsanwaltschaftlichen Ermittlungen herauszuhalten, woraufhin Reichskanzler Brüning seine Bedenken gegen ihn fallen ließ. Die Commerzbank kam allerdings nicht so glimpflich davon. Der Ende 1932 noch zu Buche stehende Kredit an die Ludwig Katzenellenbogen GmbH in Höhe von knapp 3,3 Mio. RM war durch Schultheiß-Aktien völlig unzureichend gedeckt, sodass im Folgejahr bei der Auflösung des Kreditkontos ein Verlust in Höhe von 2,3 Mio. RM abgeschrieben werden musste.[33]

Ein weiteres, ähnlich gelagertes Geschäft resultierte aus der langjährigen Verbindung der Commerzbank zur Burbach Kaliwerke AG, die sie von der Mitteldeutschen Privat-Bank übernommen hatte und für deren Pflege auch weiterhin das Vorstandsmitglied Moritz Schultze zuständig war. Außerdem wurde der Vorsitzende des Burbach-Vorstands Gerhard Korte in den Aufsichtsrat der Commerzbank gewählt. Mitte der 1920er Jahre versuchte Korte, von einem Machtkampf zwischen Grubenvorstand und Generaldirektor beim Marktführer im deutschen Kalibergbau, der Gewerkschaft Wintershall, zu profitieren und durch den Ankauf von Wintershall-Kuxen als »lachender Dritter« die Kontrolle über den Rivalen zu erlangen.[34] Zu diesem Zweck stellte die Commerzbank eine »Kriegskasse« in Höhe von 12,5 Mio. RM zur Verfügung,[35] und tatsächlich gelang es Korte, etwa 40 Prozent der Kuxe zu erwerben.[36] Wintershall wehrte sich aber und kaufte seinerseits Kuxe einer zum Burbach-Konzern gehörenden Tochtergesellschaft auf, woraufhin 1928 durch einen Tausch der Pakete der Status quo ante wiederhergestellt wurde. Als dann wenig später die Aktien der Burbach Kaliwerke unter Druck gerieten, bildete Korte wiederum mithilfe der Commerzbank ein Interventionskonsortium, das aber sein Ziel genauso verfehlte wie die Konsortien von Commerzbank und Schultheiß-Patzenhofer.

Die Verluste der Konsorten waren erheblich. Schultze und Korte kamen allerdings vergleichsweise glimpflich davon, indem sie das Konsortium eigenmächtig auflösten, ohne die anderen Konsorten zu informieren, und ihre Burbach-Aktien verkauften. Dadurch kam die Aktie noch weiter unter Druck, was zum Schaden der übrigen Konsortiumsmitglieder war, die sich weiterhin an die Regeln des Konsortiums gebunden glaubten.[37] Deshalb übernahm die Commerzbank deren Anteile am Burbach-Konsortium und ließ im Sommer und Herbst 1932 prüfen, ob sie Schultze, der bereits im Vorjahr aus dem Vorstand hatte ausscheiden müssen, und Korte in Regress nehmen konnte. Da die Erfolgsaussichten schlecht waren, verzichtete man aber am Ende darauf.[38] Korte durfte sogar bis 1937 im Aufsichtsrat verbleiben.[39] Der Schaden für die Commerzbank war tatsächlich enorm, denn im Folgejahr musste sie ihren Bestand an Burbach-Aktien im Nominalwert von 3,4 Mio. RM auf gerade noch 416 000 RM abschreiben.[40]

Schultheiß-Patzenhofer und Burbach waren keineswegs Einzelfälle. Von den größten fünf Kreditnehmern der Commerzbank[41] waren drei während der Krisenwochen oder wenig später notleidend: Neben dem Burbach-Konzern, dem die Commerzbank in den Jahren 1930 bis 1932 Kredite in Höhe von 25 Mio. RM zur Verfügung gestellt hatte, und Schultheiß-Patzenhofer (13,9 Mio. RM) gehörte auch Karstadt mit 13,2 Mio. RM zum Kreis der größten Kreditnehmer.[42] Dabei hatte die Commerzbank noch Glück, dass bei dem zweitgrößten Kreditnehmer, der Reemtsma Cigarettenfabriken GmbH (18,6 Mio. RM), der politische Skandal nicht in eine finanzielle Krise überging.[43]

Wenn aber bei den ganz großen Geschäften die vor dem Krieg üblichen Vorsichtsmaßnahmen hinsichtlich Kredithöhe, Fristentransformation sowie Höhe und Qualität der Sicherheiten nicht eingehalten wurden, ist kaum zu erwarten, dass das im Kleinen bei den Filialen anders war. Das wusste auch die Commerzbank-Leitung, denn sie hatte ja schon mit der Niederlassung Frankfurt um die Jahrhundertwende die Erfahrung gemacht, dass die Geschäftspolitik einer Filialleitung nicht immer den Vorstellungen der Zentrale entsprach. Zu Beginn ihres Expansionskurses hatte die Commerzbank deshalb versucht, ihre Filialleitungen an die »kurze Leine« zu nehmen, und zu diesem Zweck das Sekretariat der Filialen in der Berliner Zentrale errichtet. Dessen Aufgabe war es, zum einen als Ansprechpartner der Filialleitungen zu fungieren, zum anderen war es aber auch als Überwachungsinstanz gedacht.

Den größten Teil der Kommunikation zwischen den Filialen und dem Sekretariat der Filialen nahm das Kreditgeschäft ein. Die Genehmigungskompetenz für Kredite, die bei einer Geschäftsstelle nachgesucht wurden, lag bei der Commerzbank je nach Höhe und Art des Kredits entweder bei der örtlichen Filialleitung, dem Sekretariat der Filialen, ggf. in Rücksprache mit dem Vorstand, oder bei den Hauptausschüssen bzw. dem Arbeitsausschuss des Aufsichtsrats,[44] der Mitte der 1920er Jahre die Hauptausschüsse als erste der Kreditabteilung übergeordnete Genehmigungsinstanz für Großkredite abgelöst hatte und eine Art Machtzentrum innerhalb des Aufsichtsrats bildete.[45] Die Art und Höhe eines Kredits, über den eine Filiale selbst entscheiden durfte, variierte je nach Größe und Bedeutung der Niederlassung. Im Vergleich zu den anderen Berliner Filialgroßbanken war der Entscheidungsspielraum der Filialleitungen eher klein und die Organisationsstruktur der Commerzbank entsprechend stark zentralisiert.[46] Das bedeutete aber auch, dass die Genehmigungswege bei Kreditanträgen vergleichsweise lang waren. Die restriktive, an formalen Richtlinien orientierte Genehmigungspraxis der Zentrale behinderte die Flexibilität der Filialleitung in der Konkurrenz zur örtlichen Filiale der anderen Großbanken sowie erst recht zu den örtlichen Privatbankhäusern ganz erheblich. Insbesondere die Privatbankiers entschieden vor allem aufgrund der Bonität und Vertrauenswürdigkeit des Kreditnehmers, da sie in der Regel mit ihm und seinem geschäftlichen und nicht selten sogar sozialen Umfeld in einem persönlichen Kontakt standen. Außerdem waren sie niemandem Rechenschaft schuldig, wenn sie, um das Angebot einer konkurrierenden Bank aus dem Feld zu schlagen, höhere Risiken eingingen, als sie es unter anderen Umständen getan hätten.

Auch die in der Regel zur örtlichen Honoratiorenschaft gehörenden Filialdirektoren der Commerzbank standen oftmals in einem gesellschaftlichen Kontakt mit dem Kreditnehmer und dessen Geschäftspartnern. Auch sie glaubten, die Bonität des Kunden zuverlässig einschätzen zu können. Aber das zählte wenig, wenn der nachgefragte Kredit außerhalb des Entscheidungsspielraums der Filialdirektion lag. In diesem Fall musste beim Sekretariat der Filialen die Genehmigung eingeholt werden, dessen Sachbearbeiter aber den Kreditsuchenden nicht kannten und entsprechend auch seine Vertrauenswürdigkeit nicht einschätzen konnten. In Berlin entschied man nach objektivierbaren Kriterien wie der Bilanz des Kreditsuchenden, dessen Vermögen und vor allem nach den dinglichen Sicherheiten als Kreditunterlage.[47]

Je kleiner jedoch der Handlungsspielraum der Filialleitung war, desto größer war die Versuchung, den Entscheidungsspielraum eigenmächtig auszuweiten, um konkurrenzfähig zu bleiben. Solange das Risiko, im Rahmen von Routineüberprüfungen des Kreditgeschäfts durch die Zentrale aufzufallen, gering war, fiel die Risikoabwägung zwischen dem drohenden Verlust eines Kunden und einem Konflikt mit der Zentrale oftmals zugunsten des Regelverstoßes aus. Zwar hatten alle Filialbanken dieses Problem. Aber bei der Commerzbank kamen zwei Faktoren zusammen, die sie von anderen Banken unterschieden. Erstens war der Handlungsspielraum der Filialleitungen im Vergleich eher klein und die Konkurrenzfähigkeit auf dem örtlichen Kreditmarkt entsprechend unsicher. Zweitens hatte die Commerzbank seltener Provinzialgroßbanken mit einem großen Filialnetz übernommen, deren Filialdirektoren ihr Geschäft gar nicht anders kannten als mit einer eingeschränkten Handlungsfreiheit. Die Commerzbank hatte dagegen häufiger Privatbankhäuser erworben, deren ehemalige Inhaber sich als Filialdirektoren nur schwer daran gewöhnen konnten, nicht mehr Herr im vermeintlich eigenen Haus zu sein. Ähnliches galt für die ehemaligen Vorstandsmitglieder der zahlreich übernommenen kleineren Aktienbanken, deren Zentralen nun ebenfalls in Filialen der Commerzbank konvertiert worden waren. Darüber hinaus war die Commerzbank sehr viel häufiger als die Berliner Konkurrenz in kleinen Städten präsent, wo innerhalb des Wirtschaftsbürgertums jeder jeden kannte und über das jeweilige Geschäftsgebaren genauestens Bescheid wusste. In solchen Städten hing auch das gesellschaftliche Standing wesentlich davon ab, wie wirtschaftlich selbstständig jemand agieren konnte. Wenn sich die Genehmigung eines Kreditantrags verzögerte, weil die Entscheidungshoheit darüber nicht beim Filialdirektor lag, machte das gar keinen guten Eindruck. Man war in den Augen der eigenen sozialen Klasse kein »Bankherr«, sondern ein »Commis«.

Tatsächlich zeigt eine Auswertung der überlieferten Kreditakten der Commerzbank-Filialen, dass sich die Filialleitungen in den Jahren vor der Krise nicht nur, aber gerade auch in kleineren Städten bei einmal genehmigten Krediten und bei Krediten unterhalb der Genehmigungsgrenze sehr häufig nicht an die Vorgaben aus Berlin gehalten hatten. Das betraf die Kredithöhe – bei Kontokorrentkrediten etwa im Verhältnis zum Umsatz –, Höhe und Qualität der Sicherheiten, die Nichteinhaltung von vereinbarten Rückzahlungsterminen oder die Zurverfügungstellung von Bilanzen durch die Kreditkunden. Die Begründung, die die Filialleitungen gegenüber den Vorhaltungen aus Berlin gaben, waren immer dieselben: die Konditionen des Vorgängerinstituts, an die die Kunden sich gewöhnt hätten und deren Verschärfung sie nicht bereit seien hinzunehmen, oder das Angebot einer der Konkurrentinnen vor Ort.[48] Auffällig ist dabei, dass die Verstöße der Filialleitung – einschließlich der Verschleppung von angeordneten Maßnahmen – immer unterhalb einer Größenordnung blieben, die disziplinarische Konsequenzen hätte haben können. Tatsächlich hätte es für das Geschäft einer Filiale eine große Gefahr bedeutet, wenn die Zentrale einen ihrer im örtlichen Wirtschafts- und Besitzbürgertum bestens vernetzten Direktoren seines Postens enthoben oder ihn an eine andere Niederlassung versetzt hätte. Davon abgesehen hätte die Kündigung eines Kredits schon in den Jahren 1929 und 1930 manchen Kunden in den Konkurs gezwungen, und diese Verantwortung wollten nicht nur die Filialdirektoren nicht übernehmen.

Insofern unterschieden sich die Geschäftspolitiken in Berlin und der Provinz im Grundsatz kaum. So, wie die Kursregulierungskonsortien eine Besserung des Aktienkurses der Commerzbank erwarteten und die Bank, als die Besserung nicht eintrat, auf diese Weise immer tiefer in die Krise führten, erwarteten die Filialleitungen eine Besserung der finanziellen Situation ihrer Kreditkunden, die aktuell nicht in der Lage waren, ihre Kredite zu bedienen, was den gleichen Effekt hatte, nämlich gutes Geld schlechtem hinterherzuwerfen; und so, wie die Kontrollmechanismen innerhalb der Bank versagten, als die Konsorten im Aufsichtsrat ihre persönlichen Interessen über die Interessen der Bank stellten, versagte auch die Kontrolle der Filialen, weil das Sekretariat der Filialen nicht mit dem Wachstum des Filialnetzes mithalten konnte und personell viel zu schwach besetzt war, um eine effiziente Überwachung des Filialgeschäfts zu gewährleisten. Nach einer im Rahmen eines laufenden Dissertationsvorhabens durchgeführten Schätzung der Zahl der Beschäftigten in der Kreditabteilung der Commerzbank, zu der auch das Sekretariat der Filialen gehörte, waren dort zum Zeitpunkt der Bankenkrise knapp 100 Personen beschäftigt, davon aber nur gut 40 Kreditsachbearbeiter. Diese hatten in jedem Quartal etwa 28 600 Kreditkonten zu prüfen, sodass auf jeden Sachbearbeiter durchschnittlich knapp 700 Prüfungen pro Quartal entfielen. Das entsprach bei etwa 290 Arbeitstagen pro Jahr rund zehn Prüfungen pro Tag.[49]

Insofern ist es nicht verwunderlich, dass keineswegs nur einige Großkredite die Commerzbank 1931 in eine Schieflage brachten, sondern auch eine Unzahl kleinerer Kredite. In der Arbeitsausschusssitzung des Aufsichtsrats hieß es bei einer Besprechung der Jahresbilanz 1930 dazu, dass einerseits die »kleinen Kreditgewährungen« im Lauf des Jahres 1930 »perforce« (zwangsläufig) wegen der »Wirtschaftskrisis« zugenommen hätten, andererseits waren die Debitoren aber auch »besonders verlustbringend, sodass für entstandene und voraussichtliche Ausfälle erhebliche Abschreibungen und Rückstellungen ... erforderlich« waren.[50] Die Annahme, dass die Commerzbank weniger stark von der Krise betroffen worden sei, weil sie als Mittelstandsbank seltener von den Kreditausfällen der Großindustrie betroffen gewesen sei, war demzufolge etwas voreilig.

Vergleicht man das Aktivgeschäft der Commerzbank mit den Aktivitäten der beiden Großbanken, die im Zentrum der Krisenwahrnehmung waren, der Danat-Bank und der Dresdner Bank, war vielleicht die Größenordnung der Problemfälle etwas weniger dramatisch. Aber grundsätzlich betrieben alle drei Banken ein ähnlich riskantes Aktivgeschäft. Von der Vorsicht, mit der die Commerzbank vergleichsweise unbeschadet die letzte große Krise des Jahres 1873 überstanden hatte, war knapp 60 Jahre später nicht mehr viel übrig geblieben.

In einer anderen Hinsicht unterschied sich die Commerzbank allerdings deutlich von den beiden größeren Problemfällen, und das betraf das Passivgeschäft, insbesondere die Verbindlichkeiten gegenüber ausländischen Gläubigern. Im Gegensatz zur Vorkriegszeit erfolgte die Außenhandelsfinanzierung auch nach der Stabilisierung der Mark nicht mehr in (Reichs-)Mark-Akzepten deutscher, sondern in Valuta-Akzepten ausländischer Banken. Die Rolle der deutschen, auch weiterhin in der Außenhandelsfinanzierung engagierten Banken bestand nun darin, solche Akzeptkredite für ihre Kundschaft zu vermitteln, indem sie selbst gegenüber den ausländischen Banken als Schuldner auftraten. Da die Außenhandelsfinanzierung für die Commerzbank auch weiterhin ein besonders wichtiger Geschäftszweig war, war auch der Zugang zum Finanzzentrum der seit dem Krieg wichtigsten Welthandelswährung, dem US-Dollar, von besonderer Bedeutung. Aus diesem Grund unterhielt die Commerzbank seit 1927 eine eigene Repräsentanz in New York, die sich für bestimmte Geschäfte in den USA sogar die Marktführerschaft unter den deutschen Banken erarbeitete.[51]

Durch ihre enge Verbindung mit dem Finanzplatz New York, die unter den deutschen Aktienkreditbanken wohl nur von der Deutschen Bank übertroffen wurde,[52] gelang es der Commerzbank im Herbst 1927 – ebenso wie der Deutschen Bank[53] – eine 20-Mio.-Dollar-Anleihe zu platzieren. Sie hatte eine Laufzeit von zehn Jahren und war mit nach den damaligen Marktbedingungen mäßigen 5,5 Prozent verzinst. Damit verfügte die Commerzbank über Valuta im Gegenwert von 84 Mio. RM (oder gut 5 % der Bilanzsumme), ohne dem Risiko kurzfristig kündbarer Einlagen ausländischer Gläubiger ausgesetzt zu sein. Das galt insbesondere dann, wenn neben den Valuta-Akzepten auch längerfristige Kredite, etwa für Investitionszwecke, von den Kunden nachgefragt wurden. Diese Nachfrage wollten alle Großbanken, zumindest für ihre wichtigsten Kunden, befriedigen, nur mit dem Unterschied, dass Danat-Bank und Dresdner Bank dafür ein höheres Liquiditätsrisiko eingehen mussten, weil sie es versäumt hatten, das kurze Zeitfenster zu nutzen, in dem die Aufnahme einer Anleihe in New York möglich gewesen war.[54]

Die Kenntnis um die solidere Finanzierungsgrundlage der Commerzbank könnte auch erklären, weshalb der Kurs der Commerzbank-Aktie während des halben Jahres vor der Bankenkrise nicht stärker sank als die Kurse von Danat-Bank und Dresdner Bank, obwohl sie sich zwischen Januar und Mai 1931 dem Erwerb eigener Aktien zur Kursregulierung weitgehend enthielt.

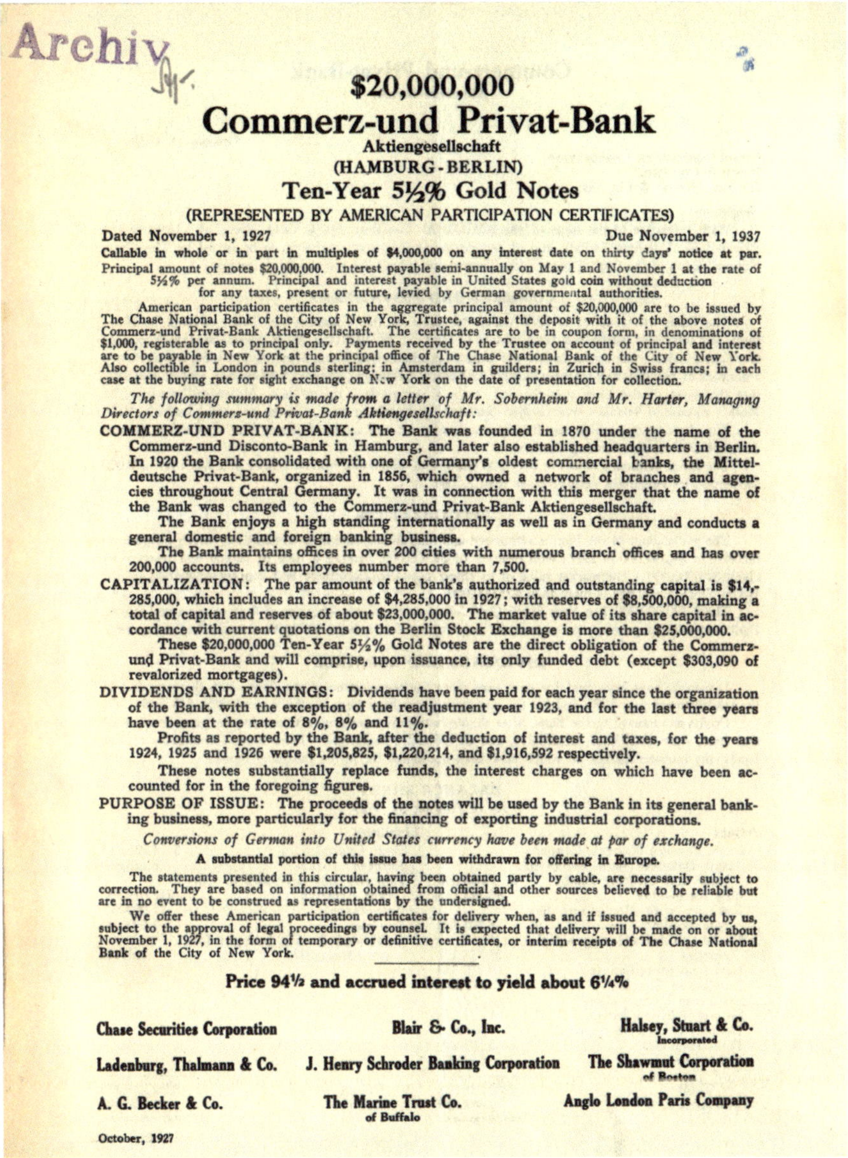
Archiv

$20,000,000

Commerz-und Privat-Bank

Aktiengesellschaft

(HAMBURG - BERLIN)

Ten-Year 5½% Gold Notes

(REPRESENTED BY AMERICAN PARTICIPATION CERTIFICATES)

Dated November 1, 1927 **Due November 1, 1937**

Callable in whole or in part in multiples of $4,000,000 on any interest date on thirty days' notice at par.

Principal amount of notes $20,000,000. Interest payable semi-annually on May 1 and November 1 at the rate of 5½% per annum. Principal and interest payable in United States gold coin without deduction for any taxes, present or future, levied by German governmental authorities.

American participation certificates in the aggregate principal amount of $20,000,000 are to be issued by The Chase National Bank of the City of New York, Trustee, against the deposit with it of the above notes of Commerz-und Privat-Bank Aktiengesellschaft. The certificates are to be in coupon form, in denominations of $1,000, registerable as to principal only. Payments received by the Trustee on account of principal and interest are to be payable in New York at the principal office of The Chase National Bank of the City of New York. Also collectible in London in pounds sterling; in Amsterdam in guilders; in Zurich in Swiss francs; in each case at the buying rate for sight exchange on New York on the date of presentation for collection.

The following summary is made from a letter of Mr. Sobernheim and Mr. Harter, Managing Directors of Commerz-und Privat-Bank Aktiengesellschaft:

COMMERZ-UND PRIVAT-BANK: The Bank was founded in 1870 under the name of the Commerz-und Disconto-Bank in Hamburg, and later also established headquarters in Berlin. In 1920 the Bank consolidated with one of Germany's oldest commercial banks, the Mitteldeutsche Privat-Bank, organized in 1856, which owned a network of branches and agencies throughout Central Germany. It was in connection with this merger that the name of the Bank was changed to the Commerz-und Privat-Bank Aktiengesellschaft.

The Bank enjoys a high standing internationally as well as in Germany and conducts a general domestic and foreign banking business.

The Bank maintains offices in over 200 cities with numerous branch offices and has over 200,000 accounts. Its employees number more than 7,500.

CAPITALIZATION: The par amount of the bank's authorized and outstanding capital is $14,285,000, which includes an increase of $4,285,000 in 1927; with reserves of $8,500,000, making a total of capital and reserves of about $23,000,000. The market value of its share capital in accordance with current quotations on the Berlin Stock Exchange is more than $25,000,000.

These $20,000,000 Ten-Year 5½% Gold Notes are the direct obligation of the Commerz-und Privat-Bank and will comprise, upon issuance, its only funded debt (except $303,090 of revalorized mortgages).

DIVIDENDS AND EARNINGS: Dividends have been paid for each year since the organization of the Bank, with the exception of the readjustment year 1923, and for the last three years have been at the rate of 8%, 8% and 11%.

Profits as reported by the Bank, after the deduction of interest and taxes, for the years 1924, 1925 and 1926 were $1,205,825, $1,220,214, and $1,916,592 respectively.

These notes substantially replace funds, the interest charges on which have been accounted for in the foregoing figures.

PURPOSE OF ISSUE: The proceeds of the notes will be used by the Bank in its general banking business, more particularly for the financing of exporting industrial corporations.

Conversions of German into United States currency have been made at par of exchange.

A substantial portion of this issue has been withdrawn for offering in Europe.

The statements presented in this circular, having been obtained partly by cable, are necessarily subject to correction. They are based on information obtained from official and other sources believed to be reliable but are in no event to be construed as representations by the undersigned.

We offer these American participation certificates for delivery when, as and if issued and accepted by us, subject to the approval of legal proceedings by counsel. It is expected that delivery will be made on or about November 1, 1927, in the form of temporary or definitive certificates, or interim receipts of The Chase National Bank of the City of New York.

Price 94½ and accrued interest to yield about 6¼%

Chase Securities Corporation | **Blair & Co., Inc.** | **Halsey, Stuart & Co.** Incorporated

Ladenburg, Thalmann & Co. | **J. Henry Schroder Banking Corporation** | **The Shawmut Corporation** of Boston

A. G. Becker & Co. | **The Marine Trust Co.** of Buffalo | **Anglo London Paris Company**

October, 1927

Anleihe der Commerzbank über 20 Mio. US-Dollar, Oktober 1927

Im Gegensatz zum Kreditgeschäft stellt insofern die Struktur des Passivgeschäfts tatsächlich einen auch aus der Ex-post-Perspektive belastbaren Grund dafür dar, dass die Commerzbank im Juli 1931 als vergleichsweise wenig krisengefährdet erschien. Denn die Einlagenverluste bei Danat-Bank und Dresdner Bank betrafen zwar auch inländische Gläubiger, vor allem aber gingen sie auf den Abzug von Einlagen ausländischer Gläubiger zurück, und diesem Abfluss war die Commerzbank dank ihrer Dollar-Anleihe und deren Laufzeit bis 1937 nicht in der gleichen Weise ausgesetzt.[55]

4.2 Die Sanierung

Im Herbst 1931 erkannten Reichsbank und Reichsregierung, dass sich die Großbanken aus eigener Kraft nicht würden retten können, sodass eine umfassende Reorganisation des deutschen Bankwesens erforderlich werden würde. Die Ziele dieser Umgestaltung sollten, soweit sie die Großbanken betrafen, Folgende sein:

1. die »Beseitigung der bei der Danat-Bank bestehenden Garantie des Reiches«,
2. die zur Erhaltung Berlins als internationaler Finanzplatz »erforderlichen Bankkräfte«,
3. die »Vereinigung des zur Zeit übersetzten Systems der Großbankenfilialen zur Beseitigung einer unwirtschaftlichen Konkurrenz« und
4. die Stabilisierung des Bankensystems durch die »möglichst weitgehende Abschaltung der Gefahrenpunkte«.[56]

Um die Zielerreichung sicherzustellen, war eine Sanierung aller vier Großbanken sowie einiger weiterer Provinzbanken erforderlich. Zu diesem Zweck erklärte sich die Reichsbank bereit, Reserven in Höhe von 200 Mio. RM aufzulösen, um damit eine Erhöhung des Kapitals ihrer Tochtergesellschaft, der Deutschen Golddiskontbank, zu finanzieren, die dann alte und neue Aktien der sanierungsbedürftigen Banken erwerben sollte. Da die Danat-Bank jedoch einen wahrscheinlich deutlich über diese Summe hinausgehenden Sanierungsbedarf hatte, war nach Ansicht des wenige Wochen zuvor als Bankenaufsicht etablierten Reichskommissars für das Bankgewerbe, Friedrich Ernst, auch der direkte Einsatz von Steuermitteln unumgänglich.[57] Denn die Zeit drängte, da im Frühjahr die Geschäftsberichte veröffentlicht werden mussten und damit der Öffentlichkeit das wahre Ausmaß der Bankenkrise bekannt werden würde. Wenn zu diesem Zeitpunkt nicht bereits erste Schritte zur Umsetzung des Konzepts eingeleitet waren, drohte ein erneuter Bank Run.

Lange Zeit favorisierte eine unter Federführung von Friedrich Ernst aus Vertretern der Reichsbank sowie des Reichswirtschafts- und Reichsfinanzministeriums zusammengesetzte Expertengruppe eine Fusion von Commerzbank und Dresdner Bank. Aber das hätte bedeutet, dass die Danat-Bank entweder hätte liquidiert werden müssen, was nach Ansicht von Reichsbankpräsident Luther wegen der im Juli 1931 ausgesprochenen Reichsgarantie für die Einleger nur »mit schwersten Verlusten für das Reich« möglich wäre, oder die Danat-Bank wäre in eine Fusion von Dresdner Bank und Commerzbank einbezogen worden, was Luther als »technisch ... nicht möglich« bezeichnete.[58] Anfang Februar 1932 nahm Ernst dann Verhandlungen mit den vier Großbanken sowie dem Barmer Bank-Verein, einer westdeutschen Provinzaktienbank, auf und konnte dem Reichskanzler bereits Mitte Februar die abgestimmten Grundzüge der Reorganisation präsentieren.[59] Wenige Tage später informierte Reichsfinanzminister Dietrich den Haushaltsausschuss des Reichstags und am 22. Februar die Presse.[60] Aus heutiger Sicht mag es befremdlich erscheinen, dass das Reich die Neuverschuldung allein zur Bankenrettung nach oben trieb, während die Regierung Brüning seit ihrem Amtsantritt im März 1930 eine rigorose Sparpolitik verfolgte und ein Konjunkturprogramm kategorisch ablehnte, obwohl die Massenarbeitslosigkeit Rekordwerte erreichte. Den Architekten des Neuordnungsplans muss aber im Nachhinein bescheinigt werden, dass der Plan in Anbetracht der Kürze der Zeit erstaunlich gut funktionierte – gerade auch unter dem Aspekt, dass ihnen das ganze Ausmaß der Verluste im Winter 1931/32 immer noch nicht vollständig bekannt sein konnte. Denn das befürchtete Nachbeben blieb trotz eines weiteren Sanierungsbedarfs bei Dresdner Bank und Commerzbank aus.

Der Plan sah die Fusion der zwei am stärksten von der Krise betroffenen Großbanken, der Dresdner Bank und der Danat-Bank, vor, deren Sanierung die mit Abstand meisten Steuermittel erforderte. Durch die Zusammenlegung des Kapitals und die Zufuhr frischen Kapitals (im Wesentlichen aus Steuermitteln) verfügte die »neue« Dresdner Bank nach der Fusion über ein Aktienkapital von 220 Mio. RM, das sich allerdings zu 87,5 Prozent im Reichsbesitz befand. Im Gegenzug fiel die Reichsgarantie für die Danat-Bank weg.[61] Auch bei der Deutschen Bank musste der Staat – allerdings nicht der Steuerzahler direkt, sondern in erster Linie die Golddiskontbank – nach der Zusammenlegung des Kapitals als Aktionär eintreten, der über 35 Prozent des Aktienkapitals in Höhe von 144 Mio. RM verfügte.[62]

Auch die Commerzbank musste mit einer anderen Bank fusionieren, da sie andernfalls womöglich als deutlich kleinere Berliner Großbank gegenüber der Deutschen Bank und der sanierten und durch die Fusion mit der Danat-Bank vergrößerten Dresdner Bank nicht mehr konkurrenzfähig gewesen wäre.[63] Bei dem Fusionspartner handelte es sich um den Barmer Bank-Verein, der seinen Geschäftsschwerpunkt in Westdeutschland hatte, wo die Commerzbank bisher eher schwach vertreten war. Der Barmer Bank-Verein verfügte zwar über keinen mit der Commerzbank vergleichbaren Abschreibungsbedarf, hatte aber auch unter dem Abzug von Auslandsgeldern zu leiden[64] und war wegen der Ankäufe eigener Aktien mit nominal etwa 22,5 Mio. des 36 Mio. RM betragenden Aktienkapitals noch stärker unterkapitalisiert als die vier zur Sanierung anstehenden Berliner Großbanken. Trotzdem widersetzte sich der Barmer Bank-Verein bis Anfang Februar 1932 der Aufforderung des Reichs, die Fusionspläne zu akzeptieren, hatte aber am Ende keine andere Wahl und ließ sich durch einen für die Aktionäre allem Anschein nach vorteilhaften Umtauschkurs seiner Aktien in Commerzbank-Aktien entschädigen.[65] Mit dem Barmer Bank-Verein übernahm die Commerzbank auch dessen Kommanditbeteiligungen an dem Düsseldorfer Bankhaus Siegfried Falk[66] in Höhe von 0,66 Mio. RM und dem Elberfelder Bankhaus von der Heydt-Kersten & Söhne[67] in Höhe von 4,5 Mio. RM, der damit bedeutendsten Kommanditbeteiligung der Commerzbank an einer anderen Bank. Gleichzeitig gab die Commerzbank ihre Filiale in Elberfeld auf und übertrug das Geschäft auf die neue Kommandite.[68]

Vor der Fusion mit dem Barmer Bank-Verein musste die Commerzbank allerdings zunächst wieder auf eine solide Basis gestellt werden. Zu diesem Zweck übernahm das Reich nach einem Vertrag vom 29. März 1932 zunächst die sich im Eigenbesitz der Bank befindlichen Aktien im Nominalwert von 37,3 Mio. RM und bezahlte mit verzinslichen Schatzanweisungen. Anschließend wurde das Kapital im Verhältnis 10:3 auf 22,5 Mio. RM zusammengelegt und wieder auf 80 Mio. RM erhöht, indem die Deutsche Golddiskontbank nominal 45 Mio. RM Aktien zum Kurs von 115 Prozent erwarb.[69] Damit waren gut 70 Prozent des Aktienkapitals der Commerzbank im Besitz der öffentlichen Hand. Aber der Commerzbank wurde eine Option auf den Rückerwerb der Aktien bis Ende 1936 eingeräumt.[70] Der gezahlte Aufpreis in Höhe von 6,75 Mio. RM diente dann der Wiedererrichtung einer offenen Reserve. Denn der alte Reservefonds war vollständig zur Gegenfinanzierung notwendiger Abschreibungen herangezogen worden. In Anbetracht des neuen Aktienkapitals von 80 Mio. RM war der Reservefonds allerdings noch unzureichend und nicht dazu angetan, das Vertrauen in die Solidität der Commerzbank wiederherzustellen. Deshalb stellte das Reichsfinanzministerium unverzinsliche Schatzanweisungen in Höhe von 23,25 Mio. RM zur Verfügung, damit die offene Reserve wieder mit 30 Mio. RM ausgewiesen werden konnte. Die Rückzahlung sollte dadurch erfolgen, dass »von dem nach vorsichtiger Bilanzaufstellung sich ergebenden Reingewinn 15 Prozent bis zur völligen Tilgung eines Betrages von RM 35 Mio. Schatzanweisungen an das Reich abzuführen« waren. Außerdem sollte das Reich »von dem nach einer Dividende von höchstens 8 Prozent verbleibenden Reingewinn bis auf weiteres 60 Prozent« erhalten,[71] was allerdings in Anbetracht der Ertragslage recht unrealistisch war.[72] Solange das Reich demnach auf der vollen oder auch nur weitgehenden Rückzahlung seines Sanierungsbeitrags bestand, war die Entscheidungsfreiheit der Commerzbank über die Verwendung des Reingewinns stark eingeschränkt, was nicht ohne Rückwirkung auf die Bewertung des Aktienwerts bleiben konnte.

Um die Zukunft ging es aber zu diesem Zeitpunkt nicht. Vielmehr ging es um das Überleben der Bank in der Gegenwart. Das Reich und die Commerzbank-Leitung hofften darauf, dass der Buchgewinn aus der Kapitalzusammenle-

Der »Monetentempel« in Düsseldorf: Sitz des Barmer Bank-Vereins; Zeichnung um 1929

gung (52,5 Mio. RM), die Auflösung der offenen Reserven (40,5 Mio. RM) und der Jahresgewinn 1931 (einschl. Gewinnvortrag 15,8 Mio. RM) ausreichen würden, um alle entstandenen und erwarteten Verluste zu decken. Um ganz sicherzugehen, stellte das Reichsfinanzministerium zur Bildung eines in der Bilanz nicht auszuweisenden Delcrederefonds noch weitere 16,75 Mio. RM zur Verfügung.[73] Die restlichen, d. h. nicht von der öffentlichen Hand übernommenen Aktien im Nominalwert von 12,5 Mio. RM dienten dem Ankauf der Aktien des Barmer Bank-Vereins, dessen Aktionären bei einem Umtauschverhältnis von 1:1 als einzigen Anteilseignern der durch die Reorganisation betroffenen Banken der volle Aktienwert erhalten blieb.[74]

Auch ein Jahr nach dem Fusionsbeschluss sah es so aus, dass die Sanierung der Commerzbank geglückt war. Denn durch die Übernahme des Barmer Bank-Vereins sowie dessen Kommandite, des Düsseldorfer Privatbankhauses Siegfried Falk, waren der Commerzbank noch einmal Reserven der beiden Banken in Höhe von rund 18,3 Mio. RM zugeflossen.[75] Die Prüfung des Jahresabschlusses 1932 konnte keine Risiken erkennen, die eine zweite Sanierung wie bei der Dresdner Bank erforderlich machen würden. Der Abschreibungs- und Rückstellungsbedarf wurde auf 152,6 Mio. RM geschätzt. Zur Deckung reichten der Jahresgewinn in Höhe von etwa 7,75 Mio. RM und die bisherigen Sanierungsmaßnahmen zwar nicht aus. Aber es bestand die Möglichkeit, notleidende Engagements in die Ende Dezember 1932 gegründete Tilgungskasse für gewerbliche Kredite (Tilka) einzubringen,[76] wodurch ihre Bilanzierung zum Nominalwert möglich wurde. Indem die Commerzbank zweifelhafte Forderungen in Höhe von 27,5 Mio. RM in die Tilka einbrachte, konnte am Jahresende eine ausgeglichene Bilanz ausgewiesen werden.[77]

Allerdings traute der Mehrheitsaktionär dieser Bewertung nicht. Denn der Gesetzgeber hatte zwar die Pflichtprüfung für Aktiengesellschaften mit einem Aktienkapital von zunächst mindestens 3 Mio. RM verbindlich vorgeschrieben.[78] Viele Banken hatten aber schon zuvor Revisionsgesellschaften als Tochtergesellschaften gegründet, die in ihrem Auftrag die Bücher einiger ihrer Kunden prüften. Die Revision des Commerzbank-Abschlusses 1932 war von einer solchen, der Commerzbank »nahestehenden« Revisionsgesellschaft durchgeführt worden. Deshalb hatte der Arbeitsausschuss im Juni 1933 beschlossen, dass die nächste Prüfung durch die reichseigene Deutsche Revisions- und Treuhand AG (kurz: Treuarbeit) durchgeführt werden sollte,[79] die im Auftrag des Reichs auch die fusionierte Dresdner Bank geprüft hatte.[80]

Das Ende April 1934 in einem Vorbericht vorgelegte Ergebnis dürfte für die Beamten ein Schock gewesen sein. Die Commerzbank war von einem zusätzlichen Abschreibungsbedarf in Höhe von 30 Mio. RM ausgegangen, den sie aus dem Betriebsgewinn (10 Mio. RM) und durch eine erneute Entnahme des gerade erst aufgestockten Reservefonds (20 Mio. RM) decken wollte. Das reichte aus der Sicht der Treuarbeit nicht. Insbesondere die in die Tilka eingebrachten und als vollwertig bilanzierten Forderungen bereiteten ihr Sorgen. Denn deren »allmähliche Abschreibung« war von der Commerzbank »aus eigener Kraft zu bewirken«. Da in der Bilanz keine »nennenswerten stillen Reserven mehr enthalten« waren,[81] wurden Risiken in die Zukunft verlagert, um den Aktionären und der Öffentlichkeit eine vorzeigbare Bilanz präsentieren zu können. Stattdessen ermittelte die Treuarbeit einen zusätzlichen Abschreibungs- und Rückstellungsbedarf in Höhe von 60 Mio. RM, wobei Zins und ggf. Tilgung für die der Bank anlässlich der ersten Sanierung vom Reich überlassenen Mittel noch nicht einmal berücksichtigt waren.[82] Aber selbst die 60 Mio. RM für Rückstellungen und Abschreibungen waren nur aufzubringen, wenn sich das Reich zu einem zweiten Sanierungsschritt bereitfand.[83]

Reichsbank, Reichswirtschafts- und Reichsfinanzministerium waren dazu im Prinzip auch bereit, aber uneins darüber, ob dies offen durch eine erneute Zusammenlegung des Kapitals geschehen solle, wie von Reichsbankpräsident Schacht favorisiert, oder verdeckt. Denn mittlerweile hatten die Nationalsozialisten die Macht übernommen, die die Bankenrettung der beiden Vorjahre heftig kritisiert hatten. Insbesondere der bürgerliche Wirtschaftsminister Schmitt, dem mit Gottfried Feder ein nationalsozialistischer Ideologe im Nacken saß, der im Vorjahr eine Hetzschrift unter dem Titel »Kampf gegen die Hochfinanz« veröffentlicht hatte, wird deshalb wenig Interesse daran gehabt haben, dass bekannt werden könnte, dass unter seiner Mitverantwortung erneut eine Bank mit Steuermitteln gerettet wurde. So aber wurden die privaten

Aktionäre – anders als bei einer Kapitalzusammenlegung – geschont, und der Großaktionär trug die Lasten des zweiten Sanierungsschritts allein, indem er eine Garantie über 40 Mio. RM übernahm.[84] Sollte die Auflösung der offenen Reserve, die im Geschäftsbericht erläutert werden musste, für die Abschreibungen am Ende nicht ausreichen und die Garantie in Anspruch genommen werden, sollte die Reichsbank einen Teil ihres Aktienbesitzes an das Reich abtreten.[85] Diese Regelung entsprach zwar noch weniger der nationalsozialistischen Propaganda als die Alternative der Kapitalzusammenlegung, konnte aber bei einer gelenkten Presse unter dem Deckel gehalten werden.[86]

Die Aktionäre der alten Commerzbank hatten demnach durch die Sanierungen der Jahre 1932 und 1934 lediglich einen Verlust auf den Nominalwert ihrer Aktien in Höhe von 70 Prozent und die Aktionäre des Barmer Bank-Vereins gar keinen Verlust zu verkraften. Sie mussten nur wie alle anderen Aktionäre der neuen Commerzbank einige Jahre auf Dividendenzahlungen (mit entsprechenden Rückwirkungen auf den Aktienkurs) verzichten. Damit kamen die Aktionäre vergleichsweise glimpflich davon – ganz im Gegensatz zu den Beschäftigten. Abgesehen von dekretierten Gehaltseinbußen litten sie besonders unter dem Personalabbau, der bereits nach der Fusion mit der Mitteldeutschen Creditbank eingesetzt hatte und zu einer Zeit erfolgte, als es Bankangestellte schon sehr schwer hatten, wieder eine Anstellung zu finden. Die zweite Sanierung sah deshalb auch die Verwendung eines Teils der vom Reich zur Verfügung gestellten Mittel zur Bildung eines Pensionsfonds in Höhe von 2 Mio. RM vor.[87] Ein Betrag in etwa der gleichen Höhe war in den Jahren 1932 und 1933 zur Finanzierung von Abfindungen für entlassene Angestellte aufgewendet worden.[88] Damit konnte allerdings die Notlage der »abgebauten« Beschäftigten kaum erleichtert werden. Denn ein signifikanter Anstieg der Beschäftigtenzahlen sollte auch nach der Machtübernahme der Nationalsozialisten noch einige Zeit auf sich warten lassen, sodass die Zahl arbeitsloser Bankangestellter selbst zu Beginn der konjunkturellen Belebung 1934 und 1935 noch recht hoch blieb.

Seit der Stabilisierung der Mark durchlitten die Beschäftigten eine Achterbahn der sozialen Unsicherheit. Von dem radikalen Personalabbau nach der Stabilisierung und nach der Fusion mit der Mitteldeutschen Creditbank war bereits die Rede. Die meisten Beschäftigten mussten deshalb permanent um ihren Arbeitsplatz fürchten, was von der Bankleitung zur Einschüchterung der Gewerkschaften bei Tarifverhandlungen auch noch geschürt wurde. So reagierte sie auf die Forderung der Betriebsratsmitglieder im Aufsichtsrat nach sozialen Verbesserungen wiederholt mit der Drohung, den Personalabbau durch den Maschineneinsatz zu beschleunigen.[89] Ein Prokurist der Commerzbank beschrieb die von Rationalisierung und konjunkturell bedingtem Arbeitsplatzabbau gekennzeichneten Jahre zwischen der Stabilisierung der Mark und der Krisenfolgenüberwindung Mitte der 1930er Jahre als »eine Zeit stärkster Konzentration jedes Einzelnen, höchster Anpassungsfähigkeit, … äußerster Kraftanstrengung (und) … stärksten Nervenverbrauches«.[90]

Vor der Fusion mit dem Barmer Bank-Verein lag die Beschäftigtenzahl bei gerade noch etwa 6800 Personen. Das bedeutete, dass schon zu diesem Zeitpunkt die meisten derjenigen Beschäftigten ihren Arbeitsplatz verloren hatten, die Ende des Jahres 1923 bei der Commerzbank und den in der Zwischenzeit übernommenen Banken beschäftigt gewesen waren. Besonders hoch war die Fluktuation unter den weiblichen Beschäftigten, zumeist Sekretärinnen und Stenotypistinnen. Denn auf die Heirat einer Bankangestellten folgte grundsätzlich das Ausscheiden aus dem Beschäftigungsverhältnis. Dabei war der Kampf gegen das »Doppelverdienertum« keineswegs eine Domäne konservativer oder völkischer Kräfte, sondern bis in die sozialdemokratischen Gewerkschaften hinein akzeptiert.

Mit der Fusion von Commerzbank und Barmer Bank-Verein stieg die Zahl der Beschäftigten kurzzeitig auf gut 8000 Personen an, um am Ende des Jahres 1932 wieder auf etwa 6600 Personen reduziert zu werden, was deutlich unter dem zunächst avisierten Wert von etwa 7500 Beschäftigten lag.[91] In Anbetracht dieser Größenordnung betrafen die Kündigungen der Beschäftigungsverhältnisse nicht nur ungelernte Kräfte. Ob und inwieweit die Beschäftigten des Barmer Bank-Vereins stärker von dem Personalabbau betroffen waren als die der alten Commerzbank, lässt sich leider nicht mehr ermitteln.[92] Der Antrag eines Betriebsratsvertreters im Aufsichtsrat, eine Kommission unter Beteiligung von Arbeitnehmervertretern einzusetzen, die Richtlinien über den Personalabbau erarbeiten sollte, wurde vom Aufsichtsrat mit dem Argument abgeschmettert, dass dieser für den Personalabbau nicht zuständig sei, und an den Vorstand verwiesen.[93] Der Sparkurs wirkte sich direkt auf die Höhe der »Unkosten« aus, deren wichtigster Bestandteil die Personalkosten waren. Leider liegen keine Vergleichszahlen für 1931 vor, sodass die Wirkung des Personalabbaus im Jahr 1932 nicht zu ermitteln war. Im Lauf des Jahres 1933 blieb die Beschäftigtenzahl auf niedrigem Niveau stabil. Trotzdem konnten die Gehälter gegenüber dem Vorjahr um 1,8 Mio. RM (6,3 %), die Gratifikationen um 450 000 RM (36 %) und die Abfindungen um 1,2 Mio. RM (70 %) gesenkt werden. Der Rückgang der Gehälter und Abfindungszahlungen dürfte in erster Linie auf den Personalabbau zurückzuführen sein, der überwiegend auf die zweite Jahreshälfte fiel, während der Rückgang bei den Gratifikationen erstens eine Folge der anhaltend schlechten Ertragslage war und zweitens aufgrund des Drucks der Regierung erfolgt sein dürfte. Denn nachdem die Regierung Brüning bereits die Tarifgehälter gekürzt hatte, drängte Papens Wirtschaftsminister Warmbold nach dem Erlass einer Notverordnung des Reichspräsidenten[94] auch auf eine Kürzung der Gehälter der außertariflich besoldeten Angestellten.[95] Einen Anstieg erfuhren allerdings die Pensionslasten, die sich zum einen aus den Versetzungen in den Vorruhestand dienstälterer Angestellter, aber auch und vor allem perspektiv für das Jahr 1934 durch die »Entjudungs«-Maßnahmen ergaben.[96]

5. Konsolidierung unter den Bedingungen einer Diktatur (1933 bis 1939)

5.1 Eigentümerstruktur und Governance

Der Vormarsch der Nationalsozialisten machte in der Endphase der Weimarer Republik auch vor der Commerzbank nicht halt. Aber nennenswerten Einfluss erzielten die Nationalsozialisten in der Bank vor ihrer Machtübernahme im Reich nicht. Das galt für die Bankleitung und im Prinzip auch für die Vertretungsorgane der Belegschaft. Nach der Machtübernahme änderte sich das Bild. Die (Teil-)Verstaatlichung der Großbanken war für die Nationalsozialisten ein Geschenk des Himmels. Die Commerzbank musste sich den neuen politischen Verhältnissen anpassen und tat das auch. Es wäre aber reine Apologie, wollte man diesen Anpassungsprozess ausschließlich als einen verordneten interpretieren. Auch in der Commerzbank gab es Überzeugungstäter, und die bekamen seit der Machtübernahme Rückenwind; vor allem aber gab es Opportunisten, die die Chancen ergreifen wollten, die sich ihnen durch den Umbruch der Jahre 1932/33 eröffneten.

Nazifizierung und Entrechtung der Belegschaft

Eine nationalsozialistische Betriebszelle ist in der Commerzbank seit 1929 nachweisbar.[1] Bei den Betriebsratswahlen trat sie jedoch nicht an, sondern unterwanderte relativ erfolgreich die etablierten konservativen und deutschnationalen Listen. In Berlin hatte während der 1920er Jahre der freigewerkschaftliche Allgemeine Verband der deutschen Bankangestellten (AV) regelmäßig Mehrheiten mobilisieren können, während in der Provinz, einschließlich des Stammsitzes in Hamburg, meist der sich als »unpolitisch« bezeichnende, im Grunde aber nationalliberal bis nationalkonservative Deutsche Bankbeamten-Verein (DBV) die meisten Angestellten organisierte. Daneben existierte noch die Sektion Banken des Deutschnationalen Handlungsgehilfen-Verbands (DHV), der eine offen völkisch-antisemitische

Ausrichtung besaß. Der DHV ließ es nicht nur zu, dass Nationalsozialisten auf seinen Listen bei den Betriebsratswahlen kandidierten, sondern gestattete es sogar, dass die nationalsozialistischen Kandidaten offen als Parteimitglieder auftraten. Diese Strategie war insofern erfolgreich, als der DHV zu Beginn der 1930er Jahre etwa die Stärke des DBV erreichte. Aber auch im DBV gab es durchaus Sympathien für die Nationalsozialisten. Bei der Commerzbank war der Gründer der NS-Betriebszelle Alfred Spangenberg gleichzeitig aktiver DBV-Funktionär. Erst als die Betriebszelle ihre Mitglieder aufforderte, die DHV-Liste zu wählen, weil Spangenberg auf der DBV-Liste einen sicheren Listenplatz hatte, während die Nationalsozialisten auf der DHV-Liste nur bei einem sehr guten Wahlergebnis eine Chance auf den Einzug in den Betriebsrat besaßen, protestierte der DBV, woraufhin die Betriebszelle drohte, dass all ihre Anhänger, die im DBV organisiert waren, aus dem Verband austreten würden.[2] Obwohl der Einfluss der Nationalsozialistischen Betriebszellenorganisation (NSBO) in der Commerzbank-Belegschaft vor der Machtübernahme nicht messbar ist, weil sie keine eigene Liste aufstellte, zeigt dieses Verhalten, wie stark verankert sich die Betriebszelle innerhalb des nichtsozialistischen Teils der Belegschaft wähnte.

Weitgehend immun gegen den nationalsozialistischen Einfluss waren lediglich der AV, dem allerdings mit der Revolutionären Gewerkschafts-Opposition ebenfalls ein Rivale, in diesem Fall jedoch von links, zu schaffen machte, und die Vereinigung der Oberbeamten im Bankgewerbe (VDO) mit ihrem vergleichsweise hohen Anteil an als »nichtarisch« geltenden Personen. Die dort organisierten nichtjüdischen Angestellten mögen vielleicht mitunter Sympathien für die Nationalsozialisten gehabt haben. Aber mit dem Pöbel von SA oder Betriebszellen wollten sie ebenso wenig zu tun haben wie mit den Kommunisten. Bis zur nationalsozialistischen Machtübernahme dürfte die gemeinsame Klassenzugehörigkeit stärker gewogen haben als die unterschiedliche »Rassen«-Zugehörigkeit. Im Ergebnis konnten sich die jüdischen Oberbeamten demnach weiterhin durch die VDO vertreten fühlen, während viele jüdische Tarifangestellte keine politische Heimat mehr besaßen. Der AV war für konservative, aber auch für nationalliberale Kleinbürger aufgrund seines Klassenverständnisses keine Option, und die bürgerlichen Verbände waren mit dem Gift des Antisemitismus spätestens seit 1930 so sehr durchsetzt, dass sie für die meisten jüdischen Commerzbank-Angestellten wohl unwählbar geworden waren.

Nach der Machtübernahme wurden die verschiedenen Verbände der Bankangestellten trotz zum Teil heftiger Anbiederungsversuche aufgelöst. Gleichzeitig ging die NS-Betriebszelle in der Commerzbank, wie in anderen Banken auch, rigoros und zunächst noch ohne rechtliche Grundlage gegen den gewählten Betriebsrat vor[3] und sorgte dafür, dass der sozialdemokratische Betriebsratsvorsitzende in »Schutzhaft« genommen wurde. Allerdings reichte der Einfluss der Betriebszelle nicht, um auch die Betriebsratsmitglieder im Aufsichtsrat abzusetzen. Sie wurden erst im Mai 1934 in einem geordneten Verfahren, d. h. auf der neu geschaffenen rechtlichen Grundlage des im Januar 1934 erlassenen »Arbeitsordnungsgesetzes« (AOG),[4] durch den Aufsichtsratsvorsitzenden Witthoefft verabschiedet und verblieben als Angestellte in der Bank.[5]

Das AOG beseitigte die Reste der Arbeitnehmermitbestimmung und setzte an deren Stelle das »Ideal« der »Betriebsgemeinschaft«, in der der »Klassenkampf« überwunden sein und an seine Stelle eine gegenseitige Treue- und Fürsorgepflicht von Arbeitnehmern (»Gefolgschaft«) und Arbeitgebern treten sollte. Tatsächlich war mit der Einführung des »Führerprinzips« die alleinige Entscheidungsgewalt in »allen betrieblichen Angelegenheiten« (wieder) auf den »Unternehmer als Führer des Betriebes« (§ 2 Abs. 1) übergegangen. Bei Kapitalgesellschaften wurde diese Funktion dem für Personalfragen zuständigen Vorstandsmitglied übertragen. Im Fall der Commerzbank wechselte diese Funktion recht häufig. »Betriebsführer« waren nacheinander Carl Harter, Joseph Schilling, Eugen Boode und Paul Hampf. Bei den Filialen wurden außerdem mit dem jeweiligen Filialdirektor stellvertretende »Betriebsführer« ernannt, die innerhalb des Filialbetriebs die gleichen Rechte und Pflichten besaßen wie der Betriebsführer in Berlin. Dem Betriebsführer »beratend zur Seite« gestellt wurden sogenannte »Vertrauensmänner«, die zusammen mit dem Betriebsführer als Vorsitzendem den »Vertrauensrat« bildeten (§ 5 Abs. 1). Mitbestimmungsrechte besaß der Vertrauensrat nicht. Abstimmungen waren ausdrücklich nicht vorgesehen, weil das dem Charakter eines Beratungsgremiums widersprochen hätte.

Eine demokratische Wahl zur Bestimmung der Vertrauensmänner gab es nicht. Der »Betriebsführer« stellte vielmehr »im Einvernehmen« mit dem NS-Betriebszellen-Obmann eine Liste der Vertrauensmänner zusammen, die von der »Gefolgschaft« in geheimer Abstimmung zu bestätigen war (§ 9 Abs. 1). Konkurrierende Listen oder öffentliche Diskussionen über die Kandidaten waren nicht zulässig. Selbst im Fall einer mehrheitlichen Ablehnung der Liste oder der Streichung einzelner Kandidaten waren nicht zwangsläufig Konsequenzen zu ziehen, zumal das Ergebnis der Abstimmung der Belegschaft nicht mitgeteilt werden musste. Die Abstimmung besaß deshalb weniger den Charakter einer Wahl, sondern eher eines »Stimmungsbarometers«,[6] was die Vertrauensmänner unter einen gewissen Legitimationsdruck setzte, jedenfalls solange solche Vertrauensratswahlen stattfanden.[7] Über die Abstimmungsergebnisse bei der Commerzbank ist kaum etwas bekannt. Es ist aber davon auszugehen, dass die Einheitslisten in der Zentrale und in Hamburg eine Mehrheit der abgegebenen Stimmen erzielten und alle Kandidaten bestätigt wurden, wobei die Akzeptanz in Hamburg offenbar geringer war als in Berlin. In Einzelfällen scheint es aber auch vorgekommen zu sein, dass einzelne Kandidaten auf der Mehrheit der abgegebenen Stimmzettel gestrichen worden waren.[8]

Leider liegen über die Tätigkeit des Vertrauensrats bei der Commerzbank ebenso wie über die Arbeit des Betriebsrats während der Weimarer Republik nur sehr wenige nicht propagandistisch gefärbte Informationen vor. Lediglich für die Niederlassung Hamburg sind die Sitzungsprotokolle überliefert. Sie zeigen nachdrücklich die Einflusslosigkeit der Vertrauensräte in allen wichtigen Fragen. Im Mittelpunkt der Beratungen standen beispielsweise Umbauarbeiten in Kameradschaftsraum, Kantine und Schalterraum, Angelegenheiten der Sport- und Musikgemeinschaften oder die Briefmarkenverteilung an Sammler. Außerdem wurden die Betriebsausflüge vorbereitet. Lediglich in den ersten beiden Jahren wurden von den Hamburger Vertrauensmännern auch Fragen von größerer Bedeutung angesprochen, wie die Festanstellungen von Aushilfskräften sowie Beschwerden über Arbeitsbedingungen in einzelnen Abteilungen. Zu dieser Zeit mussten sich die Vertrauensräte aber auch noch einer Abstimmung stellen. Ihre fehlenden Kompetenzen versuchten die Vertrauensmänner, wie bei den anderen Großbanken auch, gerne durch antijüdische Ausfälle zu kaschieren. So wurde moniert, dass im Übergang von der Vorhalle zu den Kassenräumen im Bodenmosaik ein Davidstern zu sehen sei, und der »Betriebsführer« wurde aufgefordert, ihn beseitigen zu lassen.[9] Ferner beschwerten sich die Vertrauensmänner darüber, dass der Leiter der Depositenkasse Elmshorn Büromaterial »zum Teil bei dem Juden Max Meyer kauft«. Trotz mehrfacher Ermahnung durch den Betriebszellen-Obmann sei keine Änderung eingetreten. Deshalb verlangten die Vertrauensmänner, dass sich der Hamburger »Betriebsführer« der Sache annehme.[10] Auch wenn keine anderen Niederlassungen der Commerzbank Vertrauensratsprotokolle hinterlassen haben, ist aufgrund ähnlicher Vorgänge bei der Dresdner Bank[11] davon auszugehen, dass die Vertrauensräte in der Governance der Commerzbank keine Rolle spielten.

Nazifizierung und »Entjudung«

Der Vorstand sowie die maßgeblichen Aufsichtsratsmitglieder waren vor der Machtübernahme der Nationalsozialisten – soweit bekannt – politisch liberal, liberalkonservativ oder auch deutschnational eingestellt. Als Nationalsozialist hatte sich bis Ende 1932 niemand zu erkennen gegeben. Während sich die meisten Mitglieder der Bankleitung in ihrem Amt eher als unpolitisch verstanden, waren das Vorstandsmitglied Friedrich Reinhart sowie der Aufsichtsratsvorsitzende Franz Heinrich Witthoefft und dessen Stellvertreter Dr. August Weber eher »politische Bankiers«. In den frühen 1930er Jahren waren wegen des wesentlich durch das Reich beeinflussten Neuordnungsprozesses politische Netzwerker für die Bank überlebenswichtig geworden, sodass sich spätestens bei der Bewältigung der Folgen der Bankenkrise und dem erzwungenen Rückzug von Ludwig Katzenellenbogen Reinhart und

Weber aufgrund ihrer politischen Kontakte zu den beiden wichtigsten Persönlichkeiten der Bank entwickelten. Dabei agierten sie, wie oben gezeigt, nicht immer glücklich, aber das sollte kein Grund für den Karriereknick des einen und kein Hindernis für den Aufstieg des anderen werden.

Der promovierte Jurist Weber, der vor dem Krieg in mehreren Banken gearbeitet hatte, war 1918 in den Aufsichtsrat der Commerzbank berufen worden. In der Situation des Umbruchs war er als ehemaliger nationalliberaler Reichstagsabgeordneter eine ideale Besetzung, zumal er nach dem Krieg nicht der nationalliberalen und wirtschaftsnahen DVP, sondern der linksliberalen DDP beitrat, die Teil der »Weimarer Koalition« mit SPD und Zentrum war. Weber verfügte demzufolge über gute Kontakte in die Regierungskreise, was für die Commerzbank von großer Bedeutung war. Für sein Aufsichtsratsmandat waren aber auch die zahlreichen Verbandsfunktionen wichtig, die Weber während der Weimarer Republik ausübte und die ihn zu einem einflussreichen Netzwerker zwischen Wirtschaft und Politik machten.[12] Wie viele Linksliberale dieser Zeit folgte auch Weber dem »nationalen« Zeitgeist, kandidierte 1930 für die Deutsche Staatspartei, eine Vereinigung der DDP mit der rechtskonservativen und in Teilen auch antisemitischen Volksnationalen Reichsvereinigung, und wurde auf deren Liste in den Reichstag gewählt. Als sich der rechte Flügel der neuen als bürgerliche Sammlungsbewegung konzipierten Partei kurz nach der Wahl wieder von der Staatspartei trennte, blieb Weber den linksliberalen Restbeständen der Weimarer Demokratie treu. Als politisch exponierter Netzwerker wurde er im Februar 1933 von der Gestapo verhaftet[13] und gezwungen, all seine Ämter in Wirtschaft und Politik aufzugeben.[14] Das betraf auch sein Aufsichtsratsmandat bei der Commerzbank, von dem er nach der Generalversammlung im Juni 1933 zurücktrat.

Die andere Seite des aus der Sicht einer Bank seriösen politischen Spektrums deckten Witthoefft und Reinhart ab, die in der Endphase der Weimarer Demokratie deutlich näher an der »nationalen Opposition« zu verorten waren als Weber. Während der etwas ältere Witthoefft bereits während der gesamten Weimarer Republik als Mitglied der Hamburger Bürgerschaft sowie kurzzeitig auch als Mitglied der (Weimarer) Nationalversammlung für die DVP politisch tätig war, scheint sich Reinhart insbesondere durch die Auseinandersetzung um die Annahme des Young-Plans 1929/30 politisiert zu haben, als er sich als Vertreter eines strikt nationalen Kurses, auch in der Wirtschaftspolitik, sogar einen Schlagabtausch mit der liberalen Frankfurter Zeitung lieferte.[15] Seine staatsinterventionistischen Positionen passten dabei überhaupt nicht zur außenhandelsorientierten Geschäftspolitik der Commerzbank und den wirtschaftspolitischen Grundüberzeugungen Witthoeffts, der den »kosmopolitischen Zug« der Handelspolitik als »in der Natur der Sache« liegend betrachtete, dem aber – und hier dürfte er mit Reinhart übereingestimmt haben – das »Nationalgefühl des Einzelnen« nicht entgegenstehen müsse.[16] Auch der exponierte Konservative Reinhart erwies sich in der Bankenkrise als äußerst nützlich. Seine Sympathien für ein Wirtschaftsprogramm, das sich gegen die Sparpolitik der Ära Brüning und für eine aktive Konjunkturpolitik aussprach, waren wahrscheinlich dafür ausschlaggebend, dass Reinhart gemeinsam mit Witthoefft, aber auch dem Reichsbankpräsidenten a. D. Hjalmar Schacht zu den Gründungsmitgliedern des Keppler-Kreises zählte und sich im November 1932 gemeinsam mit anderen Unternehmern des Keppler-Kreises gegenüber dem Reichspräsidenten für die Ernennung Hitlers zum Reichskanzler aussprach.[17]

Als dieser Wunsch wenige Monate später erfüllt wurde, war Reinhart gerne bereit, sich als angesehener Bankier vor den Karren der Regierung spannen zu lassen. Für Aufsehen sorgte eine Rede, als er im Februar 1934 unter Verwendung zahlreicher nationalsozialistischer Schlüsselbegriffe und ganz im Sinne des neuen (alten) Reichsbankpräsidenten Schacht den Wert eines privatwirtschaftlich verfassten Bankwesens verteidigte. Dabei kam er zu dem bemerkenswerten Schluss, dass »die Rentabilität einer Bank nicht der Ausdruck eines privatwirtschaftlichen Gewinnstrebens« sei, sondern »der Prüfstein dafür, ob sie ihre Aufgaben öffentlicher und privater Natur sachgemäß erfüllt« habe.[18] Dieser Spagat, der sowohl der nationalsozialistischen Führung, die jeglicher »sozialistischer« Programmatik längst abgeschworen hatte, als auch der Mehrheit der Bankiers und Bankmanager in Deutschland durchaus gut gefallen haben dürfte, zahlte sich sofort aus. So wurde Reinhart bereits im Juli 1933 zum Preußischen Staatsrat, im März 1934 zum Präsidenten der Berliner Wertpapierbörse, im September 1934 zum Leiter der Wirtschaftsgruppe Privates Bankgewerbe, dem alten Bankenverband im neuen Gewand, und Anfang 1935 auch zum Präsidenten der Industrie- und Handelskammer in Berlin berufen.[19]

Mit Reinharts politischen Kontakten dürfte Weber aus der Sicht der Commerzbank-Leitung ab etwa 1934 funktional und den Zeitverhältnissen angepasst optimal ersetzt worden sein. Unmittelbar nach der Machtübernahme der Nationalsozialisten war schnell klar geworden, dass Weber seine Bedeutung vollkommen eingebüßt hatte, sodass er kurzfristig durch eine andere Person ersetzt werden musste, die auch Webers stellvertretenden Aufsichtsratsvorsitz übernehmen konnte. Mit Ewald Hecker wurde eine geeignete Persönlichkeit gefunden. Denn Hecker war als Aufsichtsratsvorsitzender der Ilseder Hütte einer der einflussreichsten Schwerindustriellen außerhalb der großen Montanreviere, was sich an seiner Wahl zum Präsidenten der Industrie- und Handelskammer in Hannover im Jahr 1931 zeigte. Hecker gehörte ebenfalls dem Keppler-Kreis an und hatte wie Reinhart und Witthoefft im Herbst 1932 die Petition unterzeichnet, mit der Hindenburg aufgefordert worden war, Hitler zum Reichskanzler zu ernennen.[20] Um die sich daraus ergebenden Aufstiegsmöglichkeiten nutzen zu können, trat der ehemalige Reichstagsabgeordnete der DVP im Frühjahr 1933, wie die meisten Vorstandsmitglieder der Commerzbank, als »Märzgefallener« der NSDAP[21] bei und münzte seine frühe

Friedrich Reinhart (1871–1943), seit 1934 Aufsichtsratsvorsitzender, nahm zahlreiche öffentliche Ämter wahr; Foto: 1930er Jahre.

Hinwendung zur NSDAP ähnlich wie Reinhart in die Übernahme einflussreicher Verbandsfunktionen um. So wurde er 1934 zum Leiter der Reichsgruppe Industrie und zum Präsidenten der Reichswirtschaftskammer berufen.[22]

Die politischen Ämter und Verbandsfunktionen von Reinhart und Hecker waren für die Commerzbank nicht nur äußerst nützlich, sondern im Gegensatz zur Dresdner Bank[23] musste man auch keinen den Parteien der ersten Regierung Hitler nahestehenden Vertreter in den Vorstand kooptieren. Auf der anderen Seite erforderte die Wahrnehmung seiner Ämter mehr Zeit, als sie Reinhart als Vorstandsmitglied einer Berliner Großbank, der die Bank auch noch in 25 Aufsichtsräten (1933) vertrat,[24] erübrigen konnte. Deshalb wechselte Reinhart 1934 in den Aufsichtsrat und übernahm dort den Vorsitz, den Witthoefft 70-jährig abgab. Damit blieb Reinhart weiterhin die wichtigste Persönlichkeit innerhalb der Leitung der Bank, aber ohne sich um das Tagesgeschäft kümmern zu müssen. So war er es und nicht etwa ein Vorstandsmitglied, der für die Commerzbank die Reprivatisierungsbedingungen der Jahre 1936 und 1937 aushandelte.[25]

Die nationalsozialistische Machtübernahme und die sich daraus ergebenden personellen Veränderungen stellten nur den Endpunkt eines längeren Prozesses der personellen Neuaufstellung der Commerzbank während der frühen 1930er Jahre dar. Den Ausgangspunkt für die Veränderungen in Vorstand und Aufsichtsrat bildete die radikale Veränderung der Eigentümerstruktur im Jahr 1932. Denn die Commerzbank hatte zum ersten Mal in ihrer Geschichte mit der Deutschen Golddiskontbank einen Mehrheitsaktionär. Dieser Mehrheitsaktionär beabsichtigte zwar nicht, den grundsätzlich privatwirtschaftlichen Charakter der Commerzbank zu verändern, was sich aber in erster Linie auf das Geschäftsmodell bezog. Was das Führungspersonal betraf, war die Tochtergesellschaft der Reichsbank nicht so zurückhaltend. Dafür war wesentlich der enorme politische Druck verantwortlich, unter dem die Regierung Brüning, aber auch Reichsbankpräsident Luther standen. Denn die Sanierung der Großbanken war wegen der enormen Lasten, die der Steuerzahler zu tragen hatte, alles andere als populär und ein willkommener Gegenstand der politischen Agitation der Regierungsgegner, insbesondere der radikalen Parteien rechts des Zentrums und links der Sozialdemokratie. Die Reichsregierung benötigte »Sündenböcke«, und die Banken mussten diese liefern. Bei der Danat-Bank war dies vor allem Jakob Goldschmidt, bei der Dresdner Bank Herbert Gutmann,[26] bei der Deutschen Bank, die aber vergleichsweise glimpflich durch die Krise gekommen war, waren es Vorstandssprecher Oscar Wassermann, dem besonders Reichskanzler Brüning eine persönliche Hauptverantwortung für die Krise anlastete, sowie Werner Kehl, der allerdings weit weniger stark im Fokus stand als Wassermann, Gutmann und erst recht als Goldschmidt.[27] Bei der Commerzbank waren es Curt Sobernheim und Ludwig Katzenellenbogen. Letzterer wurde allerdings nicht so sehr als »starker Mann« im Aufsichtsrat der Commerzbank wahrgenommen, sondern als Generaldirektor des Ostwerke-Schultheiß-Patzenhofer-Konzerns; und in den Skandal um dieses Unternehmen waren auch Danat-Bank und Deutsche Bank verwickelt.

Auffällig ist, dass es sich bei Gutmann, Goldschmidt, Wassermann und Sobernheim um, im nationalsozialistischen Sprachgebrauch, »Nichtarier« handelte, also um Personen, bei denen es sich nicht notwendigerweise um konfessionelle Juden, sondern in einem rassistischen Verständnis um Nachkommen jüdischer Vorfahren handelte. Die Zugehörigkeit zu einer Konfession war bei dieser Definition zweitrangig. Auch wenn der Regierung Brüning keine plumpen antisemitischen Motive unterstellt werden können, ist es schon bemerkenswert, dass Emil Georg von Stauß bei der Deutschen Bank oder Friedrich Reinhart bei der Commerzbank nicht nur nicht die »Sündenbock«-Funktion zugeschoben bekamen, sondern auch von ihrem Dienstherren sowie dem Aktionär Golddiskontbank weitgehend unbehelligt blieben, obwohl beide, Stauß sicher mehr als Reinhart, ihren Anteil an der Krise ihrer Banken hatten.[28] Im Fall der Commerzbank fällt außerdem auf, dass in den Aufsichtsratssitzungen vor dem Eintritt der Golddiskontbank als Mehrheitsaktionär ausschließlich Moritz Schultze wegen eines persönlichen Versagens als nicht mehr tragbar angesehen wurde und aus dem Vorstand ausscheiden musste, während Sobernheim erst den Vorstand verlassen musste, nachdem die Reichsregierung durch den Mehrheitsaktionär Golddiskontbank sein Ausscheiden hatte erzwingen können.[29] Immerhin durften beide aber zunächst noch in den Aufsichtsrat wechseln. Nur wenig später allerdings, im Dezember 1932 und damit vor der Machtübernahme der Nationalsozialisten, wurde auch Sobernheims Mitgliedschaft im Aufsichtsrat der Commerzbank auf Druck der Reichsregierung beendet,[30] womit auch der Verlust seiner im Auftrag der Commerzbank ausgeübten sonstigen Aufsichtsratsmandate verbunden war. Obwohl die persönliche Mitschuld an dem Desaster und im Fall von Ludwig Katzenellenbogen auch dessen kriminelle Energie an dieser Stelle nicht in Abrede gestellt werden sollen, zeigt die mediale Verarbeitung der Krise, dass es der Öffentlichkeit und womöglich auch der Regierung Brüning nicht unangenehm war, dass es sich bei den als hauptverantwortlich präsentierten Personen um »Juden« handelte. Ein persönliches Versagen von Personen einer, je nach Definition, religiösen oder ethnischen Minderheit war allemal besser zu verkaufen als ein Systemversagen.[31]

Auf der anderen Seite ist wohl davon auszugehen, dass auch unter anderen politischen Umständen die Karrieren von Goldschmidt, Gutmann, Sobernheim und Katzenellenbogen von einer über eine stabile Reichstagsmehrheit verfügenden Regierung als Mehrheitsaktionär beendet worden wären. Im Fall der Deutschen Bank hätte es aber außer Kehl, der offenbar von sich aus zurückgetreten war, auch Stauß getroffen, dessen Karriere sich wegen seiner frühzeitigen Hinwendung zu den nationalsozialistischen Machthabern seit 1933 sogar noch steiler fortsetzen sollte als vor der Bankenkrise.[32] Dank Stauß kam wohl auch die Deutsche Bank bis 1938 darum herum, einen Vertrauten der Reichsregierung von außen in ihren Vorstand kooptieren zu müssen.[33]

In den Jahren 1931 und 1932 schied bei der Commerzbank neben Schultze und Sobernheim auch noch Ferdinand Lincke aus dem Vorstand aus, was aber sehr wahrscheinlich nichts mit der Bankenkrise zu tun hatte, sondern altersbedingt erfolgte.[34] Lincke stand kurz vor seinem 70. Geburtstag. Ferner verließ Carl Goetz den Vorstand der Commerzbank, da er auf Bitten der Reichsregierung in den Vorstand der Dresdner Bank eingetreten war, womit wohl die zu diesem Zeitpunkt beabsichtigte Fusion der beiden Banken vorbereitet werden sollte.[35] Außerdem verstarb Friedrich Neuerbourg im Juli 1931 51-jährig im aktiven Dienst. Durch die Fusion kamen die Geschäftsinhaber des Barmer Bank-Vereins Eugen Bandel und Paul Marx im Frühjahr 1932 neu in den Commerzbank-Vorstand. Außerdem entsandte der Mehrheitsaktionär mit Joseph Schilling einen seiner Beamten.[36]

Zum Zeitpunkt der Machtübernahme der Nationalsozialisten bestand der Vorstand der Commerzbank somit aus sechs Personen, von denen zwei vom Barmer Bank-Verein (Bandel, Marx), einer von der Mitteldeutschen Creditbank (Reinhart), einer von der Reichsbank (Schilling) und nur zwei von der »alten« Commerzbank (Harter, Berliner) kamen, wobei weder Harter noch Berliner nach außen sonderlich in Erscheinung traten. Harter war zwar das dienstälteste Vorstandsmitglied, aber er hatte offenbar nicht den Ehrgeiz, in der ersten Reihe zu stehen. Diese Rolle hatte er nacheinander Pilster, Sobernheim und Reinhart überlassen. In der Bank war er unter anderem für die Personalangelegenheiten zuständig und kannte ähnlich wie Georg Wellge 30 Jahre vor ihm das Innenleben der Bank spätestens seit Pilsters Wechsel in den Aufsichtsrat wie kein zweites Vorstandsmitglied. Deshalb war er bei der Reorganisation des Bankwesens 1931/32 unverzichtbar, obwohl auch ihm eine Mitschuld an dem Schultheiß-Patzenhofer- bzw. Ostwerke-Desaster angelastet wurde. Zwei Jahre später, als Schilling so weit war, die Rolle des »Betriebsführers« zu übernehmen, sollte ihn das dann doch beinahe noch seinen Vorstandsposten kosten.[37] Wie wenig der personelle Umbau zu dieser Zeit antisemitisch motiviert war, zeigt auch die Tatsache, dass neben Reinhart und Harter mit Ludwig Berliner auch ein jüdisches Mitglied im Vorstand belassen worden war. Der Barmer Bank-Verein besaß keinen jüdischen Geschäftsinhaber, und auch unter den Beamten der Reichsbank waren nur wenige jüdischer Herkunft. Insofern ginge ein Hinweis auf Antisemitismus fehl, wenn man erklären wollte, weshalb unter den neuen Vorstandsmitgliedern niemand einen jüdischen Familienhintergrund besaß.

Eine radikale Veränderung erfuhr auch der Aufsichtsrat der Bank. Vor der Bankenkrise hatte er 54 Mitglieder, davon zwei Betriebsratsvertreter. Im Gegensatz zum Aufsichtsrat von Deutscher Bank oder Dresdner Bank war unter den Aufsichtsratsmitgliedern kaum ein Unternehmer, den man aufgrund der Bedeutung seines Unternehmens oder als Netzwerker (Multiaufsichtsrat) zur deutschen Wirtschaftselite zählen könnte. Gerhard Korte (Kaliwerke Burbach AG) und Paul Rohde (Mansfeld & Co.) repräsentierten noch die größten Unternehmen, und mit Eugen Landau, Heinrich von Stein (Köln), Georg von Doertenbach (Stuttgart), Ernst von Wallenberg-Pachaly (Breslau) und Otto Weissenberger (Dresden) saßen fünf aktive oder ehemalige Privatbankiers im Aufsichtsrat, die in der Vergangenheit durch ihre sonstigen Mandate bestens innerhalb ihrer Wirtschaftsregionen vernetzt waren.[38] Hinzu kamen die unverzichtbaren Verbindungspersonen zur Politik und zu den Wirtschaftsverbänden. Dabei handelte es sich neben Weber um Hans Kraemer, den Vorsitzenden des Wirtschaftspolitischen Ausschusses des als »Wirtschaftsparlament« von Gewerkschaften und Arbeitgebern konzipierten Reichswirtschaftsrats und Präsidialmitglied des Reichsverbands der deutschen Industrie, der ebenso wenig wie Weber zu den unter den wirtschaftsnahen Verbandsfunktionären zahlreichen Republikfeinden gehörte.[39] Bei den meisten übrigen Aufsichtsratsmitgliedern handelte es sich um ehemalige Aufsichtsratsmitglieder solcher Banken, die von der Commerzbank übernommen worden waren und deren Zustimmung zum Übernahme- oder Fusionsvertrag erforderlich gewesen war. Da es sich dabei mit Ausnahme der Mitteldeutschen Creditbank ausschließlich um nur regional bedeutende Institute handelte, hatten sich auch deren Aufsichtsräte eher aus Vertretern kleinerer oder mittelgroßer Unternehmen zusammengesetzt.

Aufgrund der als Notverordnung Ende 1931 erlassenen »kleinen Aktienrechtsreform« musste der Aufsichtsrat 1932 deutlich verkleinert werden,[40] was vermutlich manche Härte mit sich brachte, zumal auch Rücksicht auf die wichtigsten Aufsichtsratsmitglieder des Barmer Bank-Vereins genommen werden musste. Im Jahr 1932 hatte der Aufsichtsrat nur noch 26 Mitglieder, einschließlich der zwei Arbeitnehmervertreter. Den auffälligsten Unterschied machten die Vertreter des Mehrheitsaktionärs, der mit Bruno Claussen (Reichswirtschaftsministerium), Johannes Schwandt (Reichsfinanzministerium), Carl Ehrhardt (Deutsche Golddiskontbank) und Paul Grüner (Reichsbank) vier Vertreter entsandte,[41] von denen allerdings keiner die Position eines stellvertretenden Aufsichtsratsvorsitzenden einnahm, was bei einem Mehrheitsaktionär eigentlich erwartbar gewesen wäre. Claussen, Ehrhardt und Schwandt wurden lediglich in den Arbeitsausschuss des Aufsichtsrats sowie Schwandt und Grüner in den Revisionsausschuss aufgenommen.[42] Offenbar wollte die Reichsregierung auf jeden Fall den Eindruck vermeiden, dass sie eine dauerhafte Beteiligung des Reichs und damit die Umwandlung der Commerzbank in ein staatliches Institut plane. Durch den Verzicht auf eine dem Mehrheitsaktionär angemessene Repräsentation im Aufsichtsrat wurde vielmehr demonstriert, dass die vier Vertreter des Reichs die Leitung der Bank zwar kontrollieren, aber auf deren Geschäftspolitik keinen Einfluss nehmen sollten.

Ihre Kontrollaufgabe nahmen die vier aber von Anfang an ernst. So verabschiedete der Arbeitsausschuss des Aufsichtsrats bereits im Juni 1932 eine neue Geschäftsordnung für den Vorstand, die ihm von Gustav Pilster vorgelegt worden war. Pilster kam zwar aus dem Hause. Aber er war während der Bankenkrise als einer der Vertrauensmänner des Reichs in das Machtzentrum der Dresdner Bank, den Kredit- und Personalausschuss des Aufsichtsrats, delegiert worden und sollte dort den in den Vorstand delegierten Carl Goetz mit Blick auf die Fusion der beiden Banken unterstützen.[43] Nachdem die Neuordnung des Bankwesens dann aber anders verlaufen war, hatten weder Pilster selbst noch das Reich und erst recht nicht die Dresdner Bank ein Interesse daran, dass er weiterhin in deren Aufsichtsrat verblieb, und so verlegte er sein Tätigkeitsfeld wieder stärker auf die Commerzbank. Wahrscheinlich bildete Pilster gerade in der ersten Zeit nach der Übernahme der Aktienmehrheit durch die öffentliche Hand das wichtigste Bindeglied zwischen Commerzbank und Reich, da ihm auf der einen Seite Reichsregierung und Reichsbank offenbar vollständig vertrauten. Auf der anderen Seite werden Vorstand und Arbeitsausschuss der Commerzbank Pilster als einen der Ihren angesehen haben, dem sie mehr vertrauen konnten als den ihnen noch weitgehend unbekannten, durch Ministerien und Reichsbank delegierten neuen Personen in Vorstand und Aufsichtsrat.

Pilsters Entwurf war zwar nicht sonderlich spektakulär. Aber in der Praxis änderte sich viel. Denn Arbeitsausschuss und Revisionsausschuss wurden zu den Kontrollinstanzen der Bank ausgebaut, indem sie nach der Geschäftsordnung darüber zu wachen hatten, dass die Geschäfte »nach dem Gesellschaftsvertrag, den gesetzlichen Bestimmungen und aufgrund der … Geschäftsordnung … geführt« würden;[44] und tatsächlich beschäftigte sich der Arbeitsausschuss seitdem in fast jeder Sitzung mit den seit der letzten Sitzung durchgeführten Revisionen von Hauptniederlassungen, Filialen, Depositenkassen und Kassenstellen. Außerdem musste jeder Niederlassungsleiter seitdem damit rechnen, dass seine Niederlassung mindestens einmal pro Jahr einer Revision unterzogen werden würde. Das Risiko, bei einer eigenmächtigen Ausweitung der eigenen Handlungsspielräume oder der Missachtung von Weisungen des Sekretariats der Filialen und Depositenkassen aufzufallen und Gegenstand der Erörterung im Arbeitsausschuss zu werden, war dadurch erheblich angestiegen. So waren im Jahr 1935 315 Voll- und 357 Teilrevisionen bei den Filialen, Depositenkassen und Kassenstellen sowie 19 Vollrevisionen bei Tochtergesellschaften durchgeführt worden.[45]

Aber nicht nur die Filialdirektoren, auch die Vorstandsmitglieder wurden in ihrem Handeln genauer kontrolliert. So wurden vermutlich aufgrund der Erfahrungen mit der Kreditvergabepraxis von Moritz Schultze und Curt Sobernheim Einzelgenehmigungen für Kredite an solche Unternehmen erforderlich, in deren Aufsichtsrat ein Vorstandsmitglied der Commerzbank und deren Repräsentant im Aufsichtsrat der Commerzbank saßen.[46] Inwieweit dieses deutlich verbesserte Monitoring tatsächlich etwas bewirken konnte, ist nur schwer zu ermessen. Immerhin nahm der Arbeitsausschuss diese Aufgabe ausweislich der Protokolle sehr ernst, und tatsächlich war die Zeit der größeren Skandale auch einstweilen überwunden.

Neben dem Arbeitsausschuss und dem Revisionsausschuss saßen die Reichsvertreter auch im Personalausschuss, der unter anderem für die Arbeitsverträge der leitenden Angestellten zuständig war. Bei ihrem Versuch, deren Gehälter zu kürzen, trafen sie aber offenbar auf deutlich größeren Widerstand als bei ihrem Bemühen um die Etablierung einer wirksamen Kontrolle. Obwohl die Erwartungen der Reichsregierung eindeutig waren, dauerte es bis zum Juni 1934, bis Gehaltsreduktionen durchgesetzt werden konnten.[47] Betroffen waren alle Gehälter ab 7500 RM p. a., womit vielleicht einige Prokuristen noch verschont geblieben sein könnten, aber sicher alle Direktoren, die Vorstandsmitglieder wohl sogar empfindlich, getroffen wurden. Denn die Bank schätzte die jährliche »Unkosten«-Ersparnis dieser Gehaltssenkung auf etwa 600 000 RM.[48] Der ein Jahr später gestartete Versuch des Arbeitsausschusses, die Wirkung der Gehaltssenkung durch die Gewährung einer Abschlussgratifikation abzumildern, wurde vom Reichswirtschaftsministerium zwar genehmigt, aber nicht im beantragten Umfang.[49] Allem Anschein nach wurde die Gehaltskürzung tatsächlich erst wieder rückgängig gemacht, als die Bank nach der Reprivatisierung die volle Handlungsautonomie wiedergewonnen hatte und keine Vertreter des Reichs mehr im Personalausschuss saßen. Schließlich verabschiedete der Arbeitsausschuss im März 1935 Regeln für die Kreditvergabe an die Angestellten der Bank. Danach durften Aktien nur bis zu 60 Prozent und festverzinsliche Werte bis zu 75 Prozent des aktuellen Kurswerts beliehen und Kontokorrentkredite nur bis zur Höhe eines halben Jahresgehalts in Anspruch genommen werden.[50]

Im Gegensatz zu seinem Arbeitsausschuss spielte der Aufsichtsrat in der Governance der Commerzbank nur eine marginale Rolle. Schon vor der Bankenkrise war der Aufsichtsrat, ebenso wie zuvor schon die Generalversammlung, weitgehend ohne Einfluss gewesen. Bei der Commerzbank bestimmten, wie weiter oben schon erläutert, die »Inside Shareholders« die Geschicke der Bank, oder, wie es zeitgenössisch hieß, die Commerzbank stand unter einer »Verwaltungsherrschaft«, wobei unter der »Verwaltung« der Vorstand, die Direktoren der Zentrale und die Mitglieder des Arbeitsausschusses des Aufsichtsrats zu verstehen sind. Daran sollte sich auch nach der Bankenkrise, der Teilverstaatlichung und der Sanierung nichts ändern.

Die Verkleinerung des Aufsichtsrats wirkte sich aber in ganz anderer Weise aus. Indem der Gesetzgeber die Möglichkeiten der Kundenbindung über ein Aufsichtsratsmandat beschnitten hatte, musste die Commerzbank Ersatz schaffen und tat dies durch die Zusammenfassung und Aufwertung der bestehenden Lokal- in Landesausschüsse. Die Mitglieder der Landesausschüsse wurden vom Aufsichtsrat für jeweils zwei Jahre gewählt und sollten die Interessen der Bank innerhalb ihres Gebiets fördern.[51] Bei den nicht allzu oft einberufenen Sitzungen waren auch die für die Region zuständigen Vorstandsmitglieder und Direktoren der wichtigsten Filialen des Bezirks anwesend. Gemessen am tatsächlichen Aufwand war die Mitgliedschaft in einem der Ausschüsse bei einer pauschalen Vergütung von 1500 RM pro Jahr (plus Spesen) nicht unattraktiv.[52]

Zu Jahresbeginn 1933 hatte sich die Commerzbank demnach strukturell und personell neu aufgestellt und konnte wieder einigermaßen zuversichtlich in die Zukunft blicken – zumal sich die Notwendigkeit einer zweiten Sanierung noch nicht abzeichnete.[53] Das Frühjahr 1933 änderte dann aber noch einmal vieles, vor allem personell; und das betraf alle Hierarchieebenen, angefangen bei dem verbliebenen jüdischen Vorstandsmitglied Ludwig Berliner, der den Vorstand zum Jahresende 1933 verließ.[54] Außerdem erloschen 19 Prokuren, wobei es sich überwiegend, wahrscheinlich sogar ausschließlich um »nichtarische« Mitarbeiter[55] handelte.[56]

Leider geben die überlieferten Quellen keine Auskunft darüber, woher der politische Druck genau kam. Die Leitung der Commerzbank wird es wohl nur mittelbar gewesen sein. Selbst Reinhart scheint kein Interesse an der Entlassung »nichtarischer« leitender Angestellter gehabt zu haben. Jedenfalls versicherte er im Jahr 1934 dem stellvertretenden Direktor der Hauptbank, Richard Glaser, dass er sich keine Sorgen um seine berufliche Zukunft bei der Commerzbank machen müsse, ja sogar eine Wiedereinstellung der bereits entlassenen Juden sei wahrscheinlich.[57] Auf der anderen Seite kann es sich bei der Entlassung Berliners nicht um eine Verpflichtung aus dem »Gesetz zur Wiederherstellung des Berufsbeamtentums« gehandelt haben, das eine Entlassung aller »Nichtarier« aus dem Behördendienst – Unternehmen der öffentlichen Hand eingeschlossen – mit klar definierten Ausnahmen vorgeschrieben hatte.[58] Denn dieses Gesetz wurde von der Mehrheitsaktionärin, der Golddiskontbank bzw. der Reichsbank, ausdrücklich nicht auf die Commerzbank angewandt.[59] Die NS-Betriebszelle scheidet als Urheber des politischen Drucks wohl ebenfalls aus. Sie war bei der Commerzbank nicht einflussreich und vielleicht sogar noch nicht einmal radikal genug, um ein Vorstandsmitglied aus dem Amt zu jagen. Das ist wohl nur bei der Dresdner Bank vorstellbar.[60] Insofern ist es auch mangels Alternativen sehr wahrscheinlich, dass die Reichsbank erwartete, dass die Commerzbank Vorstand und Aufsichtsrat um solche Personen säuberte, die so exponiert waren, dass sie in den Fokus der nationalsozialistischen Machthaber rücken konnten. Denkbar ist natürlich auch, dass die Trennung von Berliner implizit als Gegenleistung für den Verzicht auf die Anwendung des »Berufsbeamtengesetzes« auf die Gesamtbelegschaft der Commerzbank erwartet wurde. Denn die Mitteilung über das Ausscheiden Berliners erfolgte im Aufsichtsrat der Commerzbank, wenige Tage bevor das Reichswirtschaftsministerium der Reichsbank endgültig gestattete, selbst zu entscheiden, ob sie die Vorschriften des »Berufsbeamtengesetzes« auf diejenigen Banken anwenden wollte, deren Mehrheitsaktionärin sie bzw. ihre Tochter, die Deutsche Golddiskontbank, waren.[61]

Aber es ging nicht allein um Juden. Das zeigen die personellen Veränderungen im Aufsichtsrat. Mit Hans Kraemer und dem Generaldirektor der Leonhard Tietz AG, Alfred Tietz, mussten zwar zwei »Nichtarier« den Aufsichtsrat der Commerzbank verlassen. Aber auch zwei politisch exponierte nichtjüdische Persönlichkeiten, der Liberale August Weber und der politische Katholik Florian Klöckner, der für das Zentrum seit 1920 im Reichstag gesessen hatte und stellvertretender Parteivorsitzender gewesen war, mussten gehen. Lediglich Albert Katzenellenbogen blieb trotz seiner jüdischen Herkunft, seines »jüdisch« klingenden Namens und seiner Verwandtschaft mit Ludwig Katzenellenbogen einstweilen unbehelligt. Er schied erst 1937 aus dem Gremium aus.[62]

Wie sehr äußerer Druck für die personelle Umgestaltung von Vorstand und Aufsichtsrat verantwortlich war, zeigt erstens die Tatsache, dass die Commerzbank sicherstellte, dass die Betroffenen weiterhin ihr persönliches Auskommen hatten, wenn dieses nicht auf andere Weise gewährleistet war. Deshalb wechselte Berliner in die Direktion der niederländischen Tochtergesellschaft Hugo Kaufmann & Co's Bank, obwohl die Commerzbank gerade 25 Prozent der Anteile an die Dresdner Bank verkauft hatte. Berliner leitete die Bank zusammen mit Johannes Harperath, dem ehemaligen Prokuristen der Dresdner Bank-Kommandite Proehl & Gutmann, die nach der Einführung der Devisenbewirtschaftung im Reich kein funktionierendes Geschäftsmodell mehr besaß, ihr Restgeschäft auf Hugo Kaufmann & Co's Bank überführte und dann liquidiert wurde.[63] Außerdem beantragte die Commerzbank beim Reichswirtschaftsministerium Berliners Befreiung von der Reichsfluchtsteuer, die aufgrund des Wohnsitzwechsels ins Ausland fällig geworden wäre, was vom Ministerium auch zugestanden wurde.[64] Zu diesem Zeitpunkt ging es den Behörden offenbar noch nicht um die vollständige Zerstörung der wirtschaftlichen Existenz jüdischer Unternehmer und Manager. August Weber musste zur gleichen Zeit wie Berliner sein Mandat niederlegen, und da er wohl auch all seine sonstigen Aufsichtsratsmandate verlor, stellte ihn die Commerzbank als Revisor in der Zentrale an.[65] Auch hierfür wird die Bank die Genehmigung des Reichswirtschaftsministeriums benötigt haben, die offenbar erteilt wurde.

Im Fall von Kraemer und Tietz ergriff die Commerzbank keine vergleichbaren Maßnahmen. Kraemers Unternehmen, die Rotophot AG, war bei der Commerzbank hoch verschuldet und ein Sanierungsfall, für den Rückstellungen in Höhe von mindestens 250000 RM notwendig wurden.[66] Tietz, der auch den Vorstand des in Westdeutscher Kaufhof umbenannten Unternehmens verlassen musste, war nur ein Jahr Mitglied des Aufsichtsrats gewesen. Im Fall von Klöckner bekam die Commerzbank sogar erhebliche Schwierigkeiten, weil die Klöckner-Werke zunächst nicht bereit waren, einen neuen Vertreter in den Commerzbank-Aufsichtsrat zu entsenden,[67] was nicht wirklich überraschend war und deshalb das zweite Indiz dafür darstellt, dass die Commerzbank die

Säuberungsaktion gegenüber vom Regime unerwünschten Aufsichtsräten nicht freiwillig durchführte. Denn ohne Not hätte die Commerzbank niemals riskiert, die Kredit- und Konsortialbeziehung mit einem Unternehmen von der Bedeutung der Klöckner Werke AG zu verlieren. Das dritte Indiz ist die Tatsache, dass die Commerzbank offenbar Schwierigkeiten mit ihren jüdischen Kunden oder gar mit Kunden im Ausland fürchtete und deswegen die Versetzung Berliners in die Niederlande offen im Geschäftsbericht thematisierte[68] – natürlich ohne den wahren Grund zu nennen. Auch wenn sich die meisten Beobachter den wahren Grund trotzdem denken konnten, wollte die Commerzbank offenbar nicht als judenfeindlich erscheinen.[69] Dazu passt auch, dass der Anfang 1933 zum »Direktor« der Zentrale der Commerzbank, der zweiten Hierarchieebene nach den Mitgliedern und stellvertretenden Mitgliedern des Vorstands, berufene »Nichtarier« Georg Lust bis 1937 in seiner Position gehalten werden konnte und dies bis Anfang 1937 auch im Geschäftsbericht nachzulesen war. Als an Lust dann 1937 nicht mehr festgehalten werden konnte, wechselte er wie vor ihm schon Berliner zur Hugo Kaufmann & Co's Bank in die Niederlande,[70] wobei ihm die Commerzbank eine ungewöhnlich hohe Abfindung zahlte und beim Vermögenstransfer behilflich war.[71]

Rücksichtnahmen wie im Fall Berliner, Lust und Weber waren aber nicht die Regel im Umgang der Commerzbank mit den vom Regime unerwünschten Personen in ihren Reihen. So wurde einem Landesausschussmitglied für Ostdeutschland, das nach London geflohen war, die als grundsätzlich berechtigt anerkannte Forderung auf Vergütung für seine Ausschussmitarbeit nicht ausgezahlt.[72] Ähnlich erging es Curt Sobernheim, der Mitte 1933 nach Paris geflohen war und dessen Ansprüche Mitte 1935 vom Arbeitsausschuss nicht anerkannt wurden.[73] In diesem Fall scheint es tatsächlich die Flucht ins Ausland gewesen zu sein, die eine Einigung verhinderte. Denn grundsätzlich ist feststellbar, dass die Bank sich desto großzügiger verhielt, je näher die betroffenen Personen an den Entscheidungsträgern waren. Tatsächlich gehörten Berliner, Lust und Weber zur »Verwaltung«, sie hatten mit den Entscheidungsträgern in der Bank jahrelang vertrauensvoll zusammengearbeitet (Berliner, Lust, aber eigentlich auch Sobernheim) oder sogar Schaden von den Entscheidungsträgern abgewendet – wie etwa Weber, der die Liquidation des Kursstützungskonsortiums der Commerzbank erfolgreich zum finanziellen Vorteil der Konsorten und zum Nachteil des Reichs betrieben hatte.[74]

Die einfachen Angestellten hatten mit den Entscheidungsträgern nur sehr wenig persönlichen Kontakt, in der Regel überhaupt keinen. Deshalb entschied die Commerzbank in ihren Fällen eher nach Opportunitätsgesichtspunkten. Da es keine Verpflichtung zur Entlassung nach dem »Berufsbeamtengesetz« gab, konnte die Commerzbank zwar zahlreichen jüdischen Beschäftigten fristgerecht kündigen, um gegenüber dem Regime ihren guten Willen zu demonstrieren, aber auch solche Personen halten, die sie für schwer ersetzbar hielt. Nach einer Schätzung von Thomas Weihe waren zum Zeitpunkt der Machtübernahme der Nationalsozialisten 109 »Nichtarier« bei der Commerzbank beschäftigt. Bei einer Gesamtbelegschaft von gut 6600 Personen entsprach das einem Anteil von 1,6 Prozent. Das war deutlich weniger als bei Deutscher Bank und Dresdner Bank, lag aber immer noch bedeutend höher als der Anteil konfessioneller Juden an der Gesamtbevölkerung.[75] Bis zum Erlass der »Nürnberger Rassegesetze« im Herbst 1935 waren 42 »Nichtarier« bei der Commerzbank entlassen worden. Das entsprach einem Anteil von knapp 40 Prozent und lag damit deutlich unter der Quote bei der Dresdner Bank mit rund 75 Prozent,[76] die für jeden nicht gekündigten »nichtarischen« Beschäftigten die Gültigkeit einer Ausnahmebestimmung belegen musste. Auch wenn eine Vergleichsberechnung für die Deutsche Bank aufgrund der Quellenlage nicht möglich ist, lässt sich vermuten, dass der Anteil der bis Herbst 1935 entlassenen Beschäftigten dort ebenfalls höher lag als bei der Commerzbank, aber auch deutlich unter der Quote der Dresdner Bank.[77]

Im Herbst 1935 dürften bei allen drei Großbanken noch etwa 1 Prozent der aktiv Beschäftigten des Jahresanfangs 1933 unter die Bestimmungen der »Nürnberger Rassegesetze« gefallen sein. Diese Gesetze markierten zwar eine neue Eskalationsstufe in der antijüdischen Politik des NS-Regimes.[78] Dennoch könnte es durch die Einführung verschiedener »Mischlings«-Kategorien – durch die die Zuschreibung als »Nichtarier«, wie sie das »Berufsbeamtengesetz« definiert hatte, differenziert wurde – zu einer geringfügigen, aber für die Fortsetzung des Beschäftigungsverhältnisses zentralen Verbesserung des rechtlichen Status einiger verbliebener Beschäftigter gekommen sein. Denn die Entlassung von »Mischlingen« mit nur einem jüdischen Großelternteil war auch nach dem »Berufsbeamtengesetz« nicht mehr zwingend. Das war zwar vordergründig nur für die Dresdner Bank wichtig. Aber es konnte für die Commerzbank bedeuten, dass, wenn schon die Dresdner Bank nicht mehr verpflichtet war, alle ursprünglich als »Nichtarier« diskriminierten Personen zu entlassen, auch bei der Commerzbank keine Notwendigkeit mehr dafür bestand. In der Commerzbank ist allerdings nur eine Person in der Filiale Görlitz nachzuweisen, die als »Mischling« in ihrem Beschäftigungsverhältnis belassen wurde. Ob es unter den verbliebenen »Nichtariern« noch weitere Fälle gab, ist nicht bekannt, aber auch nicht ausgeschlossen.[79]

Bis zum Jahresende 1935 war die Beschäftigtenzahl der Commerzbank im Gegensatz zur Deutschen Bank und zur Dresdner Bank weiterhin leicht rückläufig,[80] sodass die Entlassung jüdischer Beschäftigter einer betriebswirtschaftlich begründeten Personalpolitik nicht entgegenstand. Im Einzelfall mag es zwar Personen betroffen haben, an deren Stelle die Bank lieber einen weniger qualifizierten Nichtjuden entlassen hätte, aber der Verzicht auf betriebsbedingte Kündigungen nichtjüdischer Beschäftigter[81] sorgte ganz sicher für eine gewisse Beruhigung innerhalb der Belegschaftsmehrheit, die Jahre der Unsicherheit hinter sich hatte. Die Solidarität mit den entlassenen »Nichtariern« dürfte sich deshalb in Grenzen gehalten haben.

Im Jahr 1936 war der Erholungsprozess der Banken nach der Bankenkrise so weit fortgeschritten, dass sich die Zahl der Beschäftigten in der Commerzbank bei gut 6600 Personen stabilisierte.[82] Eine betriebswirtschaftliche Notwendigkeit, mit der »Entjudung« der Belegschaft fortzufahren, bestand demnach nicht. Im Gegenteil, die verbliebenen »Nichtarier« waren entweder nur schwer zu ersetzen, oder es bestand das Risiko, Kunden zu verlieren, wenn man einen bei der Kundschaft beliebten jüdischen Angestellten entließ. So argumentierte etwa die Filialleitung in Mainz im Februar 1937, dass die von Berlin geforderte Entlassung ihres letzten jüdischen Angestellten wegen der großen Bedeutung der jüdischen Kundschaft für die Rentabilität der Filiale aufgeschoben werden sollte, bis auch die Deutsche Bank ihren letzten jüdischen Angestellten entlassen habe, was von Berlin auch akzeptiert wurde.[83] Außerdem besaßen die noch verbliebenen »Nichtarier« aufgrund ihrer langen Dienstzeit einen hohen Abfindungsanspruch bzw. mussten gar frühverrentet werden, was im Fall einer geplanten Auswanderung wiederum bedeutete, dass der (Betriebs-)Rentenanspruch kapitalisiert werden musste, wodurch das »Unkosten«-Konto erheblich belastet wurde.

Gegenüber dem betriebswirtschaftlich gebotenen Nachlassen des »Entjudungs«-Drucks stand jedoch die klar formulierte gegenteilige Erwartung des Reichswirtschaftsministeriums. So wurde der Commerzbank im März 1936 mitgeteilt, dass es »im Hinblick auf die Nürnberger Gesetze ... erwünscht« sei, dass »auch die reichsbeteiligten Banken sich in nicht allzu ferner Zeit von den jüdischen Angestellten bereinigt sehen möchten«.[84] Der NS-Betriebsobmann der Commerzbank Walter Sellnow drückte diese Erwartung etwas plakativer aus, indem er in der Werkszeitschrift Der Arbeitskamerad forderte, dass »auch in der freien Wirtschaft das letzte jüdische Bollwerk fallen« müsse.[85]

Neben der betriebswirtschaftlichen Perspektive scheint für »Betriebsführer« Joseph Schilling auch die moralisch-weltanschauliche Dimension der »Entjudung« eine Rolle gespielt zu haben, was auch die im Vergleich zu den anderen Großbanken zögerliche »Entjudung« der Jahre 1933 bis 1935 erklären könnte. Schilling war im Unterschied zu seinen Vorstandskollegen im Frühjahr 1933 nicht der NSDAP beigetreten,[86] was im Fall eines »Betriebsführers« für die Nationalsozialisten im Betrieb ebenso wenig akzeptabel war wie für das Reichswirtschaftsministerium. Insofern verwundert es nicht, dass Schilling seine Zuständigkeit für das Personal 1936 nach nur etwa zwei Jahren wieder abgeben musste, zumal er sich weigerte, seine jüdische Sekretärin zu entlassen.[87] An seine Stelle trat zunächst ein langjähriges Parteimitglied, der Direktor der Zentrale Paul Hampf, und dann, nachdem Hampf zunächst nicht in den Vorstand aufgenommen worden war, das neu ernannte Vorstandsmitglied Eugen Boode,[88] das ebenfalls im Frühjahr 1933 in die NSDAP eingetreten war.

Der Erwartungsdruck der Nationalsozialisten innerhalb und außerhalb der Banken ließ betriebswirtschaftliche Erwägungen, die gegen die Fortsetzung der »Entjudung« sprachen, schnell in den Hintergrund treten, zumal im

Betriebsversammlung in der Berliner Hauptverwaltung, um 1938

Fall der Commerzbank der Wechsel in der »Betriebsführer«-Funktion dafür sicherlich hilfreich gewesen ist. Die drei Großbanken verabredeten deshalb ein abgestimmtes Vorgehen, wobei die am meisten unter Druck stehende Dresdner Bank vermutlich den Takt vorgab. Danach sollten im Lauf des Jahres 1936 alle verbliebenen Juden aus dem aktiven Dienst der Banken ausscheiden, sodass spätestens am 31. Januar 1937 keine Juden mehr in den Banken, hinter den Schaltern oder in den Büros, anzutreffen sein sollten.[89] Tatsächlich scheinen sich alle drei Banken nicht ganz an diesen Stichtag gehalten zu haben. Denn Ende 1937 waren immer noch fünf »jüdische« Angestellte[90] im Dienst der Commerzbank. Allerdings waren sie zu diesem Zeitpunkt bereits bei vollen Bezügen beurlaubt und dementsprechend auch nicht mehr in der Bank anwesend. Anfang 1938 konnte deshalb endgültig und mit Befriedigung im »Vertrauensrat« der Commerzbank festgestellt werden, dass kein »Jude« mehr in der Bank beschäftigt war. Die NS-Betriebszelle verbuchte diesen Erfolg vor allem für sich. So teilte sie der Belegschaft im Mai 1938 in einer Erfolgsbilanz der Arbeit des »Vertrauensrats« mit, dass man neben Betriebsausflügen, Schulungskursen und anderen Wohltaten für die Belegschaft auch die »Judenfrage« in der Bank »endgültig« gelöst habe.[91]

Bei der Festsetzung der Abfindungen für die in den ersten Jahren entlassenen jüdischen Beschäftigten verfuhr die Commerzbank so wie die anderen Banken und wie sie es vermutlich auch schon bei dem Personalabbau nach der Bankenkrise getan hatte. In der Regel zahlte sie ein Monatsgehalt Abfindung für jedes Jahr im Dienst der Commerzbank oder einer Vorgängerbank. Im Einzelfall konnte davon zwar abgewichen werden, aber eine höhere Abfindung musste vom Reichswirtschaftsministerium genehmigt werden. Auch bei der Festsetzung der Pensionen scheint die Bank wohl bis 1936 keinen Unterschied zwischen Juden und Nichtjuden gemacht zu haben. Selbst nachdem das »Deutsche Beamtengesetz« von 1937[92] die Gleichbehandlung von jüdischen und nichtjüdischen Pensionären zur Disposition gestellt hatte, scheint die Commerzbank, die mittlerweile reprivatisiert worden und demzufolge bei der Festsetzung von Abfindungen oder Betriebsrenten nicht mehr von Genehmigungen des Reichswirtschaftsministeriums abhängig war, vom Grundsatz der Gleichbehandlung nicht abgewichen zu sein.[93] Diese Haltung galt wohl auch noch, als die Dresdner Bank im September 1938 die Renten jüdischer Betriebsrentner willkürlich herabsetzte,[94] sodass es zu Kürzungen der Leistungen bei der Commerzbank wohl erst nach Kriegsbeginn kam.[95] In einigen Fällen wurde die Pensionszahlung seitdem auch widerrufen. Auf der anderen Seite konnte die Commerzbank im Einzelfall auch eine bemerkenswerte Loyalität gegenüber ihren ehemaligen Beschäftigten an den Tag legen. So zahlte sie der Ehefrau eines deportierten Betriebsrentners eine »Witwenpension« in Höhe von 60 Prozent der Betriebsrente des Ehemanns, obwohl dieser noch lebte.[96] Das wäre bei der Dresdner Bank undenkbar gewesen.

Die sehr spärlichen Hinweise auf das Schicksal der Betriebsrentner der Commerzbank lassen während des Krieges keine einheitliche Linie erkennen. Rassismus bestimmte zwar die Rahmenbedingungen, unter denen die Personalpolitik der Banken stand, aber er scheint jedenfalls vor dem Krieg bei den für Personalfragen zuständigen leitenden Angestellten der Commerzbank keine und während des Krieges bestenfalls eine untergeordnete Rolle gespielt zu haben. Die Motivation schwankte vielmehr – das lässt sich zusammenfassend vielleicht sagen, auch wenn es aufgrund der sehr lückenhaften Quellenlage weiterhin spekulativ ist – zwischen der Entlastung des »Unkosten«-Kontos und der Empathie für die ehemaligen Kollegen.

Die Reprivatisierung

Im April 1936 sahen sich die Großbanken erstmals seit fünf Jahren wieder in der Lage, eine Dividende auszuschütten. Deren Höhe war mit 4 Prozent zwar recht bescheiden, aber es war ein Signal, dass die Krisenfolgen in absehbarer Zeit überwunden sein würden. Während die Deutsche Bank allerdings frei war, den gesamten ausgewiesenen Reingewinn auszuschütten, mussten Commerzbank und Dresdner Bank – abgesehen von den gesetzlich vorgeschriebenen Rückstellungen – zunächst Rückzahlungen für die Hilfen leisten, die ihnen das Reich in den Jahren 1931 bis 1933 hatte zukommen lassen. Außerdem hatte die Deutsche Bank einen Großteil der ursprünglich von der Deutschen Golddiskontbank übernommenen Aktien bereits seit 1933 zurückgekauft und bei der eigenen Kundschaft platzieren können. Zeitgenössische Schätzungen gingen davon aus, dass Ende 1936 nur noch etwa 10 Prozent der Deutsche Bank-Aktien von der Deutschen Golddiskontbank gehalten wurden. Im März 1937 konnte die Deutsche Bank schließlich mitteilen, dass die Reprivatisierung abgeschlossen sei.[97]

Auch die Commerzbank hatte spätestens 1935 damit begonnen, Aktien aus dem Besitz der Deutschen Golddiskontbank zu übernehmen und sukzessive zu platzieren.[98] Nach der Wiederaufnahme der Dividendenzahlungen schien die vollständige Reprivatisierung der Commerzbank möglich zu werden. Die Initiative dazu ergriff der Bankier Willy Dreyfus, Inhaber des Bankhauses J. Dreyfus & Co.,[99] das seit seiner Wiedergründung auf Grundlage der ersten Commerzbank-Filiale in Frankfurt engen Kontakt mit der Commerzbank gehalten hatte. Dreyfus war klar, dass sein Bankhaus zu klein war, um eine solche Transaktion durchzuführen, und er als Jude kaum die notwendigen Verhandlungen mit den Behörden würde führen können. Er wandte sich deshalb an das Berliner Bankhaus Delbrück, Schickler & Co. und trug ihm die Konsortialführung an, die dann mit Hermann Josef Abs ein junger Teilhaber des Bankhauses wahrnahm.[100] Nachdem er die Zustimmung der Commerzbank eingeholt hatte, nahm Abs zügig Verhandlungen mit dem Reichsfinanzministerium auf. Die Auflösung des Beteiligungsverhältnisses erforderte aber neben der Abgabe der Aktien und der Einigung über den Kaufpreis noch weitere, sich aus den Sanierungsverträgen ergebende Klärungen. So bestand das Reich darauf, von seiner 1934 übernommenen Garantie über 40 Mio. RM entbunden zu werden. Im Gegenzug verzichtete es auf die Erstattung der 1932 der Commerzbank zur Sanierung übertragenen Schatzanweisungen in Höhe von zusammen 66 Mio. RM. Denn die Rückzahlungsverpflichtung hätte die Dividenden über Jahre belastet, was nicht ohne Auswirkungen auf den Kurs der Commerzbank-Aktien geblieben wäre. Stattdessen einigten sich das Reich und die Commerzbank auf eine Ablösungszahlung von 6 Mio. RM, zahlbar in zehn Jahresraten à 600 000 RM, die aus einem etwaigen Reingewinn zu bestreiten waren. Aus der Sicht der Commerzbank war das zweifellos ein großer Erfolg.[101] Denn der Mühlstein einer Jahrzehnte währenden Rückzahlungsverpflichtung war ihr damit abgenommen worden.[102]

Da niemand wusste, inwieweit das Vertrauen des Publikums in die Commerzbank-Aktie wiederhergestellt war, vereinbarten die Verhandlungspartner einen Test der Aufnahmebereitschaft des Markts. Zunächst sollte ein kleineres Paket von nominal etwa 11 Mio. RM Commerzbank-Aktien platziert werden, welches das Reich direkt und nicht die Deutsche Golddiskontbank übernommen hatte und das das Finanzministerium nun zum Nennwert an ein Konsortium veräußerte. Dieses Konsortium bestand aus zunächst fünf Mitgliedern: Delbrück, Schickler & Co., die reichseigene Reichs-Kredit-Gesellschaft und ein nicht genannter Investor, bei dem es sich vermutlich um den Industriellen Philipp Reemtsma handelte,[103] übernahmen jeweils ein Viertel der Aktien. Die beiden mit der Commerzbank seit Langem eng verbundenen Privatbankhäuser J. Dreyfus & Co. und J. H. Stein übernahmen wegen ihrer geringeren Platzierungskraft jeweils ein Achtel der Aktien. Sollte der Test bestanden werden, war das Konsortium berechtigt, ein zweites Paket in gleicher Höhe zu platzieren. Der Kurs, zu dem die zweite Tranche abgegeben werden sollte, wurde allerdings noch nicht festgelegt, sondern sollte sich an der Kursentwicklung der Deutsche Bank-Aktie orientieren.[104]

Die Rahmenbedingungen für die Platzierung waren im Oktober 1936 günstig. Denn zum ersten Mal seit der Fusion mit dem Barmer Bank-Verein wurde die Commerzbank-Aktie an der Berliner Börse über pari notiert.[105] In dieser Situation erwies sich der Markt als aufnahmebereiter, als es selbst Optimisten unter den Mitgliedern des Konsortiums vermutet haben dürften. Innerhalb weniger Tage war die gesamte erste Tranche untergebracht. Daraufhin entschied sich das Konsortium, den Verkauf der zweiten Tranche sofort anzuschließen. Allerdings bestand das Reichsfinanzministerium, das das Paket aufgrund einer internen Vereinbarung von der Deutschen Golddiskontbank übernommen hatte, auf einem höheren Abgabekurs, und man einigte sich auf einen Kurs von 106 $^{3}/_{8}$ Prozent. Als auch diese Operation erfolgreich abgeschlossen worden war, verfügte die Golddiskontbank nur noch über 42 Prozent des Aktienkapitals der Commerzbank[106] und war damit zwar noch der mit Abstand größte Einzel-, aber nicht mehr der Mehrheitsaktionär.

Anschließend wartete das Konsortium die weitere Kursentwicklung ab. Da der Kurs über den Jahreswechsel weiterhin fest notierte, konnten die Reprivatisierungsbemühungen fortgesetzt werden. Allerdings wollte die Deutsche Golddiskontbank nun auch von der günstigen Kursentwicklung profitieren und gab die dritte Tranche über 5 Mio. RM im Februar 1937 nur zu einem Kurs von 118 Prozent ab. Als auch diese Transaktion erfolgreich abgewickelt worden war und die Commerzbank sogar bekannt geben konnte, dass sie für das abgelaufene Jahr eine Dividende von 5 Prozent ausschütten werde, kamen Commerzbank, Konsortium und Reichsbank überein, die Reprivatisierung zügig zu Ende zu bringen,[107] wobei jetzt auch die Commerzbank selbst dem Konsortium beitrat und damit an der Provision in Höhe von 3,5 Prozent partizipierte, die die Konsorten für ihre Dienstleistung erhielten.[108] Die zum Zeitpunkt der Generalversammlung im April 1937 im Besitz der öffentlichen Hand verbliebenen nominal knapp 30 Mio. RM Commerzbank-Aktien wurden dann bis Jahresende sukzessive von der Commerzbank bzw. dem Konsortium übernommen und platziert, wobei der Anteil der von der Commerzbank direkt übernommenen und innerhalb ihrer Kundschaft veräußerten Aktien bei etwa zwei Dritteln lag. Dadurch konnten die Kosten für die gesamte Transaktion trotz des relativ hohen Kurses von 118 Prozent, zu dem die Golddiskontbank die Aktien abgab, mit 260 000 RM sehr niedrig gehalten werden. Der Vorstand bezeichnete diesen Betrag als eine »in Hinblick auf die Höhe des placierten Kapitals außerordentlich geringe Prämie«.[109]

Trotz der erfolgreichen Reprivatisierung war die Commerzbank immer noch dadurch belastet, dass sie in den kommenden neun Jahren jeweils 600 000 RM aufbringen musste, um den ihr vom Reich zugewiesenen Teil der Sanierungsbeihilfe abzutragen. Das entsprach bei einem ausgewiesenen Reingewinn von etwa 4,85 Mio. RM (1936) immerhin einem Anteil von fast 12,5 Prozent und blieb damit eine Belastung für den Aktienkurs. Die Commerzbank einigte sich deshalb mit dem Reichsfinanzministerium darauf, die Ratenzahlung durch eine Einmalzahlung in Höhe von 4,2 Mio. RM (statt 5,4 Mio. RM noch ausstehender Raten) abzulösen,[110] wodurch die Commerzbank-Aktie in den Augen potenzieller Investoren weiter an Attraktivität gewann.

Nach der Reprivatisierung waren die Aktien wieder breit gestreut. Einen Großaktionär scheint es nach dem Rückzug des Reichs bzw. der Deutschen Golddiskontbank nicht mehr gegeben zu haben – sieht man einmal von der Commerzbank selbst ab, die über ihr Depotstimmrecht auf der Generalversammlung im April 1937 über knapp 30 Prozent der Stimmen verfügte, obwohl die Reprivatisierung noch gar nicht abgeschlossen war. Ein Jahr später waren es dann schon mehr als 45 Prozent.[111] Damit war die »Verwaltungsherrschaft« wiederhergestellt.

Als ein sichtbares Zeichen der erneut veränderten Eigentumsverhältnisse zogen sich die beiden Vertreter der Reichsbank aus dem Aufsichtsrat zurück, nachdem der Vertreter des Reichsfinanzministeriums diesen Schritt bereits im Vorjahr vollzogen hatte, als das vom Reichsfinanzministerium erworbene Aktienpaket veräußert worden war.[112] Lediglich der Vertreter des Reichswirtschaftsministeriums, der zwischenzeitlich in den einstweiligen Ruhestand versetzt worden war, verblieb in dem Gremium.[113] Daneben saß auch der ursprünglich von der Reichsbank entsandte Joseph Schilling weiterhin und bis Kriegsende im Vorstand.

5.2 Die Anpassung des Geschäftsmodells

Zu Jahresbeginn 1933 schienen nicht nur alle sich aus der Krise ergebenden Personalfragen geklärt zu sein, sodass die Bank vorsichtig optimistisch in die Zukunft blicken konnte. Auch das Geschäftsmodell hätte mit einigen Anpassungen weiter funktionieren können. Denn mit dem Durchschreiten der konjunkturellen Talsohle, nicht nur in Deutschland, sondern auch bei den wichtigsten Handelspartnern des Reichs, konnte eine Belebung des Außenhandels und damit der darniederliegenden Nachfrage nach Rembourskrediten erwartet werden. Die Inlandsbelebung der Konjunktur hätte ferner zu einem Rückgang der Arbeitslosigkeit geführt und – wenn auch nur auf mittlere Sicht – eine Anhebung des Konsumniveaus breiter Bevölkerungsschichten ermöglicht. Dadurch wäre es zu einer Stabilisierung der Konsumgüterindustrie und des Handels gekommen, sodass viele der kleinen und mittleren Unternehmen dieser Branchen, die eine Geschäftsverbindung mit der Commerzbank hatten, entweder wieder kreditfähig geworden wären oder womöglich gar Zins und Tilgung älterer Kredite wieder hätten aufnehmen können, sodass die Bank zur Auflösung von Rückstellungen in der Lage gewesen wäre.

Allerdings mussten zwei wichtige Voraussetzungen dafür geschaffen werden, dass die Commerzbank ihr Geschäft wieder neu aufbauen konnte, ohne dass weiterhin die Gefahr bestand, dass fundamentale Grundsätze des Bankgeschäfts systematisch verletzt werden würden. Die erste Aufgabe bestand in der Einführung einer Revision, die diesen Namen auch verdiente. Wie oben bereits ausgeführt, hatten sich die Reichsvertreter dieses Problems angenommen und waren damit allem Anschein nach auch erfolgreich gewesen. Die zweite Voraussetzung für den Neuaufbau des Geschäfts war die Steigerung der Rentabilität. Auch dieses Problems nahm sich der neue Großaktionär an, indem auf Initiative des Vertreters des Finanzministeriums im Dezember 1932 eine Organisations-Kommission des Aufsichtsrats mit dem Ziel der »Unkosten«-Einsparung eingerichtet wurde, die die Schließungspläne unrentabler Filialen maßgeblich vorantrieb.[114]

Die zahlreichen Niederlassungen in kleinen Städten unter 10000 Einwohnern hatten der Commerzbank zwar viele mittelständische Kunden zugeführt. Aber die Kosten für die Betreuung einer großen Zahl kleiner Kreditkunden lagen deutlich höher als die Kosten bei wenigen Großkunden. Auch in der Summe konnten die kleinstädtischen Filialen selbst unter Berücksichtigung ihres geringeren Personalbedarfs nicht mit den großstädtischen Geschäftsstellen mithalten. So setzte eine Commerzbank-Filiale im Jahr 1929 im Durchschnitt 7,2 Mio. RM um, während die Deutsche Bank-Filialen durchschnittlich 19,6 Mio. RM und die Dresdner Bank-Filialen durchschnittlich sogar 26,7 Mio. RM umsetzten. Wegen der großen Bedeutung der Niederlassungen für das Gesamtgeschäft der Commerzbank wirkte sich die Umsatzschwäche der Filialen auch auf den durchschnittlichen Umsatz je Beschäftigten aus. So kamen bei der Commerzbank 1929 rechnerisch 220000 RM Umsatz auf jeden Angestellten, während es bei der Deutschen Bank 256000 RM und bei der Dresdner Bank sogar 313000 RM waren.[115]

Im Sommer 1932 listete die Reichsbank 26 Filialen sowie 31 Zahlstellen und Depositenkassen der Commerzbank auf, deren Schließung sie ins Auge fasste. Darunter waren auch bedeutendere Orte wie Augsburg, Regensburg, Stettin, Beuthen oder Gera.[116] Tatsächlich hatte die Commerzbank schon direkt nach der Fusion mit dem Barmer Bank-Verein damit begonnen, kleinere Filialen zu schließen. So hatten die beiden Banken vor der Fusion zusammen 312 Filialen. Bis zum Ende des Jahres 1932 war deren Zahl dann immerhin schon auf 287 geschrumpft, wobei der Löwenanteil der Schließungen nicht auf Geschäftsstellen an Orten fiel, an denen die Fusionspartner jeweils eine Filiale besessen hatten, sondern es wurden gezielt kleine Standorte aufgegeben. So befanden sich 1927 fast 30 Prozent aller Commerzbank-Filialen an Orten unter 10 000 Einwohnern, während es 1933 nur noch knapp 25 Prozent waren. Das waren zu diesem Zeitpunkt immer noch weit mehr als bei der Deutschen Bank und der Dresdner Bank (jeweils gut 11 Prozent), aber im Lauf der 1930er Jahre setzte sich der Abbau weiter fort, und vor dem Kriegsausbruch war die Commerzbank nur noch an 33 Orten dieser Größenklasse vertreten, was zu diesem Zeitpunkt etwa 14 Prozent aller Filialen entsprach. Dieser Wert lag jetzt nur noch geringfügig über demjenigen der Deutschen Bank, die allerdings in dieser Zeit ihr Filialnetz wieder etwas ausgebaut hatte und nun vor der Commerzbank über das dichteste Netz im Reichsgebiet verfügte.[117]

Da alle drei Großbanken zur »Unkosten«-Senkung unrentable Niederlassungen schließen mussten, verständigten sie sich über die Standorte.[118] Wenn in einer Kleinstadt beispielsweise zwei Banken über jeweils eine Niederlassung verfügten, schloss die eine Bank ihre dortige Filiale und bemühte sich, die Kunden auf die verbleibende Niederlassung der anderen Bank zu übertragen. An einem anderen Ort, an dem dieselben Banken mit jeweils einer Niederlassung vertreten waren, lief dann der gleiche Prozess mit vertauschten Rollen ab.[119] So konnte das Problem zweier kaum oder gar nicht rentabler Filialen dadurch gelöst werden, dass eine Filiale geschlossen und die Rentabilität der anderen durch den erhöhten Umsatz verbessert wurden, d. h., die »Unkosten« konnten gesenkt werden, ohne dass – im Optimalfall – auch der Umsatz zurückging. Inwieweit dieses Abkommen allerdings freiwillig geschlossen wurde, muss offenbleiben. Denn die Reichsbank scheint als Großaktionär aller drei Großbanken für dessen Zustandekommen die »Geburtshelferfunktion« innegehabt zu haben, wie die Commerzbank in ihrem Geschäftsbericht selbst einräumte.[120]

Eine Neuaufstellung der Commerzbank anhand des lange Zeit grundsätzlich bewährten Geschäftsmodells scheiterte aber an der Machtübernahme der Nationalsozialisten und deren wirtschaftspolitischer Neuorientierung. Anders als bei der personellen Zusammensetzung der »Verwaltung« und dem Abbau von Arbeitnehmerrechten war das allerdings ein schleichender Prozess, der von der breiten Öffentlichkeit kaum wahrgenommen worden sein dürfte. Die Ursachen der Erosion des alten Geschäftsmodells betrafen zum Teil alle Großbanken, zum Teil die Commerzbank jedoch stärker als die Konkurrenz.

Ein großes Problem für eine Belebung des Bankgeschäfts seit Mitte der 1930er Jahre war die aufgrund der deutlich verbesserten Ertragslage vieler Unternehmen erhöhte Liquidität und der sich daraus ergebende Rückgang der Nachfrage nach Fremdkapital. Die Neuausleihungen (nur Bar-, Akzept- und Rembourskredite) stiegen bei der Commerzbank von 1933 auf 1934 zwar leicht an. Dem Neukreditgeschäft standen aber auch steigende Rückflüsse an Krediten gegenüber, sodass das in der Bilanz ausgewiesene Kreditgeschäft von 1,37 auf 1,26 Mrd. RM zurückging.[121] Diese Entwicklung verwundert nicht, denn die größten deutschen Aktiengesellschaften bauten in dieser Zeit ihre kurzfristigen Verbindlichkeiten von 5,4 auf 3,44 Mrd. RM und ihre langfristige Verschuldung von 5,2 auf 3,6 Mrd. RM ab.[122] Das betraf besonders die Bankschulden, speziell die hochverzinslichen Kontokorrentkredite.[123]

1934 dürfte die Commerzbank diese Entwicklung zunächst noch positiv bewertet haben. Denn dem gesunkenen Kreditvolumen und der niedrigeren Durchschnittsverzinsung stand eine verbesserte Qualität der Schuldner gegenüber, was in Anbetracht der hohen Abschreibungen bzw. Rückstellungen für Kreditausfälle in den Jahren 1931 bis 1933 zweifellos stärker wog. So verringerte sich der Anteil der zweifelhaften Debitoren von etwa 31 Prozent des Kreditgeschäfts (1933) auf etwa 15 Prozent (1937).[124] Wie die Bank 1937 selbst berichtete, hatte 1935 ein »Strukturwandel in den Debitoren« eingesetzt, indem »bisher zinslose und festliegende Debitoren wieder zinstragend wurden oder ganz oder teilweise zurückgezahlt ... worden sind«.[125] Wenn sich demnach der Anteil zinsloser und minderverzinslicher Kredite am gesamten Kreditgeschäft rückläufig entwickelte, könnte dadurch der überproportionale Rückgang der Kontokorrentkredite am Kreditgeschäft mit Blick auf die Durchschnittsverzinsung kompensiert worden sein. Allerdings sorgte die gute Ertragslage vieler Kreditkunden nicht nur dafür, dass das Kreditgeschäft der Commerzbank Mitte der 1930er Jahre wieder auf eine solide Basis gestellt werden konnte, sondern die Kreditnachfrage blieb auch weiterhin schwach, sodass sich die Konkurrenz der Banken um die Kreditkunden verschärfte, was wieder zu Regelverletzungen verleiten konnte.

Dieses auf alle Großbanken grundsätzlich in ähnlicher Weise zutreffende Gesamtbild besaß aber noch einen Commerzbank-spezifischen Aspekt. Denn die Aufrüstungs- und Autarkiepolitik der Nationalsozialisten hatte zu einer deutlichen Verschiebung der relativen Bedeutung der Wirtschaftssektoren zugunsten der Grundstoff- und Produktionsgüterindustrien geführt, die vor allem von dem rüstungsgetriebenen konjunkturellen Aufschwung Mitte der 1930er Jahre profitierten. Ganz anders war die Situation bei der Konsumgüterindustrie, die wesentlich stärker durch kleine und mittlere Unternehmen geprägt war. Insbesondere die Nahrungsmittelindustrie und der Handel litten auch darunter, dass Löhne und Gehälter auf dem Krisenniveau der frühen 1930er Jahre eingefroren worden waren. Die Konsumnachfrage stieg zwar leicht, aber nur aufgrund des Abbaus der Arbeitslosigkeit und der ohnehin besser verdienenden Freiberufler und außertariflichen Angestellten. Unter den Ordnungsbedingungen der Weimarer Republik hätten die Gewerkschaften deutliche Lohnerhöhungen durchsetzen können, wodurch das Konsumniveau breiter Bevölkerungsschichten angehoben worden wäre. Im Fall der Textilindustrie kam hinzu, dass die Einfuhr textiler Rohstoffe wie Wolle oder Baumwolle erheblich erschwert wurde, wodurch es der Textilindustrie noch nicht einmal möglich war, den bescheidenen Nachholbedarf der Bevölkerung vollumfänglich zu befriedigen, wobei die Beimengungspflicht synthetischer

Kundenhalle der Commerzbank in Düsseldorf, um 1939

Ersatzstoffe die Nachfrage weiter dämpfte.[126] Aufgrund ihrer Kundenstruktur, die sehr viel stärker durch diese von der Wirtschaftspolitik des Reichs benachteiligten Branchen geprägt war als diejenige der anderen Großbanken, profitierte auch die Commerzbank weniger stark von der konjunkturellen Belebung. Da außerdem die Wirtschaft in denjenigen Regionen, in denen die Commerzbank besonders stark vertreten war, überdurchschnittlich vom Außenhandel (Hamburg) und der Konsumgüterindustrie (Freistaat Sachsen und preußische Provinz Sachsen) geprägt war, setzte die wirtschaftliche Erholung dort ebenfalls vergleichsweise spät und nur langsam ein. Lediglich bei der Berliner Zentrale und den Filialen in Westdeutschland, wo die Commerzbank ebenfalls stark vertreten war, wird sich die konjunkturelle Erholung frühzeitig bemerkbar gemacht haben. Aber dort waren auch die Konkurrentinnen gut vertreten, und das in den meisten Fällen schon deutlich länger.

Die hohe Selbstfinanzierungsquote großer Teile der deutschen Industrie aufgrund ihrer exzellenten Ertragslage minderte aber nicht nur deren (Bank-)Kreditbedarf, sondern auch das Interesse von Aktiengesellschaften an Aktien- oder Anleiheemissionen. So sank das Volumen der in Deutschland neu emittierten Aktien zunächst vor allem krisenbedingt von 1,4 Mrd. RM auf dem Höhepunkt 1927 auf 150 (1932) und 91 Mio. RM (1933), während Industrieobligationen praktisch gar nicht neu auf den Markt kamen und sich der Umlauf aufgrund von Rückzahlungen verringerte.[127] Nach der Überwindung der Krisenfolgen stieg die Inanspruchnahme des Kapitalmarkts durch Handel und Industrie jedoch nur sehr langsam wieder an,[128] was nicht ohne Folgen für das privatwirtschaftliche Emissionsgeschäft der deutschen Großbanken blieb.

Die gute Ertragslage der meisten deutschen Unternehmen war aber nicht die einzige Ursache für die geringe Kapitalmarktnachfrage der Privatwirtschaft. Mindestens genauso bedeutsam war die Kapitalmarktregulierung, die zwar schon vor der Machtübernahme der Nationalsozialisten mit der Einführung einer Emissionskontrolle im Dezember 1931 eingesetzt hatte, aber danach wesentlich verschärft wurde. Das privatwirtschaftliche Emissionsgeschäft wurde seit 1933 regelrecht »ausgetrocknet«.[129] Denn dadurch erhöhte sich die Attraktivität festverzinslicher Wertpapiere und eröffnete Spielräume für Zinssenkungen. Die Zinssenkungen wiederum erhöhten die Attraktivität von Aktien, was auch den überraschend schnellen Erfolg der Reprivatisierung der drei Großbanken erklärt.

Die geringen Neuemissionen an den deutschen Börsen wirkten sich unmittelbar auf das Emissionsgeschäft der Großbanken aus. Das Gründungsgeschäft kam sogar fast ganz zum Erliegen. Während die Commerzbank 1928 noch an 52 Aktienemissionen beteiligt war, davon sieben Gründungen, waren es 1934 nur 13.[130] Anschließend stabilisierte sich das Emissionsgeschäft der Commerzbank jedoch auf niedrigem Niveau. Einen gewissen Ausgleich boten die Anleihekonversionen in neue, niedriger verzinste Schuldtitel.[131]

Die Erträge aus dem Konsortial- und Emissionsgeschäft wurden in der Gewinn-und-Verlust-Rechnung der Commerzbank allerdings nicht ausgewiesen, sodass deren Entwicklung während der 1930er Jahre und im Vergleich zur zweiten Hälfte der 1920er Jahre nicht ermittelt werden kann. Man darf aber wohl davon ausgehen, dass die Anleihekonversionen die Rückgänge im Neuemissionsgeschäft nur zum Teil ausgleichen konnten, sodass dieser Geschäftszweig nicht wieder die alte Bedeutung der späten 1920er Jahre erreichte. Eine Folgewirkung der insgesamt geringeren Börsenaktivitäten war eine verringerte Nachfrage nach Report- und Lombardkrediten auf börsengängige Wertpapiere. Während die Commerzbank 1932 noch Wertpapierlombards in Höhe von 11,4 Mio. RM in ihrer Bilanz auswies, sank der Wert innerhalb eines Jahres auf 5,4 Mio. RM, um dann in den Folgejahren bis zum Kriegsausbruch kontinuierlich weiter zurückzugehen.[132]

Die ausbleibende Erholung des Außenhandels nach den Verwerfungen der Krise war zwar kein rein deutsches, sondern ein weltweites Phänomen, wie die Renaissance des Protektionismus und der Zusammenbruch des Weltwährungssystems mit Devisenkontrollen und einem Abwertungswettlauf zahlreicher Währungen zeigten. Aber im nationalsozialistischen Deutschland wurde eine besonders radikale Politik der Abkopplung vom Weltmarkt betrieben. Durch die bewusste Abkopplung von einer weltweiten Verflechtung der Wertschöpfungsketten sollte das rohstoffarme Reich von Rohstoffimporten weitgehend unabhängig werden; und selbst dort, wo Rohstoffimporte unumgänglich waren, versuchte die Reichsregierung mit dem sogenannten »Neuen Plan«, den Außenhandel auf die Basis einer Art »Naturaltausch« umzustellen.[133] Dadurch gelang es zwar, die vor dem Weltkrieg und nach der Inflation notorisch negative Handelsbilanz seit der Mitte der 1930er Jahre weitgehend auszugleichen, aber auf sehr niedrigem Niveau.

Entsprechend stark ging auch die Nachfrage nach Finanzdienstleistungen im Außenhandel zurück, was die Commerzbank, bei der dieser Geschäftszweig ein Stützpfeiler des Geschäftsmodells gewesen war, besonders hart traf. Der Wechselbestand entwickelte sich zwar nicht ungünstig. Da aber eine saubere Abgrenzung der Handels- von den Finanzwechseln in der Bilanz nicht vorgenommen wurde, war das für die Öffentlichkeit kaum zu erkennen. Welche Größenordnung der Rückgang der Außenhandelsfinanzierung angenommen hatte, ließ sich aber auch für die Zeitgenossen anhand des Rückgangs der ausgewiesenen »Warenvorschüsse«[134] abschätzen. Nach der Fusion mit der Mitteldeutschen Creditbank und vor der Fusion mit dem Barmer Bank-Verein hatte die Commerzbank-Bilanz Ende 1930 Warenvorschüsse in Höhe von 265 Mio. RM ausgewiesen. Das entsprach 15 Prozent der Bilanzsumme. Dieser Wert war krisenbedingt und trotz der zwischenzeitlich erfolgten Fusion mit dem Barmer Bank-Verein Ende 1932 auf gut 200 Mio. RM (oder 13 % der Bilanzsumme) zurückgegangen. Anschließend sackte er bis 1935 auf gut 40 Mio. RM (3 % der Bilanzsumme) ab,[135] um sich dann bis Kriegsausbruch auf diesem niedrigen Niveau zu stabilisieren.

Die Rückgänge bei der (Außen-)Handels- und der Industriefinanzierung (Bankkredite und Wertpapieremissionen) wurden kompensiert durch die Kreditnachfrage der öffentlichen Hand. Das Wachstum der Kreditnachfrage vor allem des Reichs wurde aber nur zum Teil in der Bilanz erkennbar. Denn das Reich traute sich aufgrund der Inflationserfahrung der Bevölkerung nicht, das ganze Ausmaß der Verschuldung offenzulegen. Neben die langfristigen Reichsanleihen und die kurzfristigen, auch als solche in der Bilanz ausgewiesenen Finanzwechsel traten neuartige Papiere wie Arbeitsbeschaffungs- und Mefo-Wechsel, die »geräuschlos« vornehmlich direkt von institutionellen Anlegern wie den Versicherungen und Kreditinstituten übernommen wurden.

Bei einem Wechsel der »Metallurgischen Forschungsgesellschaft mbH« (Mefo), einer im Juli 1933 von fünf Unternehmen der Rüstungsindustrie mit Unterstützung von Reichsbank und Reichswehrminister gegründeten Scheinfirma, handelte es sich um einen als Handelswechsel getarnten Finanzwechsel. Die Rüstungsindustrie stellte für Aufträge des Reichs gegen ihre Forderungen Wechsel auf die Mefo aus, die von dieser akzeptiert wurden und für die das Reich die selbstschuldnerische Bürgschaft übernahm. Da die Mefo-Wechsel attraktiv verzinst waren und die Reichsbank sie anstandslos rediskontierte, waren sie für die Banken eine Möglichkeit, das zurückgehende Angebot »guter«, selbst liquidierender Handelswechsel durch den Diskont von Mefo-Wechseln auszugleichen. Die Laufzeit der Wechsel betrug zwar nur 90 (später 180) Tage. Sie wurden aber immer wieder prolongiert, sodass die Wechsel, sofern sie nicht von der Reichsbank rediskontiert worden waren, letztendlich fünf Jahre im Umlauf bzw. im Wechselportfolio von Banken, Sparkassen und Versicherungen blieben. Bis 1938 summierten sich die ausgegebenen Mefo-Wechsel auf etwa 20,6 Mrd. RM, von denen etwa 8,6 Mrd. RM zwischenzeitlich abgelöst worden waren. Von den 1938 im Umlauf befindlichen Mefo-Wechseln waren etwa die Hälfte bei der Reichsbank rediskontiert worden, sodass sich noch etwa 6 Mrd. RM bei Unternehmen der Rüstungsindustrie, Banken, Sparkassen und Versicherungen befanden.[136]

Da die Mefo-Wechsel in den Bankbilanzen nicht gesondert, sondern zusammen mit den reinen Handelswechseln ausgewiesen wurden, lassen sich der Umfang und das Verhältnis der Handels- zu den Mefo-Wechseln nicht sicher bestimmen. Aus internen Berichten der Banken und aus Revisionsunterlagen lässt sich aber zumindest punktuell die Größenordnung angekaufter Mefo-Wechsel rekonstruieren. Seit dem Frühjahr 1936 scheinen sie die Bilanz der Commerzbank geradezu geflutet zu haben.[137] So wurde im Juni festgestellt, dass sich das Verhältnis von Mefo-Wechseln zu reinen Handelswechseln »in den letzten Monaten« immer ungünstiger entwickelt hatte. Während die Mefo-Wechsel im März nur 12 Prozent des Wechselbestands ausgemacht hatten, waren es im Mai mit 62 Mio. RM schon 30 Prozent.[138] Ende des Jahres lag der Wert dann bei 187,5 Mio. RM, was mehr als 50 Prozent des gesamten Wechselbestands entsprach und damit deutlich höher lag als bei der Deutschen Bank und der Dresdner Bank.[139] Ihr Engagement in diesem Bereich hatte nichts mit einer besonderen Nähe der Commerzbank zur Rüstungsindustrie zu tun, sondern nur mit den Problemen, die sich für sie durch den Bedeutungsverlust des regulären Wechselverkehrs ergeben hatten.

Bis Ende 1937 wuchs der Bestand dann sogar auf 253 Mio. RM an, um ein weiteres Jahr später auf unter 100 Mio. RM abzusinken. Dieser Rückgang war aber kein Anzeichen für einen Bedeutungsverlust der öffentlichen Hand als Schuldner der Commerzbank. Das Reich stellte lediglich seine Rüstungsfinanzierung um, indem die Mefo-Wechsel durch die 1937 emittierten Reichsschätze schrittweise konsolidiert wurden.[140] Zur Deckung des kurzfristigen Finanzierungsbedarfs des Reichs wurde seit Frühjahr 1938 bis zum Frühjahr 1939 mit den sogenannten Lieferschatzanweisungen – oder kurz Lieferschätze – ein neues Provisorium geschaffen. Auch die Lieferschätze dienten der Bezahlung von Rüstungsgütern, waren aber bei der Reichsbank nicht rediskontfähig. Wegen des anhaltend hohen Rüstungstempos wurden innerhalb eines guten Jahres Lieferschätze im Wert von zwischen 6,2 und 6,5 Mrd. RM ausgegeben.[141] Obwohl sie nicht rediskontfähig waren, eine längere Laufzeit hatten und niedriger verzinst waren als die Mefo-Wechsel, waren die Lieferschätze für die Großbanken die einzige zumindest nominell kurzfristige Anlagemöglichkeit der ihnen zufließenden Gelder, als Mefo-Wechsel nicht mehr ausgegeben wurden. Trotz der im Arbeitsausschuss offen angesprochenen Bedenken[142] übernahm die Commerzbank allein im Jahr 1938 Lieferschätze im Wert von 124,3 Mio. RM, wodurch die Position der schwebenden Staatsschuldtitel in der Bilanz von 24,4 (1937) auf 141 Mio. RM (1938) anstieg.[143]

Die Mefo-Wechsel und die Lieferschätze waren neue Finanzierungsinstrumente des Staats. An der Emission von Anleihen des Reichs und der Länder sowie von Schatzanweisungen war die Commerzbank schon seit Jahrhundertbeginn regelmäßig beteiligt worden.[144] Auch wenn sie die meisten Stücke in ihrer Kundschaft platzierte, übernahm sie dennoch immer wieder Anleihen und Schatzanweisungen in das eigene Portfolio. In der Bilanz trennte sie die beiden Positionen nicht. Es ist aber davon auszugehen, dass die Commerzbank, wie die anderen Großbanken auch, die langfristigen Reichstitel eher mied und aus Liquiditätsgründen kurzfristige Papiere bevorzugte.[145] In den Jahren 1933 bis 1935 lag der Anteil der Forderungen der Commerzbank gegen die öffentliche Hand recht konstant bei etwa 20 Prozent der Bilanzsumme. Mit dem Öffnen der Schleusen für die Hereinnahme der Mefo-Wechsel erhöhte sich der Anteil dann 1936 und 1937 auf etwa 30 Prozent, um nach einem leichten Rückgang 1938 im Folgejahr die Grenze von 40 Prozent zu überschreiten.[146]

Nach der Verkündung des Vierjahresplans nahm der Kredit- und Kapitalbedarf der Industrie wieder zu. Das beinhaltete auch eine Lockerung der Restriktionen für Industrieemissionen, allerdings nur für ausgewählte. Um die notwendigen Investitionen in die Ersatzstoffproduktion (Treibstoff, Kautschuk, Textilfasern usw.) und den inländischen Eisenerzbergbau im Rahmen der NS-Autarkiepolitik zu finanzieren, waren die Unternehmen wieder auf den Kapitalmarkt angewiesen. Um sie aber überhaupt dazu zu bewegen, die Produktion von Gütern aufzunehmen, die unter freien Weltmarktbedingungen nicht absetzbar gewesen wären, gab ihnen die Reichsregierung Preis- und Absatzgarantien, ermöglichte ihnen den Zugang zum Kapitalmarkt und übernahm nicht selten auch eine Bürgschaft. So kamen allein im Jahr 1937 Aktien und Industrieobligationen im Gesamtwert von etwa 500 Mio. RM an die Börsen, und das Anleihe- und Konsortialgeschäft der Commerzbank erfuhr in diesem Jahr eine deutliche Belebung. Auf diese Weise verdoppelte sich die Zahl der Aktienemissionen gegenüber dem Stand der Jahre 1935 und 1936, und die Zahl der Emissionen von Industrieobligationen verdreifachte sich sogar.[147]

Aber nicht nur das Emissionsgeschäft erfuhr eine Belebung durch die autarkiewirtschaftlichen Ausbaumaßnahmen der Industrie, auch das Kreditgeschäft profitierte vordergründig. Ein besonders prägnantes Beispiel dafür sind die drei sogenannten Rohstoffkredite der Jahre 1935 bis 1938, mit denen Investitionen in Produktionsanlagen für synthetische Treibstoffe, Zellwolle und Kunstseide gefördert wurden. Auch wenn die Beteiligung an dem Konsortium wie ein normales Konsortialkreditgeschäft aussah, war es nur unter den Bedingungen einer gelenkten Marktwirtschaft zur Vorbereitung eines Angriffskriegs denkbar. Denn schon die beteiligten Unternehmen hätten unter normalen Bedingungen kaum derart massiv in den Aufbau von Produktionsanlagen für kurz- und womöglich auch mittelfristig nicht weltmarktfähige Produkte investiert; und selbst wenn sie es getan hätten, hätten sich die deutschen Großbanken kaum bereit erklärt, ein derartig riskantes Vorhaben zu finanzieren. Die

Rohstoffkredite waren deshalb ebenso wie die meisten Wertpapieremissionen zur Finanzierung von Vierjahresplanvorhaben mit einer Reichsbürgschaft versehen. Es handelte sich also um eine indirekte Kreditvergabe an das Reich, das in letzter Instanz das Risiko der Investition trug.

Im Ergebnis hatte sich die Commerzbank damit zwar aus der institutionellen Abhängigkeit vom Reich durch die Reprivatisierung lösen können. An deren Stelle war aber nun eine wirtschaftliche Abhängigkeit dadurch getreten, dass das Reich der bei Weitem bedeutendste Schuldner der Commerzbank geworden war und ihr Schicksal weitgehend von der Zahlungsfähigkeit des Reichs abhing. Dabei hätte es eigentlich eine der Lehren aus der Bankenkrise sein müssen, dass eine Bank künftig stärker auf die Risikodiversifikation achtete. Aber eine realistische Alternative gab es aus Sicht der Commerzbank zu dieser Politik nicht. Deshalb wäre es wohl auch falsch, von einem neuen Geschäftsmodell zu sprechen, das den Staatskredit zu dem wichtigsten Standbein des Aktivgeschäfts gemacht habe. Vielmehr dürfte die Commerzbank die Deformation ihres Aktivgeschäfts als ein unvermeidbares Zwischenstadium betrachtet haben, bis der Umbau der Wirtschaft abgeschlossen war, sich das Reich langsam wieder in den Weltmarkt integrierte und sich die Hebung des Lebensstandards der breiten Bevölkerung in einer Belebung der Konsumgüterindustrie niederschlug.

Eine interne Diskussion über Chancen und Risiken der einseitigen Ausrichtung auf die direkte und indirekte Staatsfinanzierung ist nicht überliefert und ist wahrscheinlich auch nicht in einem offiziellen Gremium wie dem Arbeitsausschuss des Aufsichtsrats geführt worden. Aber die anfängliche Zurückhaltung, den Anteil der Schuldtitel der öffentlichen Hand an den Aktiva zu erhöhen, weist zumindest darauf hin, dass die Bank nicht ganz freiwillig auf diesen Weg einschwenkte. Denn wie ein Vergleich mit der Dresdner Bank zeigt, erkannte die Dresdner Bank in der Staatsfinanzierung von Anfang an eine Chance, den Rückstand auf den Branchenprimus Deutsche Bank aufzuholen. So machten bei der Dresdner Bank die Forderungen an die öffentliche Hand schon 1934 rund 40 Prozent ihres Aktivgeschäfts aus,[148] während der Wert bei der Commerzbank noch bei etwas über 20 Prozent lag.[149] Auch der bereits erwähnte relativ späte Beginn des Ankaufs von Mefo-Wechseln könnte in diese Richtung interpretiert werden; ebenso wie die Tatsache, dass sich die Commerzbank weder um die Konsortialführerschaft bei den Anleiheemissionen[150] noch bei den Rohstoffkrediten[151] bemühte, obwohl Reinhart gerade in den ersten Jahren der nationalsozialistischen Herrschaft mindestens so viel persönliches Gewicht bei den Behörden in die Waagschale hätte werfen können wie seine Konkurrenten von Deutscher Bank und Dresdner Bank. Auch die Konsortialquote der Commerzbank war im Vergleich zu den beiden Konkurrentinnen eher bescheiden.[152]

Spätestens ab 1936 war die Zurückhaltung dann aber auch bei der Commerzbank vorbei. Hätte sie die Anlagemöglichkeiten, die das Reich direkt oder indirekt eröffnete, nicht genutzt, hätte sie nicht nur den Anschluss an die beiden Branchenführer verloren, sondern der Status als Großbank hätte überhaupt zur Disposition gestanden. Denn die traditionellen Geschäftsfelder reichten bei Weitem nicht mehr aus, um die der Commerzbank reichlich zufließenden Kreditoren mit Gewinn anzulegen. Eine solche Verweigerungshaltung wäre in Anbetracht eines Aufsichtsratspräsidiums, das wesentlich durch Reinhart und Hecker bestimmt wurde, völlig unrealistisch gewesen, selbst wenn es Bedenken des Vorstands gegeben hätte – wofür es aber keinen Beleg gibt.

5.3 Die Commerzbank und die »Arisierung«

Für die anfängliche Zurückhaltung der Commerzbank bei der direkten und indirekten Staatsfinanzierung gab es also gute betriebswirtschaftliche Gründe. Wie wenig politische Überlegungen eine Rolle spielten, zeigt ein anderes Geschäft, das nur unter den Bedingungen der nationalsozialistischen Herrschaft vorstellbar ist, aber quantitativ zu unbedeutend war, als dass die Bank bei einer Verweigerungshaltung in ihrem Bestand hätte gefährdet werden können. Die Rede ist von der »Arisierung« gewerblichen Eigentums oder mit Blick auf die Commerzbank von der Vermittlung von »Arisierungs«-Geschäften. Mergers & Acquisitions gehörten zwar nicht zum Kerngeschäft einer deutschen Großbank, aber die Vermittlung von Geschäftsübernahmen war auch nichts Ungewöhnliches. Deswegen war die Vermittlung von »Arisierungs«-Geschäften im technischen Sinne eine normale Finanzdienstleistung, die selbstverständlich zum Angebotsportfolio auch der Commerzbank gehörte.

Allerdings musste die Commerzbank schon früh feststellen, dass die Konsequenzen, die sich aus der Verdrängung der Juden aus dem Wirtschaftsleben in Deutschland ergaben, keineswegs zu einem »normalen« Geschäft gehörten. So war die Commerzbank als Hausbank der Deutsche Gasglühlicht-GmbH (Auergesellschaft) bereits früh mit dem nationalsozialistischen »Arisierungs«-Druck konfrontiert. Haupteigentümer dieses Unternehmens war der jüdische Unternehmer Leopold Koppel. Sein Unternehmen stellte unter anderem Atemschutzgeräte her, und für dessen wirtschaftliches Überleben war es notwendig, dass es durch die Gasmaskenproduktion den Nachfrageausfall für zivile Atemschutzgeräte ausgleichen konnte. Allerdings weigerten sich die Beschaffungsstellen der Reichswehr, einem »jüdischen Unternehmen« entsprechende Aufträge zukommen zu lassen. Nachdem Koppel bereits im Mai 1933 aus dem Senat der Kaiser-Wilhelm-Gesellschaft hatte ausscheiden müssen, war auch eine geordnete Übergabe des Unternehmens an seinen Sohn Albert nicht mehr möglich. Deswegen bemühte sich Albert

Koppel um eine »arische Tarnung« des Unternehmens durch die (Um-)Gründung in eine Aktiengesellschaft. Die Aktienmehrheit übernahm ein Konsortium unter Führung der Commerzbank, deren Vorstandsmitglieder Bandel und Reinhart in den Aufsichtsrat eintraten, während Albert Koppel nur als angestellter Manager tätig war. Allerdings akzeptierten die Behörden, ebenso wie in zahlreichen anderen Fällen, diese Ausweichstrategie nicht,[153] sodass ein neuer Käufer gesucht werden musste und mit der Degussa auch gefunden wurde.[154] Die Commerzbank war an diesem zweiten Schritt der »Arisierung« der Auergesellschaft, der Übernahme der Aktienmehrheit durch die Degussa, allem Anschein nach nicht mehr beteiligt. Den Kunden Auergesellschaft hatte sie an die Hausbank der Degussa, die Dresdner Bank, verloren.[155]

Die Beteiligung an dem Tarnungsversuch der Familie Koppel und der Rückzug aus dem Geschäft, als die Umgründung als Aktiengesellschaft keine Veränderung in der Haltung der Behörden bewirkte, könnte als eine Zurückhaltung der Verantwortlichen gegenüber spezifisch nationalsozialistischen Geschäften interpretiert werden – ähnlich wie die anfängliche Zurückhaltung gegenüber einer steigenden Abhängigkeit von der öffentlichen Hand als Schuldner. Dazu passt auch die Feststellung, dass sich die Commerzbank anders als ihre beiden Konkurrentinnen nicht an der Übernahme jüdischer Privatbanken im Altreich beteiligt habe.[156] Diese Feststellung ist zwar nicht falsch, aber sie erweckt einen falschen Eindruck. Denn im Jahr 1935 hatte die Commerzbank auf Vermittlung des Bankhauses Warburg mit dem Dresdner Privatbankhaus Gebr. Arnhold über den Kauf von dessen Dresdner Stammhaus einschließlich mehrerer Depositenkassen verhandelt. Wegen des politischen Drucks gegen die jüdische Eigentümerfamilie durch den sächsischen Gauleiter Martin Mutschmann und seinen Gehilfen, den sächsischen Wirtschaftsminister Georg Lenk,[157] hatten die Arnholds entschieden, sich auf ihr Berliner Geschäft zurückzuziehen. Allerdings scheiterten die Verhandlungen, weil es innerhalb des Commerzbank-Vorstands unterschiedliche Ansichten, vor allem zwischen Bandel und Marx, über den Unternehmenswert und damit über die Höhe des Kaufpreises gab. Nach sehr langwierigen Verhandlungen, in deren Verlauf die Commerzbank die von ihr angebotenen Konditionen immer wieder verschlechterte, entschied sich die Familie Arnhold schließlich, ein zwischenzeitlich von der Dresdner Bank unterbreitetes Angebot anzunehmen. Der Verhandlungsführer der Dresdner Bank, Walther Frisch, führte seinen Erfolg gegenüber dem Vermittler Ernst Spiegelberg vom Bankhaus Warburg darauf zurück, dass sich die Commerzbank ihre Niederlage aufgrund der »Überspannung ihrer Forderungen« selbst zuzuschreiben habe.[158] Das deutet nicht auf eine politisch bedingte Zurückhaltung hin, sondern bestenfalls auf eine risikoaverse Haltung und im schlechtesten, aber nicht völlig unrealistischen Fall auf den brutalen Versuch, die Notlage der Familie Arnhold auszunutzen.

Gegen die These der Zurückhaltung spricht auch die Tatsache, dass die Commerzbank in die Liquidation von vier kleineren Privatbankhäusern involviert war. Dabei handelte es sich in zwei Fällen mit Martin Schiff – Marcus Nelken & Sohn (Berlin)[159] und Siegfried Falk (Düsseldorf)[160] um Kommanditen, die durch das schrittweise Ausscheiden der jüdischen Komplementäre und die Einsetzung eines nichtjüdischen Angestellten der Commerzbank zunächst »entjudet« und dann, nachdem sich mit dem Verlust der jüdischen Kundschaft das Geschäftsmodell nicht mehr aufrechterhalten ließ, liquidiert wurden.[161] Bei den beiden weiteren Fällen handelte es sich um die Bankhäuser Max Meyerstein in Hannover[162] und Friedrich Breslau in Frankfurt am Main,[163] über die aber kaum etwas bekannt ist.

Weshalb der Umweg über die »Entjudung« gewählt und die Kommanditen nicht früher liquidiert wurden, ist nicht zweifelsfrei zu klären. Köhler geht davon aus, dass nur die durch nichtjüdische (ehemalige) Angestellte der Commerzbank durchgeführte Liquidation die problemlose Überführung der Beteiligungen und (nichtjüdischen) Kundenbeziehungen auf die örtliche Filiale sicherstellen konnte, weil nur dadurch eine Einflussnahme von Behörden und Parteiinstanzen auszuschließen war.[164] Das musste erst organisiert werden und benötigte Zeit. Im Fall der Commerzbank scheint eine solche Motivlage aber unwahrscheinlich zu sein, weil das eine auf längere Sicht angelegte Planung voraussetzt, die bei der Commerzbank nicht erkennbar ist. Wahrscheinlicher ist deshalb, dass die Commerzbank zumindest bis 1935 noch an die grundsätzliche Tragfähigkeit des Geschäftsmodells glaubte. Mit einem Schwerpunkt auf dem Effektenkommissionsgeschäft oder, wie im Fall von Max Meyerstein, der Finanzierung des Getreidehandels war das Geschäftsmodell ein grundsätzlich anderes als das der benachbarten Filialen und Depositenkassen. Die Schwierigkeiten mit den Behörden und manchen nichtjüdischen Kunden erwartete die Commerzbank mit dem sukzessiven Ausscheiden der jüdischen Komplementäre überwinden zu können. Im Fall der Liquidation stand zu diesem frühen Zeitpunkt noch zu befürchten, dass sich viele jüdische Kunden, die für einen überproportional großen Anteil am Geschäftserfolg sorgten, veranlasst sehen würden, die Bankverbindung zu wechseln, solange es noch Alternativen durch Bankhäuser in jüdischem Eigentum gab. Deshalb wurden im Fall von Martin Schiff – Marcus Nelken & Sohn auch alle Beschäftigten von der Commerzbank übernommen, wozu die Commerzbank bei den fast zeitgleich gescheiterten Verhandlungen mit der Familie Arnhold nicht mehr bereit war. Im Fall von Siegfried Falk dürfte aber auch dessen Verhaftung im Frühjahr 1937 eine Rolle gespielt haben, die im Zusammenhang mit seiner Zugehörigkeit zur jüdischen B'nai-Brith-Loge erfolgt war[165] und durch die sich die Commerzbank vermutlich zum Handeln veranlasst sah.[166]

Wie die gescheiterte »Arisierung« des Dresdner Stammhauses von Gebr. Arnhold durch die Commerzbank und die Beteiligung an der »Entjudung« und Liquidation ihrer Kommanditen deutlich gezeigt haben, war die »Arisierung« gewerblichen jüdischen Eigentums nur in einem sehr engen technischen Verständnis ein »normaler« geschäftlicher Vorgang. Trotzdem ging die Bank aber genau so an dieses Geschäft heran. Wenn die Commerzbank demnach durch die Zentralisierung der Vermittlung solcher Geschäfte bei ihrem Sekretariat der Filialen und Depositenkassen zu Beginn des »Arisierungswettlaufs« des Jahres 1938[167] die Voraussetzungen dafür schuf, sich auch in diesem Geschäftsfeld gegen die Konkurrentinnen behaupten zu können, hatte das nichts mit antisemitischen Überzeugungen oder auch nur mit plumper Anbiederung an die nationalsozialistischen Machthaber zu tun. Vielmehr war es unter der Voraussetzung einer grundsätzlichen Bereitschaft, die Grenzen eines ungeschriebenen Verhaltenskodex »ehrbarer Kaufleute« zu überschreiten, eine aus betriebswirtschaftlichen Überlegungen heraus gebotene Reaktion. Denn die beiden anderen Großbanken hatten bereits Ende 1937, spätestens Anfang 1938 die institutionellen Voraussetzungen geschaffen, um, wie es die Vorstandsmitglieder der Deutschen Bank in einem Schreiben an ihre Filialdirektionen begründeten, die durch »die Umschaltung nichtarischer Firmen« sich »bietenden Geschäftsmöglichkeiten« auszunutzen und zu verhindern, dass Kunden der Filialen durch die »Einschaltung der ... auf diesem Gebiet äußerst rührigen Konkurrenz verloren« gehen.[168] Unter der »äußerst rührigen Konkurrenz« dürfte die Deutsche Bank aber zu diesem Zeitpunkt nicht ausschließlich, vielleicht noch nicht einmal in erster Linie die beiden anderen Großbanken verstanden haben, sondern die im »Arisierungs«-Geschäft besonders aggressiv auftretenden Regionalbanken[169] und wohl auch, insbesondere wenn es um Grundstücke ging, die Sparkassen und Versicherungsgesellschaften.

Der Vorteil der Großbanken gegenüber dieser Konkurrenz lag erstens in ihrer reichsweiten Filialorganisation und zweitens in ihrer internationalen Ausrichtung, was mit Blick auf den Vermögenstransfer in einer von Devisenkontrollen geprägten Welt für die auswanderungsbereiten jüdischen Kunden sehr wichtig war. Um diesen Konkurrenzvorteil auszunutzen, musste das Geschäft der »Arisierungs«-Vermittlung in Berlin zentralisiert werden. Die Dresdner Bank richtete dafür 1937 bei ihrer Konsortialabteilung ein ausschließlich für die »Arisierungs«-Vermittlung zuständiges Büro (»Arisierungs«-Abteilung) ein,[170] während es Deutsche Bank und Commerzbank in ihrer für das Filialgeschäft zuständigen Abteilung zusammenfassten. Der Vorteil der Zentralisierung bestand darin, dass – da sich nicht jeder Filialleiter mit den für auswanderungswillige Juden relevanten Bestimmungen des Steuer- und Devisenrechts auskannte – diese Informationen zuverlässig und auf dem neuesten Stand über Berlin verbreitet werden konnten. Zweitens wurden Listen erstellt, in denen die Filialen zum einen über möglicherweise bald zum Verkauf anstehende Objekte informierten und zum anderen Personen benannten, die an der »Arisierung« von Unternehmen in bestimmten Branchen interessiert waren. Daraus stellte dann die Berliner Zentrale eine Informationsbroschüre zusammen, die immer wieder aktualisiert an sämtliche Filialleitungen verteilt wurde. In einem als »streng vertraulich« gekennzeichneten Schreiben der Vorstandsmitglieder der Commerzbank Bandel und Marx an die Filialdirektionen hieß es Anfang Februar 1938 dazu: »Im Interesse einer Erhaltung und möglichen Ausdehnung alter und der Anknüpfung neuer Verbindungen bitten wir, die Vorgänge aufmerksamst zu beobachten mit dem Ziel, Verkaufsbereite und Anlagesuchende zusammenzuführen.« Das konnten auch Regionalbanken und Sparkassen. Für etwas größere Objekte war aber der örtliche, bestenfalls regionale Rahmen des Filialbezirks zu klein, um einen Verkauf in jedem Fall erfolgreich vermitteln zu können. Deshalb hieß es in dem Schreiben weiter: »Da das vielfach im Kreise ihrer Filialen nicht möglich sein wird, bitten wir, uns über geeignete Fälle zu berichten, damit wir die im Rahmen unseres Gesamt-Instituts liegenden größeren Möglichkeiten dienstbar machen können.«[171]

Durch die Zentralisierung des Informationsflusses konnten Käufer und Verkäufer von »Arisierung«-Objekten aus verschiedenen Teilen des Reichs zusammengebracht werden. So gelang es beispielsweise der Chemnitzer Regionalbank Bayer & Heinze, für eine Wattefabrik in Breitenau einen Käufer zu finden. Der Interessent, der sich gleich als »Parteigenosse« vorstellte, verfügte aber nicht über ausreichende Geldmittel und benötigte einen stillen Teilhaber. Den konnte Bayer & Heinze aber nicht bieten, und das war die Gelegenheit für die Commerzbank, sich in die »Arisierung« einzuschalten und von dem Käufer im Gegenzug für die Vermittlung eines »Geldmannes« zu verlangen, künftig die Hälfte der Umsätze des »arisierten« Unternehmens über die Commerzbank abzuwickeln. Dabei interessierte es die Commerzbank wenig, dass der Käufer nach eigener Aussage Bayer & Heinze schriftlich zugesagt hatte, die Regionalbank zur alleinigen Hausbank zu machen.[172]

Die Zentralisierung des Informationsflusses erlaubte es aber auch, schneller zu reagieren. Denn Schnelligkeit war in den Wochen des »Arisierungswettlaufs« 1938 von außerordentlich großer Bedeutung. Schließlich kam es darauf an, das Unternehmen oder Geschäft eines jüdischen Kreditkunden innerhalb der eigenen nichtjüdischen Kundschaft zu vermitteln, bevor sich eine andere Bank einschalten konnte. Andererseits bot dieser massenweise Besitzerwechsel die einmalige Chance, die Marktanteile innerhalb des Filialbezirks zu den eigenen Gunsten zu verschieben, indem man ein »Arisierungs«-Objekt, dessen jüdischer Inhaber Kunde eines anderen Kreditinstituts war, an die eigene Kundschaft vermittelte. Neben einem schnellen und effektiven Informationsfluss waren aber auch gute Beziehungen zu den Behörden und insbesondere zu den Gauwirtschaftsberatern nötig. Mit ihnen musste nicht nur Einvernehmen über den Verkaufspreis, sondern auch über die Person des Erwerbers hergestellt werden.[173] Gelang dies nicht auf Anhieb, konnte ein konkurrierendes Kreditinstitut mit einem anderen Erwerber zum Zuge kommen.

Wie proaktiv sich die einzelnen Filialen bei der Vermittlung von »Arisierungs«-Geschäften im Einzelnen verhielten, hing von verschiedenen

Faktoren ab. Eine einheitliche Linie konnte es bei der Vielzahl von beteiligten Personen und dem grundsätzlich immer noch dezentralen Charakter des Filialgeschäfts nicht geben. Insofern lässt sich eine ähnliche Tendenz auch bei der Dresdner Bank beobachten.[174] Grundsätzlich ist aber festzuhalten, dass es einen Anreiz für die Bank gab, auch ohne Intervention von behördlicher oder Parteiseite bei den Verhandlungen tendenziell die Position des Erwerbers gegenüber der des jüdischen Kunden einzunehmen. Denn es musste ihr vorrangiges Interesse sein, den Erwerber als zukünftigen Kunden zufriedenzustellen, damit sie durch die »Arisierung« nicht die Bankverbindung verlor. Der jüdische Verkäufer hatte dagegen oftmals keine Möglichkeit, vor der »Arisierung« die Bank zu wechseln, namentlich wenn er gegenüber seiner Hausbank verschuldet war und die Schulden nur durch den Verkauf seines Geschäfts tilgen konnte. Einen Anreiz, dessen Interessen angemessen zu berücksichtigen, gab es deshalb für die Bank nicht, zumal der jüdische Kunde nach der »Arisierung« in den meisten Fällen auswanderte und somit die Bankverbindung ohnehin beendet wurde.[175]

Ob diese für den jüdischen Kunden ungünstige Anreizstruktur jedoch auch im konkreten Einzelfall zum Tragen kam, hing von weiteren Faktoren ab. Dazu gehörte nicht zuletzt die Person des Filialleiters, der durchaus Skrupel haben konnte, einen ihm gut bekannten und von ihm geschätzten jüdischen Kunden einem nichtjüdischen, nach der Definition von Frank Bajohr »skrupellosen Profiteur«[176] auszuliefern. Auch hier galt vermutlich, ähnlich wie bei der »Entjudung« der Commerzbank-Belegschaft, dass je näher der jüdische Kunde dem Entscheidungsträger in der Filiale stand, desto wahrscheinlicher ein respektvoller und im Rahmen des Möglichen auch fairer Umgang mit dem Kunden war. Auf der anderen Seite konnte auch ein bei der Akquise von »Arisierungs«-Geschäften vor Ort besonders aggressiv auftretender Konkurrent zu einer Verstärkung der erwähnten Anreizstruktur führen, wie etwa in Chemnitz, wo neben den Großbanken Deutsche Bank und Dresdner Bank sowie der sächsischen Regionalbank Allgemeine Deutsche Credit-Anstalt (ADCA) mit Bayer & Heinze noch ein weiteres regional tätiges Institut präsent war. Bei dieser ehemaligen Kommandite des Bankhauses Arnhold, deren Anteile die reichseigene Reichs-Kredit-Gesellschaft übernommen hatte, war Anfang 1938 der jüdische Teilhaber ausgeschieden.[177] Seitdem erblickte Bayer & Heinze in einer proaktiven »Arisierungs«-Vermittlung die Chance, den Abstand gegenüber den größeren Konkurrenten zu verkürzen, und legte ein entsprechend aggressives Geschäftsgebaren an den Tag.[178] Hinzu kam, dass sich die neuen Eigentümer sicher sein konnten, die Rückendeckung des sächsischen Gauleiters Martin Mutschmann zu besitzen, der wohl wie ansonsten nur noch der mittelfränkische Gauleiter Julius Streicher jüdische Unternehmer drangsalierte.[179]

Wie umfangreich das Geschäft der »Arisierungs«-Vermittlung bei der Commerzbank war, lässt sich nur grob schätzen. Immerhin existiert eine Nachkriegszusammenstellung von vier Filial- bzw. Depositenkassenleitern über alle von ihnen vermittelten »Arisierungen«, und das waren zusammen über 70 Fälle.[180] Insofern ist es wohl in Anbetracht ihrer 250 Filialen und 110 Depositenkassen nicht übertrieben, von insgesamt mehr als 1000 »Arisierungs«-Fällen auszugehen, die durch die Commerzbank vermittelt wurden. Rechnet man die Liquidationen hinzu, an denen die Commerzbank beteiligt war, werden es noch weit mehr gewesen sein.[181]

Durch eine Änderung des Devisengesetzes hatten die Behörden ab 1937 die Befugnis, bei Verdacht einer geplanten Verletzung oder Umgehung von Vorschriften der Devisenbewirtschaftung dem Verdächtigen die Verfügungsberechtigung über sein Eigentum zu entziehen, Treuhänder für das Vermögen einzusetzen und auch »sonstige sichernde Anordnungen« zu treffen, die »zur Verhinderung der beabsichtigten Vermögensverschiebung erforderlich« seien.[182] Mit dem scheinbar verfolgungsneutralen neuen Devisengesetz war somit die Voraussetzung geschaffen worden, Guthaben und Depots bei den Banken zu sperren. Das galt zwar theoretisch für alle Bürger, in der Praxis betraf es aber ausschließlich Juden. Um schnell reagieren zu können, führte die Commerzbank die Kennzeichnungspflicht aller bei ihr geführten »jüdischen« Konten bereits Anfang September 1938 und damit vor einer entsprechenden Verordnung ein.[183] Damit trugen die Commerzbank-Konten schon lange vor ihren Besitzern den »Judenstern«.[184]

Nach dem Novemberpogrom 1938 und der unmittelbar folgenden Einführung einer auch als »Sühneleistung« bezeichneten »Judenvermögensabgabe«, deren erste Rate bereits Mitte Dezember fällig wurde,[185] verhängte der Staatssekretär im Reichswirtschaftsministerium Rudolf Brinkmann Ende November eine Verkaufssperre über den jüdischen Wertpapierbesitz.[186] Über den Nachfolger des alten Bankenverbands, die Wirtschaftsgruppe Privates Bankgewerbe, wurden die Banken gleichzeitig angewiesen, die Wertpapierdepots deutscher und staatenloser Juden unverzüglich zu sperren. Daraufhin forderte die Zentrale der Commerzbank am 12. November ihre Filialen auf, die Salden ihrer jüdischen Kundschaft zu melden.[187] Drei Tage später folgte die Aufforderung, alle Kredite an Juden dahingehend zu prüfen, ob diese »einwandfrei gesichert« seien.[188] Weiter gehende Weisungen für »einwandfrei gesicherte« Kredite gab es nicht. Entscheidungen über die Auszahlung von Guthaben jüdischer Kunden wurden vielmehr den Filialleitern überlassen. Allerdings wurden sie gewarnt, »sich nicht dem Vorwurf einer eventuellen Begünstigung oder Mithilfe auszusetzen«.[189] Trotzdem ließen manche Filialleiter ihre jüdische Kundschaft weiter über ihre Konten verfügen.[190] Denn die Sperrung bezog sich nur auf die Wertpapierdepots.

Tatsächlich ließen sich die Auswirkungen der Sperrungsverfügung aber nicht auf die Wertpapierdepots beschränken. Denn Verkäufe waren in diesen Wochen lediglich mit einer Sondergenehmigung möglich, die nur erteilt wurde, wenn eine Auswanderung geplant war. Damit waren auch die Interessen der Banken betroffen, zumal die Wirtschaftsgruppe Privates Bankgewerbe darauf hinwies, dass Effektenverkäufe »zum Zwecke der Abdeckung eines bankmäßigen Debetsaldos« nicht genehmigungsfähig seien. Damit sollten wahrscheinlich alle Versuche der Geschäftsbanken unterbunden werden, jüdische Geschäftskunden zu veranlassen, zur Abdeckung ihrer Firmenschulden Effekten aus ihrem Privatbesitz anzuschaffen, bevor die Raten für die »Sühneleistung« das Privatvermögen entscheidend dezimierten.[191]

Dieser etwa drei Wochen anhaltende ungeklärte Rechtszustand wurde erst Anfang Dezember durch die »Verordnung über den Einsatz des jüdischen Vermögens« (»Einsatzverordnung«) beendet. Dadurch wurde nicht nur die zwangsweise »Entjudung« der deutschen Wirtschaft festgeschrieben, sondern es wurden auch die Kennzeichnungspflicht »jüdischer« Konten, der Depotzwang für Wertpapiere und Verkaufsbeschränkungen für Wertgegenstände in jüdischem Besitz eingeführt.[192] Damit war zwar die Rechtslage geklärt, aber auch die Nachrangigkeit der Bedienung privater Schulden eines Juden gegenüber den Forderungen des Reichs festgeschrieben, was die Banken natürlich beunruhigte. In dieser Situation präsentierte der Vorstand der Commerzbank dem Arbeitsausschuss das Ergebnis der Mitte November veranlassten Erhebung über das »Engagement der Bank mit jüdischen Firmen«. Danach belief sich die Gesamthöhe auf etwa 3 Mio. RM Aval- und 20,8 Mio. RM (vermutlich überwiegend) Kontokorrentverpflichtungen. Die Besicherung wurde als ausreichend eingeschätzt, was wohl nichts anderes bedeutete, als dass die Firmeneigentümer nicht auf ihr Privatvermögen würden zurückgreifen müssen, das wegen der »Judenvermögensabgabe« womöglich nicht mehr ausreichen würde, um die (nachrangige) Forderung der Bank zu befriedigen. Verluste über die bereits vorhandene Rückstellung in Höhe von 2 Mio. RM hinaus erwartete der Vorstand deshalb nicht.[193] Obwohl sich die Lage aus der Sicht der Commerzbank damit als weniger gefährlich erwies, als man womöglich anfangs befürchtet hatte, war spätestens jetzt klar, dass jüdische Kreditkunden ein »schlechtes Risiko« waren, und folgerichtig verfügte das Berliner Sekretariat der Filialen und Depositenkassen nur einen Tag später, dass die Vergabe neuer Kredite an Juden gar nicht mehr und Auszahlungen an den Kunden nur noch in Höhe der Eingänge auf seinem Konto zulässig seien. Daneben durften Wechsel nur noch diskontiert werden, wenn es sich bei dem Akzeptanten »um einen Arier handelt, der für den Betrag unbedenklich gut« sei.[194]

Die Liste »schlechter Risiken« aufgrund der Zuschreibung eines Kreditkunden als »jüdisch« war zwar lang, aber es waren immer noch Einzelfälle. Andere jüdische Kunden blieben bis 1937 unbehelligt, insbesondere wenn sie ein erfolgreiches Exportgeschäft besaßen und deswegen dringend benötigte Devisen beschafften. Solche Unternehmen standen auch bei der Commerzbank nicht unter besonderer Beobachtung, weil das Regime sie in ihrer wirtschaftlichen Tätigkeit in der Regel nicht behinderte. Gleiches gilt vermutlich auch für vermögende Privatpersonen, die Effektenlombardkredite nachfragten, solange sie nicht in besonderer Weise durch die Nationalsozialisten drangsaliert

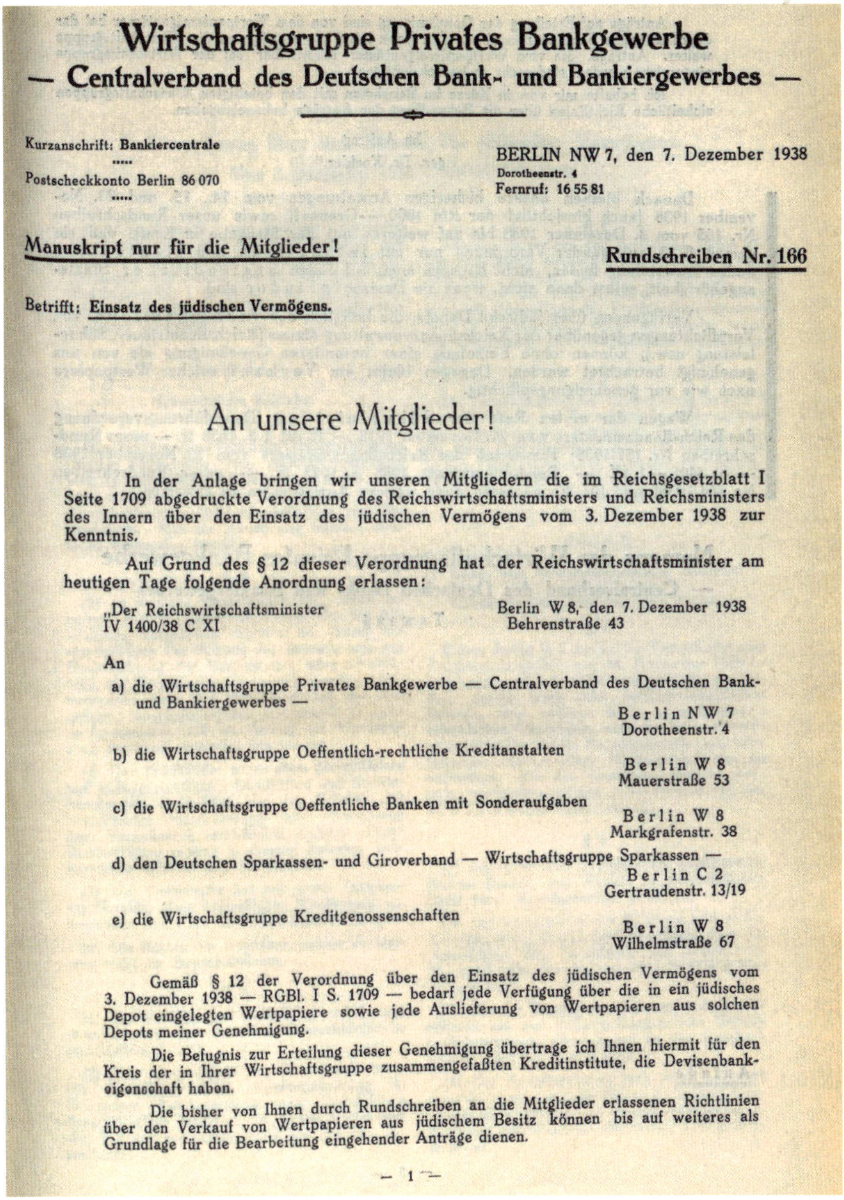

Wirtschaftsgruppe Privates Bankgewerbe

— Centralverband des Deutschen Bank- und Bankiergewerbes —

Kurzanschrift: Bankiercentrale

Postscheckkonto Berlin 86 070

BERLIN NW 7, den 7. Dezember 1938
Dorotheenstr. 4
Fernruf: 16 55 81

Manuskript nur für die Mitglieder!

Rundschreiben Nr. 166

Betrifft: **Einsatz des jüdischen Vermögens.**

An unsere Mitglieder!

In der Anlage bringen wir unseren Mitgliedern die im Reichsgesetzblatt I Seite 1709 abgedruckte Verordnung des Reichswirtschaftsministers und Reichsministers des Innern über den Einsatz des jüdischen Vermögens vom 3. Dezember 1938 zur Kenntnis.

Auf Grund des § 12 dieser Verordnung hat der Reichswirtschaftsminister am heutigen Tage folgende Anordnung erlassen:

„Der Reichswirtschaftsminister
IV 1400/38 C XI

Berlin W 8, den 7. Dezember 1938
Behrenstraße 43

An

a) die Wirtschaftsgruppe Privates Bankgewerbe — Centralverband des Deutschen Bank- und Bankiergewerbes —
Berlin NW 7
Dorotheenstr. 4

b) die Wirtschaftsgruppe Oeffentlich-rechtliche Kreditanstalten
Berlin W 8
Mauerstraße 53

c) die Wirtschaftsgruppe Oeffentliche Banken mit Sonderaufgaben
Berlin W 8
Markgrafenstr. 38

d) den Deutschen Sparkassen- und Giroverband — Wirtschaftsgruppe Sparkassen —
Berlin C 2
Gertraudenstr. 13/19

e) die Wirtschaftsgruppe Kreditgenossenschaften
Berlin W 8
Wilhelmstraße 67

Gemäß § 12 der Verordnung über den Einsatz des jüdischen Vermögens vom 3. Dezember 1938 — RGBl. I S. 1709 — bedarf jede Verfügung über die in ein jüdisches Depot eingelegten Wertpapiere sowie jede Auslieferung von Wertpapieren aus solchen Depots meiner Genehmigung.

Die Befugnis zur Erteilung dieser Genehmigung übertrage ich Ihnen hiermit für den Kreis der in Ihrer Wirtschaftsgruppe zusammengefaßten Kreditinstitute, die Devisenbankeigenschaft haben.

Die bisher von Ihnen durch Rundschreiben an die Mitglieder erlassenen Richtlinien über den Verkauf von Wertpapieren aus jüdischem Besitz können bis auf weiteres als Grundlage für die Bearbeitung eingehender Anträge dienen.

— 1 —

Rundschreiben der Wirtschaftsgruppe Privates Bankgewerbe zur »Verordnung über den Einsatz des jüdischen Vermögens«, 7. Dezember 1938

wurden. Im Jahr 1938 änderte sich das aber grundlegend. Seit Dezember 1938 waren es nicht mehr einzelne Unternehmen im jüdischen Besitz oder jüdische Privatpersonen, bei denen die Bankleitung die Rückführung der Kredite einforderte. Jetzt wurden Juden per se als »schlechtes Risiko« bewertet.

Die Herabstufung der Bonität jüdischer Kreditkunden hatte aber auch das »normale« Bankgeschäft betreffende Konsequenzen. So mussten die Banken befürchten, dass die »Judenvermögensabgabe« zu einer Destabilisierung des Kapitalmarkts führen könnte. Denn nach der Reichsabgabenordnung waren Steuern und Abgaben grundsätzlich bar zu entrichten. Aber die wenigsten Abgabepflichtigen dürften in der Lage gewesen sein, kurzfristig 5 Prozent ihres Vermögens und drei Monate später weitere 5 Prozent in Barmitteln verfügbar zu haben, um die ersten beiden Raten der »Sühneleistung« abführen zu können. Es war deshalb zu erwarten, dass innerhalb weniger Wochen in größerem Umfang Aktien und Anleihen verkauft werden würden. Denn nach einer Schätzung des Reichswirtschaftsministeriums betrug der Wertpapierbestand der »jüdischen Depots« zu diesem Zeitpunkt immer noch etwa 1,5 bis 2 Mrd. RM.[195] Wäre davon ein relevanter Teil innerhalb eines knappen Jahres über die Börse verkauft worden, wären die Kurse auf breiter Front unter Druck geraten, was nicht ohne Rückwirkungen etwa auf die Besicherung zahlreicher Kredite nichtjüdischer Kunden geblieben wäre. Allerdings fürchtete auch das Reich einen Kursverlust seiner Anleihen, da eine zeitgleich emittierte Reichsanleihe, die bereits vierte des Jahres, nicht ausreichend gezeichnet worden war. Die Banken erklärten sich zwar zu Jahresbeginn 1939 auf erheblichen Druck hin bereit, die nicht verkauften Stücke aufzunehmen.[196] Aber es war deutlich geworden, dass die Aufnahmefähigkeit des Markts an seine Grenze gekommen war, und in dieser Situation waren Kursverluste von Staatsschuldtiteln aufgrund von Anleiheverkäufen jüdischer »Sühneleistungs«-Pflichtiger das Letzte, was das Reich gebrauchen konnte.

Bereits Ende November hatten die Banken deshalb vorgeschlagen, dass das Reich die Wertpapiere in jüdischem Besitz zu festen Preisen übernehmen solle. Die Verwaltung der Effekten sollte bei den Geschäftsbanken als Treuhänderinnen des Reichs verbleiben, die sich zugleich bereit erklärten, die an das Reich verkauften Effekten aus jüdischem Besitz zu bevorschussen. So konnten sie mittelfristig dafür sorgen, die Effekten ohne Störungen der Effektenmärkte zu verwerten.[197] Nachdem sich Reichswirtschaftsministerium und Reichsfinanzverwaltung mit diesen Vorschlägen einverstanden erklärt hatten,[198] richtete die Commerzbank zur Abwicklung der Inzahlungnahme von Wertpapieren ein Depot für die Preußische Staatsbank (Seehandlung) als Treuhänderin des Reichsfinanzministeriums ein, auf das sie die aus den »jüdischen Depots« entnommenen Effekten buchmäßig umlegte. Aus ihrer Sicht hatte dieses Verfahren den Vorteil, dass sie für die im »Sühnedepot« liegenden Aktien weiterhin das Depotstimmrecht ausüben durfte.[199] Außerdem gestattete es die Seehandlung der Commerzbank, Aktien aus dem »Sühnedepot« zu entnehmen, wenn sie sie an ihre Kunden weiterverkaufen konnte. Ganz unproblematisch war das nicht, denn die Käufer mussten eine Verkaufssperre bis 1940 in Kauf nehmen. Damit sollten die Effekten weiterhin von der Börse ferngehalten werden, was im Interesse aller lag.[200] Wenn es der Commerzbank gelang, die Aktien derjenigen Gesellschaften, an denen sie ein besonderes Interesse hatte, in der eigenen Kundschaft zu platzieren, stellte sie fernerhin sicher, auch für diese Aktien weiterhin das Depotstimmrecht ausüben zu können, sodass ihre Hausbankfunktion nicht angegriffen werden konnte.

Im Unterschied zur »Arisierungs«-Vermittlung, bei der die Commerzbank Kunden verlieren, aber auch neue Kunden gewinnen und Provisionen erwirtschaften konnte,[201] war bei der Abwicklung der »Sühneleistung« für die Bank nichts zu gewinnen. Trotzdem erreichte die Einbindung der Commerzbank in die wirtschaftliche Verfolgung der deutschen Juden im November und Dezember 1938 eine neue Qualität. Gleichzeitig wurde aber auch ihr Handlungsspielraum deutlich eingeschränkt. Über das Lobbying des Bankenverbands gelang es lediglich, mögliche negative Konsequenzen dieser dramatischen Verschiebung der Eigentumsverhältnisse deutscher Aktiengesellschaften auf die Depotbanken zu minimieren. Die Interventionen des Bankenverbands, an dessen Spitze der Aufsichtsratsvorsitzende der Commerzbank Friedrich Reinhart stand, zeigen aber auch, dass sich die Banken durchaus zu wehren wussten, wenn es um ihre eigenen Interessen ging. Es wäre deshalb falsch zu behaupten, dass es für die Banken und damit auch für die Commerzbank bei ihrem Umgang mit jüdischen Kunden gar keinen Handlungsspielraum mehr gab. Die Verantwortung für die wirtschaftliche Verfolgung der Juden in Deutschland kann deswegen nicht allein den Behörden oder gar den Parteistellen zugeschoben werden.

6. Expansion auf tönernen Füßen (1938 bis 1945)

6.1 »Wer marschiert hinter dem ersten Tank?« – die Commerzbank eher nicht

Die territoriale Expansion des »Dritten Reichs« eröffnete den deutschen Großbanken neuartige Geschäftsmöglichkeiten, nachdem sie alle drei mit ihren Filialen in fast allen größeren und vielen kleineren Städten und damit – zumindest grobmaschig – in allen Teilen des (Alt-)Reichs vertreten waren. Denn das Bankwesen bildete in den meisten der überfallenen Länder den Schlüssel für die Ausrichtung der Industrien auf die deutsche Rüstungs- und Autarkiewirtschaft. Insbesondere in den Ländern des ehemaligen Habsburger Reichs zeichnete sich das Bankwesen nicht nur durch ein dem deutschen ähnliches Universalbanksystem aus, sondern mehr noch als die deutschen Großbanken verfügten die österreichischen und tschechoslowakischen Banken über Beteiligungen an den Großindustrien ihrer Länder. Aus der Sicht der Nationalsozialisten war die Neuordnung des Bankwesens deshalb eine der ersten wirtschaftspolitischen Aufgaben nach der Okkupation. Die Deutsche Bank und vor allem die Dresdner Bank erkannten frühzeitig die in der Expansion des »Dritten Reichs« liegenden Chancen und bemühten sich intensiv bei den politischen Stellen des Reichs, bei der Neuordnung der Eigentumsverhältnisse von Banken und Großindustrie ausreichend Berücksichtigung zu finden. Das Verhalten der Dresdner Bank beschreibt deswegen zwar klischeehaft, im Kern aber treffend folgendes, einer tschechischen Widerstandsgruppe zugeschriebenes Spottlied: »Wer marschiert hinter dem ersten Tank? Das ist der Doktor Rasche von der Dresdner Bank.«[1] Schon auf das bei der Deutschen Bank zuständige Vorstandsmitglied Hermann Josef Abs hätte das Lied kaum gepasst, und eine Liedzeile »… das ist der Eugen Bandel von der Commerzbank« hätte sich nicht nur holprig angehört, auch in der Sache hätte es nicht gestimmt. Denn wenn man die Expansion der Commerzbank in die besetzten Gebiete knapp charakterisieren wollte, träfen am ehesten die Adjektive »zögerlich« und »vorsichtig« zu. Dem alten Ideal des »ehrbaren Kaufmanns« fühlte sich die Commerzbank während des Krieges aber auch nicht verpflichtet.

Österreich

Während der Anschluss des Saargebiets an das Deutsche Reich 1935 noch auf der Grundlage des Versailler Vertrags, durch eine Volksabstimmung legitimiert, erfolgt war, waren die folgenden Expansionsschritte das Ergebnis der nationalsozialistischen Gewalt- und Erpressungspolitik, bis sich nach dem Überfall auf Polen die Überfallenen militärisch zur Wehr setzten und mit der Kriegserklärung Großbritanniens und Frankreichs an das Deutsche Reich der Zweite Weltkrieg begann. Der erste Expansionsschritt zielte jedoch auf Österreich, das sich zunächst noch auf die Protektion des faschistischen Italiens hatte verlassen können. Aufgrund der italienischen Expansion im Mittelmeerraum erlahmte allerdings das italienische Interesse an Österreich, und der Weg war für den NS-Staat frei, die österreichische Regierung mit dem Ziel der Schaffung eines österreichischen Satellitenstaats unter Druck zu setzen.

Am 12. März 1938 überschritt die Wehrmacht die deutsch-österreichische Grenze und erreichte wenig später, ohne auf nennenswerten Widerstand zu stoßen, Wien. Der Zeitpunkt des Überfalls kam sicherlich unerwartet, weil die österreichische Regierung durch die Ansetzung einer Volksabstimmung über ein »freies Österreich« überraschend das Heft des Handelns in die Hand genommen hatte, wodurch sich die Reichsregierung zu einer schnellen Reaktion genötigt sah. Aber die Ausdehnung des deutschen Wirtschaftsraums auf die Alpenrepublik hatte sich schon länger abgezeichnet. Insofern hatten die deutschen Großbanken deutlich vor dem Überfall damit beginnen können, sich auf eine Neuordnung des österreichischen Bankwesens vorzubereiten. Denn dass dort die Verhältnisse nicht so blieben, wie sie vorgefunden werden würden, war sowohl den österreichischen als auch den deutschen Banken klar. Für die Anpassung der österreichischen Wirtschaft an die deutsche Aufrüstungs- und Autarkiepolitik waren die Banken einfach zu wichtig.

Vor 1914 hatte Wien zu den bedeutendsten Finanzplätzen Europas gehört. In seinem Zentrum standen eine leistungsfähige Wertpapierbörse und sechs (Filial-)Großbanken. Nach der Zerschlagung des Habsburger Reichs war der Finanzplatz Wien für das kleine (Deutsch-)Österreich jedoch viel zu groß. Denn die Nachfolgestaaten duldeten keine von Wien aus gesteuerte Finanzindustrie, sondern verselbstständigten die sich auf ihrem Territorium befindlichen Filialen der österreichischen Banken und schufen für sie eine neue Zentrale in ihren Hauptstädten.[2] In Wien setzte daraufhin ein weitgehend ungesteuerter, schmerzhafter Schrumpfungsprozess ein, der mit der Übernahme des Wiener Bankvereins durch sowie mit der Übertragung des Bankgeschäfts der Niederösterreichischen Escompte-Gesellschaft auf die Österreichische Credit-Anstalt 1934 sein vorläufiges Ende fand, wobei auch in Österreich der Staat die Banken hatte retten müssen, um einen vollständigen Zusammenbruch zu verhindern.[3]

Zum Zeitpunkt des »Anschlusses« befand sich das seitdem als Österreichische Creditanstalt-Wiener Bankverein firmierende Institut (seit 1939 Creditanstalt-Bankverein) als einzige verbliebene Großbank[4] zu etwa 35 Prozent im Besitz des österreichischen Staats und der Nationalbank.[5] Aufgrund der gerade abgeschlossenen Reprivatisierung der deutschen Großbanken muss jedem Beobachter bewusst gewesen sein, dass das Reich als Rechtsnachfolger kein Interesse an einer staatseigenen österreichischen Regionalbank haben würde. Entsprechend war auch in Österreich mittelfristig eine Reprivatisierung zu erwarten. Andererseits dürfte auch klar gewesen sein, dass es die NSDAP in Anbetracht ihres nach wie vor bestehenden Misstrauens gegen die »Hochfinanz« nicht hinnehmen würde, wenn einer privaten deutschen Großbank ein Quasimonopol auf dem Kredit- und Kapitalmarkt der »Ostmark« eingeräumt werden würde. Der nach Wien entsandte Generalreferent des Reichswirtschaftsministeriums, Hans Kehrl, fasste die Neuordnungsstrategie für seine Berliner Auftraggeber so zusammen, dass in Wien »zwei etwa gleich starke Banken« gebildet werden sollten, die durch ihre Konkurrenz eine Monopolstellung einerseits verhindern, andererseits aber die »Leistungsfähigkeit der Institute sichern« sollten, wobei Creditanstalt-Bankverein und Mercurbank als »einzige lebensfähige Banken« genannt wurden.[6]

Als größte deutsche Bank und aufgrund ihrer traditionell freundschaftlichen Beziehungen zum Wiener Bankverein[7] konnte sich vor allem die Deutsche Bank Hoffnung machen, bei der Reprivatisierung der Creditanstalt-Bankverein den Zuschlag zu bekommen. Deshalb fand die erste Unterredung von Hermann Josef Abs mit deren Generaldirektor Josef Joham bereits Anfang März 1938 statt. Zwei Wochen nach dem »Anschluss« einigte man sich dann darauf, dass die Deutsche Bank 51 Prozent des Aktienkapitals der österreichischen Bank übernehmen sollte. Daraus wurde aber zunächst nichts, da der (nationalsozialistische) Handelsminister des »Landes Österreich«[8], Hans Fischböck, den Freundschaftspakt der beiden Institute nicht genehmigte. Stattdessen erwarb die reichseigene Vereinigte Industrieunternehmungen AG (VIAG) die Aktienmehrheit,[9] deren erklärtes Ziel es war, große Teile des Beteiligungsbesitzes der Creditanstalt-Bankverein zu veräußern. Natürlich erfolgte die Verkaufsaktion nicht nach der Interessenlage der österreichischen Bank, sondern nach den Wünschen der reichsdeutschen Interessenten, allen voran der Reichswerke Hermann Göring.[10] Erst nachdem der Beteiligungsbesitz weitgehend ausgeschlachtet war, durfte die Deutsche Bank, die allerdings auch in der Zwischenzeit eng mit der Creditanstalt-Bankverein zusammengearbeitet hatte, im Jahr 1942 die Aktienmehrheit erwerben.[11]

Auch die Dresdner Bank begann sich frühzeitig auf die neue Situation vorzubereiten. Sie hatte gegenüber der Commerzbank den großen Vorteil, dass sie mit der von der Danat-Bank »ererbten« Mehrheitsbeteiligung an der selbst für österreichische Verhältnisse nur mittelgroßen Mercurbank bereits über ein Standbein im »Anschlussgebiet« verfügte,[12] sodass ihre Strategie darin bestand, die Mercurbank zu einer Konkurrentin für die Creditanstalt-Bankverein auszubauen. Mit Rückendeckung der Dresdner Bank übernahm die

Mercurbank deshalb die Wiener Filiale der französischen Banque des Pays de l'Europe Centrale, die sich aufgrund eines sehr hohen Anteils von »Juden« unter ihren leitenden Angestellten ohnehin in Auflösung befand, sowie die Wiener Filiale der tschechoslowakischen Živnostenská banka. Die Dresdner Bank vereinigte die Institute mit ihrer Mercurbank zur Länderbank Wien und schuf so eine Konkurrentin zur Creditanstalt-Bankverein.[13]

Inwieweit sich auch die Commerzbank bemühte, an der Neuordnung des österreichischen Bankwesens beteiligt zu werden, ist durch Akten nicht belegt. Sicher ist lediglich, dass Friedrich Reinhart Ende März zu Gesprächen mit dem französischen Generaldirektor der Banque des Pays de l'Europe Centrale, Henry Reuter, in Wien war. Es ist aber unwahrscheinlich, dass er dort in seiner Funktion als Aufsichtsratsvorsitzender der Commerzbank unterwegs war. Wahrscheinlicher ist, dass er als Verbandsvertreter mit Reuter die Perspektiven von dessen Bank nach dem »Anschluss« besprechen wollte. Denn im Fall einer Sondierung von Erwerbsperspektiven durch die Commerzbank hätte eher ein Vorstandsmitglied solche Verhandlungen geführt; namentlich Eugen Bandel als die für das Auslandsgeschäft zuständige Person wäre zu erwarten gewesen. Außerdem wurde Reinhart von Otto Christian Fischer begleitet, der zwar Vorstandsmitglied der Reichs-Kredit-Gesellschaft, aber vor allem Leiter der Reichsgruppe Banken war. Mit Reinhart und Fischer sprachen demnach die zwei bedeutendsten Bankenverbandsvertreter aus dem Altreich mit Reuter, die sich nach Reuters Erinnerung vor allem über die zu erwartenden geschäftlichen Schwierigkeiten einer französischen Bank auf dem erweiterten deutschen Finanzmarkt ausließen.[14]

Insofern spricht wenig für die These, dass die Commerzbank wirklich ein Interesse daran gehabt hatte, bei der Neuordnung des österreichischen Bankwesens in ähnlicher Weise wie die Deutsche Bank oder die Dresdner Bank beteiligt zu werden, und nur zu spät reagierte. Schon beim Anschluss des Saargebiets hatte sie sich erkennbar zurückgehalten und bis zum erfolgreichen Abschluss des Frankreichfeldzugs 1940, also fünf Jahre lang, keine Filiale in Saarbrücken errichtet.[15] Die Commerzbank scheute offenbar in Saarbrücken das Risiko einer ertragsschwachen Filiale, und das gilt in anderer Weise auch für Wien. Denn die österreichische Wirtschaft hatte sich 1938 immer noch nicht von der Weltwirtschaftskrise erholt, und aus eigener leidvoller Erfahrung wusste die Commerzbank, dass es unter Umständen mit einer (ersten) Sanierung auch bei den österreichischen Banken nicht getan sein könnte. Ob die zur Übernahme anstehenden Banken tatsächlich für alle möglichen Risiken Rückstellungen gebildet und alle zu hoch bewerteten Aktiva abgeschrieben hatten, konnte in der Kürze der Zeit, die in Anbetracht des Drucks seitens der Behörden und der Konkurrentinnen nur zur Verfügung stand, nicht seriös geprüft werden. Eine neu gegründete Filiale mochte zwar das Problem haben, dass sie sich erst einen Kundenstamm aufbauen musste und demzufolge zunächst kaum rentabel arbeiten würde, aber immerhin konnte es keine bösen Überraschungen durch unvorhergesehene »Altlasten« geben. Ganz auf eine Niederlassung verzichten konnte die Commerzbank aber auch nicht, denn Wien war nicht Saarbrücken.

Dennoch stellt sich die Frage, weshalb die Konkurrentinnen nicht ebenso vorsichtig vorgingen. Insbesondere die Dresdner Bank forcierte noch den behördlichen Zeitdruck durch die Geschwindigkeit, mit der sie ihre Länderbank Wien »zusammenbaute«. Tatsächlich wird der Dresdner Bank klar gewesen sein, dass die Übernahmebedingungen gemessen an den Risiken und der schlechten Verhandlungsposition ihrer jüdischen und ausländischen Verhandlungspartner für sie hätten günstiger ausfallen können. Aber wie schon im Fall der Übernahme des Stammhauses von Gebr. Arnhold in Dresden drei Jahre zuvor, als die Dresdner Bank die Commerzbank durch ein für die Eigentümer günstigeres Übernahmeangebot hatte ausstechen können,[16] war die Dresdner Bank am Ende nicht bereit, den verabredeten Übernahmepreis zu zahlen. Im Fall von Gebr. Arnhold hatte sie dies unter anderem damit begründet, dass ihr gefälschte Bilanzen vorgelegt worden seien. Mit dieser Strategie war die Dresdner Bank insofern erfolgreich gewesen, als sie am Ende etwa 15 Prozent weniger zahlte als im Vertrag vereinbart.[17] Im Fall der Wiener Filiale der Banque des Pays de l'Europe Centrale ging die Dresdner Bank mit Rückendeckung der Behörden ähnlich vor. So sorgte eine auf Vorschlag der Bank erlassene Verordnung des Reichskommissars für die Wiedervereinigung Österreichs mit dem Reich, Josef Bürckel,[18] dafür, dass die Länderbank Wien sich eines Teils der vertraglich zugesicherten Pensionslasten entledigen konnte.[19]

Ein solches Verhalten scheint der Commerzbank nicht in den Sinn gekommen zu sein. Jedenfalls ist bei ihr kein vergleichbares Vorgehen gegenüber einem Vertragspartner nachweisbar. Aber die Genehmigung zur Errichtung einer eigenen Filiale sollte sich hinziehen. Bereits im Frühsommer erklärte das Reichswirtschaftsministerium, dass keine Genehmigungen zur Errichtung von Filialen reichsdeutscher Banken erteilt werden dürften, damit »der Zweck der Gesamtgestaltung (der Neuordnung des österreichischen Bankwesens, D. Z.) nicht illusorisch gemacht« werde;[20] und selbst im Spätsommer 1938 betrachteten es die für die Genehmigung maßgeblichen Instanzen, Reichswirtschaftsministerium, Reichsbank und Reichskommissar für das Kreditwesen, noch als »weniger dringlich«, dem Wunsch der Commerzbank nach Errichtung einer Filiale in Wien zu entsprechen.[21] Bis zum Errichtungsbeschluss des Arbeitsausschusses sollte deshalb noch mehr als ein Vierteljahr vergehen[22] und bis zur Eröffnung dann noch einmal acht Monate, sodass die Commerzbank-Filiale ihr Geschäft erst im August 1939 aufnehmen konnte, d. h. fast eineinhalb Jahre nach dem »Anschluss«.[23] Obwohl die Filiale in der Kärntner Straße gut platziert war, gelang es ihr zunächst nicht, rentabel zu wirtschaften. Zu Jahresbeginn 1943 wurde der Geschäftsumfang der Commerzbank-Filiale Wien vom Bankenverband nicht größer eingeschätzt als der einer »mittleren Zweigniederlassung einer Wiener Großbank«.[24]

Filiale Wien der Commerzbank (Geschäftslokal rechte Bildhälfte unten), 1939

Der unzureichende wirtschaftliche Erfolg lag sicherlich zum einen an der späten Errichtung der Filiale. Denn während Creditanstalt-Bankverein und Länderbank Wien ihre Geschäfte wieder aufbauen und Kundenakquise betreiben konnten, war die Commerzbank in der »Ostmark« weitgehend zur Untätigkeit gezwungen. Aber zum anderen war die Commerzbank als reichsdeutsches Institut den Wiener Behörden auch ein Dorn im Auge. So monierte das österreichische Handelsministerium gegenüber dem Reichswirtschaftsministerium im Dezember 1939 einen Prospekt der Wiener Filiale der Commerzbank für eine Anleihe der Stadt Wien, in dem sich die Bank als »Commerzbank Wien« auswies. Durch die »verwendete Firmenbezeichnung«, so das Fischböck-Ministerium, lasse sich nicht erkennen, »dass es sich bei der Absenderin um eine Zweigniederlassung« handele. Vielmehr werde »der Anschein erweckt, als ob die Bank ihren Hauptsitz in Wien« hätte.[25] Das Reichswirtschaftsministerium stellte zwar fest, dass der Prospekt »nicht den Rahmen der üblichen Werbung« überschreite, da die gewählte Bezeichnung so im Handelsregister eingetragen sei. Aber das Beispiel macht klar, welchen Vorteil die Deutsche Bank und die Dresdner Bank durch ihre scheinbar »österreichischen« Tochterinstitute bei einem österreichischen Nationalsozialisten wie Fischböck besaßen, der wie kaum ein zweiter Österreicher als reichsdeutscher »Brückenkopf«[26] zu Beginn des Jahres 1938 den »Anschluss« betrieben hatte. Er hatte seine Heimat »heim ins Reich« geführt, aber jetzt sollte der Einfluss Reichsdeutscher auf die Angelegenheiten der »Ostmark« möglichst gering gehalten werden. Damit stand Fischböck unter den österreichischen Nationalsozialisten nicht allein, und so wundert es nicht, dass der Leiter der Reichsgruppe Banken in den Alpen- und Donau-Reichsgauen, Hans Stigleitner, 1943 erklärte, dass es »sachlich nicht begründet« sei, dass die Commerzbank eine eigene Filiale in Wien unterhalte, »da ein wirtschaftlicher Bedarf hierfür keinesfalls gegeben« sei. Aus Sicht der Commerzbank seien für die Unterhaltung der Filiale vor allem »Prestigegründe« ausschlaggebend, die aber vom behördlichen Standpunkt »nicht anerkannt werden« könnten. Die Commerzbank solle deswegen eine besondere Vereinbarung mit einer Wiener Bank abschließen, »damit diese die der Commerzbank nahestehenden Firmen kreditmäßig betreut«.[27] Zu einer Schließung der Wiener Niederlassung kam es zwar nicht, und tatsächlich erzielte sie in diesem Jahr sogar einen bescheidenen Gewinn.[28] Aber gemessen an der Bedeutung Wiens als Finanzplatz kann deren Geschäftsergebnis die Commerzbank in Berlin nicht zufriedengestellt haben.

Sudetenland

Als die Commerzbank noch mit den Behörden über die Errichtung einer Filiale in Wien verhandelte, eröffnete sich den Berliner Großbanken schon die nächste Möglichkeit zur Expansion. Mit dem Münchner Abkommen vom September 1938 stimmten die Westmächte und Italien der Eingliederung des zur Tschechoslowakei gehörenden sogenannten Sudetenlands als »Sudetengau«[29] in das Deutsche Reich zu. Dabei handelte es sich um ein industriell entwickeltes Gebiet, das für die deutsche Rüstungs- und Autarkiepolitik von großer Bedeutung war; und deshalb kam dem Bankwesen erneut eine Schlüsselrolle bei der »Germanisierung« der sudetenländischen Wirtschaft zu.

Während die Deutsche Bank und die Dresdner Bank ihr Interesse sofort auf die Filialen der tschechischen Banken im Annexionsgebiet richteten und darüber hinaus die Kreditanstalt der Deutschen, eine vergleichsweise kleine Genossenschaftsbank für die deutsche Minderheit in der Tschechoslowakei, Expansionschancen witterte sowie schließlich sogar die Allgemeine Deutsche Credit-Anstalt (ADCA) als sächsische Regionalbank ihr Interesse anmeldete, hatte die Commerzbank erkennbar kein Konzept. Wie sich später zeigen sollte, scheinen Marx und Bandel unterschiedliche Auffassungen darüber gehabt zu haben, wie und in welchem Umfang sich die Commerzbank engagieren sollte. Trotzdem nahm Marx bereits am 7. Oktober Kontakt mit dem Reichskommissar für das Kreditwesen Friedrich Ernst auf und erklärte, dass es die Commerzbank vorziehe, keine Filialen anderer Banken zu übernehmen, sondern diese neu zu errichten, wobei acht bis zehn Filialen »genügten«. Denn die Bank habe, so ergänzte er wenig später, an der Errichtung von Filialen im böhmisch-mährischen Teil und im böhmisch-schlesischen Teil des »Sudetengaus« kein Interesse. Nur wenn die Errichtung neuer Filialen nicht möglich sein sollte, konnte Marx sich auch eine Übernahme von Filialen der Böhmischen Union-Bank (BUB) vorstellen.[30]

Sehr viel konkreter waren die Deutsche Bank und die Dresdner Bank aufgetreten. Beide wünschten die Übernahme der Filialen der Böhmischen Escompte Bank und Creditanstalt (Bebca), der bedeutendsten Bank im Annexionsgebiet. Weit weniger interessant waren dagegen die Filialen der wichtigsten Konkurrentin der Bebca im Sudetenland, der BUB, weil sie als Sanierungsfall galt, sowie die bedeutendste Prager Bank, die Živnostenská banka, die im »Sudetengau« nur mit vier Filialen vertreten war. Da der Verlust von fast 30 Filialen eine große Bedeutung für ihr Gesamtgeschäft bedeutete, suchte die Bebca unmittelbar nach dem Abschluss des Münchner Abkommens das Gespräch mit Deutscher Bank und Dresdner Bank, um die bestmögliche Übernahmebedingung für ihre sudetenländischen Filialen zu erzielen. Am Ende entschieden aber nicht die Banken, sondern Reichskommissar Ernst, indem er die interessierten Banken aufforderte, Anträge auf die Übernahme und Errichtung von Filialen zu stellen, über die er dann entscheiden würde. Die Leitlinie sollte sein, dass die Dresdner Bank in erster Linie die Filialen der Bebca und der Živnostenská banka übernehmen würde und die Deutsche Bank die Filialen der BUB und der wenig bedeutenden Deutschen Agrar- und Industriebank,[31] was aus der Sicht der Deutschen Bank einer herben Niederlage gleichkam.[32]

Die Commerzbank wurde ebenso wie die ADCA an den Besprechungen überhaupt nicht beteiligt. Allerdings hatte sie ein Gesprächsangebot einer weiteren tschechischen Bank mit Filialen im Sudetenland, der Anglo-československá banka, erhalten. Ihr wurde daraufhin von Reichskommissar Ernst mitgeteilt, dass nur die ADCA die Genehmigung erhalten werde, mit der Anglo-československá banka zu verhandeln. Es sei der Commerzbank aber freigestellt, ob sie Verhandlungen mit der Mährischen Bank und der Böhmischen Industrialbank aufnehmen wolle.[33] Letztere besaß einige bedeutende Beteiligungen, allerdings auf dem Territorium der Zweiten Tschechoslowakischen Republik und damit für deutsche Interessenten einstweilen uninteressant. Außerdem hatte sie sich von der Krise noch nicht erholt und in den letzten Jahren keine Dividende ausgeschüttet.[34] Deshalb warnte auch der für Wirtschafts-, insbesondere Bankfragen zuständige Funktionär der Sudentendeutschen Partei (SDP)[35] in einem

Gespräch mit Ernst davor, dass »in dem Geschäft der tschechischen Banken auf sudetendeutschem Gebiet sehr erhebliche Verlustrisiken« lägen.[36]

Während Marx mit Ernsts Auskunft zufrieden war und allem Anschein nach die Risiken einer Übernahme der Filialen der Böhmischen Industrialbank als zu hoch einschätzte, intervenierte Bandel telefonisch noch am gleichen Tag. Zu Ernsts Überraschung erklärte dieser, dass Marx keineswegs den »Anspruch« der Commerzbank auf die Übernahme einer tschechischen Bank aufgegeben habe. Ausgesprochen verärgert über diese für ihn völlig neue Tonlage wies der Reichskommissar Bandel darauf hin, dass von einem »Anspruch« ohnehin nicht die Rede sein könne, und verwies auf die »völlige Eindeutigkeit«, mit der Marx ihm keine zwei Wochen zuvor mitgeteilt habe, dass »die Commerzbank am liebsten mit vollkommen neuen Filialen ohne Übernahme des Geschäfts anderer Banken in das sudetendeutsche Gebiet gehe«.[37]

Daraufhin scheint es im Commerzbank-Vorstand zu einem Klärungsprozess gekommen zu sein. Allem Anschein nach konnte sich Marx mit seiner Position durchsetzen, war aber bereit, die Genehmigung zur Eröffnung von Filialen im Sudetenland aktiver zu betreiben als im Fall der Filiale Wien. Eine Woche später sprachen Marx und Bandel deshalb erstmals gemeinsam bei Ernst vor, wobei Marx als Wortführer auftrat und Bandel sich im Hintergrund hielt. Zunächst bat Marx um eine zeitnahe Genehmigung zur Errichtung von Filialen an mehreren, dem Reichskommissar bereits früher übermittelten Standorten. Ernst wollte zwar noch keine verbindliche Zusage geben, gestattete der Bank aber, sich in Reichenberg, Aussig und Karlsbad nach geeigneten Räumlichkeiten umzuschauen. Weiterhin erklärte Marx, dass die Commerzbank kein Interesse habe, mit der Böhmischen Industrialbank und der Mährischen Bank in Verhandlungen zu treten.[38]

Zur gleichen Zeit wandte sich auch die ADCA an den Reichskommissar und bat um eine schnelle Entscheidung über die Zukunft der Böhmischen Industrialbank, da die Nachricht von der Weiterführung der meisten sudetenländischen Filialen der anderen Banken dazu führe, dass immer mehr Kunden ihre Geschäftsbeziehungen mit der Böhmischen Industrialbank auflösten.[39] Als Ernst daraufhin noch einmal Kontakt mit der Commerzbank aufnahm, um zu erfragen, ob sie nicht doch Verhandlungen mit der Böhmischen Industrialbank aufnehmen wolle, teilte ihm Marx mit, dass die Commerzbank auf die Übernahme der Filialen »keinen Wert« lege.[40] Daraufhin gestattete Ernst der ADCA noch am gleichen Tag die Aufnahme von Verhandlungen mit der Böhmischen Industrialbank.[41] So blieb es für die Commerzbank bei insgesamt sechs Filialen und einer, später zwei Kassenstellen. Damit lag sie weit hinter der Deutschen Bank, der Dresdner Bank und der ADCA, denen jeweils etwa viermal so viele Niederlassungen zugewiesen worden waren und die nach Abschluss der Neuordnung trotz verordneter Filialschließungen immer noch jeweils mehr als doppelt so viele Geschäftsstellen im Annexionsgebiet besaßen wie die Commerzbank.[42]

In den meisten Fällen erwarb die Commerzbank auch die Gebäude, in denen sie ihre Filiale errichtete, wobei in Karlsbad der Erwerb auf Vermittlung der örtlichen SDP im Zuge einer »Arisierung« erfolgte. Der Wert des Gebäudes, ein Hotelbetrieb in bester Lage, war 1937 auf 3,5 Mio. Kronen taxiert worden. Aktuell schätzte ein örtlicher Sachverständiger den Wert auf etwa 3,16 Mio. Kronen. Als Kaufpreis empfahl ein Prokurist der Živnostenská banka – deren örtliche Filiale auf die von der Dresdner Bank erworbene Bebca-Filiale übergegangen war –, der vermutlich eine neue Stelle suchte, nicht mehr als 2 Mio. Kronen, woraufhin sich die Grundstücksabteilung der Commerzbank für eine »Verhandlungsbasis« von 2,5 Mio. Kronen aussprach.[43] Am Ende betrug der Kaufpreis 258 000 RM, was etwa 3 Mio. Kronen entsprach.[44] Die Genehmigung des für die Vorbesitzerin unter den gegebenen Umständen günstigen Vertrags[45] war wahrscheinlich nur deswegen möglich,[46] weil sich die Commerzbank gegenüber der örtlichen SDP verpflichtete, nur einen Teil des Gebäudes für ihre Filiale zu nutzen und den Hotelbetrieb ansonsten aufrechtzuerhalten. Zu diesem Zweck musste sie auch eine Verwalterin einstellen.[47]

Sonderlich erfolgreich waren die Commerzbank-Filialen auch im Sudetenland nicht. Im ersten Geschäftsjahr arbeiteten fast alle mit Verlust. Lediglich die Filiale Trautenau, wo die Commerzbank eine ihr von der ADCA überlassene Niederlassung der Anglo-československá banka übernommen hatte,[48] erzielte einen bescheidenen Gewinn.[49] Im Jahr 1940 verbesserte sich die Situation zwar, aber der Vergleich mit dem Geschäftserfolg der Deutschen Bank muss ernüchternd gewesen sein. So erzielten die Commerzbank-Filialen im Sudetenland im Durchschnitt einen Gewinn von gerade einmal 15 000 RM, während die Niederlassungen der Deutschen Bank, die auf dem Geschäft einer ehemaligen tschechoslowakischen Bank hatten aufbauen können, im Durchschnitt einen Gewinn von 55 000 RM erwirtschafteten.[50] Die Kassenstelle der Commerzbank in Brüx wurde deswegen schon ein Jahr nach ihrer Eröffnung wieder geschlossen.[51]

Unter diesen Umständen überdachte die Commerzbank im Sommer 1939 ihre Strategie noch einmal und akzeptierte die Bitte von Reichskommissar Ernst, die ehemalige, mittlerweile an die Dresdner Bank übergegangene Filiale der Bebca in Eger mit ihrer dortigen neu gegründeten Filiale zu fusionieren, und trat in Übernahmeverhandlungen mit der Dresdner Bank ein.[52] Die Abgabe ihrer Geschäftsstelle in Eger lag ganz und gar nicht im Interesse der Dresdner Bank, sondern es war wohl der erklärte Wunsch Ernsts, die übermächtige Stellung der Dresdner Bank im Sudetenland etwas einzuschränken. Da nutzte auch der Versuch des langjährigen Filialleiters der Bebca nichts, seinen alten Schulkameraden Adolf Hitler für die Sache der Dresdner Bank einzuschalten, der ihn sogar in der Reichskanzlei empfing.[53] Der Übergang der Filiale erfolgte schließlich am 1. September 1939.[54] Gleichzeitig ersuchte die Commerzbank um die Genehmigung zur Eröffnung einer Depositenkasse in einem Karlsbader Ortsteil, die ihr aber versagt blieb.[55]

Protektorat Böhmen und Mähren

Während die Wiener Filiale der Commerzbank immer noch nicht eröffnet war, bot sich den Großbanken im Frühjahr 1939 die nächste Expansionsmöglichkeit. Obwohl die deutsche Seite im Münchner Abkommen die territoriale Integrität der Zweiten Tschechoslowakischen Republik garantiert hatte, marschierte die Wehrmacht am 15. März in das Land ein, ohne dass die Garantiemächte irgendetwas unternahmen, weshalb Widerstand von tschechischer Seite zwecklos war. Besetzt wurden die »historischen Länder« Böhmen und Mähren, die wenig später in einem Protektorat zusammengefasst wurden, während die Slowakei ihre Unabhängigkeit erklärte. Seitdem bildete die Slowakei zwar einen eigenständigen Staat mit einer slowakischen Regierung, war aber in jeder Weise vom Deutschen Reich abhängig. Auch das Protektorat Böhmen und Mähren besaß eine aus Tschechen bestehende Regierung, aber die tatsächliche Macht lag bei dem deutschen Reichsprotektor Konstantin von Neurath.

Auch im März 1939 waren die Deutsche Bank und die Dresdner Bank gut auf die neue Situation vorbereitet. Bereits im Winter 1938/39 hatte sich die Dresdner Bank mit Rückendeckung des Reichswirtschaftsministeriums bemüht, durch den Ankauf weiterer Aktienpakete eine Mehrheitsbeteiligung an der Bebca zu erreichen.[56] Nach der Besetzung Prags musste deshalb über die Zukunft der Bebca nicht weiter verhandelt werden. Auch die Deutsche Bank meldete frühzeitig ihr Interesse an, die BUB zu übernehmen. An der mit Abstand größten Prager Bank, der Živnostenská banka, sowie an der Böhmischen Industrialbank hatte keine deutsche Bank Interesse angemeldet. Das wäre wegen des nationaltschechischen Charakters der beiden Institute[57] auch aussichtslos gewesen. Denn nach der Errichtung des Protektorats waren die Behörden zunächst noch daran interessiert, die Besatzungsherrschaft nicht wie eine Annexion erscheinen zu lassen, sodass gewisse tschechische Autonomierechte bestehen bleiben sollten. Das galt auch für das Bankwesen. Da die Behörden außerdem ihren Wiener Fehler nicht wiederholten und Filialneugründungen in Prag untersagten, blieb der Commerzbank nichts anderes übrig, als einen Repräsentanten nach Prag zu entsenden, der über kein eigenes Geschäftslokal verfügte und auch kein reguläres Bankgeschäft betreiben durfte. Er konnte lediglich die reichsdeutsche Kundschaft der Commerzbank beraten und den Informationsfluss mit der Berliner Zentrale sicherstellen.[58]

Damit konnte die Commerzbank auf Dauer natürlich nicht zufrieden sein. Im Herbst 1940 bemühte sie sich deshalb beim Reichswirtschaftsministerium um die Genehmigung einer Vereinbarung mit der Anglo-Prager Creditbank (wie die Anglo-československá banka seit der Protektoratsgründung hieß), wonach sich die Commerzbank mit 25 Prozent an diesem Institut beteiligen sollte. Obwohl der zuständige Ministerialdirektor Joachim Riehle durchaus Verständnis für das Anliegen zeigte, lehnte er es mit dem Hinweis auf den

Widerstand der Protektoratsverwaltung ab.[59] Das Reichswirtschaftsministerium hatte ursprünglich den Plan, die Anglo-Prager Creditbank mit der Böhmischen Industrialbank und einer kleineren Prager Bank zu einer zweiten leistungsstarken tschechischen Bank neben der mittlerweile in Gewerbebank umbenannten Živnostenská banka zu vereinigen. Dieser Plan war jedoch am Widerstand der Protektoratsverwaltung gescheitert, sodass eine Minderheitsbeteiligung der Commerzbank an der Anglo-Prager Creditbank für Riehle aus ordnungspolitischen Gründen sinnvoller war als eine Fusion von Anglo-Prager Creditbank und BUB, wie es neben der Protektoratsverwaltung auch die Deutsche Bank forderte. So blockierten sich Deutsche Bank und Commerzbank mit ihren Ansprüchen auf die Anglo-Prager Creditbank gegenseitig, bis es der Deutschen Bank im Frühjahr 1941 schließlich gelang, die Commerzbank zu einem Verzicht auf ihre »Interessenahme« zu bewegen.[60]

Mit der Enteignung der jüdischen Bürger im Protektorat stellte sich, wie schon im Fall der »Judenvermögensabgabe« im Altreich 1938/39, im Jahr 1941 auch im Protektorat Böhmen und Mähren die Frage, was mit den entzogenen Aktien geschehen sollte. Insbesondere die Aktien der Gewerbebank, die bisher keiner der reichsdeutschen Großbanken zugeschlagen worden war, waren dabei von Interesse. Aktuell befanden sich immerhin etwa 6 Prozent des Aktienkapitals im Besitz des Reichsprotektors. Offenbar hatte sich die Dresdner Bank als Erste um den Erwerb bemüht, und nachdem der Leiter der Wirtschaftsabteilung beim Reichsprotektor und spätere Minister für Wirtschaft und Arbeit, Walter Bertsch, das Ansinnen abgelehnt hatte, schickte sie die Bebca vor, was bei Bertsch offenbar gar nicht gut ankam.[61] Trotzdem erhielt auch Reinhart, der sich zeitgleich für die Commerzbank um das Aktienpaket bemüht hatte, keinen Zuschlag, während es die Deutsche Bank wohl gar nicht erst versuchte. Stattdessen bot der Reichsprotektor der Commerzbank im Oktober 1941 eine Beteiligung an der Böhmischen Industrialbank[62] an, deren sudetenländische Filialen sie 1938 nicht hatte übernehmen wollen. Seinerzeit waren die Filialen von der ADCA erworben worden, die aber als sächsische Regionalbank für die Beteiligung an einer Bank in Prag nicht infrage kam. In einer großen Verhandlungsrunde, an der auch ein ADCA-Vertreter teilnahm, wurde vereinbart, dass der Reichsprotektor die entzogenen Aktien der Böhmischen Industrialbank aus jüdischem Besitz an die Commerzbank veräußerte, und auch die ADCA war bereit, ihre etwa 4-prozentige Beteiligung an der Böhmischen Industrialbank auf die Commerzbank zu übertragen. Im Gegenzug erhielt die ADCA ein Vorkaufsrecht auf Teile des industriellen Beteiligungsbesitzes der Prager Bank.[63]

Auf diese Weise hatte die Commerzbank bis zum August 1942 etwa 11 Prozent des Aktienkapitals der Böhmischen Industrialbank erworben und bemühte sich um weitere Ankäufe.[64] Damit war das Reichswirtschaftsministerium aber ganz und gar nicht einverstanden. Denn die weitere Verstärkung des Einflusses der Berliner Großbanken auf die Regionalbanken war aus ordnungspolitischen Gründen unerwünscht. Das mittlerweile in Reichsaufsichtsamt für das Kreditwesen umbenannte Amt des Reichskommissars wurde deshalb angewiesen, der Commerzbank den Ankauf weiterer Aktien der Böhmischen Industrialbank zu untersagen und ihr deutlich zu machen, dass über deren »zukünftiges Schicksal« noch zu entscheiden sei.[65] Immerhin durfte die Commerzbank ihren Aktienbesitz nun aber als dauernde Beteiligung in ihre Bilanz einstellen und ihre Verbindung mit der Böhmischen Industrialbank öffentlich machen. Dadurch war es möglich, ihre Prager Vertretung aufzulösen und den Repräsentanten Lutz Hafenbraedl in den Vorstand der Prager Bank zu delegieren.[66] Damit hatte sich die Commerzbank mehr als drei Jahre nach dem Einmarsch der Wehrmacht in Prag endlich ihren Brückenkopf geschaffen.

Lange konnte sich die Commerzbank aber ihrer Beteiligung an der Böhmischen Industrialbank nicht erfreuen, denn bereits ein Vierteljahr nach der Schließung ihrer Prager Vertretung geriet ihr neues Prager Standbein wieder in Gefahr. Der Geschäftsführer der Wirtschaftsgruppe Privates Bankgewerbe für Böhmen und Mähren wandte sich an die Protektoratsverwaltung mit dem Vorschlag, die Böhmische Industrialbank mit der Anglo-Prager Creditbank zu fusionieren. Denn an der Anglo-Prager Creditbank waren auch die BUB (Deutsche Bank) und die Bebca (Dresdner Bank) beteiligt, wodurch es möglich wäre, das als zu umfangreich erachtete Filialnetz der vier Banken auszudünnen.[67] Auch wenn dieser Plan bei der Protektoratsverwaltung auf wenig Gegenliebe stieß, sah sie sich in Anbetracht der prekären Kriegslage im Mai 1943 gezwungen, ihrerseits einen Neuordnungsplan vorzulegen. Aufgeschreckt durch eine Pressemitteilung wandte sich Hafenbraedl an die Protektoratsverwaltung und erhielt die Bestätigung, dass die Böhmische Industrialbank mit der Gewerbebank fusionieren solle und nicht zu erwarten sei, dass die Commerzbank eine Beteiligung an dem fusionierten Institut erhalten werde. Da die Commerzbank ohnehin erst spät nach Prag gekommen sei, sei es zu verkraften, wenn sie künftig über keine Vertretung im Protektorat mehr verfüge.[68]

Die Commerzbank gab allerdings nicht auf. Sie wusste, dass das Vermögen des Privatbankiers František Hašek nach dem Attentat auf von Neuraths Stellvertreter Reinhard Heydrich[69] von der Geheimen Staatspolizei beschlagnahmt und Hašek wenig später hingerichtet worden war. Das Vermögensamt beim Reichsprotektor wusste aber zunächst nicht, was es mit dem Bankhaus tun sollte, und setzte einen Treuhänder ein. Ein erster Versuch der ADCA, die direkt nach der Beschlagnahme versucht hatte, das Vermögensamt zu einem Verkauf der Beteiligung zu bewegen, war vom »Entjudungsreferat« beim Reichsprotektor abschlägig beschieden worden,[70] obwohl es sich bei der Familie Hašek nicht um »Juden« handelte.[71] Um die tschechische Kundschaft zu halten, wurden die Witwe und Hašeks Sohn Josef nicht in Sippenhaft genommen. Josef Hašek wurde vielmehr in seiner Stellung als Prokurist belassen, und der Elisabeth Hašek gehörende Anteil am Gesellschaftsvermögen wurde nicht angetastet.

Obwohl ein kleines Börsenbankhaus, das über keinerlei Beteiligungsbesitz verfügte und dessen Kapital und Einlagen vor allem in Effekten investiert waren, für die Commerzbank unter normalen Umständen kein sonderlich attraktiver Übernahmekandidat war, begaben sich Reinhart und Marx umgehend nach Prag und erreichten von Wirtschaftsminister Bertsch die Zusage, dass er die Umwandlung des Bankhauses Hašek & Co. in eine Kommandite der Commerzbank bei den Reichsbehörden unterstützen wollte. Daraufhin stellte die Commerzbank einen entsprechenden Antrag beim Reichsaufsichtsamt für das Kreditwesen, wobei auch klar wurde, weshalb sie sich für Hašek & Co. interessierte. Denn sie beantragte gleichzeitig die Genehmigung, das Bankhaus spätestens nach dem Krieg in eine Commerzbank-Filiale zu überführen.[72] Nachdem die Behörde den Antrag genehmigt hatte, beantragte die Commerzbank, Hafenbraedl, der mittlerweile als Vorstandsmitglied bei der Böhmischen Industrialbank ausgeschieden war, bei Hašek & Co. als Treuhänder einzusetzen.[73] Hafenbraedl, der später als persönlich haftender Gesellschafter ohne Einlage die Geschäfte führen sollte, nahm umgehend Verhandlungen mit dem Vermögensamt über den Kaufpreis für die sich im Besitz des Reichs befindliche Einlage des ehemaligen Komplementärs František Hašek in Höhe von nominal 2 Mio. Kronen (200 000 RM) auf, während er mit Elisabeth Hašek schnell einig war, dass ihre Kommanditeinlage von 100 000 Kronen zunächst bestehen blieb, aber abgelöst werden würde, sobald die Commerzbank das Bankhaus in eine Filiale umzuwandeln gedachte. Die Kommanditeinlage wurde mit 5 Prozent verzinst.[74]

Wie groß die Pläne der Commerzbank waren, zeigt die Tatsache, dass sie Hafenbraedl anwies, sich um die Anmietung der Zentrale der ehemaligen Prager Creditbank, die aufgrund der Fusion mit der Gewerbebank freigezogen werden sollte, zu bemühen, obwohl das Gebäude viel zu groß für das zu erwartende Geschäft von Hašek & Co. war.[75] Die Pläne zerschlugen sich allerdings, sodass Hašek & Co. in seinen bescheidenen Räumlichkeiten verblieb. Auch den als deutlich überhöht betrachteten, vom Vermögensamt geforderten Kaufpreis in Höhe von 515 200 RM war die Commerzbank bereit zu bezahlen,[76] damit ihr keine Konkurrentin diese letzte Chance auf ein Standbein in Prag mehr streitig machen konnte. Der Personalbestand betrug nach der Übernahme neben Komplementär Hafenbraedl und Prokurist Josef Hašek 15 Personen, darunter zwei Lehrlinge und eine Putzfrau, was für eine Niederlassung in einer Stadt wie Prag außerordentlich wenig war; aber selbst dieses Personal wurde durch die erste Revision seitens der Commerzbank als »für den Arbeitsanfall bei weitem zu hoch« eingeschätzt.[77]

Die annektierten polnischen Gebiete und das Generalgouvernement

Nach dem Einmarsch der Wehrmacht in Polen ließ sich die Commerzbank erstmals weniger Zeit und bemühte sich frühzeitig um die Berücksichtigung bei der Neuordnung des Bankwesens. Erneut waren die Voraussetzungen allerdings nicht allzu gut, denn in Ostdeutschland war die Commerzbank nur sehr schwach vertreten. Sie besaß lediglich Filialen in Königsberg und Landsberg/Warthe, und selbst in Schlesien war sie außer in Breslau nur im oberschlesischen Beuthen vertreten, wobei Beuthen zuletzt sogar nur mit Verlusten betrieben worden war.[78] Wenn die Commerzbank in den Gebieten, deren Annexion nach dem Sieg über die polnische Armee zu erwarten war, nicht völlig abgehängt werden wollte, durfte sie nicht mehr abwarten. Es waren deshalb auch nicht der zögerliche Bandel oder der noch zögerlichere Marx, die die Initiative ergriffen, sondern der gerade erst in den Vorstand berufene, offen nationalsozialistisch auftretende Karl Hettlage. Bereits Anfang September sprach er beim Reichskommissar für das Kreditwesen vor, bei dem aber seine Bitte um eine angemessene Berücksichtigung der Commerzbank auf wenig Gegenliebe stieß. Vielmehr besäßen die Deutsche Bank wegen ihrer Filiale in Kattowitz und die Dresdner Bank wegen ihrer Tochtergesellschaft, der Oberschlesischen Discontobank in Königshütte, Vorrang.[79]

Die Commerzbank ließ sich aber nicht so schnell entmutigen, wandte sich nun schriftlich an den Reichskommissar und listete fünf Orte in Posen, Westpreußen und Ostoberschlesien auf, für die sie die Genehmigung zur Errichtung einer Niederlassung beantragte. Begründet wurde dieser Antrag mit den Verbindungen, welche die Mitteldeutsche Privat-Bank und die Mitteldeutsche Creditbank bis zur Gründung des polnischen Staats dort besessen hatten. Immer noch sei die Commerzbank über ihre Berliner Zentrale an zahlreichen Konsortialkrediten für Unternehmen im ehemals deutschen und jetzt polnischen Gebiet beteiligt. Im Gegenzug erklärte sich die Commerzbank »gerne bereit«, am »Aufbau der Geld- und Kreditwirtschaft in den eroberten Gebieten« mitzutun und sich an »etwaigen dafür neu zu schaffenden Gemeinschaftseinrichtungen zu beteiligen«.[80]

Die Errichtung der Filialen erfolgte dann zügig, wobei nicht immer die Genehmigung abgewartet wurde. Tatsächlich beschwerte sich der Reichsstatthalter im neu geschaffenen Reichsgau Danzig-Westpreußen Ende Dezember 1939 bei der Bankenaufsicht, dass die Commerzbank ohne Genehmigung eine Geschäftsstelle in Bromberg errichtet habe, und forderte das Reichsaufsichtsamt auf, die umgehende Schließung der Filiale zu veranlassen.[81] Genehmigungen erhielt die Commerzbank dann für Bielitz, Kattowitz, Litzmannstadt (Lódź), Posen und Sosnowitz sowie für das im Generalgouvernement gelegene Krakau. 1942 erhielt die Commerzbank dann noch die

Genehmigung für eine Repräsentanz in Warschau. Die Suche nach geeigneten Räumlichkeiten war dabei nicht allzu schwierig. Denn in der Regel existierten an den jeweiligen Orten mehrere voll eingerichtete Niederlassungen polnischer Banken, die sich in Liquidation befanden und deshalb übernommen werden konnten. Aber auch wenn die Commerzbank, wie im Fall ihrer Niederlassung in Bielitz, gleich auch die Liquidation der polnischen Bank, deren Räumlichkeiten sie übernahm, übertragen bekam, konnte sie Gebäude und Inventar nicht käuflich erwerben, sondern blieb nur Mieter der für die Verwertung des beschlagnahmten Vermögens gegründeten Haupttreuhandstelle Ost (HTO).[82]

Die Geschäftsmöglichkeiten sollten sich aber schnell als recht begrenzt herausstellen. Es war zwar nicht geplant, dass die polnischen Kreditinstitute weiter existieren würden. Aber im Gegensatz zum annektierten Sudetenland wurden gleichzeitig auch deren Geschäftsbeziehungen zerstört, sodass eine Übernahme und Weiterführung der Geschäfte durch reichsdeutsche Banken nicht möglich war. Die Verdrängung aus dem Wirtschaftsleben der annektierten Gebiete betraf nämlich nicht nur Juden, wie in der Tschechoslowakei, sondern auch nichtjüdische Polen;[83] und auch für die Verdrängung und den Neuaufbau benötigte das Reich die Banken nur am Rande. Denn seit Kriegsbeginn brauchte der Enteignungsprozess nicht mehr als »Kauf«-Vorgang camoufliert zu werden, sondern im besetzten Polen war mit der HTO eine Institution geschaffen worden, die ganz offen jüdisches und polnisches gewerbliches Eigentum zugunsten des Reichs entzog. Damit entfiel auch die besonders für die Anbahnung neuer Geschäftskontakte wertvolle Vermittlung von »Arisierungs«-Geschäften. Denn in das entzogene gewerbliche Eigentum setzte das Reich Treuhänder ein, sodass es auf eine zeitnahe Veräußerung nicht unbedingt angewiesen war. Deshalb mussten die zahlreich bei den Ostfilialen der Großbanken einlaufenden Anfragen nach »Arisierungs«-Möglichkeiten reichsdeutscher Kunden unbeantwortet bleiben. Denn, so fasste es die Dresdner Bank-Filiale Kattowitz im November 1939 zusammen: »Das avisierte Kreditgeschäft für den Erwerb jüdischer oder polnischer Unternehmen blieb bereits in den Anfängen stecken.« Es sei deshalb »zwecklos, deutsche Interessenten auf dieses oder jenes Werk aufmerksam zu machen«.[84]

An dieser Situation sollte sich auch auf mittlere Sicht nichts ändern. Wahrscheinlich arbeiteten die Commerzbank-Filialen auch mit den Treuhändern beschlagnahmter Unternehmen zusammen. Aber das war nicht nur mühsam, weil deren Legitimation in jedem Einzelfall geprüft werden musste, sondern ebenso riskant, weil die Treuhänder fachlich nicht immer für ihre Aufgabe qualifiziert waren. Denn deren wichtigstes Qualifikationsmerkmal war ihre Eigenschaft als »Volksdeutsche«. Ein Großteil des Geschäfts hing deshalb an den großen deutschen Raub- und Vertreibungsorganisationen wie der HTO oder der Deutschen Umsiedlungs-Treuhand GmbH (DUT), deren Aufgabe die Ansiedlung »Volksdeutscher« zunächst aus Süd- und Osteuropa in den zuvor ethnisch gesäuberten polnischen Gebieten war. Diese Organisationen waren wichtige Kunden für alle im ehemaligen Polen engagierten deutschen Kreditinstitute.[85] Für die Niederlassung der Commerzbank in Sosnowitz sehr wichtig war auch die Auffanggesellschaft für Kriegsteilnehmer des Handels, die von der HTO gegründet worden war und deren Zweck die Weiterführung beschlagnahmter Groß- und Einzelhandelsbetriebe war, bis sie am Ende des Krieges an deutsche Wehrmachtssoldaten zu einem attraktiven Preis veräußert werden sollten.[86] Daneben gab es aber auch private Unternehmen aus dem Reichsgebiet, die sich in den annektierten Gebieten betätigten und zur Unterstützung ihres Engagements Reichsbürgschaften erhielten, um bei den privaten Banken kreditfähig zu sein. Das bekannteste dieser privaten Unternehmen war die Ostland Werke GmbH für Maschinen und Fahrzeugbau aus Königsberg und Zoppot.[87] Die Bereitstellung von Reichsbürgschaften belegt auf der einen Seite, wie wichtig diese Unternehmen für das Oberkommando des Heers waren, auf der anderen Seite zeigen sie aber auch, dass die Großbanken die Bonität solcher Kreditkunden nicht allzu hoch einschätzten. In Ermangelung von Alternativen blieb ihnen vermeintlich nichts anderes übrig, als sich mit solchen Unternehmen und Organisationen einzulassen, deren Geschäftsgebaren ganz offensichtlich nicht dem des »ehrbaren« Hamburger Kaufmanns entsprach.

Im Generalgouvernement war die Situation nicht anders. Die zum Kundenkreis der Filiale Krakau gehörende Landwirtschaftliche Zentralstelle war Anfang 1940 vom Generalgouverneur gegründet worden, weil alle Juden aus dem Landhandel verdrängt worden waren und nichtjüdische Polen deren Erbe nicht antreten sollten. Ihre Aufgabe bestand in der zentralen Erfassung, Lagerung und Verteilung landwirtschaftlicher Produkte aller Art, wobei die »Verteilung« nach den völkisch-rassischen Kriterien der Nationalsozialisten erfolgte.[88] Obwohl den Bankmanagern vor Ort nicht entgangen sein kann, wofür ihre Kredite verwendet wurden, wurde die Möglichkeit, sich aus den annektierten Gebieten Polens und dem Generalgouvernement zurückzuziehen, mit Blick auf den erwarteten Aufbau eines wirtschaftlich gesunden »deutschen Mittelstands« nach dem Krieg weder bei der Commerzbank noch bei den anderen Großbanken ernsthaft erwogen.

Die wirtschaftliche Entwicklung mancher Filialen in den »heimgeholten Ostgebieten« war alles andere als erfreulich. Bereits ein halbes Jahr nach deren Errichtung forderte das Reichsaufsichtsamt für das Kreditwesen die Commerzbank deshalb auf, den Nachweis für das Erfordernis ihrer Filialen in Sosnowitz und Bielitz zu erbringen. In seinem Antwortschreiben musste Hettlage dann auch einräumen, dass sich das Kreditgeschäft außerordentlich schleppend entwickelte,[89] sodass beide Filialen nicht annähernd in der Lage waren, die Gläubigergelder gewinnbringend unterzubringen. Entsprechend bescheiden fiel auch der Reingewinn aus. Dennoch lehnte er eine Schließung ab.[90] Es nützte aber nichts. Bielitz wurde ein Vierteljahr später, im August 1940,[91] im Zuge einer Tauschaktion mit der Deutschen Bank geschlossen, die im Gegenzug ihre Geschäftsstelle in Sosnowitz aufgeben musste, womit immerhin die Lebensfähigkeit der Commerzbank-Filiale Sosnowitz gestärkt wurde.[92] Trotzdem war die Commerzbank mit ihren fünf Filialen in den annektierten Ostprovinzen (Danzig, Posen, Litzmannstadt, Sosnowitz und Kattowitz) erneut deutlich schlechter gestellt als die Konkurrentinnen, die über zehn Niederlassungen (Deutsche Bank) bzw. neun (Dresdner Bank) verfügten, wobei die Dresdner Bank an sieben weiteren Plätzen durch ihre Tochtergesellschaft, die Ostbank AG in Posen, vertreten war.[93]

Auf den ersten Blick entwickelten sich die Filialen in Kattowitz, Posen und Litzmannstadt sowie die einzige Niederlassung im Generalgouvernement in Krakau besser, insbesondere wenn man ihre Gewinne mit denjenigen der Filialen im »Sudetengau« vergleicht. Aber das Bild täuscht. Denn während der »Sudetengau« nach der Annexion trotz der Schließung zahlreicher Bankfilialen immer noch über ein dichtes Netz von Bankstellen verfügte, war das in den neuen Reichsgauen im Osten ganz anders. Das Einzugsgebiet dieser Filialen war um ein Vielfaches größer als im Altreich oder im Sudetenland.

Ob sich die Geschäftspolitik der Commerzbank-Filialen im ehemaligen Polen von derjenigen der Deutschen Bank oder der Dresdner Bank unterschied, ist aufgrund der Quellenlage nicht zu klären. Denn inwieweit sich die jeweilige Niederlassung auf Hilfsdienste für ein verbrecherisches Besatzungsregime einließ, hing ganz wesentlich von den Persönlichkeiten in der jeweiligen Filialleitung ab. So war die Filiale Litzmannstadt dank der Errichtung des Gettos und der Bedeutung der Gettoverwaltung als Kunde in einem besonders brutalen Umfeld wirtschaftlich vergleichsweise erfolgreich. Die Startbedingungen dort waren günstig, weil die Commerzbank bereits im Dezember 1939 für zwei jüdische Privatbankhäuser und die Niederlassungen zweier polnischer Banken zum Liquidator bestimmt worden war.[94] Auch weiterhin pflegte die Filialleitung einen engen Kontakt zum Generaltreuhänder der (HTO-)Treuhandstelle Posen, Walter Kirsch, der die Commerzbank-Filiale Litzmannstadt »immer in erster Linie als Auffangstelle für die aus den Liquidationen … beschlagnahmter Kreditinstitute … stammenden Gelder benutzte«.[95] Auf der anderen Seite führte Karl Hettlage die schwache Ertragslage der Niederlassung in Sosnowitz darauf zurück, dass die Leitung der Geschäftsstelle nicht »eifrig« genug gewesen sei, weshalb sie auch abgelöst werden sollte.[96] Welches die Gründe für den mangelnden »Eifer« gewesen sind, lässt sich natürlich nicht klären. Aber auf eine Filialleitung im »Osten« bewarben sich in der Regel ehrgeizige junge Bankangestellte, die diese Tätigkeit in einem schwierigen Umfeld als Zwischenschritt auf der Karriereleiter betrachteten, wodurch bei »Bewährung« eine Beschleunigung ihres Aufstiegs fast garantiert war. Bequemlichkeit oder gar Faulheit scheiden deswegen wohl als mögliches Motiv für den mangelnden »Eifer« aus. Sehr wahrscheinlich hatte der Niederlassungsleiter in Sosnowitz zum Zeitpunkt seiner Bewerbung nur keinerlei Vorstellung, was ihn erwarten würde.

Ost- und Südosteuropa

Auf dem Territorium der 1939/40 sowjetisch besetzten Gebiete war die Gründung von Filialen der Berliner Großbanken unerwünscht. Allerdings war es möglich, im Reichskommissariat Ostland, das sich aus dem Baltikum und Teilen Weißrusslands zusammensetzte, Tochtergesellschaften zu gründen. Die Erwartungen waren hoch, und deshalb gründete die Dresdner Bank schon wenige Wochen nach dem Überfall auf die Sowjetunion die Deutsche Ostlandbank AG als Tochtergesellschaft, deren Sitz allerdings zunächst noch in Berlin war, weil die militärischen Voraussetzungen für den geplanten Standort Riga noch nicht geschaffen waren. Etwa zu derselben Zeit muss auch die Commerzbank mit den Vorbereitungen für eine Tochtergesellschaft in Riga begonnen haben. Denn nur kurz nachdem die nun als Handels- und Kreditbank AG firmierende Tochtergesellschaft der Dresdner Bank in Lettland ihr operatives Geschäft begonnen hatte, war auch die Commerzbank im November 1941 mit ihrer Tochtergesellschaft, der mit einem Aktienkapital von 500 000 RM ausgestatteten Hansabank in Riga AG, vor Ort präsent. Schon unmittelbar nach der Gründung buhlten die beiden Rivalinnen um die Zulassung für die Errichtung von Niederlassungen, vor allem im estnischen Reval (Tallinn). Dabei hatte die Commerzbank anfangs sogar die besseren Karten, denn sie wurde vom Befehlshaber des rückwärtigen Heeresgebiets Nord favorisiert.[97] Allerdings erwies sich der Protest der Dresdner Bank bei den Behörden als erfolgreich, sodass beide Tochtergesellschaften fast zeitgleich Niederlassungen in Reval eröffneten.[98] Erfolgreicher war die Commerzbank mit ihrem Antrag auf die Errichtung einer Hansabank-Filiale im estnischen Dorpat (Tartu). Dort hatte die Handels- und Kreditbank bereits aus der Liquidationsmasse der in Liquidation befindlichen Dorpater Bank das Inventar erworben und deren Räumlichkeiten angemietet, als sie erfuhr, dass nur die Hansabank die Genehmigung erhielt, in Dorpat eine Niederlassung zu eröffnen, und ihr deshalb die Räumlichkeiten zu überlassen seien, woraufhin die Dresdner Bank das gesamte Inventar abtransportieren ließ.[99]

Das Geschäft der Hansabank entwickelte sich alles andere als positiv. Sowohl in Riga als auch in Reval war die öffentliche Hand direkt oder indirekt der einzige Kunde von Bedeutung. In Riga spielten die sogenannten Ostmonopolgesellschaften wie die Ostlandfaser GmbH oder die Energieversorgung Ostland GmbH eine überragende Rolle als Kreditnehmer.[100] Diese Gesellschaften verwalteten fast alle sowjetischen Unternehmen dieser Branchen im besetzten Gebiet. Das Gründungskapital war zwar vom Reich gestellt worden, aber die Ingangsetzung und -haltung sollte durch private Investoren aus dem Altreich mittels Bankkrediten sichergestellt werden. Die Investitionsbereitschaft privater Investoren hielt sich allerdings sehr in Grenzen. In Reval war die Situation noch schlechter. Der mit großem Abstand wichtigste Kunde in Reval war die Baltische Öl GmbH, die nach dem Stand vom September 1944 Kredite in Höhe von 12,5 Mio. RM (oder 60 % aller Revaler Debitoren) erhalten hatte, während die dafür notwendigen Mittel in gleicher Höhe durch zum Diskont bei der Notenbank im Ostland eingereichter Mobilisierungswechsel für die Baltische Öl GmbH beschafft worden waren. Reichsdeutsche oder estnische Privat- oder Firmenkunden spielten unter den Debitoren keine und unter den Kreditoren mit 8 Prozent nur eine untergeordnete Rolle.[101] So kann es nicht verwundern, dass die Hansabank 1942 als einzige der ausländischen Tochtergesellschaften der Commerzbank mit Verlust gearbeitet hatte.[102] Vom Vorstand der Hansabank wurde diese Abhängigkeit von den Organen der Besatzungsmacht zwar aktuell nicht als problematisch erkannt, aber mit Blick auf die Nachkriegszeit, auch unter der Annahme eines »Endsieges«, bereitete sie ihm große Sorgen.[103]

Obwohl manche der im Reichskommissariat Ostland tätigen Monopolgesellschaften auch im Reichskommissariat Ukraine engagiert waren, durften ihnen die privaten Banken dorthin nicht folgen. Vielmehr sollten dort ausschließlich Kreditinstitute in öffentlich-rechtlicher Trägerschaft tätig werden. Wirtschaftsminister Funk ließ sich auch durch einen Protestbrief interessierter Banken, darunter der Commerzbank, nicht davon abbringen und entschied im März 1942, für das Reichskommissariat Ukraine sogenannte Wirtschaftsbanken in öffentlicher Trägerschaft zu errichten. Zur Gründung von Filialen oder Affiliationen privater Banken kam es auch im weiteren Kriegsverlauf nicht.[104]

Kaum erfolgreicher waren die Bemühungen der Commerzbank um den Erwerb von Bankbeteiligungen in Südosteuropa. Das war bei der Deutschen Bank und der Dresdner Bank anders. Als im Dezember 1940 bekannt wurde, dass in mehreren südosteuropäischen Staaten mithilfe des Reichswirtschaftsministeriums Tochtergesellschaften deutscher Banken gegründet werden sollten – wobei wegen deren österreichischen Tochterinstituten aber nur an die Deutsche Bank und die Dresdner Bank gedacht war –, versuchte sich auch die Commerzbank einzuschalten. So kritisierte Eugen Bandel gegenüber dem zuständigen Ministerialbeamten Joachim Riehle, dass die Commerzbank riskiere, ihre an Geschäften in Südosteuropa interessierten Kunden mangels eigener Affiliation dauerhaft zu verlieren. Stattdessen schlug er vor, Banken zu gründen, an denen sich alle interessierten deutschen Banken beteiligen könnten.[105] Dem widersprach Riehle allerdings, weil der Minister keine Monopolbanken in Südosteuropa schaffen wollte und deswegen eine Unterbeteiligung der Commerzbank nur mit Einwilligung von Deutscher Bank bzw. Dresdner Bank an deren Tochterinstituten vorstellbar sei.[106] Tatsächlich scheint Riehle in dieser Sache tätig geworden zu sein. Denn die Commerzbank, die bereits aus der Vorkriegszeit über eine Minderheitsbeteiligung an der sich im Mehrheitsbesitz der Dresdner Bank befindlichen Societatea Bancară Română verfügte,[107] erhielt eine weitere Beteiligung an der Bankverein AG Belgrad und dem Kroatischen Bankverein, die beide zur Deutsche Bank-Gruppe gehörten.[108] Mehr als ein Trostpflaster war das allerdings nicht.

Westeuropa

Die günstigsten Voraussetzungen, sich in einem der besetzten Länder als Konkurrentin auf Augenhöhe zu den beiden anderen Berliner Großbanken zu etablieren, besaß die Commerzbank in den Niederlanden. Dort hatte sie in den 1920er Jahren mit der Hugo Kaufmann & Co's Bank eine Affiliation besessen (siehe Abschnitt 3.4), die trotz massiver Probleme infolge der Bankenkrise zum Zeitpunkt des Überfalls noch existierte. Auch wenn die Commerzbank und die Dresdner Bank ihre Beteiligungen an der Hugo Kaufmann & Co's Bank 1935 an eine Londoner Bank veräußert hatten,[109] hätte sie ein geeigneter Ankerpunkt für das Engagement der Commerzbank in den Niederlanden werden können, zumal mit dem ehemaligen Vorstandsmitglied Ludwig Berliner und dem ehemaligen Abteilungsdirektor Georg Lust weiterhin zwei den meisten Vorstandsmitgliedern der Commerzbank bestens bekannte Personen im Vorstand der Hugo Kaufmann & Co's Bank saßen.[110]

Tatsächlich meldeten sofort nach der Besetzung der Niederlande zahlreiche deutsche Banken Interesse an einer oder mehreren niederländischen Banken an. Aber das Reichswirtschaftsministerium stellte schnell klar, dass es die fünf niederländischen Großbanken nicht zu einem Eigentümerwechsel zwingen werde. Denn das Ziel der deutschen Besatzer war es, die Niederländer freiwillig in einen großgermanischen Wirtschaftsraum zu integrieren. Aus der Sicht der Nationalsozialisten war das auch durchaus keine unrealistische Annahme, denn die Niederländer waren nach ihrer Rassenideologie kein »Helotenvolk«, sondern gehörten zur »Herrenrasse«, die die Welt künftig beherrschen würde.

Die deutschen Banken mussten sich deshalb mit Beteiligungen an kleineren Banken begnügen, an denen sie teilweise schon vor dem Überfall beteiligt waren. Im Fall der Deutschen Bank handelte es sich um die Handel-Maatschappij H. Albert de Bary & Co. N. V., deren Beteiligung 1936 genauso zu verschleiern versucht worden war wie die Beteiligung der Dresdner Bank an dem 1939 gegründeten Handelstrust West.[111] Die Commerzbank, die nach dem Rückzug bei der Hugo Kaufmann & Co's Bank über kein Standbein in den Niederlanden mehr verfügte, meldete Anfang August 1940 Interesse an der Übernahme des Rotterdamer Bankhauses Mees & Zonen und nicht, wie man eigentlich erwarten würde, an der Hugo Kaufmann & Co's Bank an.[112] Nachdem das Reichswirtschaftsministerium trotz anfänglichen Wohlwollens den Übernahmeantrag abgelehnt hatte, zögerte der Vorstand erneut. Erst als der Aufsichtsrat den Vorstand ermahnte, im Interesse der deutschen Exportwirtschaft eine aktivere Rolle einzunehmen, gründete die Commerzbank im November 1940 eine Vermittlungsstelle und nahm Verhandlungen über die »Arisierung« der Hugo Kaufmann & Co's Bank auf.[113]

Die Verhandlungen gestalteten sich allerdings schwierig. Der »Nichtarier« Hugo Kaufmann, dessen Verhältnis zur Commerzbank aufgrund einiger deren

Die Commerzbank erwarb Ende 1940 die Rijnsche Handelsmaatschappij in Amsterdam, 1941 umbenannt in Rijnsche Handelsbank N. V.

Rückzug im Jahr 1935 begleitenden Unstimmigkeiten ohnehin nicht das beste war, war nur ein Minderheitsaktionär, während die Kapitalmehrheit in britischen Händen lag und ein Erwerb erst nach einem möglichen Friedensschluss denkbar war. Bis dahin hätte demnach der Feindvermögensverwalter des Reichs maßgeblichen Einfluss auf die Geschäftspolitik des Instituts nehmen können, was im Fall einer Übernahme des Aktienpakets von Kaufmann kaum im Interesse der Commerzbank gelegen haben dürfte.[114] Die Lösung des Problems lieferte ausgerechnet Hugo Kaufmann selbst, indem er einwilligte, der Commerzbank eine der zahlreichen Tochtergesellschaften seiner Bank, die 1927 gegründete N. V. Vijgendum, zu veräußern, die die Commerzbank daraufhin in N. V. Rijnsche Handelsmaatschappij umbenannte.[115] Die Leitung übernahm ein deutscher Filialdirektor der Commerzbank aus Kiel.[116]

Als sich nach etwa sechs Wochen zeigte, dass eine »Arisierung« unter Einbeziehung der Eigentümer nicht möglich war, verständigten sich Commerzbank und Reichswirtschaftsministerium darauf, die Hugo Kaufmann & Co's Bank zu liquidieren, wobei die Commerzbank ausgewählte Aktiva übernehmen und in die Rijnsche Handelsmaatschappij (im Dezember 1941 in N. V. Rijnsche Handelsbank umbenannt) einbringen sollte, die mit einem deutlich größeren Eigenkapital zur Finanzierung der Übernahmen ausgestattet wurde.[117] Hugo Kaufmann wurde dazu wohl nicht mehr befragt, und aufgrund der Mitte März erlassenen sogenannten »Wirtschaftsentjudungsverordnung«[118] für die Niederlande musste er das auch nicht mehr. Schon vorher hatte er aber auch keinen Einfluss mehr auf die Auswahl des Buchprüfers nehmen können, dessen Bewertung der Aktiva entscheidend für deren Übernahmepreis war. Aufgrund seiner schwachen Verhandlungsposition musste sich Kaufmann, jedenfalls nach einer Nachkriegsaussage des einzigen nichtjüdischen Vorstandsmitglieds der Hugo Kaufmann & Co's Bank, Anton Meckman, von der Verhandlungsdelegation der Commerzbank sehr rüde behandeln lassen. Meckman lehnte wenig später auch das Angebot der Commerzbank ab, in den Vorstand der Rijnschen Handelsmaatschappij einzutreten.

Mitte April 1941 schlossen die Rijnsche Handelsmaatschappij und die Hugo Kaufmann & Co's Bank einen Kaufvertrag, in dem der Commerzbank-Tochter sehr weitgehende Rechte bei der Auswahl der zu übernehmenden Debitoren und Kreditoren eingeräumt wurden. Die Auswahl erfolgte dann auch sehr vorsichtig und umfasste nur 92 Kunden, wobei vermutlich die jüdischen Kunden der Hugo Kaufmann & Co's Bank belassen wurden. Dagegen intervenierte jedoch der Reichskommissar für das Bankwesen in Holland, der der Commerzbank vorwarf, nur die vergleichsweise risikolosen »Rosinen« aus dem Kuchen gepickt zu haben. Um ein Scheitern in letzter Minute zu verhindern und nicht wieder auf einen Zustand zurückgeworfen zu werden wie in Österreich und dem Protektorat Böhmen und Mähren, willigte die Commerzbank in die Übernahme weiterer 300 Kunden, vermutlich fast ausschließlich Juden, ein.

Da das gesamte Führungspersonal der Hugo Kaufmann & Co's Bank nicht zur Rijnschen Handelsmaatschappij gewechselt hatte, übernahmen zwei »Vertreter« der Commerzbank die Leitung der Bank. Seit Juni 1941 bildeten sie dann zusammen mit einem weiteren abgeordneten Filialdirektor den Vorstand. Der neue Vorstand behandelte die Konten der jüdischen Firmenkunden anfangs offenbar genauso wie sein Vorgänger, indem er etwa die von der Hugo Kaufmann & Co's Bank zugestandenen Kreditlinien bestehen ließ und damit auch eine Kreditausweitung gegenüber dem Stand bei Übernahme ermöglichte. Das rief jedoch den Leiter der Auslandsabteilung in Berlin auf den Plan. Er kritisierte seine Kollegen nicht nur für ihren Umgang mit den jüdischen Kunden, sondern reiste sogar persönlich nach Amsterdam und entzog dem für die jüdischen Konten verantwortlichen Vorstandsmitglied diese Zuständigkeit. Nach seiner Rückkehr entsandte er einen Angestellten seiner Abteilung nach Amsterdam, den er wohl für zuverlässiger hielt, und übertrug ihm die Zuständigkeit für die jüdischen Firmenkunden einschließlich der Vermittlung und Abwicklung von deren »Arisierung«.[119]

Bis zur Landung der Alliierten in der Normandie entwickelte sich das Geschäft der Rijnschen Handelsbank recht günstig. Schon im ersten Jahr verdoppelte sich die Bilanzsumme. Das Aktienkapital in Höhe von 3 Mio. hfl befand sich vollständig im Besitz der Commerzbank, die die Beteiligung mit knapp 4 Mio. RM bilanzierte. Damit war die Rijnsche Handelsbank die mit Abstand bedeutendste Beteiligung der Commerzbank außerhalb des Reichsgebiets. 1942 machte sie 27 Prozent aller dauernden Beteiligungen der Commerzbank aus.[120]

Der Erfolg der Rijnschen Handelsbank war in Anbetracht der Tatsache, dass die Hugo Kaufmann & Co's Bank als Spezialbank für das Auslandsgeschäft und den Devisenverkehr kaum das normale Bankgeschäft gepflegt hatte, nicht unbedingt zu erwarten gewesen. Denn der Aufbau eines normalen Bankgeschäfts erfordert Zeit, sodass die von Anfang an günstige Ertragslage der Bank darauf hindeutet, dass es ihr gelang, ein Geschäftsfeld zu erschließen, das in den Jahren 1941 und 1942 günstige Wachstumsperspektiven besaß. Dabei kann es sich eigentlich nur um die »Arisierungs«-Vermittlung gehandelt haben, was in Anbetracht der großen Zahl übernommener jüdischer Firmenkunden auch nicht verwunderlich ist. Davon abgesehen diente die Rijnsche Handelsbank aber auch vielen deutschen Kunden der Commerzbank als Brücke für ihre niederländischen Geschäfte.

Der Commerzbank-Vorstand schien mittlerweile auch erkannt zu haben, dass die Vermittlung von »Arisierungs«-Geschäften in Westeuropa ein gutes Geschäft werden würde, und richtete in Berlin ein »Arisierungsbüro Ausland« ein. Während des »Arisierungswettlaufs« im Altreich 1938 hatte die Bank im Gegensatz zur Dresdner Bank noch auf eine solche Einrichtung verzichtet. Da unter »Ausland« Österreich, das Sudetenland und die neuen ehemals polnischen Reichsgaue per definitionem nicht gemeint sein konnten, die Commerzbank im Protektorat Böhmen und Mähren de facto nicht präsent war und der »Arisierungs«-Prozess im Generalgouvernement ganz in staatlichen Händen lag, kann demnach nur das westeuropäische »Ausland« gemeint gewesen sein und darunter vor allem die Niederlande. Dafür spricht auch, dass mit Hans Erkelenz ein Berliner Direktor die Leitung übertragen bekam, der zuvor das entstehende niederländische Auslandsgeschäft betreut hatte.[121]

Über die Niederlassungen und Tochtergesellschaften der Commerzbank im übrigen Westeuropa ist relativ wenig bekannt. Sicher ist lediglich, dass ihre Ertragslage nicht mit derjenigen der niederländischen Tochter vergleichbar war. Der Beschluss, in Straßburg eine Filiale zu eröffnen, fiel bereits im August 1940,[122] da die Commerzbank von der Bankenaufsicht für das Elsass das konfiszierte Bankhaus Ernest Asch & Cie.,[123] das sich in jüdischem Besitz befunden hatte,[124] treuhänderisch zugewiesen bekam. Als Treuhänder wurde Walter Staud eingesetzt, der dann auch die Filialleitung in Straßburg übernahm. Da die Räumlichkeiten zwar über einen Tresor verfügten, aber sich ansonsten in einem schlechten Zustand befanden und die Lage gegenüber 1914 durch veränderte Straßenführungen erheblich an Attraktivität verloren hatte, suchte die Bank zunächst noch nach geeigneteren Räumlichkeiten. Das gelang ihr aber nicht, da die anderen Banken sich »wegen der Eröffnung von Filialen wie Tiger« auf den kommissarischen Leiter der Finanz- und Wirtschaftsabteilung beim Chef der Zivilverwaltung für das Elsass, den badischen Ministerpräsidenten Walter Köhler, »gestürzt« hatten, wie dieser es im persönlichen Gespräch mit Staud selbst ausdrückte.[125] Deshalb entschloss sich die Commerzbank im Dezember 1940, das Gebäude käuflich zu erwerben.[126] Aber auch das war nicht möglich, weil das Elsass staatsrechtlich noch nicht dem Deutschen Reich eingegliedert worden war und das Gebäude deswegen einstweilen noch unter der Verwaltung des Generalbevollmächtigten für reichs- und volksfeindliches Vermögen im Elsass verbleiben musste.[127] Deshalb mietete die Commerzbank das Gebäude vom Reich an, behielt sich aber das Recht vor, Grundstück und Gebäude käuflich zu erwerben, »sobald die staatsrechtlichen Verhältnisse dies gestatteten«.[128] Wegen des schlechten und wenig repräsentativen baulichen Zustands musste die Commerzbank umfangreiche Renovierungsarbeiten durchführen lassen, die sich am Ende als so aufwendig erwiesen, dass es billiger gewesen wäre, das alte Gebäude abzureißen und ein neues zu errichten. Als die rechtlichen Voraussetzungen für den Erwerb schließlich geschaffen waren, wurde das Gebäude zum 1. August 1943 vom Reich gekauft, obwohl die Filiale bereits kriegsbedingt geschlossen worden war. Der Kauf kann wohl nur dadurch erklärt werden, dass die Commerzbank auf eine deutliche Geschäftsbelebung in der Nachkriegszeit hoffte. Das war auch der Grund, weshalb sie im September 1941 eine Vertretung in Paris einrichtete.[129]

Die (nur als vorübergehend gedachte) Schließung der Filiale Straßburg fiel der Commerzbank wahrscheinlich nicht allzu schwer, denn ihre Ertragslage war recht bescheiden und in den Jahren 1941 und 1942 deutlich schlechter als diejenige der jungen »polnischen« Filialen in Posen, Kattowitz, Litzmannstadt oder Krakau. Wahrscheinlich gelang es nicht, in nennenswertem Umfang einheimische Kunden zu gewinnen, und die Besatzungsbehörden arbeiteten wegen der engen personellen Verflechtung mit dem Gau Baden in erster Linie mit der Badischen Bank zusammen, die die elsässischen Filialen der bedeutendsten Bank der Region, der Allgemeinen Elsässischen Bankgesellschaft, übernommen hatte. Auch bei der Vermittlung von »Arisierungs«-Geschäften scheinen die Großbanken weitgehend durch die Zivilverwaltung ausgeschaltet worden zu sein. Denn wenn schon die Dresdner Bank mit ihren vier Niederlassungen im Elsass und in Lothringen kaum zum Zuge kam,[130] kann das auch für die Commerzbank-Filiale in Straßburg kein blühender Geschäftszweig gewesen sein.

Etwa zeitgleich mit dem Elsass hatte die Commerzbank auch in Belgien eine Repräsentanz errichtet. Aber sie beteiligte sich allem Anschein nach auch hier nicht an dem Wettlauf zwischen Deutscher Bank und Dresdner Bank um das Filetstück des belgischen Bankwesens, die Société Générale de Belgique, die über einen großen Beteiligungsbesitz in Belgien und im Ausland verfügte. Eine maßgebliche Beteiligung an der Société Générale verhinderten schließlich die Besatzungsbehörden, die die Kooperationsbereitschaft der belgischen Banken nicht aufs Spiel setzen wollten und deshalb Beteiligungen reichsdeutscher an belgischen Banken nur auf freiwilligem Wege zu genehmigen bereit waren.[131] Insofern ist es kaum verwunderlich, dass es, wie schon in den Niederlanden, auch in Belgien nicht zu einer »Germanisierung« des Bankwesens kam. Da aber ein direktes Engagement deutscher Banken auch erwünscht war, gründeten zwei deutsche Banken, die Dresdner Bank mit der Continentalen Bank und die Bank der Deutschen Arbeit, die Konzernbank der Deutschen Arbeitsfront, mit der Westbank, jeweils im April 1941 zwei sogenannte Stützpunktbanken, während die Deutsche Bank eng mit der Société Générale zusammenarbeitete.

Die Commerzbank zog erneut nur nach und gründete im Oktober 1941 mit der Hansabank N. V. eine dritte Stützpunktbank.[132] Ihr Aktienkapital betrug 10 Mio. bfr (etwa 800 000 RM), das ausschließlich von der Commerzbank gehalten wurde. Mit nicht mehr als 25 Beschäftigten entsprach diese Bank allerdings nur der Größe der Commerzbank-Filialen in Marburg, Cottbus oder Brandenburg. Wie rentabel die Hansabank arbeitete, ist nicht bekannt. Aus Unterlagen der Continentalen Bank geht hervor, dass diese Bank eng mit dem Brüsseler Devisenschutzkommando zusammenarbeitete und von dieser Behörde Wertpapiere aus jüdischem Besitz zwecks Verkaufs über die Brüsseler Börse übernahm. Bei diesem Geschäft hatte die Continentale Bank zwar die Federführung inne, aber auch die Hansabank muss solche konfiszierten Wertpapiere übernommen und verkauft haben.[133] Das Hauptgeschäft war jedoch die Finanzierung von Geschäften belgischer Vertretungen reichsdeutscher Kunden und von belgischen Unternehmen, die in das Reichsgebiet exportierten.[134]

Während die Behörden in Belgien und dem Elsass die Commerzbank eher nachrangig behandelten, war die Lage in Luxemburg deutlich besser. Denn der dortige Chef der Zivilverwaltung hatte der Allgemeinen Elsässischen Bankgesellschaft, wie schon der Amtskollege im Elsass, den Weiterbetrieb ihrer Filialen untersagt. Aber während im Elsass die Geschäftsstellen der Badischen Bank zur Übernahme angeboten wurden, kam in Luxemburg die Commerzbank zum Zuge. Im März 1941 erwarb die Commerzbank die Filiale Esch und nahm den Geschäftsbetrieb in Luxemburg auf.[135] Allerdings wurde sie auch mit dieser Niederlassungsgründung nicht glücklich. Denn die Filiale erwirtschaftete nur Verluste,[136] woraufhin sie 1944 wieder geschlossen wurde. Anschließend wurden die Geschäftsräume an die örtliche Sparkasse vermietet.[137]

Versuch einer Bilanz

Die Expansion der Commerzbank in die seit 1938 vom Deutschen Reich annektierten und besetzten Gebiete war alles in allem ein Fehlschlag. Im Gegensatz zu ihren Konkurrentinnen verhielt sich die Commerzbank anfangs eindeutig risikoavers. So war sie nicht bereit, einheimische Banken zu übernehmen, sondern beschränkte sich darauf, ihre Filialen neu zu errichten. Dafür bekam sie oftmals erst sehr spät die Genehmigung, und der Neuaufbau des Geschäfts verlief wegen des Startvorteils der Konkurrenz in allen Fällen außerordentlich schleppend. Erst die massive Zurücksetzung der Commerzbank im Protektorat Böhmen und Mähren sorgte dann für ein Umdenken, sodass die Commerzbank trotz ungünstiger Startbedingungen im annektierten Polen 1939/40 deutlich aggressiver und damit auch erfolgreicher zu Werke ging – was allerdings auch mit der Personalie Hettlage[138] zusammenhängen könnte. In Holland verhielt sich die Commerzbank dann 1940/41 wieder vorsichtiger, obwohl die Gründung der Rijnschen Handelsbank am Ende wohl der einzige geschäftlich erfolgreiche Expansionsschritt gewesen ist. Im Generalgouvernement und im Reichskommissariat Ostland waren trotz der erfolgreichen Filialgründung bzw. der Errichtung einer Tochtergesellschaft die Geschäftsmöglichkeiten zu begrenzt, als dass sich hier nennenswerte Gewinne hätten erzielen lassen. Gerade diese eingeschränkten Geschäftsmöglichkeiten machten die östlichen Außenposten der Commerzbank allerdings auch zu Helfershelfern der menschenverachtenden deutschen Ausbeutungs- und »Volkstums«-Politik gegenüber Polen und Russen.

Eine Bewertung der »Arisierung« bzw. »Germanisierung« sowie der Liquidation der Bankhäuser Hašek & Co. in Prag, Ernest Asch & Cie. in Straßburg sowie der Hugo Kaufmann & Co's Bank in Amsterdam fällt ambivalent aus. In Prag und Straßburg erwarb die Commerzbank vermutlich überteuerte Immobilien, die erhebliche Aufwendungen erforderten, aber kaum oder gar keinen Gewinn abwarfen, was sie allerdings nicht hatte absehen können. Im Amsterdam war die Situation genau umgekehrt. Dort erwies sich die »Arisierung« der N. V. Vijgendum und die anschließende Liquidation der Hugo Kaufmann & Co's Bank aus geschäftlicher Perspektive als Glücksfall, was die Commerzbank aber auch nicht vorausgesehen hatte. Inwieweit die Commerzbank-Filiale Litzmannstadt durch die von ihr betriebene Liquidation der jüdischen Bankhäuser Josef Hirszbergs Erben und Gebr. Taub profitiert hatte oder ihr relativer Geschäftserfolg womöglich gar auf diesen Aktivitäten fußte, ist aufgrund des Mangels an überlieferten Quellen nicht zu entscheiden.

Von einem »Germanisierungsgewinn« (analog zu den »Arisierungsgewinnen« im Altreich) kann im Fall des Erwerbs von Hašek & Co. sicher nicht gesprochen werden. Denn der Veräußerer war nicht etwa eine Privatperson, die einer diskriminierten Bevölkerungsgruppe angehörte und deshalb keine Chance besaß, sich gegen eine Übervorteilung zu wehren, sondern das Reich; und das Reich berechnete selbstverständlich einen Firmenwert (»Goodwill«) in Höhe von 1,725 Mio. Kronen,[139] was es in anderen Fällen ausdrücklich untersagte. Auch die stillen Reserven in Höhe von 1,4 Mio. Kronen waren aus der Sicht der Commerzbank sehr großzügig berechnet worden.[140] Insofern war die Leidtragende der »Germanisierung« die Familie Hašek, die nicht nur ihren Ehemann und Vater verloren hatte, sondern bei einem für das Deutsche Reich günstigen Ausgang des Krieges auch aus dem von František Hašek gegründeten Bankhaus vertrieben worden wäre. Aber der Profiteur war nicht in erster Linie der »Germanisierer«, also die Commerzbank, sondern das Reich, das sich das Bankhaus angeeignet hatte und einen hohen Verkaufspreis realisieren konnte. Die Commerzbank war hier eher ein stiller Teilhaber, der nur dank der Teilenteignung der Familie Hašek weiterhin in Prag tätig bleiben konnte und dafür bereit war, einen (vermutlich) unangemessen hohen Preis zu bezahlen.

Genauso ist die Übernahme von Ernest Asch & Cie. zu bewerten. Der Chef der Zivilverwaltung wollte die Commerzbank eigentlich im Elsass gar nicht zulassen,[141] sodass sie froh sein konnte, wenigstens die wenig attraktiven Räumlichkeiten des Bankhauses Asch übernehmen zu dürfen. Entsprechend schwach war auch ihre Verhandlungsposition gegenüber der Feindvermögensverwaltung beim Verkauf der Immobilie. Auch hier profitierte allein das Reich. Die Commerzbank, die sich natürlich auch hätte zurückziehen können, ließ sich darauf ein, weil sie, ähnlich wie in Prag, auf bessere Perspektiven in der Nachkriegszeit hoffte.

Der Geschäftserfolg einer niederländischen Tochtergesellschaft durch die Übernahme der Hugo Kaufmann & Co's Bank war im Herbst 1940 von der Commerzbank nicht erwartet worden. Deshalb hatte sie sich zunächst für andere Übernahmeobjekte interessiert. Wenn sie trotzdem in »Arisierungs«-Verhandlungen mit der Feindvermögensverwaltung einerseits und Hugo Kaufmann andererseits eintrat, tat sie das allem Anschein nach, weil jede andere ins Auge gefasste Übernahme von den Behörden nicht genehmigt worden wäre. Nachdem diese Verhandlungen gescheitert waren und sich die Commerzbank mit dem Reichswirtschaftsministerium darauf geeinigt hatte, die Hugo Kaufmann & Co's Bank in die Liquidation zu treiben, nutzte sie die seit dem Erlass der »Wirtschaftsentjudungsverordnung« faktisch rechtlose Stellung Kaufmanns rücksichtslos aus und pickte sich die »Rosinen« aus der Liquidationsmasse. Aber immer noch schätzte sie die Chancen, die sich aus der Vernichtung der jüdischen Wirtschaftstätigkeit in den Niederlanden für sie ergeben sollten, falsch ein und versuchte, die »schlechten Risiken« jüdischer Firmenkunden aus dem Portfolio ihrer Tochter herauszuhalten. Diese Fehleinschätzung zeigt auch die Tatsache, dass der Vorstand vor Ort diese Kunden weiterhin nicht diskriminierte, wobei er sich auf eine Weisung Marx' berief.[142] Es waren dann aber nicht die Behörden, die eine Verhaltensänderung erzwangen, sondern die Auslandsabteilung in der Berliner Zentrale. Die

Rijnsche Handelsbank verstärkte anschließend durch die Sperrung der Kreditlinien den Druck auf ihre jüdischen Firmenkunden noch, erhöhte dadurch deren Bereitschaft zu verkaufen und sorgte somit über Umwege für ihren im Vergleich mit allen anderen Filialen und Affiliationen der Commerzbank außergewöhnlichen geschäftlichen Erfolg durch die Vermittlung von »Arisierungen«.

Es kann insofern nicht bezweifelt werden, dass die Commerzbank ohne Skrupel von der Vernichtung jüdischer Gewerbetätigkeit zu profitieren bereit war. Aber ein Plan oder gar eine langfristige Strategie steckten nicht dahinter. Darin unterschied sich die Commerzbank, nicht nur im niederländischen Fall, sondern grundsätzlich, signifikant von der Deutschen Bank und der Dresdner Bank, die bereits vor den einzelnen Expansionsschritten des »Dritten Reichs« sehr genaue Vorstellungen von ihren Rollen bei der Neuordnung des Bankwesens in den jeweiligen Gebieten hatten. Es spricht außerdem alles dafür, dass der Commerzbank 1941 das Schicksal ihrer ehemaligen Geschäftspartner, der »Nichtarier« Kaufmann und Berliner, gleichgültig war. Aber der Vorwurf, der Übernahmevertrag habe keine Vorkehrungen enthalten, um die Emigration zu ermöglichen, sodass Kaufmann und Berliner im Juli 1942 nach Auschwitz deportiert wurden,[143] überschätzt wohl die Einflussmöglichkeiten der Commerzbank.

6.2 »Bankenrationalisierung« und Großbankenfrage

Mit Reichsbankpräsident Schacht und Bankenkommissar Ernst hatten die Großbanken in den kritischen Monaten zwischen der Machtübernahme der Nationalsozialisten und dem Erlass des »Kreditwesengesetzes«, das 1934 im Wesentlichen den Status quo des deutschen Bankensystems sicherte, zwei mächtige Verbündete in Schlüsselpositionen des »Dritten Reichs«. Während die Dresdner Bank und die Deutsche Bank trotzdem nicht umhinkamen, mit Karl Rasche und Emil Meyer bzw. Karl Ritter von Halt ausgewiesene Nationalsozialisten in ihre Vorstände aufzunehmen, war die Commerzbank vermutlich vor allem wegen Reinharts Nähe zu den neuen Machthabern lange Zeit von einer solchen Personalie verschont geblieben. Kurz vor Kriegsausbruch rückte dann aber doch mit Karl Hettlage ein Nationalsozialist von außen in den Vorstand ein.

Hettlage war ein promovierter Jurist und zu Beginn der 1930er Jahre für das Zentrum Mitglied des Preußischen Landtags.[144] Er biederte sich jedoch sofort nach der Machtübernahme den Nationalsozialisten an, durfte allerdings der NSDAP nicht beitreten. Trotzdem wurde er 32-jährig zum Stadtkämmerer von Berlin berufen. Das Amt hatte er inne, bis er kurz vor Kriegsbeginn die Protektion des Leiters des Hauptamts für Kommunalpolitik der NSDAP und Münchner Oberbürgermeisters Karl Fiehler verlor.[145] Über welche Kanäle er daraufhin in den Commerzbank-Vorstand gelangte, ist zwar nicht bekannt. Aber die Tatsache, dass Hettlage schon wenige Monate nach Beginn seiner Commerzbank-Karriere eine zweite berufliche Aufgabe übernahm, deutet auf eine Einflussnahme von außen hin.

Ohne dass Hettlage aus dem Vorstand der Commerzbank ausgeschieden wäre, trat er in leitender Stellung in die Generalinspektion für die Reichshauptstadt ein. Zu Hettlages Zuständigkeitsbereich gehörten als »Finanzmanager« von Generalinspekteur Albert Speer, wie der Historiker Magnus Brechtken seine Funktion charakterisiert,[146] unter anderem die Entmietung jüdischer Wohnungen sowie die »Arisierung« jüdischen Wohneigentums.[147] Auch für die Errichtung eines Ziegelwerks in Oranienburg, das mit Häftlingen des nahe gelegenen Konzentrationslagers Sachsenhausen betrieben wurde, war Hettlage zuständig.[148] Nach der Ernennung Speers zum Rüstungsminister wurde Hettlage einer seiner engsten Mitarbeiter. Seine Aufgabe war dort nicht zuletzt die Verlagerung der Raketenproduktion von Peenemünde in eine unterirdische Fabrik in Thüringen. Die Stollenanlage der von ihm federführend gegründeten Mittelwerk GmbH sollte im letzten Kriegsjahr zum Massengrab für viele Insassen des Konzentrationslagers Dora-Mittelbau werden.[149] In diesem Fall nutzte Hettlage seine »Nebentätigkeit« dazu, der Commerzbank-Filiale Nordhausen mit der Mittelwerk GmbH einen bedeutenden Kunden zuzuführen.[150] Allerdings sollte Hettlages Einfluss in der Bank, zumindest in der zweiten Kriegshälfte, nicht überschätzt werden. Denn aus der »Nebentätigkeit« war spätestens seit Speers Berufung zum Rüstungsminister sein Hauptberuf geworden. Während Hettlage bis zum Herbst 1942 noch fast an jeder der meist einmal im Monat stattfindenden Arbeitsausschusssitzungen teilgenommen hatte, war er im gesamten Jahr 1943 nur einmal anwesend.

Mit Kriegsbeginn, als nach Reichsbankpräsident Schacht auch Ernst als Bankenkommissar zurückgetreten war, verschärfte sich das politische Klima gegenüber den Großbanken erneut. Im Januar 1941 griff der Vizepräsident der Reichsbank Kurt Lange die Großbanken offen an, indem er ihnen mangelnde nationalsozialistische Gesinnung vorwarf.[151] Die erste praktische Auswirkung dieser neuerlichen Großbankenkritik war eine Verordnung des Reichsaufsichtsamts für das Kreditwesen zur »Vereinfachung der Organisation des Kreditgewerbes«, die fast zeitgleich mit dem Überfall auf die Sowjetunion erfolgte und die nichts anderes bedeutete als eine Ausdünnung der Filialnetze, um mehr Bankangestellte einberufen zu können.

Schon direkt nach Kriegsbeginn war die Belegschaft der Commerzbank durch Einberufungen spürbar verringert worden. Von den 6877 Beschäftigten waren im Oktober 1939 knapp 900 eingezogen worden. Im Folgemonat waren es dann schon 1116. Obwohl die Zahl der Einberufenen in den folgenden Monaten weiter leicht anstieg, konnte der Verlust durch Neueinstellungen weitgehend kompensiert werden. Der Arbeitsmarkt für ausgebildete Bankangestellte war allerdings schon vor Kriegsausbruch praktisch leer gefegt, sodass es sich bei den Neueinstellungen wohl hauptsächlich um Hilfskräfte, vermutlich wie im Ersten Weltkrieg überwiegend um Frauen, handelte. Vor dem Krieg hatte die Bank auf den Mangel an qualifizierten Arbeitskräften trotz offiziellem Lohnstopp durch ein breit gestreutes Zulagensystem reagiert,[152] und auch Frauen, die bereits früher bei der Commerzbank angestellt gewesen waren, aber nach ihrer Verheiratung als »Doppelverdiener« hatten ausscheiden müssen, wurden mit Genehmigung des Arbeitsamts seit 1938 wieder eingestellt.[153] Wie sehr die Arbeitskräftelenkung während des Krieges die Zahl der weiblichen Beschäftigten bei der Commerzbank hatte ansteigen lassen, zeigt die Geschlechterverteilung unter den Beschäftigten der Niederlassungen im Gau Hessen-Nassau, wo Mitte 1944 108 männlichen Beschäftigten (davon acht Schwerbehinderte) 90 weibliche Beschäftigte gegenüberstanden, davon 26 angelernte.[154]

Besonders deutlich wird diese Kompensationsstrategie nach Beginn des Westfeldzugs, als die Zahl der Einberufenen von Mai auf Juni 1940 um etwa 300 Personen anstieg, gleichzeitig aber auch fast 1000 neue Arbeitskräfte eingestellt wurden. Dieser Stand von 8239 Beschäftigten ließ sich aber nicht halten. Bis Anfang 1941 sank er wieder auf etwa 7500, ohne dass die Zahl der Einberufenen zurückgegangen wäre.[155] Mit dem Überfall auf die Sowjetunion verschärfte sich die Situation dann weiter. Zunächst hatte die Wirtschaftsgruppe Privates Bankgewerbe die Koordination der »Bankenrationalisierung«, wie das Programm nun genannt wurde, übernommen, legte dabei aber keine allzu große Eile an den Tag. Im Frühjahr 1942 kam sie deshalb massiv unter Druck und sicherte im Mai 1942 zu, dass in Kürze 10 Prozent aller Bank- und Sparkassenstellen stillgelegt werden würden. Die Commerzbank war an dieser Stilllegungsaktion überproportional mit 41 Zweigstellen beteiligt.[156]

Damit waren die Großbanken aber nicht »aus dem Schneider«. Im Gegenteil, denn nun schaltete sich auch die NSDAP-Parteikanzlei ein und stellte die »Großbankenfrage«, indem Reichsleiter Martin Bormann eine »Strukturveränderung nach nationalsozialistischen Zielsetzungen« einforderte,[157] was nichts anderes hieß, als dass Sparkassen und öffentlich-rechtliche Banken auf Kosten der privaten Banken gestärkt werden sollten. Wirtschaftsminister Funk, dem diese Einmischung in seine Zuständigkeit als Bankenaufsicht überhaupt nicht gefiel, versuchte, Bormann durch die Einbindung der NSDAP-Gauleiter in seine Entscheidungen über die »Bankenrationalisierung« auszumanövrieren. Damit war er aber zunächst nicht erfolgreich. Denn Bormann bildete unabhängig vom Ministerium einen aus Gauwirtschaftsberatern bestehenden Bankenausschuss, der über weitere »Strukturveränderungen« beraten sollte. Allerdings gelang es dem Reichswirtschaftsministerium, wie schon bei der »Entjudung« des Bankwesens, geforderte Strukturveränderungen durch Zugeständnisse in Personalfragen abzuwenden. Die Großbanken spielten dieses Spiel mit und erreichten auf diese Weise, dass großbankenfeindliche Ideologen aus ihren Organen ferngehalten werden konnten.[158]

Die Commerzbank war zu diesem Zeitpunkt aber noch außerhalb des Radars der Partei und blieb vorerst unbehelligt. Noch 1942 konnte sie mit dem Filialdirektor der Dresdner Bank aus Frankfurt, Hanns Deuß, einen außenstehenden Fachmann in ihren Vorstand berufen, der zwar als »Märzgefallener« NSDAP-Mitglied, aber nicht von einer Parteigröße, sondern von Reinhart protegiert worden war.[159] Die Gründe für diese Ausnahmestellung der Commerzbank sind nicht ganz klar. Über Verbindungsleute zur NSDAP verfügten mittlerweile alle Großbanken. Wahrscheinlich war es die von Deutscher Bank und Dresdner Bank planmäßig durchgeführte Expansion in die annektierten und besetzten Gebiete, die Bormann und den Gauleitern ein Dorn im Auge war.

Nach dem Tod von Friedrich Reinhart im Oktober 1943 geriet die Commerzbank dann aber doch noch in den Fokus. Denn für die Berufung von Paul Marx zum neuen Aufsichtsratsvorsitzenden benötigte die Bank die Zustimmung der Reichsbank. Außerdem musste der Vorstand durch das Ausscheiden von Marx ergänzt werden. Tatsächlich rückten mit Paul Hampf und Fritz Höfermann zwei Personen in den Vorstand auf, die für die NSDAP akzeptabel gewesen sein müssen. Allerdings handelte es sich in beiden Fällen nicht um eine im engeren Sinne »politische« Berufung. Auch unter anderen politischen Umständen hätten sie nämlich gute Aussichten gehabt, Vorstandsmitglieder zu werden. Hampf hatte schon auf Druck der NSDAP eine ganze Weile die Funktion des Personalchefs inne, war aber wohl genau deswegen nicht in den Vorstand aufgenommen worden. Höfermann hatte bereits vor der Fusion mit dem Barmer Bank-Verein dort in der zweiten Reihe gestanden und war aktuell Filialleiter der Commerzbank in Düsseldorf, der ehemaligen Zentrale des Barmer Bank-Vereins. Auch bei ihm hätte man eigentlich eine frühere Berufung erwarten können, aber Reinhart hatte wohl Vorbehalte gegen Höfermann,[160] weshalb Deuß 1942 den Vorzug bekommen hatte. Außerdem hätte Höfermann die Phalanx der ehemaligen Manager des Barmer Bank-Vereins im Commerzbank-Vorstand weiter verstärkt, was vermutlich auch bei anderen Vorstandsmitgliedern auf Vorbehalte gestoßen war. Entscheidend bei den Berufungen von Höfermann und Hampf war allerdings, dass sie zwar Mitglieder der NSDAP waren, aber im Konfliktfall konnte bei ihnen kein Zweifel bestehen, welcher Seite ihre Loyalität galt.

Bei der Neubesetzung des Aufsichtsrats kam die Commerzbank nicht so glimpflich davon. Für Reinhart und den Anfang 1944 verstorbenen Carl Harter rückten drei NSDAP-Gauwirtschaftsberater in das Gremium ein: Emeran Amon (Düsseldorf),[161] Walter Jander (Magdeburg-Anhalt)[162] und Adolf Mittag (Westfalen-Nord).[163] Ein weiteres Zugeständnis könnte der Rücktritt des Generaldirektors der Salamander AG Alexander Haffner gewesen sein, der in dem Ruf stand, ein Gegner der Nationalsozialisten zu sein.[164] Was die drei Gauwirtschaftsberater auszeichnete, war allerdings nicht ihre dezidiert großbankenfeindliche Haltung, sondern Amon und Jander vertraten Regionen, in denen die Commerzbank besonders stark vertreten war, was darauf hindeutet, dass die Bank bei dieser Personalie ein gewisses Mitspracherecht besessen hatte. Lediglich bei Mittag könnte das anders gewesen sein, da er vermutlich auf Bormanns Wunsch in das Gremium gelangte.[165] Alle drei Gauwirtschaftsberater wurden nach ihrer Kooptation in den Aufsichtsrat auch in dessen Arbeitsausschuss, das eigentliche Machtzentrum der Bank, aufgenommen, ohne dass dort allerdings ein anderes Mitglied hätte ausscheiden müssen. Nach den Protokollen traten sie dort nicht weiter in Erscheinung. Tatsächlich scheinen sie mit ihrer Rolle als »Konzessionsschulzen« durchaus nicht unzufrieden gewesen sein. Bormann hatte das im August 1942 richtig vorausgesehen und deswegen allen hauptamtlichen Parteifunktionären die Annahme von Vorstands- und Aufsichtsratsmandaten in der privaten Wirtschaft verboten.[166] Davon waren die Gauwirtschaftsberater aber nicht betroffen, da sie ehrenamtlich tätig waren.

Ob die drei Gauwirtschaftsberater in Anbetracht einer eingespielten »Verwaltung« viel hätten erreichen können, selbst wenn sie gewollt hätten, erscheint ohnehin zweifelhaft. Denn abgesehen von der Tatsache, dass keiner der drei Erfahrungen als Bankmanager besaß, wurden die bestehenden Governance-Strukturen nicht angetastet. So hatte Martin Bormann zwar ausdrücklich die Beseitigung des Depotstimmrechts gefordert.[167] Aber davon war später nicht mehr die Rede. Im Gegenteil, unter den Bedingungen des Krieges wurde die Generalversammlung vollends zur Farce. So waren in der Generalversammlung im Mai 1943 zwar 76,3 der 100 Mio. RM Commerzbank-Aktien angemeldet worden, aber persönlich anwesend waren nur vier »freie« Aktionäre, die ihren Eigenbesitz vertraten. Aktien im Fremdbesitz von nominal 75,2 Mio. RM vertrat dagegen der Hamburger Abteilungsdirektor Arthur Haalcke, darunter auch den Fremdbesitz der Deutschen Bank (9,7 %) und der Dresdner Bank (3,2 %). Vorstandsmitglieder waren gar nicht anwesend und vom Aufsichtsratspräsidium nur Ewald Hecker, der seinerseits Fremdbesitz in Höhe von 250 000 RM vertrat.[168] Damit kontrollierte die Commerzbank über ihr Depotstimmrecht 98,9 Prozent der Stimmen auf dieser Generalversammlung. Im Folgejahr wurde dann eine Generalversammlung gar nicht mehr abgehalten, weil der Gesetzgeber für die Dauer des Krieges die Möglichkeit geschaffen hatte, die notwendigen Beschlüsse in einer gemeinsamen Sitzung von Vorstand und Aufsichtsrat zu fassen.[169]

Die größte Herausforderung für die Großbanken während der zweiten Kriegshälfte war aber ohnehin die Aufrechterhaltung des Geschäftsbetriebs. Denn zu den Einberufungen und der Ausdünnung des Filialnetzes kamen seit 1943 auch zunehmend die Beeinträchtigungen durch den Bombenkrieg. Zunächst aber setzten mit der Niederlage von Stalingrad und der Proklamation des »totalen Krieges« im Februar 1943 auch die Auskämmaktionen der »Bankenrationalisierung« wieder ein. Im Februar war die Zahl der Beschäftigten zwar gegenüber dem Stand am Jahresende 1942 mit 7769 Personen fast konstant, und auch die Zahl der Einberufenen war nur um knapp 50 auf 2933 gestiegen. Weitere erhebliche Einschränkungen des Geschäftsbetriebs deuteten sich aber an. So war der Commerzbank vom Reichswirtschaftsministerium mitgeteilt worden, dass sie 25 Filialen und acht Depositenkassen schließen müsse. Außerdem sollten in Berlin weitere 3000 Bankangestellte eingezogen werden, wobei 180 davon auf die Commerzbank (Hauptbank und Berliner Depositenkassen) entfielen. Das entsprach 15 Prozent der Berliner Commerzbank-Belegschaft.[170] Einen Monat später sollte die Commerzbank dann sogar 83 Filialen und Depositenkassen schließen. Nach einer Berechnung des Vorstands hatten die zur Schließung vorgesehenen Niederlassungen zuletzt einen Bruttogewinn von etwa 2,4 Mio. RM erwirtschaftet.[171]

Proteste der Banken nützten aber nichts. Bis zum Herbst 1943 hatte die Commerzbank von ursprünglich 241 Filialen 84 (35 %) und von ursprünglich 120 Depositenkassen 26 (22 %) schließen müssen.[172] Die geografische Verteilung der Filialschließungen erfolgte uneinheitlich. Grundsätzlich galt, dass sie dort besonders häufig waren, wo das Filialnetz besonders dicht war, und dass vor allem Kleinstädte betroffen waren.[173] Deutlich überproportional musste die Commerzbank Niederlassungen in Sachsen (ca. 50 %) und im »Sudetengau« (ca. 60 %) schließen, wobei in Sachsen neben der Dichte des Filialnetzes auch der politische Druck von Gauleiter Mutschmann verantwortlich war. Im »Sudetengau« dürfte dagegen wohl die mangelhafte Rentabilität ausschlaggebend gewesen sein.[174]

Für die Belegschaft bedeuteten die Auskämmaktionen, dass nicht nur die von den Filialschließungen Betroffenen einen neuen Arbeitsplatz zugewiesen bekamen, sondern auch viele ausgebildete Bankangestellte der Zentrale und der größeren Filialen waren, sofern sie nicht einberufen wurden, von einer Versetzungswelle betroffen. Denn die Lücken, die die Einberufungen an manchen Standorten rissen, konnten nicht allein durch die frei werdenden Arbeitskräfte aus den geschlossenen Filialen aufgefüllt werden, zumal die neu eingestellten Hilfskräfte nicht für alle Tätigkeiten eingesetzt werden konnten.[175] Die veränderte Relation zwischen erfahrenen und angelernten Kräften machte schließlich eine Ausweitung der Kreditvollmachten auf allen Ebenen erforderlich, um, wie es im Arbeitsausschuss hieß, auch weiterhin eine »prompte Geschäftsabwicklung« gewährleisten zu können.[176] Damit war die zehn Jahre zuvor mühsam aufgebaute und allem Anschein nach auch wirksame Überwachung des Kreditgeschäfts von Filialen und Depositenkassen wieder eingeschränkt worden. Immerhin bemühte sich die Bankleitung aber weiterhin, alle Niederlassungen regelmäßig einer Revision zu unterziehen, was offenbar dank ihrer drastisch verringerten Zahl trotz weniger Revisoren auch gelungen ist.

6.3 Die Commerzbank am Abgrund

Im letzten Kriegsjahr versuchte die Commerzbank genauso wie fast alle anderen deutschen Unternehmen, den Geschäftsbetrieb, so gut es ging, aufrechtzuerhalten. Das mutet aus heutiger Sicht geradezu bizarr an, denn jedem Deutschen und damit auch jedem Commerzbank-Angestellten musste, sofern er kein Fanatiker war, irgendwann zwischen der Niederlage von Stalingrad und der Landung der Westalliierten in Frankreich klar geworden sein, dass dieser Krieg verloren war und mit dem Reich wohl auch die Commerzbank untergehen würde. Die Substanzverluste wären zu groß gewesen, um die Zahlungsfähigkeit ohne staatliche Hilfe aufrechtzuerhalten; und staatliche Hilfen hätten nur von den Siegern kommen können, das jedoch war nach den Erfahrungen der Niederlage im Ersten Weltkrieg nicht zu erwarten.

Es waren zwei Entwicklungen, die die Substanz der Bank aufzehrten und ihr Schicksal aufs Engste mit dem des Reichs verknüpften. Erstens hatte sich die Deformation des Geschäftsmodells von einer Universalbank mit einer Vielzahl von Geschäftsfeldern und Finanzdienstleistungen für eine diversifizierte gewerbliche und (wohlhabende) Privatkundschaft zu einer Kapitalsammelstelle für den Bedarf des Reichs weiter fortgesetzt, und zweitens zerstörte der Bombenkrieg die bauliche Substanz der Bank, da sich viele Gebäude, in denen ihre Geschäftslokale untergebracht waren, in ihrem Eigentum befanden. Schon zu Beginn des Jahres 1944 schätzte der Vorstand, dass die Gebäudeschäden durch Luftangriffe 17,6 Prozent der Buchwerte ausmachten.[177] Die tatsächlichen Werte lagen jedoch weit höher, da in den Buchwerten der bankeigenen Immobilien ein Großteil der stillen Reserven steckten. Im März 1944 betrugen die tatsächlichen Schäden 18,7 Mio. RM in Berlin und 19,3 Mio. RM an den anderen Standorten,[178] Ende 1944 waren es dann (einschließlich des Bankhauses von der Heydt-Kersten & Söhne) zusammen rund 50 Mio. RM.[179] Nach der Bilanz von 1938 hatte die Commerzbank Grundstücke und Gebäude im Buchwert von 51,5 Mio. RM besessen. Das entsprach 64 Prozent des Aktienkapitals. Ende 1944 waren Grundstücke und Gebäude nur noch mit 27,35 Mio. RM (oder 27 % des Aktienkapitals) bilanziert, wobei allein in diesem Geschäftsjahr knapp 19 Mio. RM hatten abgeschrieben werden müssen[180] – und der Bombenkrieg sollte sich im Folgejahr noch fortsetzen und durch die Kampfhandlungen auf Reichsgebiet in seiner Wirkung noch verstärken.

Trotz einer Kapitalerhöhung um 20 auf 100 Mio. RM im Jahr 1941 hatte sich die Eigenkapitalquote[181] während des Krieges deutlich verringert. Hatte sie im Jahr 1938 noch 5,8 Prozent betragen, so waren es 1940 und 1941 (trotz der Kapitalerhöhung) jeweils nur noch 4,1 Prozent. Die letzte Bilanz vor Kriegsende wies für Ende 1944 noch eine Eigenkapitalquote von 2,3 Prozent auf. Der Grund für diese Entwicklung war ein kräftiger Zustrom an Kundengeldern, insbesondere von Spargeldern,[182] als Folge der zurückgestauten Inflation. Eine außerordentlich starke Sogwirkung entfaltete das 1941 eingeführte steuer- und zinsvergünstigte sogenannte »Eiserne Sparen«, bei dem ein bestimmter Betrag in Höhe von bis zu 26 RM pro Monat direkt vom Lohn eines Arbeitnehmers abgezogen wurde, über den der Sparer erst frühestens ein Jahr nach Kriegsende verfügen könnte.[183] Die Wahl des Kreditinstituts für ein Spar-Sammelkonto war dem jeweiligen Arbeitgeber überlassen. Wegen seines langfristigen Charakters war das »Eiserne Sparen« auch für die Kreditinstitute attraktiv, weswegen die Commerzbank, ebenso wie die anderen Großbanken und die Sparkassen, den Betriebsleitungen ihrer Firmenkunden regelmäßig Werbebesuche abstattete. Nachdem bis dahin die Sparkassen überproportional von den Zuwächsen der Spareinlagen profitiert hatten, bot das »Eiserne Sparen« den Großbanken die Chance, die Lücke wieder etwas zu schließen, weil die Entscheidung nicht beim Sparer, sondern bei dessen Arbeitgeber lag, der sich oftmals für seine Hausbank entschied, selbst wenn die Arbeitnehmer ihre Sparbücher überwiegend bei der örtlichen Sparkasse besaßen.[184] Die Commerzbank war mit ihren Werbemaßnahmen offenbar recht erfolgreich. Bereits wenige Monate nach ihrer Einführung führte sie fast 6000 Eiserne-Spar-Sammelkonten mit knapp 52 000 Eisernen-Einzel-Sparkonten. Ein Jahr später hatten sich beide Werte etwa verdoppelt. Nach der Kriegswende 1943 kamen zwar nur noch wenige neue Konten hinzu.[185] Aber da die Gelder weiter auf die Konten flossen, machten die Eisernen Spareinlagen nur zwei Jahre nach ihrer Einrichtung bei der Commerzbank bereits etwa 8,5 Prozent aller Spareinlagen aus.[186]

Das reguläre Kreditgeschäft konnte mit diesem rasanten Einlagenwachstum kaum mithalten. Insbesondere in den ersten Kriegsmonaten führte die hohe Eigenfinanzierung der Industrie zu einem Rückgang der Kontokorrentkreditnachfrage, der nur durch den Ankauf von (überwiegend kurzfristigen) Staatsschuldtiteln ausgeglichen werden konnte. Bereits Ende 1939 waren die Schatzwechsel, Schatzanweisungen und Anleihen des Reichs und der Länder gegenüber dem Vorjahr von 242 Mio. RM (15,5 % der Bilanzsumme) auf 436 Mio. RM (25 %) und im Folgejahr sogar auf 1,1 Mrd. RM (48 %) angewachsen, während sich die Debitoren von 629 Mio. RM (41 %) 1938 auf 487 Mio. RM (21 %) 1940 verringerten.

Diese fortschreitende Ausrichtung des Aktivgeschäfts auf die Staatsfinanzierung konnte keinem Beobachter verborgen bleiben. Das darin steckende Risiko wurde im Geschäftsbericht durch nationales Pathos zu kaschieren versucht. So hieß es im Geschäftsbericht für 1940, dass der »öffentliche Finanzbedarf im Kriege naturgemäß zu einer Schrumpfung des privatwirtschaftlichen Geschäfts der Banken führen musste«, was aber, so wurde zwischen den Zeilen ergänzt, wegen des »überwältigenden Siegs der deutschen Waffen im Westen« kein Risiko darstelle. Im Folgejahr hieß es dann, dass »die Mitwirkung bei der Beschaffung der zur Kriegsführung erforderlichen Mittel ... die vornehmste Aufgabe der deutschen Banken« sei. Nach der Kriegswende verzichtete die Bank auf jegliche Kommentierung und stellte in ihrem im Mai 1944 veröffentlichten Geschäftsbericht für 1943 lediglich fest, dass die ihr zusätzlich zugeflossenen fremden Gelder in Schatzwechseln angelegt worden waren.[187]

Eine deutliche Steigerung verzeichnete auch der Bilanzposten der Beteiligungen. Nach dem Aktiengesetz von 1937 mussten alle Beteiligungen an einer Kapitalgesellschaft, deren Nennwert mindestens 25 Prozent des Grundkapitals dieser Gesellschaft betrug, in der Bilanz gesondert ausgewiesen werden.[188] Im Jahr 1940 hatte dieser Bilanzposten mit 6 Mio. RM Bankbeteiligungen[189] und 1,1 Mio. RM Beteiligungen an Nichtbanken einen Tiefpunkt erreicht. Im Folgejahr hatten sich diese Werte dann mit 12,3 Mio. RM Bankbeteiligungen und 2,5 Mio. RM Beteiligungen an Nichtbanken mehr als verdoppelt. Diese Steigerung erfolgte ausschließlich aufgrund der Gründung der Banktöchter im besetzten Ausland sowie einer Beteiligung an der Kontinentalen Öl AG, die ihren Sitz zwar in Berlin hatte, deren Aufgabe aber die Ausbeutung der Ölvorkommen in den besetzten Ostgebieten war.[190]

Aus der Sicht der Commerzbank handelte es sich bei der Erhöhung des Beteiligungsbesitzes offenbar um den Versuch, einen Teil der zufließenden Fremdmittel nicht in Staatsschuldtiteln anlegen zu müssen. Angesichts der zu diesem Zeitpunkt noch sehr schwachen Kreditnachfrage der inländischen Industrie war das Engagement in den besetzten Gebieten eine der wenigen möglichen Ausweichstrategien, die die Privatwirtschaft eröffnete. Allerdings bedeutete auch dieses Engagement, dass – ähnlich wie bei den Staatsschuldtiteln – die Investitionen in dem Moment verloren sein würden, in dem der Krieg verloren ginge. Nur rechnete zu diesem Zeitpunkt mit dieser Möglichkeit kaum jemand.

Die mittelbare Abhängigkeit vom Schicksal des Reichs nach dem Krieg galt allerdings auch für einen Großteil der Zuwächse im Kreditgeschäft während der zweiten Kriegshälfte. Denn die größten Kredite dieser Zeit waren Beteiligungen an Konsortialkrediten für staatliche oder halbstaatliche Unternehmen, deren Geschäftsmodell für die Nachkriegszeit nur mehr unter sehr günstigen und damit unrealistischen Friedensbedingungen taugte. Das galt etwa für die sogenannten Reichsstellen für verschiedene Agrarprodukte. Manche dieser Reichsstellen waren zwar bereits Anfang der 1930er Jahre zur Steuerung der Nahrungs- und Futtermittelimporte gegründet worden und seit dieser Zeit auch Kunden der Commerzbank. Aber während des Krieges kam ihnen eine viel weiter gehende Bedeutung als Schaltstellen der Ernährungswirtschaft zu, die vom Reichsernährungsministerium in Zusammenarbeit mit den Selbstverwaltungsorganen der Wirtschaft betrieben wurden.[191]

Kriegsschäden am Bankgebäude in Dortmund, um 1945

Unter den zehn bedeutendsten Kreditnehmern der Commerzbank während der Jahre 1943 und 1944[192] waren drei Reichsstellen der Ernährungswirtschaft, ferner die Beschaffungsgesellschaft Ost, deren Aufgabe der Infrastrukturausbau im besetzten Gebiet war und die das Recht hatte, die benötigten Maschinen und Materialien zu beschlagnahmen,[193] sowie die Südost-Montan GmbH, eine reichseigene Gesellschaft zum Betrieb von Chromerzgruben in Albanien.[194] Ein bedeutender Kreditnehmer war auch die 1941 gegründete Zentrallagergemeinschaft für Bekleidung GmbH, die unter anderem die Kleidung für sowjetische und später auch andere Zwangsarbeitergruppen lieferte. Außerdem war sie wohl mit der Verwertung der Bekleidung deportierter polnischer Juden betraut.[195] Die Federführung hatte die Commerzbank bei den Kreditkonsortien nur sehr selten inne. Aber das Volumen der Kredite war so groß, dass sie selbst mit ihrer Konsortialquote von meist etwa 10 Prozent eine höhere Summe bereitstellen musste, als sie es in ihrer Hausbankfunktion für die überwiegend mittelständische Firmenkundschaft gewöhnlich tat. In Anbetracht der Größenordnung kann es deshalb auch nicht verwundern, dass etwa die Reichsstelle für Fette und Eier oder die Zentrallagergemeinschaft für Bekleidung auch bei der Dresdner Bank zu den größten Schuldnern gehörten.[196]

Der Substanzverlust war zwar existenzgefährdend, aber das nur auf mittlere Sicht. Sehr viel unmittelbarer waren die Folgen des Bombenkriegs. Den ersten Bericht über »Bombardierungen« gab der Vorstand dem Arbeitsausschuss Anfang September 1942. Von den Angriffen auf Düsseldorf, Mainz und Nürnberg-Fürth waren die Filialen aber noch unbehelligt geblieben. Im August 1943 wurde dann erstmals »über die durch die verschiedenen Luftangriffe bei unseren Filialen entstandenen Schäden« berichtet,[197] womit vermutlich vor allem die »Operation Gomorrha« gemeint war, der Ende Juli und Anfang August in mehreren Angriffswellen schätzungsweise 34 000 Menschenleben in Hamburg zum Opfer fielen und durch die fast 600 Industrie- und über 2600 weitere Gewerbebetriebe zerstört wurden.[198] Einen Monat später hatte sich der Vorstand ein Bild von den Verwüstungen gemacht und berichtete, dass die Filiale Altona und zwölf Hamburger Depositenkassen total zerstört und zwei weitere Depositenkassen leicht beschädigt waren. Auch die alte Hamburger Zentrale, das vier Jahre nach der Gründung der Commerzbank errichtete und in den folgenden Jahrzehnten sukzessive erweiterte »Stammhaus« am Ness,[199] wurde schwer in Mitleidenschaft gezogen. Dort waren die unzerstörten Räume aber immerhin ausreichend, um den Betrieb beengt, aber ohne nennenswerte Einschränkungen weiterführen zu können. Zwei zerstörte Depositenkassen waren zwischenzeitlich mit zwei intakten zusammengelegt worden, während in fünf weiteren Fällen angemietete Ladenlokale behelfsmäßig hergerichtet wurden. Eine der im Zuge der »Bankenrationalisierung« geschlossenen Depositenkassen hatte außerdem ihren Betrieb wieder aufnehmen dürfen.[200]

Hamburg sollte aber kein Einzelfall bleiben. Auch in der sogenannten Luftschlacht um Berlin, als britische Bomberverbände in mehreren Nachtangriffen während der zweiten Novemberhälfte 1943 weite Teile der Reichshauptstadt verwüsteten, wurden Gebäude der Commerzbank schwer getroffen. Anfang Januar zog der Vorstand auch in diesem Fall eine deprimierende Bilanz. So waren die Zentrale »bis auf das Erdgeschoss« und elf Depositenkassen weitgehend zerstört worden. Obwohl die Zentrale kaum mehr ihre Funktionen erfüllen konnte, scheint der Geschäftsbetrieb in Berlin aber nur kurz unterbrochen worden zu sein. Denn die Situation traf die Bank nicht unvorbereitet. Bereits im Juli 1943 hatte sie einen »Ausweichplan« für den Fall eines Totalausfalls der Zentrale erstellt und einen »Schadensbehebungsstab«, bestehend aus Fachleuten der Organisations- und der Bauabteilungen gebildet.[201] Dank des »Ausweichplans« gelang es, in kurzer Zeit Ausweichstellen in ganz Berlin zu beziehen. Allerdings waren die Geschäftsabläufe wegen der weiten Entfernungen und der unterbrochenen Kommunikationsverbindungen trotzdem empfindlich gestört. Bei seiner Aufgabe, einen Teil des Hauptgebäudes wieder instand zu setzen, um einen Großteil der ausgelagerten Abteilungen nach kurzer Zeit wieder zurückzuholen, scheiterte der »Schadensbehebungsstab« jedoch, weil es an Arbeitskräften und Baumaterial fehlte. Da man vermutlich außerdem erwartete, dass Berlin auch weiterhin das Ziel alliierter Luftangriffe bleiben würde, entschied der Vorstand, Teile der Aufgaben der Zentrale wie den Zahlungs- und Scheckeinzugsverkehr durch die Einrichtung von Verrechnungsstellen auf zehn Standorte und über das gesamte Reichsgebiet verteilt auszulagern.[202]

Zum Schwerpunkt der Verlagerungstätigkeit entwickelte sich schon bald die westfälische Provinzstadt Herford mit ihren etwa 40 000 Einwohnern, in die zunächst das Sekretariat der Filialen und Depositenkassen verlegt wurde.[203] Weitere Abteilungen folgten im Lauf des Frühjahrs 1944, und auch zwei Vorstandsmitglieder wurden nach Herford abgeordnet. Daraus ergab sich aber ein neues Problem. Herford war zwar noch weitgehend von Luftangriffen verschont geblieben, aber die Stadt war zu klein, um ausreichend Wohnraum für die Berliner Bankangestellten bereitstellen zu können. Deshalb konnten viele der verlagerten Mitarbeiter nur in Notquartieren untergebracht werden.[204]

Mit der Notwendigkeit zur Verlagerung von Abteilungen der Zentrale und vieler großstädtischer Filialen kam auch die wie geplant durchgeführte Schließung von Filialen und Depositenkassen im Rahmen der »Bankenrationalisierung« an ihr Ende. Denn die Schließungen ergaben sich nun zwangsläufig durch die Zerstörung der Gebäude, was man aber kaum mehr unter dem Schlagwort der »Rationalisierung« fassen konnte. So wurden etwa Teile der Mitte 1943 geschlossenen Filiale in Straßburg, deren Räumlichkeiten eigentlich an eine Einrichtung des Propagandaministeriums vermietet werden sollten, der Commerzbank belassen, die daraufhin dort die Ausweichstelle für die total zerstörte Filiale in Mannheim einrichtete.[205]

Mit der weiteren Verschärfung der Lage an den Fronten schrumpfte die Belegschaft weiter. Mitte 1944 waren bereits etwa 40 Prozent der Belegschaft und damit vermutlich weit mehr als jeder zweite männliche Beschäftigte im wehrfähigen Alter eingezogen worden. Hatte die Belegschaft der Commerzbank vor Ausbruch des Krieges noch knapp 6800 Personen betragen, so waren es jetzt nur noch etwa 4350, von denen aber vermutlich mehr als 1000 Personen nach Kriegsausbruch und damit vermutlich als ungelernte Hilfskräfte eingestellt worden waren. In den ersten Jahren des Krieges nannte die Commerzbank in ihren Geschäftsberichten auch noch die Namen ihrer gefallenen Beschäftigten, im ersten Kriegsjahr waren es 21 und im zweiten 58 Personen. Seit 1942 wurden dann keine Namen und vor allem keine Zahlen der Gefallenen mehr veröffentlicht.

Ende des Jahres 1944 musste die deutsche Bevölkerung nicht nur den Bombenkrieg fürchten, auch die Front rückte gefährlich nahe, wodurch auch die Außenposten der Commerzbank betroffen waren. Nachdem im Juli 1944 zunächst die Filiale in Luxemburg auf Druck des Gauleiters von Koblenz-Trier und Chefs der Zivilverwaltung in Luxemburg geschlossen worden war,[206] war als erste Tochtergesellschaft die Hansabank im Baltikum betroffen. Am 10. September 1944 teilte der Bankenreferent beim Generalkommissar in Reval den Banken mit, dass sie ihre Buchhaltungen einschließlich des Großteils ihrer Belegschaften in das Reichsgebiet verlegen sollten. Die militärische Lage spitzte sich aber schneller zu als von den Militärs befürchtet, sodass kein Schiff bereitgestellt werden konnte. Als dann der Befehl erging, Estland ganz von Zivilisten zu räumen, brach im Hafen Chaos aus. Am Ende gelang es, die deutsche Belegschaft, einige estnische Beschäftigte sowie die wichtigsten

Unterlagen am 22. September mit einem Truppentransporter nach Danzig zu bringen. Viele Büromaschinen und manches wertvolle Privateigentum der Beschäftigten mussten dagegen zurückgelassen werden. Einige Tage später wurde die gestrandete Hansabank-Belegschaft nach Wismar gebracht, wo sie ihre Arbeit, die Abwicklung der estnischen Hansabank-Filialen in Reval und Dorpat sowie die Rekonstruktion der Buchungsunterlagen für diejenigen Kunden, die ihre Unterlagen nicht hatten mitnehmen können, zunächst wieder aufnahm.[207] Kurze Zeit später kamen ihre Kollegen aus der Hansabank-Zentrale in Riga ebenfalls in Wismar an.[208]

Aus dem chaotischen Rückzug aus Reval scheint der Vorstand seine Schlüsse gezogen zu haben. Eine Woche nach den dramatischen Ereignissen erhielten die Leitungen der frontnahen Commerzbank-Filialen als »geheim« deklarierte Verhaltensanweisungen für den Fall, dass sich »die Leitung einer Geschäftsstelle vor außerordentliche und schwierige Probleme« gestellt sehe, »die unter Umständen sehr schnell gemeistert werden müssen«. Welche »Probleme« gemeint waren, wurde dann sehr schnell deutlich. Bereits rechtzeitig bevor die »Räumung des Platzes behördlich angeordnet« werden würde, sollten die Filialleitungen abseits der Aufmerksamkeit von Öffentlichkeit und Behörden Vorkehrungen für diesen Fall treffen. Das betraf in erster Linie die Bestimmung eines Ausweichplatzes sowie die Beschaffung »geeigneter Transportmittel«. Außerdem erhielten die Filialleitungen eine Prioritätenliste derjenigen Unterlagen, die auf jeden Fall mitzunehmen bzw. vor dem Abtransport zu vernichten waren.[209] Im Fall von Aachen scheint das im Oktober 1944 noch nicht recht funktioniert zu haben. Denn ein Großteil der auf der Prioritätenliste als unentbehrlich bezeichneten Unterlagen konnte nicht mehr rechtzeitig in die Ausweichstelle nach Gummersbach abtransportiert werden.[210]

In den folgenden Wochen sollte sich auch zeigen, dass die Verlagerung eines Großteils der zentralen Aufgaben nach Herford dysfunktional war. Denn auch Herford wurde im November 1944 mit schweren Luftangriffen belegt, wobei ebenso die Ausweichstelle getroffen wurde.[211] Davon abgesehen standen die Westalliierten am Rhein und damit nur noch rund 150 Kilometer von Herford entfernt. Deshalb entschied sich der Aufsichtsrat im März 1945, die Zentrale nach Hamburg zu verlegen und dort auch die Führungskräfte wieder zusammenzuziehen.[212] Die ehemalige Zentrale in Berlin wurde dagegen nur noch als Niederlassung geführt, sodass sich – im Unterschied zu den anderen Großbanken – zum Zeitpunkt der Besetzung Berlins durch die Rote Armee kein Vorstandsmitglied mehr in der Stadt befand. Die Leitung der »Zweigniederlassung« hatte der Berliner Direktor Maerz inne, als die Berliner Banken Anfang Mai auf Geheiß des sowjetischen Stadtkommandanten den Geschäftsbetrieb einstellten und Tresore und Schließfächer versiegelten.[213]

II

Die Commerzbank 1945 bis 1989

Neuanfang, Wirtschaftsboom und Internationalisierung

Friederike Sattler

1. Der Neuanfang (1945 bis 1958)

1.1 Verlagerung, Entnazifizierung und Dezentralisierung

Noch vor dem Ende des Zweiten Weltkriegs hatten sich der Aufsichtsratsvorsitzende Paul Marx und die meisten Vorstandsmitglieder der Commerzbank von der umkämpften Reichshauptstadt Berlin nach Hamburg begeben, um hier – am Gründungsort der Bank – eine neue, zumindest provisorische Leitung zu etablieren. Die Verantwortung für die praktische Umsetzung dieser schwierigen, vom Aufsichtsrat im März 1945 beschlossenen Operation lag bei Hanns Deuß, der im Vorstand für Organisationsfragen zuständig war.[1] Neben dem Vorstandsbüro sollte vor allem auch die noch in Berlin befindliche Revisionsabteilung nach Hamburg verbracht werden, um von dort aus eine zentrale Steuerung und Kontrolle der Bank zu ermöglichen. Doch unter den Bedingungen des militärischen und politischen Zusammenbruchs gelang es nicht, diese Pläne umzusetzen. Wichtige Bestände an Geschäfts- und Personalunterlagen, die nicht schon vorher an andere Orte transportiert worden waren, konnten nicht mehr gesichert und nach Hamburg verbracht werden. Die Leitungsgremien waren aber trotz des unübersichtlichen Kriegsgeschehens sehr bemüht, die formellen Voraussetzungen für eine nahtlose Fortsetzung des Geschäftsbetriebs zu schaffen: Noch am 19. April 1945 wurde in Berlin eine Aufsichtsratssitzung abgehalten, um den Jahresabschluss für 1944 ordnungsgemäß zu verabschieden und die Dividende an die Aktionäre auszahlen zu können.[2] Daran nahmen allerdings nur noch drei Personen teil. Marx als Vorsitzender gab von Hamburg aus sein schriftliches Einverständnis zu den getroffenen Beschlüssen. Die Bilanzsumme lag im Geschäftsjahr 1944 mit knapp 5,2 Mrd. RM dreimal höher als vor dem Krieg. Hiervon waren jedoch 3,5 Mrd. RM in Staatspapieren angelegt, von deren regulärer Verzinsung und Rückzahlung zu dieser Zeit niemand mehr ausgehen konnte. Dieses Problem hatte man zwar kommen sehen, langfristige geschäftspolitische Überlegungen, wie man damit umgehen wollte, waren jedoch nicht angestellt worden, zumal eine Lösung überhaupt nur mit staatlicher Unterstützung vorstellbar war.[3] Wenige Tage nach der letzten Aufsichtsratssitzung nahmen die sowjetischen Truppen Berlin ein und besetzten im Stadtzentrum alle wichtigen Gebäude, darunter auch die bisherige Zentralverwaltung der Commerzbank in der Behrenstraße.

An eine Fortführung der Geschäfte war aber auch in Hamburg zunächst nicht zu denken, das von den Briten eingenommen wurde. Denn nach der bedingungslosen Kapitulation des Deutschen Reichs am 8. Mai 1945 und der damit besiegelten gemeinsamen Übernahme der Regierungsverantwortung durch die Alliierten wurden alle Vorstands- und Aufsichtsratsmitglieder der Commerzbank wie die der anderen Berliner Großbanken – zu denen neben den drei Filialgroßbanken auch die Reichs-Kredit-Gesellschaft, die Berliner Handels-Gesellschaft und die Bank der Deutschen Arbeit zählten – zunächst einmal von ihren Ämtern suspendiert. Sie galten als Stützen des NS-Regimes und mussten sich nun auf eine strenge »Entnazifizierung« einstellen, auch wenn zunächst unklar blieb, was darunter zu verstehen war, wie sie ablaufen und vor allem welches Ziel sie haben sollte. Ob man von einer vorübergehenden Suspendierung mit rascher Überprüfung und Wiedereinsetzung ins Amt ausgehen konnte oder mit Entlassung und vielleicht sogar dauerhaftem Berufsverbot rechnen musste, an welche sonstigen juristischen Strafmaßnahmen gedacht war – das alles war den Betroffenen nicht bekannt, und es stand infolge unterschiedlicher Vorstellungen der Alliierten auch noch gar nicht fest. Selbst innerhalb der Besatzungszonen kamen später unterschiedliche Varianten der von den Militärverwaltungen erlassenen einschlägigen Richtlinien zur Anwendung, weil Kommunikationswege abgeschnitten waren und Interpretationsspielräume ausgenutzt wurden.[4]

Neben den beiden Sprechern Eugen Bandel und Joseph Schilling gehörten dem Vorstand zu dieser Zeit noch Hanns Deuß, Paul Hampf, Karl Maria Hettlage und Fritz Höfermann sowie die beiden stellvertretenden Mitglieder Harry Kühne und Ernst Lincke an. Sie alle wurden suspendiert. Von den im April 1945 amtierenden 23 Aufsichtsratsmitgliedern durfte allein Paul Marx im Juni 1945 seine Tätigkeit wieder aufnehmen, allen anderen Betroffenen blieb das vorerst untersagt. Bis zum November 1945 erlaubten die Militärbehörden dann sukzessive auch Hans Harney, Albert Bannwarth, Heinrich Theodor Fleitmann, Theo Goldschmidt und Wilhelm Vorwerk, ihr Amt wieder auszuüben.[5] Bereits im Oktober 1945 kamen Marx und Bannwarth mit Bandel, Hampf und Kühne in Hamburg zu einem informellen Treffen zusammen.[6] Die drei Vorstände Deuß, Hettlage und Schilling, die in den Augen der Amerikaner als politisch am stärksten belastet galten, waren inzwischen inhaftiert worden, um ihre Verbindungen zum NS-Regime und ihre etwaige Mitverantwortung für die begangenen Verbrechen näher zu untersuchen.[7] Bandel und Hampf traten bei dieser Sitzung aus Altersgründen von ihren Vorstandsämtern zurück, neu in das Gremium aufgenommen wurde stattdessen Hans Erkelenz, der in der Berliner Zentrale als Dezernent für das Kreditgeschäft verantwortlich gewesen war.[8] Anfang 1946 erhielten er und Kühne, bislang stellvertretendes Vorstandsmitglied, von der britischen Militärregierung eine ausdrückliche Bestätigung, sich als Vorstandsmitglieder betätigen zu dürfen.[9] Auch Hettlage und Schilling, die beide keine NSDAP-Mitglieder gewesen waren, gelangten im Sommer 1946 wieder in Freiheit, nicht jedoch Deuß, der erst im Januar 1947 unter Auflagen aus der amerikanischen Internierung entlassen wurde und schließlich im Januar 1948 wieder in den Vorstand der Commerzbank eintreten konnte.[10] Marx, der als Aufsichtsratsvorsitzender im Februar 1946 von der Militärregierung erneut abberufen worden war, sodass Bannwarth den Vorsitz übernehmen musste, konnte im Januar 1948 sein Amt mit Zustimmung der Alliierten ebenfalls wieder ausüben.[11]

Die von Berlin nach Hamburg verlagerte provisorische Zentrale der Commerzbank, die sich also vor allem auf Marx, dann auf Erkelenz und Kühne stützen musste, konnte angesichts der alliierten Entnazifizierungspolitik sowie der schwierigen wirtschaftlichen Verhältnisse keine wirksamen Initiativen für einen gemeinsamen geschäftlichen Neubeginn der noch existierenden Geschäftsstellen entfalten. Es war für sie kaum möglich, sich überhaupt ein Bild davon zu machen, wie die Lage in den verschiedenen Regionen aussah. Erst im Nachhinein lässt sich skizzieren, was von der Commerzbank bei Kriegsende noch übrig geblieben war.[12] In den drei Westzonen gab es im Sommer 1945 insgesamt noch 102 Geschäftsstellen, davon 77 in der britischen, 22 in der amerikanischen und drei in der französischen Besatzungszone.[13] In Berlin konnte mit Blick auf die westlichen Sektoren zunächst nur die Geschäftsstelle Friedenau als Auskunfts- und Abwicklungsstelle wieder geöffnet werden, sie musste sich aber jeglichen Neugeschäfts enthalten; hierher verlagerte 1946 auch die ruhende »Altbank« ihren Sitz.[14] Die im sowjetischen Sektor Berlins und in der sowjetischen Besatzungszone gelegenen Geschäftsstellen – das waren wegen der starken Verwurzelung der Bank in Mitteldeutschland immerhin 92 – konnten trotz anfänglich bestehender Hoffnungen de facto nicht wiedereröffnet werden. Sie blieben vielerorts geschlossen und wurden später entschädigungslos enteignet, dann liquidiert oder aber von neuen staatlichen Kreditinstituten übernommen, nicht selten gestützt auf das vor Ort noch vorhandene Personal.[15] Die Geschäftsstellen in den unter polnische oder sowjetische Verwaltung gestellten Gebieten jenseits von Oder und Neiße, deren Zahl angesichts der Schwankungen während des Krieges durch Expansion über die Grenzen von 1937 hinaus einerseits, Schließungsaktionen zum Einsparen von Arbeitskräften andererseits nicht genau beziffert werden kann, wurden offenkundig zumeist bereits im Zuge des Vorrückens der sowjetischen Truppen endgültig liquidiert.[16]

Für die in Hamburg versammelten Führungskräfte der Commerzbank waren nur die in der britischen Zone gelegenen Geschäftsstellen einigermaßen zu erreichen, sobald die schwer geschädigten Verkehrs- und Kommunikationswege es wieder zuließen.[17] Ihren Anspruch auf zentrale Zuständigkeit für sämtliche Gliederungen der Bank, zumindest in den drei Westzonen,

Nach Kriegsende wurde Hamburg für kurze Zeit wieder zur Zentrale der Commerzbank; Foto: um 1946, Staatsarchiv Hamburg.

wollten sie nicht aufgeben, konnten ihn aber praktisch nicht durchsetzen. Bereits am 30. Juni 1945 versuchte Marx beispielsweise, alle Niederlassungen in den Westzonen per Rundschreiben auf einheitliche geschäftliche Leitlinien festzulegen. Wichtig erschien vor allem die strengste Zurückhaltung bei der Neuvergabe von Krediten und die Suspendierung aller Zinsvereinbarungen im Einlagengeschäft.[18] Dies entsprach zwar der gängigen Praxis: Weil angesichts der unübersichtlichen politischen und wirtschaftlichen Lage kaum noch Einnahmen erzielt und neue Geschäfte getätigt werden konnten, wurden auch die meisten Verbindlichkeiten nicht mehr bedient. Die schwache Ertragssituation erlaubte es kaum, die laufenden Angestelltengehälter und regulären Pensionszahlungen zu erwirtschaften.[19] Doch in Hamburg konnte man sich keineswegs sicher sein, dass die entsandte Botschaft tatsächlich alle Adressaten erreichte, zumal die Commerzbank – anders als etwa die Deutsche Bank – nicht über ein zumindest potenziell noch vorhandenes System von »Kopffilialen« verfügte; sämtliche Geschäftsstellen waren früher direkt von der Berliner Zentrale gesteuert worden, die es nun nicht mehr gab. Der Ende 1945 unternommene Versuch, von Hamburg aus eine Art »Oberleitung« für Süddeutschland in Frankfurt am Main zu etablieren, um die Geschäftsstellen in der amerikanischen und französischen Besatzungszone besser erreichen zu können, schlug fehl.[20]

Parallel zu den Bemühungen, die Voraussetzungen für einen regulären Geschäftsbetrieb zu schaffen, musste man sich in Hamburg weiterhin mit der alliierten Entnazifizierungspolitik befassen. Denn auf der Potsdamer Konferenz hatten sich die Siegermächte im Sommer 1945 auf die Zerschlagung der deutschen Großkonzerne und die Vorbereitung eines Kriegsverbrecherprozesses gegen führende Industrie- und Bankmanager verständigt.[21] Nicht nur die Amerikaner, auch die Briten begannen nun, härter durchzugreifen. Es kam zu den genannten Inhaftierungen von Deuß, Hettlage und Schilling. In Vorbereitung auf mögliche Anklagen vor dem Militärtribunal in Nürnberg richtete die Hamburger Leitung auf Empfehlung ihres Rechtsberaters Philipp Möhring nun selbst eine Umfrage an die Filialen, in der sie Auskunft über die politischen Verbindungen, die Einbeziehung in die Kriegsfinanzierung, die Behandlung jüdischer Mitarbeiter und Kunden sowie die Beteiligung an der »Arisierung« gewerblicher Unternehmen verlangte.[22] Aus den bis Anfang 1947 eingehenden Antworten konnte sie ersehen, dass die meisten Filialen sehr darum bemüht waren zu dokumentieren, dass überwiegend »normales« Bankgeschäft betrieben worden sei, sie sich nur »zurückhaltend« an »Arisierungen« beteiligt hätten und gegenüber jüdischen Mitarbeitern und Kunden möglichst »taktvoll« und »fair« aufgetreten seien.[23] Ob dies jeweils tatsächlich der Fall gewesen war, musste nicht näher belegt werden und entzog sich somit weitgehend einer Überprüfung. Für Rechtsberater Möhring kam es wohl auch mehr darauf an, potenziell entlastende Erklärungen zusammenzutragen. Doch zu einer vor dem Militärtribunal zu verhandelnden Anklage kam es letztlich gar nicht. Zwar förderte der Untersuchungsbericht der amerikanischen Militärregierung zu den Aktivitäten der Commerzbank in der NS-Zeit eine ganze Reihe von konkreten Anhaltspunkten gegen ihre Führungskräfte zutage.[24] Doch letztlich wurde gegen keines ihrer Vorstands- oder Aufsichtsratsmitglieder Anklage wegen Mitwirkung an den Verbrechen des NS-Regimes erhoben. Das hatte viel damit zu tun, dass die Ermittlungsergebnisse zur Deutschen Bank und vor allem zur Dresdner Bank sich frühzeitig als ergiebiger und leichter »personalisierbar« erwiesen hatten.[25] Von den Führungskräften der drei Großbanken musste sich schließlich nur Karl Rasche, der ehemalige Vorstandssprecher der Dresdner Bank, als ein »Exempelkandidat« im sogenannten Wilhelmstraßen-Prozess vor dem amerikanischen Militärtribunal verantworten. Er wurde 1949 zu einer mehrjährigen Haftstrafe verurteilt.[26]

Für die Commerzbank hatten die amerikanischen Ermittler mit Blick auf die bereits gezogenen personellen Konsequenzen festgestellt, dass von insgesamt 1750 Angestellten in den drei Westzonen bis September 1947 genau 259 wegen ihrer politischen Belastung entlassen worden waren, was knapp 15 Prozent entsprach; unter ihnen befanden sich 81 Prokuristen und Filialleiter. Diese Entlassungen verteilten sich allerdings sehr unterschiedlich auf die Besatzungszonen: In der britischen Zone waren es 145, in der amerikanischen Zone 109 und in der französischen Zone nur fünf.[27] Auch mit Blick auf die Filialen stellte sich das Bild sehr unterschiedlich dar: Bei der Filiale Düsseldorf etwa lag der Anteil früherer NSDAP-Mitglieder besonders hoch: Von ihren 197 Mitarbeitern bei Kriegsende gehörten 55 – knapp 28 Prozent – der Partei an; doch nur elf von ihnen – 6 Prozent der Belegschaft – wurden schließlich entlassen. Bei der

Filiale Essen dagegen waren von 36 Mitarbeitern bei Kriegsende nur fünf Anwärter oder Mitglieder der NSDAP gewesen, was mit knapp 14 Prozent nur der Hälfte des Anteils in Düsseldorf entsprach; von ihnen musste zudem überhaupt niemand entlassen werden, weil sie entweder spät beigetreten waren oder nur eine untergeordnete Funktion innegehabt hatten.[28] Die Ballung von NSDAP-Mitgliedern bei einer geschäftlich wichtigen Filiale wie Düsseldorf, die ein besonderer Anziehungspunkt für ehrgeizige, aufstiegsorientierte Opportunisten gewesen sein mochte, spiegelte sich auch in der Berliner Zentrale wider: Von ihren rund 2100 Stammbeschäftigten hatten nach den akribisch zusammengetragenen Informationen des in Berlin verbliebenen früheren Personalchefs Richard Döring, der seit fast 50 Jahren für die Commerzbank tätig war und offenkundig über ein phänomenales Namensgedächtnis verfügte, insgesamt 475 der NSDAP angehört, knapp 23 Prozent. Bis zum November 1947 waren von ihnen 27 gefallen oder verstorben, 63 auf eigenen Wunsch ausgeschieden oder pensioniert worden, darunter 15 Frauen, und weitere 20 jetzt in den Westzonen tätig, darunter keine Frau. Von den verbleibenden 365 Angestellten mit NSDAP-Mitgliedschaft waren 123 bereits entlassen worden, bei weiteren 242 stand das aber noch bevor.[29] Das alles sah auf den ersten Blick nach einer recht konsequenten Entnazifizierung aus.

Für die Bank selbst standen bei ihrer Personalpolitik aber zweifellos nicht politische, sondern betriebswirtschaftliche Erwägungen an oberster Stelle: Vordringlich musste es darum gehen, das qualifizierte Personal zu sichern. Nachdem es in den ersten Nachkriegsmonaten mit Blick auf die aus der Zentralverwaltung in Berlin nach Hamburg oder zu den Außenstellen in Beckum und Herford gelangenden Direktoren, Prokuristen, Ober- und Tarifbeamten eine erkennbar starke Toleranz gegenüber früheren NSDAP-Mitgliedern gegeben hatte, weil man beim Wiederaufbau des Geschäfts auf ihr Fachwissen und ihre Erfahrung nicht verzichten wollte, so sah man sich nach dem Erlass weiterer Entnazifizierungsdirektiven zu einer veränderten Personalpolitik gezwungen.[30] Auch wenn vor Ort dringend Fachpersonal gesucht wurde und dafür prinzipiell qualifizierte, aber eben politisch belastete Kandidaten zur Verfügung standen, mussten sich die Personalabteilungen nun strenger an die – von Zone zu Zone unterschiedlichen, teils auch widersprüchlichen – alliierten Vorgaben halten. Die vom früheren Vorstandsmitglied Paul Hampf betreute provisorische zentrale Personalabteilung in Hamburg und der ehemalige Leiter der zentralen Personalabteilung in Berlin, Richard Döring, arbeiteten dabei Hand in Hand. Aus Hamburg wurde die Filiale Mannheim, die dringend einen Leiter für ihre Effektenabteilung suchte, im September 1946 ausdrücklich darauf hingewiesen, »daß die Bewerber als Anwärter in der amerikanischen Zone parteilich nicht belastet sein dürfen«.[31] Den Vermittlungswünschen von Mitarbeitern, die sich durch Übernahme von Ämtern und Funktionen in der NSDAP oder der SA stärker exponiert hatten, begegnete man nun mit größerer Zurückhaltung. Gegenüber den Betroffenen wurde in solchen Fällen zumeist mit der Gefahr einer Rufschädigung der Bank argumentiert; tatsächlich aber erleichterte die von den Alliierten auferlegte strengere Entnazifizierung auch den aus wirtschaftlichen Gründen erforderlichen Personalabbau, der sich bei der Commerzbank – wie im Kredit- und Versicherungsgewerbe insgesamt – bald als unvermeidlich erwies.[32]

Diejenigen politisch belasteten Angestellten, die entlassen worden und zunächst in der sowjetischen Besatzungszone geblieben waren, aber auf eine Neueinstellung bei ihrer früheren Arbeitgeberin im Westen hofften, hatten – wenn sie nicht durch besondere Qualifikationen herausstachen – unter diesen Bedingungen sicher das größte Nachsehen.[33] »Nun müssen wir aber mit den Neueinstellungen wirklich stoppen«, schrieb Döring aus Berlin an Hampf in Hamburg, »denn wir sind mehr als reichlich mit Personal für die Commerzbank und die Bankgesellschaft versehen. K., W. und W. können wir unmöglich noch unterbringen.«[34] Andere dagegen konnten, selbst wenn sie zunächst entlassen worden waren, aber über eine hohe Qualifikation und zudem noch gute Verbindungen verfügten, durchaus auf eine baldige Wiedereinstellung und Fortsetzung ihrer Karriere hoffen. Dies galt für Vorstandsmitglieder wie Deuß, Hettlage und Höfermann, aber auch für leitende Angestellte unterhalb der Vorstandsebene. Zu nennen wäre beispielsweise Hermann Wegener, der als ebenso fähiger wie ehrgeiziger Mitarbeiter der Börsenabteilung im Januar 1941 nach Amsterdam entsandt worden war, um dort die Verhandlungen zur Übernahme der jüdisch geführten Hugo Kaufmann & Co's Bank voranzutreiben. Aus dieser, mit der Deportation und späteren Ermordung Hugo Kaufmanns verbundenen Übernahme ging die Rijnsche Handelsbank hervor, die sich als Tochtergesellschaft der Commerzbank um weitere »Arisierungs«-Geschäfte und Aufträge zur Rüstungsfinanzierung bemühte.[35] Angetrieben von scharfer Konkurrenz, insbesondere durch die Bank der Deutschen Arbeit, setzte sich Wegener als Leiter der Filiale Amsterdam energisch für die geschäftliche Expansion der Rijnschen Handelsbank ein, die auch in den Entzug jüdischer Privatvermögen in Holland eingespannt wurde.[36] Im Aufsichtsrat der Handelsbank saß nicht nur Wilhelm Schürmann, der Leiter der Auslandsabteilung der Berliner Zentrale der Commerzbank, mit dem Wegener in einen eigentümlichen Konflikt über die Vergabe von Krediten an jüdische Kunden geriet,[37] sondern auch Deuß, der gerade erst in den Vorstand der Commerzbank berufen und zuvor als Direktor der Filiale Frankfurt am Main der Dresdner Bank in deren »Arisierungs«-Geschäfte involviert gewesen war. Offenkundig konnte Deuß mehr Verständnis für Wegeners Vorgehensweise aufbringen, die freilich auch von anderen Vorstands- und Aufsichtsratsmitgliedern wie Bandel und Marx grundsätzlich gebilligt wurde.[38] Im November 1945 wurde Wegener »in Anerkennung [seiner] vorzüglichen Leistungen« von der neuen Hamburger Leitung der Commerzbank mit Zustimmung der amerikanischen Militärbehörden als Mitleiter der Filiale Frankfurt am Main eingesetzt; da er formell niemals der NSDAP angehört hatte, galt er sogar als politisch völlig unbelastet.[39] Erst aufgrund einer Beschwerde des niederländischen Verbindungsoffiziers bei der amerikanischen Militärregierung musste Wegener sich 1947 dann einer nochmaligen Überprüfung unterziehen und wurde im August 1948 schließlich aus den Diensten der Mitteldeutschen Creditbank – so der Name der inzwischen in Frankfurt gebildeten »Filialgruppe« der Commerzbank[40] – entlassen, vor allem weil er sich durch den Erwerb von zwei Wohnhäusern aus jüdischem Eigentum auch persönlich bereichert hatte.[41] Schon 1949 fand er eine neue Anstellung beim Bankverein Westdeutschland, also der in Düsseldorf ansässigen Filialgruppe, wo er bis 1956 als Direktor in der – weiterhin von Wilhelm Schürmann geleiteten – Auslandsabteilung tätig war.[42] Ob die Zusammenarbeit der beiden zweifellos hoch qualifizierten und erfahrenen Bankangestellten durch die früheren Konflikte belastet war, ist naheliegend, aber nicht dokumentiert. Festzuhalten bleibt die weitgehende Indifferenz der Personalpolitik der Nachfolgeinstitute der Commerzbank gegenüber der persönlichen und geschäftspolitischen Beteiligung fachlich kompetenter Mitarbeiter an den NS-Verbrechen.

Bei den leitenden Angestellten unterhalb der Vorstandsebene sticht der Fall Hermann Wegener heraus, aber er war zugleich symptomatisch. Das schon 1946 mehr und mehr in deutsche Hände übergehende Entnazifizierungsverfahren, das zu einer bürokratischen Massenüberprüfung der gesamten Erwerbsbevölkerung ausgeweitet wurde, war mit seinen Fragebogenerhebungen zur formalen Feststellung der Mitgliedschaften, Ämter und Funktionen in nationalsozialistischen Organisationen und den darauf aufbauenden Spruchkammerverfahren kaum geeignet, das tatsächliche Ausmaß und die Wirkungen individueller Verfehlungen zu ermessen. Vielmehr mündete es, gerade weil es um Verfahrensgerechtigkeit bemüht war und die Betroffenen unabhängig vom Grad ihrer Belastung zur Beibringung von Entlastungszeugnissen aufforderte, in eine regelrechte »Mitläuferfabrik«.[43] Diese Degeneration und das darin zum Ausdruck kommende Scheitern des ursprünglichen Entnazifizierungsansatzes leisteten einer hohen Kontinuität der wirtschaftlichen Funktionseliten und der mentalen Verdrängung von NS-Verbrechen in der westdeutschen Nachkriegsgesellschaft breiten Vorschub.[44] Individuell betrachtet schuf es zugleich die Voraussetzungen für eine – in langfristiger Perspektive zweifellos notwendige – gesellschaftliche Reintegration ehemaliger NSDAP-Mitglieder, auch mit Blick auf die Angestellten und Führungskräfte der Banken.[45]

Unabhängig von den Verwerfungen des Entnazifizierungsverfahrens wurden die Großbanken einer rigiden Dezentralisierung unterworfen. Dass die Vorstellungen der westlichen Alliierten über die Neuordnung des deutschen Bankensystems offenbar weit auseinanderlagen, trat dabei schnell zutage.[46] Die Briten gingen besonders pragmatisch an die Dinge heran, denn sie waren überzeugt, dass die Nutzung des überkommenen Banksystems am effizientesten sei, um eigene Ziele zu erreichen. Die Filialgroßbanken zu zerschlagen, hielten sie schon deshalb für problematisch, weil dann die Forderungen britischer Gläubigerbanken aus den nach der Bankenkrise von 1931 getroffenen Stillhalteabkommen gefährdet werden würden. Um diese Ansprüche zu bedienen, war es vielmehr notwendig, die Geschäftsfähigkeit der deutschen Großbanken zu erhalten. Auch für die Erfüllung der alliierten Reparationsforderungen und die Minderung der Besatzungskosten war der Erhalt der Banken zweckmäßig. Der Commerzbank in Hamburg hatten die Briten schon 1947 erlaubt, sich wieder als Außenhandelsbank zu betätigen, um die Wiederaufnahme des Warenverkehrs mit dem Ausland zu fördern, insbesondere mit Großbritannien. Die dabei zum Tragen kommenden Konditionen dienten zweifellos in erster Linie dem Zweck, die deutschen Reparationspflichten gegenüber den Alliierten zu erfüllen. Aber gleichzeitig wurden so der Handel und das private Bankgeschäft wieder in Gang gebracht, was für den deutschen Wiederaufbau aus eigener Kraft nur hilfreich sein konnte. Die Amerikaner dagegen plädierten nach dem Vorbild ihres eigenen Landes nicht nur früh für eine strenge Dezentralisierung des deutschen Bankwesens, sondern trieben sie in ihrer Besatzungszone auch praktisch voran. In ihren Augen galt es, die drei Filialgroßbanken zu zerschlagen, zum einen weil sie wirtschaftlich und personell eng mit der kartellierten Industrie und der NS-Politik verflochten waren, also schwer zu kontrollierende Machtzentren darstellten, zum anderen weil sie das deutsche Universalbanksystem verkörperten, das in den USA bereits 1933 als zu risikoreich und wettbewerbsfeindlich eingestuft und deshalb abgeschafft worden war. Auch die rasche Wiedereröffnung der Reichsbank als zentrale Notenbank kam für die Amerikaner nicht infrage, sie sorgten vielmehr dafür, dass – ähnlich wie in den USA – in jedem einzelnen Land eine Landeszentralbank etabliert wurde.[47] Die Franzosen wiederum waren in erster Linie an einer nachhaltigen wirtschaftlichen Schwächung Deutschlands interessiert: In dem zu ihrer Besatzungszone gehörenden Saarland wurden die Niederlassungen der deutschen Banken deshalb in den Jahren 1946/47 schlicht sequestriert und in verschiedene französische Geschäftsbanken eingegliedert.[48]

Doch die westlichen Besatzungsmächte sahen sich angesichts der heraufziehenden Konfrontation mit der Sowjetunion zu Kompromissen gezwungen und gingen schließlich aufeinander zu.[49] Nachdem die amerikanische Militärregierung im Mai 1947 mit ihrem Gesetz Nr. 57 eine Zusammenfassung der noch vorhandenen Geschäftsstellen der drei Großbanken zu provisorischen »Filialgruppen« erlaubt, deren Tätigkeit zugleich aber streng auf das jeweilige Land begrenzt hatte, folgten im Oktober 1947 die französische Militärregierung und im April 1948 auch die britische Militärregierung mit ähnlichen Regelungen. Beide hatten in anderer Hinsicht materielle Zugeständnisse von den Amerikanern erhalten. Die neuen Filialgruppen, deren genauer rechtlicher Status ungeklärt blieb, weil sie besatzungsrechtlich zwar eigenständige Einheiten waren, aktienrechtlich aber Bestandteil der Altbanken blieben, durften nicht unter einem einheitlichen Namen und vor allem nicht unter den Namen der früheren Großbanken firmieren. Deren Dezentralisierung war nun das erklärte Ziel der alliierten Bankenpolitik. Nur die Altbanken, die zu Abwicklungszwecken bestehen blieben, durften künftig noch die Namen der früheren Großbanken benutzen.

In den drei Westzonen wurden insgesamt neun Filialgruppen der Commerzbank gebildet: die Hansa-Bank in Hamburg, die Bremer Handelsbank in Bremen, die Holsten-Bank in Kiel, die Merkur-Bank in Hannover, der Bankverein Westdeutschland in Düsseldorf, die Mitteldeutsche Creditbank in Frankfurt am Main, die Mittelrheinische Bank in Mainz, der Bankverein für Württemberg-Baden in Stuttgart und die Bayerische Disconto-Bank in Nürnberg.[50] Sie waren allerdings sehr unterschiedlich zugeschnitten. Die Mittelrheinische Bank in Mainz beispielsweise, der lediglich die Filialen Mainz und Worms angehörten, hatte von Anfang an kaum eine Chance, sich wirtschaftlich zu behaupten.[51] Etwas besser sah es mit der Bayerischen Disconto-Bank in Nürnberg und mit dem Bankverein für Württemberg-Baden in Stuttgart aus, auch wenn sie sich ebenfalls nur auf wenige Geschäftsstellen stützen konnten.[52] Die Deutsche Bank und die Dresdner Bank, die in Süddeutschland historisch bedingt viel stärker verankert waren, hatten in dem späteren Land Baden-Württemberg jeweils gleich drei Filialgruppen bilden können.

Aufsichtsrat und Vorstand der alten Commerzbank trafen sich zu Beginn des Jahres 1948 nur noch zweimal: am 12. Januar 1948 in Wuppertal-Elberfeld und am 9. Februar 1948 in Hamburg.[53] Zu dieser Zeit gab es keinen Zweifel mehr, dass es zu einer Dezentralisierung kommen würde. Da Düsseldorf, der frühere Sitz des Barmer Bank-Vereins und nach wie vor das Zentrum der westdeutschen Schwerindustrie, künftig voraussichtlich ein wichtigerer Standort für die Bank sein würde als Hamburg, bildete Marx gemeinsam mit Deuß und Erkelenz im Februar 1948 in Düsseldorf das »Vorstandsbüro West«, dem zugleich die Verantwortung für die ebenfalls neu ins Leben gerufene »Bezirksdirektion Düsseldorf« für alle Filialen in Nordrhein-Westfalen obliegen sollte.[54] Doch bereits im April 1948 lag dann vollends auf der Hand, dass es keinen Sinn mehr ergab, an der Fiktion eines zentralen Vorstandsbüros für die Commerzbank in den westlichen Besatzungszonen festzuhalten: Marx, Deuß und Erkelenz übernahmen nun die Geschäftsleitung des Bankvereins Westdeutschland. Fritz Höfermann, der in den 1930er Jahren nicht nur die Düsseldorfer Niederlassung der Commerzbank geleitet hatte, sondern seit 1935 auch Präsident der neu gebildeten Rheinisch-Westfälischen Börse in Düsseldorf und seit 1943, inzwischen Vorstandsmitglied der Commerzbank, außerdem Präsident der Gauwirtschaftskammer Düsseldorf gewesen war, stieß im Mai 1949 zu diesem Führungstrio hinzu. Im Zuge seines Entnazifizierungsverfahrens war auch er als ein bloßer Mitläufer eingestuft worden und verfügte nach wie vor über zahlreiche nützliche Verbindungen in die Unternehmen und Verbände der Ruhrindustrie.[55] Verschiedene, während des

Krieges nach Beckum und Herford ausgelagerte Berliner Stabsstellen, darunter das von Hans Erkelenz geleitete Filialsekretariat West und Teile der von Johannes Scheuermann geleiteten Organisationsabteilung, verlegten ihre Tätigkeit im Frühjahr 1948 ebenfalls nach Düsseldorf.[56] Beim Bankverein Westdeutschland konzentrierten sich somit die wichtigsten Vorstände und auch die wichtigsten Ressorts der Berliner Zentrale der Commerzbank, er stand für ein hohes Maß an personeller und auch organisatorischer Kontinuität: Fast die Hälfte der rund 40 Führungskräfte des Bankvereins Westdeutschland von 1949/50 waren früher in Berlin tätig gewesen und brachten ihre Vorstellungen von Organisations- und Arbeitsprinzipien mit.[57]

1.2 Von den Filialgruppen zu den Nachfolgeinstituten

Die Filialgruppen, ihre Verwalter und die Währungsreform

Die neu gebildeten Filialgruppen der Commerzbank wurden von Verwaltern beaufsichtigt, die von den jeweiligen Landesregierungen zumeist im Einvernehmen mit den Institutsleitungen eingesetzt wurden, wobei es anfangs zu einer starken Fluktuation kam.[58] In einigen Fällen handelte es sich bei diesen Verwaltern um unabhängige Wirtschaftsprüfer oder Rechtsberater, die schon länger das Vertrauen der Commerzbank besaßen und sich eher als Treuhänder denn als staatliche Kontrolleure verstanden. Eine markante Ausnahme stellte in dieser Hinsicht Ludwig Florian dar, der Verwalter der Mitteldeutschen Creditbank in Frankfurt, der zuvor die Außenstelle Frankfurt des hessischen Wirtschaftsministeriums geleitet hatte und sehr bemüht war, für eine konsequente Umsetzung der Anweisungen von Militär- und Landesregierung zu sorgen; das brachte ihn rasch in einen latenten Konflikt mit den Direktoren der eigenen und auch der anderen Filialgruppen, selbst wenn sich alle Seiten um Verständigung bemühten.[59] Im Fall des Bankvereins Westdeutschland in Düsseldorf dagegen wurde auf Vorschlag des Bankvereins der Rechtsanwalt Franz Kaufhold berufen, der sich offen kompromissbereit zeigte und z. B. auch den Vorsitz im Beirat – ein nur bei den Filialgruppen in der britischen Zone zulässiges Beratungsgremium – dem Aufsichtsratsmitglied der alten Commerzbank Theo Goldschmidt überließ.[60] Für die Hansa-Bank in Hamburg wurde mit Harry Kühne sogar ein Vorstandsmitglied der alten Commerzbank zum Verwalter ernannt.[61] Bei der Bayerischen Disconto-Bank in Nürnberg wiederum gestaltete sich die Suche nach einem geeigneten Verwalter besonders schwierig, bis schließlich im Oktober 1948 der frühere Reichsbankdirektor und spätere Direktor der bayerischen Landeszentralbank Joseph Hoechstetter die Aufgabe übernahm.[62]

Da der rechtliche Status der neuen Filialgruppen gegenüber der fortbestehenden, wenn auch ruhenden Altbank und ihren Gremien ungeklärt war, blieb auch die Rolle der Verwalter gegenüber den Geschäftsleitungen der Filialgruppen diffus. In der Praxis kam es in den meisten Fällen zu einer engen Zusammenarbeit, sodass nicht von einer strengen staatlichen Aufsicht zur Durchsetzung der Dezentralisierung gesprochen werden kann, zumal in den Geschäftsleitungen der Filialgruppen Vorstands- und Aufsichtsratsmitglieder der alten Commerzbank vertreten waren, die ein starkes Interesse am wechselseitigen Austausch und am Zusammenhalt zur Geltung brachten. Einen regulären Aufsichtsrat, der im Namen der Eigentümer – also der Aktionäre der alten Commerzbank – sowie zum Schutz der Einleger und Gläubiger eine Kontrolle der Geschäftsleitungen nach den Regeln des Aktienrechts hätte sicherstellen können, gab es bei den Filialgruppen nicht. Nur in der britischen Besatzungszone wurden die erwähnten Beiräte eingerichtet, die zum einen aufsichtsratsähnliche Aufgaben übernahmen, etwa die Bestellung von Mitgliedern der Geschäftsleitungen, zum anderen der Pflege wichtiger Firmenkundenbeziehungen dienten.

Die Verwalter trafen sich unter Hinzuziehung von Geschäftsleitern der Filialgruppen zunächst häufiger,[63] dann im Abstand von vier bis sechs Monaten, um sich in wichtigen Belangen auch über die Ländergrenzen hinweg abzustimmen – eine Praxis, die nicht im Sinne der Dezentralisierungspolitik war und wohl genau deshalb nur rudimentäre schriftliche Spuren hinterlassen hat.[64] Die Direktoren der Filialgruppen ihrerseits konnten den eingetretenen Zustand nur als ein Provisorium verstehen und versuchten, den Austausch und Zusammenhalt untereinander zu wahren, um ein Mindestmaß an einheitlicher Geschäftspolitik sicherzustellen und eine endgültige Zerschlagung zu verhindern; in diesem Bestreben wurden sie von den meisten Verwaltern offenkundig unterstützt. Auch nach außen traten die Filialgruppen so auf, als gehörten sie weiterhin zu einer einzigen Bankengruppe: Nicht nur das Signet des Bankvereins Westdeutschland – ein mit Merkurflügeln versehenes »B« – ähnelte sehr dem der früheren Commerzbank. In ihren Werbeanzeigen verwiesen alle neun Filialgruppen auf ihre Wurzeln in der Commerzbank, wenn auch zumeist nur klein gedruckt. Für diejenigen von ihnen, die nicht so wie der Bankverein Westdeutschland oder die Mitteldeutsche Creditbank an einen Traditionsnamen anknüpfen konnten, gehörte das zur Überlebensstrategie, denn ihre neuen Firmenbezeichnungen sagten dem Publikum so gut wie nichts.

Alle Filialgruppen bemühten sich nach Kräften, die Geschäftstätigkeit in Gang zu bringen. Unter den gegebenen Bedingungen hieß das in der Regel freilich zunächst einmal nur, den allgemeinen Zahlungsverkehr zu gewährleisten und mitunter erste Betriebsmittel- und Wechselkredite zur Verfügung zu stellen – auch wenn unklar war, ob es dafür überhaupt noch genügend haftendes Eigenkapital gab. Diese Frage war bei der Bildung der Filialgruppen ja bewusst offengelassen worden. Erst kurz vor der Währungsreform stattete die Commerzbank ihre Filialgruppen mit vorläufigem Eigenkapital, sogenannten Dotationskapitalien, im Umfang von 120 Mio. RM aus, wobei 35 Prozent auf den Bankverein Westdeutschland, 20 Prozent auf die Hansa-Bank in Hamburg, je 12 Prozent auf die Merkur-Bank in Hannover und die Mitteldeutsche Creditbank in Frankfurt am Main, je 6 Prozent auf die Filialgruppen in Württemberg-Baden und Bayern sowie je 3 Prozent auf die kleinen Filialgruppen in Schleswig-Holstein, Bremen und Rheinland-Pfalz entfielen.[65] Neben den Versuchen, den Zahlungsverkehr und das Kreditgeschäft wieder in Gang zu bringen, mussten die Filialgruppen umfangreiche Meldepflichten gegenüber den Militärbehörden erfüllen, ihre Unterlagen über Geschäftsbeziehungen rekonstruieren, sich an der Klärung von Eigentums- und Verfügungsrechten über die kursierenden Wertpapiere beteiligen und Kundenanfragen bearbeiten, etwa wegen der Geltendmachung von Wiedergutmachungsansprüchen.[66] Aus Hamburg hatten die Filialen schon früh die Anweisung bekommen, die beschlagnahmten jüdischen Vermögen gegenüber den Behörden zu melden und ergänzende Angaben zu machen, etwa über die Abwicklung der »Sühneleistung« von 1938.[67] Mit Blick auf die früheren jüdischen Angestellten der Bank stellte Hoechstetter als Verwalter der Bayerischen Disconto-Bank im Februar 1949 klar, dass sie von der Bank nur die Zahlung rückständiger Gehälter und Pensionen sowie zukünftig fälliger Pensionen verlangen könnten; Ansprüche auf Abfindung wegen des vorzeitigen Ausscheidens aus der Bank seien nach Auskunft der im Frühjahr 1948 etablierten Bank deutscher Länder gegen die öffentliche Hand zu richten.[68] Angesichts der Fülle der zu bewältigenden Aufgaben wurde diesem Problem bei den Beratungen der kommenden Monate aber nur flüchtige Aufmerksamkeit geschenkt.

Geschäftlich ausgesprochen wichtig war die Währungsreform vom Juni 1948. Für die Banken stellte sie nicht nur einen tiefen Schnitt in die Bilanzen dar, sondern sie war auch eine bürokratische Herausforderung, weil in kurzer Zeit sämtliche Konten der Privat- und Firmenkunden von Reichsmark auf Deutsche Mark umgestellt werden mussten.[69] Zur Beseitigung des massiven Geldüberhangs verlangten die maßgeblich von den Amerikanern geprägten Währungsgesetze einen radikalen Schnitt: Kurzfristige Geldforderungen mussten im Verhältnis 100:6,5 umgestellt werden, langfristige Kapitalforderungen, wie z. B. die Schuldverschreibungen der öffentlichen Hand und der Unternehmen, kamen mit einem Umtauschverhältnis von 100:10 nur wenig besser weg.[70] Der Ausgleich unverhältnismäßiger Härten, vor allem für die Inhaber von Sparguthaben, die schon vor Beginn des Krieges bestanden hatten, blieb späteren, von den Deutschen selbst zu treffenden Regelungen vorbehalten.[71]

Werbung der niedersächsischen Filialgruppe der Commerzbank (Merkur-Bank) nach der Währungsreform, 1948

Die Kreditinstitute bekamen zum bilanztechnischen Ausgleich für den mit der Währungsreform verfügten fast vollständigen Ausfall ihrer Forderungen gegen das Deutsche Reich sogenannte Ausgleichsforderungen gegen die öffentliche Hand – konkret: das Bundesland, in dem sie ihren Sitz hatten – zugeteilt. Diese Ausgleichsforderungen konnten bei der Bank deutscher Länder lombardiert werden, wurden aber nur niedrig verzinst und besaßen einen langfristigen Tilgungshorizont. Doch sie setzten die Banken in den Stand, auch ohne sofortiges Neugeschäft ihre regulären Zinszahlungen an Einleger und andere Gläubiger wiederaufzunehmen. Diejenigen Kreditinstitute, die ihren rechtlichen Sitz bisher in Berlin oder in der sowjetischen Besatzungszone hatten, was rund 130 Banken betraf, konnten nach den Durchführungsbestimmungen zum »Währungsumstellungsgesetz« vom 20. Juni 1948 die Anerkennung ihrer offiziellen »Verlagerung« an Standorte in den drei Westzonen beantragen.[72] Die Commerzbank entschied sich, diesen Antrag bei der Freien und Hansestadt Hamburg zu stellen, und wurde rückwirkend zum 18. Juni 1947 als verlagertes Institut anerkannt.[73]

Der tiefe Währungsschnitt vom Sommer 1948, der mit der raschen Freigabe zahlreicher Preise im Konsumgüterbereich kombiniert wurde, schuf wichtige Voraussetzungen für die Wiederbelebung der Geld- und Güterkreisläufe.[74] Denn die umlaufende Geldmenge entsprach nun wieder in etwa dem realen Sozialprodukt und beide begannen zu wachsen, ohne übermäßig aus dem Gleichgewicht zu geraten. Dazu trug nicht zuletzt die Bank deutscher Länder bei, indem sie die Höhe der von den Geschäftsbanken bei ihr zu deponierenden Mindestreserven laufend an die konjunkturelle Lage anpasste und auch andere, direkte Kreditrestriktionen ergriff. Nach und nach konnten sich so die Märkte für den kurz- und den mittelfristigen Kredit wieder regenerieren und belebten das Aktiv- und das Passivgeschäft von Sparkassen, Kreditgenossenschaften und größeren Banken.[75] Sie sahen sich nach der Währungsreform mit einer stark steigenden Kreditnachfrage der Unternehmen konfrontiert, weil diese nun grundsätzlich wieder in der Lage waren, die lange Zeit aufgestaute Nachfrage nach Konsum- und Produktionsgütern zu Marktpreisen zu bedienen, was ihnen starke Investitionsanreize vermittelte. Von einem funktionierenden Markt für den langfristigen Kredit, also dem Kapitalmarkt im eigentlichen Sinne, war man noch weit entfernt, er blieb viel länger von den Auswirkungen des Krieges und des Währungsschnitts geprägt. Das lag vor allem daran, dass der Staat – gestützt auf seine Steuerpolitik – nicht auf diesen Markt angewiesen war und sämtliche langfristigen Neuverschuldungen, die private Haushalte oder Unternehmen nach der Währungsreform zögerlich eingingen, erst in den mittleren 1960er Jahren zu nennenswerten Rückflüssen an Tilgungszahlungen führen konnten. Die öffentlichen Hände traten bis 1965 per Saldo überhaupt nicht als Nachfrager am Kapitalmarkt auf, sondern übernahmen die Rolle eines Kapitalanbieters.[76] Für die Banken hieß das, dass sie sich zunächst auf die Gewinnung von Einlagen und das kurz- und mittelfristige Kreditgeschäft konzentrieren mussten. Zur langfristigen Finanzierung der Industrie waren sie vorerst noch gar nicht wieder in der Lage.

Von den insgesamt neun Filialgruppen der Commerzbank gelang es nach der Währungsreform vor allem dem Bankverein Westdeutschland in Düsseldorf, der Merkur-Bank in Hannover und der Mitteldeutschen Creditbank in Frankfurt, sich als wirtschaftlich überlebensfähige Nachfolgeinstitute der

Commerzbank zu profilieren.[77] Das bedeutendste Institut unter ihnen war der Bankverein Westdeutschland, was angesichts der vor allem durch die Schwerindustrie, aber auch durch zahlreiche mittelständische Unternehmen geprägten Wirtschaftsstrukturen des Landes Nordrhein-Westfalen nicht überrascht.[78] Seine geschäftlichen Neuanfänge sollen mit einigen Schlaglichtern etwas näher beleuchtet werden.

Die Geschäftsleitung des Bankvereins Westdeutschland, die selbstbewusst als »Vorstand« auftrat, obwohl es einen solchen im aktienrechtlichen Sinne bei den Filialgruppen gar nicht gab, lag seit April 1948 bei Paul Marx, Hanns Deuß und Hans Erkelenz; später kam dann noch Fritz Höfermann hinzu.[79] Während der frühere Aufsichtsratsvorsitzende Marx die Außenvertretung übernahm, teilten die anderen drei Geschäftsleitungsmitglieder die Zuständigkeit für die einzelnen Ressorts und die rund 40 Filialen im Bundesland Nordrhein-Westfalen untereinander auf: Deuß übernahm die Organisations- und die Bauabteilung, die Gelddisposition, das Konsortial- und das Auslandsgeschäft; Erkelenz widmete sich der Kontrolle des Kreditwesens und der Personalpolitik; Höfermann wiederum steuerte das Emissions- und Börsengeschäft.[80]

Der Bankverein Westdeutschland engagierte sich frühzeitig im Industriekreditgeschäft, um seine Firmenkunden beim Wiederaufbau ihrer Unternehmen zu unterstützen.[81] Um die nach der Währungsreform äußerst knappen Barmittel möglichst effizient einzusetzen, hatten sich die in Düsseldorf ansässigen Filialgruppen der drei früheren Großbanken miteinander verständigt, bei der Kreditvergabe »allergrößte Zurückhaltung« zu üben.[82] Jeder Kreditantrag sollte sorgfältig geprüft und im Zweifelsfall auch abgelehnt werden. Als die Einlagen der Industrie bei den Banken dann allmählich wieder anstiegen, konnten neben kurzfristigen Betriebsmittel- und Wechselkrediten zur Finanzierung der Wiederaufnahme von Produktion und Absatz auch erste mittel- bis langfristige Investitionskredite gewährt werden. Im Juni 1951 wurde beim Bankverein Westdeutschland eine Konsortialabteilung eingerichtet, um den steigenden Kapitalbedarf der Industrie besser abdecken zu können. Sie verwaltete nicht nur die größeren Beteiligungen, die etwa an den durch die Entflechtung der IG Farbenindustrie AG neu entstehenden Chemieunternehmen Farbenfabriken Bayer AG (Bayer AG) und Farbwerke Hoechst AG (Hoechst AG) bestanden; hier liefen auch die Fäden für die Vorbereitung größerer, gemeinsam mit anderen Banken zu vergebender Konsortialkredite zusammen.[83] Die Filialgruppen der drei früheren Großbanken arbeiteten in diesem Feld weiterhin kooperativ zusammen, etwa wenn es darum ging, Ausfallbürgschaften für Großkredite an die Eisen- und Stahlindustrie zu übernehmen, die nach Überwindung der durch den Koreakrieg ausgelösten Engpasskrise einen kräftigen Boom erlebte.[84]

Mit dem wachsenden Export erhöhte sich in den frühen 1950er Jahren auch der Bedarf an Außenhandelsfinanzierungen. Der Bankverein Westdeutschland trug der Komplexität des damit verbundenen Zahlungsverkehrs Rechnung, indem er die Leitungen seiner Geschäftsstellen zur sorgfältigen Beratung der Firmenkunden über aktuelle Verwaltungsverfügungen, bestehende Verrechnungsmöglichkeiten und vor allem auch die Instrumente der öffentlichen Exportförderung anhielt. »Da wir dem Auslandsgeschäft hinsichtlich der Abwicklung des Zahlungsverkehrs mit dem Ausland und auch der Finanzierung größte Bedeutung beimessen«, so ließen Deuß und Erkelenz die Geschäftsstellenleiter im Mai 1951 wissen, habe man neben dem Auslandssekretariat jetzt eine getrennt nach Ländern organisierte Außenhandelsabteilung eingerichtet. Der Leiter des Auslandssekretariats, Wilhelm Schürmann, werde demnächst Besuche in allen Geschäftsstellen machen, um die Notwendigkeit einer stärkeren Spezialisierung vor Ort zu besprechen und ggf. auch an Beratungsgesprächen mit wichtigen Firmenkunden teilzunehmen.[85] Um ergänzend zu den Angeboten der Kreditanstalt für Wiederaufbau für die eigenen Firmenkunden zusätzliche Finanzierungsmöglichkeiten im Bereich des mittel- und langfristigen Kredits zu erschließen, beteiligten sich der Bankverein Westdeutschland und die Commerz- und Credit-Bank im März 1952 an der Gründung der privatrechtlichen Ausfuhrkredit-Aktiengesellschaft (AKA).[86]

Der Bankverein Westdeutschland bemühte sich aber auch um seine – überwiegend zu den Mittelschichten und den freien Berufen zählende – private Kundschaft, die zum einen als Abnehmer der Firmenkunden gesehen wurden, zum anderen als Sparer und Anleger für die Gewinnung von Einlagen wichtig waren. So hatte sich der Bankverein Westdeutschland beispielsweise schon 1949 gemeinsam mit der zur Dresdner Bank-Gruppe gehörenden Rhein-Ruhr Bank für die Neugründung der Diskont- und Kredit AG eingesetzt, die sich der Absatzfinanzierung von Gebrauchsgütern widmete; auch die Filialgruppen in Hamburg, Niedersachsen und Hessen beteiligten sich an der Gründung dieser Konsortialbank.[87] Die Einlagen privater Kunden blieben zunächst überschaubar. Denn die nach der Währungsreform allmählich steigenden Realeinkommen der Privathaushalte schlugen sich, sofern sie nicht in den nachholenden Konsum von Nahrung, Kleidung und Einrichtung flossen, zunächst vor allem auf klassischen Sparkonten bei den Sparkassen nieder. Um der privaten Kundschaft ein über das Spektrum der Sparkassen hinausgehendes, attraktives Anlageangebot machen zu können, hatten sich die beiden süddeutschen Filialgruppen der Commerzbank schon 1950 an der im November 1949 entstandenen Allgemeinen Deutschen Investment-Gesellschaft mbH (ADIG) in München beteiligt.[88] Weil es zu dieser Zeit noch gar keine verbindliche gesetzliche Grundlage für die Tätigkeit solcher Investmentgesellschaften gab und man beim bundesdeutschen Publikum auch nur ein geringes Interesse an Wertpapieranlagen vermutete, blieben die meisten Geschäftsbanken skeptisch.[89] Doch die Filialgruppen der Commerzbank zeigten sich aufgeschlossen, zumal sie an einer Zusammenarbeit mit bayerischen Banken interessiert waren: Auch der Bankverein Westdeutschland brachte sich 1951 auf Betreiben von Höfermann, der zu den frühen Verfechtern der

Das im Krieg zerstörte Gebäude der Filiale Essen konnte am 28. Juni 1950 wiedereröffnet werden.

Idee des »Investmentsparens« zählte, mit einer Beteiligung von 100 000 DM in die Gesellschaft ein;[90] und die Merkur-Bank in Hannover folgte diesem Beispiel.[91] Die ADIG bot privaten Anlegern, gerade auch den Beziehern mittlerer Einkommen, die dem Erwerb von Wertpapieren bisher eher ablehnend gegenübergestanden hatten, die Chance, sich mit vergleichsweise kleinen Beträgen und geringem, weil breit gestreutem Risiko am Produktivvermögen zu beteiligen. Mit dem Erwerb entsprechender Zertifikate, die in den Depots der beteiligten Banken verwahrt wurden, konnten sie sich an verschiedenen Wertpapierfonds beteiligen, die von der Kapitalanlagegesellschaft verwaltet wurden. Die ADIG hatte im Juni 1950 einen ersten gemischten Renten- und Aktienfonds aufgelegt, genannt »Fondra – Fonds für Renten und Aktien«. Im Oktober 1950 folgte – entsprechend dem starken Anlegerinteresse an Sachwerten – ein reiner Aktienfonds, genannt »Fondak – Fonds für deutsche Aktien«.[92] Beiden Fonds waren bis Mitte der 1950er Jahre allerdings keine großen Absatzerfolge beschieden. Dennoch blieb der Bankverein Westdeutschland bei seinem Engagement. Er konnte auf diese Weise versuchen, den Kreis der einlagebereiten Privatkunden sukzessive auszuweiten und das neue Geschäftsfeld zugleich in die sozialpolitisch erwünschte Förderung der privaten Vermögensbildung in Arbeitnehmerkreisen einzufügen.[93] Die anderen Geschäftsbanken zogen Mitte der 1950er Jahre, als die gesetzlichen Grundlagen geschaffen worden waren, mit der Gründung teils eigener, teils gemeinsamer Kapitalanlagegesellschaften nach.[94]

Ländergrenzen als bankwirtschaftliches Problem

Den Filialgruppen war es untersagt, Zahlen über ihre Geschäftsentwicklung auszutauschen.[95] Ihre Bilanzen wurden nicht veröffentlicht, sondern nur den Landeszentralbanken zur Kontrolle vorgelegt. Dass die Filialgruppen sich de facto aber nicht nur wechselseitig mit Informationen versorgten, sondern bei Bedarf auch mit Kapitaltransfers über die Ländergrenzen hinweg aushalfen, brachte Marx im November 1949 auf einer Sitzung des »Beirats West« offen zur Sprache: Um den Zusammenhalt der Filialgruppen zu wahren, werde der Bankverein Westdeutschland sich nicht weigern, von den wirtschaftlich schwächeren Filialgruppen als Refinanzierungsquelle genutzt zu werden.[96] Da solche Transfers besatzungsrechtlich problematisch waren, mussten sie allerdings diskret abgewickelt werden. Als eine der ersten Filialgruppen profitierte nicht die Mittelrheinische Bank in Mainz, sondern die Hansa-Bank in Hamburg von der Unterstützung des Bankvereins. Als sie sich Anfang 1950 eingestehen musste, dass sie – in dem Bestreben, neues Geschäft aufzubauen – viel zu großzügig Kredite gewährt hatte und nun in hohem Maße von notleidenden Krediten betroffen war, unter anderem für die Aromax Werke GmbH, griff ihr der Bankverein kräftig unter die Arme, auch mit personeller Unterstützung. Zunächst wurde Hans Erkelenz als Kreditexperte von Düsseldorf nach Hamburg beordert, um nach dem Rechten zu sehen. Dann folgten Paul Seibel von der Filiale Essen und Robert Gebhardt von der Merkur-Bank in Hannover, um eine gründliche Revision vorzunehmen. Gebhardt trat im Mai 1950 sogar dauerhaft in die Geschäftsleitung der Hansa-Bank ein.[97]

Das Problem der Hansa-Bank war allerdings struktureller Natur: Denn die wirtschaftliche Lage in Hamburg war gekennzeichnet durch den schwer kriegsgeschädigten Hafen, das alliierte Schiffsbauverbot sowie einen noch nicht wieder voll in Schwung gekommenen Außenhandel, der die notwendigen Lebensmittelimporte hätte aufwiegen können.

Jeder hier ansässigen Geschäftsbank fiel es schwer, den großen Kreditbedarf ihrer Kunden zu tragfähigen Konditionen zu bedienen, weil sie nicht auch mit Kunden in anderen Ländern zusammenarbeiten durfte, die eine ausgewogenere Branchenstruktur der Wirtschaft aufwiesen.[98] Die Lage der viel kleineren Holsten-Bank im überwiegend landwirtschaftlich geprägten Flächenland Schleswig-Holstein mit seinen hohen Flüchtlingszahlen und einer ebenfalls kriegsgeschädigten und von alliierten Demontagen und Auflagen beeinträchtigten Werft- und Rüstungsindustrie in Kiel und Lübeck sah nicht besser aus.[99] Ganz im Gegenteil: Sie geriet sogar in eine akute Schieflage und musste Liquiditätshilfen der Landeszentralbank Schleswig-Holstein sowie – weil diese darauf drang, obwohl das im Sinne der alliierten Dezentralisierungspolitik eigentlich gar nicht zulässig war – auch der benachbarten Hansa-Bank, des Bankvereins Westdeutschland und anderer Filialgruppen der Commerzbank in Anspruch nehmen. Für die Hansa-Bank war sie also eine zusätzliche Belastung. Nach und nach übernahm die Hamburger Schwesterbank es dann allerdings, was sie eigentlich nicht durfte, nämlich Neukredite an Kunden der Holsten-Bank zu vergeben, die diese nicht mehr selbst bewältigen konnte.[100] Zwischen der Hansa-Bank und der Holsten-Bank zeichneten sich also früh aus der Not geborene Rückverflechtungstendenzen über die Ländergrenzen hinweg ab, was von den deutschen Landesbehörden toleriert wurde, weil sie sich dadurch selbst entlasten konnten.

Aber nicht nur die Hansa-Bank und die Holsten-Bank hatten Probleme. Bei allen Filialgruppen blieb das Einlagenpolster zunächst schwach und konzentrierte sich auf niedrigverzinsliche Sicht- und Termineinlagen.[101] Die Vergabe von Wechsel- und Buchkrediten wurde aber dennoch liberal gehandhabt, und selbst die langfristigen Ausleihungen stiegen allmählich wieder an. Von den Wettbewerbern wurde die Kreditvergabepraxis der Commerzbank-Filialgruppen sogar als »überdurchschnittlich liberal« moniert.[102] Die Kehrseite dieser Handhabung trat bald zutage: Sämtliche Filialgruppen mussten hohe Einzelwertberichtigungen im Kreditgeschäft vornehmen, die sich bis Ende 1951 beim Bankverein Westdeutschland auf 5 Prozent, bei den norddeutschen Filialgruppen auf rund 7 Prozent und bei den besonders um die Gewinnung von Marktanteilen bemühten süddeutschen Filialgruppen sogar auf 12 Prozent der Buchkredite beliefen.[103]

Mit addierten Bilanzsummen von knapp 1,6 Mrd. DM bei den Commerzbank-Filialgruppen, 2,5 Mrd. DM bei den Dresdner Bank-Filialgruppen und 3,75 Mrd. DM bei den Deutsche Bank-Filialgruppen stellten diese bis Ende 1951 die frühere Rangfolge untereinander wieder her. Zusammengenommen vereinten sie einen Anteil von etwa 20 Prozent der addierten Bilanzsummen aller bundesdeutschen Kreditinstitute auf sich.[104] Wie das Bundesfinanzministerium in einem Anfang 1952 vorgenommenen Vergleich feststellte, entfielen die von den neun Filialgruppen der Commerzbank seit der Währungsreform versteuerten Gewinne in Höhe von insgesamt rund 11 Mio. DM fast vollständig auf den Bankverein Westdeutschland; die elf Filialgruppen der Dresdner Bank standen mit 23 Mio. DM nicht nur absolut betrachtet, sondern auch in Relation zur Bilanzsumme merklich besser da, die zehn Filialgruppen der Deutschen Bank lagen mit 30 Mio. DM klar an der Spitze.[105] Für keine der drei Gruppen schien es zu dieser Zeit dringlicher als für die Commerzbank-Gruppe, zu einer Abkehr von der Dezentralisierung auf Landesebene zu gelangen, denn sie hatte mit einer besonders unausgewogenen Größen- und Ertragsstruktur zu kämpfen.

Mithin zeichnete sich schon bald nach Gründung der Bundesrepublik ab, dass nicht alle, aber doch viele der zugelassenen Filialgruppen zu klein und zu kapitalschwach waren, um den in Gang kommenden wirtschaftlichen Wiederaufbau wirksam unterstützen zu können. Weil auch die Alliierten vor dem Hintergrund des heraufziehenden Kalten Krieges zu erkennen gaben, dass sie Zugeständnisse für möglich hielten, intensivierten sich bei den Geschäftsbanken, den Landesbanken und Landesregierungen, der Bank deutscher Länder, der Bundesregierung und im Deutschen Bundestag die Diskussionen über Szenarien für eine gewisse Rezentralisierung.[106] Im Mai 1950 legten Hermann Josef Abs, Carl Goetz und Paul Marx als Repräsentanten der ehemaligen Großbanken ein gemeinsames Memorandum vor, in dem sie für eine »Dreier-Lösung« eintraten, also für die Zulassung von jeweils drei Nachfolgeinstituten.[107] Das Memorandum präsentierte diesen Vorschlag als notwendigen Schritt zur formalrechtlichen Dezentralisierung der drei Großbanken durch die aktienrechtliche Ausgründung von jeweils drei neuen Instituten. Dieser Schritt sei auch deshalb notwendig, so argumentierten sie, weil bei weiterhin unklarem rechtlichen Status der Filialgruppen keine ausländische Bank mit ihnen in Geschäftsverkehr treten werde, was für den wirtschaftlichen Wiederaufbau aber von entscheidender Bedeutung sei. Faktisch wurde mit diesem Vorschlag ein wichtiger Ansatzpunkt für die spätere vollständige Rezentralisierung geschaffen, die inzwischen zahlreiche Befürworter in der deutschen Politik fand. Die Initiative von Abs, Goetz und Marx für eine »Dreier-Lösung« hatte nach langwierigen Debatten schließlich Erfolg: Das vom Bundestag auf den Weg gebrachte, mit der Alliierten Hohen Kommission abgestimmte »Gesetz über den Niederlassungsbereich von Kreditinstituten« vom 29. März 1952 sah die erhoffte aktienrechtliche Ausgründung von jeweils drei Nachfolgeinstituten für Nord-, West- und Süddeutschland vor. Die Hohe Kommission hatte diesem »Großbankengesetz« aber nur unter der Voraussetzung zugestimmt, dass Bundeskanzler Adenauer ihr zusicherte, es für die Dauer von drei Jahren nicht zu ändern.[108]

Rezentralisierungsansätze und wachsende Eigenständigkeiten

Die neun Filialgruppen der Commerzbank schlossen sich am 25. September 1952 auf einer außerordentlichen Hauptversammlung in Hamburg rückwirkend zum 1. Januar 1952 zu drei Aktiengesellschaften zusammen. Neben der Bankverein Westdeutschland AG mit Hauptsitz in Düsseldorf, einem Kapital von 27,5 Mio. DM und inzwischen 59 Geschäftsstellen entstanden so die Commerz- und Disconto-Bank AG in Hamburg mit einem Kapital von 12,5 Mio. DM, in der die Filialgruppen für Hamburg, Bremen, Schleswig-Holstein und Niedersachsen mit ihren insgesamt 36 Geschäftsstellen aufgingen, und die Commerz- und Credit-Bank AG in Frankfurt am Main mit einem Kapital von 10 Mio. DM, in der die Filialgruppen der Länder Hessen, Rheinland-Pfalz, Württemberg-Baden und Bayern mit ihren 25 Geschäftsstellen zusammengefasst wurden.[109] Wer eine alte Commerzbank-Aktie im Wert von nominal 10000 RM besaß, hatte Anspruch auf neue Aktien des Bankvereins Westdeutschland im Wert von 2750 DM, der Commerz- und Disconto-Bank in Höhe von 1250 DM und der Commerz- und Credit-Bank in Höhe von 1000 DM.[110] Da die meisten Aktionäre diese Optionen tatsächlich in Anspruch nahmen und sich nicht etwa nur für eines oder zwei der drei Institute entschieden, blieben die drei Nachfolgeinstitute über ihre Aktionäre verbunden.[111] Zugleich wurden die alten Commerzbank-Aktien in »Commerzbank-Restquoten« mit gleichem Nennbetrag umgetauscht; durch sie wurde ein – vorerst nicht einlösbarer – Anspruch auf die in den abgetrennten Ostgebieten des Deutschen Reichs liegenden Vermögenswerte der Altbank verbrieft, die nunmehr gesetzlich zur eigenen Abwicklung verpflichtet war.[112] Neben den drei Nachfolgeinstituten in der Bundesrepublik konnte sich in Westberlin die Berliner Commerzbank AG etablieren.[113] Die Aktien aller Nachfolgeinstitute wurden im Dezember 1953 in den amtlichen Börsenhandel aufgenommen, wo sie gute Nachfrage fanden, denn bereits im Frühjahr 1953 war eine erste »Nachkriegsdividende« ausgeschüttet worden.[114] Zu den neuen Investoren zählte bei der Bankverein Westdeutschland AG beispielsweise Wilhelm Werhahn, Mitinhaber des Bankhauses Wilh. Werhahn OHG in Neuss, das zahlreiche Beteiligungen an gewerblichen Unternehmen unterhielt, auch an Banken und Versicherungen. Werhahn war Präsident der Industrie- und Handelskammer Neuss und zählte höchst einflussreiche Persönlichkeiten zu seinem gesellschaftlichen Verkehrskreis, darunter den Kölner Privatbankier Robert Pferdmenges und Bundeskanzler Konrad Adenauer; seit 1952 gehörte Werhahn dem Aufsichtsrat der Bankverein Westdeutschland AG an und trat später auch in den Aufsichtsrat der Commerzbank AG ein.[115]

Bereits am 15. Dezember 1952 trafen sich Vertreter der drei Nachfolgeinstitute in Düsseldorf, um sich über aktuelle Bilanzpositionen und die künftige Zusammenarbeit auszutauschen.[116] Hanns Deuß, der die Zusammenkunft zu leiten hatte, gab gleich eingangs etwas verklausuliert seiner Hoffnung Ausdruck, »derartige gemeinsame Besprechungen mögen zur Gewohnheit werden, damit eine sonst etwa eintretende Entfremdung später notwendig werdende Maßnahmen nicht erschwere«.[117] Rasch geklärt wurde, dass die finanzstarke Bankverein Westdeutschland AG die Commerz- und Disconto-Bank AG in Hamburg möglichst bald durch eine Beteiligung an einigen bereits bewilligten, aber problematischen Krediten entlasten wollte, etwa für die Phrix-Werke AG, die durch veruntreute Gelder in die Schlagzeilen geraten war.[118] Im Mittelpunkt der Diskussion aber stand, wie man zu einer ausgewogeneren Verteilung der Vermögenspositionen kommen könne, darunter nicht zuletzt die Beteiligungen. Um das steuerliche Schachtelprivileg für Beteiligungen ab 25 Prozent besser ausnutzen zu können, sagte die Bankverein Westdeutschland AG beispielsweise zu, ein Aktienpaket im Nominalwert von 447 000 DM an der Lübecker Flender-Werke AG auf die Commerz- und Disconto-Bank AG zu übertragen, die wiederum der Bankverein Westdeutschland AG ein Aktienpaket im Nominalwert von 447 000 DM an der Schnellpressenfabrik AG zu übereignen versprach.[119] Für alle Beteiligten stand außer Frage, dass man sich zusammengehörig fühlte und auf dem Weg zur angestrebten vollständigen Rezentralisierung einen großen Schritt vorangekommen war. Trotz aller Bemühungen um Zusammenhalt, den Ausgleich von Vermögenspositionen und einheitliche Geschäftspraktiken war die geschäftliche Entwicklung der drei Nachfolgebanken aber von großen Unterschieden geprägt; dies verdeutlichen die wichtigsten Eckdaten in Tabelle 1.

	Bankverein Westdeutschland AG, Düsseldorf	Commerz- und Disconto-Bank AG, Hamburg	Commerz- und Credit-Bank AG, Frankfurt am Main
Grundkapital	27,5 Mio. DM (1952) 40,0 Mio. DM (1953) 60,0 Mio. DM (1955) 90,0 Mio. DM (1957)	12,5 Mio. DM (1952) 20,0 Mio. DM (1955) 30,0 Mio. DM (1956)	10,0 Mio. DM (1952) 15,0 Mio. DM (1954) 20,0 Mio. DM (1956)
Bilanzsumme	1.140 Mio. DM (1952) 2.935 Mio. DM (1957)	428 Mio. DM (1952) 1.276 Mio. DM (1957)	345 Mio. DM (1952) 1.116 Mio. DM (1957)
Geschäftsstellen	59 (1952) 69 (1957)	36 (1952) 61 (1957)	25 (1952) 44 (1957)
Mitarbeiter	2.806 (1952) 3.822 (1957)	1.384 (1952) 2.009 (1957)	1.107 (1952) 1.706 (1957)

Tabelle 1: Die drei Nachfolgeinstitute der Commerzbank: Kapitalausstattung, Bilanzsumme, Geschäftsstellen und Mitarbeiter (1952 bis 1957)[120]

Die Bankverein Westdeutschland AG, die bei ihrer Ausgründung weder personell noch organisatorisch gravierende Veränderungen erfuhr, auch weil sie keine zusätzlichen Filialgruppen aufnehmen musste, entfaltete rege Aktivitäten beim Ausbau des Industriekreditgeschäfts und der Auslandsstützpunkte. Dem Vorstand gehörten weiterhin Deuß, Erkelenz und Höfermann an, wobei Höfermann nun die informelle Rolle des Vorstandssprechers übernahm.[121] Ihm unterstanden das Vorstandsbüro, die Organisationsabteilung, die Konsortial- und die Wertpapierabteilung, Deuß blieb für das Auslandsgeschäft verantwortlich, Erkelenz für die Kontrolle des Kreditwesens und die Personalpolitik. Die wichtigsten Geschäftsstellen waren Essen, Köln, Bielefeld, Dortmund, Duisburg und Wuppertal-Barmen. Zudem konnte sich die Bankverein Westdeutschland AG auf ihre Kommandite von der Heydt-Kersten & Söhne in Wuppertal-Elberfeld stützen. Da die Eröffnung von Geschäftsstellen an eine amtliche Bedürfnisprüfung gebunden war und restriktiv gehandhabt wurde, weitete sie ihr Netzwerk an Stützpunkten durch den Erwerb von Beteiligungen aus. Bereits 1955 beteiligte sie sich an der im deutsch-holländischen

Grenzgebiet gelegenen Niederrheinischen Bank AG in Wesel.[122] 1956 erfolgte eine Beteiligung an der Schwerter Bankverein Klein & Co. KG in Schwerte.[123]

Mit Blick auf das Industriekreditgeschäft kam der langfristigen Finanzierung von Investitionen nun eine immer größere Bedeutung zu.[124] Offenkundig konnte die Bankverein Westdeutschland AG von der alliierten Entflechtungspolitik in der Montan- und Chemieindustrie profitieren, denn diese führte zu einer Lockerung der zuvor recht fest gefügten Hausbankbeziehungen. Gestützt auf die guten Kontakte Höfermanns gelang es der Konsortialabteilung, sich in die Vergabe einer wachsenden Zahl von Großkrediten einzuschalten und Vertreter der entflochtenen Firmen wie z.B. Fritz-Aurel Goergen von der Geschäftsleitung der Phoenix-Rheinrohr AG in Düsseldorf und Fritz ter Meer vom Aufsichtsrat der Bayer AG in Leverkusen für den Aufsichtsrat des Bankvereins zu gewinnen.[125] Für die Bayer AG, deren Aufsichtsrat Höfermann angehörte, konnte der Bankverein 1955 beispielsweise ein Schuldscheindarlehen in Höhe von 150 Mio. DM auflegen, an dem neben der Commerz- und Disconto-Bank und der Commerz- und Credit-Bank auch die Bayerische Hypotheken- und Wechsel-Bank beteiligt war. Mithilfe dieses Darlehens wurde die Genehmigungspflicht für Anleihen am Kapitalmarkt umgangen; es stellte das bis dahin größte Nachkriegsengagement der Commerzbank-Gruppe dar.[126]

Hanns Deuß, der im Auslandsgeschäft eng mit dem zum Leiter der Düsseldorfer Auslandsabteilung aufgestiegenen Hermann Wegener zusammenarbeitete, nahm den Abschluss des politisch wichtigen deutsch-französischen Handelsabkommens von 1953 zum Anlass, um sich noch im gleichen Jahr um Geschäftskontakte in Frankreich zu bemühen.[127] Die Auslandsaktivitäten der Bankverein Westdeutschland AG beschränkten sich aber nicht auf Europa: Die erste Auslandsrepräsentanz der Commerzbank-Gruppe in der Nachkriegszeit war auf Betreiben von Deuß und Wegener bereits im Oktober 1952 in Rio de Janeiro in Brasilien eröffnet worden – ein Land, für das sich deutsche Exporteure und Investoren schon seit den 1930er Jahren lebhaft interessierten. Die Leitung der Repräsentanz übernahm Günther Eberhard, der damit zu einem wichtigen Ansprechpartner für die in Brasilien und anderen lateinamerikanischen Ländern engagierten westdeutschen Firmenkunden der Commerzbank-Gruppe wurde.[128] Nach dem Abschluss des Londoner Schuldenabkommens nahm das Auslandsgeschäft weiteren Aufschwung.[129] 1953 erfolgte die Eröffnung von Auslandsrepräsentanzen in Amsterdam und Madrid, zwei westeuropäischen Metropolen, die nicht nur für die Niederlande, Spanien und Portugal, sondern auch für den transatlantischen Handel hohe Bedeutung besaßen.[130] Deuß und Wegener unternahmen 1953 außerdem ihre erste geschäftliche Auslandsreise in die USA. Sie kehrten voller Optimismus zurück, weil sie festgestellt hatten, dass es dort ein starkes Interesse an Exportfinanzierungen in die Bundesrepublik gab.[131] Um das wachsende Netz an ausländischen Korrespondenzbanken und Repräsentanzen zu betreuen, wurde 1955 neben Wegener ein neuer, zweiter Leiter der Auslands- und Devisenabteilung für die Bankverein Westdeutschland AG angeworben: Robert Dhom, der zuvor als Geschäftsführer des Bundesverbands deutscher Banken tätig war. Insgesamt waren in dieser Abteilung mit ihren acht sachlich und sechs geografisch spezialisierten Referaten inzwischen 22 Direktoren, Prokuristen und Bevollmächtigte tätig. Während Wegener für Europa, Afrika, Australien, Indonesien und die Ostblockstaaten, die Exportfinanzierung, den Devisenhandel, die Geld- und die Währungsdisposition sowie die gesamte Innenleitung verantwortlich blieb, übernahm Dhom die Zuständigkeit für Nord-, Mittel- und Südamerika, für Asien und die blockfreien Länder des Balkans, außerdem das Auslandssekretariat, die Konditionsfragen und die Regelung der Altschulden.[132] Neben Lateinamerika entwickelten sich seit Mitte der 1950er Jahre auch Südafrika und der Nahe Osten zu Regionen, in denen deutsche Firmen in wachsendem Maße Geschäftsbeziehungen anknüpften. Die Bankverein Westdeutschland AG, die im April 1956 auch im Sinne einer Vereinheitlichung der Firmennamen innerhalb der Commerzbank-Gruppe zur Commerzbank-Bankverein AG umfirmierte, eröffnete noch 1956 eine weitere Repräsentanz in Windhoek (Namibia) für die Südafrikanische Union und war seit 1957 außerdem mit einer Repräsentanz in Beirut (Libanon) für den Nahen Osten vertreten; auch diese Repräsentanzen standen für die Firmenkunden der gesamten Commerzbank-Gruppe zur Verfügung, die sich im Ausland also von Anfang an um einen gemeinsamen Auftritt bemühte.[133]

Im Kreditgeschäft setzte die Bankverein Westdeutschland AG mit der Gründung der Bank für Teilzahlungskredit GmbH als 100-prozentiger Tochtergesellschaft einen weiteren neuen Akzent. Der Vorstand begründete diesen Schritt, mit dem der Bankverein 1956 in ein neues, nicht unumstrittenes Geschäftsfeld eintrat, gegenüber den Geschäftsstellen mit dem wachsenden Wettbewerb in der Kreditwirtschaft.[134] Denn der steigende Bedarf an Privat- und Konsumentenkrediten wurde bisher fast ausschließlich vom Textil- und Möbeleinzelhandel in Kooperation mit den örtlichen Sparkassen gedeckt: Dabei bot der Handel seinen kaufwilligen, aber nicht immer auch sofort voll zahlungskräftigen Kunden die Möglichkeit des Ratenkaufs an und wickelte die Zahlung mit den örtlichen Sparkassen ab.[135] Vermehrt waren seit den frühen 1950er Jahren aber auch spezielle Teilzahlungsbanken gegründet worden.[136] In genau diesem Geschäftsfeld wollte sich nun auch der Bankverein betätigen. Eine große Anzahl von Erzeuger-, Einzelhandels- und Großhandelsfirmen, mit denen der Bankverein in Geschäftsverbindung stehe, sei in letzter Zeit dazu übergegangen, die anfallenden Teilzahlungsgeschäfte bei Sparkassen und Spezialbanken unterzubringen, »zum Teil bei Instituten, die von anderen Geschäftsbanken beherrscht werden«, hielten Deuß und Höfermann in einem vertraulichen Rundschreiben an die Geschäftsstellen fest. Es bestehe also die Gefahr, »daß diese Firmen auf die Dauer zu anderen Geschäftsbanken abwandern, wenn wir nicht die gleichen Möglichkeiten zur

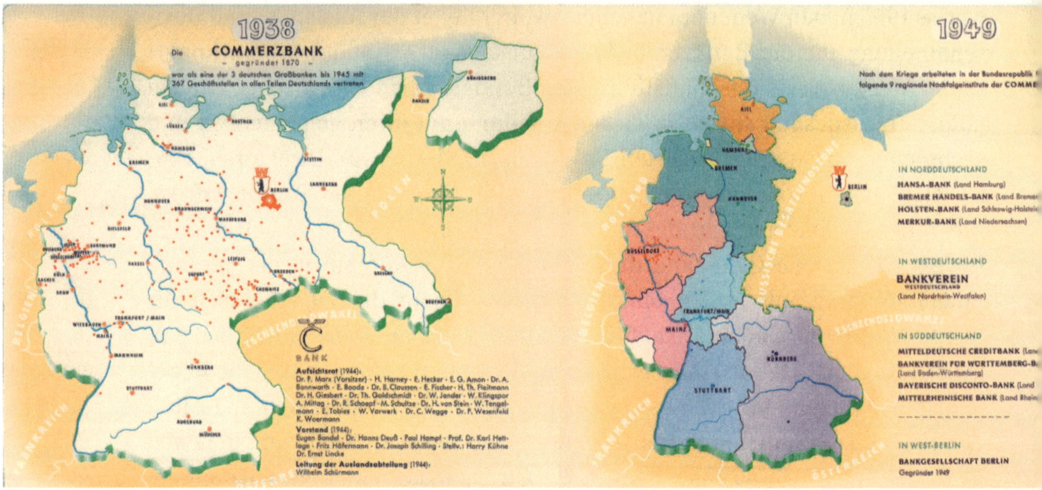

Von der Commerzbank zur Bankverein Westdeutschland AG, Übersicht aus dem Jahr 1953

Verfügung stellen können«. Da man bei den Geschäftsstellen mit Vorbehalten gegen das neue Institut rechnen musste, betonten sie zudem, dass es auch um deren Entlastung von dieser speziellen Art des Kreditgeschäfts gehe, das eine andersartige Absicherung erfordere. Sie baten darum, Teilzahlungsgeschäfte künftig grundsätzlich der neuen Teilzahlungsbank anzubieten. »Wenn auch die Vorteile, die Ihnen das neue Teilzahlungsinstitut bietet, nicht sofort ins Auge springen, so möchten wir Sie doch darauf hinweisen, daß durch die Einschaltung des Instituts und die gewährten Teilzahlungskredite die Möglichkeit geschaffen wird, Ihre Umsätze zu steigern, da beabsichtigt ist, alle Auszahlungen grundsätzlich über Sie zu leiten«, gaben sie zu bedenken.[137] Mit den Darlehen der neuen Teilzahlungsbank konnte sowohl die Anschaffung beweglicher Investitionsgüter, etwa von Maschinen und Kraftfahrzeugen, als auch der Kauf langlebiger Konsumgüter, wie beispielsweise Möbel, Öfen oder elektrische Geräte, finanziert werden.[138] Von den Großbanken selbst wurden solche persönlichen Anschaffungsdarlehen zu standardisierten Konditionen bisher nicht angeboten. Die Errichtung der Bank für Teilzahlungskredit diente nicht zuletzt dem Zweck, ein entsprechendes Angebot für diejenigen Privatkunden der mittleren Einkommensschichten zu schaffen, die über steigende Einkommen verfügten, also an persönlicher Kreditwürdigkeit gewonnen hatten, und an der Gewährung von Anschaffungskrediten für langlebige Konsumgüter interessiert waren. Das erwies sich als eine sinnvolle Ergänzung zum Engagement im Rahmen der ADIG für das Investmentsparen, mit dem – anders als zunächst gedacht – vor allem gehobene Einkommensschichten angesprochen werden konnten.

Die expandierenden Geschäfte der Bankverein Westdeutschland AG erforderten bereits 1953 eine Kapitalerhöhung. Weil der Kapitalmarkt der Bundesrepublik zu dieser Zeit aber noch sehr eng war, wurde sie auf Anregung von

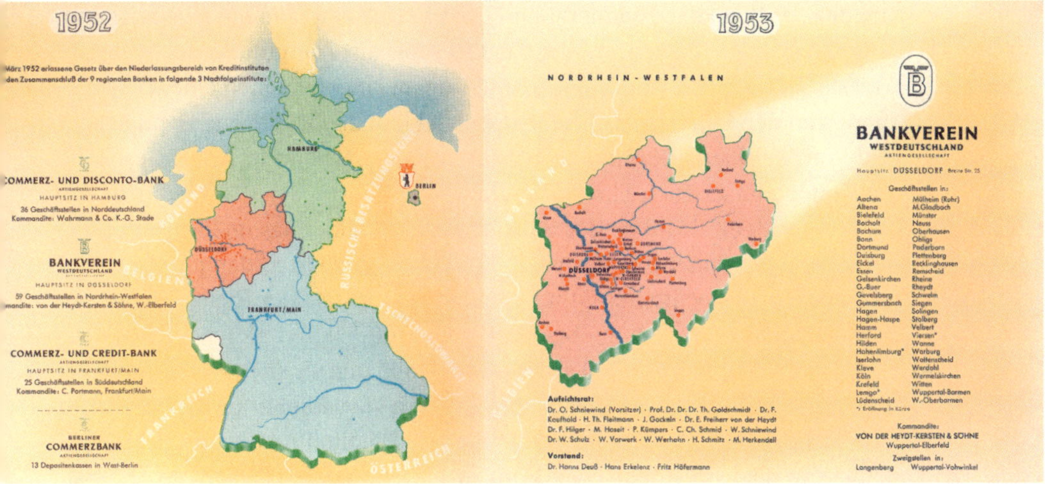

Höfermann als eine sogenannte Zwillings-Kapitalerhöhung gemeinsam mit der Bayerischen Hypotheken- und Wechsel-Bank in München durchgeführt, die ebenfalls an einer Kapitalerhöhung interessiert war.[139] Dabei nahmen die beiden Banken den größten Teil der jungen Aktien des jeweils anderen Instituts zunächst bei sich »in Pension«, um sie den Altaktionären erst später zum Kauf anzubieten; ihnen wurde ein Bezugsrecht zugesichert.[140] Dieses Vorgehen, bei dem die Bankverein Westdeutschland AG ihr Kapital von 27,5 auf 40 Mio. DM anhob, verschaffte der Bayerischen Hypotheken- und Wechsel-Bank also vorübergehend die Position einer Großaktionärin bei der Bankverein Westdeutschland AG, die sie aber nicht aktiv oder gar gegen den Willen des Vorstands und Aufsichtsrats des Bankvereins auszuüben gedachte.[141] Das Gleiche galt natürlich auch umgekehrt für die Beteiligung des Bankvereins an der Bayerischen Hypotheken- und Wechsel-Bank, sodass man von einer einstweiligen Überkreuzverflechtung des Aktienkapitals sprechen kann. Die Transaktion, die auf einer außerordentlichen Hauptversammlung im Juli 1953 von Höfermann ausführlich mit dem wachsenden Geschäftsvolumen begründet wurde, ermöglichte der Bankverein Westdeutschland AG nicht nur eine kostengünstige Kapitalerhöhung, sondern sie belebte auch die Zusammenarbeit mit der Bayerischen Hypotheken- und Wechsel-Bank neu, die bereits vom Barmer Bank-Verein gepflegt worden war.[142] Die beiden Banken schlossen bereits im Mai 1953 einen zunächst bis zum 31. Dezember 1956 geltenden Vertrag, der die Details der Transaktion regelte und eine folgenschwere geschäftspolitische Zusicherung des Bankvereins Westdeutschland enthielt: Er versprach nämlich, seinen Einfluss auf die Commerz- und Credit-Bank AG in Frankfurt am Main geltend zu machen, damit diese auf die Etablierung neuer Geschäftsstellen in Bayern und in der einstmals bayerischen Pfalz verzichtete.[143] Aus der Perspektive Höfermanns war das ein akzeptables Zugeständnis.[144] Doch die Commerz- und Credit-Bank empfand die eigenmächtig, über ihren Kopf hinweg erteilte Zusicherung als Zumutung und entwarf – weil sie sich ihr nicht entziehen konnte – einen langen Katalog eigener Forderungen an den Bankverein Westdeutschland und die Bayerische Hypotheken- und Wechsel-Bank, der auf die verstärkte Einbeziehung in deren Geschäfte mit Kunden im eigenen Einzugsbereich zielte.[145]

Weil der Zentralbankrat der Bank deutscher Länder das im Zuge der Zwillings-Kapitalerhöhung aufgestockte Kapital der beiden Aktiengesellschaften jedoch nicht als »haftende Mittel« im Sinne der eigenen Richtsätze akzeptierte, entschlossen sich die beiden Banken, die jungen Aktien – anders als geplant – nicht für einige Zeit als Paket zu halten, um sie später den jeweiligen Altaktionären zum Bezug anzubieten, sondern sie veräußerten sie im Verlauf eines Jahres nach und nach über die Börsen. Damit durchbrachen sie die bis dahin von allen westdeutschen Banken für erforderlich gehaltene »Emissionspause«, belebten also den allgemeinen Börsenhandel, verärgerten aber auch manchen Altaktionär.[146] Doch mit der weiteren Expansion der Geschäfte der Bankverein Westdeutschland AG stieg deren Kapitalbedarf rasch weiter an: Bereits 1955 erfolgte eine zweite Kapitalerhöhung von 40 auf nunmehr 60 Mio. DM.[147] Da die Dividende von ursprünglich 6 recht zügig auf 8 ½, 9 und schließlich 10 Prozent angehoben werden konnte, mangelte es nicht an interessierten alten und neuen Anlegern.[148]

Die beiden Schwesterbanken in Hamburg und in Frankfurt am Main konnten in den frühen 1950er Jahren mit dem einsetzenden bundesdeutschen »Wirtschaftswunder« ebenfalls expandieren. Die Commerz- und Disconto-Bank AG in Hamburg musste sich nach ihrer aktienrechtlichen Ausgründung zunächst um die Integration der neu hinzugekommenen Filialgruppen in Schleswig-Holstein, Bremen und Niedersachsen bemühen, gewann dadurch freilich auch gewichtige neue Niederlassungen in Städten wie Kiel, Bremen, Hannover, Braunschweig und Osnabrück mit breiten Kundenstämmen hinzu.[149] Den Vorstand der Commerz und Disconto-Bank AG bildeten Robert Gebhardt, Walter Meier-Bruck und Wilhelm Reinold.[150]

Robert Gebhardt übernahm neben seiner informellen Sprecherrolle die drei Ressorts Personal, Organisation und Gelddisposition. Walter Meier-Bruck, der zuvor für das Bankhaus Delbrück, Schickler & Co. in Berlin tätig gewesen war, zeichnete für das Wertpapiergeschäft und das Rechnungswesen verantwortlich. Wilhelm Reinold widmete sich, gestützt auf seine regionale Zuständigkeit für die Bremer Kundschaft, vor allem den Auslandsgeschäften.[151] Die Verantwortung für das Kreditgeschäft insgesamt nahmen die drei Vorstände gemeinsam wahr. Hamburg blieb gegenüber den einzugliedernden Filialgruppen personell und organisatorisch bestimmend, ohne dass es zu größeren Spannungen kam. Der über Hamburg und Bremen laufende, immer lebhaftere Außenhandel sowie die Finanzierung der niedersächsischen Industrie entwickelten sich zu den beiden wichtigsten Schwerpunkten der Geschäftstätigkeit der Commerz- und Disconto-Bank AG. Um die wachsenden Außenhandelsgeschäfte besser abwickeln zu können, setzte die Commerz- und Disconto-Bank AG – hanseatischer Tradition entsprechend – bald den Austausch von Volontären mit englischen, schweizerischen, französischen, spanischen und skandinavischen Banken in Gang, was später auch den Schwesterbanken zugutekam.[152] Als die Commerz- und Disconto-Bank AG 1955 nach längeren Diskussionen ebenfalls eine Kapitalerhöhung von ursprünglich 12,5 auf nunmehr 20 Mio. DM vornahm, war das die erste Kapitalerhöhung in der Bundesrepublik, bei der die jungen Aktien mit einem Bezugsrecht ausgestattet wurden; sie konnte reibungslos abgewickelt werden.[153]

Die Commerz- und Credit-Bank AG in Frankfurt am Main, die bei der Integration der Filialgruppen in Bayern und im früheren Württemberg-Baden, das seit April 1952 zum neu gebildeten Bundesland Baden-Württemberg gehörte, viel stärker als ihre Schwesterbank in Hamburg mit föderalistischen Traditionen konfrontiert war, hatte innerhalb der Commerzbank-Gruppe auch wirtschaftlich den schwersten Stand. Denn sie konnte sich anfangs nur in Hessen auf ein bereits recht gut integriertes Filialnetz stützen. In Baden-Württemberg und Bayern dagegen hatten sich die beiden Filialgruppen zuvor auf ihre Niederlassungen in den Ballungsräumen Stuttgart und Mannheim sowie Nürnberg, Fürth und München konzentrieren müssen, die sehr unterschiedliche personal- und geschäftspolitische Praktiken pflegten; sie mussten nun erst einmal koordiniert und integriert werden, bevor es an den Ausbau gehen konnte.[154] In Bayern wurde ein solcher organisatorischer Ausbau zudem durch die von Höfermann im Interesse der Kapitalerhöhung des Bankvereins Westdeutschland recht autokratisch gegebenen Zusagen an die Bayerische Hypotheken- und Wechsel-Bank erschwert. Die Commerz- und Credit-Bank AG spürte auch deshalb den Wettbewerb der beiden großen Nachbarbanken besonders stark. Die Dresdner Bank-Gruppe war mit der Rhein-Main Bank AG in Frankfurt und die Deutsche Bank-Gruppe mit der Süddeutschen Bank AG in München bereits viel besser in der Fläche verankert. Schon die Geschäftsleitung der Mitteldeutschen Creditbank hatte bei ihren Arbeitsbesprechungen mit den Filialleitern viel Wert auf praktische Empfehlungen für die Werbung neuer Kunden gelegt, allerdings auch gespürt, dass es bei den eigenen Bankbeamten beträchtliche Vorbehalte gab, von sich aus – sozusagen ungefragt – auf potenzielle neue Kunden zuzugehen. Selbst innerhalb der Geschäftsleitung war ein solches, betont offensives Vorgehen nicht unumstritten.[155] Doch von den Filialleitern vor Ort verlangte man, sich »unter Zurücksetzung aller persönlichen Ressentiments« energisch um neue Kunden zu bemühen: »Wir müssen mit der Konkurrenz Schritt halten, unser Name muss den Leuten eingehämmert werden«, lautete die von der Geschäftsleitung ausgegebene Devise.[156] Genau darin lag ein zusätzliches Problem, denn nur wenige Wochen später firmierte die Mitteldeutsche Creditbank um zur Commerz- und Credit-Bank AG.

Die Vorstandsmitglieder Robert Gebhardt, Hanns Deuß und Wilhelm Reinhold im Gespräch, 1950er Jahre

Deren Vorstand bildeten zunächst Wilhelm Nuber, Ernst Rieche und Eugen Weidmann. Während es sich bei Nuber und Rieche um erfahrene Führungskräfte der Commerzbank-Gruppe handelte – Nuber kam von der Bayerischen Disconto-Bank in Nürnberg, Rieche von der Bankgesellschaft Berlin AG –, war Weidmann von der Landeszentralbank Württemberg-Baden in Stuttgart abgeworben worden. Schon 1953 wurde der Vorstand dann noch um Eduard Mittelmann erweitert, der bisher für die Mitteldeutsche Creditbank in Frankfurt tätig gewesen war.[157] Für die Commerz- und Credit-Bank AG behielt die Gewinnung neuer Kreditkunden in Handel, Gewerbe und Industrie einen hohen Stellenwert. Neben Weidmann, der für das Personalwesen und das Kreditgeschäft insgesamt zuständig war, widmete sich deshalb auch Nuber, bei dem die Verantwortung für das Auslandsgeschäft, für Organisation und Revision lag, speziell mit Blick auf die bayerischen Filialen diesem Geschäftszweig. Auch Rieche, dem das Börsen- und Konsortialgeschäft sowie das Rechnungswesen anvertraut wurden, kümmerte sich um die aktive Werbung neuer Kunden, ja, er übernahm die Rolle eines regelrechten Antreibers der Filialleiter: »Meine Herren, wir müssen raus, akquirieren, wir müssen dauernd unterwegs sein«, forderte er beispielsweise im November 1952 auf einer ersten Tagung mit den Filialleitern des gesamten Einzugsgebiets. Die Voraussetzung für jedes neue Kreditgeschäft sei aber natürlich die Vertrauenswürdigkeit des betreffenden Unternehmers, vergaß er nicht zu warnen. Unter Umständen müsse man die Kreditwünsche potenzieller neuer Kunden im Beratungsgespräch also auch abschlagen, von einer geplanten Investition abraten oder andere Finanzierungswege aufzeigen. Wichtig sei es in jedem Fall, wechselseitiges Vertrauen aufzubauen.[158]

Der Commerz- und Credit-Bank AG gelang es bis zum Frühjahr 1954, vor allem die kurzfristigen, besonders ertragreichen Kredite weiter auszubauen: Beliefen sie sich Ende 1952 noch auf 287 Mio. DM, so lagen sie Ende 1953 bereits bei 350 Mio. DM und stiegen bis Ende März 1954 auf mehr als 370 Mio. DM an.[159] Insbesondere Kredite für die Nahrungs-, Genuss- und Futtermittelindustrie, die Textil- und Bekleidungsindustrie sowie die Elektrotechnik, Feinmechanik und Optik hatte man ausweiten können; auch die Ausleihungen an Handelsunternehmen wiesen eine steigende Tendenz auf. Darüber hinaus hatte sich die Commerz- und Credit-Bank AG im ersten Vierteljahr 1954 an einer ganzen Reihe von interessanten Emissionsgeschäften beteiligen können, darunter beispielsweise an der Platzierung von Anleihen für den Freistaat Bayern mit 5,2 Mio. DM, für die Lastenausgleichsbank mit 3,5, für die Daimler-Benz AG mit 1,9 und für die Siemens & Halske AG mit 1,6 Mio. DM.[160] Aber nicht nur die Erstemissionsgeschäfte, auch der Wertpapierhandel entwickelte sich lebhaft, was auf die rege Kauftätigkeit ausländischer Investoren zurückzuführen war, für die sich die Bundesrepublik inzwischen geöffnet hatte. Der Commerz- und Credit-Bank AG gelang es in den folgenden Jahren, sich bei zahlreichen mittelständischen Unternehmen als feste Bankverbindung zu etablieren, was angesichts der Wirtschaftsstrukturen der von ihr betreuten Regionen nicht verwundern kann. Mittelständische Firmenkunden spielten bei dem kleinsten Nachfolgeinstitut der Commerzbank, das sich besonders dynamisch entwickelte, eine wesentlich größere Rolle als bei den Schwesterbanken in Düsseldorf und Hamburg.[161]

Einen Teil dieser mittelständischen Kundschaft gewann die Commerz- und Credit-Bank AG auch durch die Übernahme kleinerer Bankhäuser. Da die Neueröffnung von Bankfilialen weiterhin an die amtliche Bedürfnisprüfung gebunden blieb, also nur schwer erreichbar war, bestand hierin nahezu die einzige Möglichkeit, das eigene Filialnetz auszudehnen und zu verdichten. Die Commerz- und Credit-Bank AG konnte bereits 1953 die K. Feuchter & Co. KG in Karlsruhe erwerben und in eine eigene Filiale umwandeln. 1954 übernahm sie dann zum einen den Bankverein Mayen in der Eifel mit seinen Niederlassungen in Mayen und Andernach, zum anderen das Bankgeschäft Hermann Müh in Reutlingen; außerdem beteiligte sie sich gemeinsam mit der Bankverein Westdeutschland AG an der Neugründung der Fürst Fugger-Babenhausen Bank KG in Augsburg – ein Schritt, dem eine heftige interne Auseinandersetzung zwischen den beiden Schwesterbanken vorausgegangen war, weil der Bankverein hier zunächst allein zu agieren plante.[162] Im Jahr darauf erwarb die Commerz- und Credit-Bank AG eine Beteiligung an der Württembergisch-Hohenzollerischen Privat-Bank in Tübingen, übernahm das Bankgeschäft Franz Hill in Pirmasens und beteiligte sich ferner an den Bankgeschäften Decker & Co. in Göppingen und P. P. Cahensly KG in Limburg an der Lahn.[163]

1957 konnte schließlich die Filiale Saarbrücken wiedereröffnet werden. Auch wenn sie bis 1959 weiterhin in französischer Währung abrechnen und bilanzieren musste, war das ein wichtiger Zugewinn für die Commerz- und Credit-Bank AG.[164] Pläne, die Filiale Saarbrücken in ein Joint Venture mit einer französischen Geschäftsbank einzubringen, um leichteren Zugang zu neuen Kunden zu finden, hatten sich zuvor als nicht realisierbar erwiesen.[165] Die Commerz- und Credit-Bank nahm 1954 eine Kapitalerhöhung von 10 auf 15 Mio. DM vor, die direkt über die Börse abgewickelt wurde; schon 1956 folgte eine weitere Kapitalerhöhung auf 20 Mio. DM.[166] Ihre Bilanzsumme wuchs von 492,7 Mio. DM Ende 1953 auf mehr als 1,1 Mrd. DM Ende des Jahres 1957 an. 1958 verfügte sie immerhin über 44 Geschäftsstellen und zwei Kommanditen. In Bayern war sie allerdings – trotz aller Anstrengungen und Erfolge – noch immer eher schwach vertreten.[167]

Aspekte der Personal- und Sozialpolitik

Vor dem Hintergrund dieser unterschiedlichen Ausgangsbedingungen, Problemlagen und geschäftlichen Entwicklungslinien, die zu wachsenden Eigenständigkeiten und Reibungen führten, auch wenn die Vorstands- und Aufsichtsratsmitglieder das Ziel der Rezentralisierung hochhielten, kamen den möglichen Ausgleichsmechanismen und der Pflege des Zusammenhalts beträchtliche Bedeutung zu. Neben der Berufung auf die gemeinsame Tradition und der Personalunion zwischen den Vorstandsmitgliedern der alten, nach Hamburg verlagerten Commerzbank und den Vorstandsmitgliedern des Bankvereins Westdeutschland, die sicher manche der bevormundend wirkenden Einflussnahmen auf geschäftspolitische Entscheidungen der beiden kleineren Schwesterinstitute hinnehmbar machte, bestand ein potenziell starkes einigendes Band in einer trotz aller Unterschiede einheitlich gehandhabten Personal- und Sozialpolitik.

Die Zahl der Mitarbeiter der Commerzbank, die von der amerikanischen Militärregierung für 1947 auf nur noch 2000 Personen geschätzt wurde, stieg durch Wieder- und Neueinstellungen rasch an. Bei den drei Nachfolgeinstituten waren 1952 rund 4800, 1957 dann rund 8500 Personen beschäftigt.[168] Auf die Commerzbank-Bankverein AG entfiel dabei mit 3822 Mitarbeitern fast die Hälfte, der Frauenanteil lag hier bei knapp 37 Prozent. Sie waren allerdings nur mit einer einzigen Arbeitnehmervertreterin im Aufsichtsrat präsent: Clara Halfmann aus Duisburg, die bereits zu Beginn der 1950er Jahre von den Angestellten zur Betriebsratsvorsitzenden des Bankvereins gewählt worden war und seit 1953 auch dessen Aufsichtsrat angehört hatte.[169]

Die meisten Angestellten der drei Nachfolgeinstitute waren in den 1950er Jahren in Bereichen tätig, in denen kein direkter Kundenkontakt bestand. Sie widmeten sich vor allem der Buchhaltung, die zu dieser Zeit noch sehr schreib- und deshalb personalintensiv war. Die Geschäftsvorfälle wurden teils sogar noch handschriftlich in entsprechende Folianten eingetragen oder aber – das war die seit den 1920er Jahren übliche, modernere Variante – mithilfe von Schreibmaschinen, die mit Breitwagen und Zählwerken ausgestattet waren, auf vorgedruckten Journalbögen erfasst und saldiert. Erste Versuche, zumindest in der Berliner Zentrale für Verrechnungsvorgänge die Lochkartentechnik einzuführen, waren in den frühen 1930er Jahren nicht sehr weit gediehen und in den Kriegsjahren dann zurückgestellt worden. Auch die Erleichterung der Arbeitsvorgänge durch den Einsatz elektromechanischer Buchungsautomaten war in den Jahren bis zum Ende des Zweiten Weltkriegs nicht wirklich vorangekommen.[170] Erst 1953 wurden dann vermehrt Burroughs-Buchungsmaschinen angeschafft, um den Geschäftszuwachs besser bewältigen zu können.[171]

Die Qualifikationsanforderungen gingen zunächst also stärker in die schreibtechnische als in die kaufmännische Richtung. Was die Heranbildung des Nachwuchses anging, die angesichts der kriegsbedingten Überalterung der Mitarbeiterschaft und des wachsenden Personalbedarfs von zentraler Bedeutung war, kam der hausinternen Lehrlingsausbildung weiterhin ein hoher Stellenwert zu. Unter den 3822 Mitarbeitern der Commerzbank-Bankverein AG im Jahr 1957 befanden sich immerhin 277 Lehrlinge und Anlernlinge, also gut 7 Prozent.[172] Der Gesamtanteil derjenigen, die eine Banklehre im eigenen Haus oder bei einer der Schwesterbanken durchlaufen hatten, ist nicht dokumentiert, dürfte aber ausgesprochen hoch gewesen sein – ein gar nicht zu überschätzender sozialer Bindungsfaktor zwischen den Nachfolgeinstituten. Neben dem unabdingbaren Handwerkszeug für einen angehenden Bankkaufmann – wie etwa Zins- und Zinseszinsberechnung oder die Umrechnung in fremde Währungen – gehörte bald auch die Fremdsprachenausbildung zum Schulungsprogramm. Die von der Commerz- und Disconto-Bank AG in Hamburg angestoßene Möglichkeit, bei einer befreundeten ausländischen Geschäftsbank sowohl sprachlich als auch fachlich Erfahrungen zu sammeln, wurde gern angenommen.[173] Mit Vorträgen und Fachlehrgängen versuchten die Nachfolgeinstitute der Commerzbank außerdem, für eine kontinuierliche Fortbildung der Beschäftigten zu sorgen.

Neben die klassische Banklehre trat in den späteren 1950er Jahren immer häufiger ein weiterer Karriereweg, zumindest für mittlere und gehobene Positionen: das rechtswissenschaftliche oder betriebswirtschaftliche Studium. Die Zahl der Akademikerinnen und Akademiker unter den Führungskräften der Commerzbank-Gruppe mit abgeschlossenem Studium oder gar einer Promotion blieb bis zum Zusammenschluss der drei Nachfolgeinstitute aber überschaubar. Von den 16 zwischen 1952 und 1958 amtierenden Vorstandsmitgliedern der Gruppe waren nur Hanns Deuß und Helmut Brands promoviert; außerdem bekam Fritz Höfermann 1957 einen Ehrendoktortitel verliehen. Ganz anders sah es dagegen im Aufsichtsrat aus, dem zahlreiche Persönlichkeiten mit einem oder mehreren – oft ehrenhalber verliehenen – Doktortiteln angehörten; auch einige Professoren waren hier vertreten. Zu

Seit den 1950er Jahren kamen verstärkt Buchungsmaschinen zum Einsatz, hier bei der Beteiligung Bankhaus von der Heydt-Kersten & Söhne in Wuppertal.

ihnen zählte beispielsweise Theo Goldschmidt, der Inhaber und Vorsitzende des Vorstands der chemischen Werke Th. Goldschmidt AG in Essen, der als promovierter Chemiker nicht nur zwei Ehrendoktorwürden verliehen bekommen hatte, sondern seit 1954 außerdem als Honorarprofessor an der Technischen Universität Hannover tätig war. Er gehörte bereits seit 1925 dem Aufsichtsrat der Commerzbank an. Von 1945 bis 1953 war er Präsident der Industrie- und Handelskammer Essen und hatte in dieser Zeit auch den Vorsitz im Beirat des Bankvereins Westdeutschland geführt. Bei der aktienrechtlichen Ausgründung der Nachfolgeinstitute übernahm er zugleich mit seinem Mandat im Aufsichtsrat der Bankverein Westdeutschland AG auch den Vorsitz im Aufsichtsrat der alten, nach Hamburg verlagerten Commerzbank. Goldschmidt pflegte gute Kontakte zu Unternehmern und Politikern, darunter Ludwig Erhard und Theodor Heuss.

Was die Nachfolgeinstitute der Commerzbank als Arbeitgeberinnen attraktiv machte, war nicht nur die übertarifliche Bezahlung ihrer Angestellten, die angesichts des in der zweiten Hälfte der 1950er Jahre immer spürbarer werdenden Arbeitskräftemangels bewusst gewährt wurde, sondern auch eine großzügige betriebliche Sozialpolitik: Die Mitarbeiter kamen in den Genuss einer ganzen Reihe von freiwilligen Sozialleistungen, darunter Kantinenverpflegung oder Essensgutscheine, Kredite zu Vorzugskonditionen für die Beschaffung von Wohnraum und Hausrat, Heirats- und Geburtsbeihilfen, Zuschüsse zu Erholungsaufenthalten, Unterstützung bei der Kinderferienverschickung, Weihnachtsgratifikationen und Treueprämien sowie nicht zuletzt zinslose oder nur niedrig verzinste Darlehen für den Wohnungsbau. Auch

Beihilfen in besonderen wirtschaftlichen Notlagen wurden Mitarbeitern wie Pensionären gewährt.[174]

Die Regelung der Pensionsansprüche von Angestellten, die vor Kriegsende in Berlin oder der späteren sowjetischen Besatzungszone für die Commerzbank tätig gewesen waren, erfolgte – nachdem die Betroffenen entsprechenden Druck aufgebaut hatten – ebenfalls auf freiwilliger Basis, denn die wegen der deutschen Teilung komplizierte rechtliche Situation ließ zunächst keine Wiederaufnahme regulärer Zahlungen zu.[175] Die Commerzbank und ihre neun Filialgruppen etablierten bereits 1950 einen Unterstützungsfonds: Wer 25 Jahre lang für die Bank tätig gewesen war, das Lebensalter von 65 Jahren überschritten hatte und inzwischen in der Bundesrepublik Deutschland lebte, konnte mit einer jährlichen Zahlung von 600 DM für Verheiratete rechnen; hinterbliebenen Witwern oder Witwen wurden 300 DM zugesprochen. Wenn er oder sie weiterhin in Ostberlin oder in der DDR lebte, wurden diese Beträge in doppelter Höhe in DDR-Mark ausgezahlt.[176] Unberücksichtigt blieben bei dieser Regelung all diejenigen, die 1945 oder später in der sowjetischen Besatzungszone infolge der Schließung der Filialen ausgeschieden waren, deren Namen sowie Lebens- und Dienstalter infolge der verloren gegangenen Personalunterlagen aber nicht mehr bekannt waren.[177]

Inwiefern jüdische Pensionäre der Bank, die den Holocaust überlebt hatten, in den Genuss von freiwilligen Unterstützungszahlungen kamen, ist bisher nicht systematisch untersucht worden.[178] Da die Pensionszahlungen an sie spätestens mit ihrer Deportation in ein Konzentrations- und Vernichtungslager eingestellt worden waren, erschienen sie danach nicht mehr in den Büchern der Bank, sodass auch dieser Kreis von potenziellen Empfängern betrieblicher Sozialleistungen – etwa 90 Personen – bis auf die besonders namhaften unter ihnen im Dunkeln lag.[179] Für sie, wie für alle anderen vorerst unberücksichtigt Gebliebenen, galt aus Sicht der Bank, dass sie – wenn sie Unterstützung gewährt bekommen wollten – ihrerseits Nachweise zu erbringen hatten, »auf die sie ihre Bitte um Mitberücksichtigung stützen zu können glauben«, hielt der frühere Personalchef Richard Döring im März 1950 dazu fest.[180] Für ihn lag auf der Hand, dass ein Unterschied zu machen war zwischen einem moralisch zu begründenden Anspruch auf soziale Unterstützung durch die Bank einerseits, für dessen Prüfung und angemessene Berücksichtigung er sich in hohem Maße mitverantwortlich fühlte, und einem möglicherweise rechtlich zu begründenden Anspruch auf Entschädigung für politisch bedingtes Unrecht andererseits, für die der Staat zuständig war. Dass auch frühere jüdische Angestellte der Commerzbank, die vorzeitig entlassen oder frühpensioniert worden waren und für den Verzicht auf weitere Gehalts- und Pensionszahlungen eine individuelle Abfindung gezahlt bekommen hatten, vermehrt Entschädigungs- und Wiedergutmachungsansprüche bei den zuständigen Stellen anmeldeten, die sich auch gegen die Bank richteten, nahm Döring mit Befremden zur Kenntnis.

Zur Wiedergutmachung nationalsozialistischen Unrechts hatten die Alliierten schon bald nach Kriegsende erste Regelungen zur Rückerstattung entzogener Vermögenswerte und zur Entschädigung der Verfolgten geschaffen. Dies galt besonders für die Amerikaner, die im April 1949 das »Gesetz zur Wiedergutmachung nationalsozialistischen Unrechts« erließen, das seinen Niederschlag in nahezu gleichlautenden Ländergesetzen im amerikanischen Verwaltungsgebiet fand, also in den Ländern Bremen, Hessen und Bayern sowie Württemberg-Baden. Im Gegensatz zu den Regelungen im britischen und französischen Besatzungsgebiet bezogen sie sich nicht nur auf »Schäden an Freiheit, Leib und Leben« sowie »Eigentums- und Vermögensschäden«, sondern auch auf »Schäden im beruflichen und wirtschaftlichen Fortkommen«.[181] Die vermehrt gestellten Anträge auf Rückerstattung, Entschädigung und Wiedergutmachung lösten entsprechende Nachfragen der Ämter und Behörden bei den auf vielfältige Weise am Vermögensentzug beteiligten Banken aus.

Die Commerzbank und ihre Filialgruppen waren sichtlich bemüht, allen formalen Anforderungen, die hierbei auf sie zukamen, zu entsprechen. Die bei der Zentrale in Hamburg etablierte Rechtsabteilung wandte sich beispielsweise im März 1948 nicht zum ersten Mal an alle Niederlassungen, Filialen und Zweigstellen in der britischen Zone, um sie zur korrekten, umfassenden Berichterstattung gegenüber den Behörden über die den jüdischen Kunden entzogenen Vermögen anzuhalten; nach ihrem neuesten Informationsstand fielen darunter nun auch die vermeintlich »freiwilligen Arisierungsverkäufe«, die bisher ausgeklammert worden waren. Die Rechtsabteilung bat darum, betroffene Kunden auf deren Anfragen hin entsprechend zu beraten, und legte außerdem die bestehenden Meldepflichten dar.[182] Auch der Bankverein Westdeutschland in Düsseldorf arbeitete mit den Ämtern und Behörden des Landes Nordrhein-Westfalen sowie der Jewish Trust Corporation for Germany zusammen, die sich darum bemühte, die Ansprüche der Erben von Geschädigten geltend zu machen. Wenn der Bankverein zur Aufhellung angesprochener Fälle beitragen konnte, weil die Geschädigten auch Konten bei Filialen in seinem Einzugsbereich unterhalten hatten, dann gab er stets freundlich im Ton mal kurz und knapp, mal ausführlich Auskunft, offenkundig je nach Aktenlage.[183]

In einer wachsenden Zahl von Fällen fand sich die Commerzbank freilich auch in der Rolle der möglicherweise in Regress zu nehmenden Partei wieder. Wenn es sich um frühere Angestellte oder Pensionäre der Commerzbank handelte, dann landeten die entsprechenden Anfragen zunächst in Hamburg bei der Hansa-Bank, deren von Hans Beran geleitete Personalabteilung in dieser Hinsicht weiterhin eine zentrale Funktion für alle Filialgruppen ausübte. Beran arbeitete zugleich eng mit der Abwicklungsstelle der Commerzbank in Berlin-Friedenau zusammen. Der hier angesiedelte frühere Personalchef Döring übernahm es, für die möglichst korrekte Beantwortung aller Anfragen entsprechende Recherchen in den noch greifbaren Unterlagen anzustellen.

In Hinblick auf die gezahlten Abfindungen standen Beran und Döring allerdings auf dem Standpunkt, dass sie nicht – wie die Empfänger bekundeten – unter Zwang, sondern freiwillig zustande gekommen seien und zudem von den Betroffenen mit einer Verzichtserklärung auf weitere Ansprüche quittiert worden waren. Doch weil die Personalunterlagen der Bank vollständig verloren gegangen waren, fehlten dafür die Beweise. Um dennoch für die nun anstehenden Wiedergutmachungsverfahren gewappnet zu sein, regte Döring im April 1950 ein Rundschreiben der Hansa-Bank an sämtliche Filialgruppen an, mit dem sie aufgefordert wurden, alle verfügbaren Informationen über frühere jüdische Angestellte und Pensionäre und die von ihnen seitens der Bank erhaltenen Leistungen zusammenzutragen.[184] Mit Unterstützung der Filialgruppen gelang es recht zügig, 20 Einzelfälle zu rekonstruieren, in denen zwischen Dezember 1936 und Mai 1939 insgesamt mehr als 1 Mio. RM an Abfindungen gezahlt worden waren.[185] Bei näherer Betrachtung zeigte sich freilich – was für Personalfachleute wie Beran oder Döring keine Überraschung sein konnte –, dass die Betroffenen über die Abfindungssummen in den meisten Fällen nicht selbst hatten verfügen können, weil diese zu hohen Anteilen durch »Sicherungsanordnungen« gesperrt und später zugunsten des Reichs eingezogen worden waren.[186]

Als die Juristen der Filialgruppen im November 1950 in Hannover zu einer Fachtagung zusammentrafen, um sich auch mit der Wiedergutmachung zu beschäftigen, war allerdings noch immer völlig offen, wann es zu einem bundeseinheitlichen Gesetz zur Regelung von Entschädigungs- und Wiedergutmachungsansprüchen kommen würde.[187] Mit Blick auf die Ansprüche der eigenen jüdischen Angestellten und Pensionäre kam man nun überein, sich mit den Betroffenen möglichst zügig auf der Basis von Vergleichen zu verständigen.[188] Das schien für beide Seiten sinnvoll zu sein, um die absehbar langwierigen Verfahren zu vermeiden. Mit einer zusätzlichen finanziellen Belastung musste die Commerzbank ohnehin weder im Fall eines Vergleichs noch im Fall eines vor Gericht verhandelten Wiedergutmachungsverfahrens rechnen, denn der eigentümliche Mechanismus der Umstellungs- und Altbankenrechnung sorgte dafür, dass eine aus der Wiedergutmachung resultierende Anhebung der Verbindlichkeiten quasi automatisch eine Erhöhung der Ausgleichsforderungen gegen die öffentliche Hand nach sich zog. Wenn sich die westdeutschen Geschäftsbanken in den Vergleichs- oder Wiedergutmachungsverfahren dennoch als harte Verhandlungspartner erwiesen, was nach bisherigem Kenntnisstand fast durchgehend der Fall war, dann taten sie das vor allem deshalb, weil sie gegenüber der staatlichen Bankenaufsicht und der öffentlichen Hand rechenschaftspflichtig waren.[189] Gleichwohl bestanden für sie Spielräume. Für die Nachfolgeinstitute der Commerzbank ist bisher allerdings nicht untersucht worden, inwiefern sie solche Spielräume tatsächlich nutzten und sich damit möglicherweise von den Nachfolgeinstituten der Dresdner Bank und der Deutschen Bank unterschieden.

1.3 Der Höfermann'sche Umweg: Der verzögerte Zusammenschluss von 1958

Mit der Verabschiedung des »Gesetzes zur Aufhebung der Beschränkung des Niederlassungsbereichs von Kreditinstituten« am 24. Dezember 1956 wurde der Weg für die vollständige Rezentralisierung der drei Großbanken frei.[190] Die Nachfolgeinstitute der Deutschen Bank und der Dresdner Bank, die schon im Jahr zuvor Poolverträge zum Gewinn- und Verlustausgleich untereinander geschlossen hatten, konstituierten sich daraufhin recht zügig rückwirkend zum 1. Januar 1957 wieder unter ihren alten Namen als »Neubanken«.[191] Bei der Commerzbank zögerte sich dieser entscheidende Schritt jedoch noch mehr als eineinhalb Jahre hinaus und wurde schließlich erst im Herbst 1958 rückwirkend zum 1. Juli 1958 vollzogen.[192]

Ausschlaggebend für diese lange Verzögerung waren die maßgeblich von Fritz Höfermann entwickelten Pläne für die Art und Weise des Zusammenschlusses, die der herausragenden Position der Bankverein Westdeutschland AG innerhalb der Commerzbank-Gruppe Rechnung tragen sollten. Auch bei den Commerzbank-Nachfolgern hatte man zeitweilig über den Abschluss eines Poolvertrags zur Vorbereitung einer späteren Vollfusion diskutiert, doch das erschien Höfermann und seinen Düsseldorfer Vorstandskollegen letztlich nicht angemessen, denn es würde die bisher sehr starke Position des Bankvereins in der bundesdeutschen Industrie – die mit Blick auf die beiden stärksten Konkurrentinnen, die Rheinisch-Westfälische Bank AG der Deutsche Bank-Gruppe und die Rhein-Ruhr Bank AG der Dresdner Bank-Gruppe, für die gesamte Commerzbank-Gruppe von Vorteil sein konnte – wohl eher schwächen. Sie plädierten stattdessen für eine Übernahme der beiden Schwesterbanken in Hamburg und Frankfurt durch die Bankverein Westdeutschland AG, die damit zur Muttergesellschaft für die zu Tochtergesellschaften zurückgestuften Institute in Hamburg und Frankfurt werden würde. Die erhofften Vorteile bestanden unter anderem darin, dass man so drei relativ selbstständig agierende Vorstände und damit alle von ihnen bei Firmenkunden wahrgenommenen Aufsichtsratsmandate erhalten könnte und keinem der derzeitigen Mitglieder in den eigenen drei Aufsichtsräten sein Mandat entziehen müsste. Diese Überlegungen hatte Höfermann erstmals im November 1954 auf einem informellen gemeinsamen Vorstandstreffen der Commerzbank-Gruppe vorgestellt, war aber schon damals auf

Vorbehalte beim Hamburger Vorstand gestoßen, die sich in der Folgezeit noch erhärteten.[193]

Auch Vertreter der Deutsche Bank-Gruppe und der Dresdner Bank-Gruppe, die auf politischer und amtlicher Ebene die Gespräche zur »Wiedervereinigung« der Großbanken voranzutreiben suchten, nahmen mit Erstaunen zur Kenntnis, dass sich die Commerzbank-Gruppe bei den entsprechenden Initiativen zurückhielt. Die bekannt gewordenen Pläne zur Herstellung eines Mutter-Tochter-Verhältnisses zwischen dem Bankverein und seinen beiden bisherigen Schwestern sahen sie auch deshalb kritisch, weil die Etablierung neuer Konzernstrukturen ihrer Meinung nach bei den politischen Entscheidungsträgern auf erheblich stärkere Vorbehalte stoßen musste als die »bloße« Wiederherstellung der früheren Großbanken, insbesondere mit Blick auf erhoffte steuerliche Vergünstigungen. Diese Bedenken waren vollauf berechtigt, wie sich bei den Verhandlungen mit dem Bundeswirtschafts-, dem Bundesfinanz- und dem Bundesjustizministerium zeigen sollte, wo man zunächst nur wenig Verständnis für »Sonderwünsche« der Commerzbank-Gruppe aufbringen konnte. Das Land Nordrhein-Westfalen dagegen zeigte mehr Entgegenkommen, zumal der Sitz des künftigen Commerzbank-Konzerns in Düsseldorf verbleiben sollte; auf dieser Grundlage wurde schließlich ein Einlenken der Bundesministerien mit Blick auf das zu konzipierende Gesetz zur Wiederzulassung der Großbanken möglich.[194]

Unbenommen hiervon hatten Höfermann, Deuß und Erkelenz aber begonnen, ohne weitere einvernehmliche Absprachen mit den beiden Vorständen in Hamburg und Frankfurt zu treffen, den eigenen Beteiligungsbesitz an den beiden Schwesterbanken durch Aktienkäufe auszubauen. Außerdem trafen sie Vorbereitungen für eine kräftige Kapitalerhöhung des Bankvereins.[195] Im April 1956 beschloss die Hauptversammlung des Bankvereins zudem, eine Umbenennung des eigenen Instituts zur Commerzbank-Bankverein AG vorzunehmen.[196] Was auf den ersten Blick lediglich wie eine überfällige Namensangleichung wirken mochte, schuf eine weitere Voraussetzung dafür, die beiden kleineren Schwestern später elegant in einen einheitlichen Commerzbank-Konzern integrieren zu können. Höfermann, der zu dieser Zeit auch für die Aufsicht über den Erweiterungsbau des Bankgebäudes in Düsseldorf verantwortlich war, sorgte dafür, dass der neue alte Name weithin sichtbar und damit bekannt gemacht wurde.

Doch die Höfermann'schen Pläne lösten heftigen Widerspruch aus, weil sie nicht genügend in Rechnung stellten, dass sich in Hamburg und Frankfurt am Main inzwischen ebenfalls ein recht starkes Selbstbewusstsein herausgebildet hatte. Herbert Wolf, der frühere Chefvolkswirt der Commerzbank, spricht von einem »Bruderzwist«, den man weitgehend erfolgreich aus der Öffentlichkeit herauszuhalten versucht habe.[197] Vollständig gelang dies allerdings nicht.[198] Denn hinter den Kulissen spielte sich ein heftiger Konflikt ab. Vor allem die von Robert Gebhardt, Walter Meier-Bruck und Wilhelm Reinold

Dr. h. c. Fritz Höfermann (1897–1958) war von 1952 bis 1958 Vorstandsmitglied beim Bankverein Westdeutschland; Foto: Juli 1957.

geführte Commerz- und Disconto-Bank AG in Hamburg sträubte sich gegen die Düsseldorfer »Majorisierungspläne« und plädierte für eine gleichberechtigte Vollfusion, die man ohne Probleme mit einer dezentralen Verwaltung an den drei Hauptstandorten kombinieren könne.[199] Die drei Hamburger Vorstände waren der Meinung, dass die Umsetzung des Höfermann'schen Plans die Schwesterinstitute in Hamburg und Frankfurt gegenüber den dort ansässigen Hauptverwaltungen der Deutschen Bank und der Dresdner Bank erheblich schwächen würde. Zu befürchten stand aus ihrer Sicht beispielsweise, dass man als bloße Tochtergesellschaft der Commerzbank-Bankverein AG nicht mehr im gleichen Maße wie bisher in Anleihe- oder Kreditvergabekonsortien einbezogen werden würde. Als Kompromiss schlug der Hamburger Vorstand vor, zunächst einmal die Zusammenarbeit zwischen den drei Vorständen und Aufsichtsräten zu intensivieren, etwa durch Entsendung von Vorstandsmitgliedern in den Aufsichtsrat der Schwesterbanken.

Anders als die Commerz- und Disconto-Bank AG in Hamburg stand die Commerz- und Credit-Bank AG in Frankfurt am Main den Düsseldorfer Plänen etwas aufgeschlossener gegenüber, vor allem wohl, weil Philipp Möhring als Aufsichtsratsvorsitzender des Frankfurter Instituts einen guten Kontakt zum Vorstand des Bankvereins Westdeutschland pflegte, als dessen Rechtsberater er tätig war.[200] Doch zwischen Fritz Höfermann und Wilhelm Nuber vom Vorstand der Commerz- und Credit-Bank AG gab es erhebliche persönliche Spannungen, mit denen Höfermann selbst gegenüber Dritten nicht hinter dem Berg hielt.[201] Möglicherweise bestärkten sie ihn darin, seinen Plan zur Übernahme auch gegen den vernehmbaren Widerstand energisch weiterzuverfolgen. Der Vorstand der Commerzbank-Bankverein AG beschloss jedenfalls noch im März 1956 mit dem vollen Rückhalt des personell bereits kräftig ausgebauten Aufsichtsrats, über ein »befreundetes süddeutsches Institut«, bei dem es sich um die Bayerische Hypotheken- und Wechsel-Bank handelte, Aktienmehrheiten an den beiden Schwestern über die Börsen zu erwerben, um die jeweils notwendige Stimmenmehrheit auf den Hauptversammlungen zu gewinnen.[202] Nachdem sich die Commerzbank-Bankverein AG auf diesem Wege – bei immer stärker ansteigenden Aktienkursen – einen stattlichen Anteilsbesitz an ihren beiden Schwesterbanken zugelegt hatte, der sowohl bei der Commerz- und Disconto-Bank AG als auch bei der Commerz- und Credit-Bank AG sehr bald die Hälfte des Grundkapitals von 30 bzw. 20 Mio. DM überschritt, zogen die beiden Bankvereins-Vorstandsmitglieder Fritz Höfermann und Hanns Deuß im Frühjahr 1957 als erste stellvertretende Vorsitzende in die Aufsichtsräte dieser beiden Institute ein. Als Repräsentanten der Mehrheitsaktionärin waren sie künftig also unmittelbar an den dort zu treffenden Entscheidungen beteiligt.[203] Am 11. März 1957 unterzeichneten die drei Vorstände eine formelle Verwaltungsvereinbarung, die dem Düsseldorfer Institut die Mehrheit auf den Hauptversammlungen der beiden Schwesterbanken bestätigte und die künftig gemeinsame Publikation der Geschäftsberichte zusammen mit einem konsolidierten Jahresabschluss vorsah, aber vorerst von einer rechtlich selbstständigen Fortexistenz aller drei Banken ausging.[204]

Erst im Sommer 1958 konnten die Vorstände der drei Schwesterbanken sich dann doch darauf verständigen, den Zusammenschluss auf dem Wege einer Vollfusion herbeizuführen, noch bevor zum Jahresende 1958 die gesetzlich gewährten Steuervergünstigungen für die Großbankenfusionen endgültig auslaufen würden. Dass die weiterhin getrennt, wenn auch betont als einheitliche Gruppe auftretenden Commerzbank-Nachfolgeinstitute von ihren Wettbewerbern im In- und Ausland – verglichen mit der bereits wiederbegründeten Deutschen Bank und der Dresdner Bank – zunehmend als schwache Partner

Fkt. All. Ztg. 6. Nov. 1958

BANK

COMMERZBANK

AKTIENGESELLSCHAFT

Bekanntmachung

an Kreditinstitute und an alle Aktionäre der bisherigen

COMMERZBANK-BANKVEREIN
AKTIENGESELLSCHAFT

COMMERZ- UND CREDIT-BANK
AKTIENGESELLSCHAFT

COMMERZ- UND DISCONTO-BANK
AKTIENGESELLSCHAFT

Die Nachfolgeinstitute der COMMERZBANK Aktiengesellschaft von 1870 haben sich auf Grund der Beschlüsse ihrer außerordentlichen Hauptversammlungen von Ende Oktober d. J. unter der Firma

COMMERZBANK
AKTIENGESELLSCHAFT

zu einem Institut zusammengeschlossen. Die Beschlüsse sind in die örtlich zuständigen Handelsregister eingetragen worden.

Bis zur Ausgabe neuer Aktienurkunden der COMMERZBANK Aktiengesellschaft gelten die Inhaberaktien der Commerzbank-Bankverein Aktiengesellschaft als Inhaberaktien der aus der Verschmelzung hervorgegangenen COMMERZBANK Aktiengesellschaft und sind an allen deutschen Börsen lieferbar; Geschäfte in Aktien der COMMERZBANK Aktiengesellschaft können laut Bekanntmachung der Börsen des Bundesgebietes und West-Berlins bis zur Ausgabe neugedruckter Aktienurkunden auch mit den bisher lieferbaren auf Namen lautenden und mit Blankoindossament versehenen Aktien der Commerz- und Credit-Bank Aktiengesellschaft und der Commerz- und Disconto-Bank Aktiengesellschaft erfüllt werden.

Wir bitten die Kreditinstitute, die bei ihnen verbuchten Inhaberaktien der Commerzbank-Bankverein Aktiengesellschaft, der Commerz- und Credit-Bank Aktiengesellschaft und der Commerz- und Disconto-Bank Aktiengesellschaft in ihren Depotbüchern in Inhaberaktien der COMMERZBANK Aktiengesellschaft umzubuchen.

Die Wertpapiersammelbanken werden die gleiche Umbuchung ohne besonderen Auftrag nach dem Stand vom 4. November 1958, abends, vornehmen und ihren Kontoinhabern hierüber eine Anzeige zugehen lassen.

Düsseldorf, im November 1958

COMMERZBANK
AKTIENGESELLSCHAFT
DER VORSTAND

Bekanntmachung über den Zusammenschluss zur Commerzbank AG, 6. November 1958 betrachtet wurden, trug offenkundig ebenso zu diesem Umschwenken bei wie die Tatsache, dass Höfermann im Februar 1958 überraschend verstorben war.[205] Das Heft des Handelns lag allerdings weiterhin beim Bankverein: Er beschloss, seine Mehrheitsbeteiligungen an den Schwestern nicht den noch verbliebenen anderen Anteilseignern anzubieten. Denn damit würde man womöglich Gegenkräfte stärken. Er platzierte sie stattdessen mit einem kräftigen Preisabschlag außerbörslich bei rund 60 befreundeten institutionellen Anlegern – Versicherungsgesellschaften, Regionalbanken, Privatbankiers und Einzelpersonen –, die als klare Befürworter der Vollfusion galten und sich außerdem bereit erklärten, eine einjährige Sperrfrist für den Weiterverkauf einzuhalten, um den Aktienkurs zu schonen.[206] Im Gegenzug erhielten sie das Versprechen, die Aktien der Commerz- und Disconto-Bank AG bzw. der Commerz- und Credit-Bank AG im Zuge der Vollfusion – genau wie alle anderen Inhaber von Aktien der drei Commerzbank-Nachfolgeinstitute – im Verhältnis 1:1 in Aktien der neuen Commerzbank AG eintauschen zu können. Auf den am 29., 30. und 31. Oktober 1958 stattfindenden außerordentlichen Hauptversammlungen stimmten die Aktionäre aller drei Institute mehrheitlich der rückwirkend zum 1. Juli 1958 zu vollziehenden Vollfusion zu, sodass die neue Commerzbank AG am 4. November 1958 in das Handelsregister Düsseldorf eingetragen werden konnte.[207] Die Presse kommentierte das treffend als »schwere Geburt einer Großbank« am Ende des »Höfermann'schen Umwegs«.[208]

Zum Vorstandssprecher der mehr als zehn Jahre nach Kriegsende – und eineinhalb Jahre später als die Nachbarbanken – neu entstehenden Commerzbank AG wurde Hanns Deuß berufen, der nunmehr letzte Vertreter des alten Berliner Vorstands, dem im März 1945 die schwierige Aufgabe der Verlagerung nach Hamburg übertragen worden war. Ihm oblag nun die noch erheblich schwierigere Aufgabe, für eine Integration der drei Nachfolgeinstitute zu sorgen und ein einheitliches, tragfähiges Geschäftsmodell für die neue Commerzbank zu entwickeln. Diese wurde von den Beteiligten zwar gern als »wiedervereinigte« Commerzbank bezeichnet, rechtlich betrachtet handelte es sich trotz vieler personeller und geschäftlicher Kontinuitäten jedoch um ein neues Bankinstitut, das nur bedingt die Rechtsnachfolge der schon ein paar Jahre zuvor von Berlin nach Hamburg verlagerten Altbank antrat, die nun zur Commerzbank AG von 1870 umfirmierte, damit sie besser von der neuen Commerzbank AG mit Sitz in Düsseldorf zu unterscheiden war.[209] Den Vorsitz im Aufsichtsrat der neuen Commerzbank AG übernahm mit Otto Schniewind ein ebenso versierter wie honoriger Bankier, der schon bisher den Aufsichtsrat der Commerzbank-Bankverein AG geleitet hatte; sein Amt als Präsident der Kreditanstalt für Wiederaufbau legte er nieder.[210]

1.4 Grundzüge der Geschäftsentwicklung 1952 bis 1958

Der rasche wirtschaftliche Aufschwung der Bundesrepublik nach Überwindung der Koreakrise kam auch den Nachfolgeinstituten der Großbanken zugute, selbst wenn sie ihre unmittelbar nach der Währungs- und Preisreform 1948/49 stark angewachsenen Marktanteile nicht halten konnten, sondern sie nach und nach an die aufsteigenden Sparkassen und Genossenschaftsbanken abgeben mussten.[211] Das vom Sparwillen der Bevölkerung, vom wiederbelebten Außenhandel und vom steigenden industriellen Investitionsbedarf getragene Geschäft schlug sich bei der Commerzbank-Gruppe besonders markant in der prosperierenden Entwicklung der Bankverein Westdeutschland AG nieder. Der Bankverein blieb, wie aus Tabelle 2 ersichtlich ist, hinsichtlich des Wachstums der Einlagen, der Kredite und der Bilanzsummen ganz eindeutig das stärkste Institut innerhalb der Commerzbank-Gruppe.

Besonders augenfällig war das starke Wachstum der Einlagen, vor allem der Spareinlagen, denn dabei handelte es sich ja nicht um ein klassisches Geschäftsfeld der Filialgroßbanken. Nur 1956, als Steuervergünstigungen für Sparkonten abgebaut wurden, zeigte sich hier ein vorübergehender Einbruch. Kehrseite dieser Entwicklung war das parallel laufende Eindringen der Sparkassen in zwei klassische Geschäftsfelder der Großbanken: die kurzfristige Kreditvergabe und die Abwicklung des bargeldlosen Zahlungsverkehrs.[212] Weniger auffallend bei der Betrachtung der Daten in Tabelle 2 ist, dass es den Commerzbank-Nachfolgeinstituten ab 1953 gelang, ihre Termin- und Spareinlagen stärker zu steigern als die täglich fälligen Sichteinlagen – ein Umstand, der sie deutlich von den Nachfolgeinstituten der Deutschen Bank unterschied.[213] Den Commerzbank-Nachfolgeinstituten gelang es offenkundig durch besonders intensive Bemühungen um Einlagen, die eigene Basis für die Vergabe und Refinanzierung der zunehmend gefragten langfristigen Investitionskredite zu verbessern.[214] Seit 1952 wuchsen diese, wenn auch auf niedrigerem Niveau, im Vergleich zu den Bar- und Wechselkrediten überproportional an. Der Nutzen der relativ teuer refinanzierten langfristigen Investitionskredite bestand darin, dass über sie neue, stabile Kundenbeziehungen zu zahlreichen mittelgroßen und kleineren Firmen etabliert und zumeist auch Zusatzgeschäfte mit ihnen angebahnt werden konnten. Bei der Commerzbank-Gruppe entfielen bald rund 70 Prozent der Kredite auf Ein-

	1952	1953	1954	1955	1956	1957	1958
Einlagen							
Commerz- und Credit-Bank AG	296,7	438,1	572,5	661,8	760,1	988,7	1.134,8
Commerz- und Disconto-Bank AG	347,4	441,1	573,1	633,1	832,5	1.058,6	1.038,0
Bankverein West-deutschland AG	913,6	1.176,6	1.518,1	1.716,7	2.018,4	2.444,3	2.543,6
Insgesamt	**1.577,7**	**2.055,8**	**2.663,7**	**3.011,6**	**3.610,9**	**4.491,6**	**4.716,4**
Davon:							
Banken	283,3	398,9	701,2	716,2	887,6	1.018,6	897,4
Nichtbanken	1.274,4	1.657,0	1.962,4	2.295,4	2.723,3	3.473,0	3.819,0
Sichteinlagen	644,1	699,5	944,1	1.126,2	1.256,2	1.421,3	1.496,9
Termineinlagen	515,6	779,8	694,4	782,5	1.084,9	1.594,2	1.735,1
Spareinlagen	114,7	177,6	323,9	386,7	457,5	587,0	587,0
Kredite							
Commerz- und Credit-Bank AG	292,7	349,4	467,4	581,3	619,5	705,7	820,1
Commerz- und Disconto-Bank AG	359,8	470,5	576,9	661,2	745,4	783,8	808,4
Bankverein West-deutschland AG	952,0	1.231,3	1.478,3	1.720,4	1.840,9	1.923,4	1.832,0
Insgesamt	**1.604,5**	**2.051,2**	**2.522,6**	**2.962,9**	**3.204,9**	**3.412,9**	**3.460,6**
Davon:							
Debitoren (Barkredite)	734,5	921,4	1.129,5	1.229,2	1.459,9	1.567,9	1.613,9
Wechselkredite	773,2	912,0	1.112,4	1.470,4	1.484,9	1.527,8	1.463,3
Langfristige Kredite	96,9	217,8	280,7	263,4	261,1	317,2	383,3
Bilanzsummen							
Commerz- und Credit-Bank AG	345,6	492,7	653,2	769,9	882,3	1.115,5	1.299,2
Commerz- und Disconto-Bank AG	428,8	542,2	708,6	811,5	1.059,6	1.275,6	1.309,8
Bankverein West-deutschland AG	1.140,4	1.481,5	1.792,5	2.128,7	2.447,0	2.934,9	3.031,1
Insgesamt	**1.914,8**	**2.516,4**	**3.154,3**	**3.710,1**	**4.388,8**	**5.326,0**	**5.600,9**

Tabelle 2: Einlagen, Kredite und Bilanzsummen der Commerzbank-Gruppe (1952–1958, in Mio. DM)[215]

zelengagements unter 20000 DM, was den Stellenwert der mittelständisch geprägten Firmenkundschaft unterstreicht.[216] Bei der Deutsche Bank-Gruppe lag der Anteil dieser Kredite in den frühen 1950er Jahren unter 10 Prozent.[217] In noch stärkerem Maße als den Commerzbank-Nachfolgern gelang es den Dresdner Bank-Nachfolgern, durch gezielte Werbung die Spareinlagen zu steigern: Ende 1952 betrugen sie bei der Commerzbank-Gruppe 7,27 und bei der Dresdner Bank-Gruppe 6,56 Prozent der Gesamteinlagen, 1957 waren es 12,45 bzw. 14,8 Prozent.[218]

Die Praxis der Gewährung »grauer Habenzinssätze« über den vereinbarten Höchstsätzen, die hierbei eine Rolle spielte, sorgte allerdings für Konfliktstoff zwischen den Banken, sodass schließlich der Bundesverband deutscher Banken einschritt und mit neuen Richtlinien auf die Einhaltung des noch immer gültigen Haben- und Sollzinsabkommens drang.[219] Da das gesamte Kredit- und Versicherungsgewerbe im »Gesetz gegen Wettbewerbsbeschränkungen« vom Juli 1957 als ein Ausnahmebereich gefasst worden war, stand der Beibehaltung des Abkommens auch weiterhin nichts im Wege.[220]

Der Commerzbank-Gruppe gelang es in den folgenden Jahren in der Tat, ein stärkeres Wachstumstempo vorzulegen als die beiden Nachbarbanken. Schon die zeitgenössische Wirtschaftspresse fand dafür anerkennende Worte: »Commerzbank zieht kräftig mit« lautete beispielsweise im April 1954 eine Schlagzeile im Handelsblatt.[221] Tabelle 3 zeigt, dass dies sowohl für die Einlagen und die Debitoren als auch das Grundkapital, die Rücklagen und die Bilanzsummen zutraf. Ende des Jahres 1957 konnte man bei den Commerzbank-Nachfolgern deshalb erfreut feststellen, dass ihre addierte Bilanzsumme, die 1952 erst bei 45 Prozent der Deutsche Bank-Gruppe gelegen hatte, inzwischen auf rund 66 Prozent angewachsen war, während die der Dresdner Bank-Gruppe zwar ebenfalls zugelegt hatte, aber lange nicht so dynamisch wie die der Commerzbank-Gruppe, nämlich nur von 67 auf 71 Prozent.[222] Trotz ihrer relativ schlechten Startbedingungen, vor allem in Süddeutschland, war es den drei Nachfolgeinstituten der Commerzbank gelungen, sich in der Gruppe der Großbankennachfolger zu behaupten und den Abstand zur Konkurrenz zu verkleinern. Die mithilfe mehrfacher Kapitalerhöhungen gewonnenen Mittel, für die in Abstimmung mit den Nachbarbanken hohe, über dem Niveau der Industrie liegende Dividenden von zunächst 6, später 12 Prozent gezahlt wurden, konnten bei den Commerzbank-Nachfolgeinstituten offenkundig besonders produktiv eingesetzt werden. Deutlich sichtbar schlug sich das Wachstum im kräftigen Ausbau des Geschäftsstellennetzes und in den steigenden Mitarbeiterzahlen nieder. Doch es handelte sich nicht um ein reines Flächenwachstum, wie die Entwicklung der Eigenkapitalrendite zeigt: Während die Eigenkapitalquote insgesamt – ohne Berücksichtigung der nicht ausgewiesenen stillen Reserven – sehr niedrig blieb, stieg die Eigenkapitalrendite von 4,77 Prozent im Jahr

	Commerzbank-Gruppe		Dresdner Bank-Gruppe		Deutsche Bank-Gruppe	
	1952	1957	1952	1957	1952	1957
	in Mio. DM					
Debitoren	734	1.568	1.040	1.831	1.753	2.781
Einlagen	1.558	4.492	2.576	5.064	3.627	7.124
Eigenkapital	73	226	139	292	175	380
Grundkapital	50	140	93	150	100	200
Rücklagen	23	86	46	142	75	180
Bilanzsumme	1.915	5.326	3.075	5.943	4.488	8.357
in Prozent						
Eigenkapital-quote[223]	3,81	4,24	4,52	4,91	3,90	4,55
Eigenkapital-rendite[224]	4,77	7,90	5,50	6,90	3,46	6,90
Aktiendividende	6	12	6	12	6	12
absolute Angaben						
Geschäftsstellen	120	174	165	232	251	322
Mitarbeiter	5.300	7.500	7.900	10.800	13.200	16.800

Tabelle 3: Eckdaten zur Geschäftsentwicklung der drei Großbankengruppen (1952 und 1957 im Vergleich)[225]

1952 auf 7,90 Prozent im Jahr 1957 an, was über den Vergleichswerten für die Dresdner Bank- und die Deutsche Bank-Gruppe lag. Die Commerzbank-Nachfolgeinstitute erreichten dieses Ergebnis ganz offenkundig vor allem durch eine relativ risikofreudige Geschäftspolitik: Während die Commerzbank-Gruppe ihr Kreditvolumen zwischen 1952 und 1957 um 186 Prozent ausweitete, folgten ihr die Dresdner Bank-Gruppe in weitem Abstand mit 124 Prozent und die Deutsche Bank-Gruppe in noch größerem Abstand mit einer Steigerungsrate von lediglich 84 Prozent.[226]

Alle Nachfolgeinstitute profitierten von der steigenden Kreditnachfrage der prosperierenden bundesdeutschen Industrie mit ihren außergewöhnlich hohen Investitionsquoten. Da der Kapitalmarkt bis weit in die 1950er Jahre hinein schwach blieb und zudem in sehr starkem Maße für die staatlich geförderte und private Wohnungsbaufinanzierung in Anspruch genommen wurde, war die Industrie bei ihrer wachsenden Exporttätigkeit und ihrem steigenden Investitionsbedarf – sofern sie sich nicht aus ihren steuerbegünstigten Gewinnen selbst finanzieren konnte – in hohem Maße auf Bankkredite angewiesen. Alle drei Nachfolgeinstitute der Commerzbank-Gruppe betätigten sich rege in diesen beiden expandierenden Geschäftsfeldern, wie das wachsende Volumen ihrer Bar-, Wechsel- und Investitionskredite zeigt. Nachdem die Voraussetzungen für die Wiederaufnahme des Emissions- und Wertpapiergeschäfts geschaffen worden waren – die wichtigsten Stichworte hierfür sind die Wertpapierbereinigung, die Altsparerentschädigung und die Aktienumstellung im Rahmen von alliierten Entflechtungsmaßnahmen –, bemühten sich die drei Nachfolgeinstitute der Commerzbank-Gruppe seit den frühen 1950er Jahren freilich auch nach Kräften darum, ihren angestammten und neu hinzugewonnenen Firmenkunden zusätzliche Finanzierungsquellen über die Börsen zu erschließen. Mithilfe von Industrieobligationen und Wandelanleihen gelang ihnen dies zunächst leichter als über die beim deutschen Anlagepublikum trotz der verstärkten Werbung für das Investmentsparen weiterhin viel schwerer unterzubringenden Aktien.

Mit dem Aufschwung der Industrieproduktion und den Fortschritten der Entflechtung begann sich aber auch der Aktienmarkt zu entfalten: Mit Aktienemissionen im Volumen von 1,5 Mrd. DM wurde im Jahr 1955 – nach dem Auslaufen des »Kapitalmarktförderungsgesetzes« von 1952, das den festverzinslichen Schuldverschreibungen der öffentlichen Hand bisher den Vorrang gesichert hatte – ein erster Höchststand der Nachkriegszeit erreicht, zu dem aufseiten der Commerzbank-Gruppe vor allem die Bankverein Westdeutschland AG als Mitwirkende in großen Emissionskonsortien beitrug.[227] Dem Geschäftsbericht des Bankvereins für 1955 ist leider nicht zu entnehmen, welchen Anteil die im Wertpapiergeschäft erwirtschafteten Provisionen an den insgesamt erzielten Provisionen hatten; vermutlich lagen sie noch weit unter den Provisionen, die im Kreditgeschäft und im Zahlungsverkehr eingenommen werden konnten.[228] Insgesamt entwickelten sich die Jahresergebnisse zwischen 1952 und 1957 außerordentlich gut.

Im Frühjahr 1957 legten die drei Nachfolgeinstitute der Commerzbank-Gruppe auf ihren Hauptversammlungen erstmals einen gemeinsamen Geschäftsbericht für das vorausgegangene Jahr vor, das mit einem hervorragenden Ergebnis von 12,6 Mio. DM abgeschlossen werden konnte.[229] Betont wurden darin zunächst die Vorteile der Dezentralität, die man vor allem in den inzwischen gut eingeführten Firmennamen und der relativ großen Kundennähe sah; doch dem standen auch Nachteile gegenüber, vor allem die

	1952	1953	1954	1955	1956	1957	1958
Bilanziertes Eigenkapital[230]	72,5	89,0	100,5	152,0	179,0	226,0	253,0
Zinsergebnis	34,5	42,0	50,8	61,8	73,7	79,4	63,5
Provisions-ergebnis	40,8	56,5	68,7	83,8	90,1	100,9	82,8
Personalaufwand	33,7	39,0	46,8	54,5	62,6	72,3	64,4
Jahresergebnis	3,0	4,8	5,9	8,1	12,6	16,0	21,0
Eigenkapital-quote in %	3,81	3,54	3,19	4,10	4,08	4,24	4,52
Eigenkapital-rendite in %	4,77	5,91	6,17	6,45	7,62	7,90	8,78

Tabelle 4: Ergebnis- und Aufwandspositionen der Commerzbank-Gruppe (1952–1958, in Mio. DM)[231]

weiterhin auf drei Institute zersplitterte Kapitalkraft und zunehmend auch die im Ausland als verwirrend empfundene Präsenz von drei verschiedenen Banken, die das Wort »Commerzbank« im Namen führten.[232] Ein nochmaliger Blick auf die Eigenkapitalrendite zeigt, dass der rückwirkend zum 1. Juli 1958 vollzogene Zusammenschluss wirtschaftlich betrachtet ein Schritt in die richtige Richtung war: Nachdem sie 1957 nur bei der Commerzbank-Bankverein AG noch einmal hatte gesteigert werden können, während sie bei den beiden kleineren Instituten in eine erkennbare Stagnation geraten war, zog sie nun vor allem infolge des sinkenden Personalaufwands und anderer Rationalisierungseffekte des Zusammenschlusses wieder kräftig an.

2. Wachsen mit dem »Wirtschaftswunder« (1958 bis 1973)

2.1 Eigentümerstrukturen und Corporate Governance

Die 1958 neu begründete Commerzbank befand sich im Streubesitz von rund 20 000 überwiegend privaten Aktionären.[1] Wer die Eigentümer der Bank genau waren, ist freilich – abgesehen von den 60 institutionellen Anlegern, die man für die außerbörsliche Platzierung gewonnen hatte – nicht nachzuvollziehen, denn es handelte sich bei den Aktien um frei übertragbare Inhaberaktien. Die im Zuge des Nachkriegsbooms mögliche, außerordentlich kräftige Geschäftsausweitung machte eine laufende Anhebung des Eigenkapitals erforderlich. Zu größeren Fusionen und Übernahmen kam es nicht, sodass neu ausgegebene Aktien, sofern sie nicht von den angestammten Aktionären übernommen wurden, am Markt platziert werden mussten.[2] Bereits 1959 wurde das Grundkapital der Commerzbank von 150 auf 180 Mio. DM angehoben.[3] Die zum Ausgabekurs von 200 Prozent angebotenen jungen Aktien wurden dabei offenbar überwiegend von bisherigen Aktionären der Bank gekauft. Wer sein Bezugsrecht nicht ausübte, konnte es an der Börse steuerfrei verkaufen und so die Dividendenerträge seiner alten Aktien beträchtlich aufbessern, denn die Bezugsrechte waren bis in die Mitte der 1960er Jahre hoch notiert. Das lag vor allem an den betont »aktionärsfreundlichen« Ausgabekursen für junge Aktien, bei denen man sich am Nennwert orientierte, nicht an den aktuellen, noch wesentlich höheren Börsenkursen.[4] Diese lagen schon 1959 bei mehr als 500 Prozent und zogen bis 1960 weiter kräftig an, sodass sie schließlich 650 Prozent erreichten.[5]

Zur Erschließung neuer Aktienkäuferschichten begannen im Frühjahr 1961 die Planungen zur Einführung der Commerzbank-Aktie an den Börsen von Paris und London – ein Vorhaben, das sich bald als wesentlich komplizierter und aufwendiger erwies als zunächst gedacht. Die Zulassung in London erfolgte schließlich im Januar 1962. Damit war nicht nur erstmals seit

Jahrzehnten wieder eine deutsche Großbank an einer Auslandsbörse notiert, sondern die Commerzbank überhaupt erstmals in ihrer Geschichte.[6] Die Bemühungen, die Commerzbank-Aktie an der Pariser Börse einzuführen, stießen allerdings – ganz abgesehen von der durch die Kubakrise verschärften Börsenbaisse im Verlauf des Jahres 1962 – auf größere Schwierigkeiten und führten erst knapp zehn Jahre später zu einem Erfolg.[7]

Um mit der Geschäftsausweitung Schritt zu halten, die sich in einer kräftig wachsenden Bilanzsumme niederschlug, wurde das Grundkapital der Commerzbank in den Jahren 1964, 1967 und 1968 in rascher Folge jeweils um 25 Mio. DM angehoben, sodass es 1968 bereits 275 Mio. DM erreichte. Noch schneller wuchsen allerdings die aus den stattlichen Gewinnen gespeisten gesetzlichen und offenen Rücklagen: Sie stiegen bis 1968 auf 385 Mio. DM an, lagen inzwischen also deutlich über dem Grundkapital in Händen der Aktionäre – ein Umstand, der sicher zum selbstbewussten Auftreten der »Verwaltung«, also des Vorstands und des Aufsichtsrats, auf den Hauptversammlungen beitrug.[8] Doch es lag zweifellos im Interesse dieser Verwaltung, den Kreis der Aktionäre weiter zu vergrößern. So hatte man bereits im Frühjahr 1967 das neue Aktiengesetz genutzt, um das Grundkapital in Aktien von nominell 50 DM zu stückeln, sodass vermehrt Kleinanleger als Anteilseigner gewonnen werden konnten.[9] Zugleich erfolgte an den Börsen die Umstellung von der gerade für unerfahrene Anleger oft verwirrenden »Stücknotiz«, die sich mit ihren Prozentangaben auf den Nominalwert der Aktien bezog, auf die Kursnotierung in DM pro Aktie, im Fall der Commerzbank nun also à 50 DM.

Unter den auch mit Unterstützung dieser technischen Neuerungen hinzugewonnenen Kleinaktionären der Commerzbank befand sich eine wachsende Zahl von Beschäftigten der Bank. Denn schon seit 1965 bot die Commerzbank ihren Mitarbeiterinnen und Mitarbeitern regelmäßig den Kauf von Belegschaftsaktien an.[10] Das hatte für die Bank den Vorteil, ihre Kapitalbasis auch auf diesem Wege verbreitern zu können – und zwar zu relativ günstigen Konditionen. Viele der Belegschaftsaktionäre kauften später offenkundig auch über die Börsen zusätzliche Commerzbank-Aktien, sodass ihre Zahl zwar langsam, aber kontinuierlich anstieg; über einen Anteil von 2 Prozent am Grundkapital der Commerzbank kamen sie aber nicht hinaus.[11]

Bei der Kapitalerhöhung des Jahres 1968 erfolgte die Ausgabe der jungen Aktien letztmals zu einem am Nennwert orientierten Kurs. Die Entscheidung des Vorstands, sich künftig stärker am aktuellen Börsenkurs zu orientieren, rief in der Hauptversammlung wie in der Presse kritische Stimmen hervor. Es gab die Befürchtung, dass sich diese Änderung der Emissionspolitik negativ auf die breite Streuung der Aktien im Publikum auswirken werde. Dass zu dieser Zeit tatsächlich sehr ernsthafte Gespräche zwischen den Führungsspitzen der Dresdner Bank und der Commerzbank über eine mögliche Fusion beider Häuser geführt wurden, bei denen es im August 1968 zwischen Jürgen Ponto und Will Marx zum Austausch ausführlicher Dossiers über die Wettbewerbspositionen, die Auswirkungen und Kosten eines Zusammenschlusses kam, blieb aber sowohl den Aktionären als auch der Presse verborgen.[12] Das Interesse der Dresdner Bank, gemeinsam mit der Commerzbank ein Gegengewicht zur marktführenden Deutschen Bank zu schaffen, ja, sie vielleicht sogar zu überflügeln, war zu dieser Zeit ausgeprägt. Doch die Gespräche, die sich bis zum März 1969 hinzogen, führten zu dem Ergebnis, zunächst einmal Abstand von dem Vorhaben zu nehmen. Die Tatsache, dass sich bei der Commerzbank zu dieser Zeit immer offensichtlicher Paul Lichtenberg in Düsseldorf und nicht der im Jahr zuvor von Hamburg nach Frankfurt gewechselte Will Marx als tonangebender Vorstandssprecher durchzusetzen vermochte, trug wohl nicht unerheblich dazu bei.[13]

Für die Commerzbank kam es kurz vor ihrem 100-jährigen Jubiläum also nicht zur Fusion und auch nicht zu der befürchteten Konzentration der Aktionäre durch die Anpassung der Emissionspolitik. Deren Zahl wuchs stattdessen weiter kräftig an: Von rund 20000 am Ende der 1950er Jahre stieg sie auf etwa 80000 im Jahr 1970 an.[14] Die Kapitalerhöhung des Jahres 1969, die in zwei Schritten von 275 zunächst auf 300 und dann auf 350 Mio. DM vorgenommen wurde, erfolgte dabei zu einem Kurs von 200 Prozent (100 DM), was noch immer deutlich unter dem durchschnittlichen Börsenkurs von 339 DM des Jahres 1969 lag, der freilich sinkende Tendenz aufwies.[15] Die meisten Aktionäre der Bank waren nach wie vor private Anleger, die von den relativ hohen, auf der stabilen Ertragskraft der Bank beruhenden Dividendenzahlungen zu profitieren hofften – die im Jubiläumsjahr für Altaktionäre stattliche 20 Prozent betrug – und nicht unbedingt auf Kursgewinne aus waren.[16]

Eine spätere Untersuchung der Bank über die Verteilung der von ihren Privatkunden gehaltenen und in Depots der Bank verwahrten Commerzbank-Aktien ergab auffallend starke regionale Schwerpunkte in Hamburg, Berlin und Düsseldorf, also an ihren historisch bedeutsamen Standorten. Das lässt auf eine lange, generationenübergreifende Verbundenheit bestimmter Gruppen von privaten Anlegern mit der Commerzbank schließen.[17] Diese starke Verbundenheit spiegelte sich auch im Aufsichtsrat der neu begründeten Commerzbank wider. Als einer von fünf stellvertretenden Vorsitzenden gehörte ihm beispielsweise Wilhelm Nottebohm an, bislang Vorsitzender des Aufsichtsrats der Commerz- und Disconto-Bank AG. Nottebohm war Mitinhaber des Hamburger Bankhauses Nottebohm & Co. und der Sohn von Carl Friedrich Wilhelm Nottebohm, der von 1877 bis 1915 dem Aufsichtsrat der Bank angehört hatte, seit 1899 als dessen Vorsitzender. Als Nottebohm im Mai 1960 verstarb, übernahm Helmut Lorenz-Meyer, bisher einfaches Mitglied des Aufsichtsrats, seine Position. Lorenz-Meyer war persönlich haftender Gesellschafter der Firma Theodor Wille, deren früherer Inhaber Theodor Wille einmal den Anstoß zur Gründung der Commerzbank gegeben hatte. Auch Lorenz-Meyer hatte bereits dem Aufsichtsrat der Commerz- und Disconto-Bank AG angehört. Diese der Bank traditionell verbundenen Aktionärsgruppen waren jedoch weit

Der französische Wirtschafts- und Finanzminister Valéry Giscard d'Estaing (r.) begrüßte aus Anlass der Börseneinführung der Commerzbank-Aktie in Paris Paul Lichtenberg (M.) und Robert Dhom (l.) sowie Maurice Schlogel vom Crédit Lyonnais (2. v. l.); Foto: Geschäftsbericht 1971.

davon entfernt, sich als deren tonangebende, richtungsbestimmende Großaktionäre zu verstehen. Eine nähere Untersuchung zum Ablauf der Hauptversammlungen, die Aufschluss über den Umgang des Vorstands und der ihm besonders verbundenen Mitglieder des Aufsichtsrats mit den Kleinaktionären geben könnte, liegt für die Commerzbank bisher leider nicht vor. Anzunehmen ist, dass die Verwaltung von dem der Bank übertragenen Vollmachtstimmrecht für die eigenen Depotkunden profitierte, der Vorstand sich also in der Regel keine Sorgen über die Sicherung von Abstimmungsmehrheiten und die eigene Entlastung machen musste.[18]

Vorstand und Aufsichtsrat der Commerzbank sorgten gemeinsam dafür, dass auch die künftigen Kapitalerhöhungen zu einer Verbreiterung des Aktionärskreises führten. Die im Jahr 1971 vorgenommene Aufstockung des Grundkapitals um weitere 50 Mio. DM etwa wurde genutzt, um erneut – und nun auch mit größerem Erfolg als zu Beginn der 1960er Jahre – ausländische Investoren zu gewinnen. Der Vorstand hielt diese Kapitalerhöhung des Jahres 1971 vor allem auch deshalb für notwendig, weil die Unsicherheiten im Kreditgeschäft angesichts der Probleme vieler in- und ausländischer Schuldner inzwischen erheblich angestiegen waren.[19] Gefördert durch eine Kooperation mit dem französischen Crédit Lyonnais, die im Oktober 1970 vertraglich vereinbart worden war, gelang es im März 1971, die Commerzbank-Aktie nach London nun auch in Paris an einer wichtigen europäischen Börse einzuführen.[20]

Nach diesem Durchbruch erfolgten in rascher Reihenfolge weitere Börseneinführungen im benachbarten Ausland, zunächst in Wien (1972), dann in

Basel, Genf und Zürich (1973), in Antwerpen und Brüssel (1973), schließlich auch in Amsterdam (1974) sowie in Luxemburg (1974). Ziel dabei blieb es, sowohl private als auch institutionelle Anleger zu gewinnen und die eigene Aktie durch die Signalwirkung der offiziellen Börsennotierung zugleich fest in den Kapitalmärkten der Nachbarländer zu verankern. Die meisten Umsätze wurden in London und an den drei Schweizer Börsen erzielt. Als nach dem Ende des Währungssystems von Bretton Woods der internationale Kapitalverkehr weiter liberalisiert wurde, nutzten ausländische Interessenten vermehrt aber auch die deutschen Börsen für den Kauf und Verkauf von Commerzbank-Aktien.[21] Eine zu Beginn des Jahres 1975 vorgenommene Erhebung der Bank ergab, dass sich die Zahl der Commerzbank-Aktionäre inzwischen auf rund 120 000 erhöht hatte, darunter etwa 14 Prozent ausländische Aktionäre.[22] Die Bank hatte also in der Tat begonnen, sich zu europäisieren, auch mit Blick auf ihre Eigentümerstrukturen.

An die Spitze des Aufsichtsrats der Commerzbank war 1958 Otto Schniewind getreten, der bisher das Aufsichtsgremium der Commerzbank-Bankverein AG geleitet hatte. Ihm wurden nicht weniger als fünf stellvertretende Vorsitzende zur Seite gestellt, darunter seine drei bisherigen Stellvertreter Theo Goldschmidt, Franz Hilger und Fritz ter Meer sowie die beiden Vorsitzenden der Aufsichtsräte aus Hamburg, Wilhelm Nottebohm, und Frankfurt am Main, Philipp Möhring.[23] Um zu unterstreichen, dass es sich um eine »Wiedervereinigung« der Nachfolgeinstitute handelte, wurden alle Mitglieder der drei Aufsichtsräte, sofern sie dies wünschten, in den gemeinsamen Aufsichtsrat übernommen, dem somit 32 Vertreter der Anteilseigner und 16 Vertreter der Arbeitnehmer angehörten, unter ihnen mit Clara Halfmann aus Duisburg und Ruth Strubberg aus Tübingen auch zwei weibliche Angestellte.[24] Das 48-köpfige Gremium zeichnete sich durch eine fast nahtlose personelle Kontinuität zu den Vorläufergremien aus, was für die Pflege der Beziehungen zu wichtigen Firmenkunden sicher förderlich war. So gehörten dem Gremium weiterhin Vertreter derjenigen Familienunternehmen an, denen sich die Commerzbank schon sehr lange geschäftlich verbunden wusste, darunter beispielsweise Hugo Rupf, Mitglied der Geschäftsführung des Maschinenbauunternehmens J. M. Voith GmbH in Heidenheim (Brenz). 1966 trat mit Rudolf August Oetker ein weiterer prominenter Familienunternehmer in den Aufsichtsrat der Commerzbank ein. Aber auch Aufsichtsrats- und Vorstandsmitglieder großer Aktiengesellschaften, wie beispielsweise Fritz ter Meer, der Aufsichtsratsvorsitzende der Bayer AG, Martin Erlenbach vom Vorstand der Hoechst AG, Heinrich Thielen vom Vorstand der Maschinenfabrik Augsburg-Nürnberg (MAN) und Franz Grabowski, der Vorstandsvorsitzende der Buderus'schen Eisenwerke in Wetzlar, gehörten dem Aufsichtsrat an. Zu diesen Repräsentanten großer Industrieunternehmen, mit denen die Commerzbank bzw. ihre drei Nachfolgeinstitute schon länger in Verbindung standen, kamen einige erst kürzlich gewonnene Geschäftspartner hinzu, so beispielsweise Hans

Gerling vom Vorstand der Gerling-Konzern Versicherungs-Gesellschaften in Köln, der ein interessanter Kooperationspartner war, weil er mit seiner Beteiligung an der Kölner Herstatt-Bank selbst ins Bankgeschäft eingestiegen war und sich zu dieser Zeit außerdem verstärkt im Kreditversicherungsgeschäft betätigte. Er zählte zu den unmittelbar im Vorfeld der »Wiedervereinigung« gewonnenen institutionellen Investoren der Commerzbank, die ihre Eigentümerrechte im Aufsichtsrat persönlich wahrnahmen.[25] Zu den »jüngeren« Geschäftspartnern, die in den nächsten Jahren ein Vorstandsmitglied in den Aufsichtsrat der Commerzbank entsandten, gehörten aber vor allem solche Industrieunternehmen, die angesichts des bundesdeutschen Wirtschaftsbooms vor enormen Investitions- und Finanzierungsaufgaben standen, die sie nur mit Unterstützung der Großbanken lösen konnten. Die Commerzbank konnte bei ihnen keine exklusive Hausbankbeziehung beanspruchen, aber sie war in wachsendem Maße an den entsprechenden Kredit-, Aktien- und Anleihekonsortien beteiligt. Die Ruhrgas AG in Essen etwa entsandte Herbert Schelberger, die Volkswagenwerk AG in Wolfsburg Wolfgang Siebert. Der Aufsichtsrat der »wiedervereinigten« Commerzbank in den mittleren 1960er Jahren unterschied sich damit deutlich von seinen Vorgängern, etwa in den 1920er Jahren, als ihm so gut wie keine namhaften Industriellen angehört hatten.[26]

Doch für die Funktions- und Arbeitsfähigkeit des Aufsichtsgremiums war die hohe Zahl seiner Mitglieder abträglich. Es wurden deshalb in Düsseldorf, Hamburg und Frankfurt drei regionale Arbeitsausschüsse gebildet, in denen die eigentliche Arbeit stattfand. Die Arbeitsausschüsse zu koordinieren war Aufgabe Otto Schniewinds, der dabei auf eine enge Zusammenarbeit mit Hanns Deuß setzte, dem nunmehr letzten noch aktiven Vorstandsmitglied der alten Commerzbank. Er nahm die Sprecherrolle für alle drei Vorstandsgruppen der neuen Commerzbank wahr. Schon 1961 kam es im Aufsichtsrat zu einem Generationswechsel: Schniewind zog sich aus Altersgründen zurück, und Deuß übernahm – in der öffentlichen Wahrnehmung überraschend früh – den Vorsitz des Aufsichtsrats. Das Gremium bekam nun einen gerade einmal 60-jährigen, recht dynamischen Vorsitzenden, der nicht nur die Arbeit in den drei Arbeitsausschüssen koordinierte, sondern auch die Sitzungen des nun regelmäßig zusammentretenden »Gesamtvorstands« – also der Mitglieder aller drei in Düsseldorf, Hamburg und Frankfurt tätigen Vorstandsgruppen – mit strenger Hand leitete. Er verstand sich keineswegs nur als ein Kontrolleur oder Berater der drei Vorstandsgruppen, sondern er wollte ihrer Tätigkeit die Richtung vorgeben und darüber hinaus für eine gute Zusammenarbeit zwischen den drei Hauptverwaltungen mit ihren jeweiligen Fachabteilungen sorgen.[27] Dass er damit Einfluss auf die laufenden Geschäfte nahm, war zwar nicht im Sinne des Aktienrechts, das eine Trennung von Aufsichtsrats- und Vorstandsverantwortung vorsah, entsprach aber einer längeren Tradition, die keineswegs nur die Commerzbank betraf, bei ihr allerdings besonders stark ausgeprägt war. Formal waren die Pflichten und Rechte des Aufsichtsrats klar geregelt, sowohl im allgemeinen Aktienrecht als auch in der Unternehmenssatzung, doch wie das Verhältnis zum Vorstand in der Praxis aussah, hing in hohem Maße auch von informellen Faktoren ab, nicht zuletzt von den Mandatsinhabern und ihrem Umgang mit Problemlagen.[28] Die spezifische Problematik der Commerzbank, die ja erst nach Überwindung eines durchaus ernsten inneren Konflikts neu gegründet worden war, bestand darin, die Arbeit der drei Vorstandsgruppen und Hauptverwaltungen nach einheitlichen Geschäftsprinzipien auszurichten – und dafür wurde in der Praxis eine starke Integrationsfigur wie Hanns Deuß offenbar gebraucht. Das Amt des Aufsichtsratsvorsitzenden verschaffte ihm zusätzliche, vermeintlich neutral über den einzelnen Vorstandsgruppen stehende Autorität, und insofern war sein früher Wechsel an die Spitze des Aufsichtsrats eine konsequente Entscheidung. Deuß fungierte in den kommenden Jahren in der Tat als Integrationsfigur der Commerzbank, und er wurde von vielen Beobachtern auch als die eigentliche treibende Kraft ihrer weiteren geschäftlichen Expansion betrachtet. Zudem sorgte er für eine hohe personelle Kontinuität an der Spitze des Aufsichtsrats, dem er bis 1976 angehörte.

In diese lange, 15-jährige Amtszeit fiel auch die Aktienrechtsreform des Jahres 1965.[29] Die Zahl der Mandate in den Aufsichtsräten von Aktiengesellschaften pro Person wurde nun grundsätzlich auf zehn beschränkt; nur in abhängigen Konzerngesellschaften durften bis zu fünf weitere Mandate wahrgenommen werden. Das hieß auch für die Vorstandsmitglieder der Commerzbank, vor allem für die drei Vorstandssprecher Paul Lichtenberg, Will Marx und Ernst Rieche, überzählige Mandate abgeben zu müssen.[30] Zudem wurde die Überkreuzverflechtung zwischen zwei Aktiengesellschaften, die ja gerade zwischen Großbanken und Industrieunternehmen bestanden, verboten: Gesetzliche Vertreter einer anderen Aktiengesellschaft, in deren Aufsichtsrat bereits ein eigenes Vorstandsmitglied vertreten war, durften künftig nicht mehr dem eigenen Aufsichtsrat angehören. Da die Commerzbank in den Aufsichtsräten ihrer wichtigsten Firmenkunden noch immer durch ihren vormaligen Vorstandssprecher Hanns Deuß vertreten wurde, erwies sich dessen Wechsel in den Aufsichtsrat insofern als Entlastung, als diese neue Bestimmung auf ihn nicht zutraf. So konnte er seine Mandate bei den Buderus'schen Eisenwerken, bei den Rheinischen Stahlwerken, bei der Hoechst AG und beim Gerling-Konzern behalten, ohne dass Franz Grabowski, Wolfgang Schulze Buxloh, Robert Hegels und Hans Gerling aus dem Aufsichtsrat der Commerzbank ausscheiden mussten.[31] An der Einbindung der Commerzbank in das Netzwerk der Personal- und Kapitalverflechtungen zwischen Banken und Industrieunternehmen änderte sich mit Blick auf die von Deuß wahrgenommenen wichtigsten Mandate also kaum etwas.[32]

Die Umsetzung der Aktienrechtsreform führte aber auch bei der Commerzbank selbst zu einer erheblichen Verkleinerung des Aufsichtsrats, dem seit

1967 nicht mehr 32, sondern nur noch 14 Vertreter der Anteilseigner und nicht mehr 16, sondern nur noch sieben Vertreter der Arbeitnehmer angehörten, darunter zunächst keine einzige Frau.[33] Erst mit der Berufung von Karin Behrens (Berlin), Ursula Famers (Essen) und Liselotte Wöhrle (Stuttgart) im Jahr 1971 ändert sich das wieder.[34] Mit Blick auf die Vertreter der Anteilseigner versuchte die Commerzbank vorrangig, eine Konzentration auf wichtige Firmenkunden zu erreichen: Neben Hanns Deuß als Vorsitzendem und Franz Hilger, Helmut Lorenz-Meyer und Philipp Möhring als seinen drei Stellvertretern und langjährig Verbundenen gehörten dem Gremium zusätzlich zu Grabowski, Schulze Buxloh, Hegels und Gerling beispielsweise auch Rudolf August Oetker und Heribert Werhahn weiterhin an. Mehr als die Hälfte der bisherigen Aufsichtsratsmitglieder aus dem Lager der Anteilseigner mussten das Gremium jedoch verlassen, sodass es tatsächlich zu einem arbeitsfähigen Aufsichts- und Kontrollgremium schrumpfen konnte; sie wechselten teils in den 1966 neu eingerichteten Verwaltungsbeirat, teils in die regionalen Landesbeiräte über.[35] Bei den Neuberufungen der folgenden Jahre wurde streng darauf geachtet, die Verbindungen zu wichtigen Firmenkunden möglichst weiter zu festigen und das Gremium dabei durch namhafte, einflussreiche Repräsentanten der jeweiligen Unternehmen aufzuwerten. An die Stelle von Wolfgang Schulze Buxloh, der dem Vorstand der Rheinischen Stahlwerke als einfaches Mitglied angehört hatte, trat 1968 beispielsweise der Vorstandsvorsitzende Toni Schmücker, der 1975 an die Vorstandsspitze der Volkswagenwerk AG in Wolfsburg berufen wurde und der Commerzbank auch in dieser Funktion erhalten blieb. Mit Karl-Heinz Kürten vom Vorstand der August Thyssen-Hütte AG gewann die Commerzbank 1971 einen weiteren einflussreichen Unternehmer für ihr Aufsichtsgremium hinzu. Damit verstärkte sich in der Öffentlichkeit trotz der Verkleinerung des Aufsichtsrats und der zugleich deutlich reduzierten Zahl von Mandaten, die von den eigenen Vorstandsmitgliedern in den Aufsichtsräten anderer Unternehmen wahrgenommen werden konnten, nicht zu Unrecht der Eindruck, die Commerzbank sei wie die anderen beiden Großbanken weiterhin fest in das Netzwerk der Personal- und Kapitalverflechtungen zwischen den bundesdeutschen Großunternehmen eingebunden. Die größten Beteiligungen der Commerzbank bestanden in den späten 1960er Jahren an der Karstadt AG in Essen und der Kaufhof AG in Köln, darüber hinaus besaß sie einige dauerhafte Schachtelbeteiligungen an Industrieunternehmen, etwa an der Beton- und Monierbau AG in Düsseldorf.[36]

Zum Vorstandssprecher der neu begründeten Commerzbank war 1958 Hanns Deuß gewählt worden. Die Übernahme dieses Amts war für ihn sicher die Krönung der eigenen Karriere, und er setzte in den kommenden Jahren viel daran, die Geschäftspolitik der Commerzbank von Düsseldorf aus nicht nur locker zu koordinieren, sondern möglichst einheitlich zu gestalten und zu steuern, um sie zu neuen Erfolgen zu führen. In der Öffentlichkeit trat er als souveräner Sprecher der Commerzbank auf und suchte als solcher auch den Austausch mit den Führungsspitzen der Deutschen Bank und der Dresdner Bank, mit denen es zahlreiche regulatorische und geschäftliche Berührungspunkte gab. Deuß betrachtete Düsseldorf zweifellos als den wirtschaftlich wichtigsten Standort der Commerzbank, förderte aber sehr bewusst die Zusammenarbeit zwischen den drei Hauptverwaltungen in Düsseldorf, Hamburg und Frankfurt mit ihren jeweiligen Fachabteilungen. Zur raschen Integration der drei Schwesterbanken sollten nicht zuletzt die nun mehr oder weniger regelmäßig alle ein bis zwei Monate stattfindenden Tagungen des Gesamtvorstands beitragen, die abwechselnd in Düsseldorf, Hamburg und Frankfurt abgehalten wurden und bei denen Deuß in der Regel die Leitung übernahm.[37]

Gleich auf der ersten Sitzung des Gesamtvorstands, die am 1. Dezember 1958 in Düsseldorf stattfand, wurde unter Deuß' Regie die einheitliche Regelung der Arbeits- und Entscheidungsabläufe festgelegt.[38] Bei allen Anstrengungen zur Vereinheitlichung der Abläufe in den drei Hauptverwaltungen stand allerdings außer Frage, dass die Verantwortung für die Betreuung der Kunden möglichst nahtlos weiterlaufen, also dezentral organisiert bleiben sollte. Unerlässlich waren so profane Dinge wie die Durchsetzung einheitlicher Buchungsregeln bei allen drei Hauptverwaltungen und die Etablierung eines Verrechnungssystems für das gesamte Filialnetz, um überhaupt eine in sich konsistente, vergleichende Ertragsrechnung zu ermöglichen.[39] Mit Blick auf Gehaltsfragen für das eigene Führungspersonal, eine der wichtigsten Ressourcen, wollte sich die Commerzbank grundsätzlich an den beiden Nachbarbanken orientieren, damit es möglichst geringe materielle Anreize für eine Abwanderung gab.[40] Da die Gehälter in den frühen 1960er Jahren vor dem Hintergrund der boomenden Wirtschaft kräftig anzogen, ließ sich dieser Kurs allerdings nicht durchhalten: Während die Deutsche Bank und die Dresdner Bank die Gehälter für ihre Oberbeamten schon 1960 um 8 Prozent heraufsetzten, beließ es die Commerzbank bei 6 Prozent.[41] Bei aller Kooperation und Abstimmung zwischen den Großbanken zeigte sich im Bereich der Personalpolitik recht früh ein scharfer Wettbewerb, der zur vermehrten Fluktuation zwischen den Häusern führte.

Als Vorstandssprecher wurde Deuß mit seinem Wechsel an die Spitze des Aufsichtsrats schon 1961 von dem Dreigespann Paul Lichtenberg, Will Marx und Ernst Rieche abgelöst, die den Vorstand von den Standorten Düsseldorf, Hamburg und Frankfurt aus gemeinsam führten. Dieses »Triumvirat« wurde von recht unterschiedlichen Persönlichkeiten gebildet: Paul Lichtenberg galt als ehrgeiziger, kompetenter Fachmann mit hoher Selbstdisziplin; Will Marx wurde von seinen Kollegen als eloquenter und weltläufiger Bankier empfunden, der stets den Blick fürs Wesentliche behielt; Ernst Rieche erschien ihnen zupackend, leistungsorientiert und energisch, ja oft temperamentvoll, mitunter aber auch etwas sprunghaft.[42]

In Düsseldorf hatte sich Paul Lichtenberg frühzeitig als junge, aufstrebende Führungspersönlichkeit profiliert. Nach dem Tod von Fritz Höfermann im Februar 1958 war er in den Vorstand der Commerzbank-Bankverein AG berufen worden. In der Vorstandsgruppe Düsseldorf oblag ihm nun die Verantwortung für das gesamte Finanzierungs-, Konsortial- und Wertpapiergeschäft sowie für Bilanzen und Steuern.[43] Die bis 1961 von Hanns Deuß wahrgenommene Zuständigkeit für die Auslandsabteilung übernahm dagegen der neu berufene Gerhard Fuchs.[44] Ein besonderes Anliegen der Düsseldorfer Vorstandsgruppe, zu der neben Lichtenberg anfangs noch Helmut Brands und Günther Ladisch, seit 1960 zusätzlich Bolko Graf von Roedern, seit 1961 außerdem Gerhard Fuchs und ab 1964 ferner Kurt Sureth zählten – der an die Stelle des nun in den Ruhestand gehenden Günther Ladisch trat –, bestand darin, das hier entwickelte Sonderausbildungssystem für die Nachwuchskräfte in den beiden anderen Hauptverwaltungen zur Geltung zu bringen.[45]

In Hamburg war Will Marx neben dem Auslands- und Devisengeschäft auch für die Hauptbuchhaltung, die Organisation und das Vorstandssekretariat einschließlich der Werbung zuständig.[46] Er galt als ein Modernisierer und Förderer des Mengengeschäfts mit den Privatkunden, in dem seiner Meinung nach neue Werbemethoden zum Einsatz kommen mussten, etwa die großformatige »Reklame« an Bahnhöfen. In Hamburg gab es – angeregt von Marx – ebenfalls spezielle Nachwuchsseminare, die nun übergreifend angeboten werden sollten. Eine gewisse Konkurrenz zwischen Hamburg und Düsseldorf um die Prägung der besten Köpfe unter den Nachwuchskräften war nicht zu verkennen. Da der Personalbedarf durch die bald nach der »Wiedervereinigung« einsetzende Filialexpansion anstieg, ergaben sich daraus allerdings kaum Probleme, denn das Angebot an Weiterbildungsmaßnahmen auf allen Feldern des Geschäfts konnte im Prinzip gar nicht groß genug sein.[47] Der Hamburger Vorstandsgruppe gehörten neben Will Marx anfangs noch Robert Gebhardt, Walter Meier-Bruck und Wilhelm Reinhold an, die nach dessen altersbedingtem Ausscheiden 1961 neue Unterstützung durch Heinrich Polke bekamen.

In Frankfurt wiederum fielen Ernst Rieche wichtige Aufgaben zu: Er übernahm die Verantwortung für die zentralen Geschäftsbereiche Kredit, Konsortial- und Wertpapiergeschäft sowie die Steuerung der Bilanz und der Gelddisposition.[48] Die Verantwortung für das Auslandsgeschäft lag in Frankfurt bei Wilhelm Nuber, dem im März 1960 Robert Dhom, bis dahin Mitleiter der Filiale Dortmund, als neues stellvertretendes Vorstandsmitglied zur Seite gestellt wurde. Mit Blick auf die zu dieser Zeit nur schwach besetzte Frankfurter Vorstandsgruppe, der außer Ernst Rieche und Wilhelm Nuber nur noch Carl von Mengden angehörte, hatte Hanns Deuß das schon zu Jahresbeginn vorgeschlagen.[49] Seit 1961 konnte die Frankfurter Hauptverwaltung ein neues Verwaltungsgebäude nutzen, das alle Vorteile der modernen Bürokommunikation zu bieten hatte.[50]

Die Verlagerung von Vorstandsbüros und die Zentralisierung von Fachabteilungen in Frankfurt begannen allerdings erst in den späten 1960er Jahren und verliefen nicht friktionslos. Ende 1967, Anfang 1968 übersiedelten als erste Vorstandsmitglieder Will Marx aus Hamburg und Kurt Sureth aus Düsseldorf mit ihren Büros nach Frankfurt. Doch beide Hoffnungsträger gingen der Bank verloren. Will Marx konnte sich mit seinen Vorstellungen und Plänen, gerade auch was eine Fusion mit der von Jürgen Ponto geführten Dresdner Bank anging, gegenüber dem ambitionierten Paul Lichtenberg nicht behaupten und wechselte bereits im Frühjahr 1969 zum Privatbankhaus Sal. Oppenheim jr. & Cie. in Köln.[51] Kurt Sureth wiederum verstarb nur wenige Monate nach seiner Übersiedelung an den Main ganz unerwartet früh an einem Herzinfarkt.[52] Lichtenberg und Rieche nahmen daraufhin – wie der Aufsichtsratsvorsitzende Deuß es vorschlug – ihre Ämter als Vorstandssprecher gemeinsam von Frankfurt aus wahr; Lichtenberg behielt jedoch zugleich ein Büro in Düsseldorf.[53] Lichtenberg und Rieche waren in der Sache nicht immer einer Meinung, etablierten jedoch eine »funktionierende Zusammenarbeit«. Der etwas jüngere Lichtenberg trat mit starkem Führungsanspruch auf, Rieche konnte sich in den Augen der Zeitgenossen aber souverän behaupten.[54] Als Rieche im Mai 1973 altersbedingt ausschied, sah der Aufsichtsrat freilich keine Notwendigkeit, Lichtenberg einen neuen zweiten Vorstandssprecher an die Seite zu stellen.

Hatte es in den drei Vorstandsgruppen zunächst kaum personelle Veränderungen gegeben, so kam es in den späten 1960er Jahren zu einem regelrechten Schub: 1968 ging Carl von Mengden wie vorgesehen in Pension. Zusätzlich zu dem Verlust von Will Marx und Kurt Sureth schieden 1969 gleich mehrere Vorstandsmitglieder aus Altersgründen aus: Gerhard Fuchs, Walter Meier-Bruck und Heinrich Polke. Und 1970 starb außerdem unerwartet früh Bolko Graf von Roedern.

Neu in das Führungsgremium berufen wurden als bisherige Abteilungsleiter und Filialdirektoren in den Jahren 1969 und 1970 Wolfgang Jahn, Raban Freiherr von Spiegel, Rudolf Behrenbeck und Götz Knappertsbusch sowie im Jahr 1971 dann Peter Deuß und Jürgen Terrahe.[55] Dass sowohl Deuß als auch Terrahe bereits seit dem September 1970 als Generalbevollmächtigte regelmäßig an den Vorstandssitzungen teilnahmen, dürfte in erster Linie der Personalnot und dem erhöhten Einarbeitungsbedarf geschuldet gewesen sein, wurde von später berufenen Vorstandsmitgliedern aber auch als Schachzug zur »Tarnung« der verwandtschaftlich bedingten Bevorzugung von Peter Deuß wahrgenommen.[56] Erst 1973 kamen jedenfalls noch Engelbert Dicken und Jürgen Reimnitz als neue stellvertretende Vorstandsmitglieder hinzu. Bei der Vorstandsgruppe Frankfurt, zu der sich im Zuge der Zentralisierung der Unternehmensführung der Schwerpunkt verlagerte, standen damit fünf jungen Vorstandskollegen nur noch Dhom und der aus Düsseldorf hinzugekommene Lichtenberg gegenüber, die über längere Erfahrung in verantwort-

Vorstandssitzung in Frankfurt am 7. Oktober 1969; v. l. n. r.: Wolfgang Jahn, Ernst Rieche, Heinz Niederste-Ostholt, Paul Lichtenberg, Heinrich Polke, Rudolf Behrenbeck, Robert Dhom, Walter Meier-Bruck, Bolko Graf von Roedern, Armin Reckel, Helmut Brands, Raban Freiherr von Spiegel.

licher Position verfügten. Was mit Blick auf die Altersstrukturen von klarem Vorteil schien, musste sich angesichts der durch den Zusammenbruch des Währungssystems von Bretton Woods ausgelösten Turbulenzen und der im Herbst 1973 zusätzlich hereinbrechenden Ölpreiskrise als Personalkonstellation freilich erst noch bewähren.

2.2 Kernelemente des Geschäftsmodells

Nach ihrer Wiederbegründung kehrten alle drei Großbanken auf einen Pfad raschen wirtschaftlichen Wachstums zurück. Vor dem Hintergrund der boomenden Industrie stiegen die Bilanzsummen von Commerzbank, Dresdner Bank und Deutscher Bank zwischen 1957 und 1965 zusammen von 19,6 auf 38,4 Mrd. DM an, um in den folgenden fünf Jahren bis 1970 trotz der Rezession von 1966/67 weiter auf 76 Mrd. DM anzuwachsen.[57] Allerdings entwickelten sich auch die anderen Gruppen des Kreditgewerbes überaus rasch, insbesondere die Sparkassenorganisation und die Realkreditinstitute, die von steigenden Einkommen der Bevölkerung und vom allgemeinen Bauboom profitierten. Der Marktanteil der drei Großbanken ging in den 1950er Jahren trotz der enormen Ausweitung ihres Geschäftsvolumens vor diesem Hintergrund sogar rapide zurück und lag 1960 bei nur noch 11,3 Prozent.[58] Erst im Verlauf der 1960er Jahre gelang es den Großbanken, diesen Trend zumindest zu verlangsamen.

Der Schlüssel hierzu lag in der Ausweitung ihres Privatkundengeschäfts. Das Kredit- und Emissionsgeschäft für die Industrie blieb für die Großbanken zwar wichtig, doch in enger Abstimmung untereinander vollzogen sie im Mai 1959 – ohne längere strategische Vorüberlegungen angestellt zu haben – mit dem Angebot von standardisierten persönlichen Kleinkrediten eine bewusste Ausweitung des bisherigen Privatkundengeschäfts zum sogenannten Mengengeschäft mit privaten Kunden aus breiten Bevölkerungsschichten, für das sie sich bisher nicht sonderlich interessiert hatten.[59] Vermögende Privatpersonen zählten zwar seit jeher zu ihrer Kundschaft, und seit den 1920er Jahren waren vermehrt auch Sparkunden hinzugekommen, doch die mit dem Angebot von Kleinkrediten bewusst vollzogene Ausweitung des Privatkunden- zum Mengengeschäft war von neuer Qualität und gilt zu Recht als ein Meilenstein in der Nachkriegsentwicklung der Großbanken. Wenn sie den Wettbewerb mit den Sparkassen und Realkreditinstituten bestehen wollten, mussten sie sich verstärkt deren Kundenkreisen zuwenden. Den im Mai 1959 offerierten Kleinkrediten folgten deshalb in den nächsten Jahren zahlreiche weitere, vornehmlich an Lohn- und Gehaltsempfänger, an Facharbeiter und Angestellte, aber auch an die Angehörigen der freien Berufe adressierte Produkte, angefangen bei der Einrichtung von Lohn- und Gehaltskonten und dem bargeldlosen Zahlungsverkehr über verschiedene Spar- und Anlageformen bis hin zu Scheckkarten, Dispositionskrediten, Anschaffungs- und Hypothekendarlehen. Die Banken trugen auf diese Weise nicht unwesentlich zur Entfaltung der Konsumgesellschaft bei.[60]

Für den Gesamtvorstand der Commerzbank lag nach dem vollzogenen Einstieg ins Mengengeschäft auf der Hand, dass sich die Bank in den kommenden Jahren vorrangig um eine Verdichtung und Erweiterung ihres Filialnetzes bemühen musste, vor allem im Ruhrgebiet, wo in den städtischen Ballungszentren besonders viele potenzielle neue Kunden angesprochen werden konnten, aber auch in Süddeutschland, wo die Bank noch immer vergleichsweise schwach vertreten war. Dabei ging es ihr nicht nur um die bessere Erreichbarkeit von privaten Kunden, sondern immer zugleich auch um die Gewinnung neuer Firmenkunden. Denn die Sparkassen hatten längst begonnen, sich ihrerseits verstärkt dem Industriefinanzierungsgeschäft zuzuwenden, vor allem im gewerblichen Mittelstand, den die Commerzbank als Zielgruppe ebenfalls fest im Visier hatte. Im Gesamtvorstand setzten sich die Vertreter der Vorstandsgruppen in Hamburg und Frankfurt energisch dafür ein, die vor allem von kleinen und mittelständischen Unternehmen nachgefragten langfristigen Ausleihungen nicht zu reduzieren, auch wenn es angesichts steigender Zinsen für die Bank nahelag, ihr Kreditportfolio hin zu den kurzfristigen Ausleihungen umzuschichten.[61]

Eine wichtige Voraussetzung für die Eröffnung neuer Geschäftsstellen für das Privat- und Firmenkundengeschäft hatte das Bundesverwaltungsgericht bereits im Juli 1958 mit seiner Entscheidung über das Grundrecht der freien Berufsausübung geschaffen, denn damit wurde die bisher übliche Bedürfnisprüfung vor Zulassung einer neuen Bankfiliale gekippt.[62] Die Commerzbank zögerte nicht lange und setzte alsbald zu einem wahren Kraftakt der Filialexpansion an. Ob sie sich dabei in Bayern weiterhin an den einst von Fritz Höfermann mit der Bayerischen Hypotheken- und Wechsel-Bank geschlossenen Vertrag gebunden fühlen und Zurückhaltung üben musste, war unter den Rechtsexperten der Bank umstritten. Deuß war der Meinung, dass man sich nicht durch das Abkommen behindern lassen dürfe. Die Bayerische Hypotheken- und Wechsel-Bank sah das allerdings anders, sodass die Vereinbarung schließlich fristgerecht gekündigt werden musste, was erst zum Jahresende 1959 möglich war. Unbenommen davon sahen die Planungen aber schon für dieses Jahr nicht weniger als zehn neue Filialen im »Bereich Süd« vor.[63] Die Auswahl der neuen Standorte erfolgte dabei grob orientiert an den Einwohnerzahlen, der örtlichen Unternehmensdichte und vor allem der Präsenz der anderen beiden Großbanken, nicht auf Grundlage eingehender Marktanalysen. Das Gewinnen von Marktanteilen, nicht die Rentabilität stand im Mittelpunkt der Überlegungen.[64] Als Engpassfaktor für den zügigen Ausbau erwies sich vor allem das geeignete Personal. Denn die Commerzbank war sehr darauf bedacht, die Leitung der neuen Geschäftsstellen in die Hand von Führungskräften zu legen, die sie selbst ausgebildet hatte.[65] Unter Kosten- und Ertragsgesichtspunkten schien es bald sehr ratsam, neben den personalintensiven Filialen vermehrt auch kleinere Zweigstellen zu errichten, das Geschäftsstellennetz also insbesondere in den Städten weiter zu verdichten.[66]

Gestützt auf die drei Hauptverwaltungen in Düsseldorf, Hamburg und Frankfurt und das immer dichtere Filial- und Zweigstellennetz weitete die Commerzbank in den 1960er Jahren auch ihre Auslandsgeschäfte bewusst weiter aus. Im Gesamtvorstand war man sich darüber im Klaren, dass neben dem Mengengeschäft vor allem ein schnell wachsendes Auslandsgeschäft einen steigenden Beitrag zum Betriebsergebnis leisten konnte.[67] Um ihre Firmenkunden bei Im- und Exportgeschäften unterstützen zu können, knüpfte die Commerzbank Verbindungen zu Korrespondenzbanken in fast allen Ländern der Welt. Sie eröffnete weitere Repräsentanzen und erwarb zusätzliche, meist kleinere Beteiligungen an Finanzierungsgesellschaften für und in Schwellen- und Entwicklungsländern. Wie die anderen Geschäftsbanken profitierte die Commerzbank dabei von der in den 1950er Jahren gelungenen Wiedereingliederung Westdeutschlands in die Weltwirtschaft, die auf einer starken Exportwirtschaft basierte. Diese Exportstärke machte zwar 1961 und 1969 Währungsaufwertungen erforderlich, doch selbst wenn der

Export darunter vorübergehend litt, konnte die Bundesrepublik erhebliche Währungsreserven aufbauen, und ihre Volkswirtschaft wurde mehr und mehr zu einem Exporteur von Kapital.[68] Die Geschäftsbanken konnten sich also verstärkt auch der Finanzierung von ausländischen Direktinvestitionen deutscher Unternehmen und dem Kredit- und Emissionsgeschäft für ausländische und internationale Schuldner zuwenden. Die Mitwirkung in den Emissionskonsortien für die Europäische Gemeinschaft für Kohle und Stahl (EGKS), die Europäische Investitionsbank (EIB) oder die Internationale Bank für Wiederaufbau und Entwicklung (Weltbank) wurde in den 1960er Jahren zu einer Prestigefrage für alle drei Großbanken, auch für die Commerzbank.

Um ihre Firmenkunden im Ausland zu beraten, reichten Repräsentanzen und kleinere Beteiligungen an Finanzierungsgesellschaften bald nicht mehr aus. Die Geschäftsbanken begannen deshalb, ihre eigene Auslandsorganisation auszubauen, was wegen bestehender gesetzlicher Restriktionen, der wachsenden Konkurrenz zu den einheimischen Banken und nicht zuletzt beschränkter personeller Ressourcen kein leichtes Unterfangen war.[69] Zwischen den drei Großbanken zeigten sich dabei deutliche Unterschiede: Während sich die Deutsche Bank zunächst eher zurückhaltend zeigte und häufig nicht im eigenen Namen auftrat, gingen die Dresdner Bank und die Commerzbank angesichts ihrer geringeren finanziellen und personellen Ressourcen erstaunlich offensiv an diese Möglichkeit zur Verbesserung der Wettbewerbsposition heran. Wie die Deutsche Bank stützten auch sie sich auf den unter westeuropäischen Banken zu dieser Zeit verbreiteten Kooperationsgedanken, traten aber parallel dazu an wichtigen Finanzplätzen wie London, Luxemburg oder New York bald auch im eigenen Namen auf.[70] Dahinter stand offenkundig die geschäftspolitische Überlegung, die eigene, relativ schwache Wettbewerbsposition im Inland durch ein forciertes und nicht zuletzt auf die Signalwirkung der »Ersteroberung« eines wichtigen Finanzplatzes setzendes Auslandsgeschäft zu verbessern. Mancherorts kam es deshalb zu einem regelrechten Wettlauf um die Ersteröffnung einer neuen Repräsentanz oder Filiale.

Auf dem für die deutsche Industrie immer wichtiger werdenden amerikanischen Markt war die Deutsche Bank beispielsweise lange ausschließlich über die European American Banking Corporation und die European American Bank & Trust Corporation präsent, zwei schon 1968 gemeinsam mit der Amsterdamschen Bank, der Société Générale de Banque in Brüssel und der Midland Bank in London gegründeten Gesellschaften. Ende 1971 rief sie mit der Schweizerischen Bankgesellschaft zusätzlich die UBS-DB Corporation ins Leben, die im Emissions- und Wertpapiergeschäft tätig wurde. Aber erst 1979 eröffnete sie schließlich ihre erste eigene US-Filiale in New York.[71] Die Commerzbank dagegen, die im Oktober 1970 mit dem Crédit Lyonnais ebenfalls eine enge europäische Kooperation einging, die bald darauf zur Etablierung einer gemeinsamen Investmentbank in New York führte,[72] wagte diesen

Schritt viel früher: Sie entschloss sich schon 1971, ihre Repräsentanz in New York in eine eigenständige Filiale umzuwandeln.[73] Die Dresdner Bank zog wenige Monate später nach und wandelte 1972 ihre Repräsentanz in New York ebenfalls in eine Filiale um.[74]

Auch am Eurodollarmarkt, auf dem außerhalb der USA angesammelte Guthaben in US-Dollar frei von den sonst geltenden Bestimmungen zu Eigenkapitalausstattung, Mindestreserven, Zins- und Steuersätzen oder Kapitalverkehrskontrollen gehandelt wurden, zunächst vor allem in London, dann auch in Luxemburg und andernorts,[75] war die Commerzbank früh im eigenen Namen präsent: Nachdem sie sich 1967 an der Etablierung der International Commercial Bank Ltd. in London beteiligt hatte, die sich dem mittel- bis langfristigen Kredit widmete, und 1969 mit der Commerzbank International S. A. in Luxemburg (CISAL) ihre erste ausländische Tochtergesellschaft ins Leben gerufen hatte, die vor allem im kurzfristigen Euromarktbereich tätig wurde, eröffnete sie 1973 zusätzlich dazu eine eigene Filiale in London. Die Dresdner Bank war ihr hier einige Monate zuvorgekommen, als sie schon im Januar 1973 als erste deutsche Bank überhaupt eine Filiale in London eröffnet hatte. Die Deutsche Bank dagegen wandte sich dem Eurodollarmarkt zunächst vor allem mit ihrer 1970 gegründeten Tochtergesellschaft Compagnie Financière de la Deutsche Bank (CFDB) in Luxemburg zu und eröffnete erst 1976 zusätzlich auch eine eigene Filiale in London, drei Jahre später als ihre beiden kleineren deutschen Nachbarbanken.

Der Wettbewerb unter den westdeutschen Geschäftsbanken war mit dem Auslaufen der Zinsverordnung zum 1. April 1967 kräftig angefacht worden.[76] Zudem löste die Aufhebung der Zinsbindung ein allgemeines Umdenken aus: Waren die Banken bisher von den Spielräumen der Einlagengewinnung ausgegangen, um das mögliche Volumen ihrer Kreditvergabe zu bestimmen, so orientierten sie sich nun verstärkt an den Absatzmöglichkeiten im Kreditgeschäft. Die geschäftspolitischen Prioritäten verlagerten sich mithin vom Passiv- auf das Aktivgeschäft, das seither recht starken Schwankungen unterlag. Diese blieben nicht ohne Auswirkungen auf die Liquiditätsversorgung, Vermögensdisposition und Anlagepolitik der Banken und anderen Unternehmen; sie begannen sich also – in anderen Worten – auch auf den langfristigen Kredit am Kapitalmarkt niederzuschlagen.[77] Tendenziell verringerten sich dadurch die von den Geschäftsbanken zu erzielenden Margen zwischen Einlagenzinsen einerseits und Wertpapierrenditen andererseits, was Wertpapieremissionen generell weniger interessant für sie machte – ein Bereich, in dem gerade die Deutsche Bank besondere Stärken besaß. Betrachtet man allein die drei Großbanken, so war der Marktanteil der Deutschen Bank nun sogar leicht rückläufig: Hatte er 1957 noch bei 42,6 Prozent gelegen, so betrug er 1970 nur noch 41,4 Prozent. Doch davon konnte vor allem die Dresdner Bank profitieren, die ihren Anteil von 30,3 auf 32,7 Prozent steigerte, während die Commerzbank trotz aller Anstrengungen zum

Ausbau des Geschäftsstellennetzes und des Auslandsgeschäfts von 27,1 auf 25,9 Prozent zurückfiel.[78]

Der Gesamtvorstand der Commerzbank hatte sich angesichts der durch die Freigabe der Zinssätze eingetretenen neuen Wettbewerbssituation im Mai 1967 darauf verständigt, »mit voller Kraft« an einer Verstärkung der Einlagen zu arbeiten, »selbst auf die Gefahr hin, daß die Anlagemöglichkeiten im reinen Kreditgeschäft nicht immer parallel zu der Entwicklung der Passivseite laufen«, man also teils höhere Zinsen für die zusätzlichen Einlagen zahlen musste, als man für die zusätzlichen Kredite nehmen konnte.[79] Für die Commerzbank werde es entscheidend sein, so hieß es im Protokoll der Vorstandssitzung weiter, »durch eine in vernünftigem Rahmen betriebene Ausweitung des Geschäftsvolumens das zu erwartende Schrumpfen der Zinsmarge weitgehend aufzufangen«.[80] Mengenwachstum blieb mithin das wichtigste Kernelement der Geschäftsstrategie – und zwar im Hinblick auf Klein- wie Großkredite. In beiden Fällen wollte man vordringlich Marktanteile gewinnen und sich notfalls auch mit kleineren Zinsmargen zufriedengeben. Doch das erforderte verstärktes betriebswirtschaftliches Mitdenken in den Geschäftsstellen vor Ort: »Das kaufmännische Denken und Gewinnstreben der verantwortlichen Mitarbeiter bis zur letzten Zweigstelle muss intensiviert werden und geschult werden«, war die neue Devise.[81] Bezüglich der künftigen Gestaltung der Kreditkonditionen müsse jedem klar sein, »daß auch nach oben – außer dem Wucherparagraphen – keine Grenzen mehr gesetzt sind«.[82] In der alltäglichen Praxis blieb die Vorstellung der stärkeren Ausdifferenzierung der Kreditkonditionen vorerst allerdings ohne größere Bedeutung, denn die Zinsmarge entwickelte sich weiter rückläufig.

Eine Anhebung der Kreditkonditionen war angesichts der starken Konkurrenz zwischen den Geschäftsbanken, die durch die steigende Präsenz ausländischer Institute und den Zustrom von US-Dollar auf den deutschen Kapitalmarkt noch verschärft wurde, in den folgenden Jahren jedenfalls nur sehr bedingt möglich.[83] Es lag deshalb nahe, am eingeschlagenen Kurs des Mengenwachstums vorerst festzuhalten, aber strenger auf die Kosten zu achten. Welche Richtung das expandierende Geschäft auf den internationalen Märkten nehmen würde, war offen und auch umstritten: Will Marx als Vorstandsmitglied der jüngeren Generation plädierte auf dem XI. Deutschen Bankiertag 1968 beispielsweise vehement dafür, die »Zusammenarbeit der Banken über die Grenzen hinaus« zu verstärken, und forderte seine Zuhörer zugleich auf, »die Funktionen der deutschen Banken im internationalen Geschäft neu zu überdenken«.[84] Sie sollten sich seiner Meinung nach nicht länger nur als Wegbereiter des Außenhandels verstehen, sondern »auch unabhängig vom nationalen Außenhandel internationale Finanzierungen übernehmen«.[85] Doch nur ein paar Monate später beschloss der Gesamtvorstand der Commerzbank unter der strengen Ägide des Aufsichtsratsvorsitzenden Hanns Deuß, bei der immer üblicher werdenden Vergabe »großer abstrakter Finanzkredite« über die Euromärkte größere Zurückhaltung zu üben, wenn es keine klare Verbindung zu Exportgeschäften gab.[86]

Nachdem die Bundesbank im Oktober 1969 eine kräftige, innenpolitisch heftig umstrittene Aufwertung der Deutschen Mark gegenüber dem US-Dollar um 9 Prozent vorgenommen hatte und damit die Gefahr einer konjunkturellen Überhitzung erfolgreich hatte gebannt werden können, ebbte der Zustrom von US-Dollar vorübergehend ab.[87] Das schob die Zinsmarge zwar etwas nach oben, führte nun aber auch die enormen Risiken von Außen- und Devisenhandelsgeschäften bei abrupt veränderten Wechselkursen klar vor Augen.[88] Die amerikanische Währungspolitik verhieß in dieser Hinsicht nichts Gutes. Vor dem Hintergrund ohnehin schon hoher Militärausgaben zur Verteidigung des westlichen Bündnisses im Kalten Krieg, die durch den eskalierenden Vietnamkrieg weiter nach oben getrieben wurden, unternahm sie so gut wie nichts gegen den schwächer werdenden US-Dollar. Als Präsident Richard Nixon im August 1971 schließlich ohne vorherige multilaterale Abstimmung die Goldbindung des US-Dollar aufhob, brachte er das Währungssystem von Bretton Woods an den Rand des Zusammenbruchs. Eine Rückkehr zu festen Wechselkursen schien zwar prinzipiell möglich, konnte praktisch aber nicht durchgesetzt werden. Die Unternehmen und Geschäftsbanken mussten sich auf dauerhaft schwankende Wechselkurse einstellen. Im Gesamtvorstand der Commerzbank waren es Robert Dhom und Wolfgang Jahn, die seit dem Sommer 1971 immer wieder über die aktuelle Währungssituation und ihre schwer zu überschauenden Implikationen für das eigene Geschäft berichten mussten.[89] Hanns Deuß begann im Januar 1973, vor den »unvertretbaren Risiken in offenen Devisenpositionen« zu warnen.[90] Angesichts einer überaus restriktiven Geldpolitik der Bundesbank, die hohe Mindestreservepflichten festlegte, um dem Zustrom an US-Dollar Herr zu werden, beschloss der Gesamtvorstand, bei der Kreditvergabe stärkste Zurückhaltung zu üben.[91] Erst im Juli 1973 konnte Dhom eine gewisse Entspannung in Aussicht stellen: Bei der Bundesbank sei man eigentlich erstaunt, berichtete er von seinen dort geführten Gesprächen, dass es bei den Großbanken nicht zu Protesten wegen der extremen Auswirkungen der restriktiven Geldpolitik gekommen sei; zumindest in Hessen hätten sämtliche Banken ihre Mindestreserveverpflichtungen widerspruchslos erfüllt.[92]

Angesichts solcher währungspolitischer Turbulenzen zu Beginn der 1970er Jahre wäre wahrscheinlich jedes strategisch angelegte geschäftspolitische Modell an seine Grenzen gestoßen. Die Commerzbank aber verfügte nach ihrer Wiederbegründung gar nicht über ein ausformuliertes strategisches Konzept. Die Quintessenz der praktisch verfolgten Geschäftspolitik lässt sich wohl am besten als ein »Wachsen mit dem Wirtschaftswunder« begreifen und mit dem Schlagwort »Expansion« kennzeichnen. Dabei ging es um eine Expansion in doppelter Hinsicht: zum einen um den kräftigen Ausbau des Netzes an Geschäftsstellen und zusätzlichen Stützpunkten im Ausland, zum anderen um die Gewinnung breiterer Kundenkreise, vor allem im Bereich der Lohn- und Gehaltsempfänger, ohne jedoch die Werbung neuer Firmenkunden zu vernachlässigen. Wie sich die Umsetzung dieser doppelten Expansion in der Praxis vollzog, welche Schwerpunkte dabei gesetzt wurden und zu welchen Problemen und Konflikten es kam, soll im Folgenden etwas näher beleuchtet werden.

2.3 Geschäftspolitik in der Praxis: Die Hinwendung zu den Kunden

Erweiterung und Verdichtung des Geschäftsstellennetzes

Der beschlossene Ausbau des Geschäftsstellennetzes führte zwischen 1960 und 1966 fast zu einer Verdoppelung der Filialen und Zweigstellen im Inland, zunächst in allen größeren, dann auch in den meisten mittelgroßen Städten.[93] Umfasste das Netz der Commerzbank 1960 erst 266 Filialen und Zweigstellen, so wuchs es bis 1966 auf 461 an.[94] Bei der Planung der »weiteren vernünftigen Expansion« wurden zwar schon seit Anfang 1965 strengere Maßstäbe in Bezug auf die Ertragsaussichten und die aufzuwendenden Kosten für Umbau, Miete und Ausstattung angelegt.[95] Doch die starke Expansion der beiden Nachbarbanken ließ es geboten erscheinen, diese Maßstäbe recht flexibel zu handhaben.[96] Die Commerzbank wollte beim Ausbau ihres Geschäftsstellennetzes keinesfalls zurückbleiben. Selbst als es 1966 zu einem Konjunktureinbruch kam, blieb der Trend ungebrochen: 1967 wurden 89 Filialen eröffnet, so viele wie niemals zuvor in einem einzigen Jahr, und 1968 wurde dieser Rekord mit 96 neuen Filialen nochmals übertroffen. 1969 verfügte die Commerzbank schließlich über 675 Geschäftsstellen im gesamten Bundesgebiet sowie 45 in Westberlin.[97]

Um diese Geschäftsstellen mit qualifizierten Mitarbeitern und Leitungskräften besetzen zu können, waren enorme Anstrengungen in der bankinternen Aus- und Weiterbildung erforderlich. Trotz aller Kostenerwägungen legte der Gesamtvorstand der Commerzbank außerdem großen Wert auf ein einheitliches bauliches Erscheinungsbild der neuen Geschäftsstellen.[98] Ein sehr anschauliches und frühes Beispiel für den neuen, nüchternen Baustil, der sich markant von den Prachtbauten des Kaiserreichs abhob, war der Neubau für die Filiale Essen des Bankvereins Westdeutschland, den man bereits im Sommer 1950 bezogen hatte und der in der Presse viel gelobt worden war.[99] Er wies bereits wichtige Elemente auf, die sich in den 1960er Jahren an vielen neu errichteten Filialen wiederfanden.

In den 1960er Jahren neu errichtete Filialen und Zweigstellen in Dortmund (Ruhrallee), Frankfurt am Main (Kaiserstraße) und Ludwigshafen.

Der durch die Aufhebung der Zinsbindung angefachte Wettbewerb zwischen den Großbanken führte zu nochmals gesteigerten Anstrengungen, das jeweils eigene Filialnetz weiter auszubauen. Bei der Commerzbank erreichte die Geschäftsstellenexpansion erst 1969 ihren Höhepunkt: In diesem Jahr wurden nochmals 52 neue Filialen und Zweigstellen eröffnet, 1970 dann allerdings nur noch 31.[100] Damit verfügte die Bank Ende 1970 über 719 inländische Geschäftsstellen – verglichen mit 1960 war das ein stattlicher Zuwachs von rund 500 Filialen und Zweigstellen, über die nun eine viel größere Kundennähe gewährleistet werden konnte.[101] Der Gesamtvorstand war sich einig, dass der Ausbau von nun an nur noch zurückhaltend betrieben werden sollte und künftig vor allem die Anstrengungen für eine vergleichende Leistungs- und Ertragsrechnung verstärkt werden mussten.[102] Bisher verwendete man dafür die »Postenstatistik«, verrechnete die erbrachten Leistungen und Erträge also auf die Anzahl der jeweiligen Mitarbeiter; doch die Aussagekraft dieser Berechnungsmethode ließ für Geschäftsstellen mit weniger als 20 Mitarbeitern deutlich nach, weil diese in hohem Maße auch auf die Dienstleistungen von übergeordneten Stellen zugriffen und zugreifen mussten.[103] Erst im Herbst 1971, als der Zenit der Expansion klar überschritten war, wurde die Entscheidung über die Eröffnung neuer Geschäftsstellen von genaueren Standortanalysen abhängig gemacht, die auch die örtlichen Einkommens- und Kaufkraftverhältnisse mit berücksichtigten.[104]

Produktvielfalt im neuen Mengengeschäft

Gestützt auf ihr erweitertes und verdichtetes Geschäftsstellennetz konnte die Commerzbank die Zahl ihrer Kunden im Verlauf der 1960er Jahre massiv steigern: Waren es 1960 rund 500 000, so wurde 1965 die Millionengrenze überschritten, 1972 dann die Zweimillionengrenze.[105] Es handelte sich dabei zu rund 90 Prozent um private Kunden. 1965 verfügten zwei Drittel von ihnen über ein Girokonto und ein Sparbuch, immerhin ein Viertel unterhielt zudem bereits ein Wertpapierdepot, aber nur ein Zehntel nahm einen Kleinkredit oder ein Anschaffungsdarlehen in Anspruch.[106] Die neuen privaten Kunden waren also keineswegs hauptsächlich an Kleinkrediten interessiert, die bei dem werbewirksam unterstrichenen Einstieg ins Mengengeschäft im Mai 1959 im Mittelpunkt gestanden hatten; sie erwiesen sich vielmehr als eine wichtige Quelle für die Steigerung der Spareinlagen, die auch dem Firmenkundengeschäft zugutekamen, weil sie den Kreditspielraum der Bank beträchtlich erweiterten.[107] Die Produktvielfalt des Mengengeschäfts, mit der immer neue private Kunden gewonnen und an die Bank gebunden werden konnten, konzentrierte sich auf die drei Bereiche Kleinkredite und Anschaffungsdarlehen, Sparen und Investmentsparen sowie als eine besondere Profilierung der Commerzbank die Baufinanzierungen. Sie sollen im Folgenden etwas näher beleuchtet werden, bevor eine kurze Zwischenbilanz für das Mengengeschäft gezogen wird, dessen Rahmenbedingungen sich mit dem Ende des Nachkriegsbooms stark zu verändern begannen.

Kleinkredite und Anschaffungsdarlehen. Um sich der steigenden Nachfrage nach Konsumentenkrediten nicht zu entziehen, gewährte die Commerzbank – wie es mit den beiden Nachbarbanken abgesprochen worden war – seit dem 2. Mai 1959 standardisierte »Kleinkredite für jedermann«. Die deutschen Großbanken nahmen damit einen Impuls auf, der von der britischen Midland Bank ausging, die im Herbst 1958 als erste europäische Großbank überhaupt Barkredite für Privatpersonen angeboten hatte und damit erstaunlich erfolgreich war.[108] Besondere Sicherheiten mussten für den neuartigen Kleinkredit nicht beigebracht werden, die persönliche Kreditwürdigkeit des Antragstellers wurde allein nach dem monatlichen Einkommen beurteilt. Die Kleinkredite durften anfangs allerdings eine Höhe von 2000 DM und eine Laufzeit von 24 Monaten nicht überschreiten.[109] Mit diesem Angebot, das der Finanzierung von begehrten Konsumgütern wie Motorrädern, Kühlschränken oder Waschmaschinen diente, trafen die Großbanken den Nerv der Zeit: Die Commerzbank konnte bereits bis zum

Jahresende 1959 mehr als 45 000 Kleinkredite mit einem durchschnittlichen Volumen von 1200 DM vergeben. Parallel dazu wurden auch zahlreiche Spar- und Girokonten neu eröffnet, zumal die Arbeitgeber immer häufiger auf eine bargeldlose Lohn- und Gehaltszahlung drangen.[110] Hatte der Gesamtvorstand zunächst gezögert, seine Zustimmung für eine verstärkte Werbung für Kleinkredite sowie Lohn- und Gehaltskonten zu geben, so änderte sich das unter dem Eindruck des Vorgehens der Konkurrenz. »Nachdem die Deutsche Bank entgegen ihren früheren Äußerungen bei Kleinkrediten und auch bei der Führung von Lohn- und Gehaltskonten dazu übergegangen ist, diese Sparten propagandistisch aufzuziehen«, beschloss die Commerzbank, »bei den Kleinkrediten ebenfalls aus der Reserve herauszugehen (...)«.[111] Im Hinblick auf Lohn- und Gehaltskonten wollte man allerdings »vorerst weiter Zurückhaltung üben und nur da, wo wir nicht ablehnen können oder aus Konkurrenzgründen mitmachen müssen, uns einschalten«.[112] Außerdem war man sich einig, dass die Werbung zusammengefasst und aktiver gestaltet werden müsse; bisher besaß die Bank freilich noch gar keine qualifizierte Kraft, die als »Werbeleiter« infrage kam.[113]

Neue Impulse für die Werbung zur Unterstützung des Mengengeschäfts kamen vor allem aus Hamburg von Will Marx. Er regte beispielsweise an, auch über Fernsehwerbung für Kleinkredite sowie Spar- und Girokonten nachzudenken. Doch obwohl der Gesamtvorstand zustimmte und zügig einen Betrag von 1 Mio. DM für das Jahr 1962 bewilligte, musste das Vorhaben schließlich aufgegeben werden.[114] Die Sendezeiten waren nicht nur teuer, sondern auch noch sehr begrenzt, sodass sich die drei Großbanken schließlich darauf verständigten, vorerst ganz auf Fernsehwerbung zu verzichten – mit der wichtigen Ausnahme des Investmentsparens, das sich als besonders einträgliches Geschäftsfeld erwiesen hatte.[115] Eine andere Idee, die ebenfalls auf Marx zurückging, war die Verwendung von »Werbeclaims« wie beispielsweise »Commerzbank. Eine Bank, die ihre Kunden kennt«.[116] Der Einstieg ins Mengengeschäft markiert mithin auch einen Wandel in der Bankenwerbung: Die »unpersönliche« Medienwerbung mithilfe fest installierter Werbeträger an Bahnhöfen, Haltestellen und anderen öffentlichen Plätzen, mit Kalendern, Prospekten und Faltblättern wurde beträchtlich ausgebaut. Die konkrete Wirkung solcher Werbung war zwar fraglich, doch angesichts steigender Kundenzahlen konnte die eingeschlagene Strategie nicht völlig falsch sein.[117] Der Werbeetat der Commerzbank, der 1961 erst bei 3,5 Mio. DM lag, stieg bis 1971 auf 12 Mio. DM an.[118] Nachdem die Zinsverordnung zum 1. April 1967 ausgelaufen war, musste man bei der Werbung keine größere Zurückhaltung mehr üben. Nicht nur die Commerzbank begann, sie stärker produktbezogen auszurichten, und nahm außerdem vermehrt die Hilfe externer Werbeagenturen in Anspruch.[119]

Angesichts der starken Nachfrage nach Kleinkrediten und der wachsenden Konsumbedürfnisse begannen auch schon bald die Diskussionen über

Werbung »Kleinkredite für jedermann«, 1959

eine Anhebung der Kreditbeträge und -laufzeiten. Die Commerzbank zögerte zunächst.[120] Doch schon 1962 wurden die Kreditangebote für private Kunden erweitert: Neben den ursprünglichen Kleinkredit trat nun das »Anschaffungsdarlehen« mit einem deutlich höheren Volumen von bis zu 6000 DM und einer Laufzeit zunächst von bis zu 24, bald sogar von bis zu 48 Monaten.[121] Die Erfahrungen mit den neuen Kreditnehmern aus den Kreisen der Lohn- und Gehaltsempfänger waren überwiegend positiv, denn diese zahlten pünktlich ihre Zinsen und leisteten auch die vereinbarten Tilgungen, sodass sich die erforderlichen Abschreibungen in engen Grenzen hielten.[122] Vor diesem Hintergrund wurde der Kleinkredit 1971, zwölf Jahre nach seiner Markteinführung, in den »Commerzbank-Kaufkredit« (CBK) umgewandelt, der ein Volumen von bis zu 4000 DM erreichen und für eine Laufzeit von bis zu 36 Monaten in Anspruch genommen werden konnte. Das »Commerzbank-Anschaffungsdarlehen« (CBA) war inzwischen auf Beträge bis zu 20000 DM und einer Laufzeit bis zu 60 Monaten heraufgestuft worden.[123]

Sparen und Investmentsparen. Die Großbanken bekamen bei der Werbung um neue private Kunden auch kräftige Unterstützung vom Staat, der sich das Ziel der Vermögensbildung der Arbeitnehmer auf die Fahnen geschrieben hatte. Schon mit der Ausgabe von »Volksaktien« bei der Teil- oder Vollprivatisierung bundeseigener Unternehmen wollte man diesem Ziel ein gutes Stück näher kommen. 1959 machte die Preußag als Tochter der Vereinigten Elektrizitäts- und Bergwerks AG (VEBA) in Düsseldorf den Anfang, 1961 gefolgt von der Volkswagenwerk AG in Wolfsburg. In beiden Fällen beteiligte sich die Commerzbank an der Platzierung der jungen Aktien und konnte dabei nicht nur ihre Provisionseinnahmen, sondern auch die Zahl ihrer Depotkunden deutlich steigern.[124] Gestützt zunächst auf das »Sparprämiengesetz« von 1959, dann auch auf das »Gesetz zur Förderung der Vermögensbildung der Arbeitnehmer« von 1961 – kurz: das »312-Mark-Gesetz« – gelang es ihr, weitere Neukunden für das Spareinlagengeschäft zu gewinnen.[125] Auch hierbei stand sie im Wettbewerb: Als die Sparkassen im Frühjahr 1963 die Zinsen für die von ihnen angebotenen prämienbegünstigten Sparverträge anhoben, musste sich der Gesamtvorstand der Commerzbank eingehend mit der Frage befassen, ob er sich dieser »Übung« anschließen wollte oder nicht. Mit rund 75 Mio. DM trugen die prämienbegünstigten Spareinlagen, die für eine Laufzeit von fünf Jahren festgelegt werden mussten, bei der Commerzbank bislang nicht wirklich markant zum Gesamtvolumen der Spareinlagen bei, die 1962 bei knapp 1,28 Mrd. DM lagen.[126] Doch das prämienbegünstigte Sparen war ein Angebot, das über die vorteilhafte, langfristige Festlegung der Sparbeträge hinaus auch die besondere politische Dimension der Vermögensbildung besaß und für die Gewinnung weiterer Kunden unter den Arbeitnehmern unerlässlich schien. Die Entscheidung lief deshalb darauf hinaus, bei den eigenen prämienbegünstigten »Allgemeinen Sparverträgen« nicht über 4½ Prozent Zinsen p. a. hinauszugehen, was dem Angebot der Sparkassen gleichkam, vor einer endgültigen Festlegung aber erst noch Rücksprache mit den beiden Nachbarbanken zu nehmen.[127] Das Verhältnis zu diesen war gerade angesichts der starken Konkurrenz durch die Sparkassen noch immer von wettbewerbsdämpfender Kooperation geprägt.

Ein Geschäftsfeld, auf dem zwischen den drei Großbanken bereits recht starke Konkurrenz bestand, war das Investmentsparen. Mit immer neuen Fonds versuchten sie, die private Kundschaft an diese Variante der Wertpapieranlage heranzuführen.[128] Die ADIG, an der die Vorgänger der Commerzbank schon seit 1949 beteiligt waren, legte in den späten 1950er Jahren zwei neue Länderfonds für westeuropäische Aktien auf, denn mit der Gründung der Europäischen Wirtschaftsgemeinschaft (EWG) im Jahr 1957 war das Interesse an europäischen Standardaktien aus den beteiligten Ländern beträchtlich gestiegen.[129] Die Commerzbank beteiligte sich außerdem an der Gründung gleich mehrerer neuer Anlagegesellschaften im In- und Ausland.[130] Nachdem es sowohl beim »Sparprämiengesetz« von 1959 als auch beim »Gesetz zur Förderung der Vermögensbildung der Arbeitnehmer« von 1961 gelungen war, den Kauf von Investmentfonds-Anteilen in die staatliche Förderung einzubeziehen, stellte der Gesamtvorstand sogar Überlegungen an, eine eigene neue Investmentgesellschaft zu gründen.[131] Diese Überlegungen verliefen jedoch im Sande, offenkundig weil die Erfahrungen der anderen Kapitalanlagegesellschaften bald zeigten, wie schwierig es war, mit neuen Produkten wirklich neue Kundengruppen zu erschließen.[132]

Stattdessen brachte die Commerzbank im Dezember 1967 ein Produkt auf den Markt, bei dem das klassische Sparen mit einem speziellen Bonus belohnt wurde, der zumindest das Interesse an Investmentfonds wecken sollte: das »Combi-Sparen mit Commerzbank-Sparbonus«. Wer sich zum Abschluss eines auf fünf Jahre angelegten Kontensparplans entschloss, für den die staatliche Förderung zur Vermögensbildung in Anspruch genommen werden konnte, wurde bei Erreichen der Sparziele von der Commerzbank zusätzlich mit einer Gutschrift von Investmentfonds-Zertifikaten belohnt, also quasi automatisch zum »Investmentsparer« gemacht.[133] Die Absatzerfolge konnten sich sehen lassen, ob die erhoffte Wirkung der mit großem Aufwand betriebenen Werbung für das vermehrte Anlegen von Erspartem in Aktien- oder Rentenfonds eintrat, ließ sich allerdings nur schwer nachweisen. Doch das Prinzip der Kombination des klassischen Sparens mit anderen Produktangeboten schien zu funktionieren und wurde deshalb verstärkt angewandt, insbesondere mit Blick auf Versicherungen.[134]

Im Herbst 1971 entschloss sich die Commerzbank dann, ihre Beteiligung an der ADIG zu einer »Schachtel« von 25 Prozent auszubauen, um größeren Einfluss auf deren Geschäftspolitik ausüben zu können.[135] Künftig legte die ADIG vermehrt offene und geschlossene Immobilienfonds auf, für deren Käufer die Commerzbank als Depotbank fungierte.[136] Der seit April 1972 angebotene offene Immobilienfonds »Haus-Invest« entwickelte sich dabei besonders gut.[137] Um auch denjenigen Privatkunden etwas zu bieten, die noch immer zögerten, ihr Erspartes in Wertpapieren anzulegen, kreierte die Commerzbank 1972 außerdem den »Commerzbank-Sparbrief«. Er sah Stückelungen von 1000 DM und eine Laufzeit von mindestens vier Jahren vor und wurde als ein »Anlageprodukt« vermarktet. De facto handelte es sich freilich nicht um ein frei handelbares Wertpapier, sondern um eine langfristige Einlage bei der Commerzbank, die von ihr für Refinanzierungszwecke genutzt werden konnte. In dieser Hinsicht erwies sich das neue Produkt als voller Erfolg, bis zum Jahresende 1972 wurden bereits Sparbriefe in einem Volumen von 30 Mio. DM nachgefragt.[138]

Baufinanzierungen. Unterstützt durch die steuerliche Förderung des Bausparens, wie sie mit dem »Wohnungsbau-Prämiengesetz« vom März 1952 in Gang gesetzt worden war, schlossen die privaten Haushalte in der Bundesrepublik in den 1960er Jahren in hoher Zahl Bausparverträge ab, um den Kauf einer Eigentumswohnung oder den Bau eines Eigenheims finanzieren zu können.[139] Das kam vor allem den boomenden Bausparkassen, aber auch den Sparkassen und Girozentralen zugute, deren Anteil an den Wohnungsbauinvestitionen auf fast 36 bzw. 25 Prozent im Jahr 1968 anstieg; der Anteil der öffentlich-rechtlichen Pfandbriefinstitute und privaten Hypothekenbanken dagegen erreichte nicht mehr als 18 Prozent.[140] Für die Großbanken, die an verschiedenen Hypothekenbanken beteiligt waren und gemeinsam mit ihnen komplexe Baufinanzierungen anbieten konnten, lag es deshalb nahe, verstärkt auch die Kooperation mit den Bausparkassen zu suchen.[141]

Der Commerzbank gelang es frühzeitig, Kreditabkommen mit verschiedenen Bausparkassen für die Bauzwischenfinanzierung abzuschließen.[142] Die Bausparkassen boten ihren Bausparern gern solche Zwischenfinanzierungen über Dritte an, wenn ein Bausparvertrag noch nicht »zuteilungsreif« war, aber doch schon mit einem Bauvorhaben begonnen werden sollte. Für die Banken lag der Vorteil darin, dass die Bausparkassen das Risiko der Kreditgewährung an die Bausparer übernahmen und sich der Bearbeitungsaufwand auf ein Minimum reduzieren ließ; allerdings mussten sie dafür Zugeständnisse bei den Kreditzinsen machen. Die Commerzbank hatte ein solches Abkommen beispielsweise mit der Gemeinschaft der Freunde Wüstenrot gem. GmbH in Ludwigsburg – kurz: Bausparkasse Wüstenrot – getroffen und dafür ein Kontingent an Kreditmitteln von insgesamt 60 Mio. DM fest reserviert.[143] Die im Rahmen dieses Abkommens vereinbarte vergünstigte Kreditlinie belief sich im Sommer 1964 auf 19,5 Mio. DM, wurde aber durch eine zusätzliche, normal verzinste Kreditlinie außerhalb des Abkommens von 49 Mio. DM noch weit übertroffen. Damit hatte die Commerzbank den höchsten Anteil aller Banken an den von der Bausparkasse Wüstenrot überhaupt gewährten Bauzwischenfinanzierungen.[144] Die Kooperation erwies sich für beide Seiten als einträglich und wurde deshalb weiter vertieft, etwa indem die Commerzbank den Vertrieb von Bausparverträgen an die eigenen Kunden übernahm.[145]

Gestützt auf zahlreiche Kooperationen wie diese gelang es der Commerzbank, sich auf dem Gebiet der privaten Baufinanzierung durch eine erhebliche Produktvielfalt besonders zu profilieren und damit vom Angebot der anderen beiden Großbanken etwas abzusetzen.[146] Zu nennen wäre insbesondere das der eigenen Kundschaft seit 1968 offerierte »Bank-Vorausdarlehen« in Verbindung mit einem Bausparvertrag.[147] Für die Bauherren lag der Vorteil darin, dass sie eine langfristige Finanzierung ihrer Bank in Anspruch nehmen konnten, bei der sechs Jahre tilgungsfreies »Bank-Vorausdarlehen« mit elf Jahren Bauspardarlehen kombiniert wurden.[148] Wenig später wurde für Privatleute, Freiberufler, Gewerbetreibende zusätzlich die langfristige »Privathypothek« angeboten, die für Investitionen und größere Renovierungen gedacht war.[149] Dieses Angebot lehnte sich eng an das von der Deutschen Bank schon seit Oktober 1968 stark beworbene »Persönliche Hypotheken-Darlehen« an.[150] »Wir haben uns aus Konkurrenzgründen entschlossen, ebenfalls diese Sparte aufzunehmen«, hieß es in einem Rundschreiben an die eigenen Filialen ganz offen.[151]

Um die Produktpalette im Bereich der Baufinanzierungen noch weiter ausbauen zu können, brachten die Großbanken zu Beginn der 1970er Jahre außerdem Bewegung in ihre bisher breit gestreuten Hypothekenbankbeteiligungen.[152] Im Zuge eines groß angelegten, steuerneutralen Ringtauschs von Aktienpaketen gelang es ihnen, diese Beteiligungen zu jeweiligen Majoritäten zu bündeln, die allen Beteiligten die Vorteile eines engeren Konzernverbunds boten.[153] Lichtenberg sprach in diesem Zusammenhang sogar von einer »Flucht nach vorn«, weil die Großbanken – anders als die zu dieser Zeit kräftig wachsenden öffentlich-rechtlichen Landesbanken – nicht das eigenständige Recht zur Emission von Pfandbriefen und Kommunalobligationen zur langfristigen Mittelbeschaffung am Kapitalmarkt besaßen.[154] Die Commerzbank übernahm Ende 1970 zunächst die Mehrheit an der Rheinischen Hypothekenbank in Mannheim, etwas später auch die an der Westdeutschen Bodenkreditanstalt in Köln, um 1974 schließlich eine Fusion beider Institute unter dem Namen der Rheinischen Hypothekenbank herbeizuführen und den Sitz der Gesellschaft nach Frankfurt zu verlegen.[155] Gemeinsam mit ihren beiden Hypothekenbanktöchtern und der Bausparkasse Wüstenrot konnte sie ihren Kunden schon seit 1972 Baufinanzierungen »aus einer Hand« anbieten.[156] Sie ermöglichten vereinfachte Antrags- und Abwicklungsverfahren und deckten einen immer größeren Anteil der Herstellungskosten ab, sodass der erforderliche Eigenkapitalanteil der Bauherren schließlich auf weniger als 10 Prozent sank. Der Anteil des mit einer erststelligen Grundschuld zu besichernden Hypothekendarlehens, das an strenge Bewertungsmaßstäbe gebunden blieb, wurde dadurch immer mehr zurückgedrängt. Die Baufinanzierung »aus einer Hand« wurde zu einer »Hundertprozentfinanzierung«. Man könnte auch sagen: »Bauen ohne Eigenkapital« wurde möglich – ein Trend, der langfristig gesehen die Hauspreise ansteigen ließ.[157] Was für die Bauherren zunächst ein großer Vorteil zu sein schien, sorgte zudem für wachsenden Konfliktstoff zwischen den Großbanken und ihren Hypothekenbanktöchtern. Denn die Kritiker aus deren Reihen sahen früh die mit dem Abflachen der volkswirtschaftlichen Wachstumskurve verbundenen Gefahren: Bei nicht wenigen Bauherren führte die »Hundertprozentfinanzierung«, die kaum noch auf das beliehene Objekt, sondern fast ausschließlich auf die persönliche, vom Einkommen abhängige Kreditwürdigkeit des Bauherrn abstellte, in der zweiten Hälfte der 1970er Jahre infolge von Arbeitslosigkeit und sinkenden Einkommen zur finanziellen Überlastung.[158]

Zwischenbilanz zum Mengengeschäft. Als der Gesamtvorstand im März 1973 eine Zwischenbilanz zur aktuellen Lage im Mengengeschäft zog, musste

	Steigerung gegenüber 1971	Stand Ende 1972
Spareinlagen		
Deutsche Bank	+ 14,3 %	11.046.000 DM
Dresdner Bank	+ 12,2 %	7.942.000 DM
Commerzbank	+ 12,0 %	5.420.000 DM
Sparkassen	+ 11,4 %	149.000.000 DM
Genossenschaftsbanken	+ 17,2 %	51.000.000 DM
Kaufkredite und Anschaffungsdarlehen		
Deutsche Bank	+ 18,2 %	1.400.000.000 DM
Dresdner Bank	+ 32,4 %	927.000.000 DM
Commerzbank	+ 5,0 %	654.000.000 DM
Privathypotheken und Privatdarlehen		
Deutsche Bank	+ 40,0 %	1.256.000.000 DM
Dresdner Bank	+ 80,0 %	497.000.000 DM
Commerzbank	+ 52,0 %	252.000.000 DM

Tabelle 5: Entwicklungstrends im Mengengeschäft im Jahr 1972[159]

er feststellen, dass die Spareinlagen – die im Vorjahr durchschnittlich noch um 12 Prozent gestiegen waren, wie Tabelle 5 zeigt – sich rückläufig entwickelten.[160] Das war kein Trend, der nur für die Commerzbank zutraf: Die von den beiden Nachbarbanken vertraulich zur Verfügung gestellten Informationen zeigten vielmehr, dass das Spargeschäft auch bei ihnen unbefriedigend verlief; selbst von den Sparkassen wurde Ähnliches berichtet.

Wichtigste Ursache dieser Entwicklung war die Zinsdifferenz zu den vielfältigen anderen Anlageformen, die inzwischen bestanden, etwa zu Festgeldern, Sparbriefen, Investmentfonds und Wertpapieren sowie nicht zuletzt zu Immobilienanlagen. Anzeichen für ein generelles Nachlassen des Sparwillens in der Bevölkerung gab es nicht: »Das Aufkommen fließt offensichtlich nur weitgehend an unseren Sparkonten vorbei in höherverzinsliche oder sachwertbezogene Anlagen«, stellte die Commerzbank fest.[161] Anderen Instituten, allen voran den aufstrebenden Genossenschaftsbanken, gelang es mit nur geringfügig höheren Zinsen, den Spareinlagenzufluss auf ihre Mühlen zu lenken, zumal inzwischen eine hohe Markttransparenz bestand und die Kunden offenkundig zinssensibler geworden waren. Die Konkurrenz zwischen den drei Großbanken wurde im Kreditgeschäft ausgetragen: Vor allem die Dresdner Bank hatte mit Blick auf Kaufkredite und Anschaffungsdarlehen sowie

Privathypotheken und Privatdarlehen im Verlauf des Jahres 1972 stark zugelegt. Die Commerzbank dagegen hatte angesichts einer steigenden »Notleidenden-Quote« bei den Kaufkrediten und Anschaffungsdarlehen regelrecht auf die Bremse getreten und sich stattdessen stärker auf die Vergabe von Privathypotheken und Privatdarlehen für besser situierte Privatkunden verlegt. Sie wusste, dass die Dresdner Bank ihre Mitarbeiter in den Geschäftsstellen seit geraumer Zeit ebenso systematisch wie ausgiebig im Verkauf von Konsumentenkrediten schulte. Das habe sich offenkundig ausgezahlt, stellte der Gesamtvorstand nicht ohne Anerkennung fest, warf aber auch die Frage auf, ob es sich um ein »gesundes Wachstum« handle.[162]

Wachsende Anforderungen im Firmenkundengeschäft

Mit dem Boom der westdeutschen Wirtschaft wuchsen auch die Anforderungen im Firmenkundengeschäft, nicht nur bei den Außenhandelsfinanzierungen, sondern auch bei den mittel- und langfristigen Investitionskrediten und den Emissionsgeschäften. In gewisser Weise diente der Ausbau des Privatkundengeschäfts ja gerade dem Zweck, die Spareinlagen zu erhöhen, um so den Spielraum für die Kreditvergabe an die Firmenkunden der Bank zu erweitern. Auch im Firmenkundengeschäft wurden aber neue Kundengruppen erschlossen, vor allem die institutionellen Investoren rückten in den späten 1960er Jahren verstärkt in den Blick.

Außenhandelsfinanzierungen. Nachdem 1958 die Deutsche Mark voll konvertibel gemacht und 1959 der Abbau der Zollschranken in der Europäischen Wirtschaftsgemeinschaft in Gang gesetzt worden war, belebte sich der westdeutsche Außenhandel nochmals erheblich. Damit wuchsen die Anforderungen an die Außenhandelsfinanzierungen der Großbanken. Weil die Bundesbank aus konjunkturpolitischen Gründen die Diskontsätze mehrfach anhob, verloren der klassische Wechsel und der kurzfristige Diskontkredit zunehmend an Bedeutung, während der mittel- bis langfristige Buch- und Akzeptkredit immer wichtiger wurde, auch für Adressen im Ausland.[163] Denn der bisher übliche Lieferantenkredit wurde immer mehr zu einem Bestellerkredit. Für die Commerzbank – wie für alle in der Außenhandelsfinanzierung tätigen bundesdeutschen Geschäftsbanken – war dabei die Zusammenarbeit mit der 1952 gegründeten, privaten Ausfuhrkredit-Aktiengesellschaft (AKA) ausgesprochen wichtig. Ihr Geschäftsrahmen wurde mit dem Wirtschafts- und Exportboom sukzessive ausgeweitet, und immer mehr Geschäftsbanken zeigten Interesse, in den Kreis der Konsortialpartner aufgenommen zu werden. Die Commerzbank war zunächst durch Hanns Deuß, dann durch Robert Dhom im Aufsichtsrat der AKA vertreten.[164]

Weil die kontinuierliche Aufstockung der zur Verfügung stehenden Kreditmittel mit der boomenden Exportwirtschaft aber kaum Schritt halten konnte und die langfristigen, aus dem Export resultierenden Forderungen zudem immer stärker die Bilanzen der Exportunternehmen aufblähten, verständigten sich die Konsortialpartner der AKA schließlich darauf, dass langfristige Exportkredite an bundesdeutsche Unternehmen künftig auch durch direkte Finanzkredite an das Ausland, sprich die ausländischen Besteller oder deren Banken, ergänzt werden konnten. Für die deutschen Exporteure hatte das den großen Vorteil, dass das Liefer- zunehmend vom Kreditgeschäft getrennt werden konnte, sie sich also immer weniger selbst um die Finanzierung des Exports bemühen mussten. Die Refinanzierung dieser direkten Finanzkredite erfolgte unter Rückgriff auf eigene Mittel der Konsortialbanken sowie den Kapitalmarkt. Dies war eine ausgesprochen wichtige Weichenstellung für die beteiligten Geschäftsbanken, die nun stärker ins eigene Risiko gingen und zugleich ihre Aktivitäten an den Euromärkten ausweiteten. Die Commerzbank legte bei den vorbereitenden Gesprächen Wert darauf, dass für jedes selbst eingebrachte Geschäft, das einen direkten Finanzkredit an eine ausländische Adresse vorsah, künftig ebenfalls ein bestimmter Hausbankanteil festgelegt wurde, analog der sonst üblichen Refinanzierung für die von der AKA gewährten Lieferantenkredite.[165] Das Grund- bzw. Stammkapital der AKA, die 1966 von einer Aktiengesellschaft in eine Gesellschaft mit beschränkter Haftung umgewandelt wurde und dabei zahlreiche neue Konsortialbanken aufnahm, darunter auch die Girozentralen der Sparkassen und die Bank für Gemeinwirtschaft, wurde in den folgenden Jahren mehrfach erhöht. Die Commerzbank war bestrebt, ihre eigene Konsortialquote trotzdem leicht zu steigern.[166] Obwohl sie mit der Außenhandels-Förderungs-GmbH inzwischen auch über eine eigene Tochtergesellschaft zur Unterstützung des Außenhandels verfügte, blieb die AKA für sie von ungleich größerer Bedeutung, weil sie als Konsortialbank eine viel stärkere Finanzkraft besaß.[167]

Eine der zahlreichen Firmenkundinnen der Commerzbank, für die immer wieder AKA-Finanzierungen auf den Weg gebracht wurden, war beispielsweise die Rheinstahl Nordseewerke GmbH in Emden. So stand im November 1968 die Frage zur Debatte, ob den Kreditanträgen der Nordseewerke für den Bau von insgesamt sieben Frachtschiffen im Auftrag der ARYA Shipping Co. aus Teheran (Iran) und der Scindia Steam Navigation Co. Ltd. aus Bombay (Indien) entsprochen werden sollte. Der Vorstand stimmte den von Will Marx und Heinrich Polke dargelegten Finanzierungsprojekten, die ein Volumen von 21 bzw. 17,5 Mio. DM hatten und auf eine Laufzeit von zehn Jahren ausgelegt waren, schließlich unter der Bedingung zu, dass »eine Aufteilung des einzelnen Geschäfts zu je 1/3 auf uns und die beiden Nachbarbanken gegeben ist«.[168] Entscheidungen über Außenhandelsfinanzierungen wie diese gehörten in den späten 1960er Jahren zur Routine. Denn die Nachfrage nach langfristigen Ausfuhrkrediten für Investitionsgüter blieb nach Überwindung der Rezession von 1966/67 generell hoch. Die Commerzbank stellte dabei fest, dass es immer häufiger nicht nur große, sondern auch mittelgroße

Industrieunternehmen waren, die sich um Ausfuhrkredite bemühten.[169] Bei den von ihr zugesagten Exportkrediten, die sich in der Größenordnung von etwa 1000 Einzelkrediten pro Jahr bewegten, handelte es sich zunehmend um liefergebundene, direkte Finanzkredite an die Besteller. Der Schwerpunkt lag auf den USA und Lateinamerika, hier vor allem in Brasilien und Argentinien, wo die Bank seit den frühen 1950er Jahren eigene Repräsentanzen unterhielt und Geschäftskontakte aufgebaut hatte.[170] In ihrem Geschäftsbericht für 1968 monierte sie aber noch immer: »Für eine allgemeine Entlastung der deutschen Lieferanten von Finanzierungsaufgaben wurde jedoch, trotz intensiver Bemühungen, noch keine allseits befriedigende Lösung gefunden.«[171] Es gab ihrer Meinung nach allerdings positive Ansätze: Denn seit März 1969 war es möglich, die begehrte Deckung von Ausfuhrkrediten durch Hermes-Bürgschaften des Bundes unter bestimmten Voraussetzungen auch auf die liefergebundenen, direkten Finanzkredite zu übertragen.

Die Commerzbank machte ihre Kreditzusagen für den Export von Investitionsgütern in wachsendem Maße von einer solchen Unterstützung des Bundes und von der Anzahlungsbereitschaft des Bestellers abhängig, vor allem wenn es sich um Lieferungen in politisch sensible Regionen handelte. Im Juli 1969 stand beispielsweise eine Exportfinanzierung für die Howaldtswerke-Deutsche Werft AG (HDW) in Hamburg und Kiel zur Debatte, die einen von der Bundesregierung bereits genehmigten Auftrag zum Bau von U-Booten für Israel übernommen hatte. Obwohl die Commerzbank an den Exportfinanzierungskonsortien für die HDW in der Regel sogar führend beteiligt war,[172] kam der Gesamtvorstand zu dem Schluss, nicht mitzuwirken, weil die Bundesregierung nicht auf einer regulären Anzahlung des Bestellers bestand.[173] Einen liefergebundenen, direkten Finanzkredit an die algerische Staatsreederei zur Finanzierung eines Auftrags an die Firma Orenstein & Koppel AG in Berlin zum Bau von mehreren Schiffen, der zu 90 Prozent durch eine Hermes-Bürgschaft abgedeckt wurde, sagte der Gesamtvorstand im März 1971 dagegen ohne Zögern zu.[174]

Im Zuge des expandierenden Außenhandels der Bundesrepublik engagierte sich die Commerzbank zunehmend auch als Kreditgeberin für ausländische Staaten, gerade mit Blick auf die Staatshandels- und Entwicklungsländer. Im Rahmen des deutsch-jugoslawischen Handelsabkommens gewährte sie beispielsweise 1964 einen ersten großen Staatskredit mit fünfjähriger Laufzeit an die jugoslawische Nationalbank, der durch eine Bundesbürgschaft abgesichert wurde.[175] Außerdem begann sie damit, auf Deutsche Mark lautende, anleiheähnliche Schuldscheindarlehen an ausländische Adressen zu vergeben, darunter die Europäische Gemeinschaft für Kohle und Stahl sowie zahlreiche Industrieunternehmen; sie trug damit zu dem im wirtschaftlichen Boom sehr erwünschten bundesdeutschen Kapitalexport bei.[176] Eines der größten Schuldscheindarlehen, welche die Commerzbank in den 1960er Jahren an eine ausländische Adresse vergab, war ein Darlehen von 120 Mio. DM an die kanadische Provinz Quebec im Jahr 1968.[177]

Finanzierung von Schiffsbauten: hier Montage des Frachters Aegir bei der Rheinstahl Nordseewerke GmbH, 1967–1968; Foto: Bildstelle der Rheinstahl Nordseewerke GmbH, Emden, 1967–1968; Quelle: thyssenkrupp Konzernarchiv, Duisburg.

Mittel- und langfristige Investitionskredite. Bei den Investitionskrediten für Handel, Gewerbe und Industrie verschob sich der Schwerpunkt allmählich von mittel- zu langfristigen Laufzeiten: Zu Beginn der 1960er Jahre waren Industriekredite mit einer Laufzeit von vier Jahren – offiziell: »4 Jahre minus ein Tag« – gängig, weil das dem geforderten Fristenaufbau der Bankbilanzen am besten entsprach. Angesichts der kräftig ansteigenden Spareinlagen konnte die Commerzbank in der zweiten Hälfte der 1960er Jahre aber zu Krediten mit noch längeren Laufzeiten übergehen, wie es ihren zunehmend an umfassenden Erweiterungsinvestitionen interessierten Firmenkunden entsprach.[178] Wegen der starken Nachfrage musste bei der Kreditbewilligung allerdings weiterhin darauf geachtet werden,

den Rahmen des Tragbaren nicht zu überschreiten. Wie die anderen beiden Großbanken gehörte die Commerzbank einer ganzen Reihe von Finanzierungskonsortien für die großen Industrie- und Handelsunternehmen an, in denen die Finanzkraft der Banken gebündelt und das Risiko geteilt werden konnte. Die Anteile an den aufzubringenden Großkrediten beruhten dabei in hohem Maße auf Gewohnheitsrecht und Tradition, mussten allerdings immer neu verteidigt und ausgehandelt werden. Die Commerzbank war darum bemüht, ihre Quoten nach Möglichkeit gerade bei den Finanzierungen für namhafte Großunternehmen zu steigern, um in die prestigeträchtige Konsortialführungsgruppe aufzusteigen. Mit Blick auf die Volkswagenwerk AG hatte sie im Sommer 1960 beispielsweise zunächst beschlossen, sich lediglich mit 70 Mio. DM an einem Konsortialkredit zu beteiligen, stockte ihre Beteiligung aber nachträglich auf 100 Mio. DM auf, um mit der Dresdner Bank und der Deutschen Bank gleichzuziehen. »Mit Befriedigung wird festgestellt, daß es gelungen ist, unserer Bank die Mitführung bei diesem Konsortialkredit zu sichern«, hieß es dazu im Protokoll einer Sitzung des Gesamtvorstands.[179] Im Frühjahr 1961 konnte man mit Wolfgang Siebert ein Vorstandsmitglied der Volkswagenwerk AG im Aufsichtsrat der Commerzbank begrüßen und damit die prestigeträchtige Kundenbeziehung auch nach außen hin sichtbar demonstrieren.[180]

Die anhaltende Hochkonjunktur brachte das Kreditgeschäft der Commerzbank allerdings trotz Kapitalerhöhung und verstärkter Rücklagenbildung schon bald an seine Grenzen.[181] Reibungen zwischen den drei Vorstandsgruppen, Hauptverwaltungen und Fachabteilungen, die sich verständlicherweise jeweils für die von ihnen betreuten Unternehmen besonders einsetzten, blieben nicht aus.[182] Gegenüber neuen Kreditkunden galt es, Zurückhaltung zu üben: »Es muss davon ausgegangen werden«, so betonte im November 1965 etwa Ernst Rieche, »daß im kommenden Geschäftsjahr in verstärktem Umfang mittel- und langfristige Kreditwünsche unserer Stammkundschaft auf uns zukommen, die nur sehr schwer zu befriedigen sein werden. Es sollte daher konsequent davon abgesehen werden, langfristige Engagements mit neuer Kundschaft aufzubauen.«[183] Doch schon allein die starke Kreditnachfrage aus der angestammten Kundschaft zwang zu vermehrten Anstrengungen bei der Einlagengewinnung, »selbst bei steigenden Einstandskosten«, wie der Gesamtvorstand im Juli 1966 festhielt.[184] Die Zinssätze für Spargelder sollten zunächst unangetastet bleiben, die Zinsen für Festgelder der Industriekunden aber leicht angehoben werden. Bei der eigenen Kreditvergabe dagegen wollte man die bisher gewährten Sonderkonditionen weiter abbauen, insbesondere nicht mehr auf Bereitstellungsprovisionen für nicht ausgenutzte Kreditlinien verzichten und für »unumgängliche Neukredite« keine Verzinsung unter 9 Prozent mehr gewähren, was immerhin 4 Prozentpunkte über dem aktuellen Diskontsatz der Bundesbank lag.[185]

Neben zahlreichen mittelständisch geprägten Familienunternehmen zählte die Commerzbank in den späten 1960er und frühen 1970er Jahren eine wachsende Zahl von namhaften Industriekonzernen zu ihren Firmenkunden, aus der Stahlindustrie beispielsweise den Gutehoffnungshütte Aktienverein, die August Thyssen-Hütte AG und die Dortmund-Hörder Hüttenunion AG, aus der Chemieindustrie die Bayer AG und die Hoechst AG und aus der Automobilindustrie neben der Volkswagenwerk AG etwa auch die General Motors-Gruppe und die Ford Motor Company.[186] Viele dieser Industrieunternehmen hatten Vertreter in den Aufsichtsrat der Commerzbank entsandt, oft allerdings keine aktiven Vorstände, sondern in den Aufsichtsrat gewechselte ehemalige Vorstandsmitglieder, um das Problem der verbotenen Überkreuzverflechtung von Mandaten zu umgehen; der Gutehoffnungshütte Aktienverein beispielsweise entsandte 1975 Dietrich Wilhelm von Menges in das Aufsichtsgremium der Commerzbank.[187]

Im Hinblick auf die Branchenstruktur des Kreditgeschäfts der Commerzbank zeigt sich für die späten 1960er und frühen 1970er Jahre allerdings kein markanter Wandel: Die Bauwirtschaft sowie die Eisen- und Stahlindustrie verloren etwas an Bedeutung, die Chemieindustrie, die Elektrotechnik, Feinmechanik, Optik, Metallwarenherstellung und Kunststoffverarbeitung, aber auch der Stahl-, Maschinen-, Fahrzeug- und Schiffbau gewannen etwas hinzu. Auffallend ist vor allem der relativ starke Bedeutungsverlust des Handels, dessen Anteil von 18,5 im Jahr 1967 auf nur noch 14,7 Prozent im Jahr 1972 sank. Ihm steht ein etwa gleich großer relativer Bedeutungsgewinn der privaten Kreditnehmer gegenüber, deren Anteil von 21,2 im Jahr 1967 auf 24,6 Prozent im Jahr 1972 anwuchs.[188] Der Einstieg ins Mengengeschäft erwies sich aus dieser Sicht also als völlig richtige Entscheidung.

Auch die Größenstruktur der Kredite unterlag in den späten 1960er und frühen 1970er Jahren trotz des enormen Wachstums des Kreditvolumens keinen sehr starken Veränderungen. Der Anteil derjenigen Kredite, die unter 20000 DM lagen, an der Gesamtzahl aller Kredite wuchs bis 1970 auf den Höchstwert von 91,2 Prozent an, ging dann aber wieder zurück. Der Anteil der Kredite zwischen 20000 und 100000 DM dagegen erreichte mit 7,5 Prozent erst im Jahr 1974 seinen Höchstwert. Das Kleinkreditgeschäft hatte seinen Zenit im Jahr 1970 überschritten, während das Kreditgeschäft mit besser situierten Privatkunden, mit Freiberuflern und mittelständischen Unternehmen seither noch an Bedeutung gewann. Ins Auge fällt jedoch vor allem die hohe Konstanz des Anteils der Großkredite über 1 Mio. DM, der niemals die Größenordnung von lediglich 0,6 bis 0,7 Prozent an allen von der Commerzbank vergebenen Krediten überschritt, auch wenn sich die Anzahl der Großkredite von 1967 bis 1972 kontinuierlich steigern ließ.[189]

Emissionsgeschäfte. Ein Geschäftsfeld, in dem die Commerzbank ebenfalls eine wichtige, aber immer aufs Neue zu verteidigende Rolle spielte, war das Emissionsgeschäft. Dies lässt sich an zwei Beispielen veranschaulichen. Als anerkannte Hausbank der Karstadt AG in Essen konnte sie in deren Kredit-, Aktien- und Anleihekonsortien lange Zeit mit einer Quote von rund einem

Drittel als Konsortialführerin agieren, während sich ihre schärfste Konkurrentin, die im Emissionsgeschäft besonders starke Deutsche Bank, ebenfalls mit einer Quote von rund einem Drittel auf die Rolle der »Mitführerin« beschränken musste; 1969 verständigten sich die beiden Banken jedoch darauf, die Führungsrolle künftig abwechselnd wahrzunehmen.[190] Bei der Mannesmann AG in Düsseldorf wiederum gelang es der Commerzbank – wie der Dresdner Bank – überhaupt erst 1971, zu den traditionell von der Deutschen Bank geführten Kredit-, Aktien- und Anleihekonsortien zugelassen zu werden; beide Banken mussten sich hier aber mit Quoten von rund 10 Prozent zufriedengeben.[191] Auch damit war ihnen eine Beteiligung an den deutsch-sowjetischen Erdgas-Röhren-Geschäften sicher, die unter Federführung der Deutschen Bank mit der Mannesmann AG einerseits und der sowjetischen Außenhandelsbank andererseits abgewickelt wurden.

Zu den Kunden im Emissionsgeschäft zählten aber nicht nur private, sondern auch öffentliche Unternehmen, etwa die Bundesbahn und die Bundespost, andere öffentliche Einrichtungen sowie vor allem der Bund, die Länder und auch die Kommunen. Sie alle nahmen seit den späten 1950er Jahren vermehrt Anleihen am Kapitalmarkt auf und bedienten sich bei der Abwicklung dieser Transaktionen der Geschäftsbanken. 1962 war die Commerzbank beispielsweise an der Übernahme, Emission und Börseneinführung von 22 öffentlichen Anleihen beteiligt, darunter Anleihen für die Städte Hamburg, München und Stuttgart.[192] Hinzu kam ihre Beteiligung an der Übernahme, Emission und Börseneinführung von 28 Anleihen und Bankschuldverschreibungen für private Unternehmen bzw. private Hypothekenbanken.[193] Den überwiegenden Anteil am Emissionsgeschäft aber machte ihre Beteiligung an der Übernahme, Emission und Börseneinführung von 63 Aktien privater Unternehmen aus, darunter immerhin bereits zehn ausländische Papiere von holländischen, belgischen, französischen, österreichischen und italienischen Firmen.[194]

Außerdem gehörte die Commerzbank zum Kreis der europäischen Großbanken, die sich zu Konsortien für Fremdwährungsanleihen zusammenschlossen. 1965 offerierte sie ihre erste Doppelwährungsanleihe – in britischen Pfund Sterling mit einer Option auf Deutsche Mark – für das finnische Unternehmen Enso Gutzeit.[195] Denn gemeinsam mit Warburg, Crédit Lyonnais und Svenska Handelsbanken gehörte sie seit Januar 1965 dem internationalen Emissionssyndikat des Unternehmens an.[196] Im selben Jahr 1965 waren es insgesamt 47 Anleiheemissionen, 1966 dann sogar 75 Anleiheemissionen und in den folgenden drei Jahren jeweils durchschnittlich 60 Anleihe- und Wandelanleiheemissionen in ausländischer Währung, zumeist US-Dollar, an deren Übernahme, Emission und Börseneinführung sie beteiligt war – mit beständig anwachsenden Beträgen.[197] In Anspruch genommen wurde hierfür zumeist der überaus ergiebige Eurodollarmarkt, auf dem 1968 »nicht unwesentlich höhere Erträge als im Vorjahr« erwirtschaftet werden konnten.[198] Auch das Aktienemissionsgeschäft für ausländische Adressen

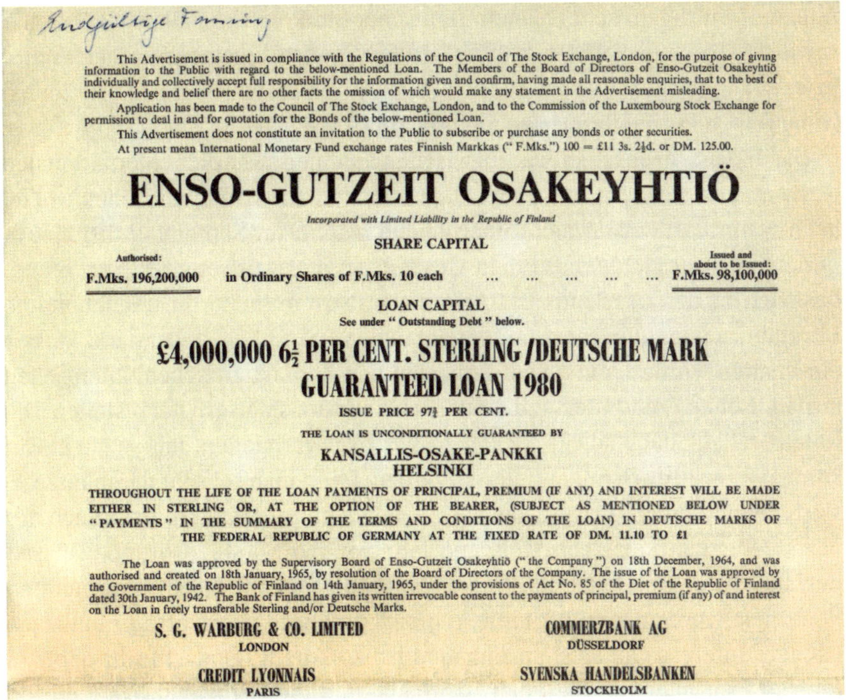

This Advertisement is issued in compliance with the Regulations of the Council of The Stock Exchange, London, for the purpose of giving information to the Public with regard to the below-mentioned Loan. The Members of the Board of Directors of Enso-Gutzeit Osakeyhtiö individually and collectively accept full responsibility for the information given and confirm, having made all reasonable enquiries, that to the best of their knowledge and belief there are no other facts the omission of which would make any statement in the Advertisement misleading.

Application has been made to the Council of The Stock Exchange, London, and to the Commission of the Luxembourg Stock Exchange for permission to deal in and for quotation for the Bonds of the below-mentioned Loan.

This Advertisement does not constitute an invitation to the Public to subscribe or purchase any bonds or other securities.

At present mean International Monetary Fund exchange rates Finnish Markkas (" F.Mks.") 100 = £11 3s. 2¼d. or DM. 125.00.

ENSO-GUTZEIT OSAKEYHTIÖ

Incorporated with Limited Liability in the Republic of Finland

SHARE CAPITAL

Authorised:		Issued and about to be Issued:
F.Mks. 196,200,000	in Ordinary Shares of F.Mks. 10 each … … … … … …	F.Mks. 98,100,000

LOAN CAPITAL

See under " Outstanding Debt " below.

£4,000,000 6½ PER CENT. STERLING/DEUTSCHE MARK GUARANTEED LOAN 1980

ISSUE PRICE 97¾ PER CENT.

THE LOAN IS UNCONDITIONALLY GUARANTEED BY

KANSALLIS-OSAKE-PANKKI HELSINKI

THROUGHOUT THE LIFE OF THE LOAN PAYMENTS OF PRINCIPAL, PREMIUM (IF ANY) AND INTEREST WILL BE MADE EITHER IN STERLING OR, AT THE OPTION OF THE BEARER, (SUBJECT AS MENTIONED BELOW UNDER "PAYMENTS" IN THE SUMMARY OF THE TERMS AND CONDITIONS OF THE LOAN) IN DEUTSCHE MARKS OF THE FEDERAL REPUBLIC OF GERMANY AT THE FIXED RATE OF DM. 11.10 TO £1

The Loan was approved by the Supervisory Board of Enso-Gutzeit Osakeyhtiö (" the Company ") on 18th December, 1964, and was authorised and created on 18th January, 1965, by resolution of the Board of Directors of the Company. The issue of the Loan was approved by the Government of the Republic of Finland on 14th January, 1965, under the provisions of Act No. 85 of the Diet of the Republic of Finland dated 30th January, 1942. The Bank of Finland has given its written irrevocable consent to the payments of principal, premium (if any) of and interest on the Loan in freely transferable Sterling and/or Deutsche Marks.

S. G. WARBURG & CO. LIMITED
LONDON

COMMERZBANK AG
DÜSSELDORF

CREDIT LYONNAIS
PARIS

SVENSKA HANDELSBANKEN
STOCKHOLM

Doppelwährungsanleihe in Pfund Sterling und Deutscher Mark für das finnische Unternehmen Enso Gutzeit unter Mitführung der Commerzbank, 1965

hatte an Bedeutung zugenommen, wenn auch nicht ganz so eindrucksvoll: 1968 war die Commerzbank an der Übernahme, Emission und Börseneinführung von insgesamt 49 Aktien beteiligt, darunter zwölf ausländische Papiere; deren Emittenten kamen nicht nur aus Europa, sondern inzwischen auch aus den USA und anderen Ländern in Übersee.

Für das Geschäftsjahr 1972 musste die Commerzbank dann konstatieren, dass im Emissionsgeschäft die Anleihen für öffentliche Stellen und ausländische Schuldner ganz in den Vordergrund gerückt waren. »Die deutsche Wirtschaft führte nicht nur weniger Kapitalerhöhungen als im Vorjahr durch, sondern hielt sich auch bei der Finanzierung über Anleihen eher zurück.«[199] Nur die Rheinisch-Westfälisches Elektrizitätswerk AG und die Volkswagenwerk AG hatten sich noch über die Emission von Anleihen finanziert, andere Unternehmen nahmen wegen der anziehenden Zinsen davon Abstand. Man habe das Feld der »zinsrobusteren« öffentlichen Hand überlassen müssen, hieß es im Geschäftsbericht.[200] Die Commerzbank schaltete sich deshalb vor allem in das internationale Emissionsgeschäft ein: Sie war an sechs DM-Auslandsanleihen führend beteiligt, in mehreren Fällen gemeinsam mit dem Crédit Lyonnais und dem Banco di Roma, und wirkte an weiteren 18 internationalen Anleihen im Gegenwert von 1,6 Mrd. DM als Co-Manager mit. Diese

Anleihen wurden in acht Fällen in Deutscher Mark, in vier Fällen in US-Dollar sowie in jeweils zwei Fällen in französischen Francs, luxemburgischen Francs bzw. holländischen Gulden auch auf den Euromärkten begeben, die längst keine reinen Eurodollarmärkte mehr waren.[201]

Das Emissionsgeschäft war inzwischen zu einem wahrlich internationalen Geschäft geworden, bei dem auch die Commerzbank kräftig mitziehen wollte, auch wenn die Risiken nicht unerheblich waren. Im September 1972 etwa berichtete Paul Lichtenberg dem Gesamtvorstand von seiner Beobachtung, dass sich bei den »Auslands-DM-Anleihen«, also den am Euromarkt in London, Luxemburg oder andernorts aufgenommenen DM-Anleihen, verstärkt Makler einschalten würden, um gegen Provision den Kontakt zwischen potenziellen ausländischen Emittenten und deutschen Emissionshäusern herzustellen. Die Commerzbank habe solche Makler bisher zwar vermieden, müsse sie in Zukunft aber wohl auch mit in Betracht ziehen. Denn man sei sehr daran interessiert, neue Mandate für »Auslands-DM-Anleihen« zu erhalten. Anlässlich der bevorstehenden Reise von Wolfgang Jahn von der Vorstandsgruppe Düsseldorf und Peter Deuß von der Vorstandsgruppe Hamburg nach Brasilien und Venezuela wurde daran anknüpfend gleich praktisch überlegt, wer in diesen Ländern Interesse an solchen Anleihen haben könnte. Gedacht war dabei in Brasilien vor allem an die Stadt São Paulo und die Companhia Vale do Rio Doce, in Venezuela an die Siderúrgica del Orinoco C. A. (Sidor) und die Staatsregierung selbst. Der Risiken dieses Geschäfts war man sich bewusst: »Im Hinblick auf den eingeschränkten Goodwill lateinamerikanischer Staaten oder staatlicher Gesellschaften als Anleihe-Schuldner würden wir das Management einer Auslands-DM-Anleihe für venezolanische Rechnung nur gemeinsam mit einem New Yorker Investmenthaus, das Erfahrungen in Venezuela-Anleihen besitzt, übernehmen«, hielt das Protokoll der Sitzung dazu fest.[202]

Angebote für institutionelle Investoren. Im Frühjahr 1969 wandte sich die Commerzbank mit der Etablierung der Commerzbank Fonds-Verwaltungsgesellschaft mbH (Cofo) in Düsseldorf auch im Firmenkundengeschäft einer neuen Kundengruppe zu: den inländischen institutionellen Anlegern, also vor allem Versicherungsgesellschaften und Pensionsfonds, die ebenso sichere wie rentable Anlagemöglichkeiten für die wachsenden Vermögen der bundesdeutschen Bevölkerung suchten.[203] Dass der zuerst aufgelegte »Cofonds« recht schnell gute Nachfrage fand, konnte der Gesamtvorstand der regelmäßigen Berichterstattung Heinz Niederste-Ostholts entnehmen, der als Mitglied der Vorstandsgruppe Düsseldorf die Betreuung der neuen Kapitalanlagegesellschaft übernommen hatte.[204] Der Gesamtvorstand verfolgte die Entwicklung der neuen Kapitalanlagegesellschaft und des »Cofonds« weiterhin sehr aufmerksam, vor allem als es im Herbst 1970 um die Frage ging, ob er seine Gewinne einbehalten oder steuersparend ausschütten sollte, was klar befürwortet wurde. Um ihn noch besser bei potenziellen Anlegern bekannt zu machen, sollten die Wertpapiersachbearbeiter der Bank bei ihrer nächsten

Tagung eingehend über den neuen Fonds informiert werden.[205] Als echter Durchbruch konnte es gewertet werden, als die Allianz Versicherungs-AG im Frühsommer 1971 beschloss, bei der Cofo einen eigenen Fonds mit einem Anfangsbestand von 10 Mio. DM zu etablieren und diesen rasch weiter aufzustocken.[206] Im Herbst 1971 konnte man erfreut konstatieren, dass die neue Kapitalanlagegesellschaft bereits im Geschäftsjahr 1970 Erträge im Gesamtwert von fast 1 Mio. DM erwirtschaftet hatte, bestehend vor allem aus Depotgebühren, Provisionen und Kapitalausschüttungen. Daraus ergaben sich für die Commerzbank bis zum 30. September 1971 Einnahmen in Höhe von nicht weniger als 773 000 DM.[207] Der Einstieg in dieses neue Geschäftsfeld im Firmenkundenbereich konnte als voller Erfolg gewertet werden.[208]

Neue Ansätze im Auslandsgeschäft

Um ihre zunehmend im Außenhandel tätigen Firmenkunden besser unterstützen zu können, hatten die drei Nachfolgeinstitute der Commerzbank bereits in den frühen 1950er Jahren gemeinsame Vertretungen in Europa und in Übersee eröffnet.[209] Doch dieses bestehende Netz an Repräsentanzen wurde bald als unzureichend empfunden. In den mit Blick auf die Rohstoffversorgung, den Export von Konsum- und Investitionsgütern oder den Aufbau eigener Produktionsstätten für deutsche Unternehmen besonders vielversprechenden Regionen wurden deshalb zügig weitere Stützpunkte etabliert. Die rasche Veränderung der politischen Landschaft in den aus der Kolonialherrschaft entlassenen Staaten Afrikas, Arabiens und Asiens ließ gerade hier die verstärkte Präsenz vor Ort geboten erscheinen, auch durch Beteiligungen an Konsortialbanken und Finanzierungsgesellschaften. Im Gesamtvorstand wurde überdies frühzeitig die Eröffnung eigener Auslandsfilialen diskutiert – vor allem in New York und London, doch solche größeren Investitionen mussten wohlbedacht werden und zögerten sich hinaus, zumal die Idee der engeren Kooperation mit anderen westeuropäischen Geschäftsbanken zunehmend an Bedeutung gewann.

Repräsentanzen und Beteiligungen auf allen Kontinenten. Für die deutsche Industrie von besonderer Bedeutung blieb Lateinamerika, insbesondere Brasilien.[210] Die Commerzbank setzte deshalb im Frühjahr 1960 einen Generalvertreter für den ganzen Subkontinent ein, dem die beiden bereits bestehenden Repräsentanzen in Rio de Janeiro und Buenos Aires unterstellt wurden.[211] Günther Eberhard, der mit dem Amt betraut wurde, nahm seinen Sitz in Rio de Janeiro, sollte aber Verbindung zu Korrespondenzbanken und Kunden in allen Ländern Südamerikas suchen und Vorschläge für die Eröffnung weiterer Repräsentanzen machen.[212] Die Anstrengungen Lateinamerikas für eine forcierte Industrialisierung beruhten im Kern auf einem Konzept von Importsubstitution, das ausländische Direktinvestitionen begünstigte, um die eigene

Exportfähigkeit im Bereich der industriellen Güter gezielt zu erhöhen. Vor dem Hintergrund des Kalten Krieges und der Kubakrise wurden diese Anstrengungen von den USA und anderen westlichen Industriestaaten mit großzügigen Förderprogrammen unterstützt, gingen allerdings häufig mit starkem Preisauftrieb, wachsenden Haushaltsdefiziten und zunehmender Auslandsverschuldung einher, denn der angestrebte devisenbringende Export konnte nur selten mit den wachsenden binnenwirtschaftlichen Anforderungen mithalten. Die Folge waren häufige Währungskrisen, soziale Unruhen und große politische Instabilitäten, die zur Etablierung von Militärregimen führten.[213] Da sich die Militärregierungen als Garanten der wirtschaftlichen Modernisierung präsentierten, hielten die ausländischen Geschäftsbanken fast ausnahmslos an einer pragmatischen Zusammenarbeit mit ihnen fest. Die Commerzbank, deren finanzielle und personelle Ressourcen sehr knapp bemessen waren, nahm angesichts der instabilen politischen Lage von der Eröffnung weiterer Repräsentanzen Abstand, versuchte dafür aber, sich vermehrt an Finanzierungsgesellschaften und Investitionsbanken zu beteiligen. Schon 1961 gehörte sie beispielsweise zu den Mitbegründern der Sociedad financiera para el desarrollo industrial y economico S. A. (Sofidin) in Buenos Aires, deren Hauptaufgabe darin bestand, durch ihr Emissionsgeschäft die Gründung weiterer privater Unternehmungen zu fördern.[214] Andere Beteiligungsvorhaben, etwa an dem Banco Shaw oder am Banco Español del Rio de la Plata Ltd., beide mit Sitz in Buenos Aires, zerschlugen sich, obwohl der Gesamtvorstand »eine Verstärkung unserer Aktivitäten in Argentinien« für sehr erwünscht hielt.[215]

Die Commerzbank hatte in Lateinamerika vor allem deshalb einen schweren Stand, weil die Deutsche Bank hier über eine traditionsreiche Tochtergesellschaft, die Deutsche Ueberseeische Bank mit Sitz in Buenos Aires, bereits wieder mit eigenen Auslandsfilialen im Firmen- wie im Privatkundengeschäft aktiv war.[216] Erst 1968 setzte die Commerzbank zu einem neuen Anlauf an und trieb die Gespräche für eine Vertretung in Caracas (Venezuela) und eine zweite Repräsentanz in Brasilien voran, die in der prosperierenden Stadt São Paulo etabliert werden sollte.[217] Brasilien erlebte seit der Machtübernahme durch das Militär einen ganz enormen wirtschaftlichen Aufschwung. Als sich im Herbst 1968 die Möglichkeit dazu bot, nahm die Commerzbank deshalb auch Verhandlungen über eine Beteiligung an der brasilianischen Investment- und Entwicklungsbank Banco de Investimento do Brasil S. A. in Rio de Janeiro auf.[218] Sie konnten erfolgreich abgeschlossen werden, und nur wenige Jahre später stand eine Aufstockung dieser Beteiligung zur Debatte, denn der Banco de Investimento do Brasil hatte sich »außerordentlich günstig« entwickelt: Mit einem Kapitaleinsatz von 1,21 Mio. DM war bereits eine Wertsteigerung um fast 5 Mio. DM erreicht worden.[219] Da allerdings auch andere international tätige Geschäftsbanken – etwa die First National Bank of Chicago, die britische Lloyds Bank, die Schweizerische Kreditanstalt und die japanische Dai-Ichi Kangyo Bank – großes Interesse an einer Aufstockung ihrer jeweiligen Beteiligungen zeigten, fiel sie für die Commerzbank mit 1 Prozent letztlich nur geringfügig aus; gleichwohl mussten dafür weitere 1,6 Mio. DM investiert werden, doch das schien vollauf gerechtfertigt zu sein.[220] Für die Commerzbank war das Engagement beim Banco de Investimento do Brasil zweifellos der eigentliche Einstieg in das Lateinamerikageschäft.

In Afrika hatten viele Länder inzwischen ihre Unabhängigkeit von der belgischen, französischen oder britischen Kolonialherrschaft erlangt. Sie galten wegen ihres Rohstoffreichtums als wirtschaftlich vielversprechend und entwicklungsfähig. Die Commerzbank versuchte deshalb, ihre Präsenz nicht nur in Südafrika und Namibia weiter auszubauen, sondern auch in anderen Regionen des Kontinents zu verstärken. Schon seit 1961 unterhielt sie eine Repräsentanz in Kairo, die für Ägypten, Syrien und den Nordjemen sowie für Äthiopien, Libyen und den Sudan zuständig war.[221] Was darüber hinausgehende Aktivitäten in den Ländern südlich der Sahara anging, gab es im Gesamtvorstand zunächst ein gewisses Zögern, auch als im März 1962 das Angebot der Société Générale de Banque aus Brüssel vorlag, Beteiligungen an verschiedenen west- und zentralafrikanischen Banken zu erwerben. Viele der früher in den Kolonien engagierten Geschäftsbanken aus Belgien, Frankreich und Großbritannien versuchten zu dieser Zeit, europäische Partner zu finden.[222] Da jedoch weder eine Rücksprache mit der Deutschen Bank noch die Reiseeindrücke der nach Afrika entsandten Mitarbeiter der Auslandsabteilungen in Düsseldorf und Hamburg, Wolfgang Jahn und Klaas-Peter Jacobs, sehr günstig ausfielen, ließ die Commerzbank das Angebot aus Brüssel erst einmal auf sich beruhen.

Bereits im November 1962 lag allerdings eine weitere, ganz ähnliche Anfrage auf dem Tisch: Diesmal war es die schweizerische Société Financière pour les Pays d'Outre-Mer (SFOM) mit Sitz in Genf, an der als Hauptaktionäre die Banque Nationale pour le Commerce et l'Industrie (BNCI) in Paris, die Banque Lambert in Brüssel und die Bank of America in San Francisco beteiligt waren, die an die Commerzbank mit der Frage herantraten, ob sie sich an Außenhandels- und Entwicklungsbanken in Afrika beteiligen wolle. Auch davon wollte man zwar Abstand nehmen, doch nun kamen Gespräche über ganz unterschiedliche Optionen in Gang, bei denen sich immer klarer herausschälte, dass der französische Crédit Lyonnais, der sich während der französischen Kolonialherrschaft in vielen Ländern Nord- und Westafrikas etabliert hatte, ein besonders interessanter Kooperationspartner wäre.[223] Doch der Crédit Lyonnais wandte sich der Deutschen Bank zu.[224] Die Commerzbank ging deshalb auf andere Angebote ein und konnte zum Jahresende 1963 ihre Beteiligung an der Union Internationale de Banques in Tunis, der Banque Marocaine du Commerce Extérieur in Casablanca und der Banque Nationale pour le Développement Economique in Rabat bekannt geben, jeweils aber nur mit »kleineren Quoten«.[225] Überdies entschied sich die Commerzbank nach sorgfältiger Prüfung im April 1964, eine Beteiligung von 15 Prozent an der SFOM zu erwerben, die ihrerseits an zehn afrikanischen Kreditinstituten beteiligt war.[226] Sie investierte stattliche 3,7 Mio. DM in die SFOM und stellte nur zwei Jahre später, als bei einigen »Lokalbanken« aufgrund gesetzlicher Vorschriften Kapitalerhöhungen notwendig wurden, weitere 1,2 Mio. DM zur Verfügung.[227] Sie hatte sich mithin klar für diese regionale Schwerpunktsetzung im weiteren Ausbau ihres Auslandsgeschäfts entschieden und konnte bis zum Ende des Jahrzehnts über die SFOM ein umfassendes Netz an Bankbeteiligungen in Schwarzafrika aufbauen.[228]

Doch nur wenige Jahre später sah sich die Commerzbank zu einer scharfen Wende in ihrer Geschäftspolitik in Afrika gezwungen. Ausgelöst durch die politische Entwicklung in der Demokratischen Republik Kongo geriet die der SFOM angeschlossene Société Congolaise de Banque in Kinshasa Anfang 1971 in zunehmende Schwierigkeiten und wurde schließlich ganz aus der schweizerischen Holding ausgegliedert.[229] Die Commerzbank nutzte den Anlass, um ihren Partnern bei einer »Krisensitzung« in Genf im Juni 1971 anzukündigen, dass sie sich gern vollständig aus der SFOM zurückziehen wolle.[230] Abgesehen von der wachsenden staatlichen Einflussnahme auf ausländische Banken in vielen afrikanischen Ländern, die deren Aktionsradius einschränkte und die Erträge schrumpfen ließ, hatte sich die Commerzbank freilich auch deshalb zum Austritt aus der SFOM entschlossen, um ggf. doch noch rasch als Partner des Crédit Lyonnais in dessen afrikanische Institute eintreten zu können. Diese Option zerschlug sich zwar erneut, weil sich der Crédit Lyonnais entschloss, seine insgesamt 15 Banken in Nord- und Westafrika weiterhin bevorzugt mit Minderheitsbeteiligungen der Deutschen Bank zu betreiben.[231] Doch die Commerzbank bereute ihr Ausscheiden aus der SFOM angesichts der politischen Entwicklung in vielen Ländern Afrikas nicht. Sie musste sich eingestehen, dass sich ihre zunächst etwas unentschlossenen, dann aber forcierten Investitionen im postkolonialen Afrika über die schweizerische Holding damit als kompletter Fehlschlag erwiesen hatten. Über die im Herbst 1970 mit dem Crédit Lyonnais getroffene, weit über afrikanische Interessen hinausgehende Kooperationsvereinbarung konnte sie hoffen, den eigenen Kunden auch weiterhin an vielen Plätzen in Afrika direkt vor Ort einen Ansprechpartner zu vermitteln. Die Commerzbank selbst war Ende 1971 nur noch in Tunis, Casablanca, Rabat, Lagos und Kinshasa als Partnerin einer Konsortialbank vertreten. Darüber hinaus gab es noch immer ihre Repräsentanz in Windhoek und außerdem eine inzwischen als Gemeinschaftsrepräsentanz mit dem Crédit Lyonnais und dem Banco di Roma betriebene Vertretung in Johannesburg.[232]

Zu dieser Zeit hatte sich die Commerzbank aus Ägypten und anderen arabisch geprägten Ländern Nordostafrikas längst wieder zurückgezogen. Trotz der engen Beziehungen des von Abdel Nasser errichteten sozialistischen Regimes zur Sowjetunion und der Verstaatlichung der Sueskanal-Gesellschaft waren einige bundesdeutsche Unternehmen – beispielsweise der im Export von Maschinen und Anlagen sehr aktive Klöckner-Konzern – weiterhin in Ägypten engagiert. Doch im Gesamtvorstand der Commerzbank griff das Misstrauen gegenüber ägyptischen Korrespondenzbanken um sich, weil diese sich über vereinbarte Kreditlimits teils einfach hinwegsetzten.[233] Die Repräsentanz in Kairo zu schließen und ihre Aufgaben auf die Vertretung in Beirut zu übertragen war allerdings eine schwierige Entscheidung, weil die gesamte Region durch die wachsenden Spannungen zwischen Israel und den arabischen Ländern von großer politischer Unsicherheit erfasst worden war.[234] Es gab Mitte der 1960er Jahre klare Anzeichen für eine massive Kapitalflucht aus dem Nahen und Mittleren Osten. Auch auf die Commerzbank, die unter anderem mit Investmentgesellschaften aus Kuwait zusammenarbeitete, kamen in erheblichem Umfang Aufträge zur Verlagerung von Depots auf ausländische Banken zu.[235] Erst als die im November 1966 um sich greifende Bankenkrise im Libanon überstanden war, entschloss sich die Commerzbank, ihr Engagement in der Region weiter zu verstärken: 1968 beteiligte sie sich mit 20 Prozent an der Rifbank S. A. L. in Beirut.[236] Die Hauptstadt des Libanon galt zu dieser Zeit als ein aufstrebender internationaler Finanzplatz. Und schon 1969 erfolgte dann eine weitere Beteiligung von 20 Prozent an der Commercial Bank of Dubai Ltd. in Deira, einem Joint Venture, zu dem die Commercial Bank of Kuwait zum einen die Chase Manhattan Bank aus New York, zum anderen die Commerzbank aus Düsseldorf eingeladen hatte.[237] Die vor allem von Paul Lichtenberg gepflegten Kontakte zu Investoren aus Kuwait zahlten sich also auch in dieser Hinsicht aus. Vor dem Hintergrund steigender Einnahmen aus dem Export von Rohöl der meisten Anrainerstaaten des Persischen Golfs entwickelte sich die Commercial Bank of Dubai in den folgenden Jahren gut, was im Gesamtvorstand der Commerzbank aufmerksam verfolgt wurde.[238]

Mit Blick auf den Fernen Osten war die Commerzbank durch ihre Beteiligung an der traditionsreichen Deutsch-Asiatischen Bank (DAB), die 1949 wieder als Außenhandelsbank zugelassen worden war, zwar indirekt schon seit 1958 mit einer Filiale in Hongkong vertreten, doch sie strebte nach einer eigenständigen Präsenz.[239] Die Geschäftspolitik der DAB wurde maßgeblich von der Deutschen Bank bestimmt, die Beteiligung der Commerzbank betrug nur 5 Prozent und verschaffte ihr kaum Einfluss. Als erste deutsche Geschäftsbank überhaupt eröffnete sie auch deshalb bereits 1961 eine Repräsentanz in Tokio, die nicht nur in Japan, sondern auch in Südkorea, Taiwan, Hongkong und den Philippinen neue Geschäftskontakte anbahnen und betreuen sollte.[240] Die zahlreichen japanischen Geschäftsbanken, zu denen die Commerzbank über die Repräsentanz Tokio in Kontakt kam, zeigten sich allerdings vorrangig an Interbankgeschäften interessiert. Im November 1965 sah sich die Commerzbank veranlasst, ihr Geschäft mit japanischen Banken nicht mehr stärker auszuweiten, sofern es nicht der Finanzierung von japanischen Industrieunternehmen und deren Handel mit deutschen Firmen zugutekam.[241] Erst 1970 baute sie ihr Engagement in Japan dann etwas weiter aus, indem sie sich in das internationale Konsortium der Private Investment Company for Asia S. A. (PICA) in Tokio einbrachte.[242]

Über Japan hinaus hatte sie in den Jahren zuvor nur kleinere Beteiligungen an der Industrial Finance Corporation of Thailand in Bangkok und an der Pakistan Industrial Credit & Investment Corp. Ltd. in Karachi erworben.[243] Doch gegen Ende der 1960er Jahre begann die Commerzbank, sich stärker in Singapur zu engagieren: Sie erwarb nicht nur eine Beteiligung an der Development Bank of Singapore Ltd., sondern eröffnete 1970 auch eine Repräsentanz in diesem kleinen Stadtstaat,[244] der – bewusst gefördert von der Regierung – zu einem wichtigen Finanzzentrum für Südostasien aufzusteigen begann.[245] Um Singapur für ausländische Banken attraktiv zu machen und Investoren ins Land zu holen, schuf die Regierung nicht zuletzt den »Asiendollarmarkt«, sozusagen als asiatischen Ableger des Eurodollarmarkts in London und Luxemburg, auf dem auch die Commerzbank bald aktiv wurde.[246] Das verstärkte Engagement der Commerzbank in Singapur hatte aber auch damit zu tun, dass die Deutsche Bank ihren Konsortialpartnern mit Blick auf die DAB immer deutlicher signalisierte, sie gern in Alleinbesitz übernehmen zu wollen. Die Commerzbank beharrte zunächst zwar darauf, ihre Beteiligung nicht verkaufen zu wollen.[247] Doch die 1970 von der Deutschen Bank ins Spiel gebrachte Idee, einen Ringtausch von Beteiligungen an der DAB sowie verschiedenen Hypothekenbanken zwischen den Großbanken in Gang zu bringen, mit dem Ziel jeweils klarer Mehrheitsbeteiligungen, bewegte sie schließlich zur Zustimmung. Künftig gingen die deutschen Banken in Asien also getrennte Wege – und zwar jeweils mit neuen westeuropäischen Partnern: Während die Deutsche Bank darauf hinarbeitete, die mehrheitlich in ihr Eigentum übergegangene Deutsch-Asiatische Bank in die 1971 mit verschiedenen europäischen Geschäftsbanken gegründete European Asian Bank mit Sitz in Hamburg einzubringen, eröffnete die Commerzbank im Frühjahr 1971 gemeinsam mit dem Crédit Lyonnais und dem Banco di Roma eine erste Gemeinschaftsrepräsentanz in Tokio, der noch im Herbst 1971 vier weitere gemeinsame Repräsentanzen in Singapur und Sydney sowie in Johannesburg und Mexiko folgten.[248] Anders als die European Asian Bank verfügte allerdings keiner der drei »Europartner« bereits über eine Filiale in Asien.

Die ersten Auslandsfilialen in New York und London. Angesichts der wachsenden Bedeutung der amerikanischen Märkte für viele deutsche Unternehmen kam im Gesamtvorstand schon im April 1962 eine Diskussion darüber auf, ob es möglicherweise angebracht sei, wieder eine Niederlassung am Finanzplatz New York zu etablieren.[249] Dabei würde man an die Zwischenkriegszeit anknüpfen können, als die Commerzbank – gestützt auf die guten Kontakte ihres Vorstandsmitglieds Friedrich H. Neuerbourg und eine 1927 eröffnete Repräsentanz in New York – ihr Amerikageschäft gezielt auszuweiten begonnen hatte. Gemeinsam mit zwei amerikanischen Banken war sie damals beispielsweise an der General Mortgage and Credit Corporation beteiligt gewesen, einer Hypothekenbank, die sich auf die langfristige Kreditbeschaffung für mittelgroße deutsche Industrieunternehmen durch hypothekarisch besicherte Beleihungen ihrer Gewerbebetriebe spezialisiert hatte – ein in Deutschland unterentwickelter Zweig des Hypothekenbankwesens, weil der Wert eines Industriebetriebs viel stärkeren Schwankungen unterlag als der von Grund und Boden.[250] Doch mit dem Zweiten Weltkrieg hatte sich die Lage grundsätzlich verändert. Erst nachdem der Staat New York als erster US-Bundesstaat die Niederlassung ausländischer Banken in den 1950er Jahren grundsätzlich wieder zuließ und ihnen dann auch immer mehr Rechtsformen und Tätigkeitsfelder zugestand, erwarben westeuropäische Banken hier wieder verstärkt Beteiligungen, gründeten gemeinsame Tochtergesellschaften und eröffneten erste Filialen.[251] Sie durften sich allerdings nicht als Universalbanken betätigen, und auch die Ausweitung der Geschäfte auf andere Bundesstaaten war zunächst kaum möglich. Denn nur zögerlich entschlossen sich andere US-Bundesstaaten, wie Kalifornien und Illinois, ebenfalls ausländische Banken zuzulassen und ihnen – anders als den heimischen Banken – bestimmte Geschäfte in anderen Bundesstaaten zu erlauben. Eine einheitliche, übergreifende Gesetzgebung blieb jedoch politisch heftig umstritten und kam nicht voran.[252]

Die Perspektiven für einen Neustart des Geschäfts in den USA waren also recht ungewiss. Eine Erkundungsreise von Mitarbeitern der Auslandsabteilung im April 1962 erbrachte zwar positive Eindrücke, doch die weiteren Überlegungen gerieten ins Stocken, vor allem weil es an geeignetem Leitungspersonal für eine Repräsentanz oder gar eine Filiale fehlte.[253] Erst 1967, also drei Jahre später, wurde dann tatsächlich eine Repräsentanz in New York eröffnet, deren Leitung Jürgen Reimnitz übernahm.[254] Von seinem Büro im Haus von Goldman Sachs an der Broad Street aus konnte er nicht nur leicht Kontakt zu den anderen hier niedergelassenen In- und Auslandsbanken knüpfen, sondern er hatte auch die New York Stock Exchange in unmittelbarer Nähe. Dort war bis zu diesem Zeitpunkt noch keine deutsche Geschäftsbank wieder zugelassen worden. Auch die im Spätherbst 1970 gemeinsam vom Crédit Lyonnais und der Commerzbank ins Leben gerufene Investmentbank EuroPartners Securities Corporation war hier nicht mit einem Sitz vertreten.[255] Die erste deutsche Bank, der das gelang, war die von der Dresdner Bank mitbegründete ABD Securities Corporation, die 1971 ihren Sitz von Boston nach New York verlagerte, wo die Dresdner Bank seit dem Herbst 1972 außerdem eine eigene Filiale besaß.[256] Die Deutsche Bank wiederum, die schon seit 1968 mit den beiden – bereits angesprochenen – European American Banks am Bank- und Finanzplatz New York vertreten war, rief 1971 gemeinsam mit der Schweizerischen Bankgesellschaft die UBS-DB Corporation ins Leben. Damit nahm der Wettbewerb unter den deutschen Großbanken und ihren jeweiligen europäischen Partnerbanken am Finanzplatz New York Fahrt auf.

Bei der Commerzbank begannen sich nun auch die Pläne für eine Filiale zu konkretisieren. Die von Reimnitz gesammelten Erfahrungen mit der Anbahnung neuer Kontakte, auch zu amerikanischen Unternehmen wie Ford oder General Electric, sprachen dafür. Die erforderlichen Investitionsmittel wurden auf gut 2,3 Mio. DM geschätzt.[257] Im Januar 1971 beschloss der Gesamtvorstand, beim Superintendent of Banks des Staates New York eine Banklizenz zu beantragen. Die Leitung der Filiale wurde Klaas-Peter Jacobs und Reinhard Preuschoff übertragen; Reimnitz war bereits 1969 zur Zentrale nach Frankfurt gewechselt.[258] Das Geschäftsfeld sollte ganz allgemein in der Pflege der »Finanzbeziehungen zu deutschen Firmen mit Amerikahandel sowie zu US-Konzernen mit Deutschlandinteressen« bestehen.[259] Die Anbindung an die Inlandsbank erfolgte über das Frankfurter Sekretariat der Filialen, in dem nun eigens eine von Helmut Westermann geleitete Auslandsabteilung eingerichtet wurde. Eine eingehende Diskussion um die Kreditkompetenzen der kurz vor der Eröffnung stehenden Filiale New York im September 1971 zeigt, dass der Gesamtvorstand sehr bemüht war, die Dinge unter Kontrolle zu halten: Ausgehend von einer Vorlage Robert Dhoms zu den Vollmachten im Einzelnen wurde ausdrücklich festgehalten, »daß kein Kredit in New York eingeräumt werden darf, der nicht zuvor durch die Kreditabteilung Ausland in Frankfurt genehmigt worden ist«. Kredite mit einem Volumen von mehr als 1 bis zu 2 Mio. US-Dollar mussten darüber hinaus durch die beiden Vorstandsmitglieder Dhom und Jahn, alle Kredite im Volumen von mehr als 2 Mio. DM durch den Gesamtvorstand selbst gebilligt werden. Sämtliche Kredite durften ausschließlich in den USA eingesetzt, also nicht etwa für Kapitalexporte ins Ausland genutzt werden.[260]

Mit der Geschäftsentwicklung der ersten Auslandsfiliale zeigte sich der Gesamtvorstand durchaus zufrieden.[261] Als sich im Frühjahr 1973 abzuzeichnen begann, dass die Filiale zunehmend auch am inneramerikanischen Kreditmarkt eine Rolle zu spielen begann, kam es freilich zu einer interessanten Diskussion. Während Dhom diese Kreditgeschäfte zunächst zu verteidigen versuchte, votierte Deuß als immer noch sehr reger Aufsichtsratsvorsitzender energisch dagegen und brachte den Vorstand schließlich hinter sich. Der Vorstand stimme der Ansicht von Deuß zu, »daß es nicht unsere Aufgabe ist, am inneramerikanischen Kreditmarkt eine Rolle zu spielen, die über die generellen Relationen unseres Geschäftes hinausgeht«, hielt das Protokoll dazu fest.[262] Die Filiale New York sah zu dieser Zeit also Expansionsmöglichkeiten, die sich von den deutsch-amerikanischen Wirtschaftsbeziehungen zu lösen begannen, wollte sie eigentlich auch gern nutzen, wurde aber von Frankfurt an die kurze Leine genommen.

Von hohem Interesse war für die Commerzbank mit Blick auf das sich entfaltende Auslandsgeschäft außerdem eine Präsenz am Finanzplatz London. Denn London war noch immer die wichtigste Drehscheibe der internationalen Finanzen, zumal sich hier seit den späten 1950er Jahren der Eurodollarmarkt

Die Commerzbank eröffnete 1971 als erste deutsche Bank eine Filiale in New York.

etabliert hatte.[263] Als im November 1966 ein Vorschlag der britischen Westminster Bank auf dem Tisch lag, sich an der Gründung einer Konsortialbank für mittel- und langfristige Finanzierungen in internationalen Währungen mit Sitz in London zu beteiligen, wurden deshalb die Vor- und Nachteile sorgfältig abgewogen. Für die Teilnahme sprachen die »große Publizitätswirkung«, die »Möglichkeiten der Beschaffung von internationalen Krediten für unsere Kundschaft«, die »Sammlung von Erfahrungen im internationalen Geschäft« und nicht zuletzt die »baldige Verzinsung des Kapitals«. Dem standen jedoch die Notwendigkeit der »kontinuierlichen Beschaffung von Einlagen entsprechend der Laufzeit der zur Verfügung zu stellenden Kredite« und der hohe Kapitalbedarf für die Beteiligung gegenüber.[264] Da die positiven Aspekte überwogen, ging die Commerzbank auf das Angebot ein, und Will Marx, der die Verhandlungen führte, konnte ein gutes halbes Jahr später die ausgearbeiteten Verträge über die Gründung der International Commercial Bank Ltd. in London vorlegen.[265] Als Konsortialpartner der Commerzbank waren daran die Westminster Bank, die Hongkong and Shanghai Banking Corporation und zwei amerikanische Häuser, die First National Bank of Chicago und die Irving Trust Company, jeweils zu gleichen Teilen beteiligt.[266] Wie zu erwarten war, konnte die vor allem an den Euromärkten im mittelfristigen Kreditgeschäft tätige International Commercial Bank sehr rasch expandieren: Bereits im Januar 1969 wurden die Beteiligungen der Konsortialpartner aufgestockt, bis zum Jahresende 1969 hatte das Joint Venture ein Bilanzvolumen von 2,4 Mrd. DM aufgebaut.[267] Während sich die Commerzbank angesichts ihres schon stark in Anspruch genommenen Eigenkapitals bei der Bewilligung weiterer Auslandskredite für ihre angestammten Firmenkunden bald »äußerste Zurückhaltung« auferlegen musste, konnte sie entsprechende Interessenten nun an die International Commercial Bank in London vermitteln – eine Arbeitsteilung, die für beide Seiten offenkundig bestens funktionierte.[268] Dennoch hielt die Commerzbank an ihrem Ziel fest, nicht nur im fernen New York, sondern auch an Europas wichtigstem Finanzplatz London mit einer eigenen Filiale präsent zu sein. Im Dezember 1972 gab der Gesamtvorstand grünes Licht für die Einleitung der praktischen Vorbereitungen.[269] Sie schritten zügig voran, sodass die Filiale bereits im Frühjahr 1973 »still in Arbeit gehen« konnte, bevor sie im Herbst 1973 feierlich als »Commerzbank – London Branch« eröffnet wurde.[270] Zu dieser Zeit war sie bereits sehr aktiv in Geldhandelsgeschäften tätig und hatte im August 1973 erstmals in laufender Rechnung einen Gewinn erwirtschaftet.[271]

Die Commerzbank International S. A. in Luxemburg (CISAL). Für den weiteren Ausbau des Auslandsgeschäfts der Commerzbank war neben den Repräsentanzen und Beteiligungen auf allen Kontinenten und den ersten Filialen in New York und London die Tochtergesellschaft Commerzbank International S. A. in Luxemburg von erheblicher Bedeutung. Zunächst nur als »verlängerter Arm« des Frankfurter Geld- und Devisenhandels gedacht, entwickelte sich diese 1969 gegründete Gesellschaft rasch zur größten Auslandstochter der Commerzbank.[272] Der Schwerpunkt ihrer Geschäftsaktivitäten lag auf den Euromärkten, die in den 1970er Jahren in neue Dimensionen hineinwuchsen, vor allem weil die mit dem Ölpreisschock von 1973 dramatisch ansteigenden Einnahmen der Öl exportierenden Länder auf die Geld- und Kapitalmärkte strömten. Die unregulierten Euromärkte zeigten sich viel besser als die bis dahin nur unzureichend miteinander verknüpften nationalen Geld- und Kapitalmärkte in der Lage, das internationale »Recycling« dieser anlagesuchenden Ölgelder zu bewältigen, ohne die Zahlungsbilanzen der Industrie- und Entwicklungsländer noch stärker aus dem Gleichgewicht zu bringen. Der Finanzplatz Luxemburg profitierte von dieser Entwicklung in besonderem Maße.

Die Entscheidung zur Gründung der CISAL fiel im Januar 1969.[273] Schon im März 1969 waren die Vorbereitungen praktisch abgeschlossen: Die Geschäftsleitung des Instituts übernahmen Ulrich Damm, Engelbert Dicken und Günther Perlwitz, in den Verwaltungsrat wurden Will Marx, Robert Dhom und Gerhard Fuchs entsandt, außerdem sollten drei weitere Mitglieder aus Luxemburg berufen werden, darunter möglichst ein Vertreter der Europäischen Investitionsbank.[274] Nach dem Weggang von Will Marx zu Sal. Oppenheim übernahm Robert Dhom die Aufgabe, den Gesamtvorstand regelmäßig über die Entwicklung der CISAL zu unterrichten.[275] Weil sich ihre Geschäfte sehr gut anließen und für das Auslandsgeschäft der Gesamtbank höchst relevant waren, bekamen ab dem Herbst 1969 alle drei Hauptverwaltungen regelmäßig die Monatsbilanzen der CISAL übermittelt. Eine Zentralisierung aller drei Auslandsabteilungen schien angesichts des wachsenden Stellenwerts von Einrichtungen wie der CISAL, für die das internationale Marktgeschehen, nicht die regionale Verankerung ihrer Kunden ausschlaggebend war, immer dringlicher.[276] Mit Blick auf die Geschäftstätigkeit erlangte die Nachfrage nach syndizierten Eurokrediten, bei denen sich mehrere an den Euromärkten aktive internationale Geschäftsbanken zu großen Konsortien zusammenschlossen, immer größere Bedeutung. Die Commerzbank entschied sich, hier Zurückhaltung zu üben: »Bezüglich der Herauslegung von Eurokrediten soll es weiterhin bei der bisherigen Handhabung bleiben, d. h. weiterhin möglichst zurückhaltende Entscheidung und maximal 20–30 Prozent der jeweiligen Gesamtlinie über Luxemburg«, hielt Robert Dhom nach einer entsprechenden Diskussion im Gesamtvorstand für das Protokoll dazu stichpunktartig fest.[277] Viele Exportfinanzierungen der Commerzbank für ihre deutschen Firmenkunden wurden künftig mit dem genannten Anteil von 20 bis 30 Prozent über die Euromärkte organisiert.

Um die expandierenden Geschäfte der CISAL besser unter Kontrolle halten zu können, wurde sie im März 1972 ausdrücklich auch der Revision durch den Aufsichtsrat der Commerzbank unterstellt.[278] Nicht allen Vorstandsmitgliedern behagte die Geschäftsentwicklung der CISAL. Denn deren Gewinne begannen angesichts der anhaltenden Schwäche des US-Dollar, die sich in fast allen Geschäftsfeldern des internationalen Bankgeschäfts niederschlug und auch zu vermehrten Devisenspekulationsgeschäften führte, immer stärker zu schwanken. Hanns Deuß ließ sich im April 1972 auf einer Sitzung des Gesamtvorstands ausdrücklich bestätigen, »daß bei der selbständigen Arbeitsweise dieses Tochterinstituts die notwendige Überwachung stattfindet«.[279] Der dafür zuständige Robert Dhom sicherte dies zu und legte näher dar, dass die CISAL gar keine eigenen Devisenpositionen unterhielt, »sondern Devisentermingeschäfte nur in konkreter Beziehung zu Positionen des Kreditgeschäfts vorgenommen werden«.[280] Das war für Deuß der springende Punkt, denn für ihn kamen reine »Devisenspekulationen« gegen bestimmte Währungen nicht infrage. Nicht nur bei ihm, auch bei einigen Vorstandsmitgliedern gab es offenkundig ein wachsendes Unbehagen mit Blick auf die für sie nicht wirklich transparenten neuartigen Geschäfte der CISAL an den Euromärkten. Im Sommer 1972 stellte man zwar nicht ohne Stolz fest, dass die CISAL bei der Bilanzsumme zum Jahresende voraussichtlich volle Parität zu ihrer stärksten Konkurrentin, der Compagnie Financière de la Deutsche Bank S. A. in Luxemburg, erreichen würde: Sie wurde bei beiden Instituten auf 2,2 Mrd. DM veranschlagt.[281] Im Gegensatz zur Deutschen Bank entschied sich die Commerzbank aber dafür, auch weiterhin nicht ihr gesamtes internationales Kreditgeschäft über die Luxemburger Tochter zu leiten, sondern von Fall zu Fall zu entscheiden, welche Kredite über die Mutterbank und welche über die CISAL abgewickelt werden sollten: »(…) insbesondere im Zusammenhang mit dem langfristigen Exportfinanzierungsgeschäft soll die CISAL nur entsprechend den Gegebenheiten der Einzelgeschäfte eingesetzt werden, wobei dies aber nicht die primäre Lösung sein soll«, hieß es dazu nach eingehenden Diskussionen im Gesamtvorstand.[282]

Die Erträge der CISAL konnten sich sehen lassen: Das Jahresergebnis der Luxemburger Tochter lag bereits im dritten Jahr ihres Bestehens so hoch, dass man für 1973 mit einer Gewinnabführung von 6 bis 7 Mio. DM an die Commerzbank rechnen konnte.[283] Keine andere Investition in den Ausbau der eigenen Auslandsorganisation hatte sich bisher als so ertragreich erwiesen wie diese. Die CISAL war deshalb, trotz partiell noch immer bestehender Bedenken gegen ihr Geschäftsmodell, prädestiniert dafür, auch künftig weiter ausgebaut zu werden. Beteiligungen an anderen Gesellschaften, die an den Euromärkten aktiv waren, wurden in den folgenden Jahren zu ihren Gunsten verkauft.[284] Abgesehen von der CISAL war die Commerzbank zu Beginn der 1970er Jahre in Luxemburg mit neun anderen Gesellschaften vertreten, die allerdings in der Regel ein spezielles, meist regional ausgerichtetes Geschäftsprofil besaßen, wie beispielsweise The International Investment Corporation for Yugoslavia S. A. (IICY), die Société Internationale Financière pour les Investissements et le Développement en Afrique (SIFIDA) oder die Union de Banques Arabes et Européennes S. A. (UBAE).[285]

Auftakt zur engeren Kooperation mit dem Crédit Lyonnais. Eine weitere, wichtige Weiche nicht nur für ihr Auslandsgeschäft stellte die Commerzbank, als sie im Herbst 1970 eine formelle Kooperation mit dem französischen Crédit Lyonnais vereinbarte. Selten habe eine geschäftspolitische Richtungsentscheidung »die Stimmung im Hause auf so breiter Grundlage motiviert«, ist der langjährige Chefvolkswirt der Commerzbank, Herbert Wolf, überzeugt.[286] Die Sondierungen für die mögliche Bildung eines europäischen »Bankenclubs« wurden im Juli 1967 von Paul Lichtenberg angestoßen und im Frühjahr 1968 mit der Banque de Bruxelles und dem Crédit Lyonnais weiter intensiviert.[287] Nach der Unterzeichnung des Vertrags über die Europäische Wirtschaftsgemeinschaft im Jahr 1957 war die wirtschaftliche Integration zwar nicht so rasch vorangekommen wie erwartet, doch sie bekam in den späten 1960er Jahren durch die Ansätze zur Liberalisierung der Kapitalmärkte, ja möglicherweise sogar zur Etablierung einer europäischen Währungsunion neuen Auftrieb.[288] Die wachsende Präsenz amerikanischer Geschäftsbanken in Europa beförderte die Bestrebungen der europäischen Banken, die Verbindungen untereinander zu verstärken. In den von der Commerzbank angestoßenen Gesprächen zeichnete sich bald ab, dass vor allem der Crédit Lyonnais an einer vertraglich vereinbarten Kooperation mit einer deutschen Großbank interessiert war – und dabei ging es in der Tat nicht nur darum, den französisch-deutschen Handel und die wirtschaftlichen Verflechtungen zwischen den Nachbarländern zu stärken, sondern vor allem darum, der »amerikanischen Herausforderung« zu begegnen.[289]

Der 1945 fast vollständig verstaatlichte Crédit Lyonnais stand Ende der 1960er Jahre mit einer Bilanzsumme von mehr als 30 Mrd. DM und rund 2000 Filialen im In- und Ausland unter den staatlichen Banken Frankreichs gleich an zweiter Stelle. Auch hinsichtlich des Einlagen- und Kreditvolumens war der Crédit Lyonnais, eine bisher auf das kurzfristige Einlagen- und Kreditgeschäft spezialisierte Depositenbank, die sich zu einer Universalbank zu wandeln versuchte, ein deutlich größeres Institut als die Commerzbank.[290] Bei seiner »Partnersuche« war der Crédit Lyonnais denn auch keineswegs von Anfang an auf die Commerzbank festgelegt, er knüpfte in der Bundesrepublik vielmehr zunächst – wie angesprochen – mit der Deutschen Bank geschäftliche Verbindungen, zum einen bereits 1962 über verschiedene Konsortialbanken in Afrika, zum anderen 1967 im Zuge der Gründung der Banque Européenne de Crédit à Moyen Terme (BEC) in Brüssel.[291] Da der Crédit Lyonnais daran interessiert war, seine früher bedeutende Rolle im internationalen Emissionsgeschäft zurückzuerobern, lag eine enge Zusammenarbeit mit der in diesem Geschäftsfeld ebenfalls sehr aktiven Deutschen Bank nahe.[292]

Als Paul Lichtenberg den Gesamtvorstand im Mai 1968 über seine streng vertraulich geführten Gespräche in Paris informierte, war ihm offenkundig aber signalisiert worden, dass sich die französische Großbank keineswegs als ein fester Bestandteil der entstehenden EBIC-Gruppe verstand, die zu dieser Zeit von der Deutschen Bank geschmiedet wurde.[293] Im Gegenteil: Der Crédit Lyonnais war sogar schwer enttäuscht davon, dass die Partner der EBIC-Gruppe ihn mit der Bekanntgabe der beabsichtigten Gründung der European Banks' International Company S. A. (EBIC) als feste institutionelle Grundlage ihrer weiteren Zusammenarbeit im Juli 1967 einfach vor vollendete Tatsachen gestellt hatten.[294] Die Gründe hierfür lagen vermutlich in Vorbehalten der britischen Partnerbanken gegenüber der Europapolitik Charles de Gaulles, der sich dezidiert gegen den EWG-Beitritt Großbritanniens aussprach, denn das konnte die Kooperationsfähigkeit einer französischen Bank in der EBIC-Gruppe erheblich beeinträchtigen. In dieser Lage gelang es Lichtenberg nun, rasche Überzeugungsarbeit zu leisten: Im Oktober 1970 konnten die Commerzbank und der Crédit Lyonnais in Düsseldorf einen Rahmenvertrag für ihre Kooperation besiegeln. Auf französischer Seite zählten Tanneguy de Feuilhade de Chauvin, François Bloch-Lainé und Maurice Schlogel, auf deutscher Seite Hanns Deuß, Paul Lichtenberg und Robert Dhom zu den Mitunterzeichnern.[295] Ziel der Vereinbarung war ein engeres Zusammenwirken auf allen Gebieten des Bankgeschäfts, bei Finanzierungen wie in Organisationsfragen, ohne jedoch eine Fusion anzustreben. Vielmehr sollte unter Hinzuziehung weiterer europäischer Partner ein flexibles, internationales Netzwerk aufgebaut werden, bei dem die Kunden der beteiligten Banken wechselseitig von den Geschäftsverbindungen in den Heimatmärkten der Partner sowie in anderen Ländern profitieren konnten.[296]

Anzeige zum Kooperationsvertrag mit dem Crédit Lyonnais, 14. Oktober 1970

Der erste Schritt zur praktischen Zusammenarbeit erfolgte, als sich die Commerzbank noch im Herbst 1970 zur Hälfte an der seit 1968 bestehenden New Yorker Investmentbank des Crédit Lyonnais beteiligte, die ihr Kapital auf 5 Mio. US-Dollar aufstockte und zur – bereits erwähnten – EuroPartners Securities Corporation umfirmierte.[297] Die entsprechenden Verhandlungen waren bereits im April 1970 aufgenommen worden, sodass ihr erfolgreicher Abschluss als der eigentliche Durchbruch für die im Herbst unterzeichnete Kooperationsvereinbarung betrachtet werden kann. Aufseiten der Commerzbank waren an diesen Gesprächen neben Paul Lichtenberg auch Robert Dhom,

Wolfgang Jahn, Peter Deuß und Jürgen Reimnitz beteiligt, kurz gesagt: sämtliche für das Auslandsgeschäft der Bank verantwortlichen Führungskräfte.[298]

Die Gründung der EuroPartners Securities Corporation in New York war auch insofern wichtig, als sie – wie erhofft – rasch weitere Kooperationspartner anzog: Bereits im Januar 1971 schloss sich der Banco di Roma dem Verbund an, eine der bedeutendsten italienischen Handelsbanken mit einer Bilanzsumme von 26,3 Mrd. DM, die sich ebenfalls fast vollständig in staatlicher Hand befand.[299] Der Banco di Roma verfügte über 250 Geschäftsstellen in Italien, über Tochtergesellschaften und Beteiligungen an anderen Banken in Europa und Übersee sowie über Auslandsfilialen in San Francisco, Istanbul, Izmir, Tripolis, Saida und Beirut, was sie für die Commerzbank und den Crédit Lyonnais zu einem besonders interessanten Partner machte.[300] Gemeinsam bildeten die drei Banken nun den Nukleus der sich formierenden Europartners-Gruppe, die sich bei ihren ersten öffentlichen Auftritten allerdings noch gar nicht so nannte. Sie warben aber bald mit dem gemeinsamen Slogan »Our thinking is European – our action international« und bemühten sich um eine rasche Ausweitung ihrer Präsenz in Europa und Übersee.[301] Erst im September 1972 verständigten sich die drei Partnerbanken dann auf das gemeinsame Logo der »Quatre Vents«, eine stilisierte Windrose, die Offenheit in alle vier Himmelsrichtungen signalisierte.[302]

Auf der Suche nach weiteren Partnern wandte sich die Commerzbank zunächst nach Skandinavien: Robert Dhom konnte im Januar 1972 von seinen Gesprächen mit Tore Browaldh, dem Vorstandsvorsitzenden der Svenska Handelsbanken in Stockholm, berichten.[303] Browaldh war grundsätzlich interessiert, sah allerdings auch Probleme, zum einen die strengen Devisenkontrollen der Schwedischen Reichsbank, zum anderen die bereits bestehenden Verbindungen seines Hauses zu drei anderen nordischen Handelsbanken, der Kansallis-Osake-Pankki, der Kjøbenhavns Handelsbank A. S. und der Den Norske Creditbank. Der Gesamtvorstand beschloss, dennoch volle Einsicht in den Kooperationsvertrag mit dem Crédit Lyonnais und dem Banco di Roma zu gewähren, und verständigte sich später – auch ohne offiziellen Beitritt zur Europartners-Gruppe – auf verschiedene flexible Kooperationsformen mit der Svenska Handelsbanken.[304] Darüber hinaus konnte Dhom über Gespräche mit dem Banco Hispano Americano in Madrid berichten, einer angesehenen Aktienfilialbank mit hervorragenden Verbindungen zu spanischen Industrieunternehmen, mit der zumindest ein Assoziierungsabkommen getroffen werden sollte. Für die Commerzbank fungierte der Banco Hispano Americano schon lange als eine wichtige Korrespondenzbank in Spanien, es gab jedoch Bedenken, durch eine lockere Assoziierung die eigentlich viel enger angelegte Kooperation mit dem Crédit Lyonnais und dem Banco di Roma zu »verwässern«. Doch Dhom konnte hier Entwarnung geben: Der Crédit Lyonnais hatte für den Fall des Zustandekommens der Assoziierung bereits zugesagt, seine bisherigen Verbindungen in Spanien zugunsten des Banco Hispano Americano aufzugeben.[305] Dieses Entgegenkommen beschleunigte die Verhandlungen, und im Oktober 1973 stieß der Banco Hispano Americano schließlich als vierte und kleinste Partnerbank zur Europartners-Gruppe hinzu.[306]

Die Commerzbank profitierte in den folgenden Jahren erheblich davon, dass ihre drei Partnerbanken nicht nur im jeweils eigenen, sondern auch bereits in einigen anderen westeuropäischen Ländern und in Übersee vertreten waren: So konnte sie bei deren Niederlassungen in Barcelona, Brüssel und London bzw. Mailand und San Francisco »deutsche Schreibtische« eröffnen.[307] Neben gemeinsamen Anleihe- und Kreditkonsortien sowie der bevorzugten Behandlung der jeweiligen Firmen- und Privatkundschaft zählten gemeinsame Publikationen und Auftritte in der Öffentlichkeit, etwa aus Anlass von Handelsmessen, und nicht zuletzt der Austausch von Personal zu den praktischen Kooperationsformen in der Europartners-Gruppe.[308] Zusätzlich gefördert wurde die neue Art der Zusammenarbeit durch technische Vereinfachungen im europäischen Zahlungsverkehr, etwa durch die Einführung der einheitlichen Eurocheque-Karte zu Beginn des Jahres 1972.[309]

Außerdem gründeten die Europartners in den folgenden Jahren eine ganze Reihe von gemeinsamen Tochterunternehmen, vor allem in Europa und in Asien. Die Ideen für neue Projekte überschlugen sich in den frühen 1970er Jahren geradezu. Als erstes größeres Vorhaben stand im Sommer 1972 die Gründung einer gemeinsamen Bank in den Niederlanden zur Debatte. Wie Paul Lichtenberg dem Gesamtvorstand Ende August 1972 berichten konnte, hatten sich der Crédit Lyonnais und der Banco di Roma mit dem vorgeschlagenen Beteiligungsschlüssel einverstanden erklärt: Demnach sollte die am deutsch-niederländischen Handel besonders interessierte Commerzbank 60 Prozent, der Crédit Lyonnais und der Banco di Roma jeweils 20 Prozent an der Europartners Bank (Nederland) N. V. mit Sitz in Amsterdam übernehmen. Die Beschlussfassung wurde noch zurückgestellt »wegen des sachlichen Zusammenhangs mit Plänen in Belgien und England, die sich zunehmend konkretisieren«.[310] Für die Commerzbank waren die Vor- und Nachteile der verschiedenen Optionen, die sich aus der Kooperation mit den Partnerbanken ergaben, schwer zu ermessen.[311] Sie brachte etwas mehr Klarheit in die diffuse Lage, als sie sich im Dezember 1972 entschloss, in London eine eigene Filiale zu eröffnen. Von der angedachten Gründung einer weiteren Tochtergesellschaft in London sahen die Mitglieder der Europartners-Gruppe schließlich ab, stattdessen beteiligten sich nun auch der Banco di Roma und der Crédit Lyonnais an der International Commercial Bank Ltd. in London, die in den nächsten Jahren zu einem der führenden Spezialinstitute für das mittelfristige Eurokreditgeschäft aufstieg, nicht zuletzt mit Blick auf die osteuropäischen Staatshandelsländer.[312]

An Ideen für weitere Projekte der Europartners-Gruppe mangelte es im Gesamtvorstand der Commerzbank wahrlich nicht. Näher angedacht war beispielsweise bereits eine »Immobilien-Kooperation« zwischen der Commerzbank und dem Crédit Lyonnais, in deren Vorbereitung Ulrich Meyer-Cording, der Vizepräsident der Europäischen Investitionsbank, einbezogen wurde.[313] Außerdem schlug die Commerzbank die baldige Eröffnung einer weiteren Gemeinschaftsrepräsentanz in Lima (Peru) vor, doch die Kooperationspartner wollten sich einstweilen nicht daran beteiligen, sondern erst einmal die in der Vergangenheit begonnenen Gemeinschaftsaktionen konsolidieren, wie man im Januar 1973 etwas enttäuscht zur Kenntnis nehmen musste.[314] Folglich konzentrierten sich die Anstrengungen zunächst einmal auf die Etablierung der Europartners Bank (Nederland) N. V. mit Sitz in Amsterdam, denn in Holland war bisher keine der drei Partnerbanken anderweitig verankert.[315]

Doch sobald der Aufbau der niederländischen Tochtergesellschaft vollzogen war, standen weitere Projekte in Asien auf der Agenda: zum einen die Gründung der Mithai Europartners Finance and Investment Ltd. in Bangkok, einer Finanzierungsgesellschaft für Unternehmen in ganz Südostasien, an der sich die Europartners-Gruppe mit insgesamt 30 Prozent beteiligte,[316] zum anderen die Gründung der Nippon Europartners Consulting Co. Ltd. in Tokio, einer Anlageberatungsgesellschaft für deutsche und japanische Kunden, an der sich die Europartners-Gruppe gemeinschaftlich mit 75 Prozent beteiligte.[317] Einem ganz ähnlichen Zweck diente die Iris – Institutional Research and Investment Services S. A. in Genf, die sich auf internationale Unternehmensanalysen spezialisierte und eng mit der EuroPartners Securities Corporation in New York sowie den Investmentgesellschaften in Asien zusammenarbeitete.[318]

Der Auftakt zur engeren Kooperation mit dem Crédit Lyonnais im Oktober 1970 hatte in der Tat innerhalb weniger Jahre zahlreiche neue Ansätze für das Auslandsgeschäft ermöglicht. Ob sie Früchte tragen würden, musste sich freilich erst noch erweisen.

2.4 Die Bank als Organisation

Beginn der Zentralisierung in Frankfurt am Main

Der Fortbestand von drei Hauptverwaltungen in Düsseldorf, Hamburg und Frankfurt, der den kontinuierlichen Austausch zwischen den drei Vorstandsgruppen und Fachabteilungen erforderte, wurde von den Führungskräften der Commerzbank offenkundig auch als Ansporn für den bankinternen Wettbewerb verstanden, zumal die dezentrale Organisationsstruktur eine recht große Kundennähe ermöglichte. Damit die drei Hauptverwaltungen ihre Aufgaben gut erfüllen konnten, wurden sie funktionell und personell beständig weiter ausgebaut und konnten zu Beginn der 1960er Jahre außerdem neu errichtete Verwaltungsgebäude beziehen.[319] Ein systematischer Vergleich der Hauptverwaltungen hinsichtlich der von ihnen veranlassten und getragenen Geschäftstätigkeit sowie der damit verknüpften Aufwendungen und Erträge war angesichts unterschiedlicher Gepflogenheiten bei der Kostenrechnung noch gar nicht möglich, was im Gesamtvorstand wiederholt moniert wurde.[320] Der oft zitierte bankinterne Wettbewerb war also möglicherweise nur eine Denkfigur, die zur Rechtfertigung der regionalen Eigensinnigkeiten und bürokratischen Eigendynamiken diente. Auf die Dauer war der Eindruck eines viel zu hohen Aufwands für den Unterhalt von drei eigenständigen Hauptverwaltungen aber nicht mehr von der Hand zu weisen, zumal sich aus dem Nebeneinander auch Reibungsverluste ergaben. Eine stärkere Zentralisierung und Straffung der Verwaltungs- und Geschäftsabläufe, etwa im Bereich des Rechnungswesens, bei der Gelddisposition oder bei den Werbemaßnahmen im Privatkundengeschäft, schien vor allem aus Kostengründen, aber auch wegen des vermehrten Einsatzes der elektronischen Datenverarbeitung geboten. Ausgehend von der allgemeinen Ertragslage wurde im Gesamtvorstand seit Mitte der 1960er Jahre wiederholt über die Möglichkeiten zur Kosteneinsparung und die Rationalisierung der Organisationsstrukturen beraten.[321] Entschloss man sich zunächst noch, einzelne überregionale Funktionen bei der Hauptverwaltung Düsseldorf zu zentralisieren, so beispielsweise im Januar 1966 das Emissionsgeschäft für ausländische Adressen,[322] so zeichnete sich doch immer mehr ab, dass Frankfurt zum wichtigsten deutschen Bankenplatz aufstieg. Die Stadt am Main schien deshalb der am besten geeignete Ort für die Zentralisierung von Aufgaben und Funktionen zu sein, die nicht weiterhin dezentral betrieben werden sollten.

Nachdem eine externe, von der Schweizer Prognos AG erstellte Studie zur Organisationsstruktur und künftigen Geschäftsentwicklung der Bank diese Annahme implizit bestätigt, wenn auch keineswegs eine rigorose Zentralisierung gefordert hatte, erteilte Deuß als Vorsitzender des Aufsichtsrats den Vorständen Lichtenberg, Marx und Rieche im April 1967 den Auftrag, einen Stufenplan für die schrittweise Zentralisierung in Frankfurt zu erarbeiten.[323] Im Gesamtvorstand bestand grundsätzliches Einvernehmen, dass eine tief greifende, auf die vermehrte Anwendung der elektronischen Datenverarbeitung gestützte Rationalisierung der Verwaltungs- und Geschäftsabläufe nur dann durchschlagende Wirkung auf die Kostenstruktur erzielen konnte, wenn eine »konstruktive Zentralisierung« der Führungsspitze und der drei Hauptverwaltungen der Bank gelingen würde – analog zu den bereits getroffenen Regelungen der beiden Nachbarbanken.[324] Der von Lichtenberg, Marx und Rieche zu erarbeitende Stufenplan sollte von der alsbaldigen Etablierung einer zentralen Führungsgruppe der Organisationsabteilung in Frankfurt ausgehen, gefolgt von der Zentralisierung der Hauptbuchhaltung, der Gelddisposition und der Werbeabteilung sowie schließlich – allerdings erst »in weiterer Sicht« – einer zentralen Führungsgruppe für die Auslandsabteilung.[325]

Auf der praktischen Ebene begann die Zusammenführung der drei Organisationsabteilungen im Herbst 1967. Daraus ergab sich die Chance, die elektronische Datenverarbeitung – die bisher in den drei Hauptverwaltungen eher ein Eigenleben geführt hatte – für die Steuerung und Kontrolle der gesamten Bank zu nutzen: Die Frankfurter Zentrale übernahm nun die Verrechnungskontenführung und führte künftig einen maschinellen Postenabgleich durch. In den folgenden Jahren wurde sukzessive ein integriertes Netzwerk von regionalen Rechenzentren aufgebaut, das seit 1968 die Datenfernverarbeitung über Standleitungen ermöglichte – in der Welt der kommerziellen Unternehmen damals ein echtes Novum. Auch die 1971 eröffnete Filiale New York wurde mit einer Standleitung in dieses Netzwerk integriert. Dass sich die Commerzbank im Dezember 1970 dem Börseninformationssystem der Frankfurter Wertpapierbörse anschloss, verstärkte den Trend zum Einsatz der elektronischen Datenverarbeitung in der Anlageberatung: Über das 1971 eingeführte Wertpapier-Informationssystem der Commerzbank hatten Berater wie Kunden direkten Zugriff auf Börsen- und Firmendaten sowie Depotbestände.[326]

Im Sommer 1967 hatten zudem die Planungen für den Bau eines neuen Hochhauses in Frankfurt begonnen.[327] Im September 1967 bzw. April 1968 übersiedelten mit Will Marx aus Hamburg und Kurt Sureth aus Düsseldorf die ersten beiden Vorstandsmitglieder an den Main.[328] Marx, der in Hamburg für das Auslands- und Devisengeschäft, die Hauptbuchhaltung, die Organisation und das Vorstandssekretariat einschließlich der Werbung zuständig gewesen war, verstand sich als treibende Kraft der Zentralisierung. Er konzentrierte sich dabei – wie es der »Stufenplan« vorsah – zunächst auf das Auslandsgeschäft, für das in Frankfurt allerdings schon Robert Dhom verantwortlich war. Als Marx dem Gesamtvorstand im Mai 1968 seine Vorstellungen zur Neuorganisation des Auslandsgeschäfts vortrug, lagen die Prioritäten auf rascher Zentralisierung und gleichberechtigter Teambildung. Die Leitung der neuen Zentralen Auslandsabteilung in Frankfurt sollten die drei bisher in Düsseldorf, Hamburg und Frankfurt zuständigen Abteilungsleiter Wolfgang Jahn, Horst Frenschkowski und Klaas-Peter Jacobs übernehmen. Der Gesamtvorstand beschloss jedoch, nichts zu überstürzen: Vorerst sollte nur die »reine Auslandsbetreuung« – das heißt die Betreuung der ausländischen Stützpunkte und der ausländischen Kundschaft – in Frankfurt zentralisiert werden, »während die Betreuung der inländischen Kundschaft bezüglich ihres Auslandsgeschäfts weiter bei den drei Hauptverwaltungen dezentral durchgeführt wird«.[329] Der von Dhom ein paar Wochen später präsentierte Plan für die Umsetzung dieser Vorgabe sah denn auch – anders als Marx es vorgeschlagen hatte – eine sehr vorsichtige, schrittweise Zentralisierung vor, die sich über einen Zeitraum von 18 Monaten erstrecken sollte.[330] Dieses Szenario fand mehr Anklang. Lichtenberg etwa bekundete, dass doch eigentlich nur das Auslandsemissionsgeschäft eine rasche Zentralisierung verlange; beim sonstigen Auslandsgeschäft müsse man sorgfältig überlegen, ob die sachlichen Voraussetzungen für eine

Zentralisierung überhaupt schon gegeben seien.[331] Marx hatte in Frankfurt mit seinem Drängen auf eine rasche Zentralisierung also keinen leichten Stand. Die drei dezentralen Hauptverwaltungen besaßen ein starkes Eigengewicht, und vor allem das wirtschaftlich starke Düsseldorf sträubte sich, Zuständigkeiten und Personal nach Frankfurt zu verlagern, obwohl der grundsätzliche Beschluss hierzu einvernehmlich getroffen worden war und als solcher auch nicht infrage gestellt wurde.

Kurt Sureth wiederum, der den Schritt von Düsseldorf nach Frankfurt bereits im April 1968 vollzogen hatte, widmete sich hier schwerpunktmäßig dem Auf- und Ausbau einer schlagkräftigen Verkaufsförderung für das Mengengeschäft, das er gleichzeitig auf eine neue, betriebswirtschaftlich fundierte Basis zu stellen versuchte, um die einheitliche Steuerung und die systematische Kostenkontrolle zu verbessern. Über deren Notwendigkeit bestand im Gesamtvorstand keinerlei Dissens. Hier musste mit Blick auf die drei Hauptverwaltungen zunächst auch wenig verlagert werden, denn es ging im Kern um den Aufbau neuer Strukturen. In diesem Bereich waren es eher ältere Mitarbeiter, die dem Thema Verkaufsschulung wenig aufgeschlossen gegenüberstanden, weil sie sich weiterhin als Bankbeamte verstanden, die den Kunden nicht etwa ungefragt neue Produkte anboten, sondern denen vielmehr die Kunden ihre Anliegen zu unterbreiten hatten.[332] Doch die Mitarbeiter- und Verkaufsschulung wurde in Frankfurt nun immer intensiver betrieben, denn für die Besetzung der zahlreichen neuen Filialen und Zweigstellen wurde entsprechend qualifiziertes Personal benötigt. In Glashütten im Taunus wurde eigens ein Schulungszentrum eingerichtet, um die wachsende Zahl der Mitarbeiterinnen und Mitarbeiter in den Geschäftsstellen an die Aufgaben des aktiven Marketings im Bereich des Privatkundengeschäfts heranzuführen.[333]

Dass sich Will Marx als klarer Befürworter einer raschen Zentralisierung, der mit seinen Plänen aber zurückstecken musste, im Frühjahr 1969 entschloss, zum Bankhaus Sal. Oppenheim zu wechseln, hatte ironischerweise eine Beschleunigung der Zentralisierung in Frankfurt zur Folge: Denn im Herbst 1969 übersiedelte auf Wunsch des Aufsichtsrats nun Paul Lichtenberg selbst zusammen mit einigen Abteilungsleitern von Düsseldorf nach Frankfurt. Das schwächte die Vorstandsgruppe und die Hauptverwaltung in Düsseldorf, auch wenn Lichtenberg sein dortiges Büro nicht aufgab. In Frankfurt wiederum empfand man den Wechsel der Düsseldorfer Führungskräfte in gewisser Weise auch als eine »Invasion«, doch Lichtenberg und Rieche als gemeinsame Vorstandssprecher bemühten sich, zu einer reibungslosen Zusammenarbeit zu finden.[334] Anfang 1970 wurde in Frankfurt eine zentrale Auslandsdirektion etabliert, der schon Mitte 1970 die Zentrale Auslandsabteilung folgte.[335] Im Folgejahr konnte überdies eine neue Zentrale Abteilung Planung und Mengengeschäft in Frankfurt eingerichtet werden, die von Manfred Wilsdorf geleitet wurde und sowohl für die strategische Planung als auch für das Mengengeschäft zuständig war, was den hohen Stellenwert dieses Geschäftsfelds unter-

Neue Zentrale in Frankfurt am Main: Das Zwei-Scheiben-Hochhaus wurde 1970 bis 1974 nach den Plänen des Architekten Richard Heil errichtet; Foto: Robert Göllner.

streicht. Zu ihren Aufgaben gehörten die systematische Marktbeobachtung und die Entwicklung von Weiterbildungsprogrammen für die Verkaufsförderung.[336] Damit war die Zentralisierung der drei Hauptverwaltungen in Frankfurt noch längst nicht abgeschlossen, aber doch wesentliche Schritte vorangekommen.[337] Im Vergleich zur Deutschen Bank und zur Dresdner Bank, die vor der gleichen Aufgabe standen, erwies sich die Commerzbank infolge der Düsseldorfer Beharrungskräfte erneut als Nachzügler.[338]

Auch die Commerzbank begann aber damit, die baulichen Voraussetzungen für die vollständige Zentralisierung in Frankfurt zu schaffen: Auf dem

Gelände der vorhandenen Altbauten an der Neuen Mainzer Straße, wo einstmals die Mitteldeutsche Creditbank residiert hatte, wurde durch Abriss der Platz für ein modernes Hochhaus in zentraler Innenstadtlage geschaffen. Die Bauarbeiten schritten für ein Projekt dieser Größenordnung durchaus zügig voran, auch wenn aufgrund der nach Abriss der Altbauten erkennbaren Bodenbeschaffenheit zusätzliche Sicherungsmaßnahmen erforderlich wurden.[339] Einzug in das von dem Frankfurter Architektenbüro Richard Heil und Partner entworfene »Zwei-Scheiben-Haus«, das sich im Wettbewerb unter anderen gegen einen Entwurf Ludwig Mies van der Rohes durchgesetzt hatte, konnte freilich erst im Herbst 1974 gehalten werden.[340]

Dass es noch kein neues Hochhaus gab, hielt die Commerzbank 1970 nicht davon ab, ihr 100-jähriges Jubiläum feierlich zu begehen. Für den Festakt lud sie nach Hamburg, an den Gründungsort der Bank, ein. Sie stand zu dieser Zeit geschäftlich sehr gut da: Die Jahre des bundesdeutschen Booms hatte man nutzen können, um die Bank in allen Bundesländern zu verankern, den Ausbau des Privat- und Firmenkundengeschäfts kräftig voranzutreiben und auch die Internationalisierung des Geschäfts in die Wege zu leiten. Nicht nur im Vorstand, auch bei den Mitarbeiterinnen und Mitarbeitern herrschte 1970 offenkundig das Gefühl vor, »in den Startlöchern für größere Aufgaben zu stehen«.[341]

Personalpolitische Aspekte

Die Mitarbeiterzahlen der Commerzbank wuchsen in den 1960er Jahren steil an: Hatten sie 1958 noch bei knapp 7700 Personen gelegen, so stiegen sie bis 1970 auf rund 15 400 bei der Commerzbank AG und rund 17 000 im Commerzbank-Konzern an.[342] Der Gesamtvorstand der Commerzbank versuchte, diese insgesamt sehr kostentreibende Entwicklung durch vorübergehende »Konsolidierungspausen« – beispielsweise 1962/63 – zu kontrollieren und zu steuern, zumal der leer gefegte Arbeitsmarkt immer häufiger die Rekrutierung branchenfremden Personals erforderlich machte.[343] Auch in den frühen 1970er Jahren wuchsen die Mitarbeiterzahlen der Commerzbank jedoch weiter an, und zwar bei der Commerzbank AG weiterhin schneller als in den zum Konzern gehörenden Tochtergesellschaften: 1973 lag die Commerzbank bei gut 16 800 Beschäftigten, der Commerzbank-Konzern aber bereits bei knapp 18 200.[344]

Die Anforderungen an diese Mitarbeiter, unter denen sich eine kräftig ansteigende Zahl von Frauen befand, deren Anteil mit der Rezession von 1966/67 nur vorübergehend von zuvor 40 auf 35 Prozent zurückging, veränderten sich mit dem Wandel der technischen Möglichkeiten zur Bewältigung des enorm ausgeweiteten Geschäftsverkehrs mit den Privatkunden grundlegend. Neben den gelernten Bankkaufleuten wurden nun verstärkt auch akademisch ausgebildete Bankbetriebswirte gebraucht, die sich in ihrem Studium mit theoretisch fundierten, zunehmend mathematisch ausgerichteten Methoden und Verfahren vertraut gemacht hatten. Die Bedeutung der Buchhaltung, die vor allem rechnerische Fähigkeiten und schriftliche Sorgfalt verlangte, ging tendenziell zurück; stattdessen hielt die automatisierte Datenverarbeitung breiten Einzug, sodass verstärkt Fachpersonal mit technischer Qualifizierung gefragt war. Um die massiv ansteigende Zahl der Geschäftsvorfälle besser bewältigen zu können, kamen in den 1960er Jahren vermehrt Lochkarten, Magnetbänder, Magnetplatten und schließlich Computer zum Einsatz.[345]

Da der Arbeitsmarkt schon in den frühen 1960er Jahren immer enger wurde und auch branchenfremdes Personal eingestellt werden musste, erlangte neben der klassischen Lehrlingsausbildung die bankinterne Fortbildung und Schulung nun einen sehr viel höheren Stellenwert als früher.[346] Mitte der 1960er Jahre kamen auf einen gelernten Bankkaufmann der Commerzbank bereits zwei Angestellte ohne einschlägige Fachausbildung.[347] Das Schulungszentrum in Glashütten versuchte ihnen allen, ob mit oder ohne Bankausbildung, mit einem vielfältigen Seminarangebot zusätzliche Kenntnisse und Fähigkeiten zu vermitteln, vor allem in den Bereichen Datenverarbeitung, Marktpsychologie und Verkaufstraining. Denn in den Geschäftsstellen stieg der Bedarf an Mitarbeitern und Mitarbeiterinnen, die sich vor einem aktiven Zugehen auf die Kundschaft nicht scheuten und denen es gelang, die einzelnen Kundengruppen – etwa berufstätige Frauen oder Jugendliche, bald auch ausländische Arbeitnehmer – mit ihren jeweils spezifischen Interessen anzusprechen.[348] Kundenorientierung wurde jetzt großgeschrieben. Mitarbeiterinnen, die bisher vor allem mit Schreibarbeiten und eher mechanischen Tätigkeiten beschäftigt waren und den Umgang mit Schreibmaschinen, Diktiergeräten mit Magnettonplatten, Buchungsapparaten und Lochkartenmaschinen sowie Schecksortieranlagen kennengelernt hatten, drangen jetzt verstärkt in den Bereich der Kundenberatung vor. Mit Handlungsvollmacht ausgestattet wurden sie allerdings nur höchst selten. Dies gelang zuerst Mechthild Meinecke, die Ende der 1960er Jahre die Leitung der Commerzbank-Zweigstelle in der Münchener Hohenzollernstraße übernahm, und bald darauf auch Ilse Vogl, die 1972 zur Leiterin der Commerzbank-Filiale in Mühldorf am Inn ernannt wurde.[349]

Mit Blick auf die Gehälter der Direktoren und Angestellten im Bankgeschäft, die in den 1950er Jahren noch hinter denen in vergleichbaren Branchen zurücklagen, kam es in den frühen 1960er Jahren zunächst zu einer Anpassung, dann zu einer Überschreitung des allgemeinen Niveaus.[350] Die Tarifverhandlungen für die Angestellten wurden vom Arbeitgeberverband des privaten Bankgewerbes geführt und verliefen bis in die späten 1960er Jahre hinein reibungslos, weil sich die Banken zu ebenso regelmäßigen wie kräftigen Anhebungen bereitfanden, während gleichzeitig die Arbeitszeiten verkürzt wurden.[351] Ergänzt wurden die regulären Gehälter durch Tantiemen

Arbeitsplätze in der Commerzbank in den 1970er Jahren; Foto: Geschäftsbericht 1973.

und Sonderzahlungen, die sich bei der Commerzbank an den Beiträgen der einzelnen Filialen zum Betriebsergebnis, aber auch an persönlichen Leistungen orientierten. »Besondere Aufmerksamkeit ist der Besoldung junger tüchtiger Geschäftsstellenleiter zu widmen«, lautete dabei die Devise des Gesamtvorstands.[352] Generell lehnte sich die Commerzbank bei Gehältern wie Tantiemen und Sonderzahlungen eng an die Deutsche Bank und die Dresdner Bank an, denn die drei Großbanken standen am Arbeitsmarkt in starker Konkurrenz zueinander.

Die Commerzbank gewährte ihren Beschäftigten weiterhin umfangreiche freiwillige soziale Leistungen, hielt sich bei der Anwendung des »Gesetzes zur Förderung der Vermögensbildung der Arbeitnehmer« von 1961 zunächst aber zurück.[353] Erst das »Zweite Gesetz zur Förderung der Vermögensbildung der Arbeitnehmer« von 1965, das den Erwerb von Aktien des eigenen Unternehmens steuerlich begünstigte, nahm die Commerzbank zum Anlass, um ihren Mitarbeitern und Pensionären Commerzbank-Aktien zu Vorzugskonditionen anzubieten. 25 bis 30 Prozent der Beschäftigten nahmen dieses Angebot in den folgenden Jahren an. Für die Bank hatte das den doppelten Vorteil, einerseits einen Impuls zur Mitarbeitermotivation geben zu können, da diese unmittelbar an den Erfolgen beteiligt wurden, andererseits – und das war sicher wichtiger – ihre Kapitalbasis zu günstigen Konditionen erweitern zu können.[354] Hinzu kamen in den späteren 1960er Jahren weitere tarifvertraglich geregelte Sozialleistungen für die Beschäftigten, die teils ebenfalls der Vermögensbildung dienten, so die 1969 vereinbarte Gewährung vermögenswirksamer Leistungen, aber auch anderen Zwecken, wie etwa die Kinderzulage oder das 13. Monatsgehalt.[355]

Angesichts steigender Personalkosten und zugleich wachsender Ansprüche der Beschäftigten auf soziale Leistungen wurden die Tarifverhandlungen im Bankgewerbe in den frühen 1970er Jahren mit härteren Bandagen geführt. Am 4. März 1971 etwa musste Personalchef Helmut Brands im Gesamtvorstand berichten, dass die Gespräche zwischen den Tarifpartnern am gleichen Tag frühmorgens um fünf Uhr vorläufig gescheitert waren.[356] Mit Blick auf die Gehälter für Direktoren und Angestellte kam es bei den Verhandlungen im Jahr darauf zu einer gravierenden Änderung der Tarifgruppenstruktur: War sie bislang vor allem auf das Lebensalter abgestellt, so wurde sie nun stärker auf die ausgeübten Funktionen ausgerichtet, während Lebensalter und Berufserfahrung an die zweite Stelle traten.[357] Damit konnte der Trend wachsender Personalkosten allerdings nicht gebremst werden: Bei der Commerzbank stiegen sie von Januar 1972 bis Januar 1973 um 14,1 Prozent, was man vor allem wegen der inzwischen durch die Inflation in Gang gesetzten Lohn-Preis-Spirale als wachsendes Problem betrachtete.[358]

Öffentlichkeitsarbeit und gesellschaftliches Engagement

Verbunden mit dem Einstieg ins Mengengeschäft wandelte sich auch die Öffentlichkeitsarbeit der Großbanken. Da sie nun das Vertrauen immer breiterer Kundenschichten gewinnen wollten, mussten sie mehr Einblicke gewähren, als sie bisher gewohnt waren. Schon im Frühjahr 1960 forderte der Gesamtvorstand der Commerzbank die Geschäftsstellen in Nordrhein-Westfalen beispielsweise auf, den Kontakt zur Presse, aber auch zu Vereinen und anderen Organisationen aktiv zu suchen, um die Werbestrategie der

Bank zu unterstützen.[359] Die persönliche Begegnung mit einem Journalisten und das persönliche Gespräch mit einem Kunden boten nicht nur Gelegenheiten, Werbebotschaften und Informationen zu vermitteln, sondern sie schufen einen gemeinsamen Erfahrungsraum, der für den Aufbau von Vertrauen unerlässlich war. Auch eine wachsende Zahl von Kundenveranstaltungen in den Filialen unterstützte diesen neuen Ansatz der Öffentlichkeitsarbeit, der auf den unmittelbaren Austausch setzte.

Professionelle Pressesprecher der Bank gab es zu dieser Zeit weder in den drei Hauptverwaltungen noch gar in den Filialen. Das wichtigste Instrument der »nebenbei« von den Volkswirtschaftlichen Abteilungen wahrgenommenen Öffentlichkeitsarbeit blieb der alljährliche Geschäftsbericht. Bei der Commerzbank wurde er in den späten 1960er Jahren gezielt modernisiert: Enthielt er bisher im Wesentlichen eine nüchterne Analyse der wirtschaftlich-konjunkturellen Lage, einen sachlichen Bericht über die Geschäftsaktivitäten und präsentierte dann meist eine spärlich kommentierte Bilanz, so wurde er nun zu einer »Visitenkarte« des Unternehmens umgestaltet.[360] Seit 1969 enthielt er zahlreiche Grafiken und Fotografien, um die gebotenen Informationen besser zu veranschaulichen; zunehmend wurden dabei auch Fotografien von Bankmitarbeitern bei der alltäglichen Arbeit am Kundenschalter, am Schreibtisch oder im Handelssaal verwendet, um Einblicke »hinter die Kulissen« zu vermitteln.[361]

1972 nahm die Commerzbank dann eine grundsätzliche neue Positionierung ihres öffentlichen Auftritts vor.[362] In Zusammenarbeit mit der Werbeagentur Young & Rubicam hatte sie eine Werbekampagne entwickelt, mit der sie sich ein neues, unverwechselbares Image geben wollte: Im Mittelpunkt stand dabei die Botschaft, die Commerzbank sei eine Großbank, die weniger traditionsverhaftet sei als andere Großbanken und deshalb unkonventionelle Wege und Lösungen bevorzuge. Dabei sei sie erfolgreich und lasse ihre Kunden an diesem Erfolg teilhaben. Begründet wurde dieses neue Selbstbild damit, dass die tatsächliche Größe der Commerzbank bei den Kunden bisher nicht ausreichend bekannt war. Wollte man die eigene Größe als positive Eigenschaft im Sinne von »Überlegenheit« nutzen, musste man sie besser bekannt machen, war die Annahme der Werbefachleute. Der zugleich erhobene Anspruch, weniger konventionell zu sein als andere, noch größere Banken, bot eine positive Differenzierungsmöglichkeit, die umso wichtiger war, als die Produkte und Dienstleistungen der Universalbanken einander immer ähnlicher wurden. Den Erfolg der Bank zu betonen, musste Kunden besonders ansprechen, wenn dieser Erfolg zu ihrem eigenen Vorteil ausfiel. Auf diese Kernbotschaften wurde der neue werbliche Auftritt der Commerzbank nun abgestimmt: Er kam frisch und modern daher und sollte durch Vereinfachung und Humanisierung der Werbebotschaft – »bei uns profitiert der Kunde« – vor allem die zahlreichen Privatkunden ansprechen. So bot die Bank nun beispielsweise ein »10 000 Mark-Bündnis« an, mit dem sie regelmäßiges Sparen zu belohnen versprach, und bündelte ihr reichlich unübersichtlich geworde-

Neue Werbekampagne »Die 1001 Kredite der Commerzbank«, 1970er Jahre

nes Sortiment an persönlichen Krediten märchenhaft-vielversprechend zu den »1001 Krediten der Commerzbank«.[363]

Ein weiteres wichtiges Instrument der breiter angelegten Öffentlichkeitsarbeit waren die Pressemitteilungen, die nach Wahrnehmung zeitgenössischer Journalisten im Vergleich zu anderen Banken recht häufig herausgegeben wurden, was als größere Bereitschaft zur Transparenz gedeutet wurde.[364] Die Qualität und die Wirkung der eigenen Werbung und aktiven Pressearbeit ließen sich allerdings weder an der Eloquenz von Werbekonzepten noch an der Häufigkeit von Verlautbarungen ablesen, sondern mussten sich vor allem in solchen Phasen bewähren, in denen die Banken generell oder die Commerzbank speziell in die öffentliche Kritik geriet. Dies war z. B. im Sommer 1973 der Fall, als die Schwäche des US-Dollar die Deutsche Bundesbank zu einer rigiden Geldpolitik veranlasste und auch die Geschäftsbanken bei der Kreditvergabe größte Zurückhaltung üben mussten, sodass einige ihrer Firmenkunden in Bedrängnis gerieten.[365] Im Vergleich der drei Großbanken hinsichtlich ihrer Ertragslage und des Umgangs mit den gegebenen Problemen schnitt die Commerzbank in der Berichterstattung der großen Wochen- und Tageszeitungen wie Wirtschaftswoche, Welt am Sonntag oder Süddeutsche Zeitung im August 1973 allerdings am schlechtesten ab, wie man im Gesamtvorstand beunruhigt zur Kenntnis nehmen musste. »Die Frage der Verbesserung unserer public relations-Arbeit bedarf dringend der Behandlung«, lautete die Schlussfolgerung, zumal eine eigene Analyse der Bilanzsituation ergab, dass man nüchtern und sachlich betrachtet eigentlich gar nicht schlechter dastand als die beiden Nachbarbanken.[366]

Erstaunlich wenig Gebrauch machte die Commerzbank für die eigene Imagepflege von ihrer Stiftung, die sie 1970 aus Anlass des 100-jährigen Jubiläums ins Leben gerufen hatte.[367] Die gemeinnützige Commerzbank-Stiftung war mit einem Startkapital von 5 Mio. DM ausgestattet worden und widmete sich entsprechend ihrer Satzung als unselbstständige Unternehmensstiftung zunächst sehr breit angelegt gemeinnützigen Vorhaben, »soweit öffentliche oder private Mittel nicht ausreichend verfügbar sind«.[368] Im Mittelpunkt standen dabei die Bereiche von Ausbildung und Wissenschaft sowie karitative Zwecke.[369] Dem Kuratorium der Stiftung, das über die Vergabe der Fördermittel entschied, gehörten neben dem Aufsichtsratsvorsitzenden Hanns Deuß und dem Vorstandsmitglied Raban Freiherr von Spiegel der frühere Präsident der Deutschen Bundesbank Karl Blessing, der Kölner Finanzwissenschaftler Günter Schmölders sowie der Aufsichtsratsvorsitzende der Bayer AG Otto Bayer an, der zugleich Mitglied im Aufsichtsrat der Commerzbank war.[370] Da Karl Blessing im Frühjahr 1971 verstarb, musste schon bald über eine Neuberufung beraten werden: Im Juni 1971 trat Staatssekretär a. D. Walter Hallstein seine Nachfolge an.[371] Ein ausgearbeitetes Förderprogramm oder gar eine ausgefeilte Strategie für die Corporate Social Responsibility des eigenen Hauses, von der zu dieser Zeit in Managerfortbildungsseminaren schon recht häufig die Rede war, existierte jedoch trotz dieser prominenten Besetzung nicht. Die verfügbaren Mittel wurden vielmehr »freihändig« vergeben, abhängig von den Anregungen der Kuratoriumsmitglieder. Da die Stiftung auf eine Darstellung ihrer Tätigkeit in der Öffentlichkeit weitgehend verzichtete, wurden kaum Wünsche von außen an sie herangetragen. Mitunter sammelten sich die Fördermittel bis zum Jahresende an, ohne verausgabt zu werden.[372] Ein klares Profil gewann die Stiftung erst in späteren Jahren.

2.5 Grundzüge der Geschäftsentwicklung 1958 bis 1973

Die Jahre von der Neubegründung der Bank im Herbst 1958 bis zum Herbst 1973, als der Zerfall des Systems fester Wechselkurse und der erste Ölpreisschock für das nationale wie das internationale Bankgeschäft neue Voraussetzungen schufen, waren für die Commerzbank eine Phase außerordentlichen Wachstums. Basierend auf dem kräftigen Ausbau des eigenen Geschäftsstellennetzes, der Kunden- wie der Beschäftigtenzahlen konnte der Geschäftsumfang erheblich ausgeweitet werden, vor allem im Bereich des Mengengeschäfts. Diese Geschäftsausweitung schlug sich im Wachstum der Spareinlagen, des Kreditvolumens, des Eigenkapitals und der Bilanzsumme nieder, wie Tabelle 6 zu entnehmen ist. Der Bilanzgewinn

Jahr	Bilanzsumme		Eigenkapital		Kreditvolumen	Spareinlagen	Bilanzgewinn (Dividendenbetrag)	Steueraufwand
	in Mrd. DM		in Mio. DM		in Mrd. DM	in Mio. DM	in Mio. DM	in Mio. DM
	AG	Konzern	AG	Konzern	AG	AG	AG	AG
1958	5,6		253		3,5	587	21,0	35,1
1960	6,9		360		4,5	930	28,8	62,1
1962	8,7		420		5,6	1.257	32,0	48,1
1964	9,8		500		6,6	1.720	36,0	54,8
1966	11,0		540		7,4	2.649	36,0	55,2
1967	12,9	13,9	605	605	8,4	3.040	40,0	55,3
1968	15,4	16,5	660	676	9,7	3.565	46,8	59,8
1969	17,4	18,5	840	858	12,6	3.949	62,5	77,5
1970	19,7	23,7	850	906	13,8	4.182	59,5	47,1
1971	22,1	30,2	990	1.058	15,6	4.840	61,6	57,1
1972	25,6	35,3	1.115	1.172	17,4	5.420	68,0	58,9
1973	28,4	39,1	1.213	1.279	18,1	5.592	79,6	45,2

Tabelle 6: Eckdaten zur Geschäftsentwicklung der Commerzbank (1958–1973)[373]

und dementsprechende Dividendenbetrag sowie der Steueraufwand stiegen ebenfalls an, allerdings längst nicht so stark und vor allem nicht kontinuierlich. Die starke Geschäftsausweitung war bei genauerem Hinsehen durch Phasen besonders schnellen und vorübergehend verlangsamten Wachstums gekennzeichnet. So wuchsen die Spareinlagen seit 1964 sehr stark an, während das Kreditvolumen erst seit 1968 – nach Überwindung der Rezession von 1966/67 und nach Freigabe der Zinsen – regelrecht in die Höhe schnellte. Für den Gesamtvorstand war es eine dauernde Herausforderung, für ein möglichst ausgewogenes Wachstum von Spareinlagen und Kreditvolumen zu sorgen.[374] Die konjunkturbedingte Gegenläufigkeit von vorübergehend rückläufiger Einlagenentwicklung, auch im kurz- und mittelfristigen Bereich, und kräftig steigender Nachfrage nach langfristigen Krediten gab in den mittleren 1960er Jahren wiederholt Anlass zur Sorge.[375] Außerdem barg sie Konfliktpotenzial: Als es im Herbst 1966 zu einem deutlich erhöhten Einlagenzuwachs kam, vor allem vonseiten anderer Banken, entwickelte sich zwischen dem risikobewussten Hanns Deuß und dem offenkundig wesentlich risikofreudigeren Will Marx eine recht typische Kontroverse. Marx plädierte nun für eine Lockerung der restriktiven Kreditpolitik, Deuß war jedoch der Ansicht, »daß nach wie vor äußerste Zurückhaltung in der Einräumung von neuen Krediten zu üben ist (...)«.[376] Wie üblich gelang es ihm, den Vorstand hinter sich zu bringen. Und tatsächlich blieb die Kreditnachfrage in den folgenden Monaten trotz einsetzender Rezession hoch. Dank des inzwischen gut entwickelten Mengengeschäfts wuchsen aber zugleich die Spareinlagen, sodass es keinen Grund zu erhöhter Besorgnis gab. Die Commerzbank kam letztlich ohne Schwierigkeiten durch die Rezession von 1966/67, und im Frühjahr 1967 sah der Gesamtvorstand allen Grund, an der Pflege und konsequenten Ausweitung des Mengengeschäfts festzuhalten.[377] Allen Beteiligten war klar, dass dies nur zu hohen Kosten möglich war. Von der Rentabilität der Investitionen in den Ausbau des Geschäftsstellennetzes hatte man aber infolge der fehlenden systematischen Kostenkontrolle noch keine genaue Vorstellung.[378]

Zusätzlich zum Geschäftsbericht für die Muttergesellschaft musste die Commerzbank für das Geschäftsjahr 1967 erstmals auch eine nach den Vorschriften des Aktiengesetzes von 1965 erstellte konsolidierte Konzernbilanz vorlegen.[379] Die Bilanzsumme des Commerzbank-Konzerns belief sich demnach – wie aus Tabelle 6 hervorgeht – auf 13,9 Mrd. DM, wovon allerdings mehr als 90 Prozent auf die Muttergesellschaft entfielen. Die wichtigste Tochtergesellschaft der Commerzbank AG war 1967 die Berliner Commerzbank AG mit ihren 30 Geschäftsstellen und einer Bilanzsumme von 710 Mio. DM.[380] Einen regelrechten Schub bekam die Konzernbildung 1971, denn von nun an zählte neben den mehrheitlich der Commerzbank gehörenden Hypothekenbanken, der Rheinischen Hypothekenbank in Mannheim und der Westdeutschen Bodenkreditanstalt in Köln, auch die Commerzbank International S. A. in Luxemburg (CISAL) zu den Konzernunternehmen.[381] Nicht nur die Bilanzsumme des Commerzbank-Konzerns stieg von 23,7 Mrd. DM im Jahr 1970 sprunghaft auf 30,2 Mrd. DM im Jahr 1971 an, auch der Bilanzgewinn des Commerzbank-Konzerns konnte von 62,3 Mio. DM im Jahr 1970 auf 71,5 Mio. DM im Jahr 1971 gesteigert werden.[382] Allein die CISAL trug 1971 4,3 Mio. DM zu diesem Gewinn bei. Die hohe Eigenkapitalrentabilität dieser Auslandsinvestition lag auf der Hand: Sie betrug fast 8 Prozent.[383]

Schaut man bei der Commerzbank AG genauer auf die Entwicklung von Aufwendungen und Erträgen, die leider nicht separat für einzelne Geschäftsfelder oder gar Kundengruppen ausgewiesen sind, dann zeigen sich seit den späten 1960er Jahren vermehrte Schwankungen. Die Zinsaufwendungen und Zinserträge stiegen nach der Zinsfreigabe im Jahr 1967 zunächst steil an, fielen seit 1970 zurück, um 1973 erneut nach oben zu schnellen und nun in eine bisher ungekannte Größenordnung vorzustoßen. Die Zinsmarge war dabei allerdings durchgängig rückläufig. Das Kreditgeschäft der Commerzbank entwickelte sich in diesen Jahren geradezu stürmisch, vor allem im Bereich der langfristigen Ausleihungen: Von 1968 bis 1972 verfünffachten sich allein die von der Bank gewährten Langfristkredite zu einem Volumen von fast 5 Mrd. DM.[384] Im Gesamtvorstand war mit Blick auf Einlagen, Kredite und Bilanzsumme von ganz »neuen Maßstäben« die Rede.[385] Allerdings unterlagen auch die Abschreibungen und Wertberichtigungen auf Forderungen und Wertpapiere inklusive der Zuführungen zu den Rückstellungen für möglicherweise notleidend werdende Kredite in diesen Jahren starken Schwankungen, ähnlich wie die Erträge, die sich aus der Auflösung solcher Rückstellungen ergaben. Das Kreditgeschäft war stark expansiv, aber von zunehmenden Unwägbarkeiten geprägt. Betrachtet man die Ertragsstrukturen insgesamt, dann sticht vor allem ins Auge, dass die Zinsen und anderen Erträge aus den Kredit- und Geldmarktgeschäften von überragender Bedeutung für die Commerzbank blieben, auch wenn sich die Provisionen und anderen Erträge aus Dienstleistungsgeschäften fast kontinuierlich steigern ließen, worin sich vor allem der steigende Stellenwert des Emissionsgeschäfts spiegeln dürfte. An die Bedeutung des Kredit- und Geldmarktgeschäfts aber kam es noch lange nicht heran. Die einzige Größe in der Gewinn-und-Verlust-Rechnung der Commerzbank, die sich in den Jahren 1968 bis 1973 ohne jede Irritation weiter nach oben bewegte, waren die Aufwendungen für Gehälter und Löhne.

Vergleicht man das Wachstum der Beschäftigtenzahlen mit dem der Gehälter und Löhne, wie in Tabelle 7 geschehen, dann zeigt sich, dass Erstere nur um etwa ein Viertel, Letztere aber um die Hälfte wuchsen. Auf den einzelnen Beschäftigten entfiel jedoch ein immer höherer Anteil der Bilanzsumme. Die steigenden Personalaufwendungen waren also offenkundig gut investiertes Geld in die wichtigste Ressource des Bankgeschäfts: die Kompetenzen und Fähigkeiten der Mitarbeiter. Der Jahresüberschuss ließ sich zwischen 1968 und 1973 aber keineswegs genauso kontinuierlich steigern wie die Bilanzsumme; er war vielmehr 1970 stark und 1973 erneut, wenn auch weniger

Jahr	Beschäftigte		Gehälter und Löhne		Bilanzsumme		Bilanzsumme je Beschäftigten
	Zahl	in Prozent	in Mio. DM	in Prozent	in Mrd. DM	in Prozent	in Mio. DM
1968	13.409	100,00	198,4	100,00	15,4	100,00	1,148
1969	14.350	107,02	226,9	114,36	17,4	112,98	1,213
1970	15.441	115,15	287,8	145,06	19,7	127,92	1,276
1971	15.952	118,25	317,6	160,08	22,1	143,51	1,385
1972	16.161	120,52	356,1	179,49	25,6	166,23	1,584
1973	16.803	125,31	406,5	204,89	28,4	184,42	1,690

Tabelle 7: Beschäftigte, Personalaufwand und Bilanzsumme der Commerzbank AG (1968–1973)[386]

stark rückläufig. Während sich diese Entwicklung 1970 noch im ausgewiesenen Bilanzgewinn niederschlug, der mit 59,5 Mio. DM etwas unter die Vorjahresmarke von 62,5 Mio. DM sank, entschloss sich die Commerzbank 1973, erstmals auf die Bildung zusätzlicher offener Rücklagen zu verzichten und einen Bilanzgewinn von 79,7 Mio. DM auszuweisen, was deutlich über der Vorjahresmarke 68 Mio. DM lag und den bisher höchsten Bilanzgewinn ihrer Nachkriegsgeschichte darstellte. Sie tat dies offenkundig, um den Presseberichten über ihre im Vergleich mit den anderen beiden Großbanken angeblich schlechtere Ertragslage etwas entgegenzusetzen.[387] Nach den eigenen internen Analysen sah sie vielleicht nicht rosig, aber nicht wesentlich schlechter aus.[388] Ein genauer Vergleich der Ertragslage der drei Großbanken war allerdings wegen der inkonsistenten Datengrundlage ein sehr schwieriges Unterfangen: Zwischen den Banken wurden zu dieser Zeit in der Regel Vergleiche angestellt, die auf Hochrechnungen der Steuerpositionen in den veröffentlichten Gewinn-und-Verlust-Rechnungen beruhten und infolge der bestehenden Bilanzierungsspielräume nur ein ungenaues Bild von der tatsächlichen Ertragslage zu vermitteln vermochten.[389]

3. Die Ölpreiskrise von 1973/74 und ihre Folgen (1973 bis 1979)

3.1 Das Problem des »Recyclings« der Ölgelder

Das im Oktober 1973 von den arabischen Mitgliedern der Organization of Petroleum Exporting Countries (OPEC) verhängte Ölembargo gegen die USA, die Niederlande und Portugal, die Israel im Jom-Kippur-Krieg militärisch unterstützten, traf nicht nur sie, sondern alle von Rohölimporten abhängigen Länder und stürzte die Weltwirtschaft in eine schwere Rezession.[1] Die Rohölpreise stiegen in ungeahnte Höhen, die Börsen in New York, London und Tokio brachen ein, und je größer die Defizite in den Zahlungsbilanzen der Importländer wurden, desto stärker strömten die Einnahmen der Exportländer auf die Eurogeldmärkte in London, Luxemburg und Asien, wo sie bevorzugt kurzfristige Anlagen suchten. Denn in den Öl fördernden Ländern selbst fehlte es oft an Investitionsmöglichkeiten. Eine Rückkehr zu festen Wechselkursen, auf die man nicht nur in vielen westeuropäischen Ländern noch immer hoffte, wurde nun fast illusorisch.[2] Diplomatische Verhandlungen führten dazu, dass sich die eigentlichen Öllieferprobleme bereits im Frühjahr 1974 wieder entspannten, doch die Auswirkungen der Krise auf die Geld- und Kapitalmärkte waren noch überhaupt nicht richtig absehbar. Um die völlig aus dem Lot geratenen Zahlungsbilanzen der Öl exportierenden und Öl importierenden Länder zu einem gewissen Ausgleich zu bringen, mussten umfangreiche, möglichst langfristige Kapitalbewegungen von den Ersteren in Letztere in Gang gesetzt werden – in anderen Worten: ein »funktionierendes Recycling« der Ölgelder musste organisiert werden.[3]

Voraussetzung dafür war ein leistungsfähiger internationaler Kapitalmarkt, der die Fähigkeit zur Fristentransformation besaß. Doch angesichts der seit dem »Nixon-Schock« vom Sommer 1971 unklaren Weltwährungssituation und der starken Inflationstendenzen waren viele Investoren gar nicht bereit, langfristige Bindungen einzugehen: Das Volumen der internationalen Anleihen an den Kapitalmärkten lag im Frühjahr 1974 mit rund 1,1 Mrd. US-Dollar weit unter dem Volumen der überwiegend auf Roll-over-Basis vergebenen, also auf kurzfristigen Anlagen beruhenden, aber dennoch mit langer, meist zehnjähriger Laufzeit ausgestatteten syndizierten Eurokrediten der Banken. Sie wurden zumeist an andere private oder staatliche Banken vergeben, denn es handelte sich beim Euromarkt ja überwiegend um einen Interbankenmarkt. Die Schuldner nahmen dabei ein hohes Zinsrisiko auf sich, und die Gläubiger mussten zusätzlich zum Kreditausfallrisiko die Last der immer neuen Geldbeschaffung für das Roll-over-Verfahren tragen. Allein die öffentlich bekannt gewordenen mittel- und langfristigen Eurokredite, die ja keiner systematischen Erfassung unterlagen, beliefen sich im ersten Quartal 1974 auf 12,1 Mrd. US-Dollar.[4] Bei den Banken mancher Länder war die Verschuldung am Euromarkt nach Schätzungen beteiligter Bankmanager zu dieser Zeit schon doppelt so hoch wie die jeweiligen amtlichen Währungsreserven.[5] Mit Blick auf die noch gar nicht richtig in Gang gesetzte, erst noch zu bewältigende Finanzierung des »Recyclings« der Ölgelder erschien deshalb die Einschaltung der internationalen Organisationen in hohem Maße erwünscht. Nur mit ihrer Hilfe, davon waren viele überzeugt, konnte es gelingen, die auftretenden Schuldner- und Gläubigerrisiken auszubalancieren. Doch die Ansätze zu einer politisch koordinierten Kanalisierung der Ölgelder durch den Internationalen Währungsfonds, die Weltbank, die OECD und die EWG fielen eher zögerlich aus.[6] Vor diesem Hintergrund stellten sich die unregulierten Euromärkte bald geradezu als ein Rettungsanker dar. Hatte es zu Beginn der 1970er Jahre bei etlichen Regierungen und Notenbanken noch Bestrebungen gegeben, diese wahrhaft transnationalen, die nationalen Geld- und Kapitalverkehrskontrollen auch durch ihre Fähigkeit zur Geldschöpfung systematisch unterlaufenden Offshoremärkte möglichst strenger zu regulieren, so waren viele Politiker nun froh, dass es sie gab.[7] Immer mehr Staaten und Notenbanken wurden selbst an diesen Märkten aktiv, vor allem als Kreditnehmer.[8] Den dort agierenden Geschäftsbanken verlieh das eine ganz neue, viel stärkere Verhandlungs- und Marktposition gegenüber Staaten und Notenbanken, als sie auf den jeweiligen nationalen Geld- und Kapitalmärkten beanspruchen konnten.

Im Herbst 1974, fast ein Jahr nach Beginn der Krise, war freilich noch immer nicht abzusehen, wohin die Ölmilliarden fließen würden – eine Vorstellung, die angesichts ihres Volumens, das für 1974 auf mehr als 100 Mrd. US-Dollar geschätzt wurde und damit den Wert der offiziellen Währungsreserven der EWG übertraf, nicht nur den Politikern, sondern auch den Bankmanagern der involvierten Geschäftsbanken Unbehagen bereitete.[9] Grundsätzlich war klar, dass sie über die internationalen Finanzmärkte als Geld- und Kapitalanlagen möglichst in die Länder mit besonders hohen Zahlungsbilanzdefiziten fließen sollten, darunter Italien, Großbritannien und Frankreich, aber auch in die Entwicklungsländer. Doch bestand nicht nur Unsicherheit über deren Schuldnerqualität. Das Problem der Fristentransformation war ebenfalls noch nicht gelöst. Denn die potenziellen Schuldner waren an langfristigen Finanzierungshilfen interessiert, die Gläubiger aber vorerst – infolge der grassierenden Inflation – weiterhin meist nur zu kurzfristigen Anlagen bereit. Während die Überschüsse der Öl exportierenden Länder also zunächst überwiegend in kurz- und allenfalls mittelfristige Anlagen auf dem Eurogeldmarkt flossen, während der Eurobondmarkt nahezu zum Erliegen kam, zeichnete sich seit Mitte 1974 – unter dem Eindruck der wirtschaftlichen Schwierigkeiten einiger an den Euromärkten und im internationalen Devisenhandel aktiver Banken, darunter die deutsche Herstatt-Bank – eine wachsende Neigung der OPEC-Staaten zu direkten Geldanlagen in den USA ab.[10] Denn in den Öl exportierenden Ländern selbst gab es zwar verstärkte Ansätze für eine Industrialisierung und die Etablierung neuer Bankplätze, doch diese kamen nur sehr langsam zum Tragen.[11]

Zugleich kam es mit Blick auf den Eurogeldmarkt zu einer immer stärkeren Konzentration der Anlagen bei einer Gruppe von nur noch etwa 50 bis 60 Banken mit einwandfreiem Ruf, darunter die Deutsche Bank, die Dresdner Bank und die Commerzbank. Das bewirkte einen weiteren Verdrängungseffekt und steigende Risiken im Interbankengeschäft: Denn durch die stärkere Konzentration der Gelder auf die erstklassigen Adressen stand bald nicht mehr all denjenigen Banken, die zuvor im »Recycling« aktiv gewesen und Roll-over-Verpflichtungen am Euromarkt eingegangen waren (Anfang 1974 hatten dazu noch etwa 500 Banken gezählt, allein 250 mit Sitz in London und 85 weitere mit Sitz in Luxemburg), zu kostendeckenden Margen ausreichend Liquidität zu deren Refinanzierung zur Verfügung. Schuldner der problematisch gewordenen Finanzierungen waren unter anderem die beiden Industrieländer Italien und Frankreich, aber auch einige Entwicklungsländer, die erst im Zusammenhang mit der Ölpreiskrise Zugang zum Euromarkt bekommen hatten. Für sie stellte sich vermehrt die Frage, wie sie ihre Zins- und Tilgungsverpflichtungen überhaupt würden erfüllen können. Die Ölpreiskrise von 1973/74 – so lässt sich zusammenfassen – bewirkte eine außerordentlich kräftige Expansion der Euromärkte und beförderte damit das Wachstum der an ihnen aktiven Geschäftsbanken, zu denen auch die Commerzbank zählte. Mit diesem Wachstum gingen allerdings erhebliche Risiken einher, für die neue Kontrollsysteme entwickelt werden mussten, zumal sich die nationalen Geld- und Kapitalmärkte nun stärker miteinander verflochten.

3.2 Eigentümerstrukturen und Corporate Governance

Das Eigenkapital der Commerzbank musste im Zuge der starken Geschäftsausweitung, die nicht zuletzt durch die Ölpreiskrise von 1973/74 bedingt war, mehrfach kräftig aufgestockt werden, um den aufsichtsrechtlichen Anforderungen zu entsprechen. Zwischen 1973 und 1979, in nur sechs Jahren,

Im Jahr 1973 ordnete die Bundesregierung infolge der Ölkrise vier autofreie Sonntage an; Foto: Picture alliance.

wurde es von rund 1,2 auf mehr als 2,4 Mrd. DM verdoppelt.[12] In fast jedem Jahr wurde eine Erhöhung des Grundkapitals vorgenommen, wobei die Zahl der Aktionäre beständig weiter anstieg. Der Einfluss von Einzelaktionären und Aktionärsfamilien, die sich der Commerzbank schon sehr lange verbunden fühlten, musste unter diesen Bedingungen zurückgehen. Die bereits erwähnte repräsentative Erhebung von 1975 ergab, dass die Zahl der Commerzbank-Aktionäre nunmehr 120 000 betrug. Der Anteil der institutionellen Investoren lag jetzt bei 25 Prozent, die privaten Aktionäre hatten also noch immer viel größere Bedeutung: Die wichtigste Gruppe stellten die Arbeitnehmer mit 26 Prozent dar, gefolgt von den Unternehmern und Selbstständigen mit 14 Prozent, den Hausfrauen mit 13 Prozent sowie schließlich den Rentnern und Pensionären mit 5 Prozent; auf Stiftungen und Erbengemeinschaften entfielen lediglich 3 Prozent.[13] Um den 1975 bei 14 Prozent liegenden Anteil der ausländischen Investoren weiter zu steigern, entschloss sich der Gesamtvorstand im August 1976, alle erforderlichen Schritte für die Einführung der Commerzbank-Aktie an der New York Stock Exchange zu unternehmen.[14] Eine genauere Sondierung ließ jedoch kein großes Interesse bei amerikanischen Anlegern erwarten. Weil man sich zudem mit Blick auf künftige Kapitalerhöhungen nicht von der amerikanischen Börsenaufsicht SEC abhängig machen wollte, wurden die Pläne im Dezember 1976 zurückgestellt.[15] Zu einer Wiedervorlage kam es jedoch nicht, weil der bis 1975 ununterbrochen gestiegene Aktienkurs in den folgenden Jahren starken Schwankungen unterlag: 1977 erreichte er mit 222,40 DM pro Aktie à 50,00 DM seinen vorläufigen Höhepunkt, um ab 1979 – als die Commerzbank in eine schwierige wirtschaftliche Lage geriet – kräftig zurückzugehen; 1980 lag er bei nur noch 127,60 DM.[16]

Im Aufsichtsrat der Commerzbank schlug sich die Ausweitung des Aktionärskreises so gut wie gar nicht nieder. Dessen Besetzung zeichnete sich vielmehr durch hohe Kontinuität aus. Erst 1974 kam es zu einigen Veränderungen, zum einen durch den Tod von Franz Hilger, zum anderen durch das altersbedingte Ausscheiden von Franz Grabowski. Da sich die Insolvenz der Herstatt-Bank auch auf den Gerling-Konzern auswirkte, zog sich zudem Hans Gerling aus dem Aufsichtsrat der Commerzbank zurück. Neu aufgenommen wurden in den Jahren 1974 und 1975 dagegen Günter Max Paefgen, persönlich haftender Gesellschafter der Friedrich Flick KG in Düsseldorf, Dietrich Wilhelm von Menges, Mitglied des Aufsichtsrats des Gutehoffnungshütte Aktienvereins in Oberhausen, und Heinrich Mandel, Mitglied des Vorstands der Rheinisch-Westfälisches Elektrizitätswerk AG in Essen. Für Philipp Möhring, der 1975 verstarb, wurde zunächst kein Nachfolger berufen.[17] Das entsprach offenkundig dem Wunsch Paul Lichtenbergs, der im Folgejahr an die Spitze des Aufsichtsrats trat und sich künftig nur noch auf zwei stellvertretende Vorsitzende stützte, nämlich Helmut Lorenz-Meyer und Dietrich Wilhelm von Menges.[18] Dieser Wechsel an der Spitze des Aufsichtsrats am 11. Mai 1976 vollzog sich ganz nach Plan: Lichtenberg löste den aus Altersgründen ausscheidenden Hanns Deuß ab, der schon anlässlich seines 75. Geburtstags am 18. Februar 1976 zum Ehrenvorsitzenden des Aufsichtsrats ernannt worden war. Diese Würdigung konnte er allerdings nicht mehr lange genießen, denn er verstarb am 24. Mai 1976, nur zwei Wochen nach dem offiziellen Amtswechsel.[19]

Der neue Aufsichtsratsvorsitzende Lichtenberg konnte sich auf ein »eingespieltes Team« stützen, das erst durch die Einführung der paritätischen Mitbestimmung auf der Arbeitnehmerseite neue »Mitspieler« aufnehmen musste. Das heftig umstrittene »Mitbestimmungsgesetz« vom Mai 1976, das eine paritätische Besetzung des Aufsichtsrats von Großunternehmen mit in der Regel mehr als 2000 Beschäftigten verlangte, kam bei der Commerzbank im Frühjahr 1978 zur Anwendung.[20] Anders als in vielen anderen Branchen, in denen sich die Arbeitgeber mit allen rechtlichen Mitteln gegen die paritätische Mitbestimmung zur Wehr setzten, sah man die neuen gesetzlichen Bestimmungen bei den Großbanken vergleichsweise gelassen. Auch Lichtenberg, der künftig in Pattsituationen ein Doppelstimmrecht besaß, sah keinen Grund, auf die Barrikaden zu gehen; er plädierte im Vorfeld allerdings dafür, als Arbeitnehmervertreter nur Unternehmensangehörige in den Aufsichtsrat zu wählen, keine von außen kommenden Gewerkschaftsfunktionäre.[21] Damit konnte er sich nicht durchsetzen: Dem 20-köpfigen Aufsichtsrat der Commerzbank gehörten seit dem Frühjahr 1978 zehn Arbeitnehmervertreter an, darunter auch Jürgen Haker, Mitglied des Bundesvorstands der Deutschen Angestellten-Gewerkschaft. Den stellvertretenden Vorsitz im Aufsichtsrat übernahm mit Ewald Fajkus ein Angestellter der Commerzbank aus Frankfurt, der dem Gremium bereits seit 1964 angehörte und offenkundig das Vertrauen der Arbeitnehmer wie der Anteilseigner besaß.[22] Eine Studie zur Arbeitsweise der paritätisch besetzten Aufsichtsräte in den Großbanken liegt bisher nicht vor, bei der Commerzbank gestaltete sie sich offenkundig reibungslos.

Im Gesamtvorstand der Commerzbank war es bei aller durch Lichtenberg und Rieche als Vorstandssprechern gewährleisteten Kontinuität schon zwischen 1969 und 1973 zu starken personellen Veränderungen gekommen, wie im vorangehenden Kapitel dargelegt. Um die Zusammenarbeit zwischen den deutlich verjüngten Vorstandsgruppen in Düsseldorf, Hamburg und Frankfurt zu intensivieren, hatte der Gesamtvorstand im März 1972 beschlossen, künftig mindestens zweimal im Monat zu einer Sitzung zusammenzukommen.[23] Dieser Vorsatz wurde nicht sofort umgesetzt. Aber nachdem Lichtenberg im Frühjahr 1973 infolge des altersbedingten Ausscheidens von Rieche die alleinige Leitung des Vorstands übernommen hatte, sorgte er dafür, dass man sich regelmäßig alle zwei Wochen traf, nicht nur in Düsseldorf, Frankfurt und Hamburg, sondern auch andernorts, etwa in Berlin, um mehr Präsenz in der gesamten Bundesrepublik und vor allem am Standort der wichtigsten Tochtergesellschaft, der Berliner Commerzbank AG, zu zeigen.[24] Lichtenberg konzentrierte sich nun ganz auf die Stabsfunktionen Volkswirtschaft sowie Bilanzen und Steuern; er wollte die Zusammenführung der drei Hauptverwaltungen vollenden, die Commerzbank in der Gruppe der drei bundesdeutschen Großbanken verankern und ihre geschäftliche Expansion vorantreiben.[25]

Dass Deuß als Vorsitzender des Aufsichtsrats weiterhin an allen Vorstandssitzungen teilnahm, die aus eben diesem Grund häufig in Düsseldorf stattfanden, sahen einige der jüngeren Vorstandsmitglieder zunehmend kritisch. »Und Deuß, das ist völlig ungewöhnlich gewesen, in keiner Gesellschaft kann ich mir das sonst vorstellen, hat am Anfang an allen Vorstandssitzungen teilgenommen«, bekundete der 1973 zum stellvertretenden Vorstandsmitglied berufene Jürgen Reimnitz. »Ein absolut absurdes Ding. Deuß war der Mentor für Lichtenberg und er war praktisch bei jeder Vorstandssitzung dabei.«[26] Lichtenberg verstand es allerdings problemlos, aus dem Schatten von Deuß herauszutreten: Als alleiniger Vorstandssprecher nahm er die wichtigsten Außenkontakte der Bank wahr, etwa zum Bundesfinanzminister Helmut Schmidt und zum Präsidenten der Deutschen Bundesbank Karl Klasen, aber auch auf internationaler Ebene, so im Zusammenspiel mit dem Crédit Lyonnais.[27] Außerdem war Lichtenberg in der Industrie sehr gut vernetzt, unter anderem durch die im März 1972 übernommenen Mandate im Aufsichtsrat der Daimler-Benz AG und der Allianz Lebensversicherungs-AG. Er sorgte auch dafür, dass in den Gesamtvorstandssitzungen regelmäßig über die Mandate bei wichtigen Industrieunternehmen berichtet wurde.[28] Angesichts der von Lichtenberg betriebenen aktiven Beteiligungspolitik war das naheliegend und dürfte das Selbstbewusstsein der Vorstandsmitglieder gestärkt haben, in der Industrie eine wachsende Rolle zu spielen.

Innerhalb des Gesamtvorstands, der sich mehr und mehr nach Frankfurt verlagerte, bestand allerdings ein relativ starkes Spannungsverhältnis zwischen Lichtenberg und Dhom, der für das Auslandsgeschäft verantwortlich war und dem machtbewussten Lichtenberg Paroli bot. In der Erinnerung von Reimnitz kam es in den 1970er Jahren zu einer regelrechten »Lagerbildung«, bei der sich Lichtenberg vor allem auf den polyglotten, sprachlich versierten und ihm sehr ergebenen Reimnitz, Dhom dagegen auf den als intelligent, ja brillant geltenden Engelbert Dicken stützte.[29] Folgt man der Interpretation von Reimnitz, dann konnte sich Lichtenberg als Vorstandssprecher vor allem deshalb durchsetzen, weil er die Bank mit »harter Hand« geführt habe, ohne Konflikte zu scheuen, ein unglaubliches »Gespür für die richtigen Geschäfte zur richtigen Zeit« besessen habe, persönlich aber ein bescheidener Mensch gewesen sei. Er habe die Bank nach vorn bringen, nicht in erster Linie seine eigene Karriere befördern wollen.[30]

Als Lichtenberg im Frühjahr 1976 in den Aufsichtsrat wechselte, verfügte allerdings nur Dhom über langjährige Vorstandserfahrung und wurde deshalb zum neuen Vorstandssprecher erkoren. Von der Presse als eher blasser Kandidat, ja gar als ein »Erfüllungsgehilfe« Lichtenbergs eingestuft, setzte Dhom sofort deutliche eigene Akzente: Kurz nach seiner Berufung signalisierte er seinem Vorgänger, dass dessen Teilnahme an den Vorstandssitzungen – eine Tradition, die Lichtenberg von Deuß zu übernehmen gedachte – nicht länger erwünscht sei.[31] Als neuer Vorstandssprecher wollte Dhom einen Führungsstil praktizieren, der sich markant von dem Lichtenbergs unterschied: weniger auf seine Person zugeschnitten, stärker kollegial ausgerichtet und außerdem um gute Kommunikation mit den Nachbarbanken bemüht.[32] Davon nahm auch die Presse bald Notiz.[33] Noch im Mai 1976 präsentierte Dhom dem Vorstand seine »Vorstellungen über die zukünftige systematische Führung unserer Bank«, mit denen er die Commerzbank grundlegend modernisieren wollte, ähnlich wie Jürgen Ponto das bei der Dresdner Bank schon in den Jahren zuvor erreicht hatte.[34] Unter der Leitung jeweils eines Vorstandsmitglieds nahmen verschiedene Arbeitskreise ihre Tätigkeit auf, um Konzepte für die Bereiche »Planung«, »Organisation«, »Betriebswirtschaft«, »Kreditpolitik«, »Privatkundengeschäft«, »längerfristige Inlandsfinanzierung« sowie »Ausland und internationale Finanzierung« zu erstellen. Auch wenn die Diskussion über die künftige Struktur der zentralen Abteilungen noch nicht abgeschlossen war, wurde im April 1977 eine Neuordnung der Vorstandsbereiche vorgenommen.[35] Dhom selbst vereinte künftig die wichtigsten Ressorts zur Steuerung der Bank bei sich: Volkswirtschaft, Öffentlichkeitsarbeit sowie Rechnungswesen und Steuern, ferner die neue Abteilung für Unternehmensplanung; außerdem war er für die »Gebietsstelle« Frankfurt zuständig.[36] Denn gleichzeitig mit der Neuordnung der Vorstandsbereiche war eine Reorganisation des inländischen Geschäftsstellennetzes angestoßen worden, über die schon seit Jahren diskutiert worden war, ohne praktische Konsequenzen zu ziehen: Im Februar 1978 wurden nun tatsächlich 40 »Gebietsstellen« eingerichtet, die jeweils für das Geschäft, die Verwaltung und das Marketing in ihrer Region verantwortlich waren; ihnen wurden 640 »Primärstellen« und 120 »Sekundärstellen« zugeordnet.[37]

Dhom erwies sich jedoch bald als weniger führungsstark, als er nach außen zu demonstrieren versuchte. Er vertraute in hohem Maße auf seinen Vorstandskollegen Engelbert Dicken, der ihm zuvor gegenüber Lichtenberg stets den Rücken gestärkt hatte. Dicken war für Geld und Devisen und Teile des Auslandsgeschäfts zuständig; ihm wird der Satz zugeschrieben: »Ich refinanziere alles!«[38] Die von Dhom und Dicken verfolgte, vom Gesamtvorstand freilich ohne erkennbaren Widerspruch mitgetragene Geschäftspolitik erwies sich angesichts stark ansteigender Zinsen spätestens im Herbst 1979 als viel zu expansiv und riskant. Nachdem Dhom im Juli 1980 einen Herzinfarkt erlitten hatte, musste rasch eine Lösung zur Beendigung des »führungslosen« Zustands der Bank gefunden werden. Für die Berufung eines zweiten Vorstandssprechers an der Seite von Dhom kam aus dem Kreis der amtierenden Vorstände, die an der entstandenen Krise ja nicht unbeteiligt waren, aber niemand so recht infrage.[39] Der Aufsichtsratsvorsitzende Lichtenberg begann deshalb, nach einem geeigneten externen Kandidaten für die Nachfolge von Dhom zu suchen. Da man sich auf beiden Seiten eine weitere Zusammenarbeit nur schwer vorstellen konnte, wurde Dhom – nachdem er im November 1980 in die Bank zurückgekehrt war – zum 31. Dezember 1980 in den Ruhestand versetzt.[40] Die Commerzbank hatte in dieser Phase nicht nur mit erheblichen Ertragsproblemen und einem schweren Imageschaden zu kämpfen. Auch die Suche nach einem externen Kandidaten für die Vorstandsspitze erwies sich als schwierig. Lichtenberg ließ sich deshalb vom Aufsichtsrat zum 1. Januar 1981 vorübergehend wieder in den Vorstand delegieren; er fühlte sich in hohem Maße verpflichtet, die Commerzbank wieder zu konsolidieren, zumal er den von Dhom geleiteten Vorstand zuvor als Aufsichtsratsvorsitzender nicht wirksamer kontrolliert hatte.[41]

3.3 Weiterentwicklung des Geschäftsmodells

Von der Presse zur Geschäftspolitik seines Hauses befragt, nannte Lichtenberg im Februar 1970 schlicht drei Ziele: die Erweiterung der Angebotspalette im Privat- wie im Firmenkundengeschäft, die Qualifizierung der Mitarbeiter zu Verkäufern mit umfassender Beratungskompetenz und den Ausbau des internationalen Geschäfts.[42] In der französischsprachigen Finanzzeitschrift Les Échos legte er außerdem ein klares Bekenntnis zur Universalbank ab: »Für eine größere Filialbank sehe ich das Optimum in einem ausgewogenen Gesamtgeschäft, das durch eine Zusammenarbeit mit allen Wirtschaftsgruppen gekennzeichnet ist. (...) Die kontinentaleuropäische Universalbank (...) erlaubt eine sehr breite Angebotspalette und ermöglicht damit einen Ertragsausgleich zwischen den einzelnen Sparten.«[43] Diese Äußerungen ließen keine grundstürzenden Neuerungen erwarten, sondern eine schrittweise Weiterentwicklung des Geschäftsmodells der 1960er Jahre, das zu einer massiven Ausweitung des Geschäftsstellennetzes im Inland und zum ebenfalls recht kräftigen, teils in enger Kooperation mit der Europartners-Gruppe vorgenommenen Ausbau der Auslandsstützpunkte geführt hatte. Wegen des gewachsenen Stellenwerts der internationalen Geschäftstätigkeit schlugen sich allerdings auch die monetären, wirtschaftlichen und politischen Unsicherheiten im Gefolge der Ölpreiskrise von 1973/74 in steigenden Anforderungen an die kontinuierliche Anpassung des Geschäftsmodells nieder.

Mit Blick auf das Mengengeschäft, das sich zu einem kundengruppenspezifisch ausdifferenzierten Privatkundengeschäft entwickelte, strebte die Commerzbank ein Cross Selling ihrer Produkte an: Die neuen privaten Kunden sollten nicht nur für einzelne Produkte, sondern für möglichst viele Geschäftsbereiche gewonnen und so zu »Vollkunden« gemacht werden. Die Stabsabteilungen der Zentrale wurden dazu angehalten, mit den Geschäftsstellen vor Ort »prinzipiell realistische, aber dennoch den Ehrgeiz anspornende Zielvereinbarungen« in diesem Sinne zu treffen. Der bisherige »spartenorientierte Service« wurde auf die »integrierte Kundenberatung« umgestellt, was sich auch in der Ausstattung der Geschäftsstellen niederschlug.[44] Mit einbezogen in das Cross Selling wurden die im Zuge der Konzernbildung erweiterten Angebote zur Baufinanzierung, auch um eine besondere Profilierung der Commerzbank zu erreichen.

Im Firmenkundengeschäft gewannen nach der Ölpreiskrise von 1973/74 die Eurofinanzierungen erheblich an Bedeutung, und zwar sowohl bei den Außenhandelsfinanzierungen als auch bei den mittel- und langfristigen Investitionskrediten. Letztere bezogen sich verstärkt auf ausländische Direktinvestitionen, denn die zunehmenden Wechselkursschwankungen förderten die Neigung der bundesdeutschen Industrie, ihre Produktion ins Ausland zu verlagern, um die mit dem Export verbundenen Währungsrisiken einzugrenzen. Daneben wurde auch das Emissionsgeschäft für deutsche und ausländische Unternehmen weiter ausgebaut, das nicht nur als prestigeträchtig galt, sondern sich auch als lukrativer erwies als das Kreditgeschäft. In diesem Geschäftsfeld war allerdings die Deutsche Bank sehr stark präsent. Der Commerzbank gelang es aber, eine ganze Reihe von ausländischen Kunden zu gewinnen, darunter beispielsweise japanische Firmen, etwa Kubota, Mitsui O. S. K. Lines, Mitsui Shipbuilding, Toray Industries sowie Kawasaki Steel.[45]

Zur Unterstützung des Firmenkundengeschäfts betrieb die Commerzbank gemeinsam mit finanzkräftigen Partnern wie der Allianz-Versicherung überdies eine sehr aktive Beteiligungspolitik.[46] Gemeinsam erwarben die Commerzbank und die Gruppe Allianz/Münchener Rückversicherung 1974 beispielsweise eine Schachtelbeteiligung von 25 Prozent an dem Maschinenbaukonzern-Konzern Gutehoffnungshütte AG; sie wurde von der Regina

Verwaltungsgesellschaft mbH in München gehalten, an der die Commerzbank mit 25 Prozent beteiligt war, sodass sie zumindest indirekt vom steuerlichen Schachtelprivileg bei der Gutehoffnungshütte profitieren konnte – eine Konstruktion, die Lichtenberg auch in anderen Fällen zum Tragen brachte.[47] Die Kooperation mit der Allianz-Gruppe war vor allem deshalb so fruchtbar, weil die Commerzbank dem Versicherungskonzern behilflich war, sein Beteiligungsportefeuille weiter auszubauen. Sobald Lichtenberg 1976 in den Aufsichtsrat der Commerzbank wechselte, wurde mit Arno Paul Bäumer der Vorstandsvorsitzende der Allianz Lebensversicherungs-AG und zugleich das Vorstandsmitglied der Allianz Versicherungs-AG in den Aufsichtsrat der Commerzbank berufen, denn nun ergab sich daraus keine aktienrechtlich untersagte Überkreuzverflechtung von Mandaten zwischen den Vorständen der Bank und des Versicherungskonzerns mehr.[48]

Als Nachfolger Lichtenbergs hielt Dhom grundsätzlich am eingeschlagenen geschäftspolitischen Kurs fest, verfolgte aber – auch unter dem Einfluss von Dicken, der die Staatsfinanzierung als besonders lukratives Geschäftsfeld einstufte – deutlich expansivere Ziele. Die über die Euromärkte laufenden Großkredite und Staatsfinanzierungen gewannen erheblich an Bedeutung. Neben privaten und staatlichen Unternehmen nahmen vor allem die in Zahlungsbilanzschwierigkeiten steckenden Industrieländer Großbritannien, Frankreich und Italien sowie Schwellen- und Entwicklungsländer in Lateinamerika und Asien in der zweiten Hälfte der 1970er Jahre vermehrt Eurokredite in Anspruch. Die in das »Recycling« der Ölgelder eingeschalteten internationalen Organisationen und insbesondere auch die mit ihnen zusammenarbeitenden Entwicklungsbanken zeigten dagegen verstärktes Interesse an der Emission von Eurobonds. Um diese neuen Geschäftsmöglichkeiten auszuschöpfen, schaltete die Commerzbank zunächst vor allem ihre Tochtergesellschaft CISAL in Luxemburg und ihre Filiale in London ein, baute ihr Netz an Auslandsstützpunkten mit einer Filiale in Tokio, einer Tochtergesellschaft in Singapur sowie zahlreichen kleineren Beteiligungen aber auch weiter aus. Angesichts der überaus liquiden Geld- und Kapitalmärkte gerieten die Zinsänderungsrisiken zunehmend aus dem Blick. Erst mit dem Beginn der zweiten Ölpreiskrise, ausgelöst durch die politischen Umbrüche im Iran im Januar 1979, stieg das Risikobewusstsein an. Mit einer Rückbesinnung auf den bundesdeutschen Mittelstand versuchte man, die wachsenden Risiken des internationalen Geschäfts auszubalancieren. Doch als die Federal Reserve im Herbst 1979 eine grundlegende Wende der amerikanischen Geld- und Währungspolitik einzuleiten begann, um das Inflationsproblem energisch zu bekämpfen, zogen die Zinsen immer kräftiger an. Da sich die Commerzbank im langfristigen Großkreditgeschäft an relativ niedrige Festzinsen gebunden hatte, geriet sie nun in schweres Fahrwasser.

3.4 Geschäftspolitik in der Praxis: »Beratung aus einer Hand«, Euromarktorientierung und forcierte Internationalisierung

Vom Mengen- zum Privatkundengeschäft

Das Geschäftsstellennetz der Commerzbank war bis zum Jahresende 1973 auf 755 Filialen und Zweigstellen angewachsen und wurde nur noch mit mäßigem Tempo weiter ausgebaut.[49] Die Ausstattung und das äußere Erscheinungsbild veränderten sich jedoch, denn ausgehend vom Konzept des Cross Selling dienten die Geschäftsstellen nun der »integrierten Kundenberatung«. Um sowohl den Privat- als auch den Firmenkunden »Beratung aus einer Hand« bieten zu können, wurden die bisher üblichen Schaltertresen durch eine offene Raumgestaltung mit Beratertischen ersetzt.[50] An ihnen standen nicht mehr Fachleute für einzelne Geschäftssparten, sondern verkaufsgeschulte Kundenberater zur Verfügung, um vor allem die privaten Kunden mit kundengruppenspezifischen Angeboten zu umwerben; die nach einheitlichen Maßstäben standardisierten Massenprodukte des frühen Mengengeschäfts traten in den Hintergrund.

Privatkredite und Anschaffungsdarlehen. Die Ölpreiskrise führte 1973 zu nachdrücklichen Appellen der Bundesregierung, die Werbung für Kreditaufnahmen der privaten Kundschaft zu unterlassen, um ihre restriktive Geldpolitik zur Inflationsbekämpfung zu unterstützen. Die Banken kamen dieser Aufforderung nach und mussten kombiniert mit der Absatzkrise in der Automobilindustrie einen kräftigen Rückschlag im Geschäft mit den Konsumentenkrediten hinnehmen. Um der sinkenden Nachfrage etwas entgegenzusetzen, wurden Anfang 1974 die Kreditkonditionen von einigen Banken nach unten angepasst, sodass das Zinsgefüge nun insgesamt unter Druck geriet. Die Commerzbank wollte sich aus diesem Geschäftsfeld aber keineswegs zurückziehen, zumal die Zahl der notleidenden Kredite und Darlehen nicht markant anstieg, sich die Wertberichtigungen also in Grenzen hielten.[51] Um das eigene Angebot an Kleinkrediten und Anschaffungsdarlehen übersichtlicher zu gestalten, wurden sie allerdings noch 1974 zum »Commerzbank-Ratenkredit« zusammengefasst, der bis zu einer Höhe von 25 000 DM und einer Laufzeit von maximal fünf Jahren gewährt wurde.[52] Sein Absatz entwickelte sich vorteilhaft und überflügelte 1978 sogar die entsprechenden Angebote der beiden Nachbarbanken.[53] Da sich die Kreditzinsen nach unten bewegten, blieb die Konditionenanpassung ein dauerhaftes Thema: Die Commerzbank versuchte, im Bereich der »Commerzbank-Privatdarlehen« mit Zinsbindungsfristen das Absinken des Niveaus zu bremsen, war damit aber nur bedingt erfolgreich.[54] Um die Attraktivität der eigenen Angebote zu erhöhen, wurden im Herbst 1977 die Kredithöchstbeträge für das »Commerzbank-Privatdarlehen« von bisher 150 000 auf 300 000 DM angehoben und die Laufzeit von 15 auf 20 Jahre verlängert. Der Gesamtvorstand erklärte sich außerdem damit einverstanden, im Bereich der Kleindarlehen bis zu 15 000 DM auf die bisher übliche Besicherung mit Grundschulden zu verzichten.[55] Die Zeichen standen auf Expansion.

Sparen und Anlegen. Nach der Herstatt-Krise im Sommer 1974 wurden die Geschäftsstellen mit Nachdruck auf die »Dringlichkeit der Förderung des Spargeschäfts« hingewiesen.[56] Doch verglichen mit den Zuwächsen bei den Sparkassen blieb die Entwicklung für die Commerzbank zunächst eine »große Enttäuschung«, weil die Sparer offenkundig trotz wachsender Angst vor dem Verlust des Arbeitsplatzes und steigender Bereitschaft zum Konsumverzicht vor langen Bindungsfristen zurückschreckten.[57] Erst mit verstärkter Spareinlagenwerbung gelang es, den Zustrom an Spareinlagen wieder auf ein befriedigendes Maß zu bringen, sodass im April 1975 die Sparzinsen leicht nach unten gestuft werden konnten.[58] Doch das war keine stabile Entwicklung. Nur ein Jahr später zeichnete sich bei den Spareinlagen erneut eine Stagnation ab, die auf das Umdisponieren der Einlagen in die besser verzinsten Sparbriefe zurückgeführt wurde – ein Trend, der bei allen drei Großbanken zu beobachten war.[59] Ein weiteres Anlageprodukt, mit dem sich die Commerzbank bei den Spareinlagen selbst Konkurrenz machte, waren die seit 1975 angebotenen »Commerzbank-Schuldverschreibungen«. Weil es sich bei ihnen im Gegensatz zum Sparbrief tatsächlich um ein fungibles Wertpapier handelte, nahm freilich auch die Bundesbank »Wertpapierpensionsgeschäfte« auf, indem sie bonitätsmäßig einwandfreie Papiere der Geschäftsbanken kurzfristig aufkaufte, um sie alsbald wieder zu verkaufen; sie ermöglichte den Banken damit die Verbreiterung dieser Refinanzierungsbasis, trieb allerdings die Zinsen für die Schuldverschreibungen nach oben.[60] Auch die Commerzbank kam nicht umhin, im Frühjahr 1979 die Zinsen für Spareinlagen um ein weiteres halbes Prozent zu erhöhen.[61]

Baufinanzierungen. Trotz abgeflauter Baukonjunktur versuchte die Commerzbank, das Angebot der Baufinanzierungen weiter auszubauen. Nach der Zusammenlegung der Rheinischen Hypothekenbank in Mannheim mit der Westdeutschen Bodenkreditanstalt in Köln zur Rheinischen Hypothekenbank in Frankfurt wandte sie sich mit neuem Elan den »Baufinanzierungen aus einer Hand« zu, auch wenn hier ebenfalls eine Anpassung der Zinssätze nach unten notwendig war.[62] Die Entwicklung der verschiedenen Baufinanzierungsprogramme verlief recht zufriedenstellend. Gemeinsam mit der Allianz-Versicherung in Hamburg brachte die Commerzbank im November 1978 eine Neuerung auf den Markt: ein tilgungsfreies Baudarlehen, das zusätzlich oder anstelle der üblichen Grundschulden mit der Abtretung von Rechten und Ansprüchen aus Kapitallebensversicherungen besichert werden konnte.[63] Die Hypothekenbanken begannen zu dieser Zeit allerdings, immer eindringlicher vor einer Überlastung privater Bauherren zu warnen. Das »allgegenwärtige Kreditangebot« der »auf Umsätze dressierten Vertriebsapparate« der Geschäftsbanken beförderte in ihren Augen die Gefahr einer übermäßigen Verschuldung.[64]

Systematische Bestands- und Ertragsanalysen und Verdacht auf unerlaubte Absprachen. Nachdem die Commerzbank im Verlauf des Jahres 1978 ihr inländisches Filialnetz neu strukturiert hatte, indem sie 40 Gebietsstellen benannte, bei denen künftig die Verantwortung für das Geschäft, die Verwaltung und das Marketing der ihnen angeschlossenen Primär- und Sekundärstellen lag, machte sie auch Fortschritte bei der systematischen Bestands- und Ertragsanalyse für einzelne Geschäftsfelder. Im Dezember 1978 lag erstmals eine solche Analyse für das Wertpapiergeschäft mit der Privatkundschaft vor: Für jede einzelne Geschäftsstelle gab es nun eine genaue Übersicht zu den Kundendepots, gegliedert nach Aktien, Rentenpapieren und Investmentfonds-Anteilen, die mit den Ergebnissen des Wertpapiergeschäfts der Geschäftsstelle abgeglichen und für einen Vergleich der Geschäftsstellen untereinander herangezogen werden konnte. Die Ergebnisse der Ertragsrechnung für das Privatkundengeschäft insgesamt zeigten, dass die Commerzbank unter Druck stand, die Zinsen für die Spareinlagen ihrer Kunden anzuheben, während sie dies für Ausleihungen im Kreditgeschäft nicht in gleicher Weise tun konnte – eine auf Dauer problematische Zinsstruktur.[65]

Als die Bundesbank im März 1979 den Diskontsatz weiter anhob, versuchten die drei Großbanken den späteren Ermittlungen des Bundeskartellamts zufolge, sich durch unerlaubte Absprachen Entlastung zu verschaffen.[66] Die Beamten hatten rekonstruieren können, dass es am 30. März 1979 zu einem Treffen der Kommission »Privatkundengeschäft und Marketing« des Bundesverbands deutscher Banken bei der Commerzbank in Frankfurt gekommen war, an dem Eckart van Hooven von der Deutschen Bank, Werner Funke von der Dresdner Bank und Götz Knappertsbusch von der Commerzbank teilnahmen. Wie das Kartellamt nachweisen zu können meinte, hatten sie in Reaktion auf die tags zuvor angekündigte Anhebung des Diskontsatzes abgesprochen, die Zinsen für Kredite zum 6. April 1979, die Zinsen für Spareinlagen aber erst zum 17. April 1979 um jeweils ein halbes Prozent nach oben anzupassen. Weil keine der beteiligten Banken im Wettbewerb schlechter dastehen wollte als die anderen, hatten sie ihren Beschluss fast zeitgleich veröffentlicht und dadurch das Kartellamt selbst auf den Plan gerufen. Konnten sie durch die verzögerte Anhebung der Sparzinsen schätzungsweise Gewinne in Höhe von 8 Mio. DM zulasten ihrer Kunden einstreichen, so mussten sie nun mit Bußgeldern in Höhe von 24 Mio. DM rechnen. Statt der erhofften Entlastung hatten sie sich ein zusätzliches Problem eingehandelt.

Firmenkunden- und Staatsfinanzierungsgeschäft im Zeichen des »Recyclings« der Ölgelder

Großkredite und Eurofinanzierungen. Nach der Ölpreiskrise von 1973/74 wickelte die Commerzbank sowohl Außenhandelsfinanzierungen als auch mittel- und langfristige Investitionskredite für ihre Firmenkundschaft nicht vollständig, aber anteilig verstärkt über die expandierenden Euromärkte ab. Denn die anlagesuchenden Einnahmen der Öl exportierenden Länder flossen bevorzugt auf diese unregulierten Märkte, die ausgesprochen hohe Liquidität aufwiesen und außerdem Anlage- und Investitionsentscheidungen im globalen Maßstab vermitteln konnten. Die Kreditnehmer der Commerzbank waren dabei neben deutschen Firmen, die kräftig im Ausland zu investieren begannen, auch zahlreiche ausländische Adressen, darunter private wie öffentliche Unternehmen und immer häufiger staatliche Stellen in Schwellen- und Entwicklungsländern. Als Besteller von Schiffen, Maschinen und ganzen Anlagen bis hin zu Raffinerien und Kernkraftwerken nahmen sie großvolumige, syndizierte Eurokredite bei den international tätigen Geschäftsbanken in Anspruch.

Für die VEBA Chemie AG in Gelsenkirchen, eine langjährige Kreditkundin, sagte die Commerzbank beispielsweise im Januar 1974 ohne Zögern ihre Mitwirkung als Konsortialführerin an einer Eurofinanzierung für einen Tanker- und einen Raffinerieneubau im Iran zu; denn der Iran galt als zuverlässiger und zudem zahlungskräftiger Kunde.[67] Viel schwieriger einzuschätzen waren die Risiken dagegen mit Blick auf eine im Mai 1974 von der Aktiengesellschaft »Weser« Seebeckwerft vorgeschlagene Eurofinanzierung für zwei Tankerneubauten im Auftrag der griechischen Großreederei Colocotronis. Wegen der Höhe des bereits bestehenden Engagements für die AG »Weser« und der »Unübersichtlichkeit der Colocotronis-Gruppe« wurde die Bewilligung des beantragten Kredits von der Beschaffung weiterer Informationen abhängig gemacht.[68] Erst als diese acht Wochen später vorlagen, stimmte der Gesamtvorstand zu, hielt aber zugleich fest, dass die Kreditgrenze für die AG »Weser« damit erreicht sei.[69] Diese Skepsis war vollauf berechtigt: Nur ein paar Monate später lag ein Antrag auf Stundung der Rückzahlungsraten für die Lieferkredite an die griechische Reederei auf dem Tisch, dem sich die Commerzbank nicht verweigern konnte.[70] Am Jahresende 1975 war nicht mehr zu übersehen, dass die Colocotronis-Gruppe in ernsten Liquidi-

Werbung »Baufinanzierung aus einer Hand«, um 1973/74

tätsschwierigkeiten steckte, die fast alle von ihr beauftragten Firmen und die sie finanzierenden Banken in Bedrängnis brachten.[71]

Abgesehen von der schwierigen Beurteilung der Kreditwürdigkeit von Auftraggebern bestand ein weiteres Problem der Eurofinanzierungen darin, dass die hauptsächlich aus den OPEC-Staaten stammenden Einlagen meist nur kurzfristig gewährt wurden, aber für die Refinanzierung mittel- bis langfristige Investitionskredite genutzt werden sollten. Die Commerzbank versuchte, sich ein möglichst genaues Bild von der Größenordnung und Fälligkeitsstruktur der in den eigenen Konzern fließenden Einlagen von OPEC-Staaten zu machen; betroffen waren in erster Linie die Filiale London und die CISAL in Luxemburg.[72]

Im Dezember 1975 belief sich das Volumen der über den Euromarkt gewährten Roll-over-Kredite auf insgesamt 2,8 Mrd. DM. Um die Commerzbank AG von Risiken zu entlasten, sollten künftig auch den infrage kommenden Beteiligungsbanken, etwa der International Commercial Bank Ltd. in London oder der Union de Banques Arabes et Européennes S. A. (UBAE) in Luxemburg, Unterbeteiligungen angeboten werden.[73] Dhom als Vorstandssprecher ließ im Sommer 1976 ein Limit von 4 Mrd. DM für Roll-over-Kredite fixieren.[74] Doch schon im Herbst wurde es überschritten, wie der für die Gelddisposition verantwortliche Dicken eingestehen musste; er selbst sah darin freilich gar kein Problem, weil die Commerzbank schon in den Jahren 1979, 1980 und 1981 mit erheblichen Rückzahlungen rechnen konnte.[75]

1977 beteiligte sich die Commerzbank deshalb weiter an der Vergabe von »Jumbo-Krediten«, etwa an Großbritannien, Schweden oder Mexiko, das als entwicklungsfähiges und zudem Öl exportierendes Land in Lateinamerika zu einem neuen Investitionsschwerpunkt für europäische wie amerikanische und japanische Industrieunternehmen und Geschäftsbanken aufstieg.[76] Auch für die Commerzbank entwickelten sich Mexiko und andere lateinamerikanische Länder zu einem Schwerpunkt: Ende Mai 1978 standen beispielsweise nicht weniger als vier große Eurokonsortialkredite für Adressen in Lateinamerika zur Debatte, für die Empresa de Energia Electrica de Bogota in Kolumbien, der Banco de Desenvolvimento do Estado do Paraná in Brasilien, der Banco Nacional de Desarrollo in Argentinien und die Corporacion Nacional del Cobre de Chile, die teils mit DM-Festsatzkrediten, teils auch mit DM-Anleihen kombiniert werden sollten.[77]

Im Juni 1978 wurde diese Liste noch um weitere Offerten an Adressen in Lateinamerika verlängert. So sagte die Commerzbank nun beispielsweise zu, an einem von der Westdeutschen Landesbank geführten Eurokonsortialkredit in Höhe von 400 Mio. US-Dollar für die Comision Federal de Electricidad in Mexiko mitzuwirken; sie übernahm eine Quote von 15 Mio. US-Dollar, für die sie über die siebenjährige Laufzeit einen festen Zinssatz vereinnahmen können würde, der 1 Prozent über der Interbank Offered Rate lag. An diesem Konsortialkredit mitzuwirken schien vor allem deshalb interessant, weil die Commerzbank hier gemeinsam mit den großen amerikanischen, japanischen und europäischen Häusern – etwa mit der Morgan Guaranty Trust Company, der Fuji Bank und dem Crédit Commercial de France – auftreten konnte.[78] In die Gruppe der 50 bedeutendsten Führungsbanken von Eurokrediten aufzusteigen schien zu dieser Zeit kein unerreichbares Ziel mehr zu sein.[79]

Emissions- und Börsengeschäfte. Auch die Emissionsgeschäfte der Commerzbank wurden nach der Ölpreiskrise von 1973/74 vermehrt über die Euromärkte abgewickelt, bald auch in Singapur, wo sich der Asiendollarmarkt fest etablieren konnte.[80] War die Commerzbank 1973 an 18 Inlandsanleihen im Volumen von 8,2 Mrd. DM sowie 39 Auslandsanleihen im Volumen von 3,7 Mrd. DM beteiligt, so konnte sie ihre Mitwirkung bis 1978 kräftig ausbauen: Jetzt waren es 23 Inlandsanleihen im Volumen von 11,5 Mrd. DM sowie 98 Auslandsanleihen im Volumen von 12 Mrd. DM.[81] Hinzu kamen 1978 weitere 87 Emissionen von Fremdwährungsanleihen im Gegenwert von 4,4 Mrd. US-Dollar; elfmal hatte die Commerzbank dabei die Mitführung inne, aber nur einmal – für eine US-Dollar-Anleihe der Volkswagen International Finance N. V. – konnte sie die Federführung übernehmen.[82] In die Führungsgruppe des Konsortiums für Weltbank-Anleihen aufgenommen zu werden, die sowohl in DM als auch in anderen Währungen begeben wurden, gelang der Commerzbank trotz intensiver Versuche vorerst nicht.[83]

Ein Blick auf die Aktienemissionen zeigt, dass die Commerzbank hier von 1973 bis 1978 nur leicht zulegen konnte: War sie 1973 an 25 Kapitalerhöhungen über Bezugsrechte im Volumen von 1,2 Mrd. DM beteiligt, so waren es 1978 nur 22 Kapitalerhöhungen über Bezugsrechte im Volumen von immerhin 2,5 Mrd. DM.[84] Insgesamt war die Commerzbank an Aktienemissionen für 35 inländische und 25 ausländische Unternehmen beteiligt.[85] Für die offizielle Börseneinführung von ausländischen Unternehmen in der Bundesrepublik war die Commerzbank 1978 in fünf Fällen federführend verantwortlich: bei den amerikanischen Unternehmen American Express Company, Amax Inc. und Warner Communications Inc. sowie bei den japanischen Unternehmen Nisshin Steel Co. Ltd. und Ricoh Company Ltd.[86]

Die Wertpapierumsätze, die von der Commerzbank für ihre Kunden getätigt wurden, wiesen sowohl bei den Aktien als auch bei den Rentenpapieren steigende Tendenz auf. Nicht nur die für das Investmentsparen weiterhin wichtige ADIG und die inzwischen für besser situierte Privatkunden etablierte Vermögensverwaltung, auch die Commerzbank Fonds-Verwaltungsgesellschaft mbH (Cofo) konnte bis 1978 einen kräftigen Zuwachs ihres Anlagevermögens verzeichnen. Für Versicherungsgesellschaften und Pensionskassen verwaltete sie am Jahresende 1978 ein Vermögen von insgesamt 1,3 Mrd. DM in mehr als 40 Individualfonds; gegenüber dem Vorjahr war das ein Zuwachs von gut 30 Prozent.[87]

Eigenes Geschäft: Geld- und Devisenhandel

Nachdem US-Präsident Richard Nixon im August 1971 die Goldpreisbindung des US-Dollar aufgehoben und damit das Währungssystem von Bretton Woods zur Disposition gestellt hatte, mussten sich nicht nur die Notenbanken, sondern auch die international tätigen Geschäftsbanken und andere Unternehmen auf schwankende Wechselkurse einstellen. Eine Rückkehr zu festen Wechselkursen, die nur innerhalb einer engen Bandbreite schwanken durften, erwies sich letztlich selbst innerhalb Westeuropas, wo man gern an ihnen festhalten wollte und deshalb 1973 die Europäische Währungsschlange vereinbart hatte, als nicht durchsetzbar.[88] Die Freigabe der Wechselkurse durch eine wachsende Zahl von Staaten eröffnete allerdings auch die Möglichkeit, aktiven Devisenhandel zu betreiben. Dabei kam es im Kern darauf an, die künftige Kursentwicklung von Währungen vorausschauend abzuschätzen, anders gesagt: zu spekulieren.

Bei vielen Geschäftsbanken hatte der Devisenhandel bisher eine rein dienende Funktion für die Außenhandelsfinanzierung erfüllt. Doch nun gewann er eigenes Gewicht und wurde nicht länger allein im Zusammenhang mit Warenhandelsgeschäften zur Kurssicherung betrieben. Wo die Grenze zwischen legalem Devisenhandel und unlauterer oder gar unzulässiger Devisenspekulation lag, war freilich nicht leicht zu bestimmen, denn die Beurteilung hing von den satzungsrechtlich fixierten Unternehmenszwecken genauso ab wie von der Wahrung der aktienrechtlich vorgeschriebenen Informationspflichten gegenüber dem Aufsichtsrat. Bei der Commerzbank war Engelbert Dicken für diesen Bereich verantwortlich und musste regelmäßig im Gesamtvorstand und vor dem Aufsichtsrat darüber berichten. Als er im Februar 1974 darlegte, dass es offene Devisenpositionen in der Größe von 50 Mio. DM gab, die ausschließlich in US-Dollar gehalten wurden, erhoben sich keine Bedenken, obwohl der Kurs des US-Dollar seit Jahresbeginn kräftig gesunken war. »Unter Hinweis auf die vielen hundert Millionen US-Dollar Devisenpositionen der Westdeutschen Landesbank und deren hohe Verluste hieraus wünscht der Aufsichtsratsvorsitzende, daß nennenswerte Devisenpositionen über den bisherigen Rahmen hinaus nicht gehalten werden«, heißt es jedoch im Protokoll der entsprechenden Vorstandssitzung.[89] Das war eine klare Ansage von Hanns Deuß. Der Vorstand verständigte sich wenig später auf eine strenge Beaufsichtigung des hauseigenen Devisenhandels.[90]

Als im Mai 1974 die massiven Schwierigkeiten der Herstatt-Bank bekannt wurden, die sich aus ihren Devisenspekulationen ergaben, war das für die Commerzbank Grund genug, eine genaue Prüfung laufender Devisentermingeschäfte vorzunehmen und alle in den Zahlungsverkehr mit ausländischen Banken eingeschalteten Abteilungen eindringlich auf die »latenten Gefahren« hinzuweisen; neue offene Devisenpositionen durften vorerst nicht mehr eingegangen werden.[91] Dem Devisenhandel in Düsseldorf, der zuvor eng mit der Herstatt-Bank zusammengearbeitet hatte, wurden Geschäfte außerhalb der »normalen, im Zusammenhang mit Kundengeschäften anfallenden Tätigkeit« sogar vollständig untersagt.[92] Eine Überprüfung der Filialen New York und London sowie der CISAL ergab, dass sie an den Geld- und Devisenmärkten weiterhin zu erstklassigen Bedingungen bedient wurden, also keine Verunsicherung durch die Verbindung zur Herstatt-Bank eingetreten war.[93] Auch die Ertragslage des Devisenhandels stellte sich im Sommer 1974 für die Commerzbank recht günstig dar.[94]

Obwohl sich die Lage im Devisenhandel beruhigte, musste Dicken weiterhin regelmäßig Bericht über den Devisenhandel, die Lage am Geldmarkt und die Liquidität der Bank erstatten.[95] Verstärkte sich die Nachfrage am

Eurogeldmarkt, so verengte sich die Liquidität der Bank empfindlich, wie z.B. im Sommer und Herbst 1976 deutlich zu spüren war.[96] Doch im Oktober 1976 wendete sich das Blatt, und die Commerzbank begann, überschüssige Liquidität am Interbankenmarkt auszuleihen, und gestaltete auch den eigenen Devisenhandel wieder aktiver.[97] Die Währungssituation als solche war aber alles andere als erfreulich: Der US-Dollar tendierte weiterhin schwach, das Pfund Sterling war bereits zusammengebrochen, und die Europäische Währungsschlange funktionierte nicht wie erhofft.[98] Als sich der Dollarkurs infolge immer höherer Handels- und Zahlungsbilanzdefizite der USA weiter abschwächte und im Oktober 1977 regelrecht zu verfallen begann, baute die Commerzbank ihre Positionen weitgehend ab.[99] Der Devisenhandel zur Kurssicherung für die Exportkundschaft und für das eigene Geschäft wurde auf einem relativ niedrigen Niveau immer mehr zur Routine.[100]

Als die US-Regierung und die Federal Reserve im November 1978 ein Programm zur Stabilisierung des US-Dollar ankündigten, fand das bei der Bundesbank viel Lob.[101] Doch in den Vorstandsetagen der Geschäftsbanken mochte niemand so recht an eine »historische Wende« in der amerikanischen Geldpolitik glauben.[102] Der Vorstand der Commerzbank beschloss aber vorsichtshalber, eine Übersicht zu allen mit den Roll-over-Krediten am Euromarkt verbundenen Liquiditätsrisiken nach Währungen getrennt erstellen zu lassen, um bei Bedarf »Lücken« schließen zu können.[103] Dass der kommende Chef der Federal Reserve, Paul Volcker, bereits an einem Konzept zur energischen Inflationsbekämpfung arbeitete, das ein Jahr später – nachdem die Islamische Revolution im Iran die zweite Ölpreiskrise ausgelöst hatte – tatsächlich in die Praxis umgesetzt werden und mit amerikanischen Leitzinsen von bis zu 20 Prozent die große Wende in der globalen Zinsentwicklung einleiten würde, lag sicher außerhalb der Vorstellungskraft der meisten Beteiligten.[104] Für die Commerzbank wurden damit nicht nur neue Bedingungen im Devisenhandel geschaffen, sondern die Bank selbst geriet in erhebliche Schwierigkeiten, weil sie auf der Basis kurzfristiger Einlagen im großen Umfang mittel- und langfristige Kredite zu festen Zinsen vergeben hatte, die nicht im gleichen Maße angehoben werden konnten, wie die Zinsen für ihre Refinanzierung nach oben schnellten.

Wachsende Risiken und Rückbesinnung auf den Mittelstand

Die Nachrichten vom Sturz des persischen Schahs ließen im Gesamtvorstand der Commerzbank im Januar 1979 die Alarmglocken schrillen. Schon in den Jahren zuvor hatte man sich verstärkt mit Länderrisiken beschäftigt, doch ernste Gefahren waren dabei nicht ausgemacht worden. Nun aber bestand Grund zur Beunruhigung. Die Zahlen für das »Länderobligo Iran« lagen bereits am 16. Januar 1979 für die Commerzbank AG aufbereitet vor: Ihre

Kreditlinien für verschiedene Adressen im Iran beliefen sich auf 387,8 Mio. DM, von denen 252,6 Mio. DM tatsächlich in Anspruch genommen wurden.[105] Dem standen zwar Guthaben der iranischen Zentralbank in Höhe von 419 Mio. DM sowie verschiedener iranischer Geschäftsbanken in Höhe von 40 Mio. DM auf Konten bei der Commerzbank AG im In- und Ausland gegenüber. Doch dem Vorstand stellte sich gleichwohl die Frage, »wie wir uns im Ernstfall vor allen Formen der Zugriffsmöglichkeiten anderer Gläubiger des Iran in die bei uns unterhaltenen Guthaben schützen können«.[106] Alle im Commerzbank-Konzern unterhaltenen Guthaben des Iran wurden blockiert, sodass ohne ausdrückliche Zustimmung des Gesamtvorstands keinerlei Dispositionen über sie mehr vorgenommen werden konnten. Beschlossen wurde außerdem, die Kredit- und Kontoverbindungen mit Saudi-Arabien sowie allen anderen Golfstaaten »möglichst kurzfristig komplett darzustellen«.[107] Die Angst vor einer Ausweitung der Krise war groß.

Mit notleidenden Krediten und kompletten Ausfällen hatte man es zu dieser Zeit auch im Inland vermehrt zu tun. Fast in jeder Gesamtvorstandssitzung standen seit 1977/78 problematische Kreditengagements mit auf der Tagesordnung. Ein besonders prominenter Fall war die Beton- und Monierbau AG in Düsseldorf, an der die Commerzbank bis 1971 eine Schachtelbeteiligung besessen hatte und die auch weiterhin zu ihren Firmenkunden zählte.[108] Im Januar 1978 geriet das Bauunternehmen – infolge eines viel zu stark gewachsenen Auslandsgeschäfts, wie allseits vermutet wurde – in erste Liquiditätsschwierigkeiten.[109] Trotz verschiedener Unterstützungsversuche musste das Unternehmen im April 1979 Konkurs anmelden. Die Commerzbank, die sich im Frühjahr 1978 aus dem Aufsichtsrat der Beton- und Monierbau AG zurückgezogen hatte, beteiligte sich an diesen Unterstützungsaktionen, indem sie einen – öffentlich verbürgten – Barkredit in Höhe von 20 Mio. DM mehrfach verlängerte,[110] war aber nicht bereit, ihr Eigenrisiko über die vereinbarte Höhe von 3 Mio. DM auszuweiten; in ihren Augen lag gar kein tragfähiges Sanierungskonzept vor.[111] Im Endeffekt sah sie sich aber mit einem Ausfallrisiko von 31 Mio. DM konfrontiert.[112]

An Großkrediten und Eurofinanzierungen hielt die Commerzbank im Frühjahr 1979 dennoch weiter fest. Auf einer Sitzung am 24. April 1979 standen, wie auf vielen anderen zu dieser Zeit, nicht weniger als fünf große Außenhandelsfinanzierungen mit Eurokreditanteil auf der Tagesordnung.[113] Diskutiert werden sollten ferner fünf großvolumige Konsortialkredite, beispielsweise für die Companhia Energetica de São Paulo S. A. in Brasilien, der ein festverzinster Kredit in Höhe von 25 bis 50 Mio. US-Dollar oder 50 Mio. DM mit zehnjähriger Laufzeit angeboten werden sollte; daran wollte sich die Commerzbank mit 15 Mio. US-Dollar oder 20 Mio. DM beteiligen. Sie stand schon länger mit dem Unternehmen in Verbindung. Diese Kundenverbindung wegen wachsender Zinsänderungs- und Ausfallrisiken an den internationalen und nationalen Kreditmärkten aufzugeben, kam nicht infrage.

Doch es fällt auf, dass sich die Commerzbank im Sommer 1979 auch wieder ihren mittelständischen Firmenkunden und deren Finanzierungsbedürfnissen zuwandte. In den Jahren zuvor hatte sie ihre Angebote im Immobilien-Leasing ausgeweitet, die sich nicht zuletzt an kleinere Industrie- und Gewerbeunternehmen wandten.[114] Gemeinsam mit der Rheinischen Hypothekenbank hatte sie zudem speziell für diese Kundengruppe den »Commerzbank-Gewerbekredit« entwickelt, ein fest verzinstes Darlehen mit einer zwölfjährigen Laufzeit.[115] Aber erst im August und September 1979 verstärkte sie ihre Bemühungen um diese traditionell wichtige Kundengruppe: Der Gesamtvorstand beriet ausführlich über einen neuen, standardisierten »Mittelstandskredit«, dessen Einführung von einer umfassenden Werbekampagne begleitet werden sollte.[116]

Im November 1979 war es dann so weit, und der neue Programmkredit »Commerzbank-Mittelstandskredit« (CBM), der verschiedene Varianten hinsichtlich Zinssatz, Auszahlungskurs, Laufzeit und Tilgung vorsah, konnte eingeführt werden.[117] Das neue Kreditprogramm sollte sich in den kommenden Jahren als wichtiger Baustein zur Bewältigung der Krise erweisen, die im Oktober 1979 mit der Ankündigung Paul Volckers, künftig energisch gegen die Inflation vorzugehen und eine eher restriktive Geldpolitik zu betreiben, offen zutage trat. Viele international tätige Geschäftsbanken, die nach der ersten Ölpreiskrise 1973/74 im großen Stil in das Geschäft mit syndizierten Eurokrediten eingestiegen waren, empfanden diese Ankündigung als »Volcker-Schock«, denn sie mussten damit rechnen, dass nicht nur ihre Schuldner in Schwellen- und Entwicklungsländern, sondern auch sie selbst durch die nun kräftig anziehenden Zinsen in massive Schwierigkeiten geraten könnten.

Ausbau der internationalen Präsenz

Der Ausbau der internationalen Präsenz stand für die Commerzbank nach der Ölpreiskrise nicht infrage, im Gegenteil, er wurde forciert. Denn immer mehr Firmenkunden gingen wegen der starken Währungsschwankungen dazu über, direkt im Ausland – vor allem in den USA, in Lateinamerika und Südostasien – zu investieren. Zudem erforderte das Engagement an den Euromärkten eine entsprechende Präsenz nicht nur in London und Luxemburg, sondern bald auch in Singapur und Hongkong. Die Commerzbank hielt an der Europartners-Gruppe fest, versuchte sich immer häufiger aber auch eigenständig zu etablieren. Nachdem sie 1971 in New York und 1973 in London eigene Filialen eröffnet hatte, waren 1974 insgesamt etwa 100 Mitarbeiter im Ausland tätig. Bei einer Gesamtbeschäftigtenzahl von rund 16 600 Personen war das noch ein verschwindend kleiner Anteil von 0,6 Prozent. Doch in den folgenden Jahren sollte sich das ändern: Bereits 1978 hatte sich die Zahl der im Ausland tätigen Mitarbeiter auf etwa 600 erhöht; gemessen an der Gesamtzahl der Mitarbeiter von 18400 waren das nun bereits 3,3 Prozent.[118]

Die Europartners-Gruppe. Die zahlreichen Projekte, die in der Europartners-Gruppe zu Beginn der 1970er Jahre diskutiert worden waren, hatten auch nach außen den Eindruck besonderen Elans erweckt.[119] Die erste Euphorie wurde schon bald von einer gewissen Ernüchterung abgelöst. Gleichwohl hielten die an der Europartners-Gruppe beteiligten Banken an einer Zusammenarbeit fest, sowohl in Europa als auch in Übersee. Als die Commerzbank und der Crédit Lyonnais 1974 ihre Filialen im Saarland zusammenlegten und die Commerz-Credit-Bank AG Europartner in Saarbrücken gründeten, waren daran neben der Commerzbank mit 60 Prozent und dem Crédit Lyonnais mit 35 Prozent auch der Banco di Roma und der Banco Hispano Americano mit jeweils eher symbolischen 2,5 Prozent beteiligt.[120] Die weiteren Anstrengungen konzentrierten sich dann auf die Etablierung der Europartners Bank (Nederland) N. V. in Amsterdam, die ebenfalls 1974 ihre Geschäfte aufnahm und schon 1976 eine Filiale in Rotterdam eröffnete.[121] Über Europa hinaus entfaltete die Europartners-Gruppe zusätzlich zur EuroPartners Securities Corporation in New York vor allem mit Blick auf Asien neue Initiativen: Neben der Mithai Europartners Finance and Investment Ltd. in Bangkok und der Nippon Europartners Consulting Co. Ltd. in Tokio ist dabei vor allem auf die 1976 gegründete Nippon European Bank S. A. in Brüssel zu verweisen, deren Kapital sich auf 10 Mio. US-Dollar belief und an der abgesehen von den vier Mitgliedern der Europartners-Gruppe die japanische Mitsui Bank und die Long-Term Credit Bank of Japan beteiligt waren.[122] Die Commerzbank beteiligte sich mit 10 Prozent am Kapital der Gesellschaft, die ihre mittel- und langfristigen Kredite am Euromarkt refinanzierte.[123]

Die Commerzbank International S. A. in Luxemburg (CISAL). Die CISAL entwickelte sich nach der Ölpreiskrise von 1973/74 rasch zur größten Auslandstochter der Commerzbank. Sie war in allen an den Euromärkten üblichen Einlagen-, Kredit-, Emissions- und Handelsgeschäften aktiv und übernahm zudem fast den gesamten Edelmetallhandel für den Commerzbank-Konzern, der in Luxemburg von der Mehrwertsteuer befreit war.[124] Da die Geschäfte »in vollem Umfang zufriedenstellend« verliefen, wie Lichtenberg im Gesamtvorstand zu berichten wusste, kamen die Anfang 1974 aufgenommenen Planungen für einen Neubau des Verwaltungsgebäudes zügig voran; es konnte im November 1977 bezogen werden.[125]

Im Geschäftsjahr 1976 hatte die CISAL ein Jahresergebnis von 102 Mio. DM erwirtschaftet, von dem 49 Mio. DM Steuern gezahlt werden mussten und 34 Mio. DM den Rücklagen zugeführt wurden.[126] Dennoch konnte die Tochtergesellschaft der Mutter eine Dividende von 18 Prozent auszahlen. Das Kapital der CISAL belief sich nach einer im Dezember 1976 vorgenommenen Aufstockung auf rund 250 Mio. DM (Gegenwert) und betrug mithin 2,97 Prozent der Bilanzsumme von 8,5 Mrd. DM (Gegenwert).[127] Da die CISAL auf

Neubau der Commerzbank International S.A. in Luxemburg, 1977

Wachstumskurs blieb, wurde schon im März 1978 eine weitere Kapitalerhöhung um 42,4 Mio. DM (Gegenwert) beschlossen.[128]

Repräsentanzen, Beteiligungen und Auslandsfilialen. Die Commerzbank baute ihre Auslandsstützpunkte aber auch über die CISAL hinaus in eigener

Regie weiter aus. In der durch die Ölpreiskrise wirtschaftlich erheblich aufgewerteten arabischen Welt war sie im Herbst 1973 nur mit ihrer Repräsentanz in Beirut sowie ihren Beteiligungen an der Rifbank S. A. L. in Beirut und der Commercial Bank of Dubai Ltd. in Deira vertreten. Die Union de Banques Arabes et Européennes S. A. (UBAE), die den Außenhandel zwischen Europa und den arabischen Ländern fördern sollte, hatte ihren Sitz in Luxemburg und Frankfurt genommen. Um die Anbahnung von Geschäftskontakten vor Ort zu erleichtern, eröffnete die Commerzbank 1974 eine Repräsentanz in Teheran und 1976 eine in Kairo.[129] Ihre Vorstandsmitglieder nahmen auch die vermehrten Gelegenheiten zum direkten Austausch mit Vertretern der arabischen Welt wahr: Als einziger Vertreter einer deutschen Großbank konnte Lichtenberg beispielsweise an einer Delegationsreise von Bundeskanzler Helmut Schmidt nach Saudi-Arabien im Herbst 1976 teilnehmen.[130] Die Commerzbank hatte sich zuvor als einzige europäische Bank an der Gründung der Saudi Investment Banking Corporation in Riad beteiligt, wenn auch nur mit 5 Prozent.[131] Doch mit der Islamischen Revolution im Iran kam es zu erheblichen Verunsicherungen: Die amerikanische Chase Manhattan Bank zog sich nun aus dem Konsortium der geschäftlich eigentlich recht gut dastehenden Commercial Bank of Dubai zurück, sodass unklar war, wie es mit diesem Joint Venture weitergehen würde. Für die Commerzbank stand fest, dass sie über eine Beteiligung von 30 Prozent nicht hinausgehen wollte.[132]

In Asien war die Commerzbank bisher mit Gemeinschaftsrepräsentanzen der Europartners-Gruppe in Tokio und Singapur sowie – wenn man Australien hinzurechnet – Sydney vertreten. Darüber hinaus verfügte sie über einige Beteiligungen an Entwicklungsbanken und Finanzierungsgesellschaften. Doch angesichts der hohen wirtschaftlichen Dynamik der Region erschien ihr das unzureichend. Sie etablierte deshalb in rascher Reihenfolge weitere Stützpunkte: eine Repräsentanz in Jakarta, Filialen in Tokio und Hongkong sowie eine eigene Tochtergesellschaft in Singapur, die Commerzbank (South East Asia) Ltd., die ihren Geschäftspartnern aus dem gesamten südostasiatischen Raum sämtliche Finanzierungsdienstleistungen des Euro- und Asiendollarmarkts anbot.[133] In Südkorea gehörte die Commerzbank darüber hinaus gemeinsam mit der Hongkong and Shanghai Banking Corporation Ltd. (HSBC) und zwei koreanischen Banken zu den Mitbegründern der Korea International Merchant Bank in Seoul.[134]

In den USA, wo die Commerzbank bereits seit 1971 mit ihrer Filiale New York präsent war, wurden die Pläne für die Eröffnung einer zweiten Filiale in Chicago im Herbst 1973 wegen der Ölpreiskrise zurückgestellt.[135] Im Januar 1974, als die ersten Zahlen für das Geschäftsjahr 1973 vorlagen, sah sich der Gesamtvorstand aber vollauf bestätigt, weitere Auslandsfilialen zu errichten.[136] Während die Bank in ihrem Inlandsgeschäft im Grunde genommen stagnierte, beruhte der erreichte Zuwachs der Bilanzsumme von etwa 11 Prozent nahezu vollständig auf den Filialen in New York und London. Ein Jahr später, am 16. Januar 1975, konnte die Filiale Chicago feierlich eröffnet werden.[137] Die beiden US-Filialen der Commerzbank widmeten sich insbesondere dem Kreditgeschäft mit deutschen und amerikanischen international orientierten Firmenkunden, wobei immer deutlicher wurde, »daß eine Kreditierung an erste amerikanische Industrieunternehmen auch ohne Verbindung mit deutschen Interessen für das Bestehen unserer Filialen unabwendbar ist«.[138] Mit einer auf die Kreditvergabe spezialisierten Agency in Atlanta (Georgia, USA) und einer Repräsentanz in Toronto (Kanada) wurde das Netz der Auslandsstützpunkte in Nordamerika Anfang 1979 noch weiter ergänzt.[139]

Mit Blick auf Europa, wo die Mitglieder der Europartners-Gruppe ihren Service jeweils auch den Kunden der Partner zur Verfügung stellten, sodass diese vorerst auf eigene Filialen verzichteten, blieb für die Commerzbank neben der International Commercial Bank Ltd. die Filiale London von herausragender Bedeutung. Hier bündelte sie nach und nach ihr gesamtes Emissionsgeschäft für Fremdwährungsanleihen, außerdem wickelte sie in London alle an den Euromärkten üblichen Handels-, Einlagen- und Kreditgeschäfte ab.[140] Für andere europäische Bankplätze sondierte man vorerst nur die Möglichkeiten zur Eröffnung von Repräsentanzen.[141] Im Ergebnis wurde 1974 eine Repräsentanz in Kopenhagen und 1976 eine in Moskau eröffnet. In Paris konnte Anfang September 1976 sogar die erste Filiale einer deutschen Bank eröffnet werden.[142] Die Geschäftsentwicklung dieser zweiten europäischen Auslandsfiliale der Commerzbank verlief allerdings weniger erfreulich als erhofft.[143] Dennoch markiert die Eröffnung der Filiale Paris der Commerzbank, die fast zeitgleich zur Eröffnung einer Filiale des Crédit Lyonnais in Düsseldorf stattfand, eine wichtige Zäsur in der Entwicklung der Europartners-Gruppe: Die beteiligten Banken hatten inzwischen festgestellt, dass eigene Auslandstöchter und -filialen durchaus rentabel betrieben werden konnten, die Prämissen der Kooperation also auf den Prüfstand gestellt werden mussten. Das Festhalten an gut eingeführten Joint Ventures, etwa der Europartners Bank (Nederland), konnte sinnvoll sein, doch auf eigene Töchter und Filialen wollte keine der Partnerbanken künftig mehr verzichten. Die Commerzbank nahm in den späten 1970er Jahren in rascher Folge weitere Filialeröffnungen vor, 1977 in Brüssel, 1978 in Antwerpen und schließlich 1980 – nach zweijähriger Vorlaufzeit – auch in Madrid.[144] Die Ära des Club-Banking war damit zumindest in Europa selbst mehr oder weniger beendet, auch wenn sich die Europartners-Gruppe erst im Dezember 1992 – mit dem Eintritt in den europäischen Binnenmarkt – offiziell auflösen sollte.[145]

3.5 Die Bank als Organisation

Abschluss der Zentralisierung

Die Zentralisierung der drei Vorstandsgruppen, Hauptverwaltungen und Fachabteilungen hatte nach dem Wechsel Lichtenbergs nach Frankfurt zwar Fahrt aufgenommen, kam aber erst Mitte der 1970er Jahre zum Abschluss. Eine recht markante Zäsur war dabei das altersbedingte Ausscheiden Rieches aus der Frankfurter Vorstandsgruppe im Frühjahr 1973, denn nun amtierte Lichtenberg als alleiniger Vorstandssprecher, und zugleich wechselte Jürgen Terrahe von Düsseldorf nach Frankfurt, um die Vereinheitlichung der Organisation und der elektronischen Datenverarbeitungssysteme voranzubringen. Überdies wurden 1973 mit Engelbert Dicken und Jürgen Reimnitz in Frankfurt zwei neue Vorstandsmitglieder berufen, die für zwei Ressorts von erheblicher Bedeutung verantwortlich waren: die zentrale Gelddisposition und das Konsortialgeschäft. Nur ein Jahr später wechselte dann auch der bisher in Hamburg angesiedelte Raban Freiherr von Spiegel nach Frankfurt, der unter anderem das Personalressort übernahm.[146] Im Herbst 1974 konnte der Einzug in das neue Hochhaus beginnen, sodass nach und nach alle Zentralabteilungen ihre Arbeit in diesem modernen Bürokomplex in der Frankfurter Innenstadt aufnahmen.[147] Die Organisationsstrukturen der Bank blieben auch in den folgenden Jahren in Bewegung, doch die Zentralisierung konnte nun als weitgehend abgeschlossen betrachtet werden; durch die Etablierung der Gebietsstellen mit mehr Eigenverantwortung für die jeweilige Region, aber nunmehr klarer Weisungsstruktur durch die zentralisierten Fachabteilungen wurde sie 1978 quasi vollendet.[148]

Aspekte der Personalpolitik

Die Commerzbank hatte in den 1970er Jahren ein kräftiges Mitarbeiterwachstum zu verzeichnen – mit der Folge enorm steigender Personalkosten. Denn während die Mitarbeiterzahlen zwischen 1972 und 1979 um etwa ein Fünftel anstiegen und nun bei 19000 in der Commerzbank AG und bei 21600 im Commerzbank-Konzern lagen, verdoppelten sich in etwa die Personalkosten.[149] Bei den angestrebten Personaleinsparungen konzentrierte man sich auf die Hauptverwaltung, wo man besonders vom Einsatz der elektronischen Datenverarbeitung zu profitieren hoffte, während in den Geschäftsstellen vor Ort nun überall eine personalintensive Beratung der Kunden gefragt war.[150]

Im Personalwesen galt die »motivationsorientierte Personalführung« als wichtiger Schlüssel zum Erfolg der Bank. Die Leistungsbereitschaft der Beschäftigten sollte auch dadurch gefördert werden, dass man ihnen Unterstützung bei der beruflichen und persönlichen Entfaltung versprach.[151] Als wichtigstes Instrument für eine systematische Personalentwicklung kann die Einführung der einheitlichen Mitarbeiterbewertung im Jahr 1973 betrachtet werden. »Mitarbeitergespräche fördern die Zusammenarbeit«, lautete das Motto, um den Beschäftigten die regelmäßige Rückmeldung über ihre Leistungen und Entwicklungsmöglichkeiten in der Bank schmackhaft zu machen. Aus Sicht der Arbeitgeberin ging es nicht zuletzt darum, das Potenzial besonders qualifizierter Kräfte zu entdecken, um es dann systematisch fördern zu können.[152]

Auch wenn der Anteil der Frauen an den Beschäftigten schnell wuchs, sie 1975 mit 49 Prozent bereits fast die Hälfte aller Mitarbeiter stellten und prinzipiell die gleichen Fortbildungsmöglichkeiten angeboten bekamen, blieb ihre Präsenz unter den leitenden Angestellten schwach.[153] 1975 waren von 646 bevollmächtigten Oberbeamten der Commerzbank nur 37, von 869 Prokuristen gerade einmal acht und von 424 Abteilungsdirektoren nur ein einziger weiblich: die Volkswirtin Elsbeth Kluth. Keine Frau hatte es bis zur stellvertretenden Direktorin, zur Direktorin, zur Generalbevollmächtigten oder gar bis in den Vorstand gebracht.[154] Die traditionellen Rollenmuster waren offenkundig fest eingeschliffen, und selbst in einem beruflichen Umfeld wie dem der Banken, in dem sich – verglichen mit anderen Branchen – allmählich sogar recht gute Aufstiegschancen für Frauen ergaben, veränderten sich die Selbst- und die Fremdbilder von berufstätigen Frauen nur langsam.[155]

Die Tarifverhandlungen im Bankgewerbe verliefen in den 1970er Jahren vor dem Hintergrund hoher Inflationsraten zunehmend konfrontativ. Personalvorstand Helmut Brands musste im Februar 1974 davon berichten, dass dem Angebot der Arbeitgeber für eine Anhebung der Tarifgehälter um 10 Prozent die Forderungen der Gewerkschaften für eine Anhebung um 18 Prozent gegenüberstanden. Brands ging von schwierigen Verhandlungen aus und rechnete seinen Kollegen außerdem vor, dass sich jedes einzelne Prozent bei der Anhebung der Tarifgehälter mit etwa 5 Mio. DM auf die Gewinn-und-Verlust-Rechnung der Commerzbank auswirken werde.[156] Wenig später musste Brands vom vorläufigen Scheitern der Tarifverhandlungen für das Bankgewerbe berichten. Es war nicht gelungen, einen Kompromiss zu finden. Die Arbeitgeber hatten deshalb bereits beschlossen, mit Wirkung zum 1. März 1974 ihren Angestellten eine freiwillige Tariferhöhung von 11 Prozent zu zahlen. Der Vorstand der Commerzbank kam überein, auch die Gehälter für die Oberbeamten entsprechend anzuheben. Die Mehrkosten im Personalbereich wurden auf insgesamt 55 bis 60 Mio. DM pro Jahr geschätzt.[157] Erst im Mai 1974 kam schließlich eine tarifliche Einigung zustande, die auf eine Anhebung der Tarifgehälter um 13,5 Prozent hinauslief.[158] Für die Bank bedeutete das wachsende Personalkosten, die auch in den Folgejahren Steigerungsraten von 10 Prozent und mehr aufwiesen.[159]

Öffentlichkeitsarbeit in der Defensive: Zur Debatte über die »Macht der Banken«

Das öffentliche Klima wurde in den 1970er Jahren für die Banken rauer. Die Ansprüche ihrer Kunden auf ein umfassendes Produkt- und Dienstleistungsangebot, kompetente Beratung, Preis- und Gebührentransparenz, entgegenkommende Öffnungszeiten und vieles mehr wurden mit der Entfaltung der Konsumgesellschaft größer. Die eigene Werbung, die den Interessen und Wünschen der Kunden immer besser zu entsprechen versprach, trug erheblich dazu bei, dass die zahlreichen neu hinzugewonnenen privaten Kunden der Banken zunehmend selbstbewusster und fordernder auftraten. Die gesellschaftliche Reformpolitik der sozialliberalen Bundesregierungen, die seit den späten 1960er Jahren auf mehr Teilhabe und Mitbestimmung in allen Bereichen der Gesellschaft drängte, gerade auch in der Wirtschaft, stärkte ihnen zusätzlich den Rücken.

Im allgemeinen gesellschaftlichen Klimawandel, maßgeblich mitgeprägt von der 1968er-Bewegung, erhielten vehemente Kapitalismuskritiker Auftrieb, und die Debatte über die »Macht der Banken« erlebte eine neue Konjunktur. Vor allem die dichten Kapital- und Personalverflechtungen zwischen Banken und Industrieunternehmen, die sich auch bei der Commerzbank trotz Aktienrechtsreform eher noch verstärkt hatten, gerieten in den Verdacht, undurchsichtige, demokratischer Kontrolle entzogene Netzwerke der Macht zu sein. Die Vorstandsmitglieder der Commerzbank nahmen in anderen Unternehmen zwar gar keine Spitzenpositionen als Aufsichtsratsvorsitzende namhafter Industriekonzerne ein. Lichtenberg als der Profilierteste von ihnen leitete beispielsweise den Aufsichtsrat der Kaufhof AG in Köln, an der die Commerzbank maßgeblich beteiligt war, ansonsten aber nur noch den Aufsichtsrat der kaum bekannten Uni-Cardan AG in Lohmar.[160] Der Debatte über die »Bankenmacht« konnte sie sich dennoch nicht entziehen. Denn in den Medien wurden alle drei bundesdeutschen Großbanken nun gar als die »Omnipotenten« gebrandmarkt, die mithilfe ihrer Vertreter in den Aufsichtsräten der Industrie ihren Willen regelrecht aufzwangen.[161] Die mit dem Auslaufen des Nachkriegsbooms wachsenden wirtschaftlichen und finanziellen Schwierigkeiten bundesdeutscher Firmen, die zu steigenden Konkurszahlen und Arbeitsplatzverlusten führten, schienen diesen Vorwurf vollauf zu bestätigen. Nicht nur bei neomarxistischen Theoretikern, auch innerhalb der SPD und bei den Gewerkschaften wurde in den frühen 1970er Jahren der Ruf nach Verstaatlichung oder Vergesellschaftung der Großbanken lauter.[162] Auch Mitglieder der 1973 zur Beobachtung des Wettbewerbs ins Leben gerufenen Monopolkommission sprachen sich für die Prüfung der Verstaatlichungsoption aus.[163] In der von Bundesfinanzminister Hans Apel im November 1974 ins Leben gerufenen Studienkommission »Grundsatzfragen der Kreditwirtschaft« mussten sich die Vertreter der Banken ebenfalls mit der Kritik an den Universalbanken auseinandersetzen.[164]

Die Öffentlichkeitsarbeit der Banken stand vor Herausforderungen, fand aber nur schwer einen Weg aus der Defensive.[165] Mit den Argumentationshilfen, die etwa der Bundesverband deutscher Banken seinen Mitgliedern für die gesellschaftliche Auseinandersetzung an die Hand gab, war es bald nicht mehr getan. Unter der Überschrift »Die nicht vorhandene Macht« hieß es darin oft nur knapp und holzschnittartig, von wirtschaftlicher Macht der Banken könne gar nicht die Rede sein, denn jeder Bankkunde habe ja die Möglichkeit, zur Konkurrenz zu wechseln.[166] Lichtenberg versuchte es mit sachlicher Aufklärung: In Beiträgen für viel gelesene Fachzeitschriften legte er die wichtigsten Motive der Beteiligungspolitik von Universalbanken dar, darunter nicht zuletzt steuerliche Erwägungen und die Risikobegrenzung durch die Anlage des Eigenkapitals in Substanzwerten. Die Beziehungen zwischen Bank und einzelnen Industrieunternehmen, die potenzielle Einflussnahme auf deren unternehmerische Entscheidungen durch eine starke Aufsichtsratspräsenz, eigene Beteiligungen und die Wahrnehmung des Vollmachtstimmrechts sprach er freilich gar nicht an.[167] In der Hoffnung, aus der »dauernden defensiven Haltung« herauszukommen, stellten sich die Banken auf dem XII. Deutschen Bankentag 1974 erstmals in einer Podiumsdiskussion der unmittelbaren Kritik von Politikern und Journalisten.[168]

Auch die Commerzbank weitete das Informationsangebot für ihre Kunden und die interessierte Öffentlichkeit in den kommenden Jahren weiter aus. Neben den etablierten Periodika wurden vermehrt Einzelschriften herausgebracht, darunter Fachpublikationen zur Entwicklung von Industrie, Handel und Gewerbe, Informationsbroschüren über neue Themen wie Energie und Umwelt sowie vermehrt auch Schriften, die sich an bestimmte Kunden- und Interessengruppen richteten, nicht zuletzt an Journalisten. Die regelmäßigen Presseveröffentlichungen der Commerzbank bekamen in den 1970er Jahren einen neuen Stellenwert.[169] Unterstützend wirken sollte eine Werbung, die stärker als früher darauf aus war, Aufmerksamkeit zu erlangen und Sympathie zu wecken.[170] So entstand 1976 der Slogan »Commerzbank. Die Bank an Ihrer Seite«.[171]

Ob damit den Bankenkritikern Wind aus den Segeln genommen werden konnte, ist sicher fraglich. Die gesellschaftliche Debatte über die »Macht der Banken« bekam mit dem Mord der Roten Armee Fraktion an Jürgen Ponto im Sommer 1977 allerdings eine ganz neue Richtung. Eine Gewalttat wie diese ließ die zuvor offenkundig in der Bevölkerung durchaus vorhandenen Sympathien für scharfe, politisch-ideologisch überhöhte Kritik an den Banken deutlich sinken.

3.6 Grundzüge der Geschäftsentwicklung 1973/74 bis 1979

Hatte sich die Bilanzsumme der Commerzbank AG bereits zwischen 1967 und 1973 von 12,9 auf 28,4 Mrd. DM erhöht, so setzte sich dieser Wachstumstrend nach der Ölpreiskrise von 1973/74 ungebremst fort: Sie stieg bis 1979 auf 67,1 Mrd. DM.[172] Nimmt man den Commerzbank-Konzern in den Blick, dann fällt dieses Wachstum noch imposanter aus: Hier stieg die Bilanzsumme von 13,9 Mrd. DM im Jahr 1967 über 39,1 im Jahr 1973 auf 100,3 im Jahr 1979 an.[173] Anders als in den 1960er Jahren kam in diesem starken Bilanzwachstum nun allerdings eine kräftige Inflation mit zum Ausdruck.[174] Als die Federal Reserve im Herbst 1979 eine grundlegende Wende in ihrer Geld- und Währungspolitik herbeiführte, um die bisher im Interesse günstiger Rohölimporte tolerierte hohe Inflation zu bekämpfen, geriet die Commerzbank infolge des unterschätzten Zinsänderungsrisikos jedoch in eine ernste Ertragskrise, die auch die Bilanzsumme vorübergehend schrumpfen ließ.

Schon mit Beginn der Ölpreiskrise erfuhr die Zinsmarge der Geschäftsbanken einen kräftigen Dämpfer, weil die Bundesbank den Diskontsatz nicht zügig an die nach oben schnellenden Zinssätze anpasste. Die Commerzbank musste im Geschäftsjahr 1973 erstmals seit ihrer Neubegründung auf die Dotierung freier Rücklagen verzichten.[175] Im Gesamtvorstand stieg das Kostenbewusstsein an, doch mit Blick auf die besonders ins Gewicht fallenden Personalkosten sah man wenig Möglichkeiten, sie wirksam zu begrenzen. Im Vergleich mit der Deutschen Bank und der Dresdner Bank stand man bei den Personalaufwendungen Anfang 1974 allerdings ganz gut da.[176] Zusätzliche Belastungen für alle Banken resultierten aus den erforderlichen Stützungsmaßnahmen für einige kleinere Banken, etwa Bass & Herz in Frankfurt, sowie vor allem für die Bewältigung der Herstatt-Krise im Sommer 1974.[177]

Die Commerzbank profitierte in den folgenden Jahren von ihren Konzerngesellschaften: Vor allem die Berliner Commerzbank und die Rheinische Hypothekenbank erwiesen sich als ertragsstark.[178] Noch kräftiger aber sprudelten die Gewinne der Luxemburger Tochtergesellschaft CISAL und der Auslandsfiliale in London, die an den im Zuge des »Recyclings« der Ölgelder kräftig expandierenden Euromärkten aktiv waren, sowohl bei den syndizier-

Der Slogan »Die Bank an Ihrer Seite« wurde Anfang 1977 eingeführt.

ten Großkrediten als auch bei den Fremdwährungsanleihen. Es sprach deshalb viel dafür, diese Geschäftstätigkeit auszubauen und sich noch intensiver in die Vergabe von Großkrediten und Eurofinanzierungen für Unternehmen und Staaten einzuschalten sowie das eigene Netz an Auslandsfilialen und Auslandstochtergesellschaften zu erweitern. Hervorzuheben wegen ihrer Bedeutung für den Euro- und den Asiendollarmarkt sind die Filiale in Tokio und die Tochtergesellschaft Commerzbank (South East Asia) Ltd. in Singapur.

Als im Januar 1979 die Bilanz für Dezember 1978 vorlag und damit eine erste, vorläufige Übersicht für das Geschäftsjahr 1978 insgesamt, hatte die

Commerzbank ihr angestrebtes Wachstumsziel mit einer Bilanzsumme von knapp 60 Mrd. DM bei einer Steigerungsrate von 17,6 Prozent gegenüber dem Vorjahr erreicht.[179] Dieses Wachstum beruhte vor allem auf dem starken Anstieg der Einlagen anderer Kreditinstitute, die um 19,7 Prozent gegenüber 1977 angewachsen waren und jetzt mehr als ein Drittel der Bilanzsumme ausmachten; sie stellten die wichtigste Refinanzierungsquelle für das Kreditgeschäft dar. Auch die kurz- und mittelfristigen Kundeneinlagen waren mit 15,7 Prozent fast genauso schnell wie die Bilanzsumme gewachsen. Den Ende 1978 erreichten Bestand von 4,9 Mrd. DM wollte man im neuen Geschäftsjahr durch Herabsetzung der Zinssätze für Termineinlagen gezielt »ablaufen« lassen, um den zu zahlenden Einstandssatz – der im Durchschnitt bei relativ hohen 3,92 Prozent lag – zu ermäßigen. Die langfristigen Spareinlagen spielten mit einer Steigerung von 4,2 Prozent keine wichtige Rolle. Diesen unterschiedlichen Kategorien an Einlagen standen Kredite gegenüber, deren Volumen durchschnittlich um 27,5 Prozent zugenommen hatte und in hohem Maße auf staatliche Debitoren im Ausland entfiel. Die damit verbundenen Risiken standen im Januar 1979 allen Beteiligten vor dem Hintergrund des politischen Umsturzes im Iran deutlich vor Augen. Sie hielten ausdrücklich fest, dass der Anteil der Eigenmittel an der Bilanzsumme mit 3,55 Prozent sehr niedrig lag. Mit Blick auf die Gewinn-und-Verlust-Rechnung warfen vor allem die erhöhten Zinsaufwendungen Erklärungs- und Diskussionsbedarf auf; sie wurden auf einige Sondereffekte, aber auch auf den ansteigenden Dollarkurs zurückgeführt.[180] Der Trend steigender Zinsaufwendungen sollte sich – wie Tabelle 8 zeigt – in den folgenden Jahren noch beschleunigen: 1980 stiegen sie sogar deutlich stärker als die Zinserträge, sodass erstmals kein Jahresüberschuss erzielt und kein Bilanzgewinn ausgewiesen wurde. Diese Entwicklung war für den Gesamtvorstand im Januar 1979 noch nicht abzusehen, aber es gab erste Warnzeichen, die den expansiven Kurs der letzten Jahre infrage stellten.

Bereits im Juni 1979 musste der anhaltende Zinsanstieg im Vorstand erneut zum Thema gemacht werden. Man kam zu dem Schluss, die Konditionen im Kreditgeschäft unverzüglich nach oben anzupassen, um die Erträge zu steigern.[181] Auch der übliche Bilanzvergleich zwischen den drei Großbanken wurde für das erste Halbjahr 1979 eingehend diskutiert, denn der Umgang der beiden Mitbewerber mit den sich wandelnden Rahmenbedingungen war von höchstem Interesse.[182] Die vom Vorstand gezogenen Konsequenzen bestanden darin, das Großkredit- und Eurofinanzierungsgeschäft zwar weiter zu betreiben, sich aber gleichzeitig auf die traditionell wichtige Kundengruppe des Mittelstands zu besinnen, die in den Jahren zuvor etwas vernachlässigt worden war. Die im August 1979 aufgenommenen Vorbereitungen für den »Commerzbank-Mittelstandskredit« (CBM), der mit seinen unterschiedlichen Ausstattungsvarianten für eine flexible Anpassung an das steigende Zinsniveau sorgen sollte, erreichten aber erst im November 1979

Aufwendungen					
Jahr	Zinsen und zinsähnliche Aufwendungen	Provisionen und ähnliche Aufwendungen für Dienstleistungsgeschäfte	Gehälter und Löhne	Sachaufwendungen für das Bankgeschäft	
1977	1.668,2	11,5	623,4	258,6	
1978	2.117,2	12,6	675,4	278,3	
1979	3.059,3	13,1	729,7	309,6	
1980	4.745,2	14,7	786,3	310,1	
Erträge					
Jahr	Zinsen und zinsähnliche Erträge aus Kredit- und Geldmarktgeschäften	Laufende Erträge aus Wertpapieren, Schuldbuchforderungen und Beteiligungen	Provisionen und andere Erträge aus Dienstleistungsgeschäften	Andere Erträge (u. a. aus der Auflösung von Rückstellungen im Kreditgeschäft)	
1977	2.496,1	328,7	328,7	115,9	
1978	2.964,9	235,4	350,6	108,0	
1979	3.856,3	290,2	354,9	134,0	
1980	5.314,2	369,0	413,1	143,6	
Jahr	**Jahresüberschuss**	**Gewinnvortrag**	**Entnahmen aus offenen Rücklagen**	**Einstellungen in offene Rücklagen**	**Bilanzgewinn**
1977	159,4	–	–	50,0	109,4
1978	173,4	–	–	50,0	123,4
1979	126,3	–	–	–	126,3
1980	—,–	–	–	–	—,–

Tabelle 8: Ausgewählte Aufwands- und Ertragspositionen der Commerzbank AG (1977–1980, in Mio. DM)[183]

das für die Markteinführung erforderliche Stadium.[184] Dass sich das mit der zweiten Ölpreiskrise verbundene Ertragsproblem der Commerzbank durch die grundsätzliche Wende der amerikanischen Geld- und Währungspolitik im Oktober 1979 massiv verschärfte und zu einer schweren Ertragskrise auswuchs, konnte damit aber nicht verhindert werden. Die Commerzbank hatte sich trotz ihres verstärkten Engagements an den Euromärkten nicht ausreichend auf ein solches Zinsänderungsrisiko eingestellt. Noch im November 1979 wurde auf einer Klausurtagung des Gesamtvorstands über Wege zur Bewältigung der heraufziehenden Krise beraten.[185]

4. Krise, Konsolidierung und neuer Aufbruch (1980 bis 1989)

4.1 Eigentümerstrukturen und Corporate Governance

Für die Eigentümer der Commerzbank brachen 1980 karge Zeiten an: Sie mussten wegen der Ertragskrise drei Jahre lang auf eine Dividende verzichten. Auch der Aktienkurs, der schon 1979 nachgelassen hatte, stürzte im Verlauf des Jahres 1980 von 181 auf 127,60 DM ab.[1] Erst 1983 begann er langsam, 1985 dann sogar wieder kräftig zuzulegen, um in den nächsten Jahren trotz steigender Dividende erneut zu schwächeln; erst nach Überwindung des Börsencrashs von 1987 bewegte er sich dann wieder nach oben. Die Zahl der Commerzbank-Aktionäre, die 1975 bei 120000 gelegen hatte, wuchs bis 1989 auf 190000 an und erreichte 1992 mit 210000 einen vorläufigen Höhepunkt.[2] Danach sank sie wieder, was auf den ersten Blick erstaunt, mit der wachsenden Bedeutung institutioneller Investoren aber leicht zu erklären ist. Für die Manager von Aktienfonds waren Commerzbank-Aktien nach der 1984 überwundenen Ertragskrise interessant, weil die Bank eine mittelfristig stabile Dividendenpolitik verfolgte und relativ hohe Dividendenrenditen versprach. Schon in den 1980er Jahren wuchs der Anteil der in- und ausländischen institutionellen Investoren an den Eigentümern der Commerzbank jedenfalls kräftig an: Hatte er 1975 bei 25 Prozent gelegen, so betrug er 1984 stattliche 41, Anfang 1994 dann sogar 49 Prozent.[3] Mit dem Anspruch auf Einflussnahme auf Unternehmensentscheidungen traten sie allerdings kaum in Erscheinung. Eine Ausnahme stellt die Allianz-Gruppe dar, die durch Arno Paul Bäumer im Aufsichtsrat der Commerzbank vertreten war und zeitweise rund 10 Prozent des Aktienkapitals der Commerzbank besessen haben soll.[4] Ihr Einfluss reichte zumindest so weit, wie noch näher ausgeführt werden wird, die Einführung von Produkten, die mit Versicherungsleistungen kombiniert wurden, verzögern zu können.

Die ausländischen institutionellen Investoren tätigten ihre An- und Verkäufe von Commerzbank-Aktien in den 1980er Jahren vermehrt direkt über die deutschen Börsen, in vielen Fällen aber noch immer über jene Börsen in

Europa, an denen die Aktien schon seit den 1960er und 1970er Jahren notiert waren. Weil Versicherungen in einigen Ländern keine Aktien in ihr Portfolio aufnehmen durften, die nicht an einer heimischen Börse notiert waren, blieb die Präsenz an ausländischen Börsen für die Commerzbank wichtig. Doch die ausländischen Aktionäre der Commerzbank kamen nicht nur aus jenen europäischen Ländern, in denen ihre Aktien an den heimischen Börsen angeboten wurden, sie kamen dank der Vermittlungstätigkeit amerikanischer Banken auch aus den USA. Den 1976 unternommenen Vorstoß für eine Notierung an der New York Stock Exchange hatte man nach eingehender Sondierung zwar zurückgestellt. Doch 1989 entschloss sich die Commerzbank, um für amerikanische institutionelle Investoren noch attraktiver zu werden, in den USA selbst ein Programm für »American Depositary Receipts« aufzulegen, denn diese Zertifikate kamen auch für solche Anleger infrage, die prinzipiell nur inländische Wertpapiere in ihr Portfolio nehmen durften. Ansonsten hielt sich die Commerzbank mit neuen Börseneinführungen ihrer Aktien im Ausland sehr zurück. Die Bemühungen konzentrierten sich auf eine Zulassung an der Börse in Tokio, die im Oktober 1986 erreicht wurde.[5] Die im selben Jahr durchgeführte Kapitalerhöhung der Commerzbank stand allerdings unter keinem guten Stern. Denn kurz nach der Ankündigung kam es zu erheblichen Turbulenzen an den Kapitalmärkten. Der am vorher viel höheren Börsenkurs orientierte Ausgabekurs der jungen Commerzbank-Aktien konnte nicht mehr geändert werden, sodass sie am Markt nicht gut aufgenommen wurden: Der Kurs rutschte von 310 DM im Jahr 1986 auf nur noch 213 DM im Jahr 1987 ab.[6] In den Folgejahren wurden deshalb bevorzugt andere Quellen zur Eigenkapitalunterlegung der Geschäftsausweitung in Anspruch genommen, insbesondere die Auflösung verdeckter Rücklagen.[7]

Dem paritätisch besetzten Aufsichtsrat der Commerzbank gehörten weiterhin 20 Mitglieder an: neben dem Vorsitzenden Lichtenberg und dem stellvertretenden Vorsitzenden Fajkus jeweils neun weitere Vertreter der Anteilseigner und der Arbeitnehmer.[8] Die Vertreter der Anteilseigner repräsentierten nun fast durchgehend namhafte Industrieunternehmen, darunter Allianz, Bayer, Hoechst, MAN, RWE, Thyssen und Volkswagen. Mittelständisch geprägte Unternehmen waren nur noch durch Hugo Rupf, den Vorsitzenden des Aufsichtsrats der J. M. Voith GmbH in Heidenheim (Brenz), vertreten. Als er 1983 ausschied, zog mit Matthias Seefelder, dem Aufsichtsratsvorsitzenden der BASF AG in Ludwigshafen, ein weiterer Repräsentant der Großindustrie in den Aufsichtsrat der Bank ein. Bei den Vertretern der Arbeitnehmer kam es gleichzeitig zu einer Verstärkung der Gewerkschafter: Jürgen Haker als Mitglied des Bundesvorstands der Deutschen Angestellten-Gewerkschaft wurde 1983 von Rudolf Weingärtner abgelöst; zugleich aber trat mit Hans-Georg Stritter erstmals auch ein Vertreter der Gewerkschaft Handel, Banken und Versicherungen in den Aufsichtsrat ein. Heinz-Werner Busch, Angestellter der Commerzbank in Oberhausen und seit 1978 Mitglied im Aufsichtsrat, repräsentierte darüber hinaus seit 1985 den Deutschen Bankangestellten-Verband, eine nicht dem Deutschen Gewerkschaftsbund angehörende freie Gewerkschaft, sodass nun gleich drei Gewerkschafter im Aufsichtsrat der Bank saßen. Nur zwei der zehn Arbeitnehmervertreter waren weiblich, unter ihnen bis zum Februar 1988 weiterhin Karin Behrens von der Berliner Commerzbank AG. Sie war eines der dienstältesten Aufsichtsratsmitglieder überhaupt, denn sie gehörte dem Gremium schon seit 1971 an und arbeitete bis zu ihrem Tod im Februar 1988 sowohl im Präsidial- als auch im Sozialausschuss des Unternehmens mit.[9]

Für den Aufsichtsrat prägend blieb bis zum Ende der 1980er Jahre Paul Lichtenberg, auch wenn er sich zum 1. Januar 1981 für einige Monate in den Vorstand delegieren ließ, um hier erneut die Zügel in die Hand zu nehmen, bis ein Nachfolger für Robert Dhom gefunden war.[10] Das Amt des Aufsichtsratsvorsitzenden übernahm vom 1. Januar 1981 bis zum 6. Mai 1981 vertretungsweise Kurt Hansen, der Aufsichtsratsvorsitzende der Bayer AG in Leverkusen. Der Aufsichtsrat als Gremium zog aus der eingetretenen Ertragskrise vor allem personelle Konsequenzen, die den Vorstand betrafen: Neben Vorstandssprecher Dhom wurde auch der für die Gelddisposition und Refinanzierung des Kreditgeschäfts zuständige Dicken für die Probleme verantwortlich gemacht und musste die Bank bald verlassen. Der Aufsichtsrat hatte nicht verhindert, dass der Vorstand eine expansive und zu wenig risikobewusste Geschäftspolitik betrieb, doch aufsichtsrechtlich war ihm offenkundig nichts vorzuwerfen. Lichtenberg persönlich sah aber wohl genau diese Mitverantwortung, als er sich entschloss, vorübergehend wieder in den Vorstand einzutreten. Der Aufsichtsrat als Gremium zog aus der Krise jedoch keine weiter gehenden Konsequenzen für die eigene Arbeitsweise. Die Hoffnungen richteten sich bald ganz auf den neuen, von Lichtenberg inthronisierten Vorstandsvorsitzenden. Erst als die Krise überwunden war und Lichtenberg sein Amt im Aufsichtsrat schon lange wieder übernommen hatte, kam es dort zu einem markanten personellen Wechsel: Der stellvertretende Vorsitzende Ewald Fajkus wurde 1983 nach fast 20-jähriger Mitarbeit von Hans-Georg Jurkat, dem Gesamtbetriebsratsvorsitzenden der Commerzbank AG, abgelöst. Dieser wiederum blieb im Amt, als Lichtenberg 1988 nach zwölf Jahren an der Spitze des Gremiums zu dessen Ehrenpräsidenten berufen wurde und Raban Freiherr von Spiegel die Aufgaben des Aufsichtsratsvorsitzenden übernahm.[11]

Anders als im Aufsichtsrat kam es im Vorstand mit dem Ausscheiden Dhoms bereits zum Jahresende 1980 zu markanten Umbrüchen.[12] Denn sobald Dhom sich von seinem Herzinfarkt erholt hatte, traf der Aufsichtsrat am 15. Dezember 1980 mit ihm eine Vereinbarung zum vorzeitigen Ausscheiden aus dem Vorstand, und schon tags darauf nahm der Vorstand in Anwesenheit Dhoms zustimmend zur Kenntnis, dass der Aufsichtsrat Lichtenberg ab dem 1. Januar 1981 für die Dauer eines Jahres zum Vorstandssprecher bestellt hatte.[13] Lichtenbergs Suche nach einem geeigneten externen Nachfolger für Dhom hatte sich bis dahin als schwierig erwiesen.[14] Der in die engere Wahl gezogene stellvertretende Vorsitzende der Westdeutschen Landesbank, Walter Seipp, zeigte sich zwar aufgeschlossen, wurde von seinem Institut aber nicht freigestellt.[15] Erst zum 1. März 1981 konnte Seipp den angestrebten Wechsel zur Commerzbank vollziehen und wurde auf der nachfolgenden Hauptversammlung mit Wirkung zum 1. Mai 1981 zum Vorstandsvorsitzenden berufen.[16] Unmittelbar nach dieser Weichenstellung wechselte Lichtenberg zum 6. Mai 1981 in den Aufsichtsrat zurück.[17]

Walter Seipp, der neue Vorstandsvorsitzende der Commerzbank mit Büros in Frankfurt und Düsseldorf, benannte klipp und klar drei zentrale Probleme, die es zu beheben gelte: Die Führung der Bank sei zu zentralistisch und bürokratisch, es fehle an Zusammenarbeit zwischen den Ressorts, und es gebe erhebliche Defizite im Controlling, sodass kein klarer Überblick über die gewährten Kredite und deren Refinanzierung bestehe.[18] An oberster Stelle stand für ihn das Ziel, eine »effiziente Finanzplanung« zu installieren. Konkret hieß das: Er verlagerte die Refinanzierung der Bank von den bisher stark genutzten Bankgeldern an den Euromärkten zurück auf Kundeneinlagen und bisher kaum genutzte eigene Schuldverschreibungen.[19] Die Zusammenarbeit zwischen den Ressorts beförderte Seipp, indem er »Sondervorstandssitzungen« einführte, die zumeist einen ganzen, manchmal auch zwei Tage in Anspruch nahmen und nun regelmäßig alle sechs Monate an einem Wochenende im Tagungszentrum Glashütten abgehalten wurden.[20] Auf diesen Sitzungen diskutierten die Vorstandsmitglieder eingehend die Steuerung der Bank und brachten damit die strategische Planung des Instituts erstmals wirklich zum Tragen, allerdings nur Schritt für Schritt. Erst im Dezember 1984 lag ein ausformuliertes Gesamtkonzept für die Strategie des Commerzbank-Konzerns vor. Angesichts der starken Veränderungen des Marktumfelds und der eigenen, eher schwachen Position kam dieses Konzept zu dem bemerkenswerten Schluss, in allen Geschäftsbereichen auf flexible, jederzeit korrigierbare Ansätze zu vertrauen.[21] Grundlagen für die weiterführenden Diskussionen waren die Analysen und Prognosen, die von der auf Initiative Seipps etablierten Zentralen Abteilung für Koordination und Planung für die einzelnen Geschäftsbereiche erarbeitet wurden. Ihr oblag nicht nur die Aufgabe, Entscheidungsgrundlagen für den Vorstand zur Verfügung zu stellen, sondern auch für eine aktive Steuerung der Bilanzstrukturen im Sinne der vereinbarten Strategien zu sorgen. Um der Zentralisierung und Bürokratisierung entgegenzuwirken, stärkte Seipp zudem gezielt die Kompetenzen der Gebietsstellen und Filialen, etwa im Bereich der Kreditvergabe und der Personalpolitik.[22]

Außerdem führte Seipp in Abstimmung mit dem Aufsichtsrat weitere personelle Veränderungen im Vorstand herbei, um die Glaubwürdigkeit des Neuanfangs zu erhöhen. Dicken, der als rechte Hand Dhoms für die Krise der Bank mitverantwortlich gemacht wurde, verließ das Gremium im März

Titelseite des Institutional Investor, Juli 1981

1982.[23] Seipp drängte außerdem darauf, bei der Auswahl des Führungspersonals künftig stärker darauf zu achten, dass nicht persönliche Beziehungen, sondern individuelle Leistungen den Ausschlag gaben. Peter Deuß, der Sohn des vormaligen Aufsichtsratsvorsitzenden Hanns Deuß, legte daraufhin zum Jahresende 1982 ebenfalls sein Vorstandsamt nieder.[24] Dafür hatte Seipp, dem gute Personal- und Menschenkenntnis nachgesagt wurden, bereits zu Beginn des Jahres 1982 Martin Kohlhaussen für den Vorstand und Peter

Gloystein für die Leitung der Finanzen in der Zentralen Abteilung für Koordination und Planung engagiert; beide waren zuvor wie Seipp für die WestLB tätig gewesen.[25] Dem von Seipp geleiteten Vorstand gehörten – anders, als das beim Amtsantritt Dhoms der Fall gewesen war – viele Mitglieder mit langjähriger Erfahrung an, nämlich Wolfgang Jahn, Götz Knappertsbusch, Jürgen Reimnitz, Raban Freiherr von Spiegel und Jürgen Terrahe, außerdem Friedrich Grundmann und Dietrich-Kurt Frowein, zwei erst in den mittleren 1970er Jahren berufene Mitglieder. Hinzu kamen 1980 Erich Coenen und Kurt Hochheuser, 1982 dann Martin Kohlhaussen, Kurt Richolt und Axel Freiherr von Ruedorffer.[26] Im November 1986 trat schließlich mit Klaus Müller-Gebel, zuvor Direktor mit Generalvollmacht, ein weiteres neues Mitglied in den Vorstand ein; er war für das Personalressort verantwortlich.

Seipp erwarb sich schnell den Ruf, ein harter Sanierer zu sein, der einmal getroffene Entscheidungen unbeirrt umsetzte. Die Financial Times nannte ihn bald »Walter the tank«.[27] Seipp selbst, der sich damit deutlich von den betont distinguiert auftretenden Vorstandssprechern der Deutschen Bank und der Dresdner Bank absetzte, hatte mit dieser Kennzeichnung kein Problem, im Gegenteil, ihn dürfte es gefreut haben, dass auch die internationale Presse zur Kenntnis nahm, wer an der Spitze der Commerzbank stand. Denn er betrieb nicht nur einen Konsolidierungskurs, sondern er machte sich auch für das internationale Geschäft der Bank stark. Als die wohl wichtigste Vereinigung international tätiger Geschäftsbanken, die International Monetary Conference, ihm im März 1986 für das kommende Jahr das Amt des Vice Chairman und für 1988 das Amt des Chairman antrug, ließ er das den Gesamtvorstand des eigenen Hauses nicht ohne Stolz sofort wissen.[28] So wie Lichtenberg vor ihm wurde Seipp auch zum Ansprechpartner für die Politik: Im Juni 1987 nahm er beispielsweise an einer Zusammenkunft bei Bundeskanzler Helmut Kohl teil, die im Zeichen des bevorstehenden ersten Staatsbesuchs des Vorsitzenden des Staatsrats der DDR und Generalsekretärs der SED, Erich Honecker, stand.[29] Für die Commerzbank aber sicher viel wichtiger war, dass Seipp nicht nur führen und wichtige Kontakte in der Sphäre der Banken wie der Politik aufbauen konnte, sondern nach innen sehr viel für den Zusammenhalt im Vorstand und für die Motivation der Mitarbeiter tat. Bezeichnend dafür ist, dass er bei passender Gelegenheit alle Vorstandsmitglieder mit Ehefrauen zu einem »Grill-Abend« im Hause Seipp einlud.[30] Der nach außen oft raubeinig auftretende Walter Seipp hat sich um die Rückgewinnung von Teamgeist und Mitarbeitermotivation bei der Commerzbank sicher sehr verdient gemacht.

4.2 Das Geschäftsmodell zwischen kurzfristigen Anpassungen und strategischer Neuausrichtung

Die im Oktober 1979 eingeleitete amerikanische Geldpolitik ließ die kurzfristigen Zinsen an den Finanzmärkten rasch ansteigen, sodass die Notenbanken anderer Länder reagieren mussten. Die Bundesbank setzte im Frühjahr 1980 zunächst den Diskontsatz auf 7,5 Prozent, dann den Lombardsatz auf 9,5 Prozent herauf; Anfang 1981 wurde ein Sonderlombardsatz von 12 Prozent festgelegt, der die Tagesgeldzinsen zeitweise bis zu 30 Prozent ansteigen ließ.[31] Diese drastischen Zinsänderungen trugen zur Stabilisierung der Deutschen Mark bei, trafen die Commerzbank aber mit voller Wucht. Denn sie hatte zuvor eine für ihre Verhältnisse sehr expansive mittel- und langfristige Kreditvergabe zu festen Zinsen betrieben, die sie nun nicht kurzfristig nach oben anpassen konnte. Diesen Krediten standen in erheblichem Maße kurzfristige Einlagen anderer Banken gegenüber, für deren laufende Refinanzierung am Geldmarkt jetzt kräftig steigende Zinsen gezahlt werden mussten, die bald deutlich höher lagen als die Zinsen für langfristiges Kapital – eine ungewöhnliche, inverse Zinsstruktur, die sich zum Leidwesen der Banken für mehr als 15 Monate verfestigen sollte. Folglich sank der Zinsüberschuss der Bank ab, im Geschäftsjahr 1980 um fast 14 Prozent; die Zinsspanne betrug nur noch 1,4 Prozent.[32]

Weil die prinzipiell schon im Sommer 1979 erkannte Notwendigkeit zur Ertragssteigerung im Kreditgeschäft durch eine flexiblere Zinsgestaltung nur auf längere Sicht erreichbar war, begann sehr bald auch die Suche nach kurzfristigen Entlastungsmöglichkeiten.[33] Um keine Forderungsausfälle verkraften zu müssen, beschloss der Gesamtvorstand beispielsweise im November 1979, die dem Iran bewilligten Kreditlinien zu kündigen und gegen Einlagen der Zentralbank zu verrechnen.[34] Die Lage blieb allerdings nicht nur bis in den Sommer 1980 hinein angespannt, sondern sie verschärfte sich im Herbst 1980 erneut, als der Irak mit einem Angriff auf den Iran den Ersten Golfkrieg auslöste. Denn nun zogen die Ölpreise und die kurzfristigen Zinsen nochmals kräftig an. Im Vorstand der Commerzbank bestand volles Einvernehmen, dass die Verwaltungsabläufe vereinfacht und die Kreditvollmachten der Gebietsstellen umgehend erweitert werden mussten, um die Neuvergabe von höher verzinsten Krediten anzukurbeln.[35] Selbst der Verkauf von Beteiligungen war im Herbst 1980 kein Tabu mehr. Sehr zügig wurde die Mehrheitsbeteiligung an der H. Maihak AG in Hamburg verkauft.[36] Abgeschirmt von der Öffentlichkeit begannen außerdem Sondierungen für den außerbörslichen Verkauf eines großen Aktienpakets der Kaufhof AG in Köln. Lichtenberg gelang es, die Dresdner Bank für ein gemeinsames Vorgehen zu gewinnen: Commerzbank und Dresdner Bank bündelten ihre Anteile von 32 bzw. 16 Prozent und veräußerten das Gesamtpaket an den Metro-Konzern und die Schweizerische Bankgesellschaft.[37] Auch von ihrer Schachtelbeteiligung an der Hochtief AG vorm. Gebr. Helfmann in Essen trennte sich die Commerzbank, allerdings nur teilweise, indem sie diese in die Francommerz GmbH in Frankfurt einbrachte, an der sie selbst zu 40 Prozent beteiligt blieb; ihr Anteil an der Hochtief AG sank damit von 25 auf 12,5 Prozent.[38] Diese Schritte verschafften der Commerzbank zweifellos eine gewisse Entlastung, aber sie brachten keine Lösung für das strukturelle Ertragsproblem. In der Branche gab es bereits Gerüchte, dass sich die Deutsche Bank auf die Übernahme der Commerzbank vorbereite.[39]

Den Aktionären wurde im Frühjahr 1981 nicht nur der Verzicht auf eine Dividende abverlangt, sondern auch eine »Strategie für die achtziger Jahre« vorgestellt.[40] Bei voraussichtlich verhaltenem Wachstum, verschärftem Wettbewerb und anhaltend hohen Zins- und Wechselkursschwankungen strebe man vorranging die Rückgewinnung einer Rentabilität an, die es erlaube, den Aktionären wieder eine angemessene Dividende zu zahlen und zugleich die notwendige Reservenbildung zu betreiben. Ertrag stehe eindeutig vor Expansion, hieß es nun. Erreichen wolle man dieses Ziel durch eine nachhaltige Verbesserung der Zinsmarge im Kreditgeschäft, gestützt auf ein »flexibles Fremdmittel-Marketing« und eine »ertragsbetonte Umorientierung im Aktivgeschäft«, sowie eine Intensivierung des Provisionsgeschäfts im Wertpapier- und Auslandsbereich. Daneben gelte es, »im Eigenhandel die Marktschwankungen flexibel zu nutzen, ohne aber das Risiko überhöhter Bestände einzugehen«.[41] Bei alldem habe die Commerzbank, auch wenn sie eine »Bank für jedermann« bleiben wolle, im Inland zwei ideale Zielgruppen vor Augen: Zu der einen zähle »der Firmenkunde, der auch unser internationales Know-how – eine der besonderen Stärken unseres Hauses – nutzen will«, zu der anderen »der anspruchsvollere Privatkunde, der nicht nur seinen Zahlungsverkehr über uns abwickelt, sondern auch unsere Leistungsfähigkeit in anderen Geschäftssparten, etwa bei Kapitalanlagen oder bei Finanzierungen, nutzt«.[42]

Diese Ansätze zur strategischen Neuausrichtung waren bereits mit Seipp abgestimmt, der seit März 1981 regelmäßig an den Vorstandssitzungen teilnahm.[43] Aufbauend auf die Vorbereitungen Dietrich-Kurt Froweins für die Emission von eigenen Schuldverschreibungen trieb er nach seiner Berufung die Veränderung der Refinanzierungsstrukturen der Bank voran.[44] Bereits bis zum Jahresende 1981 konnten Commerzbank-Schuldverschreibungen in Höhe von rund 3 Mrd. DM abgesetzt werden; sie wurden in zwei Varianten angeboten:

mit einer – bei den Anlegern besonders beliebten – einjährigen und mit einer vierjährigen Laufzeit.[45] Anders als zunächst gedacht wurden sie allerdings nicht überwiegend bei privatwirtschaftlichen Anlegern platziert, sondern vor allem von der Deutschen Bundesbank aufgekauft und rasch wiederverkauft. Solche »Wertpapierpensionsgeschäfte« setzten sich bald als wichtigste Quelle für die Schöpfung von Zentralbankgeld durch, noch deutlich vor den Diskontkrediten.[46] Unter Seipps Führung gelang aber nicht nur eine rasche Verbesserung der Refinanzierungslage, sondern auch eine zügige Umschichtung der Kredite von längeren auf mittlere und kurze Laufzeiten. Die in den Jahren 1977 bis 1979 vergebenen Festzinskredite in Höhe von 25 Mrd. DM wurden bereits im Geschäftsjahr 1981 auf 20 Mrd. DM reduziert.[47] Zusätzliche Reserven konnten 1982 durch den Verkauf und das anschließende Leasing der Hauptverwaltungsgebäude erschlossen werden – ein damals noch sehr unübliches Verfahren für eine Bank, das für einige Schlagzeilen sorgte. Vor allem aber half das ersehnte Ende der inversen Zinsstruktur im Frühjahr 1982 der Commerzbank, ihre Krise zu überwinden.[48] 1983 erzielte die Commerzbank AG innerhalb des Konzerns ein Teilergebnis von 1,2 Mrd. DM, die Zinsspanne erreichte wieder 2,6 Prozent, und die Aktionäre konnten sich nach drei Jahren Pause wieder über die Auszahlung einer Dividende freuen; sie betrug 6 DM je Aktie à 50 DM.[49]

Die durch den »Volcker-Schock« weltweit ansteigenden Zinsen hatten aber nicht nur direkte Auswirkungen auf die Geschäftsbanken, sondern noch viel dramatischere Folgen für die ohnehin schon hoch verschuldeten Schwellen- und Entwicklungsländer. Ihre Terms of Trade verschlechterten sich zusehends, sodass sie ihre Gläubigerbanken – bei kontinuierlich ansteigenden Zinsen – um den Aufschub von Zins- und Tilgungszahlungen bitten mussten. Das brachte viele der Geschäftsbanken in zusätzliche Schwierigkeiten: Sie hatten nicht nur mit der inversen Zinsstruktur zu kämpfen, sie sahen sich immer häufiger auch mit verzögerten Zins- und Tilgungszahlungen ihrer Schuldner konfrontiert. Ausgelöst durch die Erklärung Mexikos vom August 1982, nicht mehr zahlungsfähig zu sein, kam es zu einer internationalen Schuldenkrise, von der vor allem für amerikanische und japanische, aber auch für europäische Banken erhebliche Gefahren ausgingen. Auch die Commerzbank musste sich nun laufend mit dem Problem der wachsenden Rückstände wichtiger Schuldner befassen. Ihre Auslandsforderungen beliefen sich 1983 auf 33 Mrd. DM, wovon 23 Prozent auf Schwellen- und Entwicklungsländer entfielen.[50] Bei einer Bilanzsumme von 67 Mrd. DM schien das eine vertretbare Größenordnung zu sein, doch die Lage war unübersichtlich; selbst die internationalen Organisationen besaßen keinen Überblick über die von den großen Geschäftsbanken eingegangenen Risiken, die sich durch ihre Verkettung leicht zu einer globalen Bankenkrise auswachsen konnten.[51] Die steigenden Ausfallrisiken waren nicht von der Hand zu weisen, konnten durch die im Sommer 1982 aufgenommenen Umschuldungsverhandlungen für zahlreiche lateinamerikanische Länder aber gedämpft und begrenzt werden. Die Commerzbank übernahm 1984 die Federführung für die Umschuldungsverhandlungen der deutschen und skandinavischen Banken mit Venezuela; sie konnten im Herbst 1984 vorläufig abgeschlossen werden.[52]

Doch für viele andere Länder in Lateinamerika war das noch nicht der Fall, zumal sich die Probleme durch verschlechterte Terms of Trade bald weiter verschärften. Umschuldungsverhandlungen blieben also auf der Agenda und erforderten immer neue Anpassungen der Geschäftsstrategien, auch mit Blick auf politische Forderungen wie die des amerikanischen Finanzministers James Baker, der die Banken im Sommer 1985 aufforderte, den hoch verschuldeten Ländern weiterhin mit »fresh money« – anders gesagt: neuen Krediten – zur Verfügung zu stehen, damit sie in der Lage blieben, Schuldendienst zu leisten. Die Commerzbank verschloss sich diesem Ansinnen nicht und war bestrebt, das kurzfristige kommerzielle Geschäft auch mit den hoch verschuldeten Ländern wie Mexiko, Brasilien und Argentinien weiterzuführen, auch um die deutsche Exportwirtschaft zu unterstützen. Von politischer Seite wurden die Bemühungen zur Entschärfung der Probleme mit weiteren Liberalisierungsschritten für die Kapitalmärkte unterstützt. In der Bundesrepublik waren ab dem 1. Mai 1985 beispielsweise neue Anleiheformen wie »Floating Rate Notes« zulässig, also Anleihen mit variablem Zinssatz.[53] Mit ihrer Hilfe konnten Kredite für hoch verschuldete Länder nach und nach in handelbare Wertpapiere umgeschichtet und damit aus den Bankbilanzen herausgebracht werden. Dies beförderte die Ausrichtung der Geschäftsbanken auf das Wertpapiergeschäft.[54]

Als die Rohölpreise Anfang 1986 merklich zu sinken begannen, war das für viele Industrie- und Schwellenländer eine wirtschaftliche Entlastung, für die Banken allerdings auch ein Grund, sich verstärkt mit den Länderrisiken der Öl produzierenden Länder zu beschäftigen.[55] Weniger die OPEC-Staaten als die Öl fördernden Länder Lateinamerikas, insbesondere Mexiko und Venezuela, gerieten erneut in massive Schwierigkeiten. Denn sie hatten bisher gehofft, durch unvermindert kräftige, kreditfinanzierte Investitionen in die Ölförderung ihre Exportfähigkeit verbessern zu können – ein Plan, der nun Makulatur geworden war. Der Gesamtvorstand der Commerzbank gab angesichts der veränderten Ölpreissituation im Februar 1986 bei der Zentralen Auslandsabteilung nicht nur eine Analyse der bestehenden Länderobligen für alle Öl produzierenden Länder in Auftrag.[56] Er trieb auch den zu Beginn der 1980er Jahre so nicht vorgesehenen vorsichtigen Abbau weiterer Beteiligungen an Industrieunternehmen voran. Das schien gleich in mehrfacher Hinsicht vorteilhaft: Man konnte sich dadurch problematisch gewordener Engagements entledigen und die Risikopuffer erhöhen, man konnte dadurch aber auch Investitionsmittel flüssig machen, die für den kommenden europäischen Binnenmarkt und den Einstieg in das internationale Investmentbanking gebraucht wurden. Für die Commerzbank stand im Frühjahr 1986 konkret der anteilige Verkauf ihrer Schachtelbeteiligung an den Hannoverschen

Papierfabriken Alfeld-Gronau vorm. Gebr. Woge in Alfeld (Leine) zur Debatte, den sie angesichts der wirtschaftlichen Schwierigkeiten des Unternehmens schon im Herbst 1981 in Erwägung gezogen hatte.[57] Im Februar 1986 einigte sich die Commerzbank mit der saudischen National Commercial Bank auf die Übernahme eines Pakets von 15 Prozent, das von dieser größten Bank Saudi-Arabiens aber nicht dauerhaft gehalten, sondern gemeinsam mit der Commerzbank bei anderen Interessenten platziert werden sollte.[58] Seipp pflegte auch Kontakt mit F. Wilhelm Christians vom Vorstand der Deutschen Bank, um gemeinsame Interessen beim vorsichtigen Abbau von Beteiligungen zu besprechen, was den Aufbau neuer, möglicherweise nur zeitweiliger Beteiligungen zur Belebung von Mergers & Acquisitions im Rahmen des internationalen Investmentbankings nicht ausschloss.[59]

Für den Gesamtvorstand der Commerzbank stand fest, dass Entscheidungen nicht überstürzt werden durften, allein schon, um den Aktienmarkt nicht zu irritieren.[60] Hinzu kam im Frühsommer 1987 mit Blick auf den europäischen Binnenmarkt die Erwägung, die Kooperation mit dem Crédit Lyonnais möglicherweise auf eine neue Grundlage stellen zu können: Die französische Bank stand vor der Privatisierung und hatte der Commerzbank die wechselseitige Kapitalverflechtung vorgeschlagen.[61] Dieser Idee stand man sehr aufgeschlossen gegenüber: Nach mehreren Gesprächsrunden waren die Vorstandsmitglieder einhellig der Auffassung, dass die vom Crédit Lyonnais dabei vorgestellten Grundgedanken »positiv zu werten sind und es im Prinzip – unabhängig von der Vielzahl der zu klärenden Einzelfragen – unter geschäftspolitischen Zukunftsaspekten unser Bestreben sein sollte, sie schrittweise umzusetzen«. Man müsse aber darauf achten, dass die eigene Beteiligung am Crédit Lyonnais »auch auf längere Sicht unter Renditegesichtspunkten tragbar sein muß und nicht zu einer unseren Bewegungsspielraum im Übrigen einschränkenden Belastung werden darf«.[62] Die weiteren Verhandlungen kamen dann allerdings nicht wirklich voran, zumal sie auch die Interessen der anderen Europartners-Banken berührten.[63] Zur Debatte stand bald die Auflösung der Europartners-Gruppe selbst, denn die bilaterale Zusammenarbeit zwischen einzelnen Partnern dieses Verbunds schien zukünftig vielversprechender zu sein.[64]

Entscheidungen fielen vorerst nicht. Die Frage der künftigen Präsenz auf dem europäischen Binnenmarkt verschränkte sich vielmehr mit Überlegungen, die Commerzbank in einen »Allfinanz-Verbund« einzubinden – möglichst auf europäischer Ebene.[65] Folgte man dem damals hoch im Kurs stehenden Allfinanz-Konzept, dann versprach die Bündelung von Bank-, Baufinanzierungs- und Versicherungsleistungen einen besseren Kundenservice. Marktstudien legten nahe, dass sich vor allem private Kunden im Hinblick auf ihre Spar- und Anlageziele, ihre Kreditwünsche und Vorsorgebedürfnisse nicht länger an den traditionellen Grenzziehungen zwischen Banken, Bausparkassen und Versicherungen orientieren wollten. Deshalb setzte man auf eine wechselseitige Erweiterung der Produktpalette – oder anders gesagt: auf noch bessere Vermarktungschancen für die Produkte der gesamten Finanzindustrie durch die Nutzung der Vertriebskanäle der Partner.[66] Der Allfinanz-Gedanke hielt aber auch Einzug ins Firmenkundengeschäft, etwa indem Banken nun die Vermittlung von Gewerbeimmobilien oder die strategische Unternehmensberatung anboten. Für die Commerzbank bestand ein ganz markanter Schritt zur Umsetzung der Allfinanz-Strategie im Erwerb einer Beteiligung von fast 40 Prozent an der Leonberger Bausparkasse, der damals viertgrößten privaten Bausparkasse der Bundesrepublik. Diese maßgeblich von Erich Coenen vorbereitete Akquisition konnte 1988 unter Dach und Fach gebracht werden.[67] Um die Jahreswende 1988/89 rückten dann so viele Optionen zur Umsetzung der Allfinanz-Strategie im In- und Ausland in den Blick, dass der Gesamtvorstand bekräftigen musste, nicht jedwede Möglichkeit zu sondieren, sondern nur solche Gespräche zu führen, »die von Anbeginn an halbwegs realistische Chancen für ein Miteinander auf der Basis einer Präferenz ohne Exklusivität und ohne Reziprozität erkennen lassen«.[68] Im Februar 1989 begannen sich die Pläne für eine engere Zusammenarbeit mit der DBV + Partner Versicherungen in Wiesbaden (DBV) unter Einbeziehung einer französischen Versicherung zu konkretisieren.[69] Daraus wurde freilich nichts. Die Commerzbank übernahm aber eine Beteiligung von 25 Prozent plus eine Aktie an der neu gegründeten DBV Holding AG, die 1990 unter Führung der Commerzbank an die Börse ging; sie untermauerte also zunächst einmal die mit Blick auf den Heimatmarkt wichtigste Kooperation.

Ganz auf die Umsetzung des Allfinanz-Gedankens konzentrieren konnte man sich im Frühjahr 1989 ohnehin nicht. Denn auch die internationale Schuldenkrise forderte neue Aufmerksamkeit. Da sich die Lage vieler Schuldnerländer in Lateinamerika zuspitzte, intensivierten sich auf internationaler Ebene die Bemühungen für eine grundsätzliche Lösung. Von amerikanischer Seite kam der Vorschlag, die bereits abgeschmolzenen direkten Kredite der Banken durch ihre sukzessive Umwandlung in handelbare Anleihen weiter zu reduzieren, dabei den Schuldnern unter bestimmten Voraussetzungen aber auch Abschläge zu gewähren. Der amerikanische Finanzminister Nicholas F. Brady machte sich für diese Idee stark und erfuhr dabei nicht nur vom Chef der Citibank John Reed, sondern auch vom Vorstandssprecher der Deutschen Bank Alfred Herrhausen Unterstützung.[70] Bei vielen internationalen Banken gab es jedoch heftiges Widerstreben, die Konversion von Krediten in »Brady Bonds« mit einem teilweisen Forderungsverzicht zu verknüpfen. Seipp stand mit Reed schon länger in Verbindung und hatte ihm versprochen, für die Commerzbank zu den Vorschlägen Stellung zu nehmen.[71] Im Gesamtvorstand war man sich einig, »daß auf deutscher Seite angestrebt werden sollte, zu einer möglichst einheitlichen Haltung mit den großen englischen und amerikanischen Banken zu gelangen«.[72] Durch das Vorpreschen Herrhausens fühlte man sich unter Druck und warf die Frage auf, »ob wir

Alfred Herrhausen (Deutsche Bank), Wolfgang Röller (Dresdner Bank) und Walter Seipp (Commerzbank) auf der Tagung des Internationalen Währungsfonds und der Weltbank in Berlin, 27. September 1988 (v. l. n. r.); Foto: Wolf P. Prange.

hinreichend Gelegenheit haben und nehmen, die Position der Commerzbank zur Schuldensituation den politischen Stellen in Bonn gegenüber deutlich zu machen«.[73] Da Herrhausen an seinen Vorstellungen festhielt, auch wenn er sich des Rückhalts im eigenen Haus nicht sicher sein konnte, kam die von der Commerzbank erhoffte, einheitlich-skeptische Haltung der deutschen Banken zum Brady-Plan nicht zustande.[74]

Der Vorstand der Commerzbank bekräftigte im September 1989 vielmehr seine Einstellung, »die den generellen Schuldenverzicht ausschließt«.[75] Davon hatte Herrhausen genau genommen gar nicht gesprochen, doch seine grundsätzliche Aufgeschlossenheit für den teilweisen Forderungsverzicht – den er lange vor Brady in die internationale Debatte eingebracht hatte, also die Miturheberschaft beanspruchen konnte – wurde gerade von Seipp als Provokation empfunden, vor allem wohl, weil sich die Commerzbank in einer wirtschaftlich noch immer viel angespannteren Lage befand als die Deutsche Bank. Auch wenn es bei vielen internationalen Banken ein Widerstreben gegen die Umsetzung des Brady-Plans gab, so wurde er doch in immer mehr Ländern im Zuge von Umschuldungsverhandlungen umgesetzt und trug zur Bewältigung der Schuldenkrise bei.

Mit Blick auf den europäischen Binnenmarkt kristallisierte sich im Mai 1989 heraus, dass die Interessen des Crédit Lyonnais und der Commerzbank doch zu weit auseinanderlagen.[76] »Eine Europa-Strategie auf Basis unserer Kooperationsvorstellungen ist mit dem Crédit Lyonnais bis auf weiteres nicht zu realisieren«, musste man ernüchtert feststellen.[77] Nun waren Alternativen für eine Neupositionierung der Commerzbank in Europa dringend gefragt, zumal die Deutsche Bank und die Dresdner Bank nicht nur bei der Umsetzung der Allfinanz-Strategie in Europa, sondern auch beim internationalen Investmentbanking durch Übernahmen mit großen Schritten vorankamen.[78] Die Commerzbank dagegen musste der Tatsache ins Auge sehen, dass eine durch Kapitalverflechtung untermauerte Zusammenarbeit mit dem Wunschpartner Crédit Lyonnais nicht zustande kommen würde; ob sie mit einer der anderen beiden Partnerbanken der Europartners-Gruppe sinnvoll war, musste neu ausgelotet werden.[79] Noch bevor dies auch nur ansatzweise geschehen war, kam es zu politischen Umwälzungen in den staatssozialistischen Ländern Osteuropas, von deren Auswirkungen sich im Sommer 1989 niemand eine genaue Vorstellung machen konnte. Nur wenige Monate später stand aber nicht nur die Eröffnung von Repräsentanzen im Ostblock auf der Agenda, sondern die Ausdehnung der eigenen Geschäftstätigkeit auf das Gebiet der untergehenden DDR.[80]

4.3 Geschäftspolitik in der Praxis: Auf dem Weg zum Allfinanz-Verbund

Privatkundengeschäft

Hatte die Commerzbank im Frühjahr 1981 versprochen, eine »Bank für jedermann« zu bleiben, so musste sie das im Privatkundengeschäft unter Beweis stellen. Um ihre prekäre Ertragslage zu verbessern, nahm sie eine laufende Anpassung der Konditionen vor, stand ihren Kunden aber weiterhin mit einem breiten Angebot zur Verfügung: Neben dem allgemeinen Zahlungsverkehr, der über die Girokonten abgewickelt und durch Geldautomaten, EC-Karte und Electronic Banking erleichtert wurde, zählten dazu alle eingeführten Produkte aus den Bereichen Sparen und Anlegen sowie Kredite und Darlehen bis hin zu anspruchsvollen Baufinanzierungen.[81] Kennzeichnend für die 1980er Jahre aber wurden kombinierte Produkte, wie etwa der »Sparplan mit Versicherungsschutz« oder das »Vorausdarlehen mit Lebensversicherung«, mit denen die Vermarktungschancen der eingeführten Produkte verbessert werden sollten. Die ersten Erfahrungen mit diesen kombinierten Produkten flossen in die Ausformulierung des Allfinanz-Konzepts ein.

Sparen und Anlegen. Stand bei den Produkten zum Sparen und Anlegen zunächst die Gewinnung klassischer Spareinlagen im Mittelpunkt, unter anderem mithilfe der nun »Sparschuldverschreibungen« genannten Sparbriefe,[82] so begannen bereits im Herbst 1983 die Überlegungen für ein neues, kombiniertes Produkt: das »Kontensparen mit Versicherungsschutz«. Arno Paul Bäumer, der als Vertreter der Allianz-Gruppe dem Aufsichtsrat der Bank angehörte, hatte zwar ausdrücklich darum gebeten, »eine mögliche Entscheidung über Aktivitäten in diesem Sektor zu überdenken«.[83] Er nahm sie offenbar mehr als drohende Konkurrenz denn als bessere Vermarktungschancen für eigene Produkte wahr. Doch der Gesamtvorstand wollte die Vorbereitungen unvermindert vorantreiben, zumal man wusste, dass auch die Deutsche Bank entsprechende Pläne hegte. Weitere Gespräche zwischen Seipp und Bäumer führten zu der Vereinbarung, die Allianz vorab über die Einführung eines solchen Produkts zu unterrichten.[84] Im August 1984 traf der Gesamtvorstand die grundsätzliche Entscheidung, künftig einen »Sparplan mit Versicherungsschutz« anzubieten.[85] Anvisiert war nun die Zusammenarbeit mit einem Konsortium von Versicherungsgesellschaften, unter ihnen auch die zur Allianz-Gruppe gehörende Berlinische Lebensversicherung.[86] Als das neue Produkt im November 1984 auf den Markt kam, trat es in der Werbung aber nur als »Sparplan mit Bonus« auf; auf Wunsch konnte er mit dem Abschluss einer Risikolebensversicherung kombiniert werden.[87] Das war nicht nur ein Zugeständnis an die Versicherungswirtschaft, sondern auch Ausdruck der eigenen Skepsis, ob die Kunden die Verwischung der Grenzen zwischen Banken und Versicherungen goutieren würden. In den ersten drei Monaten wurde nur etwa ein Viertel der neu abgeschlossenen Sparpläne mit Versicherungsschutz ausgestattet.[88] Unterstützt wurde die Einführung des neuen Produkts mit einer breit angelegten Werbekampagne, die auf die positiven Assoziationen der Sonnenkraft setzte.[89]

Kredite und Darlehen. Um das Kreditgeschäft mit der Privatkundschaft zu beleben und zugleich differenzierte Kreditkonditionen durchzusetzen, wurden in den frühen 1980er Jahren nicht nur die Kompetenzen der Gebietsstellen, sondern auch die der einzelnen Geschäftsstellenleiter und qualifizierten Kundenberater ausgeweitet.[90] Das 25. Jubiläum der Einführung des standardisierten Kleinkredits wollte man 1984 in der Werbung durchaus mit berücksichtigen, es aber nicht besonders herausstellen.[91] Viel wichtiger schien es jetzt, neue kundengruppenspezifische Kreditvarianten wie den »Commerzbank-Privatkredit« als Verfügungskredit für Selbstständige mit variabler Zins- und Tilgungsgestaltung oder den »Commerzbank-Wertpapierkredit« als Kredit speziell für private Wertpapiergeschäfte zu präsentieren.[92] Im Februar 1985 kam der Gesamtvorstand außerdem überein, im Privatkundengeschäft Zinsteilmärkte einzurichten, künftig also nach Kundengruppen differenzierte Spar- und Kreditzinsen anzubieten.[93]

Baufinanzierungen. Vor dem Hintergrund der eingetretenen Ertragskrise wurden die Konditionen für die verschiedenen Baufinanzierungsprogramme

Anzeige für den »Sparplan mit Bonus« aus der Sonnenkampagne, 1985

Anfang 1980 ebenfalls auf den Prüfstand gestellt und möglichst nach oben angepasst.[94] Im Herbst 1982 erfolgte dann eine Verstärkung der Arbeitsgruppe Baufinanzierung in der Zentralen Privatkunden- und Marketingabteilung und eine Neuorganisation dieses wichtigen Geschäftsbereichs in den Gebietsstellen.[95] Gab es in den Jahren 1982 und 1983 kräftige Zuwächse, so kam es 1984 zu einem Einbruch, der zwar 1985 wiedergutgemacht werden konnte; doch anschließend entwickelte sich das Geschäft eher verhalten. 1986 wurden neue Baufinanzierungen im Volumen von 4,2 Mrd. DM abgeschlossen, von denen 2,8 Mrd. DM auf die Commerzbank AG und 1,4 Mrd. DM auf die langjährige Kooperationspartnerin Rheinhyp AG entfielen.[96] Im Herbst 1987 begannen schließlich neue Sondierungen in Richtung Versicherungswirtschaft: Coenen nahm Gespräche mit der Allianz Lebensversicherungs-AG auf, die durchaus »Berührungspunkte und Kooperationsmöglichkeiten auf dem Sektor Baufinanzierung und Bereitstellung von Refinanzierungsmitteln« sah. Der Gesamtvorstand wollte die Möglichkeiten für eine engere Zusammenarbeit prüfen.[97]

Der Allfinanz-Verbund formiert sich. Noch bevor die Gespräche mit der Allianz zu Ergebnissen führten, zeichnete sich im Sommer 1988 ein anderer »konkreter Komplex aus der Allfinanz-Thematik« ab, wie bewusst verklausuliert im Vorstandsprotokoll festgehalten wurde. Dahinter verbarg sich das Angebot der Leonberger Bausparkasse, eine maßgebliche Beteiligung von 40 Prozent am eigenen Unternehmen zu übernehmen. Unter der Voraussetzung, Exklusivität zugesichert zu bekommen, entschloss sich der Commerzbank-Vorstand, dieses Angebot anzunehmen, und im Dezember 1988 konnten die Verträge unterzeichnet werden.[98] Damit war ein wichtiger Schritt zur Konstituierung eines Allfinanz-Verbunds getan, der sich auf Kapitalverflechtungen stützte, aber nicht auf eine Konzernbildung oder gar Fusion hinauslaufen musste. Für die Commerzbank stand fest, dass sie die Baufinanzierung zu einem noch wichtigeren Segment ihres Privatkundengeschäfts ausbauen wollte. Nur wenige Monate später konnte die Commerzbank überdies eine Kooperation mit der Deutschen Beamten-Versicherung schließen, die als DBV + Partner Versicherungen in Wiesbaden firmierte.[99] Die Zusammenarbeit mit den DBV + Partner Versicherungen schien angesichts ihrer Größe und der vereinbarten Exklusivität überaus vielversprechend, auch wenn sie andere Kooperationspartner der Commerzbank aus dem Versicherungsbereich unter Umständen vor den Kopf stieß und die Verhandlungen über das Vertriebsabkommen durchaus einige Tücken besaßen. So verlangte die DBV beispielsweise zur Umsetzung des Abkommens einen Personalaufbau bei der Commerzbank von fünf Mitarbeitern in der Zentrale und 50 Mitarbeitern in den Gebiets- und Geschäftsstellen.[100] Doch im November 1989 gelang es, sich auf die wesentlichen Punkte der Zusammenarbeit zu verständigen.[101] Auch hier um Kapitalverflechtung bemüht, übernahm die Bank im Zuge der Privatisierung des Unternehmens 25 Prozent plus eine Aktie am Kapital der neu gebildeten DBV Holding AG, die 1990 unter ihrer Führung an die Börse gebracht wurde.[102] Betrachtet man die Kooperation der Commerzbank mit der Leonberger Bausparkasse und der DBV Holding AG zusammen, so war bis 1989/90 »eine Allfinanzgruppe mit mehr als 5 Millionen Kunden« entstanden.[103]

Firmenkunden- und Staatsfinanzierungsgeschäfte

Inlandskredite, Beteiligungen und Beratung für den Mittelstand. Die im Sommer 1979 eingeleitete Rückbesinnung auf den Mittelstand schlug sich vor allem im Kreditgeschäft nieder. Denn wegen der hohen Diversität mittelständischer Unternehmen schien es gerade bei der Firmenkundengruppe möglich, eine rasche Ausdifferenzierung der Konditionen zur Anpassung an die steigenden Zinsen durchzusetzen. Ziel der Commerzbank war es, die Konditionen für Programm- und Einzelkredite im gesamten Bundesgebiet einheitlich auszudifferenzieren, zum einen nach Ausstattungsmerkmalen, zum anderen – und das war die eigentliche Neuerung – nun auch nach Größe und Bonität der Kreditnehmer.[104] Die im Februar 1980 gebildete Kategorie I umfasste alle »Primekunden «, die einen Jahresumsatz von 1 Mrd. DM und mehr aufwiesen, mit der Commerzbank mindestens 20 Prozent ihres Geschäftsumsatzes abwickelten, der Bank jährlich 1 Mio. DM oder mehr einbrachten, Kreditlinien von mindestens 100 Mio. DM in Anspruch nahmen und außerdem von »unzweifelhafter« Bonität waren; Kategorie II umfasste die »Vorzugskunden«, die einen Jahresumsatz von 100 Mio. DM oder mehr aufwiesen, der Bank jährlich 50 000 DM oder mehr einbrachten, Kreditlinien von mindestens 5 Mio. DM in Anspruch nahmen und außerdem von »einwandfreier« Bonität waren; alle anderen Kreditkunden wurden in der Kategorie III zusammengefasst.[105] Sie hatten die höchsten Zinsen zu zahlen: Denn der Zinssatz betrug 9,75 Prozent pro Jahr für die Vorzugskunden, mindestens 10 Prozent für die Primekunden und mindestens 10,25 Prozent für die sonstigen Kunden.[106] In die Gruppe der Vorzugskunden aufgenommen wurden zunächst nur knapp 50 Adressen, darunter als Spitzenreiter mit Blick auf den Nutzen für die Commerzbank die Hoechst AG.[107] Doch die Liste der Vorzugskunden wurde rasch ergänzt, sodass sie bald 200 Adressen umfasste, während sich auf der Liste für die Primekunden schließlich gut 1500 Firmennamen fanden.[108]

Bei der Durchsetzung der neuen Kreditkonditionen kam es in hohem Maße auf die Gebietsstellen an: Sie sollten sich an den Referenzzinsen und Mindestsätzen orientieren, die Konditionen für die von ihnen betreuten Firmenkunden im Einzelfall aber mit Fingerspitzengefühl festlegen.[109] Das gelang offenkundig nicht immer: Die Commerzbank konnte ihre Ertragslage zwar verbessern, doch sie verlor kleine und mittlere Firmenkunden, die sich tendenziell diskriminiert fühlen mussten. Versuche zur Gegensteuerung ließen nicht lange auf sich warten: Mit einem »Sonderprogramm« für mittelfristige Kredite speziell für die gewerblich-kleinindustrielle Kundschaft versuchte die Commerzbank, verloren gegangene Kunden zurückzugewinnen und auch Neukunden anzusprechen.[110] Weil sich das »Sonderprogramm« als recht erfolgreich erwies, erfuhr es mehrfache Neuauflagen und Variationen.[111] Auch im Bereich der Gewerbeimmobilien- und Anlagenfinanzierung wandte sich die Commerzbank verstärkt den besonderen Interessen ihrer mittelständischen Firmenkunden zu, zum einen in Kooperation mit der Rheinischen Hypothekenbank, zum anderen in Kooperation mit der Commerz- und Industrie-Leasing GmbH (CIL) sowie der Deutschen Gesellschaft für Immobilien- und Anlagen-Leasing mbH (DIL) in Düsseldorf.[112] Das Leasing von Mobilien und Immobilien erschien vielen kleineren Firmen als kostengünstige Alternative zum direkten Bankkredit.[113]

Um die Etablierung neuer, innovativer Unternehmen zu unterstützen, gründete die Commerzbank 1986 die Commerz Beteiligungsgesellschaft in Frankfurt am Main.[114] Nur ein Jahr später rief sie dann gemeinsam mit der Hannover Finanz GmbH die Commerz Unternehmensbeteiligungs-AG mit Sitz in Frankfurt ins Leben, die sich – in der Regel mit Minderheitsbeteiligungen und nur vorübergehend – an jungen mittelständischen Firmen mit guten Zukunftsperspektiven beteiligte, um sie bei der Verbreiterung ihrer Eigenkapitalbasis zu unterstützen.[115] Fast zeitgleich nahm die Commerzbank erste Sondierungen für die Zusammenarbeit mit einer Unternehmensberatung auf, um den Allfinanz-Gedanken auch im Firmenkundengeschäft voranzubringen.[116] Sie mündeten im Frühsommer 1989 in Verhandlungen mit der Firma Baumgartner & Partner über eine Kapitalbeteiligung der Commerzbank in Höhe von 25 Prozent.[117] In die Kooperation mit einbezogen wurde mit der Wirtschaftsprüfungsgesellschaft Price Waterhouse ein international renommierter Partner.[118]

Außenhandels- und Auslandsfinanzierungen. Neben den Inlandskrediten behielten die großen Auslandskredite und -finanzierungen einen hohen Stellenwert. Im Gesamtvorstand wurden die Konditionen jedoch eingehender als zuvor diskutiert und manches Angebot zur Mitwirkung an der Finanzierung eines großen Liefergeschäfts oder Auslandskredits auch abgelehnt, insbesondere dann, wenn der für den Euromarktanteil zu erzielende Zinssatz nicht akzeptabel erschien oder die Beteiligung anderer, finanzkräftiger Konsortialpartner nicht zugesichert werden konnte.[119] Die Vollmachten für Kredite an korrespondierende Auslandsbanken waren schon im Juli 1980 strenger geregelt worden: Nicht nur Kreditzusagen für Auslandsbanken in den auf einer gesonderten Liste geführten »Krisenländern«, sondern alle Auslandskredite über 10 Mio. DM mussten jetzt über das Votum der zuständigen Referenten, Dezernenten, Abteilungsleiter und Vorstandsmitglieder hinaus stets vom Gesamtvorstand gebilligt werden.[120] Die Tendenz, sich an großen Konsortialkrediten und -finanzierungen zu beteiligen, nahm Anfang 1981 deutlich ab.[121] Gegenüber dem Öl fördernden Mexiko gab es aber weiter Aufgeschlossenheit: So stimmte der Gesamtvorstand im Juli 1981 der Abgabe einer Offerte für die Mitwirkung an einem Konsortialkredit in Höhe von 200 Mio. US-Dollar für den staatlichen Mineralölkonzern Petróleos Mexicanos (PEMEX) zu.[122] Auch bei einigen Eurobondemissionen für mexikanische Staatsunternehmen erklärte die Commerzbank im Herbst 1981 ihre Bereitschaft zur Mitwirkung.[123] Als im November 1981 ein Roll-over-Eurokredit in Höhe von 400 Mio. DM und eine Anleihe von 100 Mio. DM für die Vereinigten Mexikanischen Staaten zur Debatte standen, lehnte die Bank ihre Mitwirkung am Kredit jedoch ab und signalisierte nur bei der Anleihe ihr Interesse.[124] Doch selbst im Frühjahr 1982, als die Skepsis gegenüber Lateinamerika größer wurde, drehte die Commerzbank den Hahn für zusätzliche Konsortialkredite zugunsten des staatlichen Ölkonzerns Petróleos Mexicanos nicht zu; noch im Juni 1982 wurde ein weiterer Kredit über 50 Mio. US-Dollar zugesagt, der über die Filiale New York ausgereicht werden sollte.[125] Anfang August 1982 verdichteten sich dann allerdings mit Blick auf Mexiko und Argentinien die Anzeichen, »daß Teilmoratorien auf die Gläubiger zukommen« könnten.[126] Als Mexiko dann tatsächlich im August 1982 seine Zahlungsunfähigkeit erklärte, kam auch die Commerzbank nicht umhin, die innerhalb der nächsten 90 Tage fälligen Kapitalbeträge des staatlichen Sektors den Wünschen Mexikos entsprechend sofort um drei Monate zu prolongieren.[127]

Doch das war nur der Auftakt für immer neue Umschuldungsverhandlungen, die mit erhöhten Rückstellungen, Wertberichtigungen und Abschreibungen sowie der – zurückhaltenden – Bewilligung von Neukrediten einhergingen.[128] Neben Mexiko waren bald auch Argentinien, Brasilien, Chile, Peru und Venezuela betroffen, um nur die größten lateinamerikanischen Länder zu nennen.[129] Die akuten Ausfallrisiken konnten durch die Umschuldungen eingehegt werden, was allen Geschäftsbanken zugutekam, auch den weniger stark involvierten, die vor »Ansteckungsgefahren« geschützt werden sollten. Die Commerzbank selbst hatte, wie der Gesamtvorstand im Mai 1983 auf einer Sondersitzung bilanzierte, Kreditzusagen in Höhe von mehr als 6,6 Mrd. DM an insgesamt 22 zu dieser Zeit von Umschuldungen betroffenen Länder gemacht; knapp 5,2 Mrd. DM entfielen auf Lateinamerika, darunter 1,6 Mrd. DM für Brasilien, 1,2 Mrd. DM für Mexiko und 978 Mio. DM für Venezuela. Insgesamt waren bereits Zinsrückstände von 69,8 Mio. DM und Tilgungsrückstände von 195,6 Mio. DM aufgelaufen; sie wurden vor allem von Argentinien und Venezuela sowie, außerhalb des lateinamerikanischen Kontinents, von Polen verursacht.[130] Die Berichterstattung über das Engagement in den »Problemländern« wurde rasch zu einer wenig geliebten Routine, bei der vierteljährlich über die anschwellenden Zins- und Tilgungsrückstände gesprochen werden musste.[131] Nachdem sich die Lage 1984 zu entspannen schien, musste man zwei Jahre später konstatieren, dass sich der Kreis der Problemländer sogar wieder vergrößert hatte.[132] Die Bereitschaft der Banken, den Schuldnerländern neue Kredite zu bewilligen, konnte auch mit dem Appell des US-Finanzministers James Baker auf der Jahrestagung des Internationalen Währungsfonds und der Weltbank im Herbst 1985 nicht wesentlich gesteigert werden. Auch die Commerzbank blieb in dieser Hinsicht vorsichtig.[133] Neu- und Zusatzkredite für Geschäftspartner in Lateinamerika blieben zwar genauso auf der Agenda wie die laufenden Umschuldungen,[134] doch die Nachfrage nach neuen großen Auslandskrediten und Konsortialfinanzierungen kam zunehmend aus anderen Weltregionen: aus Europa, den USA und Südostasien.[135]

Nach dem Börsencrash vom Oktober 1987 musste sich die Commerzbank auf Veranlassung des Bundesaufsichtsamts für das Kreditwesen gleichwohl erneut eingehend mit den Länderrisiken ihres Auslandskreditportfolios befassen, denn es standen Wertberichtigungen an.[136] Vor allem mit Blick auf Mexiko und Brasilien zeigte sich ein hoher Korrekturbedarf, der auch die Frage aufwarf, wie stark die beiden Nachbarbanken betroffen waren.[137] Wie sich herausstellte, hatte vor allem die Deutsche Bank ihre Risiken bereits konsequent abgebaut und die erforderlichen Wertberichtigungen vorgenommen. Dass Herrhausens wiederholtes Plädoyer für einen teilweisen Forderungsverzicht auf der Jahrestagung des Internationalen Währungsfonds und der Weltbank im Herbst 1988 in Berlin von vielen Wettbewerbern nicht goutiert wurde, erstaunt deshalb nicht.[138] Doch um die Jahreswende 1988/89 zeichnete sich immer klarer ab, dass nun auch der amerikanische Finanzminister Brady auf eine Lösung der Schuldenkrise im oben skizzierten Sinne zu drängen begann. Zur Anwendung kommen sollte die Konversion von Bankkrediten in »Brady Bonds« erstmals im Fall Mexikos, wie Kurt Richolt dem Commerzbank-Vorstand im Januar 1989 genauer darlegte.[139] Vor die Wahl gestellt, Neukredite zu bewilligen oder auf einen Teil ihrer Forderungen zu verzichten, stimmten die betroffenen Geschäftsbanken schließlich einem Mexiko-Finanzierungspaket für 1989 bis 1992 zu; im Februar 1990 konnte es unterzeichnet werden. Wie die meisten Gläubigerbanken Mexikos entschied sich auch die Commerzbank nun für den Forderungsverzicht, fühlte sich aber gedrängt.[140] In den folgenden Jahren konnte mithilfe der »Brady Bonds« zwar kein Schlussstrich unter die Schuldenkrise gezogen werden, doch für viele Länder war zumindest ein Lösungsansatz gefunden, auch wenn er das Risiko eines erschwerten Zugangs zum Kapitalmarkt barg. Die Geschäftsbanken konzentrierten sich bei neuen Auslandskrediten und -finanzierungen nun stärker auf die westlichen Industrieländer, denn von dort kam in den späten 1980er Jahren eine technologieinduzierte, steigende Nachfrage nach bundesdeutschen Investitionsgütern. Die Commerzbank war sehr bemüht, ihren Anteil an den mittel- und langfristigen Exportfinanzierungen für die deutsche Industrie in andere westeuropäische Länder, in die USA und auch nach Südostasien zu halten.[141] Eine wichtige Ausnahme vom tendenziell nachlassenden Kreditengagement der Geschäftsbanken für Staatsunternehmen in anderen Ländern war der im Frühsommer 1988 von der Deutschen Bank angebahnte Großkredit von 3 Mrd. DM für die Außenhandelsbank der UdSSR, mit dem die Perestroika-Politik Michail Gorbatschows unterstützt werden sollte; auch die Commerzbank beteiligte sich daran mit einer ansehnlichen Quote.[142]

Emissions- und Börsengeschäfte am boomenden Aktienmarkt

Bei den Emissions- und Börsengeschäften der Commerzbank nahm neben den Anleiheemissionen die Vorbereitung und Umsetzung von Kapitalerhöhungen und Börseneinführungen für in- und ausländische Unternehmen wachsenden Stellenwert ein. Auch die Nachfrage nach Beteiligungen an anderen Unternehmen stieg markant an.[143] Diese traditionell als Konsortialgeschäft bezeichneten Emissions- und Börsengeschäfte für die Firmenkundschaft wurden seit den mittleren 1980er Jahren immer selbstverständlicher als Investmentbanking betrachtet und hatten auch Auswirkungen auf das Wertpapiergeschäft mit den privaten Kunden und institutionellen Investoren. Ein Blick auf die Mitwirkung der Commerzbank an Kapitalerhöhungen und Börseneinführungen verdeutlicht die Veränderungen: 1980 war die Bank an 16 Kapitalerhöhungen über Bezugsrechte im Volumen von 2,7 Mrd. DM beteiligt, 1986 waren es 31 Kapitalerhöhungen im Volumen von 9,2 Mrd. DM und 1989 sogar 50 Kapitalerhöhungen im Volumen von 10,2 Mrd. DM (Nominalwerte).[144] Diese Entwicklung brachte das Beteiligungsportfolio der Bank in Bewegung und ging mit einem kräftigen Wachstum des deutschen Aktienmarkts einher.[145] Auch Börseneinführungen ausländischer Werte und eine wachsende Zahl von Börsengängen trugen dazu bei.[146] Die Commerzbank führte jährlich zahlreiche Präsentationen vor Finanzanalysten und Investoren durch, um Kapitalmarktfinanzierungen oder Börsengänge für Unternehmen vorzubereiten, und bekam in vielen Fällen auch den Auftrag zur Mitwirkung.[147] Doch nicht alle von ihr an die Börse gebrachten Unternehmen entwickelten sich positiv: Das 1984 an der Börse eingeführte Software-Unternehmen ADV/Orga F. A. Meyer AG aus Wilhelmshaven beispielsweise geriet nur drei Jahre später in massive Schwierigkeiten, sodass sich die Bank 1989 entschloss, eine Mehrheitsbeteiligung von 60,1 Prozent in ihren Beteiligungsbestand zu übernehmen; sie konnte aber schon im Folgejahr auf rund 10 Prozent reduziert werden.[148]

Auch der Wertpapierhandel war von steigenden Umsätzen geprägt. Die Commerzbank konnte ihre Einnahmen aus Wertpapierprovisionen kräftig steigern, schon 1980 um stattliche 15 Prozent, im Zuge der lang anhaltenden Börsenhausse von 1982 bis 1986 dann mit teils noch stärkeren Raten.[149] Dadurch erhöhten sich nicht nur die von der Commerzbank im Auftrag ihrer Kunden verwahrten Depotbestände, sondern auch deren Interesse an Investmentfonds und einer professionellen Vermögensverwaltung. Für den Gesamtvorstand rückte die regelmäßige, von Dietrich-Kurt Frowein zu kommentierende Vorlage der Wertpapierertrags- und -bestandsanalyse genauso in den Fokus wie das Wertpapiergeschäft der Gebietsstellen und Filialen.[150] Im Herbst 1985 wurde ein »offensiveres Marketing« gegenüber den anspruchsvollen Anlegern beschlossen, vor allem mit Blick auf die Vermögensverwaltung.[151] Die in den drei Hauptverwaltungen in Frankfurt, Düsseldorf und Hamburg

Beispiele aus dem Investmentbanking der Commerzbank in den 1980er Jahren; Foto: Geschäftsbericht 1989.

verankerten Vermögensverwaltungsteams konnten dabei sowohl mit der CISAL in Luxemburg als auch mit der 1985 neu gegründeten Commerzbank (Schweiz) AG in Zürich zusammenarbeiten, die sich mit besonderer Aufmerksamkeit der Vermögensverwaltung für internationale private Anleger widmen sollte.[152] Auch die Auslandsfilialen wurden aktiver in den Wertpapierhandel eingeschaltet, im Raum stand zudem bald die Idee zur Gründung einer internationalen Kapitalanlagegesellschaft für Publikumsfonds.[153]

Der »stürmische Anstieg« des Provisionsüberschusses, von dem die Commerzbank in ihrem Geschäftsbericht für 1986 mit Blick auf den erwirtschafteten Ertrag von 900 Mio. DM zu Recht sprach,[154] bekam durch den weltweiten Börsencrash vom 19. Oktober 1987 einen schweren Dämpfer.[155] Doch der Gesamtvorstand sah keinen »objektiven Anlass«, die weitere Entwicklung der Börsen pessimistisch einzuschätzen, denn ganz offenkundig hatte vor allem die computergestützte, technische Verkettung von Absicherungsstrategien zum Crash beigetragen.[156] Der eingeschlagene Kurs zur Ausweitung der Wertpapiergeschäfte im Auftrag der Kundschaft wurde also fortgesetzt. Die frühere Commerzbank Fonds-Verwaltungsgesellschaft mbH (Cofo) für institutionelle Investoren, die Ende 1986 zur Commerzbank Investment Management GmbH (Commerzinvest) umfirmiert worden war, konzentrierte sich dabei künftig ganz auf inländische institutionelle Investoren.[157] Bei einem Stammkapital von 10 Mio. DM oblag ihr die Aufgabe, mehr als 90 Spezialfonds mit einem Vermögen von rund 5,8 Mrd. DM zu verwalten und ihre Position am Markt möglichst zügig weiter auszubauen. Für ausländische institutionelle Investoren war Ende 1986 die Commerz International Capital Management GmbH (CICM) ins Leben gerufen worden; ihr Kapital betrug anfangs 4 Mio. DM.[158] 1987 wurde die Gesellschaft von der amerikanischen Börsenaufsicht als »Investment Advisor« zugelassen, konnte nun also auch als Portfoliomanager für US-Institutionen tätig werden. 1989 wurde eine Tochtergesellschaft in Irland gegründet, die CICM (Ireland) Ltd. in Dublin, die Investmentfonds nach irischem Recht auflegen durfte; in den frühen 1990er Jahren kamen weitere Niederlassungen der CICM in New York, Tokio und Hongkong hinzu.[159] Außerdem setzte die Commerzbank ihre Idee zur Gründung einer internationalen Kapitalanlagegesellschaft für Publikumsfonds um: Gemeinsam mit der Bayerischen Vereinsbank rief sie 1988 die ADIG-Investment Luxemburg S. A. ins Leben, an der sie mit 37,5 Prozent beteiligt war. Die ersten Fonds »Adilux« und »Fondilux« erreichten bereits bis zum Jahresende 1988 ein Volumen von 1,8 Mrd. DM.[160] Schon im Herbst 1988 stand außerdem die Frage zur Debatte, ob man künftig DM-Geldmarktfonds in Luxemburg auflegen und vertreiben sollte, was nicht nur innovativ, sondern auch sehr lukrativ schien, vom deutschen Gesetzgeber wegen grundsätzlicher Bedenken der Bundesbank aber noch nicht zugelassen worden war.[161] Über das Ziel des weiteren Ausbaus der Wertpapiergeschäfte bestanden allerdings keinerlei Zweifel.

Geld- und Devisenhandel

Der Geld- und Devisenhandel im Auftrag von Kunden ließ sich für Außenstehende in den 1980er Jahren immer schwerer vom eigenen Geschäft der Banken trennen. Die Commerzbank hielt generell hohe US-Dollar-Positionen, war aber auch in zahlreichen anderen Währungen engagiert.[162] Geld- und Devisentermingeschäfte mit Banken in Staatshandelsländern oder Lateinamerika, die wegen der Verschuldungsprobleme riskanter wurden, unterlagen einer strengen Kontrolle durch den Gesamtvorstand.[163] Zins- und Zins-Währungs-Swap-Transaktionen wurden bevorzugt mit amerikanischen Banken wie Morgan Guaranty oder Goldman Sachs, aber auch mit der Schweizerischen Bankgesellschaft abgewickelt.[164] Obwohl sich mitunter kräftige Devisenverluste ergaben, wurde die Obergrenze für Devisentermingeschäfte im Herbst 1984 von 100 Mrd. auf 125 Mrd. DM angehoben.[165] Nicht nur innovative Instrumente zur Wechselkursabsicherung, etwa die sogenannten Currency Options, auch der verstärkte Einsatz von Datenverarbeitungsprogrammen versprach Unterstützung bei der Einhegung der Risiken.[166] Im Herbst 1985 konnte schließlich eine »Aktivierung« des Devisentermingeschäfts mit ausgewählten Firmenkunden erwogen werden; sie sollten direkt von der Zentralen Abteilung Geld und Devisen betreut werden.[167] Auch die Vergabe von Krediten an Broker und Investmentbanken, um das Wertpapier- und Devisentermingeschäft weiter zu beleben, war bald kein Tabu mehr.[168] Ausgehend von einem Ressortbericht der Zentralen Abteilung Geld und Devisen für 1986, der von Martin Kohlhaussen präsentiert wurde, begannen im Frühsommer 1987 zudem Überlegungen, wie der »Finanzplatz Deutschland« durch den Aufbau eines international wettbewerbsfähigen Handels in Optionen und Futures gestärkt werden könnte.[169] Alle namhaften deutschen Institute sahen inzwischen die Notwendigkeit, »ein einheitliches Neukonzept für die Wertpapiertechnik der Zukunft« an den verschiedenen Börsenplätzen zu entwickeln.[170] Das war der Startschuss für die Gründung der elektronischen DTB – Deutsche Terminbörse GmbH und ihre Einbindung in den internationalen Handel.[171] 1989 verfügte die Commerzbank über insgesamt 17 Devisenhandelsteams, die an allen bedeutenden Finanzplätzen der Welt präsent waren. Sie standen den Kunden der Bank bei Auslandstransaktionen mit klassischen Kurssicherungen zur Seite, die durch starke Wechselkursschwankungen und extreme Zinsbewegungen besondere Anforderungen stellten. Darüber hinaus fand die Bank bei ihren Kunden aber auch starkes Interesse für neuartige Zinsterminkontrakte und Devisenoptionen, »die gerade bei erratischen Wechselkursschwankungen neben der Kurssicherung die Möglichkeit eröffnen, zusätzliche Gewinne zu realisieren«.[172]

Konsolidierung und weiterer Ausbau der internationalen Präsenz in den USA und Asien

Während die Commerzbank ihr Geschäftsstellennetz im Inland in den 1980er Jahren kaum noch erweiterte, erfuhr das Netz der Auslandsstützpunkte zunächst eine Konsolidierung, dann einen weiteren Ausbau, wobei die Schwerpunkte nun klar in den USA und in Asien lagen. Zwischen 1980 und 1989 wuchs die Zahl der Repräsentanzen von 17 auf 20, die der Auslandsfilialen von zehn auf 15 und die der Auslandstöchter von zwei auf fünf. In diesen Auslandsstützpunkten waren 1989 gut 980 Mitarbeiter tätig, was einem noch immer überschaubaren Anteil von 4 Prozent an den Beschäftigten insgesamt entsprach.[173] Die Beteiligungen an Entwicklungsbanken und Finanzierungsgesellschaften wurden zu Beginn der 1980er Jahre auf den Prüfstand gestellt und in vielen Fällen, in denen keine angemessene Einflussnahme auf die Geschäftspolitik möglich war oder sich die politischen Rahmenbedingungen verschlechtert hatten, unter Wahrung freundschaftlicher Beziehungen zu den bisherigen Konsortialpartnern veräußert.[174] Die Zusammenarbeit im Rahmen der Europartners-Gruppe wurde vor allem mit Blick auf die EuroPartners Securities Corporation in New York zwar weitergeführt, doch die geschäftlichen Erwartungen konzentrierten sich zunehmend auf die eigenen Auslandstöchter und -filialen.[175] Deren Betriebsergebnisse stellten sich allerdings durchwachsen dar: Während man im Frühjahr 1980 in New York, Chicago und Atlanta, in Tokio und auch in Paris mit einem positiven Ergebnis rechnen konnte, war in Brüssel und Antwerpen zumindest ein knapp ausgeglichenes Jahresergebnis zu erwarten, in London und Hongkong dagegen standen Verluste zu befürchten.[176] Bei der erst kürzlich eröffneten Filiale Madrid schlugen die Anlaufkosten noch voll zu Buche.[177] Vor allem die Betriebsergebnisse der Filiale Hongkong wurden als unbefriedigend eingestuft, der Personalabbau im Bereich der aus Frankfurt delegierten Mitarbeiter war bereits beschlossene Sache. Ein Rückzug schien durchaus vorstellbar, weil man in der Region ja mit der schon 1976 eröffneten Filiale Tokio und der 1979 etablierten Tochtergesellschaft Commerzbank (South East Asia) Ltd. in Singapur verankert war. Diese beiden Stützpunkte waren allerdings noch nicht mit einer Standleitung in das Kommunikationsnetz der Commerzbank integriert worden.

Europa. Mit Blick auf das westliche Europa blieben für die Commerzbank neben ihren Filialen in London, Brüssel und Antwerpen, Paris, Madrid und Barcelona die beiden Tochtergesellschaften Commerzbank International in Luxemburg S. A. (CISAL) in Luxemburg und Commerzbank (Nederland) N. V. in Amsterdam und Rotterdam wichtig. Die CISAL hatte 1980 beträchtliche Verluste eingefahren, zu denen Engelbert Dicken im Februar 1981 vor dem Gesamtvorstand Rede und Antwort stehen musste.[178] Sein Nachfolger im Amt des Verwaltungsratsvorsitzenden der CISAL, Walter Seipp, sorgte für eine geschäftspolitische Neuorientierung, bei der das Privatkundengeschäft, vor allem die Anlageberatung und Vermögensverwaltung, ein stärkeres Gewicht bekam.[179] Die CISAL blieb auf Transaktionen am Euromarkt ausgerichtet und konnte sich bei der Umstrukturierung dieses Offshoremarkts, der immer weniger für syndizierte Eurokredite und immer stärker für großvolumige Eurobonds sowie vor allem Geldgeschäfte in Anspruch genommen wurde, bestens behaupten. Die CISAL refinanzierte sich durch Kundeneinlagen und kurzfristige Geldaufnahmen bei anderen Banken, die in wachsendem Maße auch für eigene Geschäfte im Bereich des Wertpapier- und Devisenhandels genutzt wurden. Die Bilanzsumme der Luxemburger Tochtergesellschaft stieg zwischen 1986 und 1989 von 16,97 auf 18,79 Mrd. DM, der ausgewiesene Bilanzgewinn zugleich von 25 auf 100 Mio. DM. Zu diesem fulminanten Ergebnis hatte nicht zuletzt die Geschäftssparte Vermögensverwaltung beigetragen; es wurde überwiegend zur Abdeckung von Länderrisiken der Mutterbank genutzt.[180] Die Commerzbank (Nederland) N. V. dagegen – die zum Jahresende 1984 durch vollständige Übernahme aus der früheren Europartners Bank (Nederland) N. V. hervorgegangen war – hatte ein viel kleineres Geschäftsvolumen vorzuweisen.[181] Sie widmete sich der Betreuung holländischer, deutscher und multinationaler Unternehmen, die im grenzüberschreitenden Handel tätig waren. Zwischen 1986 und 1989 konnte sie ihre Bilanzsumme von 1,19 auf 1,72 Mrd. hfl steigern, ihren Bilanzgewinn von 12 auf 37 Mio. hfl, was gemessen am Vorjahr allerdings eine rückläufige Tendenz war.[182] Mit der Geschäftsleitung des Instituts war der Gesamtvorstand schon im Herbst 1986 unzufrieden; aber auch mit einem personellen Wechsel konnte die Lage nicht deutlich verbessert werden.[183]

Naher und Mittlerer Osten. In den Ländern der arabischen Welt war die Commerzbank in den frühen 1980er Jahren mit Repräsentanzen in Kairo, Teheran und Manama (Bahrain) und Beteiligungen an der Rifbank S. A. L. in Beirut, der Saudi Investment Banking Corporation in Riad und der Misr International Bank S. A. E. in Kairo vertreten, wobei vor allem Erstere mit 31,8 Prozent stattlich war.[184] Schon 1979, als die Region durch die Revolution im Iran in Unruhe geriet, hatte die Commerzbank die Chance ergriffen und ihre Beteiligung an der Union de Banques Arabes et Européennes S. A. (UBAE) zu einer Schachtel von gut 25 Prozent ausgebaut; das Institut firmierte seither als UBAE – Arab-German Bank S. A., behielt seinen Sitz in Luxemburg und Frankfurt und widmete sich, ohne selbst den schwer überschaubaren politischen Risiken in der Region ausgesetzt zu sein, der Förderung des Handels mit den arabischen Ländern.[185] 1985 beendete die Commerzbank ihr Engagement bei der Rifbank S. A. L., auch weil diese sich immer stärker dem Privatkundengeschäft im Libanon zugewandt hatte.[186] Stattdessen wollte sie sich nun ganz auf die UBAE – Arab-German Bank S. A. stützen, deren Grundkapital seit 1987 kräftig aufgestockt wurde und 1989 schließlich 78,6 Mio. DM betrug.[187] Nach dem Ende des Ersten Golfkriegs zwischen Iran und Irak bestanden gute Chancen, dass sich der Handel mit der Region wieder beleben würde. Dennoch zog die Commerzbank im Frühjahr 1989 in Erwägung, sich von dieser Beteiligung zu trennen, denn die Geschäftsaussichten in anderen Weltregionen, insbesondere in den USA und in Asien, schienen erheblich vielversprechender.[188]

Lateinamerika. Ähnlich ernüchternd sah die Lage in Lateinamerika aus. Die Commerzbank blieb zwar mit ihren Vertretungen in Buenos Aires, in São Paulo und Rio de Janeiro, in Mexiko-Stadt und in Caracas präsent, entschloss sich aber, ihre Vertretung in Lima zum Jahresende 1984 zu schließen.[189] Eigene Filialen oder Tochtergesellschaften unterhielt sie auf dem südamerikanischen Subkontinent nicht, nur eine Minderheitsbeteiligung von 5 Prozent am Banco de Investimento do Brasil S. A., der im Zuge einer Umstrukturierung zum Unibanco – Banco de Investimento do Brasil S. A. umfirmierte. Die Commerzbank führte ihr seit dem Staatsbankrott Mexikos im August 1982 von immer neuen Umschuldungen belastetes Kreditgeschäft in Lateinamerika weiter, baute ihre Stützpunkte aber vorerst nicht mehr aus. Ihre einzige größere Investition bezog sich 1983 auf die Etablierung der Commerzbank Overseas Finance N. V. in Curaçao, einem Inselstaat vor der Küste Venezuelas, über die mittel- und langfristige Fremdwährungsanleihen an den globalen Euromärkten aufgenommen werden konnten. Die Commerzbank nutzte diese Möglichkeit, um ihre eigene Refinanzierungsbasis kostengünstig zu verbreitern.[190] Erst 1988 stockte die Commerzbank bei sich bietender Gelegenheit ihre Beteiligung am Unibanco – Banco de Investimento do Brasil S. A. auf 19,4 Prozent auf; nach einer Umstrukturierung der Unibanco-Gruppe blieb sie mit 10 Prozent am Unibanco – Banco de Investimento do Brasil S. A. beteiligt.[191]

Die USA. Mit Blick auf den nordamerikanischen Markt konnte sich die Commerzbank nicht nur auf die EuroPartners Securities Corporation in New York stützen, sondern auch auf ihre Filialen in New York und Chicago sowie ihre Agency in Atlanta. Der Finanzplatz New York war in den 1970er Jahren durch die nahezu explosionsartige Entwicklung der Euromärkte in London, Luxemburg und in Asien eine Weile etwas überschattet worden, entwickelte sich in den 1980er Jahren jedoch wieder zu einem sehr dynamischen Umfeld für Finanzdienstleister aus aller Welt. Dazu trug vor allem die Zulassung von International Banking Facilities (IBFs) für das Euromarktgeschäft bei.[192] Der Chairman der Federal Reserve, Paul Volcker, hatte die Vertreter der deutschen Banken schon im Oktober 1980 zu einem Gespräch über die geplanten Änderungen der US-Bankengesetzgebung gebeten.[193] Doch erst Mitte 1981 wurden die Pläne zur Zulassung von IBFs – zu verstehen als separate Buchungseinheiten bei bereits bestehenden Banken – für das Euromarktgeschäft umgesetzt. US-Banken und in den USA zugelassene Auslandsbanken durften nun, wenn sie die Notenbank vorab über die Einrichtung einer IBF informierten, Euromarktdepositen hereinnehmen, die nicht mit Mindestreservepflichten belegt wurden und auch nicht der Einlagensicherung unterlagen. Im Gesamtvorstand der Commerzbank wurden die neuen Möglichkeiten sofort eingehend diskutiert.[194] Am 18. August 1981 stand fest, dass die Bank einen entsprechenden Antrag stellen wollte; im Dezember lag er ausgearbeitet vor, und gleich zu Beginn des neuen Jahres konnten die Filialen New York und Chicago entsprechende Geschäftsaktivitäten aufnehmen.[195] Die Zahl der IBFs stieg innerhalb von nur zwei Jahren auf rund 470 an, von denen mehr als 200 in New York zugelassen wurden; mit einem Geschäftsvolumen von 196,6 Mrd. US-Dollar rangierten die IBFs schon 1983 gemessen an den weltweiten internationalen

Ausleihungen gleich nach London auf Platz zwei, noch vor Paris und Luxemburg. Von dieser Entwicklung profitierte auch die Filiale New York der Commerzbank, die sich entschloss, auf den Ausbau der Geschäfte mit kleineren amerikanischen Unternehmen zu verzichten, um sich auf das internationale Geschäft zu konzentrieren.[196] Pläne für ein »Loan Production Office« in Los Angeles zerschlugen sich; stattdessen entschied sich der Vorstand, hier eine Repräsentanz zu eröffnen, aus der schon 1986 die Filiale Los Angeles hervorging.[197] Sie sollte sich vor allem dem Devisenhandel widmen. Durch ihre geografische Lage vervollständigte sie das zwischen Europa, den USA und Asien aufgespannte Netzwerk der global agierenden Devisenhandelsteams, die nun rund um die Uhr in allen Zeitzonen aktiv sein und einen Geschäftsabschluss noch am gleichen Tag gewährleisten konnten.[198]

Zusätzlich zu den Filialen etablierte die Commerzbank in den USA die Commerzbank U. S. Finance Inc. in Wilmington (Delaware). Über diese Finanzierungsgesellschaft konnte sie nach langwierigen Vorbereitungen, die unter anderem den Durchlauf der Bewertungsverfahren mehrerer großer Ratingagenturen wie beispielsweise Moody's und Standard & Poor's umfassten, seit 1985 Commercial Paper emittieren.[199] Diese Geldmarktpapiere dienten als kostengünstige Refinanzierungsquelle für die US-Auslandsfilialen und erlaubten zudem die Einschaltung in den lukrativen Handel mit diesen von zahlreichen amerikanischen Unternehmen in verschiedenen Währungen begebenen Wertpapieren. Vor allem die Bereitstellung von »Backup Lines« für die Emittenten gegen entsprechende Provisionen war geschäftlich interessant. Für das erste Emissionsprogramm von Commercial Paper der Commerzbank AG wurde ein Limit von 300 Mio. US-Dollar fixiert und die Zusammenarbeit mit mehreren renommierten Investmentbanken wie Goldman Sachs, Morgan Stanley oder Lehman Brothers als Dealer angestrebt.[200] 1986 gelang es der Commerzbank tatsächlich, unter anderem die Lehman Commercial Paper Inc. und die Lehman Special Securities Inc., beide mit Sitz in New York, als Kreditkunden zu gewinnen.[201]

Es schien ihr nun auch immer dringlicher, den Kurs der EuroPartners Securities Corporation selbst zu bestimmen. Um zu klären, ob Chancen bestanden, im Wege eines Split-off dieses langjährigen Joint Ventures eine eigene Investmentbank in New York etablieren zu können, gab der Gesamtvorstand im Herbst 1986 bei amerikanischen Anwälten ein Rechtsgutachten in Auftrag.[202] Das Urteil fiel positiv aus.[203] Die Commerzbank begann deshalb, gegenüber dem Crédit Lyonnais auf entsprechende Absprachen zu drängen.[204] Doch erst 1988 wurde die EuroPartners Securities Corporation auf die beiden Hauptgesellschafter aufgeteilt. Die Commerzbank nutzte ihren Anteil, um die Commerzbank Capital Markets Corporation ins Leben zu rufen. Die Gesellschaft war Mitglied der New York Stock Exchange und bot ihren Kunden – das waren vor allem Unternehmen, institutionelle Investoren und Staaten – einen breiten Service im internationalen Investmentbanking an, nicht zuletzt Wertpapier-

und Devisentransaktionen sowie das Underwriting von amerikanischen und sonstigen Aktien und Anleihen. Mit der Geschäftsentwicklung im ersten Jahr zeigte sich der Gesamtvorstand sehr zufrieden, denn es war der Commerzbank Capital Markets Corporation trotz eines schwierigen wirtschaftlichen Umfelds und scharfer Schwankungen bei den Aktien- und Währungskursen gelungen, einen Überschuss zu erwirtschaften.[205]

Südostasien. In den südostasiatischen Ländern, die nicht zuletzt durch die Öffnung Chinas besondere wirtschaftliche Dynamik zu entfalten begannen, war die Commerzbank zu Beginn der 1980er Jahre mit den Filialen Tokio und Hongkong sowie der Tochtergesellschaft Commerzbank (South East Asia) Ltd. in Singapur bereits recht stark verankert, zumal sie auch zahlreiche Beteiligungen an Finanzierungs- und Entwicklungsbanken sowie zuletzt an der Korea International Merchant Bank in Seoul erworben hatte.[206]

Eröffnung der Repräsentanz Peking am 16. April 1982 mit Walter Seipp (M.), rechts daneben Staatsrätin und Ministerin für Wirtschaft und Außenhandel Chen Muhua und Martin Kohlhaussen.

Im April 1982 konnte sie außerdem – nach jahrelangen Bemühungen um gute Kontakte zu den staatlichen Außenhandelseinrichtungen und zur Bank of China als Außenhandelsbank – eine Repräsentanz in Peking eröffnen.[207] Im Gesamtvorstand lag die Zuständigkeit für diese Weltregion seit Januar 1982 bei Martin Kohlhaussen.[208] Bei seiner regen Reisetätigkeit zur Koordinierung der Aktivitäten und Geschäfte der verschiedenen Stützpunkte untereinander wurde er vom Vorstandsvorsitzenden Seipp kräftig unterstützt; nicht selten unternahmen sie ihre Asienreisen gemeinsam.[209] Kohlhaussen gehörte der deutsch-chinesischen Wirtschaftskommission an und besuchte in dieser Funktion auch zahlreiche Länder Südostasiens, darunter neben Japan, Hongkong und Singapur vor allem Taiwan und Südkorea sowie Thailand, Malaysia und Indonesien.[210]

Im Zuge des allgemein belebten Wertpapierhandels ergriff die Commerzbank 1986 die Initiative für die Gründung der Commerz Securities (Japan) Company Ltd. Entsprechend den japanischen Auflagen war die Commerzbank daran aber nur mit 50 Prozent beteiligt, die anderen 50 Prozent verteilten sich auf zwei Schachteln der Hoechst AG und der VEBA. Schwerpunkt der im ersten Halbjahr 1987 aufgenommenen Geschäftstätigkeit waren der Handel mit und die Emission von deutschen und japanischen Aktien und Anleihen sowie die Anlageberatung und das Portfoliomanagement für institutionelle Investoren.[211] In der Konstruktion der Commerz Securities (Japan) Company Ltd., die ihren Hauptsitz in Hongkong nahm und sich in Tokio auf eine Niederlassung beschränkte, spiegelt sich die Tatsache wider, dass der Finanzplatz Hongkong für den weltweiten Wertpapierhandel inzwischen ausgesprochen wichtig war. Schon im Juni 1981 hatte die Commerzbank bei der Filiale Hongkong einen Abteilungsdirektor installiert, der für den Ausbau des Wertpapiergeschäfts im gesamten südostasiatischen Raum einschließlich Japans zuständig war. Denn diese Aufgaben konnten von Hongkong aus viel zeit- und kostengünstiger abgewickelt werden als von Tokio.[212] Mit der Eröffnung einer Filiale in Singapur und einer Vertretung in Bangkok baute die Commerzbank ihre Präsenz in Südostasien 1990 noch weiter aus.[213]

4.4 Die Bank als Organisation

Schaltzentrale Frankfurt

Die Schaltzentrale Frankfurt der Commerzbank, die 1985 zur alleinigen Hauptverwaltung erklärt wurde, besaß eine Struktur, die nicht markant von den drei früheren Hauptverwaltungen abwich und sich auch in den 1980er Jahren nicht grundlegend veränderte: Schon 1981 gab es hier zum einen sechs große Geschäftsbereiche für Ausland und Auslandsfinanzierungen, für Geld und Devisen, für Konsortialgeschäft, für Kredite (Inland), für Privatkunden und Marketing sowie Baufinanzierungen und für Wertpapiergeschäft, zum anderen sieben Stabsbereiche für Koordination und Planung, für Organisation, für Personal, für Rechnungswesen und Statistik, für Recht, für Revision sowie für Volkswirtschaft und Öffentlichkeitsarbeit.[214] Hatte bisher das Bemühen im Vordergrund gestanden, die Zentralisierung der drei Hauptverwaltungen voranzutreiben und endlich abzuschließen, so erkannte der neue, von außen kommende Vorstandsvorsitzende Walter Seipp sofort das Problem der »Überzentralisierung« und entsprechend bürokratischen Ausgestaltung der Arbeitsabläufe bis in die Gebietsstellen und Filialen hinein. Er hatte deshalb den Stabsbereich für Koordination und Planung ins Leben gerufen, der für eine bessere Zusammenarbeit der Geschäftsbereiche untereinander, aber auch für eine vorausschauende strategische Planung und entsprechende Steuerung der Bank sorgen sollte.[215] 1983 wurde darüber hinaus ein eigener Geschäftsbereich für Firmenkunden eingerichtet, um die bessere Betreuung wichtiger Firmenkunden aus einer Hand zu ermöglichen.[216] 1989 kamen noch der Geschäftsbereich »Vorbereitung DDR« und der Stabsbereich Datenverarbeitung hinzu.[217] Als die Commerzbank 1990 ihren juristischen Sitz von Düsseldorf nach Frankfurt verlegte, konnte die um 1967 eingeleitete Zentralisierung der Bank auch formell als abgeschlossen gelten.[218]

Die hohe Kontinuität der Organisationsstrukturen in der Schaltzentrale Frankfurt und im Geschäftsstellennetz, das im Herbst 1989 aus rund 780 Inlands- und 100 Auslandsniederlassungen bestand, ging einher mit markanten Veränderungen in der Steuerung und Arbeitsweise der Bank.[219] In den frühen 1980er Jahren begann sie, auf der Grundlage einer ausformulierten Strategie zu arbeiten, deren Umsetzung mithilfe eines elektronisch gestützten Planungs- und Steuerungssystems kontinuierlich überprüft wurde,[220] was zu laufenden Anpassungen sowohl der Geschäftspolitik als auch der Organisation der einzelnen Geschäftsbereiche führte.[221] Zudem trieb der Gesamtvorstand eine Aufwertung der Gebietsstellen voran, um mehr Flexibilität bei der Umsetzung seiner Ziele zu erreichen, anfangs vor allem bei der Konditionengestaltung im Kreditgeschäft, dann auch mit Blick auf das Auslandsgeschäft; hierzu wurden im September 1988 größere Pilotprojekte mit vier Gebietsstellen angestoßen.[222]

Für die Zusammenarbeit der Schaltzentrale Frankfurt mit den Gebietsstellen und Filialen immer wichtiger wurde die elektronische Kommunikation. Zugleich stiegen die Anforderungen an den Komfort und die Schnelligkeit der Anwendungen in allen Geschäftsbereichen der Bank, nicht allein intern, sondern auch mit Blick auf die Kunden.[223] 1983 nahm die Commerzbank nicht nur an der bundesweiten Einführung des gemeinsam mit der Bundespost erprobten »Bildschirmtextes« teil, der vor allem für Privatkunden interessant schien,[224] sondern sie bot ihren Firmenkunden jetzt auch wahlweise das nationale »Automatische Cash-Management-System« (ACMS) oder das weltweite »Cash-Management-Informations-System« (ComCash) an. Letzteres wurde bald zum »Commerzbank Balance Reporting and Analysis« (COBRA) umbenannt und ermöglichte einen ebenso schnellen wie umfassenden Überblick über sämtliche Bankkonten, was insbesondere für international tätige Unternehmen immer wichtiger wurde.[225]

1984 konnte das neue »Technische Zentrum Frankfurt« eingeweiht werden.[226] Seine rund 700 Beschäftigten arbeiteten unter anderem daran, das elektronische Planungs- und Steuerungssystem weiterzuentwickeln, mit dessen Hilfe eine rollierende Gesamtplanung für die jeweils nächsten fünf Jahre aufgestellt und die Budgetführung laufend an die Anforderungen der Kostenrechnung angepasst werden konnte.[227]

Die Fachabteilungen der Bank bekamen die Möglichkeit, im Benutzerzentrum ihre jeweils eigenen Daten auszuwerten. Das für die Bereitstellung der Ergebnisse verantwortliche »Info-Center« führte überdies Beratungen für die Mitarbeiter der Fachabteilungen durch und versuchte, eine gute Koordinierung zwischen ihnen zu fördern. In wachsendem Maße stützten sich die Fachabteilungen auch auf Personal Computer, sodass die zentralen Rechenzentren schrittweise entlastet wurden; der Schulungsbedarf für arbeitsplatzbezogene Anwendungen und für Datenverarbeitungsexperten in allen Bereichen der Bank stieg allerdings dementsprechend an.[228] Letztlich ging es um die Rationalisierung der gesamten auf den Geschäftsverkehr bezogenen Informationsverarbeitung bis in die einzelnen Geschäftsstellen hinein.[229] Die Commerzbank nahm 1987 auch den Vertrieb von Softwarepaketen für unterschiedliche Anwendungen im Bereich der elektronischen Bankdienstleistungen für mittelständische Unternehmen auf, da diese sich ebenfalls zunehmend auf Personal Computer stützten. Im Angebot waren unter anderem die Softwarepakete COPIZ und COPAZ, hinter denen sich Anwendungen für den Inlands- bzw. den Auslandszahlungsverkehr verbargen.[230] Auf der Grundlage des früheren »Cash-Management-Informations-Systems« (ComCash) bot die Commerzbank ihren weltweit tätigen Firmenkunden ab 1987 zudem gemeinsam mit anderen deutschen Banken das neu entwickelte »Cash-Management-System« (WORLD-CASH) an. Beteiligt waren die Bayerische Vereinsbank, die BHF-Bank, die Berliner Bank und die Vereins- und Westbank.[231] Der Gesamtvorstand trug der überragenden Bedeutung der elektronischen Datenverarbeitung für alle Geschäftsbereiche nicht zuletzt dadurch Rechnung, dass er sich gelegentlich in vollständiger Besetzung zu Präsentationen im Technischen Zentrum Frankfurt einfand, um sich über »Stand und Perspektiven der Commerzbank-Datenverarbeitung« auf dem Laufenden zu halten.[232]

Aspekte der Personalpolitik

In den späten 1970er und frühen 1980er Jahren stagnierte die Mitarbeiterzahl der Commerzbank AG bei etwa 19 000, während sie im Commerzbank-Konzern von 1979 bis 1981 sogar um mehrere Hundert auf rund 21 100 Beschäftigte sank – eine Konsequenz der schwierigen wirtschaftlichen Lage des Unternehmens. Mit der 1983 einsetzenden kräftigen geschäftlichen Expansion gingen dann auch die Beschäftigtenzahlen, wie für arbeitsintensive Dienstleistungsunternehmen typisch, wieder nach oben: Bei der Commerzbank AG stiegen sie bis 1989 auf 24000, im Commerzbank-Konzern auf 27600 Personen an.[233] Der Anteil der Frauen an den Beschäftigten erreichte in den 1980er Jahren im Durchschnitt fast 50 Prozent.[234]

Die Personalpolitik der Commerzbank wurde in den Jahren der Ertragskrise noch stärker an betriebswirtschaftlichen Kalkülen ausgerichtet, wobei zugleich die fachliche Qualifikation und Personalentwicklung zur qualitativen Verbesserung des Mitarbeiterstabs großgeschrieben wurde.[235] Weil die Produkte und Dienstleistungen im Kreditgewerbe eine immer stärkere spartenübergreifende Homogenität aufwiesen, konnte die erwünschte Kundenbindung nur über die Qualität im Service – also den einzelnen in der Kundenberatung tätigen Mitarbeiter – hergestellt werden, im Privatkunden- wie im Firmenkundengeschäft.[236] Der zeitweilig notwendige Personalabbau wurde deshalb vor allem in der Zentrale vorgenommen, während der Anteil der Beschäftigten im Filialbereich auf rund 75 Prozent anstieg.[237] Die Gebietsstellen wurden gleichzeitig mit größeren personalpolitischen Kompetenzen ausgestattet, um ihnen eine flexible Anpassung an die regionalen und örtlichen Gegebenheiten zu ermöglichen. Die Firmenkundenbetreuer in den Gebietsstellen und Filialen bekamen beispielsweise bei Bedarf speziell qualifizierte Experten für Auslandsgeschäfte, für Finanzanlagen oder für Electronic Banking zur Seite gestellt.[238]

Bei den Nachwuchskräften in der Bank – die Ausbildungsquote lag zwischen 11 und 12 Prozent – zeigte sich in den 1980er Jahren eine wachsende Tendenz, nach der erfolgreich abgeschlossenen Ausbildung zum Bankkaufmann oder zur Bankkauffrau ein Fachhochschul- oder Universitätsstudium aufzunehmen. Die Bank bemühte sich darum, ihnen die Möglichkeit einer späteren Fortsetzung ihrer Karriere bei der Commerzbank zu verdeutlichen.[239] Zusätzlich bot sie Trainee-Programme für Hochschulabsolventen an, die zuvor keine praktische Bankausbildung genossen hatten. Diese Trainee-Programme standen auch Mitarbeitern und Mitarbeiterinnen ohne Hochschulabschluss offen, die sich auf spätere Führungs- oder Spezialaufgaben vorbereiten wollten.[240] Dennoch sah sich die Commerzbank im Zuge der geschäftlichen Expansion veranlasst, verstärkt Personalmarketing zu treiben, auch nach außen.[241] So warb sie etwa mit großformatigen, individualisierten Personalimage-Anzeigen, um potenziellen neuen Mitarbeitern konkrete Karrierewege aufzuzeigen und ihnen zugleich auf anschauliche Art und Weise »Freiräume und Chancen« als »Bedingungen beruflicher Entwicklung« zu verheißen.[242]

Mit Blick auf die Gehälter kam es in den 1980er Jahren zu einer markanten Verschiebung der Anteile der verschiedenen Tarifgruppen: Während die Zahl der Mitarbeiter in den niedrigen Tarifgruppen 1 bis 3 durchgängig rückläufig war, nahm sie in den mittleren Tarifgruppen 4 bis 6 bis 1987 zu, um danach bis 1990 abzusinken; in den höchsten Tarifgruppen 7 bis 9 stieg sie jedoch bis

COMMERZBANK

PFW 01/89

Udo Brinkmann Jahrgang 1960

Ziel seiner Trainee-Ausbildung: Firmenkundenbetreuung.

„Meine Lehre als Groß- und Außenhandelskaufmann hat mir wichtige Einblicke in die Situation mittelständischer Firmen gegeben. Das Interesse für diesen Unternehmensbereich ist bei mir geblieben. Nach dem Studium der Wirtschaftswissenschaften war es mein Ziel, eine fundierte und individuell abstimmbare Traineeausbildung zum Firmenkundenbetreuer in einer dafür kompetenten Bank zu erhalten. Das Trainee-Programm der Commerzbank hat für sich selbst gesprochen. Ständige Kundenkontakte, wechselnde Aufgabenstellungen – von der Finanzierungsberatung bis zum Einsatz von Electronic Banking – machen dieses Programm wirklich substantiell. Ich weiß, daß die Anforderungen von seiten der Firmenkunden steigen. Aber gerade das macht den Reiz der Aufgabe aus."

Ute Denkhaus Jahrgang 1957

Ziel ihrer Trainee-Ausbildung: Geschäftsstellen-Leitung.

„Nach meiner Banklehre wollte ich die erlernten Kenntnisse erst einmal in der Kundenpraxis anwenden. Das hat mir eine Menge weiterer Anregungen gegeben. Bei Korrespondenzbanken in Frankreich, Kanada und Australien habe ich dann wichtige Eindrücke im internationalen Bankgeschäft gesammelt. Auch während meines folgenden BWL-Studiums habe ich meinen Praxisbezug weiter gepflegt. Seit Juli 1987 mache ich die Traineeausbildung zur Geschäftsstellenleiterin. Ich freue mich heute schon auf diese Aufgabe, bei der sich geschäftliche und personale Verantwortung miteinander verbinden, bei der ich mit meinem Team die Dinge auch bewegen kann. Ich habe dafür eine Bank gewählt, in der das alles möglich ist."

Dirk Jansen Jahrgang 1960

Ziel seiner Trainee-Ausbildung: Investment-Banking.

„Schon während meines Studiums – VWL mit Schwerpunkt Geld und Währung, Bankbetriebslehre – konnte ich in einem Brokerhaus erste Investmenterfahrungen sammeln. Seither fasziniert mich das Thema Investment-Banking. Ich suchte nun nach einem Ausbildungsprogramm, das mir dafür eine ebenso umfassende wie spezialisierte Grundlage gibt. Es sollte eine hohe Ausbildungsqualität mit der Möglichkeit einer individuellen Planung verbinden. Und es sollte mit internationalen Einsätzen verbunden sein. Ich fand mein Ausbildungsprogramm bei der Commerzbank. Mein Ausbildungsziel ist der Einsatz im Portfolio-Management für anspruchsvolle institutionelle und private Anleger."

Training und Entwicklung. Unsere wichtigste Investition.

Eine Bank, die ihre Kunden auch morgen richtig beraten und ihnen die gewünschte Leistung anbieten will, muß ihrem Nachwuchs höchste Aufmerksamkeit widmen. Nur so wird sie ihren Erfahrungsschatz, ihr Know-how, ihre Kompetenz wirksam übertragen – und sich gleichzeitig auch neuen Anregungen und Ideen von dieser Seite öffnen.

Ein wichtiger „Dauerauftrag" der Commerzbank-Geschäftsleitung an alle, die Personalverantwortung tragen, lautet daher: Gewinnen Sie besonders talentierte, qualifizierte Nachwuchskräfte für unsere Bank; überzeugen Sie sie von unseren geschäftspolitischen Grundsätzen und Zielen; kümmern Sie sich persönlich um die leistungsbezogene Förderung.

Bankdienstleistungen sind zu einem überaus dynamischen Wirtschafts- und Berufsfeld geworden. Unsere Investitionen in Auswahl, Training und Entwicklung des Nachwuchses entscheiden über unseren Erfolg von morgen. Diesen Erfolg überlassen wir nicht dem Zufall.

Der Wille zum Erfolg, zum persönlichen Einsatz und zur permanenten Weiterentwicklung der eigenen Fähigkeiten, der Persönlichkeit, sind wesentliche Voraussetzungen für ein erfolgreiches Engagement bei der Commerzbank. Das moderne Bankgeschäft, wie wir es verstehen, stellt hohe, weiter wachsende Ansprüche. Gleichzeitig bietet es jungen Menschen, die Selbständigkeit und Verantwortung suchen, reale Entfaltungsmöglichkeiten.

Unsere Traineeausbildung eröffnet Nachwuchskräften die Chance, sich gezielt und rasch auf die Herausforderungen von heute und morgen vorzubereiten. Sie wird nicht ohne Grund zu den besten im Bankbereich gezählt. Als betont individuelles Konzept erlaubt sie einen Einstieg, der Vorkenntnisse und persönliches Interesse berücksichtigt. Charakteristisch ist das hohe Maß an Einflußmöglichkeiten und Mitgestaltung unserer Trainees: Ziel, Inhalte und Dauer der Ausbildung werden durch Leistung und Eigeninitiative mitbestimmt.

Der Trainee weiß, wo er steht und kennt sein kurz- und mittelfristiges Karriereziel, das er – gemeinsam mit den für seine Ausbildung Verantwortlichen – gewählt hat.

Das qualitative Wachstum der Commerzbank, ihre internationale Ausrichtung, ihre konsequente Orientierung am Kunden, ihr Vorstoß in neue Geschäftsfelder, ihr Grundsatz, möglichst viele Fach- und Führungspositionen aus eigenen Reihen zu besetzen – all das eröffnet ambitionierten Nachwuchskräften hervorragende Möglichkeiten für eine weitreichende berufliche und persönliche Entwicklung.

Commerzbank. Die Bank an Ihrer Seite.

Commerzbank AG, Zentrale Personalabteilung, Postfach 10 05 05, D-6000 Frankfurt am Main 1.

Personalimage-Anzeige zur Traineeausbildung, 1989

in die frühen 1990er Jahre hinein ungebrochen weiter an.[243] Auch im Bereich der außertariflich Beschäftigten, denen sich im Zuge der Internationalisierung des Geschäfts ein immer größerer Arbeitsmarkt eröffnete, bemühte sich die Personalabteilung darum, durch eine »flexible, differenzierte und leistungsorientierte Entgeltfindung« hoch qualifizierte Kräfte zu halten.[244] Der Vorstandsvorsitzende Seipp pflegte zudem regelmäßige persönliche Gespräche mit dem Sprecherausschuss der leitenden Angestellten der Bank, um sie zu motivieren und die persönlichen Bindungen zu stärken.[245]

Ende 1987, Anfang 1988 wurde erstmals eine Mitarbeiterumfrage zu den wichtigsten Aspekten des Arbeitsalltags in der Bank durchgeführt, an der sich – auch dank der Unterstützung durch den Gesamtbetriebsrat – mehr als die Hälfte aller Beschäftigten beteiligten.[246] Es zeigte sich, dass es allgemein eine hohe Zufriedenheit mit den Arbeitsplatzbedingungen gab; gerade die Mitarbeiterführung und interne Kommunikation stuften viele jedoch als verbesserungsbedürftig ein. Die Umfrage blieb nicht ohne Konsequenzen, sondern führte zu verstärkten Bemühungen, die festgestellten Defizite zu beheben: Die Fortbildungsangebote für Vorgesetzte wurden erweitert, das Mitarbeiterbeurteilungssystem überarbeitet, die Möglichkeiten zur Flexibilisierung der Arbeitszeiten erhöht und nicht zuletzt eine bewusste Frauenförderung in Gang gesetzt.[247] Ein eigens gebildetes Koordinierungsteam der Personalabteilung, das sich aus weiblichen wie männlichen Mitarbeitern aus allen Bereichen des Personalressorts zusammensetzte, übernahm den Auftrag, sich intensiver mit dem Thema »Frauen im modernen Banking« auseinanderzusetzen. Ziel dabei war es, mit Blick auf den ganz alltäglichen Arbeitstag die Aufstiegschancen von Frauen zu verbessern. In den kommenden Jahren wurde diese Initiative noch weiter ausgebaut, etwa durch Maßnahmen zur besseren Vereinbarkeit von Beruf und Familie.[248] Zum 1. Januar 1990 trat beispielsweise eine Betriebsvereinbarung über ein »Wiedereingliederungsprogramm« nach der Familienphase für Mitarbeiterinnen und Mitarbeiter der Commerzbank in Kraft. Dass mit Gisela Feldhoff 1984 erstmals eine weibliche Vorsitzende des Konzernbetriebsrats gewählt worden war, trug zu dieser allmählichen Umorientierung in den späten 1980er Jahren wohl nicht unerheblich bei.[249] Nach ihrer Ausbildung zum »Industriekaufmann« in Halle/Saale war Gisela Feldhoff, geb. Krost, 1958 in die Bundesrepublik übergesiedelt, trat im Juni 1959 in die Commerzbank Düsseldorf als Maschinenbuchhalterin ein und erklomm von dieser »sicherlich nicht zukunftweisenden Startsituation (...) mit Kompetenz und Arbeitseifer«, wie der Personalchef Klaus Müller-Gebel ihr später bestätigte, als Sachbearbeiterin, Kundenberaterin, Gruppenleiterin mit Handlungsvollmacht in der Abteilung für private Kunden in kleinen Schritten die hausinterne Karriereleiter.[250] Seit 1978 im Betriebsrat Düsseldorf engagiert, wurde sie 1981 in den Gesamtbetriebsrat der Commerzbank gewählt, amtierte von 1984 bis 1987 als erste weibliche Vorsitzende des Konzernbetriebsrats und war danach bis 1997 weiterhin als freigestellte Betriebsratsvorsitzende in Düsseldorf aktiv.[251] Mit dem Blick für die Interessen der Belegschaft wie die geschäftspolitischen Ziele der Bank gelang es ihr, nach den Worten Müller-Gebels, die Personalpolitik der Commerzbank »mit hoher Professionalität und Verlässlichkeit« mitzugestalten.[252]

Öffentlichkeitsarbeit und gesellschaftliches Engagement: Umweltschutz im Visier

Bei der Öffentlichkeitsarbeit von Unternehmen rückten in den 1980er Jahren verstärkt gesamtgesellschaftliche Probleme in den Blick, wie beispielsweise der Umweltschutz. Auch die Commerzbank versuchte mit entsprechenden Initiativen, ihr tatkräftiges Engagement in diesem Bereich unter Beweis zu stellen, um einerseits konkrete Verantwortung zu übernehmen und andererseits etwas für ihr Image zu tun.[253] Das Umweltthema eignete sich hervorragend dazu, gesellschaftliches Engagement der Bank und ihrer Mitarbeiter auf vielfältige Art und Weise praktisch zu leisten und zugleich werbewirksam zu demonstrieren, vom Neubau des Frankfurter Hochhauses nach ökologischen Prinzipien über das Sponsoring für die Umwelt- und Artenschutzprojekte des World Wildlife Fund bis zur Finanzierung von Praktikumsplätzen in deutschen Nationalparks. Darüber hinaus konnte man auf diese Weise das gesellschaftsorientierte Marketing für neue Finanzprodukte unterstützen, beispielsweise das seit 1988 angebotene »Commerzbank Mittelstandsdarlehen Umwelt«, das für die Finanzierung von Umweltschutzmaßnahmen in Gewerbe und Industrie gedacht war. Die Commerzbank unterstrich die Ernsthaftigkeit ihres Engagements, als sie 1992 auf der Umweltkonferenz der Vereinten Nationen in Rio de Janeiro gemeinsam mit 30 anderen international tätigen Geschäftsbanken eine Bankendeklaration unterzeichnete und sich damit verpflichtete, den Umweltschutz künftig nicht nur im Büroalltag stärker zu beachten, sondern ihn geschäftspolitisch bewusst zu fördern.[254]

Auch die unternehmenseigene Commerzbank-Stiftung, die ihren Sitz schon 1977 von Hamburg nach Frankfurt verlegte hatte, nahm 1992 im Zuge einer Satzungsänderung den Umwelt- und Naturschutz in die Liste ihrer Förderziele auf und stellte ihn künftig besonders heraus.[255] Er rangierte nun gleich an erster Stelle, noch vor der Förderung von Ausbildung, Weiterbildung und Wissenschaft, von Kultur und karitativen Projekten. Gefördert werden konnten im Bereich des Umwelt- und Naturschutzes schlicht alle Maßnahmen und Bestrebungen, »die die natürlichen Lebensgrundlagen von Pflanzen, Tieren und Menschen erhalten oder wiederherstellen wollen, insbesondere die Schaffung und Erhaltung einer menschenwürdigen Umwelt, Verbesserungen des Tier- und Pflanzenschutzes, Naturschutz und Landschaftspflege, Entwicklung des Umweltbewusstseins der Bevölkerung« – kurz gesagt alles, was mit dem Thema überhaupt in Verbindung gebracht werden konnte.[256] Mit der konkreten Förderpraxis der Stiftung hatte das aber wohl nur wenig zu tun. Dem Kuratorium, das weiterhin recht freihändig und nach aktueller Interessenlage über die Vergabe der Fördermittel entschied, jedenfalls kein durchdachtes Förderprogramm entwickelte, gehörten in dieser Zeit durchgehend Paul Lichtenberg, Raban Freiherr von Spiegel, Kurt Hansen und Heribert Werhahn an.[257]

Mit dem Ausscheiden Lichtenbergs aus dem Aufsichtsrat der Commerzbank kam es dann zu personellen Veränderungen, noch bevor das Dotationskapital der Stiftung aus Anlass des 125-jährigen Jubiläums der Commerzbank auf 20 Mio. DM aufgestockt wurde und ein allmähliches Umdenken hin zu einer konzeptionell angelegten, transparent gemachten Fördertätigkeit einsetzte.[258]

4.5 Grundzüge der Geschäftsentwicklung 1980 bis 1989

In die Nachkriegsgeschichte der Commerzbank ging das Jahr 1980 als *annus horribilis* ein, denn die Bank musste eine schwere Ertragskrise bewältigen, weil sie sich bei ihrem Expansionskurs in den Jahren zuvor nicht genügend auf Zinsänderungsrisiken eingestellt hatte. Schon im Sommer 1979 wurden die infolge der zweiten Ölpreiskrise und der darauf reagierenden amerikanischen Geldpolitik ansteigenden Zinsen spürbar, doch ein rasches Gegensteuern war angesichts der überwiegend mittel- und langfristig vergebenen Festzinskredite und Schuldscheindarlehen nicht sofort, sondern nur allmählich möglich. Vorstandsmitglied Jürgen Reimnitz kommentierte die eingetretene Misere im Juli 1981 in einem Interview für den Institutional Investor mit klaren Worten: »If we had grown less quickly in 1978 and 1979, we would have been better off in 1980. The expansion we could not get through normal commercial and industrial transactions we got through the government bond business. We grew too rapidly, too quickly, without the power bases that you need, and for that we had to pay.«[259] Die Kennzahlen zur Geschäftsentwicklung der Commerzbank bestätigen Reimnitz, auch wenn die von ihm genannte expansive Entwicklung, wie dargelegt wurde, keineswegs erst 1978 begann. Auch die Jahre 1975 und 1977 waren, wie Tabelle 9 noch einmal vor Augen führt, bereits von einer sehr kräftigen Geschäftsausweitung geprägt.

Bei der Krisenbewältigung standen zunächst die Begrenzung der Personal- und Sachaufwendungen einerseits und die Ertragssteigerung durch Spreizung der Kreditkonditionen andererseits im Mittelpunkt. Beide Ziele sollten nicht zuletzt durch eine Aufwertung der Gebietsstellen erreicht werden.[260] Das ging mit einer nun immer systematischer umgesetzten Ergebniskontrolle der Niederlassungen einher.[261] Angesichts der hohen Zinsen für Kundeneinlagen gewann außerdem die Suche nach zusätzlichen, günstigeren Refinanzierungsquellen hohen Stellenwert. Die Commerzbank setzte seit dem Frühjahr 1981 verstärkt auf die Emission von Bankschuldverschreibungen, die mit ein-, vier- und bald auch sechsjähriger Laufzeit ausgegeben wurden. Bis zum Jahresende 1981 konnte ein Volumen von 3 Mrd. DM platziert werden, wobei neben privaten Anlegern vor allem die Bundesbank als Käufer und Wiederverkäufer auftrat. Ende 1984 befand sich ein Volumen von 4,9 Mrd. DM, Ende 1985 von 5,5 Mrd. DM an Commerzbank-Schuldverschreibungen in Umlauf.[262]

Um auch für ihre Auslandsfilialen zusätzliche Refinanzierungsquellen zu erschließen, hatte die Commerzbank schon 1982 die Commerzbank Finance Company B. V. in Amsterdam gegründet, über die sie bevorzugt langfristige Dollar-Anleihen am Euromarkt in London oder Luxemburg emittierte.[263] Darüber hinaus konnte sie sich auf die 1983 etablierte Commerzbank Overseas Finance N. V. in Curaçao stützen, über die sie mittel- und langfristige Fremdwährungsanleihen an den globalen Euromärkten emittierte, die in der Regel mit Optionsscheinen zum Bezug von Festzins-Obligationen ausgestattet waren und deshalb mit Zins- und Währungs-Swaps abgesichert wurden. Die von der Commerzbank Overseas Finance N. V. aufgebrachten Mittel kamen sowohl der Commerzbank AG als auch der rechtlich selbstständigen Tochtergesellschaft CISAL in Luxemburg zugute, verschwanden also teilweise aus der Bilanz der Commerzbank AG.[264]

	Bilanzsumme (in Mrd. DM)		Eigenkapital (in Mio. DM)		Geschäftsstellen		Mitarbeiter	
Jahr	AG	Konzern	AG	Konzern	AG	Konzern	AG	Konzern
1974	31,4	44,1	1.364	1.432	765	834	16.585	17.950
1975	38,5	56,4	1.548	1.650	782	855	17.328	18.749
1976	42,1	63,2	1.781	1.942	790	861	17.729	19.207
1977	50,9	75,2	2.078	2.279	794	870	17.872	19.377
1978	60,6	88,0	2.129	2.370	795	875	18.404	19.948
1979	67,1	100,3	2.478	2.744	802	885	19.040	21.656
1980	64,7	100,0	2.478	2.784	805	880	19.023	21.505
1981	64,3	101,3	2.478	2.766	802	878	18.895	21.130
1982	66,2	108,2	2.528	2.770	798	877	18.988	21.393
1983	66,9	113,2	2.578	2.917	796	884	19.368	22.047
1984	72,8	122,7	2.711	3.143	794	882	20.016	22.801
1985	82,6	137,2	3.336	3.435	793	882	21.204	24.154
1986	90,8	148,2	4.297	4.483	792	881	22.539	25.653
1987	101,6	161,7	4.368	4.653	793	882	23.324	26.640
1988	115,3	180,4	4.796	5.222	795	888	23.793	27.320
1989	125,0	191,6	5.273	5.867	802	897	24.067	27.631

Tabelle 9: Ausgewählte Kennzahlen zur Geschäftsentwicklung der Commerzbank (1974–1989)[265]

Angesichts der labilen internationalen Finanzmärkte und einer nur langsamen wirtschaftlichen Erholung der bundesdeutschen Wirtschaft von den Folgen der zweiten Ölpreiskrise konnte die Commerzbank ihren Konsolidierungskurs nur schrittweise voranbringen. In ihrem Zwischenbericht für das erste Halbjahr 1983 legte sie beispielsweise dar, dass ihr Geschäftsvolumen stagniere und sich die Bilanzstrukturen kaum verändert hätten, um dann aber doch zu ergänzen, es habe einen kräftigen Anstieg des Zins- und vor allem des Provisionsüberschusses sowie eine nochmalige Verbesserung der Gewinne im Eigenhandel gegeben. Hinter dieser Entwicklung stand ein sehr lebhafter Wertpapierhandel, der sich in der zweiten Hälfte der 1980er Jahre weiter intensivierte. Die an und für sich erfreuliche Ertragsentwicklung der Commerzbank im ersten Halbjahr 1983 wurde getrübt durch eine relativ hohe Zahl von Unternehmensinsolvenzen und die Probleme der Auslandsverschuldung vieler Schwellen- und Entwicklungsländer, die in beiden Fällen noch nicht genau zu beziffernde Wertberichtigungen erforderlich machten.[266] Erst 1984 ging die Commerzbank wieder auf Wachstumskurs: Bis zum Jahresende stieg das Geschäftsvolumen in der Commerzbank AG um fast 9 Prozent auf 72,8 Mrd. DM, im Commerzbank-Konzern um gut 8 Prozent auf 122,7 Mrd. DM.[267] Damit war der Durchbruch geschafft, wie sich später zeigte: In den kommenden fünf Jahren stieg das Geschäftsvolumen weiter kräftig an.

Die verbesserte Ertragslage war allerdings in viel höherem Maße als früher vom Wertpapiergeschäft abhängig, das längst nicht mehr nur im Auftrag von Kunden, sondern auch als Eigenhandel betrieben und für Refinanzierungszwecke genutzt wurde. Die Commerzbank emittierte in erheblichem Maße Bankschuldverschreibungen, nahm Fremdwährungsanleihen an den Euromärkten auf und stieg schließlich über die Commerzbank U. S. Finance Inc. in Wilmington (Delaware) auch in den Handel mit kurzfristigen Geldmarktpapieren ein.[268] Ein näherer Blick auf die in Tabelle 10 dargestellten Zahlen zeigt, dass die laufenden Erträge der Commerzbank aus Wertpapieren schon 1988 merklich, 1989 dann noch deutlicher anstiegen, nun begleitet von einem starken Anstieg der Provisionen und sonstigen Erträge aus Dienstleistungsgeschäften. Vor allem aber wuchsen seit 1987 – und 1988 und 1989 nochmals gesteigert – die Zinsen und zinsähnlichen Erträge aus Kredit- und Geldmarktgeschäften, wobei Letztere leider nicht separat ausgewiesen werden. Ihnen standen freilich auch kräftig ansteigende Zinsen und zinsähnliche Aufwendungen gegenüber.

Die Commerzbank steigerte ihren Jahresüberschuss in der zweiten Hälfte der 1980er Jahre kontinuierlich, sodass sie selbst bei erhöhter Rücklagenbildung einen zunehmenden Bilanzgewinn ausweisen konnte, der den Aktionären als Dividendenzahlung zugutekam. Diese konnten bei einem genauen Blick in die zur Hauptversammlung übermittelten Unterlagen allerdings auch feststellen, dass die Commerzbank stattliche Abschreibungen und Wertberichtigungen auf Forderungen und Wertpapiere vornehmen musste, die sich

Aufwendungen					
Jahr	Zinsen und zinsähnliche Aufwendungen	Provisionen und ähnliche Aufwendungen für Dienstleistungsgeschäfte	Gehälter und Löhne	Sachaufwendungen für das Bankgeschäft	
1986	3.452	50	1.191	656	
1987	3.757	61	1.282	676	
1988	4.783	52	1.381	695	
1989	6.475	65	1.448	737	
Erträge					
Jahr	Zinsen und zinsähnliche Erträge aus Kredit- und Geldmarktgeschäften	Laufende Erträge aus Wertpapieren, Schuldbuchforderungen und Beteiligungen	Provisionen und andere Erträge aus Dienstleistungsgeschäften	Andere Erträge (u. a. aus der Auflösung von Rückstellungen im Kreditgeschäft)	
1986	4.918	685	945	116	
1987	5.260	691	996	176	
1988	6.355	765	995	169	
1989	7.972	936	1.175	159	
Jahr	**Jahresüberschuss**	**Gewinnvortrag**	**Entnahmen aus offenen Rücklagen**	**Einstellungen in offene Rücklagen**	**Bilanzgewinn**
1986	288	–	–	60	228
1987	289	–	–	60	229
1988	345	–	–	100	245
1989	367	–	–	100	267

Tabelle 10: Ausgewählte Aufwands- und Ertragspositionen der Commerzbank AG (1986–1989, in Mio. DM)[269]

nicht zuletzt aus ihren Lateinamerikageschäften ergaben.[270] 1985 beliefen sich diese Korrekturen auf besonders hohe 393 Mio. DM, 1986 auf nachlassende 232 Mio. DM, 1987 aber auf erneut ansteigende 263 Mio. DM.[271] 1988 schien sich Entspannung abzuzeichnen, doch schon 1989 schnellte der Bedarf für Abschreibungen und Wertberichtigungen erneut auf 126 Mio. DM empor.[272] Wie später öffentlich bekannt wurde, hatte die Bank auch 1988 kräftige Abschreibungen und Wertberichtigungen auf die nach Lateinamerika vergebenen Kredite vorgenommen, sie allerdings anders als in den Vorjahren offenbar nicht nur mit den eigenen, sondern auch mit den Erträgen ihrer Tochtergesellschaft in Luxemburg verrechnet, um Steuern zu sparen.[273] Das brachte ihr 1996 ein Ermittlungsverfahren der Steuerfahndung ein, das 1998 mit einem Vergleich abgeschlossen werden konnte; die Bank selbst räumte die Korrekturbedürftigkeit ihrer seit 1984 vorgelegten Jahresabschlüsse ein und akzeptierte eine Strafzahlung von 400 Mio. DM.[274] Damit war für die Bank ein Schlussstrich unter das Kapitel der internationalen Schuldenkrise der 1980er Jahre gezogen, die den gleichen Ursprung wie ihre eigene Ertragskrise hatte und ihre Position am Markt bis zum Ende des Jahrzehnts belasten sollte. Gemessen an den addierten Bilanzsummen ging der Marktanteil der Commerzbank im Vergleich mit den anderen beiden Großbanken zwischen 1975 und 1990 von 26,8 auf 25 Prozent zurück, während die Dresdner Bank AG sogar von 33,7 auf 31,0 Prozent zurückfiel. Klare Gewinnerin war die Deutsche Bank AG, die ihren Marktanteil in dieser Zeit von 39,5 auf stattliche 44 Prozent ausbauen konnte.[275]

III

Die Commerzbank 1989 bis 2019

Zwischen Expansion und Konsolidierung

Stephan Paul
mit Fabian Schmitz und Falk Liedtke

1. Geografische Expansion als Erfolgsrezept? (1989 bis 1994)[1]

1.1 Umbrüche in Europa und Deutschland als Initialzündung

Der Übergang von den 1980er in die 1990er Jahre führte vor allem in Europa zu einem Epochenwandel mit langfristigen und weitreichenden Auswirkungen, wie sie zuvor wohl nur im Zuge der zwei Weltkriege in der ersten Jahrhunderthälfte spürbar gewesen waren. Dabei sollte der Aufbruch in die 1990er Jahre durch das geplante weitere Zusammenwachsen der Staaten auf dem Weg in eine gesamteuropäische Wirtschaftsgemeinschaft geprägt werden. Obwohl schon seit Gründung der Montanunion zu Beginn der 1950er Jahre ein Prozess der sukzessiven Vereinigung wirtschaftlicher, politischer und gesellschaftlicher Strukturen der europäischen Staaten vorangetrieben worden war, wurden im Lauf der 1980er Jahre nun bedeutende Schritte zur weiteren Beschleunigung dieses Prozesses gegangen. Die Änderungen der EWG-Verträge zum 1. Juli 1987 setzten die Gründung eines europäischen Binnenmarkts konkret für das Ende des Jahres 1992 fest. Durch die Einrichtung des Binnenmarkts sollten jegliche Schranken für ökonomische Tätigkeiten innerhalb der europäischen Mitgliedsstaaten aufgehoben und unter dieselben Voraussetzungen und Regeln gestellt werden.

Strukturbruch deutsche Wiedervereinigung

Im Vertrag von Maastricht (7. Februar 1992) stand die Schaffung der Europäischen Wirtschafts- und Währungsunion mit einer einheitlichen europäischen Währung ab Jahresbeginn 1999 (Bargeldeinführung drei Jahre später) im Mittelpunkt. Bei Erfüllung bestimmter Konvergenzkriterien (etwa Inflationsrate bzw. langfristiger Zinssatz maximal 1,5 respektive 2 Prozentpunkte über dem Durchschnitt der drei stabilsten Länder) konnten die Staaten der gemeinsamen Währung beitreten. Sie verpflichteten sich zur Einhaltung von Stabilitätskriterien, nach denen das laufende Defizit aller öffentlichen Haushalte eines Landes nicht mehr als 3 Prozent seines Bruttoinlandsprodukts, die öffentliche Gesamtverschuldung maximal 60 Prozent des Bruttoinlandsprodukts betragen durfte.

In diese mit langem Vorlauf geplante Entwicklung platzten der im historischen Kontext geradezu unvermittelte Zusammenbruch des kommunistischen Staatenblocks in Osteuropa ab 1989 und die zeitgleich erfolgende deutsche Wiedervereinigung hinein. Sie bildeten das Ende eines ideologischen Konflikts, der bis zu diesem Zeitpunkt das Denken und Handeln aller politischen und wirtschaftlichen Akteure der zweiten Hälfte des 20. Jahrhunderts maßgeblich bestimmt hatte. Nicht nur aus politischer und gesellschaftlicher Perspektive stellte das Ende des Kalten Krieges eine epochale Zäsur der Weltgeschichte dar. Durch die Öffnung des Eisernen Vorhangs ergaben sich für die wirtschaftlichen Akteure der »siegreichen« marktwirtschaftlichen und kapitalistischen Weltordnung gänzlich neue Handlungshorizonte und Expansionsperspektiven. Exemplarisch steht dafür die Übergabe sämtlicher der beinahe 8000 volkseigenen Betriebe in der DDR mit mehr als vier Millionen Beschäftigten zur schrittweisen Privatisierung in die Hände der am 1. März 1990 gegründeten Anstalt zur treuhänderischen Verwaltung des Volkseigentums.[2] Mit Ostdeutschland und den ehemals kommunistischen Staaten Mittel- und Osteuropas öffneten sich Wirtschaftsräume, die durch die Etablierung marktwirtschaftlicher Strukturen gerade für die Akteure aus dem Bereich des Bank- und Finanzwesens erhebliche Potenziale zur Ausdehnung ihrer Geschäftstätigkeiten boten.

Als »Wende« wurde daher auch die friedliche Revolution in der damaligen DDR bezeichnet, die sich im Lauf des Jahres 1989 anbahnte und am 9. November mit dem Mauerfall ihre Kulmination erreichte. Innerhalb nur eines Jahres wurden danach der Staatsvertrag zur Wirtschafts-, Währungs- und Sozialunion beschlossen (18. Mai 1990), die Währung umgestellt (1. Juli 1990) und der Einigungsvertrag in Kraft gesetzt (29. September 1990). In den Feiern am 3. Oktober 1990 kam die Hoffnung und Erwartung mit Blick auf ein »zweites Wirtschaftswunder« zum Ausdruck.[3]

Doch diese Hoffnung erfüllte sich nicht.[4] Vielmehr wurde im Lauf der 1990er Jahre deutlich, dass der Aufholprozess wesentlich mehr Zeit und Transferzahlungen benötigen würde als ursprünglich prognostiziert. Eine Ursache hierfür war die eher politisch als ökonomisch orientierte Festlegung des Umtauschkurses zwischen DDR-Währung und Deutscher Mark auf 1:1 für Stromgrößen wie Löhne, Gehälter und Renten sowie 2:1 für Bestandsgrößen wie (Unternehmens-)Forderungen und Verbindlichkeiten. Die Löhne wurden dadurch nicht auf ein Sechstel des Westniveaus reduziert (wie dies materiell gerechtfertigt gewesen wäre), sondern nur auf ein Drittel.[5] Im Gegensatz zum Währungsschnitt 1948 wurde auch das Produktionsvermögen der DDR überbewertet, das 1989 noch auf 1,6 Bill. DM geschätzt worden war und bei der Abschlussbilanz der Treuhandanstalt mit einem Verlust von 205 Mrd. DM zu

Buche stand.[6] Die Wahl des Umtauschkurses hatte gravierende Konsequenzen für die Kostenposition der Unternehmen in den neuen Bundesländern, denen nicht nur die Exportmärkte in den RGW-Staaten, sondern auch diejenigen in Westeuropa »wegbrachen«.

Eine zweite Ursache lag in der Überschätzung der Effekte des Systemwechsels. Die marktwirtschaftlichen Kräfte mussten nicht nur »entfesselt« werden, nach 40 Jahren Zentralverwaltungswirtschaft in der DDR waren gänzlich neue Denk- und Handlungsweisen zu entwickeln.[7] Abgesehen davon hatte man im Zuge der Vereinigung nicht nur die für einen Wirtschaftsaufschwung positiven Rahmenbedingungen auf Ostdeutschland übertragen, auch die bis 1989 in Westdeutschland ausgeuferten Regelungssysteme des (unter anderem) Steuer-, Arbeits- und Sozialrechts wurden übernommen. Weder die Regierungen unter Helmut Kohl noch das erste Kabinett von Gerhard Schröder (ab 1998) veränderten speziell die Strukturen des Sozialstaats grundlegend, sodass im Lauf der 1990er Jahre immer stärker ein »Reformstau« beklagt wurde.[8]

Das deutsche Bruttoinlandsprodukt fiel nach dem unmittelbaren Wiedervereinigungsboom 1991 (+5,1 %) im Jahr 1993 um 0,8 Prozent und lag mit durchschnittlich 2,1 Prozent in der Periode 1991/2000 unter dem Wert der vorausgegangenen Dekade. Im Gegensatz dazu stieg die Arbeitslosenquote vom Periodenbeginn (7 %) bis zur -mitte um jährlich etwa einen Prozentpunkt und betrug in der Spitze 12,7 Prozent (dies entsprach 4,4 Millionen Arbeitslosen), in Ostdeutschland nahezu 20 Prozent. Um diese negative Entwicklung abzubremsen, wurden die Vermögenstransfers erheblich erhöht. Sie betrugen 100 bis 150 Mrd. DM pro Jahr und damit 4 bis 6 Prozent des Bruttoinlandsprodukts. Dadurch stieg der Anteil der öffentlichen Ausgaben weiter von 45 Prozent (Westdeutschland 1989) auf 51 Prozent (Gesamtdeutschland 1993). Eine Haushaltskonsolidierung rückte so in weite Ferne,[9] obwohl der Kurs der Privatisierung öffentlicher Unternehmen etwas konsequenter als zuvor verfolgt wurde; der Börsengang der Telekom 1996 war hier das markanteste Beispiel.

Globale Verwerfungen

Nach dem Golfkrieg (Reaktion der USA auf die irakische Invasion in Kuwait, 16. Januar 1991) führte auch der Putschversuch reformfeindlicher Kräfte im August 1991 in Moskau zu einer verstärkten Unsicherheit und phasenweise besonders hohen Volatilität an den Finanzmärkten. In der zweiten Hälfte der 1990er Jahre sorgten gleich eine Reihe von Finanzmarktturbulenzen weltweit für Vertrauenskrisen und eine zunehmende Risikoaversion der Investoren. Bereits 1997 rief die Wirtschafts- und Finanzkrise in Südostasien aufgrund der zunehmenden Vernetzung der internationalen Finanzmärkte durch die sich beschleunigende Globalisierung auch ausgeprägt volatile Kursverläufe an den Aktienmärkten der westlichen Industrieländer hervor. Davon profitierten die Rentenmärkte, die sich für die verunsicherten Anleger als (vergleichsweise) sichere Häfen darstellten.

Nach deutlicher Erholung an den Aktienmärkten bis zum Sommer 1998 (so stieg etwa der DAX von 3567 Punkten Ende Oktober 1997 auf 6171 Punkte am 12. Juli 1998) mussten sich die Märkte mit der »Russlandkrise« auseinandersetzen. Durch den verstärkten Kapitalabfluss als Folge der Turbulenzen in Südostasien und bedingt durch die hohe Staatsverschuldung war die dortige Währung massiv unter Druck geraten, die russische Regierung zu einem vorübergehenden Schuldenmoratorium gezwungen. Als im Zuge der Krise im September 1998 der bevorstehende Zusammenbruch des Hedgefonds Long Term Capital Management (LTCM) das internationale Finanzsystem bedrohte und eine von der amerikanischen Zentralbank initiierte, groß angelegte Rettungsaktion hervorrief, nahm auf den Finanzmärkten die Risikoaversion weiter stark zu. Wiederum kam es zu markanten Kurskorrekturen an den Aktienmärkten. So fiel der Deutsche Aktienindex bis zum 8. Oktober 1998 auf 3896 Punkte.

Die ausgehenden 1990er Jahre waren jedoch wiederum geprägt durch einen Börsenboom. Speziell in den USA hatte eine Phase der Prosperität eingesetzt, die vor allem von der sogenannten New Economy angetrieben wurde. Dementsprechend setzte auch an den Aktienmärkten ein Ansturm auf Werte aus den Bereichen neue Medien, Mikroelektronik, Computertechnologie und internetbasierte Geschäftsmodelle ein.[10]

Konzentration und Verbriefungstrend

In der deutschen Kreditwirtschaft schritt der Konzentrationsprozess weiter voran. Die Zahl der selbstständigen Institute verringerte sich von etwa 5200 (1980) auf rund 4600 (1990); ohne die Wiedervereinigung wäre sogar ein Rückgang von 20 Prozent zu verzeichnen gewesen.[11] Da 1989/90 die Zweigstellennetze der ostdeutschen Kreditinstitute zunächst weitgehend fortgeführt oder sogar neue Standorte eröffnet wurden, stieg die Zweigstellenzahl von circa 38 700 auf rund 43 500.

In den 1990er Jahren erlebte insbesondere das Engagement in Derivaten und weiteren Bereichen des Investmentbankings einen bemerkenswerten Aufschwung – sowohl global durch zumeist separate Institute als auch in Deutschland unter dem Dach der Universalbank. In Verbindung damit stellte der Kapitalmarkt jedoch auch eine zunehmende Konkurrenz für das traditionelle Bankgeschäft dar. Nichtbanken gingen verstärkt dazu über, sich durch klassische Bankkredite über die Ausgabe von Wertpapieren zu finanzieren; ein immer größerer Anteil von Krediten wurde über Verbriefungskonstruktionen aus der Bankbilanz »herausgeschoben«.[12] Diese beiden Tendenzen der

»Securitization« verringerten die Bedeutung des Commercial Banking (Disintermediation) und warfen die provokative Frage auf: »Wozu braucht man noch Banken?«[13]

Es entwickelte sich ein strukturelles Problem des Bankensektors hierzulande, das sich in der Folgeperiode noch deutlich weiter verschärfen sollte: In den 1990er Jahren ging – gegen den Wachstumstrend – die Ertragskraft der Banken zurück. Insbesondere der Zinsüberschuss reduzierte sich (im Schnitt der Kreditwirtschaft insgesamt) aufgrund der Substitutionstendenzen im Kredit- und Einlagengeschäft immer weiter – ein Trend, der durch die neuen Medien und die mit ihnen verbundenen Möglichkeiten der Preistransparenz auch im Privatkundengeschäft noch verstärkt wurde. Obwohl die Informationstechnologie sowohl durch ihren vermehrten Einsatz im Back Office (»Lean Banking«) als auch im Vertrieb Chancen zur Kosteneinsparung bot, wurden die Überkapazitäten der Kreditwirtschaft immer deutlicher sichtbar (»Stahlindustrie der 1990er Jahre«[14]). Zwischen 1990 und dem Jahr 2000 sank die Zahl selbstständiger Kreditinstitute von 4565 auf 2864, wobei der Rückgang bei den Genossenschaften mit 1919 nach 3373 besonders stark ausfiel.

Neben einer weiteren internationalen Expansion strebten zahlreiche Kreditinstitute nach einer Verbreiterung ihrer Produktpalette (Allfinanz-Konzepte). Damit sollte der intersektoralen Verschiebung zur konkurrierenden Versicherungswirtschaft begegnet werden, deren Anteil an der Geldvermögensbildung der privaten Haushalte zwischen 1980 und 1990 von 17 auf 27 Prozent gestiegen war!

Internationale Harmonisierung der Regulierung

Die Internationalisierung des Bankgeschäfts erzwang auch Veränderungen in der Regulierung. So wurden zunächst die Kreditinstitute durch die 3. Kreditwesengesetz-Novelle 1985 auf konsolidierter Basis, also unter Einschluss ihrer Auslandstöchter, beaufsichtigt. Gleichzeitig wurde deutlich, dass es dringend einer Harmonisierung der durch erhebliche Unterschiede gekennzeichneten Aufsichtsnormen zumindest in den bedeutenden Wirtschaftsnationen bedurfte, um Regulierungsarbitragen – d. h. Geschäfte wurden dort abgewickelt, wo sie den schwächsten Kontrollvorschriften unterlagen – einzudämmen. Nach einer Gemeinschaftsaktion der Bankaufsichtsbehörden der Vereinigten Staaten und Großbritanniens wurden im Jahr 1987 die Empfehlungen des in der Bank für Internationalen Zahlungsausgleich (BIZ) arbeitenden Baseler Ausschusses für Bankenaufsicht den nationalen Bankenverbänden zugeleitet und als offizielle Empfehlung im Jahr 1988 von den Zentralbankgouverneuren bzw. -präsidenten der Länder der Zehnergruppe verabschiedet (Basel I).[15] Diese Empfehlung zielte auf eine einheitliche Begrenzung der Risiken insbesondere aus dem Aktivgeschäft der Kreditinstitute durch Anbindung an ihre haftenden Eigenkapitalmittel. Sie bildete die Grundlage für die im Rahmen der Harmonisierung des Bankrechts in Europa 1989 verabschiedeten EG-Solvabilitäts- und EG-Eigenmittelrichtlinien. Parallel dazu hatte die deutsche Bankenaufsicht, insbesondere mit Blick auf das sprunghafte Wachstum des risikobehafteten Geschäfts aus Finanzinnovationen, eine Neufassung der Grundsätze I und Ia erarbeitet, die im Herbst 1990 in Kraft trat. Bei der Umsetzung der EG-Solvabilitäts- und EG-Eigenmittelrichtlinie im Rahmen der 4. KWG-Novelle wurden 1993 die haftenden Eigenmittel der Bank neu definiert und über die bisher allein erfassten Ausfallrisiken aus Buchkrediten hinaus nun auch diejenigen aus Wertpapieren beschränkt, um die sich im Zuge der »Securitization« zeigende Tendenz zur Verbriefung von Finanzierungen zu berücksichtigen.

Zur weiteren Angleichung der Aufsichtsnormen wurde 1993 die EU-Kapitaladäquanzrichtlinie (CAD) verabschiedet, um auch die in Trennbankensystemen anzutreffenden reinen Wertpapierhäuser in das Regulierungssystem einzubeziehen. Dabei strebte man an, die Systematik der Eigenkapitalbelastungsregeln möglichst sachgerecht auf die Begrenzung der für diese Finanzintermediäre typischen Risiken zu übertragen. Nach dem Grundsatz »same business, same risk, same regulation« wurde der Anwendungsbereich der entwickelten Risikobegrenzungsnormen aber über Investmentbanken hinaus auch auf den Wertpapierhandelsbestand von Universalbanken (»Trading Book«) ausgedehnt.

Nach den EU-Vorgaben war die CAD bis Ende 1995 in nationales Recht zu transformieren – in Deutschland sollte dies im Rahmen einer 6. KWG-Novelle geschehen. Während der Umsetzungsdiskussion wurde wiederum vom Baseler Bankenausschuss eine »Ergänzung der Eigenkapitalempfehlung zum Einbezug von Marktrisiken« erarbeitet. Neben der Einigung über sogenannte Standardverfahren zur Quantifizierung möglicher Marktpreisschwankungen wurden Anforderungen entwickelt, deren Erfüllung den Kreditinstituten die Verwendung interner Modelle zur selbstständigen Bestimmung der institutsindividuell zu unterhaltenden Eigenkapitalbeträge erlaubte. Dieser Vorschlag sollte einen Weg aus dem »Regulierungsdilemma« des vorausgegangenen Jahrzehnts weisen: Die hohe Zahl von Produktinnovationen insbesondere im Bereich der derivativen Finanzinstrumente erzwang nach Ansicht der Aufsichtsbehörden eine permanente Modifikation der quantitativen Begrenzungsvorschriften. Infolge des für die Entwicklung maßgeschneiderter Kontrollrezepte erforderlichen Zeitaufwands konnte die Bankenaufsicht aber mit der Dynamik der Finanzmärkte nicht mithalten. Dies legte die Vorgabe »qualitativer« Mindeststandards nahe, bei deren Einhaltung den Banken dann die Gelegenheit gegeben werden sollte, in ihrem Risikomanagement weitgehend autonom zu operieren. Es entfiele somit die Notwendigkeit, bei jeder Finanzinnovation die bankaufsichtlichen Normen anzupassen. Die CAD wurde unter Berücksichtigung der Baseler Empfehlungen mithilfe der 6. KWG-Novelle und eines konzeptionell neu gestalteten Grundsatzes I umgesetzt. Letzterer integrierte die Vorschriften zum »Adressenausfallrisiko« (als Teil des umfassenderen Bonitätsrisikos) sowie zum »Marktrisiko« und trat 1998 in Kraft.

Insgesamt bezeichnend für die 1990er Jahre war somit die dramatische Veränderung externer Faktoren, die sich auf die Wirtschaft auswirkten und somit Akteure wie die Commerzbank zu Anpassungen des Geschäftsmodells an die neuen Rahmenbedingungen zwangen. Im Folgenden werden zunächst die Veränderungen bis zur 125-Jahr-Feier des Instituts im Jahr 1995, dann bis zum Jahr 2000 aufgezeigt, da sich die in diesen Abschnitten verfolgten Expansionsstrategien auf unterschiedliche Felder richteten.

1.2 Geschäftsexpansion in Ostdeutschland

Ebenso wie die politischen wurden auch die wirtschaftlichen Entscheidungsträger von der Öffnung Ostdeutschlands überrascht. Zwar hatte man sich auf eine »Öffnung« eingestellt – als solche wurde jedoch die erwähnte Einführung eines einheitlichen europäischen Binnenmarkts bis 1992 bezeichnet. Der im zweiten Quartal 1989 erschienene Geschäftsbericht der Commerzbank enthält im »Bericht des Vorstands« folgende Charakterisierung des »Bankenjahres 1988«[16]: »Beherrschende Themen des Jahres waren jedoch ›Allfinanz‹ und ›Europa 1992‹. Beide Begriffe sind zwar nicht neu; sie rückten aber in den strategischen Überlegungen der Finanzdienstleister ebenso wie der ganzen Wirtschaft deutlich in den Vordergrund. Der Weg der Commerzbank ist klar vorgezeichnet: Unsere Strategie ist kundenorientiert. Um in Zukunft Privatkunden und kleineren mittelständischen Unternehmen auch europaweit – über unser eigenes Stützpunktnetz hinaus – eine attraktive Leistungspalette anbieten zu können, sind wir in Richtung auf den europäischen Binnenmarkt ebenso wie zur Realisierung des Allfinanz-Angebots bereit, bei Produkten und im Vertrieb Kooperationen mit geeigneten Partnern einzugehen ... Im Einzelfall kann diese Zusammenarbeit durch eine qualifizierte Beteiligung unterlegt werden.« In einem Einlegeteil des Geschäftsberichts ging man detaillierter auf die Chancen und Risiken des Binnenmarkts ein. Das Thema »Grenzenlose Perspektiven für Europa?« stellte unter den Großbanken auch die Dresdner Bank in ihrem Geschäftsbericht für das Jahr 1988 ausführlich dar.[17]

Zwischen Euphorie und Nüchternheit

In den Geschäftsberichten der drei größten deutschen Banken für das Jahr 1989 wird den Entwicklungen in Ostdeutschland eine gänzlich unterschiedliche Bedeutung beigemessen. Die Commerzbank nimmt hier eine mittlere Position zwischen der Dresdner Bank einerseits und der Deutschen Bank andererseits ein. Die Dresdner Bank stellt die gesamte Bilderwelt des Geschäftsberichts auf Motive aus Dresden ab, beginnend mit der Semperoper auf dem Titel, und bewertet den sich vollziehenden Umbruch folgendermaßen:[18] »Was sich zwischen dem 9.11.1989 und heute im Gebiet der DDR abspielte, das wird einmal neben dem Zusammenbruch von 1945 als das deutsche Jahrhundertereignis in die Geschichte eingehen.« Ausführlich wird über die wirtschaftliche Lage in der DDR informiert und das strategische Motto »Zurück in die Zukunft«[19] gewählt:[20] »Ad fontes, zu ihren Ursprüngen ist jetzt auch die Dresdner Bank zurückgekehrt. Dresden wird nun zum zweiten Mal ein Ort der Zukunft werden. Diese Zukunft ist nicht nur wirtschaftlich zu messen. Sie zielt weit über die Wiederbelebung der mitteldeutschen Aktivitäten und über die Betreuung der bislang geknebelten DDR-Wirtschaft hinaus in den großen osteuropäischen Aufbruch und Umschwung. Es ist kein Zufall, dass die Dresdner Bank als erstes westdeutsches Kreditinstitut und als erste westdeutsche Firma überhaupt in ihrer Heimatstadt Dresden ein Büro eröffnete, dem inzwischen in anderen Städten der DDR weitere gefolgt sind. Dass sie es als ›nobile officium‹ ansieht, mit einem Zwanzig-Millionen-Fonds kulturelle Aktivitäten in Dresden zu unterstützen, passt dazu.«

Die Commerzbank ist in ihrer Bewertung zurückhaltender, wählt im Rahmen einer knappen Kommentierung der Entwicklung auf nur einer Seite aber ein ähnliches, nämlich »Zurück zu den Wurzeln«-Motiv[21]: »Das Bankenjahr 1989: Für die Banken hat sich durch die Öffnung des Ostens ein weiteres zentrales Strategiefeld aufgetan – zusätzlich zur Allfinanz und Europa 1992. Die Anziehungskraft des politischen und wirtschaftlichen Systems der westlichen Welt hat in Europa Umwälzungen von historischer Dimension gebracht. Nun muss der Neuanfang gestaltet werden. Die entscheidenden Stichworte sind Wirtschaftsreformen und Währungsunion. Die Wirkung dieser Veränderungen auf die Finanzmärkte hat sich in den letzten Monaten in teilweise übertriebener Schärfe gezeigt. Hier gilt es, besonnen über das Tagesgeschehen hinauszuschauen. Die Commerzbank hat das Ziel, in der DDR sobald wie möglich eine Marktposition zu erreichen, die der großen Tradition früherer Jahrzehnte entspricht. Durch die Fusion der Hamburger Commerz- und Disconto-Bank mit der Magdeburger Mitteldeutschen Privat-Bank im Jahr 1920 wurde die Commerzbank zur Großbank mit der stärksten Präsenz – 121 Geschäftsstellen – auf dem Gebiet der heutigen DDR. Die Eröffnung unseres Verbindungsbüros in Ost-Berlin im Januar 1990 war der erste Schritt. So schnell wie möglich werden wir 10 weitere Büros in wichtigen Städten der DDR etablieren und, sobald die gesetzlichen Grundlagen dafür geschaffen sind, in operative Filialen umwandeln. Wir fühlen uns gut gewappnet, um an den großen Wachstumsmöglichkeiten eines neuen Marktes von Anfang an teilzunehmen und die Neuentwicklung aktiv mitzugestalten.« Wiederum in Form eines Einlegeteils wurden auf zwei Seiten Fakten zur wirtschaftlichen Lage in der DDR präsentiert.[22]

Die Deutsche Bank dagegen greift den Umbruch bei der Darstellung der Entwicklung des Konzerns im Jahr 1989 erst nach ihrem Börsengang in Tokio auf und stuft die Bedeutung des europäischen Umbruchprozesses für die eigene strategische Positionierung offenbar auch höher als die Veränderungen in Ostdeutschland ein:[23] »Den sich abzeichnenden Herausforderungen der neunziger Jahre haben wir uns gestellt. Die Sicherung unserer Wettbewerbsfähigkeit und Marktstellung im künftigen europäischen Binnenmarkt sowie unsere Positionierung auf den sich immer enger verflechtenden Finanzmärkten stehen dabei im Vordergrund. Hinzu kommen dabei die Vorbereitungen auf unsere künftige geschäftliche Präsenz in der DDR und in den osteuropäischen Ländern nach deren Hinwendungen zu marktwirtschaftlichen Systemen.«

Der sektorübergreifende, damals noch im fünfjährigen Rhythmus stattfindende Deutsche Bankentag am 26. April 1990 in Bonn trug das Motto: »Banken im Wettbewerb – in Europa und weltweit«. Dabei sollten vor allem die Perspektiven der Banken aus dem bevorstehenden europäischen Binnenmarkt diskutiert werden, was etwa durch ein ausführliches Referat des Vizepräsidenten der EU-Kommission, Martin Bangemann, geschah. Im Anschluss an den Vortrag konstatierte Walter Seipp jedoch, »daß im Augenblick die historischen Prozesse in der DDR, in Osteuropa und in der Sowjetunion das Thema europäische Integration, jedenfalls in der Aufmerksamkeit der Öffentlichkeit, etwas überschatten. Ich glaube, das ist durchaus natürlich.«[24] Im Anschluss daran bemühte er sich jedoch, deutsche und europäische Perspektive zu verbinden, und brachte dabei eine sehr nüchtern-ökonomische Einschätzung der Veränderungen zum Ausdruck:[25] »Wenn man diese deutsche Vereinigung, die deutsche Währungs- und Wirtschaftsunion, im breiteren Zusammenhang sieht …, dann ist es im Grunde, ökonomisch betrachtet, ein Konjunkturankurbelungsprogramm. Und ich bin der Meinung, dass dieses Konjunkturankurbelungsprogramm monetär begleitet werden kann. Ich bin auch der Meinung, dass es weltwirtschaftlich durchaus in eine Phase hineinpasst, in der wir Schwächeanzeichen in der amerikanischen Wirtschaft festzustellen haben und in der sicherlich Großbritannien sich von seiner derzeitigen Schwäche so schnell nicht erholen wird. Wichtig ist aber vor allem, dass wir hier nicht nur die deutsch-deutschen Auswirkungen sehen müssen, sondern dieses Konjunkturankurbelungsprogramm. … Ich bin zutiefst davon überzeugt, dass die deutsch-deutsche Währungs- und Wirtschaftsunion einen sehr positiven Einfluss haben wird auf die weitere wirtschaftliche Entwicklung der EG insgesamt. … Wenn wir in Offenheit die europäische Integration vorantreiben, dann wird in absehbarer Zeit das Schlagwort ›Eurosklerose‹ ersetzt werden durch das Schlagwort ›Das europäische Jahrhundert‹.«

»Nüchtern-abwägend« äußerte sich Seipp auch auf der Bilanzpressekonferenz am 28. März 1990 zur DDR-Strategie der Commerzbank. Dabei kündigte er zwar an, »als vormals größte private Geschäftsbank auf dem Gebiet der heutigen DDR« an die alte Tradition wieder anzuschließen. Gleichzeitig mahnte er, bei der Abwägung der Chancen und Risiken künftiger Geschäfte in diesem Raum einen »kühlen Kopf« zu bewahren.[26]

Tatsächlich wurde erst Mitte Dezember 1989 von Seipp eine Arbeitsgruppe zum Vorgehen in der DDR aufgesetzt und im Februar 1990 zu einer weiteren Zentralabteilung ausgebaut. »Wir waren nicht ganz sicher, wie das weiterging. Das Tempo schien unvorstellbar«, erinnert sich der damalige Leiter der Zentralen Abteilung Vorbereitung des DDR-Geschäfts, Generalbevollmächtigte und Leiter der Zentralen Abteilung Firmenkunden sowie spätere Vorstandssprecher der Commerzbank, Klaus-Peter Müller.[27]

In der DDR gab es für die 16 Millionen Ostdeutschen kaum mehr als 550 Bankstellen.[28] Am 1. April 1990 wurde ein zweistufiges Bankensystem eingeführt und die Deutsche Kreditbank AG gegründet. Sie übernahm von der Staatsbank der DDR fast das gesamte Geschäftsstellennetz sowie sämtliche Kredite, die die Staatsbank an die volkseigenen Betriebe und Kombinate vergeben hatte. Da eine Rückzahlung der Darlehen kaum erwartet werden konnte, lehnte die Deutsche Bank eine direkte Beteiligung an der Deutschen Kreditbank ab, gründete jedoch ein Joint Venture mit ihr, in dessen Rahmen Mitarbeiter aus Ostdeutschland weitergebildet wurden. Nach Inkrafttreten der Wirtschafts-, Währungs- und Sozialunion am 1. Juli 1990 wurde die Deutsche Mark auf dem Gebiet der DDR eingeführt und die Währungsumstellung über Guthaben auf Konten bei Geldinstituten in der DDR abgewickelt. Damit ergaben sich für die westdeutschen Banken Anknüpfungspunkte zu privaten Haushalten in der DDR, und es schien auch eine flächendeckende Präsenz attraktiv. Aufgrund von Bedenken des Kartellamts wurde das Zweigstellennetz der Deutschen Kreditbank mit 184 Stützpunkten aber nicht allein der Deutschen Bank überlassen, sondern zwischen Deutscher (112 Stellen) und Dresdner Bank (72) aufgeteilt. Insgesamt verfügte die Deutsche Bank am 1. Juli 1990 über »140 mehr oder weniger gut funktionsfähige Geschäftsstellen«[29] mit 8500 Mitarbeitern der ehemaligen Staatsbank und 500 westdeutschen Mitarbeitern. Bis Ende 1991 zählte die Deutsche Bank fast 1,2 Millionen Privatkunden, 955 000 Spar- und 600 000 Girokonten. Der Bestand an Privatkundenkrediten belief sich auf 5,7 Mrd. DM. Die Einlagen der Privatkundschaft erreichten 11,6 Mrd. DM.

Strategie des »eigenen Weges«

Kernstück der Strategie der Commerzbank war es dagegen, auch in dieser Frage einen »eigenen Weg« zu gehen und sich nicht – wie die Deutsche und die Dresdner Bank – an den Ressourcen der Deutschen Kreditbank zu beteiligen. In einer ersten Phase sollten daher schnellstmöglich selbst zehn Filialen errichtet werden, und zwar in Ostberlin, Leipzig, Dresden, Karl-Marx-

Stadt, Magdeburg, Erfurt, Halle, Frankfurt (Oder), Gera und Rostock. Unter Einschluss der geplanten fahrbaren Zweigstellen wurde der Investitionsbedarf zunächst auf rund 50 Mio. DM geschätzt. Nach Ablauf der ersten Phase plante man für die Perspektive von zwei weiteren Jahren mit 30 Filialen, im Durchschnitt mit 30 Mitarbeitern besetzt.

In den ersten Monaten zwischen Maueröffnung und Abschluss des Vertrags über die Deutsche Einheit gab es auf der einen Seite keinen klaren Rechtsrahmen, keine Grundstücke zum Ankauf, keine Kommunikationsinfrastruktur nach westlichem Standard und kaum geeignetes Personal. Auf der anderen Seite war den Entscheidungsträgern in der Bank bewusst, dass man trotz dieser Unsicherheiten nicht mit dem Markteintritt warten durfte, um nicht vom Start weg gegenüber der Großbankenkonkurrenz in den Rückstand zu geraten. Daher waren in besonderem Maße und viel mehr als bei dem wesentlich stärker formal geprägten Vorgehen der Bank in Westdeutschland in den neuen Geschäftsgebieten Improvisation und Entscheidungsfreude gefragt.

Mit Blick auf die Immobilien verfügte die Commerzbank vor dem Krieg zwar über einen erheblichen Bestand. Diese waren jedoch im Krieg zerstört oder später anderweitig umgebaut worden, sodass eine Nutzung erst nach langwierigen juristischen Auseinandersetzungen möglich schien. Bis auf Magdeburg (wo ein Altgebäude angemietet wurde) suchte sich die Bank daher neue Standorte. Dort wurden zumeist unbebaute Grundstücke angemietet und mit Containern versehen. Diese sogenannten Pavillons (mit Durchschnittskosten von 2,5 Mio. DM) sollten zwei bis drei Jahre als Übergangslösung dienen, bis die endgültigen Standorte für die Filialen gefunden und ausgebaut worden waren. Über die Geschwindigkeit, mit der dabei pragmatische Lösungen gefunden wurden, war selbst der Leiter der »DDR-AG«, Klaus-Peter Müller, überrascht: »Wo üblicherweise ein Umbau der Kaffeezone einer Zweigstelle ein Projekt für mehrere Monate ist, werden jetzt plötzlich innerhalb von Wochen Planung und Einrichtung großer Filialen in unbekannter Umgebung durchgezogen. Zurückgezuckt wird nicht.« Müller schätzte – höchst frei nach Michail Gorbatschow – die Erkenntnis seines Vorstandsvorsitzenden: »Wenn wir die Chancen der ersten Stunde nicht verpassen wollen, müssen wir dieses Risiko eingehen.«[30] Am 24. Januar 1990 nahm ein Verbindungsbüro in Ostberlin seine Tätigkeit auf, und am 2. Mai folgte eine weitere Vertretung in Leipzig. Die erste Niederlassung der Bank konnte am 30. Juni 1990 zur Einführung der Deutschen Mark in Halle ihre Pforten öffnen. »30 akkurat aneinander montierte[n] Container[n] standen dort, wo sich drei Monate zuvor noch ein Trümmergrundstück befunden hatte.«[31] Walter Seipp begrüßte dazu den gebürtigen Hallenser und amtierenden Bundesaußenminister Hans-Dietrich Genscher.

Die Unsicherheit in Bezug auf die Eigentumsverhältnisse der meisten Immobilien stellte auch das Kreditgeschäft vor eine bedeutende Herausforderung: Unternehmerischer Grundbesitz – sofern angesichts der Enteignungen durch den Staat überhaupt vorhanden – schied als Besicherung für Kredite

Walter Seipp und Bundesaußenminister Hans-Dietrich Genscher eröffneten am 30. Juni 1990 in Halle die erste Commerzbank-Filiale in der Deutschen Demokratischen Republik; Foto: Koni Nordmann.

im Firmenkundengeschäft praktisch aus. Eine entscheidende Rolle – so Seipp 1990 – werde daher »der Geschäftsidee und dem Vertrauen in den Jungunternehmer« zukommen. Um die »Chancen der ersten Stunde nicht zu verpassen«, müsse die Bank gewisse Risiken eingehen: »Augendiagnose ist wichtiger als der Blick auf Bilanzen, die nicht vorhanden sind.«[32] So verständlich dieses Vorgehen angesichts des erfolgskritischen Faktors »Zeit« auch war, es trug neben den sich für viele Unternehmen zunächst verschlechternden ökonomischen Rahmenbedingungen dazu bei, dass die Kreditausfallquote in Ostdeutschland sieben Mal höher als in Westdeutschland lag – so Klaus-Peter Müller 1993.[33]

Die Teams der ersten zehn Filialen (300 Mitarbeiter) rekrutierten sich vollständig aus der Bundesrepublik. Bei einer Umfrage hatten von 2400 Mitarbeitern aus Westdeutschland mehr als die Hälfte ihre Bereitschaft bekundet, auf dem Gebiet der DDR zu arbeiten; auch Pensionäre ließen sich gern reaktivieren. Motivation waren dabei neben Enthusiasmus für die Aufbauarbeit mitunter aber auch mangelndes Fortkommen in Westdeutschland oder gar private Probleme. Gefragt waren jedoch gerade in der Anfangsphase fachliche Erfahrung und Sensibilität im Umgang mit DDR-Bürgern. So wurde z.B. die Filialleitung in Dresden mit einem Mitglied der Geschäftsleitung in Hamburg – der größten inländischen Gebietsstelle – besetzt.[34]

Ziele und Ressourcen für das Privat- und Firmenkundengeschäft

Für die zehn zunächst geplanten Verbindungsbüros in den größten ostdeutschen Städten, die möglichst schnell in operative Filialen umgewandelt werden sollten,[35] legte der Vorstand für das zweite Quartal 1990 die Schaffung von insgesamt 269 Planstellen für DDR-Aktivitäten fest.[36] Ein weiterer Vorstandsbeschluss vom 2. Mai 1990 enthielt die Vorgabe, bis Ende 1990 nicht zehn, sondern insgesamt 50 operative Einheiten zu etablieren, wodurch ein mehr als verdoppelter Personalbedarf von 592 Arbeitskräften in Ostdeutschland entstand.[37]

Wie sich einem Brief des Gesamtbetriebsrats an den Vorstand vom 23. Juli 1990 entnehmen lässt, stellten die ehrgeizigen Wachstumsziele eine enorme Belastung für das Personal aus dem Filialbetrieb dar. Zwar wurde angeführt, dass auch der Betriebsrat »die DDR-Aktivitäten der Bank für absolut notwendig« halte, gleichzeitig wurde dem Vorstand jedoch vorgehalten, dass die Entwicklung »ein weiterer Belastungsfaktor« sei, der auf Dauer nicht tragbar sei. Obwohl der Personalbestand der Bank ohnehin zu knapp bemessen sei, würden durch die Delegierungen von Personal in die zukünftigen Filialen im Bereich der DDR »in die Geschäftsstellen der Bundesrepublik Löcher gerissen« und das Personal der Bank so einem »enormen Maß an zusätzlichen Belastungen« ausgesetzt.[38] Erst im Rahmen der Sondervorstandssitzung vom 28. Juli 1990 wurden als Reaktion auf diese Vorwürfe langfristigere Pläne zur Befriedigung des Personalbedarfs der angelaufenen ostdeutschen Expansion entworfen. Laut der Zentralen Personalabteilung war eine Aufstockung der Anfang des zweiten Quartals veranschlagten Planstellen von 269 auf etwa 611 notwendig, um der Belastung der Expansionspläne gerecht werden zu können.[39]

Tatsächlich wurde diese Entwicklungsvorgabe im Lauf des Jahres 1990 dann noch ein weiteres Mal verworfen. Aus dem Geschäftsbericht 1990 geht hervor, dass bis zum Ende des Geschäftsjahrs auf dem Gebiet »zwischen Rostock und Chemnitz in 51 Geschäftsstellen gut 750 Mitarbeiter« tätig waren, die dabei etwa 100000 neue ostdeutsche Kunden betreuten.[40] Zur Besetzung der etwa 750 Planstellen in den ostdeutschen Geschäftsstellen war die Einstellung von insgesamt 525 zusätzlichen Arbeitskräften notwendig gewesen, was mit einem Anstieg der Personalkosten um 9 Prozent auf 2,27 Mrd. DM verbunden war.[41] Insgesamt führte die ostdeutsche Expansion in ihrem ersten Jahr zu einem 1,1-prozentigen Personalwachstum.[42]

Die langfristige Strategie zur Erschließung des ostdeutschen Privatkundengeschäfts sah bis etwa 1995 eine Angleichung des ostdeutschen Geschäfts an die westdeutschen Verhältnisse vor.[43] So sollte im Bereich des klassischen Privatkundengeschäfts innerhalb von fünf Jahren ein Marktanteil von etwa 4 Prozent erreicht werden. Bis Mitte des Jahres 1995 musste hierzu ein Bestand von etwa 550000 privaten Kunden aufgebaut werden. Bis zum Jahr 1997 sollte diese Zahl weiter auf 630000 gesteigert werden, um einen stabilen Marktanteil von etwa 4,4 Prozent zu erreichen.[44] Wie in Westdeutschland sollten die Schwerpunkte des Privatkundengeschäfts bei den standardisierten Bankprodukten sowie der Baufinanzierung liegen.[45] Schon zu Beginn der Planungsphase wurde die Erzielung höherer Marktanteile ausgeschlossen, da hierzu die Erschließung von Standorten notwendig gewesen wäre, die sich aus betriebswirtschaftlicher Sicht langfristig nicht als rentabel erwiesen hätten.[46]

Neben dem Ausbau des breiten Privatkundengeschäfts sollten frühzeitig die Strukturen des Individualkundengeschäfts aufgebaut werden. Direkt nach der Wende identifizierte die Commerzbank eine Reihe von Berufsgruppen, die sich nach Etablierung marktwirtschaftlicher Strukturen innerhalb von »2 bis 3 Jahren« für eine Erschließung durch das Individualkundengeschäft eignen würden. Hierzu wurden vor allem die 12 000 niedergelassenen Ärzte gezählt.[47] Im Gegensatz zum breiten Privatkundengeschäft wurde bei der Betreuung der Individualkunden das Ziel gesetzt, einen deutlich höheren Marktanteil als in Westdeutschland zu erreichen, was durch einen Fokus auf ganzheitliche Finanzberatung, das Wertpapiergeschäft und die Baufinanzierung erreicht werden sollte.[48] Konkret sollte vom Gesamtbestand der für 1995 prognostizierten 550 000 privaten Kunden in Ostdeutschland ein Anteil von etwa 20 bis 25 Prozent auf wohlhabende Individualkunden entfallen. Zur Erreichung dieser Zielvorgaben musste bis Mitte 1995 der Aufbau des Filialnetzes abgeschlossen sein, wobei circa 1300 zusätzliche Vertriebsmitarbeiter in den ostdeutschen Niederlassungen den reibungslosen Vertrieb gewährleisten sollten.[49]

Parallel zu den Bemühungen um eine Festigung der Marktanteile im Privatkundensektor verfolgte die Commerzbank den Aufbau des Firmenkundengeschäfts. Die langfristigen Ziele waren dabei ähnlich ehrgeizig gesteckt. Schon Mitte der 1990er Jahre sollten ein Marktanteil von circa 10 Prozent vor allem bei Unternehmen mit einem Umsatz von mehr als 5 Mio. DM pro Jahr und eine hohe Hauptbankquote erreicht werden.[50] Hierzu war die Etablierung einer Reihe spezialisierter Firmenkundenfilialen notwendig, die zusätzlich zum regulären Filialgeschäft Personal zur Betreuung der Firmenkunden benötigten. Nach einer Berechnung vom Frühjahr 1992 war zur Erreichung flächendeckender Betreuung die Etablierung von circa 20 Firmenkundenfilialen mit 44 Firmenkundenbetreuern und einem geografischen Schwerpunkt auf Brandenburg, Mecklenburg und Vorpommern nötig.[51]

Im Gegensatz zum Privatkundengeschäft, für das die vorhandenen Kundenpotenziale lediglich »angeworben« werden mussten, stand die Bank im Firmenkundensektor anfänglich vor dem Problem, dass marktwirtschaftliche Strukturen in Ostdeutschland stark unterentwickelt waren. Zur Schaffung eines aktiven ostdeutschen Firmenkundengeschäfts engagierte sich die Commerzbank unmittelbar nach der Wiedervereinigung, um die Quote privatwirtschaftlicher Unternehmen zu erhöhen.[52] Im Zuge dieser Bemühungen schloss sich die Commerzbank am 3. November 1990 mit ihren drei Europartners-Banken Banco di Roma, Banco Hispano Americano und Crédit Lyonnais zur Gründung der »European Initiative for Eastern Germany« zusammen, einer groß angelegten Aufklärungskampagne zum ostdeutschen Wirtschaftspotenzial, um die Bereitschaft europäischer Unternehmen zu Direktinvestitionen zu steigern.[53]

Aufbau eines neuen Filialapparats

Zur Erreichung der Expansionsziele im Privat- und Firmenkundengeschäft setzte die Commerzbank – wie erwähnt – von vornherein auf eine Expansionsstrategie des »eigenen Weges«, die sich bewusst gegen die Nutzung bestehender Infrastrukturen entschied. Anstatt Kooperationspartnerschaften mit DDR-Altbanken einzugehen, sollte die Erschließung des ostdeutschen Bankensektors ausschließlich durch den eigenständigen Aufbau eines flächendeckenden Filialnetzes erreicht werden.[54] Angesichts des Anspruchs, noch vor anderen Banken eine signifikante Präsenz in Ostdeutschland zu etablieren, erscheint diese Strategie kontraintuitiv, da auf diese Weise ein deutlich höherer Zeit- und Ressourcenaufwand benötigt wurde als bei einer Nutzung bestehender Ressourcen. Es wurde jedoch argumentiert, dass eine schnelle und großflächige Kundenbindung nur dann erreicht werden könne, wenn die Bank direkt »vom ersten Tag der Geschäftsaufnahme an den kompletten Service einer westlichen Bank zu bieten« in der Lage sei. Dazu wäre weniger die Präsenz voll ausgestatteter Filialen notwendig als ein voll ausgebildeter Personalbestand, der umgehend die gesamte Dienstleistungspalette der westdeutschen Commerzbank anbieten könnte. Bei der Übernahme bestehender DDR-Altbanken hätte das Fachpersonal erst in langwierigen Prozessen an die Standards westdeutscher Bankgeschäfte herangeführt werden müssen, was den Aufbau von Serviceangeboten hinausgezögert und konkurrierenden Banken die Zeit gegeben hätte, entscheidende Marktanteile in Ostdeutschland zu gewinnen.[55]

Zur Zielerreichung im Privat- und Individualkundengeschäft wurde eine dreiphasige Entwicklungsstrategie beschlossen. Während der ersten beiden Phasen sollten bis 1995 der Aufbau des Geschäftsstellennetzes, die langfristige personelle Besetzung sowie die Etablierung der Commerzbank bei den ostdeutschen Zielgruppen abgeschlossen werden, sodass die dritte Entwicklungsphase ab 1995 zur Anpassung an westdeutsche Verhältnisse sowie zu einer Überprüfung der Produktschwerpunkte genutzt werden könnte. Im Verlauf der ersten Entwicklungsphase sollte der flächendeckende Ausbau des Geschäftsstellennetzes bis Ende 1991 seinen Abschluss finden. Weitere Filialeröffnungen würden nur noch »nach positiver Potenzialeinschätzung« erfolgen.[56] Nachdem Ende des Geschäftsjahrs 1990 schon insgesamt 51 Geschäftsstellen mit etwa 750 Mitarbeitern tätig waren, wurden die Expansionen im Verlauf des Jahres 1991 weiter vorangetrieben, wobei bis zum Jahresende die Errichtung von insgesamt 100 Geschäftsstellen als Ziel gesetzt worden war, von denen mindestens 60 Niederlassungen voll operationsfähig sein mussten.[57] Da sich die Bank gegen die Übernahme bestehender Geschäfts- und Personalstrukturen ausgesprochen hatte, war die Eröffnung einer derart hohen Zahl neuer Niederlassungen nur möglich, indem die wichtigsten Positionen mit erfahrenem Personal aus westdeutschen Filialen besetzt wurden.

Anhand der angeführten Beschwerden des Gesamtbetriebsrats zeigt sich jedoch, dass diese Maßnahme nur eine Übergangslösung darstellen konnte, um das Ziel der vollen Funktionsfähigkeit bis Ende 1991 zu erreichen.[58] Um die langfristige Personalbesetzung des ostdeutschen Filialnetzes gewährleisten zu können, wurden parallel zum Ausbau des Geschäftsstellennetzes frühzeitig die Rahmenbedingungen zur Schaffung von Aus- und Weiterbildungsstrukturen innerhalb der ostdeutschen Filialen geschaffen. Ein unmittelbar nach Eröffnung der ersten Niederlassungen etabliertes Sofortprogramm richtete sich an berufserfahrene ostdeutsche Bankangestellte, die in den Fortbildungszentren der westdeutschen Commerzbank an die Unternehmensstrukturen der Bank herangeführt wurden. In einem zweiten Schritt durchliefen sie ein Jobtraining in westdeutschen Filialen. Auf diese Weise sollte in kurzer Zeit eine erste »Kohorte« qualifizierten Personals zur Ablösung der westdeutschen Mitarbeiter bereitstehen.[59]

Nach Abschluss des Niederlassungsaufbaus Ende 1991 war die zweite Entwicklungsphase zwischen 1992 und Ende 1994 durch den Wunsch zur Absicherung der »Kontinuität im Betreuungspersonal« geprägt. Bis zum Ende der zweiten Entwicklungsphase im Jahr 1994 sollten feste Ausbildungsstrukturen geschaffen werden, die langfristig eine von den westdeutschen Filialen unabhängige Personalversorgung der ostdeutschen Filialen sichern konnten.[60] Hierzu wurde ein Traineeprogramm eingerichtet, das sich explizit an ostdeutsche Hochschulabsolventen richtete, die im Rahmen eines etwa 30-monatigen Programms zu Führungskräften und Spezialpersonal, vor allem für den Bereich der Firmenkundenbetreuung, ausgebildet werden sollten. Für die Ausbildung des regulären Bankpersonals wurden die Strukturen der westdeutschen Bankausbildung schrittweise auf die ostdeutschen Filialen übertragen, wobei der praktische Teil der Ausbildung noch bis etwa Mitte der 1990er Jahre weiter in westdeutschen Geschäftsstellen durchgeführt wurde, bis eine »kritische Masse« qualifizierten Personals in den ostdeutschen Filialen vorhanden war, um den Ausbildungsprozess unabhängig von westdeutschen Einflüssen gewährleisten zu können.[61] In diesem Zusammenhang boten sich gerade für Frauen bessere Karrierechancen als in Westdeutschland.[62]

Neben der Personalqualifikation richteten sich die Aktivitäten der zweiten Entwicklungsphase vor allem auf die Kundenakquisition. So wurde das Ziel formuliert, bis 1995 die Commerzbank bei einem möglichst großen Anteil des ostdeutschen Privatkundenstamms als Hausbank zu etablieren und wechselbereite Kunden der ostdeutschen Sparkassen abzuwerben. Zur Erreichung dieser Ziele wurden zwischen 1992 und 1995 zahlreiche Werbemaßnahmen zur Erhöhung des Bekanntheitsgrads der Commerzbank in Ostdeutschland durchgeführt.[63]

Ergebnisse der Expansion in Ostdeutschland bis Mitte der 1990er Jahre

Mit Abschluss des Geschäftsjahrs 1994 sah die Expansionsstrategie den Eintritt in die letzte Phase vor, die primär nur noch dazu genutzt werden sollte, eventuelle Feinanpassungen vorzunehmen.[64] Der Wachstumskurs der Filialen war rasant gewesen. Ende Januar 1991 verfügte die Commerzbank über 55 Filialen und betreute 150 000 Kunden, darunter 5000 Firmenkunden.[65] Ende 1993 lag die Zahl der Standorte in den neuen Bundesländern bei 113 (Mitte 2000 übrigens bei 180).[66] So beindruckend diese Zahlen auch erscheinen, sind sie allein jedoch irreführend. Bei einer Bewertung der Zielerreichung der Strategie für Ostdeutschland bietet sich ein deutlich ambivalenteres Bild.

Einem im Juni 1994 dem Vorstand präsentierten Bericht zur »Position der Commerzbank in den neuen Bundesländern« lässt sich entnehmen, dass die Expansionsziele im Firmenkundengeschäft weitgehend der Planung gemäß umgesetzt werden konnten. Noch früher als ursprünglich vorgesehen gelang es schon zum Jahresende 1993, einen Marktanteil von 10 Prozent zu erreichen. Den Erwartungen an das Modernisierungsbedürfnis der ostdeutschen Wirtschaft entsprechend, bildete das Kreditgeschäft die wichtigste Sparte im Firmenkundengeschäft. Insgesamt gelang es der Commerzbank, auf einen Marktanteil von 10,7 Prozent im Bereich der Industriefinanzierung zu kommen. Besonders im kurzfristigen Kreditgeschäft war die Commerzbank Ende 1993 gut positioniert und konnte sogar 11,5 Prozent des Markts für sich beanspruchen.[67]

Auch die Bemühungen zur Privatisierung und Umstrukturierung ostdeutscher Unternehmen führten relativ schnell zu positiven Ergebnissen. Schon im Rahmen des Geschäftsberichts 1991 wurde festgestellt, dass die Vermittlung westeuropäischer Investoren so erfolgreich sei, dass die Organisation ähnlicher Maßnahmen für andere osteuropäische Märkte angedacht wurde.[68] Die Erfahrungen der ersten Jahre zeigten, dass die 37 auf das Firmenkundengeschäft spezialisierten Filialen zu diesem Zeitpunkt für eine flächendeckende Betreuung noch ausreichten, für die Zukunft wurde jedoch die Option offengehalten, weitere Filialen zu eröffnen. Tatsächlich war die Auslastung im Firmenkundengeschäft Ende 1994 so hoch, dass die Möglichkeit in den Raum gestellt wurde, Filialen für die ausschließliche Bearbeitung des Firmenkundengeschäfts einzurichten, um den Marktanteil und die Vertriebsaktivitäten in der Fläche bei gleichbleibender Betreuungsqualität abzusichern.[69]

Insgesamt war der Zielerreichungsgrad im Firmenkundengeschäft sehr zufriedenstellend, sodass perspektivisch vor allem die Bewahrung der Marktanteile in den Mittelpunkt rückte. Zu Beginn des Expansionsprozesses sah sich die Commerzbank vor allem der Konkurrenz der anderen deutschen

Großbanken ausgesetzt. Der Vorstandsvorlage vom 25. Juni 1994 zufolge waren es Mitte der 1990er Jahre jedoch vor allem die Sparkassen und Volksbanken, die als schärfste Konkurrenz für die Commerzbank gewertet wurden, da dieselben Zielgruppen im mittelständischen Firmenkundengeschäft angesprochen wurden.[70] Als Maßnahmen für eine weitere Stärkung des Firmenkundengeschäfts wurde im Rahmen eines Strategiepapiers vom Juni 1994 daher einerseits ein noch stärkeres Engagement im Bereich der kommunalen Finanzierung in Erwägung gezogen und andererseits eine Verdichtung der Serviceleistungen zur Kundenbindung durch den verstärkten Einsatz von Telefongeschäften aus der Zentrale in Aussicht gestellt.[71]

Im Gegensatz zu dem zufriedenstellenden Ergebnis der Bemühungen um die Entwicklung des Firmenkundengeschäfts bestanden um 1995 aber sowohl im Privat- und Individualkundengeschäft als auch bei der strategischen Entwicklung des ostdeutschen Niederlassungsnetzes insgesamt zum Teil noch deutliche Defizite gegenüber den Zielvorgaben von 1991. So klafften im Firmenkundengeschäft bei der Planstellenbesetzung einige Lücken: Von den insgesamt 135 veranschlagten Stellen für Firmenkundenbetreuer waren bis April 1994 nur 113 Stellen besetzt.[72] Während bei den Privatkundenbetreuern im April 1994 nur eine Lücke von 13 Planstellen bis zur Erreichung des Solls von 333 Betreuern bestand, waren gerade im Bereich der Individualkundenbetreuung noch 31 der insgesamt 228 Planstellen unbesetzt.[73]

Zwar wurde das Besetzungsniveau Mitte 1994 als mehr oder weniger »zufriedenstellend« bezeichnet, jedoch wurde beklagt, dass gerade in leitenden Positionen Lücken bestanden, die sich nicht durch ostdeutsches Personal schließen ließen. Entgegen den optimistischen Prognosen zu Beginn der 1990er Jahre, dass durch den Ausbau der Ausbildungsmaßnahmen bis Mitte der 1990er Jahre eine weitgehende Vollbesetzung mit ostdeutschem Personal erreicht werden könne, bestanden nach dem Bericht vom Juni 1994 bei den Ostmitarbeitern noch immer qualitative Defizite bei »bankgeschäftlicher Erfahrung, Führungs- und Verkaufspraxis«, die nur »mittelfristig abbaubar« seien.[74] Daher wurde beschlossen, die Fortbildungsmaßnahmen weiter zu verbessern. Als zusätzliches Qualifikationsprogramm wurde ein weiteres Austauschprogramm eingerichtet. Hierbei wurden Experten aus dem westdeutschen Filialbereich temporär als Coaches in ostdeutschen Filialen eingesetzt. Darüber hinaus wurden Berater der ostdeutschen Niederlassungen zu weiteren Qualifizierungen in westdeutsche Niederlassungen versetzt.[75]

Dennoch konnte vor allem die Entwicklung des Privatkundengeschäfts die strategischen Erwartungen der frühen 1990er Jahre nicht vollständig befriedigen. Im Gegensatz zum Firmenkundengeschäft, in dem schon Ende 1993 die Zielvorgaben übererfüllt werden konnten, war die Commerzbank im Privatkundengeschäft Mitte 1994 zum Teil deutlich von den Zielvorgaben entfernt. Gemäß der ursprünglichen Planung sollten Ende 1994 insgesamt circa 392 000 Kontoverbindungen im Privatkundengeschäft bestehen, wovon

325 000 auf reguläre Privatkunden und weitere 67 000 auf Individualkunden entfallen sollten. Auf diese Weise wäre der Grundstein zur Erreichung von circa 630 000 Kontoverbindungen bis 1997 gelegt.[76] Zum Zeitpunkt der Bestandsaufnahme im Juni 1994 lag die Zielerreichung bei den Privatkunden mit 256 750 Kontoverbindungen nur bei 79 Prozent, bei den Individualkunden mit 48 910 von 67 000 geplanten Kunden sogar nur bei 73 Prozent.[77]

Obwohl die Verbindungsquote des Individualkundengeschäfts somit enttäuschend ausfiel, entpuppte sich das Wachstum des Geschäftsfelds insgesamt trotzdem als erfolgreich. Bis auf den Bereich der Spareinlagen, die mit 386 Mio. DM das westdeutsche Niveau zu 97 Prozent erreichten, lagen die Marktanteile in allen weiteren Bereichen des Individualkundengeschäfts trotz der geringen Kundenzahlen deutlich über dem westdeutschen Niveau. Besonders ragten die Bereiche der privaten Kredite und der Baufinanzierung heraus. Die privaten Kredite beliefen sich Mitte 1994 auf 1,242 Mrd. DM, was einer 247-prozentigen Zielerreichung entsprach, während die Baufinanzierung mit 400 Mio. DM eine 190-prozentige Zielerreichung vorweisen konnte.[78] Das zu Beginn der ostdeutschen Expansion formulierte Ziel eines höheren Marktanteils im Individualkundengeschäft gegenüber Westdeutschland war somit erreicht.

Dieses Ergebnis konnte jedoch nicht über die besorgniserregenden Entwicklungen des breiten Privatkundengeschäfts hinwegtäuschen. Nur in drei der fünf Geschäftsbereiche waren westdeutsche Marktanteile erreicht worden. Zwar bewegten sich die ostdeutschen Spareinlagen hier bei 1,46 Mrd. DM und die Sichteinlagen bei 273 Mio. DM, was je 103 und 105 Prozent Zielerreichung entsprach, gerade jedoch die wichtigen Bereiche der Baufinanzierung und der privaten Kredite lagen 1994 weit hinter den Erwartungen zurück. Mit 189 Mio. DM lag die Baufinanzierung nur bei 68 Prozent, während das private Kreditgeschäft mit 353 Mio. DM sogar nur eine Zielerreichung von 36 Prozent aufweisen konnte.[79] Obwohl die Filialstandorte Mitte 1994 vollständig ausgebaut waren, wurde als Reaktion auf diese Entwicklungen über eine weitere Expansion städtischer Standorte zur besseren Ansprache der Privatkunden und zusätzliche Betreuungskapazitäten nachgedacht.[80]

Tatsächlich handelte es sich bei diesen Problemen um keine rein ostdeutschen Fehlentwicklungen. Wie sich im weiteren Verlauf zeigen wird, deuteten sich an dieser Stelle einige grundlegende Probleme des Privatkundengeschäfts an, die während der zweiten Hälfte der 1990er Jahre von der gesamten Bank einen strategischen Kurswechsel zur Sanierung und Modernisierung des Geschäftsfelds erforderten.

Blickt man auf die Großbankenkonkurrenz, dann fällt auf, dass auch die Deutsche Bank – bei vielen strategischen Überlegungen Orientierungspunkt des Managements der Commerzbank – ihr Ziel verfehlte, im Privatkundengeschäft höhere Marktanteile als in der alten Bundesrepublik zu erzielen. Dies lag vor allem daran, dass die Ex-DDR-Sparkassen ihren Marktanteil auf hohem Niveau verteidigten, da sich die dortigen Nachfrager – wahrscheinlich angesichts der Umbrüche in den meisten übrigen Lebensbereichen – als sehr loyal erwiesen. Auch trugen ihr (im Vergleich zu der stark in den Medien präsenten Dresdner Bank) geringerer Bekanntheitsgrad und ihre Standorte in ehemaligen Staatsbankgebäuden (»Stasi-Ambiente«[81]) dazu bei, dass die Deutsche Bank ihre anfangs gesetzten Marktanteilsziele revidieren musste.

1.3 Wechsel an der Spitze und Suche nach mehr Rentabilität

Mit der Hauptversammlung im Mai 1991 endete die zehnjährige »Ära« Walter Seipps, und Martin Kohlhaussen rückte – auf dessen Vorschlag hin – an die Spitze des Vorstands; Seipp übernahm den Vorsitz des Aufsichtsrats, den er bis 1999 behalten sollte. Allerdings musste sich Kohlhaussen wieder mit der Bezeichnung »Sprecher« statt »Vorsitzender« begnügen. Diese Bezeichnung trugen indes auch die Spitzen der beiden anderen Großbanken, Hilmar Kopper (Deutsche Bank) und Wolfgang Röller (Dresdner Bank). Zum Amtsantritt von Kohlhaussen gehörten dem Vorstand an: Erich Coenen (Firmenkunden Inland), Dietrich-Kurt Frowein (Private Kunden), Peter Gloystein (Organisation), Kurt Hochheuser (Kreditrisiko, Revision), Klaus Müller-Gebel (Personal, Recht und Steuern), Jürgen Reimnitz (Kommerzielles Auslandsgeschäft), Kurt Richolt (Konsortialgeschäft), Axel Freiherr von Ruedorffer (Exportfinanzierungsgeschäft), Jürgen Terrahe (EDV, Bau), Jürgen Lemmer (Handel und Institutionelle), Klaus-Peter Müller (Neue Bundesländer).[82]

Seipp und seinen Nachfolger verbanden zahlreiche biografische Ähnlichkeiten und Berührungspunkte.[83] Auch Kohlhaussen stammte aus Hessen, wurde am 6. November 1935 in Marburg/Lahn geboren. Sein Vater war evangelisch-lutherischer Pfarrer und nach dem Krieg in Hanau tätig, wo Kohlhaussen aufwuchs und 1955 das Abitur ablegte. Mit Kohlhaussen rückte demnach erstmals ein Mann an die Spitze, der nicht mehr aktiv am Krieg teilgenommen hatte. Zwar wollte er zunächst Bergbau studieren, entschied sich dann aber (ebenso wie Seipp) für ein Jurastudium (in Frankfurt, Freiburg und Marburg). Auch ihn zog es zunächst zur Deutschen Bank, bei der er rasch in die Leitung der Filiale Hanau rückte. Und auch ihn reizte das Ausland, da er das Angebot Seipps annahm, die neue Filiale Tokio der West LB zu übernehmen (1976). Später wechselte er für das Institut nach New York (1979 bis 1981) und sammelte dort umfangreiche internationale Erfahrungen. Seipp war es auch, der ihn als neuer Vorstandsvorsitzender der Commerzbank 1982 zu diesem Haus holte, in dem er zunächst stellvertretendes Vorstandsmitglied und im November des Jahres ordentliches Vorstandsmitglied wurde. Zuständig war Kohlhaussen für das Ressort Geld und Devisen in Nachfolge von Engelbert Dicken, sodass er sich um die Beseitigung der problematischen Inkongruenz in der Refinanzierungsstruktur der Commerzbank kümmern musste. Weiterhin war er – vor dem Hintergrund seiner bisherigen Erfahrungen konsequent – für die Auslandsbereiche Fernost und Großbritannien, die Filialen London, Hongkong und Tokio und die Tochtergesellschaften in Luxemburg, Singapur und Japan zuständig. Und letztlich war auch Martin Kohlhaussen bei Amtseintritt wie Seipp 55 Jahre alt.

So ähnlich sich ihr Lebensweg gestaltete, so unterschiedlich waren sich Seipp und Kohlhaussen vom Typus her. Ersterer wurde in der Presse als »Walter the tank« oder »Deutschlands härtester Banker« bezeichnet, trat in der Öffentlichkeit als »Freund klarer Worte«[84] bis hin zur »Aggressivität«[85] auf. So hatte er sich mit Blick auf die Schuldenkrise nicht gescheut, eine dezidierte Gegenposition zu Alfred Herrhausen einzunehmen, ja geradezu als ein Antipode aufzutreten, indem er sich strikt gegen einen Schuldenerlass für die lateinamerikanischen Staaten aussprach.[86] Intern wurden ihm ein nüchterner, sachlicher Arbeitsstil, Dialogfähigkeit und Entscheidungsfreude bescheinigt.[87] Kohlhaussen war demgegenüber eher »ein Mann der leisen Töne«, ein »stiller Macher«.[88] Daher war er bis zu seiner Nominierung in der Öffentlichkeit auch sehr »zurückhaltend, ruhig und gelegentlich auch ein wenig profillos«[89] aufgetreten. Es wurden deswegen »hier und da doch leichte Zweifel« geäußert, ob er der richtige Nachfolger Seipps sei, da er in der Vergangenheit kaum aus dessen Schatten herausgetreten sei. Ein eigenes Profil schon vor seiner Ernennung hätte man ihm indes – so Kohlhaussen – als Disziplinlosigkeit ausgelegt. Insofern verkörperte er ein eher klassisches Berufs- und Positionsverständnis: »Mir liegt von der beruflichen Erfahrung her der Banker traditioneller Auffassung sicherlich ziemlich nah.«[90]

Strahlte Seipp Dynamik und Lebensfreude aus, wirkte Kohlhaussen eher wie ein Kontrastprogramm, wie der »asketische Typus des Verwaltungsfachmanns«.[91] Doch während er in seinen Außenauftritten als »bedachtsam, äußerst zurückhaltend, spröde«[92] und mit »Scheu vor der Presse«[93] (»Jeder Tag, an dem die Commerzbank nicht in der Zeitung steht, ist ein guter Tag«[94]) bezeichnet wurde, galt er intern als »höchst angenehm und zugänglich«[95], als »guter Zuhörer«[96]. Er wurde als »Martin the Moderator«[97] oder sogar »St. Martin«[98] bezeichnet und ging sehr offen auf die Mitarbeiter des Hauses zu. Dabei war seine Führungsphilosophie eindeutig: »Es gibt kein Team ohne klare Führung, es gibt keine unternehmerischen Strategiedefinitionen als Ergebnis endloser Diskussionen. Ich bin niemand, der sich in Basisdiskussionen verzetteln möchte.«[99] Seine Arbeitsauffassung beschrieb er so: »Voller Engagement für die Aufgabe, die einem übertragen wurde, Gründlichkeit, Arbeitsdisziplin, Bereitschaft, die Fähigkeit zur sachlichen Zusammenarbeit. Arbeitsstil: intensiv, sachbezogen und emotionsfrei bearbeiten und entscheiden.«[100] Er sah sich »angetreten, die ›Effizienz zu verbessern und die Ressourcen zu bündeln und besser zu führen.‹ Dafür schiebt er auch Sonderschichten. So ist Wochenendarbeit für ihn eine ›Selbstverständlichkeit‹. Mehr Einsatz fordert er aber auch von seinen Mitarbeitern. Denn sechs Wochen Ferien im Jahr sind, wie er meint, mehr, als ein Erwachsener braucht. Kohlhaussen: ›Man muss ja nicht immer den Resturlaub nehmen.‹«[101]

Tatsächlich schälte sich die Rentabilitätssteigerung durch Effizienzerhöhung als das Kernthema der Amtszeit von Martin Kohlhaussen als Vorstandssprecher heraus – sein Vorgänger hatte ihm als strategische Prioritäten noch mit auf den Weg gegeben: »1. Ausbau des Filialgeschäfts in Ostdeutschland, 2. Weiterentwicklung Allfinanz, 3. Erschließung europäischer Binnenmarkt.«[102] Dabei war bei Seipp – möglicherweise auch aus biografischen Gründen – immer ein starker Fokus auf die Entwicklung der beiden anderen Großbanken, insbesondere der Deutschen Bank, erkennbar, auch wenn er in einem Interview die Einschätzung vertrat: »›Wir sind der Tiger‹, ... die Deutsche Bank, das sei der Elefant.«[103]

Obwohl in Seipps Dekade die Ertragskraft gestärkt, die Dividendenfähigkeit und Möglichkeiten der Reservebildung wiedererlangt wurden,[104] war die Basis der Finanzressourcen doch zu gering, um große Entwicklungssprünge wie bei der Deutschen Bank (Gründung einer eigenen Bausparkasse sowie Lebensversicherung, Kauf einer bedeutenden Investmentbank) zu alimentieren. Wie Tabelle 11 zeigt, lag die bilanzielle Eigenkapitalquote der Commerzbank in den Jahren 1988 bis 1990 deutlich unter der der Deutschen und der Dresdner Bank sowie der (damals noch eigenständigen) Bayerischen Hypotheken- und Wechsel-Bank. Wie »eng« das »Eigenkapitalkleid« der Commerzbank vor dem Hintergrund der bankaufsichtlichen Vorschriften war, die das Kreditvolumen auf das 18-Fache dieser Ressource begrenzten, zeigt folgendes Zitat aus der Sondervorstandssitzung Anfang 1990: »Unverändert besteht ... wie in den vergangenen Jahren die Notwendigkeit, das knappe Eigenkapital nur ertragsorientiert einzusetzen (und/oder weitere Kapitalmaßnahmen zu realisieren). Der ertragsorientierte Einsatz der Eigenmittel erfordert Restriktionen im Volumen der Bankenaktiva und bei nicht den Mindestmargenanforderungen genügenden Krediten.«[105]

Die Eigenkapitalrendite wies eine sinkende Tendenz und 1990 den niedrigsten Wert der von der Commerzbank intern in einem Konkurrenzvergleich berücksichtigten Wettbewerber auf. Ursächlich hierfür war zum einen eine mangelnde Ertragskraft. Bereits zwischen 1983 und 1989 war die Hauptergebnisquelle der Bank, die Zinsspanne, von 2,64 auf 2,00 Prozent gesunken. Damit lag die Commerzbank deutlich hinter den anderen beiden Großbanken (Deutsche Bank 1989: 2,45 %; Dresdner Bank 1989: 2,2 %).[106] Zum anderen ließen die Kosten für den zunehmend notwendigen technischen Ausbau und das Personal den Verwaltungsaufwand stetig steigen. Diese beiden Entwicklungen führten zu dem im Konkurrenzvergleich mit Abstand schlechtesten Wert für die Aufwandsrentabilität. Und auch in

	Commerzbank			Deutsche Bank			Dresdner Bank			Bayerische Vereinsbank			Bayerische Hypotheken- und Wechsel-Bank		
Jahre	**1988**	**1989**	**1990**	**1988**	**1989**	**1990**	**1988**	**1989**	**1990**	**1988**	**1989**	**1990**	**1988**	**1989**	**1990**
Bilanzsumme in Mrd. DM	180	192	216	305	343	400	231	250	283	163	174	206	135	153	175
Eigenkapital in Mrd. DM	5,20	5,90	6,40	11,50	14,30	15,60	7,60	9,10	9,60	4,10	4,30	4,90	4,20	4,80	4,70
Bilanzielle Eigenkapitalquote in %	2,90	3,09	2,08	3,77	4,17	3,90	3,29	4,14	3,39	2,51	2,48	2,37	3,11	3,14	2,69
Eigenkapitalrendite[1] in %	9,25	7,95	6,70	10,36	7,13	8,64	7,74	9,82	6,72	7,16	7,88	6,86	6,37	6,62	7,81
Aufwandsrentabilität[2] in %	32,54	34,4	37,67	50,79	57,87	54,32	39,74	44,56	41,47	–	53,03	40,10	63,99	60,23	58,07

[1] Auf die durchschnittliche Bilanzsumme gerechnet; Eigen- ohne Ergänzungskapital.
[2] Zins- und Provisionsüberschuss abzüglich Verwaltungsaufwand (Teilbetriebsergebnis) in Relation zum Verwaltungsaufwand.

Tabelle 11: Zentrale Kennzahlen im Konkurrenzvergleich (1988–1990)[107]

Marktwerten gerechnet war die Bank unter Seipp sogar gegenüber den beiden Großbanken zurückgefallen. Während sich die Commerzbank zwischen 1981 und 1991 von 2,2 auf 7,6 Mrd. DM entwickelte, verzeichnete die Dresdner Bank eine Steigerung von 2,6 auf 15 Mrd. DM und die Deutsche Bank sogar von 6,5 auf 32 Mrd. DM.[108]

Insofern musste Kohlhaussens Ziel klar sein und lautete knapp: »Eine schlankere Bank, die weniger kostet, aber mehr leistet.«[109] Bei der Zielstellung rückte der Vorstand »Rentabilität« vor »Größe« und »Eigenständigkeit«.[110] Dabei lag die strategische Priorität auf Reformen sowohl des Filialnetzes als auch der Zentrale, einer Verstärkung des Technikeinsatzes und neuen differenzierten Beratungsformen. Kosten zu senken, um die Rentabilität zu erhöhen – dieses Effizienzstreben konnte Kohlhaussen von seiner Persönlichkeit her authentisch verfolgen.

Im Übergang von Seipp zu Kohlhaussen hatte die Bank noch das folgende Leitbild in ihrem Geschäftsbericht formuliert, anhand dessen sich sowohl das Selbstverständnis als auch das gewünschte Fremdbild gut ablesen lassen:[111]

Unternehmerisches Handeln

Um die Lebens- und Entwicklungsfähigkeit unserer Bank in einem sich ständig wandelnden Umfeld zu erhalten, haben wir uns langfristige Gewinnoptimierung und Wachstum zum Ziel gesetzt. Nachhaltig stabile, hohe Erträge und eine hiervon abhängige Stärkung der Kapitalbasis sind wesentliche Voraussetzungen für stabiles Wachstum. In der gesamten Wertschöpfung unseres Unternehmens – Personalaufwand, Steuern und Gewinn – liegt gleichzeitig unser Beitrag für die Allgemeinheit. Unternehmerisches Handeln bringt es mit sich, dass aufgrund von Fehleinschätzungen gelegentlich auch falsche Entscheidungen getroffen werden. Alle müssen aber hieraus lernen. Fehler dürfen nicht zum Schaden des Unternehmens verschleiert werden.

Partnerschaftliche Kundenbeziehung

Im Mittelpunkt unserer unternehmerischen Strategien und Konzepte steht der Kunde. Ihn mit einem bedarfsgerechten Service bei günstigem Preis-Leistungs-Verhältnis zufriedenzustellen, ist oberstes Ziel; dabei helfen uns ein hohes Beratungs- und Betreuungsniveau sowie der Einsatz moderner Technik. Dies ist unser Weg, um letztlich auch den Commerzbank-Mitarbeitern sichere und interessante Arbeitsplätze sowie den Commerzbank-Aktionären eine angemessene Verzinsung des eingesetzten Kapitals bieten zu können. Vertrauen, faire Partnerschaft und Zuverlässigkeit bilden die Basis unserer Geschäftsbeziehungen. Diese Haltung wird mit »Die Bank an Ihrer Seite« umschrieben und ist Grundlage unseres Handelns.

Kommunikation und Organisation

Der Vorstand der Commerzbank AG führt den Konzern nach einem einheitlichen Konzept im Rahmen der strategischen Gesamtplanung. In einer Stab-/Linienorganisation agieren die operativen Einheiten des Konzerns eigenverantwortlich auf der Basis klarer Entscheidungs- und Verantwortungsstrukturen. Eindeutige Zuständigkeiten und durchgängige Führungsprinzipien schaffen hierfür die Voraussetzung. Jede betriebswirtschaftliche Einheit – von der Geschäftsstelle bis zur Konzerntochter – wird als Profit-Center geführt. Moderne und innovative Techniken zur Informationsverarbeitung unterstützen das unternehmerische Handeln, die kundenorientierte Dienstleistung und die rationelle Abwicklung der Bankgeschäfte.

Gesellschaftliche Verantwortung

Wir engagieren uns für sozial- und umweltverträglichen Fortschritt. Bei unseren internationalen Aktivitäten respektieren wir die Kultur anderer Völker. Unseren Einfluss auf das Wirtschaftsgeschehen wollen wir gegenüber der Allgemeinheit jederzeit verantworten können. Das gilt auch für universalbanktypische Aufgaben wie das Ausüben des Vollmachtstimmrechts, Erwerb und Verkauf von Beteiligungen sowie die Übernahme von Aufsichtsrats- und Beiratsmandaten durch unsere Führungskräfte. Wir demonstrieren Glaubwürdigkeit in der Ausübung von Mandaten sowie in der von uns erwarteten Beratung und Mitwirkung. Als große Bank leisten wir unseren Beitrag zur Funktionsfähigkeit der Geld-, Kapital- und Devisenmärkte im nationalen und internationalen Bereich.

Unternehmen, Tradition und Ziele

In der weltoffenen Tradition unserer Bank fühlen wir uns unseren Kunden partnerschaftlich verpflichtet. Aus dieser langen und erfolgreichen Zusammenarbeit beziehen wir Stärke und Selbstvertrauen. Wir sind eine führende deutsche Universalbank mit dichtem nationalen Geschäftsstellennetz und im Inland eine Bank für jeden Kunden – besonders für den anspruchsvollen. Wir denken und fühlen aber auch europäisch und streben an, im Europa der Zukunft eine führende Bank zu sein. Als global tätiges Institut legen wir großen Wert auf internationales Know-how und Präsenz in allen wichtigen Wirtschaftsregionen und Finanzzentren der Welt.

Führung und Zusammenarbeit

Unsere Mitarbeiter bestimmen durch ihre Leistung entscheidend den Unternehmenserfolg. Unsere Führungskräfte handeln mit unternehmerischem Selbstverständnis im Rahmen ihrer Entscheidungskompetenzen eigenverantwortlich. Ihre Mitarbeiter führen sie im Sinne dieses Leitbilds nach einheitlichen Grundsätzen und Leitlinien durch Vorbild und Überzeugung. Unsere Mitarbeiter sind engagiert, haben Verständnis für die Bedürfnisse unserer Kunden, handeln unbürokratisch und werden von sich aus aktiv, um der gemeinsamen Sache zu dienen. Leistungswille, Mut, Beharrlichkeit und Selbstbewusstsein – ohne Arroganz – zeichnen sie aus. Wir respektieren Individualität und fördern Meinungsvielfalt als Voraussetzung eines fruchtbaren Dialogs.

Unter Kohlhaussens Führung wurde dann in dem 1993 erschienenen Geschäftsbericht für das Jahr 1992 in folgender Weise Rück- und Vorschau gehalten und dabei das Rentabilitätsziel deutlicher betont:[112]

»Kern des Erfolgs der Commerzbank-Gruppe war und ist die klare Ausrichtung auf den Kunden. Allerdings geben uns verstärkt betriebswirtschaftliche Maßstäbe die Entwicklung und Umsetzung von Produkten vor. Die Organisationsstruktur und den Informationsfluss haben wir unter Nutzung des technischen Fortschritts neu gestaltet und den veränderten Marktbedingungen angepasst.

Motor dieser Politik war das Bewusstsein, all unsere Möglichkeiten und unser Know-how noch mehr als in der Vergangenheit zu nutzen. Der ertragsorientierte Wachstumskurs hat von 1987 bis 1992, also in den letzten fünf Jahren, bei einer Steigerung des Geschäftsvolumens um 43,6 Prozent zu einem Anstieg des Teilbetriebsergebnisses um 84,4 Prozent geführt. Die Dividendenausschüttung ist in diesem Zeitraum um 40 Prozent gestiegen.

Wir erzielten diese Erfolge in einem Umfeld, das von nachhaltigen Veränderungen geprägt war: die Vision und schließlich die Etablierung des europäischen Binnenmarkts, die Reformen in Osteuropa, die deutsche Einigung sowie im Finanzsektor die weitgehende Bewältigung der Schuldenkrise oder die Realisierung der Allfinanz-Idee.

Die Commerzbank hat ihren strategischen Weg definiert. Es ist 1. der Aufbau einer starken Präsenz in Ostdeutschland und damit auch Sicherung unserer Position als eine der drei deutschen privaten Großbanken, 2. die Durchsetzung unseres Allfinanz-Konzeptes, 3. die Stärkung unserer Position in Europa einschließlich Osteuropa und 4. der Ausbau des internationalen Geschäfts über Europa hinaus, da wo ertragreiche Geschäftsmöglichkeiten dazu einladen.

Im Verfolgen dieser Ziele mit aller Konsequenz werden wir Ertragsstabilität, Ertragsqualität und weiteres Wachstum sowie Eigenständigkeit sichern. Die Potenziale dafür sind vorhanden.«

Sowohl dieses Bekenntnis als auch die von Seipp und Kohlhaussen modernisierte Unternehmenskultur sollten in einem neuen Verwaltungsgebäude

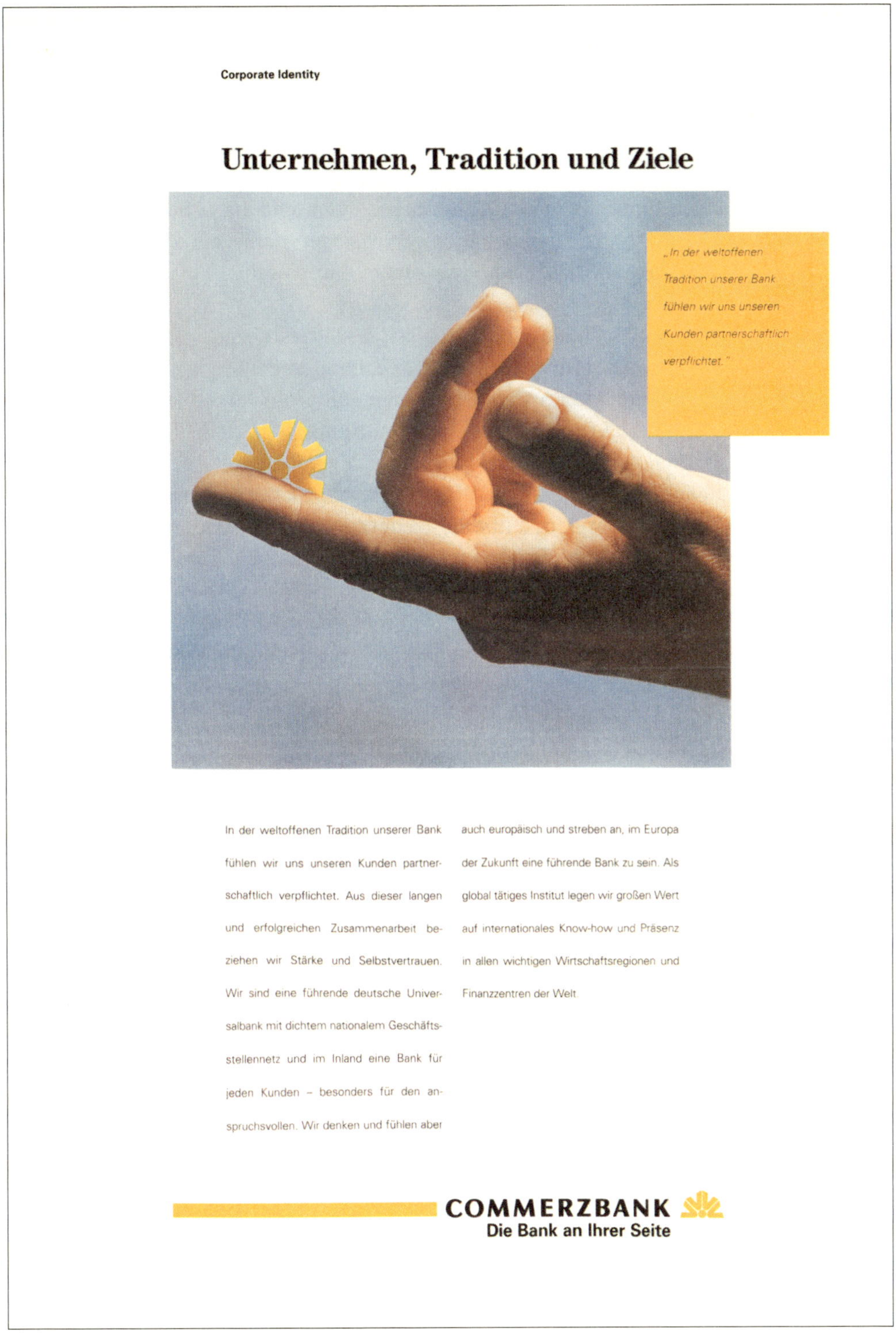

Plakat zum Leitbild der Commerzbank, 1990

für die Zentrale der Commerzbank in Frankfurt ihren materiellen Ausdruck finden. Frankfurt am Main hatte sich schon lange zuvor zum bedeutendsten Finanzstandort der Bundesrepublik entwickelt, und es wurde nicht erwartet, dass die Öffnung Ostdeutschlands und -europas hieran etwas ändern würde. Daher wurde auch die schon länger geplante Verlegung des juristischen Sitzes der Commerzbank von Düsseldorf nach Frankfurt nicht infrage gestellt, auf der Hauptversammlung 1990 beschlossen und am 5. September 1990 in das Handelsregister eingetragen. »Wir setzen damit ein Zeichen, dass wir von der Zukunft dieser Stadt als einem europäischen Finanzzentrum überzeugt sind.«[113]

Das neue Hochhaus sollte das seit 1974 bestehende Gebäude ergänzen und die Zergliederung der Hauptverwaltung beenden, die infolge des starken Wachstums der vorangegangenen Jahre auf 30 Außenstellen ausweichen musste.[114] Dabei ging es nicht nur um die Gestaltung eines einzelnen Büroturms, sondern vielmehr um dessen Angliederung an das bestehende Hochhaus, die Verbindung zu den denkmalgeschützten Häusern am zentral gelegenen Kaiserplatz und eine insgesamt harmonische Einpassung in die Frankfurter Skyline. Zu planen war ein Komplex aus Büro-, Geschäfts- und Wohnhäusern. Hierfür wurde 1991 ein Architektenwettbewerb ausgeschrieben, den im September des Jahres Sir Norman Foster gewann. 1997 wurde das neue Gebäude nach nur dreijähriger Bauzeit eröffnet. »Martin Kohlhaussen beschrieb den Bau als ›schlank, transparent und effizient‹ – Merkmale, die nicht zuletzt auf ihn selbst zutrafen.«[115]

»Ökologie« war der zentrale Begriff, der das Baukonzept in der öffentlichen Wahrnehmung in besonderer Weise prägen sollte. Damit wurde eine Aussage aus dem Leitbild des Commerzbank-Konzerns aufgegriffen: »Wir engagieren uns für einen umweltverträglichen Fortschritt.« Natürliche Belüftung, so viel Tageslicht wie möglich und originell gestaltete Grünflächen, sogenannte Himmelsgärten, sollten zum Wohlbefinden und zur Kommunikation der Mitarbeiter beitragen. Deren Bedürfnisse wurden insofern berücksichtigt, als sich Fenster öffnen ließen und die Klimaanlage innerhalb vorgegebener Gruppen individuell gesteuert werden konnte. Die Büros hatten entweder Blick auf die Stadt oder aber auf die »Gärten«, sodass auch optisch eine freundliche Arbeitsatmosphäre entstand. Das Konzept vermied – trotz seiner 259 Meter – den Eindruck eines massigen oder zu schweren Hochhauses. Auch der Kälte und Anonymität traditioneller Hochhaustürme wurde entgegengewirkt – dank Schaffung eines großen Platzes im Innenhof mit Einrichtungen für die Bank und öffentlich zugänglichen gastronomischen Angeboten. Indem der Neubau zentrale Werte aus dem Leitbild der Bank zum Ausdruck brachte, sollte er auch deren Bild in der Öffentlichkeit positiv beeinflussen. Sir Norman Foster bemerkte dazu: »Auch die Architektur prägt das Image eines Unternehmens.«[116]

Das neue Hochhaus in Frankfurt am Main wurde 1994 bis 1997 nach einem Entwurf des britischen Architekten Sir Norman Foster, Baron Foster of Thames Bank, erbaut; Foto: Ralph Richter.

1.4 Filialkonsolidierung in Westdeutschland und Zentrale-Reform

Da die Commerzbank Westdeutschland und das hier verankerte Privatkundengeschäft als ihren »Kernmarkt« verstand, sollten Konsolidierungsmaßnahmen diesen wichtigen Grundpfeiler des Geschäfts gegen die innerdeutsche sowie die europäische Konkurrenz wappnen.[117] Eine grundlegende Bestandsaufnahme des Filialapparats sollte dafür die Erfolgslage je Gebietsfiliale transparent machen. Am 27. Januar 1990 trat der Vorstand der Commerzbank zusammen, um über die Ergebnisse der Geschäftsstellenanalyse zu diskutieren. Zu diesem Zeitpunkt lag ein Überblick über die Jahre 1986 bis 1989 vor.

Die Deckungsbeiträge der Geschäftsstellen waren zwischen 1988 und 1989 um über 30 Prozent angestiegen und damit erstmals seit Jahren des Rückgangs stark positiv ausgefallen, dennoch konstatierte man, dass die Ursache dieses Erfolgs weniger auf strukturelle, langfristige Veränderungen, sondern in erster Linie auf die günstige Zinsentwicklung zurückzuführen sei. Daher handelte es sich nicht um eine Trendwende, sondern um exogene Effekte, die abhängig von der Zinsentwicklung in den Folgejahren auch ins Negative umschlagen könnten. Weiterhin stellte man fest, dass sich die Zweigstellen nicht homogen entwickelten: Nur ein Drittel der Gebietsfilialen erwirtschaftete positive Deckungsbeiträge.[118] Darüber hinaus wurden erfolgreiche Filialen immer ertragreicher, und weniger erfolgreiche Zweigstellen fielen zunehmend zurück.[119] Eine Ursache der Renditeverteilung lag nach den Ergebnissen der Geschäftsstellenanalyse in der Größe der Geschäftsstellen, gemessen in Vollzeitkräften (VZK). Obwohl es auch bei Geschäftsstellen gleicher Größe Rentabilitätsabweichungen gab, wurde ersichtlich, dass die Rentabilität mit steigender VZK-Zahl bis zur Größenklasse 30 bis 50 zu- und bei noch größeren Filialen wieder abnahm.[120] Geschäftsstellen, die langfristig weniger als sieben oder acht VZK benötigten, erwiesen sich als unprofitabel.[121]

Die unbefriedigende Rentabilitätslage[122] sowie die Perspektive eines sich weiter verstärkenden Wettbewerbs im EU-Binnenmarkt veranlassten den Vorstand, den Filialapparat einer grundsätzlichen Reform zu unterziehen. Dabei galt es, die Reform »pragmatisch, aber konsequent um[zu]setzen«[123] und schnell realisierbare Lösungen vermeintlich besseren, aber zeitaufwendigen vorzuziehen.[124] Am Ende der Reform sollte ein Filialnetz mit einer

»marktnahen« Struktur stehen, das der Commerzbank durch eine verbesserte Ertragslage eine solidere Basis für Herausforderungen und Wachstumsstrategien der Zukunft bot. Die existenzielle Bedeutung dieses Vorhabens – nicht nur für sein Haus – hatte Seipp in einem Interview mit der Wirtschaftswoche unterstrichen: »Wir sehen, dass sich die Konkurrenz weltweit erheblich gewandelt hat, bedingt durch die Schwäche der US- und japanischen Banken. Dies hat dazu geführt, dass die fast mörderische Konkurrenz bei den internationalen Finanzierungen einer stärkeren Besinnung auf die Notwendigkeit angemessener Margen gewichen ist. Die deutschen Universalbanken haben den Vorteil, alle Sparten, also auch das Wertpapiergeschäft abzudecken. Ihr Schicksal hängt entscheidend vom Privatkundengeschäft ab.«[125]

Zur Verwirklichung dieser zentralen Aufgabe wurde ein Team beauftragt, das aus Vertretern der Zentralbereiche Firmenkunden, Privatkunden, Wertpapier, Personal, Organisation, Koordination und Planung sowie Beratern von McKinsey bestand. Dabei sollte das sogenannte Z-Team nicht nur in engem Austausch mit der eigens dafür eingerichteten Vorstandskommission Geschäftsstellenstruktur stehen, sondern durch die Einbindung von Planungsteams der Gebietsfilialen auch den Austausch mit der operativen Basis der Commerzbank suchen.[126] Dieses Team erhielt den Auftrag, auf der Grundlage einer geeigneten Datenbasis Vorschläge zur Aufbauorganisation der Gebietsfilialen vorzulegen und eine Umsetzungsplanung zu entwickeln.[127]

Den Ergebnissen der Geschäftsstellenanalyse entsprechend lag dabei ein besonderes Augenmerk auf den kleineren Filialen. Der Vorstand wollte zwar Lösungen wie Schließungen oder Zusammenlegungen nicht unberücksichtigt lassen, verdeutlichte jedoch, dass Organisationskonzepte, in denen die Zweigstellen fortbestehen könnten – und sei es unter geänderter Struktur oder Aufgabenstellung –, zu bevorzugen seien.[128]

Die vom Z-Team entwickelte Strukturreform fußte auf vier Grundsätzen:

- Die Ressourcen der Commerzbank sollten in drei Filialtypen mit abgestuftem, marktorientiertem Leistungsangebot gebündelt werden,
- die Kundenorientierung im Vertrieb sollte durch ein Betreuungskonzept, das auf die drei Zielgruppen Privatkunden, Individualkunden (ab 5000 DM Nettoeinkommen bzw. 100 000 DM Vermögen[129]) und Firmenkunden zugeschnitten war, verbessert werden,
- die Bearbeitung und der Vertrieb sollten durch Zentralisierung, Bündelung und Standardisierung von Tätigkeiten sowie der zugrunde liegenden Produktpalette effizienter werden – dazu bedurfte es einer Straffung der Abläufe und Personalkapazitäten sowie eines kontinuierlichen Ausbaus der DV-Unterstützung,
- langfristig sollte eine erfolgreiche Führungsstruktur entstehen, indem klare marktorientierte Verantwortlichkeiten vergeben werden.[130]

Nachdem das Konzept für die Geschäftsstellenstruktur bis Ende Juli 1991 in den Pilotgebieten Bremen und Frankfurt getestet worden war, erfolgte die Umsetzungsplanung des auf Grundlage der gemachten Erfahrungen leicht modifizierten Konzepts bis Dezember 1991.[131] Der Zeitplan sah vor, dass die aufbauorganisatorischen Veränderungen bis Ende 1992 realisiert würden. Für die Anpassung der Personalkapazitäten wurde ein dreijähriger Zeitraum eingeplant.[132]

Organisatorische Umstrukturierung des Filialapparats

Seit den 1970er Jahren bestanden 40 Gebietsstellen, an die die übrigen Zweigstellen angeschlossen waren.[133] Die Strukturreform sah eine deutliche Reduzierung der übergeordneten Gebietsstellen auf lediglich 16 vor und etablierte einen dreistufigen hierarchischen Aufbau. Die 16 Gebietsstellen sollten zukünftig jeweils drei bis 16 Regionalfilialen vorstehen, die wiederum für die nachgeordneten Filialen in der Fläche verantwortlich zeichneten. Dieses System wurde indes nicht strikt durchgehalten, sondern in einigen Gebieten »den örtlichen Gegebenheiten angepasst, um künstliche Hierarchien dort (zu) verhindern, wo sie nicht zielführend gewesen wären«.[134] Beispielsweise wurde dieses Konzept für zehn Gebietsfilialen durchbrochen, indem man ihnen ohne Zwischenschaltung von Regionalfilialen unmittelbar 83 Filialen unterstellte. Auch die Regionalfilialen wurden von der Größe her nicht einheitlich gestaltet, sondern sollten die entsprechenden Wirtschaftsräume und die historisch bedingte Präsenz der Commerzbank widerspiegeln. So entstanden aufgrund regionaler Besonderheiten sieben Regionalfilialen, welche die im Konzept vorgesehene Mindestgröße von 2 Mio. DM Bruttoerlösen im Firmenkundengeschäft (1990) nicht erreichten.[135]

In den Regionalfilialen wurden zudem Wertpapier- und Kreditspezialisten angesiedelt, um in komplexen Fällen einzelne Berater zu unterstützen. Dies sollte einerseits die kompetente Beratung anspruchsvoller Kunden und andererseits eine effizientere Auslastung der Spezialisten ermöglichen.[136] Ebenso wurde die Geschäftsabwicklung für Filialen (GAF) in den Gebiets- und Regionalfilialen konzentriert, um Skaleneffekte durch effizientere Abläufe zu erzielen.[137] Nach einer Erprobungsphase in den Gebieten Bremen und Frankfurt bestätigte sich, dass das Konzept der modularen Teilung zwischen Vertrieb und Bearbeitung tatsächlich zu effizienteren Ergebnissen geführt hatte.[138]

Die Filialen unterhalb der Regionalfilialen sollten das Geschäft mit Privat- und Individualkunden übernehmen. Ursprünglich war die Unterteilung der Filialen in reine Privatkunden- und Individualkundenfilialen vorgesehen. Dies erschien jedoch nach dem Test in den Pilotgebieten Bremen und Frankfurt als nicht zielführend, da die Erlöse der Filialen in hohem Maße von den betreuten Individualkunden abhingen.[139] Auch hier wurden für 62 Filialen Ausnahmere-

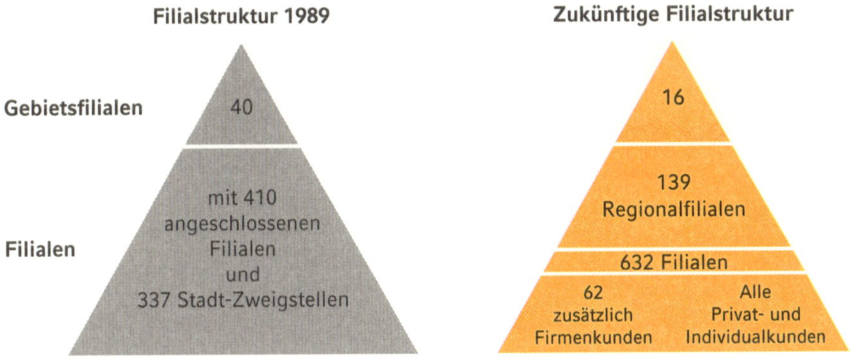

Neuer organisatorischer Aufbau des Filialnetzes[140]

gelungen getroffen. So erschien es der Reformgruppe etwa aufgrund der Entfernung zur nächsten Regionalfiliale nicht vertretbar, die örtlich ansässigen Firmenkunden zu betreuen, weshalb die Verantwortung in den lokalen Filialen verbleiben sollte.[141] Nahezu 83 Prozent der Kunden sollten ihre Konten in der Filiale ihres Stadt- oder Regionalgebiets führen können.[142]

Im Fokus des Filialaufbaus stand insbesondere die Stärkung der Managementkapazität im Privatkundengeschäft. Durch Kompetenzübertragung an die jeweiligen Filialleiter und Schaffung vieler Freiräume zur Gestaltung des Vertriebs sollten die Eigenverantwortung und damit das »unternehmerische Element« gestärkt werden. Den 139 Regionalfilialleitern kam daher vor allem die Aufgabe des Vertriebs- und Qualitätsmanagements zu. Dadurch erhöhte sich nach den Berechnungen der Reformgruppe die Managementkapazität trotz Personaleinsparungen um 147 VZK.[143] Sie sollte vor allem für die Betreuung vermögender Privatkunden genutzt werden. In diesem Zusammenhang war die Einführung des Individualkundenbetreuers ein wichtiger Punkt der Strukturreform.[144]

Im Sinne der Effizienzsteigerung war es darüber hinaus unabdingbar, Arbeitsabläufe zu vereinheitlichen. Ähnliche Vorgänge waren bislang häufig nicht standardisiert und wurden in den Geschäftsstellen unterschiedlich gehandhabt. Ebenso bestand kein einheitliches Bild über die Arbeitsteilung zwischen Vertrieb und Bearbeitung, es fehlte an entsprechenden Arbeitsanweisungen, und die Zweigstellen versuchten, dezentral jeweils für sich die Arbeitsabläufe zu verbessern. Da lediglich 18 Prozent der Filialen ein Prozessoptimum erreichten, bemühte man sich mit einem Ablauf- und Schnittstellenkatalog erstmals um vereinheitlichte Arbeitsanweisungen, in denen auch dezidiert die Aufgabenteilung zwischen Bearbeitung und Vertrieb geregelt wurde. Damit konnte ein internes Konfliktpotenzial um Zuständigkeiten entschärft werden.[145]

Die Vereinheitlichungen entlasteten den Vertrieb (Umfang 160 VZK) insbesondere in kleineren und mittleren Zweigstellen, da dort Mischaufgaben besonders häufig vorzufinden waren.[146] Langfristig sollte die Relation zwischen Vertrieb und Bearbeitung so von 1:2 auf 1:1 verbessert werden.[147] Außerdem waren einheitlich geregelte Arbeitsabläufe Grundvoraussetzung zur Berechnung von Personalkapazitäten.[148] Mit dem Projekt »Ablaufstraffung im Betriebsbereich« wurden die im Ablauf- und Schnittstellenkatalog dokumentierten Arbeitsabläufe weiter verbessert. Dabei sollten neben der Vereinfachung der Arbeitsabläufe durch die Optimierung von Kontrollen bis zu 150 VZK eingespart werden.[149]

Einschnitte im Personalbereich

Im Rahmen der neuen Geschäftsstellenstruktur wurde auch der dafür notwendige Personaleinsatz überdacht. Nach Berechnungen des Z-Teams war eine Sollkapazität von 14 304 VZK anzustreben. Da der durchschnittliche Ist-Bestand 1991 bei 15 374 VZK lag, entstand ein Anpassungsbedarf um 1070 VZK.[150] Zur Festlegung der neuen Kapazitäten entwickelte das Z-Team ein Kennzahlensystem, das sich an einem Kriterienmix aus kundengruppenspezifischen Betreuungsrelationen und Bruttoerlösen sowie dem Bearbeitungsaufwand orientierte.[151] Dabei wurden die Kapazitäten der einzelnen Filialen nicht direkt vorgegeben, sondern nur eine Gesamtplanstellenzahl pro Gebiet. Diese Umsetzung hatte aus Sicht der Reformgruppe den Vorteil, dass die Gebietsfilialen die Kapazitäten auf ihre Filialen frei verteilen und somit erneut regionale Besonderheiten Berücksichtigung finden konnten.[152] Allerdings sahen die Gebietsfilialen die berechneten Kapazitäten als zu knapp kalkuliert an. Daher wurden Abweichungen für Sonderfälle vielfach akzeptiert, und die Reform wurde zum Teil aufgeweicht.

Für kleine Filialen ergab sich häufig ein rechnerischer Bedarf von unter fünf VZK, operativ wären aber gerade Vertretung und Spitzenausgleich in diesen Filialen sehr schwierig gewesen. Daher wurden für diese Filialen insgesamt 261 VZK zusätzlich einkalkuliert, was von den Betroffenen immer noch als unzulänglich angesehen wurde.[153] Darüber hinaus wurden Zusatzkapazitäten für Schichtbetrieb oder Arbeiten für die Hauptverwaltung mit nochmals 212 VZK genehmigt.[154]

Die größten Einsparungen ergaben sich nach dem Plan des Z-Teams vor allem in der Abteilung Privatkundenvertrieb und in der Kreditbearbeitung. Der Abbau der Vertriebsressourcen sei der strategisch gewollten Reduktion des Privatkundengeschäfts bei gleichzeitigem Aufbau des Individualkundenvertriebs geschuldet. Hierbei wurde der Anpassungsbedarf durch die Zusatzkapazitäten für kleine Geschäftsstellen im Umfang von 137 VZK und Sonderfälle (20 VZK) auf 360 reduziert.[155] Betriebswirtschaftlich erschien die Reduktion der Betreuungsintensität im Privatkundensegment sinnvoll, da der Bereich regelmäßig negative Deckungsbeiträge erzielte. Dagegen lagen im

Individualkundensegment noch unausgeschöpfte Vertriebspotenziale. Daher sah das Konzept vor, die Betreuungsrelation hier von 500 Individualkunden pro Berater auf 300 zu reduzieren.[156] Auch im Bereich des Firmenkundenvertriebs (AFK-Vertrieb) sollten Stellen abgebaut werden, jedoch stand hier dem Wegfall von 140 Filialleitern der Neubedarf an 80 Firmenkundenbetreuern und Spezialisten entgegen, wodurch das Firmenkundengeschäft letztlich gestärkt werden sollte.[157]

Der Reduzierung in der Kreditbearbeitung widmete sich das parallele Projekt »Ablaufstraffung und maschinelle Kontoführung«.[158] Durch die fortschreitende Entwicklung in der Datenverarbeitung sollten im Service- und Technikbereich 280 VZK obsolet werden. Durch den Bedarf an Zusatzkapazitäten in kleinen Filialen und weitere Sonderfälle lag der effektive Anpassungsbedarf letztlich bei 145 VZK. Durch die Straffung der Organisation und Etablierung des dreistufigen Filialmodells wurden die Funktionen der Innenleiter in den Filialen um 205 VZK reduziert. Gleichzeitig wurden aber 147 VZK als Filialleiter zum Management des Geschäfts mit privaten Kunden benötigt.[159]

Die Versetzung von Mitarbeitern, insbesondere in die beratungsintensiveren Bereiche der Firmen- und Individualkunden, ging mit umfassenden Qualifizierungsmaßnahmen einher, die wiederum zu Ausfallzeiten und damit Opportunitätskosten führten.[160] Deshalb sollten Fehlzeiten besonders über »Training on the Job« minimiert werden.[161] Nichtsdestotrotz mussten für die Reform zu Beginn hohe Kosten für Fortbildungsmaßnahmen einkalkuliert werden.

Das offerierte Zeitfenster von drei Jahren zur Umsetzung der Personalreduktion sollte für eine sozial verträgliche Anpassung – primär über Fluktuationen oder Wachstum – sorgen.[162] In einem solchen Konzept der »sanften« Anpassung sah das Z-Team eine Möglichkeit, die Realisierung und Annahme des Gesamtkonzepts in der Belegschaft zu fördern.[163] Nach der Testphase in den Gebieten Bremen und Frankfurt wurden die Ziele als realistisch umsetzbar erachtet und ein Einsparpotenzial von 115 Mio. DM durch die Strukturreform anvisiert.[164] Die Reduktion des Personalbestands durch Fluktuation stieß jedoch bald an Grenzen, weshalb Kündigungen erforderlich wurden.[165] Auch wenn die Zusammenarbeit mit den Arbeitnehmervertretungen immer noch als konstruktiv bezeichnet wurde, zeichnete sich im Zuge des Personalabbaus – insbesondere durch betriebsbedingte Kündigungen – eine stärkere Konfrontation ab.[166]

Entscheidend für den Erfolg in der Umsetzungsphase war, dass Zentrale und Filialen gemeinsam das Ziel der Umsetzung verfolgten und Führungskräfte der Gebietsfilialen das Konzept in ihrem Bereich aktiv unterstützten.[167] Zumindest für die Pilotstellen konnte festgestellt werden, dass die Reform auf eine umfassende Veränderungsbereitschaft stieß.[168] Um dies auch in den übrigen Geschäftsgebieten der Bank sicherzustellen, erschien eine möglichst einheitliche Implementierung der Reformen notwendig. Daher sollte

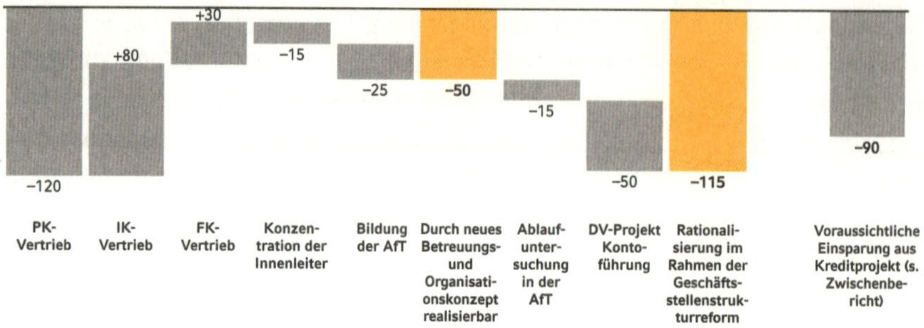

Gesamteinsparung im Rahmen der Geschäftsstellenstrukturreform (in Mio. DM p. a.)[169]

ein enges Controlling verhindern, dass die neue Organisationsstruktur in den Gebietsfilialregionen unterschiedlich umgesetzt und das Konzept somit konterkariert würde.[170] Dennoch erwies es sich offenbar als schwierig, zwischen zu vermeidenden Verwässerungseffekten und notwendigen Abweichungen vom Konzept zu unterscheiden.[171]

Die Ergebnisse der Strukturreform bis 1995: »Ziele auf der Kostenseite weitgehend, auf der Marktseite jedoch nur teilweise erreicht«[172]

Die 1995 gezogene Bilanz der Geschäftsstellenstrukturreform zeigte: Weitgehend erreicht wurde das Ziel der Reduktion von Personalkosten (Nettoeinsparungen von circa 100 Mio. DM). Langfristig wurde das Kostenwachstum aber trotz des Abbaus von circa 1000 VZK nur gebremst, da die Personalkosten insgesamt durch Gehaltssteigerungen auch zwischen 1991 und 1994 weiter zunahmen; zusätzlich belasteten steigende Sachinvestitionen die Commerzbank. Daher sah das Z-Team Bedarf an weiteren Kostenkontrollen und effizienzsteigernden Maßnahmen.[173]

Die Betrachtung der Marktseite zeigte 1995 ein uneinheitliches Bild. Das Kreditgeschäft insgesamt hatte sich im Vergleich zum Markt gut entwickelt. Im Firmenkundengeschäft wurden gegenüber den anderen Großbanken ebenfalls Marktanteile hinzugewonnen. Das Privatkundengeschäft dagegen entwickelte sich rückläufig, hier verlor die Commerzbank Marktanteile. Zwar zeigten Befragungen zur Kundenzufriedenheit, dass die neue Organisationsstruktur sehr gut angenommen wurde, dies schlug sich jedoch nicht in steigenden Absatzzahlen nieder.[174] Das inländische Filialgeschäft erzielte 1994 mit −141 Mio. DM ein negatives Ergebnis. Zwar war das »strukturelle« Ergebnis (Berücksichtigung mehrjähriger Durchschnittswerte für Risikokosten und Zinsmargen) mit 276 Mio. DM positiv, jedoch ergab sich dieser Deckungsbeitrag allein durch das Firmenkundengeschäft. Das Privatkundengeschäft lag mit –342 Mio. DM deutlich in den roten Zahlen. Unter Berücksichtigung der Eigenkapitalkosten und dem Filialgeschäft zuzurechnenden Overhead-Kosten fehlten sogar 600 Mio. DM. Auch die Rentabilitätslage der kleinen Filialen hatte sich nicht dauerhaft verbessert; 1994 waren von 300 kleinen Filialen 242 ertragsschwächer als zwei Drittel des gesamten Filialnetzes. In Bezug auf die Rentabilität war keine Wende zum Guten im Vergleich zu der Zeit vor der Reform festzustellen. Die steigende Wettbewerbsintensität sowie der anhaltende Margenverfall deuteten eher auf weiter fallende Erträge hin.[175] Damit erwirtschaftete das Kerngeschäft der Commerzbank auch nach der Reform noch negative Ergebnisse.

Aus Sicht der Konzernentwicklung, die sich der Vorstand zu eigen machte, wäre jedoch ein Rückzug aus diesem Kerngeschäft mit unabsehbaren Risiken verbunden gewesen.[176] McKinsey hielt es daher für unabdingbar, die Produktivität der Bank zu steigern. Insbesondere der Vertrieb sollte daher intensiviert werden, da die verkauften Produkte pro Kunde mit 1,8 bei Privatkunden und 2,0 bei Individualkunden (Commerzbank 1994) weit hinter den Sparkassen (2,8 1993) und dem Branchenschnitt von 3,0 (1993) lagen.[177] Auch die Qualifizierungsmaßnahmen offenbarten insbesondere bei den Gruppen mit dem größten Ertragspotenzial – Individual- und Firmenkunden – Nachholbedarf. Es zeigte sich zudem, dass die Reform zwar eine gute strukturelle Basis für den Vertrieb gelegt, Anreizstrukturen jedoch weitgehend außer Acht gelassen hatte. Daher sollte mit der Einführung leistungsorientierter Vergütungskomponenten auch dieser Aspekt angegangen werden. Das Ziel lag bei einer Bruttoerlössteigerung bis 1997 um 10 bis 15 Prozent.[178]

Neue Zentrale-Struktur

Im ersten Halbjahr 1993 hatte McKinsey die Frankfurter Zentrale nach Schwachstellen durchforstet. Dabei diagnostizierten die Berater in einzelnen Geschäftsbereichen »Kompetenzdefizite«, unzureichende Koordinierung (»Jeder macht alles«) und Führungsschwäche. All dies sei durch eine Organisationsstruktur begünstigt worden, die Kompetenzen und Verantwortlichkeiten unklar verteile. Insofern sah McKinsey eine »wesentliche Ursache für die heute teilweise unbefriedigende Markt- und Ergebnissituation« in »Managementfehler(n)«.[179]

Kohlhaussen erstellte daraufhin einen Masterplan für eine »Neue Zentrale-Struktur«. Um die Zentrale stärker auf das Effizienzziel hin auszurichten, setzte er eine gewaltige Job-Rotation in Gang. Vom Vorstand bis zur Sachbearbeiterebene wurden Arbeitsplätze neu verteilt und eine Einsparung von 350 bis 400 Arbeitsplätzen anvisiert. Die Zentrale wurde in fünf Unternehmensbereiche (UB) untergliedert, die je nach Größe bzw. strategischer Bedeutung von einem oder mehreren Vorständen geleitet wurden und in denen Geschäftsfelder, Stäbe oder Servicebereiche gebündelt zusammenarbeiten sollten: Konzernsteuerung, Inländisches Filialgeschäft, Internationales Finanzgeschäft, Asset Management, Services.[180] Von den zuvor 18 Zentralabteilungen wurden neun de facto aufgelöst. Der von Kohlhaussen geleitete Unternehmensbereich Konzernsteuerung erhielt ein Vetorecht bei der Geschäfts-, Investitions- und Personalplanung der operativen Einheiten. »Faktisch wird Kohlhaussen damit zum Vorstandsvorsitzenden aufgewertet«, so die Pressestimmen zu dieser Entwicklung.[181]

1.5 Strategie der fokussierten Präsenz in West- und Osteuropa

Wie im Fall der deutschen Wiedervereinigung öffneten sich durch den Fall des Eisernen Vorhangs für die westeuropäischen Wirtschaftsakteure Märkte und boten sich damit Expansionschancen, die während des Kalten Krieges nicht gegeben waren. Für deutsche Kreditinstitute ergaben sich durch die Umbrüche in Osteuropa vor allem zwei Möglichkeiten zur Geschäftsausdehnung. Zum einen konnten sie – ähnlich wie im Gebiet der ehemaligen DDR – die Entstehung marktwirtschaftlicher Strukturen im Unternehmenssektor vorantreiben, wobei sich westeuropäische Banken als Kapitalgeber, aber auch als Vermittler für Eigenkapitalinvestoren mit Interesse am Aufbau der osteuropäischen Wirtschaftsräume betätigten. Da die ehemalige DDR und ostdeutsche Unternehmen zur Zeit des Kalten Krieges wichtige Handelspartner vor allem mitteleuropäischer Staaten wie Polen und der Tschechoslowakei gewesen waren, erhielten gerade deutsche Banken die attraktive Gelegenheit, sich durch die Aufrechterhaltung und den Ausbau dieser Verbindungen als Vermittler im osteuropäischen Außenhandel zu etablieren. Für beide Aktivitäten war jedoch kein flächendeckendes Filialnetz wie in Ostdeutschland erforderlich, vielmehr wurde speziell von den Großbanken auf eine »konzentrierte Expansion« über Stützpunkte an zentralen Handelsorten in Osteuropa gesetzt.

Etablierung als Handelsfinanzierer in Osteuropa

Die Öffnung der osteuropäischen Märkte – ebenso wie diejenige Ostdeutschlands – traf die Commerzbank unvorbereitet. Bis Ende 1989 lagen noch nicht einmal in Ansätzen Strategien für ein mögliches Engagement in Osteuropa bereit. Erste konkrete Erwähnungen einer strategischen Erschließung osteuropäischer Staaten wurden erst im Rahmen des im Frühjahr 1990 veröffentlichten Geschäftsberichts für das Jahr 1989 deutlich. Darin legte die Bank großen Wert darauf, bei der Erschließung der neuen Märkte von vornherein eine maßgebliche Rolle zu spielen. So wurde betont, dass »die Anziehungskraft des politischen und wirtschaftlichen Systems der westlichen Welt (...) in Osteuropa Umwälzungen von historischer Dimension« ausgelöst habe und als Folge nun ein Neuanfang mit Wirtschaftsreformen gestaltet werden müsse.[182] Die deutschen Banken verfügten aufgrund der hohen Bedeutung Osteuropas als Absatzmärkte der deutschen Wirtschaft in früheren Zeiten über ein »besonderes Know-how«, was diese zur Erschließung der osteuropäischen Märkte prädestiniere. Die Commerzbank werde diese Prozesse aufgrund der »vielversprechenden Perspektiven« von Anfang an »voll begleiten« und fördern.[183]

Im Gegensatz zur ostdeutschen Geschäftserweiterung legte die Commerzbank für die osteuropäische Expansion fest, dass gerade keine Etablierung einer »vollwertigen« Bankpräsenz vorangetrieben werden sollte. Angesichts der starken Tradition des Exports deutscher industrieller Erzeugnisse nach Osteuropa und dem zu erwartenden Importbedürfnis wurde vielmehr die Konzentration der Commerzbank auf den Aufbau der notwendigen Infrastrukturen für die Organisation des Außenhandelsgeschäfts in Osteuropa gefördert. Hierzu gehörte vor allem die Eröffnung von Repräsentanzen in osteuropäischen Hauptstädten, um Kredite und Anleihen zu arrangieren sowie die Handelsaktivitäten deutscher Unternehmen zu unterstützen.[184]

Erste konkrete Planungen für die Umsetzung dieses Konzepts erfolgten im Frühjahr 1990. Innerhalb kürzester Zeit sollte der Aufbau von »Repräsentanzen in Budapest, Prag und Warschau« in Angriff genommen werden, da es sich hierbei um Standorte handelte, auf die im Zusammenhang mit dem Außenhandel große Hoffnungen gesetzt wurden.[185] Der Aufbau dieser drei Stützpunkte wurde unmittelbar darauf in die Wege geleitet, zog sich jedoch bis Mitte 1991 hin. In den nächsten zwei Jahren wurde die Geschwindigkeit des Ausbaus der osteuropäischen Präsenz stark erhöht.[186] Im Sommer 1993 nahm die Repräsentanz in Kiew, kurz vor Jahresende auch die Niederlassung in St. Petersburg ihre Arbeit auf. Schon im folgenden Jahr sollten dann die Repräsentanzen in Prag und Budapest jeweils zu vollwertigen Filialen ausgebaut werden, da gerade in diesen Regionen ein besonders starkes Potenzial für die Entwicklung des Außenhandels durch die sich neu aufstellenden ostdeutschen Unternehmen gesehen wurde.[187] Während der zweiten Hälfte des Jahres 1993 wurden weitere Repräsentanzen in Minsk und in Kasachstans Hauptstadt Alma-Ata eröffnet. Gleichzeitig hatte man die 1992 gegründete Tochtergesellschaft Commerzbank (Budapest) Rt. zu einer Handelsbank mit 40 Mitarbeitern ausgebaut, die sich schwerpunktmäßig auf die Betreuung deutscher Unternehmen mit Firmenbeteiligungen in Ungarn konzentrieren sollte.[188] Im September 1994 wurde als erste Niederlassung einer ausländischen Bank überhaupt eine Repräsentanz der Commerzbank in Nowosibirsk eröffnet. Durch diese Maßnahmen besaß die Commerzbank Ende des Jahres

Im Dezember 1994 erwarb die Commerzbank einen Anteil an der polnischen Bank Rozwoju Eksportu S. A. (heute mBank), hier Vertragsunterzeichnung mit Martin Kohlhaussen (3. v. r.) und Klaus-Peter Müller (r.).

1994 alleine sechs Niederlassungen innerhalb des Gebiets der Nachfolgestaaten der Sowjetunion.[189] Der Geschäftsbericht 1993 enthielt einen siebenseitigen Sonderteil »Commerzbank Osteuropa«, in dem die »Commerzbank in Kiew – eine Repräsentanz im Aufbau« eingehend beschrieben wurde.[190]

Von besonderer Bedeutung war darüber hinaus der im Sommer 1994 gefasste Vorstandsbeschluss, eine 25-prozentige Beteiligung der Commerzbank an der in Warschau ansässigen Bank Rozwoju Eksportu S. A. (BRE) zu erwerben.[191] Die polnische Wirtschaft hatte in den wenigen Jahren seit dem Fall des Eisernen Vorhangs ein starkes Wachstum durchlaufen. In 19 der 23 in Polen ansässigen Industriebranchen war im Lauf des Jahres 1994 ein durchschnittliches Wachstum zwischen 22 und 31 Prozent zu beobachten gewesen. Aufgrund der schnellen Privatisierung ließen sich schon 1993 über 55 Prozent des BIP-Wachstums auf Privatunternehmen zurückführen.[192] Parallel dazu hatte sich Polen bis Mitte der 1990er Jahre zum wichtigsten deutschen Handelspartner in Osteuropa entwickelt. Ende 1993 gingen mehr als 20 Prozent aller Auslandsinvestitionen in Polen auf deutsche Investoren zurück.[193]

Dem Ziel der Etablierung als Handelsfinanzierer entsprechend konnte die Commerzbank ihre Marktanteile bei der Alimentierung des Im- und Exportgeschäfts deutscher Unternehmen in Polen bis Mitte der 1990er Jahre laufend steigern, so alleine zwischen 1992 und 1993 von 9,1 auf 11,2 Prozent.[194] Aufgrund dieser Entwicklungen war es strategisch naheliegend, dass die Commerzbank auf die Etablierung mindestens einer Niederlassung drängte. Wie die Vorstandsvorlage vom 25. Juni 1994 betonte, bildete die Beteiligung an einem bestehenden polnischen Bankhaus dazu den »einzig gangbaren Weg«, da die Gesetzeslage in Polen die Errichtung einer eigenen Niederlassung verhinderte.[195] Die BRE stellte dabei den idealen Partner für die Expansion der Commerzbank dar, da sich die Bank seit ihrer Gründung 1986 als Spezialinstitut für Außenhandelsfinanzierungen etabliert hatte. Besonders seit der Privatisierung im Jahr 1992 waren die Kompetenzen im Bereich der Exportfinanzierungen laufend gestärkt worden, um die »internationale Wettbewerbsfähigkeit polnischer Produkte« zu entwickeln.[196]

Der Beschluss zur Beteiligung an der BRE bildete den vorläufigen Endpunkt einer Entwicklung, bei der die Commerzbank bis zur Mitte der 1990er Jahre ein dichtes Netzwerk an Niederlassungen in den Staaten des ehemaligen Ostblocks aufbauen und sich auf diese Weise für die Finanzierung von Handelsaktivitäten in Osteuropa empfehlen konnte.

Profilierung im Provisionsgeschäft an westeuropäischen Bankenplätzen

Als die Zentrale Abteilung Koordination und Planung (ZKP) im Rahmen der Sondervorstandssitzung vom 25. Januar 1992 ihre Vorschläge zur Strategieentwicklung präsentierte, lag auch eine Analyse der zu erwartenden Konsequenzen des EG-Binnenmarkts vor. Die Quintessenz lautete, dass »trotz fortschreitender Integration« auch weiterhin noch »tiefgreifende Unterschiede« im EG-Binnenmarkt bestehen würden, unter anderem in der Rechts- und Steuerpolitik. Darüber hinaus seien »sprachliche und kulturelle Unterschiede« auch »im nächsten Jahrzehnt kaum abzubauen«.[197] Statt weitere Niederlassungen im EG-Ausland zu eröffnen und dort die Dienstleistungen der Commerzbank der jeweiligen Privat- und Firmenkundenklientel anzubieten, sollte das Haus vielmehr in ausgewählten Teilen des Provisionsgeschäfts eine »Vermittlerrolle« einnehmen, um Barrieren des EG-Binnenmarkts sowohl für deutsche als auch andere europäische Marktteilnehmer aus dem Weg zu räumen. Aus diesem Grund präsentierte die ZKP zum ersten Mal eine zweigleisige Europastrategie, die einerseits auf den Ausbau des bestehenden Niederlassungsnetzes der Commerzbank im EG-Ausland setzte, andererseits die Schaffung von Vermittlerstrukturen für deutsche Unternehmen und Kunden aus dem EG-Raum vorsah. Im Zuge der darauffolgenden Sondervorstandssitzung im Juli 1992 wurde nach einer mehrmonatigen Analyse und Überarbeitung die endgültige Fassung der Strategie für den weiteren Verlauf der 1990er Jahre präsentiert.[198]

Unter dem Titel »Autonomer Weg« wurde ein Expansionskonzept vorgestellt, das eine Erweiterung des »Stützpunkt- und/oder Vertriebsnetzes durch Repräsentanzen, Filialen, Beteiligungen, Direct-Banking und moderne Kommunikationstechniken« vorsah.[199] Durch den Ausbau des Vertriebsnetzes sollte die Betreuung von drei Kundengruppen auf der europäischen Ebene gewährleistet werden, wovon man sich auf lange Sicht einen deutlichen Bedeutungszuwachs der Commerzbank erhoffte.

Erstens sollten über den Weg der Niederlassungseröffnung große und überwiegend transnational agierende Firmenkunden mit Umsätzen von mehr als 1 Mrd. DM pro Jahr im europäischen Ausland gewonnen werden, wobei jedoch die Möglichkeiten der Renditeerzielung in dieser Kundengruppe zurückhaltend eingeschätzt wurden. So sei zwar in den kommenden Jahren durch Größenwachstum und weitere Konzentrationen von Großunternehmen mit einem Geschäftszuwachs zu rechnen, dennoch sei die Rentabilität großer Firmenkunden in den klassischen Geschäftsfeldern der Commerzbank eher niedrig. Das Interesse der Bank an der Akquisition großer Firmenkunden auf europäischer Ebene wurde daher eher aus einer »PR-Perspektive« gesehen. Die erfolgreiche Werbung von Großunternehmen sei vor allem für »Standing und Produktentwicklung« des Instituts wichtig.[200] Als attraktiv wurde am ehesten der Vertrieb »strukturverändernder und strategischer Produkte« eingestuft, denn die Unterstützung bei Kapitalerhöhungen, Umstrukturierungen von Unternehmen und die Aufnahme von Fremdmitteln auf den Kapitalmärkten böten gerade Firmenkunden mit Umsätzen oberhalb von 1 Mrd. DM ein erhebliches Rentabilitätspotenzial. Zur Ansprache dieser Kundengruppe sah die Planung die Etablierung von Niederlassungen an den bedeutenden Finanzzentren Europas vor, genannt wurden etwa die Standorte Mailand und Kopenhagen als zukünftige Zentren der Bemühungen im Großkundengeschäft.[201]

Auch bei der zweiten Zielgruppe für den Ausbau des europäischen Vertriebsnetzes wurden die Renditechancen eher ambivalent eingeschätzt. Bei den »High Net Worth Individuals« handelte es sich um europäische Kunden aus dem Segment des Individualkundengeschäfts, die über ein Jahreseinkommen von mindestens 250 000 DM oder ein Nettovermögen über 500 000 DM verfügten. Hier wurde zwar im Lauf der 1990er Jahre ein »großes Wachstum der Kundengruppe durch steigenden Wohlstand und steigende Anzahl der Erbschaften« erwartet, zugleich aber der Aufwand für den Aufbau und das Betreiben eines europäischen Individualkundengeschäfts als überproportional hoch eingestuft.[202] Daher sollte zwar eine intensivere Anwerbung von wohlhabenden Individualkunden aus dem europäischen Ausland verfolgt werden, dies jedoch nur an den schon zu diesem Zeitpunkt etablierten Standorten in der Schweiz, Luxemburg und Gibraltar geschehen.[203]

Eine positive Perspektive wurde hingegen für die dritte Kundengruppe des »Autonomen Weges« gezeichnet, die »institutionellen Anleger und Kreditinstitute«. Laut der Präsentation vom Januar 1992 suchten Institutionelle europaweit nach Anlagemöglichkeiten, weshalb ein »überproportionales Wachstum« nach der Etablierung von Stützpunkten der Commerzbank im Bereich des EG-Binnenmarkts zu erwarten sei. Auch europäische Kreditinstitute wurden aufgrund der »Abwicklung des kommerziellen Geschäfts voraussichtlich auch künftig« als »relativ rentable« Kundengruppe eingeschätzt, die über einen Ausbau des europäischen Niederlassungsnetzes erreicht werden könne.[204]

Im Rahmen der Sondervorstandssitzung im Juli 1992 wurde die Strategie für diese Kundengruppe noch weiter präzisiert. So sollte die Position der Commerzbank als »bedeutende Bank in Europa« konkret vor allem durch den Ausbau des Devisenhandels und die »Erhöhung der Platzierungskraft durch Ausbau der Sales- und Trade-Aktivitäten im Wertpapiergeschäft« gefestigt werden. Die Betreuung der institutionellen Anleger und Kreditinstitute sollte dabei primär am Finanzplatz London erfolgen, an dem die Commerzbank in den folgenden Jahren eine starke Präsenz etablieren wollte. Im Zusammenhang damit wurden sogar kurzzeitig Überlegungen zur »Akquisition einer Investment Bank« in London und einem verstärkten Engagement der Commerzbank im europaweiten Investmentbanking angestellt, jedoch ebenso schnell auch wieder verworfen, da solche Maßnahmen mit einem »hohen Investitionsrisiko« verbunden seien.[205] Erst einige Jahre später wurden genau diese Überlegungen im Zuge der strategischen Neuausrichtung wieder aufgenommen und gänzlich anders bewertet.

Insgesamt wurden dem »Autonomen Weg« der sowohl sortiments- als auch standortpolitisch fokussierten Expansion langfristig gute Perspektiven »in Bezug auf Rentabilität« zugeschrieben, auf kurze Sicht seien jedoch zunächst erhebliche Investitionen notwendig. Hierbei bestand vor allem das Problem, dass der »Autonome Weg« mit zu diesem Zeitpunkt notwendigen strategischen Aktivitäten in Ostdeutschland, Osteuropa und der Umstrukturierung der Geschäftsstellen um Ressourcen konkurrieren musste.[206]

Ergebnisse der »konzentrierten Expansion«

Schon im Geschäftsbericht 1991 konnte von einem stabilen Wachstum des Exportfinanzierungsgeschäfts berichtet werden, das zu großen Teilen durch die erfolgreiche Entwicklung des Exports vor allem ostdeutscher Unternehmen nach Osteuropa gestützt wurde. So sei im Jahresverlauf »eine außerordentliche Ausdehnung des Exportfinanzierungsvolumens« zu beobachten gewesen, die auf »Ausfuhren der neuen Bundesländer in die UdSSR und ihre Nachfolgestaaten« basierte. Vor allem aufgrund dieser Entwicklung übertrafen die gesamten von den »Firmenkunden über die Bank abgewickelten kommerziellen Auslandsumsätze« deutlich das Volumen des Jahres 1990. Damit wurde kompensiert, dass die Exportgeschäfte 1991 im Allgemeinen unter der »schwächeren Konjunktur in einigen westeuropäischen Ländern und Amerika« sowie den Auswirkungen des Golfkriegs litten.[207] Bis 1994 entwickelten sich die osteuropäischen Aktivitäten zum maßgeblichen Träger der Exportfinanzierungen der Commerzbank. So wurde für das Geschäftsjahr 1993 ein 20-prozentiges Wachstum der mit dem Außenhandelsgeschäft in Verbindung stehenden Avale und Akkreditive auf 23,6 Mrd. DM ausgewiesen, was in hohem Maße durch die Entwicklung im Osteuropageschäft bedingt war. Denn während »sowohl die Importumsätze als auch die Exporte« für Westeuropa »deutlich unter dem Vorjahr« lagen, konnten die Umsätze im Exportgeschäft »mit den Nachfolgestaaten der Sowjetunion« weiter ausgebaut werden.[208]

Der Erfolg der osteuropäischen Expansion lässt sich auch am Wachstum der Stützpunkte in Osteuropa festmachen. Besonders plastisch zeigt sich dies bei der Commerzbank (Budapest) Rt., die 1992 zur Organisation der Außenhandelsgeschäfte für die Firmenkunden der Commerzbank eingerichtet wurde. Allein im Jahr 1994 wuchs die Bilanzsumme um mehr als 60 Prozent auf 58 Mrd. Forint an, wobei das Betriebsergebnis zwischen 1994 und 1995 sogar von 316 auf 818 Mio. Forint gesteigert werden konnte.[209]

Mit Blick auf Westeuropa zeigte sich die Präsenz der Commerzbank bis 1987 in Form der sechs Auslandsfilialen in Brüssel, Antwerpen, Paris, London, Madrid und Barcelona sowie der vier Tochtergesellschaften im 100-prozentigen Besitz und einer weiteren Minderheitsbeteiligung. Bei den Tochtergesellschaften handelte es sich um die in Luxemburg ansässige Commerzbank International S. A. mit einem Kapital von 423,4 Mio. DM (1987), die mit 62 Mio. SFr. ausgestattete Commerzbank (Schweiz) AG Zürich sowie die in Amsterdam domizilierende Commerzbank (Nederland) N. V. mit 62,9 Mio. hfl Kapital und die CB Finance Company B. V. Amsterdam mit nur 7,6 Mio. hfl Kapital. Eine 10,5-prozentige Beteiligung bestand an der in Madrid ansässigen Banco Hispano Americano S. A., die in etwa 16 Mio. Pts des Gesamtkapitals des Bankhauses in Höhe von 152 Mio. Pts entsprach.[210]

Der Beginn der westeuropäischen Expansion der Commerzbank lässt sich konkret auf das Jahr 1988 zurückführen. Wie von Friederike Sattler in diesem Band bereits angesprochen, wurde während dieses Jahres erstens die Kapitalbasis der erst 1985 gegründeten Commerzbank (Schweiz) AG in Zürich, die im Rahmen der Strategiepapiere aus dem Jahr 1992 als eines von drei Zentren des europäischen Individualkundengeschäfts genannt wurde, um 37 Mio. DM (+50 %) aufgestockt.[211] Im Zuge der Kapitalerhöhung wurde die Infrastruktur der Niederlassung umfassend modernisiert und auch die Mitarbeiterzahl von 60 auf 70 Vollzeitkräfte ausgeweitet – offenbar mit Erfolg: So stieg die Bilanzsumme zwischen 1988 und 1989 um 30 Prozent von etwa 386 Mio. auf 503 Mio. SFr., während der Bilanzgewinn von 168 000 auf 219 000 SFr. anwuchs.[212]

Die zweite entscheidende Expansionsmaßnahme des Jahres 1988 bildete die Eröffnung einer Repräsentanz in Mailand als zu diesem Zeitpunkt erst sechste europäische Niederlassung der Commerzbank und später einem der entscheidenden Stützpunkte des europäischen Großfirmenkundengeschäfts.[213] Durch diese beiden Maßnahmen waren somit schon 1988 die Grundlagen für den Ausbau des europäischen Individualkunden- und Firmenkundengeschäfts entsprechend der später skizzierten Strategie des »Autonomen Weges« gelegt worden.

Im folgenden Jahr 1989 wurde einerseits die Beteiligung an der Banco Hispano Americano S.A. von 10,5 auf 11,4 Prozent aufgestockt, andererseits wurde durch die Gründung der Investmentgesellschaft CICM (Ireland) Ltd. (Commerz International Capital Management GmbH) eine Präsenz in Irland etabliert, die sich vor allem auf die Sparte des Investmentbankings spezialisieren und maßgeschneiderte Produkte für europäische Großkunden entwickeln sollte.[214] Zum weiteren Ausbau des europäischen Individualkundengeschäfts wurde 1991 in Kooperation mit dem Banco Central Hispanoamericano das Bankhaus Hispano Commerzbank (Gibraltar) Ltd. eröffnet, an dem die Commerzbank eine Beteiligung in Höhe von 49,9 Prozent hielt. Ähnlich wie die Niederlassung in Zürich sollte sich auch das neue Bankhaus in Gibraltar auf die Sparten der Vermögensberatung und des Portfoliomanagements konzentrieren und dabei die Geschäftsbeziehungen in der britischen Kronkolonie ausbauen.[215]

Um schließlich die Präsenz der Commerzbank noch kurz vor der Einführung des Binnenmarkts weiter zu stärken, wurde durch den Ausbau der Repräsentanz in Mailand zu einer vollwertigen Filiale ein weiterer Brückenkopf für das Firmenkundengeschäft etabliert. Daneben stand die Übernahme der französischen Caisse Centrale de Réescompte in Paris in einer Reihe mit der Gründung der CICM in Irland als Erweiterung der Präsenz im europäischen Investmentgeschäft.[216]

Bis Mitte der 1990er Jahre hatte sich die westeuropäische Präsenz der Commerzbank gegenüber dem Jahr 1987 auf insgesamt 16 Niederlassungen und Beteiligungen mehr als verdreifacht. Zu den drei Auslandsbeteiligungen in Luxemburg, Amsterdam und Zürich waren insgesamt vier weitere Beteiligungen in Genf, Dublin und Gibraltar hinzugekommen. Weiterhin waren zusätzlich zur Filiale in Madrid die fünf genannten Filialen in Antwerpen, Barcelona, Brüssel, London und Paris sowie drei Repräsentanzen in Kopenhagen, Mailand und bei der EU in Brüssel eröffnet worden.[217]

Wie zuvor schon erwähnt, waren die Geschäftsexpansionen im Rahmen der Europastrategie in manchen Bereichen tatsächlich schon bis Mitte der 1990er Jahre erfolgreich. Exemplarisch hierfür sind die Entwicklungen im Bereich des europäischen Individualkundengeschäfts an den eigens dafür geschaffenen Standorten. So verzeichnete etwa die Niederlassung in Zürich bis Mitte der 1990er Jahre ein anhaltendes Wachstum bei den Provisionsüberschüssen und Gewinnen. Dies ermöglichte eine Aufstockung der Rücklagen, damit ein Anwachsen des für aufsichtsrechtliche Zwecke relevanten Eigenkapitals und somit wieder entsprechende Handlungsspielräume bei risikotragenden Geschäften.[218]

1.6 Strategische Allianzen in Europa, Allfinanz-Kooperation im Inland

Internationale Positionierung durch strategische Allianzen

Eine Strategie der Mehrheitsbeteiligungen an großen europäischen Banken, wie sie die Deutsche Bank verfolgte, oder der noch weitere Aufbau von Stützpunkten im europäischen Ausland (»Autonomer Weg«) waren der Commerzbank mit Blick auf die Kernländer Europas aufgrund der schmalen Ressourcenbasis verschlossen. Daher wurde ein alternativer Ansatz für die Expansion des Instituts in den EG-Binnenmarkt entworfen, die »Strategische Allianz«[219]. Hierbei sollte eine Vergrößerung des Kundenkreises über die Suche von potenziellen Allianzpartnern im Ausland mit ähnlicher Größe, vergleichbaren strategischen Ansätzen und Geschäftsinteressen wie die der Commerzbank erfolgen. So sollten die Allianzpartner vor allem mittelständische Firmenkunden der Commerzbank im EG-Ausland begleiten, während die Commerzbank im Gegenzug die Interessen mittelständischer Firmenkunden der Allianzpartner auf dem deutschen Finanzmarkt wahrnehmen würde. Schon im Rahmen des strategischen Zwischenberichts vom Januar 1992 wurde aufgezeigt, dass eine Ausdehnung des für die Commerzbank zentralen Geschäftsfelds mittelständischer Firmenkunden mit Jahresumsätzen zwischen 50 und 1000 Mio. DM auf den europäischen Binnenmarkt anderenfalls eine exponentielle Vergrößerung des europäischen Niederlassungsnetzes erforderte, die auf Dauer nicht tragbar wäre.[220]

Ein weiterer Vorteil strategischer Allianzen wurde darin gesehen, dass auf diese Weise nicht nur die Bekanntheit und somit der Stellenwert der Commerzbank auf europäischer Ebene gesteigert werden könne, sondern zugleich auch die Position im deutschen Bankenmarkt gefestigt werde, da das Haus durch die Allianzen mit anderen EG-Banken ihren Kunden aus Deutschland eine umfassende Betreuung auch im Ausland anbieten könne. In den Worten der Zentralen Abteilung Koordination und Planung gewinne die Commerzbank aufgrund der so verbreiterten Palette an europaweit vertriebenen Bankdienstleistungen für ihre Kunden »ein höheres Maß an Europa-Kompetenz« und könne dadurch auch »ihr Image und ihre Wettbewerbsposition« im Inland verbessern.[221]

Angestrebt wurde pro EG-Land die Partnerschaft mit je einer heimischen Bank mit vergleichbaren Interessen, wobei sich die Allianzen und die gegenseitige Kundenvermittlung auf das Massengeschäft und ausgewählte Bereiche des Firmenkundengeschäfts beschränken sollten, im restlichen Firmenkunden- und Investmentgeschäft dagegen weiterhin eine Wettbewerbsbeziehung zwischen den Partnern bestehen könne.[222] Anhand der Kriterien »Außenhandelsumsatz, Direktinvestitionen und über Commerzbank abgewickelter Außenhandel« wurden vier Regionen festgelegt, die für den Ausbau des Allianzkonzepts höchste Priorität haben sollten: Frankreich, Italien, Großbritannien und Spanien. Tatsächlich hätten die Niederlande und Belgien bei den gegebenen Kriterien ebenfalls dazugezählt werden müssen, jedoch wurde in diesen Fällen der Aufbau von Allianzen aufgrund der Dichte grenznaher Filialen der Commerzbank für nicht notwendig gehalten.[223]

Doch gerade in einer Zeit, als man die bereits vorhandenen Europartners für den Ausbau solcher strategischen Allianzen hätte nutzen können, brach dieser »Bankenclub« auseinander. Gut 20 Jahre nach ihrer Gründung im Jahre 1971 zog Martin Kohlhaussen über den Zusammenschluss seines Hauses mit dem Crédit Lyonnais, dem Banco di Roma und dem Banco Hispano Americano nüchtern Bilanz: »Die Euro-Partnergruppe wird ein stilvolles Begräbnis begehen.«[224] Für das Scheitern, das im Dezember 1992 auch offiziell besiegelt wurde,[225] lassen sich drei Ursachen identifizieren.[226] Erstens setzt eine grenzüberschreitende Zusammenarbeit von Banken auf europäischer Ebene ihre feste Verankerung im jeweiligen Heimatmarkt voraus. Sowohl in Spanien als auch Italien standen die Partner der Commerzbank vor größeren inländischen Fusionen und mussten ihren strategischen Fokus auf das Integrationsmanagement legen. Zweitens ist eine gemeinsame Strategie ein zentraler Erfolgsfaktor. Speziell der Crédit Lyonnais schwankte in seinen strategischen Überlegungen jedoch mehrfach zwischen dem Kooperationsansatz und einem Alleingang. Letzterer fiel dem Haus wegen seiner Größe (doppelte Bilanzsumme der Commerzbank) und der Unterstützung durch den französischen Staat leichter und manifestierte sich mit Blick auf Deutschland dann auch im Kauf der Bank für Gemeinwirtschaft (BfG) 1993. Einer mehrfach ins Spiel gebrachten wechselseitigen Beteiligung mit der Commerzbank verweigerte sich der Crédit Lyonnais im Gegensatz zum Banco Hispano Americano hingegen. Und drittens erfordert eine gedeihliche Kooperation eine möglichst umfassende, miteinander abgestimmte Zusammenarbeit. Zunächst umfassender geplant, verengte sich die Kooperation zusehends auf das Privatkundengeschäft. »Wie aber sollen Banken zusammenrücken, die auf einem Geschäftsfeld mit- und auf einem anderen gegeneinander arbeiten? Ein Grund für den geringen Grad an Abstimmung mag auch in den Eigentumsverhältnissen zu suchen sein. Enge Kooperationen von privaten und staatlichen Banken sind wegen unterschiedlicher Schwerpunkte in der jeweiligen Geschäftspolitik schwer zu verwirklichen.«[227] Der geringere Kapitaleinsatz gegenüber Aufkäufen oder Eigengründungen ist daher zugleich Vor- als auch Nachteil einer strategischen Allianz: Die mangelnde »Durchgriffsmöglichkeit« einer (Konzern-)Zentrale erschwert die Koordination, macht die Formung einer gemeinsamen Unternehmenskultur schwierig und führt häufig zu mangelnder Effizienz der Kooperation.

Trotz dieser negativen Erfahrungen erfolgte Mitte des Jahres 1993 ein Zusammenschluss der Commerzbank mit der britischen National Westminster Bank, dem italienischen Credito Italiano, dem – mittlerweile mit dem Banco Central fusionierten – spanischen Banco Central Hispanoamericano sowie der französischen Société Générale und etwa 13 anderen kleineren Banken aus verschiedenen Regionen des europäischen Binnenmarkts in einem Verbundnetz. Ziel dieses Zusammenschlusses war die Abwicklung des elektronischen Zahlungsverkehrs der Kunden teilnehmender Banken im europäischen Ausland über die Institute des Allianznetzwerks. Durch den Aufbau dieses Netzwerks wurden Transaktionen innerhalb des Binnenmarkts in einem erheblichen Maße vereinfacht, sodass Zahlungen in maximal drei Tagen erfolgen konnten.[228] Der Verbund sollte, ganz dem Gedanken des europäischen Allianzkonzepts der Commerzbank entsprechend, zu einem deutlichen Wachstum des über die Bank abgewickelten Zahlungsverkehrs und den damit anfallenden Gewinnen aus den Transaktionskosten führen.

In den folgenden Jahren sprach die Bank stets von einer zufriedenstellenden Entwicklung des Auslandsgeschäfts, bis Mitte der 1990er Jahre zeigte sich jedoch zunehmend, dass diese Ergebnisse in einem geringeren Maße durch die Entwicklungen auf den westeuropäischen Märkten bedingt waren. Gerade die Erträge der Außenhandelsorganisation und des Exportgeschäfts sowie der strategischen Allianzen im Allgemeinen waren bis Mitte der 1990er Jahre eher enttäuschend. Zwar wurde 1993 berichtet, dass die Commerzbank ihre Marktanteile als »traditionell starke Außenhandelsbank« weiter habe steigern können. So seien die »weitgehend mit dem Auslandsgeschäft in Zusammenhang stehenden Avale und Akkreditive um insgesamt 20 % auf 23,6 Mrd. DM gestiegen«. Allerdings wurde zugleich betont, dass diese Entwicklung gerade nicht durch die erfolgreiche Etablierung der grenzübergreifenden Geschäfte auf dem westeuropäischen Binnenmarkt erklärt werden könne, sondern stattdessen primär durch die Erfolge der osteuropäischen Expansionen zustande gekommen sei. Tatsächlich wurde für das Jahr 1993 sogar ein Einbruch der westeuropäischen Im- und Exportumsätze beklagt.[229]

Einem Bericht des Stabs »Konzerncontrolling« vom Juni 1996 lässt sich weiterhin entnehmen, dass zumindest ein Teil der strategischen Allianzen bis Mitte der 1990er Jahre nicht den erhofften Gewinn generiert hatte. Die Allianz mit dem Banco Central Hispanoamericano in Madrid wies beispielsweise bis 1995 durchschnittlich eine negative Rendite von 7,28 Prozent aus. Insgesamt entstanden Verluste von etwa 131 Mio. DM, da die jährlichen Erträge der Allianz bis zu diesem Zeitpunkt zu gering waren, um die anfänglichen Kosten von etwa 459 Mio. DM auszugleichen. Besonders während der Jahre 1994 und 1995 generierte die Verbindung durchschnittlich nur etwa 10 Mio. DM. Ganz ähnlich sah auch die Entwicklung der 1994 abgeschlossenen Allianz mit der Banca Commerciale Italiana in Mailand aus. In diesem Fall belief sich der Verlust aus der Verbindung selbst Mitte 1996 noch auf etwa 75 Mio. DM.[230]

Dabei ist allerdings zu berücksichtigen, dass den Bemühungen zur Umsetzung der Europastrategie die schlechten wirtschaftlichen Rahmenbedingungen in Westeuropa Mitte der 1990er Jahre entgegenstanden. Seit den frühen 1990er Jahren beklagte die Commerzbank ein enttäuschendes Wirtschaftswachstum in allen westeuropäischen Industrieländern, das bis Mitte der 1990er Jahre primär durch die Wachstumsschübe im osteuropäischen Geschäft ausgeglichen werden konnte. So lag das Wirtschaftswachstum des EU-Binnenmarkts bis 1994 stets unter 1 Prozent jährlich und blieb somit weit hinter den Erwartungen zurück, die die Bank ursprünglich an den Wirtschaftsraum gestellt hatte.[231] Selbst 1995 wurde noch angeführt, dass die wirtschaftlichen Entwicklungen in den Industrieländern insgesamt, die das »wichtigste Umfeld für die Commerzbank-Aktivitäten« bildeten, »weiterhin enttäuschend« seien.[232]

Das inländische Allfinanz-Konzept

Analog zu den Allianzen im europäischen Ausland versuchte die Commerzbank auch im Inland, über Allianzen zusätzliche Erfolge zu erzielen. Aus den Analysen zur Geschäftsstellenstrukturreform wurde ersichtlich, dass insbesondere den erfolgversprechenden Individual- und Firmenkunden mit den gegebenen personellen Ressourcen keine umfassende Beratung in Finanzfragen angeboten werden konnte. In der »Betreuung aus einer Hand« vor dem Hintergrund der Loyalität eines Kunden gegenüber »seinem« Berater wurde aber *der* Schlüssel zur Erzielung von Synergien und damit entsprechenden Rentabilitätseffekten gesehen.[233] Anfang der 1980er Jahre verfolgten daher auch neue Wettbewerber aus dem Sektor der »Non Banks« und »Near Banks« offensive Expansionsstrategien: Große Bausparkassen gründeten Banken und Lebensversicherungsgesellschaften, Versicherungskonzerne akquirierten Banken oder gingen Kooperationen mit ihnen ein; Warenhauskonzerne und Automobilhersteller beschränkten ihr Finanzdienstleistungsangebot nicht mehr nur auf die Vermittlung von Finanzierungen für eigene Produkte, sondern bauten es sukzessive aus. Aus diesem Grund positionierte auch die Deutsche Bank ab 1986 ihr Privatkundengeschäft neu, gründete im Dezember des Jahres eine eigene Bausparkasse, und im September 1989 nahm die Deutsche Bank-Leben ihre Geschäftstätigkeit auf. Dabei sah sich der Vorstand – vor allem unter dem Druck der immer stärker an Marktanteilen in der privaten Vermögensanlage gewinnenden Versicherungen – unter Zugzwang, auch wenn der Name des Konzepts bei ihm kaum Gnade fand. Noch 1991 äußerte der Sprecher des Vorstands Hilmar Kopper: »Jeder redet von Allfinanz und ich sage immer laut und deutlich: Ich hasse das Wort, weil ich nicht weiß, was es bedeutet ... Es erinnert mich an ›Baufinanz‹. Vielleicht heißt es Versicherung plus Finanz. Aber dann wird Geld mit Finanzen verwechselt. Eine Risikoversicherung hat mit Finanz überhaupt nichts zu tun. Ich weiß nicht, wer den Begriff erfunden hat. Ich werde auch nie sagen, dass sich die Bank mit Allfinanz beschäftigt.«[234]

Auch die Commerzbank sah sich durch ihre Konkurrentinnen unter Druck gesetzt, sich dem Thema Allfinanz zu widmen. Aus Ressourcengründen kamen aber wiederum weder der Aufkauf von Versicherungen oder anderen Intermediären noch die Eigengründung in Betracht. Stattdessen versprach sie sich durch Kooperationen in der Finanzindustrie einerseits Zugang zu neuen Kunden und andererseits die erfolgreichere Betreuung von und eine Verstetigung der Bankverbindung mit bereits vorhandenen Kunden; ein besonderes Augenmerk lag dabei auf Nebenbankverbindungen.

Dabei sollte die Zusammenarbeit ab 1990 so gestaltet werden, dass man sich auf »einige wenige exzellente Firmen«[235] beschränken und der Kooperation eine vertragliche Bindung zugrunde legen wollte. Bis dahin erfolgte die Zusammenarbeit mit Zuführern von Bankprodukten meist auf Basis loser Absprachen. Die größten Partner waren dabei die Leonberger Bausparkasse (viertgrößte private Bausparkasse der Bundesrepublik), an der die Commerzbank – wie bei Friederike Sattler in diesem Band erwähnt – bereits 1988 eine 39,9-prozentige Beteiligung übernommen hatte, und die DBV + Partner Versicherungen, an der sich die Commerzbank mit 25 Prozent plus einer Aktie beteiligte. Die Kooperationen erwiesen sich zunächst als erfolgreich. 1989 konnte die Commerzbank Bausparverträge in einem Volumen von 600 Mio. DM absetzen, und die Leonberger Bausparkasse vertrieb Produkte der Commerzbank im Volumen von 500 Mio. DM.[236]

Zwei Jahre später konnte die Commerzbank bereits Lebensversicherungen im Wert von 1 Mrd. DM an die DBV und Bausparverträge über 700 Mio. DM an die Leonberger Bausparkasse vermitteln. Jedoch blieb das Vermittlungsgeschäft von Commerzbank-Produkten durch die Partner hinter den Erwartungen. Die Ergebnisse sollten deshalb durch Kontaktpflege und Schulungen verbessert werden.[237] Die Vermittlung der Leonberger und der DBV blieb trotz Zuwächsen von 68 bzw. 31 Prozent 1992 aber weiter hinter den Zielen.[238] Die Commerzbank machte damit ähnliche Erfahrungen wie andere Anbieter im deutschen Bankenmarkt, die sich »Allfinanz« auf die Fahnen geschrieben hatten.[239] Der Ausschöpfung der angestrebten Synergien aus den unterschiedlichen Vertriebsapparaten standen vor allem drei Barrieren entgegen: Erstens gelang es nur unzureichend, die Berater auf beiden Seiten tatsächlich zu »Allroundern« im Sinne des Allfinanz-Anspruchs zu machen. Zwar war die Kompetenzvermittlung mit Blick auf einfache, standardisierte Versicherungsprodukte (Bankleistungen) an den

Bankberater (Versicherungsverkäufer) möglich, aber das Thema Schadensregulierung war für den Banker ebenso problematisch wie auf der anderen Seite das anspruchsvollere Portfoliomanagement für den Versicherungsmitarbeiter. Zweitens ließen sich die unterschiedlichen Vertriebsstrategien und mit ihnen verbundenen Anreizstrukturen nur schwer kombinieren. Während Bankangestellte noch überwiegend aus den Stützpunkten heraus und auf der Basis von Festgehältern agierten, wurden die zumeist im Außendienst tätigen Versicherungsverkäufer abschlussorientiert vergütet. Auch und vielleicht vor allem diese unterschiedlichen Vergütungssysteme prägten die Unternehmenskulturen von Bank und Versicherung, die sich – drittens – als wenig kompatibel erwiesen. Zugespitzt stand das abschlussorientierte Hard Selling des Versicherungsverkäufers dem auf die Pflege der Kundenbeziehung gerichteten Relationship Management des Bankangestellten gegenüber. Alle drei Probleme lassen sich bei einer Eigengründung wie im Fall der Deutschen Bank zwar nicht vollständig beseitigen, bei einer von der Banksparte separierten Versicherung unter dem Konzerndach aber deutlich abmildern.

Trotz der ambivalenten Erfahrungen mit Leonberger und DBV wurde 1994 die schweizerische Winterthur Versicherung ein weiterer Partner der Allfinanz-Gruppe. Die Commerzbank brachte dabei ihr Paket an der DBV Holding in die neu gegründete WinCom Versicherungs-Holding AG ein, an der sich die Winterthur mit 75 Prozent minus einer Aktie beteiligte und die Commerzbank einen Anteil von 25 Prozent plus einer Aktie hielt. Diese Kooperation wurde mit einer Beteiligung der Commerzbank an der Winterthur Versicherungs-Gesellschaft in Höhe von 1,8 Prozent untermauert.[240]

2. Expansion in das Investmentbanking als Ausweg? (1995 bis 2000)

2.1 125 Jahre Commerzbank: Jubiläum »ohne Ruhekissen«

1995 feierte die Commerzbank ihr 125-jähriges Bestehen. Dieses Jubiläum »sollte möglichst viele Stakeholder der Bank ansprechen«.[1] Auf die breite Öffentlichkeit war der Auftakt ausgerichtet. Am 19. Februar 1995 fand in der Alten Oper in Frankfurt ein offizieller Festakt mit 2300 geladenen Gästen aus Politik, Wirtschaft und Gesellschaft statt. Im Mittelpunkt der Ansprachen von Martin Kohlhaussen und Bundeskanzler Helmut Kohl stand weniger die Entwicklung des Hauses selbst. Vielmehr setzten sich beide Redner mit der zur Mitte der 1990er Jahre wieder aufgeflammten Kritik an der »Macht der Banken« auseinander.[2] Diese richtete sich insbesondere gegen die bei Großbanken anzutreffende Kumulation von Einfluss durch die Kreditvergabe, den – speziell bei der Deutschen Bank[3] – ausgeprägten Beteiligungsbesitz an Industrieunternehmen, die auf dieser Basis eingeräumten Aufsichtsratsmandate und das überwiegend von Banken wahrgenommene Vollmachtstimmrecht in Hauptversammlungen. Mehrfach hatten sich zuvor schon (besonders prominent 1979 in der sogenannten Bankenenquete) Expertenkommissionen mit diesem Fragekomplex beschäftigt und Vorschläge beispielsweise zur Begrenzung der Zahl der Aufsichtsratsmandate, zur Höhe des Anteilsbesitzes oder auch bezüglich der Einschränkung des Depotstimmrechts vorgelegt, mit denen die zentrale Rolle der Banken in der »Deutschland AG« beschnitten werden sollte.[4] Kohlhaussen warnte jedoch deutlich vor weiteren Eingriffen des Gesetzgebers in das Marktgeschehen: »In diesem Sinne müssen wir die gerade in unserem Lande vielfach artikulierte Vorstellung, das Geschäft der Kreditinstitute bedürfe noch gründlicherer Regulierung, in Frage stellen. Manchmal habe ich den Verdacht, dass auch der Gesetzgeber, wenn er solchem Verlangen bereitwillig nachgibt, nicht nur der Wettbewerbsfähigkeit, sondern auch dem Image der Banken einen schlechten Dienst erweist: Durch immer neue Gesetze zur Regelung des Bankgeschäfts unterstützt er die Idee, das Geschäft mit Geld rechtfertige besonderes Misstrauen. … Kein

Bundeskanzler Dr. Helmut Kohl war Festredner auf der 125-Jahr-Feier der Commerzbank am 19. Februar 1995 in der Alten Oper in Frankfurt am Main; Foto: Marc Darchinger.

Staat kann im Wettbewerb der Standorte an instabilen Banken interessiert sein. Wohl kaum hätten schwache Banken einen wesentlichen Beitrag zum Wiederaufbau Deutschlands und zur Überwindung der deutschen Teilung leisten können.«[5]

Bundeskanzler Kohl antwortete dagegen unentschieden: Die Banken hätten ohne Zweifel Einfluss auf die Wirtschaft, es gelte aber, in der Kritik Fakten und Vorurteile klar auseinanderzuhalten. Man werde neue Schritte unternehmen, aber im Gespräch mit der Kreditwirtschaft zu prüfen haben, was im Bankensystem getan werden müsse, um im gesamtwirtschaftlichen Interesse die Kontrolle und Transparenz zu verbessern. Die Begrenzung der Industriebeteiligungen der Banken werde überdacht, aber es werde keine voreiligen Entscheidungen geben. Beide Seiten müssten gehört werden. Es könne jedoch nicht sein, dass ein Bereich unserer Gesellschaft zur heiligen Kuh erklärt werde, um sich damit nicht beschäftigen zu müssen.[6] Tatsächlich wurden mit dem 1998 verabschiedeten »Gesetz zur Kontrolle und Transparenz im Unternehmensbereich« (KonTraG) die Corporate Governance, das Risikomanagement und die Publizität deutscher Unternehmen insgesamt weiterentwickelt. Materielle Einschränkungen für den Handlungsspielraum deutscher Universalbanken (z. B. mit Blick auf ihren Beteiligungsbesitz) waren hiermit jedoch nicht verbunden.

Die Commerzbank war im Übrigen mit ihrem Beteiligungsbesitz im Jahr 1995 weitaus weniger exponiert als die Deutsche Bank.[7] Bedeutende Beteiligungen außerhalb des Finanzbereichs bestanden unter anderen an der Alno

AG (27,6 %), Buderus AG (13,7 %), Karstadt AG (10,5 %), Kolbenschmidt AG (24,9 %), Linde AG (10,4 %), Phoenix AG (9,8 %), MAN AG (6,5 %), Salamander AG (10,7 %) und Thyssen AG (18,1 %).[8]

Für die Beschäftigten der Commerzbank wurde am 10. Juni 1995 im Frankfurter Waldstadion ein Open-Air-Fest ausgerichtet, an dem etwa 22 000 Mitarbeiterinnen und Mitarbeiter teilnahmen – mehr als 80 Prozent von damals rund 26 000. Es ging als größtes Betriebsfest in das Guinness-Buch der Rekorde ein. »Alles war perfekt organisiert. In zwei Zirkuszelten ging, angeheizt durch Rock-'n'-Roll-Bands, Blasorchester, Jazz-Combos und gewiefte Moderatoren, die Post ab: Singen, Tanzen, Swingen, Zaubereien und Theaterspiele standen auf dem Programm. Wobei Laienkünstler aus den eigenen Reihen Erstaunliches zu Wege brachten. Klettern in künstlicher Felswand ... Volkstanz und Pantomime sorgten für Kurzweil. ... Höhepunkt war dann aber nach 20 Uhr der von Günther Jauch ... moderierte Abend, ein Kaleidoskop aus Zeitgeschichte per Video-Großleinwand, ergänzt durch Live-Darstellungen. ... Der Abschluss war ein Feuerwerk der Superlative, verbunden mit einer bunten Lasershow. Sie riss bis zu zehnminütigen, stehenden Ovationen hin.«[9] Und Kohlhaussen wurde wie ein Popstar mit »Martin, Martin«-Rufen gefeiert.[10] Über dieses Event hinaus machte sich das Jubiläum für die Beschäftigen in einer Sonderzahlung von 1200 DM netto sowie der Möglichkeit zum Bezug von bis zu 15 Aktien zum Vorzugspreis von 213 DM bemerkbar (Kursrabatt von circa 100 DM), von der 70 Prozent der Beschäftigten Gebrauch machten.[11]

Während an bemerkenswerten Jubiläumsaktionen für Kunden nur »regionale Golfturniere für einen guten Zweck« hervorgehoben wurden,[12] schüttete die Commerzbank an die Aktionäre, die 1992 eine Dividende von 10 DM und 1993 12 DM erhalten hatten, auf die unveränderte »Basisdividende« von 12 DM eine Zusatzdividende von 1,50 DM aus. Diese Ausschüttung wurde nur möglich durch die Hebung stiller Reserven. 1994 trennte sich die Commerzbank von 15 Prozent ihres 25-prozentigen Pakets an der Karstadt AG und gab 37,5 Prozent der DVB Holding an die Winterthur. Ein Blick in die Gewinn-und-Verlust-Rechnung für das Jahr 1994 zeigt, wie notwendig diese Transaktionen waren: Das seit 1993 von den Großbanken erstmals nach einer einheitlichen Definition ausgewiesene »Betriebsergebnis« (Summe aus Zinsüberschuss, Provisionsüberschuss, Verwaltungsaufwendungen, Nettoertrag aus Finanzgeschäften sowie Risikovorsorge) war von 1993 auf 1994 von 1134 auf 692 Mio. DM zurückgegangen. Die Beteiligungsverkäufe führten jedoch zu einer Steigerung des »Saldo des Ergebnisses aus Finanzanlagen und außerordentlichem Ergebnis« von 184 auf 1013 Mio. DM, sodass sich der Jahresüberschuss von 586 im Vorjahr auf 1055 Mio. DM erhöhte. Im Geschäftsbericht war von einem »knapp zufriedenstellenden Ergebnis für 1994« die Rede, das nur »ein Zwischenschritt auf dem Weg, die Profitabilität des Commerzbank-Konzerns zu steigern«, sei.[13]

Über 22.000 Commerzbanker feierten am 10. Juni 1995 das 125-jährige Bestehen der Bank im Frankfurter Waldstadion (heute Commerzbank-Arena).

In der zum 125-jährigen Jubiläum veröffentlichten Festschrift[14] formulierte Kohlhaussen daher in seinem Beitrag »Zur Strategie der Commerzbank«, dass nach der Krise des Hauses Ende der 1970er, Anfang der 1980er Jahre »erhebliche Leistungen« vollbracht worden seien, die indes »kein Ruhekissen« sein dürften. Und weiter: »Angesichts der weltweiten Herausforderungen ... haben wir unsere Unternehmensziele eindeutig formuliert, unsere Strategie entwickelt und die Struktur daran ausgerichtet. Unser Hauptziel ist eine kontinuierliche Verbesserung von Gewinn und Rendite, da nur die Steigerung des absoluten Gewinns und eine Erhöhung der Eigenkapitalrendite zu einer langfristigen Stärkung der Position führen sowie eine Verbesserung des Börsenkurses und eine Anhebung der Kernkapitalquote ermöglichen. Unsere Geschäftspolitik zielt daher eindeutig auf ertragsorientiertes Wachstum. Im Zuge ihrer strategischen Neuausrichtung hat sich die Commerzbank in den letzten Jahren im Wesentlichen auf die folgenden drei Punkte konzentriert: 1. Bestimmung geschäftspolitischer Schwerpunkte als Voraussetzung für profitables Geschäft, 2. Anpassung der Führungsstruktur und Aufbauorganisation sowie der Steuerungsinstrumente und 3. Definition wichtiger Erfolgsfaktoren wie Kundenzufriedenheit und Servicequalität.«[15]

Trotz der umfassenden Bemühungen zur Stärkung des inländischen Filialgeschäfts seit Ende der 1980er Jahre durch Geschäftsstellenstrukturreform und Erschließung des ostdeutschen Bankenmarkts befanden sich die traditionellen Kerngeschäftsfelder zur Mitte der 1990er Jahre in einem besorgniserregenden Zustand. Gerade das wichtige Geschäftsfeld Private Kunden hatte sich zu einem signifikanten Verlustbringer entwickelt. So wies es in der Geschäftsfeldrechnung des Jahres 1995 sogar einen negativen Deckungsbeitrag IV – definiert als Zins- und Provisionsüberschuss abzüglich der Risikovorsorge, Eigenkapitalkosten und der Salden mitverantworteter Erträge und

	Commerzbank				Deutsche Bank				Dresdner Bank				Bayerische Vereinsbank				Bayerische Hypotheken- und Wechsel-Bank			
Jahre	**1991**	**1992**	**1993**	**1994**	**1991**	**1992**	**1993**	**1994**	**1991**	**1992**	**1993**	**1994**	**1991**	**1992**	**1993**	**1994**	**1991**	**1992**	**1993**	**1994**
Bilanzsumme in Mrd. DM	227	233	285	342	449	497	557	573	295	330	381	400	227	252	289	318	193	221	266	275
Eigenkapital in Mrd. DM	6,7	6,9	7,9	10,1	17,1	18,3	20,2	20,3	9,8	10,2	12,2	13,7	5,8	6,5	7,3	8,6	4,8	5,9	7,3	8,4
Bilanzielle Eigenkapitalquote in %	2,95	2,98	2,78	2,94	3,8	3,67	3,63	3,54	3,33	3,09	3,21	3,43	2,57	2,58	2,53	2,71	2,48	2,65	2,73	3,06
Eigenkapitalrendite [1] in %	6,70	10,08	7,89	11,72	8,64	10,35	11,65	6,71	6,72	9,65	9,51	7,94	6,86	7,27	8,47	7,09	7,61	7,02	8,10	6,61
Aufwandsrentabilität [2] in %	43,81	35,90	49,08	47,74	48,43	42,14	53,98	45,16	42,67	42,31	47,2	43,01	44,48	47,82	57,52	56,38	61,08	63,19	66,48	63,93

[1] Auf die durchschnittliche Bilanzsumme gerechnet/Eigen- ohne Ergänzungskapital
[2] Zins- und Provisionsüberschuss abzüglich Verwaltungsaufwand in Relation zum Verwaltungsaufwand

Tabelle 12: Zentrale Kennzahlen im Konkurrenzvergleich (1991 – 1994)[16]

Aufwendungen[17] – in Höhe von mehr als 740 Mio. DM aus. Angesichts der Kostenstruktur des Geschäftsfelds wurden die erzielten Zins- und Provisionsergebnisse als »vollkommen unzureichend« eingestuft.[18] Darüber hinaus wiesen sowohl das Privat- als auch das traditionelle Firmenkundengeschäft zur Mitte der 1990er Jahre ein zunehmend ungünstiges Verhältnis zwischen der Kernkapitalbindung und der Kernkapitalrendite auf.

Die vor allem von Kohlhaussen eingeleiteten Maßnahmen hatten bis 1994 den sehr deutlichen Abstand des Hauses in Bezug auf die Eigenkapitalausstattung in Relation zur stark gewachsenen Bilanzsumme gegenüber Deutscher und Dresdner Bank somit nicht verkürzen können. Das Streben nach mehr Effizienz hatte zwar die Aufwandsrentabilität verbessert, mit Blick auf die Eigenkapitalrendite lag das Haus (den beschriebenen Sondereffekt im Jahr 1994 ausgeklammert) jedoch unverändert hinter der Konkurrenz, bewegte sich im Vergleich zur Deutschen Bank auch auf einem niedrigeren Kursniveau.

Aktienkurse der Commerzbank, Deutschen Bank und Dresdner Bank von 1989–1995 (historische Kurse)[19]

Als Ziele für die zweite Hälfte der Dekade gab Kohlhaussen daher eine bessere Eigenkapitalausstattung und höhere Eigenkapitalrendite vor.[20] Von notwendigen strategischen Anpassungen, um dieses Ziel zu erreichen, war jedoch keine Rede, das Selbstverständnis sollte weiterhin sein: »Die Commerzbank versteht sich als eine Bank mit deutscher Heimatbasis und starkem Europa-Engagement, insbesondere im Wholesale-Bereich.«[21] In der Wirtschaftspresse wurden Zweifel geäußert, ob dieser Weg erfolgreich sein könne. Groß sei der Nachholbedarf im Geschäft »rund um das Wertpapier«, in dem die Konkurrenz mittlerweile einen Großteil ihrer Rendite erwirtschaftete. In diesem Kern des Investmentbankings besitze die Bank eine ausgeprägte Schwäche – und tatsächlich tauchte der Begriff in Kohlhaussens strategischer Kursbestimmung in der Institutsfestschrift nicht auf. Und es wurde auf den schwierigen Spagat hingewiesen, die Leistungskraft zu steigern, »ohne gleichzeitig die Ressourcen der Bank zu überfordern«. Insofern fragte man sich an den Märkten, »ob die Commerzbank langfristig groß genug ist für das internationale Finanzgeschäft«.[22]

2.2 Investmentbanking als Hoffnungsträger

Später Einstieg in das Investmentbanking als Erweiterung des Geschäftsmodells

Im Lauf der 1980er Jahre büßte das traditionelle Commercial Banking (im Kern Kredit- und Einlagengeschäft) gegenüber dem Investmentbanking immer stärker an Bedeutung ein. Als Investmentbanking werden allgemein Geschäfte »rund um Wertpapiere« bezeichnet.[23] Dazu gehörte zunächst die Vermögensverwaltung (Asset Management) im Kundenauftrag mit Schwerpunkt auf Aktien, Renten und Fondsanteilen. Ebenso im Kundenauftrag wurden Wertpapiere (vor allem Aktien und Bonds) emittiert; hinzu kam der Eigenhandel der Bank in solchen Papieren. Ein stark wachsendes Segment stellte die Emission von und der Handel mit Derivaten (wie Optionen, Futures, Swaps) dar, sowohl zur Risikoabsicherung (Hedging) als auch zur Spekulation – erneut im Kundenauftrag und für eigene Rechnung. Und schließlich zählten auch das Arrangieren komplexer Finanztransaktionen, z. B. Mergers & Acquisitions (M&A), Unternehmensumstrukturierungen wie Fusionen, Übernahmen, Abspaltungen oder großvolumige Projektfinanzierungen zum Investmentbanking.

Während Unternehmen – von den USA ausgehend – sich in zunehmendem Maße über Wertpapiere finanzierten, nahmen diese auch in der Vermögensanlage von privaten und institutionellen Investoren einen immer größeren Anteil ein.[24] Ursächlich hierfür war neben Fortschritten in der Informations- und Kommunikationstechnologie, die die Kapitalmärkte transparenter machten sowie die Transaktionskosten und -zeiten minimierten, vor allem die

Regulierung. Liberalisierungen der Kapitalmärkte reduzierten international die Einschränkungen des Handlungsspielraums der im Wertpapiergeschäft tätigen Unternehmen – ein besonders prägnantes Beispiel hierfür ist der sogenannte Big Bang am Finanzplatz London im Jahr 1986.[25] Zugleich wurden im Rahmen des ersten Baseler Akkords 1988 Eigenkapitalanforderungen für Ausfall-, nicht aber Marktpreisrisiken formuliert, wodurch gerade das Wertpapierhandels- und -beratungsgeschäft relativ an Attraktivität gewann.

Die auch als »Securitization« bezeichnete Tendenz zum Wertpapier[26] bedrohte das Commercial Banking auf beiden Bilanzseiten: sowohl das Buchkredit- (aktiv) als auch das Einlagegeschäft (passiv). Profitieren konnten demgegenüber die traditionell auf Wertpapiergeschäfte fokussierten, zumeist angloamerikanischen Investmentbanken. In den USA hatte diese Spezialisierung in dem nach dem »Glass-Steagall Act« ab 1933 entstandenen Trennbankensystem seinen Ursprung. Die für Kontinentaleuropa – und speziell Deutschland – typischen Universalbanken dagegen betrieben unter ihrem Dach zwar vielfach ebenfalls Investmentbankinggeschäfte, aber eher in Verbindung mit traditionellem Bankgeschäft und insofern weder organisatorisch konzentriert noch mit besonderem Kompetenzprofil. Auch kulturell unterschieden sie sich – zugespitzt formuliert – mit ihrem auf langfristige Kundenbeziehungen ausgerichteten Fokus vom kurzfristigen Transaktionsdenken der Investmentbanken, was sich auch in entsprechenden Führungs- und Entgeltsystemen abbildete.

Auf die Bedrohung durch das Investmentbanking reagierte als erstes Institut hierzulande die Deutsche Bank. Sie kaufte 1989 die Mehrheit der Anteile einer der führenden Investmentbanken Großbritanniens, Morgan Grenfell, an der man schon fünf Jahre zuvor eine Beteiligung von 5 Prozent erworben hatte. Vorangetrieben wurde diese Akquisition besonders von Alfred Herrhausen: »Was wir bewundern und nicht besitzen, ist die angelsächsische Kultur im Geldgeschäft.«[27] Am Tag von Herrhausens Ermordung, dem 30. November 1989, unterzeichnete Hilmar Kopper den Kaufvertrag im Volumen von 2,7 Mrd. DM; im Lauf des Jahres 1990 wurden sämtliche Anteile erworben. Die Deutsche Bank konzentrierte große Teile des Investmentbankings in London (mit globaler Anbindung von 40 Standorten) und berichtete schon fünf Jahre später, dass rund 7000 Mitarbeiter in diesem Bereich tätig seien.[28] Auch die Dresdner Bank reagierte auf die immer deutlicher werdende Bedrohung. Das Institut war Mitte der 1990er Jahre allein im Asset Management global bereits mit 25 Stützpunkten vertreten und verwaltete Vermögen im Wert von circa 260 Mrd. DM.[29] 1995 erwarb es dann für rund 1,5 Mrd. US-Dollar die Londoner Investmentbank Kleinwort Benson.

Die Commerzbank dagegen hielt lange an der Einschätzung des Investmentbankings als reines »Hilfsmittel« zur Unterstützung ihres Kerngeschäfts fest. Dies zeigt sich etwa daran, dass die Tätigkeiten im Investmentbanking erst 1989 in einer eigenen Kategorie des Geschäftsberichts aufgeführt wurden; in den vorangegangenen Abschlüssen fanden diese Geschäfte ausschließlich im Kontext ihrer Bedeutung für die Kerngeschäftsfelder Erwähnung.[30] Aktienemissionen für etablierte und Eigenkapitalhilfen für junge Unternehmen wurden lange als wichtigste Tätigkeiten dieser Geschäftsbereiche angeführt.[31] Beides waren jedoch Dienstleistungen, die in erster Linie das schwerpunktmäßige Engagement der Bank im Firmenkundensektor ergänzten. Besonders das Emissionsgeschäft diente während der frühen 1990er Jahre auch den strategischen Bemühungen zur Expansion des Firmenkundengeschäfts in den ostdeutschen und osteuropäischen Raum über den Weg der Privatisierungsförderung und Gründung von Aktiengesellschaften.[32] Doch selbst bei diesen Geschäften lag die Commerzbank hinter ihrer Konkurrenz. Als beispielsweise 1995 insgesamt 20 Unternehmen mit einem Platzierungsvolumen von etwa 8,3 Mrd. DM den Weg an die deutsche Börse suchten, präsentierte die Commerzbank ihre Beteiligung an den Emissionen von Merck und Adidas als einen außergewöhnlichen Erfolg.[33] Im Vergleich dazu berichtete die Deutsche Bank im selben Jahr, bei einem Viertel der 20 Emissionen nicht nur beteiligt, sondern federführend gewesen zu sein.[34]

Ein deutlicher Bruch in der bis zu diesem Zeitpunkt von der Commerzbank verfolgten Geschäftsstrategie war die Bildung eines fünften Unternehmensbereichs, der in Ansätzen schon 1993 als UB Asset Management eingerichtet wurde und seit 1995 unter der Bezeichnung UB Investment Banking firmierte. Hierdurch wurden die Geschäftsfelder des Investmentbankings und Asset Managements, die bis zu diesem Zeitpunkt in der Gesamtstrategie der Commerzbank eine stark untergeordnete Rolle gespielt hatten, auf dieselbe Bedeutungsebene wie die Kerngeschäftsfelder des Privat- und Firmenkundengeschäfts gehoben.

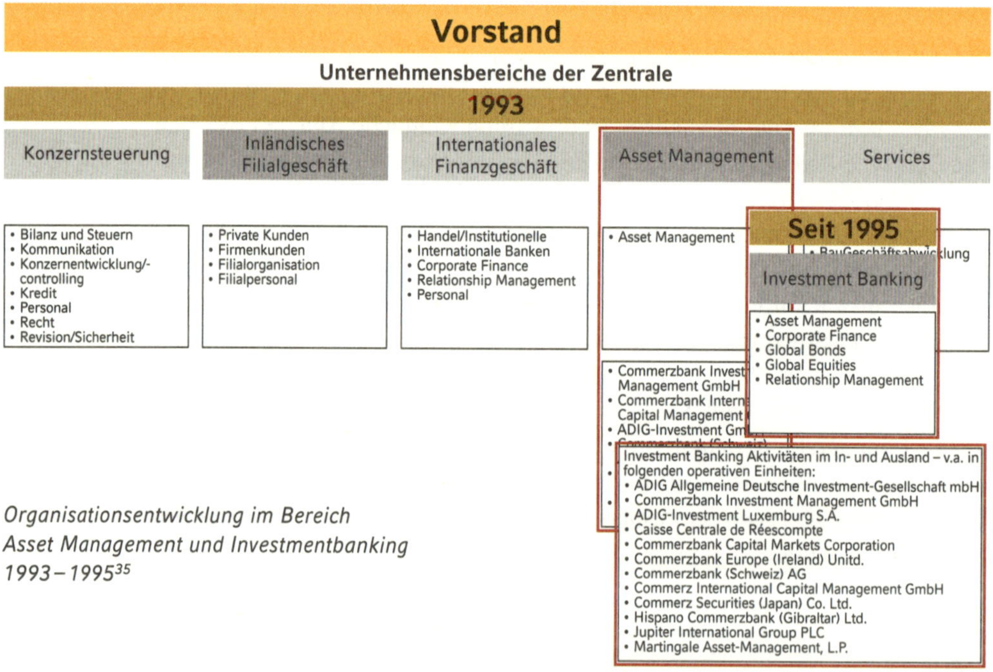

Organisationsentwicklung im Bereich Asset Management und Investmentbanking 1993–1995[35]

Passend dazu wurde im Rahmen der Sondervorstandssitzung vom 24. November 1995 als Zielvorgabe für die zweite Hälfte der 1990er Jahre der Aufbau einer starken Präsenz im globalen Investmentbanking formuliert. Damit erweiterte man das über Jahrzehnte hinweg gültige Geschäftsmodell der Commerzbank, dessen Schwerpunkte bisher in der Betreuung des mittelständischen deutschen und westeuropäischen Firmengeschäfts sowie im Privatkundengeschäft lagen. [36]

Der Beschluss zur Expansion der Kapazitäten und Kompetenzen im Bereich des internationalen Investmentbankings war eine logische Folge des außerordentlich günstigen Verhältnisses zwischen Kapitalbindung und Rendite. So wurde 1995 in dem noch in bescheidenem Rahmen mit rund 1200 Mitarbeitern betriebenen Investmentbanking ein Ergebnisbeitrag von 390 Mio. DM bei Eigenkapitalkosten von 31 Mio. DM erwirtschaftet. Das gesamte inländische Filialgeschäft erzielte im gleichen Jahr mit über 18 000 Mitarbeitern ein Defizit von 860 Mio. DM bei Eigenkapitalkosten von über 600 Mio. DM.[37]

Der Vorstoß der Commerzbank in das globale Investmentgeschäft erfolgte daher parallel zu den umfassenden Sanierungsmaßnahmen, die aufgrund enttäuschender Geschäftsentwicklungen im Kerngeschäft durchgeführt werden mussten. Angesichts der allgemein sehr guten Gewinnaussichten im Investmentbanking war diese Expansion der Versuch, sich ein zusätzliches geschäftliches »Standbein« zu schaffen, mit dem die gleichzeitig notwendige Sanierung des Kerngeschäfts betrieben und ein Zurückfallen gegenüber der Konkurrenz verhindert werden sollte.

Doch der Rückstand gegenüber der Konkurrenz war groß. Der im Rahmen des Geschäftsberichts 1988 veröffentlichte Beitrag »Das globale Investment Banking der Commerzbank« verdeutlicht anschaulich die teils erheblich unterentwickelten Kompetenzen im Investmentbanking zum Ende der 1980er Jahre. So wurde zwar betont, dass die Commerzbank als Universalbank »im Wertpapier- und Konsortialgeschäft erfolgreich« sei, zugleich wurde jedoch angeführt, dass die für das Betreiben dieses Geschäftsfelds notwendige spezifische Infrastruktur erst im Verlauf der 1980er Jahre aufgebaut worden war.[38]

Im Rahmen eines von Vorstandsmitglied Dietrich-Kurt Frowein 1997 vorgelegten Strategiepapiers mit dem Titel »Strategische Entwicklung des Geschäftsfeldes Asset Management« wurden die Wandlungen dieses Teilgebiets des Investmentbankings seit den frühen 1990er Jahren beschrieben, wobei besonders die geringe Größe des Geschäftsfelds noch Mitte der 1990er Jahre als Mangel hervorgehoben wurde.[39] So belief sich dessen jährliches Volumen maximal auf eine Summe von circa 50 Mrd. DM, was im Nachhinein als »volumenmäßig vergleichsweise bescheiden« bewertet wurde.[40] Tatsächlich war das Volumen in Relation zur Entwicklung der Bilanzsumme bis in die frühen 1990er Jahre extrem niedrig. 1988 standen die »Assets under Management« bei 33,2 Mrd. DM;[41] angesichts einer Bilanzsumme von etwa 116 Mrd. DM kamen die Aktivitäten im Asset Management nur auf eine Relation von etwa einem Viertel.[42] In den frühen 1990er Jahren verschlechterte sich das Verhältnis noch weiter. Bei einem Geschäftsvolumen von circa 215 Mrd. DM 1990 war die Relation auf weniger als 18 Prozent abgefallen, da die Assets zwischenzeitlich nur von 33,2 auf 38,7 Mrd. DM angewachsen waren.[43]

Das Strategiepapier urteilte hierzu, dass die Wachstumsraten des Geschäftsbereichs bis in die frühen 1990er Jahre deutlich zu gering waren.[44] Als Ursachen für die sinkende Relevanz des Asset Managements wurden vor allem die auf die Bedürfnisse des deutschen Markts beschränkten Kompetenzen der Bank und die fehlende Präsenz auf internationalen Märkten identifiziert. Tatsächlich konzentrierten sich die Stützpunkte des Geschäftsfelds noch 1992 fast ausschließlich auf den deutschen Raum und angrenzende Märkte. Lediglich in den Niederlassungen Dublin, Gibraltar und New York war das Segment außerhalb des unmittelbaren deutschen Markts in einem signifikanten Maße vertreten.[45] Dabei waren zwei dieser Niederlassungen erst um 1990 eingerichtet worden. Die Niederlassung in Irland hatte die Commerzbank – wie erwähnt – 1989 als CICM (Irland) Ltd. gegründet.[46] Die Hispano Commerzbank (Gibraltar) Ltd. war – wie ebenfalls schon erwähnt – sogar erst 1991 als Ergebnis einer Kooperation mit dem Banco Central Hispanoamericano entstanden.[47] Bis 1989 beschränkte sich die globale Präsenz somit fast ausschließlich auf die Niederlassung in New York.[48]

Als zweiter begrenzender Faktor für eine nachhaltige und wachstumsorientierte Entwicklung wies das Geschäftsfeld Asset Management bis in die frühen 1990er Jahre erhebliche organisatorische Schwachstellen auf. So sei laut Frowein besonders die Abstimmung der Abteilungen Produktentwicklung, Portfoliomanagement und Vertrieb der in Deutschland ansässigen Asset-Manager-Einheiten verbesserungsbedürftig gewesen. Eine schwerwiegende Schwachstelle betraf das Research. Als Resultat des Fokus auf das Privat- und Firmenkundengeschäft war dieses nicht auf »den Bedarf des Asset Managements ausgerichtet« gewesen, wodurch die Reichweite und die Effizienz des Segments durch fehlende Kenntnisse der globalen Geld- und Kapitalmärkte zusätzlich beschnitten wurden.[49] In den anderen Bereichen des Investmentbankings war die Commerzbank zu Beginn der 1990er Jahre sogar noch schlechter aufgestellt. Sie beschränkte sich primär auf den Wertpapierhandel im deutschen Markt und das Emissionsgeschäft und besaß dadurch international nur einen geringen Stellenwert. Aufgrund der unterentwickelten Kapazitäten lag die Bank auch in diesen Bereichen teils weit hinter den Ergebnissen ihrer Konkurrentinnen zurück.

Im Rahmen der Sondervorstandssitzung vom 25. November 1995 legte Vorstandssprecher Martin Kohlhaussen daher das Strategiepapier »Umsetzung der Strategie der CB im Investment Banking« vor, das eine umfassende Umstrukturierung des Geschäftsfelds entwarf.[50] Zum einen sollte bis zur Jahrtausendwende der Aufbau eines globalen Fundaments für die Tätigkeiten der Commerzbank im Asset Management abgeschlossen werden, das »eine

Positionierung der CB als Global Player« ermöglichen könne. Konkret wurde eine Steigerung der Profitabilität (gemessen am Deckungsbeitrag IV) des gebundenen Kapitals von etwa 85 Prozent im Jahr 1994 auf über 200 Prozent schon zum Jahresabschluss 1997 erwartet.[51] Zur Umsetzung dieses ehrgeizigen Entwicklungsziels legte das Strategiepapier die Verfolgung einer konsequenten Akquisitionsstrategie fest. Anstatt selbst weltweit Standorte für die Vermögensverwaltung aufzubauen, sollte durch gezielte Akquisitionen etablierter Unternehmen aus dem Bereich der Vermögensverwaltung eine internationale Präsenz erreicht werden.[52] Zum anderen sollte als zweiter »Arm« der Strategie für den UB Investment Banking eine Infrastruktur zur Bündelung der globalen Aktivitäten im Aktien- und Rentengeschäft geschaffen werden, wobei der gesamte Prozess vom Research über den Handel und Sales bis zum abschließenden Investment von einer zentralen Stelle aus organisiert und koordiniert werden würde.[53]

Das überhaupt erst im Zuge der Schaffung des UB Investment Banking gegründete Geschäftsfeld Global Equities sollte die »Aktien-bezogenen Aktivitäten« der Bank um Research, Handel und Sales bündeln und auf internationalem Niveau ausbauen.[54] Bis Ende der 1990er Jahre sollte die Wettbewerbsposition der Commerzbank im institutionellen Geschäft mit deutschen Aktien verbessert werden. Daneben sollte das bis zu diesem Zeitpunkt stark unterentwickelte Geschäft mit internationalen Aktien wachsen, wobei mittelfristig eine Konzentration auf das europäische Geschäft und eine Positionierung der Commerzbank »unter den Top 20 Broker-Häusern« in Europa gefordert wurden.[55] Die Ziele für das Geschäftsfeld der Global Bonds waren ebenso ehrgeizig. Nicht weniger als die Position des »Top 3-Anbieter[s] in DM-Produkten« im globalen Geschäft und sogar des Marktführers für »DM-Anleihen öffentlicher Schuldner« wurden als Zielvorgaben formuliert.[56] Aufgrund der schon zuvor zwecks Unterstützung des Firmenkundengeschäfts im Vergleich höheren Bedeutung des Segments Corporate Finance waren die Ziele hier deutlich weniger ambitioniert gesteckt. Lediglich eine weitere Stärkung der Position auf dem Eigenkapitalmarkt und einen Ausbau der »internationalen Primärmarkt-Expertise« legte das Strategiepapier bis zur Jahrtausendwende fest.[57]

Im Gegensatz zur Akquisitionsstrategie für das Asset Management sollte die Entwicklung der restlichen Geschäftsfelder des Investmentbankings primär aus eigener Kraft erfolgen. So habe eine Überprüfung der Marktlage im Jahr 1995 »keine geeigneten Akquisitionsmöglichkeiten« für die Übernahme einer »etablierten Investmentbank« ergeben, weshalb beschlossen wurde, die notwendigen Strukturen selbst zu schaffen.[58]

Akquisitionsstrategie für das Asset Management

Die Expansion des Asset Managements stand im Mittelpunkt der Bemühungen um den Ausbau des Investmentbankings, weshalb die Modernisierung des Geschäftsbereichs auch 1993 mit der Einrichtung des UB Asset Management startete. Danach nahm die beschlossene Expansion rasant Fahrt auf. Die Börsen-Zeitung berichtete am 18. September 1998, dass sich das Asset Management mit verwalteten Werten in Höhe von 175,5 Mrd. DM zum »Eckpfeiler« des gesamten Unternehmensbereichs entwickelt habe.[59] Der Weg zu diesem »Eckpfeiler des Investment Banking« führte über die Übernahme in ihren jeweiligen Märkten fest etablierter Anbieter. Schon im Jahr 1993 war die Präsenz der Commerzbank im globalen Asset Management durch zwei Akquisitionen signifikant gestärkt worden. Besonders der bereits angesprochene Erwerb der Pariser Caisse Centrale de Réescompte (kurz: CCR) von der französischen Bankengruppe Paribas trug entscheidend dazu bei, da die Gesellschaft »über ein umfangreiches Asset Management« mit Fokus auf dem französischen Markt verfügte. Ebenso hatte die gemeinsam mit dem Banco Central Hispanoamericano durchgeführte Gründung der Hispano Commerzbank (Gibraltar) Ltd. – wie gesagt – für eine Ausdehnung der Reichweite der Commerzbank auf den südeuropäischen Markt gesorgt.[60]

Die Auswirkungen dieser Maßnahmen zeigten sich rasch. So wird 1994 von einem Gesamtwachstum des Asset Managements um insgesamt 35 Prozent berichtet, wobei sich der Wert der international verwalteten Aktiva »auf rund 90 Mrd. DM« belief. Alleine die CCR konnte einen Anstieg des betreuten Vermögens um 20 Prozent auf 7 Mrd. DM verbuchen. Das Wachstum wurde besonders auf die in Folge der Erwerbungen entstandenen Synergien innerhalb der Commerzbank zurückgeführt. So konnte die in Luxemburg ansässige ADIG-Investment Luxemburg S. A., an der die Commerzbank schon vor 1993 beteiligt war, 1994 ein deutliches Wachstum des Fondsvolumens um 34 Prozent auf insgesamt 45 Mrd. DM verzeichnen, was zu weiten Teilen das Ergebnis erfolgreicher Kooperationen mit der CCR in Paris war.[61]

Die zwei für die Globalisierung des Asset Managements wichtigsten Akquisitionen erfolgten jedoch im Geschäftsjahr 1995. Schon im April 1995 war die Übernahme der 1985 in London gegründeten Investmentbank Jupiter Tyndall International Group PLC beschlossen worden.[62] Mit einer Vermögensverwaltung vor allem britischer institutioneller Kunden im Wert von circa 11,6 Mrd. DM stellte die Übernahme für die Commerzbank den bis zu diesem Zeitpunkt bedeutendsten Schritt beim Aufbau ihres globalen Profils dar.[63] Rein über die gestiegene Präsenz im europäischen Asset Management hinaus erwies sich der Kauf als zentraler Schritt zur Ausweitung der Kompetenzen im globalen Investmentbanking, da wichtiges Know-how über den Finanzplatz London erworben wurde. Die zweite Akquisition des Jahres 1995 erfolgte im September durch Erwerb der in Boston ansässigen Martingale Asset Management LP, wobei auch hier die erworbenen Kompetenzen im amerikanischen Investmentbanking entscheidend waren.[64] Trotz der großen Bedeutung der beiden Akquisitionen wurden keine Informationen zu den Kaufpreisen publiziert, sie dürften jedoch angesichts des zeittypischen »Runs« auf das Investmentbanking sehr deutlich über den Buchwerten gelegen haben. Im Fall von Jupiter erfolgte eine 100-prozentige Übernahme des Kapitals im Wert von 45,3 Mio. Pfund, während im Fall von Martingale 60 Prozent der 1,8 Mio. US-Dollar Eigenkapital, also etwa 1,08 Mio. US-Dollar, durch die Commerzbank erworben wurden.[65]

Als in der Sondervorstandssitzung am 20. Juni 1995 die Geschäftsfeldplanung für die zweite Hälfte der 1990er Jahre präsentiert wurde, machten sich die Bemühungen um den Ausbau des Asset Managements schon deutlich bemerkbar. So sei das »im Geschäftsfeld unter Verwaltung stehende Volumen« gegenüber 1993 bereits vor dem Erwerb von Jupiter Tyndall und Martingale um 24,8 Prozent auf 85,9 Mrd. DM angewachsen. Mit Stolz wurde betont, dass die Commerzbank im Asset Management »international ein stärkeres Wachstum aufweist als ihre wesentlichen Wettbewerber«. Doch nicht nur das Wachstum, auch die Ertragssituation hatte sich aus Sicht der Leitung des Zentralen Geschäftsfelds Asset Management »insgesamt positiv« entwickelt. So bewegte sich der Deckungsbeitrag bis Mitte 1995 bei 98,5 Mrd. DM, wobei eine Aufwandsrentabilität von 73,2 Prozent erreicht wurde.[66]

Der aus Sicht des Vorstands zentrale Aspekt der Bemühungen betraf die wachsende Präsenz der Commerzbank auf ausländischen Märkten. Allein durch die Eingliederung der CCR im Jahr 1993 und den Kauf von Jupiter Tyndall 1995 sei der Auslandsanteil an den »Assets under Management« von einem nicht messbaren Wert im Jahr 1990 auf 17 Prozent bei einem Volumen von 16,9 Mrd. DM angestiegen. Besonders wegen dieser Erfolge wurde eine Expansion in den asiatischen Markt durch den Ausbau der Capital Investment Trust Corporation (CITC) in Taiwan sowie den Aufbau des Portfoliomanagements in Japan und der in Singapur ansässigen Commerzbank Asset Management Asia (CAMA) beschlossen. Hierbei wurde das Konzept der »dezentralen Produktion« verfolgt. Konkret sollte jede einzelne Niederlassung als »Center of Competence« regionalspezifisches Research und Marketing betreiben. Wie bei den Erwerbungen in Europa und den USA wurde der Aufbau eines Netzwerks eigenständig agierender, aber miteinander vernetzter Spezialisten favorisiert.[67] Tatsächlich wurden die beschlossenen Expansionen im asiatischen Markt noch bis Ende 1995 vollzogen, sodass die Commerzbank schon zu Beginn des Jahres 1996 mit der CITC in Taiwan, der CAMA in Singapur und der Commerz International Capital Management (Japan) Ltd. (CICM) in Japan spezialisierte Stützpunkte für das Asset Management etabliert hatte.

Der vorläufige Abschluss der Expansionen im Asset Management erfolgte 1997 durch die Akquisition der Montgomery Asset Management in San Francisco, die den wohl wichtigsten Beitrag zur Überschreitung der Marke von

200 Mrd. DM bei den »Assets under Management« bis zum Jahr 2000 bildete. Schon Anfang 1997 hatte sich »nach amerikanischen Zeitungsberichten« das Gerücht in Frankfurt verbreitet, die Commerzbank zeige Interesse am Erwerb des prestigeträchtigen Vermögensverwalters, der zu diesem Zeitpunkt Assets im Wert von umgerechnet circa 11,8 Mrd. DM in seiner Verantwortung hatte.[68] Tatsächlich erfolgte die Übernahme des Unternehmens noch während der ersten Jahreshälfte. Genaue Angaben zum tatsächlichen Preis dieser Akquisition sind zwar nicht verfügbar, in der zeitgenössischen Presse wurde jedoch über einen Preis von etwas weniger als 300 Mio. US-Dollar spekuliert.[69] Nach eigener Einschätzung war die Commerzbank im Geschäftsbereich Asset Management »nun in allen Schlüsselmärkten adäquat vertreten«.[70]

Organisches Wachstum im übrigen Investmentbanking

Die zweite Entwicklungslinie, die eine Globalisierung der übrigen Investmentbankingaktivitäten verfolgte, war im Gegensatz zum Asset Management stärker zentralisiert und offiziell auf organisches Wachstum fokussiert.[71] Doch auch wenn der Vorstand nicht müde wurde, die eigenständige Entwicklung vor allem der zentralen Geschäftsfelder Global Equities und Global Bonds zu betonen, war dieser Teil der Expansionsstrategie ebenfalls hochgradig von der Akquisition nicht ganzer Unternehmen, aber externen Fachwissens abhängig.

Zwischen 1995 und 1997 wurde ein Maßnahmenkatalog zentraler »Eckpunkte« zur Entwicklung der Geschäftsfelder aus den bestehenden Strukturen der Bank entworfen, der als »Primat des Wachstums durch internen Auf- und Ausbau« umschrieben wurde.[72] So sollten die Außenstellen in London, New York, Singapur und Tokio für die Zwecke des Investmentbankings modernisiert werden.[73] In diesem Zuge wurde Mitte 1995 eine Expansion der New Yorker Tochter Commerzbank Capital Markets Corporation (CCMC) beschlossen, die nach einer Kapitalerhöhung im Oktober über 54 Mio. US-Dollar Eigenkapital verfügte[74] und sich um den Erwerb einer Lizenz als »Primary Dealer« für US-Staatsanleihen bemühte.[75]

Besonders zur Umsetzung des Ziels, im Geschäftsfeld Global Equities zur Jahrtausendwende »eine Position unter den Top 20 Broker-Häusern« zu erreichen, wurde neben dem Ausbau der Auslandsstützpunkte die Errichtung eines Produktzentrums »Internationale Aktien« verfolgt, das die globalen Aktiengeschäfte organisieren sollte.[76] Im Rahmen erster Planungen Ende des Jahres 1995 bestand die Auswahl zwischen zwei möglichen Standorten. Einerseits wurde der Ausbau Londons zum Kompetenzzentrum des Investmentbankings in Betracht gezogen, da die Bedeutung des Standorts innerhalb des Konzerns durch die kürzlich zuvor durchgeführte Übernahme von

Jupiter Tyndall gestärkt worden war und »circa 90 Prozent des internationalen Geschäfts mit europäischen Aktien über den Platz London« laufen würden. Darüber hinaus stützte dieser Standort das mittelfristige Unterfangen der Etablierung als »europäische Aktienbank«. Auf der anderen Seite lagen die Vorteile für den Ausbau des Standorts bei der Frankfurter Zentrale vor allem darin, dass hier bereits Infrastrukturen für die zentrale Betreuung des Investmentbankings vorhanden waren – inklusive eines »großen Potenzials erfahrener, hochqualifizierter Aktienspezialisten«.[77] Im Endeffekt setzte sich Frankfurt tatsächlich vor allem aufgrund der besseren Gewinnbarkeit qualifizierten Personals als Standort des Produktzentrums durch.[78]

Dennoch war der Ausbau der Geschäftsfelder Global Equities und Global Bonds mit einem erheblichen zusätzlichen Personalbedarf verbunden. Schon im Umsetzungsplan der Strategie für die Global Equities wurde 1997 betont, dass die Etablierung der Commerzbank im internationalen Aktiengeschäft von der »Rekrutierung erstklassiger Spezialisten für den Aufbau des Geschäftes in Frankfurt, London, New York und Asien« abhängig sei.[79] Nach der Einrichtung des Geschäftsfelds im Jahr 1995 mit ursprünglich etwa 240 zuständigen VZK wurde eine Aufstockung des Personalbestands um 350 weitere VZK bis Ende 1998 beschlossen.[80] Im Rahmen der Geschäftsfeldplanung 1999 bis 2001 vom November 1998 wurde diese Zahl schließlich sogar noch einmal um 40 weitere Spezialisten nach oben korrigiert; im Endeffekt wurde eine Aufstockung des Personals auf 630 VZK zum Abschluss des Projekts festgelegt.[81]

Dem Ziel der Etablierung als »Top 3-Anbieter in DM-Produkten« und »Marktführer für DM-Anleihen öffentlicher Schuldner«[82] entsprechend bewegte sich das Personalwachstum im Geschäftsfeld Global Bonds in ähnlichen Dimensionen. Eigentlich war bis 1999 die Beschäftigung von nur circa 390 Fachkräften veranschlagt worden, letztlich belief sich die Zahl der VZK zum Jahresabschluss 1998 schon auf 420 Fachkräfte.[83]

Entscheidend dafür, dass auch beim Aufbau der Geschäftsfelder Global Equities und Global Bonds von der Umsetzung einer Akquisitionsstrategie gesprochen werden muss, ist die Tatsache, dass die Schaffung der notwendigen Geschäftsstrukturen auf einer intellektuellen Ebene von der Anwerbung externer Spezialisten abhängig war, die bestehende Kompetenzlücken der Geschäftsleitung im Bereich des globalen Aktiengeschäfts auffüllten und denen die Kontrolle weiter Bereiche der neuen Geschäftsfelder anvertraut wurden.

Exemplarisch hierfür war die Etablierung der Commerz Financial Products (CFP) im Frühjahr 1994. Die als Tochtergesellschaft gegründete CFP sollte die Keimzelle des globalen Derivategeschäfts bilden. Hierzu warb die Commerzbank im Frühjahr 1994 den französischen Investmentbanker Antoine Paille mitsamt der ihm unterstellten Gruppe von Investmentspezialisten der Société Générale ab und stattete sie mit weitreichenden Handlungsfreiheiten aus.

Zwar handelte es sich bei der CFP offiziell um eine Eigengründung, praktisch hatte die Commerzbank jedoch – wie im Fall einer Akquisition – weitgehend bestehende Strukturen und Hierarchien des Investmentbankings der Société Générale übernommen und für ihre eigenen Ziele eingesetzt.[84]

Besonders der Ausbau des Geschäftsbereichs Global Equities war schon auf der Planungs- und Organisationsebene von der Anwerbung externer Fachkräfte abhängig. So war die Entwicklung des Standorts Frankfurt zum Zentrum des Global-Equity-Geschäfts eng mit Mehmet Dalman verbunden, den die Commerzbank im Juni 1997 von seiner leitenden Position bei der Deutschen Bank abgeworben hatte, um ihm die Verantwortung für den Aufbau des Geschäftsfelds Global Equities zu übertragen. Der damals 39-jährige Zypriot hatte seit den späten 1980er Jahren ein erhebliches Know-how in der Organisation globaler Investmentbankingstrategien erworben. Nach seinem Studium der International History und Social Administration an der University of London und dem Erwerb eines M. A. an der London School of Economics wandte Dalman sich dem Bankgeschäft zu. Schon relativ schnell etablierte er sich als Experte für die Verwaltung globaler Investmentgeschäfte. Zwischen 1990 und 1995 leitete er bereits die europäische und japanische Equities-Abteilung des Crédit Lyonnais. Nach einem Wechsel zur Deutschen Bank im Jahr 1995 war Dalman zwei Jahre leitender Manager der Investmentsparte, wobei erneut das japanische Equity-Geschäft sowie der gesamte Derivatesektor des asiatischen Geschäfts unter seiner Verantwortung standen.[85]

Zwar betonte die Commerzbank in einer Stellungnahme zur Einstellung Dalmans gegenüber der Financial Times im Mai 1997, dass dieser vonseiten des Vorstands »keinen Blankoscheck« für die ihm unterstellten Geschäftsfelder erhalten habe, anhand der im Artikel beschriebenen Parameter seines Verantwortungsbereichs zeigt sich jedoch, wie weitreichend seine Befugnisse bei der Entwicklung des Geschäftsbereichs tatsächlich waren. So unterstand nicht nur die Organisation der Modernisierungsprozesse in den Niederlassungen in New York, London und Singapur der Verantwortung Dalmans, sondern auch die Einstellung von 500 Händlern für die neue Zentrale in Frankfurt.[86] Die Anwerbung Dalmans im Juni 1997 als Leiter des UB Investment Banking war somit symptomatisch für das Vorgehen der Commerzbank in diesem Geschäftsbereich während der zweiten Hälfte der 1990er Jahre insgesamt. Da für einen Großteil der Geschäftsfelder Mitte der 1990er Jahre erhebliche Kompetenzlücken bestanden, fußte die Strategie zur Etablierung einer international relevanten Präsenz auf der massiven Anwerbung externer Fachkräfte aus Banken mit gänzlich unterschiedlichen Kulturen und der weitgehenden Delegation von Verantwortung.

Auf dem Weg zu einer »integrierten europäischen Universalbank«?

Der eingeschlagene Expansionskurs im Investmentbanking erforderte immer mehr eine grundsätzliche Entscheidung über das zukünftige Geschäftsmodell. Am 29. November 1997 wurde vom Vorstand die »strategische Ausrichtung der Commerzbank« überprüft; hierfür hatte der Zentrale Stab Konzernentwicklung/Konzerncontrolling eine Analyse erstellt, die in pointierter Form drei strategische Optionen präsentierte:[87]

1. Commercial Bank mit Schwerpunkt im Inland
   Ausgangspunkt war die Beschreibung des Status quo der Position der Commerzbank im Investmentbanking als zu stark national aufgestelltes Haus. Gerade für internationale Großkunden komme die Commerzbank daher kaum als Anbieter in Betracht, es fehle an entsprechender Platzierungskraft, exzellenter Produktkompetenz und einem Research über die Landesgrenzen hinaus. Der Aufbau eines konkurrenzfähigen Investmentbankinghauses sei äußerst kapital- und kostenintensiv. Zwar unternehme man seit einigen Jahren entsprechende Anstrengungen, die Konkurrenz investiere im Investmentbanking jedoch deutlich höhere Beträge. Die daraus abgeleitete Strategieempfehlung lautete, zwar Asset Management weiter zu betreiben, die übrigen Wertpapierhandelsaktivitäten aber aufzugeben und entsprechende Beträge in das inländische Filialgeschäft zu investieren. Dies sei allerdings riskant, da sich zum einen aufgrund des nur kleinen heimischen Marktanteils lediglich geringe Economies of Scale and Scope erzielen ließen, Akquisitionsobjekte (bis auf die 1994 privatisierte Postbank) nicht verfügbar seien. Zum anderen könnten sich zunehmend Mittelständler, die ebenfalls wachsenden Bedarf nach Investmentbankingprodukten hätten, sowohl mit ihrem Unternehmen als auch privat von der Bank abwenden.

2. Dual Banking
   Alternativ hierzu könne das Investmentbanking auch zu einer »zweiten unabhängigen Säule« des Geschäfts aufgebaut werden, wobei hier ein »enormer Aufholbedarf« bestehe. Dieser sei nur zu bewältigen durch die erhebliche Drosselung der Investitionen in das inländische Filialgeschäft zugunsten eines offensiven Ausbaus des Investmentbankings. Dies führe jedoch über lange Zeit zu Spannungen zwischen Commercial und Investmentbanking sowie einer stärker durch Letzteres geprägten Bankkultur. Und sollte die Investitionsstrategie in das Investmentbanking nicht erfolgreich sein, wäre der Rückstand gegenüber der Konkurrenz aufgrund unterlassener Aktivitäten in den anderen Geschäftsfeldern noch weiter gewachsen.

3. Integrierte europäische Universalbank
   »Die Commerzbank kann sich aufgrund ihrer Position als Späteinsteiger und aufgrund des enormen Ressourcenbedarfs des Investment Banking zwar nicht alleine in einer nachhaltig verteidigbaren Position im Investment Banking etablieren, aber durch eine geschickte Expansionspolitik ihre Vertriebskraft und ihre Produktkompetenz im künftigen Eurowährungsraum deutlich stärken und zugleich zumindest im europäischen Rahmen eine Schlüsselstellung sowohl im Investment Banking als auch im Commercial Banking für europäische Banken besetzen.« Im Investmentbanking müsse schnell gehandelt werden, bevor die interessantesten Akquisitionsobjekte und Mitarbeiter von Wettbewerbern aufgekauft würden und der Markt verteilt sei. Im Euro-Währungsraum solle sowohl bei Individual- und Firmenkunden als auch im Investmentbanking »offensiv expandiert« werden, wobei Commercial und Investmentbanking stärker integriert werden sollten als bei Option 2. Die Produktkompetenz sei durch die Fusion mit oder Akquisition von einer nennenswerten Universalbank zu verstärken. »Bei erfolgreicher Realisierung dieser Strategie würde die Commerzbank als eine der prominentesten europäischen Universalbanken wahrgenommen werden. Die Option bietet den zusätzlichen Vorteil, dass die Ausrichtung der Bank nicht nur auf eine Karte – Commercial Banking oder Investment Banking – gesetzt wird, sondern diversifiziert bleibt. Damit ist die Commerzbank im Gegensatz zu Option 2 auch nicht ausschließlich in der Konkurrenz mit den Top Adressen des Investment Banking Business, sondern verfügt über einen breiten eigenen Vertrieb.«

Gewarnt wurde vor einer Vermischung von Teilen dieser Optionen, eine »Sowohl als auch«-Strategie solle vermieden werden. Vor allem ein nur mäßiger Ausbau der Investmentbankingaktivitäten berge die Gefahr einer »Stuck in the Middle«-Position, bei der dann die dort getätigten Investitionen »verloren gehen« würden.

Der Vorstand entschied sich für die Option »Integrierte europäische Universalbank« und kommunizierte dies entsprechend im Geschäftsbericht. 1996 hatte es bereits geheißen:[88] »Die Commerzbank versteht sich als ertragsorientierte Universalbank, die sich zukünftig noch stärker als europäisches Institut mit globaler Orientierung positionieren wird. Dabei sehen wir das deutsche Universalbankprinzip als gutes Fundament an, um in der europäischen Währungsunion einen hervorragenden Platz einzunehmen. Die scharfe Trennung von Investment und Commercial Bank, wie sie heute gerne propagiert wird, dürfte schon in wenigen Jahren kein Thema mehr sein.« Im Geschäftsbericht 1997 wurde dann formuliert:[89] »Wir wollen eine große, klar ausgerichtete Universalbank bleiben, also unsere Chancen – wie bisher schon in der 128-jährigen Geschichte der Commerzbank – in der Verbindung von traditionellem

Mio. €	Private Kunden und Immobilien	Firmenkunden und Institutionen	Investment Banking	Hypotheken-bankgeschäft	Konzernsteue-rung/Sonst./ Konsolidierung	Gesamt
Zinsüberschuss	1.048 (1.024)	1.459 (1.582)	242 (389)	478 (623)	–123 (–411)	**3.104 (3.207)**
Risikovorsorge im Kreditgeschäft	–229 (–150)	–546 (–468)	34 (0)	–83 (–80)	–57 (9)	**–881 (–689)**
Zinsüberschuss nach Risiko-vorsorge	319 (874)	913 (1.114)	276 (389)	395 (543)	–180 (–402)	**2.223 (2.518)**
Provisionsüberschuss	350 (954)	560 (581)	338 (715)	–19 (–19)	–58 (–38)	**1.671 (2193)**
Handelsergebnis	0 (0)	58 (51)	313 (437)	1 (0)	41 (104)	**413 (592)**
Finanzanlageergebnis	1 (0)	69 (–5)	73 (–139)	–5 (–5)	415 (744)	**553 (595)**
Verwaltungsaufwendungen	1.485 (1.672)	980 (1.081)	610 (1046)	115 (129)	422 (548)	**3.612 (4.476)**
Sonstiges betriebliches Ergebnis	2 (54)	2 (12)	–3 (13)	–2 (10)	–7 (–140)	**–8 (–51)**
Ergebnis aus der gewöhnlichen Geschäftstätigkeit	**187 (210)**	**622 (672)**	**387 (369)**	**255 (400)**	**–211(–280)**	**1.240 (1371)**
Ertragssteuern	56 (63)	191 (184)	98 (80)	85 (134)	–132 (–65)	**298 (396)**
Ergebnis nach Steuern	**131 (147)**	**431 (488)**	**289 (289)**	**170 (266)**	**–79 (–215)**	**942 (975)**
Konzernfremden Gesellschaftern zustehende Gewinne/Verluste	–1 (–1)	0 (0)	–17 (–20)	–32 (–43)	0 (0)	**–50 (–64)**
Jahresüberschuss	**130 (146)**	**431 (488)**	**272 (269)**	**138 (223)**	**–79 (–215)**	**892 (911)**
Mitverantwortetes Ergebnis	0 (0)	209 (143)	136 (154)	0 (0)	–345 (–297)	**0 (0)**
Steuerungsergebnis	**130 (146)**	**640 (631)**	**408 (423)**	**138 (223)**	**–424 (–512)**	**892 (911)**
Durchschnittlich gebundenes Eigenkapital	**1.530 (1.671)**	**5.233 (6.012)**	**1.076 (1913)**	**858 (1.021)**	**–99 (–839)**	**8.598 (9.778)**
Eigenkapitalrendite (%)	**8,5 (8,7)**	**12,2 (10,5)**	**37,9 (22 ,1)**	**16,0 (21,8)**		**10,4 (9,3)**
Aufwandsquote (%)	**78,1 (82,3)**	**44,0 (47,4)**	**54,2 (64,6)**	**25,4 (21,3)**		**63,0 (68,5)**

Tabelle 13: Ergebnisentwicklung der Commerzbank nach Segmenten 1998 (1999)[90]

Commercial Banking und modernem Investment Banking suchen.« Und 1999 hieß es im neu gefassten »Leitbild des Commerzbank-Konzerns«:[91] »Wir sind eine europäische Bank. … Wir sind eine integrierte Universalbank.« Insofern hieß es (wie zuvor schon im Hinblick auf die geografische Expansion): »Wir machen es etwas anders«, das Investmentbanking »amerikanischen Typs mit viel Schall und Rauch« sei nicht die Art, wie die Commerzbank vorgehe.[92] Gleichzeitig wurde von Kohlhaussen jedoch auch der Anspruch formuliert, »zu den Besten der Welt zu gehören«, weshalb er mit Blick auf das Investmentbanking forderte: »Entweder gar nicht oder richtig.«[93]

Bei oberflächlicher Betrachtung des Investmentbankings der Commerzbank zu Beginn der Jahrtausendwende entsteht der Eindruck eines weitgehend erfolgreichen Wachstums der bis etwa 1990 unerschlossenen Geschäftsbereiche. Bei näherer Betrachtung zeigen sich jedoch zum Teil erhebliche Lücken zwischen den ursprünglichen Expansionsplänen und dem Ergebnis. Im Asset Management konnten die formulierten Wachstumsziele tatsächlich weitgehend erreicht werden. Am Jahresende 2000 beliefen sich die verwalteten Assets auf einen Wert von insgesamt 135 Mrd. Euro, was die Prognosen des Zwischenberichts zum Geschäftsfeld Asset Management aus dem Jahr 1997 sogar noch deutlich überstieg.[94] Dort war der Wert der Assets mit nur etwa 196 Mrd. DM, also etwa 100 Mrd. Euro, veranschlagt worden.[95] Bei einer Bilanzsumme von 459 Mrd. Euro (2000) kamen die »Assets under Management« auf einen Anteil von etwa 29 Prozent[96] (1990 mit einem Volumen von 38,7 Mrd. DM erst 18 Prozent von 215 Mrd. DM).[97]

Das Wachstum des Geschäftsfelds hatte jedoch eine Kehrseite. Wie Tabelle 13 zeigt, wurde im Investmentbanking bereits 1998 ein Großteil der Summe aus Zinsüberschuss nach Risikovorsorge, Provisionsüberschuss, Handels- und Finanzanlageergebnis (1 Mrd. Euro) durch die Verwaltungsaufwendungen (610 Mio. Euro) aufgezehrt. Per Saldo ergab sich jedoch ein positiver Jahresüberschuss und (einschließlich des als »für die anderen Bereiche mitverantworteten Ergebnisses« verrechneten Beitrags) eine Eigenkapitalrendite von 37,9 Prozent. Die Aufwandsquote lag bei 54,2 Prozent. 1999 waren die Verwaltungsaufwendungen bereits auf über 1 Mrd. Euro angestiegen, was die Aufwandsquote auf 64,6 Prozent erhöhte und die Eigenkapitalrendite auf 22,1 Prozent absinken ließ.

Fasst man für das Jahr 2000 Asset Management, Securities sowie Treasury und Devisen zusammen, dann zeigt sich innerhalb nur eines Jahres nahezu eine Verdoppelung der Verwaltungsaufwendungen (1,9 Mrd. Euro) bei mittlerweile über 3300 Mitarbeitern des Unternehmensbereichs (Tab. 14). Es verblieb ein knapp positiver Jahresüberschuss; nur dank der Zurechnung des »mitverantworteten Ergebnisses« stellte sich ein positives Steuerungsergebnis ein. Vor allem die Aufwandsquote des Geschäftsfelds Asset Management von 105,2 Prozent war in den Augen der Geschäftsleitung »viel zu hoch«.[98]

Mio. €	Private Kunden	Asset Management	Firmenkunden und Institutionen	Securities	Treasury und Devisen	Hypothekenbanken	Sonstige und Konsolidierung	Gesamt
Zinsüberschuss	1.120	5	1.698	42	149	522	–20	**3.516**
Risikovorsorge im Kreditgeschäft	–116	0	–453	0	0	–100	–16	**–685**
Zinsüberschuss nach Risikovorsorge	1.004	5	1.245	42	149	422	–36	**2.831**
Provisionsüberschuss	1.232	621	691	233	10	–22	–41	**2.724**
Handelsergebnis	0	17	75	809	122	0	–74	**949**
Finanzanlageergebnis	0	–2	–39	0	–9	–6	136	**80**
Verwaltungsaufwendungen	1717	627	1.263	986	253	146	485	**5.477**
Sonstiges betriebliches Ergebnis	849	–45	132	8	–1	7	177	**1.127**
Ergebnis aus der gewöhnlichen Geschäftstätigkeit	**1.368**	**–31**	**841**	**106**	**18**	**255**	**–323**	**2.234**
Ertragssteuern	616	–11	353	43	7	115	–300	**823**
Ergebnis nach Steuern	**752**	**–20**	**488**	**63**	**11**	**140**	**–23**	**1.411**
Konzernfremden Gesellschaftern zustehende Gewinne/Verluste	–1	–19	–10	0	0	–39	0	**–69**
Jahresüberschuss	**751**	**–39**	**478**	**63**	**11**	**101**	**–23**	**1.342**
Mitverantwortetes Ergebnis	8	187	41	33	46	0	–315	**0**
Steuerungsergebnis	**759**	**148**	**519**	**96**	**57**	**101**	**–338**	**1.342**
Durchschnittlich gebundenes Eigenkapital	**1.576**	**424**	**6.018**	**1.348**	**604**	**1.074**	**–183**	**10.861**
Eigenkapitalrendite (%)	**48,2**	**34,9**	**8,6**	**7,1**	**9,4**	**9,4**		**12,4**
Aufwandsquote (%)	**53,6**	**105,2**	**49,4**	**90,3**	**93,4**	**29,1**		**65,2**
Mitarbeiter (Durchschnitt)	*14.322*	*2.033*	*9.986*	*1.068*	*272*	*986*	*9.654*	*38.321*

Tabelle 14: Ergebnisentwicklung der Commerzbank nach Segmenten (2000)[99]

Schon im Jahr 1998 war im Rahmen der Geschäftsfeldplanung die Ertragsstärke des Asset Managements zwar gelobt, zugleich aber auch vor einer Kostenexplosion als Folge der Akquisitionsstrategie gewarnt worden. So wurde angesichts der Entwicklungen der Aufwandsquote Mäßigung gefordert und beschlossen, dass »neue Kostenblöcke in 1999 nur dann aufgebaut« werden sollten, wenn »sie dringend erforderlich« seien.[100]

Die Entwicklungen im Jahr 2000 zeigten, dass eine konsequente Rückführung der Verwaltungsaufwendungen nicht absehbar war. Tatsächlich fiel die Aufwandsquote zum Jahresabschluss 2001 mit etwa 93 Prozent bei Verwaltungsaufwendungen in Höhe von 587 Mio. Euro kaum besser aus.[101]

Zwar hatte die Commerzbank nach 1999 die europäischen Vertriebsnetze des Asset Managements durch Eröffnung der Asset Management Italia sowie der Afina in Madrid noch einmal weiter vorangetrieben, alleine reichen diese Maßnahmen jedoch nicht aus, um die Kostenentwicklung vollkommen zu erklären.[102] Vielmehr deutet sich an dieser Stelle an, dass der Bankleitung in einem gewissen Maße die Kontrolle über die Teilbereiche des Geschäftsfelds entglitten war. Im Gegensatz zum Asset Management, dessen Entwicklung trotz des Kostendrucks im Großen und Ganzen als erfolgreich bezeichnet werden kann, blieben die anderen Geschäftsbereiche zum Teil deutlich hinter den Zielvorgaben zurück. Zwar war der Zeitpunkt um die Jahre 2000/01 laut Aussage der Bank noch zu früh, um ein endgültiges Urteil darüber zu fällen, ob besonders die Ziele in den Geschäftsfeldern Global Bonds und Global Equities erreicht wurden,[103] tatsächlich zeigte sich jedoch überdeutlich, dass sie zum Teil klar verfehlt wurden. Für die Global Bonds mussten die für 1999 gesteckten Umsatzerwartungen von 657 um 191 auf nur noch 466 Mio. DM nach unten korrigiert werden. Besonders die Entwicklung des Geschäftsfelds Global Equities, das neben dem Asset Management den Kern des Unternehmensbereichs bilden sollte, konnte die Erwartungen einer schnellen Etablierung der Commerzbank im globalen Aktienhandel nicht erfüllen. So wurde für das Jahr 1999 nicht nur ein negativer Deckungsbeitrag von im schlimmsten Fall bis zu 25 Mio. DM prognostiziert, wie im Asset Management entfaltete sich auch hier eine offenbar unkontrollierbare Kostenexplosion. 1999 zeigte sich, dass gegenüber der ursprünglichen Planung allein die Personalkosten um mehr als 37 Mio. DM höher ausfallen würden.[104]

Nicht kalkulierte Kostensteigerungen und die verfehlten Entwicklungsziele in den Bereichen Global Equities und Global Bonds waren Konsequenz der fehlenden Kenntnisse des Topmanagements im globalen Investmentbanking und der daraus resultierenden Abhängigkeit von der Akquisition fremden Fachwissens. Vor allem bei der Integration der für das Investmentbanking angeheuerten Mitarbeiter und deren Abstimmung auf die zuvor formulierten Zielvorgaben zeigten sich jedoch zunehmend größere Probleme. Dies offenbarte spätestens die »Detailanalyse der signifikant kritischen Bereiche«, die im Rahmen des Berichts zur »Konzernentwicklung 1999–2001« vorgelegt wurde.[105] Danach bestand ein »dringlicher Handlungsbedarf«, weil »offensichtliche Unzulänglichkeiten bei der Unterstützung und Überwachung der Aktivitäten von ZGB (Zentraler Stab Global Bonds) und vor allem ZGE (Zentraler Stab Global Equities)«[106] vorlägen. So wurden erhebliche Missstände »im unabgestimmten Wachstumstempo von Handel einerseits, Stab und Service andererseits« sowie vor allem »in der nicht ausreichenden Koordination zwischen Stabs- und Servicestellen und deren teilweise mangelnder Erfahrung im Investmentbanking sowie in der zu geringen Transparenz bzgl. der operativen Ziele der Investment Banking Bereiche« ausgemacht.[107]

Ein sehr anschauliches Beispiel für die beschriebenen Defizite bei der Überwachung der Aktivitäten neu geschaffener Geschäftsbereiche liefert das Schicksal der Commerz Financial Products. Obwohl diese Tochtergesellschaft 1994 zur Entwicklung des Derivategeschäfts gegründet worden war, wurde sie schon zu Beginn des Geschäftsjahrs 1998 wieder aufgelöst, die bestehenden Strukturen wurden in die Zentrale integriert. Offiziell wurde dieser Schritt als »Teil der Strategie des gebündelten Ausbaus der Investment-Kompetenzen in Frankfurt« bezeichnet.[108] Hinter den Kulissen hatten sich jedoch in den Monaten zuvor erhebliche Spannungen entwickelt, da die Vorstellungen von Antoine Paille und seinem Expertenteam zur weiteren Entwicklung der CFP und deren Befugnisse im Konflikt mit den Zielen der Bankleitung standen. Besonders zwischen Paille und dem Anfang 1997 als Entwicklungsleiter des Unternehmensbereichs angeworbenen Mehmet Dalman zeigten sich erhebliche Reibungen, da Paille und sein Team die Zuständigkeit für Aktienderivate nicht an Dalman abtreten wollten. Als Folge wurde auf Anordnung des Vorstandssprechers Kohlhaussen die Auflösung der CFP angeordnet. Tatsächlich hatten »hausinterne Skeptiker« der Commerzbank laut Presseberichten wohl schon zuvor gewarnt, dass die CFP vor allem wegen der Vielzahl der neu von außen verpflichteten Spezialisten »schwer kontrollierbar« und daher ein Risiko sei.[109]

Die Anwerbung Dalmans, dem Mitarbeiter einen »kaum erträglichen Umgangston« bescheinigten,[110] und dessen Ausstattung mit weitreichenden Befugnissen bei der Entwicklung der Global Equities trugen zu den beschriebenen »Unzulänglichkeiten« bei der Überwachung der Aktivitäten des Investmentbankings bei. Obwohl der Vorstand 1997 noch betonte, dass Dalman keinen »Blankoscheck« für seine Aktivitäten erhalten werde, zeigte sich im Nachhinein, dass das Topmanagement mit seiner Steuerung und Kontrolle überfordert war.[111] In einem 2008 im Zuge der anstehenden Fusion zwischen Commerzbank und Dresdner Bank veröffentlichten Presseartikel wurde der Vorwurf erhoben, die Commerzbank habe dem gerade erst verpflichteten Mehmet Dalman 1997 »freie Hand« gelassen, der darauf »im epochentypischen Größenwahn […] ganze Truppen befreundeter Händler« für den Standort London angeworben und somit dessen Personalstärke auf über 3000 Kräfte aufgebläht hatte.[112]

Insgesamt war es um das Jahr 2000 unverkennbar, dass sich die mit der Wahl der Strategievariante »Integrierte europäische Universalbank« verbundenen Hoffnungen nicht erfüllt hatten. Die für das Konzept zentrale Integration wurde nicht erreicht, vielmehr führte das Investmentbanking stattdessen ein »Eigenleben«, sodass faktisch eher die eigentlich verworfene Strategievariante Dual Banking – mit all ihren schon 1997 beschriebenen Nachteilen – praktiziert wurde. Die Bank hatte sich mit ihren ehrgeizigen Zielen zum Aufbau eines internationalen Investmentbankings innerhalb nur weniger Jahre, das die Mitarbeiterzahl im Konzern um Rekordwachstumsraten hatte ansteigen lassen, überfordert. Angesichts fehlender Erfahrungen öffnete sich für das Haus nur der Weg der Akquisition und Integration fremder Fachkenntnisse zur Erreichung der Ziele, wobei jedoch die mangelnden Erfahrungen der Commerzbank im globalen Investmentbanking und insbesondere die unzureichende Kontrolle der Bereiche durch die Geschäftsleitung dem Erfolg dieses Integrationsprozesses im Wege standen.

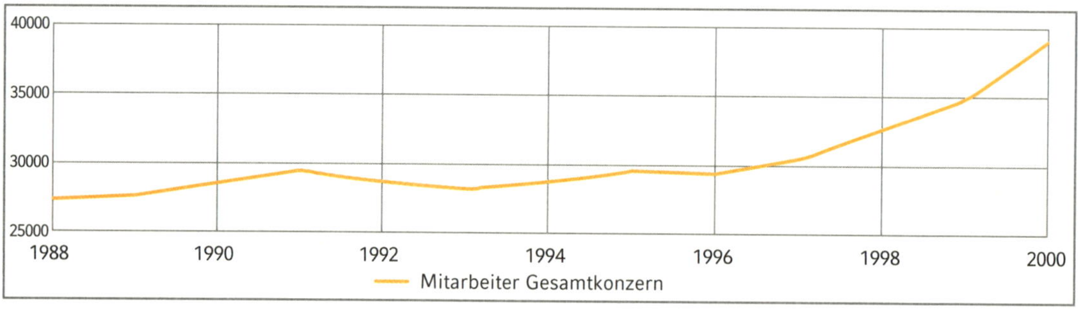

Entwicklung der Mitarbeiter im Commerzbank-Konzern von 1988–2000[113]

Perspektivisch waren deutliche Umstrukturierungsmaßnahmen im Bereich des Investmentbankings und eine damit verbundene erneute Kurskorrektur unvermeidbar, um vor allem die Problematik der unkontrollierten Kostenentwicklung in den Griff zu bekommen. Die Commerzbank stand so kurz vor der Jahrtausendwende erneut an einem strategischen Wendepunkt, an dem es zugleich zu einer gewichtigen personellen Veränderung im Vorstand kam. Dietrich-Kurt Frowein, dem über zwei Jahrzehnte hinweg das zentrale Geschäftsfeld Asset Management unterstand, schied im Sommer 1999 aus. Seine Nachfolge, zuerst nur als stellvertretendes Vorstandsmitglied, trat Heinz-Josef Hockmann an, der seit 1993 maßgeblich mit an der Umstrukturierung des Geschäftsfelds Asset Management im Zuge der neuen Unternehmensstruktur beteiligt war.[114] Doch reichte diese Erfahrung aus, um die Kostenentwicklung im Asset Management unter Kontrolle zu bringen und damit die Entwicklung des Investmentbankings als Ganzes in die Erfolgsspur zu bringen?

2.3 Der Heimatmarkt als Sorgenkind: Erneute Reformen und Innovationen im Privatkundengeschäft

Neue strategische Stoßrichtung im Geschäftsfeld Private Kunden

»Mit 740 Mio. DM negativem Deckungsbeitrag IV in 1995 bei einem Ertrag von 2466 Mio. DM befindet sich das Geschäft mit Privaten Kunden de facto in einer Sanierungssituation.«[115]

Mitte der 1990er Jahre wurde offenkundig, dass die Geschäftsstellenstrukturreform nicht die gewünschten Ergebnisse erzielt hatte. Letztlich wurden »weder ausreichende Bruttoerlöszuwächse und Marktanteilsgewinne noch ausreichende Kostenreduktionen erreicht«.[116] Zusätzlich wurden durch verbesserte Controllingsystematiken Kostenfaktoren des Privatkundengeschäfts identifiziert, die zuvor nicht zurechenbar waren. Die kritische Lage dieses zentralen Geschäftszweigs traf Mitte der 1990er Jahre schließlich auf ein herausforderndes Marktumfeld, in dem die Wettbewerbsdichte stark zunahm. Neben der bestehenden Konkurrenz boten technische Entwicklungen neuen Wettbewerbern die Möglichkeit, attraktive Geschäftsbereiche zu besetzen und die bereits engen Margen zusätzlich zu verringern.[117]

Auch in den anderen (Groß-)Banken wurde daher über eine Restrukturierung des Privatkundengeschäfts nachgedacht, dem – so Deutsche Bank-Vorstand Ulrich Cartellieri – die »Filialen wie Mühlsteine um den Hals« hingen.[118] Zu dieser Zeit lag die Zahl der Bankstellen in Deutschland mit 50 000 noch doppelt so hoch wie die der Metzgereien. Aufgrund der veränderten Kundenanforderungen musste jedoch nicht nur die Standort-, sondern vor allem die Personalpolitik neu ausgerichtet werden. Der für das Privatkundengeschäft verantwortliche Vorstand der Deutschen Bank, Georg Krupp, sprach von der Notwendigkeit einer »radikalen Reform«. Mitarbeiter müssten anders ausgewählt, motiviert und geführt werden. »Wir brauchen eine neue Generation von Betreuern und Führungskräften.«[119] Als Vorbild wurde vielfach die Citibank genannt,[120] bei der die Betreuer erstens deutlich verkaufsorientierter als in deutschen Banken aufträten und sich zweitens voll auf die Beratung konzentrieren könnten, da der gesamte Abwicklungsbereich in eigenen Servicecentern und stark technikunterstützt betrieben werde. Drittens erlaube eine klare Kundensegmentierung eine differenzierte Ansprache – gerade auch im Privatkundengeschäft. Vor diesem Hintergrund und mit massiven Werbeaufwendungen sei viertens eine Markenpolitik wie in der Konsumgüterindustrie möglich, die nicht nur die Abgrenzung von Wettbewerbern ermögliche, sondern – fünftens – auch eine zeitgemäßere Unternehmenskultur befördere.

Für die Commerzbank zeichneten Prognosen aus dem Jahr 1996 unter den gegebenen Rahmenbedingungen ein düsteres Bild für die langfristige Entwicklung des inländischen Privatkundengeschäfts. Bis 1999 würde trotz der angestoßenen Reformen kein positiver Deckungsbeitrag I erreicht werden, und bis Mitte der 2000er Jahre sei sogar mit einem weiteren Anstieg des negativen Deckungsbeitrags zu rechnen.[121]

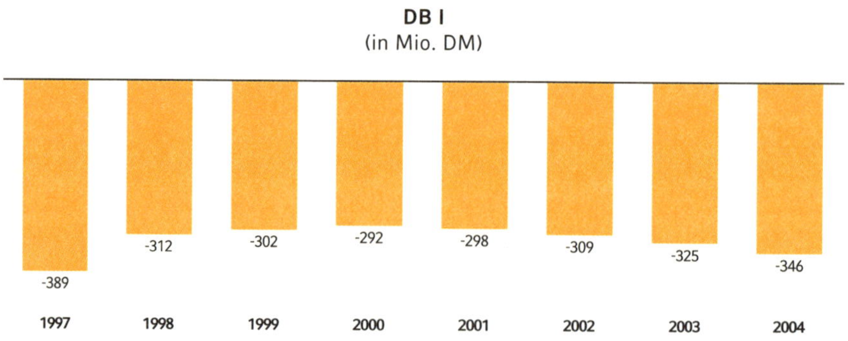

Prognostizierte Entwicklung des Deckungsbeitrags I im Teilgeschäftsfeld Privatkunden[122]

Nachdem mit der Geschäftsstellenstrukturreform vor allem an den Ressourcen der Commerzbank angesetzt worden war, sollten die zukünftigen Bemühungen eher aus der Marktperspektive heraus ergriffen werden. Auch wenn im Segment der Individualkunden der Marktanteil leicht ausgebaut werden konnte (1989: 4,7 %; 1995: 5,8 %), stagnierte das übrige Privatkundengeschäft (1989: 3,1 %; 1995: 3,0 %), und Erhebungen über die Kundenzufriedenheit wiesen abnehmende Werte aus.[123] Darüber hinaus lagen die Marktanteile in beiden Segmenten zwischen 1 und 2 Prozentpunkten hinter denen der Dresdner Bank, und die Deutsche Bank konnte sogar durchgehend einen doppelt so hohen Marktanteil ausweisen.[124] Daher bedurfte es dringend weiterer Reformen im Geschäftsfeld Private Kunden.

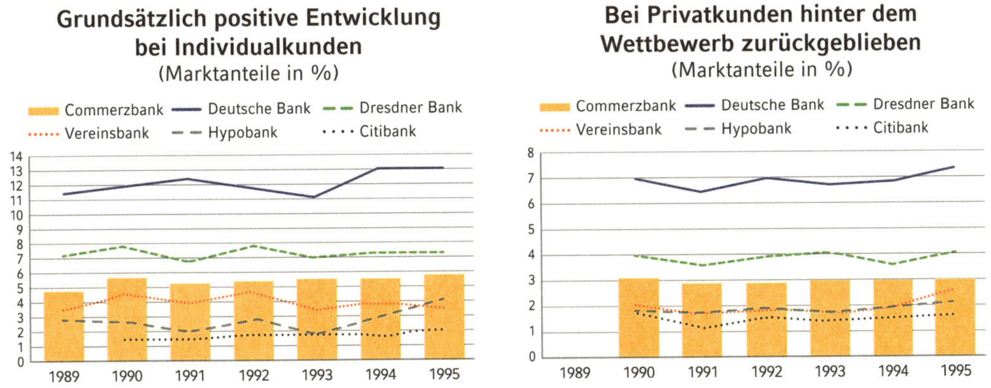

Marktanteile des Privat- und Individualkundengeschäfts 1989–1995[125]

1995 formulierte der Zentralstab Konzernentwicklung/Konzerncontrolling in einer Vorstandsvorlage zur strategischen Gesamtausrichtung der Bank nochmals klar, dass das inländische Filialgeschäft nach wie vor das »Kerngeschäft des Konzerns«[126] darstelle. Daher waren die Sicherung der Stellung der Bank im Inland und die Stärkung der Ertragskraft des Unternehmensbereichs »unabdingbare Voraussetzung für den Erfolg des Gesamtunternehmens«.[127] Trotz dieses deutlichen Bekenntnisses zum Privatkundengeschäft und der anschließenden ressortübergreifenden Planung von Maßnahmen zur Reform des Bereichs wurde Ende 1996 in einer Sondervorstandssitzung auch die Ausgliederung in eine eigenständige Commerzbank Privatkunden AG diskutiert. Grundlage der Diskussion bildete die Sichtweise des Zentralstabs, dass es der Commerzbank nicht möglich sein würde, allein durch interne Maßnahmen die »strukturelle Ergebnislücke« zu schließen.[128] Im Vergleich zur Konkurrenz fehlte es an eindeutigen Wettbewerbsvorteilen, weder erschien sie besonders preiswert noch besonders leistungsfähig.[129] Auch mangele es an der richtigen Verkaufsmentalität, wie Kohlhaussen intern feststellte: Notwendig sei, »nicht in der Filiale (zu) warten, sondern zum Kunden (zu) gehen«. Und er fügte hinzu: »Wir verkaufen zu oft über den Preis und drängen die Vorteile guter Beratung damit selbst in den Hintergrund.«[130] Für notwendig hielt er weniger eine Absicherung gegenüber den anderen Großbanken, die ansonsten bei zahlreichen strategischen Überlegungen die Benchmark gewesen waren, sondern vor allem gegenüber Sparkassen und Volksbanken, denen die größte Marktnähe bescheinigt wurde, sowie der am klarsten profilierten Citibank.[131]

Daher wurde überlegt, den Geschäftsbereich – inklusive des gesamten inländischen Filialnetzes und der erst kurz zuvor neu gegründeten Comdirect (s. S. 499) – auszugliedern.[132] Diese mögliche Separierung bewertete der Aufsichtsratsvorsitzende Seipp äußerst kritisch. Neben dem Verlust von Synergieeffekten zwischen Privat- und Firmenkundengeschäft[133] würde die Bank vor allem »in ihrem gesamten Selbstverständnis verändert«.[134] Darüber hinaus wäre die Ausgliederung ein Strategieschwenk um 180 Grad gegenüber der Geschäftsstellenstrukturreform, über die die Verzahnung von Privat- und Firmenkundengeschäft in den Zweigstellen erst forciert worden war, und wurde daher letztlich auch verworfen. Stattdessen sollten weitere Reformmaßnahmen dafür sorgen, dass das Privat- und das Individualkundengeschäft zusammen bis 2003 wieder einen positiven Deckungsbeitrag I erwirtschafteten.

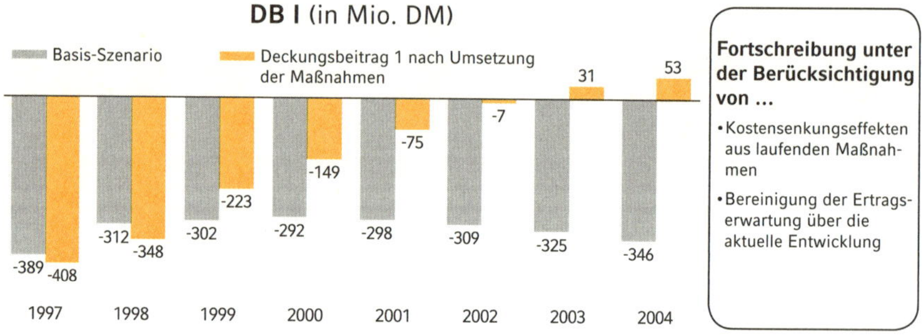

Auswirkungen der Projektmaßnahmen auf die Entwicklung des Deckungsbeitrags I im Teilgeschäftsfeld Privatkunden[135]

Allerdings musste im November 1996 mit dem Vorliegen neuer Planzahlen konstatiert werden, dass – selbst wenn die kommenden Reformen erfolgreich sein sollten – am Ende einer zehnjährigen Reformphase lediglich eine »schwarze Null« stehen würde. Diese ausgeglichene Ertragslage würde darüber hinaus auch nur unter ausschließlicher Berücksichtigung der variablen Kosten Gültigkeit besitzen. Dabei gingen noch im Juni des gleichen Jahres Planungen des Ressorts von dem Ziel aus, bis 1999 einen ausgeglichenen Deckungsbeitrag IV auszuweisen.[136] Nichtsdestotrotz wurden entsprechende Maßnahmen im Privat- und Individualkundenbereich angestoßen, deren strategische Stoßrichtung sich in den ausgehenden 1990er Jahren in drei zentralen Aspekten manifestierte:

1. Während zuvor speziell die Aufbauorganisation modernisiert worden war, fokussierten die kommenden Reformen nun vor allem die Außenkommunikation und Vertriebsproduktivität,
2. der stationäre Vertrieb verlor zunehmend seine Alleinstellung als Kundenkontaktbasis und wurde durch Mailing, Telefonakquise und Direktvertrieb ergänzt,
3. die Fokussierung auf ertragreiche Kundensegmente wurde durch eine zunehmende Differenzierung zwischen Privat- und Individualkunden intensiviert.

Fokus auf Vertriebskraft und Marktauftritt[137]

»Der Aufbau einer eigenständigen Marke wurde im Lauf des Jahres 1997 erstmals zum wichtigen Thema der Großbanken für das Geschäftsfeld mit den Privaten Kunden.«[138]

1996 legte das Zentrale Geschäftsfeld Private Kunden Planungen für Reformen der Betriebs- und Vertriebsproduktivität, der Organisations- und Führungsstruktur sowie des Managements von Ausfallrisiken vor, durch die sich Kostensenkungen von 285 Mio. DM ergeben sollten. Der Fokus lag jedoch auf der Vertriebsproduktivität, da allein hier ein Potenzial von 235 Mio. DM Ertragssteigerung erkannt wurde. Somit sollte bis Ende des Jahrtausends eine Ergebnisverbesserung im inländischen Privatkundensegment um 520 Mio. DM erzielt werden.[139]

Den Kern der ertragssteigernden Maßnahmen bildete ein Profilierungsprogramm. Seit 1991 stagnierte die Zahl der Privatkunden bei knapp über drei Millionen, was vor allem darauf zurückgeführt wurde, dass der Commerzbank von Privatkunden keine spezifischen Eigenschaften oder Mehrwerte zugesprochen wurden.[140] Gleichzeitig hatten sich Wettbewerber – wie die Deutsche Bank unter anderem durch den Slogan »Vertrauen ist der Anfang von allem« – eine prägnante Marke aufgebaut. Neben Produktinnovationen und verkaufsfördernden Maßnahmen sollten daher vor allem unterstützende Werbemaßnahmen ergriffen werden, denn insgesamt lagen die Investitionen der Commerzbank in Werbung und Kommunikation bis 1995 weit unter dem Marktdurchschnitt.[141]

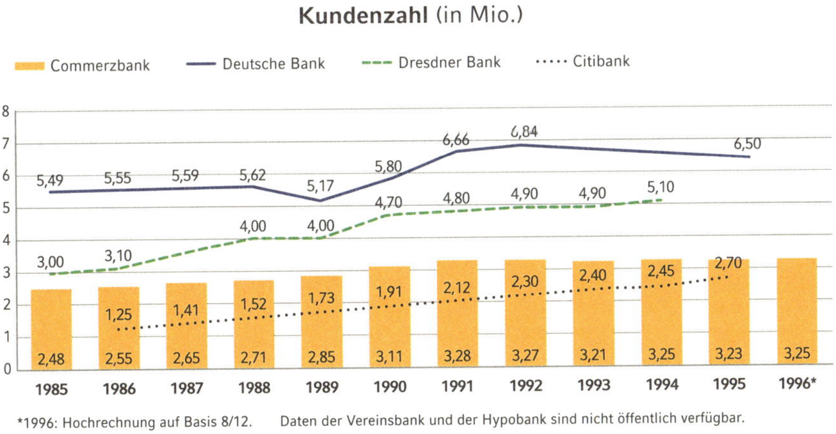

Kundenzahlen ausgewählter privater Großbanken von 1985–1996[142]

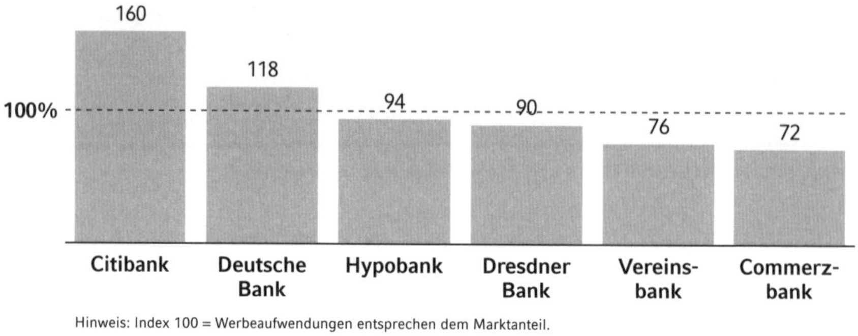

Indexierte Werbeaufwendungen privater Großbanken 1995[143]

Das Zentrale Geschäftsfeld Private Kunden entwarf folgendes Zielbild für die Kundeneinschätzung: »Die Commerzbank ist die Großbank, bei der ich sicher bin, daß ich eine initiative und aktive Bank als Partner habe. Die Betreuung geht unaufgefordert von der Bank aus. Initiative beweist sich in überdurchschnittlichen Produkten und Leistungen: zum richtigen Zeitpunkt bekomme ich die richtigen, auch innovativen Impulse.«[144] Um eine adäquate Umsetzung zu gewährleisten, wurde das Marketingbudget erhöht und sollte zukünftig durch den Bereich Zentrale Akquisition koordiniert werden.[145] Analog dazu versuchte sich die Commerzbank auch in ihren Geschäftsberichten seit Mitte der 1990er Jahre als innovatives und initiatives Institut zu präsentieren.[146]

Daneben sollte im Rahmen von Einsparungsmaßnahmen die Betreuungsrelation angepasst werden. Jedem Privatkundenberater (PKB) waren 1250 Kunden zugewiesen. Das Ziel lag bei 1500 Kunden, daher sollten weitere 650 PKB eingespart werden.[147] Diese Reduktionen konterkarierten allerdings unmittelbar die ohnehin schon suboptimale Bestandskundenausschöpfung. Erfahrungswerte zeigten, dass der durchschnittliche Privatkundenbetreuer lediglich mit 300 Kunden in Kontakt stand. Da eine Verbesserung der Betreuungsrelation aufgrund der damit verbundenen Personalkosten in einem defizitären Markt aber nicht vertretbar erschien, sollten kostengünstigere Lösungen gefunden werden. Daher wurden DV-basierte Konzepte entwickelt und z.B. eine Kundenkarte als zentrales Informations- und Eingabemedium etabliert. Auf Basis von Stammdaten, Kunden- und Kontakthistorie, demografischen Daten, Produktnutzungsdaten und Lifestyle-Daten sollten zielgerichtetere Angebote unterbreitet, Kaufwahrscheinlichkeiten abgeleitet und auf diese Weise die Effizienz im Privatkundensektor entscheidend verbessert werden.[148] Diese Maßnahme bildete einen ersten Schritt hin zur Automatisierung des Produktverkaufs und bot die Möglichkeit, in einem zweiten Schritt als Management-Informationssystem zu dienen.[149] Bis dato erfolgte auch das Controlling allein über produktorientierte Listen, die nur mit erheblicher zeitlicher Verzögerung zur Verfügung standen und allenfalls bedingt miteinander kompatibel waren. Ein online verfügbares Management-Informationssystem sollte dagegen tagesaktuell sein und auch die Ausweitung weiterer verkaufsfördernder Maßnahmen und die Etablierung von Zielsystemen unterstützen. Solche mittlerweile selbstverständlichen Systeme wurden damals allerdings durchaus kritisch als großer Schritt hin zum »gläsernen Kunden« eingestuft und intern von Kohlhaussen mit der Bemerkung »Big Brother!« quittiert.[150]

Auf dem Weg zur Multi-Channel-Bank

»Das stationäre Retailgeschäft ist in einer unglaublichen Veränderung. Es gibt viele neue Anbieter und Vertriebswege.«[151]

Die Maxime der Kosteneinsparung bildete den entscheidenden Treiber, um zunehmend Filialaufgaben zu konzentrieren. Über die Etablierung von Operating- und Organisationszentren sollten neben Skaleneffekten insbesondere Personalkostenreduktionen erreicht werden. So ging man daran, Servicetätigkeiten vermehrt aus den Filialen in Callcenter auszulagern, in denen sie in einem ersten Schritt nicht mehr von Bankkaufleuten ausgeführt und langfristig über Outsourcing komplett aus dem Tarifgefüge gelöst werden sollten.[152] Als erster deutscher Bankchef gründete Kohlhaussen sogar eine Zeitarbeitsgesellschaft.[153]

Da die steigenden Ausfallraten im Kreditgeschäft den Deckungsbeitrag der Filialen stark belasteten, sollte die Kreditvergabe einerseits über den Einsatz von Datenverarbeitung und Scoringverfahren optimiert werden.[154] Andererseits sollte ein weiteres Mal in die Aufbauorganisation eingegriffen werden, indem die Kreditsachbearbeitung – entgegen der Geschäftsstellenstrukturreform – nicht mehr auf Regional- *und* Gebietsfilialebene, sondern ausschließlich in den Gebietsfilialen stattfinden sollte.[155]

Die Commerzbank beteuerte weiterhin, in der Fläche vertreten sein zu wollen, und nahm demnach auch keine umfassenden Filialschließungen vor. Jedoch wiesen insbesondere »kleine Filialen« weiterhin Renditeschwächen auf. Daher sah sich das Institut gezwungen, unrentable Zweigstellen entweder durch Fusionen zu größeren Einheiten zusammenzufassen oder als reine Außenstellen von größeren Filialen mit Minimalbesetzung führen zu lassen. Insgesamt sollten 60 Filialen zusammengelegt und 40 in reine Servicestellen umgewandelt werden.[156]

Dem defensiven Umgang mit den klassischen Filialen standen Investitionen in alternative Vertriebswege gegenüber. Als Ergänzung zum stationären Filialvertrieb wurde am 7. Januar 1995 die Comdirect in Quickborn gegründet.[157] Hierbei sah man sich unter Zugzwang: Die Bayerische Hypotheken- und Wechsel-Bank hatte mit der Direkt Anlage Bank 1994 bereits die erste Direktbank Deutschlands eröffnet, die Deutsche Bank stand vor der Ausgliederung der Direktbank Bank 24, die Gründung der Advance Bank (später von der Dresdner Bank übernommen) als Tochter der Bayerischen Vereinsbank war für Mai 1995 angekündigt.[158] »Im Hinblick auf den enormen zeitlichen Druck durch den Wettbewerb« sollte die Comdirect möglichst schnell einsatzbereit sein.[159] Im Rahmen der Vertriebsstrategie übernahm sie die Aufgaben, einerseits Neukunden zu gewinnen und andererseits preissensitive Kunden zu halten. Daher sah das Sortiment auch ausschließlich Produkte vor, die über einen Direktvertrieb absetzbar, also nicht erklärungsbedürftig waren und eine »einfache Gestaltung der Produktabwicklungsprozesse« versprachen.[160] Dazu zählten zu Beginn der An- und Verkauf von Wertpapieren, ein Tagesgeld- und ein Girokonto, die allerdings später um einige weitere Spar- und Kreditprodukte ergänzt werden sollten.[161] Laut einer Pressemitteilung der Commerzbank vom 30. März 1995 sollte die Comdirect »die Kostenvorteile, die durch den Verzicht auf Beratung und Filialnetz entstehen« – hier ging man von 30 Prozent gegenüber dem Filialvertrieb aus –, durch attraktive Konditionen an die Kunden weiterreichen.[162] Dafür war die Commerzbank gegen den eigentlichen Spartrend im Privatkunden- und Filialbereich bereit, bis 1999 circa eine Viertelmilliarde DM zu investieren, und rechnete ab dem fünften Jahr mit einem positiven Deckungsbeitrag.[163]

Die Comdirect Bank startete 1995 das Direktbankgeschäft.

Obwohl die Bank 24 und die Advance Bank noch deutlich höhere Summen vor allem in die Fernsehwerbung investierten,[164] konnte die Comdirect bereits Ende 1998 – ein Jahr vor dem Plan – die Gewinnschwelle überschreiten.[165] Zwischen 1995 und 2000 wurden über eine halbe Million Kunden gewonnen,[166] und im Bereich des Discount Brokerage avancierte die Comdirect sogar zum Marktführer.[167] Mit diesem Schwerpunkt im Wertpapieran- und -verkauf wurden die akquirierten Kundenverbindungen schneller profitabel als im Zahlungsverkehr.[168] So erfolgreich die Comdirect demnach auch war, so sah sie sich zumindest einem Imageproblem gegenüber. Denn aufgrund der hohen Umschlagshäufigkeit in den Depots und des großen Anteils an gehandelten Optionsscheinen wurde sie in der Öffentlichkeit mitunter als »Zockerbank« bezeichnet.[169]

Neben der Direktbank wurden auch im Stammgeschäft zunehmend alternative Vertriebswege entwickelt, deren Ziel zumeist im Vertriebserfolg bei geringeren Kosten lag. So bot sich z. B. die Etablierung eines Telefonvertriebs über das neu geschaffene Callcenter an.[170] Aber auch im persönlichen Vertrieb wurden alternative Konzepte verwirklicht. Über ein In-Store-Banking-Konzept wollte die Commerzbank mehr Präsenz in Innenstadtbereichen mit hohem Kundenaufkommen zeigen und dort über ein standardisiertes Produktangebot kostengünstig Privatkunden ansprechen.[171] Im April 1997 wurde die erste Filiale eröffnet, ein Bank-Shop direkt hinter dem Kassenbereich des Allkauf-Supermarkts in Dortmund-Aplerbeck. Zwischen einem Schuhgeschäft und einem Reisebüro angesiedelt, konnten Kunden nun Bankgeschäfte mit ihren wöchentlichen Einkäufen verbinden. Eine möglichst hohe Kundenfrequenz sollte die Neukundenakquise erleichtern.[172] »Mit unserem In-Store-Konzept ergänzen wir das bisherige Filialsystem und kommen den Kunden entgegen«, beschrieb das für das Privatkundengeschäft zuständige Vorstandsmitglied der Commerzbank, Peter Gloystein, dieses Vertriebskonzept.[173]

Verstärkung der Kundendifferenzierung

»Im Ergebnis bedeutet dies eine noch stärkere Konzentration der Vertriebsressourcen auf Kundengruppen mit hohem Ertragspotential durch Verlagerung von Personal in stärker wertschöpfende Bereiche.«[174]

Zur Mitte der 1990er Jahre wandelte sich die strategische Ausrichtung der Commerzbank insofern, als im Rahmen des Privatkundengeschäfts eine zunehmende Kundendifferenzierung und Fokussierung auf besonders ertragreiche Segmente einsetzte. Die auseinanderdriftende Bedeutung der beiden Bereiche manifestierte sich neben einer neuen klaren organisatorischen Trennung vor allem in der internen Kommunikation.[175]

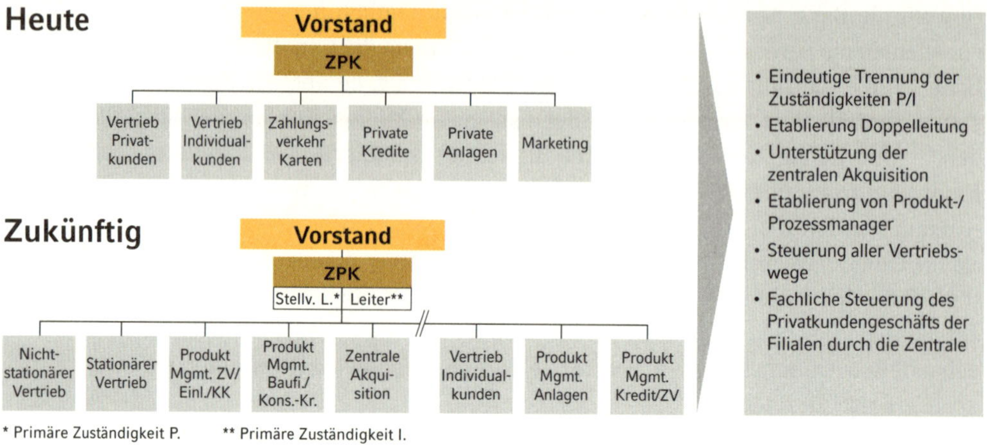

Reorganisation der zentralen Geschäftsfelder entsprechend den neuen Aufgaben[176]

Im Massensegment des Privatkundenbereichs sollten durch Standardisierung und Automatisierung des Leistungssortiments sowie Konzentration des Filialnetzes weiter Kosten eingespart werden, das Angebot der Bank sollte eher passiv sein. Das Zentrale Geschäftsfeld Private Kunden wählte hierfür in einer Vorstandsvorlage aus dem Jahr 1996 den Begriff »Bringgeschäft«, der das Segment der Privatkunden mit niedrigeren Einkommen zukünftig prägen sollte. Dagegen wurde das Individualkundengeschäft explizit als »Holgeschäft« klassifiziert, was den aktiven Vertriebscharakter verdeutlicht.[177] Dort identifizierte die Commerzbank verschiedene Ertragssteigerungspotenziale, die stärker ausgeschöpft werden sollten. Als vielversprechend wurden in den Planungen dabei z. B. kleinere Firmenkunden (Freiberufler und Gewerbetreibende) eingestuft. Um ihren Ansprüchen gerecht zu werden, sollten spezialisierte Zielgruppen-Individualkundenberater installiert werden. Im »oberen« Segment der Privatkunden wurden insbesondere Berufsanfänger als attraktives Kundensegment identifiziert, die zukünftig ebenfalls individuell angesprochen werden sollten.[178] Am »oberen« Rand der Individualkunden wurde ein neues Segment abgegrenzt, in dem die besonders ertragreichen Kunden durch eigens dafür eingerichtete Private-Banking-Teams betreut werden sollten. Unter dem Motto »Großbank-Leistung, Privatbank-Stil« sollten Kunden mit einem investierbaren Vermögen ab 2,5 Mio. DM auf Basis eines umfassenden Financial-Planning-Ansatzes auf Honorarbasis beraten werden.[179] Dort lagen nach Einschätzung der Stabsabteilung Konzernentwicklung/Konzerncontrolling hohe und zugleich schwankungsarme Erträge.[180] Daher erteilte der Vorstand am 29. Oktober 1996 die Genehmigung, als Pilotprojekt in sechs Gebietsfilialen Private-Banking-Teams zu installieren.[181]

Sehr plastisch wird die Differenzierungsstrategie an der Ende 1998 getroffenen Entscheidung, eine reine Private-Banking-Filiale auf Mallorca zu eröffnen, während das »breite« Privatkundengeschäft – also einer der Eckpfeiler des Geschäftsmodells – weit hinter den Zielen zurückblieb. Da Mallorca zu diesem Zeitpunkt bereits über eine Bankendichte von 600 Einwohnern pro Filiale verfügte, sah die Commerzbank lediglich Erfolgschancen im Segment der wohlhabenden Inselbevölkerung. Daher sollte die Filiale ausschließlich Private-Banking- und »gehobene« Individualkunden beraten.[182]

Insgesamt betreute die Commerzbank Ende 2000 im Inland 3754600 private Kunden, was einer jährlichen Steigerung um circa 120000 Kunden seit 1996 entsprach und damit sogar über den geplanten 80000 Kunden pro Jahr lag,[183] gleichzeitig bewegte sich auch die Umsatzsteigerung über Plan.[184] Dabei war das Private-Banking-Angebot besonders erfolgreich. Zwar wurde die Entwicklung auch von einem allgemein positiven Marktumfeld begünstigt, jedoch erreichte die Commerzbank das Ziel, sich in diesem recht stark umkämpften Kundensegment – auch die Deutsche Bank bot mittlerweile in sechs Regionalstellen und die Dresdner Bank schon in 20 Gebietsstellen Private Banking an – zu etablieren. Das Private Banking hatte sich 1998 bereits zum Markenbegriff für ein spezielles Angebot der Bank entwickelt.[185] Um den daraus erwachsenden Erwartungen gerecht zu werden, sollte es weiter ausgebaut und das Produktsortiment entgegen der Entwicklung im Privatkundenbereich insgesamt sogar erweitert werden.[186] Die steigende Bedeutung spiegelte sich ab 1999 auch in der Unternehmensstruktur wider.[187] Bis zu diesem Zeitpunkt war das Privatkundengeschäft noch Teil des Unternehmensbereichs Inländisches Filialgeschäft, wurde dann aber (gemeinsam mit Immobilien) als eigener Unternehmensbereich geführt.[188]

Der Wachstumskurs im Private Banking hatte jedoch auch eine Schattenseite: Sowohl 1995 als auch 1999 gaben zwei Mitarbeiter (einmal im Rahmen eines Erpressungsversuchs) bankinterne Informationen weiter, die den Verdacht auf Beihilfe für Privatkunden zur Steuerhinterziehung und Umgehung der Geldwäschevorschriften über die Commerzbank-Standorte in Luxemburg, der Schweiz und Gibraltar bei der Staatsanwaltschaft aufkommen ließen; es folgten umfangreiche, öffentlichkeitswirksame Durchsuchungen in der Zentrale und in weiteren Filialen der Commerzbank. Mehrere Tausend Kunden mussten daraufhin Steuern in zum Teil erheblicher Höhe nachzahlen.[189]

Sowohl die Einsparungswellen als auch die Semantik der internen Planungsunterlagen zeigen, dass das übrige Privatkundengeschäft im Gegensatz zum Private Banking immer mehr als lästig, zugleich aber notwendig eingestuft wurde, um die profitableren Geschäfte mit Individual- und Firmenkunden durchführen zu können.[190] Denn zum einen spielte die Versorgung der »breiten« Bevölkerung mit Finanzprodukten immer noch eine wichtige Rolle für das Image und die Wahrnehmung der Commerzbank in der Öffentlichkeit, zum anderen ist fraglich, ob das Filialnetz allein durch Firmenkunden- und Individualkundengeschäfte nachhaltig tragbar gewesen wäre.

Allfinanz-Angebot und Übernahmeschutz: »Wahlverwandtschaften« statt Fusionen

Mit der Übernahme der Winterthur-Gruppe durch die Credit Suisse 1997 gelangte auch der bis dahin exklusive Allfinanz-Partner der Commerzbank, die DBV, in den Einflussbereich eines europäischen Großbankenkonkurrenten. Kohlhaussen nahm daraufhin Kooperationsverhandlungen mit dem italienischen Versicherungskonzern Assicurazioni Generali S.p.A. in Triest auf. Dieser verfügte mit der Aachener und Münchener Beteiligungs-Aktiengesellschaft (AMB) über den nach der Allianz und Ergo drittgrößten Erstversicherer hierzulande. Der Deckname »Tricolore« für dieses Projekt (in das nur zehn Mitarbeiter der Commerzbank eingeweiht waren) ergab sich aus den Hausfarben der Commerzbank (gelb), Generali (grün) und AMB (türkis). 1998 wurde eine Allfinanz-Partnerschaft vereinbart, die durch eine Beteiligung der Generali an der Commerzbank und vice versa unterlegt wurde, 1999 begann die Kooperation mit der AMB sowie der Badenia Bausparkasse.[191]

Der Weg der Beteiligung wurde von Kohlhaussen mit dem Begriff der »Wahlverwandtschaften« belegt[192] und bis zum Jahr 2000 weiter forciert. Mit dem Banco Santander Central Hispano, der Banca Commerciale Italiana und der Mediobanca ging die Commerzbank wechselseitige Beteiligungen ein, weitere Beteiligungen am Crédit Lyonnais, der Banca Intesa und der Erste Bank der österreichischen Sparkassen kamen hinzu.

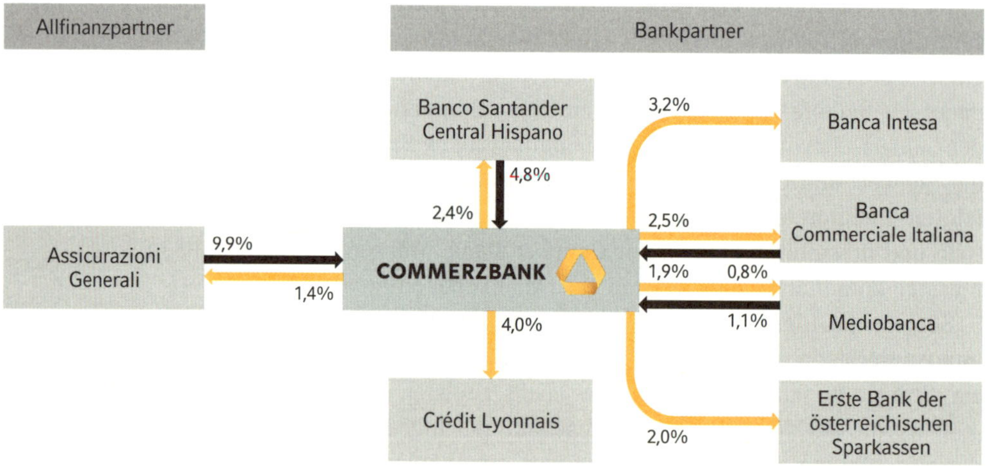

Europäische Partner der Commerzbank zum 31. Dezember 2000[193]

Trotz der negativen Erfahrungen mit der Europartners-Gruppe betonte die Commerzbank auch in diesem Zusammenhang wieder ihren »eigenen Weg«, stellte Kohlhaussen die Partnerschaftlichkeit heraus: »Wir regeln freundschaftlich, was andere mit imperialer Aktivität versuchen.«[194] Fusionen wurden von ihm strikt abgelehnt (»Fusionsmanie oder Fusionitis – ich halte beides für etwas Krankhaftes«[195]), da er der Meinung war, »Größe allein ist kein Erfolgskriterium. Manche große Übernahme hat sich als großes Problem entpuppt. Wir sind deswegen kritisch, aber auch wir reden natürlich mit anderen Banken über neue Formen der Zusammenarbeit.«[196] Diese Kooperation könne als eher loser Finanzverbund beginnen, bei zunehmender Intensität aber auch in einer »europäischen Universalbank«[197] münden: »Wir planen eine neue Bank.«[198] Die Kooperationslösung sollte der Commerzbank nicht nur den Zugang zu den Kunden, Produkten und Vertriebskanälen der Partner (auch gerade im Investmentbanking[199]) eröffnen. In den eingeworbenen Beteiligungen sah man für die Commerzbank, die über keinen »Ankeraktionär« verfügte, auch einen Schutzwall gegen (feindliche) Übernahmen.

Mit Kooperationsmöglichkeiten im Rahmen der Allfinanz wurde auch die geplante Beteiligung an der Postbank begründet. Im Sommer 1998 hatten die Vorstände von Commerzbank und Postbank Gespräche aufgenommen – anfangs ohne den Bund als Eigentümer einzuweihen. Die Commerzbank plante, 60 Prozent für circa 2,4 Mrd. DM an dem Bonner Institut zu erwerben, später etwa 45 Prozent an der Börse zu platzieren und mit den verbleibenden 15 Prozent eine möglichst intensive Zusammenarbeit im Vertrieb zu unterlegen. Der Entwurf für den Kooperationsvertrag sah vor: »Schwerpunkt der Zusammenarbeit soll einerseits die gemeinsame Ausschöpfung der Marktpotentiale im Allfinanz-Geschäft und andererseits die Nutzung von Synergien durch Zusammenlegung von Teilen der Geschäftsentwicklung sein.«[200] Trotz des Wunsches der Bundesregierung nach Privatisierung der Postbank noch vor der Bundestagswahl untersagte das Bundesfinanzministerium – nachdem es durch das Institut im Juni informiert worden war – die Weiterführung von Verhandlungen. Dem Vernehmen nach war dem Bund der Veräußerungserlös zu niedrig, es wurde jedoch auch kolportiert, dass die Vorstände beider Häuser »wie Blinde ins politische Minenfeld« gelaufen seien.[201]

2.4 Die Commerzbank vor der Jahrtausendwende

Zur Jahrtausendwende war die Lage der Commerzbank durch Licht und Schatten gekennzeichnet:

- Im Jahrzehnt nach der Wiedervereinigung konnte ein erhebliches Bilanzsummenwachstum von 99,1 (1989) auf 372,1 Mrd. Euro erzielt werden. Auch die Rücklagendotierung aus Gewinnen (500 gegenüber 143,7 Mio.

Euro) und die Dividendensumme (410,8 gegenüber 115,3 Mio. Euro) hatten deutlich zugenommen. Insofern hatte sich das Haus nach der kritischen Lage Anfang der 1980er Jahre wieder in die Erfolgsspur bewegt.

- Zwei der drei für die Jahrtausendwende formulierten Ziele wurden jedoch verfehlt. Von der angepeilten Eigenkapitalrendite nach Steuern in Höhe von 15 Prozent war man 1997 (9,9 %), 1998 (10,4 %) und 1999 (9,3 %) deutlich entfernt (Tab. 13). Die Ergebnislücke wurde insbesondere durch das Privat- und auch das Firmenkundengeschäft verursacht (1999 Eigenkapitalrendite von 8,7 % bzw. 10,5 %). Für sie hatte sich schon in der Planung des Jahres 1999 abgezeichnet: »Es wird unmittelbar ersichtlich, daß die ZPK gefolgt von der ZFK die beiden Geschäftsfelder sind, auf die folgende drei zentrale Extremaussagen zutreffen: die niedrigste Kernkapitalrendite, die höchste Aufwandsquote, der größte Ressourcenverbrauch.«[202] Hierzu hatten auf der Aufwandsseite zum einen die im Lauf des Jahrzehnts deutlich gestiegene Belegschaftszahl (1989: 27 631, 1999: 34 870) und zum anderen das trotz der Kürzungen gewachsene Geschäftsstellennetz (1989: 897, 1999: 1064 Geschäftsstellen) beigetragen. Allein die Kernkapitalquote bewegte sich 1999 mit 6,3 Prozent leicht über dem Zielwert von 6 Prozent.
- Speziell in der zweiten Hälfte der 1990er Jahre mussten mehrere Rückschläge verdaut werden. Neben bedeutenden Ausfällen bei einzelnen Kreditengagements (z. B. Konkurs des Bremer Vulkan 1996) und Wertpapieremittenten (ebenfalls 1996 Fokker; hier war die Commerzbank Konsortialführer von Anleihen) mussten in der Asienkrise 1997/98 hohe Verluste bei der Tochter Commerzbank (South East Asia) Ltd. hingenommen werden. 1998 und 1999 wurden auf Gesamtbankebene rund ein Drittel bzw. ein Viertel des Zinsüberschusses durch die Risikovorsorge im Kreditgeschäft aufgezehrt. Neben der erwähnten Steuerproblematik im Private Banking mussten auch für in den Jahren 1984 bis 1994 falsch zugerechnete Wertberichtigungen auf Länderrisiken 450 Mio. DM nachgezahlt werden. Erträge aus dem Kreditgeschäft der New Yorker Niederlassung waren aufgrund der niedrigeren Steuersätze in den USA, die zugehörigen Aufwendungen dagegen in Deutschland verbucht worden.[203] Es wurde publik, dass die Steuerabteilung Seipp ausdrücklich auf die Risiken dieses Vorgehens hingewiesen hatte. Seipp und zwei weitere Spitzenmanager der Bank mussten wegen Steuervergehen ein Bußgeld von insgesamt 1,2 Mio. DM an gemeinnützige Organisationen zahlen.[204] Dies war wohl einer der Gründe dafür, dass er mit der Hauptversammlung 1999 »vorzeitig« seinen Abschied vom Vorsitz des Aufsichtsrats nahm, dessen Ehrenvorsitzender er wurde (Nachfolger von Seipp wurde Dietrich-Kurt Frowein).[205]
- Vor allem aber zeichnete sich die für das Geschäftsmodell zentrale Integration von traditionellem Commercial Banking und immer stärker forciertem Investmentbanking nicht ab. Das Investmentbanking war zwar ertragsstark, doch stiegen dort auch die Verwaltungsaufwendungen dramatisch

(Tab. 14), sodass die Restrukturierung des inländischen Filialgeschäfts nicht wie geplant subventioniert werden konnte.

- Fusionen, wie sie 1998 die Bayerische Vereinsbank und die Bayerische Hypotheken- und Wechsel-Bank vollzogen hatten, lehnte das Management ab, größere Akquisitionen – wie der 1999 vollzogene Erwerb von Bankers Trust durch die Deutsche Bank im Volumen von 17 Mrd. DM – konnte sich die Commerzbank nicht leisten. In dem 1999 formulierten neuen Leitbild wurde erneut betont: »Die Wahrung der unternehmerischen Selbstständigkeit ist für uns ein wesentliches Ziel.«[206] Angesichts einer Börsenkapitalisierung von zum Jahresende 1999 knapp 19 Mrd. Euro[207] und einer breiten Aktienstreuung war dies jedoch ein ambitioniertes Vorhaben. Die beschriebenen Erfolge und Misserfolge spiegeln sich auch an den Höhen und Tiefen des Aktienkurses bis 2000 sowie an der im Vergleich zur Deutschen und Dresdner Bank schlechteren Gesamtperformance wider.

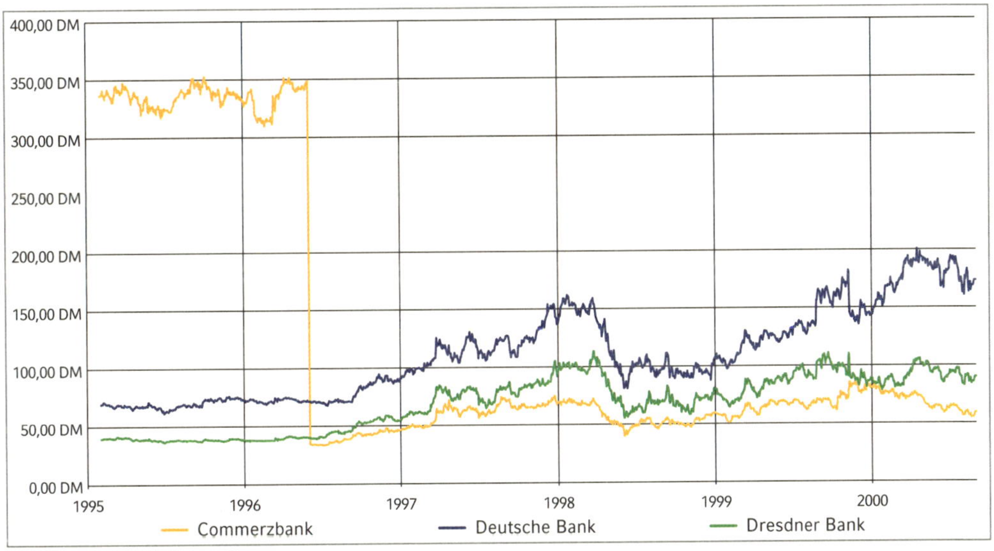

Aktienkurse der Commerzbank, Deutschen Bank und Dresdner Bank von 1995–2001 (historische Kurse)[208]

3. Refokussierung und Expansion in der Mittelstands- und Immobilienfinanzierung als Werttreiber? (2000 bis 2006)

3.1 Governance, Shareholder-Aktivismus und gescheiterte Fusionspläne

Anfang März 2000 informierten Deutsche Bank und Dresdner Bank über weit fortgeschrittene Pläne zur Verschmelzung der beiden Institute zu einem »europäischen Powerhaus«.[1] Entstehen sollte die mit Abstand größte Bank der Welt mit einer Bilanzsumme von fast 2,5 Bill. DM und einem Börsenwert von 150 Mrd. DM, 120000 Mitarbeitern und 2500 Filialen.[2] Diese geplante Fusion ließ die Commerzbank mehr noch als zuvor als Übernahmekandidat erscheinen: »Schlechter für die Commerzbank aber ist die unklare strategische Ausrichtung, da sie weitgehend die Strategie der beiden großen Konkurrenten Deutsche Bank und Dresdner Bank kopiert hat – freilich ohne den Erfolg. Das Investmentbanking ist schlichtweg ›schrecklich‹, wie sich amerikanische Investmentbanker über die Commerzbank äußern, das Firmengeschäft schwach und der internationale Markenname auch. Attraktiv für andere Banken wäre die Internet-Bank comdirect und das Asset Management, also die Vermögensverwaltung.«[3]

Das Management der Commerzbank sah indes keine Gefährdung der Unabhängigkeit durch einen Übernahmeversuch.[4] Die durch die geplante Fusion der Wettbewerber ausgelöste Veränderung in der deutschen Bankenlandschaft sollte – so der Vorstand in einer Hausmitteilung vom 9. März 2000 – »bei uns eher eine Aufbruchsstimmung auslösen«: »Wir sind eine flexible effiziente Bank, die gute Chancen hat, Nutzen aus der Fusion unserer beiden Konkurrenten zu ziehen.« Anzeichen für Konzentrationen in der Aktionärsstruktur seien nicht erkennbar. Erkennbar war indes, dass das Gewicht institutioneller Investoren deutlich zugenommen hatte. Waren 1989 unter den 190000 Aktionären 42 Prozent Institutionelle und 58 Prozent Private,[5] hatte sich dieses Verhältnis bis zum Jahre 2000 (360000 Aktionäre) mehr als umgekehrt (62 %/38 %). Die Anteile ausländischer (37 % nach 34 %) und inländischer Aktionäre (63 % nach 66 %) waren dagegen nahezu unverändert geblieben. Der Aufsichtsrat setzte sich auf der Anteilseignerseite zusammen aus Vertretern der Assicurazioni Generali S.p.A., E.ON AG, GEA AG, ThyssenKrupp AG, Bayer AG, BASF AG, RWE AG, SMS AG, Wilhelm Werhahn.[6] Ganz überwiegend handelte es sich um Mitglieder des Vorstands, nicht aber – wie im Aufsichtsrat der Deutschen Bank – den Vorstandsvorsitzenden, der dieses Mandat wahrnahm.[7] Neben sieben Beschäftigten der Commerzbank wurde je ein Vertreter vom Deutschen Bankangestellten-Verband, der Deutschen Angestellten-Gewerkschaft und der Gewerkschaft HBV entsandt.

Bereits einen Monat nach der Hausmitteilung, am 19. April 2000, wurde der Vorstand zu seiner Überraschung darüber informiert, dass die holländische Investorengruppe Rebon B.V. und ihre Tochtergesellschaft CoBRa über 9,9 Prozent der Aktien der Commerzbank verfügten und eine weitere Aufstockung des Pakets planten. Eigentümer der Rebon waren die Unternehmer Clemens Vedder und Klaus-Peter Schneidewind, die geschäftlich mit dem Mehrheitseigentümer der WCM Beteiligungs- und Grundbesitz AG, Karl Ehlerding, verbunden waren. In der CoBRa, deren Geschäftsführer Hansgeorg Hofmann früher im Vorstand der Dresdner Bank das Investmentbanking vertreten hatte, wurden ihre Anteile sowie diejenigen weiterer, nicht genannter Investoren gebündelt. Kohlhaussen begrüßte diesen Einstieg zunächst: »Rebon ist kein Strohmann, sondern an einem langfristigen Engagement interessiert, … unsere Position verbessert sich durch den stabilen Aktionärskreis.« Rebon habe versichert, keinen Einfluss nehmen zu wollen, es handle sich um ein reines Finanzinvestment.[8]

Ganz entgegen dieser Erwartung trat die CoBRa jedoch als außerordentlich aktiver Investor auf, der den Vorstand auch öffentlich massiv unter Druck setzte – ein Verhalten, das von institutionellen Investoren in den USA, nicht aber in Deutschland bekannt war. In der Hauptversammlung im Mai 2000 – die CoBRa verfügte dort zumindest über 17 Prozent der Stimmrechte – wurde die bisherige Geschäftspolitik der Commerzbank scharf kritisiert und eine Allianz mit einem starken Partner gefordert, um die Wertsteigerungspotenziale der »völlig unterbewerteten« Commerzbank zu heben.[9]

Auch durch diese Entwicklung getrieben, ging Kohlhaussen auf die Dresdner Bank zu, deren geplante Fusion mit der Deutschen Bank einen Monat nach der Ankündigung bereits gescheitert war. Hauptursache hierfür war der massive Widerstand der Verantwortlichen des Investmentbankings der Deutschen Bank, die Investmenttochter Dresdner Kleinwort Benson zu integrieren. Wie Tabelle 15 zeigt, waren Dresdner und Commerzbank mit Blick auf Kerngrößen wie Bilanzsumme, risikogewichtete Aktiva, Eigenkapital, Eigenkapitalrendite und Marktkapitalisierung sehr eng beieinander.

Kenngröße	Dresdner Bank	Commerzbank
Bilanzsumme[1]	372	397
Risikogewichtete Aktiva[1]	174	187
Eigenkapital[1]	11	11
Ergebnis nach Steuern[1]	0,98	1,08
Eigenkapitalrendite nach Steuern	9,30 %	9,80 %
Marktkapitalisierung (19. 6.)[1]	20,8	23,1
Mitarbeiter	34.870	47.090
Filialen	1064	1459
davon Inland	939	1358

[1] in Mrd. €, basierend auf 1999

Tabelle 15: Dresdner Bank und Commerzbank im Zahlenvergleich[10]

Sowohl das Asset Management als auch das Privatkundengeschäft wären durch Economies of Scale deutlich schlagkräftiger geworden und hätten in erheblichem Maße Kostensynergien realisieren können. Im Investmentbanking und Firmenkundengeschäft hätten sich sinnvolle Ergänzungen ergeben.[11]

Doch nach achtwöchigen Verhandlungen wurde die Transaktion wenige Tage vor ihrem geplanten Abschluss gestoppt. Die Allianz-Versicherung, der 22 Prozent an der Dresdner Bank gehörten, bestand auf einem Wertverhältnis in der fusionierten Bank von 60:40 zugunsten der Dresdner Bank, während Kohlhaussen 55:45 angestrebt hatte. Zusätzlich verlangte die Allianz eine Beteiligungsquote von 67 Prozent an der gemeinsamen Vermögensverwaltung der drei Partner, während ursprünglich 51:49 zugunsten der Allianz vereinbart waren.[13] Kohlhaussen brach die Verhandlungen daraufhin ab; im Geschäftsbericht wurde rückblickend knapp mitgeteilt: »Während der zwei Monate langen Sondierungen sind teilweise zwar interessante gemeinsame Perspektiven erarbeitet worden. Ein Konzept, das den Interessen aller Beteiligten Rechnung trug, war jedoch nicht erreichbar.«[14]

In der Presse wurde kommentiert, Kohlhaussen habe »die Faust der CoBRa im Nacken gefehlt«,[15] denn das BAKred (Vorläufer der BaFin) hatte

Geschäftsfeld	Dresdner Bank	Commerzbank
Asset Management	Anlagevolumen: rund 260 Mrd. € Publikumsfondsgesellschaft DIT verwaltet rund 55 Mrd. €	Anlagevolumen: rund 140 Mrd. € Publikumsfondsgesellschaft ADIG verwaltet rund 30 Mrd. €
Investmentbanking	Einheit Dresdner Kleinwort Benson Komplettangebot von Produkten	Keine eigene Einheit Schwerpunkt Aktien und Anleihen Geschäft von Mergers & Acquisitions wird erst aufgebaut
Firmenkunden	Betreuung von Mittelständlern und Großunternehmen	Schwerpunkt mittelständische Unternehmen
Privatkunden	6,5 Millionen Privatkunden, davon 600.000 Vermögende Advance Bank als Direktanbieter	5,2 Millionen Privatkunden, davon 800.000 Vermögende Börsennotierte Comdirect als Direktanbieter

Tabelle 16: Gemeinsamkeiten und Unterschiede Dresdner Bank und Commerzbank[12]

der Beteiligungsgruppe eine Stimmrechtsausübung untersagt. Dies kann bei bedeutenden Beteiligungen unter anderem dann geschehen, wenn Zweifel an der Zuverlässigkeit des Erwerbers der Aktien bestehen, die möglicherweise aus einem Steuerdelikt Hofmanns resultierten. Im Mai 2001 hob die Behörde die Stimmrechtsblockade zwar wieder auf, die CoBRa verlor aber dennoch zusehends an Drohpotenzial. Dies war auf der einen Seite darauf zurückzuführen, dass es Kohlhaussen gelang, die Generali sowie die Münchener Rückversicherung zu einer Aufstockung ihres Anteilsbesitzes auf je 10 Prozent zu bewegen. Auf der anderen Seite fanden die CoBRa-Investoren keinen Käufer für ihr Paket zum angestrebten Preis von 50 Euro. Zu 40 Euro eingestiegen, mussten sie stattdessen erleben, wie der Kurs bis Ende 2001 auf unter 20 Euro zurückging. Die CoBRa-Aktionäre, die die Aktien vielfach auf Kredit erworben und als Sicherheiten hinterlegt hatten, gerieten dadurch in Bedrängnis. Viele Anleger verkauften ihre Anteile, und im April 2002 gab die CoBRa ihre Selbstauflösung bekannt. Damit war die Gefahr durch einen als »lästig« empfundenen Investor zwar gebannt. Zugleich spiegelte sich in dem dramatischen Kursverfall jedoch das Misstrauen des Markts in die Wertschaffungskraft der Commerzbank.

3.2 Stabwechsel und Versuch der Krisenbekämpfung mit »CB 21«

Inmitten der nicht zuletzt durch den Einstieg der CoBRa angeheizten Diskussion über den weiteren strategischen Kurs der Commerzbank endete im Mai 2001 die Amtszeit von Kohlhaussen, der neuer Vorsitzender des Aufsichtsrats wurde. Mit der Hauptversammlung übernahm Klaus-Peter Müller die Funktion des Vorstandssprechers. Müller, 1944 in Duppach/Eifel geboren, war zwei Jahre älter als Seipp und Kohlhaussen beim Eintritt in das Sprecheramt. Während seine beiden Vorgänger jeweils Rechtswissenschaften studiert hatten, entschied sich Müller – Sohn des ehemaligen ehrenamtlichen Oberbürgermeisters von Düsseldorf – zu einer Lehre im dortigen Bankhaus Friedrich Simon KGaA (1962 bis 1964). Da er während seines anschließenden Wehrdiensts, den er als Leutnant der Reserve abschloss, unter anderem beim Sender der Truppe für psychologische Verteidigung, Radio Andernach, gearbeitet hatte, überlegte er kurzzeitig den Einstieg in den Journalismus.[16] Stattdessen trat er jedoch 1966 in Düsseldorf in die Commerzbank ein, wo er bereits 1969 in die Repräsentanz (später Filiale) New York wechselte (bis 1973). Immerhin neun Jahre später kehrte er dann in das inländische Filialgeschäft nach Deutschland zurück, bevor er von 1982 bis 1986 wieder nach New York ging, dieses Mal als Mitleiter der Filiale. Mit dem Aufstieg zum Generalbevollmächtigten Leiter der Zentralen Abteilung für Firmenkunden in Frankfurt war eine erneute Rückkehr nach Deutschland verbunden. Hier übernahm er im Februar 1990 auf dringende Bitten Seipps hin die Position des Leiters der Zentralen Abteilung Aufbau Ost und rückte im November des Jahres in den Vorstand der Commerzbank ein – zunächst als stellvertretendes, ab 1992 als ordentliches Mitglied.

Müller wird als bodenständig und zupackend, durchsetzungsstark und pragmatisch, mit Improvisationstalent ausgestattet und menschlich gewinnend charakterisiert – Eigenschaften, die er gerade in der Anfangszeit der Betätigung in Ostdeutschland angesichts der dortigen Problemstellungen gut einsetzen konnte. »Unkonventionelles Handeln wurde für ihn fast zur Gewohnheit« – so etwa, als er einen Millionenbetrag in einem Trabi von der Bundesbank zur Filiale der Commerzbank nach Gera transportierte.[17]

Der Vorstandsbereich von Müller umfasste das kommerzielle Auslandsgeschäft und Osteuropa. Dort baute die Commerzbank unter seiner Leitung in den 1990er Jahren das beschriebene engmaschige Vertriebsnetz auf. Dieser Erfolg, seine internationale Erfahrung, aber auch seine Eloquenz[18] dürften dazu beigetragen haben, dass Müller bereits im November 2000 vom Aufsichtsrat als Nachfolger von Kohlhaussen nominiert wurde – also ein halbes Jahr vor dem Amtsantritt. In der Presse wurde dieser geordnete, reibungslose Führungswechsel speziell im Vergleich mit denen der Großbankenkonkurrenz sehr positiv kommentiert. Im April 2000 hatte Bernd Fahrholz ohne entsprechende Vorbereitung bei der Dresdner Bank Bernhard Walter abgelöst, der nach der geplatzten Fusion mit der Deutschen Bank ausgeschieden war. Und bei der Deutschen Bank war – wohl auch aufgrund der im Zuge der Fusionsdiskussion deutlich gewordenen Machtverschiebung zugunsten des Investmentbankings – sehr frühzeitig Josef Ackermann zum Nachfolger von Rolf-Ernst Breuer auserkoren worden, den er jedoch erst 2002 ablösen sollte.[19]

Mit Müller gingen als Vorstandsteam an den Start:[20] Martin Blessing (Private Kunden), Mehmet Dalman (Securities), Wolfgang Hartmann (Kreditrisikomanagement, Risikocontrolling), Heinz J. Hockmann (Asset Management), Jürgen Lemmer (Treasury, Devisen), Andreas de Maizière (Corporate Banking, Financial Institutions, Multinational Corporates), Klaus Müller-Gebel (Personal), Michael Paravicini (Information Technology, Global Operations, Transaction Banking), Klaus M. Patig (Compliance, Sicherheit, Recht, Asset Management) und Axel von Ruedorffer (Bilanz, Steuern, Revision).

Doch so gut die Vorbereitung für Müller auch gewesen war – sein Start fand unter sich dramatisch verschlechternden Rahmenbedingungen statt. Das neue Jahrtausend hatte damit begonnen, dass die im Zusammenhang mit der New Economy sowohl in den USA als auch in Deutschland (Neuer Markt) entstandene Aktienblase geplatzt war. Zugleich bewirkte der Terroranschlag vom 11. September 2001 weltweit eine starke politische und wirtschaftliche Verunsicherung. In der Folge stagnierte das deutsche Bruttoinlandsprodukt 2002 und ging 2003 sogar um 0,2 Prozent zurück, worauf die Politik mit dem Versuch ernsthafter Strukturreformen im Rahmen der »Agenda 2010« reagierte.[21] Die deutsche Kreditwirtschaft geriet in die bis dato schwerste Krise der Nachkriegszeit; ihr Zustand wurde in der Presse sogar in den bedrohlichen Rang des epidemischen Krankheitsbilds des japanischen Finanzsektors gehoben. Wenn auch von japanischen Verhältnissen eines über fast zwei Jahrzehnte kriselnden und nur mit Staatshilfe am Leben erhaltenen Finanzsektors weit entfernt, schmolz die Eigenkapitalrendite nach Steuern der deutschen Banken auf nur noch 4,6 (2001) bzw. 2,9 Prozent (2002; 2003 war sogar ein Negativwert von 1,5 Prozent zu verzeichnen), die notleidenden Kredite zehrten weite Teile des operativen Ergebnisses der Kreditinstitute auf, und die Kurse der Bankaktiengesellschaften entwickelten sich noch schlechter als der Gesamtmarkt.[22]

Als Klaus-Peter Müller am 16. Oktober 2001 zur Herbst-Pressekonferenz antrat, musste er daher von »dramatisch verschlechterten Rahmenbedingungen« für das Geschäft der Bank berichten. 2000 war noch ein operatives Ergebnis von rund 2,2 Mrd. Euro erwirtschaftet worden (vgl. Tabelle 14), wovon jedoch 1,2 Mrd. Euro dem Börsengang der Comdirect zu verdanken waren. Der Jahresüberschuss belief sich auf 1,3 Mrd. Euro, die Eigenkapitalrendite auf 12,4 Prozent, und die Dividende in Höhe von 0,80 Euro wurde um einen Bonus von 0,20 Euro erhöht, um die Aktionäre insbesondere an der Wertschaffung durch den Börsengang der Comdirect partizipieren zu lassen. Dennoch war bereits Ende 2000 eine »kritische Prüfung« der Gesamtstrategie eingeleitet worden, um die »Organisationsstruktur noch mehr als bislang kundengruppenorientiert« auszurichten, die Aktivitäten stärker zu fokussieren, den Unternehmenswert »nachhaltig zu steigern« und die laufenden Kosten zu reduzieren.[23] Dabei habe sich gezeigt, dass der Ansatz, »auf allen Märkten weltweit mit allen Produkten präsent zu sein«, auf Dauer nicht zielführend sei, weshalb der Fokus erneut auf den europäischen Kernmarkt und das Commercial Banking als Kerngeschäft gerichtet, das Geschäftsmodell also wieder stärker konzentriert werden sollte.[24] Dies sollte dazu dienen, das Vorsteuerergebnis binnen drei Jahren um 1 Mrd. Euro zu verbessern und die unverändert anvisierte Eigenkapitalrendite von 15 Prozent nach Steuern zu erreichen.[25]

Nukleus der 2000 verabschiedeten Strategie »CB 21 – Die Commerzbank im 21. Jahrhundert« war eine Umstrukturierung der zentralen Unternehmensbereiche. Die Unternehmensbereiche (UB) Inländisches Filialgeschäft, Internationales Finanzgeschäft und Investment Banking, die erst zwischen 1993 und 1995 entstanden waren, wurden durch nur noch zwei sogenannte Doppelsäulen ersetzt: den UB Private Kunden und Asset Management sowie den UB Firmenkunden und Investment Banking.[26] Durch die Auflösung des eigenständigen Investmentbereichs und das Andocken seiner Aktivitäten an das Commercial Banking wurden Synergieeffekte erwartet, die allen Bereichen zugutekämen.[27] Bis zum Jahr 2005 wurde für jede der Säulen ein zusätzliches Ergebnis von circa 300 Mio. Euro erwartet.[28]

Mit dieser neuen Zwei-Säulen-Struktur gingen ein Rückzug aus dem globalen Geschäft und eine Fokussierung auf Europa, dabei insbesondere den deutschen Kernmarkt, einher. Auf der einen Seite wurde die Stärkung der europäischen Präsenz durch einen Ausbau der dort bereits bestehenden Stützpunkte forciert. Auf der anderen Seite wurde der Aspekt der Kostenreduzierung durch einen Abbau von Stützpunkten außerhalb Europas vorangetrieben, die die Umsatz- und Gewinnerwartungen nicht erfüllen konnten. Die Maßnahmen konzentrierten sich dabei vor allem auf das internationale Investmentbanking; unter anderem wurden die Repräsentanzen in St. Petersburg, Toronto und Sydney geschlossen.[29] Darüber hinaus wurden Investmentbankingaktivitäten in New York, Singapur, Tokio und Prag reduziert bzw. in die lokalen Filialen integriert und auf diese Weise signifikant Kosten eingespart.[30] Der standortpolitische Fokus der Commerzbank lag damit wieder in erster Linie auf Frankfurt und London.

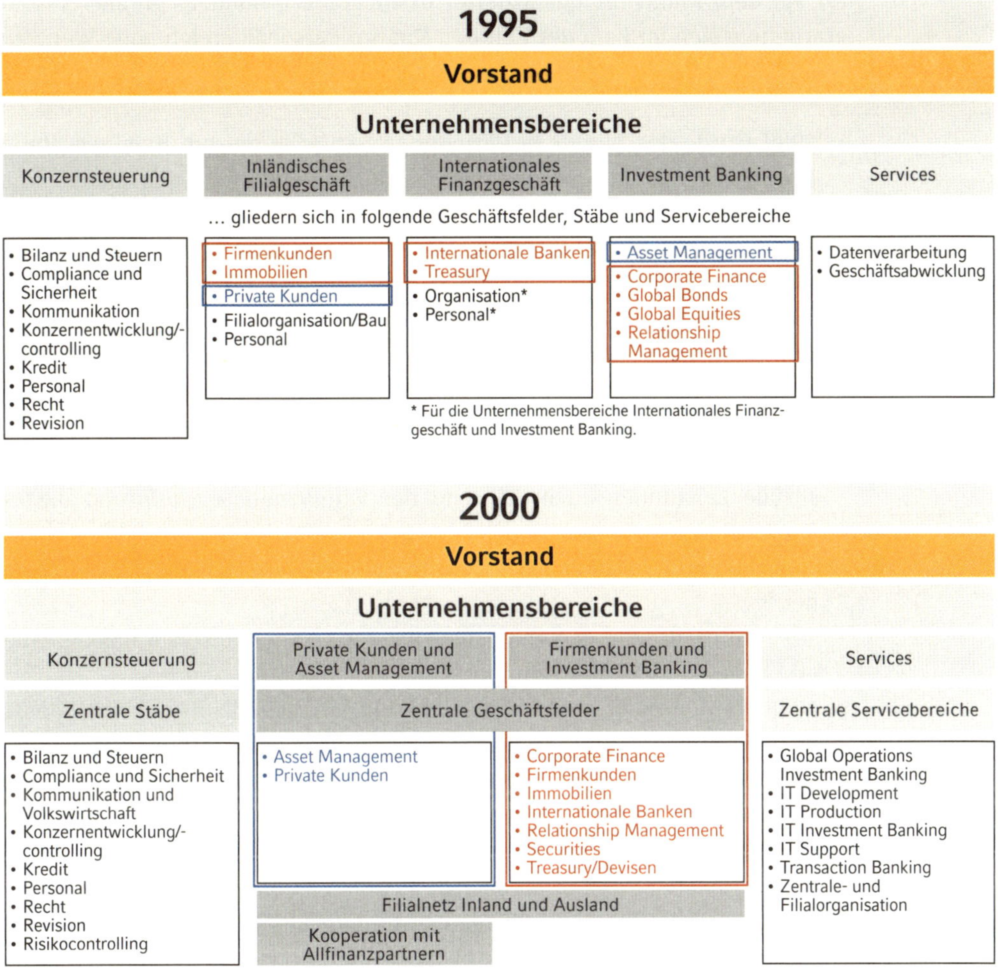

Wandel der Organisationsstruktur 1995–2000[31]

Angesichts des Konjunktureinbruchs geriet das Ergebnisziel für 2001 schon Mitte des Jahres in weite Ferne,[32] und Müller sah sich gezwungen, das Kostenmanagement noch weiter zu forcieren als unter »CB 21« ohnehin geplant. »Jetzt ist nicht die Zeit für Visionen«[33] und »Mich interessiert zur Zeit überhaupt nicht, welche Erlös-Träume irgendjemand hat. Ich will die Kosten senken«[34], ließ er verlauten. So wurde ein Abbau von 3400 der rund 40 000 Mitarbeiter beschlossen (unter anderem 1100 im Filialgeschäft, 700 in der Zentrale, 500 im Asset Management). Die Einsparung von 154 Filialen war schon Teil von »CB 21«, nun kamen 54 weitere hinzu.

Obwohl oder gerade weil sich bei der Commerzbank Phasen des Personalauf- und -abbaus in rascher Folge abwechselten, musste sich das Institut auf dem Markt für qualifizierte Arbeitskräfte besonders profilieren und erarbeitete sich im Lauf der Zeit den Ruf, im Personalbereich neue Wege zu beschreiten, besonders innovativ zu sein. Prägnante Beispiele dafür waren:

- 1989 wurde das bereits bei Friederike Sattler in diesem Band erwähnte Koordinierungsteam »Frauen im modernen Banking« gegründet.[35] Es entwarf die Grundlage der zu Jahresbeginn 1990 in Kraft getretenen Betriebsvereinbarung eines Wiedereingliederungsprogramms nach der Familienphase für Commerzbank-Mitarbeiter und -Mitarbeiterinnen, die im Sektor der Universalbanken eine Pionierrolle einnahm. Elemente des Programms waren die bevorzugte Wiedereinstellung nach der Familienphase, die bei mehreren Geburten bis zu sieben Jahre ausgedehnt werden konnte, die Förderung der beruflichen Qualifikation über Fortbildungsveranstaltungen, Urlaubs- und Krankheitsvertretungen sowie umfassende soziale Leistungen auch während der Familienphase. Aufgrund dieses Programms wurde die Commerzbank 1996 von der Zeitschrift Cosmopolitan als familienfreundlichstes Unternehmen Deutschlands ausgezeichnet.[36]
- 1997 führte die Commerzbank als eine der ersten deutschen Banken eine ergebnis- und leistungsorientierte variable Vergütung ein.[37]
- 1998 wurden moderne Verfahren der Managementdiagnostik mit bereits etablierten Instrumenten wie Potenzialeinschätzung, Leistungsbeurteilung und Zielvereinbarung zu einem umfassenden Personalbeurteilungs-Tool integriert.[38]
- Um Arbeitszeitformen wie Teilzeitarbeit oder Job Sharing zu fördern, wurde 1999 der Wettbewerb »Flexibel arbeiten ComTime 99« ausgeschrieben, in dessen Rahmen 125 Teams ihre individuellen Arbeitszeitregelungen vorstellten.[39]
- 2002 wurde das neue Projekt »Diversity – Vielfalt Leben« begonnen und ab 2006 deutlich ausgeweitet.[40] Hier waren die Kernelemente zum einen die 2005 in Zusammenarbeit mit dem Familienservice eingerichtete Kita in Frankfurt, mit der 100 Plätze für die Regelbetreuung von Kindern von Mitarbeitern zur Verfügung standen. Zum anderen wurden umfangreiche Beratungsleistungen für Eltern und Weiterbildungsveranstaltungen zu Diversity-Themen sowie Workshops für weibliche Führungs- und Nachwuchskräfte angeboten. Diese und weitere Angebote trugen dazu bei, dass die Commerzbank regelmäßig als »Top-Arbeitgeber« bzw. erneut besonders familienfreundliches Unternehmen ausgezeichnet wurde.[41] Im Übrigen hatte sich die Quote weiblicher Beschäftigter in der Commerzbank 2006 auf 50,5 Prozent erhöht. Eine Ursache hierfür lag in der deutlichen Steigerung des Anteils von Frauen im AT-Bereich von 3 Prozent 1980 auf 26 Prozent.

»Frauen im modernen Banking«: Im Mai 1991 fand erstmals ein Symposium von und für Frauen in der Commerzbank statt.

Im weiteren Jahresverlauf 2001 sanken die Erträge schneller, als sich der Kostensockel reduzieren ließ. Einige besonders teure Investitionen – so etwa 450 Mio. DM für den im August 2001 eröffneten größten Handelssaal Europas – konnten nicht mehr gestoppt werden. Per Saldo stürzte das Ergebnis vor Steuern nach dem genannten Spitzenwert des Vorjahres (2,2 Mrd. Euro) auf nur noch 43 Mio. Euro ab, 2002 entstand ein Verlust von 372 Mio. Euro – Letzterer trotz des durch die Erträge der Rheinhyp-Ausgliederung (s. Kap. 3.5) geprägten Saldos der sonstigen Erträge und Aufwendungen von 761 Mio. Euro. Es wurde deutlich, dass nur etwa 40 Prozent der in »CB 21« veranschlagten Erfolgsbeiträge erzielt würden, sodass der Stellenabbau noch einmal forciert, aber auch das Ziel der Eigenkapitalrendite auf 10 Prozent reduziert wurde.[42] Die Dividende fiel von 0,40 Euro (2001) auf nur noch 0,10 Euro (2002), und in der Hauptversammlung 2002 kommentierten zahlreiche Aktionäre daher das »Rekordergebnis 2000« des letzten Jahres unter Kohlhaussen rückblickend sehr kritisch.[43] Im Nachhinein räumte Müller selbstkritisch ein: »Wir haben uns bis in die erste Hälfte des Jahres 2001 nicht darauf eingestellt, dass die Börse einmal so abrupt einbrechen könnte. Wir waren auf ein weiter wachsendes Geschäft eingestellt. … Wir haben zu spät begonnen, das Filialnetz auszudünnen … Wir haben uns einfach einen zu großen Anzug geschnitten.«[44] Damit stand die Bank in dieser Zeit allerdings nicht allein. In einer internen Analyse vor Führungskräften, die in die Presse geriet, gestand der Vorstandsvorsitzende der Dresdner Bank, Bernd Fahrholz: »Wir haben Fehler gemacht.« Er beklagte die »strategische Unentschlossenheit« und den »Ehrgeiz, Global Player zu werden, als der Zug dafür längst abgefahren war«, kritisierte große Investitionen in Asien, Nord- und Lateinamerika, wo man »am falschen Ort und zur falschen Zeit das lokale Kreditgeschäft expansiv vorangetrieben« und eine Geschäftspolitik verfolgt habe, die »die notwendige Rendite für das Eigenkapital weitgehend außer Acht gelassen hat«. Und schließlich nannte er es einen »Wahn, Investmentbanker großflächig durch garantierte Boni im Haus gehalten« zu haben.[45]

Als Spiegelbild der Institutsentwicklung fiel der Aktienkurs der Commerzbank immer weiter und betrug im Herbst 2002 nur noch 5 Euro, die Marktkapitalisierung lag weit unter 50 Prozent des Buchwerts. In der Londoner Finanzpresse fanden sich Schlagzeilen, nach denen die Commerzbank in Liquiditätsschwierigkeiten sei und aufgrund einer größeren Schieflage bei Kreditderivaten auch die internationalen Eigenkapitalstandards nicht einhalten könne. Erst ein Statement der BaFin, nach dem es weder Zweifel an der Liquidität der deutschen Kreditinstitute noch Anlass zu bankaufsichtlicher Sorge gebe, konnte die Märkte beruhigen.[46]

2003 versuchte sich die Commerzbank dann durch eine bilanzielle Neubewertungsaktion von stillen Lasten im Wertpapierbestand und Beteiligungsportfolio zu befreien. Im Volumen von 2,3 Mrd. Euro wurden unter anderem die Wertansätze von Industriebeteiligungen, der Anteile an Mediobanca und Santander Central Hispano, aber auch der Eurohypo (s. Kap. 3.5) und Jupiter deutlich nach unten korrigiert. Dadurch stellte sich ein Jahresverlust

Gerüchten über eine angebliche Liquiditätskrise im Herbst 2002 begegnete die Commerzbank auch mit einer humorvollen Anzeige.

von 2 Mrd. Euro ein, der das Eigenkapital erheblich reduzierte und zu einem Dividendenausfall führte. Für die Einhaltung der regulatorischen Vorschriften musste das Kapital erhöht werden (um 742 Mio. Euro).[47]

	Private Kunden			Asset Management			Firmenkunden und Institutionen			Securities			Group Treasury			Hypotheken-banken			Sonstige und Konsolidierung			Gesamt		
Mio. €	**2001**	**2002**	**2003**	**2001**	**2002**	**2003**	**2001**	**2002**	**2003**	**2001**	**2002**	**2003**	**2001**	**2002**	**2003**	**2001**	**2002**	**2003**	**2001**	**2002**	**2003**	**2001**	**2002**	**2003**
Zinsüberschuss	1.135	1.156	1.075	35	–19	–17	2.213	2.011	1.596	85	95	62	321	214	238	591	444	273	–799	–768	–451	**3.581**	**3.133**	**2.776**
Risikovorsorge im Kreditgeschäft	–145	–150	–159	–	–	–	–622	–1.068	–885	–	–	–	–	–	–	–158	–103	–40	–2	–	–	**–927**	**–1.321**	**–1.084**
Zinsüberschuss nach Risikovorsorge	990	1.006	916	35	–19	–17	1.591	943	711	85	95	62	321	214	238	433	341	233	–801	–768	–451	**2.654**	**1.812**	**1.692**
Provisionsüberschuss	853	809	911	611	508	436	538	606	726	334	229	96	–32	–	–1	–40	–32	–12	3	–	–20	**2.267**	**2.120**	**2.136**
Ergebnis aus Sicherungszusammenhängen	1	–	–	–	–	1	–4	–3	–	–	–	–	2	26	–1	64	–79	40	–	–	–	**63**	**–56**	**40**
Handelsergebnis	1	–	4	13	–6	12	195	120	30	981	500	783	–79	–25	8	16	12	–127	70	–57	27	**1.197**	**544**	**737**
Ergebnis aus dem Beteiligungs- und Wertpapierbestand (ohne Sonderfaktoren)	–10	1	5	–37	–6	12	55	–15	55	–	–7	10	39	24	32	94	128	142	78	–136	35	**219**	**–11**	**291**
Sonstiges betriebliches Ergebnis (ohne Sonderfaktoren)	–14	24	13	9	17	–9	–41	93	64	–1	4	–16	–1	–	–	26	22	–2	–82	778	124	**–104**	**938**	**174**
Erträge	**1.821**	**1.840**	**1.849**	**631**	**494**	**435**	**2.334**	**1.744**	**1.586**	**1.399**	**821**	**935**	**250**	**239**	**276**	**593**	**392**	**274**	**–732**	**–183**	**–285**	**6.296**	**5.347**	**5.070**
Verwaltungsaufwendungen (ohne Sonderfaktoren)	2.064	1.787	1.591	587	481	345	1.502	1.291	1.231	1.143	1.117	932	51	70	56	154	111	32	354	298	324	**5.855**	**5.155**	**4.511**
Operatives Ergebnis	**–243**	**53**	**258**	**44**	**13**	**90**	**832**	**453**	**355**	**256**	**–296**	**3**	**199**	**169**	**220**	**439**	**281**	**242**	**–1.086**	**–481**	**–609**	**441**	**192**	**559**
Saldo Aufwendungen/Erträge aus Sonderfaktoren*	–	–	–	–	–247	–	–	–	–	–	–	–	–	–	–	–	–	–	–	–	2.325	–	–247	2.325
Planmäßige Abschreibungen auf Geschäfts- oder Firmenwerte	2	–	–	99	86	77	5	5	9	1	–	1	–	–	–	4	12	18	5	5	5	116	108	110
Restrukturierungsaufwendungen	140	97	–	10	10	8	15	8	25	–	52	34	–	–	–	–	–	–	117	42	37	282	209	104
Ergebnis vor Steuern	**–385**	**–44**	**258**	**–65**	**–330**	**5**	**812**	**440**	**321**	**255**	**–348**	**–32**	**199**	**169**	**220**	**435**	**269**	**224**	**–1.208**	**–528**	**–2.976**	**43**	**–372**	**–1.980**
Durchschnittlich gebundenes Eigenkapital	**1.685**	**1.644**	**1.804**	**821**	**799**	**639**	**6.124**	**5.339**	**5.154**	**1.495**	**1.302**	**995**	**321**	**168**	**108**	**1.564**	**1.931**	**888**	**1.056**	**688**	**1.769**	**13.066**	**11.871**	**11.357**
Operative Eigenkapitalrendite (%)	**–14,4**	**3,2**	**14,3**	**5,4**	**1,6**	**14,1**	**13,6**	**8,5**	**6,9**	**17,1**	**–22,7**	**0,3**	**62,0**	**100,6**	**203,7**	**28,1**	**14,6**	**27,3**	**–**	**·**	**·**	**3,4**	**1,6**	**4,9**
Aufwandsquote im operativen Geschäft (%)	**105,0**	**89,8**	**79,2**	**93,0**	**97,4**	**79,3**	**50,8**	**45,9**	**49,8**	**81,7**	**136,1**	**99,7**	**20,4**	**29,3**	**20,3**	**20,5**	**22,4**	**10,2**	**–**	**·**	**·**	**81,1**	**77,3**	**73,3**
Eigenkapitalrendite des Ergebnisses vor Steuern (%)	**–22,8**	**–2,7**	**14,3**	**–7,9**	**–41,3**	**0,8**	**13,3**	**8,2**	**6,2**	**17,1**	**–26,7**	**–3,2**	**62,0**	**100,6**	**203,7**	**27,8**	**13,9**	**25,2**	**–**	**·**	**·**	**0,3**	**–3,1**	**–17,4**
Mitarbeiter (Durchschnitt)	14.121	12.159	10.726	2.351	2.252	1.598	10.113	9.614	9.335	1.439	1.510	1.374	102	83	42	1.011	657	156	9.218	10.175	9.667	38.355	36.450	32.898

* in 2003 nur Aufwendungen

Tabelle 17: Ergebnisentwicklung der Commerzbank nach Segmenten (2001–2003)[48]

3.3 Privatkundensäule: Ausbau des Geschäfts mit vermögenden Privatkunden und Eingliederung des Asset Managements

Das Privatkundengeschäft erzielte im Jahr 2000 noch ein operatives Ergebnis vor Steuern und Restrukturierung von rund 1,4 Mrd. Euro (vgl. Tabelle 14); jedoch war der Börsengang der Comdirect hier wie erwähnt der entscheidende Werttreiber. Bereits 2001 wies das Segment Private Kunden mit –243 Mio. Euro wieder einen Verlust aus.[49] Das Segment Asset Management konnte dagegen 2001 – nach einem Verlust von 31 Mio. Euro zur Jahrtausendwende – mit 44 Mio. Euro wieder knapp schwarze Zahlen zum Konzernergebnis beitragen.[50] Dennoch sah die Commerzbank das Ergebnis des neu geschaffenen Unternehmensbereichs Private Kunden und Asset Management 2001 insgesamt als »völlig unbefriedigend« an.[51] Dies zog personelle Konsequenzen nach sich: Heinz J. Hockmann, erst gut zwei Jahre im Vorstand für das Asset Management verantwortlich, schied im Herbst 2001 aus, sein Ressort übernahm Klaus M. Patig. Hockmann wurde der nicht in den Griff zu bekommende Anstieg der Verwaltungsaufwendungen angelastet,[52] obwohl die Aufwandsquote in dem von Patig zuvor geleiteten Bereich Securities 2000 und 2001 ebenfalls über 90 Prozent lag. Neues Vorstandsmitglied mit Zuständigkeit für Securities wurde Mehmet Dalman, auf dessen personelle »Einkaufspolitik« ein großer Teil der Aufwandssteigerungen zurückzuführen war.

Neuer Leiter des Privatkundengeschäfts wurde der erst 38-jährige Martin Blessing. Er hatte nach ersten Berufsjahren bei McKinsey von 1997 bis 2000 bei der Dresdner Bank bereits im Geschäftsbereich Private Kunden gearbeitet und dann die Funktion des CEO der 1998 von dem Institut erworbenen Advance Bank in München – dem Pendant zur Comdirect – übernommen. Blessing entstammt einer Bankiersfamilie: Sein Großvater Karl Blessing war zwischen 1958 und 1969 Präsident der Deutschen Bundesbank, sein 1987 verstorbener Vater war Mitglied des Vorstands der Deutschen Bank. Nach dem Abitur hatte der gebürtige Bremer zunächst eine Lehre als Bankkaufmann abgeschlossen und anschließend von 1984 bis 1987 Betriebswirtschaftslehre an den Universitäten Frankfurt/M., Chicago und St. Gallen studiert. In der Schweiz lernte er auch seine spätere Ehefrau Dorothee Wieandt kennen, die ebenfalls Bankmanagerin ist. Ihr Vater Paul Wieandt war bei mehreren unterschiedlichen Kreditinstituten in Führungspositionen tätig, so bei der Landesbank Rheinland-Pfalz und der Bank für Gemeinwirtschaft als Vorstandsvorsitzender.

Trotz der umfassenden Reformen seit Beginn der 1990er Jahre war es der Commerzbank nicht gelungen, nachhaltig positive Deckungsbeiträge im Privatkundensegment zu erwirtschaften. Da die Maßnahmen allerdings auch nicht als gänzlich fehlgeschlagen angesehen wurden, sollten die Reformen zu Beginn des neuen Jahrtausends folgerichtig die vergangenen nicht umkehren, sondern fortführen. Dazu wurden im Rahmen der »CB 21« ab 2002 das »Play to win«-Programm zur nachhaltigen Steigerung der Rentabilität und ab 2003 das »Grow to win«-Programm für mehr Wachstum aufgesetzt.

Im Fokus standen dabei drei Maßnahmen:

- Erstens sollte die Kostenbelastung reduziert werden, indem die kostengünstigeren elektronischen Vertriebswege weiter ausgebaut und das internationale Asset Management zurückgefahren wurden,
- zweitens sollte eine weiter verschärfte Fokussierung auf attraktive Kundengruppen die Ertragslage verbessern,
- und drittens wurde ein Wachstumsprogramm angeschoben, da die Commerzbank langfristig zu klein erschien, um nachhaltig profitabel zu sein.

Die Commerzbank formulierte dazu den Anspruch, in Deutschland »zur besten flächendeckenden Privat- und Geschäftskundenbank« zu werden.[53] Konkret sollte das Segment Private Kunden und Asset Management bis 2005 die im Konzerndurchschnitt avisierten 17 Prozent Eigenkapitalrendite erreichen.[54] Dafür setzte man unter dem neuen Slogan »Ideen nach vorn« ab 2002 stärker als mit dem zuvor verwendeten Relationship-Claim »Die Bank an Ihrer Seite« auf die Innovationskraft des Hauses.

Kostenmanagement: Ausbau elektronischer Vertriebswege und Abbau des Asset Managements

Um die Kostenreduktionsziele zu erreichen, wurden weitere Einsparungen im kostenintensiven stationären Vertrieb notwendig. Es sollte jedoch grundsätzlich ein flächendeckendes Filialsystem aufrechterhalten werden.[55] Unterschieden wurde dabei zwischen »Ballungsräumen« – hier sollten benachbarte Standorte zusammengelegt und je nach Potenzial zu Individualkundencentern entwickelt werden – und »Fläche«, in der Schließungen unumgänglich schienen. Insgesamt sollten daher langfristig 57 der 132 Regionalfilialen und 140 der 772 Filialen aufgegeben werden.

Darüber hinaus baute die Commerzbank ihre Filialen unter dem Slogan »Filiale der Zukunft« ab 2004 zunehmend zu Beratungszentren aus, die die volle Palette an Beratungsleistungen boten. Administrative Tätigkeiten wurden wieder an zentralen Standorten konzentriert und Serviceangebote durch Selbstbedienungseinheiten (wie Geldausgabeautomaten) ersetzt. Der seit den frühen 1990er Jahren ungelösten Rentabilitätsproblematik der kleineren Filialen begegnete das Institut durch Schließungen oder Umwandlungen in reine Servicestellen.[56] Durch dieses Konzept stellte die Commerzbank sogar in Aussicht, künftig wieder Filialstandorte eröffnen zu können.[57] Auch die bundesweit 30 Commerzbank-Shops in Einkaufszentren wurden wieder geschlossen. Zunächst vielversprechend, entwickelten sie mittel- bis langfristig keine ausreichenden Ertragsaussichten.[58] Um trotz der anstehenden Filialschließungen die ehrgeizigen Vertriebs- und Wachstumsziele nicht zu torpedieren, wurden alternative und vor allem kostengünstigere Kontaktwege zum Kunden – wie die Onlinefiliale, der Telefonservice und das Selbstbedienungsbanking – weiter forciert sowie eine stärkere Vernetzung der Kommunikationswege angestrebt.[59] Erstmals kam der Begriff des »Multikanalangebots« auf: Den Kunden sollten möglichst viele Kontaktoptionen eröffnet werden, zwischen denen sie frei wählen könnten.

Als digitale Alternative zur »analogen« Filiale entwickelte die Commerzbank eine virtuelle Internetfiliale, in der die Kunden immer mehr Leistungen der realen Filiale fanden (www.commerzbanking.de). Dieser Kontaktweg verursachte nicht nur aufgrund der mit ihm verbundenen Skalierungsmöglichkeiten geringere Kosten, sondern traf zudem auf eine rege Nachfrage. Bereits 2002 nutzten 420 000 Kunden das Onlineangebot, das bis dato Informationen rund um die Geschäftsbeziehung, Zahlungsverkehrsdienstleistungen und Wertpapiertransaktionen umfasste.[60] Neben dem Onlineangebot wurden aber auch die physischen Selfservice-Angebote wie Geldautomaten und Selbstbedienungsterminals ausgebaut und von neuen Produkten flankiert, wie z. B. der im September 2000 eingeführten SparCard, über die es möglich war, europaweit unabhängig von Filialöffnungszeiten über Sparguthaben zu verfügen.[61] Darüber hinaus baute die Commerzbank mit dem zentralen Callcenter in Essen einen Kontaktweg weiter aus, der sieben Tage (fast) rund um die Uhr »persönlichen« Zugang bot und das gesamte Dienstleistungsangebot umfasste.[62] Auch hier bestätigten die steigenden Nutzerzahlen die Attraktivität dieses Angebots.[63] Allein im Jahr 2000 wurde ein Zuwachs um 65 Prozent auf circa 480 000 Nutzer verzeichnet.

Angesichts des Onlinetrends nahm auch die Bedeutung der Comdirect zu, die mit Blick auf diesen Vertriebsweg im Konzern eine Pionierrolle innegehabt hatte. Nach dem Börsengang am 5. Juni 2000 – der Konzern war danach noch mit 58,5 Prozent beteiligt – setzte sie auf eine Expansionsstrategie, »um die Rolle des europäischen Marktführers zu übernehmen«.[64] Zwar betreute die Comdirect Anfang 2001 immerhin 577 000 Kunden, hiervon aber nur etwa 2000 aus dem Ausland. Angesichts des begrenzten Wachstumspotenzials hierzulande wurde der internationale Vorstoß als zwingend eingestuft.[65] Neben dem Plan, in Deutschland über den reinen Onlinevertrieb hinaus erste stationäre Vertriebseinheiten aufzubauen und ein Servicezentrum in Kiel zu eröffnen,[66] wurden im Jahr 2000 Dependancen in Frankreich (Comdirect S. A., Paris) und Großbritannien (Comdirect Ltd., London) eröffnet und für 2001 eine weitere Niederlassung in Italien geplant.[67] Und als größter Onlinebroker Deutschlands stand nunmehr der Ausbau des Finanzdienstleistungssortiments im Fokus. Dazu wurde analog zur Kooperationsstrategie des Gesamtkonzerns nach strategischen Partnerschaften gesucht, die die Comdirect in T-Online oder dem Onlineversicherungsanbieter Censio AG sowie dem Onlinebaufinanzierungsanbieter eXtrahyp.de fand.[68]

Der Zusammenbruch des Neuen Markts ging jedoch auch an der Comdirect nicht spurlos vorüber. Zwar konnte 2001 trotz rückläufiger Provisionseinnahmen noch ein positives Ergebnis aus gewöhnlicher Geschäftstätigkeit ausgewiesen werden, jedoch führten Restrukturierungsaufwendungen zu einem Jahresfehlbetrag von circa 205 Mio. Euro.[69] Die ausbleibenden Erträge veranlassten die Comdirect dazu, die Wachstumspläne in Frankreich und Italien nach ersten enttäuschenden Ergebnissen fallen zu lassen.[70] Auch das Servicecenter in Kiel wurde 2002 bereits wieder geschlossen, und 300 Mitarbeiterstellen wurden abgebaut. Die Produktpalette wurde wieder gestrafft, indem der Fokus zukünftig auf derivativen Finanzinstrumenten und dem Fondsvertrieb liegen sollte, da in diesen Geschäftszweigen höhere Margen zu erzielen waren.[71]

Bereits 2003 wähnte sich die Comdirect mit einem Jahresüberschuss von circa 24 Mio. Euro wieder in der Erfolgsspur. Der Verwaltungsaufwand wurde um 19 Prozent verringert, und die Provisionserträge nahmen zu.[72] Mit dem Erfolg kamen erneut Expansionspläne auf, dieses Mal in Form einer Geschäftsausweitung durch die Etablierung von Finanz- und Vermögensberatung neben dem Direct Banking und Brokerage.[73] Dazu wurde mit der Comdirect Private Finance AG eine neue Tochtergesellschaft gegründet und am 1. Oktober 2003 eine Geschäftsstelle in München eröffnet. Weitere Niederlassungen waren für Hamburg, Düsseldorf und Frankfurt geplant.[74] Anfängliche Erfolge spornten die Comdirect an, weiter in dieses Segment mit dem Ziel zu investieren, bis 2007 in allen Ballungsgebieten als erstklassiger Finanz- und Vermögensberater vertreten zu sein.[75] Bereits 2005 betreute die Comdirect Private Finance 13 Geschäftsstellen mit 8240 Kunden. Aus Perspektive der Comdirect war es konsequent, diese Erfolge zu nutzen, um weiter zu wachsen und neben dem ursprünglichen Kerngeschäft eine börsenunabhängigere Ertragskomponente aufzubauen.[76] Jedoch entwickelte sich die Comdirect dadurch zunehmend zur Konkurrenz für das Private-Banking-Geschäft der Commerzbank – genau wie die Commerzbank mit ihrem Ausbau des Wertpapiergeschäfts und der Internetfiliale die Grenzen zur Comdirect aufweichte.

Das eingegliederte Asset Management, das laut Kohlhaussen »nach wie vor zum Kerngeschäft« gehörte, wurde unter dem Titel »Shrink to grow« einer

Rationalisierung der Strukturen und einem Abbau der Standorte unterzogen[77], obwohl Vorstandsmitglied Hockmann noch ein Jahr zuvor die Ansicht vertreten hatte, die Commerzbank habe im Asset Management gerade die notwendige »kritische Größe« erreicht.[78] Sowohl die in London ansässige Jupiter Asset Management als auch die amerikanische Montgomery Asset Management sollten nach einem Beschluss vom Herbst 2001 abgestoßen werden. An Jupiter hatte man erst ein Jahr zuvor die restlichen 25 Prozent (75 % waren 1995 erworben worden) für angeblich 500 Mio. Pfund gekauft.[79]

Während die Trennung von der Montgomery (Verkauf an Wells Capital Inc.) noch 2002 abgeschlossen werden konnte, blieben die Versuche zum Verkauf der Jupiter zunächst ohne Erfolg, was als Resultat der schwachen Wirtschaftslage und deren Auswirkung auf den gesamten Asset-Management-Markt gewertet wurde. »Im Sinne der Aktionäre« wurden daraufhin ein weiteres Festhalten an Jupiter und eine stärkere Einbindung in den »Produktions- und Vertriebsverbund« Europas beschlossen.[80] Nach dem Verkauf der Montgomery wurde der vollkommene Rückzug aus dem amerikanischen Markt durch ein Abstoßen der Martingale 2003 abgeschlossen.[81] In Asien sollten zwar die bestehenden Einheiten erhalten bleiben, jedoch nur unter einer »erheblich« abgesenkten Kostenbasis durch die Zusammenfassung der Aktivitäten in der Commerz Asset Management Asia Pacific Pte Ltd. in Singapur.[82] Und tatsächlich gelang in Asien bereits 2002 der Turnaround – die »Assets under Management« stiegen wieder, und es konnte ein Gewinn von 2,1 Mio. Euro ausgewiesen werden.[83]

Insgesamt sollte durch diese Maßnahmen bis 2005 eine Steigerung des Vorsteuerergebnisses in Höhe von etwa 238 Mio. Euro erreicht werden.[84] Dazu wurde das Asset Management konzentriert. Die Commerz International Capital Management GmbH, die überwiegend ausländische Kunden betreute, die Commerzbank Investment Management GmbH (Commerzinvest), die ADIG, die Commerz Asset Managers GmbH sowie Teile des zentralen Geschäftsfelds Asset Management wurden im Herbst 2002 zur Cominvest Asset Management GmbH zusammengefasst.[85] Durch die zentralisierte Verwaltung wurden eine jährliche Reduzierung der Personalkosten in Höhe von 14 Mio. Euro und eine Verringerung der Verwaltungskosten um weitere 5 Mio. Euro erwartet, wodurch die Rentabilität des Geschäfts gesteigert werden würde. Und durch die Vereinfachung der Verwaltungsstrukturen sollte die Verbindung zwischen Asset Management und Privatkundengeschäft gestärkt werden.[86]

Verstärkte Fokussierung auf ertragreiche Kundensegmente

Die angesprochene Eingliederung des Asset Managements in die Säule des Privatkundengeschäfts wurde mit der weiteren Fokussierung auf ertragsstarke Kundenschichten begründet.[87] Ein »Nebeneffekt« dieser Verknüpfung lag in der vorteilhafteren Außendarstellung des Bereichs. Durch die Zusammenfassung des kapitalintensiven, aber (auf niedrigem Ertragsniveau) stabilen Privatkundengeschäfts mit dem hochvolatilen Asset Management (für das nur geringe Eigenkapitalressourcen benötigt wurden) sollte ein stabiler wirkender Geschäftszweig geformt werden.

Die stärkere Ausrichtung auf das Vermögensmanagement spiegelte sich auch in der Produktpolitik wider; vor allem innovative Fondsprodukte der ADIG konnten sich am Markt profilieren.[88] Flankiert wurde der Wertpaniervertrieb durch Serviceleistungen wie Börseninformationsdienste.[89] Bis 2005 wurde ein Wertpapierinformationssystem implementiert, über das professionelle Depotanalysen automatisiert wurden.[90] Um die Beratungsqualität weiter zu verbessern, verfolgte die Commerzbank ein Vertriebskonzept, bei dem sie sich bei der Fondsauswahl nicht nur auf hauseigene Produkte stützte, sondern auch Drittanbieterprodukte aktiv anbot.[91] Mit der Zertifizierung des eigenen Produktauswahlprozesses durch den TÜV versuchte man, eine besondere Objektivität zu signalisieren und verloren gegangenes Vertrauen wiederzugewinnen. Zunächst von der Konkurrenz belächelt, erwies sich dieses Konzept als sehr erfolgreiche Marketingmaßnahme, die schnell Nachahmer fand.[92]

Schon 2001 wurde die noch stärkere Fokussierung auf ertragreiche Kunden angekündigt: »Wir sehen uns als kompetenten Finanzdienstleister für den anspruchsvollen Kunden in Deutschland.«[93] Zwischen 2001 und 2005 verdoppelte sich die Zahl der Private-Banking-Standorte in Deutschland nahezu auf 37; damit stellte die Commerzbank das bundesweit dichteste Angebot bereit. Ergänzt wurden die Standorte durch vier Kompetenzzentren in Zürich, Genf, Luxemburg und Singapur. Insgesamt wurden 2005 bereits 22000 Kunden weltweit von 600 Mitarbeitern in allen Belangen rund um Vermögensverwaltung, Wertpapiermanagement, Immobilienmanagement usw. betreut.[94] Auch mobile Berater – bei der Commerzbank waren es 2004 bereits 350 – wurden zunehmend im Private Banking eingesetzt.[95] Ein besonderer Fokus sollte auf »High Net Worth Individuals« mit einem liquiden Vermögen von mindestens 1,25 Mio. Euro und/oder einem verfügbaren Bruttoeinkommen von mindestens 250000 Euro gelegt werden.[96] In diesem Kundensegment zeigten sich tatsächlich die vermuteten Synergieeffekte mit dem Asset Management. Dies führte zu einer regen Innovationstätigkeit in der Entwicklung neuer Finanzprodukte. Im Zuge dessen kamen auch Asset Backed Securities als Anlageklasse eine zunehmende Bedeutung zu, die in der wenige Jahre später aufziehenden Finanzkrise zweifelhafte Berühmtheit erlangen sollten.[97]

Unter der Bezeichnung »Unternehmerbankiers« wurden ab 2005 hochvermögende Privatpersonen mit unternehmerischem Hintergrund betreut, die besondere Anforderungen im Rahmen des internationalen Corporate und Private Investmentbanking stellten. Ähnlich wie bei den Expansionsphasen der 1990er Jahre sollte neben dem Standortausbau in Deutschland auch hier

Die Commerzbank ließ ihre Fondsauswahl vom TÜV Süddeutschland zertifizieren, Anzeige von 2004.

wieder rasch die Ausweitung der Präsenz im Ausland erfolgen. Die Commerzbank sah sich dabei in einer guten Wettbewerbsposition, da sie die Leistungsfähigkeit einer internationalen Großbank mit dem Stil einer Privatbank vor Ort verbinden könne.[98]

Impulse zur Steigerung der Kundenzahl

Als zentrale Maßnahme für ein stärkeres Wachstum der Zahl der Kunden kann der Erwerb der SchmidtBank AG in Hof mit ihren 360 000 Privat- und 2000 Firmenkunden im Jahr 2004 gesehen werden.[99] Durch die Übernahme von 70 Filialen und 29 Selbstbedienungscentern in Bayern, Thüringen und Sachsen stieg die Kundenzahl im Filialvertrieb mit einem Schlag um circa 10 Prozent auf rund 4,3 Millionen.[100]

Für organisches Wachstum sollte das Programm »Grow to win« sorgen, über das Maßnahmen zur Neukundengewinnung innerhalb des Konzerns ergriffen wurden. Dabei spielte die Kundengruppenfokussierung eine entscheidende Rolle. Im Fokus der Bemühungen standen einerseits Freiberufler, Gewerbetreibende und kleine Unternehmen mit dem Ziel, Deutschlands beste Geschäftskundenbank zu werden, andererseits lag der Fokus auch auf dem Private-Banking-Sektor.[101] Erstmals nutzte die Commerzbank zur Kundenakquise gezielt den Weg der »Incentivierung«. Ab 2003 bot sie eine gesonderte Einlagenverzinsung über ihre virtuelle Filiale an, die als Dreh- und Angelpunkt der Neukundengewinnung fungieren sollte, und überzeugte so 100 000 Neukunden von sich.[102]

Im Rahmen des Allfinanz-Ansatzes wurde mit der Aachener und Münchener Versicherungsgruppe (deren Tochter Volksfürsorge ebenfalls Allfinanz-Partner wurde) vereinbart, bis 2003 in 250 Versicherungsagenturen Banking-Center einzurichten, um aktiv Produkte der Commerzbank anbieten zu können und auf diese Weise bis zu einer Million neue Kunden zu gewinnen. Im Gegenzug sollte die Aachener und Münchener Gruppe 650 Versicherungs- und Bausparspezialisten in den Filialen der Commerzbank installieren. Da die eingegangenen Kooperationen zuvor immer unter der Prämisse des strikten Kundenschutzes standen, stellte eine solche Öffnung der Kundenbestände ein Novum dar.[103] Zur Generierung von Wachstum wurden zunehmend auch Kooperationspartner außerhalb der Finanzdienstleistungsindustrie gesucht. Eine bereits bestehende Kooperation mit TUI, über die bis 2003 etwa 450 000 TUI-Kunden Kreditkarten der Commerzbank erwarben, wurde langfristig bis 2012 verlängert.[104] Darüber hinaus sollten entsprechend dieses erfolgreichen Beispiels weitere Kooperationen folgen.[105]

In europäischer Perspektive ist besonders die Erhöhung des Anteils an der BRE Bank S. A., Warschau, auf 50 Prozent im Jahr 2000 hervorzuheben. Die BRE Bank gründete die Tochtergesellschaft mBank, die erste Internetbank für Privatkunden in Polen, die sich in der Folge noch als Innovationstreiber auch für das deutsche Privatkundengeschäft erweisen sollte.

3.4 Firmenkundensäule: Restrukturierung und Aufbau der Mittelstandsbank

Zwischen Ausbau und Rationalisierung

Im Geschäftsbericht des Jahres 2000 war noch das Ziel formuliert worden, »eine der führenden europäischen Investmentbanken zu sein«.[106] Allerdings entsprach zu diesem Zeitpunkt die Eigenkapitalrendite weder im Geschäftsbereich Securities (7,1 %) noch im Firmenkundengeschäft (8,6 %) den Vorstellungen. Die Pläne zielten daher auf eine massive Effizienzsteigerung ab, die vor allem durch Verknüpfung von Firmenkundengeschäft und Investmentbanking und damit der Nutzung von Synergien erreicht werden sollte.[107]

Zur Schärfung des Profils als voll integrierter Bank wurde Anfang 2001 der Aufbau eines Beraterteams für Aktien und Derivate angekündigt, das zukünftig in den auf das Firmenkundengeschäft spezialisierten Filialen den Vertrieb auf einzelne Kunden zugeschnittener Investmentprodukte forcieren sollte. Aus diesem Grund sollte das Investment-Research zukünftig auf die Vertriebserfordernisse im deutschen Firmenkundengeschäft ausgerichtet werden, während im internationalen Investmentbanking die zuvor angeführten Einsparungen vorgenommen wurden.[108] Hierdurch wurde für die »Doppelsäule« bis etwa 2005 mit einem Ergebniszuwachs von ungefähr 450 Mio. Euro gerechnet.[109]

Neben diesen Maßnahmen sollte eine weitere Verbesserung der Betreuungsqualität erreicht werden. Hierbei setzte sich die Commerzbank von ihren Wettbewerbern ab, die zu dieser Zeit ihre Niederlassungspräsenz deutlich zurückfuhren. Durch eine anhaltend hohe Dichte an Filialen mit Firmenkundenberatern sollte »die Nähe zu den Kunden« vertieft werden.[110] Um dabei jedoch das formulierte Ziel einer Senkung der Betriebskosten umsetzen zu können, sah die Planung zwar eine Schließung von 150 der insgesamt 933 Filialen vor, davon entfielen aber nur 22 auf die 174 Gebiets- und Regionalfilialen, in deren Bereich die Betreuung des Firmenkundengeschäfts lag.[111] Eine weitere Effizienzsteigerung sollte durch die Berufung von sechs Regionalvorständen zur Koordination der Betreuung von Mittelstands- und Großkunden mit den Filialberatern erreicht werden.[112]

Zusätzlich sollte die Qualität der Dienstleistungen für Firmenkunden durch den Ausbau der digitalen Infrastruktur und des Onlinebankings verbessert werden.[113] Unter dem Projektnamen »Treasury Cockpit« wurde der Aufbau »einer internet-basierten Plattform für den Treasurer eines Unternehmens« geplant, die sich vor allem an die Zielgruppe des »gehobenen« Mittelstands im Umsatzbereich 100 Mio. bis 1 Mrd. DM richten und den Zahlungsverkehr der Unternehmen deutlich vereinfachen und beschleunigen sollte. Schon ab dem dritten Quartal 2001 sollte die generelle Vermarktung des Projekts in Angriff genommen werden.[114]

Der Konjunktureinbruch im Verlauf des Jahres 2001 machte jedoch die Wachstumsziele zunichte. Auch im Firmenkundengeschäft wurden daher im Dezember 30 weitere Schließungen im Bereich der Regionalfilialen beschlossen; in den darauffolgenden Jahren sollten darüber hinaus noch 28 Regionalfilialen folgen, sodass sich die Zahl der Niederlassungen für das Firmenkundengeschäft gegenüber 1999 auf nur noch 95 Filialen halbierte.[115]

Zum Jahresende 2002 bewegten sich die Verwaltungsaufwendungen des Geschäftsfelds Firmenkunden und Institutionen bei mehr als 1,5 Mrd. Euro,[116] bis Ende 2004 konnten sie trotz notwendiger Investitionen im Zuge der Zusammenlegung von Firmenkundengeschäft und Investmentbanking auf noch knapp 1,3 Mrd. Euro gesenkt werden.[117] Parallel dazu erholten sich bis 2004 auch die Erträge des Geschäftsfelds, nachdem diese von 2,3 Mrd. Euro 2001[118] auf nur noch 1,6 Mrd. Euro 2003[119] eingebrochen waren. Ende 2004 lagen sie immerhin schon wieder bei 1,9 Mrd. Euro.[120] In dem von Dalman vertretenen Geschäftsbereich Securities trat jedoch ein Verlust von 147 Mio. Euro ein, der sich inklusive eines Restrukturierungsaufwands von 132 Mio. Euro auf insgesamt 279 Mio. Euro belief; die Aufwandsquote lag bei 121 Prozent. Mit dem daraus resultierenden Ausscheiden Dalmans im Herbst 2004 wurde das Investmentbanking wieder deutlich zurechtgestutzt, weil man »eine nicht angemessene strategische Ausrichtung«[121] erkannt hatte: »Wir haben das Investment Banking auf den Prüfstand gestellt, einige Geschäftsbereiche aufgegeben oder stark reduziert, jedoch alles integriert in einer streng kundenorientierten Einheit unter dem neuen Dach Corporate Markets.«[122] Martin Blessing übernahm das Corporate Banking, der neu in den Vorstand gekommene Vorstandsvorsitzende der Comdirect, Achim Kassow, Asset Management, Private Banking und Private Kunden.

Die Mittelstandsbank als Motor des Firmenkundengeschäfts

Einen entscheidenden Anstoß für die Fokussierung des Firmenkundengeschäfts auf den unternehmerischen Mittelstand bildeten die Erkenntnisse der Grundlagenstudie »Unternehmerische Perspektiven des gehobenen Mittelstandes« aus dem Jahr 2000.[123] 76 Prozent der 400 untersuchten Unternehmen mit Jahresumsätzen zwischen 5 und 700 Mio. Euro bewerteten ihre Geschäftsentwicklung seit Mitte der 1990er Jahre mindestens als zufriedenstellend, wobei 48 Prozent sogar eine Verbesserung ihrer Geschäftssituation anführten.[124] Grundsätzlich verwies die Studie auf erhebliche Geschäftspotenziale im Mittelstand:[125] 65 Prozent der Unternehmen mit Jahresumsätzen bis 50 Mio. Euro hätten konkret Investitionen geplant, bei Mittelständlern mit Umsätzen ab 50 Mio. Euro sogar 82 Prozent.[126] Allerdings verwies die Studie auf erhebliche Defizite im Verhältnis zwischen Banken und Mittelständlern, die eine Ausschöpfung der Geschäftspotenziale verhinderten. Banken würden den spezifischen Anforderungen und Bedürfnissen des Mittelstands nicht gerecht,[127] nur 45 Prozent der Unternehmen konnten von guten Erfahrungen im Verhältnis zu Banken berichten.[128] Darüber hinaus bestehe eine grundlegende Abneigung gegen Kreditbeziehungen und vermehrte Kooperationen mit Banken aus Angst vor »finanzieller Abhängigkeit«. Bei den kleinen mittelständischen Unternehmen seien nur 68 Prozent der Befragten zur Nutzung von Bankdarlehen bereit. Aus diesem Grund empfahl die Studie zur Hebung der unerschlossenen Potenziale bessere Kooperationen und eine maßgeschneiderte Angebotspalette für den Mittelstand.[129]

Wie das im Jahr 2000 zuständige Vorstandsmitglied Andreas de Maizière darlegte, trugen mittelständische Kunden mit Umsätzen bis 250 Mio. Euro über 40 Prozent zu den Bruttoerträgen des Firmenkundengeschäfts der Commerzbank bei. Im Gegensatz zu multinationalen Unternehmen, bei denen eine Kontoverbindungsquote von 75 Prozent bestand, und Großunternehmen, die eine Verbindungsquote von immerhin 60 Prozent aufwiesen, bewegte sich die Verbindungsquote zum Mittelstand nur bei etwa 39 Prozent. Es bestand also gerade in diesem lukrativen Feld ein erhebliches Expansionspotenzial.[130] Um dieses zu erschließen, musste sich die Commerzbank positiv von ihren Wettbewerbern abheben, was durch eine stärkere Kundenorientierung erreicht werden sollte. Für eine qualitativ hochwertigere Beratung mittelständischer Unternehmen sollte die Präsenz der Commerzbank in der Fläche ausgebaut und den Beratern in den Filialen vor Ort größere Verantwortung übertragen werden. Nur auf diese Weise könne die Bank den individuellen Anforderungen mittelständischer Unternehmen gerecht werden. Zur stärkeren Ausrichtung des Vertriebs auf den Kunden wurde die »Einführung eines Customer-Relationship-Management-Systems« mittels Ausbau der digitalen Infrastruktur als zentraler Innovation hervorgehoben.[131]

Schon für 2002 wurde auch eine eigene Firmenkunden-Direktbank geplant, deren Angebote sich an mittelständische Unternehmen richten und intensiv zur Steigerung der Marktanteile im Bereich des kleinen Mittelstands beitragen sollten. Geplant war die Onlinevermarktung von Standardprodukten, wobei als besonderer Anreiz die Möglichkeit des Abschlusses kurzfristiger Kreditgeschäfte hervorgehoben wurde. Durch die Vereinfachung des Kreditvergabeprozesses sollten die mittelständischen Ressentiments gegen die

Kreditbeanspruchung abgebaut werden.[132] Aufgrund der sich zuspitzenden Konjunkturkrise und den Einsparungen im Rahmen der »Kostenoffensive« mussten diese Pläne jedoch fallen gelassen werden. Stattdessen wurde im Mai 2002 das Mittelstandsportal »Companydirect« (später auch »Companyworld« als Großkundenportal), das sich an Bestandskunden mit Umsätzen zwischen 2,5 und 50 Mio. Euro richtete, als Ersatzprojekt für die Onlinebank an den Start gebracht. Die Dienstleistungen und Produkte der »Companydirect« ähnelten dem »Treasury Cockpit«, beide Plattformen stellten den Aspekt der personalisierten Beratung in den Vordergrund.[133]

Unter dem Titel der »Mittelstandsoffensive« wurde ab 2003 ein aggressiveres Vorgehen bei der Neukundenwerbung und Bestandskundenbindung beschlossen. Bis Ende 2006 sollte die Kontoverbindungsquote auf diese Weise um circa 9000 Unternehmen von 39 Prozent auf 45 Prozent gesteigert werden. Von zentraler Bedeutung hierbei war die Ausweitung des Kreditgeschäfts. Allein zwischen März 2003 und Februar 2004 wurden Kredite über 3,3 Mrd. Euro an den Mittelstand vergeben.[134] 2003 fiel dann auch die Entscheidung zur Einrichtung eines gesonderten Geschäftsfelds Mittelstandsbank zur Mitte des Jahres 2004.[135] Die Zahl der inländischen Regionalvorstände wurde von sechs auf acht erhöht.[136] Im Rahmen der Mittelstandsoffensive wurden alleine 2004 4767, in den beiden Folgejahren noch einmal 12 000 neue Mittelstandskunden gewonnen.[137] Die Commerzbank sah sich als »beste Mittelstandsbank Deutschlands«[138], das Mittelstandsgeschäft – in der Vergangenheit (so die beiden vorausgehenden Beiträge) stets eine Domäne des Hauses – war wieder zum Motor des Firmenkundengeschäfts geworden.

3.5 »Quantensprung« für das Geschäftsmodell: Übernahme der Eurohypo

Eine gravierende Veränderung erfuhr das Geschäftsmodell 2005/06 durch die Übernahme der Eurohypo AG. Ein Großteil der Finanzierung von Immobilien und öffentlichen Institutionen (in Deutschland für Bund, Länder und Kommunen sowie im Ausland) lag zuvor bei verschiedenen historisch gewachsenen, noch unter eigenem Namen auftretenden Tochtergesellschaften im Commerzbank-Konzern. So hatte man z. B. bereits 1971 die Rheinhyp – Rheinische Hypothekenbank AG vollständig, 1994 die Hypothekenbank in Essen zu 51 Prozent erworben (siehe den Beitrag von Friederike Sattler). In dem durch den Konjunktur- und Kapitalmarktabschwung für die Kreditinstitute problematischen Jahr 2001 entschlossen sich drei deutsche Großbanken dann, einen Teil ihrer Aktivitäten in der Immobilien- und Staatsfinanzierung aus den Bilanzen auszulagern und ab 2002 in der Eurohypo AG zu bündeln.

Die Commerzbank brachte dazu die Rheinhyp ein und erhielt 34,6 Prozent der Anteile, die Deutsche Bank steuerte die Eurohypo »alt« und die Dresdner Bank die Deutsche Hyp bei.

Den bei der Entkonsolidierung erzielten Sondererträgen (bei der Commerzbank über 700 Mio. Euro) standen bereits im ersten Jahr Altlasten gegenüber, die von den Alteigentümern geschultert werden mussten. Dies wurde jedoch in Kauf genommen, um ein zwar margenschwaches (die Eigenkapitalrendite lag sogar unter der der Commerzbank), aber stabiles Institut zu formen, das nach einigen Jahren an die Börse gebracht und die bisherigen Eigentümer nicht weiter belasten sollte. Ende 2005 kam jedoch eine überraschende Wendung: Zum Erstaunen der Deutschen Bank und des Dresdner Bank-Eigentümers Allianz war die Commerzbank bereit, die Anteile der Partner und damit

Karikatur zur Übernahme der Eurohypo durch die Commerzbank, um 2006

die Eurohypo vollständig zu übernehmen. Hatte sie sich gerade zuvor aus weiten Teilen des Investmentbankings und Auslandsgeschäfts verabschiedet, erwarb sie nun ein Institut, das unter der Überschrift »Real Estate Investment Banking« das Kapitalmarktgeschäft mit Immobilien betrieb und darüber hinaus zu einem erheblichen Anteil internationales Geschäft kontrahierte.

Klaus-Peter Müller sprach von einem »Quantensprung«[139] für sein Haus und formulierte im Vorwort zum Geschäftsbericht 2005: »Mit der Ankündigung der Übernahme der Eurohypo haben wir ein neues Kapitel in der Geschichte unserer Bank aufgeschlagen. Für alle ist sichtbar geworden: Die Commerzbank ist zu einer Position der Stärke zurückgekehrt, sie setzt ihren Weg der Eigenständigkeit konsequent fort und leistet einen wichtigen Beitrag zur Konsolidierung des deutschen Bankensystems. Wir werden durch die Eurohypo-Transaktion das zweitgrößte deutsche Kreditinstitut und zur führenden Geschäftsbank in Deutschland. Eine breitere Kundenbasis, eine verbesserte Produktpalette und ein erhebliches Cross-Selling-Potenzial werden unsere Ertragskraft nachhaltig erhöhen. ... Wir wollen die wichtigste Bank in und für Deutschland werden.«[140] Nach mehreren durch Übernahmespekulationen geprägten Jahren sah sich die Commerzbank wieder in der Offensive und angesichts der durch die Eurohypo-Transaktion von 445 auf über 608 Mrd. Euro angestiegenen Bilanzsumme auch vor »feindlichen« Angriffen besser geschützt. Weiten Teilen der Mitarbeiterschaft merkte man Stolz, ja sogar Euphorie ob dieser Entwicklung an, und auch die Wirtschaftspresse sprach von »Müllers Meisterleistung«.[141]

Die Transaktion wurde in zwei Schritten abgewickelt: Im Dezember 2005 übernahm die Commerzbank zunächst weitere 17,1 Prozent der Anteile an der Eurohypo, noch einmal 49,1 Prozent folgten im März 2006. Damit befanden sich rund 98 Prozent der Aktien in ihrem Besitz; die restlichen 2 Prozent wurden nach einem Squeeze-out im August 2007 übernommen. Der durchschnittliche Kaufpreis je Aktie betrug 19,60 Euro, sodass 4,56 Mrd. Euro für die Auszahlung und damit Stärkung der Wettbewerber Deutsche Bank und Allianz/Dresdner Bank aufgewandt werden mussten. Finanziert wurde dieser Betrag unter anderem durch eine Kapitalerhöhung. In einem »Accelerated Bookbuilding Offering« verkaufte die Commerzbank 57,7 Mio. neue Aktien (fast 10 Prozent des Grundkapitals) unter Ausschluss des Bezugsrechts für die Altaktionäre an institutionelle Investoren und erzielte 1,35 Mrd. Euro. Weiterhin wurde der Anteil an der italienischen Banca Intesa verkauft und damit 800 Mio. Euro (Buchgewinn circa 150 Mio. Euro) erlöst. Und schließlich legte die Commerzbank im Volumen von 2,2 Mrd. ihre erste Hybridanleihe, eine Mischung aus Fremd- und Eigenkapital, auf. In der Folge arbeiteten 13 Teams daran, die Akquisition der Eurohypo abzuschließen und in den neuen Geschäftsbereich Commercial Real Estate, Public Finance und Treasury des Commerzbank-Konzerns einzugliedern,[142] der sich als »führenden Anbieter im Bereich Commercial Real Estate und führenden Pfandbriefemittenten in Europa« sah.[143] Für diese Integration der Eurohypo, die weiterhin als eigenständige Rechtspersönlichkeit und Marke auftrat, wurden 150 Mio. Euro veranschlagt.[144]

In dem Anfang 2007 erschienenen Geschäftsbericht für das Jahr 2006 konnte Klaus-Peter Müller selbstbewusst bilanzieren: »2006 war das beste Jahr unserer Geschichte. Wir haben unsere wiedergewonnene Ertragsstärke eindrucksvoll bestätigt und ein Rekordergebnis vorgelegt. Als Nummer zwei unter den deutschen Banken sind wir eine national und international respektierte und beachtete Adresse.«[145] Tatsächlich hatte sich das Ergebnis vor Steuern von rund 1 Mrd. Euro (2004) über 1,7 (2005) auf 2,4 Mrd. Euro (2006) mehr als verdoppelt (1,8 Mrd. Euro nach Steuern). Die zwischenzeitlich auf 10 Prozent abgesenkte Ziel-Eigenkapitalrendite nach Steuern wurde übertroffen (12,8 %, 2005; 14,2 %, 2006), lag aber noch unter der Zielmarke zu Beginn des Jahrtausends (15 %). Zins- und Provisionsüberschuss waren deutlich gestiegen, allerdings wiesen auch die Verwaltungsaufwendungen eine unveränderte Dynamik auf. Und nicht zuletzt hatten Sondererträge aus dem Verkauf der Beteiligungen an der Korea Exchange Bank und Ferrari zu dem Spitzenergebnis beigetragen. Während in der »Doppelsäule« Corporate und Investmentbanking sowohl die Mittelstandsbank als auch Corporates & Markets 2006 Eigenkapitalrenditen vor Steuern von über 20 Prozent erzielten, zeigte sich in der anderen Doppelsäule »Licht und Schatten«: Die Vorsteuerrendite des Asset Managements lag ebenfalls bei gut 20 Prozent, die des Privat- und Geschäftskundenbereichs war jedoch erneut deutlich negativ (–7,4 %). Die innerhalb weniger Jahre vorgenommene Strukturverschiebung des Geschäftsmodells wird daran deutlich, dass zu dem Konzernergebnis von 2,4 Mrd. Euro zu 34 Prozent die Mittelstandsbank und zu 30 Prozent der neu formierte Bereich der Immobilien- und Staatsfinanzierung beitrugen. Aufgrund der wiedergewonnenen Stärke peilte man nun wieder Wachstum, in erster Linie durch Akquisitionen, an.[146]

4. Auf dem Weg zum »Nationalen Champion«? (2007 bis 2009)

4.1 Die schwerste Finanz- und Wirtschaftskrise der Nachkriegszeit

Im Zuge der geopolitischen Reaktion auf die Dotcom-Krise im Januar 2001 und später dann beschleunigt nach den Terroranschlägen des 11. September leitete die US-Zentralbank (Federal Reserve Bank) eine Geldmengenausweitung ein, die die amerikanischen Leitzinsen von 6,5 Prozent auf ein historisch niedriges Niveau von knapp über 1 Prozent schleuste und dann dort bis weit in das Jahr 2004 beließ.[1] Die zunächst geringe Zinslast machte es vielen Beziehern niedriger Einkommen möglich, sich für den Erwerb von Immobilien bei Kreditinstituten zu verschulden. Der Erwerb speziell von Wohneigentum durch soziale Minderheiten und Migranten wurde politisch stark gefördert. Dazu dienten auch die staatlichen Kreditaufkauf- und -garantieagenturen Fannie Mae und Freddie Mac. Diese Subventionen verstärkten den deutlich höheren Anteil der Bevölkerung, der in Wohneigentum lebt (USA 73 %, Deutschland 43 %). Allerdings setzte dabei auch eine Strukturverschiebung des hypothekarischen Finanzierungsgeschäfts ein, da zunehmende Teile der subventionierten Haushalte keine erstklassige Bonität besaßen (Subprime-Segment).

Der vorher schon begonnene Preisanstieg bei Immobilien wurde aber nicht nur dadurch beschleunigt. Hierzu trugen auch die nach dem Platzen der Internetblase am Aktienmarkt in diesem Segment angelegten Gelder sowie die aus China und dem Nahen Osten »recycelten« Ersparnisse (»Global Savings Glut«) bei. Die in manchen Regionen der USA geradezu explodierenden Preise für Grundstücke und Gebäude luden im Sinne eines sich zunächst selbst verstärkenden Kreislaufs sowohl Verbraucher als auch institutionelle Investoren zum weiteren Immobilienerwerb ein.

Rückblickend lässt sich sagen, dass nicht nur die privaten Haushalte, sondern auch Banken angesichts im Wert kontinuierlich steigender Sicherheiten in ihrer Prüfung der Kreditnehmer (zu einem Stück wohl auch aus übertriebenem Renditestreben) immer sorgloser wurden und zudem Zuführgeschäft von Kreditvermittlern, die im Stile von »Drückerkolonnen« agierten, nahezu unkritisch akzeptierten. In diesem Zusammenhang wird von »Ninja«-Loans gesprochen (»no income, no job or assets«). Vor dem Hintergrund der Immobilienpreissteigerungen erklären sich auch die »Piggy Backs« (Huckepackkredite), bei denen eine immer weiter reichende Verschuldung in Form von Kreditkarten- oder Konsumfinanzierungen auf ein und dasselbe Objekt basiert wurde. Im Jahr 2003 etwa nahmen private Haushalte in den USA doppelt so viel Hypothekarkredite auf, wie sie für den Erwerb von Wohneigentum verwendeten.

Diese Geschäftsexpansion konnte von den Banken praktisch ohne Ausweitung ihres aufsichtsrechtlich relevanten Eigenkapitals dargestellt werden, indem sie weite Teile ihres Kreditportefeuilles verbrieften. Gerade diese Möglichkeit verleitete aber offenbar viele Kreditinstitute, ihren Monitoring-Aktivitäten als wichtiger Grundlage ihrer Intermediationsfunktion nicht ausreichend nachzukommen, denn sie behielten die vergebenen Kredite nicht in den eigenen Büchern, sondern gaben sie in Form von Asset Backed Securities (ABS) an den Kapitalmarkt weiter (»originate and distribute«).[2] Damit war dem Haftungsprinzip der Boden entzogen.

Kern einer ABS-Transaktion ist die rechtliche Verselbstständigung bestimmter Vermögensgegenstände (Assets) – dies sind zumeist Forderungen – und deren Verwendung als alleinige Unterlage (Collateral) für so gesicherte (Backed), am Kapitalmarkt handelbare Wertpapiere (Securities), die von einer Zweckgesellschaft emittiert werden. Bedient werden die Ansprüche der Wertpapierinvestoren dann allein aus der Cashflow-Struktur, die aus den verselbstständigten Vermögenswerten resultiert; eventuell kommen in meist eng begrenztem Umfang Sicherungsleistungen dritter Parteien hinzu. Insofern ergibt sich ein gewichtiger Unterschied zu einer Unternehmensanleihe üblicher Ausstattung: Zur Ableitung der Zins- und Tilgungsleistungen für die Investoren dient bei Corporate Bonds der gesamte Unternehmens-Cashflow und im Konkursfall auch der Verwertungserlös aus den gesamten Aktiva der Unternehmung gemäß Rangfolge der Gläubiger. ABS-Investoren sind dagegen nahezu ausschließlich auf die Cashflows der ausgelagerten Forderungen (und deren eventuelle Besicherungsgegenstände) angewiesen.

Im Mittelpunkt der ABS-Transaktion steht das Beziehungsdreieck Originator (Forderungsverkäufer) – Special Purpose Vehicle (SPV, Zweckgesellschaft) – Investoren (Wertpapierkäufer). Eine Bank (oder Unternehmung) verkauft im »True Sale«-Fall abschließend und ohne Rückgriffsrecht im Insolvenzfall Forderungen an ein SPV; im Gegenzug fließen ihr Cashflows zu. In der synthetischen Variante von Verbriefungstransaktionen wird vom Originator ausschließlich das Ausfallrisiko eines Kreditportfolios übertragen, die Forderungen selbst verbleiben in seiner Bilanz. Bei einer solchen Unfunded-Verbriefung entfällt der Liquiditätszufluss.

Das SPV wird von einem Sponsor gegründet, der dieses in der Mehrzahl der Fälle auch (anteilig) besitzt. Das Vehikel tritt als Emittent auf und platziert (über ein Bankenkonsortium) ABS bei den Investoren. Das Vehikel ist eine reine »Durchleitungsröhre« (Conduit) für die Cashflows der Forderungsschuldner, die un- oder kaum verändert an die ABS-Investoren weitergereicht werden. In der Regel sind die Wertpapiere mit sehr geringen, am durchschnittlichen Verlust der Vorperioden ausgerichteten Sicherungszusagen aus der Struktur selbst, durch den Originator oder dritte Parteien versehen. Ratingagenturen prüfen die Wertpapierunterlegung sowie die komplette Emissionsstruktur zum Zweck der Qualitätseinstufung der Papiere.

Bei den aus dieser Transaktion hervorgehenden ABS lassen sich (in chronologischer Reihenfolge ihrer Entwicklung) folgende Arten unterscheiden:

- Mortgage Backed Securities, die bereits während der 1970er Jahre in den USA entstandene Form der Verbriefung hypothekarisch gesicherter Kredite. Hierbei werden Verbriefungen von privaten (residential) und gewerblichen (commercial) Hypothekenkrediten unterschieden (RMBS/CMBS),
- Asset Backed Securities im engeren Sinne, also Verbriefungen von (insbesondere) Auto- und weiteren Konsumentenfinanzierungen, Forderungen aus (echten) Kreditkarten (in den USA und Großbritannien als Pendant zum Dispositionskredit verbreitet), Leasingforderungen und Studierendenkrediten, die in den 1980er Jahren entstanden,
- Collateralised Debt Obligations (CDOs) als Sammelbegriff für Verbriefungen von Unternehmenskrediten (Collateralised Loan Obligations, CLOs) und Unternehmensanleihen (Collateralised Bond Obligations, CBOs) sowie die erneute Einkleidung bereits verbriefter Forderungen in Wertpapiere (Mehrfachverbriefungen).

Mit der Verbriefung kann eine Bank (ebenso wie andere Unternehmen) erstens ihre in den Forderungen »eingefrorene« Liquidität »auftauen«. Während sich ein solcher Freisetzungseffekt nur in der »True Sale«-Variante realisieren lässt, können Klumpenrisiken im Forderungsbestand (z. B. mit Blick auf einzelne Schuldner, Branchen oder Regionen) auch durch synthetische Verbriefungen gezielt reduziert werden. Der Originator kann sich somit auf bestimmte Märkte spezialisieren und dennoch ein diversifiziertes Forderungsportfolio halten. Beide Motive führen dazu, dass ABS-Transaktionen ein grundsätzlich nützliches Werkzeug im Liquiditäts- und Bonitätsrisikomanagement von Banken (und Nichtbanken) sein und Wert stiften können. Drittens können speziell Kreditinstitute profitieren, indem sie mittels einer ABS-Transaktion die Eigenkapitalanforderungen der Bankenaufsicht erfüllen. Die aufsichtlichen Regeln fordern in Abhängigkeit vom Kreditvolumen ein bestimmtes Mindesteigenkapital. Wird dieses gerade erreicht, ist Zusatzgeschäft nur bei einer Eigenkapitalaufstockung möglich. Mit dem Forderungsverkauf können sie c. p. (ceteris paribus, d. h. unter sonst gleichen Bedingungen) ohne zusätzliches regulatorisches Eigenkapital neue Kredite vergeben (auch eine Art »Anti-Blockier-System«).

Zur Mitte 2008 waren mehr als 60 Prozent aller Hypotheken in den USA verbrieft, darüber hinaus vor allem Konsumentenfinanzierungen unterschiedlichster Art (vor allem Autofinanzierungen und Kreditkartenforderungen), Studierendendarlehen, Handels- und Leasingfinanzierungen. In den Zweckgesellschaften wurde eine massive Fristentransformation betrieben, d. h., die erworbenen mittel- bis langfristigen Darlehen wurden revolvierend durch kurzfristige Commercial Paper refinanziert. Dies schafft Mehrwert bei einer normalen Zinsstrukturkurve, bei der aufgrund der größeren Zukunftsunsicherheit langfristige Zinsen höher sind als kurzfristige, und einer normalen Marktverfassung, wenn immer wieder der Geldanschluss für die auslaufenden kurzfristigen Papiere gefunden werden kann.

Die auf diese Weise entstandenen Wertpapiere wurden an Finanzintermediäre auf der ganzen Welt verkauft, in Deutschland insbesondere an Landesbanken, die sich kurz vor dem Auslaufen der staatlichen Haftung mit Liquidität »vollgesogen hatten« und unter einem »Anlagenotstand« in ihrem Kerngeschäft litten. Die ABS boten ihnen attraktive Renditen bei (von den Ratingagenturen zumeist bescheinigter) höchster Qualität, während die durch die Globalisierung zunehmende Konkurrenzintensität die Renditeerzielung in den klassischen Geschäftsfeldern erschwert, gleichzeitig aber den Shareholder-Value-Druck zur Renditeerzielung immer weiter erhöht hatte. Der US-Notenbank zufolge wurden 2007 39 Prozent der ABS, die in irgendeiner Form US-amerikanische Assets enthielten, von ausländischen Investoren gehalten. Diese 39 Prozent entsprachen laut Fed einer Summe von 2365 Mrd. US-Dollar. Auf diese Weise wurden über ABS nicht nur Kredit- und Kapitalmärkte, sondern auch die Finanzsysteme weltweit noch stärker vernetzt.

Vielfach wurden die bereits verbrieften Papiere erneut, mitunter mehrfach weiterverbrieft. Auf diese Weise gelangten hypothekarisch besicherte Forderungen aus dem Subprime-Segment auch als Beimischung in die unterschiedlichsten, mitunter auch vermeintlich »sicheren« Wertpapierkörbe (z. B. auch von Geldmarktfonds). Selbst vergleichsweise schlecht bewertete (z. B. BBB) Papiere wurden »veredelt«, indem die besten Kredite dieses Topfs herausgenommen und erneut über Wasserfallkonstruktionen in besser geratete Wertpapiere gekleidet wurden (»Aus Landwein wird Qualitätswein«[3]). Diese Vielfachverbriefungen führten nicht nur zu Intransparenz über, sondern auch zu Verstärkungen der in den Emissionen enthaltenen Risiken. Mit einem grundsätzlich sinnvollen Instrument der Risikoteilung (nämlich der Verbriefung) wurde so durch die Übertreibungen der Praxis aus (beherrschbarer) Komplexität eine (unbeherrschbare) Undurchsichtigkeit.

Konkret ausgelöst wurde die Krise durch eine zweifache Preisüberraschung. Ab 2004 stiegen zum einen die US-Leitzinsen bis Mitte 2007 von 1 Prozent auf 5,25 Prozent an. Zum anderen gingen die Preise für Immobilieneigentum in dramatischer Weise zurück. Diese beiden Entwicklungen sind nicht unabhängig voneinander. Denn die steigenden Zinsen machten es vielen Schuldnern unmöglich, Zins und Tilgung zu leisten, sodass sie ihre Immobilie verkaufen oder verlassen mussten. Letzteres ist in den USA aufgrund des nicht gegebenen Durchgriffsrechts der Banken auf das laufende Einkommen und sonstige Vermögen des privaten Haushalts mit vergleichsweise geringen Konsequenzen für den Schuldner verbunden.

Die Zinssteigerungen wirkten sich durch die in den USA weitverbreitete Variante der »2/28er Hypothek« besonders dramatisch aus. Feste, häufig auch stark subventionierte Zinszahlungen werden in diesen Konstruktionen im Gegensatz zu deutschen Hypothekenfinanzierungen mit langfristiger Festzinsbindung nur für die ersten zwei Jahre vereinbart. Danach gelten variable Zinsen, die den Haushalten in Zeiten des Zinsanstiegs zum Verhängnis wurden. Zwar hatte die US-Notenbank inzwischen in rasantem Tempo ihren Leitzins heruntergeschleust, doch es stieg die Zahl der Haushalte, die ihre Verpflichtungen aufgrund von Arbeitslosigkeit nicht erfüllen konnten oder wegen zu niedriger Hauspreise nicht erfüllen wollten. Und hier rächte sich nun der besondere Charakter der ABS-Papiere: Wenn von den Schuldnern keine oder deutlich unter den Planungen liegende Cashflows eingingen, fehlten auch für die Wertpapierinvestoren notwendige Cashflows. Die Sicherungskonstruktionen waren nur auf Normal- und nicht Stresssituationen wie den Zusammenbruch des Häusermarkts insgesamt ausgerichtet. Der für die verbrieften Forderungskörbe vermuteten und in der Vergangenheit auch anzutreffenden Diversifikation war der Boden entzogen.

Zentrales Defizit der Banken (vor allem in den USA) war aber nicht nur die mangelnde Bonitätsprüfung bzw. -prognose für Stressfälle. Völlig unterschätzt wurde von den Kreditinstituten und Kapitalsammelstellen weltweit das Liquiditätsrisiko. Die sich ab Frühjahr 2007 einstellenden Ausfälle bei den Subprime-Papieren führten zu einem bisher nicht da gewesenen Vertrauensverlust gegenüber diesen Papieren und den sie haltenden Finanzinstituten. Durch dieses »Headline-Risiko« wurden die Wertpapiere kollektiv und ohne Einzelbetrachtung illiquide, d. h. nahezu unverkäuflich, gleichzeitig konnten die Banken aber auch nicht in gewohntem Maße auf die Refinanzierung untereinander zurückgreifen, da sie sich wegen des nicht bekannten Umfangs solcher Papiere in ihren Bilanzen gegenseitig nicht mehr vertrauten.

Ein erster Höhepunkt der Krise wurde erreicht, als nach Schließung zweier Hedgefonds von Bear Stearns (Juni 2007) in Deutschland insbesondere die IKB, SachsenLB, BayernLB und WestLB mit massiven Staatshilfen gestützt werden mussten (Juli bis September 2007) und es in Großbritannien mit Northern Rock sogar zu einer Verstaatlichung kam, nachdem besorgte Einlagenkunden die Bankschalter gestürmt hatten. Wurden die Probleme der US-Finanzinstitute zunächst primär durch im Zeitvergleich überproportionale Ausfallraten im Bereich der Subprime-Verbriefungen verursacht, zeigten sich kontinentaleuropäisch insbesondere Liquiditätsprobleme, da sich geplante Refinanzierungen aufgrund der Vertrauensstörungen zunächst auf den Wertpapier- und dann auch auf den Interbankenmärkten nicht mehr darstellen ließen.

Wenn aber im Frühjahr 2008 der Eindruck entstand, die Finanzmarktkrise habe sich beruhigt, so hing dies vor allem mit den massiven Liquiditätsspritzen der Notenbanken zusammen, die weitere Marktverklemmungen zunächst verhinderten. Doch zum einen waren die Probleme der Subprime-Schuldner nach wie vor ungelöst, zum anderen hatten bereits Übersprungseffekte auf andere Finanzmärkte und dann auch die Realwirtschaft eingesetzt, der Vertrauensverlust hatte sich verselbstständigt. Es entstand ein Teufelskreis aus Forderungsabwertung, Zweifeln an der Bonität speziell von Banken, daraus resultierenden Liquiditätsproblemen und Versuchen der Risikoreduktion durch Einschränkungen der Kreditvergabe. Gerade Letzteres im Verbund mit den Belastungen der privaten Hypothekenschuldner führte in den USA zu deutlichen Rückgängen des Konsums, was sich zunächst in der Automobilindustrie, im weiteren Jahresverlauf auf nahezu allen Güter- und Dienstleistungsmärkten zeigte. Die rezessive volkswirtschaftliche Entwicklung machte wiederum neue Wertberichtigungen in weiteren Segmenten des Firmenkundengeschäfts (z. B. dem Bereich der Unternehmenskäufe und -verkäufe) erforderlich.

Die US-Regierung versuchte, diesen Prozess mit umfangreichen Bankenrettungspaketen und Konjunkturhilfen in Höhe von letztlich rund 2 Bio. US-Dollar zu stoppen. Um aber keine Hoffnungen auf unbegrenzte staatliche Rettungsaktionen (Bail-out) zu wecken, ließ man dagegen die Investmentbank Lehman Brothers in die Insolvenz abrutschen (15. September 2008), was die Finanzmärkte in eine »regelrechte Schockstarre« versetzte.[4] Trotz der nachfolgenden Rettungsaktion für den zu dieser Zeit weltweit größten Erstversicherer AIG aufgrund seines Engagements als Sicherungsgeber für Verbriefungen ging damit der verbliebene Rest an Vertrauen in die Stabilisierbarkeit des Finanzsystems verloren. Offenbar war der Schock über die jahrelang intransparenten Probleme des Bankensektors so massiv, dass aus einer ursprünglich eng begrenzten Finanzsegment- eine globale Finanzsystem- und schließlich sogar Weltwirtschaftskrise resultierte. Die doppelte Verzahnung (Bank- und Kapitalmarktfinanzierung sowie nationale Finanzmärkte miteinander) hatte dazu geführt, dass sich Leistungsstörungen bei amerikanischen Immobilienkrediten auf die Existenz (einiger) deutscher Banken und damit am Ende sogar die Finanzierungsspielräume ihrer Kunden auswirkten.

Auch hierzulande nahm die Konjunktur massiv Schaden (zweite Krisenphase). Die bis zur Jahresmitte 2008 noch sehr optimistischen Wachstumsprognosen wurden in immer kürzeren Abständen drastisch nach unten korrigiert. Die in zuvor ungeahnter Geschwindigkeit rückläufige Konjunktur hinterließ tiefe

Die Insolvenz der Investmentbank Lehman Brothers versetzte die Finanzmärkte in eine »Schockstarre«, Spiegel-Titel vom 9. März 2009; Foto: Der Spiegel.

Einbrüche in allen Branchen. Diese Entwicklung setzte sich im Jahr 2009 beschleunigt fort und führte letztlich zu einem Rückgang des Bruttoinlandsprodukts um in der Nachkriegszeit noch nie gesehene –4,7 Prozent (in den G7-Staaten: –3,8 %).

Das über die Liquiditätsspritzen und Zinssenkungen der Notenbanken hinaus von den Einzelstaaten zur Krisenbekämpfung eingesetzte Instrumentarium ähnelte sich weltweit. Im Gegensatz zur Weltwirtschaftskrise 1929 waren die Maßnahmen koordiniert und durch hohe Volumina gekennzeichnet, »um eine Kernschmelze des globalen Finanzsystems zu vermeiden«.[5] Im Mittelpunkt standen Aufkäufe ausfallgefährdeter Kredite und Wertpapiere (so beim Hilfspaket der US-Regierung), Eigenkapitalhilfen (prominent in den USA und Großbritannien), Garantien von Spareinlagen (z. B. in Irland) sowie von Interbankengeschäften (etwa in Spanien). In Deutschland löste erst die zweimalige Bereitstellung von Liquidität für die Hypo Real Estate über insgesamt 100 Mrd. Euro auf staatlicher Seite die Bereitschaft aus, von einer Einzelfall- zu einer Systemhilfe überzugehen. Am 5. Oktober 2008 wurden zunächst sämtliche Spareinlagen mit einer Staatsgarantie versehen, kurz darauf legte die Bundesregierung am 13. Oktober 2008 nach internationalen Konsultationen das »Finanzmarktstabilisierungsgesetz« vor. Von Banken konnten danach beim Sonderfonds Finanzmarktstabilisierung (SoFFin) Staatshilfen unterschiedlicher Art beantragt werden. Sie reichten von der Garantie für ihre Verbindlichkeiten (Rahmen 400 Mrd. Euro) über den staatlichen Erwerb von Problemaktiva bis hin zur Rekapitalisierung durch die Zufuhr von Eigenkapital durch den Staat (zusammen 80 Mrd. Euro).[6]

Doch Bankenrettung und Konjunkturstimulierung hatten die Staatsverschuldung international an den Rand der Tragfähigkeit geführt (dritte Krisenphase). Besonders dramatisch stellte sich die Haushaltslage in den sogenannten PIIGS-Staaten (Portugal, Italien, Irland, Griechenland und Spanien) dar. Die Ursachen waren dabei sehr unterschiedlich. Irland profilierte sich ab den 1990er Jahren als Niedrigsteuerland (Unternehmenssteuer 12,5 gegenüber 29,8 % in Deutschland) und erreichte damit Wachstumsraten von über 10 Prozent und ein phasenweise noch um 10 Prozentpunkte höheres BIP pro Kopf als Deutschland. Insofern fuhr das Land einen wirtschaftlich erfolgreichen Kurs, musste jedoch durch die Kosten der Bankenrettung fast einen Offenbarungseid leisten. Griechenland versäumte dagegen dringend notwendige Strukturreformen in Wirtschaft und Staatshaushalt und konnte allein durch das Schönen von Statistiken die europäischen Stabilitätskriterien »einhalten«. Und die Verschlechterung der Staatsfinanzen verschärfte auch die Bankenkrisen in diesen Ländern, denn die Kreditinstitute hielten in großem Umfang Anleihen ihres Sitzlandes.

Nachdem Griechenland im Mai 2010 bereits Hilfen über 110 Mrd. Euro von der Staatengemeinschaft gewährt worden waren, musste sich im November auch Irland mit beantragten 90 Mrd. Euro unter den Rettungsschirm begeben, den die EU-Staaten und der IWF im Frühsommer in Höhe von 750 Mrd. Euro aufgespannt hatten. Zuvor waren die Risikoaufschläge der Anleihen von PIIGS-Staaten und damit die Kosten der Geldbeschaffung explodiert. Damit wurde gegen die »No-bail-out-Klausel« aus dem Maastricht-Vertrag verstoßen. Ganz bewusst hatten ja die Beitrittsländer der Euro-Zone ihre geldpolitische Souveränität auf die Europäische Zentralbank übertragen, waren danach aber für ihre öffentlichen Finanzen selbst verantwortlich; die Mitgliedsländer hafteten nicht untereinander. Dieses Prinzip wurde spätestens mit dem neuen »permanenten Krisenmechanismus« Ende 2010 aufgegeben, obwohl Griechenland mit einem Haushaltsdefizit von über 15 Prozent, Irland gar 32 Prozent des BIP in eklatanter Weise gegen die gemeinsamen Prinzipien verstoßen hatten. Faktisch wurde ein Element der Gemeinschaftshaftung eingeführt.

Mit massiven Hilfszahlungen konnte die »Fast-Pleite« Griechenlands verhindert werden, später mussten auch Irland, Portugal, Spanien und Zypern gestützt werden. Aber in den USA und anschließend in Europa hatte sich aus der Finanz- und Wirtschafts- eine Staatsschulden- und sogar Politikkrise entwickelt, denn die Zustimmung zum Einsatz öffentlicher Gelder für Staaten und Kreditinstitute erodierte immer mehr.

Auch im Bereich der Regulierung war das Jahrzehnt durch gravierende Veränderungen geprägt. Mit dem im Juni 2004 unter dem Titel »International Convergence of Capital Measurement and Capital Standards – A Revised Framework« veröffentlichten Rahmenwerk unternahm der Baseler Ausschuss einen Anlauf zu einer in weiten Teilen völlig umgestalteten Eigenkapitalregulierung (»Basel II«). Nach einem ersten Richtlinienentwurf und zahlreichen Änderungsvorschlägen verabschiedete das Europäische Parlament 2005 die »Capital Requirements Directive« (CRD), die nach der nationalen Umsetzung für sämtliche Banken und Wertpapierfirmen in der EU verbindlich wurde. In Deutschland erfolgte die Transformation der europäischen Normen im Rahmen der Solvabilitätsverordnung, die zum Beginn 2007 in Kraft trat – ein halbes Jahr vor Krisenausbruch.

Nach kleineren Verbesserungen im Regelwerk verabschiedete der Baseler Ausschuss Ende 2010 als Konsequenz aus der Finanzkrise eine Neufassung der Eigenkapital- und Liquiditätsregeln (»Basel III: A global regulatory framework for more resilient banks and banking systems«). Kernstück des neuen Standards der Bankenregulierung war die Erhöhung und Härtung des von Kreditinstituten mindestens vorzuhaltenden regulatorischen Eigenkapitals, daneben wurden Regeln für höhere Liquiditätspuffer eingeführt.[7] Kreditinstitute müssen seither – insbesondere wenn sie als global oder national systemrelevant eingestuft werden – deutlich mehr Haftkapital vorhalten als vor der Krise. Dies gilt sowohl in Abhängigkeit von ihren risikogewichteten Aktiva als auch risikounabhängig in Bezug auf ihr Geschäftsvolumen (Leverage Ratio).[8]

4.2 Erste Krisenbelastungen, Generationswechsel und Planspiele zur Schaffung eines »Nationalen Champions«

Zu Beginn des Jahres 2007 war der Geschäftsverlauf für die Commerzbank so positiv, dass sich Klaus-Peter Müller nach dem ersten Quartal optimistisch zeigte, »die noch geöffnete Schere zwischen der Commerzbank und der maßgeblichen ausländischen Konkurrenz im Lauf der nächsten Jahre zu schließen« und die Eigenkapitalrendite auch nach Steuern in neue Rekordhöhen zu führen.[9] Doch bereits zur Jahresmitte wurden die Belastungen durch die (zunächst auch im Commerzbank-Geschäftsbericht lediglich als »Subprime-Krise« bezeichnete) Entwicklung sichtbar. Ende Juli berichtete die Commerzbank von einem Eigenbestand an Wertpapieren in Höhe von rund 1,2 Mrd. Euro, der mit dem Subprime-Markt in Verbindung stehe.[10] Bei der Eurohypo handelte es sich dabei um RMBS, bei der Commerzbank um CDOs. Daraus sei erstens eine Ergebnisbelastung von 80 Mio. Euro zu erwarten.[11] Neben diesen Risiken aus der Kapitalanlage drohten – zweitens – weitere aus dem Betrieb von Zweckgesellschaften für die Verbriefung von Forderungen im

Kundenauftrag. Hier betrug etwa das Volumen der Kaiserplatz Funding im April 2007 9,45 Mrd. US-Dollar und hatte sich allein gegenüber Oktober 2006 um 3,4 Mrd. US-Dollar erhöht.[12] Dieses Finanzierungsvehikel refinanzierte sich über kurzfristige Asset Backed Commercial Paper und war daher auf ein stetiges »Überrollen« der Wertpapiere angewiesen. Sollte dieses nicht funktionieren, musste die Commerzbank bis zu einer bestimmten Höhe mit Liquidität aushelfen. Drittens wurden auch Kredite aus dem eigenen Bestand des Konzerns (Commerzbank einschließlich Eurohypo) zum Zweck des Risikomanagements an den Kapitalmarkt gebracht. Hier lagen die Schwerpunkte auf der Verbriefung von Unternehmenskrediten sowie Krediten an kommunale und genossenschaftliche Wohnungsbauunternehmen. Bei diesen Transaktionen nahm man in einem gewissen Teil Papiere auf die eigenen Bücher, stellte Backup-Linien zur Verfügung, war aber auch selbst Sicherungsnehmer und daher von der Bonität anderer Banken und Versicherungen abhängig.[13]

Nach dem dritten Quartal 2007 wurden für das Subprime-Segment schon Abschreibungen von 291 Mio. Euro angekündigt, für das vierte Quartal erwartete man aber wieder einen »normalen« Verlauf, sodass man sich schon auf eine Dividendensteigerung gegenüber dem Vorjahr festlegte.[14] Doch die Marktverschlechterung nahm an Dramatik zu. So sank z.B. der ABX–Index für BBB-geratete Subprime-RMBS-Tranchen, der noch im März 70,5 betragen hatte, auf 20,5 ab (–74 %). Am Ende des Jahres stand der zunächst geschätzten Belastung von nur 80 Mio. Euro dann eine von 1,4 Mrd. Euro gegenüber:[15] Nicht nur mussten 583 Mio. Euro auf das Subprime-Portfolio direkt abgeschrieben werden, auch die Neubewertungsrücklage verringerte sich um 843 Mio. Euro.[16] Wenn trotzdem ein nochmals erhöhtes Jahresergebnis von 2,5 Mrd. Euro (vor Steuern, 1,9 Mrd. Euro nach Steuern) vorgelegt werden konnte, lag dies zum einen an deutlichen Ergebnisverbesserungen in der Privat- und Geschäftskundensparte (401 Mio. Euro nach –122 Mio. Euro)[17] sowie der Mittelstandsbank (1,25 Mrd. Euro nach 814 Mio. Euro)[18]. Zum anderen wurden durch den Verkauf des britischen Asset Managers Jupiter sowie der Beteiligung am französischen Vermögensverwalter CCR Sondererträge von 450 Mio. Euro erzielt. Vor diesem Hintergrund wurde trotz der erheblichen Belastung aus der Finanzmarktkrise die Dividende nach 25 (2004), 50 (2005) und 75 Cent (2006) auf 1 Euro erhöht.

Statt der erwarteten Normalisierung trat zu Beginn des Jahres 2008 an den Märkten aber keine Besserung ein – im Gegenteil: Die Kurse speziell verbriefter Papiere gaben weiter nach, und die Commerzbank musste allein im ersten Quartal auf von der Finanzkrise betroffene Wertpapiere 244 Mio. Euro abschreiben, darüber hinaus verringerte sich die Neubewertungsreserve um 1,2 Mrd. Euro auf negative 280 Mio. Euro. Damit war bereits in den ersten drei Monaten 2008 eine Belastung in Höhe des gesamten Vorjahres eingetreten. Dagegen nahm sich der Verlust der Essen Hyp mit 98 Mio. Euro fast harmlos

Geschäftsjahre 2006*–2007 in Mio €	Privat- und Geschäftskunden		Mittelstandsbank		Corporates & Markets		Commercial Real Estate		Public Finance und Treasury		Sonstige und Konsolidierung		Gesamt	
	2006	2007	2006	2007	2006	2007	2006	2007	2006	2007	2006	2007	2006	2007
Zinsüberschuss	1.280	1.296	1.274	1.477	346	373	713	858	350	–2	–26	18	3.937	4.020
Risikovorsorge im Kreditgeschäft	–585	–240	–128	12	11	–135	–148	–115	–28	4	–	–5	–878	–479
Zinsüberschuss nach Risikovorsorge	695	1.056	1.146	1.489	357	238	565	743	322	2	–26	13	3.059	3.541
Provisionsüberschuss	1.418	1.575	675	817	198	186	293	411	–28	–24	371	185	2.927	3.150
Handelsergebnis	4	4	83	95	954	891	22	33	–18	–161	66	17	1.111	879
Ergebnis aus Finanzanlagen	–1	–8	7	7	29	–324	3	–194	93	148	639	497	770	126
Sonstiges Ergebnis	–15	–24	–5	–18	43	11	26	18	2	50	–65	146	–14	183
Erträge	**2.101**	**2.603**	**1.906**	**2.390**	**1.581**	**1.002**	**909**	**1.011**	**371**	**15**	**985**	**858**	**7.853**	**7.879**
Verwaltungsaufwendungen	2.088	2.202	1.092	1.138	948	979	439	564	94	105	543	378	5.204	5.366
Operatives Ergebnis	**13**	**401**	**814**	**1.252**	**633**	**23**	**470**	**447**	**277**	**–90**	**442**	**480**	**2.649**	**2.513**
Restrukturierungsaufwendungen	135	–	–	–	3	8	13	–	6	–	96	–	253	8
Ergebnis vor Steuern	**–122**	**401**	**814**	**1.252**	**630**	**15**	**457**	**447**	**271**	**–90**	**346**	**480**	**2.396**	**2.505**
Durchschnittlich gebundenes Eigenkapital	2.494	2.478	2.982	3.196	2.394	2.280	3.149	4.267	1.044	1.189	74	32	12.137	13.442
Operative Eigenkapitalrendite (%)	**0,5**	**16,2**	**27,3**	**39,2**	**26,4**	**1,0**	**14,9**	**10,5**	**26,5**	**–7,6**	·	·	**21,8**	**18,7**
Aufwandsquote im operativen Geschäft (%)	**77,7**	**77,5**	**53,7**	**47,9**	**60,4**	**86,1**	**41,5**	**50,1**	**23,6**	**954,5**	·	·	**59,6**	**64,2**
Eigenkapitalrendite des Ergebnisses vor Steuern (%)	**–4,9**	**16,2**	**27,3**	**39,2**	**26,3**	**0,7**	**14,5**	**10,5**	**26,0**	**–7,6**	·	·	**19,7**	**18,6**
Mitarbeiter (Durchschnitt)	**11.631**	**11.711**	**9.177**	**9.619**	**1.738**	**1.782**	**1.479**	**1.609**	**285**	**430**	**9.558**	**9.645**	**33.868**	**34.796**

*nach Restatement

Tabelle 18: Ergebnisentwicklung der Commerzbank nach Segmenten (2006–2007)[19]

aus. Das Institut hatte »ein nicht mehr tragfähiges, weil zu wenig kundenbezogenes Geschäftsmodell verfolgt«[20] sowie falsche Fristentransformationsentscheidungen getroffen und sich mit Kreditderivaten verspekuliert.[21] Die Commerzbank übernahm auch die restlichen 49 Prozent und rechnete allein 2008 mit Integrationskosten in Höhe von 150 Mio. Euro.

Diese negative Entwicklung überschattete den Wechsel von Klaus-Peter Müller zu Martin Blessing in der Funktion des Vorstandssprechers zur Hauptversammlung im Mai 2008. Blessing, bei Amtsübernahme 44 Jahre alt,[22] war bereits im Vorjahr nominiert worden und erhielt damit den Vorzug gegenüber zwei anderen, nahezu gleichaltrigen Anwärtern aus dem unter Müller deutlich verjüngten Vorstandsteam, die in der Presse ebenfalls als geeignet für die Nachfolge bezeichnet wurden: Achim Kassow, der die Privatkundensparte leitete, und Eric Strutz, dem Finanzchef der Bank. In der Leitung der Mittelstandsbank folgte der neu in den Vorstand berufene Markus Beumer Martin Blessing nach.

In der Presse wurde die siebenjährige Amtszeit von Müller, der entgegen den Empfehlungen der von ihm geleiteten Kommission zum Deutschen Corporate Governance Kodex unmittelbar an die Spitze des Aufsichtsrats rückte, als »Wechselbad der Extreme«[23] bezeichnet: »Was die gelbe Bank in dieser Zeit an Höhen und Tiefen, an Erfolgen und Enttäuschungen erlebt und Aktionären, Kunden, Beschäftigten und dem interessierten Publikum geboten (mitunter auch: zugemutet) hat, das war von einer derartigen Intensität, Sprunghaftigkeit und zeitweise Dramatik, dass man glauben konnte, seit Müllers Amtsübernahme seien Dekaden verstrichen.« Nachgezeichnet wurde das Auf und Ab aus Rekordergebnis und Aktionärsbonus 2000, anschließender tief greifender Restrukturierungsnotwendigkeit mit Dividendenausfall, drei Jahre nach dem »Beinahe-Kollaps« dann Übernahme der Eurohypo und Aufstieg zur Nummer zwei im deutschen Bankenmarkt, erneutes Rekordergebnis 2007 und hohe, krisenbedingte Belastungen danach. Bei Müllers Amtsübernahme lag der Aktienkurs bei 31,72 Euro, stürzte 2002 bis auf 5,04 Euro ab und lag 2007 bei 37,53 Euro (siehe Schaubild auf der Folgeseite).

Als größte Leistung Müllers wurde die Verteidigung der Eigenständigkeit der Bank hervorgehoben[24] – und gleichzeitig die Frage aufgeworfen, ob sein Nachfolger zu weiteren Unternehmensübernahmen nahezu gezwungen sei, um »im nationalen wie globalen Bankenspiel« zu bestehen. Die Commerzbank hatte solchen Überlegungen immer wieder selbst Nahrung gegeben: »Es eröffnen sich neue und hoch interessante Möglichkeiten. Die jetzt bestehende Chance zur Konsolidierung muss genutzt werden, um den Finanzstandort Deutschland und damit die deutsche Volkswirtschaft insgesamt zu stärken. Dabei kommt jenen Banken eine besondere Bedeutung zu, die über ein funktionierendes Geschäftsmodell mit klarer Ausrichtung auf den Heimatmarkt verfügen. Die Commerzbank fühlt sich strategisch und geschäftlich fit, um einen aktiven Beitrag zur Stärkung des deutschen Bankenmarktes zu

Aktienkurs der Commerzbank, Deutschen Bank und Dresdner Bank 2001–2018[25]

leisten.«[26] Um diese aktive Rolle zu spielen – so Müller in der Hauptversammlung 2008 –, seien »Sondierungsgespräche« geführt worden und insbesondere die Postbank und das Deutschland-Geschäft der Citigroup für sein Haus von Interesse.[27]

Angesichts der im internationalen Vergleich geringen Rentabilität des deutschen Bankensystems wurde schon in den Jahren vor der Finanzmarktkrise über eine vermeintlich notwendige Konsolidierung diskutiert. Im Mai 2004 erregte dann der damalige Bundeskanzler Gerhard Schröder Aufsehen: Auf dem 21. Sparkassentag in Frankfurt appellierte er an die privaten Banken, möglichst bald miteinander zu fusionieren. Die Banken sollten endlich »in die Strümpfe kommen«, man brauche eine global wettbewerbsfähige Bank und mindestens eine weitere, die auf europäischer Ebene konkurrenzfähig sein könne. Gleichzeitig warf der Kanzler den Entscheidungsträgern der Banken Managementversagen vor, weil sie es versäumt hätten, den Konsolidierungsprozess rechtzeitig in Gang zu bringen.[28]

4.3 Entscheidung zum Kauf der Dresdner Bank vor Kulmination der Finanzmarktkrise

Vor dem Hintergrund ihrer wiedergewonnenen Stärke fühlte sich die Commerzbank 2007 aufgerufen, diesen Konsolidierungsprozess zu forcieren. In einem Brief vom 27. Juni 2007 an Paul Achleitner, Mitglied des Vorstands der Allianz, schlug Martin Blessing den Erwerb von »Grün« (Dresdner Bank) durch »Gelb« (Commerzbank) vor, um »eine starke deutsche Bank (National Champion gleich ›Gelb Plus‹) mit einer führenden Rolle in Europa« zu schaffen.[29] Unter der Überschrift »Die Geschäftsmodelle« wurden für die einzelnen Sparten folgende Perspektiven gezeichnet:

- *Privat- und Geschäftskunden*: »Durch die Kombination entsteht die führende private Bank für Privat- und Geschäftskunden in Deutschland, die aufgrund möglicher Skaleneffekte von den marktbeherrschenden Sparkassen und Geno-Banken auf Basis effizienter Kostenstrukturen, bei gleichzeitig stark erhöhter Präsenz in der Fläche, Marktanteile gewinnen kann.« Eine fusionierte Bank sei die Nummer eins nach Anzahl aktiver Kunden (nur die Postbank verfüge nominal über mehr Kunden), im Private Banking, Affluent Banking, Onlinebanking (einschl. Comdirect), im Kreditgeschäft (100 Mrd. gegenüber 60 Mrd. Euro Postbank) und bei Erträgen (4 Mrd. Euro, vor Deutscher Bank mit 3 Mrd. Euro) und Nummer zwei bei Einlagen (55 Mrd. Euro gegenüber 80 Mrd. Euro Postbank und 37 Mrd. Euro Deutsche Bank). Weiteres Wachstum auf Basis einer einheitlichen und effizienten Infrastruktur und Produktplattform sei möglich, eine übermäßige Schließung von Filialen nicht notwendig.
- *Firmenkunden/Mittelstand*: Hier werde die »Erfolgsstory« Mittelstandsbank sinnvoll ergänzt, und man werde nach Kundenanzahl, Kreditvolumen und Erträgen ebenfalls Nummer eins beim Mittelstands- und Großkunden- sowie Cross-Border-Geschäft der deutschen Firmenkunden.
- *Investmentbanking/Corporate Markets*: Beide Banken verfügten bereits über fokussierte Einheiten, deren Stärken sich gut ergänzten, sodass man die »führende Investment Bank für den deutschen Mittelstand bzw. Firmenkunden« formen könne.

Für die Bereiche Commercial Real Estate und Public Finance wurden keine strukturellen Veränderungen erwartet. Unter Berücksichtigung eines Synergiepotenzials von 1 Mrd. Euro nahm man einen Kaufpreis von 16 Mrd. Euro für die Dresdner Bank an.

Im Februar/März 2008 wurde von PwC eine Due Diligence auf Basis allein der öffentlich verfügbaren Informationen über die Dresdner Bank sowie der Wirtschaftsprüferberichte zu deren Abschlüssen durchgeführt.[30] Dort ging man für 2007 zusammenfassend von Ertragsbelastungen durch die Finanzmarktkrise in Höhe von 1,6 Mrd. Euro aus, die selbst durch die massive Hebung von Ertragsreserven nicht vollständig kompensiert werden konnten. Daher seien weitere nennenswerte Reserven zum Ausgleich der sich 2008 bereits abzeichnenden Belastungen wohl nicht mehr vorhanden. Die stillen Lasten der Dresdner Bank wurden auf 1,9 Mrd. Euro geschätzt, 900 Mio. Euro davon im »Kreditersatzgeschäft«, 782 Mio. Euro im Bereich der Pensionsverpflichtungen. Innerhalb des Kreditersatzgeschäfts wurde hervorgehoben, dass von dem ABS-Exposure in Höhe von 26,4 Mrd. Euro etwa 15,9 Mrd. Euro bei Monolinern[31] versichert und daher stark wertgefährdet waren; massive Wertänderungsrisiken wurden auch bei CDOs, US-RMBS und Kreditderivaten gesehen – vor allem vor dem Hintergrund, dass die bisherigen Wertberichtigungen durch die Dresdner Bank eher zurückhaltend gewesen seien. Eine große Unsicherheit ergebe sich aus dem Bereich der »Strukturierten Finanzierungen«, zu denen die Unterlagen keine ausreichenden Informationen enthielten. Es wurde auf die Gefahr hingewiesen, dass die in diesen Transaktionen zentralen Investmentvehikel »auf die eigenen Bücher genommen« werden müssten, falls ein erheblicher Wertverlust der von ihnen gehaltenen Papiere über einen definierten Schwellenwert (Trigger) hinaus zur Zwangsabwicklung der SPVs führen würde. Dies wäre indes mit einem sprunghaften Anstieg der regulatorisch notwendigen Eigenmittel verbunden. Unzureichende Informationen lägen auch zum Leverage-Finance-Portfolio vor, das großvolumige Kredite an Unternehmen mit einem hohen Verschuldungsgrad enthielt.

Neben einem möglichen Kauf der Dresdner Bank wurde eine Reihe alternativer Akquisitionen geprüft. Im Rahmen des im November 2007 vom Vorstand der Commerzbank beschlossenen Projekts »CARO« wurden (wie von Müller im Mai 2008 dann öffentlich zugestanden) auch Gespräche über den Erwerb der Postbank sowie des deutschen Privatkundengeschäfts der Citigroup geführt. Neben verschiedenen Zweierlösungen, also dem Erwerb eines anderen Instituts durch die Commerzbank, kam auch eine Dreierlösung, nämlich eine Zusammenführung der Commerzbank (»Cornelia«) mit der Dresdner Bank (»Doris«) und der Postbank (»Christl«) unter aktiver Beteiligung der Allianz (»Anna«) in Betracht.[32] Vor dem Hintergrund der damaligen Börsenkurse ging man zwar von einem Erwerbspreis der Postbank von etwa 12 Mrd. Euro aus. Man hielt jedoch »Christl« für den »Schlüssel zum nationalen Champion«[33] und sah den strategischen Wert einer Dreierfusion vor allem in dem dann möglichen Zugang zu insgesamt 26 Millionen Privatkunden (12 Millionen von Commerzbank und Dresdner Bank sowie gut 14 Millionen der Postbank).[34] Daher war man bereit, neben der finanziellen Belastung auch die Marke »Postbank« fortzuführen, den Standort Bonn zum »Kompetenzzentrum Privatkundengeschäft« auszubauen und den Personalabbau stark zu beschränken. Auf dieser Basis führten Martin Blessing und Michael Diekmann, Vorstandsvorsitzender der Allianz, der im Mai 2008 erstmals öffentlich Verhandlungen über den Verkauf der Dresdner Bank eingeräumt hatte,[35] Mitte Juni 2008 ein Gespräch mit Frank Appel, Vorstandsvorsitzender der Deutschen Post AG, über eine Dreierlösung. Im Nachgang wurde von Diekmann und Blessing in einem an Appel gerichteten Brief vom 26. Juni 2008 festgehalten: »... stimmten wir überein, dass eine Kombination von Deutsche Postbank AG, Dresdner Bank AG und Commerzbank AG zum führenden Finanzinstitut in Deutschland (›National Champion‹) erstrebenswert ist.«

Einen Monat zuvor hatte der Vorstand der Commerzbank die Durchführung einer Due Diligence bei der Dresdner Bank beschlossen, vice versa wurde es der Allianz gestattet, in die eigenen Bücher zu schauen.[36] Das Due-Diligence-Team der Commerzbank bestand aus rund 100 Mitarbeitern, zusätzlich wurden externe Berater, Wirtschaftsprüfer und Rechtsanwälte eingeschaltet. Die Allianz arbeitete ihrerseits parallel zu den Verhandlungen mit der Commerzbank mit erheblichem personellen Aufwand an einer Abspaltung des Investmentbankings der Dresdner Bank. Damit sollte eine isolierte Veräußerung dieses Geschäftsbereichs für den Fall ermöglicht werden, dass es nicht zu einem Gesamtverkauf der Dresdner Bank kommen würde. Als letzten möglichen Termin für eine endgültige Entscheidung über die Abspaltung hatte die Allianz der Commerzbank von Beginn der Verhandlungen an den 31. August 2008 genannt, da nur dann sichergestellt sei, dass die Spaltung mit wirtschaftlicher Wirkung zum 1. Januar 2008 erfolgen könne. Die Allianz war nicht bereit, das abzuspaltende Investmentbanking zu behalten und die Dresdner Bank im Übrigen an die Commerzbank zu verkaufen. Der 31. August 2008 war somit eine Deadline, da es bis dahin zu einem Verkauf oder einer Spaltung der Dresdner Bank kommen sollte.

In einer Sondersitzung des Commerzbank-Vorstands am 6. Juni 2008[37] wurde zunächst die Gefahr beleuchtet, selbst übernommen zu werden. Die »Bedrohungslage« sei weiterhin akut, auch wenn die Finanzmarktkrise die Absichten möglicher Erwerber gebremst habe. Grundsätzlich sei die Commerzbank als »Orphan« (Waise) aber weiterhin im Zielfokus. Neben defensiven Abwehrmaßnahmen (bis hin zur Beleuchtung möglicher »White Knights« im Fall feindlicher Übernahmeversuche) standen dann offensive Maßnahmen im Mittelpunkt der Diskussion. Die drei in den Wochen zuvor am intensivsten geprüften möglichen Akquisitionsobjekte wurden im Hinblick auf verschiedene Kriterien bewertet. Für die Übernahme der Dresdner Bank (geschätzter

Kaufpreis bei Vollübernahme nun 11 Mrd. Euro) sprachen gegenüber einer Akquisition der Postbank (10 Mrd. Euro) bzw. der Citibank Privatkunden AG (3,5 bis 4 Mrd. Euro) unter dem Aspekt »Geschäftsmodell« sowohl die zu erreichende Größe der fusionierten Bank als Ausgangspunkt für weitere Konsolidierungsschritte als auch der »strategische Fit« im Retail- und Mittelstandsgeschäft. Die Möglichkeiten zur Hebung von Synergien wurden am höchsten eingeschätzt, allerdings auch die Integrationskosten. Auf der Nachteilsseite wurde neben der höchsten »Transaktionskomplexität« unter »Risiken« vermerkt: »Große Portfolien, derzeit nicht vollständig transparent.« Insgesamt sprachen dennoch aus Sicht des Vorstands die meisten Kriterien für die Dresdner Bank-Übernahme als Priorität Nummer eins.

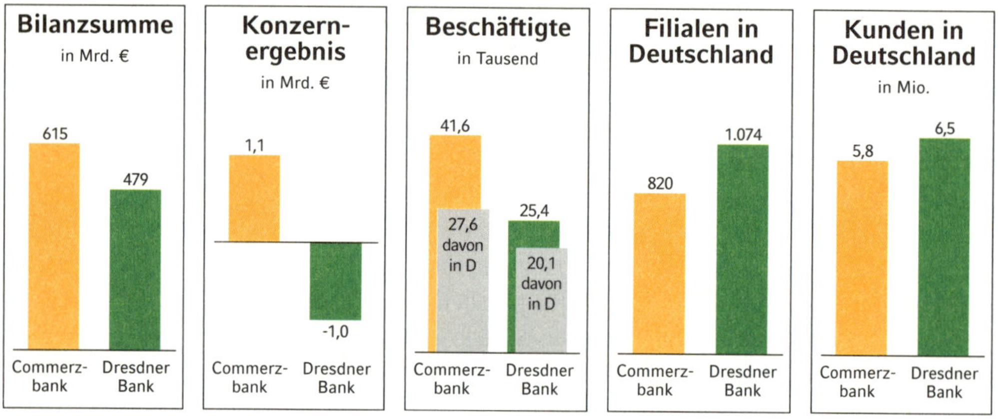

Commerzbank und Dresdner Bank als mögliche Fusionspartner (per 30. Juni 2008)[38]

Der Vorstand unterrichtete den Aufsichtsrat dann am 2. Juli 2008 über »verschiedene Handlungsalternativen« in Bezug auf mögliche Akquisitionen. Zur Citibank Deutschland habe der Vorstand am Vortag beschlossen, kein Angebot abzugeben; dafür seien die aktuelle Kapitalmarktsituation und die alternativen Optionen (auch unter dem Aspekt der Ressourcenbindung) ausschlaggebend gewesen. In Bezug auf die Postbank wies Blessing laut Protokoll lediglich »auf verschiedene Probleme eines Erwerbs« hin. Mit Blick auf die Dresdner Bank führte er dann aus, dass erst nach den Due-Diligence-Prüfungen abzusehen sei, ob daraus eine Transaktion werde. Angesichts des frühen Stadiums diesbezüglicher Einblicke vor allem in den Themen Investmentbank, Monoliner-Exposure, SPVs, Funding und Leveraged-Buyout-Buch der Dresdner Bank sei eine Prognose zur Transaktionswahrscheinlichkeit verfrüht. Es sei aber auch nicht ausgeschlossen, dass die Commerzbank mit ihrem stabilen Geschäftsmodell ohne Zusammenschluss weiterarbeite. Allerdings sei dann als Ergebnis der Konsolidierung anderer Marktteilnehmer mit einem zunehmenden Wettbewerbsdruck und einer anhaltenden Konsolidierungsdiskussion mit Blick auf die Commerzbank zu rechnen.

Tatsächlich zeigte die weiter vorangetriebene Due Diligence erhebliche Risiken beim fokussierten Target: »Das traditionelle Bankbuch ist weitgehend risikounauffällig und erscheint beherrschbar. Die Investmentbank ist nahezu ›overall‹ problematisch. Transparenz (ist, S. P.) insgesamt schlechter. Informationsbereitschaft verhaltener, insbesondere, wenn London gefragt ist (Integrationsthema!). Im Kern kaufen wir Assets in immenser Größe ein, für die es heute – und evtl. auf lange Sicht – keinen Markt gibt und denen unter H-t-M[39]-Aspekten beachtliches Downturn Risk anhaftet.«[40] Die im Detail aufgelisteten Positionen waren in vielen Fällen »nicht« oder nur »vorläufig« bewertbar, weil Informationen zwar »angefordert« oder »zugesagt«, aber noch nicht verfügbar waren. Dies betraf – wie schon von PwC im März herausgearbeitet – vor allem CDOs, ABS-Positionen, Monoliner-Garantien, Conduits und Strukturierte Finanzierungen, für die zusammenfassend eine Bandbreite der Wertverluste zwischen 5 und 9 Mrd. Euro geschätzt wurde. Als »nicht quantifizierbar« wurden darüber hinaus die Risiken bei den Kreditderivaten eingestuft, die ein Volumen von 1,2 Bio. Euro besaßen.

Angesichts des Näherrückens der Zeitgrenze für einen erfolgreichen Abschluss der Gespräche verstärkten sich im August 2008 der Zeitdruck und die Intensität der Verhandlungen. Diese wurden zusätzlich durch den Umstand erhöht, dass die Allianz mit mindestens einem weiteren Bieter für die Dresdner Bank parallel verhandelte: der China Development Bank.[41] Im Verhandlungsteam der Commerzbank war dies bekannt, allerdings konnte es nicht einschätzen, in welchem Stadium sich die Parallelverhandlungen befanden und wie hoch deren Erfolgsaussichten waren. Auf jeden Fall besaß die Allianz dadurch gegenüber der Commerzbank stets Drohpotenzial.

Vor diesem Hintergrund traf sich der Vorstand der Commerzbank am 9. August 2008 zu einer Sondersitzung. Der geplante Zusammenschluss hatte schon eine deutliche Konkretisierung erfahren, wesentliche Grundzüge der später tatsächlich gewählten Transaktionsstruktur standen fest. Allerdings wurden verschiedene bedeutende Risiken – wie etwa der Umgang mit Monoliner- und ABS-Transaktionen sowie mit Steuerrisiken, die mit bis zu 3,9 bzw. 2,9 Mrd. Euro quantifiziert wurden – noch als offen oder in Verhandlung bezeichnet. Die Frage von Blessing, ob man die Risiken dennoch für beherrschbar halte und die Transaktion durchgeführt werden sollte, wurde von sämtlichen Vorstandsmitgliedern bejaht.

Obwohl die Verhandlungen mit der Allianz noch nicht abgeschlossen waren, fasste man eine Aufsichtsratssitzung, in der die Transaktion final beschlossen werden sollte, für den 24. August ins Auge. Hierzu sollte erst wenige Tage vorher eingeladen werden, denn sowohl Commerzbank als auch Allianz befürchteten aus mehreren Gründen, dass ein Bekanntwerden der Verhandlungen zu einem Scheitern der Transaktion hätte führen können. Zum einen war von der Allianz geplant, den Gesamtvorstand der Dresdner Bank erst vor der finalen Entscheidung über die Transaktion zu informieren (lediglich einzelne Mitglieder des Vorstands, wie der CFO und das für IT verantwortliche Vorstandsmitglied, waren bereits zuvor eingebunden worden). Zum anderen sahen die Planungen zwischenzeitlich einen Arbeitsplatzabbau von 11 000 Mitarbeiterinnen und Mitarbeitern – insbesondere bei der Dresdner Bank – vor. Dies ließ im Vorstand und auch im Aufsichtsrat des Instituts Spannungen, Widerstände und möglicherweise auch Indiskretionen befürchten. Zu solchen Indiskretionen war es in der Vergangenheit im Aufsichtsrat der Dresdner Bank ebenso wie dem der Commerzbank gekommen.

In der Vorstandssitzung am 19. August 2008 wurde über die Einigung auf einen sogenannten Risikoschirm berichtet. In Bezug auf das Monoliner- und ABS-Portfolio sollten mögliche Verluste von bis zu 250 Mio. Euro von der Commerzbank, die nächste Verlusttranche in Höhe von 975 Mio. Euro von der Allianz und noch darüber hinausgehende Verluste wiederum von der Commerzbank getragen werden. Das CARO-Team sah hierin ein weites Entgegenkommen gegenüber der Allianz, da vor allem das sonstige ABS- und Leverage-Finance-Exposure-Buch weitere beachtliche, aber immer noch schwer zu quantifizierende Risiken enthielt. Die Gesamtrisiken wurden im »Best Case« für die Jahre 2008/09 auf 6,8 Mrd. Euro, für die Zeit danach auf weitere 5,3 Mrd. Euro geschätzt.[42]

Die weiteren Verhandlungen fanden unter hohem Zeitdruck statt, der ursprüngliche Termin für die finale Aufsichtsratssitzung wurde verworfen. Die Allianz hielt jedoch an ihrer Position fest, bis zum 31. August zu einem Abschluss zu kommen oder anderenfalls die Abspaltung der Investmentbank zu veranlassen. Es bestand daher Einigkeit, dass die Transaktion »jetzt oder nie« stattfinden sollte, man traf keine Vorbereitung für eine Verlängerung der Verhandlungen, sondern setzte die entscheidende Aufsichtsratssitzung für Sonntag, 31. August 2008, an. Doch auch am 27. August gab es noch gewichtige offene Punkte wie das Bewertungsverhältnis, den Kaufpreis, die Governance der Dresdner Bank nach dem Verkauf (und damit die Einflussmöglichkeiten der Commerzbank), die Regelung für den Fall des Nichtzustandekommens der Verschmelzung aufgrund fehlender bzw. angefochtener Hauptversammlungsbeschlüsse aufseiten der Commerzbank sowie Garantien für die Einhaltung einer bestimmten Eigenkapitalquote in beiden Banken bis zur Verschmelzung. Selbst am 28. und 29. August waren diese Kernfragen, mit denen die Transaktion aus Sicht der Beteiligten immer noch »stehen und fallen« konnte, unverändert strittig. Zugleich erhielt die China Development Bank mit politischem Backing aus Peking ihr – wenn auch nur grob strukturiertes – Übernahmeangebot aufrecht, das der Allianz einen höheren Kaufpreis (der zudem schneller und in bar gezahlt worden wäre) beschert und zugleich für die Arbeitnehmer weniger Einschnitte bedeutet hätte.[43]

Die entscheidenden Verhandlungen zwischen den Vorständen der Allianz und der Commerzbank erstreckten sich auf die Nacht vom 29. zum 30. August

Herbert Walter (Dresdner Bank, l.), Martin Blessing (Commerzbank, M.) und Michael Diekmann (Allianz, r.) auf der Pressekonferenz zur Übernahme der Dresdner Bank am 1. September 2008; Foto: Thomas Bonk.

2008, die endgültigen Transaktionsdokumente wurden erst am Sonntag, 31. August, um sechs Uhr morgens fertiggestellt. Die darauffolgende Vorstandssitzung der Commerzbank fand dann um 15 Uhr statt und verabschiedete folgende Transaktionsstruktur:

- Die Allianz sollte in einem ersten Schritt rund 62 Prozent der Anteile an der Dresdner Bank im Wege einer Sacheinlage in die Commerzbank einbringen. Die Gegenleistung sollte (1) in einer Beteiligung der Allianz an der Commerzbank in Höhe von 18,4 Prozent, (2) der Übertragung der Cominvest-Gesellschaften des Asset Managements der Commerzbank sowie (3) einer Barzahlung in Höhe von circa 1,6 Mrd. Euro bestehen. Zudem sollte die Allianz einen weiteren Betrag in Höhe von bis zu 975 Mio. Euro erhalten, falls sich die Risiken aus den ABS- und Monoliner-Anlagen der Dresdner Bank nicht realisierten. Die der Allianz zufließenden Commerzbank-Aktien hatten bei Abschluss der Transaktionsvereinbarung einen Wert von rund 3,4 Mrd. Euro.[44] Dem Anteil an den Cominvest-Gesellschaften wurde ein Wert von 700 Mio. Euro beigemessen. Das Bewertungsverhältnis von Commerzbank zu Dresdner Bank wurde auf 63,9:36,1 fixiert. Dabei ging man für die Dresdner Bank von negativen Effekten aus der Finanzmarktkrise von 1,3 Mrd. Euro für das Jahr 2008 sowie 0,7 bzw. 1,0 Mrd. Euro für die beiden Folgejahre aus. Für die Commerzbank wurden krisenbedingte Belastungen von 236 Mio. Euro (2008) sowie 400 bzw. 200 Mio. Euro für die Jahre 2009 und 2010 angesetzt – in beiden Fällen also Werte, die weit unter den letzten Projektionen lagen. Von den 67000 Mitarbeitern des neuen Instituts sollten 9000 abgebaut werden, bis zum Jahresende

2011 jedoch ohne betriebsbedingte Kündigungen. Weiterhin rechnete man einerseits mit Synergien in Höhe von (barwertig gerechneten) 5 Mrd. Euro (3,6 Mrd. Euro operativ, 1,4 Mrd. Euro durch Kapitalfreisetzungen), andererseits einem Restrukturierungsaufwand von 2 Mrd. Euro – dennoch wurde angekündigt, 2009 »schwarze Zahlen« zu schreiben[45] und mittelfristig eine Eigenkapitalrendite nach Steuern von 15 Prozent und damit einen erheblichen Mehrwert für die Aktionäre zu erzielen.[46]

- In einem zweiten Schritt sollte die Dresdner Bank auf die Commerzbank verschmolzen werden[47] und die Allianz aus der im Zuge der Verschmelzung zu beschließenden Kapitalerhöhung weitere Commerzbank-Aktien erhalten, um circa 3,2 Mrd. Euro zu erlösen. In Abhängigkeit von dem dann geltenden Aktienkurs wurde mit einer Gesamtbeteiligungsquote der Allianz von rund 30 Prozent gerechnet.[48] Addiert man die Barkomponente, die Aktienkomponenten aus den beiden Transaktionsstufen sowie den Wert der Cominvest, ergab sich somit ein Übernahmepreis für die Dresdner Bank von insgesamt 9,8 Mrd. Euro.
- Sowohl Commerzbank als auch Dresdner Bank sollten mit den Gesellschaften des Allianz-Konzerns langfristige Vertriebsvereinbarungen für die Bereiche Bankassurance und Asset Management abschließen. Diese sollten darauf ausgerichtet sein, die zuvor bestehende Vertriebskooperation zwischen der Allianz und der Dresdner Bank auf den Commerzbank-Konzern zu übertragen. Die bestehende Vertriebsvereinbarung zwischen der Commerzbank und der noch mit 8,8 Prozent als größtem Einzelaktionär an ihr beteiligten Generali sollte (spätestens) im Jahre 2010 auslaufen.
- Es war keine Anpassungs- und Kündigungsklausel für wesentliche Änderungen bzw. einen Wegfall der Geschäftsgrundlage der Transaktion vorgesehen. Eine derartige »Material Adverse Change Clause« (MAC-Klausel) hatte die Commerzbank zwar verlangt, aber nicht durchsetzen können. Hierbei spielte auch eine Rolle, dass die Commerzbank ihrerseits der Allianz sowohl aus rechtlichen als auch wirtschaftlichen Gründen keine Gewähr für die Wertstabilität der Commerzbank-Aktien leisten konnte. Ohne eine derartige Garantie oder Zielzusicherung war die Allianz indes nicht bereit, für den angenommenen Wert der Dresdner Bank einzustehen oder der Commerzbank eine Anpassungs- bzw. Ausstiegsmöglichkeit zu verschaffen.

Nach nur einstündiger Vorstandssitzung traf sich der gesamte Aufsichtsrat (die Vertreter der Arbeitnehmer und Anteilseigner hatten zuvor getrennt getagt), der die Transaktionsdokumente am Vormittag erhalten hatte, um 16 Uhr.[49] Aufgrund des mehrheitlich positiven Votums wurden um 18 Uhr die entsprechenden Verträge unterzeichnet und Ad-hoc-Mitteilungen über die geplante Akquisition herausgegeben.

4.4 Verlustschocks und Teilverstaatlichung, Verschmelzung und Abschmelzung

Während Michael Diekmann für die Allianz, die sieben Jahre zuvor rund 24 Mrd. Euro für die Dresdner Bank bezahlt hatte, von einem »schrecklichen Ende«[50] sprach, betonte Martin Blessing in den ersten Pressekonferenzen zur Übernahme die »einmalige[n] Chance, einen echten Marktführer im Privat- und Firmenkundengeschäft in Deutschland« zu schaffen.[51] Man könne einen »Quantensprung« durch »eine Transaktion, die Maßstäbe setzt«, machen.[52] Gleichzeitig wies er zur Beruhigung der Mitarbeiter der Dresdner Bank darauf hin: »Wenn Sie an meiner gelben Schicht kratzen, finden Sie ganz viel Grün darunter.«[53] Tatsächlich hatte Blessing – wie angeführt – seine Lehre bei der Dresdner Bank absolviert, war später zu dem Institut zurückgekehrt und hatte beim Wiedereinstieg dem damaligen Vorstandssprecher des Hauses, Jürgen Sarrazin, geraten: »Kaufen Sie die Commerzbank.«[54] Bei der im Jahr 2000 geplanten Fusion von Dresdner und Deutscher Bank leitete er zusammen mit Herbert Walter (damals noch bei den »Blauen«) das Integrationsteam. Walter, nun Vorsitzender des Vorstands der Dresdner Bank, war jedoch auch der Einzige, der im neuen Vorstandsteam Platz fand – als »Chief Marketing Officer«. Auch dies dürfte dazu beigetragen haben, dass sich in der entscheidenden Vorstandssitzung der Dresdner Bank, die ebenfalls am Sonntag stattfand, alle Vorstände außer Walter gegen die Fusion aussprachen und es zu einem »massiven Zerwürfnis«[55] innerhalb des Vorstands und mit dem Aufsichtsrat kam. Die Allianz als Alleineigentümer berief daraufhin eine außerordentliche Hauptversammlung ein und wies die Vorstände zur Zustimmung an.[56] Neben Blessing als Sprecher sollten den Vorstand der »neuen« Commerzbank bilden: Achim Kassow für das Privatkundengeschäft, Markus Beumer für die Mittelstandsbank, Bernd Knobloch (Commercial Real Estate, der jedoch schon am 1. November 2008 durch Stefan Schmittmann ersetzt wurde), Michael Reuther (Corporates & Markets), Frank Annuscheit (Chief Operating Officer), Eric Strutz als Finanzchef und Wolfgang Hartmann als Chief Risk Officer (sowie Herbert Walter). In der Presse (ebenso wie von der Politik) wurde die Transaktion zunächst als »gute Nachricht für den Finanzplatz Deutschland« gewertet, da eine als notwendig angesehene Konsolidierung der Kreditwirtschaft befördert und stärkerer Wettbewerb gegenüber der Deutschen Bank – speziell im Mittelstandsgeschäft – entfacht werde.[57]

Der Commerzbank wurde »Respekt« gezollt, da sie die »Hackordnung« im Kreditgewerbe innerhalb kurzer Zeit in einer Weise umgekrempelt habe, wie man es sich noch wenige Jahre zuvor nicht habe vorstellen können. Der Niedergang der Dresdner Bank bis hin zum Verlust von eigenständiger Existenz und Identität 137 Jahre nach Unternehmensgründung wäre als »Hirngespinst« verworfen worden. Jedoch gleiche die Aufgabe Blessings einem »Ritt über den Bodensee«.[58] Der Deal sei nicht nur »extrem komplex« und mit »hohem Risiko« (Versagen der Zustimmung zur Kapitalerhöhung in der zweiten Transaktionsstufe) verbunden. Vor allem sei ein sehr hoher Kaufpreis gezahlt worden, dessen Amortisation von der vollständigen Ausschöpfung der angenommenen Synergien abhänge. Dafür wiederum sei die Integration der Unternehmenskulturen entscheidend, die der Allianz – obwohl Alleineigentümer – bei der Dresdner Bank bis zum Schluss nicht gelungen sei.[59] Nach Ankündigung der Fusion gab der Kurs der Commerzbank-Aktie unmittelbar um mehr als 10 Prozent nach. Dennoch konnte das Institut Anfang September aus genehmigtem Kapital gut 65 Mio. junge Aktien ohne Bezugsrecht in einer Emission platzieren, die fünffach überzeichnet war. Bei einem Preis von 17 Euro pro Anteil nahm sie 1,1 Mrd. Euro ein.

Überleben nur mit Staatshilfe

Zwei Wochen nach Abschluss der Transaktionsvereinbarung mit der Allianz erreichte die Finanzmarktkrise mit dem Zusammenbruch von Lehman Brothers am 15. September 2008 ihren Kulminationspunkt.[60] Marktverwerfungen führten zu starken Belastungen bei der Commerzbank in Höhe von mehr als 1 Mrd. Euro (darunter durch Lehman 371 Mio. Euro, die Staatspleite Islands 260 Mio. Euro), für das dritte Quartal wurde ein Konzernverlust nach Steuern von 285 Mio. Euro ausgewiesen, und der Kurs halbierte sich gegenüber dem Tag der Übernahmeankündigung.[61] Bei der Dresdner Bank, bei der zum Halbjahresabschluss ein Konzernverlust von 1 Mrd. Euro ausgewiesen worden war, rechnete man nach neun Monaten mit einem Konzernverlust von 2,4 Mrd. Euro.[62] Weitere Verluste, deren Ausgleich die Mindesthöhe der regulatorischen Eigenkapitalquote gefährdet hätte, drohten auch für das vierte Quartal (2008), sodass die nach der Fusionsankündigung zunächst »positive in eine sehr kritische Stimmung kippte« (Martin Blessing).[63] »Wenige Wochen später (nach der Fusion, S. P.) war evident, dass die neue Commerzbank ein schlimmer Sanierungsfall ist« – so die Presse.[64] Zum zweiten Mal in ihrer Geschichte stand die Commerzbank am Abgrund.

Daher verhandelte der Vorstand der Commerzbank parallel zum einen mit dem SoFFin. Am 3. November 2008 wurde eine Eckpunktevereinbarung abgeschlossen,[65] die die Bereitstellung stiller Einlagen des SoFFin in Höhe von 8,2 Mrd. Euro bei einer Verzinsung von 9 Prozent vorsah[66] und die Kernkapitalquote der Commerzbank von gut 7 Prozent Ende September auf über 10 Prozent (IFRS, 11 % HGB) steigern sollte. Zudem gab der Fonds eine Garantie zur Besicherung von neu auszugebenden Commerzbank-Anleihen in Höhe von 15 Mrd. Euro (gegen eine jährliche Gebühr von 0,948 %). Mit der stillen Einlage verband sich kein Aufsichtsratssitz, wohl aber die Auflage, dass für die Geschäftsjahre 2008 und 2009 keine Dividende gezahlt werden durfte (was angesichts der prognostizierten Performance allerdings keine harte Auflage war) und die Vorstandsbezüge auf 500 000 Euro gedeckelt werden mussten (Blessing erhielt zu dieser Zeit eine Grundvergütung von 760 000 Euro). Mit dem auch von der HRE und den Landesbanken praktizierten Rückgriff auf den SoFFin wurde ein anderer Weg als bei der Deutschen Bank beschritten, deren Vorstandssprecher Ackermann zwar zu den »Architekten« des öffentlichen Hilfspakets gehörte, zugleich aber öffentlich kundtat, er würde sich »schämen, Staatsgeld anzunehmen«.[67]

Zum anderen bemühte man sich in Gesprächen mit der Allianz um Vertragsänderungen. Die geplante zweistufige Transaktionsstruktur wurde wegen der geänderten Rahmenbedingung als problematisch, eine schnellere Verschmelzung mit der Chance einer besseren Steuerbarkeit der Commerzbank in der Finanzkrise als notwendig angesehen. Blessing wurde daher in einer Vorstandssitzung am 26. November 2008 ermächtigt, über den vorgezogenen Erwerb der nach der ersten Transaktionsstufe noch bei der Allianz verbliebenen 39,8 Prozent der Anteile der Dresdner Bank in einer Preisrange zwischen 8 und 10 Euro je Commerzbank-Aktie (entsprechend einem Kaufpreis zwischen 1,12 und 1,54 Mrd. Euro) zu verhandeln. Am Tag darauf einigten sich Blessing und Diekmann mündlich auf 9,24 Euro. Mithin erwarb die Commerzbank nun in einem Schritt sämtliche Anteile der Dresdner Bank von der Allianz. Die ursprünglich vereinbarte Barkomponente wurde von rund 1,6 um weitere 1,4 Mrd. Euro (anstelle der in der zweiten Stufe zu übertragenden Aktien) sowie 250 Mio. Euro »für den Wegfall des Risikoschirms« der Allianz aufgestockt. Die Transaktionssicherheit erhöhte sich dadurch erheblich, denn einer Zustimmung der für 2009 geplanten außerordentlichen Hauptversammlung der Commerzbank zu einer Verschmelzung der Dresdner Bank auf die Commerzbank als zweiter Transaktionsstufe bedurfte es nicht mehr. Die Allianz beschränkte sich auf eine Beteiligungsquote von 18,4 statt der geplanten 30 Prozent. Der Gesamtpreis der Transaktion verringerte sich dadurch erheblich. Je nach dem für die Commerzbank-Aktien zugrunde gelegten Preis ergab sich eine Kaufpreisspanne zwischen 5,1[68] und 7,2[69] Mrd. Euro, was vor allem darauf zurückzuführen war, dass der Wert der Commerzbank-Aktien, die die Allianz erhalten hatte bzw. sollte, in der Zwischenzeit deutlich gesunken war.[70]

Anfang Dezember entschied sich Herbert Walter, der mit Eric Strutz den Integrationsvorbereitungsausschuss leitete, den Aufsichtsrat um eine Entbindung von seinen Aufgaben im Januar 2009 zu bitten, wobei er auf die ihm vertraglich zustehende Abfindung von 3,6 Mio. Euro verzichtete. Bereits bei

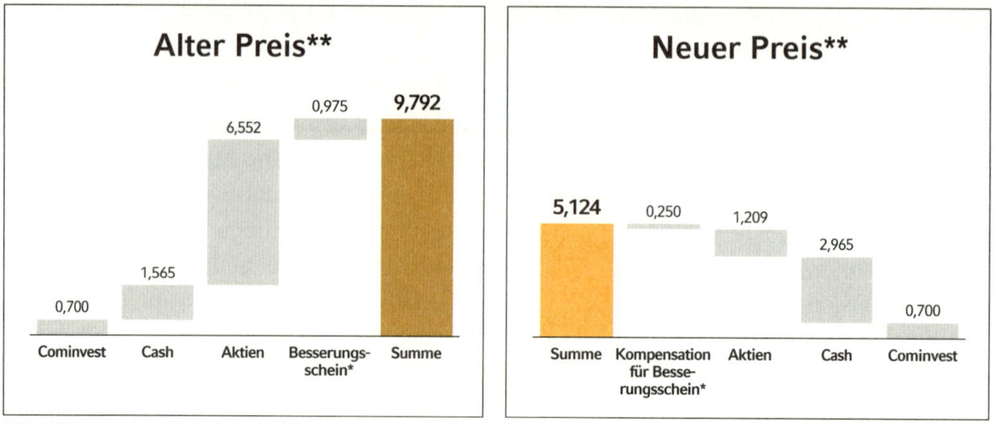

* Zur Risikoabschirmung eines ABS-Portfolios der Dresdner Bank. ** Angaben in Mrd. €. Quelle: Börsen-Zeitung.

Zusammensetzung des alten und neuen Kaufpreises der Dresdner Bank[71]

der Benennung des neuen Vorstandsteams war die Frage gestellt worden, welche Rolle Walter denn genau zukommen solle, zumal es ja bereits für die jeweiligen Kundengruppen Verantwortliche gebe.[72]

Weitere dramatische Ergebnisverschlechterungen

Nur eine gute Woche nachdem der Aufsichtsrat der Commerzbank der modifizierten Transaktionsstruktur zugestimmt hatte, erhielt die Commerzbank am 18. Dezember 2008 erstmals Kenntnis von einer weiteren erheblichen Verschlechterung des Jahresergebnisses der Dresdner Bank gegenüber der Planung von circa 2 Mrd. Euro sowie einem sprunghaften Anstieg der risikogewichteten Aktiva um 20 Mrd. Euro (vor allem durch Downgradings im ABS-Portfolio).[73] Daraufhin beschloss der Commerzbank-Vorstand, die geänderte Transaktionsvereinbarung erst dann zu vollziehen, wenn Allianz und/oder SoFFin eine Kernkapitalquote der Dresdner Bank per 31. Dezember 2008 von 8 Prozent zusicherten.

Bis zum Jahresende verschlechterte sich die Situation der Dresdner Bank immer weiter. Am Silvesterabend teilte der Vorstand der Dresdner Bank dem der Commerzbank in einer Telefonkonferenz mit, dass der Verlust im Investmentbanking noch um 280 Mio. Euro höher ausgefallen sei als knapp zwei Wochen zuvor prognostiziert – und zwar durch »Ergebnisverschlechterungen, die ausdrücklich nicht aus direkten Finanzmarktkriseneffekten resultierten«. Erläuterungen zu Ursachen konnten zunächst nicht gegeben werden, lediglich die Information, dass »vom 19.12.2008 bis 23.12.2008 operative Tagesverluste von rund 40 Mio. Euro pro Tag im Investment Banking angefallen sind«.[74] Dazu äußerte Martin Blessing rückblickend: »Wir hatten ja eigentlich ökonomisch das Risiko der Dresdner Bank per Termin übernommen, ohne es auf täglicher Basis sehen zu können, denn zwischen dem Unterschreiben der Verträge, Ende August, der juristischen Umsetzung, also dem Closing, das dann am Schluss im Januar 2009 passiert ist, war man ja eigentlich in einer Transaktionsphase, aber natürlich rechtlich noch getrennt und durfte auch aufgrund der rechtlichen Situation nicht jeden Tag das operative Management der Dresdner Bank ausüben und bekam auch nicht jeden Tag die operativen Zahlen. Man wusste, da passiert etwas, mit dessen Folgen man am Schluss leben muss, ohne täglich draufgucken zu können.«[75] Erst am 19. Januar 2009 wurden Martin Blessing (Vorsitzender), Markus Beumer und Achim Kassow zu Mitgliedern des Vorstands der Dresdner Bank bestellt. Mit Wirkung vom 12. Januar 2009 waren Frank Annuscheit, Wolfgang Hartmann und Michael Reuther zu Mitgliedern des Vorstands bestellt worden. Zuvor schon hatte die außerordentliche Hauptversammlung am 30. Dezember 2008 Klaus-Peter Müller (Vorsitzender), Klaus Müller-Gebel, Stefan Schmittmann und Eric Strutz – ebenfalls mit Wirkung vom 12. Januar 2009 – zu Mitgliedern des Aufsichtsrats der Dresdner Bank gewählt.[76]

Nach diesen neuen Verlustinformationen stand fest, dass das fusionierte Institut die angepeilte Kernkapitalquote nicht mehr erreichen konnte, wodurch die Commerzbank die Erfüllung der Bedingungen für einen Vollzug der Übernahmevereinbarung in einem hektischen Briefwechsel um den Jahreswechsel als nicht gegeben bezeichnete, die Allianz jedoch widersprach. In Verhandlungen der Commerzbank mit der Allianz und dem SoFFin wurde daher am 7. Januar 2009 folgendes Maßnahmenpaket geschnürt:[77]

- Der SoFFin sagte der Commerzbank die Zuführung von weiteren 10 Mrd. Euro Eigenkapital zu, wodurch die Commerzbank nach Übernahme der Dresdner Bank eine Kernkapitalquote von 10 Prozent erreichen würde. Dazu sollte der SoFFin Stammaktien in einer Höhe von 25 Prozent plus einer Aktie zu einem Ausgabebetrag von 6 Euro übernehmen (Gesamtpreis also 1,8 Mrd. Euro); zwei Vertreter des Bundes sollten in den Aufsichtsrat einziehen. Das übrige Eigenkapital sollte durch eine stille Einlage des SoFFin in Höhe von wiederum 8,2 Mrd. Euro zur Verfügung gestellt werden, wobei sich deren Konditionen an der bereits gewährten stillen Beteiligung in gleicher Höhe orientieren sollte. Der Commerzbank entstand dadurch ein Zinsaufwand von knapp 1,5 Mrd. Euro jährlich bis zur Rückzahlung dieser Staatshilfe, die inklusive des Kaufpreises für die Stammaktien insgesamt 18,2 Mrd. Euro betrug.
- Die Allianz – danach nur noch mit 13 Prozent statt der zunächst geplanten 30 Prozent beteiligt – sagte eine Stärkung des Eigenkapitals der Dresdner Bank durch die Übernahme einer stillen Beteiligung an der Dresdner Bank in Höhe von 750 Mio. Euro sowie durch den Erwerb von CDOs der Dresd-

ner Bank im Nominalwert von 2 Mrd. Euro zu 1,1 Mrd. Euro und einem Eigenkapitalfreisetzungseffekt in Höhe von 700 Mio. Euro zu. Die Konditionen der stillen Beteiligung sollten sich an denen der stillen Einlage des Bundes orientieren, waren aber noch nicht festgelegt worden. Außerdem wurde vereinbart, dass die Commerzbank die Übernahme der Dresdner Bank wie vorgesehen in der noch laufenden Woche vollziehen sollte.

In den folgenden Sitzungen von Vorstand und Aufsichtsrat der Commerzbank wurden auch noch einmal rechtliche Handlungsalternativen vor dem Hintergrund der mit der Allianz bestehenden Verträge und der Ertrags- und Kapitalentwicklung der Dresdner Bank diskutiert. Letztlich sah man keine belastbaren Möglichkeiten zur Kündigung der Transaktionsvereinbarung. Neben dem entstehenden Reputationsschaden müsse man dann mit Schadensersatzforderungen der Allianz rechnen. Außerdem wolle auch der Regulator den Vollzug der Transaktionsvereinbarung und keine weitere Belastung der Allianz angesichts der weiter fortschreitenden Finanzkrise. Beide Gremien sahen daher die Notwendigkeit einer kurzfristigen Entscheidung (»Not vor Zeit«), stimmten dem Maßnahmenpaket zu, und die Commerzbank wurde teilverstaatlicht. Martin Blessing kommentierte dies gegenüber der Presse: »Ich hätte mir vor acht bis zehn Wochen nicht träumen lassen, dass es so weit kommen wird.«[78] Unmittelbar nach dieser Ankündigung brach der Kurs um 14 Prozent auf nur noch gut 5 Euro ein.

Am 9. Januar 2009 wurde die Einbringung der Dresdner Bank-Aktien in die Commerzbank beurkundet; in diesem Zusammenhang wurde von der Commerzbank und der Allianz ein Closing-Memorandum zur geänderten Transaktionsvereinbarung unterzeichnet. Darin hielten die Parteien fest, dass die gemäß der ursprünglichen Transaktionsvereinbarung erforderlichen Voraussetzungen für die Einbringung der Dresdner Bank-Aktien in die Commerzbank sowie die damit im Zusammenhang stehenden Maßnahmen erfüllt seien. Die gemischte Sachkapitalerhöhung wurde am 12. Januar 2009 im Handelsregister eingetragen, sodass die Commerzbank zu diesem Zeitpunkt alleinige Aktionärin der Dresdner Bank wurde – im Anschluss an den Vollzug der Übernahme wurde die Dresdner Bank am 27. März 2009 auf die Commerzbank verschmolzen und die Veränderung am 11. Mai 2009 ins Handelsregister eingetragen.

Bei der Erstellung des Jahresabschlusses der Dresdner Bank für das Geschäftsjahr 2008 zeichnete sich ein Jahresfehlbetrag in Höhe von 6,3 Mrd. Euro ab, allein 4 Mrd. davon im vierten Quartal![79] Demgegenüber war man in den letzten Präsentationen vor der Entscheidung über die Akquisition noch von einem Jahresverlust 2008 in Höhe von etwa 1,5 Mrd. Euro ausgegangen – für beide Partner zusammen.[80] Müller über seine Gemütsverfassung in der Zeit, in der er meist nachmittags mit Blessing zusammensaß: »Wir haben erst gar kein Licht angeknipst, so niedergeschlagen und unendlich traurig waren wir an manchen Tagen in jenem Januar 2009.«[81] Wie Tabelle 19

In Mio. €	2008	2007
Risikovorsorge aus Loans & Receivables	**1.513**	**80**
darunter: Leveraged and Acquisition Finance	662	–
darunter: Isländische Banken	146	–
darunter: ABS	175	–
Impairments aus Available for Sale	**164**	**80**
darunter: SIV	87	46
darunter: ABS	15	–
Wertkorrekturen aus Held for Trading (HfT)	**4.551**	**1.536**
darunter: ABS	2.405	1.226
darunter: CDAs[1] für Monoliner	1.092	53
darunter: CDAs für Non-Monoliner	611	–27
darunter: SIV[2] bilanziert nach HfT	700	–
Insgesamt	**6.228**	**1.696**

[1] CDA = Counterparty Default Adjustments
[2] SPV = Special Purpose Vehicle

Tabelle 19: Ertragsbelastungen und Risikovorsorge der Dresdner Bank »aus der Finanzkrise«[82]

zeigt, resultierten die größten Belastungen aufseiten der Dresdner Bank[83] aus ABS-Positionen (rund 2,6 Mrd. Euro), gefolgt von Restrukturierungsaufwendungen für Monoliner-Positionen (1,6 Mrd. Euro), Special-Investment-Vehikeln (787 Mio. Euro) und der Risikovorsorge für den Bereich Leveraged and Acquisition Finance (662 Mio. Euro).

Neben der Finanzmarktkrise lag die Ursache derart großer Abweichungen zwischen Prognose und Realität auch in dramatischen Defiziten des Risikomanagements der Dresdner Bank:[84]

- Keine Besetzung der Position eines Chief Risk Officers auf Vorstandsebene der Dresdner Bank ab Juni 2008 (Ausscheiden von Otto Steinmetz, die Position wurde von Finanzchef Klaus Rosenfeld kommissarisch übernommen);
- Defizite bei den Gremien zur Risikogenehmigung, -überwachung und -steuerung bis in Vorstand und Aufsichtsrat hinein (zu wenige Sitzungen, Tagesordnungspunkte nicht abgearbeitet, Auflagen zur Risikovermeidung oder -begrenzung vielfach nicht dokumentiert und nachgehalten);
- Methoden der Risikoquantifizierung nicht angemessen (generelle Analysedefizite bei komplexen Produkten, kein Blick auf Risikoklumpungen, kein alle Risikoarten umfassender Stresstest auf Gesamtbankebene);

- zu späte Risikovorsorgebildung und Einbindung der Intensivbetreuung (insbesondere ab September 2008 wird Thematik vom Vorstand nur oberflächlich behandelt);
- speziell bei ABS- und Monoliner-Produkten sowie strukturierten Finanzierungen über SIVs: eingeschränkte Governance des Positionsaufbaus und unklares Positionsmanagement, kein zeitlich und inhaltlich angemessenes Reporting (z. B. Monoliner-Thematik im Februar 2008 im Vorstand behandelt, dann erst wieder zur Jahresmitte, nach dem 12. August 2008 nicht mehr; Vorstandsaufträge nicht abgearbeitet, keine Monoliner-Stresstests, keine Monoliner-Strategie);
- kein statistischer Zusammenhang zwischen Ergebnisentwicklung und Bonuszahlungen (so gehen etwa trotz des sich abzeichnenden katastrophalen Ergebnisses im Investmentbanking am 19. Dezember 2008 die Bonusletter an die Mitarbeiter von Kleinwort Benson heraus).

Infolge des Jahresverlusts 2008 wäre die Kernkapitalquote der Dresdner Bank, die sich 2007 noch auf 9,1 Prozent belief, unter die aufsichtsrechtlich erforderlichen 4 Prozent gesunken. Aus diesem Grund beschlossen der Vorstand der Commerzbank am 3. März 2009 und der der Dresdner Bank am 16. März 2009, das Eigenkapital der Dresdner Bank weiter zu stärken. Dies erfolgte durch eine Einzahlung von 4 Mrd. Euro durch die Commerzbank in die Kapitalrückrücklage der Dresdner Bank.

Im vierten Quartal 2008 hatte sich aber auch in der Commerzbank die Finanzkrise in Höhe von 995 Mio. Euro negativ ausgewirkt. Darin enthalten waren Belastungen durch ein einzelnes (!) in Schieflage geratenes Kreditderivat (Total Return Swap) in Höhe von 300 Mio. Euro, Abschreibungen auf ABS, RMBS, CDOs (352 Mio. Euro), Belastungen aus der Lehman-Pleite (41 Mio. Euro) und der Island-Krise (132 Mio. Euro). Und auch bei der Eurohypo war ein Vorsteuerverlust von 1,4 Mrd. Euro angefallen. Der Konzernverlust 2008 lag vor Steuern bei knapp 400 Mio. Euro (nach einem Gewinn von 2,5 Mrd. Euro 2007), dank einer erheblichen Steuergutschrift blieb man 2008 knapp in der Gewinnzone.[85]

Eine der größten Herausforderungen lag demnach in der Begrenzung der Belastungen aus toxischen Wertpapieren, strukturierten Kreditprodukten und Kreditderivaten. Diese wurden mit weiteren Teilen aus dem Public-Finance-Bereich in der Portfolio Restructuring Unit gebündelt. Hier gingen Assets von insgesamt nominal 65,3 Mrd. Euro (Marktwert 55 Mrd. Euro) ein, 47,1 (39,9) von der Dresdner Bank (Tab. 20).[86]

Die EU machte für die Genehmigung der Staatshilfe die Auflage, die Eurohypo binnen fünf Jahren zu verkaufen. Weiterhin musste sich die Commerzbank von der Privatbank Kleinwort Benson, der Privatinvest Bank, dem Bankhaus Reuschel, der Allianz Dresdner Bauspar, der belgischen Dresdner Van Moer Courtens sowie dem Vermögensverwalter Dresdner VPV trennen

Commerzbank (in Mrd. €)	Nominal	Marktwert
CDO of ABS & RMBS (davon US-Non Prime)	3,6 (1,5)	2,1 (0,3
Conduits	1,1	1,1
Leveraged Acquisition Finance	3,0	3,0
Government wrapped Student Loans/ABS	5,9	5,7
Corporate CDO	1,6	1,0
CMBS/CRE[1] CDO	1,4	1,2
Sonstiges	1,6	1,4
SUMME Commerzbank	**18,2**	**15,5**

Dredner Bank (in Mrd. €)	Nominal	Marktwert
CDO of ABS & RMBS (davon US-Non Prime)	6,1 (5,6)	2,9 (2,6)
Conduits	10,0	10,0
Leveraged Acquisition Finance	7,6	7,6
Monoline Hedges und Non-Monoline Hedges	13,7	10,3
SIV[2] »K2«	4,7	4,7
Other ABS inkl. Term Strukturen	3,9	3,2
CIRC[3]	1,1	1,2
SUMME Dresdner Bank	**47,1**	**39,9**

Stand: Dezember 2008
[1] CRE = Commercial Real Estate, [2] SIV = Special Investment Vehicle, [3] CIRC = Credit Enhancements

Tabelle 20: In der neuen Einheit Portfolio Restructuring Unit (PRU) gehaltene Positionen[87]

und ihre Präsenz in Zentral- und Osteuropa verringern. Insgesamt sollte die Bilanzsumme von 1,1 Bio. Euro auf 600 Mrd. Euro sinken, also ungefähr den Wert vor Fusion.[88] »Insgesamt empfinden wir die Vorgaben aus Brüssel als hart, aber akzeptabel«, kommentierte Blessing die Auflagen.[89]

Neustart 2009 mit »Roadmap 2012«

Vor der Hauptversammlung 2009 wurde die Position Blessings vom Vorstandssprecher zum Vorsitzenden des Vorstands aufgewertet. Er stellte das Umbauprogramm »Die neue Commerzbank – Roadmap 2012« vor. Dabei waren »Fokussierung, Optimierung, Reduzierung« die drei Schlüsselbegriffe.[90] Im »Fokus« sollte die Bildung einer »Kernbank« mit profitablen »Kerngeschäftsfeldern« – Privatkunden, Mittelstandsbank, Mittel- und Osteuropa – stehen, das Investmentbanking dagegen heruntergefahren und stärker kundenorientiert ausgerichtet werden. Unter »Optimierung« wurde die »Redimensionierung« des Asset Based Finance verstanden, das die gewerbliche Immobilienfinanzierung in der Eurohypo, die Commerz Real AG, das Staatsfinanzierungsgeschäft und (die durch die globale Wirtschaftskrise besonders belasteten) Schiffsfinanzierungen umfasste.[91] Mit »Reduzierung«

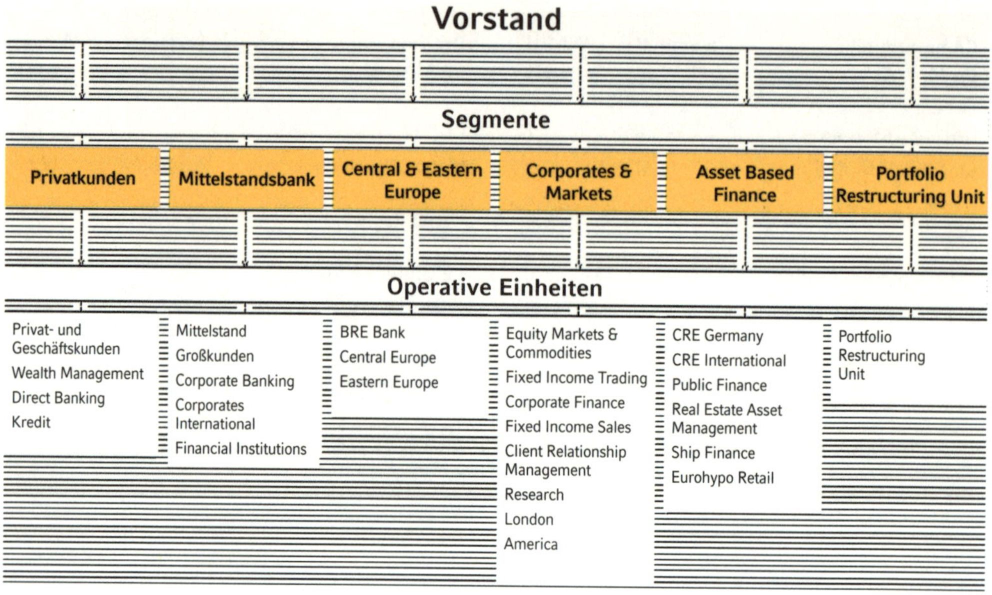

Struktur des Commerzbank-Konzerns ab 2009[92]

wurde die »Wertmaximierung durch aktives Management von Abbau-Portfolien« bezeichnet.

Mit dieser Aufstellung könne man 2011 in die Gewinnzone zurückkehren, 2012 einen operativen Gewinn von 4 Mrd. Euro, eine Eigenkapitalrendite nach Steuern von 12 Prozent erzielen und mit der Rückzahlung der Staatshilfe beginnen. Als Ausdruck des gemeinsamen Weges wurde ein neuer Markenauftritt entwickelt und im Herbst 2009 vorgestellt. Zentral war dabei das neue Logo: das gelbe, dreidimensionale Band. Es modifizierte die Bildmarke der Dresdner Bank und verband Elemente beider Traditionsmarken. Dazu kam das neue Markenversprechen »Gemeinsam mehr erreichen«, das für die zentralen Werte Partnerschaftlichkeit und Leistungskraft stehen sollte.[93]

Im Lauf des ersten gemeinsamen Jahres hielten die Verluste weiter an: von 864 (Q1) über 761 Mio. Euro (Q2) und 1,1 Mrd. (Q3) bis zu 1,85 Mrd. im letzten Quartal, sodass die »neue« Commerzbank damit 2009 einen Konzernverlust von 4,6 Mrd. Euro (nach +59 Mio. Euro 2008) erzielte (Tab. 21).[94] In den letzten Präsentationen vor der Fusionsentscheidung war man von einer guten Milliarde Euro für das verschmolzene Institut ausgegangen.[95] Nicht nur waren erneut hohe Belastungen aus der Finanzkrise zu verkraften (etwa 300 Mio. Euro bei Monoliner-Positionen).[96] Auch machte sich die inländische Rezession in einer deutlich erhöhten Risikovorsorge für das 400 Mrd. Euro schwere und mit zahlreichen Klumpenrisiken aus der Addition der Engagements von Commerzbank und ehemaliger Dresdner Bank behaftete Kredit-

Geschäftsjahre 2008*–2009 in Mio €	Privatkunden		Mittelstandsbank		Central & Eastern Europe		Corporates & Markets		Asset Based Finance		Portfolio Restructuring Unit		Sonstige und Konsolidierung		Konzern	
	2008	**2009**	**2008**	**2009**	**2008**	**2009**	2008	2009	2008	2009	**2008**	**2009**	**2008**	**2009**	**2008**	**2009**
Zinsüberschuss	1.212	2.223	1.260	2.143	667	681	257	784	1.183	1.073	164	254	–14	31	**4.729**	**7.189**
Risikovorsorge im Kreditgeschäft	–19	–246	–286	–954	–190	–812	–363	–289	–900	–1.588	–68	–327	–29	2	**–1.855**	**–4.214**
Zinsüberschuss nach Risikovorsorge	1.193	1.977	974	1.189	477	–131	–106	495	283	–515	96	–73	–43	33	**2.874**	**2.975**
Provisionsüberschuss	1.285	2.147	645	880	197	174	121	351	414	297	–	8	184	–135	**2.846**	**3.722**
Handelsergebnis	–1	10	2	–93	93	79	585	671	–821	197	–245	–813	–67	–409	**–454**	**–358**
Ergebnis aus Finanzanlagen	–28	–4	–12	10	69	–14	19	27	–126	–87	–757	–441	170	926	**–665**	**417**
Sonstiges Ergebnis	–11	–98	–74	–68	29	6	63	15	–51	–65	–2	2	19	186	**–27**	**–22**
Erträge vor Risikovorsorge	**2.457**	**4.278**	**1.821**	**2.872**	**1.055**	**926**	**1.045**	**1.848**	**599**	**1.415**	**–840**	**–990**	**292**	**599**	**6.429**	**10.948**
Erträge nach Risikovorsorge	**2.438**	**4.032**	**1.535**	**1.918**	**865**	**114**	**682**	**1.559**	**–301**	**–173**	**–908**	**–1.317**	**263**	**601**	**4.574**	**6.734**
Verwaltungsaufwendungen	1.869	3.862	816	1.334	552	488	745	1.980	647	664	–	146	327	530	**4.956**	**9.004**
Operatives Ergebnis	**569**	**170**	**719**	**584**	**313**	**–374**	**–63**	**–421**	**–948**	**–837**	**–908**	**–1.463**	**–64**	**71**	**–382**	**–2.270**
Wertminderungen auf Geschäfts- oder Firmenwerte sowie Markennamen	–	–	–	–	–	–	–	23	–	745	–	–	–	–	**–**	**768**
Restrukturierungsaufwendungen	–	338	–	74	–	5	–	128	25	56	–	2	–	1018	25	1621
Ergebnis vor Steuern	**569**	**–168**	**719**	**510**	**313**	**–379**	**–63**	**–572**	**–973**	**–1638**	**–908**	**–1.465**	**–64**	**–947**	**–407**	**–4.659**
Aktiva	**38.596**	**69.220**	**74.675**	**82.350**	**27.799**	**25.761**	**138.159**	**304.676**	**279.344**	**261.455**	**14.517**	**26.357**	**52.134**	**74.284**	**625.224**	**844.103**
Durchschnittlich gebundenes Eigenkapital	**1.380**	**3.256**	**3.467**	**5.406**	**1.809**	**1.602**	**1.927**	**4.643**	**6.747**	**6.821**	**284**	**1.854**	**–905**	**6.232**	**14.709**	**29.814**
Operative Eigenkapitalrendite (%)1	**41,2**	**5,2**	**20,7**	**10,8**	**17,3**	**–23,3**	**–3,3**	**–9,1**	**–14,1**	**–12,3**	**–**	**–**	**–**	**–**	**–2,6**	**–7,6**
Aufwandsquote im operativen Geschäft (%)	**76,1**	**90,3**	**44,8**	**46,4**	**52,3**	**52,7**	**71,3**	**107,1**	**108,0**	**46,9**	**-**	**-**	**-**	**-**	**77,1**	**82,2**
Eigenkapitalrendite des Ergebnisses vor Steuern (%)	**41,2**	**-5,2**	**20,7**	**9,4**	**17,3**	**-23,7**	**-3,3**	**-12,3**	**-14,4**	**-24,0**	**-**	**-**	**-**	**-**	**-2,8**	**-15,6**
Mitarbeiterdurchschnitt	11.980	22.731	4.359	5.665	9.538	10.513	1.974	3.006	2.011	1.995	-	57	9.377	19.250	39.239	63.267

*nach Anpassung Counterparty Default Adjustments, vergleiche Note 2 im Commerzbank AG GB 2009.

Tabelle 21: Ergebnisentwicklung der Commerzbank nach Segmenten (2008–2009)[97]

buch bemerkbar – dies galt vor allem für das Geschäft mit Großunternehmen (Umsatz über 250 Mio. Euro), bei denen es eine hohe Zahl von »Doppelkunden« gab.[98] Und es waren natürlich Integrationsaufwendungen in erheblicher Höhe zu verkraften. Per Saldo wies 2009 nur die Mittelstandsbank ein positives Ergebnis vor Steuern auf. Besonders hohe und gegenüber dem Pro-forma-Wert für 2008 dramatisch angestiegene Verluste fielen sowohl in der Portfolio Restructuring Unit[99] als auch im neuen Segment Asset Based Finance an. Da dem Kapitalmarkt unterjährig mehrfach Besserung sowie eine »überschaubare Frist für die Rückkehr zu voller Profitabilität«[100] signalisiert worden waren, machte sich angesichts der Höhe des Verlusts 2009 eine kritische Einschätzung der Lage des Hauses breit: »Der Vorstand der Commerzbank macht nicht den Eindruck, als habe er die Lage unter Kontrolle.«[101]

Daher wurde die Commerzbank 2009 immer häufiger mit der Frage konfrontiert, ob die Übernahme eine Fehlentscheidung gewesen sei. Im Mai 2009 verteidigte Blessing sein Vorgehen: »Die Übernahme war, ist und bleibt strategisch und ökonomisch richtig. Das wird man nach der Krise deutlicher sehen. Und dann wird sich auch die Perspektive darauf schnell ändern.«[102] Mit Abstand eines Jahrzehnts glich sich Blessings Sicht auf die Dinge: »Auch nach zehn Jahren und all den Problemen, die es kreiert hat, war die strategische Logik richtig und das Timing einfach im Nachhinein 14 Tage vor Lehman schlecht. Es war damals undenkbar, dass der ganze Finanzsektor in diesem Ausmaß zusammenkrachen könnte.«[103] Auch wenn die Finanzkrise nicht voraussehbar war, stellt sich die Frage, ob die Risikoabwägung sorgfältig genug geschah: »Die Verluste sind an Stellen aufgetaucht, die wir gesehen haben. Sie sind aber nach der Lehman-Insolvenz in einer Größenordnung zutage getreten, wie wir es damals nicht erwarten konnten.«[104] Tatsächlich zeigt sich in der Gesamtschau, dass die Entscheidung zur Übernahme trotz einer ausgeprägten Intransparenz und eines daher großen Unsicherheitsbereichs über die in der Dresdner Bank zu erwartenden Verluste sowie in Kenntnis der sich ja auch im eigenen Portfolio abzeichnenden Wertverschlechterungen bei strukturierten Produkten getroffen wurde. Insofern lag in der gewählten Transaktionsstruktur mit einer »Übergangsphase« zwischen September 2008 und Februar 2009, in der keine direkte Einwirkungsmöglichkeit auf das Risikomanagement der Dresdner Bank bestand, ein erhebliches Risiko. Daher ist es aus heutiger Sicht auch schwer nachvollziehbar, dass sogar im August 2008 ernsthaft noch größere Übernahmen (»Dreierlösungen«) für die Bildung eines »Nationalen Champions« in Erwägung gezogen wurden.

5. Fortschritte und Rückschritte: Auf der Suche nach einem zukunftsfähigen Geschäftsmodell (2010 bis 2019)

5.1 Integration im Plan, »Megakapitalerhöhung«, Belastungen aus der Staatsschuldenkrise

Im Mittelpunkt des ersten vollständigen Geschäftsjahrs der »neuen« Commerzbank stand 2010 »das größte Integrationsprojekt der deutschen Bankengeschichte«.[1] Um jährliche Kosteneinsparungen von 2,4 Mrd. Euro zu erzielen, arbeiteten 4500 Mitarbeiterinnen und Mitarbeiter in einem Integrationsteam. Priorität genoss die schnelle Besetzung der ersten und zweiten Führungsebene. Die rund 3800 Führungskräfte des neuen Instituts stammten zu »annähernd gleichen Teilen« aus »alter« Commerzbank und Dresdner Bank. Anschließend wurden insgesamt 43500 Mitarbeiterinnen und Mitarbeiter (in der AG; 60000 im Konzern) in ihre vielfach neu zugeschnittenen Arbeitsplätze eingewiesen. Mehr als 3000 Workshops unter dem Titel »Zusammen wachsen« dienten der kulturellen Integration. In einem weiteren Schritt wurden innerhalb von zweieinhalb Monaten mehr als 1600 Gebäude äußerlich umgestaltet, indem sie mit dem neuen Markenzeichen sowie innovativen Schaufensterkommunikationssystemen versehen wurden, die den Energieverbrauch um 82 Prozent absenkten. Diese Umgestaltung betraf im Übrigen nicht nur die inländischen Standorte, sondern auch das ausländische Netzwerk. 2010 war die Commerzbank weltweit in 50 Ländern präsent und beschäftigte 13800 Mitarbeiterinnen und Mitarbeiter außerhalb Deutschlands. Die Schwerpunkte des internationalen Netzwerks aus 80 Filialen, Repräsentanzen und Tochtergesellschaften lagen in London, New York, Asien sowie Mittel- und Osteuropa.

Starke personelle Einschnitte wurden im Investmentbanking gemacht. Im Zuge der Eingliederung von Teilen der Dresdner Kleinwort und Konzen-

Unter dem Motto »Deutschland wird gelber« begann im Juni 2010 – wie hier in Frankfurt am Main – die bundesweite Umstellung auf die neue Wort-Bild-Marke.

tration auf nur noch fünf Standorte weltweit wurde die Mitarbeiterzahl von 3200 im Front Office auf etwa 1650 nahezu halbiert. Insgesamt waren Ende 2010 bereits 80 Prozent der vorgesehenen 9000 Stellen abgebaut. Weitere erhebliche Synergieeffekte versprach man sich von einer Migration der IT-Landschaften beider Häuser auf eine einheitliche Plattform. Diese hatte mit Blick auf das Kundengeschäft 225 Mio. Zahlungsverkehrstransaktionen und 5,5 Mio. Wertpapierabwicklungen im Monat zu bewältigen.

Trotz der mit den Integrationsanstrengungen verbundenen finanziellen Belastungen kehrte der Konzern 2010 – und damit ein Jahr früher als geplant – in die Gewinnzone zurück. Dies hing auch damit zusammen, dass in der Portfolio Restructuring Unit ein Ergebnisswing von –1,45 Mrd. Euro auf +675 Mio. Euro gelang. War 2009 noch ein Gesamtverlust von 4,54 Mrd. Euro ausgewiesen worden, betrug das (den Commerzbank-Aktionären zurechenbare) Konzernergebnis nach IFRS 2010 1,43 Mrd. Euro – bei einer weiter deutlich verringerten Bilanzsumme (Tab. 22).

In dem für eventuelle Gewinnausschüttungen relevanten HGB-Abschluss der Commerzbank AG stand jedoch ein Verlust von 1,15 Mrd. Euro (nach –7,57 Mrd. Euro 2009). Der Hauptgrund lag darin, dass die Eurohypo gemäß den Auflagen der EU bis Ende 2014 zu verkaufen war. Um die Tochtergesellschaft hierauf vorzubereiten, wurden das Neugeschäft stark reduziert und die Risikovorsorge deutlich erhöht. Dadurch sank der Barwert der künftigen Erträge mit der Folge hoher Abschreibungen auf den Buchwert der Eurohypo im Einzelabschluss der Commerzbank. Daher wurden weder Dividende noch Zinsen auf die stillen Einlagen des SoFFin gezahlt. Im politischen Raum wurde hierauf »verärgert« und (von wenig Sachkunde zeugend) populistisch reagiert: »Es kann nicht sein, dass die Commerzbank zulasten des Steuerzahlers Bilanzspielräume nutzt und weiter die Zinszahlungen aussetzt.«[2] »Das ist eine Regelungslücke, die nicht zu akzeptieren ist und schnellstens geschlossen werden muss ... So kann man mit dem Geld der Steuerzahler nicht umgehen.«[3] Und darüber hinaus musste sich Martin Blessing in Berlin rechtfertigen, weil bei seinem Entgelt über die Höchstgrenze von 500 000 Euro Jahressalär hinaus weitere 72 000 Euro im Geschäftsbericht angegeben waren – neben der monetären Vergütung waren auch Kosten für den Dienstwagen erfasst.[4]

Im Rückblick bewertet Martin Blessing die sachliche Zusammenarbeit mit der Politik indes als sehr gut: »Da gab's natürlich Fragen, Debatten, und man musste überzeugen, denn da gab's auch Rückfragen, alles sehr professionell. Was es natürlich auch gab, war der Teil, wo es schwergängiger war mit dem Bund und das hatte etwas mit der Öffentlichkeitswirkung zu tun. Natürlich sind Themen, die um Vergütung von Vorständen gehen, hochemotional in der

	Bilanzsumme	Operatives Ergebnis	Ergebnis vor Steuern	Nachsteuerergebnis Commerzbank-Aktionäre
	In Mrd. €	In Mio. €		
2009	844,1	−2.270	−4.659	−4.537
2010	754,3	1.386	1.353	1.430
2011	661,8	507	507	638
2012	635,9	1.216	905	6
2013	549,7	725	232	78
2014	557,6	684	623	264
2015	532,6	1.909	1.795	1.062
2016	480,5	1.399	643	279
2017	452,5	1.303	495	156
2018	462,4	1.245	1.230	865

Tabelle 22: Zentrale Kennzahlen der Commerzbank (2009–2018)[5]

Öffentlichkeit und da ist der Bund weniger sachgetrieben, sondern Headlinegetrieben, was man aus deren Sicht verstehen muss. Da hat's dann manchmal auch geknirscht und man muss einfach die unterschiedlichen Zielfunktionen verstehen und sich in die Rolle der anderen reindenken.«[6]

Das Ergebnis der Commerzbank blieb vor allem von einem Bereich geprägt: »Im Geschäftsjahr 2010 war das Segment Mittelstandsbank innerhalb der Kernbank Hauptergebnistreiber.«[7] Das operative Ergebnis betrug in diesem mit 5400 Mitarbeiterinnen und Mitarbeitern betriebenen Geschäftsfeld rund 1,6 Mrd. Euro – gegenüber 48 Mio. Euro im Privatkundengeschäft (20 000 Beschäftigte) und 53 Mio. Euro im Segment Central & Eastern Europe (9700). Für das Privatkundengeschäft kam der damals 48-jährige Martin Zielke im November 2010 in den Vorstand der Commerzbank. Dieses hatte zuvor Achim Kassow verantwortet, dem zunächst die Zuständigkeit für Central & Eastern Europe blieb, bevor er im Juli des Folgejahrs ausschied, um Sprecher der Oldenburgischen Landesbank zu werden.

Martin Zielke, in Hofgeismar geboren, wurde nach dem Abitur bei der Deutschen Bank in Kassel zum Bankkaufmann ausgebildet und nahm dann ein Studium der Betriebswirtschaftslehre auf, das er 1990 als Diplom-Kaufmann abschloss. Anschließend begann er seine Berufslaufbahn im Privatkundengeschäft der Dresdner Bank und wechselte 2000 zur Deutschen Bank 24, bevor er im Juni 2001 Bereichsleiter bei der Deutschen Hyp wurde. Anfang 2002 holte Blessing Zielke zur Commerzbank und übertrug ihm die Leitung des Geschäftsfelds Private Kunden. Zu diesem Zeitpunkt wurde wieder einmal die Frage diskutiert: »Kann die Commerzbank alleine überleben und wird sie nicht übernommen? Und damals war die Debatte: Das Privatkundengeschäft ist es eigentlich nicht, wenn man es übernimmt wegen des Firmenkundengeschäfts, und wenn man das macht, dann trotz des Privatkundengeschäfts. Martin Zielke und ich haben uns in die Augen geguckt und gesagt: Das muss anders werden. Wenn irgendwann jemand die Commerzbank übernehmen würde, dann wollen wir zumindest, dass es wegen des Privatkundengeschäfts ist und nicht trotz des Privatkundengeschäfts geschieht.«[8] Tatsächlich trug Zielke – beispielsweise durch die Straffung und Umgestaltung des Filialapparats (Ausbau von Selbstbedienungszonen) – erheblich zur Steigerung der Effizienz des Privatkundengeschäfts bei. Im Januar 2005 rückte er zum Leiter des Firmenkundengeschäfts auf, bevor er 2006 als Finanzvorstand zur Eurohypo wechselte. Im Anschluss übernahm er zum Jahresbeginn 2008 die neu geschaffene Stelle als Leiter Konzernfinanzen der Commerzbank.

Angesichts der Bedeutung der Mittelstandsbank für das Funktionieren des Geschäftsmodells verglich Blessing die Commerzbank-Aktie, die im Jahresverlauf zwischen 7,37 und 5,33 Euro notierte, mit einem »gehebelten Indexzertifikat«:[9] »Unser Geschäft hängt 60 bis 70 Prozent an der deutschen Volkswirtschaft«, die nach dem BIP-Einbruch 2009 (–5,6 %) 2010 um 4,1 Prozent wuchs. Diesem binnenwirtschaftlichen Aufschwung war es in erster Linie zu verdanken, dass in den ersten drei Monaten 2011 ein Quartalsergebnis in der Kernbank von 1,2 Mrd. Euro erzielt wurde. Hierdurch beflügelt (aber auch von der Politik bedrängt), entschloss sich die Commerzbank zu einer mehrstufigen Kapitalerhöhung im zweiten Quartal 2011, um fast 90 Prozent der stillen Einlagen des SoFFin in Höhe von 16,2 Mrd. Euro zurückzuzahlen.[10] Das Volumen dieser »Megakapitalerhöhung«[11] entsprach dem 1,4-Fachen des damaligen Börsenwerts der Commerzbank. Zudem handelte es sich um die größte Aktienfolgeemission der deutschen Unternehmensgeschichte,[12] deren Konstruktion (Volumen, Bekanntmachungsfristen, Zustimmungsquoten) erst durch die nach der Finanzmarktkrise geänderten Rahmenbedingungen für die Bankenrestrukturierung möglich wurde.

Der Rückführungsbetrag von 14,3 Mrd. Euro stammte zum einen aus der Umwandlung von rund 3,3 Mrd. Euro »freien regulatorischen Kapitals«[13] und zum anderen aus einer Kapitalerhöhung über 11 Mrd. Euro in zwei Schritten. Bei diesen wurden 8,25 Mrd. Euro über den Kapitalmarkt platziert; zusätzlich wandelte der SoFFin zur Aufrechterhaltung seines Anteils von 25 Prozent plus einer Aktie am Grundkapital insgesamt 2,75 Mrd. Euro stille Einlagen in Commerzbank-Aktien um.

- In einem ersten Schritt wurden Anfang April im Wege eines Bookbuildings bedingte Pflichtwandelanleihen (Conditional Mandatory Exchangeable Notes, CoMEN) platziert. Commerzbank-Aktionäre mit Ausnahme des SoFFin erhielten hierfür Erwerbsrechte (1 Aktie = 1 CoMEN). Die gut 1 Mrd. CoMEN kamen zu einem Preis von 4,25 Euro an den Markt, sodass 4,3 Mrd. Euro erlöst werden konnten. Im Mai wurden die CoMEN automatisch in Commerzbank-Aktien getauscht, die durch den Wandel von stillen Einlagen in Aktien entstanden waren, sodass der SoFFin den Veräußerungserlös erhielt. Darüber hinaus wandelte der SoFFin weitere 1,3 Mrd. Euro in Aktien um, damit er seine Anteilsquote auch nach der Kapitalerhöhung beibehalten konnte.
- Im Juni 2011 wurden eine Kapitalerhöhung mit Bezugsrecht durchgeführt und 2,4 Mrd. neue Aktien aus von der Hauptversammlung genehmigtem Kapital zu einem Kurs von je 2,18 Euro ausgegeben, wobei die im ersten Schritt durch den Umtausch entstandenen Aktien bezugsberechtigt waren; 99,94 Prozent der Aktionäre übten ihr Bezugsrecht aus. Das Gesamtvolumen dieser Kapitalerhöhung betrug 4 Mrd. Euro, die an den SoFFin flossen. Dieser wandelte einen weiteren Teil der stillen Einlagen von 1,3 Mrd. Euro in Stückaktien um, damit eine Stimmrechtsverwässerung vermieden werden konnte. Als Ausgleichszahlung für die vorzeitige Rückführung der stillen Einlagen wurde rund 1 Mrd. Euro mit dem SoFFin vereinbart.

Insgesamt sank das Volumen der stillen Einlagen des SoFFin damit auf 1,9 Mrd. Euro. Durch die Rückzahlung von mehr als der Hälfte des Staatskapitals entfiel neben dem Ausschluss der Dividendenzahlung die Höchstgrenze der Vorstandsvergütung von 500 000 Euro. Auch dies mag ein Grund für die Bemerkung Blessings gewesen sein: »Ich finde es schöner, da auszusteigen als einzusteigen.«[14] Tatsächlich wurde die Kapitalerhöhung in der Commerzbank selbst, aber auch weiten Teilen der Öffentlichkeit als »Befreiungsschlag«[15] wahrgenommen, was sie jedoch nur begrenzt war, denn der SoFFin (und damit der Bund) war schließlich mit unverändertem Aktienanteil »weiter an Bord«.[16]

Im zweiten Halbjahr 2011 wurde schnell deutlich, dass die Kapitalzuführung zwar notwendig gewesen war, die Teilrückzahlung von stillen Einlagen des SoFFin mit regulatorischem Kapital rächte sich aber. Denn ab Sommer verschärfte sich die europäische Staatsschuldenkrise rasch. Speziell im Fall von Griechenland musste der private Finanzsektor einen hohen Beitrag zur Krisenbekämpfung leisten – so auch die Commerzbank. Insgesamt wurden im Geschäftsjahr 2011 griechische Anleihen im Volumen von rund 3 Mrd. Euro auf etwa 26 Prozent ihres Nominalwerts abgeschrieben, woraus eine Belastung von 2,2 Mrd. Euro resultierte.[17] Blessing merkte »grundsätzliche konzeptionelle Probleme mit einem freiwilligen Schuldenschnitt« an: Die Freiwilligkeit ähnele dabei ja der von Geständnissen während der Spanischen Inquisition.[18] Europas Spitzenpolitiker hätten noch 2010 den privaten Gläubigern Griechenlands versprochen, dass es bis 2013 keinen Schuldenschnitt geben werde. Man habe ihm damals beteuert, dass es daher nicht nötig sei, Staatsanleihen schnell zu verkaufen. »Wenn heute noch mal ein Politiker zu mir käme und verlangte, wir sollten unsere Staatsanleihen in den Büchern halten, dann antworte ich: Trau, schau, wem.«[19]

Die auf dem EU-Gipfel in Brüssel am 26. Oktober 2011 beschlossenen Maßnahmen zur Euro-Rettung beinhalteten neben dem für griechische Staatsanleihen geforderten Schuldenschnitt auch höhere Kapitalanforderungen an die systemrelevanten Kreditinstitute. Die Europäische Bankenaufsichtsbehörde (EBA) erwartete zum Stichtag 30. Juni 2012 die Einhaltung einer Core-Tier-I-Quote in Höhe von 9 Prozent unter Berücksichtigung einer Marktbewertung von Staatsanleihen des europäischen Wirtschaftsraums. Nach diesen Anforderungen lag der von der EBA für die Commerzbank ermittelte zusätzliche Kapitalbedarf bei 5,3 Mrd. Euro, der sich fast ausschließlich aus den von der Aufsichtsbehörde gesetzten Ausfallannahmen in Bezug auf das Staatsfinanzierungsgeschäft der Eurohypo ergab. Nun war das regulatorische Kapital des Commerzbank-Konzerns nicht mehr – wie noch im Zuge der Kapitalerhöhung wenige Monate zuvor angenommen – »frei«, im Gegenteil: Unmittelbar nach Veröffentlichung der EBA-Anforderungen mussten bereits im November 2011 Maßnahmen zum beschleunigten Abbau risikogewichteter Aktiva und zum Management der Kapitalstruktur getroffen werden, wollte man nicht erneut Staatshilfe beim SoFFin beanspruchen müssen, was Blessing kategorisch ausgeschlossen hatte (»Ich gehe da nicht noch einmal hin«[20]).

Daher wurde das Kreditgeschäft ohne Bezug zu Deutschland oder Polen vorübergehend eingestellt, das Neugeschäft der Eurohypo im Immobilienbereich bis Ende Juni 2012 komplett gestoppt und der Abbau nichtstrategischer Assets (auch unter Inkaufnahme hoher Wertabschläge) beschleunigt.[21] Dadurch erhoffte man sich eine Reduktion der Risikoaktiva um circa 30 Mrd. Euro.[22] Die seit Jahresanfang 2010 zu beobachtende Geschäftserholung war damit erst einmal zu Ende, wieder einmal brachen »harte Zeiten« an.[23] Für deren Bewältigung musste Blessing schon bald ohne seinen langjährigen, wichtigen Weggefährten Eric Strutz auskommen. Er hatte im August 2011 angekündigt, seinen Vertrag nach acht intensiven Jahren als Finanzvorstand nicht mehr verlängern und im März 2012 ausscheiden zu wollen. »Es sei ein Lebenstraum von ihm, sich mehr um seine Familie zu kümmern.«[24] Zu seinem Nachfolger wurde Stephan Engels bestellt.

Trotz weiterer Fortschritte bei der Integration und damit verbundener Kosteneinsparungen[25] brachten die Verschärfung der Staatsschuldenkrise und die aus der Erfüllung der EBA-Anforderungen resultierenden Belastungen einen deutlichen Ergebniseinbruch mit sich. Das operative Jahresergebnis des Konzerns ging von 1,4 Mrd. Euro (2010) auf 507 Mio. Euro zurück (das den Commerzbank-Aktionären zurechenbare Nachsteuerergebnis lag bei 683 Mio. Euro). Da in der Commerzbank AG nach HGB ein Verlust von 3,61 Mrd. Euro anfiel, konnten erneut weder die verbliebenen stillen Einlagen des SoFFin bedient noch eine Dividende ausgeschüttet werden. Der höchste Segmentverlust fiel bei Staats-, aber auch Immobilien- und Schiffsfinanzierungen an (3,9 Mrd. Euro), während wiederum vor allem die Mittelstandsbank auf Erfolgskurs lag (+1,5 Mrd. Euro). Da auch das Privatkundengeschäft (375 Mio. Euro), Central & Eastern Europe nach der Restrukturierung vor allem der polnischen BRE und der ukrainischen Bank Forum (483 Mio. Euro) sowie Corporates & Markets (583 Mio. Euro) positive Ergebnisbeiträge erwirtschafteten, sah sich das Management der Commerzbank zumindest in der »Kernbank« auf Erfolgskurs. Per Saldo wurde jedoch nahezu der gesamte Gewinn der Kern- durch die Belastungen der Nichtkerngeschäftsfelder aufgezehrt.

5.2 Paradigmenwechsel, »eine neue Bank«, »nachhaltig erfolgreich«?

Rollback zur »neuen Bank«

Die der »Roadmap 2012« zugrunde liegende Planung, sämtliche Altlasten in den Jahren 2009 bis 2011 zu verarbeiten und dann ab 2012 ein operatives Ergebnis von 4 Mrd. Euro sowie eine Eigenkapitalrendite von 12 Prozent nach Steuern erwirtschaften zu können, ließ sich spätestens ab Ende 2011 nicht mehr halten.[26] »Wir fühlen uns unserem ursprünglichen Ergebnisziel verpflichtet, werden es jedoch aufgrund der Marktgegebenheiten noch nicht im nächsten Jahr erreichen können«, schrieb Blessing an die Aktionäre.[27]

Hätte die »neue« Commerzbank »nur« die Altlasten aus den in der Finanzkrise problematisch gewordenen »toxischen« Papieren und Kreditstrukturen zu bewältigen gehabt, wäre das Ziel erreichbar gewesen. Hier kam man mit dem Abbau bis auf unter 20 Mrd. Euro gut voran, sodass das Segment Portfolio Restructuring Unit aufgelöst und der Restbestand in Corporates & Markets umgegliedert werden konnte. Nicht absehbar waren jedoch die Verluste aus Staatsanleihen, Immobilien- und Schiffsfinanzierungen der Eurohypo, deren Kauf man noch gut fünf Jahre zuvor als wichtigen strategischen Fortschritt gepriesen hatte. In Verhandlungen mit der EU-Kommission erreichte die Commerzbank Ende März 2012 für die Eurohypo eine Änderung der ursprünglichen Verkaufs- in eine Abwicklungsauflage. Die noch über eine Bilanzsumme von 200 Mrd. Euro verfügende Bank wurde in die Bereiche »Kernaktivitäten« (Kernbereich Commercial Real Estate) und »Nicht-Kernaktivitäten« (Public Finance, Rest Commercial Real Estate) aufgespalten, Letztere in das neu begründete Segment Non-Core Assets (NCA) mit dem Ziel des langfristig vollständigen Abbaus ausgelagert. Da gemäß der EU-Auflage auch die Marke Eurohypo aufgegeben werden musste, wurde das Institut im August 2012 in Hypothekenbank Frankfurt AG umbenannt und mit einem neuen Logo ausgestattet, das an einen ihrer Vorgänger – die Deutsche Hyp – erinnerte.[28] Neben der gewerblichen Immobilien- und der Staats- wurde auch die bei der Commerzbank ähnlich wie bei der HSH Nordbank und der NordLB höchst problematische Schiffsfinanzierung Mitte 2012 in das neue Abbausegment NCA übertragen.[29] Der gesamte Exposure at Default von 164 Mrd. Euro Ende 2011 entsprang zu 57 Mrd. Euro Commercial Real Estate, gut 18 Mrd. Euro Ship Finance und 89 Mrd. Euro Public Finance. Im Vorstand wurde neben Jochen Klösges auch Ulrich Sieber (zusätzlich zu Human Resources) für diesen Bereich verantwortlich.

Darüber hinaus wurde eine erneute grundlegende Veränderung des Geschäftsmodells angekündigt: »Wir setzen auf einen Paradigmenwechsel.«[30] Als »neue Normalität« wurde die Kombination aus stärkerer Regulierung, einem veränderten Kundenverhalten und dem durch die Bekämpfung der Finanz- und Staatsschuldenkrise ausgelösten Niedrigzinsumfeld eingestuft. EZB-Präsident Mario Draghi hatte am 26. Juli 2012 angekündigt, »alles Notwendige zu tun, um den Euro zu erhalten«, und eine zuvor nicht gekannte Liquiditätsflutung der Kapitalmärkte setzte ein. Um das Vertrauen der Kunden zurückzugewinnen – so Martin Blessing –, müssten Risiken abgebaut, die Kapitalausstattung optimiert, das strikte Kostenmanagement fortgesetzt, aber auch in das Kerngeschäft investiert werden: »Wir wollen eine neue Bank prägen. Eine Bank, die moderne Technologie und traditionelle Werte vereint.«[31] Im Sinne der schnelleren Fokussierung auf das Kerngeschäft und Schärfung der Aufstellung[32] sollte »unsere Position als führende Bank für Privat- und Firmenkunden in Deutschland und Polen«[33] gefestigt werden. Vor allem das Privatkundengeschäft wurde – wieder einmal – als »Sorgenkind« eingestuft, weshalb es erneut einer »strategischen Neuausrichtung« bedürfe. »Das muss Blessing besonders schmerzen, hatte er doch im Sommer 2008 die Übernahme der Dresdner Bank vor allem mit dem Ziel begründet, die Nummer eins im deutschen Privatkundengeschäft zu werden.«[34] Zur Neuausrichtung zählten der Aufbau einer Multikanalbank und die Flexibilisierung des Filialnetzes.[35] Martin Zielke, im Vorstand für das Privatkundengeschäft verantwortlich, gab das Ziel aus: »Künftig werden wir zu jeder Zeit und an jedem Ort für unsere Kunden da sein.«[36]

Diese neue Ausrichtung der Bank wurde auch durch einen »neuen« Slogan ausgedrückt. War man um 1963 mit » eine Bank, die ihre Kunden kennt« gestartet, galt ab 1977 »Die Bank an Ihrer Seite«. Hierzu kehrte man nun 2012 wieder zurück und löste damit »Ideen nach vorn« (2002) und »Gemeinsam mehr erreichen« (2009) ab. Im Rahmen einer breit angelegten Kommunikationsoffensive wurde »Die Bank an Ihrer Seite« durch Lena Kuske symbolisiert, Leiterin einer Commerzbank-Filiale und zugleich Langstreckenläuferin, die beim Joggen in Hamburg gezeigt wurde. »Ihr Lauf steht stellvertretend für den Weg, auf den wir uns begeben haben.«[37]

Bis zum Jahr 2016 sollten 2 Mrd. Euro in die Kernbank investiert werden, um ab diesem Jahr dort eine Eigenkapitalquote von 10 Prozent nach Steuern zu erreichen. Mit Blick auf das Privatkundengeschäft strebte man bis 2016 1 Mio. neue Verbindungen, ein operatives Ergebnis von 500 Mio. Euro und eine Eigenkapitalrendite vor Steuern von 12 Prozent an.[38] Damit zielte man auf eine Verdoppelung des 2012 letztlich erreichten operativen Ergebnisses (245 Mio. Euro) ab. Auch in diesem Geschäftsjahr dominierte die Mittelstandsbank (+1,6 Mrd. Euro) die Geschäftsentwicklung gegenüber Central & Eastern Europe (240 Mio. Euro bei 283 Mio. Euro aus der BRE Group) sowie Corporates & Markets (197 Mio. Euro). Durch den Verlust im NCA-Segment (1,5 Mrd. Euro) sank das operative Ergebnis des Konzerns auf 1,2 Mrd. Euro; vor Steuern blieben 859 Mio. Euro, nach Steuern ein den Commerzbank-Aktionären zurechenbarer Verlust von 47 Mio. Euro.[39] Als Spiegelbild dieses Rückschlags in der Geschäftsentwicklung bewegte sich der Aktienkurs 2012 auf dem sehr niedrigen Niveau von 1,12 bis 1,43 Euro.

Abbau und Investition im Privatkundengeschäft

Um vor diesem Hintergrund die Ziele der neuen »strategischen Agenda« erreichen zu können, wurden neben den in der Außenkommunikation stark betonten Aspekten der Fokussierung, Modernisierung und Investition weitreichende Kosteneinsparungen angestrebt. Mit einer Aufwandsrentabilität von über 90 Prozent sah das Privatkundengeschäft nicht nur isoliert, sondern auch im Wettbewerb schlecht aus. Zwar lag 2011 auch die HypoVereinsbank bei 88 Prozent, die Deutsche Bank wies indes 78 Prozent, die Postbank 66 Prozent, ausländische Anbieter zum Teil noch niedrigere Werte aus.[40] Im November 2012 kündigte die Commerzbank daher einen Stellenabbau von 4000 bis 6000 Vollzeitkräften bis 2016 an, der später auf 5200 präzisiert wurde.[41] In der Filialbank des Privatkundengeschäfts – hier wurde eine Überkapazität von 30 Prozent gesehen – sollten bis Ende 2015 allein 1800 Stellen entfallen.[42] Angesichts dessen sollte auch der Vorstand von neun auf sieben Köpfe »verschlankt« werden. Während Jochen Klösges im November 2013 zur Hamburger Reedereigruppe E. R. Capital Holding wechselte, berief der Aufsichtsrat Ulrich Sieber zu diesem Zeitpunkt von seinem Posten ab (einen Monat zuvor war er damit noch am Veto der Arbeitnehmervertreter gescheitert). Zwischen der Commerzbank und Sieber, dessen Vertrag erst ein gutes Jahr zuvor bis 2017 verlängert worden war, entwickelte sich ein zweijähriger Rechtsstreit über die Höhe der Abfindung.[43]

Bis 2016 wollte die Commerzbank insgesamt 1 Mrd. Euro in ihr Privatkundengeschäft investieren, davon 540 Mio. Euro in die Produktentwicklung und Mitarbeiterqualifizierung. So wurde unter dem Motto »fair und kompetent« mit dem »KundenKompass« eine IT-gestützte Beratungsanwendung entwickelt, die Kunden einen »Rundumblick« auf ihre finanzielle Situation ermöglichen und eine einheitliche, strukturierte und umfassende Finanzberatung gewährleisten sollte.[44] Weitere 340 Mio. Euro flossen in das Online- und Mobile Banking sowie die Modernisierung des Filialnetzes. Ziel sei es – so der Bereichsvorstand Michael Mandel –, nicht nur neue Kunden zu gewinnen, sondern auch die vorhandenen besser zu beraten. Um leichter mit dem Bankberater ins Gespräch zu kommen, wurden die traditionell meist abgetrennten Selbstbedienungsbereiche mit Geldautomat und Kontoauszugsdrucker in die Filialen integriert. Zur Kasse am Ende des Raums sollten die Kunden durch neu eingerichtete Lounges geleitet werden, in denen Sessel, Kaffee und iPads die Wartezeit verkürzen sollten. Ideen für das Filialkonzept habe man sich laut Mandel bei Banken auf der ganzen Welt, aber auch im Steakhaus geholt. Bei einer Gastronomiekette habe man gelernt, wie Mitarbeiter die Kunden freundlicher begrüßen könnten.[45] Schließlich plante man auch, den Wachstumskurs der Comdirect mit 120 Mio. Euro zu forcieren. Zwar sollten das Online- und Offlinegeschäft stärker miteinander verzahnt werden, weil man die Trennung zwischen Filial- und Onlinebanking als nicht mehr zukunftsfähig einstufte, an der Zwei-Marken-Strategie (Commerzbank/Comdirect) wollte man jedoch festhalten.[46] »Commerzbank und comdirect bleiben zwei unterschiedliche Banken mit eigenen Produkten, unterschiedlichen Tarifen und Zinsen.«[47]

Einen weiteren Investitionsschwerpunkt sollte die polnische BRE Bank darstellen. Speziell für das Mobile-Banking-Angebot der zu ihr gehörenden mBank plante man eine Erweiterung sowie einen Ausbau ihrer Position als »eine der führenden Internetbanken Europas«[48]. Daher sollte auch der Markenauftritt der BRE Bank-Gruppe bis 2016 zu »mBank« vereinheitlicht werden. Im Gegensatz dazu wurde die ukrainische Bank Forum – hier hatte die Commerzbank 2008 einen Mehrheitsanteil erworben – Ende Oktober 2012 an die einheimische Smart Group verkauft. Die Veräußerung eines einstigen Hoffnungsträgers in der Region Zentral- und Osteuropa brachte Belastungen von rund 270 Mio. Euro mit sich, insgesamt dürfte dort innerhalb von fünf Jahren etwa 1 Mrd. Verlust angefallen sein.[49] Auch der Anteil an der russischen Promsvyaz Capital wurde verkauft, hier entstand indes ein Einmalertrag von 154 Mio. Euro.

Eine weitere Kapitalerhöhung im Frühjahr 2013 über 2,5 Mrd. Euro gab der Commerzbank die Möglichkeit, die restlichen stillen Einlagen des SoFFin in Höhe von 1,6 Mrd. Euro und damit diejenigen Bestandteile der staatlichen Unterstützung zurückzuzahlen, die sie selbst ablösen konnte. In diesem Zuge reduzierte der SoFFin seinen Aktienanteil von 25 auf 17 Prozent. Darüber hinaus wurden auch die stillen Einlagen der Allianz (750 Mio. Euro) zurückgeführt.

Der Geschäftsbericht des Jahres 2015 trug den Titel »Laufend besser« – und zeigte wieder Lena Kuske, nachdem im Weltmeisterschaftsjahr 2014 die Deutsche Fußball-Nationalmannschaft zu sehen gewesen war.[50] Tatsächlich konnte nach den schwierigen Jahren 2011 bis 2014 erstmals wieder ein deutlicher Gewinnzuwachs erzielt werden, der sogar die Ausschüttung der ersten Dividende seit der Fusion ermöglichte (0,20 Euro). Einer der wesentlichen

Erfolgstreiber war das – etwa im Vergleich zur Deutschen Bank – frühzeitige und konsequente Aufgreifen des Megatrends der »Digitalisierung«, sodass sich die Commerzbank auf dem besten Weg sah, »die Multikanalbank für Deutschland«[51] zu werden.

Die Mitarbeiterin Lena Kuske wurde zum »Gesicht« der Commerzbank; Foto: Geschäftsbericht 2015.

Einfluss der Digitalisierung

Die Digitalisierung von Finanzdienstleistungen hatte sich etwa ab 2010 zunehmend als einer der stärksten Treiber für die Entwicklung der Kreditwirtschaft entpuppt.[52] Wie in anderen Branchen – Musik, Handel, Verlage – wurde der Trend zunächst unterschätzt. Aber mit der explosionsartigen Verbreitung der Smartphones wurden die etablierten Banken nun aus immer mehr Richtungen mit zuvor ungeahnter Dynamik immer heftiger attackiert. Immer stärker zeigte sich die disruptive Kraft neuer Anbieter in der Finanzwirtschaft, die den Schumpeter'schen Prozess der »schöpferischen Zerstörung« forcierten. So wollten 2015 geschätzt etwa 12 000 Start-ups weltweit in die Domäne der klassischen Banken vordringen. Für sie hatte sich der Sammelbegriff »FinTech« (als Kombination von Financial Services und Technology) etabliert. FinTechs strebten in der Regel nicht den Status einer Universalbank an, sondern spezialisierten sich auf einen (einzelne) Teil(e) der Wertschöpfungskette von Finanzdienstleistungen. Nach den so gesetzten Schwerpunkten in ihren Geschäftsmodellen schälten sich vor allem vier FinTech-Typen heraus:

- Neue Zahlungsverkehrsspezialisten: Anbieter dieser Kategorie boten Alternativen zur klassischen Banküberweisung. Schwerpunkte waren die Zahlungsabwicklung für Onlinehändler (insbesondere PayPal mit zu diesem Zeitpunkt bereits über 20 Millionen Kunden in Deutschland), Person-to-Person-Payments, auch landes- und währungsübergreifend sowie endgerätbasierte Mobile Payments im Nahbereich.
- Neue Spezialisten im Kreditgeschäft: Als Alternative zu einem klassischen Bankkredit konnten Nutzer z. B. beim größten deutschen Anbieter Auxmoney über eine Plattform Darlehen an andere Nutzer vergeben. Die Plattformbetreiber unterstützten diesen Prozess durch Bonitätsinformationen und den Vorschlag »angemessener« Zinssätze.
- Neue Spezialisten für Wagnisfinanzierungen: Plattformen wie hierzulande prominent Seedmatch boten Einzelpersonen, Gruppen und Start-ups die Möglichkeit, bei der Netzgemeinschaft Kapital zur Realisierung eigener Projektideen einzuwerben, die über die Plattform vorgestellt wurden. Je nach Variante konnte es sich um Eigenkapital- oder Mezzanine-Beteiligungen handeln, die ggf. auch später über die Plattform handelbar waren.
- Neue Spezialisten für Vermögensanlage, -vermittlung, -verwaltung und -beratung: Hierunter fielen vor allem Social-Trading-Plattformen wie z. B. in Deutschland populär Wikifolio, auf denen Nutzer nach dem Facebook-Prinzip die Investments erfolgreicher Anleger in der Community in ihrem eigenen Depot spiegeln konnten.

Für die etablierten Anbieter brachten die FinTechs vier miteinander verwobene Gefahren mit sich:

- Zunächst einmal drohte ein direkter Verlust von Erträgen. Dies betraf vor allem den Zahlungsverkehr, der sowohl vom Gebührenaufkommen bei den meisten Häusern besonders gewichtig als auch durch die von PayPal etc. entfaltete Dynamik besonders bedroht war. Ertragsverluste waren perspektivisch aber auch bei Personalkrediten im Retail-Segment zu befürchten.
- Noch schwerer aber wog zweitens die Verringerung des Kundenkontakts, die die Möglichkeiten des Cross Selling deutlich einschränkte. Die Interaktionspunkte – vor allem im stationären, aber auch im telefonischen Vertrieb – hatten sich in den letzten Jahren zumindest im Privatkundengeschäft ohnehin schon reduziert; diese Tendenz wurde deutlich verschärft.
- Drittens drohten Banken – auch im Zusammenhang damit – in dramatischer Weise Kundeninformationen zu verlieren. Vor allem galt dies für den Zahlungsverkehr, auf dessen Basis die Konsum- und Investitionsgewohnheiten des Kunden in einzigartiger Weise nachvollzogen werden konnten.
- Und viertens nahm auch der Druck auf die Konditionen weiter zu, da die Preistransparenz der Kunden noch weiter stieg. Bei standardisierten Anlage- und Finanzierungsprodukten war sie ohnehin schon gegeben, sie weitete sich aber in bisher eher intransparente Bereiche wie stark individuelle Kreditformen oder Unternehmensbeteiligungen hinein aus.

Durch die Digitalisierung von Produktangeboten, Kundenansprache und Geschäftsprozessen sollten in der Commerzbank Kundenorientierung, Innovation, Agilität und Effizienz gesteigert und dadurch Barrieren gegen ein weiteres Vordringen von FinTechs in das Kerngeschäft der Commerzbank aufgebaut werden.[53] Wichtige Meilensteine auf diesem Weg seit Einleiten der neuen Strategie 2012/13 waren:

- Die Investitionen in das Onlinebanking begannen sich auszuzahlen; es wurde als das beste unter den deutschen Filialbanken ausgezeichnet (2015) und konnte die Kundenzahl von 2,6 (2013) auf 3 Millionen (2015) steigern. Im Rahmen des neu gestalteten »Online Dialogs« konnten Kunden und Interessierte mit einem Servicemitarbeiter Kontakt aufnehmen – per Text-, Audio- und Videochat. Dieser Dialog über Produkte, Dienstleistungen oder Fragen rund um das Banking stand sieben Tage in der Woche rund um die Uhr zur Verfügung. Bei der Eröffnung eines »kostenlosen« Girokontos konnten sich Kunden online statt über das zeitaufwendige Postident-Verfahren legitimieren.[54]
- Seit dem Start der neuen Privatkundenstrategie 2012 wurden 820 000 neue Kunden gewonnen.[55] Hierzu trug wiederum das stark nachgefragte »kostenlose Girokonto mit Zufriedenheitsgarantie« bei. Kunden, die ein Giro-

konto eröffneten, wurde eine Art »Begrüßungsgeld« von 50 Euro (2014 auf 100 Euro verdoppelt) gezahlt und derselbe Betrag noch einmal, falls Kunden unzufrieden waren und die Bank verließen.[56] Diese Aktion stieß insbesondere vor dem Hintergrund des Staats als Miteigentümer der Commerzbank auf den Vorwurf der Wettbewerbsverzerrung. Immerhin lag der Anteil »hochzufriedener« Kunden 2015 über 60 Prozent, und die Commerzbank wurde für die »beste Kundenberatung« und gleichzeitig als »beste Filialbank Deutschlands« ausgezeichnet. Seit 2012 wurde auch die Weiterempfehlungsbereitschaft mithilfe des Net Promoter Score gemessen; sie stieg innerhalb von vier Jahren um 140 Prozent auf von der Commerzbank als »sensationell« eingestufte 70 Prozent.[57] Mit dem Ende 2015 für das Onlinebanking gestarteten Digitalen Customer Relationship Management (DCRM) sollte es möglich werden, Kunden individueller über alle Kanäle anzusprechen, also das Onlinebanking mit der Filiale, dem Mobile Banking sowie dem Telefon- und SB-Banking zu verzahnen (Omnichannel-Ansatz). Maßnahmen für mehr Kundenbindung sollten die Zahl der Abwanderungen verringern, beispielsweise durch die intelligente Analyse von Kundendaten, um potenzielle Kündigungen schon im Voraus aufzudecken und gegensteuern zu können.[58]
- Das operative Ergebnis im Privatkundengeschäft nahm von 227 und 221 Mio. Euro (2012/13) über 455 (2014) auf 751 Mio. Euro 2015 zu. Bei einzelnen Produkten zeigten sich nach der Neuausrichtung hohe Wachstumsraten – so etwa bei Konsumentendarlehen (+66 % von 2014 auf 2015). Dank der eingeführten offenen Immobilienplattform CobaHyp erhielten Kunden einen Vergleich von mehr als 250 Anbietern und konnten das passende Finanzierungsangebot auswählen. Auch durch diese Maßnahme wuchs das Neugeschäftsvolumen der Commerzbank im privaten Baufinanzierungsgeschäft von 2014 auf 2015 um 18 Prozent, der Marktanteil des Instituts auf 10 Prozent.[59]
- Die Modernisierung der Bank betraf aber nicht nur das Onlinebanking, sondern auch die Filialen. Ab 2014 wurden in Stuttgart und Berlin neue Filialmodelle getestet. In den ersten Flagship- und City-Filialen sollten Kunden – wie von Mandel 2013 angekündigt – eine »neue Art des Banking« erleben – mit erweitertem Produkt- und Leistungsangebot sowie einem neuen Beratungsansatz. Mehr Kontaktpunkte zwischen Kunden und Beratern (z. B. durch die Integration des Servicebereichs in die Filiale) sowie vollkommen neue Services (wie die Kredit- und die Girokarte sofort zum Mitnehmen oder die Beratung und Kassenleistung per Video) waren Ansätze, die in den Flagship-Filialen mit mehr als 20 Mitarbeitern getestet wurden. Die Kundenreaktion – gemessen an der Zahl der Filialbesuche (+55 %) und neuer Verbindungen (+31 %) – fiel sehr positiv aus.[60]
- Auch die Steuerung des Filialvertriebs wurde weiter auf die Anforderungen der Multikanalbank ausgerichtet. Das bedeutete vor allem schnellere Ent-

Am Standort Berlin/Uhlandstraße testete die Commerzbank ab Dezember 2013 ein neues Filialmodell.

scheidungswege, mehr Nähe zum Kunden und effizientere Prozesse. Eine wesentliche Neuerung war in Abkehr vom Trend der vergangenen Jahre nun wieder eine stärkere Dezentralisierung, die sich in der Führungsstruktur mit bundesweit fünf Marktregionen und 65 Niederlassungen niederschlug. Die Marktverantwortung für Privat- und Geschäftskunden sowie für das Wealth Management wurde zusammengeführt, zwei Führungsebenen wurden zusammengelegt.

- Das Onlinebanking hielt auch zunehmend in der Mittelstandsbank Einzug. Hier wurde eine neue Cross-Channel-Web-Infrastruktur aufgesetzt, die den Firmenkunden den Überblick über sämtliche Konten bei der Commerzbank und anderen Instituten sowie die Nutzung zahlreicher Funktionen im Management von Liquidität, Wertpapieren und Währungen erlaubte – auch für Kunden, die per Smartphone oder iPad auf ihre Daten zugreifen wollten (Mobile Treasury Solution).[61]
- Trotz einer Kundenzufriedenheitsquote von 96 Prozent[62] sah man auch in der Mittelstandsbank die Notwendigkeit, »noch kundenorientierter und moderner« aufzutreten.[63] Im ersten Halbjahr 2015 wurde daher – wie im Privatkundengeschäft – die Struktur im Inlandsvertrieb dezentraler ausgerichtet – aus 18 Gebietsfilialen wurden 43 Niederlassungen –, Führungsebenen wurden abgebaut und die regionale Verantwortung für Generalisten und Produktspezialisten sowie die Konzernbereiche Mittelstand Inland und Großkunden & International aufgewertet. Gestärkt wurde die Marktverantwortung vor Ort, kürzere Abstimmungswege sollten Kundennutzen in Form schnellerer Entscheidungen generieren. Damit waren die Vertriebsstrukturen im Privatkundengeschäft und der Mittelstandsbank künf-

tig deckungsgleich, und es wurden eine engere Zusammenarbeit sowie ein gemeinsamer Marktauftritt der beiden Segmente angestrebt.[64]

- Im Segment Central & Eastern Europe agierte die mBank in Polen als mehrfach ausgezeichneter Innovationsführer für die digitale Kundenansprache.[65] Im Rahmen ihrer 2012 eingeleiteten strategischen Neuausrichtung vereinheitlichte sie ihr Vertriebsnetz, zuvor getrennte Filialen für Privat- und Firmenkunden wurden durch Beratungszentren ersetzt. Zusätzlich wurden an ausgewählten Standorten (z. B. in Einkaufszentren) sogenannte Light-Filialen eröffnet. In den Beratungszentren wurde den Kunden das gesamte Spektrum an Retail- und Corporate-Banking-Dienstleistungen sowie Produkten ausgewählter Tochtergesellschaften der mBank (für Leasing, Factoring etc.) angeboten. Die erste Filiale dieser Art eröffnete im Juni 2014 in Stettin; insgesamt waren 89 Beratungszentren geplant. In den 44 zu eröffnenden Light-Filialen sollten Kunden dagegen Basisdienstleistungen rund um das Girokonto, aber auch Darlehen erhalten. Über eine 2014 initiierte strategische Allianz mit Orange Polska (dem größten Festnetz-, Mobilfunk-, Internet- und Datenübertragungsanbieter des Landes) hatten Kunden der mBank die Möglichkeit, Bankprodukte ausschließlich über eine mobile Applikation zu nutzen. Im Gegenzug wurden den Orange-Polska-Kunden Bankprodukte der mBank angeboten: vom Kontomanagement bis zur Möglichkeit, via Mobiltelefon zu bezahlen. In den 900 Telefonshops von Orange wurden Smartphones verkauft, auf denen das Onlinebanking der mBank bereits vorinstalliert war. Über diese strategische Allianz mit Orange

Die Commerzbank führte als erste Bank in Deutschland im Februar 2013 das photoTAN-Verfahren zur Freigabe von Aufträgen im Onlinebanking ein.

Polska konnten allein 2015 rund 160 000 Kunden gewonnen werden. Per Saldo gelang es der mBank 2015, die Zahl ihrer Privatkunden um 400 000 auf 4,9 Millionen zu steigern und ein operatives Ergebnis von 346 Mio. Euro zu erzielen. Aufgrund dieses Erfolgs wurden im stationären Banking und im Onlinebanking der mBank zahlreiche Instrumente getestet, die man später auch bei der Commerzbank nutzen wollte.[66]

- Neben der Weiterentwicklung der internen Prozesse über eine Modernisierung der IT-Plattform versuchte man, neue Wachstumsmöglichkeiten im FinTech-Bereich über die innovativen Neugründungen Main Incubator, Start-up Garage und CommerzVentures zu identifizieren und als Versuchslabor für eigene Anwendungen in der Zukunft zu nutzen.[67] Mit Main Funders erwuchs aus diesen Aktivitäten etwa ein digitaler Finanzierungsmarktplatz für das Peer-to-Peer-Lending, mit dem Anbietern wie Funding Circle oder Auxmoney Konkurrenz gemacht werden sollte.[68]

Abbau von Altlasten

Neben diesen Fortschritten in der »Kernbank« kam aber auch der Abbau von Altlasten gut voran. Im Segment Non-Core Assets wurde zwischen 2012 und 2015 das Volumen der ausstehenden Schiffsfinanzierungen von 19 auf 8 Mrd. Euro, der Bereich Commercial Real Estate (CRE) von 55 auf 10 Mrd. Euro und die Staatsanleihen von 52,4 auf 44,2 Mrd. Euro abgeschmolzen. Einige dabei herausragende Transaktionen waren etwa:[69]

- Im Sommer 2013 wurden britische Immobilienkredite in einem Volumen von über 5 Mrd. Euro an einen Hedgefonds verkauft. Wie bei den weiteren Transaktionen nahm die Commerzbank dabei Wertabschläge in Kauf, um regulatorisches Kapital freizusetzen.[70]
- Mitte Juni 2014 verkaufte die Commerzbank ihre CRE-Portfolios in Spanien, Portugal und Japan an ein Konsortium aus J. P. Morgan und Lone Star. Die Transaktionen in den südeuropäischen Ländern umfassten gewerbliche Immobilienkredite in Höhe von insgesamt 5,1 Mrd. Euro, davon stufte die Bank 1,4 Mrd. Euro als notleidend ein. In Japan verkaufte die Bank ihre Tochtergesellschaft Commerz Japan Real Estate Finance Corporation. Damit gingen Kredite in Höhe von 700 Mio. Euro auf den Erwerber über, die von der Bank als »höher risikobehaftet« eingestuft wurden.
- Ende August 2014 unterzeichnete die Commerzbank mit der Beteiligungsgesellschaft KKR Kohlberg Kravis Roberts & Co. und den Eigentümern von neun durch die Bank finanzierten und von den Schuldnern im Rahmen eines Debt-to-Equity-Swaps übernommenen Containerschiffen eine Vereinbarung über deren Verkauf.[71] Der Verkaufserlös wurde zur Rückführung der Kredite mit einem Gesamtvolumen von rund 160 Mio. Euro verwendet.

- Anfang Juli 2015 wurden mit Investoren Vereinbarungen über den Verkauf zweier CRE-Portfolios getroffen. Ein europäisches Portfolio im Nominalvolumen von 2,2 Mrd. Euro, das sowohl Problemkredite als auch nicht notleidende Kredite enthielt, ging wiederum an ein Konsortium aus J. P. Morgan und Lone Star, ein deutsches Non-Performing-Loan-Portfolio mit einem Nominalvolumen von rund 700 Mio. Euro an den Investor Oaktree.
- Mitte Juli 2015 nutzte die Commerzbank das günstige Marktumfeld, um eine Vereinbarung über den Verkauf ihrer Ende Mai 2013 gegründeten Schiffsrestrukturierungs-Plattform HSAM GmbH (Hanseatic Ship Asset Management GmbH) unter anderem an KKR zu unterzeichnen.[72]

Das Ergebnis des Jahres 2014 war noch durch eine in den USA gegen die Commerzbank verhängte Geldbuße in Höhe von 1,2 Mrd. Euro »verhagelt« worden. Zum einen hatte sie zwischen 2008 und 2013 mehrmals gegen Geldwäschevorschriften verstoßen, was ihr bereits Anfang des Jahrtausends zum Verhängnis geworden war und zu personellen Konsequenzen bis in den Vorstand hinein geführt hatte.[73] Zum anderen wurden dem Institut Verstöße gegen Handelssanktionen gegenüber Iran und Sudan in den Jahren 2002 bis 2008 vorgeworfen.[74] Doch im Geschäftsjahr 2015, in dem die Mitarbeiterzahl im Konzern weiter auf 51 305 gesunken und die Bilanzsumme gegenüber dem Jahreswechsel 2008/09 auf 532,6 nahezu halbiert worden war, erzielte die Commerzbank dann ein operatives Ergebnis von fast 2 Mrd. Euro. Das Ergebnis vor Steuern lag bei rund 1,8 Mrd. Euro, und das den Commerzbank-Aktionären zurechenbare Ergebnis betrug rund 1 Mrd. Euro. Vor allem durch das gesunkene Zinsniveau war das operative Ergebnis der Mittelstandsbank zwar zurückgefallen und bewegte sich bei nur noch etwa 1 Mrd. Euro. Diese Entwicklung wurde aber überkompensiert durch die Ergebnisbeiträge des Privatkundengeschäfts (751 Mio. Euro), Central & Eastern Europe (346 Mio. Euro) sowie Corporates & Markets (553 Mio. Euro). Aus den Non-Core Assets resultierten Verluste von »nur« noch 417 Mio. Euro. Als Spiegelbild bewegte sich die Aktie der Commerzbank 2015 auf einem im Vergleich mit 2010 bis 2013 deutlich höheren Niveau zwischen 8,94 Euro und 13,39 Euro.

Blessings Abschied

Im Rahmen einer außerordentlichen Aufsichtsratssitzung in Form einer Telefonkonferenz am 1. November 2015 teilte Martin Blessing mit, dass er seinen bis Ende 2016 laufenden Vertrag gerne erfülle, aber das Angebot einer Vertragsverlängerung, über das er sich gefreut habe, »aus persönlichen Gründen« nicht annehmen wolle. »Ich glaube, dass 2016 ein guter Zeitpunkt für einen Führungswechsel in der Bank ist. Die Commerzbank verfügt heute über ein robustes Geschäftsmodell sowie über sehr gute Mitarbeiter und Führungskräfte. Der Weg zurück zu einer nachhaltig erfolgreichen Bank ist klar erkennbar.« Im Rückblick führt Blessing zwei Motive für seinen Schritt an: Zum einen habe er nach 15 Jahren im Vorstand die Chance ergreifen wollen, etwas Neues zu machen. Blessing hat seine Erfolge in puncto Integration und Stabilisierung der Bank in ökonomisch sehr schwierigem Umfeld gesehen. Andererseits meinte er: »Irgendwann ist ein Zeitpunkt, wo du sagst, vielleicht wenn ich jetzt von außen reinkäme und auf die jetzige Situation guckte, dann würde ich den Kurs wahrscheinlich noch mal verändern. Und ich hatte irgendwie das Gefühl, ich bin an einem Punkt, wo die nächsten Schritte, die ich machen muss, wieder ein Kurswechsel sind, der mir schwerer fällt zu begründen. Aber dabei gewesen zu sein und den Kurs bis zu diesem Punkt mitgestaltet zu haben, wie kann ich jetzt glaubwürdig diese neue und notwendige Kursveränderung den Leuten erklären und sie mitnehmen? Ich entschied mich dafür, dass es für die nächste Phase auch für die Bank richtiger ist, wenn ich das nicht mache.«[75]

Auch in der Presse wurde Blessings Bilanz als »zwiespältig« bezeichnet.[76] Auf der einen Seite stünden die unter hohen Risiken eingegangene Übernahme der Dresdner Bank sowie die folgende Durststrecke. Allein in der internen Bad Bank seien über die Jahre rund 8 Mrd. Euro Verlust angefallen.[77] »Blessing musste sich immer wieder neues Geld von den Aktionären holen, weil er es nicht schaffte, genug Gewinne zu machen.« Dies hatte ihm in den Hauptversammlungen auch schon die Vorwürfe eingebracht, »einer der größten Kapitalvernichter« bzw. der »ungekrönte König der Anteilsverwässerung« zu sein.[78] Auf der anderen Seite wurden aber sowohl seine umfangreiche Beseitigung von Altlasten als auch die Fokussierung auf das erfolgreiche Mittelstands- und nach vielen Mühen wieder dynamischere Privatkundengeschäft hervorgehoben. Mit der ersten Dividendenzahlung seit Jahren habe er auch den »perfekten Zeitpunkt« für den Rücktritt gewählt.[79] Er habe es geschafft, die Bank wieder »auf Kurs« zu bringen. »Weitere fünf Jahre an der Spitze dürften ihm hingegen kaum zusätzliche Lorbeeren einbringen.«[80]

5.3 »Commerzbank 4.0«, DAX-Abstieg, Fusionsdiskussion, »Commerzbank 5.0« – eigenständig in die Zukunft?

Klaus-Peter Müller – wie der übrige Aufsichtsrat auch – war von Blessings Verzicht offenbar überrascht worden.[81] Dafür spricht, dass sein Nachfolger nicht direkt, sondern erst im März 2016 benannt werden konnte. Als interne Kandidaten wurden vor allem Markus Beumer, Leiter der seit mehreren Jahren erfolgreichen Mittelstandsbank und nach Mutmaßungen seit Langem

Blessings »Kronprinz«, sowie – aber erst mit deutlichem Abstand – Martin Zielke genannt.[82] Auch Namen externer Kandidaten wurden in der Presse gehandelt.[83] Dass letztlich der gleichaltrige Zielke Blessing ablösen würde, galt vielfach als überraschend, lange Zeit sei er »kein ernst zu nehmender Kandidat« gewesen.[84] Mit ihm sei der Aufsichtsrat »auf Nummer sicher gegangen«, wurde ihm doch am ehesten die Fähigkeit zugesprochen, »die Commerzbank wieder normal« zu machen.[85] Hervorgehoben wurden vor allem seine Bodenständigkeit – was sich etwa im Wohnort Hanau im Nordosten Frankfurts statt des vornehmen Taunus ausdrücke. Er mache wenig Aufhebens um seine Person und arbeite still, aber beharrlich an der Effizienz. Seinen Mitarbeitern lasse er Freiraum, halte gleichzeitig jedoch das Steuer fest in der Hand. Er handle strukturiert, pragmatisch, verlässlich und durchsetzungsstark. Zudem sei er von seinen beruflichen Erfahrungen her breit aufgestellt, habe in unterschiedlich strukturierten Häusern und Themengebieten gearbeitet. Gewürdigt wurde sein Geschick bei der Sanierung des Privatkundengeschäfts, das 2015 erheblich zum Gewinn der Gesamtbank beigetragen habe. Im Gegensatz dazu sei das Ergebnis der Mittelstandsbank zwar absolut größer, in den letzten Jahren aber rückläufig gewesen.[86]

Im Zuge des Führungswechsels wurde der 49-jährige Michael Mandel, Bereichsvorstand Private Kunden, in den Vorstand berufen. Er war bereits seit Langem ein enger Vertrauter von Zielke, galt als Treiber für die stärkere Verkaufsorientierung in diesem Segment (»Spitzname: Magic Mandel«[87]) und sollte daher auch künftig das Privatkundengeschäft verantworten. Angekündigt wurde auch die erste Berufung eines weiblichen Vorstandsmitglieds.[88] Bettina Orlopp, 45 Jahre und Bereichsvorstand für Konzernentwicklung und Strategie, sollte künftig die Themenbereiche Compliance, Recht und Personal übernehmen. Sie konnte jedoch aufgrund der Zulassungsvoraussetzungen der Bankenaufsicht erst im November 2017 von der Position der Generalbevollmächtigten in den Vorstand wechseln. Bereits zum Jahresbeginn 2016 war Marcus Chromik mit 44 Jahren in der Position des Chief Risk Officer auf Stefan Schmittmann gefolgt, der nach einer im Corporate Governance Kodex vorgesehenen »Abkühlphase« im Mai 2018 den Aufsichtsratsvorsitz von Klaus-Peter Müller übernehmen sollte. Aus dem »alten« Vorstandsteam waren beim Amtsantritt von Zielke darüber hinaus noch Markus Beumer (Mittelstandsbank), Frank Annuscheit (COO), Stephan Engels (CFO) und Michael Reuther (Corporates & Markets, Non-Core Assets) an Bord.

Commerzbank 4.0

Bereits vor dem Führungswechsel zeichnete sich ab, dass die angepeilte Ergebnissteigerung 2016 kaum erreichbar sein würde,[89] im Sommer brach das Ergebnis dann sogar regelrecht ein. Die weiter andauernde Niedrigzinspolitik der EZB hatte zu einer dramatischen Margenerosion geführt – insbesondere in der Mittelstandsbank.[90] Für Zielke war zudem klar erkennbar, dass der mit der Digitalisierung einhergehende Umbruch des Bankgeschäfts »brutal, schnell und radikal« sein werde.[91] In einem Brief an die Mitarbeiter zog er daher kritisch Bilanz: »Das Wichtigste, was wir uns 2012 vorgenommen haben, haben wir noch nicht erreicht. Wir verdienen einfach nicht genug Geld, um die Bank dauerhaft mit Erfolg in die Zukunft zu führen. ... Abwarten ist keine Lösung! Wir müssen dringend selbst tätig werden, um die Bank deutlich profitabler zu machen.«[92] Mit diesem Credo wurde im September 2016 die neue, gemeinsam mit McKinsey entwickelte Strategie »Commerzbank 4.0« vorgestellt – durch eine Computerpanne konnte sie schon vor der endgültigen Verabschiedung durch den Aufsichtsrat im Intranet der Bank eingesehen werden.[93] »Wir wollen unsere Bank für die Zukunft fit und profitabel machen. Dabei verfolgen wir das Ziel, die wettbewerbsfähigste Bank in Deutschland zu werden – für Privat- und Firmenkunden und mit einem modernen und überlegenen Angebot aus digitalen und persönlichen Dienstleistungen. Wir wollen nah am Kunden und schnell und effizient in der Abwicklung sein. Vor allem aber gilt: Wir wollen unsere Bank dauerhaft wetterfest machen und Komplexität reduzieren. Dazu werden wir unser Geschäftsmodell in den nächsten Jahren konsequent fokussieren, digital transformieren und die Effizienz steigern.«[94]

Im Zuge der Neuausrichtung wurde die Zahl der operativen Sparten von vier auf zwei halbiert und eine der Deutschen Bank ähnelnde Aufstellung gewählt. Die Sparte »Privat- und Unternehmerkunden« war künftig auch für kleinere Firmenkunden bis 15 Mio. Euro Jahresumsatz zuständig, die bisher der Mittelstandsbank zugeordnet waren; geleitet werden sollte sie von Michael Mandel. Die Sparte »Firmenkunden« nahm die bisherige Mittelstandsbank sowie Corporates & Markets auf. Das in letztgenanntem Segment zusammengefasste Investmentbanking und Handelsgeschäft sollte auf diejenigen Aktivitäten konzentriert werden, die sich für die (mittelständische) Firmenkundschaft als relevant erwiesen hatten. In diesem Zusammenhang wurde die Trennung von der Tochtergesellschaft ComStage – im Markt vor allem für den ETF-Handel bekannt – sowie den Abteilungen für den Handel von Zertifikaten und anderen strukturierten Produkten bekannt gegeben.[95] Diese Verkleinerung des Handelsgeschäfts sollte die Ergebnisvolatilität und Risiken aus regulatorischen Änderungen verringern sowie Kapital freisetzen, das die Commerzbank in ihr Kerngeschäft mit Kunden investieren wollte. Die Leitung für diese neue Firmenkundensparte wurde Michael Reuther übertragen, nachdem Markus Beumer sein Ausscheiden angekündigt hatte.[96] Die Sparte Central & Eastern Europe wurde aufgelöst, die diese dominierende mBank (wie die Comdirect) in das Segment Privat- und Unternehmerkunden integriert. Neben der dann aus zwei »Säulen« bestehenden Kernbank wurde nur noch das Abbausegment Asset & Capital Recovery (vorher Non-Core Assets) geführt.

Auf dem Digital Campus treiben Projektteams seit 2016 die Digitalisierung von Prozessen voran; Foto: Robert Lueck (2017).

Signifikant erhöht werden sollten die IT-Investitionen mit dem Ziel, deutliche Effizienzgewinne zu erzielen und sich »zu einem digitalen Technologieunternehmen« zu entwickeln.[97] Um innerhalb von vier Jahren 80 Prozent der relevanten Geschäftsprozesse end-to-end zu digitalisieren, wurden 700 Mio. Euro p. a. budgetiert. Bis 2020 sollten indes auch die Vollzeitstellen um 9600 – also 21 Prozent – sinken, zugleich 2300 neue Stellen in Wachstumsfeldern entstehen. Die Kosten der Restrukturierung wurden mit 1,1 Mrd. Euro beziffert, und Zielke kündigte an, weder für 2016 noch 2017 eine Dividende zahlen zu können. Dafür solle die Eigenkapitalrendite von 2,8 Prozent 2016 Ende 2020 auf über 6 Prozent, bei einer »Normalisierung des Zinsumfeldes« auch über 8 Prozent steigen und die Aufwandsquote unter 66 Prozent liegen (2016: 75 %).[98]

Ebenfalls bis 2020 sollten 2 Millionen Privat- und Unternehmerkunden neu gewonnen werden. Gerade hierfür sollten die noch 1050 Filialen gegen den Abbautrend in vielen anderen Häusern weiter bestehen bleiben, denn 60 Prozent der Neukunden (ohne Comdirect) eröffneten nach wie vor ihr Konto in einer der Filialen, die täglich von 450 000 Menschen besucht, in denen 50 000 Beratungsgespräche pro Woche geführt wurden und die man daher immer noch als »Wachstumsmotor« einstufte.[99] Gerade der Rückzug von Wettbewerbern aus der Fläche eröffne für die Commerzbank Möglichkeiten, ihren Marktanteil von »nur« 8 Prozent zu steigern. Allerdings sollten von den 1000 Stützpunkten nur etwa 100 in Form großer Flagship-Filialen geführt, 500 zu weniger personalintensiven und moderner auftretenden City-Filialen umgestaltet und für die restlichen 400 Mischlösungen je nach örtlichem Potenzial gewählt werden.[100] Bis 2020 wollte man etwa 100 bis 150 Mio. Euro in den Filialumbau investieren.

Die strategische Neuausrichtung wurde in der Presse skeptisch kommentiert: »Die Commerzbank steckt mitten in einem tiefgreifenden Umbau – wieder einmal oder besser: immer noch. Denn das Jahr 2015 war ein positives Ausnahmejahr mit einem Milliardengewinn. Einen solchen 2016 wieder zu erreichen wurde zwar als Ziel ausgegeben, doch das erwies sich schnell als utopisch. Jetzt steht die Commerzbank 2017 und 2018 wie so oft seit der Finanzkrise wieder vor Übergangsjahren: Zusammenlegen, Stellen abbauen, effizienter werden und wachsen lauten die Stichworte.«[101] Und: »Strategisch steht die Commerzbank derzeit an einer Wegscheide: Ihre Altlasten hat sie weitgehend abgearbeitet und ihre Risiken reduziert. Nun muss sie belegen, dass sie ungeachtet des Abbaus jeder fünften Vollzeitstelle bis 2020 ihre Erträge sowie ihre Ertragskraft steigern kann.«[102]

Ergebnis- und Imageeinbußen

Tatsächlich bedeuteten die Jahre 2016 und 2017 wieder deutliche Ergebnisrückschritte. Dies lag an den genannten Restrukturierungsaufwendungen (die 2017 mit über 800 Mio. Euro zu Buche schlugen), den angekündigten Investitionen in den IT-Ausbau und die Filialumgestaltung, aber auch der Kundenakquise. Zwar gewann man vor allem im Privat- und Unternehmerkundensegment erheblich an Neukunden, die Erträge stagnierten jedoch. Dies konnte indes nicht überraschen, zeigten die Erfahrungen doch, dass Kunden in der Akquise etwa 150 bis 250 Euro kosteten und es im Schnitt 18 Monate dauerte, bis sich ein Kunde im Retailgeschäft amortisierte, d. h. zu rund 300 Euro Ertrag pro Jahr führte.[103] Trotz dieser genannten Vorlaufinvestitionen ging das operative Ergebnis dieses Geschäftsbereichs von 2016 auf 2017 nur von 1,08 Mrd. Euro auf 858 Mio. Euro zurück.[104] Im Firmenkundensegment, das Zielke mit der Begründung »Deutschland ist Mittelstand. Und wir sind die Mittelstandsbank« als »absoluten Kernbestandteil der Commerzbank-DNA« bezeichnet hatte,[105] halbierte sich das operative Ergebnis dagegen von 1,3 Mrd. Euro auf 667 Mio. Euro. Insbesondere die Verringerung der Belastungen im Abbausegment und verschiedene außerordentliche Erträge von über 500 Mio. Euro[106] führten noch zu positiven Ergebnissen nach Steuern (2016: 279, 2017: 128 Mio. Euro), die jedoch gegenüber 2015 (1 Mrd. Euro) eine Enttäuschung bedeuteten. Mit Eigenkapitalrenditen von 1,1 Prozent 2016 oder gar nur der Hälfte 2017 lag man zwar vor der Deutschen Bank (2017: –1,4 %), aber weit hinter anderen Banken in Europa, die ähnliche Geschäftsmodelle besaßen, wie etwa UniCredit (2017: 11,9 %) oder Santander (6,7 %).[107]

Diese Entwicklung musste auch Klaus-Peter Müller schmerzen, der sich bei der Hauptversammlung im Mai 2018 nach 51 Dienstjahren aus der Commerzbank verabschiedete und den Aufsichtsratsvorsitz an Stefan Schmittmann übergab. Er erhielt zwar – im Gegensatz zu Schmähungen auf vergangenen Aktionärstreffen – Lobeshymnen der Eigentümer, in die sich jedoch auch Kritik mischte, die er selbst für berechtigt hielt. Insbesondere die beiden Übernahmen der Eurohypo und der Dresdner Bank wurden auf der Sollseite, seine Fähigkeit, die Bank nach der Finanzkrise auch durch die Auswahl der Vorstandsvorsitzenden wieder zu stabilisieren, auf der Habenseite seiner Bilanz verbucht, die insgesamt als »durchwachsen« bezeichnet wurde. Kein anderer – so die Presse – habe die Bank so geprägt wie er, im Guten wie im Schlechten, seine Ära besitze »Schönheitsflecken«. Müller, dem nachgesagt wurde, einer der letzten »Gentleman-Banker« Deutschlands gewesen zu sein, der »Handschlag-Seriosität« ausgestrahlt habe, habe »bei wichtigen Entscheidungen sehr viel Pech« gehabt.[108]

Klaus-Peter Müller wurde im Juni 2018 nach 51 Dienstjahren in der Commerzbank, unter anderem als Vorstandssprecher und Aufsichtsratsvorsitzender, feierlich verabschiedet; v. l. n. r.: Martin Zielke, Ehefrau Petra Müller, Klaus-Peter Müller, Stefan Schmittmann; Foto: Ulrich Schepp.

Ein Quartal nach der Hauptversammlung musste die Commerzbank einen weiteren Rückschlag hinnehmen: den Abstieg aus dem DAX 30 in den MDAX, der als »Schmach«, »Desaster«, »Tiefpunkt eines Niedergangs, der seit zehn

Jahren andauert«, gewertet wurde: »Mehr Prestigeverlust für die Commerzbank geht kaum.«[109] Zwischen Jahresbeginn und September 2018 war der Kurs um 30 Prozent von gut 12 auf 8 Euro gefallen, sodass der Marktwert der Bank nur noch knapp 11 Mrd. Euro – damit lediglich ein Drittel des Buchwerts – betrug und das Institut auf Rang 35 der wertvollsten deutschen Unternehmen zurückgefallen war. Seit Beginn des Jahrtausends hatte der Kurs sogar 96 Prozent eingebüßt. Die Commerzbank musste daher am 24. September ihren Platz mit dem Dienstleister für Zahlungsverkehrslösungen Wirecard AG aus Aschheim bei München tauschen, der an der Börse mit 23 Mrd. Euro bewertet wurde. Die Bank sei daher »zum Sinnbild geworden für die Zeitenwende in der Finanzbranche, in der Investoren einer knapp 20 Jahre alten Technologiefirma mit Banklizenz mehr zutrauen als einer 148 Jahre alten Bank, einem Gründungsmitglied des Dax«.[110] Zielke gab sich betont gelassen, gestand aber zu, dass ihn der Wechsel in die zweite Börsenliga geärgert habe, die Commerzbank von ihrem Selbstverständnis in den DAX gehöre und man daher auch einen Wiederaufstieg in absehbarer Zeit anstrebe. Er versuchte jedoch, dieser für die Reputation der Bank ohne Zweifel negativen Entwicklung noch eine positive Wendung zu geben: »Der DAX-Abstieg bestätigt unsere Strategie. ... Das unterstreicht aus meiner Sicht, dass der strategische Ansatz, die Bank technologisch weiterzuentwickeln, genau der richtige Weg ist. ...Wir sehen, dass technologieaffine Geschäftsmodelle nicht nur im Finanzwesen eine extrem gute Entwicklung und hohe Bewertung haben.«[111] »Das, was wir strategisch im Programm haben, sind die Zutaten für eine Wertsteigerung – davon sind wir zutiefst überzeugt.«[112]

Weitere Digitalisierung der Bank

In der Tat wurden unter dem Dach des neuen Geschäftsmodells »Commerzbank 4.0« die deutlichsten Fortschritte bei der Digitalisierung der Bank gemacht. Auf dem »Digitalen Campus« arbeiteten 1000 Mitarbeiter außerhalb der Zentrale in der Frankfurter Theodor-Heuss-Anlage in kleinen, flexibel zusammengesetzten Projektteams mit kurzen Entscheidungswegen und oftmals unter Einbeziehung von Kunden. Mithilfe agiler Arbeitsmethoden sollten die digitalen Prozessketten der Bank deutlich schneller als im traditionellen organisatorischen Gefüge umgestaltet werden. Vier dieser »Master Journeys« wurden 2017/18 für Produkte aus den Bereichen Zahlungsverkehr/Handelsfinanzierungen und Kreditgeschäft sowie Support Journeys wie die globale digitale Kreditakte und für Big Data & Advanced Analytics erstellt, sodass Ende 2018 bereits 60 Prozent der Kernprozesse der Bank digitalisiert waren. Um das angestrebte 80-Prozent-Ziel zu erreichen, wurde mit dem »Campus 2.0« die Übertragung erprobter Arbeitsweisen auf die Zentrale sowie Integration zentraler Geschäftseinheiten einerseits, der IT-Einheiten andererseits aufgesetzt, die sich den Musikstreamingdienst Spotify als Vorbild nahmen.[113] Mit gemischten Teams aus Fach- und IT-Experten sollten die zahlreichen Schleifen in der Entwicklung sowie der Abstimmungsbedarf bei der Umsetzung digitaler Lösungen vermieden werden. Zudem sollten die IT-Experten nicht nur einmalig eine Software entwickeln, sondern auch den dauerhaften Geschäftsbetrieb mitverantworten. Zwischen 50 und 60 »Cluster« genannte Teams von jeweils nicht mehr als 150 Fach- und IT-Mitarbeitern wurden angestrebt – auch unter Aufgabe der bisherigen organisatorischen Trennung zwischen Privat- und Firmenkundengeschäft. Für die Mitarbeiter, die ihr Haus intern mitunter als »Commerzamt« bezeichneten,[114] kam diese Innovation einer Revolution gleich. Zielke hielt dies aber für unabdingbar und geriet über den Campus ins Schwärmen: »Dort spüre ich, wie sich die Bank verändert.«[115] Die Dynamik bei der Digitalisierung ließ die Bank unter dem Projektnamen »Copernikus« auch Pläne für den Aufbau einer europäischen Onlinebank – neben der erfolgreichen Direktbanktochter Comdirect – verfolgen. Dafür wurde bei der mBank in Lodz sowie in Frankfurt an der Entwicklung einer Plattform gearbeitet, die sich an Kunden in der EU richten sollte. Im August 2018 wurden diese Vorarbeiten jedoch eingestellt, weil sie die Ressourcen der Bank zu stark beansprucht hätten: »Man kann nicht alles auf einmal machen«, so Privatkundenvorstand Mandel.[116]

Erneute Zielrevisionen

Mitte 2018 hatte sich schon gezeigt, dass die 2016 verkündeten Ziele sowohl auf der Ertrags- als auch der Kostenseite »wackelten«.[117] Als am Jahresende 2018 eine »Halbzeitbilanz« der Strategie »Commerzbank 4.0« gezogen wurde, fiel diese gemischt aus.[118] Im Segment Privat- und Unternehmerkunden hatte man zwar seit 2016 1 Million Neukunden gewonnen (Gesamtkundenzahl 13 Millionen) und lag exakt im Plan. Allerdings war das operative Ergebnis weiter rückläufig und betrug nach 858 Mio. Euro (2017) nur noch 735 Mio. Euro, die Hälfte davon steuerte die mBank bei. Das wenige Jahre zuvor noch blühende Firmenkundengeschäft (auch hier hatte die Kundenzahl seit 2016 deutlich zugenommen) schloss mit einem noch geringeren Ergebnis von 629 Mio. Euro ab – in einem Jahr gut laufender Konjunktur und daher niedriger Risikokosten. Diese Entwicklung löste auch Fragen der EZB-Aufsicht nach der langfristigen Profitabilität dieser Sparte aus.[119] Das Abbausegment schaffte einen Ergebnisswing von –264 Mio. Euro (2017) auf +34 Mio. Euro. Das Schiffskreditportfolio konnte auf unter 500 Mio. Euro, der Bestand an Immobilienkrediten auf 900 Mio. Euro abgebaut werden. Immer noch hatte die Bank jedoch Staatsanleihen aus dem wieder kritischer eingeschätzten Italien im Volumen von 9 Mrd. Euro in den Büchern, die aufgrund der Durchhalteabsicht nicht zum Marktwert bilanziert wurden.

Die Bilanzsumme der Commerzbank lag 2018 bei 462 Mrd. Euro, also dem Niveau vor Übernahme der Eurohypo und der Dresdner Bank. Das operative Ergebnis des Konzerns bewegte sich mit 1,2 Mrd. Euro leicht über dem Vorjahr und das Ergebnis vor Steuern ebenfalls in dieser Höhe, da Abzugsposten wie die 2017 gebuchten Restrukturierungsaufwendungen ausblieben. Dies führte zu einer Versiebenfachung des Nachsteuerergebnisses auf 865 Mio. Euro, die eine Wiederaufnahme der Dividendenzahlung von 20 Cent erlaubte. So erfreulich dieser Ergebnissprung auch war – die Eigenkapitalrendite erreichte nach 0,5 Prozent nur 3,4 Prozent, und der Vorstand musste seinen Zielwert für diese zentrale Größe im Jahr 2020 von über 6 Prozent auf »zwischen 5 und 6 Prozent« nach unten korrigieren. Bedingt durch diese Entwicklung wurden die außertariflich bezahlten Mitarbeiter informiert, dass die variable Vergütungskomponente für 2018 in etwa halbiert werde.[120]

Auch mit Blick auf die zu erwartenden Erträge (9 statt 9,8 Mrd. Euro) und die 2018 bei über 80 Prozent liegende Aufwandsrentabilität (75 statt 66 %) fanden Revisionen der offenbar zu anspruchsvollen Ziele statt.[121] Umso mehr musste überraschen, dass die Commerzbank im Oktober ein unverbindliches Angebot zur Übernahme der NordLB abgab, die durch Belastungen aus Schiffsfinanzierungen (!) in eine existenzgefährdende Krise geraten war.[122] Am Jahresende 2018 lag der Kurs bei 5,78 Euro, die Commerzbank besaß eine Marktkapitalisierung von 7,2 Mrd. Euro, gegenüber dem Vorjahr hatte sie sich halbiert. Spätestens seit dem DAX-Abstieg im Herbst wurde – wie in den zurückliegenden 30 Jahren so oft – die Frage gestellt, ob das Institut alleine überlebensfähig sei, eventuell übernommen werde oder selbst aktiv auf eine Fusion zusteuern solle. »Zielke wirkt, als habe er resigniert, als glaube er nicht mehr daran, dass es die Bank allein schaffe. Seine Versuche, auf der Bilanzpressekonferenz mit Worten wie ›unsere Strategie ist richtig und funktioniert‹ Aufbruchsstimmung zu erzeugen, verfangen nicht.«[123]

Geplatzte Fusionspläne

Und wieder einmal rückte dabei die Deutsche Bank in den Mittelpunkt der Überlegungen. Hatte es zunächst danach ausgesehen, dass dieses Haus zwar mit Schrammen, aber immerhin ohne Staatshilfe aus der Finanzkrise herausgekommen sei, stiegen die Geldbußen und Schadenersatzzahlungen aufgrund von Fehlhandlungen vor oder während der Krise mit zeitlichem Abstand zu ihrem Kulminationspunkt 2008 immer weiter an, während (internationale) Wettbewerber ihre Altlasten deutlich schneller abbauten. Diese Belastungen beliefen sich auf nahezu 20 Mrd. Euro, allein 2015 wurde ein Verlust von 7 Mrd. Euro (in diesem Jahr fiel die Dividende aus), 2016 1,6 Mrd. Euro und 2017 noch einmal 1 Mrd. Euro ausgewiesen. Als Spiegelbild dessen konnte sich der Aktienkurs der Deutschen Bank, der bereits in der Ära Josef Ackermann von 73,60 Euro (2006) auf 28,36 Euro (2012) eingebrochen war, unter seinen Nachfolgern Jürgen Fitschen und Anshu Jain nicht erholen (beim Ausscheiden des Führungsduos 2015 27,26 Euro). Unter John Cryan ging der Kurs bis Mai 2018 auf 11,85 Euro zurück und fiel auch unter seinem Nachfolger Christian Sewing bis auf 7,02 Euro am 31. Dezember 2018.[124] Der Marktwert des Hauses lag am Jahresende bei 14,4 Mrd. Euro, etwa doppelt so hoch wie der der Commerzbank, aber weit entfernt von Benchmarks wie J. P. Morgan (342 Mrd. US-Dollar), Bank of America (280 Mrd. US-Dollar), Citigroup (153 Mrd. US-Dollar) oder in Europa Santander (65,1 Mrd. Euro), BNP Baribas (51,2 Mrd. Euro) oder UBS (43,8 Mrd. Euro).[125] Zwischen 2008 und 2017 hatte die Deutsche Bank durch Kapitalerhöhungen 33 Mrd. Euro bei ihren Aktionären eingesammelt (die Commerzbank im selben Zeitraum 16 Mrd. Euro), ohne ihr Geschäftsmodell dauerhaft stabilisieren zu können. Erst 2018 fiel ein bescheidener Gewinn von 267 Mio. Euro an, der den der Commerzbank (865 Mio. Euro) deutlich unterschritt. Die Eigenkapitalrendite erreichte zuletzt gerade einmal 0,5 Prozent gegenüber 3,4 Prozent bei der Commerzbank – bei einer bald dreimal höheren Bilanzsumme und fast doppelt so vielen Mitarbeitern. Auch die Aufwandsrentabilität lag mit 92,7 Prozent noch über dem bereits kaum konkurrenzfähigen Wert der Commerzbank (80,3 %). Das größere Ausfallrisiko sahen die Märkte zuletzt sogar bei der Deutschen Bank, kostete doch ein CDS über 10 Mio. Euro und fünfjähriger Laufzeit für die Commerzbank 107 404 Euro, für die Deutsche Bank jedoch 182 950 Euro.[126]

	Deutsche Bank	Commerzbank
Bilanzsumme	1.348 Mrd. €	462 Mrd. €
Mitarbeiter	91.737	49.410
Nachsteuerergebnis für Aktionäre	267 Mio. €	865 Mio. €
Eigenkapitalrendite	0,5 %	3,4 %
Aufwandsrentabilität	92,7 %	80,3 %
Kurs/Buchwert-Verhältnis	0,25	0,29
Marktkapitalisierung	14,4 Mrd. €	7,2 Mrd. €

Tabelle 23: Zentrale Kennzahlen der Deutschen Bank und Commerzbank im Vergleich (Stand: 31. Dezember 2018)[127]

Vor allem durch die dramatische Abwärtsentwicklung der Deutschen Bank alarmiert, wurde die Bundesregierung nach Presseberichten ab dem Frühjahr 2018 aktiv, um die Möglichkeiten für ein Zusammengehen von Deutscher und Commerzbank (oder Teilen davon) auszuleuchten.[128] Auf eine Anfrage der Grünen-Fraktion im Deutschen Bundestag hin wurden vom Bundesfinanzministerium zahlreiche Treffen von Minister Olaf Scholz bzw. Staatssekretär Jörg Kukies, früher Goldman Sachs, mit Mitgliedern des Vorstands und Aufsichtsrats sowohl von Commerzbank (hier war man ja schließlich größter Aktionär) als eben auch Deutscher Bank sowie großen Anteilseignern beider Häuser aufgelistet.[129] Eine besondere Rolle spielte dabei der Finanzinvestor Cerberus, der wiederum sowohl bei der Commerzbank (Erwerb von 5 % der Anteile Mitte 2017) als auch bei der Deutschen Bank (3 %, November 2017) eingestiegen war.[130] Die Vorstandsvorsitzenden der beiden Banken sprachen zwar ebenfalls regelmäßig miteinander über eine Fusion (Martin Zielke mit John Cryan im Sommer 2016,[131] mit Christian Sewing im Herbst 2018), betonten jedoch zumindest in der Öffentlichkeit ihre Präferenz für eine Eigenständigkeit. Zielke postulierte für sein Haus, die Commerzbank wolle »den Wandel selbst gestalten«,[132] und für die Deutsche Bank wies Sewing im September 2018 darauf hin, dass man allein durch die Integration der Postbank noch mindestens 18 Monate mit sich selbst beschäftigt sei und »seine Hausaufgaben machen« müsse.[133]

Doch die Politik trieb die Fusionsüberlegungen unter der Beteiligung sie beratender Investmentbanken offenbar weiter voran,[134] für den Fall einer erneuten Verschlechterung der wirtschaftlichen Situation in mindestens einem der beiden Häuser wolle man präpariert sein (»Plan B«[135]), Strukturen und Prozesse überdacht haben, um nicht wie in der Finanzkrise von der Dynamik der Abwärtsentwicklungen überrascht zu werden und ad hoc handeln zu müssen. Um jedoch andererseits eine »Self-fulfilling Prophecy« hin zu Institutskrisen und den Eindruck einer politisch erzwungenen »Notfusion«[136] zu vermeiden, wurde zur Legitimierung des Vorgehens das aus dem Vorfeld der Dresdner Bank-Übernahme bekannte Narrativ von der Notwendigkeit eines »Nationalen Champions« in der Kreditwirtschaft bemüht. Angesichts der vor allem durch die Trump-Administration ausgelösten welt- und handelspolitischen Verwerfungen brauche es starke heimische Banken, um deutsche Unternehmen im internationalen Wettbewerb unterstützen zu können – was eine bestimmte Größe erzwinge.[137]

Ökonomisch sprach indes wenig für eine Fusion der beiden Institute, die auch in der Presse äußert kritisch gesehen wurde (»wahnsinnige Ehe«[138]). Die Größe eines Instituts trägt tendenziell zur Erhöhung seines systemischen Risikos bei, im Krisenfall ist es dann erst recht schwer abzuwickeln. Als »too big to fail« betrachtet, besitzt es damit wieder Erpressungspotenzial mit Blick auf die Gewährung von Staatshilfen zulasten des Steuerzahlers – eine Gefahr, die als Konsequenz aus der Finanzkrise durch die Einrichtung eines europäischen Abwicklungsmechanismus aber gerade gebannt werden sollte. Auch aus einem engeren betriebswirtschaftlichen Blickwinkel heraus war kaum erkennbar, wie sich die Probleme der beiden Banken dadurch beseitigen ließen, dass man ein noch größeres Institut formte.[139] Synergien waren auf der Ertragsseite nur schwer zu identifizieren; auch die addierten Marktanteile der beiden Häuser hätten in den meisten Geschäftsfeldern kaum ausgereicht, die Margen wesentlich auszuweiten. Im Privatkundengeschäft etwa wäre man auf 10 Prozent gekommen – halb so viel wie die Volks- und Raiffeisenbanken.[140] Damit wären Vorteile aus möglichen Kosteneinsparungen durch die Zusammenlegung von Standorten und vor allem ganz erhebliche Personaleinsparungen geblieben. Wenn die Schätzung von John Cryan aus dem Sommer 2016, die Deutsche Bank arbeite mit 25 bis 30 Prozent zu viel Personal[141] (also deutlich über 20 000 Stellen), zuträfe, wären die Arbeitsplatzverluste bei einer Fusion sicher noch einmal höher gewesen als nach dem Zusammengehen von Commerzbank und Dresdner Bank sowie den nachfolgenden Restrukturierungen.[142] Zugleich hätten sich Dissynergien zum einen aus einer Klumpung von Risiken speziell im Firmenkundengeschäft ergeben, da eine große Zahl von Adressen in beiden Häusern Kreditnehmer war. Zum anderen hätten vor allem Zeitbedarf und Kosten für die IT- und kulturelle Integration zu einer erheblichen Belastung geführt.

Über solche Einwände schien sich die Politik indes aus »übergeordneten« Gründen hinwegzusetzen und erhöhte den Druck auf ein Zusammengehen.[143] Insofern – und nicht nur vom Marktwert her – waren sich Commerzbank und Deutsche Bank fast 150 Jahre nach ihrer Gründung doch näher gekommen als über lange Phasen hinweg gedacht. Am 17. März 2019 kündigten sie in einer Ad-hoc-Mitteilung an, »ergebnisoffene Gespräche über einen eventuellen Zusammenschluss« aufzunehmen.[144] Daraufhin kommentierte die Presse: »Den Bankhistorikern der Zukunft wird es vorbehalten bleiben, eine Geschichte zu durchleuchten, über die auch der Wohlmeinendste nur fassungslos den Kopf schütteln kann.«[145]

Und in der Tat wurden die Gespräche 39 Tage später offiziell beendet. Sechs Wochen hatten »der Christian« und »der Martin«, wie sich die Vorstandschefs nannten, intensiv miteinander verhandelt.[146] Die Atmosphäre wurde als kollegial und gut, fair und konstruktiv, professionell und vertrauensvoll bezeichnet,[147] man duzte sich und sah sich mehrmals in der Woche, mal in einem der beiden Häuser, mal bei den Beraterbanken oder an vertraulichen Orten. Immer neue Schätzungen für die zu erwartende Wertentwicklung eines fusionierten Instituts, die im Dauerbetrieb von verschiedenen Arbeitsgruppen erstellt wurden, waren zu diskutieren. Nach Beginn des Austauschs war in der Presse von schnellem Vorankommen und Zuversicht für ein Zusammengehen die Rede, doch es verdichteten sich Mitte April um das Osterfest herum die negativen Einschätzungen. Am 25. April, einem trüben Donnerstag in der Woche nach Ostern, kamen die Aufsichtsrats- und

Vorstandsvorsitzenden der beiden Banken um neun Uhr noch einmal in der Commerzbank zusammen. Stefan Schmittmann und Martin Zielke von der Commerzbank, Paul Achleitner und Christian Sewing von der Deutschen Bank bewerteten abschließend die Ergebnisse der Fachteams und fassten dann den Entschluss, die Fusionspläne zu beerdigen. Unmittelbar danach rief Christian Sewing bei Bundesfinanzminister Olaf Scholz an, um ihm das Scheitern der Verhandlungen und dessen Ursachen zu übermitteln. Danach ging um 10:35 Uhr von beiden Banken eine nahezu identische Ad-hoc-Mitteilung heraus. Bei der Commerzbank lautete sie:

»Commerzbank und Deutsche Bank haben heute entschieden, die Gespräche über einen Zusammenschluss beider Institute nicht fortzusetzen. Nach gründlicher Prüfung hat sich herausgestellt, dass ein solcher Zusammenschluss nicht im Interesse der Aktionäre beider Unternehmen sowie anderer Interessengruppen wäre. ›Es war sinnvoll, diese Option einer innerdeutschen Konsolidierung zu prüfen. Für uns war aber von Anfang an klar: Mit einem Zusammenschluss müssten wir höhere und nachhaltigere Renditen für unsere Aktionäre erreichen und die Leistungen für unsere Kunden verbessern können‹, sagt Martin Zielke, Vorstandsvorsitzender der Commerzbank. ›Nach gründlicher Analyse sind wir zu dem Schluss gekommen, dass ein Zusammenschluss mit der Deutschen Bank keinen ausreichenden Mehrwert bieten würde – auch mit Blick auf die Umsetzungsrisiken, Restrukturierungskosten und Kapitalanforderungen, die mit einer solch großen Integration einhergehen. Christian Sewing und allen Beteiligten möchte ich für die vertrauensvollen Gespräche in den vergangenen Wochen danken. Die Commerzbank bleibt bei ihrer Strategie. Wir werden unser Wachstum gemeinsam mit unseren Kunden vorantreiben und konsequent in die Zukunft investieren.‹«[148]

Die insoweit nur vage umrissenen Ursachen für die letztliche Entscheidung gegen eine Fusion wurden weder in den Interviews der Vorstandsvorsitzenden nach den Ad-hoc-Meldungen[149] noch im Rahmen der einen Monat später stattfindenden Hauptversammlungen beider Unternehmen[150] näher spezifiziert. Da – wie gesagt – auch zuvor schon in der Öffentlichkeit ausführlich über hohe Unsicherheiten bei einem Zusammengehen, eine teure Restrukturierung und den Kapitalbedarf eines in noch höherem Maße systemrelevanten Instituts diskutiert worden war, zeigte Martin Zielke Verständnis für die Frage nach dem »Warum« der Gespräche,[151] hielt aber an deren Notwendigkeit unverändert fest und versuchte, ihr Ergebnis positiv zu deuten: »Dennoch waren diese Gespräche richtig und wichtig. Aus einer Vielzahl von Gründen. Zum einen haben sie uns darin bestätigt, dass wir bereits vieles richtig machen und die passende Strategie haben. Zum anderen haben wir sehr viel Vertrauen und Zuspruch durch unsere Kunden erfahren.«[152]

Nach Presseberichten hatten sich vor allem zwei Punkte in den Verhandlungen als problematisch erwiesen:[153] Zum einen hätten die auf Negativszenarien (z. B. konjunktureller Art oder mit Blick auf mögliche Kapitalmarktstörungen) basierenden Stresstests die Schaffung von Mehrwert nicht nur im Worst, sondern auch im Business Case nur schwer erreichbar erscheinen lassen. Zum anderen habe man ein vielfach negatives Feedback von (Firmen-)Kunden erhalten, die häufig zu beiden Instituten Beziehungen unterhielten, da sie sich bewusst »für mehr als eine Bank« entschieden hätten.[154] Hier drohte die Gefahr von Abwanderungen und damit eher Dissynergien (Sewing: »Eins und eins ergibt nicht zwei«[155]). Insbesondere einige Großaktionäre der Deutschen Bank (Emirat Quatar, chinesisches Konglomerat HNA, Blackrock) hätten vor diesem Hintergrund nicht von einem insgesamt positiven Effekt der Fusion überzeugt werden können.[156] Aufseiten der Commerzbank dagegen, bei der als kleinerem Institut wohl auch die meisten Arbeitsplätze entfallen wären, stemmte sich die Arbeitnehmervertretung vehement gegen ein Zusammengehen, 82,5 Prozent lehnten die Fusion in einer Mitarbeiterbefragung ab[157] (bei der Deutschen Bank 70 Prozent[158]). Martin Zielke, in der Berichterstattung mehr noch als Sewing als Befürworter der Fusion eingestuft, wurde ein zu schnelles Umschalten seiner in der Öffentlichkeit gezeichneten Perspektive des »Wir wachsen allein« zu »Wir wachsen allein nicht schnell genug« und damit nicht ausreichendes Mitnehmen der Beschäftigten vorgeworfen.[159] Eine im Vergleich dazu geringere Rolle scheint die Kapitalausstattung einer fusionierten Bank gespielt zu haben. Bei einem Erwerb der Commerzbank durch die Deutsche Bank hätte Letztere einen erheblichen Sondergewinn aus der Differenz zwischen dem Kaufpreis (Börsenwert rund 9 Mrd. Euro) und dem Buchwert des Eigenkapitals (29 Mrd. Euro) erzielt, auch wenn sie im Rahmen eines Übernahmeangebots einen Aufschlag auf den Marktwert hätte bieten und einige stille Lasten der Commerzbank (wie etwa bei italienischen Staatsanleihen) hätte bereinigen müssen. Dem Vernehmen nach hätte die Bankenaufsicht einen erheblichen Teil dieses »Bad Wills« als regulatorisches Kernkapital anerkannt – wie zuvor schon mehrfach, etwa bei den Zukäufen der Aareal Bank.[160]

In der Öffentlichkeit wurde einmütig »erleichtert«[161] auf das Scheitern der Fusionspläne reagiert, das »eine gute Nachricht« sei – es habe die »Vernunft gesiegt«[162], auch die Aktionäre der Commerzbank lobten in der Hauptversammlung im Mai den Abbruch der Fusionsgespräche, da das Haus »kein Organspender und Ersatzteillager für andere Banken«[163] sei. Gleichzeitig wurde stets darauf hingewiesen, dass die erheblichen Probleme beider Häuser nach dem Ende der Gespräche nicht beseitigt seien, beide Banken vor unverändert »sehr schwierigen Zeiten«[164] stünden, in denen Restrukturierung und Redimensionierung weitergehen müssten. Und schon am Tag der Ad-hoc-Meldung tauchten bereits neue Spekulationen auf, wer anstelle der Deutschen Bank die Commerzbank übernehmen könnte, wobei immer wieder die ING DiBa, die UniCredit und BNP Paribas genannt wurden.[165] Mit dem einen oder anderen Haus hatten sich sowohl der Vorstand der Commerzbank

Start zur neuen, bankweiten Struktur »Campus 2.0« mit den Vorständen Jörg Hessenmüller (l.) und Martin Zielke (M.) am 1. Juli 2019; Foto: fototante.

als auch die Politik schon während der Gespräche mit der Deutschen Bank ausgetauscht. Dass sich jedoch hieraus kein konkretes Angebot ergab, laut Finanzvorstand Stephan Engels kein Bewerber nachdrücklich »anklopfte«,[166] wurde eher als schlechtes Zeichen gedeutet: »Der Commerzbank gehen jedenfalls die Bieter aus. … Ist die Commerzbank … etwa unfusionierbar?«[167] Insoweit erwies sich der Verlauf der Gespräche mit der Deutschen Bank als wenig förderlich für die Reputation der Commerzbank.

Obwohl der Vorstand der Commerzbank – vor diesem Hintergrund zwangsläufig – betonte, man sei auch »alleine stark genug«[168] und könne »aus eigener Kraft wachsen«[169] (Engels: »Stand-alone ist klar eine Alternative«[170]), war den Stakeholdern der Bank ein »Weiter so« nicht zu vermitteln. So zeigten auch die im Mai für das erste Quartal 2019 veröffentlichten Zahlen, dass man beim Wachstum der Kundenzahl und der Assets im Plan von »Commerzbank 2020« lag, sich dies jedoch trotz positiven Kundenfeedbacks (»Wir brauchen eine Bank wie die Commerzbank«[171]) unverändert kaum in der Ertragskraft und der Marktkapitalisierung niedergeschlagen hatte.[172]

Commerzbank 5.0

Martin Zielke bestätigte in der Hauptversammlung 2019 die Notwendigkeit zum Handeln mit Verweis auf den Austausch mit der Deutschen Bank: »Die Gespräche haben aber auch gezeigt, wo wir möglicherweise unsere Strategie nachschärfen sollten«[173], und kündigte – wieder einmal – die Überarbeitung des Zielkatalogs und Maßnahmenplans der Bank an, die dann im Herbst 2019 der Öffentlichkeit vorgestellt wurde. Tatsächlich mussten die Kernbestandteile von »Commerzbank 5.0 – digital, persönlich, verantwortungsvoll« als strategische Kehrtwende eingestuft werden. Wurde zuvor die Größe des Filialapparats als Stärke betont, auf starkes Wachstum der Zahl der Privatkunden abgezielt und auf mehrere Marken unter einem Dach gesetzt, so gab man nun bekannt:[174]

- 200 der knapp 1000 Filialen werden bis 2023 geschlossen, dafür solle das mobile Banking ausgebaut werden. Für die Restrukturierung wurden 150 Mio. Euro zurückgestellt.
- 4300 Vollzeitstellen sollten abgebaut (700 Mio. Euro Restrukturierungskosten), 2000 Stellen vor allem im Digitalbereich und Vertrieb neu geschaffen werden (Investitionen von 750 Mio. Euro in die Digitalisierung).
- Rund 1 Million »inaktive« Kundenverbindungen sollten beendet werden.
- Die Comdirect werde in die Commerzbank integriert (»Bündelung digitaler Kompetenzen«).
- Die polnische mBank werde zur »Stärkung der Investitionskraft« und »Konzentration auf das deutsche Kerngeschäft« verkauft.

»Mit Commerzbank 5.0 machen wir die Bank wetterfest.« – so Martin Zielke bei der Vorstellung des Programms. Doch speziell die beiden letzten Maßnahmen wurden von Beobachtern mit Skepsis aufgenommen. Mit der Trennung von der 69%igen Beteiligung an der mBank verliere man einen »Hoffnungsträger«, verkaufe das »Tafelsilber« und mobilisiere »die letzten Reserven«, um sie in den traditionell margenschwachen deutschen Markt zu investieren. Ebenso wurde bezweifelt, dass es gelingen könne, den Innovationsspirit der bislang als eigenständiges Institut sehr erfolgreichen Comdirect bei einer Zusammenlegung mit anderen Bereichen für die Bank zu erhalten. Insofern wurde die nach Umsetzung der Maßnahmen ab dem Jahr 2023 angekündigte Eigenkapitalrendite von 4 Prozent als realistisch, aber als »beschämend niedrig« bezeichnet.[175]

Wenige Monate vor ihrem „runden" Geburtstag lässt sich die Perspektive der Commerzbank somit nur schwer einschätzen. Betont wird zwar: »Die vergangenen 150 Jahre hat das gut alleine funktioniert«[176] (so der scheidende Finanzvorstand Engels), aber zwei Mal in der Geschichte musste der Staat als Retter einspringen, und allein die lange Tradition des Hauses dürfte keinen Übernahmeschutz bieten. Um nicht nur Getriebene in der vor allem politisch forcierten, nationalen und internationalen Bankenkonsolidierung zu sein,[177] sondern Eigenständigkeit und Gestaltungskraft zu erhalten, wird die Commerzbank sehr bald den Nachweis führen müssen, dass ihr Geschäftsmodell – entgegen der Bewertung in der Presse und am Kapitalmarkt – nachhaltig zukunftsfähig ist.

Anhang

Anmerkungen

Geschäftsmodell und Governance als Leitgedanken durch 150 Jahre Geschichte

1 Commerzbank AG (Hg.), 100 Jahre Commerzbank 1870–1970, Frankfurt am Main 1970; Fritz Seidenzahl, 100 Jahre Deutsche Bank, Frankfurt am Main 1970.

2 Thomas Weihe, Die Personalpolitik der Großbanken 1919–1945, Stuttgart 2006; Christoph Kreutzmüller, Händler und Handlungsgehilfen. Der Finanzplatz Amsterdam und die deutschen Großbanken (1918–1945), Stuttgart 2005; Ingo Loose, Kredite für NS-Verbrechen, München 2007; Simon Gonser, Der Kapitalismus entdeckt das Volk: Wie die deutschen Großbanken in den 1950er und 1960er Jahren zu ihrer privaten Kundschaft kamen, München 2014.

3 Detlef Krause, Die Commerz- und Disconto-Bank 1870–1920/23. Bankgeschichte als Systemgeschichte, Stuttgart 2004; Nicolai M. Zimmermann, Die Commerzbank und ihre Kunden. Kundenstruktur und Geschäftsbeziehungen einer deutschen Großbank 1924–1945, Diss. Universität Frankfurt am Main 2017.

I. Die Commerzbank 1870 bis 1945: Entwicklung und Behauptung als Filialgroßbank

1. Der Finanzplatz Hamburg und die Gründung der Commerz- und Disconto-Bank 1870

1 Herbert Rittmann, Deutsche Geldgeschichte 1484–1914, München 1975, S. 428.

2 Bernd Sprenger, Währungswesen und Währungspolitik in Deutschland von 1834 bis 1875, Köln 1981, S. 56.

3 Manfred Pohl, Hamburger Bankengeschichte, Mainz 1986, S. 19.

4 Ebenda, S. 68 f.

5 Zum Begriff des »Money Doctor« siehe Marc Flandreau, Money and Doctors, in: ders. (Hg.): Money Doctors. The experience of international financial advising 1850–2000, London 2003, S. 1 ff.

6 Immerhin scheint der Warenhandel zu dieser Zeit schon vollständig aufgegeben worden zu sein (Eduard Rosenbaum/Ari J. Sherman, Das Bankhaus M. M. Warburg & Co, 1798–1938, Hamburg 1976, S. 96 f.). Seit Ende der 1850er Jahre lautete die Selbstbeschreibung der Warburgs jedoch »Bankier- und Geldwechselgeschäft« (ebenda, S. 61).

7 Die Autoren einer Festschrift zum 100-jährigen Bestehen der Bank vermuteten sogar einen direkten Londoner Einfluss auf die Gründer der Hamburger Vereinsbank. Walther Matthies/C. Franz Scholl, Hundert Jahre Vereinsbank in Hamburg 1856–1956, Hamburg 1956, S. 27.

8 Ebenda.

9 Gerhard Ahrens, Von der Franzosenzeit bis zur Verabschiedung der neuen Verfassung 1806–1860, in: Hans-Dieter Loose (Hg.), Hamburg. Geschichte der Stadt und ihrer Bewohner, Bd. 1, 1982, S. 483.

10 Gerhard Ahrens, Das Ringen um eine Notenbank in Hamburg um die Mitte des 19. Jahrhunderts, in: Kredit und Kapital (1974), 2, S. 239 ff.

11 Walther Däbritz, Gründung und Anfänge der Disconto-Gesellschaft Berlin, München 1931, S. 67.

12 Aktivitäten in dieser Richtung lassen sich erstmals 1866 nachweisen, als sich die Norddeutsche Bank maßgeblich an der Gründung der Norddeutschen Affinerie beteiligte. Manfred Pohl/Angelika Raab-Rebentisch, Die Deutsche Bank in Hamburg 1872–1997, München 1997, S. 35 f.

13 Ekkehard Böhm, Der Weg ins Deutsche Reich 1860–1888, in: Loose, Hamburg, S. 504.

14 Dieter Ziegler, Zentralbankpolitische Steinzeit? Bank of England und Preußische Bank im Vergleich, in: Geschichte und Gesellschaft (GG) 19 (1993), S. 500.

15 Lothar Gall, Die Deutsche Bank von der Gründung bis zum Ersten Weltkrieg, in: ders. u. a., Die Deutsche Bank 1870–1995, München 1995, S. 8.

16 Krause, Commerz- und Disconto-Bank, S. 53.

17 Gall, Deutsche Bank, S. 10.

18 Zeichnungseinladung, undatiert, Februar 1870 (Faksimile), in: Commerzbank AG (Hg.), Die Bank – Dienstleister im Wandel. 125 Jahre Commerzbank, Frankfurt am Main 1995, S. 9.

19 Das Bankhaus Warburg war über lange Jahre Korrespondenzbank des Londoner Zweigs der Rothschilds (vgl. Rosenbaum/Sherman, Bankhaus, S. 27 ff.). Der Inhaber der Frankfurter Privatbank B. H. Goldschmidt, Maximilian Goldschmidt, der bereits als Kind im Hause der Frankfurter Rothschilds verkehrte, sollte wenige Jahre nach der Gründung der Commerzbank die Erbin des Frankfurter Stammhauses der Familie Rothschild, Minna Caroline Freiin von Rothschild, heiraten (Rainer Liedtke, N M Rothschild & Sons. Kommunikationswege im europäischen

Bankenwesen im 19. Jahrhundert, Köln/Wien 2006, S. 109). Zu den verwandtschaftlichen Beziehungen der Frankfurter Familie Goldschmidt vgl. auch Werner Mosse, German Jewish Economic Elite, Oxford 1989, S. 167 ff.

20 Zitiert in Sebastian Panwitz, Das Haus des Kranichs. Die Privatbankiers von Mendelssohn & Co. (1795–1938), Berlin 2018, S. 155.

21 Frank M. Hinz, Planung und Finanzierung der Speicherstadt in Hamburg, Münster 2000, S. 146.

22 Krause, Commerz- und Disconto-Bank, S. 57.

23 Zitiert nach Panwitz, Haus, S. 156.

24 Krause, Commerz- und Disconto-Bank, Tab. 1, S. 370 sowie S. 56.

25 Panwitz, Haus, S. 156.

2. Von Hamburg nach Berlin: Der Weg zur kleinen Berliner Großbank (1873 bis 1914)

1 Verzeichnis der in der Generalversammlung von 21. 2. 1904 erschienenen Aktionäre oder Vertreter von Aktionären, Sächsisches Hauptstaatsarchiv Dresden (Sächs. HStA Dresden), Altbanken Dresden (Commerzbank) Akte 1490.

2 Zu den Gründen für den Einsatz von »Strohmännern« vgl. Dieter Ziegler, »Bankenmacht«, »Verwaltungsherrschaft«, »Aktionärsdemokratie«? Zum Problem der Kontrolle der Geschäftsleitung in deutschen Aktiengesellschaften 1870–1931, in: Zeitschrift für Unternehmensgeschichte (ZUG) (im Druck).

3 Gesetz betreffend die Kommanditgesellschaft auf Aktien und die Aktiengesellschaft vom 11. 6. 1870, Bundes-Gesetzblatt des Norddeutschen Bundes 1870, S. 375–377. Vgl. hierzu auch Carsten Burhop, Die Kreditbanken in der Gründerzeit, Stuttgart 2004, S. 37, sowie ders., Banken, Aufsichtsräte und Corporate Governance im Deutschen Reich (1871–1913), in: Bankhistorisches Archiv (BA) 32 (2006), 2, S. 1–23.

4 Statuten der Commerz- und Disconto-Bank in Hamburg (1870), § 23, S. 13, Historisches Archiv der Commerzbank (HAC), S3/A86.

5 Ebenda, § 18, S. 8.

6 Ebenda, § 17, S. 8.

7 Wenn ein Großkredit beantragt war, musste der Kreditantrag zunächst im »Creditausschuss« behandelt werden. Nach der Genehmigung musste die Direktion die schriftliche Genehmigung aller Verwaltungsratsmitglieder einholen, sofern diese nicht »verreist« waren. Schreiben der Direktion an den »löblichen Verwaltungsrath« mit der Bitte um die Bestätigung der Genehmigung des Kreditantrags eines Kunden über 200 000 Mark zum Ankauf eines Fabrikgebäudes v. 31. 5. 1877, HAC-1/645.

8 Schreiben der Direktion an den »löblichen Verwaltungsrath« mit der Bitte um die Bestätigung der Entscheidung des Finanzausschusses, sich an einem Anleihekonsortium der Berlin-Anhalter Eisenbahn mit einem Betrag von bis zu 2 Mio. Mark zu beteiligen (undatiert, 1878), HAC-1/645.

9 Geschäftsordnung für den Verwaltungsrath der Commerz- und Disconto-Bank in Hamburg v. 30. 3. 1870, § 6, HAC-1/645.

10 Die Statuten der Commerzbank untersagten lediglich den Direktoren, »Credite von der Gesellschaft zu nehmen«. Statuten der Commerz- und Disconto-Bank (1870), § 15, S. 8.

11 Siehe dazu Kap. 2.2.

12 Nach der Krise von 1857 hatte der preußische Handelsminister der Stadt Hamburg angeboten, in der Stadt eine Filiale der Preußischen Bank zu errichten, was aber vom Senat entschieden abgelehnt wurde (Ahrens, Krisenmanagement, S. 37). Nach der Annexion Holsteins konnten sich die Hamburger Kaufleute und Bankiers dann aber immerhin an die Preußische Bank-Filiale in Altona wenden, das damals noch nicht zu Hamburg gehörte. Die dortige Filiale entwickelte sich unter Schayer de facto zu einer Preußischen Bank-Filiale für Hamburg, bis 1875 die Reichsbank als Nachfolgerin der Preußischen Bank eine eigene Filiale in der Hansestadt errichtete.

13 Frauke Schlütz, »Ein gediegener & solider Mann«. Die Vorstandssprecher der Commerzbank von 1870 bis 2008 (Publikationen der Eugen-Gutmann-Gesellschaft, 9), Dresden 2016, S. 11.

14 Krause, Commerz- und Disconto-Bank, S. 75.

15 Statuten der Commerz- und Disconto-Bank (1870), § 15, S. 7.

16 Schlütz, Vorstandssprecher, S. 14.

17 Zu den Familien Werner und Robinow vgl. ebenda, S. 15 f.

18 Krause, Commerz- und Disconto-Bank, S. 117; Schlütz, Vorstandssprecher, S. 17.

19 Die Abschreibungen auf Kredite und Effekten betrugen etwas über 900 000 Mark und der Schaden durch den Betrugsfall knapp 200 000 Mark. Krause, Commerz- und Disconto-Bank, S. 80.

20 Manfred Pohl, Vom Bankier zum Manager, in: H. H. Hofmann (Hg.), Bankherren und Bankiers, Limburg 1978, S. 149 ff.; Gall, Deutsche Bank, S. 125 ff.; Dieter Ziegler, Der Bankier Eugen Gutmann (1840–1925), Frankfurt am Main 2009, S. 11.

21 Gesetz betreffend die Kommanditgesellschaft auf Aktien und die Aktiengesellschaft, vom 18. 7. 1884, RGBl. 1884, S. 123–25. Vgl. auch Heinz-Dieter Assmann, Einleitung, in: Klaus J. Hopt/Herbert Wiedemann (Hg.), Aktiengesetz. Großkommentar, 4. Aufl., Berlin 1992, S. 44; Marcus Lutter, Der Aufsichtsrat im Wandel der Zeit – von seinen Anfängen bis heute, in: Walter Bayer/Mathias Habersack (Hg.), Aktienrecht im Wandel der Zeit, Bd. 2, Grundsatzfragen des Aktienrechts, Tübingen 2007, S. 392.

22 Statut der Commerz- und Disconto-Bank (1885), § 21, Protokoll der Generalversammlung v. 24. 2. 1885, Anlage II, Sächs. HStA Dresden, Altbanken Dresden (Commerzbank) Akte 1490, S. 5.

23 Ebenda, § 17, S. 4.

24 Ebenda, § 23, S. 7.

25 Protokoll der Generalversammlung v. 24. 2. 1885, Sächs. HStA Dresden, Altbanken Dresden (Commerzbank) Akte 1490, S. 1.

26 Im Jahr 1878 wurde durch diese besondere Urlaubsregelung tatsächlich ein Betrugsfall aufgedeckt, der aber nicht ansatzweise die Größenordnung der Spekulationsgeschäfte des Wechselstubenleiters von 1873 erreichte. Krause, Commerz- und Disconto-Bank, S. 122f.

27 Dirk Bavendamm, Wagnis Westafrika. 150 Jahre C. Woermann, Hamburg 1987, S. 61f.

28 Zur Verbindung zwischen Bismarck, Hansemann und dem Inhaber des Hamburger Handelshauses Joh. Ces. Godeffroy & Sohn, einem frühen Förderer von Bismarcks Kolonialpolitik und Aufsichtsratsvorsitzendem der Norddeutschen Bank, Gustav Godeffroy, vgl. Fritz Stern, Gold und Eisen: Bismarck und sein Bankier Bleichröder, Frankfurt am Main 1978, S. 552ff.

29 Die Disconto-Gesellschaft 1851 bis 1901. Denkschrift zum 50jährigen Jubiläum, Berlin 1901, Anlage 4, S. 272.

30 Jahresbericht der Norddeutschen Bank in Hamburg, 36. Geschäftsjahr (1892), Volltext unter http://www.bankgeschichte.de/de/docs/NDB_1892.pdf (zuletzt aufgerufen am 1. 6. 2018).

31 Däbritz, Gründung, S. 120.

32 Mendelssohn-Bartholdy trat aus gesundheitlichen Gründen aus dem Verwaltungsrat aus. Die Begründung ist zwar plausibel, weil er kurze Zeit später verstarb. Einige Indizien sprechen aber auch dafür, dass Mendelssohn-Bartholdy in den Skandal um die ungenehmigten Spekulationen des Wechselstubenleiters im Jahr 1873 verwickelt war und deswegen zurücktrat. Das würde auch erklären, weshalb kein neuer Vertreter des Bankhauses in den Verwaltungsrat gewählt wurde, wie es bei vielen anderen Gründern selbstverständlich war. Vgl. dazu Krause, Commerz- und Disconto-Bank, S. 112.

33 Carl Helfferich, Georg von Siemens. Ein Lebensbild aus Deutschlands großer Zeit, Bd. 3, Berlin 1923, S. 171f.

34 Schlütz, Vorstandssprecher, S. 21.

35 Die Anfänge der Deutschen Bank in Hamburg waren sehr bescheiden. Das Personal bestand nur aus dem Filialdirektor, zwei Stellvertretern und drei weiteren Angestellten. M. Pohl/Raab-Rebentisch, Die Deutsche Bank in Hamburg, S. 42.

36 Zu den Anfängen der Geschäftsbeziehungen zwischen der Commerzbank und Jacob Landau vgl. Krause, Commerz- und Disconto-Bank, S. 100.

37 Zu Eugen Landau vgl. Manfred Pohl, »Landau, Eugen Freiherr von«, in: Neue Deutsche Biographie 13 (1982), S. 482.

38 Protokoll der Aufsichtsratssitzung der Commerz- und Disconto-Bank v. 11. 2. 1889, HAC-S3/A2, Bd. 3, S. 169.

39 Vgl. Krause, Commerz- und Disconto-Bank, S. 160.

40 Protokoll der Aufsichtsratssitzung v. 27. 10. 1897, HAC-S3/A2, Bd. 3, S. 269.

41 Zu den Eigentumsverhältnissen von J. Dreyfus & Co. in Frankfurt und zu den Umständen der Gründung von J. Dreyfus & Co. Berlin vgl. Rudolf M. Heilbrunn, Das Bankhaus J. Dreyfus & Co. Frankfurt a. M. – Berlin 1868–1939, Frankfurt am Main 1962, S. 11f.

42 Protokoll der Aufsichtsratssitzung v. 8. 12. 1897, HAC-S3/A2, Bd. 3, S. 271.

43 Protokoll der außerordentlichen Generalversammlung v. 29. 12. 1897, Sächs. HStA Dresden, Altbanken Dresden (Commerzbank) Akte 1490, S. 5.

44 Zur Zusammensetzung des Konsortiums vgl. Krause, Commerz- und Disconto-Bank, S. 180f.

45 Protokoll der Generalversammlung v. 29. 12. 1897, S. 2, Sächs. HStA Dresden, Altbanken Dresden (Commerzbank) Akte 1490.

46 Verzeichnis der in der Generalversammlung vom 21. 2. 1904 erschienenen Aktionäre oder Vertreter von Aktionären, Sächs. HStA Dresden, Altbanken Dresden (Commerzbank) Akte 1490.

47 Darauf deutet unter anderem eine sarkastische Bemerkung des Aufsichtsratsvorsitzenden Nottebohm im Jahr 1899 hin, als Dreyfus durchblicken ließ, dass er seiner Ansicht nach zu wenig in die Entscheidungsprozesse der Bank einbezogen sei. Protokoll der Aufsichtsratssitzung v. 21. 9. 1899, HAC-S3/A2, Bd. 3, S. 305f.

48 Morten Reitmayer, Bankiers im Kaiserreich. Sozialprofil und Habitus der deutschen Hochfinanz, Göttingen 1999, S. 136, Anm. 66.

49 Heilbrunn, Bankhaus, S. 14

50 Zu Gustav Pilster vgl. Schlütz, Vorstandssprecher, S. 54.

51 Protokoll der Aufsichtsratssitzung v. 24. 8. 1898, HAC-S3/A2, Bd. 3, S. 283f.

52 Krause, Commerz- und Disconto-Bank, S. 216.

53 Ebenda, S. 214f.

54 Protokoll der Aufsichtsratssitzung v. 28. 2. 1903, HAC-S3/A2, Bd. 4, S. 34.

55 Gesellschaftsvertrag zwischen der Commerz- und Disconto-Bank und Isaac Dreyfus, HAC-1/646. Zur Wiedergründung von J. Dreyfus & Co. in Frankfurt vgl. Heilbrunn, Bankhaus, S. 16f.

56 Krause, Commerz- und Disconto-Bank, S. 218.

57 Detlef Krause, Jüdische Traditionslinien in der Commerzbank von ihrer Gründung im Jahr 1870 bis zur Mitte der Weimarer Republik, in: Ludolf Herbst/Thomas Weihe (Hg.), Die Commerzbank und die Juden 1933–1945, München 2004, S. 26.

58 Commerz- und Disconto-Bank, Geschäftsbericht (im Folgenden: GB) 1904.

59 Berliner Bank, GB 1903, HAC-S3/A36/II; Protokoll der Aufsichtsratssitzung v. 11. 2. 1905, HAC-S3/A2, Bd. 4, S. 67.

60 Commerz- und Disconto-Bank, GB 1905.

61 Peter Schulze, »Magnus«, in: Neue Deutsche Biographie 15 (1987), S. 672.

62 Commerz- und Disconto-Bank, GB 1912.

63 Protokoll der Aufsichtsratssitzung v. 25. 3. 1909, HAC-S3/A2, Bd. 4, S. 127f., sowie Protokoll der Sitzung des Berliner Ausschusses v. 7. 5. 1909, HAC-1/647.

64 Eigene Erhebung aufgrund der Angaben im Handbuch der deutschen Aktiengesellschaften 1907.

65 In beiden Fällen war die Commerzbank an den Konsortien beteiligt und hielt auch selbst – zumindest für einige Zeit – Aktien der beiden Gesellschaften. Commerz- und Disconto-Bank, GB 1911 und 1912.

66 Zu Gründung und Abwicklung der Provinzial-Disconto-Gesellschaft vgl. Däbritz, Gründung, S. 214ff.

67 Zur Gründung der Hamburger Hypothekenbank vgl. M. Pohl, Hamburger Bankengeschichte, S. 87.

68 Georg Obst war zunächst ein Bankpraktiker – unter anderem von 1910 bis 1915 Vorstandsmitglied der Mitteldeutschen Privat-Bank, die wenige Jahre später mit der Commerzbank fusionierte – und am Ende seiner beruflichen Laufbahn ordentlicher Professor für Betriebswirtschaftslehre. Johann Heinrich von Stein, »Obst, Georg«, in: Neue Deutsche Biographie 19 (1999), S. 407 f.
69 Georg Obst, Das Bankgeschäft, Bd. 1, Stuttgart 1930, S. 6.
70 Ebenda, Bd. 2, Stuttgart 1930, S. 322.
71 Einen Depotzwang gab es während des Untersuchungszeitraums dieses Kapitels zwar nur für wenige Jahre nach dem Ersten Weltkrieg. Aber es ist davon auszugehen, dass private Anleger ihren Effektenbesitz trotzdem bei ihrer Hausbank in Verwahrung gaben.
72 1875 lag die Bilanzsumme der Commerzbank bei 48 % der Bilanzsumme der Norddeutschen Bank und 1880 sogar bei nicht einmal 44 % (vgl. Krause, Commerz- und Disconto-Bank, Tab. 3, S. 372, u. Tab. 4, S. 373). Bis in die 1880er Jahre hinein erreichte die Bilanzsumme der Commerzbank noch nicht einmal den Wert der Vereinsbank. Erst seit der zweiten Hälfte der 1890er Jahre ließ sie diese Konkurrentin dann deutlich hinter sich (vgl. ebenda, Tab. 5, S. 374, u. Tab. 8, S. 377).
73 Hans Kurzrock, Aus der Geschichte der Commerzbank, in: Commerzbank, 100 Jahre, S. 44 f.
74 1880 lag der Wert bei gut 56 %, 1890 bei 45 %, 1900 bei 30 % und 1913 sogar unter 20 %.
75 Die Vergleichswerte lauten 1893, dem letzten Jahr vor der Fusion der Norddeutschen Bank mit der Disconto-Gesellschaft, für Commerzbank und Norddeutsche Bank jeweils gut 40 %. Vgl. Krause, Commerz- und Disconto-Bank, Tab. 8, S. 377.
76 Commerz- und Disconto-Bank, GB 1870.
77 Commerz- und Disconto-Bank, GB 1872.
78 Zu den Gründungsaktivitäten der Commerzbank in den ersten Jahren nach der Gründung vgl. Krause, Commerz- und Disconto-Bank, S. 92 f.
79 Siehe dazu Kap. 2.1.
80 Antje Hagen, Deutsche Direktinvestitionen in Großbritannien 1871–1918, Stuttgart 1997, S. 279 f.
81 Protokoll der Aufsichtsratssitzung der Commerz- und Disconto-Bank v. 1. 6. 1870, HAC-S3/A2, Bd. 1, S. 35.
82 Protokoll der Aufsichtsratssitzung der Commerz- und Disconto-Bank v. 11. 1. 1871, ebenda, S. 51.
83 Gall, Deutsche Bank, S. 18; Manfred Pohl/Kathleen Burk, Die Deutsche Bank in London 1873–1998, München 1998, S. 23 f.
84 History of Commerzbank in London (unveröffentlichtes Manuskript, undatiert), HAC-S3/A224.
85 Mitteilung über die Geschäftsaufnahme der London & Hanseatic Bank v. 1. 5. 1873, ebenda.
86 Detlef Krause, Die Auslandsniederlassungen der Commerzbank von 1870 bis in die 1960er Jahre, in: BA 29 (2003), 1, S. 29.
87 Obst, Bankgeschäft, Bd. 2, S. 544.
88 Der Schwerpunkt der Verkäufe lag im Jahr 1887 (Bilanzzahlen der London & Hanseatic Bank, HAC-S3/A224). Wahrscheinlich gelang es nur dank der dadurch erzielten Buchgewinne, die Dividende wenigstens nicht unter 6 % sinken zu lassen. Abgesehen von den Krisenjahren Mitte der 1870er Jahre hatte die Dividende der Bank diesen Wert bis dahin nie unterschritten (s. Commerz- und Disconto-Bank, GB für die entsprechenden Jahre).
89 Bilanzzahlen der London & Hanseatic Bank, HAC-S3/A224.
90 Protokoll der Aufsichtsratssitzung der Commerz- und Disconto-Bank v. 16. 5. 1873, HAC-S3/A2, Bd. 1, S. 273.
91 Protokoll der Aufsichtsratssitzung der Commerz- und Disconto-Bank v. 23. 10. 1875, ebenda, Bd. 2, S. 163.
92 Commerz- und Disconto-Bank, GB 1875.
93 Schreiben der Direktion an den Verwaltungsrat (undatiert, Aug. 1877), HAC-1/645.
94 Commerz- und Disconto-Bank, GB 1877.
95 Commerz- und Disconto-Bank, GB 1882.
96 Protokoll der Aufsichtsratssitzung der Commerz- und Disconto-Bank v. 13. 4. 1870, HAC-S3/A2, Bd. 1, S. 19.
97 Krause, Commerz- und Disconto-Bank, S. 98.
98 Protokoll der Aufsichtsratssitzung der Commerz- und Disconto-Bank v. 13. 9. 1877, HAC-S3/A2, Bd. 2, S. 250 f.
99 Krause, Commerz- und Disconto-Bank, S. 101.
100 Commerz- und Disconto-Bank, GB 1880.
101 Ebenda.
102 Krause, Commerz- und Disconto-Bank, S. 100.
103 Die Geschäftsberichte erwähnen lediglich die Gründung der Chemischen Fabriken Harburg-Staßfurth AG im Jahr 1872 (Commerz- und Disconto-Bank, GB 1872). Nach der Krise, im Jahr 1876 folgten dann mit der Peruvian Guano Co. Ltd. und der Hamburg-Altonaer Pferdebahn zwei weitere (Commerz- und Disconto-Bank, GB 1876), wobei die Guanogesellschaft eine Londoner Gründung war und vermutlich zur Pflege der dortigen Geschäftsbeziehungen eingegangen werden musste. Auch die Beteiligung an der Gründung der Pferdebahn dürfte in erster Linie aus Prestigegründen erfolgt sein.
104 Nicolai M. Zimmermann, Die veröffentlichten Bilanzen der Commerzbank 1870–1914, Berlin 2005, Diagramm 43a, S. 192.
105 Commerz- und Disconto-Bank, GB 1879.
106 Die Bilanz weist zu diesem Zeitpunkt »Dauernde Beteiligungen« nicht aus. Aufgrund des Textteils der Geschäftsberichte lässt sich ex post aber abschätzen, welche Engagements als »dauernd« betrachtet wurden.
107 Rainer Schubach, Die Entwicklung der öffentlichen Elektrizitätsversorgung in Hamburg, Hamburg 1982, S. 59.
108 Protokoll der Aufsichtsratssitzung der Commerz- und Disconto-Bank v. 28. 2. 1893, HAC-S3/A2, Bd. 3, S. 224.
109 Protokoll der Aufsichtsratssitzung der Commerz- und Disconto-Bank v. 31. 10. 1894, ebenda, S. 240.
110 Zur Gründung der Elektrizitäts-AG vorm. Schuckert & Co. vgl. Rudolf Cohen, Schuckert 1873–1923, o. O., o. J., S. 44; Schubach, Entwicklung, S. 64.
111 Commerz- und Disconto-Bank, GB 1895.
112 Commerz- und Disconto-Bank, GB 1896.
113 Krause, Commerz- und Disconto-Bank, S. 132 f.
114 Commerz- und Disconto-Bank, GB 1884.

115 Zimmermann, Bilanzen, Anm. 360, S. 130.
116 Krause, Commerz- und Disconto-Bank, Anm. 49, S. 140.
117 Schubach, Entwicklung, S. 65.
118 Johann Witt war nicht nur Inhaber eines im Westafrikahandel engagierten Unternehmens, was ihn wohl für das Aufsichtsratsmandat bei der Commerzbank qualifiziert hatte, sondern auch Bürgerschaftsabgeordneter, sodass er vermutlich in erster Linie als Vertreter der Stadt anzusehen ist, die zu diesem Zeitpunkt noch nicht als Aktionär an der HEW beteiligt war.
119 Rolf E. Lüke, Die Berliner Handelsgesellschaft in einem Jahrhundert deutscher Wirtschaft 1856–1956, Berlin 1956, S. 123.
120 Zu den Geschäftsmodellen der »Provinzialgroßbanken« vgl. Friedrich Wilhelm Klinker, Studien zur Entwicklung und Typenbildung von vier Rheinisch-Westfälischen Provinzialaktienbanken, Karlsruhe 1913; Dieter Ziegler, The Origins oft the ›Macmillan Gap‹: Comparing Britain and Germany in the early twentieth century, in: P. L. Cottrell u. a. (Hg.), Finance in the Age of the Corporate Economy, Aldershot 1997, S. 184 ff.
121 Krause, Commerz- und Disconto-Bank, S. 241 f.
122 Detlef Krause, »Sobernheim, Curt«, in: Neue Deutsche Biographie 24 (2010), S. 519 f.
123 Auch bei der Nationalbank für Deutschland war Sobernheim offenbar für das Geschäft mit den industriellen Großkunden verantwortlich. Denn im Jahr 1906 hatte er 16 Aufsichtsratsmandate inne. Eigene Erhebung aufgrund der Angaben im Handbuch der deutschen Aktiengesellschaften 1907.
124 Commerz- und Disconto-Bank, GB 1912.
125 Krause, Commerz- und Disconto-Bank, S. 258.
126 Das ergab ein Abgleich der eigenen Erhebungen für Wellges Mandate 1906 auf Grundlage des Handbuchs der deutschen Aktiengesellschaften 1907 mit der Übersicht der Aufsichtsratsmandate der Commerzbank im Jahr 1911 in Krause, Commerz- und Disconto-Bank, S. 395 ff.
127 Eine Übersicht der Entwicklung der Depositenkassen der Commerzbank bis zur Fusion mit der Mitteldeutschen Creditbank 1929 findet sich in HAC-1/65.
128 Eine statistische Übersicht der Kundenkreise der Großbanken, darunter auch eine grobe Gliederung der Berufe des privaten Publikums, findet sich in Gustav Motschmann, Das Depositengeschäft der Berliner Großbanken, München 1915, S. 602 f.
129 Vgl. hierzu ebenda, S. 49 ff. Zur geschäftlichen Praxis der Depositenkassen vgl. Jakob Riesser, Die deutschen Großbanken und ihre Konzentration, Jena 1912 (ND 1971), S. 168 f.
130 Eine Liste der Depositenkassen der Deutschen Bank in Hamburg (mit Adresse) in: M. Pohl/Raab-Rebentisch, Deutsche Bank in Hamburg, S. 60 f.
131 Commerz- und Disconto-Bank, GB 1905.
132 Im September 1904, ein halbes Jahr nachdem Lucien Picard aus dem Vorstand der Commerzbank und der Niederlassungsleitung in Berlin ausgeschieden war, wurden im Aufsichtsrat die Ergebnisse einer Revision der Berliner Filiale vorgestellt. Der Bericht konnte neben zahlreichen Kritikpunkten immerhin befriedigt feststellen, dass das »Arbitrage-(Spekulations-)Geschäft« zurückgegangen sei und das »Conto-Corrent-Geschäft mit mehr Liebe als früher gepflegt« werde. Revision der Berliner Niederlassung am 10. 9. 1904, HAC-1/646.
133 Eine entsprechende Äußerung von Max M. Warburg ist zitiert in Krause, Commerz- und Disconto-Bank, S. 179.
134 Manfred Pohl, Die Konzentration im deutschen Bankwesen, Frankfurt am Main 1982, S. 310.
135 Zu Heintze vgl. Schlütz, Vorstandssprecher, S. 37 ff.
136 Commerz- und Disconto-Bank, GB 1881. Im Geschäftsbericht für 1888 wurde die Beteiligung an der Nationalbank für Deutschland erstmals seit deren Gründung nicht mehr erwähnt.
137 Schlütz, Vorstandssprecher, S. 53.
138 Die relative Bedeutung Berlins wird dadurch deutlich, dass die Verteilung der Eigenmittel auf die beiden Standorte fast ein Verhältnis von 2:1 zugunsten Berlins erreichte, während es 1904, also vor der Übernahme mit der Berliner Bank, noch bei 2,5:1 zugunsten Hamburgs gelegen hatte. Verhältnis des Reingewinns zum Kapital 1907, HAC-1/649.
139 Krause, Commerz- und Disconto-Bank, S. 279.
140 Ebenda, S. 275.
141 Protokoll der Aufsichtsratssitzung der Commerz- und Disconto-Bank v. 1. 6. 1904, HAC-S3/A2, Bd. 4, S. 54.
142 Motschmann, Depositengeschäft, S. 58.
143 Commerz- und Disconto-Bank, GB 1907.
144 Commerz- und Disconto-Bank, GB 1910.
145 Mit der Leipziger Credit- und Spar-Bank hatte die Commerzbank schon zuvor eine Interessengemeinschaft gebildet, sodass sie bereits einen Teil ihrer Aktien besaß. Deshalb war für die Übernahme dieser Bank keine Kapitalerhöhung notwendig. Commerz- und Disconto-Bank, GB 1911.
146 Dabei handelte es sich um die Filialen in Hannover, Leipzig, Kiel, Altona, Neumünster, Altenburg und Brandenburg.
147 Commerz- und Disconto-Bank, GB 1909.
148 Die Darmstädter Bank besaß zu diesem Zeitpunkt bereits 60 Filialen, die Deutsche Bank 55 und die Dresdner Bank 49. Motschmann, Depositengeschäft, S. 582 f.
149 Protokoll der Aufsichtsratssitzung der Commerz- und Disconto-Bank v. 11. 11. 1908, HAC-S3/A2, Bd. 4, S. 121.
150 Commerz- und Disconto-Bank, GB 1908.
151 Die zeitliche Koinzidenz spricht jedenfalls dafür. Denn der Rücktritt erfolgte sechs Wochen nach der Mitteilung über die Verluste bei den beiden »Schmerzenskindern« im Aufsichtsrat. Vgl. hierzu Schlütz, Vorstandssprecher, S. 45.
152 Eine entsprechende Vermutung bei Krause, Commerz- und Disconto-Bank, S. 239.
153 Protokoll der Aufsichtsratssitzung der Commerz- und Disconto-Bank v. 7. 11. 1907, HAC-S3/A2, Bd. 4, S. 110.
154 Das strikte Verbot des Aktiengesetzes von 1870 (»Darf-Regelung«) wurde 1884 gelockert, blieb aber grundsätzlich bestehen (»Soll-Regelung«). Zu Beginn des 20. Jahrhunderts bürgerte es sich dann ein, dass Ankäufe eigener Aktien zum Zweck der Kursregu-

lierungskonsortien rechtens waren. Die Wirtschaftspresse ermutigte Aktiengesellschaften sogar geradezu, dies zu tun. Vgl. zur Rechtspraxis vor 1931 Reni Maltschew, Der Rückerwerb eigener Aktien in der Weltwirtschaftskrise 1929–1931, Berlin 2004, S. 51 ff.

155 Protokoll der Aufsichtsratssitzung der Commerz- und Disconto-Bank v. 14.12.1911, HAC-S3/A2, Bd. 4, S. 150.

156 Commerz- und Disconto-Bank, GB 1913.

157 Motschmann, Depositengeschäft, Tab. 3, S. 613.

3. Die Filialgroßbank (1914 bis 1929)

1 Alfred Lansburgh, Die Berliner Großbanken im ersten Kriegsjahr 1914, in: Die Bank, Jg. 1915, S. 300.

2 Gesetz betr. die Änderung des Bankgesetzes, vom 4.8.1914, § 2, RGBl. 1914, S. 327. Die Abkehr von der Einlösepflicht ihrer Banknoten in Gold vollzog die Reichsbank dagegen bereits am 1. August und wurde darin am Folgetag durch Generaloberst Gustav von Kessel als Oberbefehlshaber in den Marken bestätigt. Willi Prion, Die deutschen Kreditbanken im Kriege und nachher, Stuttgart 1917, S. 17.

3 Winfried Lampe, Der Bankbetrieb in Krieg und Inflation. Deutsche Großbanken in den Jahren 1914 bis 1923, Stuttgart 2012, S. 64.

4 Commerz- und Disconto-Bank, GB 1914.

5 Johann Plenge, Der Krieg und die Volkswirtschaft. Kriegsvorträge der Universität Münster, Münster 1915, S. 74. Gegen Ende des Krieges und während der Nachkriegsinflation bekam dieser Ehrentitel jedoch eine weniger ehrenvolle Bedeutung.

6 Darlehenskassengesetz vom 4.8.1914, RGBl. 1914, S. 340–345.; vgl. auch Gerd Hardach, Die finanzielle Mobilmachung in Deutschland 1914–1918, in: Jahrbuch für Wirtschaftsgeschichte (JWG) 56 (2015), 2, S. 366.

7 Prion, Kreditbanken, S. 18 f.

8 Ebenda, S. 24.

9 Harald Wixforth, Instrumente der Kriegswirtschaft oder der wirtschaftlichen Selbsthilfe. Die Kriegskreditbanken 1914–1918, in: JWG 56 (2015), 2, S. 394 f.

10 Commerz- und Disconto-Bank, GB 1914. Die Hamburgische Bank von 1914 hatte ein Aktienkapital von knapp 16 Mio. Mark, wovon aber nur knapp 4 Mio. Mark eingezahlt waren. Prion, Kreditbanken, S. 27.

11 Commerz- und Disconto-Bank, GB 1915.

12 Zur Kriegsleder-AG vgl. Axel Bader, Wald und Krieg. Die deutsche Forstwirtschaft im Ersten Weltkrieg, Göttingen 2011, S. 77 f.

13 Weitere Kriegsgesellschaften, die mit der Commerzbank in Geschäftsbeziehungen standen, waren die Deutsche Holzvertriebs-AG, der Kriegsausschuss für Kaffee, Tee und deren Ersatzmittel GmbH oder die Zigarettentabak Einkaufsgesellschaft mbH. Krause, Commerz- und Disconto-Bank, S. 247.

14 Protokoll der Aufsichtsratssitzung der Commerz- und Disconto-Bank v. 6.10.1916, HAC-S3/A2, Bd. 4, S. 215.

15 Walter Klebba, Börse und Effektenhandel im Kriege unter besonderer Berücksichtigung der Berliner Börse, Berlin 1920, S. 50; Heinz Bremer, Grundzüge des deutschen und ausländischen Börsenrechts, Berlin 1969, S. 34.

16 Wolfgang Mattersdorf, Die Preisbildung am Aktienmarkt der Berliner Börse während der Inflation, Diss. Rostock 1925, S. 62 ff. Selbst als Ende 1917 die Börsen den Aktienhandel wieder aufnehmen konnten, blieb die amtliche Kursfeststellung noch bis Kriegsende verboten. Bekanntmachung betreffend Ausnahmen von dem Verbote von Mitteilungen über Preise von Wertpapieren v. 8.11.1917, RGBl. 1917, S. 1019 f.

17 Angaben zur Höhe der gezeichneten Kriegsanleihen liegen nur bruchstückhaft vor. Bei der 3. Kriegsanleihe von September 1915, die ein Zeichnungsergebnis von gut 12 Mrd. Mark erbracht hatte, hatte allein die Commerzbank in Berlin 130 Mio. Mark gezeichnet, davon wurden aber nur 7,6 Mio. als Eigenbesitz betrachtet, der sogar innerhalb weniger Wochen auf 5 Mio. Mark reduziert wurde. Protokoll der Aufsichtsratssitzung der Commerz- und Disconto-Bank v. 25.11.1915, HAC-S3/A2, Bd. 4, S. 198.

18 Die Emission von Anleihen und Vorzugsaktien wurde deswegen 1917 genauso unter Genehmigungsvorbehalt gestellt wie die Neugründung von Aktiengesellschaften, was de facto auf ein Verbot hinauslief. Bekanntmachung über die staatliche Genehmigung zur Ausgabe von Teilschuldverschreibungen und Vorzugsaktien v. 8.3.1917, RGBl. 1917, S. 220 f.; Bekanntmachung über die staatliche Genehmigung zur Errichtung von Aktiengesellschaften v. 2.11.1917, RGBl. 1917, S. 987 f.

19 Krause, Commerz- und Disconto-Bank, S. 251.

20 Protokoll der Aufsichtsratssitzung der Commerz- und Disconto-Bank v. 16.11.1917, HAC-S3/A2, Bd. 4, S. 229.

21 Commerz- und Disconto-Bank, GB 1918.

22 Prion, Kreditbanken, S. 71; Wilhelm Kalveram, Bankbilanzen, Teil 1: Die Bilanzen der Kreditbanken, Leipzig 1922, S. 83.

23 Prion, Kreditbanken, S. 80.

24 Lampe, Bankbetrieb, S. 104.

25 Commerz- und Disconto-Bank, GB 1915 (Zitat).

26 Forty-Third Report of the Directors of the London & Hanseatic Bank Ltd., 22.1.1915, HAC-S3/A224.

27 History of Commerzbank in London (maschinengeschriebenes Manuskript), S. 7, ebenda.

28 Krause, Commerz- und Disconto-Bank, S. 256.

29 Christoph Kreutzmüller, Händler und Handlungsgehilfen. Der Finanzplatz Amsterdam und die deutschen Großbanken (1918–1945), Stuttgart 2005, S. 74.

30 Commerz- und Disconto-Bank, GB 1918.

31 Commerz- und Disconto-Bank, GB 1915.

32 Zeitgenössische Schätzungen gingen vor dem Krieg von einem Anteil von 5 % weiblicher Beschäftigten im Geld- und Kreditwesen aus (Franz Rudl, Die Angestellten im Bankgewerbe 1870 bis 1933, Diss. Mannheim 1975, 45 f.). Diesen Wert dürften die Berliner Großbanken kaum erreicht haben. Auf dem Höhepunkt der Inflation 1923 sollen es dann etwa 30 % gewesen sein (ebenda, S. 141 f.).

33 Krause, Commerz- und Disconto-Bank, S. 281.

34 Gall, Deutsche Bank, S. 124.

35 Oskar Stillich, Soziale Strukturveränderungen im Bankwesen, Berlin 1916, S. 44 f., sowie eigene Erhebungen unter den Personalakten der Dresdner Bank, unter denen sich auch mehrere Akten von weiblichen Bankangestellten finden, die während des Krieges in einem der Vorgängerinstitute gearbeitet haben. Bei diesen Vorgängerinstituten handelte es sich ausschließlich um die Darmstädter Bank. Der Bestand der erhaltenen über 10 000 Personalakten aus der Zwischenkriegszeit lagert im Historischen Archiv der Commerzbank.

36 Zahlreiche abfällige Äußerungen männlicher Beschäftigter über ihre Kolleginnen in Stillich, Strukturveränderungen, S. 47 f.

37 Nach dem Geschäftsbericht von 1915 sollen dafür circa 850 000 Mark aufgewendet worden sein. Sie müssten in der Gewinn-und-Verlust-Rechnung eigentlich unter den »Unkosten« verbucht sein, die allerdings im Jahr 1915 weder gegenüber dem Vorjahr noch gegenüber dem letzten Friedensjahr angestiegen waren. Wenn man unterstellt, dass die Aussage des Geschäftsberichts stimmt, kann das eigentlich nur bedeuten, dass die Commerzbank ihre einberufenen Mitarbeiter nur in dem Umfang durch »Hilfsarbeiter« ersetzt hat, dass die »Unkosten« auf dem Niveau der Vorjahre gehalten werden konnten.

38 Beispiele dafür in Lampe, Bankbetrieb, S. 158.

39 Protokoll der Aufsichtsratssitzung der Commerz- und Disconto-Bank v. 11. 9. 1917, HAC-S3/A2, Bd. 4, S. 226.

40 Eine Aufstellung der »Unkosten«, getrennt nach Personal- und Sachkosten, liegt nur für spätere Jahre vor. In den Jahren 1932, 1933 sowie 1936–1939 machten die Personalkosten zwischen 68 % und 80 % der »Unkosten« – bei insgesamt sinkender Tendenz – aus. Vgl. Commerz- und Privat-Bank, GB 1936 bis 1939, sowie Deutsche Revisions- und Treuhand AG, Anhang und Anlagen zum Bericht über die bei der Commerz- und Privat-Bank vorgenommene Revision 1933, RGVA, Fond 1466: Deutsche Revisions- und Treuhand AG, Akte 2-6, Bl. 74.

41 Commerz- und Disconto-Bank, GB 1914.

42 Commerz- und Disconto-Bank, GB 1915.

43 Protokoll der Aufsichtsratssitzung der Commerz- und Disconto-Bank v. 25. 11. 1915, HAC-S3/A2, Bd. 4, S. 198.

44 Commerz- und Disconto-Bank, GB 1916.

45 Commerz- und Disconto-Bank, GB 1917.

46 Protokoll der Aufsichtsratssitzung der Commerz- und Disconto-Bank v. 25. 9. 1918, HAC-S3/A2, Bd. 4, S. 249.

47 Alfred Lansburgh, Die Berliner Großbanken im Jahr 1918, in: Die Bank, Jg. 1919, S. 363.

48 Vgl. hierzu eine Einlassung des Vorstandsmitglieds der Deutschen Bank Carl Michalowsky vom Dezember 1916, zitiert in Gerald D. Feldman, Die Deutsche Bank vom Ersten Weltkrieg bis zur Weltwirtschaftskrise 1914–1933, in: ders. u. a., Die Deutsche Bank 1870–1995, München 1995, S. 145 f.

49 Vgl. Hans G. Meyen, 120 Jahre Dresdner Bank. Unternehmens-Chronik 1872 bis 1992, Frankfurt am Main 1992, S. 56.

50 Protokoll der Aufsichtsratssitzung der Commerz- und Disconto-Bank v. 11. 9. 1917 sowie v. 16. 11. 1917, HAC-S3/A2, Bd. 4, S. 227 u. 229.

51 Bekanntmachung betreffend Verbot von Mitteilungen über Preise von Wertpapieren usw. v. 25. 2. 1915, RGBl. 1915, S. 111 f. Vgl. hierzu auch Bremer, Grundzüge, S. 34.

52 Nachweisbar ist dies abgesehen von Hannover an den Standorten Guben, Stettin, Lübeck und Nürnberg. Eine Namensliste der Filialleiter in Commerz- und Disconto-Bank, GB 1918.

53 Protokoll der Aufsichtsratssitzung der Commerz- und Disconto-Bank v. 16. 11. 1917, HAC-S3/A2, Bd. 4, S. 230. Zur Entstehung der 1905 eingegangenen Beteiligung vgl. Riesser, Großbanken, S. 546 f.

54 M. Pohl, Konzentration, S. 227.

55 So stellte es der Chemnitzer Bank-Verein in einer 1921 erschienenen Festschrift dar. Chemnitzer Bank-Verein 1871–1921. Denkschrift anläßlich des 50jährigen Bestehens der Bank, Chemnitz 1921, S. 40 f.

56 Protokoll der Aufsichtsratssitzung der Commerz- und Disconto-Bank v. 16. 11. 1917, HAC-S3/A2, Bd. 4, S. 230.

57 Weissenberger hatte 1921 insgesamt 23 Aufsichtsratsmandate inne. Mehr Mandate hatten von den Provinzbankiers in Sachsen zu diesem Zeitpunkt lediglich zwei Vorstandsmitglieder der Allgemeinen Deutschen Creditanstalt in Leipzig inne. Eigene Erhebungen auf Grundlage des Handbuchs der deutschen Aktiengesellschaften 1922.

58 Dabei handelte es sich um die Löbauer Bank, mit der 1917 eine Interessengemeinschaft geschlossen wurde (Commerz- und Disconto-Bank, GB 1917). Wann die Interessengemeinschaft mit der Vogtländischen Credit-Anstalt in Falkenau geschlossen wurde, ist nicht sicher. Wahrscheinlich erfolgte sie aber auch schon 1917, da im Geschäftsbericht 1919 die Ergebnisse aller drei Banken zusammen berichtet werden.

59 M. Pohl, Konzentration, S. 209.

60 Riesser, Großbanken, S. 551.

61 Protokoll der Aufsichtsratssitzung der Commerz- und Disconto-Bank v. 21. 3. 1918, HAC-S3/A2, Bd. 4, S. 235.

62 Nachruf auf Otto Gehres, in: Glückauf. Berg- und Hüttenmännische Zeitschrift 68 (1932), S. 640.

63 Dieter Ziegler, Kriegswirtschaft, Kriegsfolgenbewältigung, Kriegsvorbereitung. Der deutsche Bergbau im dauernden Ausnahmezustand (1914–1945), in: ders. (Hg.), Geschichte des deutschen Bergbaus, Band 4: Rohstoffgewinnung im Strukturwandel. Der deutsche Bergbau im 20. Jahrhundert, Münster 2013, S. 154.

64 Commerz- und Disconto-Bank, GB 1918; vgl. auch Ralf Ahrens, Hundert Jahre im Westen. Commerzbank und Dresdner Bank im Ruhrgebiet und in Düsseldorf 1917–2017 (Publikationen der Eugen-Gutmann-Gesellschaft, 11), Dresden 2017, S. 10 f.

65 Das Aktienkapital des Gelsenkirchener Bankvereins betrug 3 Mio. Mark bei etwa 1800 Kunden (Protokoll der Aufsichtsratssitzung der Commerz- und Disconto-Bank v. 5. 8. 1918, HAC-S3/A2, Bd. 4, S. 244) und das Aktienkapital der Mülheimer Bank 9 Mio. Mark. Das Engagement in Mülheim wurde im Aufsichtsrat kritischer bewertet, da ein unangemessen großer Teil

der Mittel in Immobilien investiert war, zum Teil in Eigenbesitz, zum Teil als Vorschüsse auf den Erwerb von Immobilien durch ihre Kunden (Protokoll der Aufsichtsratssitzung der Commerz- und Disconto-Bank v. 25.9.1918, ebenda, S. 250).

66 Commerz- und Disconto-Bank, GB 1918.

67 Protokoll der Aufsichtsratssitzung der Commerz- und Disconto-Bank v. 16.11.1917, HAC-S3/A2, Bd. 4, S. 231.

68 Protokoll der Aufsichtsratssitzung der Commerz- und Disconto-Bank v. 21.3.1918 und v. 28.6.1918, ebenda, S. 236 u. S. 243.

69 Die unter der Firmierung Provinzial-Aktienbank des Großherzogtums Posen 1857 gegründete Bank war eine der wenigen in Preußen konzessionierten privaten Notenbanken (»Zettelbank«). Im Gegensatz zu den meisten anderen Zettelbanken in Preußen gab sie ihr Notenprivileg nach der Gründung der Reichsbank nicht auf, sondern emittierte bis 1891 eigene Banknoten. Erst in diesem Jahr entschied sich die Bankleitung für ein neues Geschäftsmodell als Aktienkreditbank, woraufhin einige Jahre später auch die Firmierung in Ostbank für Handel und Gewerbe geändert wurde.

70 Feldman, Deutsche Bank, S. 146.

71 Protokoll der Aufsichtsratssitzung der Commerz- und Disconto-Bank v. 16.11.1917, HAC-S3/A2, Bd. 4, S. 232.

72 Zur Gründung der Deutschen Schiffsbeleihungs-Bank vgl. Harald Wixforth, Finanzinnovation in der Schiffsfinanzierung – die Commerzbank und die Gründung der Deutschen Schiffsbeleihungs-Bank in Hamburg 1918, geschichte aktuell, Oktober 2018 (hrsg. v. d. Eugen-Gutmann-Gesellschaft).

73 Protokoll der Aufsichtsratssitzung der Commerz- und Disconto-Bank v. 25.9.1918, HAC-S3/A2, Bd. 4, S. 252.

74 Zu Carl und Fritz Funke vgl. Erwin Dickhoff, Essener Köpfe, Essen 1985, S. 67.

75 Zur Rheinischen Kohlenhandel- und Rhederei GmbH vgl. Dieter Ziegler, Kohlenschifffahrt, Reederzechen und die Gründung der Rheinischen Kohlenhandel- und Rhederei GmbH Mülheim 1903, in: Der Anschnitt 1–2 (2018), S. 21–35.

76 Ernst Bischoff besaß außerdem mehrere Bergwerksbeteiligungen und war seit 1917 Aufsichtsratsmitglied der Rheinischen Stahlwerke. Vgl. Manfred Rasch/Gerald D. Feldman (Hg.), August Thyssen und Hugo Stinnes. Ein Briefwechsel 1998–1922, München 2003, S. 605.

77 Die Rheinische Bank war aus dem bedeutenden Mülheimer Privatbankhaus Gustav Hanau entstanden, das eine Art »Hausbank« von August Thyssen gewesen war. An der Gründung des Bankvereins Gelsenkirchen war die Rheinische Bank maßgeblich beteiligt und besaß seit 1906 Aktien im Nominalwert von 2 Mio. des 3 Mio. Mark betragenden Aktienkapitals. Vgl. Riesser, Großbanken, S. 240.

78 Der Sitz der Rheinischen Bank wurde 1905 unter Verschmelzung mit der örtlichen Filiale des Schaaffhausen'schen Bankvereins nach Essen verlegt, der damit zum neben Thyssen wichtigsten Einzelaktionär der Rheinischen Bank wurde. Als Thyssen 1915 seine Anteile verkaufen wollte, ergriff die Disconto-Gesellschaft die Gelegenheit, erwarb Thyssens Anteile und konnte die Rheinische Bank dank der zwischenzeitlich erfolgten Verschmelzung mit dem Schaaffhausen'schen Bankverein ganz übernehmen. Patrick Bormann/Joachim Scholtyseck, Der Bank- und Börsenplatz Essen, München 2018, S. 102f. u. S. 173.

79 Commerz- und Disconto-Bank, GB 1918.

80 Protokoll der Aufsichtsratssitzung der Commerz- und Disconto-Bank v. 5.8.1918, HAC-S3/A2, Bd. 4, S. 245.

81 Protokoll der Aufsichtsratssitzung der Commerz- und Disconto-Bank v. 7.10.1919, ebenda, S. 273.

82 Prominente Ruhrindustrielle waren nicht unter den Mitgliedern. Es handelte sich eher um Unternehmer von nur örtlicher Bedeutung wie den Inhaber der Duisburger Böllert-Brauerei. Commerz- und Disconto-Bank, GB 1919.

83 Commerz- und Disconto-Bank, GB 1918.

84 Protokoll der Aufsichtsratssitzung der Commerz- und Disconto-Bank v. 7.4.1919, HAC-S3/A2, Bd. 4, S. 258.

85 Protokoll der Aufsichtsratssitzung der Commerz- und Disconto-Bank v. 10.12.1919, ebenda, S. 279, sowie v. 24.4.1920, ebenda, Bd. 5.

86 Zu den schwierigen Anfängen der Essener Filiale vgl. auch Ahrens, Hundert Jahre, S. 19f.

87 Bormann/Scholtyseck, Bank- und Börsenplatz, S. 105.

88 Auch die Darmstädter Bank und die Dresdner Bank mussten in Essen Filialneugründungen vornehmen. Das erfolgte sogar erst 1921 und damit noch zwei Jahre später als bei der Commerzbank.

89 Protokoll der Aufsichtsratssitzung der Commerz- und Privat-Bank v. 24.5.1921, HAC-S3/A2, Bd. 4, S. 324. Die Bergbau AG Lothringen blieb der Commerzbank aber weiterhin verbunden. Pilster konnte sein Aufsichtsratsmandat behalten und nach der Fusion mit dem Barmer Bank-Verein an Eugen Bandel weitergeben.

90 Protokoll der Aufsichtsratssitzung der Commerz- und Disconto-Bank v. 7.10.1919, HAC-S3/A2, Bd. 4, S. 274.

91 Protokoll der Aufsichtsratssitzung der Commerz- und Disconto-Bank v. 24.4.1920, ebenda, S. 288.

92 Bis zum Ausbruch des Ersten Weltkriegs besaß keine Berliner Großbank eine Niederlassung in Magdeburg, wo die Mitteldeutsche Privat-Bank die mit Abstand bedeutendste Bank war. Die Disconto-Gesellschaft machte dann 1917 den Anfang, gefolgt von der Mitteldeutschen Creditbank (1919) und der Deutschen Bank (1920). Arnold Fendler, Zur Kapitalkonzentration der Berliner Großbanken von 1914–1923, Diss. Berlin 1926, S. 88.

93 Geschäftsberichte der Mitteldeutschen Privat-Bank der entsprechenden Jahre, HAC-S3/A57.

94 Vgl. hierzu Krause, Commerz- und Disconto-Bank, S. 304f., der sich auf einen Artikel aus der Magdeburgischen Zeitung vom 2.6.1920 bezieht, in dem über die außerordentliche Generalversammlung der Mitteldeutschen Privat-Bank vom Vortag berichtet wird, in der über die Annahme des Fusionsvertrags entschieden werden sollte.

95 Zur Geschichte der Mitteldeutschen Privat-Bank seit der Jahrhundertwende vgl. Detlef Krause, Carl De-

neke und Moritz Schultze – Gründer und Gestalter der Mitteldeutschen Privat-Bank in Magdeburg, in: Ulrich S. Soénius (Hg.), Bewegen – Verbinden – Gestalten. Unternehmer vom 17. bis zum 20. Jahrhundert, Köln 2003, S. 169 ff., sowie ders., Moritz Schultze (1860–1946), in: Schlütz, Vorstandssprecher, S. 76 ff.

96 Feldman, Deutsche Bank, S. 193 f.

97 Protokoll der ordentlichen Generalversammlung der Commerz- und Disconto-Bank v. 1. 6. 1920, Sächs. HStA Dresden, Altbanken Dresden (Commerzbank) Akte 1490.

98 Commerz- und Privat-Bank, GB 1920. Zu den Umständen der Übernahme vgl. Krause, Commerz- und Disconto-Bank, S. 296.

99 Commerz- und Privat-Bank, GB 1921 und 1922.

100 Protokoll der außerordentlichen Generalversammlung der Commerz- und Privat-Bank v. 12. 12. 1922, HAC-1/134.

101 Rudolf Müller-Erzbach, Die Entartung des deutschen Aktienwesens seit der Inflationszeit, Tübingen 1926, S. 10.

102 Zu dem Phänomen der »Konzernbanken« der 1920er Jahre vgl. allgemein Willi Strauß, Die Konzentrationsbewegung im deutschen Bankgewerbe, Berlin 1928, S. 22 ff.

103 Für die Generalversammlung im Juli 1924 waren alle Vorzugsaktien auf den Namen des stellvertretenden Vorstandsmitglieds Ernst Lincke angemeldet worden. Das Stimmrecht auf der Versammlung nahm dann sein Kollege Hugo Fischer wahr (Protokoll der Generalversammlung v. 2. 7. 1924, HAC-1/143). Fischer war anders als Lincke zu dieser Zeit auf der Hierarchieebene unterhalb des Vorstands angesiedelt, sodass sein Stimmrecht anders als bei Vorstandsmitgliedern nicht wegen Befangenheit infrage gestellt werden konnte.

104 Goldmarkeröffnungsbilanz der Commerz- und Privat-Bank für den 1. 1. 1924. Vorlage für die außerordentliche Generalversammlung v. 19. 12. 1924, S. 8.

105 Vgl. zu den Konditionen Protokoll der außerordentlichen Generalversammlung der Commerz- und Privat-Bank v. 12. 12. 1922, HAC-1/134.

106 Vgl. Fendler, Kapitalkonzentration, Anlage II, S. 80 ff.

107 Vgl. hierzu Klaus A. Donaubauer, Privatbankiers und Bankenkonzentration in Deutschland von der Mitte des 19. Jahrhunderts bis 1932, Frankfurt am Main 1988, S. 73 ff.; Horst Möller, Regionalbanken im Dritten Reich, Berlin 2015, S. 12 u. S. 17 f.

108 Zu den durch die Fusion mit der Mitteldeutschen Privat-Bank übernommenen Interessengemeinschaften vgl. Commerz- und Privat-Bank, GB 1920.

109 Krause, Commerz- und Disconto-Bank, S. 299.

110 Im Jahr zuvor hatte die Commerzbank mehrere Filialen in kleineren Orten an die mit ihr verbundenen Banken abgetreten (Commerz- und Disconto-Bank, GB 1921), die nun wieder zurückkehrten. Es ist davon auszugehen, dass diese Filialen zu den ersten gehörten, die geschlossen wurden.

111 In der Goldmarkeröffnungsbilanz 1924 gab die Commerzbank an, dass sie »175 eigene unserem Bankbetriebe gewidmete Gebäude in ganz Deutschland« besaß. Goldmarkeröffnungsbilanz der Commerz- und Privat-Bank für den 1. 1. 1924.

112 Zimmermann, Commerzbank, Tab. I-21, S. 98.

113 Vgl. Fendler, Kapitalkonzentration, Anlage II, S. 80 ff.

114 Ebenda, S. 32.

115 Ebenda, S. 51.

116 Schultheiß-Patzenhofer war mit Katzenellenbogens Ostwerken in einer Interessengemeinschaft verbunden. Wahrscheinlich kontrollierte Katzenellenbogen deshalb auch ein größeres Aktienpaket des Brauereikonzerns. Vgl. hierzu auch Kap. 4.1.

117 Etwa ein Viertel des Aktienkapitals war als sogenannte Vorratsaktien zur Verhinderung feindlicher Übernahmen zurückgehalten worden, und dem gleichen Ziel dienten die Vorzugsaktien, die mit einem mehrfachen Stimmrecht ausgestattet waren und von der »Verwaltung« kontrolliert wurden. Zu Vorrats- und Vorzugaktien vgl. Felix Selgert, Börsenzulassungsstellen, Reichsregierung und die (Selbst-)Regulierung der Mehrstimmrechtsaktie, 1919–1937, in: JWG 59 (2018), 1, S. 77 ff.

118 Zur Fusion der Commerzbank mit der Mitteldeutschen Creditbank vgl. M. Pohl, Konzentration, S. 347 ff.; Detlef Krause, Zur Geschichte der Mitteldeutschen Creditbank, in: BA 17 (1991), 1, S. 38 f.

119 Protokoll der Aufsichtsratssitzung der Commerz- und Privat-Bank v. 1. 2. 1929, HAC-S3/A2, Bd. 5.

120 Ebenda.

121 Deutsche Revisions- und Treuhand AG, Anhang und Anlagen zum Bericht über die bei der Commerz- und Privat-Bank vorgenommene Revision 1933, RGVA, Fond 1466: Deutsche Revisions- und Treuhand AG, Akte 2-6, Bl. 88.

122 Zitiert in Schlütz, Vorstandssprecher, S. 61 f.

123 Zu den Hintergründen vgl. Detlef Krause, Curt Joseph Sobernheim (1871–1940), in: Hans Pohl (Hg.), Deutsche Bankiers des 20. Jahrhunderts, Stuttgart 2008, S. 393 f.

124 Krause, Commerz- und Disconto-Bank, S. 319.

125 Protokoll der Aufsichtsratssitzung der Commerz- und Privat-Bank v. 24. 6. 1920, HAC-S3/A2, Bd. 4, S. 296.

126 Aus Niederschrift Carl Goetz, hinterlassene Papiere, HAC-S3/A92. Zu Schultze vgl. auch Krause, Deneke und Schultze, S. 175 ff.

127 Reichshandbuch der Deutschen Gesellschaft, Bd. 1, Berlin 1930, S. 447. Zu den Ursachen von Fischers Ausscheiden vgl. Krause, Sobernheim, S. 393.

128 Schlütz, Vorstandssprecher, S. 120.

129 Nach dem Ausscheiden von Moritz Warburg aus dem Aufsichtsrat 1908 wurde kein Repräsentant von M. M. Warburg & Co. mehr gewählt. Dennoch blieben die engen Beziehungen zur Commerzbank intakt. Vgl. hierzu Krause, Commerz- und Disconto-Bank, S. 311 f.

130 Stefan Hartmann, »Möller, Theodor Adolf von«, in: Neue Deutsche Biographie 17 (1994), S. 634.

131 Henrich war seit 1908 Mitglied und von 1919 bis 1921 sogar Vorsitzender des Vorstands. Als er 1921 aufgrund einer Affäre mit der Ehefrau von Carl Friedrich von Siemens aus dem Vorstand der Siemens-Schuckertwerke ausscheiden musste (https://www.siemens.com/global/de/home/unternehmen/ueber-uns/geschichte/personen/vorstandsvorsitzende-bis-1966.html#toc-6, zuletzt aufgerufen am 26. 8. 2018), behielt er dennoch sein Aufsichtsratsmandat bei der Commerzbank bis 1931.

132 Protokoll der ordentlichen Generalversammlung der Commerz- und Disconto-Bank v. 1.6.1920, Sächs. HStA Dresden, Altbanken Dresden (Commerzbank) Akte 1490.

133 Tatsächlich wurde ihre Amtszeit in der Regel verlängert, sodass sie erst mit ihrem Tod aus dem Aufsichtsrat ausschieden. In diesem Fall wurde an ihrer Stelle aber kein Magdeburger Nachfolger gewählt.

134 Es handelte sich insgesamt um vier neue Aufsichtsräte aus Magdeburg, zwei aus Nordhausen und jeweils einen aus Dresden, Plauen, Weimar, Nordhausen, Wolmirstedt und Halberstadt (Commerz- und Disconto-Bank, GB 1918). Der ebenfalls neu berufene Privatbankier Willy Loewe aus Magdeburg hatte vermutlich keine engere Verbindung mit der Mitteldeutschen Privat-Bank, sondern scheint bislang als Korrespondent der Commerzbank zu diesem aus Hamburger Sicht wichtigsten Handels- und Finanzplatz im Hamburger Hinterland fungiert zu haben.

135 Unter den 1922 neu gewählten Aufsichtsräten befanden sich vier Personen, die aus dem Aufsichtsrat der Löbauer Bank übernommen wurden. Je zwei Personen kamen vom Hessischen Bankverein und vom Chemnitzer Bank-Verein sowie je eine Person vom Bankverein Göttingen und der Vogtländischen Credit-Anstalt. Protokoll der außerordentlichen Generalversammlung der Commerz- und Privat-Bank v. 12.12.1922, HAC-1/134.

136 Gesetz über die Entsendung von Betriebsratsmitgliedern in den Aufsichtsrat v. 15.2.1922, RGBl. 1922 I, S.209.

137 Protokoll der Aufsichtsratssitzung der Commerz- und Disconto-Bank v. 11.11.1920, HAC-S3/A2, Bd.4, S.313.

138 So begann die Aufsichtsratssitzung am 3.10.1921 um 14:45 Uhr und endete laut Protokoll um 14:55 Uhr. Protokoll der Aufsichtsratssitzung der Commerz- und Disconto-Bank v. 3.10.1921, ebenda, S.332.

139 Verzeichnis der in der Generalversammlung vom 1.6.1920 erschienenen Aktionäre oder Vertreter von Aktionären, Sächs. HStA Dresden, Altbanken Dresden (Commerzbank), Akte 1490.

140 Verzeichnis der in der Generalversammlung vom 9.2.1927 erschienenen Aktionäre oder Vertreter von Aktionären, HAC-1/143.

141 Krause, Commerz- und Disconto-Bank, Anm.81, S.316.

142 M. Pohl, Konzentration, S.348.

143 Zur zeitgenössischen Verwendung des Begriffs vgl. Gerald Spindler, Kriegsfolgen, Konzernbildung und Machtfrage als zentrale Aspekte der aktienrechtlichen Diskussion in der Weimarer Republik, in: Walter Bayer/Mathias Habersack (Hg.), Aktienrecht im Wandel der Zeit, Bd.1: Entwicklung des Aktienrechts, Tübingen 2007, S.455.

144 Zu den Mehrheitsverhältnissen auf den Generalversammlungen der Deutschen Bank vgl. Angela Bol, Die Aktionärsstruktur der Deutschen Bank 1870–1929, in: JWG 59 (2018), 1, S.142ff.

145 Vgl. hierzu Ziegler, Bankenmacht, (im Druck).

146 Gerald D. Feldman spricht sogar mit Blick auf die Versuche, die Bankenkrise im Juli 1931 im letzten Moment zu verhindern, von einem »desorganisierten Zustand des angeblich so hochgradig ›organisierten Kapitalismus‹ in Deutschland«. Feldman, Deutsche Bank, S.296.

147 Zu diesem sich bis weit in die Inflationsjahre hinein haltenden Grundsatz vgl. Otto Pfleiderer, Das Prinzip »Mark = Mark« in der deutschen Inflation 1914 bis 1924, in: Otto Büsch/Gerald D. Feldman (Hg.), Historische Prozesse der deutschen Inflation 1914 bis 1924, Berlin 1978, S.70f.

148 Franz Grüger, Die Wirkungen des Krieges und der Kriegsfolgen auf das deutsche Bankwesen mit einem Rückblick auf die Vorkriegszeit, in: Untersuchungen des Bankwesens 1933, 1. Teil, 1. Band Berlin 1933, S.48.

149 Im Geschäftsbericht der Commerz- und Disconto-Bank für 1918 wurde der Zusammenhang zwischen Kreditorenzufluss und Wechseldiskont offen thematisiert: »Trotzdem infolge politischer Befürchtungen vom Publikum große Summen dem Verkehr entzogen und versteckt wurden, wuchsen unsere Kreditoren ganz erheblich ... In entsprechender Weise vermehrten sich unsere Bestände an Wechseln und unverzinslichen Schatzanweisungen.«

150 Commerz- und Privat-Bank, GB 1920.

151 Vgl. hierzu allgemein Harald Wixforth, Die Banken und der Kollaps der Mark, in: Manfred Köhler/Keith Ulrich (Hg.), Banken, Konjunktur und Politik, Essen 1995, S.73.

152 Den Anfang machten August Thyssen mit der kurz vor Kriegsende gegründeten Bank voor Handel en Scheepvaart und ein Jahr später die Dresdner Bank mit der Gründung ihrer Kommandite Proehl & Gutmann. Vgl. Johannes Houwink ten Cate, Amsterdam als Finanzplatz Deutschlands (1919–1932), in: Gerald D. Feldman u.a. (Hg.), Konsequenzen der Inflation, Berlin 1989, S.152.

153 Karl Ahrens, Die deutschen Auslandsbanken, Diss. Kiel 1938, S.127f.

154 Dafür spricht, dass im Juni 1921 das Kapital der Gesellschaft voll eingezahlt und drei neue Prokuristen deutscher Nationalität eingestellt wurden. Kreutzmüller, Händler, S.70.

155 Ebenda, S.71.

156 Ebenda, S.73.

157 Der Zeitwert der Gebäude lag wahrscheinlich sogar noch deutlich höher, wie ein Prüfbericht zur Eröffnungsbilanz betonte. Zimmermann, Bilanzen, S.133f.

158 Vgl. hierzu Zimmermann, Commerzbank, S.42.

159 Für jede Aktie über 200 Mark Banco (= 300 Mark) wurden Anteilsscheine über 18 RM ausgestellt. Diese wurden später ohne Zuzahlung in Aktien über 20 RM umgetauscht. Protokoll der Aufsichtsratssitzung der Commerz- und Privat-Bank v. 27.1.1925, HAC-S3/A2, Bd.5.

160 Zur allgemeinen Entwicklung vgl. Wilhelm M. v. Bissing, Die Schrumpfung des Kapitals und seine Surrogate, in: Untersuchungen des Bankwesens 1933, 1. Teil, 1. Band, Berlin 1933, Tab. 1e, S.86; Carl-Ludwig Holtfrerich, Die Eigenkapitalausstattung deutscher Kreditinstitute 1871–1945, in: BA, Beiheft 5 (1981), S.15–29.

161 Davon abgesehen, lagen die stillen Reserven allein in Berlin und Hamburg bei 23,5 Mio. RM (Protokoll der

Aufsichtsratssitzung der Commerz- und Privat-Bank v. 19.3.1925, HAC-S3/A2, Bd.5). Das entsprach immerhin 11 % der ausgewiesenen Bilanzsumme.

162 Zu diesem Ergebnis kommt auch Lampe und führt das auf die Expansionspolitik zurück (Lampe, Bankbetrieb, S.370).

163 Bissing, Schrumpfung, S.163; Kurzrock, Aus der Geschichte der Commerzbank, S.115 u. 123.

164 Protokoll der Aufsichtsratssitzung der Commerz- und Privat-Bank v. 2.12.1924, HAC-S3/A2, Bd.5; eine Angabe bei Krause liegt sogar noch geringfügig darüber (Krause, Commerz- und Disconto-Bank, S.321).

165 Commerz- und Privat-Bank, GB 1925.

166 Protokoll der Aufsichtsratssitzung der Commerz- und Privat-Bank v. 2.12.1924, HAC-S3/A2, Bd.5.

167 Nach zeitgenössischen Schätzungen ging der Anteil weiblicher Angestellter im Bank- und Kreditwesen zwischen 1923 und 1925 um etwa zwei Drittel zurück. Rudl, Angestellte, S.230.

168 Protokoll der Aufsichtsratssitzung der Commerz- und Privat-Bank v. 15.3.1926, HAC-S3/A2, Bd.5.

169 Die Deutsche Bank, die Disconto-Gesellschaft und die Dresdner Bank hatten schon mehr Filialen nach den Übernahmen nicht weitergeführt als die Commerzbank, sodass die Verkleinerung 1924 nicht so dramatisch ausfiel. Ihr Filialnetz war aber dennoch deutlich kleiner als das der Commerzbank. Die Danat-Bank, die auf dem Höhepunkt der Inflation das zweitgrößte Filialnetz aller Großbanken besessen hatte, verkleinerte ihr Filialnetz dagegen innerhalb eines Jahres um ein Drittel. Trotzdem hatte sie immer noch das drittgrößte Filialnetz aller Großbanken nach der Deutschen Bank. Zimmermann, Commerzbank, Tab. I-2, S.23.

170 1924 machten die »Unkosten« 84 % der in der Bilanz ausgewiesenen »Ausgaben« aus. 1913 waren es nur 43 % gewesen.

171 Bis 1924 war die Zahl der Filialstandorte unter 10000 Einwohnern auf 38 % angestiegen, während die Konkurrentinnen Deutsche Bank und Dresdner Bank sich weiter aus der Fläche zurückgezogen hatten und nur jeweils etwa 6 % all ihrer Filialen an solchen Standorten offen hielten. Zimmermann, Commerzbank, Tab. I-21, S.98.

172 Nach der Untersuchung einer vom Reichstag eingesetzten Enquete-Kommission kamen 1928 50 % der Kreditoren von Privatpersonen, hier vor allem von Angehörigen der freien Berufe, Beamten und Angestellten. Der Bankkredit. Ausschuß zur Untersuchung der Erzeugungs- und Absatzbedingungen der deutschen Wirtschaft. Verhandlungen und Berichte des Unterausschusses für Geld-, Kredit- und Finanzwesen (V. Unterausschuss), Berlin 1930, S.73.

173 Nach der Bankenkrise und der Machtübernahme der Nationalsozialisten, als sich deren Mittelstandsideologie mit einer antisemitisch unterlegten Großbankenkritik zum Regierungsprogramm verband, drohte den Großbanken, vor allem der Dresdner Bank, sogar die Zerschlagung. Vgl. hierzu Christopher Kopper, Zwischen Marktwirtschaft und Dirigismus. Bankenpolitik im »Dritten Reich« 1933–1939, Bonn 1995, S.72ff.; Dieter Ziegler, Der Ordnungsrahmen, in: Johannes Bähr, Die Dresdner Bank in der Wirtschaft des Dritten Reichs, München 2006, S.62f.

174 Woldemar v. Radzibor, Das Problem des langfristigen Kredits für die mittlere und kleinere Industrie, Rostock 1929, S.7ff.; Alfred Lansburgh, Die Finanzierung des Kreditbedarfs der Mittel- und Kleinindustrie, in: Bernhard Harms (Hg.), Kapital und Kapitalismus, Berlin 1931, S.134; Ernst Walb, Übersetzung und Konkurrenz im deutschen Kreditapparat, in: Untersuchungen des Bankwesens 1933, 1. Teil, 1. Band, Berlin 1933, S.145; Martin Gehr, Das Verhältnis zwischen Banken und Industrie in Deutschland von der Mitte des 19. Jahrhunderts bis zur Bankenkrise 1931, Diss. Tübingen 1959, S.100.

175 Commerz- und Privat-Bank, GB 1930.

176 Karl Erich Born, Bankenkrisen der Zwischenkriegszeit, in: Hans Pohl (Hg.), Ursachen, Anlässe und Überwindung von Bankenkrisen, Frankfurt am Main 1990, S.28. Zu den Liquiditätskennziffern im Vergleich zur Deutschen Bank und der Dresdner Bank vgl. Zimmermann, Bilanzen, S.135ff.

4. Die Katastrophe 1931/32

1 Zur These einer »Zwillingskrise« vgl. Isabel Schnabel, The German Twin Crisis of 1931, in: Journal of Economic History 64 (2005), S.822ff., sowie dies., The Role of Liquidity and Implicit Guarantees in the German Twin Crisis of 1931, in: Journal of International Money and Finance 28 (2009), S.1ff. Zum aktuellen Forschungsstand vgl. Johannes Bähr, Die deutsche Bankenkrise 1931, in: ders. u. Bernd Rudolph, Finanzkrisen, München 2011, S.31ff., sowie Carsten Burhop, The Historiography of the 1931 Crisis in Germany, in: JWG 52 (2011), 2, S.9ff.

2 Albrecht Ritschl, Deutschlands Krise und Konjunktur 1924–1934, Berlin 2002, S.110.

3 Knut Borchardt, Zwangslagen und Handlungsspielräume in der großen Weltwirtschaftskrise der frühen 1930er Jahre. Zur Revision des überlieferten Geschichtsbildes, in: ders., Wachstum, Krisen, Handlungsspielräume der Wirtschaftspolitik, Göttingen 1982 , S.179.

4 Feldman, Deutsche Bank, S.299f.

5 Zur Rolle der Dresdner Bank vgl. Walther Frisch, Die Dresdner Bank von Versailles bis Hitler (Manuskript), Frankfurt am Main 1959; Ziegler, Ordnungsrahmen, S.43ff.

6 Zu dem hier nur sehr knapp dargestellten Gang der Ereignisse vgl. ausführlich Karl Erich Born, Die deutsche Bankenkrise, München 1967, S.64ff.; Bähr, Bankenkrise, S.15ff.

7 Ziegler, Ordnungsrahmen, S.52.

8 Schreiben an den Reichsfinanzminister v. 13.4.1932, HAC-1/186.

9 Im September 1931 verteilten sich rund 16,25 Mio. RM eigene Aktien auf 66 Personen. Vgl. ebenda.

10 Protokoll der Arbeitsausschusssitzung des Aufsichts-

rats der Commerz- und Privat-Bank v. 16.6.1931, HAC-1/186.

11 Gegenüber dem Jahresbeginn 1929 hatte der Kurs der Commerzbank-Aktie am Vorabend der Bankenkrise trotz der Kursstützungsmaßnahmen knapp die Hälfte seines Werts eingebüßt. Zur Kursentwicklung der Commerzbank vgl. M. Pohl, Konzentration, S. 364; Otmar Escher, Die Wirtschafts- und Finanzkrise in Bremen 1931 und der Fall der Schröderbank, Frankfurt am Main 1988, S. 215.

12 Bähr, Bankenkrise, S. 263, Anm. 160.

13 Vernehmungsprotokoll der Staatsanwaltschaft Berlin von Gustav Pilster v. 28.11.1935 (Abschrift), HAC-S10/61.

14 Protokoll der Arbeitsausschusssitzung des Aufsichtsrats der Commerz- und Privat-Bank v. 13.4.1932, HAC-1/186. Ursprünglich hatte die Bank vorgeschlagen, den gesamten Verlust zu übernehmen, was aber von Reichsfinanzminister Dietrich und Reichsbankpräsident Luther abgelehnt wurde. Von Luther stammte dann dieser Kompromissvorschlag, da er vor allem daran interessiert war, dass von den Konditionen der Übernahme der Aktien durch das Reich nichts bekannt wurde. Aktennotiz v. August Weber über eine Besprechung mit Luther v. 30.3.1932, HAC-S10/61.

15 Vernehmungsprotokoll der Staatsanwaltschaft Berlin von August Weber (der im Herbst 1931 als stv. Aufsichtsratsvorsitzender der Commerzbank an den Verhandlungen mit dem Reichsfinanzministerium über die Sanierung beteiligt gewesen war) v. 21. u. 22.11.1935 (Abschrift), HAC-S10/61.

16 Vernehmungsprotokoll der Staatsanwaltschaft Berlin von Gustav Pilster v. 28.11.1935 (Abschrift), ebenda.

17 Eigene Berechnung nach Angaben in einer Aufstellung für den Reichsfinanzminister v. 13.4.1932, HAC-1/186.

18 Gegenüber der Staatsanwaltschaft sagten die beiden vom Barmer Bank-Verein übernommenen Vorstandsmitglieder, die an der Arbeitsausschusssitzung teilgenommen hatten, aus, dass sie im April 1932 nicht bzw. nicht umfassend über die Existenz der älteren Konsortien informiert gewesen seien. Vernehmungsprotokoll der Staatsanwaltschaft Berlin von Paul Marx und Eugen Bandel v. 30.11.1935 (Abschrift), HAC-S10/61.

19 Schriftliche Aussage von Johannes Schwandt, Ministerialrat im Reichsfinanzministerium, gegenüber der Generalstaatsanwaltschaft Berlin v. 2.5.1936, ebenda.

20 Die Verärgerung in den zuständigen Ministerien muss sehr groß gewesen sein. So schrieb der durch den Wirtschaftsminister des ersten Kabinetts Hitler, Alfred Hugenberg, als Sonderkommissar »zur Untersuchung von Korruptionserscheinungen bei reichskontrollierten Banken« eingesetzte ehemalige Wirtschaftsminister Albert Neuhaus, dass er das Verhalten von Arbeitsausschuss und Vorstand der Commerzbank »auf das schärfste« missbillige, weil sie den Ministerien während der Sanierungsverhandlungen ihren »reichen Fischzug« verschwiegen hätten. Er riet sogar dazu – und dies sicherlich nicht ohne Rückendeckung Hugenbergs –, die Abberufung der verantwortlichen Vorstandsmitglieder zu erwägen. Schreiben von Neuhaus an Schwandt (RFM) v. 24.8.1933, ebenda.

21 Bewertung verschiedener Aussagen von Aufsichtsratsmitgliedern der Commerzbank durch die Staatsanwaltschaft (Abschrift), ebenda.

22 Aktenvermerk Schwandt (RFM) v. 26.6.1935, ebenda. Allerdings konnte der besonders in der Schusslinie stehende stellvertretende Aufsichtsratsvorsitzende August Weber nachweisen, dass er ein gutes Jahr nach der Einigung über den Übernahmekurs immerhin die Steuerabteilung des Finanzministeriums von der Existenz der älteren Konsortien unterrichtet hatte.

23 Schreiben des Reichsfinanz- an den Reichswirtschaftsminister (Abschrift, ohne Datum), ebenda.

24 Protokoll der Aufsichtsratssitzung der Commerz- und Privat-Bank v. 1.12.1925, HAC-S3/A2, Bd. 5.

25 Vgl. dazu im Einzelnen Martin Fiedler, Netzwerke des Vertrauens. Zwei Fallbeispiele aus der deutschen Wirtschaftselite, in: Dieter Ziegler (Hg.), Großbürger und Unternehmer, Göttingen 2000, S. 99.

26 Zimmermann, Commerzbank, S. 46, Anm. 152.

27 Protokoll der Aufsichtsratssitzungen der Commerz- und Privat-Bank v. 28.2.1929 u. 16.4.1929, HAC-S3/A2, Bd. 5.

28 Protokoll der Aufsichtsratssitzung der Commerz- und Privat-Bank v. 25.4.1930, ebenda.

29 Vgl. hierzu Maltschew, Rückerwerb, S. 39.

30 Fiedler, Netzwerke, S. 98.

31 Zur Charakterisierung Reinharts als »politischen Bankier« vgl. Schlütz, Vorstandssprecher, S. 121.

32 Nur dank einer Ehrenerklärung unter anderen vom Vorsitzenden des Bankenverbands Georg Solmssen und des gerade erst als Bankenaufsicht eingesetzten Reichskommissars Friedrich Ernst ließ Reichskanzler Brüning seine Bedenken fallen. Auch aus den Ermittlungen der Staatsanwaltschaft Berlin gegen Katzenellenbogen wurde Reinhart herausgehalten. Akten der Reichskanzlei. Weimarer Republik – Die Kabinette Brüning I/II / Band 3 / Dokumente / Nr. 541 Ministerbesprechung vom 5. November 1931, 9.30 Uhr / TOP 3. Ausschüsse des Wirtschaftsbeirats, S. 1917.

33 Deutsche Revisions- und Treuhand AG, Anhang und Anlagen zum Bericht über die bei der Commerz- und Privat-Bank vorgenommene Revision 1933, RGVA, Fond 1466: Deutsche Revisions- und Treuhand AG, Akte 2-6, Bl. 18.

34 Vgl. hierzu Joachim Scholtyseck, Der Aufstieg der Quandts, München 2011, S. 94f.

35 Der Kredit wurde vom Aufsichtsrat einstimmig genehmigt. Protokoll der Aufsichtsratssitzung der Commerz- und Privat-Bank v. 17.1.1927, HAC-S3/A2, Bd. 5.

36 Evelyn Kroker, »Korte, Gerhard«, in: Neue Deutsche Biographie 12 (1979), S. 600.

37 Protokoll der Sitzung des Präsidialausschusses der Commerz- und Privat-Bank v. 1.4.1932, HAC-S3/A2, Bd. 5.

38 Protokoll der Arbeitsausschusssitzung des Aufsichtsrats der Commerz- und Privat-Bank v. 3.8., 23.8. u. 15.11.1932, HAC-1/186.

39 Obwohl Wintershall seit 1934 als neuer Großaktionär die Geschicke von Burbach weitgehend bestimmte, blieb Korte bis 1940 Aufsichtsratsvorsitzender des Unternehmens. Trotz der Bedeutung von Burbach

sah die Commerzbank Korte bei der grundlegenden Neubesetzung des Aufsichtsrats im Frühjahr 1932 ausdrücklich nicht mehr als Mitglied vor. Protokoll der Sitzung des Präsidialausschusses der Commerz- und Privat-Bank v. 1.4.1932, HAC-S3/A2, Bd. 5.
40 Deutsche Revisions- und Treuhand AG, Anhang und Anlagen zum Bericht über die bei der Commerz- und Privat-Bank vorgenommene Revision 1933, RGVA, Fond 1466: Deutsche Revisions- und Treuhand AG, Akte 2-6, Bl. 29.
41 Zusammenstellung der Gesamtengagements 1930–1932 in Zimmermann, Commerzbank, S. 230.
42 Bereits bei der Gründung der Rudolf Karstadt AG im Jahr 1920 gehörte die Commerzbank neben dem Barmer Bank-Verein und der Nationalbank für Deutschland zum Gründungskonsortium. Ludwig Arioni (Geschäftsinhaber des Barmer Bank-Vereins) und Ferdinand Lincke traten in den Aufsichtsrat ein, Arioni wurde sogar zum Vorsitzenden des Gremiums gewählt. Rudolf Lenz, Karstadt. Ein deutscher Warenhauskonzern 1920–1950, S. 74.
43 Zum »Reemtsma-Skandal« der Jahre 1929 bis 1932 vgl. Tino Jacobs, Rauch und Macht. Das Unternehmen Reemtsma 1920 bis 1961, Göttingen 2008, Kap. 3.1, S. 111 ff.
44 Vgl. hierzu exemplarisch »Kreditvollmachten für die Commerz- und Privat-Bank« v. 12.2.1935, HAC-1/187-1.
45 Zur Funktion des Arbeitsausschusses vgl. Dieter Ziegler, Die Macht in der Bank. Governancedefizite deutscher Großbanken am Beispiel der Commerzbank 1870–1932 (im Druck).
46 Zimmermann, Commerzbank, S. 221.
47 Zu den Regeln für die Genehmigung von Kreditanträgen vgl. Zimmermann, Commerzbank, Tab. I-47, S. 219.
48 Die Auswertung aller überlieferten Kreditakten der Commerzbank-Filialen für die zweite Hälfte der 1920er und die erste Hälfte der 1930er Jahre erfolgte im Rahmen eines laufenden Dissertationsvorhabens von Falk Liedtke (Bochum).
49 Alle Angaben verdanke ich Herrn Falk Liedtke (Bochum).
50 Protokoll der Arbeitsausschusssitzung des Aufsichtsrats der Commerz- und Privat-Bank v. 26.3.1931, HAC-1/186.
51 Krause, Auslandsniederlassungen, S. 34.
52 Christopher Kobrak, Die Deutsche Bank und die USA, München 2008, S. 311 f.
53 Die Anleihe in Höhe von 25 Mio. US-Dollar hatte eine Laufzeit von fünf Jahren und war mit 6 % verzinst. Feldman, Deutsche Bank, S. 257; Kobrak, Deutsche Bank, S. 319.
54 Zimmermann, Commerzbank, S. 115.
55 Nach einer neueren Schätzung lag der Anteil ausländischer Einlagen unter den Kreditoren bei Deutscher Bank und Commerzbank Mitte 1930 mit jeweils etwa 38 % deutlich unter den Vergleichswerten bei Danat-Bank (45 %) und Dresdner Bank (44 %) (Schnabel, German Twin Crisis, S. 834). Ende 1933 betrug der Anteil bei der Commerzbank dann nur noch etwa 32 %, was aber zu einem Gutteil der Dollar-Abwertung zugerechnet werden kann (Deutsche Revisions- und Treuhand AG, Revisionsbericht zur Commerzbank 1933, Bl. 29, BArch R 3101/18613).
56 Schreiben von Ernst an Reichsbank, Reichsfinanz- und Reichswirtschaftsministerium v. 20.12.1931, RGVA, Fond 1458: Reichswirtschaftsministerium, Akte 1-1733.
57 Aktennotiz Ernst (undatiert, Jan. 1932), ebenda.
58 Aktennotiz Ernst v. 30.1.1932, ebenda.
59 Aktennotiz Ernst v. 2.3.1932, ebenda.
60 Anfang März erlangte der Plan dann als Notverordnung Gesetzeskraft. Verordnung über die Verschmelzung der Darmstädter und Nationalbank mit der Dresdner Bank sowie des Barmer Bank-Vereins mit der Commerz- und Privatbank v. 11.3.1932, RGBl. I (1932), S. 129.
61 Ziegler, Ordnungsrahmen, S. 55.
62 Feldman, Deutsche Bank, S. 309; Karin Lehmann, Die Reaktion der Deutschen Bank und Disconto-Gesellschaft auf die Bankenkrise von 1931, in: JWG 37 (1996), 1, S. 182. Eine tabellarische Übersicht des Staatsengagements bei der Bankenrettung zum Zeitpunkt der Machtübernahme der Nationalsozialisten in Bähr, Bankenkrise, S. 102.
63 Memorandum des Reichswirtschaftsministeriums »Weitere Erwägungen zur Reorganisation der deutschen Banken« v. 22.12.1931, RGVA, Fond 1458: Reichswirtschaftsministerium, Findbuch 3, Akte 1076.
64 Aktenvermerk des Reichskommissars für das Bankgewerbe v. 5.10.1933, ebenda, Akte 1086.
65 Manche Mitglieder des Arbeitsausschusses des Aufsichtsrats der Commerzbank hielten diesen Umtauschkurs für zu hoch, wodurch die verbliebenen Commerzbank-Aktionäre, die ja die Zusammenlegung ihres Aktienbesitzes auf 30 % ihres Nominalwerts hätten hinnehmen müssen, massiv benachteiligt worden wären. Der während der Bankenkrise zum informellen Vorstandssprecher avancierte Friedrich Reinhart warb aber trotz der Bedenken der anwesenden Aufsichtsratsmitglieder für die Annahme des Plans, da durch die Vereinbarung der »privatwirtschaftliche Charakter« der Bank »weitgehend« gewahrt bleibe. Protokoll der Arbeitsausschusssitzung des Aufsichtsrats der Commerz- und Privat-Bank v. 22.2.1932, HAC-1/186.
66 Zur Kommanditbeteiligung des Barmer Bank-Vereins am Bankhaus Falk im Jahr 1921 vgl. Neufassung des Kommanditvertrags zwischen Siegfried Falk und dem Barmer Bank-Verein o. D. (1930), HAC-S3/A129.
67 Das Bankhaus von der Heydt-Kersten & Söhne wurde im Jahr 1912 in eine Kommanditgesellschaft bei gleichzeitiger Aufnahme des Barmer Bank-Vereins als Kommanditist umgewandelt. Die Auszahlung des Kapitalguthabens des Alteigentümers der offenen Handelsgesellschaft, August von der Heydt, in Höhe von 10 Mio. Mark erfolgte durch die Lieferung von neuen Aktien des Barmer Bank-Vereins (Vertrag v. 8.1.1912, HAC-402/126). Damit war August von der Heydt, der als einer von vier Komplementären ohne Einlage in die Kommanditgesellschaft eingetreten war, Großaktionär des Barmer Bank-Vereins geworden.
68 Detlef Krause, Garn, Geld und Wechsel. 250 Jahre von der Heydt-Kersten & Söhne, Wuppertal 2004, S. 95.

69 Vertrag zwischen Reichsfinanzministerium und Golddiskontbank (Reich) und der Commerz- und Privat-Bank (Bank) v. 29.3.1932, HAC-1/115.

70 Protokoll der Arbeitsausschusssitzung des Aufsichtsrats der Commerz- und Privat-Bank v. 22.2.1932, HAC-1/186.

71 Commerz- und Privatbank, GB 1931.

72 Wie prekär die Ertragslage noch 1934 war, zeigt der Verzicht auf die Abführung des 15-Prozent-Anteils am Reingewinn an das Reich durch das Reichsfinanzministerium. Denn wegen des anhaltend hohen Rückstellungsbedarfs betrug der Reingewinn gerade einmal 1,39 Mio. RM, sodass weder eine Dividendenzahlung noch eine Gewinnabführung an das Reich möglich waren. Schreiben v. 31.5.1935, HAC-1/115.

73 Insgesamt schuldete die Bank der öffentlichen Hand demnach einen Betrag von gut 66 Mio. RM. Vgl. Protokoll der Arbeitsausschusssitzung des Aufsichtsrats der Commerz- und Privat-Bank v. 22.2.1932, HAC-1/186.

74 Zu den Übernahmebedingungen vgl. Detlef Krause, Zwischen Erstem Weltkrieg und Bankenkrise. Der Barmer Bank-Verein Hinsberg, Fischer & Comp., in: BA 18 (1992), 1, S. 34ff.

75 Amandus Lange, Prüfbericht zur Commerz- und Privat-Bank 1932, S. 2, BArch R 3101/18611.

76 Verordnung über die Bilanzierung von Forderungen gegen Tilgungskassen für gewerbliche Kredite und gegen die Aktiengesellschaft Deutsches Finanzierungsinstitut AG v. 24.12.1932, RGBl. 1932 Teil I, S. 577f. Vgl. auch Born, Bankenkrise, S. 173f.

77 Amandus Lange, Prüfbericht zur Commerz- und Privat-Bank 1932, S. 4, BArch R 3101/18611.

78 Zur Einführung der Pflichtprüfung vgl. Reiner Quick, Die Entstehungsgeschichte der aktienrechtlichen Pflichtprüfung in Deutschland, in: ZUG 35 (1990), S. 230f.

79 Protokoll der Arbeitsausschusssitzung des Aufsichtsrats der Commerz- und Privat-Bank v. 27.6.1933, HAC-1/186-2.

80 Zur Deutschen Revisions- und Treuhand AG vgl. Ute Pothmann, Wirtschaftsprüfung im Nationalsozialismus. Die Deutsche Revisions- und Treuhand AG (Treuarbeit) 1933 bis 1945, Essen 2013; zur Prüfung und Sanierung der Dresdner Bank 1932/33 vgl. dies., Wirtschaftsprüfer zwischen betriebswirtschaftlicher Theorie und prüferischer Praxis – eine Fallstudie zur Bilanzprüfung nach der Bankenkrise, in: JWG 48 (2007), 1, S. 161ff., sowie Ziegler, Ordnungsrahmen, S. 53ff.

81 Deutsche Revisions- und Treuhand AG, Revisionsbericht zur Commerzbank 1933, Bl. 12f., BArch R 3101/18613.

82 Deutsche Revisions- und Treuhand AG, Vor-Revisionsbericht zur Commerzbank 1933, Bl. 1, ebenda.

83 Die Bereitschaft des Reichs wurde in einem Schreiben des Reichsfinanzministeriums an die Commerzbank v. 24.5.1934 bestätigt, HAC-1/115.

84 Schriftliche Aussage von Johannes Schwandt, Ministerialrat im Reichsfinanzministerium, gegenüber der Generalstaatsanwaltschaft Berlin v. 2.5.1936, HAC-S10/61.

85 Zur zweiten Sanierung vgl. Zimmermann, Commerzbank, S. 88.

86 Der Geschäftsbericht erwähnt lediglich nebulös eine »Generalbereinigung« durch »erhebliche Abschreibungen und Rückstellungen«, womit vermutlich die Entnahme aus der offenen Reserve in Höhe von 20 Mio. RM begründet werden sollte. Von der Reichsgarantie findet sich kein Wort. Commerz- und Privat-Bank, GB 1934.

87 Der Fonds diente der Finanzierung von 251 Pensionären sowie von 99 vorzeitig in den Ruhestand versetzten, aktuell aber noch im Dienst befindlichen Beschäftigten. Die Gesamtkosten betrugen 1933 734000 RM für die Pensionäre. Deutsche Revisions- und Treuhand AG, Anhang und Anlagen zum Bericht über die bei der Commerz- und Privat-Bank vorgenommene Revision 1933, RGVA, Fond 1466: Deutsche Revisions- und Treuhand AG, Akte 2-6, Bl. 56f.

88 Ebenda, Bl. 75.

89 Protokoll der Aufsichtsratssitzungen der Commerz- und Disconto-Bank v. 21.4.1925 u. 6.9.1929, HAC-S3/A2, Bd. 5.

90 Zitiert in Thomas Weihe, Die Personalpolitik der Filialgroßbanken 1919–1945. Interventionen, Anpassung, Ausweichbewegungen, München 2006, S. 40.

91 Protokoll der Aufsichtsratssitzung der Commerz- und Privat-Bank v. 11.5.1932, HAC-S3/A2, Bd. 5, sowie Commerz- und Privat-Bank, GB 1932.

92 Krause, Barmer Bank-Verein, S. 37.

93 Protokoll der Aufsichtsratssitzung der Commerz- und Privat-Bank v. 11.5.1932, HAC-S3/A2, Bd. 5.

94 Verordnung zur Belebung der Wirtschaft v. 4.9.1932, RGBl. 1932 Teil I, S 431.

95 Betroffen waren davon allerdings nur Gehälter über 18000 RM p.a. (Protokoll der Arbeitsausschusssitzung des Aufsichtsrats der Commerz- und Privat-Bank v. 27.10.1932, HAC-1/186-1), und das betraf höchstens 150 Personen (oder rund 2,25 % aller Beschäftigten). Vgl. Deutsche Revisions- und Treuhand AG, Anhang und Anlagen zum Bericht über die bei der Commerz- und Privat-Bank vorgenommene Revision 1933, RGVA, Fond 1466: Deutsche Revisions- und Treuhand AG, Akte 2-6, Bl. 76.

96 Bei den im Revisionsbericht für 1933 aufgeführten 87 Personen, die »im Jahr 1933 pensioniert« worden waren, deren Pensionierung aber erst im Jahr 1934 wirksam wurde (Deutsche Revisions- und Treuhand AG, Anhang und Anlagen zum Bericht über die bei der Commerz- und Privat-Bank vorgenommene Revision 1933, RGVA, Fond 1466: Deutsche Revisions- und Treuhand AG, Akte 2-6, Bl. 76), dürfte es sich überwiegend um »Nichtarier« gehandelt haben, die zunächst – bei vermutlich vollem Gehalt – beurlaubt und einige Monate später pensioniert worden waren.

1 Weihe, Personalpolitik, S. 57.

2 Ebenda, S. 58.

3 Eine gesetzliche Grundlage für dieses Vorgehen wurde geschaffen durch das Gesetz über Betriebsvertretungen und wirtschaftliche Vereinigungen v. 4.4.1933, RGBl. 1933 Teil I, S. 161f. Vgl. zur Bedeutung dieses Gesetzes Wolfgang Spohn, Betriebsgemeinschaft und Volksgemeinschaft, Berlin 1987, S. 62ff.; Michael Schneider, Arbeiter unterm Hakenkreuz. Arbeiter und Arbeiterbewegung 1933 bis 1939, Bonn 1999, S. 75f.

4 Gesetz zur Ordnung der nationalen Arbeit v. 20.1.1934, RGBl. 1934 Teil I, S. 45ff.

5 Weihe, Personalpolitik, S. 63.

6 Mathias Frese, Betriebspolitik im »Dritten Reich«, Paderborn 1991, S. 177.

7 Abstimmungen über die Vertrauensmänner wurden nur in den Jahren 1934 und 1935 durchgeführt. Seitdem blieben diese entweder im Amt oder wurden durch den Treuhänder der Arbeit neu berufen. Frese, Betriebspolitik, S. 187; Schneider, Arbeiter, S. 514.

8 Zu den spärlichen Informationen über die Abstimmungsergebnisse vgl. Weihe, Personalpolitik, S. 71f.

9 Protokoll der Vertrauensratssitzung der Niederlassung Hamburg der Commerz- und Privatbank v. 25.10.1935, HAC-1/51.

10 Protokoll der Vertrauensratssitzung der Niederlassung Hamburg der Commerz- und Privatbank v. 11.5.1937, ebenda.

11 Vgl. hierzu die Auswertung der Vertrauensratsprotokolle der Dresdner Bank Dresden in Dieter Ziegler, Die Nationalsozialisten im Betrieb, in: Bähr, Dresdner Bank, S. 149ff.

12 Weber war Vorstandsmitglied des liberalen Hansabundes für Handel, Gewerbe und Industrie sowie des Reichsverbands der deutschen Industrie (RDI). Neben dem Aufsichtsratsmandat bei der Commerzbank hatte er noch weitere 15 Mandate inne. Eigene Erhebung auf Grundlage des Handbuchs der deutschen Aktiengesellschaften 1932 und 1933.

13 Der Grund für Webers Verhaftung dürfte seine enge Beziehung zu dem Vorsitzenden des Verbands sächsischer Unternehmer Otto Moras gewesen sein, der ein erklärter Gegner der Nationalsozialisten und deshalb frühzeitig der Rache des sächsischen Gauleiters Mutschmann ausgesetzt war (vgl. den Bericht über Webers Verhaftung im Protokoll der Arbeitsausschusssitzung des Aufsichtsrats der Commerz- und Privat-Bank v. 16.6.1933, HAC-1/186-2). Den Ansatzpunkt bildete vermutlich ein Skandal um einen Neffen Stresemanns, in den auch Moras verwickelt war (Karl Heinrich Pohl, Gustav Stresemann, Biographie eines Grenzgängers, Göttingen 2015, S. 88f.). Moras selbst war bis 1931 Aufsichtsratsmitglied bei der Commerzbank und dann bis 1934 Mitglied im Landesausschuss Ostdeutschland.

14 Zur Biografie Webers vgl. Reichstags-Handbuch, V. Wahlperiode, Berlin 1930, S. 507, sowie Detlef Krause, Commerzbank. Eine Zeitreise 1870–2010 (Publikationen der Eugen-Gutmann-Gesellschaft, 5), Dresden 2010, S. 36 u. 61.

15 Vgl. hierzu Schlütz, Vorstandssprecher, S. 122. Vgl. auch: Autarkie oder nicht?, in: Berliner Börsen-Courier, Nr. 569 v. 6.12.1931 (diesen Hinweis verdanke ich Johannes Bähr).

16 Franz Heinrich Witthoefft, Hamburgs Bedeutung für die Volks- und Weltwirtschaft, in: Mitteilungen der Handelskammer Hamburg, Sondernummer v. 9.7.1927, S. 255.

17 Reinhart unterschrieb die Petition nicht nur, sondern er übergab sie sogar beim Reichspräsidialamt. Reinhard Vogelsang, Der Freundeskreis Himmler, Göttingen 1972, S. 41.

18 Zitiert in Schlütz, Vorstandssprecher, S. 127.

19 Zur Biografie Reinharts vgl. Detlef Krause, »Reinhart, Friedrich«, in: Neue Deutsche Biographie 21 (2003), S. 366, sowie Joachim Lilla (Bearb.), Der Preußische Staatsrat 1921–1933, Düsseldorf 2005, S. 231f.

20 Vogelsang, Freundeskreis, S. 40.

21 Als »Märzgefallene« wurden solche NSDAP-Mitglieder bezeichnet, die direkt nach der Reichstagswahl Anfang März 1933 einen Aufnahmeantrag gestellt hatten. Wenig später verhängte die NSDAP dann eine Aufnahmesperre, um den Zustrom von politischen Opportunisten zu beenden.

22 Zur Biografie Heckers vgl. Hannoversches Biographisches Lexikon, Hannover 2002, S. 157.

23 Dieter Ziegler, »Entjudung« und Nazifizierung 1933–1937, in: Bähr, Dresdner Bank, S. 87ff.

24 Eigene Erhebung auf Grundlage des Handbuchs der deutschen Aktiengesellschaften 1933.

25 Protokoll der Aufsichtsratssitzung der Commerz- und Privat-Bank v. 21.10.1936, HAC-S3/A2, Bd. 6.

26 Zum Umgang mit Gutmann und Goldschmidt bei der durch die Fusion mit der Danat-Bank entstandenen »neuen« Dresdner Bank vgl. Dieter Ziegler, Die personellen Konsequenzen von Bankenkrise und Fusion, in: Bähr, Dresdner Bank, S. 82f.

27 Zum Umgang mit Kehl bei der Deutschen Bank vgl. Feldman, Deutsche Bank, S. 311, sowie zur Haltung Brünings zu Wassermann vgl. Harold James, Die Deutsche Bank im Dritten Reich, München 2003, S. 42f.

28 Vgl. zu Stauß' Rolle Feldman, Deutsche Bank, S. 310.

29 Im Geschäftsbericht der Commerz- und Privat-Bank für 1931 wird erwähnt, dass Sobernheim »die Absicht« habe, »im Laufe des Jahres« 1932 aus dem Vorstand auszuscheiden. Im Gegensatz zu Schultze, dem der Aufsichtsrat in seinem Bericht kein Wort der Anerkennung zuteilwerden ließ, drückte er gegenüber Sobernheim sein »ausdrückliches Bedauern« aus.

30 Der zu dieser Zeit von den Vertretern des Reichs bzw. der Reichsbank dominierte Arbeitsausschuss war sich »darüber einig«, Sobernheim zu veranlassen, den Aufsichtsrat zu verlassen. Protokoll der Arbeitsausschusssitzung des Aufsichtsrats der Commerz- und Privat-Bank v. 13.12.1932, HAC-1/186-1.

31 BArch R 2501, Akten der Reichsbank Nr. 1182, Presseübersichten.

32 Zur Karriere von Emil Georg von Stauß vgl. ausführlich James, Deutsche Bank im Dritten Reich, S. 85ff.

33 Karl Ritter von Halt wurde Ende 1935 als Direktor bei der Deutschen Bank eingestellt, weil die Zuständigkeit für Personalangelegenheiten bei einem Vertrauensmann der NSDAP liegen musste. Davor schützte die Bank auch von Stauß nicht. Allerdings wurde Halt erst 1938 auch in den Vorstand aufgenommen. Ebenda, S. 60f.

34 Schlütz, Vorstandssprecher, S. 111.

35 Ziegler, Ordnungsrahmen, S. 52.

36 Thomas Weihe, Die Verdrängung der jüdischen Mitarbeiter und der Wettbewerb um Kunden im Nationalsozialismus, in: Herbst, Commerzbank, S. 47.

37 Harter sollte eigentlich 1934 im Alter von 66 Jahren in den Ruhestand geschickt werden. Da allerdings Ludwig Berliner bereits im Herbst 1933 (vgl. dazu unten) ausgeschieden war und Friedrich Reinhart in den Aufsichtsrat wechseln sollte, wurde der Termin des Ausscheidens Harters noch einmal verschoben. Wieder, wie schon zwei Jahre zuvor, war er im Vorstand unverzichtbar. Vgl. Weihe, Personalpolitik, S. 217f.

38 Wallenberg-Pachaly, von Doertenbach und Landau hatten ihre Bankhäuser bereits aufgeben müssen und demzufolge den Zenit ihrer Bedeutung als Netzwerker deutlich überschritten. Wallenberg-Pachaly kam 1932 noch auf acht, Landau auf 13, von Doertenbach auf 14, Weissenberger auf 15 und Stein auf 27 Mandate in Aufsichtsräten deutscher Aktiengesellschaften. Eigene Erhebungen auf Grundlage des Handbuchs der deutschen Aktiengesellschaften 1932/33.

39 Biografische Angaben zu Kraemer in Joachim Lilla, Der Vorläufige Reichswirtschaftsrat 1920 bis 1933/34, Düsseldorf 2012, S. 419f.

40 RGBl. 1931 Teil I, Art. VIII, S. 500.

41 Die Namen wurden der Commerzbank in einem Schreiben des Vizepräsidenten der Reichsbank mitgeteilt. Protokoll der Sitzung des Präsidialausschusses der Commerz- und Privat-Bank v. 1. 4. 1932, HAC-S3/A2, Bd. 5.

42 Ebenda.

43 Vgl. hierzu die Presseübersicht der Reichsbank (BArch R 2501, Akten der Reichsbank Nr. 1182) zur außerordentlichen Generalversammlung der Dresdner Bank am 31.8. und 1. 9. 1931.

44 Geschäftsordnung für den Vorstand der Commerz- und Privat-Bank (Entwurf) sowie Protokoll der Arbeitsausschusssitzung des Aufsichtsrats der Commerz- und Privat-Bank v. 29. 6. 1932, HAC-1/186-1.

45 Protokoll der Arbeitsausschusssitzung des Aufsichtsrats der Commerz- und Privat-Bank v. 5. 2. 1936, HAC-1/187-1. Tatsächlich lassen sich auch weiterhin Beanstandungen in den Revisionsberichten über Regelverletzungen der Filialleitungen finden. So wurde beispielsweise die Filiale Jena im September 1937 vom Sekretariat der Filialen und Depositenkassen scharf gerügt, weil knapp ein Drittel der debitorischen Konten die von Berlin genehmigten Kreditlinien überschritten hatten. Ludolf Herbst, Banken in einem prekären Geschäft. Die Beteiligung der Commerzbank an der Vernichtung jüdischer Gewerbeunternehmen im Altreich 1933–1940, in: ders./Weihe, Commerzbank, S. 88.

46 Protokoll der Arbeitsausschusssitzung des Aufsichtsrats der Commerz- und Privat-Bank v. 28. 3. 1935, HAC-1/187-1.

47 Mitteilung an alle Oberbeamten der Commerzbank v. 18. 6. 1934, HAC-1/5.

48 Protokoll der Arbeitsausschusssitzung des Aufsichtsrats der Commerz- und Privat-Bank v. 30. 6. 1934, HAC-1/186-2.

49 Protokoll der Arbeitsausschusssitzung des Aufsichtsrats der Commerz- und Privat-Bank v. 22. 5. 1935, HAC-1/187-1.

50 Ermächtigung des Aufsichtsrats bezüglich Kredite an Aufsichtsrats- und Vorstandsmitglieder sowie Direktoren, Beamte und Angestellte der Bank v. 24. 1. 1935, HAC-1/187-1.

51 Protokoll der Aufsichtsratssitzung der Commerz- und Privat-Bank v. 2. 4. 1932, HAC-S3/A2, Bd. 5.

52 Vgl. Geschäftsordnung für die Landesausschüsse der Commerzbank von 1932, HAC-1/3.

53 Gegenüber dem Aufsichtsrat versicherte Harter im Mai 1933, dass sich die Rückstellungen in einem »erträglichen Rahmen« bewegten. Protokoll der Aufsichtsratssitzung der Commerz- und Privat-Bank v. 23. 5. 1933, HAC-S3/A2, Bd. 6.

54 Berliners Ausscheiden wurde dem Aufsichtsrat Anfang Oktober mitgeteilt. Protokoll der Aufsichtsratssitzung der Commerz- und Privat-Bank v. 3. 10. 1933, ebenda.

55 Unter einem »Nichtarier« verstand der Gesetzgeber eine Person mit mindestens einem jüdischen Großelternteil: Erste Verordnung zur Durchführung des Gesetzes zur Wiederherstellung des Berufsbeamtentums vom 11. 4. 1933, RGBl. 1933 Teil I, S. 195. Zur Bedeutung dieses »Arierparagraphen« als »notwendiger Voraussetzung aller Verfolgungen« vgl. Saul Friedländer, Das Dritte Reich und die Juden, Bd. 1, München 1998, S. 40.

56 Handelsregister Hamburg 1928–1937, Sächs. HStA Dresden, Altbanken Dresden (Commerzbank) Akte 312.

57 Zeugenbericht von Richard Glaser, Tel Aviv, v. 13. 11. 1957, HAC-S10/72.

58 Das sogenannte Berufsbeamtengesetz vom 4. 4. 1933 bestimmte unter anderem, dass alle »Nichtarier« aus dem aktiven Dienst zu entlassen waren, sofern sie nicht persönlich an den Kämpfen des Ersten Weltkriegs teilgenommen hatten. RGBl. 1933 Teil I, S. 175ff. Diese Vorschrift wurde durch eine Verordnung Anfang Mai insofern erweitert, als alle den »Körperschaften des öffentlichen Rechts … gleichgestellten … Unternehmungen« in den Geltungsbereich des Gesetzes einzuziehen waren. RGBl. 1933 Teil I, S. 233.

59 Dieter Ziegler, Die Dresdner Bank und die deutschen Juden, München 2006, S. 15.

60 Zum Einfluss der NS-Betriebszelle der Dresdner Bank auf die Personalentscheidungen im Frühjahr 1933 vgl. Ziegler, Dresdner Bank, S. 31ff.

61 Schreiben des Reichswirtschaftsministeriums v. 6. 10. 1933, BArch R 3101/8728.

62 Protokoll der Arbeitsausschusssitzung des Aufsichtsrats der Commerz- und Privat-Bank v. 2. 4. 1937, HAC-1/187, Bd. 2.

63 Friederike Sattler, Der Handelstrust West in den Niederlanden, in: Harald Wixforth, Die Expansion der Dresdner Bank in Europa, München 2006, S. 683.

64 Christoph Kreutzmüller, Händler, S. 85f.

65 Weber bezog ein Gehalt von 750 RM im Monat (Protokoll der Arbeitsausschusssitzung des Aufsichtsrats der Commerz- und Privat-Bank v. 2.8.1933, HAC-1/186-2). Sofern er keine anderen Einkünfte hatte, dürfte das einem sozialen Absturz gleichgekommen sein.

66 Anlage zum Protokoll der Arbeitsausschusssitzung des Aufsichtsrats der Commerz- und Privat-Bank v. 16.7.1935, HAC-1/187-1.

67 Zimmermann, Commerzbank, S. 352 f.

68 Commerz- und Privat-Bank, GB 1933, Bericht des Aufsichtsrats.

69 Zu einer ähnlichen Einschätzung kommt auch Harold James für die Deutsche Bank, vgl. ders., Die Deutsche Bank und die »Arisierung«, München 2001, S. 26.

70 Inwieweit die Commerzbank beim Neustart Lusts in den Niederlanden behilflich war, ist aufgrund widersprüchlicher Nachkriegsaussagen nicht zu klären. Vgl. Kreutzmüller, Händler, S. 91.

71 Zur Abfindung vgl. Weihe, Personalpolitik, S. 141; zum Vermögenstransfer vgl. Kreutzmüller, Händler, S. 92.

72 Protokoll der Arbeitsausschusssitzung des Aufsichtsrats der Commerz- und Privat-Bank v. 14.6.1934, HAC-1/186-2.

73 Protokoll der Arbeitsausschusssitzung des Aufsichtsrats der Commerz- und Privat-Bank v. 21.6.1935, HAC-1/187-1.

74 Vgl. hierzu Kap. 4.1.

75 Weihe, Personalpolitik, S. 105.

76 Von den geschätzt ursprünglich etwa 540 »Nichtariern« waren bei der Dresdner Bank im Herbst 1935 bereits etwa 400 Beschäftigte entlassen oder – allerdings weitaus seltener – in den Vorruhestand geschickt worden. Ziegler, Dresdner Bank, S. 54.

77 Dafür spricht die Tatsache, dass der Anteil »nichtarischer« Beschäftigter im Herbst 1935 bei allen drei Großbanken etwa gleich war (vgl. die Schätzung bei Weihe, Personalpolitik, S. 116). Da der Anteil der »Nichtarier« bei der Deutschen Bank 1933 zwischen den Werten von Commerzbank und Dresdner Bank gelegen haben dürfte, müsste auch die Entlassungsquote zwischen den Werten der beiden anderen Großbanken gelegen haben. Zur Quellenlage bei der Deutschen Bank vgl. James, Deutsche Bank und »Arisierung«, S. 28.

78 Vgl. zum »Mischlings«-Status allgemein Jeremy Noakes, Wohin gehören die »Judenmischlinge«? Zur Entstehung der ersten Durchführungsverordnung zu den Nürnberger Gesetzen, in: Ursula Büttner u. a. (Hg.), Das Unrechtsregime: Internationale Forschung über den Nationalsozialismus, Bd. 2, Hamburg 1986, S. 69–89; Beate Meyer, Jüdische Mischlinge. Rassenpolitik und Verfolgungserfahrung 1933–1945, Hamburg 1999, S. 96; Cornelia Essner, Die »Nürnberger Gesetze« oder Die Verwaltung des Rassenwahns 1933–1945, Paderborn 2002, Kap. III, S. 113 ff.

79 Es gibt entsprechende Nachkriegsaussagen. Diese lassen sich durch die überlieferten Akten allerdings nicht verifizieren. Weihe, Personalpolitik, S. 131.

80 Im November 1935 hatte die Beschäftigtenzahl 6555 Personen betragen (Protokoll der Arbeitsausschusssitzung des Aufsichtsrats der Commerz- und Privat-Bank v. 27.11.1935, HAC-1/187-1) und lag damit etwas niedriger als zu Jahresbeginn 1933, als sie knapp über 6600 Personen betrug.

81 Die Commerzbank betonte öffentlich, dass ein Ausscheiden aus dem Dienst nur aufgrund »von Pensionierungen, durch Verheiratung und Übergang in andere Berufe« vorgekommen sei. Commerz- und Privat-Bank, GB 1934.

82 Mitte 1936 war die Belegschaft wieder auf 6662 Personen (gegenüber 6555 ein halbes Jahr zuvor) angewachsen. Protokoll der Arbeitsausschusssitzung des Aufsichtsrats der Commerz- und Privat-Bank v. 23.6.1936, HAC-1/187-1.

83 Schreiben der Filialleitung Mainz an die Personalabteilung in Berlin v. 2.2.1937 sowie Antwortschreiben v. 3.2.1937, HAC-1/481.

84 Zitiert in Weihe, Personalpolitik, S. 120.

85 Der Arbeitskamerad 3 (1936), S. 1.

86 Bandel, Marx und Harter traten als »Märzgefallene« 1933 in die NSDAP ein (Weihe, Personalpolitik, S. 218). Damit waren mit Ausnahme von Schilling alle Vorstands- auch Parteimitglieder. Reinhart, der allerdings 1934 in den Aufsichtsrat gewechselt hatte, war zwar auch kein Parteimitglied, konnte sich dies allerdings wie andere frühe bürgerlich-konservative Förderer der Nationalsozialisten auch leisten.

87 Weihe, Personalpolitik, S. 123.

88 Ebenda, S. 73.

89 Schreiben v. Schippel (Dresdner Bank) an das RWM, Dr. Koehler, vom 11.3.1937, RGVA, Fond 1458: Reichswirtschaftsministerium, Akte 1-550. Wann genau diese Übereinkunft getroffen wurde, geht aus dem Schreiben leider nicht hervor.

90 Von »Nichtariern« konnte zu diesem Zeitpunkt deshalb nicht mehr die Rede sein, weil »Mischlinge« mit nur einem jüdischen Großelternteil, die der jüdischen Gemeinde nicht angehörten, hier nicht mitgerechnet wurden. Zu entlassende »Juden« umfassten demzufolge alle konfessionellen Juden sowie Nichtjuden mit mehr als einem jüdischen Großelternteil.

91 Der Arbeitskamerad 5 (1938), S. 2.

92 Das Gesetz legte fest, dass der Verlust des Reichsbürgerrechts automatisch die Entlassung aus dem Dienstverhältnis zur Folge hatte (§ 51), womit auch die Ausnahmeregelungen des Berufsbeamtengesetzes aufgehoben wurden. Außerdem entfiel der Anspruch auf Versorgungsbezüge (§ 56, Abs. 2). Deutsches Beamtengesetz vom 26.1.1937, RGBl. 1937 Teil I, S. 41 ff.

93 Weihe, Personalpolitik, S. 133.

94 Zur Ungleichbehandlung der Betriebsrentner bei der Dresdner Bank vgl. Ziegler, Dresdner Bank, S. 84 f.

95 So veranlasste die Berliner Personalabteilung Anfang Oktober 1939 die Filialen, ihren jüdischen Betriebsrentnern die Arbeitnehmerbeiträge der Sozialversicherungen künftig entgegen der ursprünglichen Zusage rückwirkend zum 1.10.1939 nicht mehr zu zahlen. Schreiben an die Filialleitung Mainz v. 13.10.1939, HAC-1/481.

96 Weihe, Personalpolitik, S. 138.

97 Der Deutsche Volkswirt v. 22.1.1937; Berliner Tageblatt v. 5.10.1937; Die Bank 17 (1937), S. 362 f.

98 Dem Arbeitsausschuss wurde im Februar 1935 mitgeteilt, dass man »in letzter Zeit« über nominal

6 Mio. RM eigene Aktien platziert habe. Protokoll der Arbeitsausschusssitzung des Aufsichtsrats der Commerz- und Privat-Bank v. 12.2.1935, HAC-1/187-1.

99 Herbert Wolf, Die Reprivatisierung der Commerzbank 1936/37. Ein Meisterstück des jungen Hermann Josef Abs, in: BA 22 (1996), 1, S. 27–36. Dieser Darstellung widersprach Abs nach dem Krieg, indem er die Initiative für die Reprivatisierung der Commerzbank allein sich selbst zuschrieb und Dreyfus' Rolle herunterspielte. Vgl. hierzu Lothar Gall, Der Bankier Hermann Josef Abs. Eine Biographie, München 2004, S. 447, Anm. 12.

100 Wolf, Reprivatisierung, S. 31.

101 Zu den aus der Sicht der Commerzbank sehr erfolgreichen Verhandlungen siehe Kopper, Marktwirtschaft, S. 203.

102 Schreiben des Reichswirtschaftsministerium v. 27.10.1936, HAC-1/115; Protokoll der Arbeitsausschusssitzung des Aufsichtsrats der Commerz- und Privat-Bank v. 27.10.1936, HAC-1/186-2; Zimmermann, Commerzbank, S. 261f.

103 Gall, Abs, S. 43. Die Reemtsma Cigarettenfabriken GmbH war zu Beginn der 1930er Jahre der zweitbedeutendste Kreditnehmer der Commerzbank (vgl. hierzu Kap. 4.1) und dürfte auch in den Folgejahren wohl einer der bedeutendsten Kunden geblieben sein.

104 M. Pohl, Konzentration, S. 400f.; Wolf, Reprivatisierung, S. 31.

105 M. Pohl, Konzentration, S. 401. Es ist allerdings nicht auszuschließen, dass die Commerzbank etwas nachgeholfen hat. Denn es waren so wenige Commerzbank-Aktien im Umlauf, dass auch der Ankauf eines Aktienpakets im gesetzlich erlaubten Rahmen den Kurs steigen lassen konnte. Das vom Arbeitsausschuss festgelegte Limit für den Ankauf eigener Aktien lag bei 3 Mio. RM. Protokoll der Arbeitsausschusssitzung des Aufsichtsrats der Commerz- und Privat-Bank v. 16.11.1933, HAC-1/186-2.

106 Die Bank v. 4.11.1936, S. 1633; Wolf, Reprivatisierung, S. 33.

107 Protokoll der Arbeitsausschusssitzung des Aufsichtsrats der Commerz- und Privat-Bank v. 22.2.1937, HAC-1/187, Bd. 2.

108 Protokoll der Arbeitsausschusssitzung des Aufsichtsrats der Commerz- und Privat-Bank v. 2.4.1937, ebenda.

109 Protokoll der Arbeitsausschusssitzung des Aufsichtsrats der Commerz- und Privat-Bank v. 5.10.1937, HAC-1/188.

110 Memorandum der Hauptbuchhaltung der Commerzbank v. 24.12.1937 und Schreiben an das Reichsfinanzministerium v. 30.12.1937, HAC-1/115.

111 Zimmermann, Commerzbank, S. 263.

112 Protokoll der Arbeitsausschusssitzung des Aufsichtsrats der Commerz- und Privat-Bank v. 2.2.1937, HAC-1/187-2.

113 Commerz- und Privat-Bank, GB 1936 und 1937.

114 Die Kommission stand unter dem Vorsitz von Gustav Pilster, und neben den Vertretern der öffentlichen Hand war ansonsten nur August Weber beteiligt, der aber zu dieser Zeit noch als Verbindungsmann des Aufsichtsratspräsidiums zur Reichsregierung angesehen werden muss. Protokoll der Arbeitsausschusssitzung des Aufsichtsrats der Commerz- und Privat-Bank v. 13.12.1932, HAC-1/186-1.

115 Zimmermann, Commerzbank, S. 254.

116 Statistische Abteilung der Reichsbank, Verzeichnis von Bankniederlassungen, die ... als entbehrlich bezeichnet werden v. 20.7.1932, HAC-S10/17. Tatsächlich wurden die genannten Filialen in den Folgejahren nicht geschlossen. Commerz- und Privat-Bank, GB 1936.

117 Zu den Daten über die Filialentwicklung der drei Großbanken vgl. Zimmermann, Commerzbank, S. 264.

118 Protokoll der Arbeitsausschusssitzung des Aufsichtsrats der Commerz- und Privat-Bank v. 10.11.1933, HAC-1/186-2. Allerdings hatten sie es nicht sonderlich eilig. So wurde bis Jahresende nur die Commerzbank-Filiale in Bremerhaven sowie eine Depositenkasse aufgrund des Abkommens geschlossen. Revisionsbericht zur Commerzbank 1933, Bl. 5, BArch R 3101/18613.

119 Dieser Prozess konnte sich auch über einen längeren Zeitraum hinziehen. So beschloss der Arbeitsausschuss der Commerzbank im Dezember 1938, die Filiale in Lennep zu schließen, weil »im Austausch« die Deutsche Bank bereit war, das Geschäft ihrer Filiale in Burg auf die örtliche Commerzbank-Filiale zu übertragen. Protokoll der Arbeitsausschusssitzung des Aufsichtsrats der Commerz- und Privat-Bank v. 8.12.1938, HAC-1/188-2.

120 Commerz- und Privat-Bank, GB 1933.

121 Commerz- und Privat-Bank, GB 1933 und 1934.

122 Kopper, Marktwirtschaft, S. 147.

123 Während sich die in der Bilanz ausgewiesenen Debitoren mit knapp 7,5 % etwa dem Rückgang des Kreditgeschäfts insgesamt (8 %) entsprechend verringerten, zeigt die Entwicklung der Debitoren vor Rückstellungen und Abschreibungen ein etwas anderes Bild. Danach betrug der Rückgang der Debitoren mehr als 9 %. Zimmermann, Commerzbank, Tab. II-39, S. 358.

124 Zimmermann, Commerzbank, Tab. II-42, S. 367.

125 Commerz- und Privat-Bank, GB 1936.

126 Zur Entwicklung der Textilindustrie vgl. Gerd Höschle, Die deutsche Textilindustrie zwischen 1933 und 1939, Stuttgart 2004, S. 154f.

127 Betrachtet man den Wert der umlaufenden Industrieanleihen, scheint der Rückgang im Jahr 1934 besonders hoch gewesen zu sein. Diese Entwicklung war aber vor allem eine Folge der Dollarabwertung des Vorjahrs, die zu einem Wertverlust der Dollaranleihen aus den 1920er Jahren führte. Rückzahlungen spielten dabei vermutlich die geringere Rolle. Werner Ehrlicher, Geldkapitalbildung und Realkapitalbildung, Tübingen 1956, S. 113.

128 Ehrlicher, Geldkapitalbildung, Tab. C III, S. 288; Mark Spoerer, Von Scheingewinnen zum Rüstungsboom, Stuttgart 1996, Übersicht 20, S. 114.

129 Gesetz über die Bildung eines Anleihestocks bei Kapitalgesellschaften (Kapitalanlagegesetz) v. 29.3.1934, RGBl. 1934 Teil I, S. 295f.; Gesetz über die Gewinnverteilung bei Kapitalgesellschaften (Anleihestockgesetz) v. 4.12.1934, ebenda, S. 1222f. Vgl. auch Spoerer, Scheingewinne, S. 82f.; Johannes Bähr,

Unternehmens- und Kapitalmarktrecht im »Dritten Reich«: Die Aktienrechtsreform und das Anleihestockgesetz, in: ders./Ralf Banken (Hg.), Wirtschaftssteuerung durch Recht im Nationalsozialismus, Frankfurt am Main 2006, S. 61 f.

130 Commerz- und Privat-Bank, GB 1928 und 1934.

131 Zimmermann, Commerzbank, S. 332 f.

132 Zimmermann, Commerzbank, Tab. II-39, S. 358.

133 Michael Ebi, Export um jeden Preis. Die deutsche Exportförderung von 1932–1938, Stuttgart 2004, S. 58 ff.; Daniela Kahn, Die Steuerung der Wirtschaft durch Recht im nationalsozialistischen Deutschland, Frankfurt/Main 2006, S. 211 ff.; Adam Tooze, Ökonomie der Zerstörung. Die Geschichte der Wirtschaft im Nationalsozialismus, München 2006, S. 98 ff.

134 Dabei handelte es sich um ein Vermittlungsgeschäft von Valutaakzepten zur Finanzierung des deutschen Außenhandels. Die deutschen Banken traten dabei gegenüber ihren ausländischen Korrespondenzbanken selbst als Schuldner auf. Auf der Passivseite der Bilanz verbuchte die Commerzbank diese Akzeptverbindlichkeiten als »seitens der Kundschaft bei Dritten benutzte Kredite« (Kundschaftskredite). Auf der Aktivseite der Bankbilanz wurden die entsprechenden Forderungen gegenüber der Kundschaft unter dem Posten »Vorschüsse auf verfrachtete oder eingelagerte Waren« (Warenvorschüsse) verbucht.

135 Commerz- und Privat-Bank, GB 1930, 1932 und 1935.

136 Michiyoshi Oshima, Von der Rüstungsfinanzierung zum Reichsbankgesetz 1939, in: JWG 47 (2006), 1, S. 181.

137 Im Januar 1936 scheint der Beschluss gefasst worden zu sein, Mefo-Wechsel anzukaufen. Bis Ende Dezember 1935 scheint die Commerzbank das noch nicht getan zu haben, Zimmermann, Commerzbank, Tab. II-54, S. 395.

138 Protokoll der Arbeitsausschusssitzung des Aufsichtsrats der Commerz- und Privat-Bank v. 23. 6. 1936, HAC-1/187-1.

139 Michael Schneider, »Geräuschlose« Finanzierung durch Mefo-Wechsel, in: Bähr, Dresdner Bank, S. 299 f.; Zimmermann, Commerzbank, Tab. II-54, S. 395.

140 Zu den Gründen für diese Maßnahme siehe Ralf Banken, Hitlers Steuerstaat. Die Steuerpolitik des Dritten Reichs, Berlin 2018, S. 119.

141 Boelcke, Kosten, S. 23; Banken, Steuerstaat, S. 125 f.

142 Protokoll der Arbeitsausschusssitzung des Aufsichtsrats der Commerz- und Privat-Bank v. 21. 9. 1938, HAC-1/188-2.

143 Commerz- und Privat-Bank, GB 1937 und 1938; Deutsche Revisions- und Treuhand AG, Anhang zum Bericht über die bei der Commerz- und Privatbank vorgenommene Prüfung des Jahresberichts 1938, Bl. 8, RGVA, Fond 1466: Deutsche Revisions- und Treuhand AG, Akte 2-3.

144 Im Jahr 1902 war die Commerzbank an der Emission einer preußischen Staatsanleihe nicht beteiligt worden, was sie zu einem heftigen Protest gegenüber dem preußischen Finanzministerium veranlasste (Schreiben an Finanzminister v. Rheinbaben v. 14. 1. 1902, HAC-S10/70). Seitdem war die Bank aber ein festes Mitglied des Anleihekonsortiums mit einer wegen des Größenwachstums der Bank tendenziell steigenden Konsortialquote.

145 Der Löwenanteil der von institutionellen Investoren gehaltenen Reichs- und Staatsanleihen verteilte sich auf Sparkassen und Versicherungen mit zusammen 70 % (April 1939), während sich in den Wertpapierportfolios der Berliner Großbanken zusammen nur 3 % befanden. Boelcke, Kosten, Tab. 8, S. 31.

146 Zimmermann, Commerzbank, Tab. II-54, S. 395.

147 Ebenda, Tab. II-31, S. 334.

148 Bericht der Deutschen Revisions- und Treuhand AG über die bei der Dresdner Bank vorgenommene Prüfung, Anhang 1, Blatt 53, HAC-500/549-1999.

149 Zimmermann, Commerzbank, Tab. II-54, S. 395.

150 Ebenda, S. 336.

151 Bei den Verhandlungen über den ersten Rohstoffkredit zwischen der Dresdner Bank und den Behörden ist keine Intervention der Commerzbank überliefert (RGVA Fond 1458: Reichswirtschaftsministerium, Akte 1-35). Während es die Deutsche Bank erreichte, mit der gleichen Konsortialquote beteiligt zu werden wie die Konsortialführerin (17,25 %), gab sich die Commerzbank mit einer deutlich niedrigeren Quote zufrieden (10,35 %). Schreiben der Dresdner Bank an die Bank für deutsche Industrie-Obligationen v. 5. 4. 1935, HAC-500/50724-2001.

152 Bei den Rohstoffkrediten betrug sie etwa 10 % und bei den Anleihekonsortien zwischen 10 und 14 %. Zimmermann, Commerzbank, S. 337.

153 Peter Hayes vertritt mit Bezug auf einen Bericht des Vorstandsvorsitzenden der Degussa Ernst Busemann vom September 1933, der sich wiederum auf ein Gespräch mit Koppel bezog, die These, dass die Commerzbank wegen ihrer »hervorragenden Beziehungen zur NSDAP« die Tarnung hatte auffliegen lassen (Peter Hayes, Die Degussa im Dritten Reich, München 2004, S. 99). Einen Beleg dafür gibt es im Commerzbank-Archiv allerdings nicht, und es stellt sich auch die Frage, woher Koppel diese Information bekommen haben will. Denn Reinhart, um den es hier eigentlich nur gehen kann, würde Koppel diesen Vertrauensbruch wohl kaum gestanden haben. Es spricht deshalb einiges für eine Schutzbehauptung. Denn Koppel hatte aus Unerfahrenheit seinen Tarnungsversuch »ausgesprochen ungeschickt« eingefädelt, wie Hayes betont (ebenda).

154 Zur »Arisierung« der Auergesellschaft vgl. Peter Hayes, Die »Arisierungen« der Degussa. Geschichte und Bilanz, in: Fritz Bauer Institut (Hg.), »Arisierung« im Nationalsozialismus, Frankfurt/Main 2000, S. 92 f.; Bernhard Lorentz, Industrieelite und Wirtschaftspolitik 1928–1950. Heinrich Dräger und das Drägerwerk, Paderborn 2001, S. 152 f.; ders., Die Commerzbank und die »Arisierung« im Altreich, in: Vierteljahrshefte für Zeitgeschichte (VfZ) 50 (2002), 2, S. 246 f.

155 Hayes, Degussa, S. 148. Zu den »besonders engen Beziehungen« der Dresdner Bank zur Degussa vgl. Bähr, Dresdner Bank, S. 32 u. Tab. V/14, S. 209.

156 Lorentz, Commerzbank, S. 243.

157 Ingo Köhler, Die »Arisierung« »jüdischer« Privatbanken, in: Ziegler, Dresdner Bank, S. 140.

158 Ingo Köhler, Die »Arisierung« der Privatbanken im Dritten Reich, München 2005, S. 213 ff. (Zitat, S. 218);

vgl. auch ders., Die »Arisierung« jüdischer Privatbanken, S. 145 ff.

159 Zu Martin Schiff – Marcus Nelken & Sohn vgl. Kreutzmüller, Händler, S. 93 f.

160 Zu Siegfried Falk vgl. Köhler, »Arisierung« der Privatbanken, S. 258.

161 Der Beschluss zur Liquidation von Martin Schiff – Marcus Nelken & Sohn wurde Anfang 1936 und der Beschluss zur Liquidation von Siegfried Falk im Dezember 1937 gefasst. Protokoll der Arbeitsausschusssitzung des Aufsichtsrats der Commerz- und Privat-Bank v. 8. 1. 1936, HAC-1/187-1, sowie v. 8. 12. 1937, HAC-1/188-2.

162 Zum Zusammenbruch des Geschäftsmodells von Max Meyerstein, der sich auf die Finanzierung des Getreidehandels in der Provinz Hannover spezialisiert hatte, vgl. Köhler, »Arisierung« der Privatbanken, S. 117.

163 Auch bei Friedrich Breslau könnte eine Beteiligung der Commerzbank vorgelegen haben. Denn das Bankhaus war zunächst von der Mitteldeutschen Creditbank übernommen, aber nach deren Fusion mit der Commerzbank unter dem alten Namen wieder errichtet worden (Köhler, »Arisierung« der Privatbanken, S. 278). Dagegen spricht allerdings, dass die Liquidation des Bankhauses, anders als in den Fällen Siegfried Falk und Martin Schiff – Marcus Nelken & Sohn, im Arbeitsausschuss der Commerzbank nicht erwähnt wurde.

164 Köhler, »Arisierung« der Privatbanken, S. 258.

165 http://www.ns-gedenkstaetten.de/fileadmin/files/Dokumente/d_mug_Jahresbericht_2010.pdf (zuletzt aufgerufen am 8. 1. 2019).

166 Bei der Verhaftung kann es sich aber nur um den unmittelbaren Anlass und nicht um den ausschlaggebenden Grund gehandelt haben. Denn über eine mögliche Liquidation des Bankhauses wurde bereits anlässlich der Liquidation von Martin Schiff – Marcus Nelken & Sohn und damit mehr als ein Jahr vor der Verhaftung Falks im Arbeitsausschuss debattiert. Protokoll der Arbeitsausschusssitzung des Aufsichtsrats der Commerz- und Privat-Bank v. 8. 1. 1936, HAC-1/187-1.

167 Seit Januar 1938 behinderten immer neue staatliche Restriktionen die jüdische Wirtschaftstätigkeit, sodass sich immer mehr jüdische Geschäftsleute und Unternehmer zur Aufgabe ihrer Unternehmen gezwungen sahen. Das löste einen Wettlauf interessierter nichtjüdischer Erwerber um die günstigsten Gelegenheiten zu deren Erwerb aus. Zum Begriff des »Arisierungswettlaufs« vgl. Avraham Barkai, Der wirtschaftliche Existenzkampf der Juden im »Dritten Reich« 1933–1938, in: Arnold Paucker (Hg.), Die Juden im nationalsozialistischen Deutschland 1933–1945, Tübingen 1986, S. 164 f.

168 Zitiert in Lorentz, Commerzbank, S. 249 f.; vgl. auch James, Deutsche Bank und »Arisierung«, S. 56 f.

169 Peter Hayes, Big Business and »Aryanization« in Germany, in: Jahrbuch für Antisemitismusforschung 3 (1994), S. 267.

170 Maren Janetzko, Die »Arisierungs«-Vermittlung, in: Ziegler, Dresdner Bank, S. 183.

171 Zitiert in Lorentz, Commerzbank, S. 248.

172 Aktennotiz des Chemnitzer Filialdirektors Weber »betr. Wattefabrik Breitenau« v. 3. 12. 1938, HAC-S10/64.

173 Gerhard Kratzsch, Der Gauwirtschaftsapparat der NSDAP. Menschenführung – »Arisierung« – Wehrwirtschaft im Gau Westfalen-Süd, Münster 1998; Dirk van Laak, Die Mitwirkenden bei der »Arisierung«. Dargestellt am Beispiel der rheinisch-westfälischen Industrieregion 1933–1940, in: Ursula Büttner (Hg.), Die Deutschen und die Judenverfolgung im Dritten Reich, Hamburg 1992, S. 231 ff.; Maren Janetzko, Die »Arisierung« mittelständischer jüdischer Unternehmen in Bayern 1933–1939. Ein interregionaler Vergleich, Ansbach 2012, S. 331 ff.

174 Janetzko, »Arisierungs«-Vermittlung, S. 203 ff.

175 Ludolf Herbst bewertet das anders, indem er darauf verweist, dass die meisten Kunden mehrere Bankverbindungen besaßen, zwischen denen sie wählen konnten (Herbst, Banken, S. 112). Damit unterschätzt er jedoch das deutsche »Hausbankprinzip«. Denn gerade bei kleineren Gewerbebetrieben konnte es der Kreditgeber in der Regel durchsetzen, dass sich der Kreditkunde bei keiner anderen Bank längerfristig verschuldete.

176 »Skrupellose Profiteure« zeichneten sich gegenüber den »stillen Teilhabern« an der Verfolgung dadurch aus, dass sie »über die diskriminierenden Rahmenbedingungen der ›Arisierung‹ hinaus persönliche Initiativen gegenüber dem jüdischen Eigentümer ergriffen, um den Kaufpreis noch einmal zu drücken und die Zwangssituation der Besitzer rücksichtslos zum eigenen Vorteil zu nutzen«. Frank Bajohr, »Arisierung« in Hamburg, Hamburg 1997, S. 317.

177 Köhler, »Arisierung« der Privatbanken, S. 361.

178 Vgl. hierzu die Kreditakte Max Günzel der Commerzbank-Filiale Görlitz, Commerzbank-Altbankarchiv (CBAA), Filiale Görlitz, Kreditunterlagen Max Günzel.

179 Köhler, »Arisierung« der Privatbanken, S. 173.

180 Dabei handelte es sich um die Filialen in Nürnberg, Fürth und München sowie um die Berliner Depositenkasse am Hausvogteiplatz (Lorentz, Commerzbank, S. 245). Alle drei Städte besaßen eine für bayerische Verhältnisse große jüdische Gemeinde, aber die Commerzbank war in Bayern eher schwach aufgestellt, sodass die Geschäftsumsätze in Nürnberg, München und Fürth im Vergleich zu west- und besonders zu mitteldeutschen Städten vergleichbarer Größe eher klein waren. Lediglich die Berliner Depositenkasse besaß wegen ihrer Lage mitten im Berliner Geschäftszentrum für Damen- und Herrenbekleidung eine stark durch jüdische Geschäftskunden bestimmte Klientel und dürfte zu den umsatzstärksten Berliner Depositenkassen gezählt haben.

181 Avraham Barkai schätzt die Zahl der als »jüdisch« stigmatisierten Unternehmen und Geschäfte auf über 100 000, vgl. ders., Vom Boykott zur »Entjudung«. Der wirtschaftliche Existenzkampf der Juden im »Dritten Reich«, Frankfurt am Main 1987, S. 14.

182 Gesetz zur Änderung des Gesetzes über die Devisenbewirtschaftung v. 1. 12. 1936, RGBl. 1936 Teil I, § 37a, S. 1000.

183 Bekanntmachung des Sekretariats der Filialen und Depositenkassen v. 6. 9. 1938, HAC-1/4.

184 Hannah Ahlheim, Die Commerzbank und die Einziehung jüdischen Vermögens, in: Herbst/Weihe, Commerzbank, S. 147.

185 Danach hatten alle deutschen und staatenlosen Juden eine Abgabe in Höhe von 1 Mrd. RM an das Deutsche Reich zu leisten (»Sühneleistung«). Von seinem aufgrund einer im Frühjahr 1938 erlassenen Verordnung angemeldeten Vermögen musste jeder Betroffene innerhalb eines knappen Jahres 20 % in vier Quartalsraten, später 25 % in fünf Raten abführen. Verordnung über eine Sühneleistung der Juden deutscher Staatsangehörigkeit v. 12.11.1938, RGBl. 1938 Teil I, S. 1579, sowie Durchführungsverordnung zur Verordnung über eine Sühneleistung der Juden v. 21.11.1938, ebenda, S. 1638 ff.

186 Schreiben an den Reichskommissar für das Kreditwesen v. 28.11.1938, BArch R 3101, Akten des RWM Nr. 15515.

187 Herbst, Banker, S. 91.

188 Bekanntmachung des Sekretariats der Filialen und Depositenkassen der Commerzbank v. 15.11.1938, HAC-S10/64.

189 Anlage zum Mitteilungsblatt v. 17.11.1938, HAC-1/105.

190 Bekanntmachung des Sekretariats der Filialen und Depositenkassen der Commerzbank v. 9.12.1938, HAC-S10/64.

191 Ziegler, Dresdner Bank, S. 353.

192 Verordnung über den Einsatz des jüdischen Vermögens vom 3.12.1938, RGBl. 1938 Teil I, S. 1709 ff. Obwohl die Einsatzverordnung eigentlich nur die Kennzeichnungspflicht für »Depots und Schuldbuchkonten« vorsah, wurde die Kennzeichnungspflicht in der Praxis für alle »jüdischen« Konten verbindlich.

193 Protokoll der Arbeitsausschusssitzung des Aufsichtsrats der Commerz- und Privat-Bank v. 8.12.1937, HAC-1/188-2.

194 Bekanntmachung des Sekretariats der Filialen und Depositenkassen der Commerzbank v. 9.12.1938, HAC-S10/64.

195 Harold James, Verbandspolitik im Nationalsozialismus. Von der Interessenvertretung zur Wirtschaftsgruppe: Der Centralverband des Deutschen Bank- und Bankiergewerbes 1932–1945, München 2001, S. 152.

196 James, Deutsche Bank 1933–1945, S. 329 f.

197 James, Verbandspolitik, S. 154 f.

198 Die Behörden bestanden lediglich darauf, dass der Abgabepflichtige nur dann Wertpapiere an Zahlung statt hingeben durfte, wenn er gegenüber seiner Bank schriftlich erklärte, dass er über keine ausreichenden Barmittel verfügte. Runderlass des RFM v. 10.12.1938, RStBl. 1938, S. 1129 f.; Rundschreiben der Wirtschaftsgruppe Privates Bankgewerbe, Jg. 1938, Nr. 170 v. 10.12.1938 sowie Nr. 172 v. 12.12.1938, in: Archiv des Bundesverbandes Deutscher Banken (ArchBDB).

199 Anlage zum Mitteilungsblatt v. 12.1.1939 u. 19.1.1939, HAC-1/105.

200 Vgl. hierzu ausführlich Ziegler, Dresdner Bank, S. 357 ff.

201 Über die Höhe der aus der »Arisierungs«-Vermittlung erwirtschafteten Provisionen ist wenig bekannt. Bei einer durch die Deutsche Revisions- und Treuhand AG durchgeführten Revision der Filiale Frankfurt der Commerzbank wurde aber immerhin festgestellt, dass im ersten Halbjahr 1938 außerordentliche Gewinne in Höhe von knapp 50 000 RM »durch … Sonderprovisionen für Arisierungsvermittlungen und Auswanderersperrmarkverkäufe erzielt« worden waren. Bericht … über die bei der Commerz- und Privat-Bank, Niederlassung Frankfurt a. M., vorgenommene Zwischenprüfung 1938, HAC-1/48, Bl. 14.

6. Expansion auf tönernen Füßen (1938 bis 1945)

1 Zitiert in Ralf Ahrens, Karl Rasche, in: H. Pohl, Deutsche Bankiers, Stuttgart 2008, S. 343.

2 Hans Kernbauer/Fritz Weber, Die Wiener Großbanken in der Kriegs- und Nachkriegsinflation (1914–1922), in: Gerald D. Feldman u. a. (Hg.), Die Erfahrung der Inflation im internationalen Zusammenhang und Vergleich, Berlin 1984, S. 153.

3 Fritz Weber, Vor dem großen Krach. Österreichs Banken in der Zwischenkriegszeit am Beispiel der Credit-Anstalt für Handel und Gewerbe, Wien 2016, S. 552.

4 Nach der Fusion vereinigte die Creditanstalt-Bankverein etwa drei Viertel der Bilanzsummen aller österreichischen Banken auf sich. Ebenda, S. 553.

5 Gerald D. Feldman, Die Creditanstalt-Bankverein in der Zeit des Nationalsozialismus 1938–1945, in: ders. u. a., Österreichische Banken und Sparkassen im Nationalsozialismus und in der Nachkriegszeit, Bd. 1, München 2006, S. 77; Dieter Stiefel, Die Krise der Credit-Anstalt in den 1930er Jahren und ihre Folgen für das österreichische Bankensystem, in: Österreichische Zeitschrift für Geschichtswissenschaften 19 (2008), S. 139.

6 Schreiben Kehrls an seinen in Berlin gebliebenen Kollegen Kurt Lange v. 16.6.1938, RGVA, Fond 1458: Reichswirtschaftsministerium, Akte 2-61.

7 Im Jahr 1923 hatte es die Deutsche Bank dem Wiener Bankverein durch das Ausleihen von Depotstimmrechten sogar gestattet, als nach Stimmen größter Aktionär auf ihrer Hauptversammlung aufzutreten. Bol, Aktionärsstruktur, Tab. 5, S. 155.

8 Am 15.3.1938 war die Republik Österreich in ein zum Deutschen Reich gehörendes Land umgewandelt worden, das von einer Landesregierung unter der Leitung des Reichsstatthalters Arthur Seyß-Inquart regiert wurde. Dieser von vornherein als Übergang geplanten Konstruktion wurde zum 1.5.1939 ein Ende gesetzt, als das Land Österreich analog zur Verwaltungsgliederung im Altreich in mehrere Reichsgaue aufgeteilt wurde. Gesetz über den Aufbau der Verwaltung in der Ostmark (Ostmarkgesetz) vom 14.4.1939, RGBl. 1939 Teil I, S. 777.

9 Nach einem Abkommen zwischen der CA und der VIAG von Ende April 1938 lag der VIAG-Anteil am Kapital der CA bei annähernd 70 %. Feldman, Creditanstalt-Bankverein, S. 78.

10 Gerald Feldman spricht in diesem Zusammenhang von einer »Äsung am Trog der Creditanstalt«. Ebenda, S. 125.
11 Ebenda, S. 176 f.
12 Zur Mercurbank zwischen der (deutschen) Bankenkrise und dem »Anschluss« vgl. Dieter Ziegler, Die »Germanisierung« und »Arisierung« der Mercurbank während der Ersten Republik Österreich, in: ders. (Hg.), Banken und »Arisierungen« in Mitteleuropa, Stuttgart 2002, S. 13 ff.
13 Dieter Ziegler, Die Expansion nach Österreich, in: Wixforth, Expansion, S. 11 ff.; Gerald D. Feldman, Die Länderbank Wien AG in der Zeit des Nationalsozialismus, in: ders. u. a. (Hg.), Österreichische Banken und Sparkassen im Nationalsozialismus und in der Nachkriegszeit, Bd. 2, München 2006, S. 293 ff.
14 Feldman, Länderbank Wien, S. 304.
15 Der Errichtungsbeschluss erfolgte in derselben Sitzung wie der Errichtungsbeschluss für die Filiale Straßburg, Protokoll der Arbeitsausschusssitzung des Aufsichtsrats der Commerz- und Privat-Bank v. 21. 8. 1940, HAC-1/189-2.
16 Vgl. hierzu Kap. 5.3.
17 Köhler, »Arisierung« der Privatbanken, S. 224 f.; ders., Die »Arisierung« »jüdischer« Privatbanken, S. 147.
18 Gesetz betreffend die Wiener Niederlassung der Zentraleuropäischen Länderbank, Paris, vom 6. Juli 1938, Gesetzblatt für das Land Österreich, Jg. 1938, 27. Stück, Nr. 233, S. 657.
19 Wenn die Dresdner Bank am Ende ihre Forderungen nicht vollständig durchsetzen konnte, lag das daran, dass es der Banque des Pays de l'Europe Centrale gelungen war, den Präsidenten der schweizerischen Nationalbank einzuschalten und Guthaben der Länderbank Wien in den USA zur Sicherstellung ihrer Forderungen beschlagnahmen zu lassen. Ziegler, Expansion, S. 35.
20 Schreiben von Hans Kehrl v. 16. 6. 1938, RGVA, Fond 1458: Reichswirtschaftsministerium, Akte 2-61.
21 Aktenvermerk v. 13. 9. 1938, RGVA, Fond 1458: Reichswirtschaftsministerium, Akte 2-61.
22 Protokoll der Arbeitsausschusssitzung des Aufsichtsrats der Commerz- und Privat-Bank v. 11. 1. 1939, HAC-1/188-2.
23 Krause, Auslandsniederlassungen, S. 35.
24 Schreiben des Leiters der Reichsgruppe Banken der Ostmark an den Wiener Gauwirtschaftsberater Rafelsberger v. 20. 2. 1943, RGVA, Fond 1458: Reichswirtschaftsministerium, Akte 2-306.
25 Schreiben des Reichswirtschaftsministerium an den Vorstand der Commerzbank v. 30. 12. 1939, ebenda, Akte 1-541.
26 Mitte Februar hatte der österreichische Bundeskanzler Schuschnigg Fischböck auf Druck der Reichsregierung zum Staatsrat ernennen müssen. Seine Aufgabe bestand aus reichsdeutscher Sicht vor allem darin, die wirtschaftliche Abhängigkeit Österreichs von Deutschland zu verstärken. Die Ernennung zum Handelsminister im März war dann die logische Konsequenz. Zu Fischböcks Karriere vgl. Wolfgang Graf, Österreichische SS-Generäle. Himmlers verlässliche Vasallen, Klagenfurt 2012, S. 202.
27 Schreiben an den Gauwirtschaftsberater Rafelsberger v. 20. 2. 1943, RGVA, Fond 1458: Reichswirtschaftsministerium, Akte 2-306.
28 Der Gewinn der Filiale Wien betrug im Jahr 1943 gut 250 000 RM. Das entsprach knapp einem Drittel des Gewinns der Filiale München, die ähnlich wie Wien in einer »Diaspora« der Commerzbank gelegen war. Zu den Gewinnen und Verlusten der Geschäftsstellen vgl. die Übersichten in HAC-1/267.
29 Zur »Sudetenfrage« vgl. Volker Zimmermann, Die Sudetendeutschen im NS-Staat, Essen 1999, S. 57 ff.; Harald Wixforth, Auftakt zur Ostexpansion. Die Dresdner Bank und die Umgestaltung des Bankwesens im Sudetenland, Dresden 2001, S. 20 f.; Jörg Osterloh, Nationalsozialistische Judenverfolgung im Reichsgau Sudetenland 1938–1945, München 2006, S. 136 ff.
30 Aktenvermerk v. 10. 10. 1938 und Schreiben von Marx und Bandel an Reichskommissar Ernst v. 10. 10. 1938, RGVA, Fond 1458: Reichswirtschaftsministerium, Akte 10-227.
31 Wixforth, Expansion, S. 63 f.
32 Kopper, Marktwirtschaft, S. 321.
33 Aktenvermerk über eine Besprechung am 14. Oktober (18. 10. 1938), RGVA, Fond 1458: Reichswirtschaftsministerium, Akte 10-227.
34 Aufstellung v. 1. 10. 1938, ebenda.
35 Zur Rolle der SDP vgl. Ralf Gebel, »Heim ins Reich!« Konrad Henlein und der Reichsgau Sudetenland (1938–1945), München 1999, S. 129; Zimmermann, Die Sudetendeutschen, S. 49 ff.
36 Aktenvermerk v. 10. 10. 1938, RGVA, Fond 1458: Reichswirtschaftsministerium, Akte 10-227.
37 Aktenvermerk über eine Besprechung am 17. Oktober (18. 10. 1938), ebenda.
38 Aktenvermerk über eine Besprechung am 24. Oktober (26. 10. 1938), ebenda.
39 Aktenvermerk über eine Besprechung am 21. Oktober (22. 10. 1938), ebenda.
40 Aktenvermerk über Besprechungen mit Schilling am 24. Oktober und mit Marx am 25. Oktober (1. 11. 1938), ebenda.
41 Wixforth, Auftakt, S. 111.
42 Verteilungsplan für die Zulassungen auf den sudetendeutschen Gebieten v. 28. 11. 1938, RGVA, Fond 1458: Reichswirtschaftsministerium, Akte 10-227. Zur Filialschließung vgl. den Aktenvermerk des Reichskommissars für das Kreditwesen v. 17. 4. 1939, RGVA, Fond 1458: Reichswirtschaftsministerium, Akte 2-81.
43 Schreiben der Grundstücksabteilung der Commerzbank an den Vorstand v. 4. 11. 1938, HAC-1/602.
44 Kaufvertrag v. 2. 12. 1938, ebenda.
45 Der Kaufpreis konnte von der Commerzbank allerdings nur teilweise ausgezahlt werden, weil für den Fall der Auswanderung Reichsfluchtsteuer in Höhe von 106 000 RM fällig geworden wäre, für den der Regierungspräsident in Karlsbad einen Sicherheitsbescheid erließ. Zur Auswanderung der 58-jährigen Vorbesitzerin kam es dann nicht mehr. Als ihr Vermögen Anfang 1942 aufgrund einer Anordnung der Geheimen Staatspolizei eingezogen wurde, war sie bereits verstorben. Bekanntmachung v. 26. 2. 1942, HAC-1/603.

46 Nach einer Anordnung des Oberbefehlshabers des Heeres v. 13.10.1938 unterlag »der Grundstücksverkehr in den sudentendeutschen Gebieten« der Genehmigungspflicht durch den Bezirkshauptmann (später des Regierungspräsidenten). Die Genehmigung des Vertrags zog sich hin und wurde erst am 31.5.1939 erteilt, HAC-1/603.

47 Arbeitsvertrag, o. D. (Dezember 1938), HAC-1/602.

48 Genehmigung des Reichskommissars für das Kreditwesen v. 28.12.1938, RGVA, Fond 1458: Reichswirtschaftsministerium, Akte 10-228.

49 Aufstellung »Gewinne und Verluste unserer Geschäftsstellen«, HAC-1/267.

50 Christoph Kreutzmüller/Jaroslav Kučera, Die Commerzbank und die Vernichtung jüdischer Gewerbetätigkeit in den böhmischen Ländern und den Niederlanden, in: Herbst/Weihe, Commerzbank, S. 187.

51 Zimmermann, Commerzbank, S. 267, Anm. 52.

52 Zu den Vertragsinhalten s. das Schreiben der Commerzbank an die Dresdner Bank v. 19.8.1939, RGVA, Fond 1458: Reichswirtschaftsministerium, Akte 2-81.

53 Aktenvermerk des Reichskommissars für das Kreditwesen v. 21.8.1939, ebenda.

54 Schreiben des Reichskommissars für das Kreditwesen an den Reichsstatthalter im Sudetengau v. 6.9.1939, ebenda; Kaufvertrag über den Ankauf des Gebäudes der ehemaligen Bebca-Filiale Eger von der Dresdner Bank v. 26.10.1939, HAC-1/597.

55 Schreiben des Reichskommissars für das Kreditwesen an die Commerz- und Privat-Bank v. 31.8.1939, RGVA, Fond 1458: Reichswirtschaftsministerium, Akte 2-81. Der Antrag war am 3. Juli beim Reichskommissar eingegangen. Vgl. Schreiben an das Reichsbankdirektorium v. 25.7.1939, ebenda.

56 Wixforth, Expansion, S. 199.

57 Alice Teichova, An Economic Background to Munich. International Business and Czechoslowakia 1918–1938, Cambridge 1974, Tab. 1, S. 338.

58 Kreutzmüller/Kučera, Commerzbank, S. 188 f.

59 Aktenvermerk (Dr. Riehle) v. 29.11.1940, RGVA, Fond 1458: Reichswirtschaftsministerium, Akte 10-64.

60 Wixforth, Expansion, S. 211.

61 Schreiben des Reichsprotektors an den Reichswirtschaftsminister v. 25.8.1941, RGVA, Fond 1458: Reichswirtschaftsministerium, Akte 10-64.

62 Die Böhmische Industrialbank war zum Zeitpunkt des Überfalls auf die Tschechoslowakei die (nach Kapital und Reserven) sechstgrößte Bank in Prag und besaß das dichteste Filialnetz in der »Resttschechoslowakei« (d.h. einschließlich der Slowakei) aller tschechoslowakischen Banken. Vgl. Aufstellung »Banken in der Resttschechoslowakei«, o. D. (März 1939), RGVA, Fond 1458: Reichswirtschaftsministerium, Akte 10-83.

63 Aktenvermerk des Reichsprotektors, o. D. (November 1941), ebenda, Akte 10-64.

64 Schreiben des Vorstands der Commerz- und Privat-Bank an das Reichsaufsichtsamt für das Kreditwesen v. 1.8.1942, ebenda.

65 Schreiben des Reichswirtschaftsministers an den Reichsprotektor für Böhmen und Mähren v. 19.8.1942, ebenda.

66 Mitteilung »an sämtliche Geschäftsstellen« v. 7.8.1942, HAC-S10/64.

67 Schreiben v. Dr. Schmäle v. 19.10.1942, RGVA, Fond 1458: Reichswirtschaftsministerium, Akte 10-63.

68 Aktennotiz über ein Telefonat mit Hafenbraedl v. 18.5.1943, HAC-1/279.

69 Von Neurath war bereits im September 1941 beurlaubt worden, sodass Heydrich, zugleich Chef der Sicherheitspolizei und des SD, dessen Aufgaben wahrnahm und weit härter gegen die tschechische Bevölkerung vorging als der ehemalige Diplomat von Neurath. Das Attentat vom Mai 1942, an dessen Folgen Heydrich verstarb, löste massive Vergeltungsmaßnahmen aus, wovon das Massaker von Lidice, wo 173 Menschen ermordet wurden, nur das bekannteste ist.

70 Schreiben v. 16.6.1942, HAC-1/279.

71 Handelsregistereintrag v. 12.10.1943, ebenda.

72 Schreiben v. 4.6.1943, ebenda.

73 Schreiben an das Vermögensamt beim Reichsprotektor v. 15.7.1943, ebenda.

74 Schreiben Hafenbraedls an die Organisationsabteilung der Commerzbank in Berlin v. 27.10.1943, ebenda.

75 Schreiben Hafenbraedls an die Organisationsabteilung der Commerzbank in Berlin v. 14.9.1943 und Antwortschreiben v. 27.9.1943, ebenda.

76 Schreiben der Organisationsabteilung der Commerzbank in Berlin an Hafenbraedl v. 5.11.1943, ebenda.

77 Revisorenbericht v. 7.1.1944, ebenda.

78 Zu den Gewinnen und Verlusten der Geschäftsstellen vgl. die Übersichten in HAC-1/267.

79 Aktennotiz des Reichskommissars v. 11.9.1939, RGVA, Fond 1458: Reichswirtschaftsministerium, Akte 15-123.

80 Damit war die Commerzbank sogar schneller als die Deutsche Bank und die Dresdner Bank, die ihre Ansprüche erst zwei Tage später schriftlich formulierten. Schreiben der Commerzbank v. 11.9.1939, der Deutschen Bank v. 13.9.1939 und der Dresdner Bank v. 13.9.1939, ebenda.

81 Schreiben des Reichsstatthalters Danzig-Westpreußen an das Reichsaufsichtsamt v. 22.12.1939, ebenda, Akte 15-128.

82 Ingo Loose, Kredite, S. 135.

83 Verordnung über die Behandlung von Vermögen der Angehörigen des ehemaligen polnischen Staates v. 17.9.1940, RGBl. 1940 Teil I, S. 1743. Zur Vorgeschichte dieser Verordnung vgl. Bernhard Rosenkötter, Treuhandpolitik. Die »Haupttreuhandstelle Ost« und der Raub polnischer Vermögen 1939–1945, Essen 2003, S. 125 ff.

84 Zitiert in Loose, Kredite, S. 102.

85 Zur DUT vgl. Loose, Kredite, S. 246 ff.; Rüdiger Hachtmann, Das Wirtschaftsimperium der Deutschen Arbeitsfront 1933–1945, Göttingen 2012, S. 164.

86 Wixforth, Expansion, S. 476; Loose, Kredite, S. 152.

87 In einem Artikel über die sehr eingeschränkten Geschäftsmöglichkeiten der Großbanken in Polen aus dem Jahr 1940 wurden die Ostland Werke ausdrücklich als wichtiger Kreditnehmer genannt (zitiert in Ingo Loose, Die Beteiligung deutscher Kreditinstitute an der Vernichtung der ökonomischen Existenz der Juden in Polen 1939–1945, in: Herbst/Weihe, Commerzbank, S. 242). Zu den Ostland Werken vgl. Wixforth, Expansion, S. 634 f.

88 Feldman, Creditanstalt-Bankverein, S. 401f.; Wixforth, Expansion, S. 481; Loose, Kredite, S. 416f.

89 Sosnowitz besaß nur 46 Kreditkunden und Bielitz gar nur zwölf. Schreiben von Hettlage an das Reichsaufsichtsamt v. 17.5.1940, RGVA, Fond 1458: Reichswirtschaftsministerium, Akte 15-123.

90 Ebenda.

91 Protokoll der Arbeitsausschusssitzung des Aufsichtsrats der Commerz- und Privat-Bank v. 21.8.1940, HAC-1/189-2.

92 Wixforth, Expansion, S. 439f.

93 Eine Übersicht der Bankniederlassung in den annektierten Gebieten nach dem Stand v. 20.3.1941, RGVA, Fond 1458: Reichswirtschaftsministerium, Akte 15-125.

94 Loose, Kredite, S. 130.

95 Kreditantrag der Filiale Litzmannstadt für Walter Kirsch v. 5.6.1943, HAC-1/SdF-Ost.

96 Schreiben von Hettlage an das Reichsaufsichtsamt v. 17.5.1940, RGVA, Fond 1458: Reichswirtschaftsministerium, Akte 15-123.

97 Der Errichtungsbeschluss für Reval erfolgte deshalb fast zwei Monate früher als der für Riga, Protokoll der Arbeitsausschusssitzung des Aufsichtsrats der Commerz- und Privat-Bank v. 3.9.1941 u. 29.10.1941, HAC-1/190-1.

98 Schreiben des Reichskommissars für das Ostland an den Wirtschaftsstab Ost v. 30.10.1941, RGVA, Fond 1458: Reichswirtschaftsministerium, Akte 40-66.

99 Schreiben der Hansabank Reval an die Commerzbank in Berlin v. 11.12.1942, HAC-1/615.

100 Detaillierte Aufstellung der debitorischen und kreditorischen Konten der Hansabank Riga per 30.9.1944, HAC-1/659.

101 Zergliederte Aufstellung der debitorischen und kreditorischen Konten der Hansabank in Reval v. 30.9.1944, HAC-1/184.

102 Protokoll der Arbeitsausschusssitzung des Aufsichtsrats der Commerz- und Privat-Bank v. 7.4.1943, HAC-1/191-2.

103 So fürchtete die Hansabank, dass ihr Geschäftsmodell wegen der einseitigen Abhängigkeit von den Monopolgesellschaften auf mittlere Sicht keine Zukunft haben würde, da die Monopolgesellschaften nach dem Ende des Krieges vermutlich aufgelöst werden würden. Schreiben der Hansabank Reval an das Sekretariat der Filialen und Depositenkassen v. 8.5.1943, HAC-1/184.

104 Wixforth, Expansion, S. 627f.

105 Schreiben von Bandel und Marx v. 12.12.1940, RGVA, Fond 1458: Reichswirtschaftsministerium, Akte 3-1027.

106 Aktenvermerk (Riehle) v. 8.4.1941, ebenda.

107 Wixforth, Expansion, S. 662.

108 Feldman, Creditanstalt-Bankverein, S. 445f.

109 Kreutzmüller, Händler, S. 89.

110 Lust war zum Zeitpunkt des Überfalls auf die Niederlande allerdings schon nicht mehr im Land, sondern baute im Auftrag von Hugo Kaufmann eine Tochtergesellschaft in den USA auf. Kreutzmüller, Händler, S. 338.

111 Zu de Bary vgl. James, Deutsche Bank im Dritten Reich, S. 159, und zum Handelstrust West vgl. Sattler, Handelstrust West, S. 684.

112 Aktenvermerk v. 7.8.1940, RGVA, Fond 1458: Reichswirtschaftsministerium, Akte 19-74.

113 Schreiben v. Bandel und Marx an das Reichswirtschaftsministerium (Riehle) v. 13.11.1940, RGVA, Fond 1458: Reichswirtschaftsministerium, Akte 19-75.

114 Kreutzmüller, Händler, S. 211.

115 Schreiben v. Bandel und Marx an das Reichswirtschaftsministerium (Riehle) v. 24.12.1940, RGVA, Fond 1458: Reichswirtschaftsministerium, Akte 19-75.

116 Kreutzmüller, Händler, S. 270.

117 Vgl. hierzu und zum Folgenden die auf einer vergleichsweise dichten Quellenüberlieferung fußende Darstellung bei Kreutzmüller, Händler, S. 220f.

118 Zur Wirtschaftsentjudungsverordnung vgl. Johannes Koll, Arthur Seyß-Inquart und die deutsche Besatzungspolitik in den Niederlanden (1940–1945), Köln 2015, S. 328ff.; Katja Happe, Viele falsche Hoffnungen. Judenverfolgung in den Niederlanden 1940–1945, Paderborn 2017, S. 67f.

119 Der Briefwechsel zwischen Direktor Schürmann, Berlin und der Rijnschen Handelsmaatschappij in Juni und Juli 1941, HAC-S10/72.

120 Protokoll der Arbeitsausschusssitzung des Aufsichtsrats der Commerz- und Privat-Bank v. 7.4.1943, HAC-1/191-2.

121 Kreutzmüller, Händler, S. 217.

122 Protokoll der Arbeitsausschusssitzung des Aufsichtsrats der Commerz- und Privat-Bank v. 21.8.1940, HAC-1/189-2.

123 Grundstück und Gebäude gingen mit Wirkung vom 13.7.1940 in das Eigentum des Reichs über. Übernahmevorordnung des Chefs der Zivilverwaltung im Elsass (Abschrift o. D.), HAC-1/605.

124 Das Bankhaus war von dem jüdischen Bankier Jules Simon Asch gegründet worden. Nach dessen Tod hatte sein Schwiegersohn Paul Baumann die Bank übernommen (http://judaisme.sdv.fr/perso/dirige/achbaum/achbaum.htm, zuletzt aufgerufen am 5.3.2019). Paul Baumann war mit seiner Familie den Nationalsozialisten unter Mitnahme einiger Wertgegenstände zunächst nach Südfrankreich und dann über Spanien in die USA entkommen. Vgl. hierzu die Darstellung der Familiengeschichte durch die Enkelin (http://www.arifus.org/arif-res/HUCpresentation-france-and-the-jews.pdf, zuletzt aufgerufen am 5.3.2019).

125 Schreiben Staud an die Organisationsabteilung der Commerzbank v. 1.10.1940, HAC-1/606.

126 Schreiben der Commerzbank-Grundstücksabteilung an die Filiale Straßburg v. 14.12.1940, ebenda.

127 Aktenvermerk der Grundstücksabteilung v. 23.12.1940, ebenda.

128 Mietvertrag v. 26.3.1941, HAC-1/605.

129 Krause, Auslandsniederlassungen, S. 38.

130 Johannes Bähr, Die Expansion im Elsass und in Lothringen, in: Wixforth, Expansion, S. 840f.

131 Aktenvermerk des Leiters des Bankenaufsichtsamts in Belgien v. 29.11.1940, HAC-S10/72.

132 Johannes Bähr, Die Continentale Bank, Brüssel, in: Wixforth, Expansion, S. 793.

133 Bähr, Die Continentale Bank, S. 817.

134 Schreiben eines ehemaligen Filialdirektors an die Volkswirtschaftliche Abteilung der Commerzbank v. 11.11.1963, HAC-S3/A269.

135 Kaufvertrag v. 5.3.1941, HAC-1/598.
136 Zu den Gewinnen und Verlusten der Geschäftsstellen vgl. die Übersichten in HAC-1/267.
137 Mietvertrag v. 19.6.1944, HAC-1/598.
138 Vgl. hierzu Kap. 6.2.
139 In späteren Verhandlungen der Commerzbank mit dem Reichsfinanzministerium war es allerdings gelungen, den Firmenwert um etwa 650000 Kronen zu reduzieren. Aktennotiz v. 29.12.1943, HAC-1/279.
140 Aktennotiz, o. D. (November 1943), HAC-1/279.
141 Schreiben des Filialleiters Staud an die Organisationsabteilung der Commerzbank v. 1.10.1940, HAC-1/606.
142 Kreutzmüller, Händler, S. 228.
143 Kreutzmüller/Kučera, Commerzbank, S. 210. Zu den Umständen der gescheiterten Auswanderung und einer differenzierteren Bewertung vgl. Kreutzmüller, Händler, S. 240f.
144 Vgl. hierzu und zum Folgenden Susanna Schrafstetter, Verfolgung und Wiedergutmachung. Karl M. Hettlage: Mitarbeiter von Albert Speer und Staatssekretär im Bundesfinanzministerium, in: VfZ 56 (2008), 3, S. 431 ff.
145 Hettlage hatte sich offenbar als Nichtparteimitglied in Personalfragen der NSDAP eingemischt und wurde von dem Präsidenten des Deutschen Gemeindetages Kurt Jeserich, der als ehemaliges Mitglied der Deutschen Staatspartei ebenfalls nicht in die NSDAP aufgenommen wurde, denunziert. Schreiben Hettlage an Jeserich v. 5.12.1934 und Aktenvermerk des Hauptamtes für Kommunalpolitik v. 13.5.1935, HAC-S1/177.
146 Magnus Brechtken, Albert Speer. Eine deutsche Karriere, München 2017, S. 86.
147 Vgl. hierzu Susanne Willems, Der entsiedelte Jude. Albert Speers Wohnungsmarktpolitik für den Berliner Hauptstadtbau, Berlin 2002, S. 180 ff.
148 Hermann Kaienburg, Vernichtung durch Arbeit. Der Fall Neuengamme. Die Wirtschaftsbestrebungen der SS und ihre Auswirkungen auf die Existenzbedingungen der KZ-Gefangenen, Bonn 1990, S. 75; ders., Der Militär- und Wirtschaftskomplex der SS im KZ-Standort Sachsenhausen-Oranienburg, Berlin 2006, S. 325f.
149 Jens Christian Wagner, Produktion des Todes. Das KZ Mittelbau-Dora, Göttingen 2001, S. 195.
150 Schreiben der Commerzbank-Filiale Nordhausen an die Filiale Göttingen v. 19.12.1945, HAC-S1/177.
151 Aktenvermerk über die Ansprache des Herrn Vizepräsidenten Lange v. 15.1.1941, RGVA, Fond 1458: Reichswirtschaftsministerium, Akte 1-442.
152 Im Jahr 1941 verweigerte der zuständige Reichstreuhänder der Arbeit der Commerzbank-Filiale Frankfurt die Genehmigung für weitere Gehaltserhöhungen, weil bereits alle Beschäftigten übertariflich bezahlt wurden. Schreiben des Reichstreuhänders der Arbeit für Hessen v. 2.4.1941, HAC-1/16.
153 Schreiben der Niederlassung in Frankfurt an die Personalabteilung der Commerzbank v. 26.4.1938, HAC-1/6.
154 Aufstellung der Personalabteilung der Commerzbank v. 11.8.1944, HAC-1/16.
155 Seit Kriegsbeginn wurde im Arbeitsausschuss über den jeweiligen Stand der Beschäftigung und die Zahl der Einberufenen berichtet. Vgl. hierzu die Protokolle der Arbeitsausschusssitzungen in HAC-1/189-1 und 189-2.
156 Schreiben der Wirtschaftsgruppe an das Reichswirtschaftsministerium v. 1.5.1942, RGVA, Fond 1458: Reichswirtschaftsministerium, Akte 3-1259.
157 Schreiben Bormann an Reichswirtschaftsminister Funk v. 8.8.1942, ebenda, Akte 1-443.
158 Vgl. hierzu ausführlich Kopper, Marktwirtschaft, S. 351 ff.; Johannes Bähr, »Bankenrationalisierung« und Großbankenfrage. Der Konflikt um die Ordnung des deutschen Kreditgewerbes während des Zweiten Weltkriegs, in: Harald Wixforth (Hg.), Finanzinstitutionen in Mitteleuropa während des Nationalsozialismus, Stuttgart 2001, S. 85 ff.; James, Verbandspolitik, S. 241 ff.
159 Schlütz, Vorstandssprecher, S. 233.
160 Ebenda, S. 207.
161 Amon war Diplom-Kaufmann und seit 1937 Hauptgeschäftsführer der IHK Düsseldorf. Ich verdanke diese Information Ralf Stremmel.
162 Jander war Jurist und stv. Vorstandsmitglied der Junkers AG in Dessau. Oliver Werner, Regionale Konstellationen und Mobilisierungsstrategien im »Dritten Reich« und in der DDR, in: Andreas Kötzing u. a. (Hg.), Vergleich als Herausforderung, Göttingen 2015, S. 76.
163 Mittag war Diplom-Volkswirt und stv. Hauptgeschäftsführer der IHK Münster. Ralf Stremmel, Kammern der gewerblichen Wirtschaft im »Dritten Reich«, Dortmund 2005, S. 288.
164 Petra Bräutigam, Mittelständische Unternehmer im Nationalsozialismus, München 1997, S. 257.
165 Mittag war Anfang 1943 für sechs Monate in die Parteikanzlei nach München abgeordnet worden, wo er die Unterabteilung »Organisation der gewerblichen Wirtschaft/Gauwirtschaftsberater« leitete. Stremmel, Kammern, S. 288.
166 Kopper, Marktwirtschaft, S. 350.
167 Bähr, »Bankenrationalisierung«, S. 81.
168 Teilnehmerverzeichnis der ordentlichen Hauptversammlung v. 3.5.1943, HAC-1/143.
169 Zweite Verordnung über die Einschränkung von Mitgliederversammlungen v. 23.12.1943, RGBl. 1943 Teil 1, S. 686.
170 Protokoll der Arbeitsausschusssitzung des Aufsichtsrats der Commerzbank v. 10.3.1943, HAC-1/191-2.
171 Protokoll der Arbeitsausschusssitzung des Aufsichtsrats der Commerzbank v. 7.4.1943, ebenda.
172 Protokoll der Arbeitsausschusssitzung des Aufsichtsrats der Commerzbank v. 8.9.1943, ebenda.
173 So war die Commerzbank 1944 nur in vier Orten unter 10000 Einwohnern präsent, während es 1939 noch 33 gewesen waren. Zimmermann, Commerzbank, S. 478.
174 Zur Situation in Sachsen vgl. Bähr, »Bankenrationalisierung«, S. 89; Zimmermann, Commerzbank, S. 475; und zur Situation im Sudetengau vgl. die Aufstellung der Gewinne und Verluste der Filialen im Sudetengau in HAC-1/267.
175 Die Folgen der Einberufungen auf den Betriebsablauf sind in einer Korrespondenz der Filiale Frankfurt mit dem Vertrauensmann der Fachgruppe private Aktienbanken in Hessen der Wirtschaftsgruppe Privates

Bankgewerbe im September 1943 dokumentiert, HAC-1/16.

176 Protokoll der Arbeitsausschusssitzung des Aufsichtsrats der Commerzbank v. 2.5.1943, HAC-1/191-2.

177 Protokoll der Arbeitsausschusssitzung des Aufsichtsrats der Commerzbank v. 9.2.1944, HAC-1/192-1.

178 Protokoll der Arbeitsausschusssitzung des Aufsichtsrats der Commerzbank v. 19.4.1944, ebenda.

179 Protokoll der Arbeitsausschusssitzung des Aufsichtsrats der Commerzbank v. 11.1.1945, HAC-1/192-2.

180 Commerzbank AG, GB 1944.

181 Hier berechnet als Anteil des Aktienkapitals plus offene Reserven an der Bilanzsumme.

182 Die Spargelder stiegen bis 1944 auf fast das Fünffache des Werts von 1939 an. Zimmermann, Commerzbank, Tab. III-6, S. 486.

183 Verordnung über die Lenkung der Kaufkraft v. 30.10.1941, RGBl. 1941 Teil I, S. 664 ff.

184 Zimmermann, Commerzbank, S. 528 f.

185 Das deckt sich mit anderen Beobachtungen. Vgl. dazu Philipp Kratz, Sparen für das kleine Glück, in: Götz Aly (Hg.), Volkes Stimme. Skepsis und Führervertrauen im Nationalsozialismus, 2. Aufl., Frankfurt am Main 2006, S. 73 ff.

186 Zimmermann, Commerzbank, Tab. III-23, S. 538.

187 Commerzbank AG, GB 1940, 1941 und 1943.

188 Gesetz über Aktien und Kommanditgesellschaften auf Aktien v. 30.1.1937, § 131, RGBl. 1937 Teil I, S. 132.

189 Dabei handelte es sich um die älteren Beteiligungen an dem Bankhaus von der Heydt-Kersten & Söhne, der Deutschen Schiffsbeleihungs-Bank AG, Hamburg, der Deutschen Schiffskreditbank AG, Duisburg, und der Societatea Bancară Română (vgl. Commerzbank AG, GB 1940). Neu war lediglich die N. V. Rijnsche Handelmaatschappij, die zu diesem Zeitpunkt aber die Hugo Kaufmann & Co's Bank noch nicht übernommen hatte und deswegen quantitativ nicht ins Gewicht fiel (vgl. hierzu Kap. 6.1.).

190 Commerzbank AG, GB 1940 und 1941. Vgl. auch Harald Wixforth, Die Ausbeutung von Ressourcen: Die Kontinentale Öl AG, in: Bähr, Dresdner Bank, S. 364.

191 Gustavo Corni/Horst Gies, Brot, Butter, Kanonen. Die Ernährungswirtschaft Deutschlands unter der Diktatur Hitlers, Berlin 1997, S. 150 ff.

192 Eine Zusammenstellung in Zimmermann, Commerzbank, Tab. III-39, S. 587.

193 Harald Wixforth, Ein Bankier während und nach dem Holocaust. Die wechselvolle Karriere des Hugo Ratzmann, in: ders./Jörg Osterloh (Hg.), Unternehmer und NS-Verbrechen, Frankfurt am Main 2014, S. 287.

194 Dietrich Eichholz, Geschichte der deutschen Kriegswirtschaft 1939–1945, Bd. 1, 3. Aufl., München 2003, S. 156.

195 Bähr, Dresdner Bank, S. 398 ff.

196 Ebenda, Tab. V/11, S. 205.

197 Protokoll der Arbeitsausschusssitzung des Aufsichtsrats der Commerzbank v. 4.8.1943, HAC-1/191-2.

198 Ursula Büttner, »Gomorrha« und die Folgen. Der Bombenkrieg, in: Hamburg im »Dritten Reich« (hrg. v. d. Forschungsstelle für Zeitgeschichte in Hamburg), Göttingen 2005, S. 618.

199 Vgl. zur Baugeschichte dieses Gebäudes Detlef Krause/Katrin Lege/Ulrike Zimmerl, Die Commerzbank am Neß in Hamburg (Publikationen der Eugen-Gutmann-Gesellschaft, 10), Dresden 2016.

200 Protokoll der Arbeitsausschusssitzung des Aufsichtsrats der Commerzbank v. 8.9.1943, HAC-1/192-1.

201 Schreiben der Organisationsabteilung der Commerzbank an die Wirtschaftsgruppe Privates Bankgewerbe v. 10.7.1943, RGVA, Fond 1458: Reichswirtschaftsministerium, Akte 1-1722.

202 Protokoll der Arbeitsausschusssitzung des Aufsichtsrats der Commerzbank v. 5.1.1944, HAC-1/192-1.

203 Protokoll der Arbeitsausschusssitzung des Aufsichtsrats der Commerzbank v. 9.2.1944, ebenda.

204 Ebenda.

205 Schreiben des Chefs der Zivilverwaltung im Elsass v. 29.9.1943, HAC-1/606.

206 Die Schließung der Filiale in Esch erfolgte wahrscheinlich unabhängig von der Landung der Alliierten in der Normandie wenige Wochen zuvor, denn die Schließung war schon zu Beginn des Jahres Thema im Arbeitsausschuss. Protokoll der Arbeitsausschusssitzung des Aufsichtsrats der Commerzbank v. 8.3.1944, HAC-1/192-1.

207 Vorstandsbericht der Hansabank Reval v. 30.10.1944, HAC-1/185.

208 Protokoll der Arbeitsausschusssitzung des Aufsichtsrats der Commerzbank v. 15.11.1944, HAC-1/192-2.

209 Sonderanweisung an die »Leitung der Filiale …« v. 28.9.1944, Sächs. HStA Dresden, Altbanken Dresden (Commerzbank) Akte 6243.

210 Protokoll der Arbeitsausschusssitzung des Aufsichtsrats der Commerzbank v. 15.11.1944, HAC-1/192-2.

211 Mitte November 1944 berichtete der Vorstand, dass bei der Ausweichstelle Herford »infolge von Luftangriffen schwere Schädigungen … eingetreten« seien. Protokoll der Arbeitsausschusssitzung des Aufsichtsrats der Commerzbank v. 15.11.1944, ebenda.

212 Schlütz, Vorstandssprecher, S. 246.

213 Das Schicksal der Berliner Banken bis zum 22. Juni 1945 (Ausarbeitung ohne Nennung des Verfassers und ohne Datum), HAC-S10/72.

II. Die Commerzbank 1945 bis 1989: Neuanfang, Wirtschaftsboom und Internationalisierung

1. Der Neuanfang (1945 bis 1958)

1 Schlütz, Vorstandssprecher, S. 234.

2 Herbert Wolf, Das Fundament wird gelegt: 1945–1975, in: Commerzbank, Dienstleister, S. 14–47, hier S. 16.

3 Vgl. hierzu die Ausführungen Konsul Hans Harneys über »finanzielle Nachkriegsprobleme« im Arbeitsausschuss des Aufsichtsrats, 183. Sitzung, 12. 7. 1944, HAC-1/192.

4 Generell zur Entnazifizierungspolitik: Clemens Vollnhals (Hg.), Entnazifizierung. Politische Säuberung und Rehabilitierung in den vier Besatzungszonen 1945–1949, München 1991. Zur Entnazifizierungspraxis in der Wirtschaft: Ralf Ahrens, Von der »Säuberung« zum Generalpardon: Die Entnazifizierung der westdeutschen Wirtschaft, in: JWG 51 (2010), 2, S. 25–45; ders., Die Dresdner Bank 1945–1957. Konsequenzen und Kontinuitäten nach dem Ende des NS-Regimes, München 2007, S. 39–72.

5 Vermerke und Aufstellungen zu den Aufsichtsratsmitgliedern der Commerzbank, HAC-1/167-1 und 1/167-2. Außerdem: Schlütz, Vorstandssprecher, S. 169, 234 f.; Krause, Zeitreise, S. 81.

6 Schlütz, Vorstandssprecher, S. 169.

7 Ihre Aussagen flossen in den Untersuchungsbericht der amerikanischen Militärregierung zur Tätigkeit der Commerzbank in der NS-Zeit ein. Vgl. Office of Military Government for Germany, United States (OMGUS), Finance Division, Report on the Investigation of the Commerzbank, September 1947, BArch Koblenz, Z 45 F, Bd. 44 (Kopie in HAC).

8 Vgl. einige biografische Hinweise bei Thomas Schlegel, Dezentralisierung und Rekonzentration: Die Commerzbank AG in den Nachkriegsjahren 1945–1960, Halle (Saale) 2011, S. 69 f.

9 Krause, Zeitreise, S. 81.

10 Schlütz, Vorstandssprecher, S. 235, 237; Krause, Zeitreise, S. 81 f., 84. Vgl. die – lückenhaften – Unterlagen zur Entnazifizierung von Hanns Deuß, Karl Maria Hettlage und Joseph Schilling in HAC-1/168. Auch Hettlage wurde Mitte 1948 wieder zum Vorstandsmitglied bestellt und trat kurz darauf in die Geschäftsleitung der Hansa-Bank in Hamburg ein. Schilling dagegen erkrankte im Sommer 1948 schwer und wurde von der Bank nicht wieder in eine Leitungsfunktion berufen.

11 Krause, Zeitreise, S. 84.

12 Ausführlich zur Lage der Commerzbank in Berlin und den vier Besatzungszonen in den Jahren 1945 bis 1948: Martin Röder, Die Herzogtümer der Finanzen. Die organisatorische Entwicklung der Commerzbank von 1945 bis 1978, MS (Dissertationsprojekt), Hamburg 2018, Kap. 1. Für die freundliche Überlassung des Rohmanuskripts bedanke ich mich beim Autor.

13 Wolf, Fundament, S. 19, 22.

14 Die Leitung der Auskunfts- und Abwicklungsstelle Friedenau übernahm der frühere Leiter des Direktionssekretariats der Berliner Zentrale der Commerzbank, Ludwig Holbeck. Das von ihm später ins Leben gerufene Privatbankhaus Holbeck KG wurde zur Keimzelle der im Oktober 1949 gegründeten Bankgesellschaft Berlin AG, die 1952 zur Berliner Commerzbank AG umfirmierte. Vgl. Röder, Herzogtümer (MS), Kap. 2.2.1.1.; Schlegel, Dezentralisierung, S. 50–53; Ahrens, Dresdner Bank, S. 150–152; Herbert Wolf, Das Ende privater Banktätigkeit in Mitteldeutschland – dargestellt am Beispiel der Commerzbank, in: BA 16 (1990), 2, S. 116–125, hier S. 123. Generell zur Lage der Banken in Berlin: Sebastian T. Pollems, Der Bankplatz Berlin zur Nachkriegszeit. Transformation und Rekonstruktion des Ost- und Westberliner Bankwesens zwischen 1945 und 1953, Berlin 2006.

15 Krause, Zeitreise, S. 81. Ausführlich hierzu, auch mit Blick auf das Problem von Gehalts- und Pensionszahlungen: Detlef Krause, Die Filialen und Angestellten der Commerzbank in der SBZ und Berlin 1945–1949, in: Ralf Ahrens (Hg.), Umbrüche und Kontinuitäten in der mitteleuropäischen Kreditwirtschaft nach dem Zweiten Weltkrieg, Stuttgart 2008, S. 87–119.

16 Das Geschäftsstellenverzeichnis von 1944 nennt 248 Geschäftsstellen, von denen sich – nach den Berechnungen Detlef Krauses – 137 auf dem Gebiet der späteren Westzonen und der Westsektoren Berlins befanden, 93 auf dem Gebiet der späteren sowjetischen Besatzungszone und dem sowjetischen Sektor Berlins, sieben in den Reichsgebieten jenseits von Oder und Neiße sowie elf weitere außerhalb der Grenzen des Deutschen Reichs von 1937. Vgl. Krause, Filialen, S. 90. Wie viele dieser 248 Geschäftsstellen noch vor Kriegsende stillgelegt wurden, ist nicht genau bekannt.

17 Krause, Zeitreise, S. 81; Wolf, Fundament, S. 18.

18 Ebenda, S. 20.

19 Herbert Wolf, Chronik der Commerzbank 1945–1976, unveröffentlichtes, maschinengeschriebenes Manuskript, Frankfurt am Main 1996, S. 219.

20 Herbert Wolf, Nicht Fisch noch Fleisch. Zur Geschichte von vier Nachkriegs-Filialgruppen der Commerzbank, in: BA 20 (1994), 1, S. 28–44, hier S. 29.

21 Ausführlich hierzu: Klaus-Dietmar Henke, Die amerikanische Besetzung Deutschlands, München 1995, S. 560–571. Außerdem: Ralf Ahrens, Unternehmer vor Gericht. Die Nürnberger Nachfolgeprozesse zwischen Strafverfolgung und symbolischem Tribunal, in: Jörg Lillteicher (Hg.), Profiteure des NS-Systems? Deutsche Unternehmen und das »Dritte Reich«, Berlin 2006, S. 128–153.

22 Zum problematischen Begriff der »Arisierung« vgl. den Beitrag von Dieter Ziegler in diesem Band.

23 Wolf, Chronik, S. 173 f. und A 291 (Rekonstruktion der Frageliste aufgrund einer Antwort der Filiale Lübeck).

24 OMGUS, Finance Division, Report on the Investigation of the Commerzbank, September 1947, BArch

Koblenz, Z 45 F, Bd. 44 (Kopie in HAC). Im Nachhinein erstaunt vor allem, was bei diesen Befragungen nicht aufgedeckt wurde: Dass Karl Maria Hettlage, der im Frühjahr 1939 in den Vorstand der Commerzbank berufen worden war, dieses Amt seit Frühjahr 1940 aber nur noch nebenamtlich ausübte, weil er nun zugleich für Albert Speer in dessen Amt als Generalbauinspektor für die Reichshauptstadt sowie später als Reichsrüstungsminister tätig wurde und deshalb maßgeblich an den Vorbereitungen zur Vertreibung der Berliner Juden und an der Organisation der deutschen Kriegs- und Rüstungsindustrie samt Zwangsarbeitereinsatz beteiligt war, kam offenkundig gar nicht zur Sprache. Es gelang Hettlage vielmehr, die Alliierten von seiner Unschuld zu überzeugen. Vgl. ausführlich zum Entnazifizierungsverfahren Hettlages, dessen Karriere sich – nach ihrem Neustart in der Geschäftsleitung der Hansa-Bank in Hamburg – sehr bald in der bundesdeutschen Wissenschaft und im Bundesfinanzministerium fortsetzte: Susanna Schrafstetter, Verfolgung und Wiedergutmachung. Karl M. Hettlage: Mitarbeiter von Albert Speer und Staatssekretär im Bundesfinanzministerium, in: VfZ 56 (2008), 3, S. 431–466.

25 Zum scheiternden »Bankenprozess«: Joachim Scholtyseck, Die USA vs. »The Big Six«. Der gescheiterte Bankenprozeß nach dem zweiten Weltkrieg, in: BA 26 (2000), 1, S. 27–53. Aufschlussreich zur Befragung der inhaftierten Bankmanager: Ahrens, Dresdner Bank, S. 80–90. Nur die Ermittlungsberichte zur Deutschen Bank und zur Dresdner Bank wurden später veröffentlicht. Vgl. OMGUS, Finance Division, Ermittlungen gegen die Deutsche Bank 1946/1947, Nördlingen 1985; OMGUS, Finance Division, Ermittlungen gegen die Dresdner Bank 1946, Nördlingen 1986.

26 Ralf Ahrens, Der Exempelkandidat. Die Dresdner Bank und der Nürnberger Prozess gegen Karl Rasche, in: VfZ 52 (2004), 4, S. 637–670; ders., Dresdner Bank, S. 101–114.

27 OMGUS, Finance Division, Report on the Investigation of the Commerzbank, September 1947, S. 18, 62, BArch Koblenz, Z 45 F, Bd. 44 (Kopie in HAC).

28 Wolf, Chronik, A 291/292.

29 Namentliche Aufstellung der Angestellten der Berliner Zentrale der Commerzbank (Stand: 1945), mit ergänzenden Hinweisen, unter anderem zu NSDAP-Mitgliedschaft, Ausscheiden oder Pensionierung, November 1947, HAC-313/59.

30 Auf die einzelnen Direktiven und Richtlinien der Alliierten, die nach und nach durch Gesetze der Bundesländer ergänzt und ersetzt wurden, kann hier nicht eingegangen werden. Vgl. Ahrens, »Säuberung«.

31 Commerzbank, Hamburg, Personalabteilung, an Filiale Mannheim, 24. 9. 1946, zitiert nach Krause, Filialen, S. 108.

32 Ahrens, »Säuberung«, S. 31–33; Ahrens, Dresdner Bank, S. 45 f.

33 Krause, Filialen, S. 107 f.

34 Döring an Hampf, 3. 3. 1950, HAC-E 726 (Berlin/v17) [Anonymisierung durch FS].

35 Zum Wettlauf zwischen Dresdner Bank und Commerzbank um die Übernahme der Hugo Kaufmann & Co's Bank vgl. Beitrag von Dieter Ziegler in diesem Band sowie Kreutzmüller, Händler, S. 181 f., 209–214, 219–228; Sattler, Handelstrust West, S. 682–791, hier S. 682 f., 685, 690, 715. Hugo Kaufmann wurde in das Konzentrations- und Vernichtungslager Auschwitz deportiert, wo er im Oktober 1942 an einer Flecktyphusinfektion verstarb.

36 Ausführlich zum Hintergrund: Kreutzmüller, Händler, S. 209–307.

37 Zwischen Schürmann und Wegener entbrannte ein heftiger Konflikt über die Kreditvergabe an jüdische Kunden, weil Schürmann sie möglichst rasch abbauen, Wegener sie jedoch – um die Kaufmannsbank in die endgültige Liquidation zu treiben – zunächst weiterführen oder sogar erhöhen wollte.

38 Nicht nur Wegener und Schürmann, auch Bandel, Deuß und Marx waren in die Verhandlungen zur Übernahme der Hugo Kaufmann & Co's Bank involviert und trieben die geschäftlichen Aktivitäten der Rijnschen Handelsbank mit voran. Vgl. die Hinweise hierzu in Schlütz, Vorstandssprecher, S. 156–203, 234.

39 Commerzbank, Zentrale Hamburg, an Hermann Wegener, 1. 10. 1945, zitiert nach Wolf, Chronik, A 361.

40 Mit dem Namen wurde an die 1856 gegründete Mitteldeutsche Creditbank angeknüpft, die 1929 von der Commerzbank übernommen worden war. Vgl. Franz Lerner, Hundert Jahre im Dienste der deutschen Wirtschaft, Frankfurt am Main 1956.

41 Mitteldeutsche Creditbank an Hermann Wegener, 26. 8. 1948, HAC-312/26. Umfangreicher Schriftwechsel zur nochmaligen Überprüfung und Entlassung Wegeners findet sich in HAC-312/26.

42 Kreutzmüller, Händler, S. 304 f.

43 Lutz Niethammer, Die Mitläuferfabrik. Die Entnazifizierung am Beispiel Bayerns, Berlin 1982.

44 Grundlegend hierzu: Volker R. Berghahn/Stefan Unger/Dieter Ziegler (Hg.), Die deutsche Wirtschaftselite im 20. Jahrhundert. Kontinuität und Mentalität, Essen 2003; Dieter Ziegler, Strukturwandel und Elitenwechsel im Bankwesen 1900–1957, in: Berghahn/Unger/Ziegler, Wirtschaftselite, S. 187–218; Ziegler (Hg.), Großbürger, Göttingen 2000.

45 Cornelia Rauh-Kühne, Die Entnazifizierung und die deutsche Gesellschaft, in: Archiv für Sozialgeschichte (AfS) 35 (1995), S. 35–70. Unter den Mitarbeitern der Filialgruppen der Commerzbank befanden sich nach Schätzung des früheren Leiters der Personalabteilung in der Berliner Zentrale im Frühjahr 1950 bereits wieder mehr als 20 % ehemalige NSDAP-Mitglieder, was in etwa ihrem Anteil vor Beginn der Entnazifizierung und der massenhaften Entlassungen entsprach. Über ihren möglichen persönlichen Einstellungswandel sagen solche Zahlen freilich nichts aus. Vgl. Döring an Hampf, 3. 3. 1950, HAC-E 726 (Berlin/v17).

46 Grundlegend hierzu: Theo Horstmann, Die Alliierten und die deutschen Großbanken. Bankenpolitik nach dem Zweiten Weltkrieg in Westdeutschland, Bonn 1991; Ahrens, Dresdner Bank, S. 28–36.

47 Erst in Vorbereitung auf eine Währungsreform wurde im Frühjahr 1948 als neue Zentralbank die Bank deutscher Länder etabliert. Vgl. Christoph Buchheim,

Die Errichtung der Bank deutscher Länder und die Währungsreform in Westdeutschland, in: Deutsche Bundesbank (Hg.), Fünfzig Jahre Deutsche Mark. Notenbank und Währung in Deutschland seit 1948, München 1998, S. 91–138.

48 Ausführlicher: Schlegel, Dezentralisierung, S. 53–55.

49 Karl-Heinrich Hansmeyer, Das Kreditwesen der deutschen Besatzungszonen (1945–1948), in: Hans Pohl (Hg.), Geschichte der deutschen Kreditwirtschaft seit 1945, Frankfurt am Main 1998, S. 1–22, hier S. 13. Zu den konfliktreichen Abstimmungsprozessen, in die die Repräsentanten der Großbanken ihre Interessen am Erhalt des historisch entstandenen Bankensystems einzubringen versuchten und sich dabei auch untereinander abzustimmen begannen: Ahrens, Dresdner Bank, S. 155–176.

50 Krause, Zeitreise, S. 83 f.

51 Röder, Herzogtümer (MS), Kap. 2.1.3.3.

52 Zu den Anfängen der Bayerischen Disconto-Bank bzw. dem Bankverein für Württemberg-Baden: Wolf, Fisch, S. 33–36 bzw. S. 36–39.

53 Protokolle der Sitzungen des Aufsichtsrats der Commerzbank am 12. 1. 1948 und 9. 2. 1948, angegeben nach Schlütz, Vorstandssprecher, S. 171, 237.

54 Paul Marx an Vorstand und Aufsichtsrat der Commerzbank, 5. 2. 1948, und Hanns Deuß an Vorstand und Aufsichtsrat der Commerzbank, 5. 2. 1948, angegeben nach Schlütz, Vorstandssprecher, S. 237.

55 Vgl. das Porträt Fritz Höfermanns von Schlütz, Vorstandssprecher, S. 204–229.

56 Krause, Filialen, S. 109; Wolf, Fundament, S. 20. Scheuermann gehörte der NSDAP an und wurde am 15. 3. 1946 aus den Diensten der Commerzbank entlassen. Er wurde vom sowjetischen NKWD im früheren Konzentrationslager Sachsenhausen interniert und war im März 1950 noch nicht wieder auf freiem Fuß. Vgl. Namentliche Aufstellung der Angestellten der Berliner Zentrale der Commerzbank (Stand: 1945), mit ergänzenden Hinweisen, unter anderem zu NSDAP-Mitgliedschaft, Ausscheiden oder Pensionierung, November 1947, HAC-313/59; Döring an Hampf, 13. 2. 1950 und 3. 3. 1950, HAC-E 726 (Berlin/v17).

57 Schlütz, Vorstandssprecher, S. 237; Krause, Filialen, S. 109.

58 Zur Einsetzung und zu den Aufgaben der Verwalter: Horstmann, Alliierte, S. 169–172; Wolf, Fisch, S. 31 f.

59 Zum Amtsverständnis und zur Rolle Florians: Röder, Herzogtümer (MS), Kap. 2.1.3.1. und Kap. 3.1.3. Außerdem: Ludwig Florian, 95 Jahre Mitteldeutsche Creditbank 1856–1951. Ein Rückblick, Frankfurt am Main 1951.

60 Röder, Herzogtümer (MS), Kap. 2.1.2; Schlütz, Vorstandssprecher, S. 172.

61 Wolf, Fisch, S. 31.

62 Schlütz, Vorstandssprecher, S. 264 f.; Wolf, Fisch, S. 31.

63 Schon am 27. 4. 1948 fand eine erste Konferenz der süddeutschen Verwalter in Nürnberg statt. Vgl. Vermerk vom 27. 4. 1948, HAC-303/11. Am 3. 8. 1948 trafen sich dann die Verwalter und Direktoren der Filialgruppen aus der amerikanischen und französischen Zone in Frankfurt am Main, sie konnten dabei – offenkundig wider Erwarten – auch Vertreter aus der britischen Zone begrüßen. Vgl. Niederschrift zur »Verwalter-und-Direktoren-Konferenz« am 3. 8. 1948, HAC-306/9.

64 Krause, Zeitreise, S. 82; Wolf, Chronik, S. 209 f. Die Verwalter aller neun Filialgruppen trafen sich erstmals am 20. 1. 1949 in Frankfurt am Main. Auf der Tagesordnung standen neben dem allgemeinen Erfahrungsaustausch unter anderem Fragen der Nutzung des Beteiligungsvermögens der alten Commerzbank, das bereits im Februar 1948 in die Effektenverwaltungsgesellschaft mbH überführt worden war. An dieser Konferenz nahmen die Verwalter der Hansa-Bank in Hamburg (Harry Kühne), der Bremer Handelsbank (Wolf von Igel), der Holsten-Bank in Kiel (Werner Hempfing), des Bankvereins Westdeutschland in Düsseldorf (Franz Kaufhold), der Mitteldeutschen Creditbank in Frankfurt am Main (Ludwig Florian), der Mittelrheinischen Bank in Mainz (Erich Arlt), des Bankvereins für Württemberg-Baden in Stuttgart (Albert Speidel) und der Bayerischen Disconto-Bank in Nürnberg (Joseph Hoechstetter) teil; nur der Verwalter der Merkur-Bank in Hannover (Wilhelm Wolter) war verhindert. Weitere Verwalter-Konferenzen wurden für den 2. 2. 1949, den 18. 6. 1949, den 14. 10. 1949, den 30./31. 3. 1950 und den 22./23. 9. 1950 anberaumt. Nur für die Konferenzen vom 20. 1. 1949 und 2. 2. 1949 liegen jedoch Protokolle vor in HAC-303/11.

65 Wolf, Fisch, S. 28. Außerdem: Niederschrift zur »Verwalter-und-Direktoren-Konferenz« am 3. 8. 1948, HAC-306/9. Dieser Schlüssel wurde später auch bei der von den Verwaltern zu beaufsichtigenden Verteilung der Forderungen und Verbindlichkeiten, darunter nicht zuletzt die Pensionslasten, angewendet, als es zur aktienrechtlichen Ausgründung von drei Nachfolgeinstituten kam.

66 Wolf, Fundament, S. 20.

67 Wolf, Chronik, S. 172 f.

68 Protokoll über die Zusammenkunft der Verwalter und von Vertretern der Filialgruppen der Commerzbank am 2. 2. 1949 in Hamburg, HAC-303/11.

69 Wolf, Fundament, S. 21.

70 Grundlegend zur Währungsreform: Christoph Buchheim, Die Währungsreform 1948 in Westdeutschland, in: VfZ 36 (1988), 2, S. 189–231.

71 Erst mit dem Altsparergesetz vom Juli 1953 kam es zu einer Aufwertung aller vor dem 1. 1. 1940 begründeten Forderungen. Sie wurden nun von 10 auf 20 % ihres ursprünglichen Werts angehoben, sofern der Gläubiger zwischenzeitlich nicht gewechselt hatte und es sich um natürliche Personen oder bestimmte gemeinnützige Stiftungen oder Fonds handelte. Vgl. das Gesetz zur Milderung von Härten der Währungsreform (Altsparergesetz) vom 14. 7. 1953, BGBl. 1953, I, S. 495.

72 Für diejenigen Banken, die ihren Sitz in Berlin behielten, galten besondere Bestimmungen, auch was die Befriedigung ihrer Gläubiger anging. Alfred Günzel, Das Berliner Altbankengesetz, in: Zeitschrift für das gesamte Kreditwesen (ZfgK) 5 (1952), 22, S. 585–587.

73 Mit dem Bescheid der Finanzbehörde der Freien und Hansestadt Hamburg vom 19. 4. 1952 wurde die Commerzbank-Niederlassung Berlin rückwirkend zum 18. 6. 1947 als verlagert anerkannt.

74 Zu den Preisreformen: Irmgard Zündorf, Der Preis der Marktwirtschaft. Staatliche Preispolitik und Lebensstandard in Westdeutschland 1948–1963, Stuttgart 2006.

75 Vera Ziegeldorf, Zwischen Zurückhaltung und Suche nach Alternativen. Das Kreditvergabeverhalten der Kreditbanken 1945 bis 1958, Berlin 2006, S. 145–179; Karl Josef Ehlen, Die Filialgroßbanken. Entwicklung und Stellung im deutschen Kreditsystem, Stuttgart 1960, S. 67–94.

76 Karl Häuser, Die Rolle des Staates auf dem Kapitalmarkt, in: 30 Jahre Kapitalmarkt in der Bundesrepublik Deutschland, Frankfurt am Main 1981, S. 95–122; Horst Schwedes, Der Bund am Kapitalmarkt. Vorschläge zur staatlichen Anleihepolitik, Berlin 1972.

77 Wolf, Fisch, S. 31.

78 Zu den historisch entstandenen Wirtschaftsstrukturen des Landes Nordrhein-Westfalen: Dietmar Petzina, Wirtschaft und Arbeit 1945–1985, in: Wolfgang Köllmann u. a. (Hg.), Das Ruhrgebiet im Industriezeitalter. Geschichte und Entwicklung, Düsseldorf 1990, S. 491–568; Dietmar Petzina, Krise und Aufbruch: Wirtschaft und Staat im Jahrzehnt der Reformen 1965 bis 1975, in: Stefan Goch (Hg.), Strukturwandel und Strukturpolitik in Nordrhein-Westfalen, Münster 2004, S. 105–135.

79 Bis auf Marx bestand also eine Personalunion mit dem Vorstand der Altbank, dem Deuß, Erkelenz und Höfermann angehörten. Vgl. Wolf, Fundament, S. 23 f.

80 Ahrens, Hundert Jahre, S. 68; Schlütz, Vorstandssprecher, S. 237; Wolf, Chronik, S. 318.

81 Wolf, Fundament, S. 21.

82 Rundschreiben des Bankvereins Westdeutschland, Vorstand, Marx/Erkelenz, an die Leiter der Geschäftsstellen betr. Kreditpolitik, 25. 11. 1948, HAC-400/3.

83 Krause, Zeitreise, S. 88. Dem 1952 gebildeten Aufsichtsrat der Bankverein Westdeutschland AG gehörten einige Vertreter dieser entflochtenen Unternehmen an, darunter Martin Erlenbach (Hoechst AG) und Fritz ter Meer (Bayer AG).

84 Zur Bedeutung des »Koreabooms« für den wirtschaftlichen Wiederaufbau in der Bundesrepublik: Werner Abelshauser, Deutsche Wirtschaftsgeschichte. Von 1945 bis zur Gegenwart, München 2011, S. 152–172.

85 Rundschreiben des Bankvereins Westdeutschland, Vorstand, Erkelenz/Deuß, an die Leitungen sämtlicher Geschäftsstellen betr. Auslandsgeschäft, 16. 5. 1951, HAC-400/3.

86 Schlegel, Dezentralisierung, S. 102; Wolf, Fundament, S. 27. Generell zum fremdfinanzierten Kreditgeschäft der Banken: Ziegeldorf, Zurückhaltung, S. 287–314. Die Konsortialführung der privatrechtlichen Ausfuhrkredit-Aktiengesellschaft (AKA), die 1966 im Zusammenhang mit der großen Aktienrechtsreform in eine GmbH umgewandelt wurde, lag und liegt noch heute bei der Deutschen Bank. Vgl. AKA Ausfuhrkredit-Gesellschaft mbH (Hg.), 50 Jahre AKA. Von einer Liquiditäts- und Risikogemeinschaft zum modernen Anbieter von Finanzierungen und Dienstleistungen, Frankfurt am Main 2002.

87 Ahrens, Hundert Jahre, S. 75.

88 Zu den Gründungsmitgliedern der ADIG zählten die Bayerische Staatsbank, die Bayerische Hypotheken- und Wechsel-Bank, die Bayerische Vereinsbank, die Jüdische Industrie- und Handelsbank (Wiedergutmachungsbank) und das Bankhaus Seiler & Co. Vgl. Herbert Wolf, Deutschland, in: Hans Pohl (Hg.), Europäische Bankengeschichte, Frankfurt am Main 1993, S. 517–550, hier S. 523. Die Jüdische Industrie- und Handelsbank musste infolge betrügerischer Machenschaften einiger ihrer Mitarbeiter 1952 Konkurs anmelden. Vgl. Wer hat in Frankfurt versagt?, in: Die Zeit, 30. 10. 1952.

89 Zum Entwurf eines Gesetzes über Kapitalanlagegesellschaften durch den CDU-Abgeordneten August Neuburger, der in engem Kontakt zur Deutsche Bank-Gruppe stand: Martin L. Müller, DWS Investments. Eine Erfolgsgeschichte. 1956–2006, München 2006, S. 45 f. Das Gesetz konnte erst im April 1957 verabschiedet werden: Vgl. Gesetz über Kapitalanlagegesellschaften (KAGG) vom 16. 4. 1957, BGBl. 1957, I, S. 378.

90 Protokoll der Sitzung des Beirats West des Bankvereins Westdeutschland am 3. 9. 1951, angegeben nach Schlütz, Vorstandssprecher, S. 173.

91 Röder, Herzogtümer (MS), Kap. 2.1.1.3.

92 Allgemeine Deutsche Investment-Gesellschaft mbH (Hg.), 10 Jahre Investment in Deutschland – 10 Jahre Allgemeine Deutsche Investment-Gesellschaft, München 1959, S. 8 f., 11 und 15.

93 Yorck Dietrich, Eigentum für jeden. Die vermögenspolitischen Initiativen der CDU und die Gesetzgebung 1950–1961, Düsseldorf 1996, S. 201–208.

94 Friederike Sattler, »Investmentsparen« – ein früher Durchbruch der Geschäftsbanken zu breiteren Privatkundenkreisen?, in: Ralf Ahrens/Harald Wixforth (Hg.), Strukturwandel und Internationalisierung im Bankwesen seit den 1950er Jahren, Stuttgart 2010, S. 35–70.

95 Wolf, Fundament, S. 22.

96 Protokoll der Sitzung des Beirats West des Bankvereins Westdeutschland vom 25. 11. 1949, angegeben nach Schlütz, Vorstandssprecher, S. 173.

97 Protokoll der Sitzung des Beirats West des Bankvereins Westdeutschland vom 15. 3. 1950, angegeben nach Schlütz, Vorstandssprecher, S. 173, 253; Protokoll der Sitzung des Beirats der Hansa-Bank am 17. 5. 1950, angegeben nach Röder, Herzogtümer (MS), Kap. 2.1.1.1. Robert Gebhardt, bis Kriegsende Leiter der Filiale Leipzig der Commerzbank und im Sommer 1945 kurzzeitig Direktor der Sächsischen Landesbank, hatte die SBZ noch im Jahr 1945 in Richtung Westen verlassen können. Vgl. Andreas Graul, Die Commerzbank in Leipzig. Zum 100. Geburtstag der Filiale, Dresden 2011, S. 39.

98 M. Pohl, Hamburger Bankengeschichte, S. 163–182.

99 Zur Wirtschaftslage des Landes Schleswig-Holstein und der Stadt Kiel: Markus Hirschfeld, Die wirtschaftliche Entwicklung Schleswig-Holsteins in der unmittelbaren Nachkriegszeit, Kiel 1995; Helmut Grieser, Wiederaufstieg aus Trümmern (1945 bis in die Gegenwart), in: Jürgen Jensen/Peter Wulf (Hg.), Geschichte der Stadt Kiel, Neumünster 1991, S. 401–456.

100 Röder, Herzogtümer (MS), Kap. 2.1.1.2; Schlegel, Dezentralisierung, S. 96 f.

101 Eine Darstellung ausgewählter Bilanzpositionen findet sich in Wolf, Chronik, S. 332.

102 Wolf, Fundament, S. 23.

103 Herbert Wolf, Die Dreier-Lösung. Marginalien zum Niederlassungsgesetz von 1952, in: BA 19 (1993), 1, S. 26–42, hier S. 29.

104 Das Ergebnis der Neuordnung, in: Frankfurter Allgemeine Zeitung, 26. 9. 1952.

105 Bundesfinanzministerium, Aktenvermerk Dr. Ernst vom Hofe, 1. 2. 1952, angegeben nach Wolf, Dreier-Lösung, S. 29.

106 Ausführlich zu diesen Diskussionen: Carl-Ludwig Holtfrerich, Die Deutsche Bank vom Zweiten Weltkrieg über die Besatzungsherrschaft zur Rekonstruktion 1945–1957, in: Gall u. a., Deutsche Bank, S. 409–578, hier S. 495–508; Wolf, Dreier-Lösung, S. 29–33; Horstmann, Alliierte, S. 219–286.

107 Zum Zustandekommen des Memorandums und zum Aushandlungsprozess über ein Großbankengesetz: Ahrens, Dresdner Bank, S. 202–216. Zur Rolle von Paul Marx: Schlütz, Vorstandssprecher, S. 173–175.

108 Zu den Verhandlungen: Holtfrerich, Deutsche Bank, S. 508–520; Wolf, Dreier-Lösung, S. 33–37. Zur Umsetzung der aktienrechtlichen Ausgründung, die eine aufwendige »Umstellungsrechnung« erforderte: Manfred Pohl, Zerschlagung und Wiederaufbau der deutschen Großbanken 1945–1957, in: Beiträge zu Wirtschafts- und Währungsfragen und zur Bankgeschichte, Bd. 13, Mainz 1984, S. 361–372, hier S. 366–371.

109 Bei den süddeutschen Filialgruppen war heftig darum gerungen worden, wo das Nachfolgeinstitut seinen Sitz nehmen sollte. Vgl. Röder, Herzogtümer (MS), Kap. 2.2.2; Wolf, Dreier-Lösung, S. 37–42.

110 Wolf, Fundament, S. 23 f.

111 Hans-Hermann Mindermann, Wem gehört die Commerzbank?, in: Commerzbank, Dienstleister, S. 104–115, hier S. 107.

112 Ebenda, S. 106.

113 Wolf, Fundament, S. 23.

114 Wolf, Dreier-Lösung, S. 36. Exemplarisch: Commerz- und Credit-Bank AG, GB 1953, S. 7.

115 Als Kurzporträt: Hans Otto Eglau, Die Geschäfte der »heiligen Familie«, in: Die Zeit, 9. 3. 1973.

116 Niederschrift über eine gemeinsame Sitzung von Vertretern der Bankverein Westdeutschland AG, der Commerz- und Credit-Bank AG und der Commerz- und Disconto-Bank AG in Düsseldorf am 15. 12. 1952, HAC-310/55.

117 Ebenda.

118 Vgl. hierzu auch den Vermerk über eine Besprechung Höfermanns mit Vertretern der Bayerischen Hypotheken- und Wechsel-Bank in Frankfurt am Main am 17. 4. 1953, angegeben nach Schlegel, Dezentralisierung, S. 101. Zu den Phrix-Werken: Das Leben ist so bitter, in: Der Spiegel, 22. 9. 1949; Phrix-Konzern. Die Hellseherin, in: Der Spiegel, 2. 9. 1953.

119 Diese steuerrechtlich heikle Vereinbarung wurde nachträglich aus der Niederschrift gestrichen und eine »korrigierte Fassung« in Umlauf gebracht. Vgl. Bankverein Westdeutschland AG, Konsortialabteilung, Be/Hei., an den Vorstand der Commerz- und Credit-Bank AG betr. Niederschrift zur Sitzung am 15. 12. 1953, 24. 4. 1954, HAC-310/55.

120 Quellen: Ahrens, Hundert Jahre, S. 84; Krause, Zeitreise, S. 89 f., 93, 204, 207; Schlegel, Dezentralisierung, S. 158; Klaus Müller-Gebel, Mitarbeiter in einer modernen Bank, in: Commerzbank, Dienstleister, S. 60–83, hier S. 63; Wolf, Fundament, S. 23 f., 28; Bankverein Westdeutschland AG, GB 1952–1955; Commerzbank-Bankverein AG, GB 1956; Commerz- und Disconto-Bank AG, GB 1952–1956; Commerz- und Credit-Bank AG, GB 1952–1956; Commerzbank-Gruppe, GB 1957 und 1. Halbjahr 1958.

121 Erst im Herbst 1956 trat Pankraz Geiselhart als viertes Mitglied in den Vorstand ein. Er war zuvor als Direktor der Landeszentralbank Nordrhein-Westfalen tätig gewesen und schied bereits Ende 1957 wieder aus – offenkundig, weil ihm die Gepflogenheiten einer Geschäftsbank fremd blieben. Die ihm gezahlte hohe Abfindung von 500 000 DM löste eine heftige öffentliche Debatte aus. Vgl. etwa: Commerzbank-Bankverein bleibt zuversichtlich, in: Handelsblatt, 11. 4. 1958; Millionen-Abfindungen, in: Frankfurter Allgemeine Zeitung, 1. 11. 1958. Zur genauen Ressortverteilung zwischen Deuß, Erkelenz, Geiselhart und Höfermann: Rundschreiben der Commerzbank-Bankverein AG, Vorstand, Deuß/Höfermann, an die Leitungen der Geschäftsstellen, 1. 10. 1956, HAC-400/3.

122 Wolf, Fundament, S. 25. Die Bank ging knapp zehn Jahre später mit ihren acht Geschäftsstellen vollständig in der Commerzbank AG auf. Der Aufsichtsratsvorsitzende der Bank, Max Küppers, zugleich Geschäftsführender Gesellschafter der Firma Gerhard Hülskens & Co. in Wesel/Duisburg, wurde daraufhin in den Aufsichtsrat der Commerzbank berufen, gehörte ihm aber nur ein Jahr lang an. Vgl. Commerzbank AG, GB 1965, S. 22; Protokoll der Gesamtvorstandssitzung (im Folgenden: PdGVS) der Commerzbank AG am 19. 1. 1965, HAC-N 26/24 I.

123 Ahrens, Hundert Jahre, S. 87.

124 Ausführlich zur Entwicklung des Kreditgeschäfts: Ziegeldorf, Zurückhaltung, S. 180–286.

125 Fritz-Aurel Goergen (1909–1986) betätigte sich bereits im Zweiten Weltkrieg in der Rüstungsindustrie und stieg nach Kriegsende bei der Duisburger Hüttenwerke Phoenix AG zum Stahlunternehmer auf. 1955 verschmolz er zwei Nachfolgeunternehmen der Vereinigten Stahlwerke AG zur Phoenix-Rheinrohr AG, an der Amélie Thyssen, die Witwe Fritz Thyssens, die Mehrheit hielt, und wurde im Zuge dieser Fusion in den Aufsichtsrat der Bankverein Westdeutschland AG berufen. Friedrich (Fritz) Hermann ter Meer (1884–1967), seit 1919 Mitglied des Vorstands der Firma Dr. E. ter Meer & Cie., gehörte von 1925 bis 1945 dem Vorstand bzw. Zentralausschuss der IG Farbenindustrie AG an und wurde 1948 in Nürnberg als Kriegsverbrecher verurteilt. 1950, nach fünf Jahren Haft entlassen, trat er in den Aufsichtsrat der Bayer AG ein und übernahm 1956 den Vorsitz des Gremiums. Schon seit 1953 gehörte er dem Aufsichtsrat der Bankverein Westdeutschland AG an.

126 Wolf, Fundament, S. 25. Vgl. auch Fritz-Otto Bornemann/Hans-Otto Linnhoff, Die seit der Währungsreform begebenen Industrieanleihen, Berlin 1958, S. 65 f. Außerdem: Ein 150 Mio. DM-Schuldscheindarlehen, in: Süddeutsche Zeitung, 11. 6. 1955.

127 Schlütz, Vorstandssprecher, S. 238; Krause, Zeitreise, S. 90.

128 Ebenda, S. 89.

129 Lothar Gall, Der Bankier Hermann Josef Abs. Eine Biographie, München 2004, S. 164–206; Ursula Rombeck-Jaschinski, Das Londoner Schuldenabkommen. Die Regelung der deutschen Auslandsschulden nach dem Zweiten Weltkrieg, München 2005.

130 Krause, Zeitreise, S. 90.

131 Protokoll des Aufsichtsrats der Bankverein Westdeutschland AG vom 11. 12. 1953, angegeben nach Schlütz, Vorstandssprecher, S. 238. Vgl. außerdem Krause, Zeitreise, S. 90.

132 Rundschreiben der Bankverein Westdeutschland AG, Vorstand, Höfermann/Deuß, an die Leitungen der Geschäftsstellen und die Abteilungen der Zentrale, betr. Organisation der Auslands- und Devisenabteilung nach dem Eintritt von Robert Dhom in die Leitung, 3. 11. 1955, HAC-400/3. Dhom übernahm 1958 die Mitleitung der Filiale Dortmund der Commerzbank AG, im März 1960 wurde er als stellvertretendes Mitglied in den Vorstand der Commerzbank AG mit Wirkungsort in Frankfurt am Main berufen. Vgl. Schlütz, Vorstandssprecher, S. 332.

133 Ebenda, S. 238. 1958 kamen Repräsentanzen in Buenos Aires (Argentinien) und Johannesburg (Südafrikanische Union) hinzu. Vgl. Krause, Zeitreise, S. 99.

134 Rundschreiben der Bankverein Westdeutschland AG, Vorstand, Deuß/Höfermann, an die Leitungen der Geschäftsstellen betr. die Bank für Teilzahlungskredit GmbH, streng vertraulich, 26. 1. 1957, mit Anlage: »Rundschreiben der Bank für Teilzahlungskredit GmbH an die Leitungen der Geschäftsstellen der Commerzbank-Bankverein AG betr. Aufnahme der Geschäftstätigkeit« (26. 1. 1957), HAC-400/3.

135 Die Sparkassen boten ihren Kunden für bestimmte Verwendungszwecke »Sparhilfen« an, wenn sie zuvor einen beträchtlichen Teil des Kaufpreises aus eigener Kraft angespart hatten. Frei disponible Konsumentenkredite waren unüblich, ja regelrecht verpönt, weil sie der erzieherischen Aufgabe der Sparkassenorganisation widersprachen. Nur langsam konnte sich der Konsumenten- und Ratenkredit als absatzförderndes Instrument für den gewerblichen Mittelstand durchsetzen. Vgl. Karl-Peter Ellerbrock, Konsumentenkredit und »Soziale Marktwirtschaft«. Zum Wandel des Sparkassenbildes und des geschäftspolitischen Denkens in der Sparkassenorganisation, in: Westfälische Forschungen – Zeitschrift des Westfälischen Instituts für Regionalgeschichte des Landesverbandes Westfalen-Lippe (2017), 67, S. 293–317.

136 1951 gab es bereits 73 Teilzahlungsbanken, bis 1962 stieg ihre Zahl auf 242 an, um danach wieder zurückzugehen. Vgl. Britta Stücker, Konsum auf Kredit in der Bundesrepublik, in: JWG 48 (2007), 2, S. 63–88, hier S. 66.

137 Rundschreiben der Bankverein Westdeutschland AG, Vorstand, Deuß/Höfermann, an die Leitungen der Geschäftsstellen betr. die Bank für Teilzahlungskredit GmbH, streng vertraulich, 26. 1. 1957, mit Anlage: »Rundschreiben der Bank für Teilzahlungskredit GmbH an die Leitungen der Geschäftsstellen der Commerzbank-Bankverein AG betr. Aufnahme der Geschäftstätigkeit« (26. 1. 1957), HAC-400/3.

138 Krause, Zeitreise, S. 97.

139 Zur Anwendung dieses Verfahrens, das starke Resonanz in der Tages- und Fachpresse hervorrief: Thorsten Beckers, Kapitalmarktpolitik im Wiederaufbau. Der westdeutsche Wertpapiermarkt zwischen Staat und Wirtschaft 1945–1957, Stuttgart 2014, S. 304 f.

140 Ausführungen von Fritz Höfermann in der außerordentlichen Hauptversammlung der Bankverein Westdeutschland AG am 8. 7. 1953, HAC-400/3.

141 Ebenda.

142 Ebenda.

143 Abschrift des Vertrags zwischen der Bankverein Westdeutschland AG und der Bayerischen Hypotheken- und Wechsel-Bank AG, 13. 5. 1953, angegeben nach Röder, Herzogtümer (MS), Kap. 3.1.1.

144 Vermerk über eine Besprechung Höfermanns mit Vertretern der Bayerischen Hypotheken- und Wechsel-Bank in Frankfurt am Main am 17. 4. 1953, angegeben nach Schlegel, Dezentralisierung, S. 37. Höfermann trug sich demnach bereits zu diesem Zeitpunkt mit dem Gedanken, dass die Bankverein Westdeutschland AG später einmal die beiden Schwesterbanken in Hamburg und Frankfurt am Main übernehmen könnte.

145 Ausführlicher hierzu: Röder, Herzogtümer (MS), Kap. 3.1.1. Inwiefern die Adressaten formell auf diese Forderungen eingingen, ist nicht dokumentiert. Die späteren lebhaften Emissionsgeschäfte der Commerz- und Credit-Bank AG lassen aber vermuten, dass sie es de facto taten.

146 Röder, Herzogtümer (MS), Kap. 3.1.1.; Krause, Zeitreise, S. 90; Mindermann, Commerzbank, S. 107.

147 Krause, Zeitreise, S. 93.

148 Wolf, Fundament, S. 25.

149 Ebenda, S. 26.

150 Röder, Herzogtümer (MS), Kap. 3.1.2; Schlütz, Vorstandssprecher, S. 253; Wolf, Chronik, S. 406. Im Oktober 1957 trat auf ausdrücklichen Wunsch von Fritz Höfermann außerdem Will Marx in den Vorstand der Commerz- und Disconto-Bank AG ein; er war zuvor als Direktor bei der Commerzbank-Bankverein AG in Düsseldorf tätig.

151 Wilhelm Reinold, der eine Banklehre beim Barmer Bank-Verein Hinsberg, Fischer & Comp. absolviert hatte und danach als Mitleiter und Leiter verschiedener Filialen des Bank-Vereins bzw. der Commerz- und Privat-Bank tätig gewesen war, machte sich 1938 als Kaufmann selbstständig, mit Unternehmen in Königsberg, Berlin und schließlich Westdeutschland, und kehrte erst 1951 zur Commerzbank-Gruppe zurück. Als Leiter der Commerzbank-Filiale in Duisburg war er im Frühjahr 1936 maßgeblich an der »Arisierung« des jüdisch geführten Kaufhauses Gebr. Alsberg, Strauß und Lauter in Duisburg durch Helmut Horten beteiligt, mit dem er befreundet war; die Commerzbank war seither stille Teilhaberin der neu gegründeten Helmut Horten KG. Als Reinold 1953 versuchte, Helmut Horten als Aktionär für die Commerz- und Disconto-Bank zu gewinnen und ihn zugleich in den Aufsichtsrat des Nachfolgeinstituts zu holen, kam es zum Konflikt mit der Bankverein Westdeutschland AG, die sich durchzusetzen vermochte. Vgl. »Bankdirektor Wilhelm Reinold – 60 Jahre«, HAC-S1/414; Röder, Herzogtümer (MS), Kap. 3.1.2.; Wolf, Chronik,

A 442. Nicht belegt, aber anzunehmen ist, dass dabei die rechtlichen Auseinandersetzungen Hortens um seine Mitwirkung an verschiedenen »Arisierungen« eine Rolle spielten, zumal diese eine internationale Dimension besaßen; sie betrafen unter anderem das vormals größte Warenhaus der Niederlande, die N. V. Gebr. Gerzon's Modemagazijnen, für das Horten zwar letztlich keinen Zuschlag bekam, dafür aber Dr. W. Spieker, der 1950 bis 1955 zu den Kunden der Commerzbank in Berlin gehörte. Vgl. Sattler, Handelstrust West, S. 709, 719, 756–758, 760.

152 Krause, Zeitreise, S. 97.

153 Vermerk betr. die in Aussicht genommene Kapitalerhöhung der Commerz- und Disconto-Bank AG, o. D. (1954), angegeben nach Schlegel, Dezentralisierung, S. 108; Krause, Zeitreise, S. 93; Mindermann, Commerzbank, S. 107.

154 Aufschlussreich hierzu sind die Ausführungen Ernst Rieches zu den einzelnen Niederlassungen auf der Tagung der Filialleiter der Commerz- und Credit-Bank AG am 24. 9. 1953, HAC-312/48.

155 Vor allem Direktor Hans Sachs, der für größere Zurückhaltung bei der Kreditvergabe plädierte, wurde von seinen Kollegen kritisch gesehen und später wahrscheinlich aus diesem Grund nicht in den Vorstand der Commerz- und Credit-Bank AG berufen. Vgl. Röder, Herzogtümer (MS), Kap. 3.1.3.

156 Niederschrift über die Arbeitstagung der Mitteldeutschen Creditbank am 29. 9. 1951, HAC-306/9.

157 Eduard Mittelmann verstarb bereits am 14. 7. 1954. Ein Nachfolger wurde zunächst nicht berufen. Erst im Januar 1956 trat Günther Ladisch neu in den Vorstand der Commerz- und Credit-Bank AG ein. Er war zuvor bei der Rhein-Ruhr Bank AG, die zur Dresdner Bank-Gruppe gehörte, als stellvertretendes Vorstandsmitglied tätig gewesen. Vgl. Krause, Zeitreise, S. 98. Vor 1945 war Ladisch als Leiter der Filiale Frankfurt am Main der Dresdner Bank umfassend in die »Arisierung« von jüdischen Unternehmen involviert. Bei Kriegsende wurde er mit einem Beschäftigungsverbot belegt und konnte in der französischen Zone »überwintern«. Vgl. Ahrens, Dresdner Bank, S. 127, 391–394, 418, 469. Zum 15. 2. 1958 wechselte Ladisch in den Vorstand der Commerzbank-Bankverein AG nach Düsseldorf.

158 Protokoll der Filialleiter-Tagung der Commerz- und Credit-Bank AG am 12. 11. 1952, HAC-312/133.

159 Bericht der Commerz- und Credit-Bank AG, Vorstand, Nuber/Weidmann/Mittelmann, an den Aufsichtsrat über das 1. Vierteljahr 1954, 29. 4. 1954, HAC-312/24.

160 Ebenda.

161 Wolf, Fundament, S. 26.

162 Ausführlicher: Röder, Herzogtümer (MS), Kap. 3.1.3.

163 Krause, Zeitreise, S. 92–94; Wolf, Chronik, S. 418.

164 Wolf, Fundament, S. 26.

165 Röder, Herzogtümer (MS), Kap. 3.1.3.

166 Ebenda; Krause, Zeitreise, S. 89, 92.

167 Schlütz, Vorstandssprecher, S. 297–299.

168 Müller-Gebel, Mitarbeiter, S. 63; Commerzbank-Gruppe, GB 1957.

169 Vgl. die Protokolle der Tagungen des »Aufsichtsrats West«, 1952–1962, HAC-S3-A182; Commerzbank-Gruppe, GB 1957, S. 23, 31.

170 Müller-Gebel, Mitarbeiter, S. 64. Ausführlicher zu den technischen Aspekten: Jürgen Terrahe, Bank und Technik, in: Commerzbank, Dienstleister, S. 83–103, hier S. 85–92.

171 Krause, Zeitreise, S. 92. Vgl. dazu auch die aktuelle Überblicksdarstellung: Christian Berg/Detlef Krause/Stefan Stein, Banken im Umbruch – Technik in der Commerzbank von 1870 bis heute, Frankfurt am Main 2019.

172 Commerzbank-Gruppe, GB 1957, S. 23, 31.

173 Müller-Gebel, Mitarbeiter, S. 64.

174 Krause, Zeitreise, S. 94–96; Müller-Gebel, Mitarbeiter, S. 78. Vgl. auch exemplarisch: Commerzbank-Gruppe, GB 1957, S. 32.

175 Überlegungen zur Verbesserung der freiwilligen Pensionsleistungen wurden immer wieder angestellt. Vgl. etwa Döring an Hampf, 13. 2. 1950, sowie Döring an Hampf, 3. 3. 1950, HAC-E 726 (Berlin/v17).

176 Krause, Filialen, S. 110–115.

177 Döring an Hampf, 3. 3. 1950, HAC-E 726 (Berlin/v17).

178 Umfassend ist dieses Thema bisher nur für die Dresdner Bank aufgearbeitet worden: Dieter Ziegler, Die Entschädigung jüdischer Betriebsrentner und Angestellter, in: Ahrens, Dresdner Bank, S. 287–319. Vgl. exemplarisch für die Dresdner Bank auch die beiden Fälle von Hermann Heydecker und Henry F. Odell, in: Friederike Sattler, Ernst Matthiensen 1900–1980. Ein deutscher Bankier im 20. Jahrhundert, Dresden 2009, S. 257–276.

179 Weihe, Personalpolitik, S. 105, 132.

180 Döring an Hampf, 3. 3. 1950, HAC-E 726 (Berlin/v17).

181 Hermann-Josef Brodesser u. a., Wiedergutmachung und Kriegsfolgenliquidation. Geschichte – Regelungen – Zahlungen, München 2000, S. 18. Profunden Überblick über die Wiedergutmachungspolitik bieten: Hans Günter Hockerts, Wiedergutmachung in Deutschland, Eine historische Bilanz 1945–2000, in: VfZ 49 (2001), 2, S. 167–214; Constantin Goschler, Schuld und Schulden, Die Politik der Wiedergutmachung für NS-Verfolgte seit 1945, Göttingen 2005; ders., Wiedergutmachung. Westdeutschland und die Verfolgten des Nationalsozialismus (1945–1954), München 1992. Mit stärkerer Akzentsetzung auf die Wiedergutmachungspraxis: Jürgen Lillteicher, Raub, Recht und Restitution. Die Rückerstattung jüdischen Eigentums in der frühen Bundesrepublik, Göttingen 2007. Für die Finanzwirtschaft liegen bisher nur wenige empirisch fundierte Studien vor. Vgl. Gerald D. Feldman, Die Allianz und die deutsche Versicherungswirtschaft 1933–1945, München 2001, S. 583–629; Ahrens, Dresdner Bank, S. 277–419.

182 Commerzbank, Hamburg, Rechtsabteilung, Gladebeck/Geiger, Rundschreiben Nr. 20 an alle Niederlassungen, Filialen und Zweigstellen in der britischen Zone, 22. 3. 1948, HAC-400/290.

183 Schriftwechsel hierzu findet sich in HAC-400/290.

184 Hansa-Bank, Beran, an alle Nachfolgeinstitute betr. Abfindung jüdischer Pensionäre, 5. 4. 1950, HAC-1/776.

185 Döring an Beran, 6. 4. 1950, sowie Döring an Beran, 15. 4. 1950, HAC-1/775.

186 Die Mitteldeutsche Creditbank schilderte dies etwa am Beispiel des Bankdirektors Jakob Rothschild, der

bis zum 30.6.1934 in der Filiale Marburg tätig gewesen war und dann in die USA auswanderte; seine Erben machten nun Wiedergutmachungsansprüche geltend. Vgl. Mitteldeutsche Creditbank an Beran, 22.4.1950, mit Anlagen, HAC-1/775. Die Unterlagen der Bank zu den Entschädigungsverhandlungen finden sich in HAC-1/1231.

187 Protokoll der gemeinsamen »Juristentagung« der Filialgruppen der früheren Commerzbank am 28.11.1950 in Hannover, HAC-1/774. Erst im Herbst 1953 konnte schließlich das Bundesergänzungsgesetz zur Entschädigung für Opfer der nationalsozialistischen Verfolgung verabschiedet werden, und zwar am 18.9.1953; es wies aber sehr bald Nachbesserungsbedarf auf, sodass es mit dem Bundesgesetz zur Entschädigung für Opfer der nationalsozialistischen Verfolgung vom 29.6.1956 zu einer Neufassung kam. Umfassend zur Genese der bundesdeutschen Wiedergutmachungsgesetzgebung: Goschler, Wiedergutmachung.

188 Umfangreiche, bisher nicht systematisch ausgewertete Unterlagen zu den mit früheren Mitarbeitern und ihren Erben geführten Verhandlungen finden sich in HAC-E 726 (Berlin).

189 Ahrens, Dresdner Bank, S. 281–283.

190 Wolf, Fundament, S. 28; M. Pohl, Zerschlagung, S. 371.

191 Zur Entstehung des Gesetzes: Ahrens, Dresdner Bank, S. 248–254; Holtfrerich, Deutsche Bank, S. 529–539; Horstmann, Alliierte, S. 287–295. Zur Rezentralisierung der Deutschen Bank und der Dresdner Bank: Holtfrerich, Deutsche Bank, S. 526–528, 539–544; Ahrens, Dresdner Bank, S. 254–256.

192 Krause, Zeitreise, S. 99.

193 Röder, Herzogtümer (MS), Kap. 3.2.1.1.

194 Ebenda, Kap. 3.2.1.2.

195 Das blieb der Wirtschaftspresse nicht verborgen. Vgl. beispielsweise: Großbanken-Fusion rückt näher, in: Industriekurier, 17.1.1956.

196 Rundschreiben der Bankverein Westdeutschland AG, Vorstandsbüro, an die Leitungen der Geschäftsstellen betr. Hauptversammlung am 19.4.1956 (mit Anlage: Ausführungen des Aufsichtsratsvorsitzenden Otto Schniewind zur Namensänderung), HAC-400/3.

197 Wolf, Fundament, S. 26.

198 Vgl. entsprechende Presseberichte, unter anderem: Der hohe Kurs der Commerz- und Disconto-Bank, in: Börsen-Zeitung, 12.4.1956; Interessenkäufe bei der Commerzbank?, in: Frankfurter Allgemeine Zeitung, 13.4.1956; Protest in Hamburg, in: Die Welt, 15.4.1957.

199 Commerz- und Disconto-Bank AG, Vorstand, an Bankverein Westdeutschland AG, Vorstand, 8.3.1956, angegeben nach Röder, Herzogtümer (MS), Kap. 3.2.1.2; Protokolle des Aufsichtsrats der Commerz- und Disconto-Bank AG am 12.3.1956, 21.4.1956 und 6.9.1956, angegeben nach Schlütz, Vorstandssprecher, S. 254.

200 Möhring entwarf mehrere Kompromissvorschläge, die auf den Abschluss eines Interessengemeinschaftsvertrags hinausliefen; sie fanden in Frankfurt Zustimmung, stießen in Hamburg jedoch auf Ablehnung. Vgl. Röder, Herzogtümer (MS), Kap. 3.2.1.2.

201 Vermerk über eine Besprechung Höfermanns mit Vertretern der Bayerischen Hypotheken- und Wechsel-Bank in Frankfurt am Main am 17.4.1953, angegeben nach Schlegel, Dezentralisierung, S. 71.

202 Ebenda, S. 138; Deutsche Revisions- und Treuhand AG, Prüfbericht des Jahresüberschusses der Commerzbank-Bankverein AG zum 31.12.1956, angegeben nach Schlegel, Dezentralisierung, S. 114; Protokoll des Aufsichtsrats der Commerzbank-Bankverein AG am 16.3.1957, angegeben nach Schlütz, Vorstandssprecher, S. 220.

203 Zu den steigenden Kursen: Der hohe Kurs der Commerz- und Disconto-Bank, in: Börsen-Zeitung, 12.4.1956. Außerdem: Röder, Herzogtümer (MS), Kap. 3.2.1.2; Ahrens, Hundert Jahre, S. 83; Schlegel, Dezentralisierung, S. 115; Krause, Zeitreise, S. 99; Wolf, Fundament, S. 26; Wolf, Chronik, S. 399f., 404.

204 Verwaltungsvereinbarung der Commerzbank-Bankverein AG, der Commerz- und Disconto-Bank AG und der Commerz- und Credit-Bank AG vom 11.3.1957, angegeben nach Röder, Herzogtümer (MS), Kap. 3.2.1.2.

205 Zur Wahrnehmung der Commerzbank-Gruppe durch ihre Mitbewerber und die Wirtschaftspresse: Das unvollendete Bankentrio, in: Die Welt, 31.3.1958; Commerzbank mit Bindestrich, in: Der Volkswirt, 16.8.1958.

206 Die Commerzbank-Gruppe fusioniert, in: Frankfurter Allgemeine Zeitung, 21.8.1958; Commerzbank-Aktien schon verkauft, in: Die Welt, 26.8.1958; Commerzbank-Aktien überwiegend in der Bankwelt platziert, in: Börsen-Zeitung, 29.8.1958; Die Commerzbank beendet ein Zwischenspiel, in: Die Welt, 17.9.1958; Die Commerzbank AG ist geboren, in: Die Welt, 31.10.1958.

207 Ausführlich zur Vorbereitung und Umsetzung der Vollfusion: Röder, Herzogtümer (MS), Kap. 3.2.2. Außerdem: Ahrens, Hundert Jahre, S. 84; Krause, Zeitreise, S. 101; Wolf, Fundament, S. 29.

208 Die schwere Geburt einer Großbank (Rudolf Herlt), in: Die Welt, 4.11.1958.

209 Die Aufgaben der Commerzbank AG von 1870 blieben auf bloße Abwicklungsfragen beschränkt. Vgl. Commerzbank AG von 1870, Altbankenabrechnung auf den 1.1.1953. Abwicklungsrechnung zum 31.12.1977, Hamburg 1978.

210 Otto Schniewind (1887–1970), ehemaliger Ministerialdirektor im Reichswirtschaftsministerium und Reichsbankdirektor, schied 1938 aus dem Staatsdienst aus und war seither als Privatbankier tätig. Als persönlich haftender Gesellschafter trat er in die ehemals jüdisch geführte Privatbank H. Aufhäuser in München ein, die nun als Privatbank Seiler & Co. firmierte. Von Siegfried Aufhäuser bekam er das Amt des schwedischen Generalkonsuls übertragen, welches er bis 1955 innehatte. Wegen seiner Kontakte zum Widerstand um Carl Goerdeler wurde Schniewind nach dem misslungenen Hitler-Attentat vom 20. Juli 1944 im KZ Ravensbrück inhaftiert. 1948 wurde er zum Vorsitzenden des Verwaltungsrats der Kreditanstalt für Wiederaufbau berufen und blieb bis 1958 deren Präsident.

211 Holtfrerich, Deutsche Bank, S. 545 (Tab. 3); Richard H. Tilly, Geschäftsbanken und Wirtschaft in West-

deutschland seit dem Zweiten Weltkrieg, in: Eckart Schremmer (Hg.), Geld und Währung vom 16. Jahrhundert bis zur Gegenwart, Stuttgart 1993, S. 315–343, hier S. 326–334; Ehlen, Filialgroßbanken, S. 77–88 (Sparkassen) und S. 89–92 (Kreditgenossenschaften).

212 Günter Leopold, Wandlungstendenzen in der Geschäftsstruktur der deutschen Großbanken. Bankbetriebliche Bedeutung und Problematik der Einführung von Kleinkrediten, Anschaffungsdarlehen und Lohn- und Gehaltskonten durch die deutschen Großbanken, Hamburg 1966, S. 26–30.

213 Bei der Commerzbank-Gruppe konnte der Anteil der Termin- und Spareinlagen an der Bilanzsumme nach den Angaben in Tabelle 2 von 32,92 % im Jahr 1952 ganz beachtlich auf 38,05 % im Jahr 1953 gesteigert werden. Bei der Deutschen Bank-Gruppe stieg der Anteil der Termin- und Spareinlagen an der Bilanzsumme im gleichen Zeitraum nur von 36,8 auf 40,8 %. Vgl. Holtfrerich, Deutsche Bank, S. 567 (Tabelle 12).

214 Schlegel, Dezentralisierung, S. 105, 134; Bilanzvergleich der Großbanken, in: Industriekurier, 31. 3. 1955.

215 Quelle: Die Entwicklung der Bilanzsumme, des Kreditvolumens und der Einlagen der Commerzbank AG und ihrer drei Geschäftsbereiche, o. D. (1961), HAC-400/85.

216 Vgl.: Commerzbank weitete die Bilanz kräftig aus, in: Die Zeit, 29. 3. 1956.

217 Holtfrerich, Deutsche Bank, S. 565.

218 Berechnet nach den Angaben in Tabelle 2. Für die Vergleichsangaben zur Dresdner Bank: Ahrens, Dresdner Bank, S. 262.

219 Nach der Bankenkrise von 1931 war per Notverordnung ein Reichskommissar für das Bankgewerbe eingesetzt worden, der im Januar 1932 den Abschluss eines allgemeinverbindlichen »Zinsabkommens« aller drei Säulen des deutschen Kreditwesens herbeiführte, in dem Höchstsätze für Habenzinsen und Normsätze für Sollzinsen festgelegt wurden. Mit dem »Kreditwesengesetz« von 1934 wurden die Kompetenzen des Reichskommissars bestätigt, und im Dezember 1936 kam es zur Vereinbarung eines neuen, rechtlich verbindlichen Haben- und Sollzinsabkommens, das im Januar 1937 in Kraft trat und – mit zahlreichen Anpassungen bis hin zur Zinsverordnung vom 5. 2. 1965 – fast 30 Jahre Anwendung fand. Erst im März 1967 wurden in der Bundesrepublik alle Zinsreglementierungen aufgehoben. Vgl. Stephan Paul, Die Aufhebung der Zinsverordnung. Das Kreditwesen kommt in der Marktwirtschaft an, in: Dieter Lindenlaub/Carsten Burhop/Joachim Scholtyseck (Hg.), Schlüsselereignisse der deutschen Bankengeschichte, Stuttgart 2013, S. 375–386.

220 Das Gesetz gegen Wettbewerbsbeschränkungen folgte grundsätzlich dem Gedanken des Kartellverbots, erkannte aber vier große Ausnahmebereiche an: die Landwirtschaft, die Verkehrswirtschaft, die öffentliche Versorgungswirtschaft für Elektrizität, Gas und Wasser sowie das Kredit- und Versicherungsgewerbe. Vgl. Gesetz gegen Wettbewerbsbeschränkungen (GWB) vom 27. 7. 1957, BGBl. I, S. 1081. Grundlegend zur Entstehung: Volker R. Berghahn, Unternehmer und Politik in der Bundesrepublik, Frankfurt am Main 1985. Mit Akzentuierung der wirtschaftswissenschaftlichen Diskussion: Jan-Otmar Hesse, Abkehr vom Kartelldenken? Das Gesetz gegen Wettbewerbsbeschränkungen als ordnungspolitische und wirtschaftstheoretische Zäsur der Ära Adenauer, in: Hans Günter Hockerts/Günther Schulz (Hg.), Der »Rheinische Kapitalismus« in der Ära Adenauer, Paderborn 2016, S. 29–49.

221 Commerz-Bank zieht kräftig mit, in: Handelsblatt, 14. 4. 1954.

222 Ahrens, Hundert Jahre, S. 80.

223 Berechnet aus den angegebenen Werten nach der Formel: Eigenkapital : Bilanzsumme x 100.

224 Die Angaben für die Dresdner Bank- und die Deutsche Bank-Gruppe beziehen sich auf 1953 und 1957. Nimmt man nicht, wie hier geschehen, die Handelsbilanzen, sondern die Steuerbilanzen zum Ausgangspunkt für die Berechnung der Eigenkapitalrendite, dann ergeben sich noch deutlich höhere Werte. Exemplarisch für die Dresdner Bank-Nachfolgeinstitute: Ahrens, Dresdner Bank, S. 271 (Tabelle VII/2).

225 Quellen: Klaus Becher, Das betriebswirtschaftliche Wachstum der Banken insbesondere der Filialgroßbanken in der Bundesrepublik Deutschland seit 1952, Köln 1969, S. 86, 236–238; Schlegel, Dezentralisierung, S. 164, 168–174; Wolf, Fundament, S. 27; Meyen, 120 Jahre, S. 388; Holtfrerich, Deutsche Bank, S. 568.

226 Ahrens, Dresdner Bank, S. 265.

227 Schlegel, Dezentralisierung, S. 111; Bankverein Westdeutschland AG, GB 1955, S. 23.

228 Bei der Deutsche Bank-Gruppe, die ein reges Emissions- und Wertpapiergeschäft betrieb, lag der Anteil der Provisionen im Effektengeschäft 1956 bei 6 %. Vgl. Holtfrerich, Deutsche Bank, S. 572 (Tab. 16).

229 Wolf, Fundament, S. 26.

230 Umfasst das Grundkapital, die gesetzlichen Rücklagen sowie die freien und sonstigen Rücklagen.

231 Quellen: Die Entwicklung der Bilanzsumme, des Kreditvolumens und der Einlagen der Commerzbank AG und ihrer drei Geschäftsbereiche, o. D. (1961), HAC-400/85; Schlegel, Dezentralisierung, S. 168–174.

232 Ahrens, Hundert Jahre, S. 84.

2. Wachsen mit dem »Wirtschaftswunder« (1958 bis 1973)

1 Commerzbank AG, GB 1959, S. 13.

2 Krause, Zeitreise, S. 105; Mindermann, Commerzbank, S. 107.

3 Commerzbank AG, GB 1959, S. 13, 33.

4 Krause, Zeitreise, S. 105; Mindermann, Commerzbank, S. 107 f.

5 Eine Übersicht zur Geschäftsentwicklung der Commerzbank AG (1952–1997), die auch Angaben zur

Kursentwicklung enthält, findet sich online unter: https://www.commerzbank.de/media/de/konzern_1/geschichte/download_8/CB1952-1997_zahlen_2019.pdf (zuletzt aufgerufen am 4.1.2019).

6 Wolf, Fundament, S. 33; Mindermann, Commerzbank, S. 112.

7 Ursprünglich hatte man bereits im Juni 1961 mit der alsbaldigen Einführung der Commerzbank-Aktie an der Pariser Börse gerechnet, erst danach sollte deren Einführung an der Londoner Börse vorangetrieben werden. Vgl. PdGVS am 20.6.1961 und 3.10.1961, HAC-N 26/24 I.

8 Commerzbank AG, GB 1968, S. 53.

9 Wolf, Fundament, S. 36.

10 Ebenda, S. 44.

11 Bis zum Beginn der 1990er Jahre stieg die Zahl der Belegschaftsaktionäre auf rund 27000 Personen an; ihnen gehörten zusammen allerdings nicht mehr als 2 % des Aktienkapitals der Commerzbank. Vgl. Mindermann, Commerzbank, S. 110.

12 Ahrens, Hundert Jahre, S. 157; Ralf Ahrens/Johannes Bähr, Jürgen Ponto. Bankier und Bürger. Eine Biografie, München 2013, S. 59f.

13 Ein Vorstand nahm seinen Abschied (Kurt Wendt), in: Die Zeit, 30.5.1969.

14 Wolf, Fundament, S. 44; Mindermann, Commerzbank, S. 108.

15 Commerzbank AG, GB 1969, S. 40. Zu den Überlegungen, im Jahr 1969 noch eine zweite Kapitalerhöhung vorzunehmen: PdGVS, 3.9.1969, HAC-N 26/24 II.

16 Mindermann, Commerzbank, S. 108.

17 Ebenda, S. 109.

18 Als Problemaufriss hierzu: Heribert Anzinger u.a., Aktive Minderheiten und die Rechte des Kleinaktionärs. Die Entwicklung des Aktionärsaktivismus am Beispiel Erich Nold, in: BA 38 (2012), 1, S. 1–34.

19 Zur Vorbereitung der Kapitalerhöhung: PdGVS, 4.3.1971, HAC-N 26/24 II.

20 Krause, Zeitreise, S. 131.

21 Wolf, Fundament, S. 44; Mindermann, Commerzbank, S. 112f. Zum Ende des auf festen Wechselkursen beruhenden Währungssystems von Bretton Woods: Barry Eichengreen, Globalizing Capital. A History of the International Monetary System, Princeton 2008, insb. S. 134–184. Zur Durchsetzung der Norm des freien Kapitalverkehrs: Age F. P. Bakker, The Liberalization of Capital Movements in Europe. The Monetary Committee and Financial Integration 1958–1994, Dordrecht 1996; Ravi Abdelal, Capital Rules. The Construction of Global Finance, Cambridge 2007.

22 Wolf, Fundament, S. 45.

23 Commerzbank AG, GB 1958, S. 10f.

24 Beide schieden allerdings schon im Frühjahr 1959 aus dem Gremium aus. Vgl. Commerzbank AG, GB 1959, S. 11.

25 Dass sich das starke Engagement Gerlings beim Bankhaus I.D. Herstatt KGaA nicht als einträgliches Geschäft, sondern als Fiasko erweisen sollte, das den Gerling-Konzern selbst ins Wanken brachte, war zu dieser Zeit nicht abzusehen. Ein aufschlussreiches Porträt des Unternehmers Hans Gerling findet sich bei: Boris Barth, Der Gerling-Konzern als Familienunternehmen, in: Susanne Hilger/Ulrich S. Soénius (Hg.), Familienunternehmen im Rheinland im 19. und 20. Jahrhundert. Netzwerke – Nachfolge – Soziales Kapital, Köln 2009, S. 103–118. Zu den weitreichenden Auswirkungen der Herstatt-Krise zuletzt: Emmanuel Mourlon-Druol, »Trust is good, control is better«: The 1974 Herstatt Bank Crisis and its Implications for International Regulatory Reform, in: Business History 57 (2015), 2, S. 311–334.

26 Vgl. hierzu den Beitrag von Dieter Ziegler in diesem Band.

27 Schlütz, Vorstandssprecher, S. 240f.

28 Mit grundsätzlichen Überlegungen: Boris Gehlen, Aktienrecht und Unternehmenskontrolle. Normative Vorgaben und unternehmerische Praxis in der Hochphase der Deutschland AG, in: Ralf Ahrens/Boris Gehlen/Alfred Reckendrees (Hg.), Die »Deutschland AG«. Historische Annäherungen an den bundesdeutschen Kapitalismus, Essen 2013, S. 165–193. Exemplarisch für einen Bankier: Ralf Ahrens, Bankenmacht im Aufsichtsrat? Der Bankier Jürgen Ponto und die Kontrolle deutscher Großunternehmen in den 1970er Jahren, in: Ahrens/Gehlen/Reckendrees, Deutschland AG, S. 195–220.

29 Aktiengesetz vom 5.9.1965, BGBl. 1965, I, S. 1089. Zu den Bestimmungen im Einzelnen: Jan Lieder, Der Aufsichtsrat im Wandel der Zeit. Leitlinien der geschichtlichen Entwicklung sowie der Fortentwicklung des deutschen Aufsichtssystems, Jena 2006, S. 411–478.

30 Paul Lichtenberg beispielsweise gab fünf seiner Aufsichtsratsmandate bei nicht abhängigen Unternehmen auf: den Vorsitz bei der Weigelwerk AG in Essen, den stellvertretenden Vorsitz bei der Heinrich-Bergbau Aktiengesellschaft in Essen-Kupferdreh, der Adolf Flöring Schuhfabrik mbH in Wermelskirchen und der Kaufhalle GmbH in Köln sowie die Mitgliedschaft bei der Rheinstahl Hüttenwerke AG in Essen. 1970, nach vollständiger Umsetzung der Reform, war er weiterhin Vorsitzender des Aufsichtsrats der Kaufhof AG in Köln und der Uni-Cardan AG in Lohmar, stellvertretender Vorsitzender des Aufsichtsrats der Stern-Brauerei Carl Funke AG in Essen sowie Mitglied des Aufsichtsrats der Chemie-Verwaltungs-AG in Frankfurt am Main, der Chemische Werke Hüls AG in Marl, der Didier-Werke AG in Wiesbaden, der Kabel- und Metallwerke Gutehoffnungshütte AG in Hannover, der Preußag AG in Hannover/Berlin, der Thyssen Handelsunion AG in Düsseldorf und der L'Union Industrielle et Financière d'Investissement (FINUNION) in Paris. Vgl. diverse Mandatslisten aus den Jahren 1963 bis 1970, HAC-400/650 II.

31 Aufstellung über »Aufsichtsratsstellen« von Hanns Deuß, 10.2.1964, mit Ergänzungen bis zum 22.9.1969, ebenda; Mandatslisten für Vorstands- und Aufsichtsratsmitglieder der Commerzbank aus den Jahren 1963 bis 1970, ebenda.

32 Deuß persönlich brachte das freilich den Vorwurf der Ämterhäufung ein, auch wenn sie bei ihm niemals die gleiche Dimension erreichte wie bei dem in dieser Hinsicht beispiellosen Hermann Josef Abs. Vgl. Schlütz, Vorstandssprecher, S. 240; Gall, Bankier, S. 334–339.

33 Commerzbank AG, GB 1967, S. 12.

34 Commerzbank AG, GB 1971, S. 8f.
35 Zum Verwaltungs- und den Landesbeiräten 1966: Commerzbank AG, GB 1966, S. 48–57.
36 Weitere Schachtelbeteiligungen von mehr als 25 % des Grundkapitals bestanden zu dieser Zeit unter anderem an den Hannoverschen Papierfabriken Alfeld-Gronau vorm. Gebr. Woge in Alfeld (Leine), der Kempinski Hotelbetriebs-AG in Berlin, der Porzellanfabrik Kahla in Schönwald (Oberfranken), der Sternbrauerei Carl Funke AG in Essen und an der Lübecker Flender-Werke AG in Lübeck (hier lag die Beteiligung sogar über 50 %). Vgl. Commerzbank AG, GB 1966 bis 1971, passim.
37 Krause, Zeitreise, S. 101; Schlütz, Vorstandssprecher, S. 238f. Die Protokolle der Gesamtvorstandssitzungen (GVS) aus den Jahren 1958 bis 1973 finden sich in HAC-N 26/24 I, II und III.
38 PdGVS, 1. 12. 1958, mit Anlagen, HAC-N 26/24 I. Dies ist die erste offiziell protokollierte Sitzung des Gesamtvorstands der neu begründeten Commerzbank. Schon am 15. 10. 1958 hatte eine erste Zusammenkunft stattgefunden. Vgl. Wolf, Chronik, S. 539.
39 In der Gesamtvorstandssitzung am 19. 5. 1961 wurde ausführlich über die in dieser Hinsicht noch bestehenden Mängel diskutiert. Vgl. PdGVS, 19. 5. 1961, HAC-N 26/24 I.
40 Personalvorstand Helmut Brands sprach sich im Januar 1959 nach Rücksprachen mit seinen Vorstandskollegen bei der Deutschen Bank und der Dresdner Bank dezidiert für die Gewährleistung eines etwa gleichen Niveaus aus. Vgl. PdGVS, 22. 1. 1959, HAC-N 26/24 I.
41 PdGVS, 21. 1. 1960, HAC-N 26/24 I.
42 So die Kurzcharakterisierung bei Schlütz, Vorstandssprecher, S. 312.
43 Schlütz, Vorstandssprecher, S. 310.
44 Ihm gelang es offenkundig nicht, sich im Kreis seiner Vorstandskollegen zu profilieren, er blieb bis zu seinem Wechsel in den Landesbeirat Baden-Württemberg 1969 stellvertretendes Vorstandsmitglied. Vgl. Commerzbank AG, GB 1961 bis 1969, passim.
45 Wolf, Fundament, S. 30.
46 Schlütz, Vorstandssprecher, S. 276.
47 PdGVS, 22. 1. 1959, HAC-N 26/24 I.
48 Arbeitsverteilung des Vorstands, 23. 1. 1959, HAC-400/635 II, zitiert nach Schlütz, Vorstandssprecher, S. 297.
49 PdGVS, 21. 1. 1960, HAC-N 26/24 I. Als Dhom im April 1963 zum ordentlichen Vorstandsmitglied berufen wurde, übernahm er neben der Leitung des Auslandsgeschäfts auch die Betreuung des Kreditgeschäfts in Hessen und im Saarland. Vgl. Schlütz, Vorstandssprecher, S. 332.
50 Fischer, Volker, Bankarchitektur als Ausdruck der Unternehmenskultur, in: Commerzbank, Dienstleister, S. 257f.
51 PdGVS, 7. 5. 1969, HAC-N 26/24 II.
52 Eine Traueranzeige der Bank findet sich in Commerzbank AG, GB 1969, S. 3.
53 PdGVS, 7. 5. 1969, HAC-N 26/24 II.
54 Schlütz, Vorstandssprecher, S. 301f. Außerdem: Detlef Krause, Paul Lichtenberg (1911–1995), in: H. Pohl, Deutsche Bankiers, S. 241–256, hier S. 244f.
55 Commerzbank AG, GB 1968 bis 1973, passim.
56 PdGVS, 17. 9. 1970, HAC-N26/24 II; Interview mit Jürgen Reimnitz am 26. 7. 2012, HAC.
57 Meyen, 120 Jahre, S. 219.
58 Ebenda, S. 216.
59 Gonser, Kapitalismus; Reinhard Frost, Wünsche werden Wirklichkeit. Die Deutsche Bank und ihr Privatkundengeschäft, München 2009. Zur Einordnung in den internationalen Kontext: Jan Logemann (Hg.), The Development of Consumer Credit in Global Perspective. Business, Regulation, and Culture, New York 2012.
60 Zur Entfaltung der Konsumgesellschaft: Christian Kleinschmidt, Konsumgesellschaft, Göttingen 2008; Arne Andersen, Der Traum vom guten Leben. Alltags- und Konsumgeschichte vom Wirtschaftswunder bis heute, Frankfurt am Main 1999.
61 Eine Diskussion hierüber wurde im Juni 1959 geführt: PdGVS, 24. 6. 1959, HAC-N 26/24 I.
62 Dieter Verbeck, Die Filialnetzpolitik deutscher Kreditinstitute seit Aufhebung der Bedürfnisprüfung im Jahre 1958, in: BA 15 (1989), 1, S. 21–33, hier S. 22–24.
63 PdGVS, 22. 1. 1959 und 5. 3. 1959, HAC-N 26/24 I; Aktennotiz der Bayerischen Hypotheken- und Wechsel-Bank betr. Freundschaftsabkommen mit der Commerzbank, 25. 3. 1959, angegeben nach Schlegel, Rezentralisierung, S. 43.
64 Ausführlicher hierzu: Gonser, Kapitalismus, S. 153–156; Röder, Herzogtümer (MS), Kap. 4.2. Als eine der ersten zeitgenössischen Untersuchungen: Jürgen Dietrich Siepmann, Die Standortfrage bei Kreditinstituten. Eine Analyse der Standortfaktoren, Standortstruktur und Standortpolitik des westdeutschen Banksystems, Berlin 1968.
65 Wolf, Fundament, S. 32. Vgl. hierzu auch die Ausführungen von Ernst Rieche auf einer Konferenz der Geschäftsstellenleiter aus Süddeutschland im Dezember 1959: Protokoll der Geschäftsstellenleiter-Konferenz Süd am 16. 12. 1959, HAC-400/155.
66 Vgl. hierzu die Ausführungen von Hanns Deuß auf der GVS am 19. 5. 1961, HAC-N 26/24 I.
67 Dies betonte etwa Robert Dhom im November 1962 vor Aufsichtsratsmitgliedern. Vgl. Schlütz, Vorstandssprecher, S. 333.
68 Grundlegend: Christoph Buchheim, Die Wiedereingliederung Westdeutschlands in die Weltwirtschaft 1945–1958, München 1990. Außerdem: Otmar Emminger, Deutsche Geld- und Währungspolitik im Spannungsfeld zwischen innerem und äußerem Gleichgewicht (1948–1975), in: Deutsche Bundesbank (Hg.), Währung und Wirtschaft in Deutschland 1876–1975, Frankfurt am Main 1976, S. 485–554, hier S. 506f., 519.
69 Der Trend zur Internationalisierung erfasste in den 1960er Jahren die großen Geschäftsbanken aller westeuropäischen Industrieländer. Vgl. Karsten Steinke, Die Internationalisierung britischer, französischer und deutscher Kreditinstitute aus historischer Sicht: Von der industriellen Revolution bis zur Gegenwart, Aachen 2000, S. 144–209.
70 Zur Geschichte der europäischen Bankenclubs: Ursel Steuber, Internationale Bankenkooperation. Deutsche Banken in internationalen Gruppen, Frankfurt

am Main 1977; Duncan M. Ross, Clubs and Consortia. European Banking Groups as Strategic Alliances, in: Stefano Battilossi/Youssef Cassis (Hg.), European Banks and the American Challenge. Competition and Cooperation in International Banking under Bretton Woods, Oxford 2002, S. 135–160.

71 Friederike Sattler, Herrhausen. Banker, Querdenker, Global Player. Ein deutsches Leben, München 2019, S. 288–294; Christopher Kobrak, Die Deutsche Bank und die USA. Geschäft und Politik von 1870 bis heute, München 2008, S. 383–506.

72 Die Fäden für die Anbahnung dieser Kooperation liefen in den Händen von Paul Lichtenberg zusammen, der bereits im Juli 1967 streng vertrauliche Sondierungsgespräche mit der Geschäftsführung des Crédit Lyonnais aufgenommen hatte. Vgl. Éric Bussière, European Aspirations and Market Reality: Paribas, the Crédit Lyonnais, and their European Strategies in the 1960s and 1970s, in: Battilossi/Cassis, European Banks, S. 161–176, hier S. 168.

73 PdGVS, 20. 1. 1971, HAC-N 26/24 II. Die Repräsentanz war 1967 eröffnet worden.

74 Meyen, 120 Jahre, S. 269.

75 Zur Entstehung des Eurodollarmarkts: Catherine R. Schenk, The Origins of the Eurodollar Market in London, 1955–1963, in: Explorations in Economic History 35 (1998), 2, S. 221–238.

76 Hans Pohl/Gabriele Jachmich, Verschärfung des Wettbewerbs (1966–1973), in: H. Pohl, Geschichte, S. 203–248.

77 Hierzu noch immer aufschlussreich: Knut Borchardt, Realkredit- und Pfandbriefmarkt im Wandel von 100 Jahren, in: Commerzbank, 100 Jahre, S. 127–154, hier S. 140 f.

78 Meyen, 120 Jahre, S. 219.

79 PdGVS, 30. 5. 1967, HAC-N 26/24 II.

80 Ebenda.

81 Ebenda.

82 Ebenda.

83 Vgl. die PdGVS, 21. 3. 1968 und 10. 5. 1968, HAC-N 26/24 II. Zur steigenden Präsenz amerikanischer Banken in der Bundesrepublik: Carsten Hartkopf, Die Geschäftspolitik amerikanischer Banken in Deutschland, 1960–1990, Frankfurt am Main 2000.

84 »Zusammenarbeit der Banken über die Grenzen hinaus«, Vortrag Will Marx, XI. Deutscher Bankiertag am 21. Oktober 1968 in Düsseldorf, HAC-S1/572, angegeben nach Schlütz, Vorstandssprecher, S. 282.

85 Ebenda. Für die Commerzbank bekam das Interbankengeschäft zu dieser Zeit in der Tat wachsendes Gewicht. Vgl. hierzu die regelmäßige Berichterstattung über Kredite an Auslandsbanken über 2 Mio. DM vor dem Gesamtvorstand: PdGVS, 19. 9. 1968, 28. 1. 1969 und 14. 7. 1969, HAC-N 26/24 II.

86 PdGVS, 14. 7. 1969, HAC-N 26/24 II.

87 Carl-Ludwig Holtfrerich, Geldpolitik bei festen Wechselkursen (1948-1970), in: Deutsche Bundesbank, Fünfzig Jahre, S. 347–438, hier S. 426. Den Streit über die Aufwertung von 1969 behandelt auf breiter Quellengrundlage: William Glenn Gray, »Number One in Europe«: The Startling Emergence of the Deutsche Mark, 1968–1969, in: Central European History 39 (2006), 1, S. 56–78.

88 Vgl. dazu die Diskussionen im Gesamtvorstand der Commerzbank: PdGVS, 4. 3. 1970, HAC-N 26/24 II.

89 Exemplarisch: PdGVS, 12. 5. 1971, HAC-N 26/24 II; PdGVS, 30. 1. 1973, HAC-N 26/24 III.

90 PdGVS, 12. 5. 1971, HAC-N 26/24 II; PdGVS, 30. 1. 1973, HAC-N 26/24 III.

91 PdGVS, 27. 4. 1973, HAC-N 26/24 III.

92 PdGVS, 1. 8. 1973, HAC-N 26/24 III.

93 Wolf, Fundament, S. 32.

94 Geschäftsentwicklung Commerzbank AG (1952–1997), https://www.commerzbank.de/media/de/konzern_1/geschichte/download_8/CB1952-1997_zahlen_2019.pdf (zuletzt aufgerufen am 4. 1. 2019).

95 PdGVS, 19. 1. 1965, HAC-N 26/24 I.

96 Die Deutsche Bank plante, im Jahr 1965 weitere 100 Geschäftsstellen zu eröffnen, bei der Commerzbank waren es im Durchschnitt der letzten Jahre etwa 32 pro Jahr gewesen. Vgl. PdGVS, 16. 3. 1965, HAC-N 26/24 I; Commerzbank, Vorstandsgruppe Hamburg, an die Vorstandsgruppen Düsseldorf und Frankfurt betr. Eröffnung neuer Geschäftsstellen, 12. 2. 1965, HAC-N 26/24 I.

97 Krause, Zeitreise, S. 111; Wolf, Fundament, S. 34. Einen Überblick zur Ausweitung der Filialnetze aller drei Großbanken in den 1960er Jahren gibt: Gonser, Kapitalismus, S. 150–158.

98 Schlütz, Vorstandssprecher, S. 239; Fischer, Bankarchitektur, S. 255.

99 Ahrens, Hundert Jahre, S. 70 f.

100 Zu den entsprechenden Planungen: PdGVS, 14. 7. 1969, HAC-N 26/24 II.

101 Geschäftsentwicklung Commerzbank AG (1952–1997), https://www.commerzbank.de/media/de/konzern_1/geschichte/download_8/CB1952-1997_zahlen_2019.pdf (zuletzt aufgerufen am 4. 1. 2019).

102 Die »Expansionspolitik 1971« und die daraus abzuleitenden Anforderungen an den Bauetat standen im März 1971 zur Debatte. Vgl. PdGVS, 4. 3. 1971, HAC-N 26/24 II.

103 PdGVS, 20. 1. 1971, HAC-N 26/24 II.

104 PdGVS, 28. 10. 1971, HAC-N 26/24 III. Vgl. auch Gonser, Kapitalismus, S. 156 f.

105 Commerzbank AG, GB 1965 und 1972, S. 21 bzw. 41.

106 Commerzbank AG, GB 1965, S. 22; Wolf, Fundament, S. 32, 34; Dierk Hartwig, Das Geschäft mit privaten Kunden, in: Commerzbank, Dienstleister, S. 132–145, hier S. 132.

107 Commerzbank AG, GB 1965, S. 21.

108 Gonser, Kapitalismus, S. 94–108, insb. S. 97. Auch in Skandinavien, den Niederlanden, Belgien und Luxemburg sowie in der Schweiz fand das Beispiel der Midland Bank schnell Anklang.

109 Krause, Zeitreise, S. 102.

110 Zur Bedeutung der bargeldlosen Lohn- und Gehaltszahlung für die Filialexpansion der deutschen Banken: Gonser, Kapitalismus, S. 84–94; Malte Krueger, The Introduction of Cashless Wage Payments and the Spread of Branch Banking in Post-war Germany, in: Financial History Review 24 (2017), 2, S. 185–207.

111 PdGVS, 24. 6. 1959, HAC-N 26/24 I. Der laufende Vergleich der Anteile der drei Großbanken am Volumen der Kleinkredite legte es nahe, dem Vorbild der Deutschen Bank bei der Werbung auch weiterhin zu fol-

gen: Vgl. etwa die PdGVS, 21.1.1960 und 20.6.1961, HAC-N 26/24 I.
112 PdGVS, 24.6.1959, HAC-N 26/24 I.
113 Ebenda.
114 PdGVS, 31.7.1961, HAC-N 26/24 I.
115 PdGVS, 3.10.1961, 7.11.1961 und 5.12.1961, HAC-N 26/24 I.
116 Die ursprüngliche Fassung des Claims »Commerzbank. Die Bank, die ihre Kunden kennt« musste wegen des Widerspruchs der Deutschen Bank und der Dresdner Bank aufgegeben werden. Vgl. PdGVS, 17.4.1963, HAC-N 26/24 I.
117 Ingo Krauss, Bankwerbung im Wandel der Zeit, in: Commerzbank, Dienstleister, S. 220–239, hier S. 226f.
118 Angaben zum Werbeetat finden sich in den Protokollen der GVS am 17.2.1961 und 29.8.1963, HAC-N 26/24 I, sowie den Protokollen der GVS am 25.1.1968, 25.3.1969 und 7.4.1971, HAC-N 26/24 II.
119 Seit 1972 arbeitete die Commerzbank bevorzugt mit Young & Rubicam zusammen. Vgl. Krauss, Bankwerbung, S. 228. Vgl. auch Gonser, Kapitalismus, S. 187f.
120 PdGVS, 7.11.1961, HAC-N 26/24 I.
121 Gonser, Kapitalismus, S. 174–179; Krause, Zeitreise, S. 109; Wolf, Fundament, S. 34.
122 Vgl. hierzu die Berichterstattung von Will Marx über die Entwicklung der Konsumentenkredite im Vergleich der drei Großbanken untereinander: PdGVS, 19.1.1965, HAC-N 26/24 I.
123 Krause, Zeitreise, S. 121, 123; Gonser, Kapitalismus, S. 176.
124 Ebenda, S. 104f.; Commerzbank AG, GB 1959 und 1961, S. 19 bzw. 23. Bei der Privatisierung der Preußag war das Interesse der Großbanken an einer Mitwirkung noch recht verhalten, bei der Privatisierung der Volkswagenwerk AG dann erheblich stärker ausgeprägt. Vgl. Gonser, Kapitalismus, S. 74–77, 146–150.
125 Wolf, Fundament, S. 31. Vgl. außerdem: Gesetz über die Gewährung von Prämien für Sparleistungen (Sparprämiengesetz) vom 5.5.1959, BGBl. I, 1959, S. 241; Gesetz zur Förderung der Vermögensbildung der Arbeitnehmer (312-Mark-Gesetz) vom 12.7.1961, BGBl. I, 1961, S. 909. Zum wirtschaftspolitischen Hintergrund und zur Wirkung der Vermögensbildungsgesetze: Abelshauser, Wirtschaftsgeschichte, S. 142–147.
126 Commerzbank AG, GB 1965, S. 21.
127 PdGVS, 17.4.1963, HAC-N 26/24 I.
128 Gonser, Kapitalismus, S. 142–146.
129 Wolf, Fundament, S. 32. Auch andere Kapitalanlagegesellschaften, darunter der DIT, die DWS und die Deka, legten zu dieser Zeit neue Fonds mit ausländischen Aktien auf. Vgl. Sattler, »Investmentsparen«, S. 48–50.
130 Dazu zählten die Anlage-Gesellschaft für französische Aktienwerte mbH, die Anlage-Gesellschaft für englische und holländische Aktienwerte mbH sowie die Internationale Investmenttrust-Gesellschaft in Basel und die Société de Gestion Luxembourgeoise S.A. in Luxemburg. Vgl. Krause, Zeitreise, S. 107; Commerzbank AG, GB 1959 und 1961, S. 19 bzw. 24.
131 Sattler, »Investmentsparen«, S. 53f.; PdGVS, 5.12.1961, HAC-N 26/24 I.
132 Diese Erfahrung machte nicht nur die DWS, sondern auch die Sparkassen. Vgl. Müller, DWS Investments, S. 78–81; Thorsten Wehber (Bearbeiter), Die Sparkassen-Finanzgruppe und das Wertpapiergeschäft. Sparkassenhistorisches Symposium 2002, Stuttgart 2003.
133 Gonser, Kapitalismus, S. 137–139; Krause, Zeitreise, S. 103; Wolf, Fundament, S. 39; Hartwig, Geschäft, S. 145.
134 PdGVS, 27.4.1970, HAC-N 26/24 II.
135 Ausführungen Lichtenbergs vor dem Aufsichtsrat der Commerzbank am 28.10.1971, HAC-S1/297, angegeben nach Schlütz, Vorstandssprecher, S. 319.
136 Wolf, Fundament, S. 43; Ulrich Ramm, Der Commerzbank-Konzern heute, in: Commerzbank, Dienstleister, S. 48–59, hier S. 54.
137 1978 lag das Fondsvermögen bei 255 Mio. DM. Vgl. Commerzbank AG, GB 1978, S. 48f. Der »Haus-Invest« wurde ab 1993 von der gemeinsam mit der DBV Holding gegründeten Commerz Grundbesitz-Investmentgesellschaft mbH (CGI) verwaltet. Vgl. Ramm, Commerzbank-Konzern, S. 55.
138 Krause, Zeitreise, S. 125; Hartwig, Geschäft, S. 145.
139 Gesetz über die Gewährung von Prämien für Wohnbausparer (Wohnungsbau-Prämiengesetz) vom 17.3.1952, BGBl. I, 1952, S. 139.
140 Friederike Sattler, Der Pfandbrief 1769–2019. Von der preußischen Finanzinnovation zur Covered Bond Benchmark, Stuttgart 2019, S. 165.
141 Die Commerzbank war Anteilseignerin der Deutschen Hypothekenbank in Bremen (früher Meiningen), der Rheinischen Hypothekenbank in Mannheim und seit 1959 außerdem der Vereinsbank in Nürnberg. Überdies beteiligte sie sich 1962 an der Wiedereröffnung der Sächsischen Bodenkreditanstalt in Frankfurt am Main, die 1972 in der Deutschen Hypothekenbank Bremen – Frankfurt am Main aufging. Vgl. Wolf, Fundament, S. 33.
142 Ebenda, S. 35. Ein knapper Überblick zu den Aktivitäten aller drei Großbanken in diesem Geschäftsfeld findet sich in Gonser, Kapitalismus, S. 139–141.
143 Weitere Abkommen bestanden mit der Leonberger Bausparkasse AG in Leonberg, der Deutschen Bausparkasse eGmbH (DBS) in Darmstadt, der Bausparkasse Mainz AG in Mainz und dem Beamtenheimstattenwerk gem. Bausparkasse für den öffentlichen Dienst GmbH (BHW) in Hameln. Vgl. PdGVS, 28.8.1973, mit Anlage: Vorlage betr. Darstellung des Systems und Umfangs unserer Abkommenskredite mit Bausparkassen, 14.8.1973, HAC-N 26/24 III.
144 Von den Festgeldern, die von der Bausparkasse Wüstenrot bei Banken angelegt wurden, entfielen zu dieser Zeit 140 Mio. DM auf die Commerzbank. Vgl. PdGVS, 23.9.1964, HAC-N 26/24 I.
145 PdGVS, 18.1.1966, HAC-N 26/24 II. Die Verhandlungen über die Höhe der dafür in Rechnung zu stellenden Provision waren immer wieder Gegenstand der Diskussion im Gesamtvorstand. Vgl. etwa PdGVS, 17.4.1967, HAC-N 26/24 II.
146 Hartwig, Geschäft, S. 144.
147 Das Bank-Vorausdarlehen wurde ausschließlich in Verbindung mit Bausparverträgen gewährt, die mit der Bausparkasse Wüstenrot abgeschlossen worden

waren. Vgl. PdGVS, 28.8.1973, mit Anlage: Vorlage betr. Darstellung des Systems und Umfangs unserer Abkommenskredite mit Bausparkassen, 14.8.1973, HAC-N 26/24 III.
148 Krause, Zeitreise, S. 114.
149 Wolf, Fundament, S. 34f.
150 Gonser, Kapitalismus, S. 140.
151 PdGVS, 14.11.1968, mit Anlage: Entwurf eines Rundschreibens an die Filialen, HAC-N 26/24 II.
152 Grundlegend hierzu: Oliver Redenius, Strukturwandel und Konzentrationsprozesse im deutschen Hypothekenbankwesen, Wiesbaden 2009, S. 163–285.
153 Angestoßen wurde dieses Karussell von der Deutschen Bank, die den Alleinbesitz der Deutsch-Asiatischen Bank anstrebte, an der bis dahin auch zahlreiche andere deutsche Banken beteiligt waren (die Dresdner Bank etwa mit 25 %, die Commerzbank dagegen nur mit 5 %). Zum Ablauf des Ringtauschs und den genauen Beteiligungsverhältnissen bei den Hypothekenbanken: Herbert Wolf, Die Hypothekenbanken-Flurbereinigung vor 25 Jahren, in: Die Bank 24 (1996), 12, S. 730–734; Meyen, 120 Jahre, S. 188–190.
154 Ansprache Paul Lichtenbergs zum 100-jährigen Firmenjubiläum der Rheinischen Hypothekenbank am 5.11.1971, HAC-S1/298, angegeben nach Schlütz, Vorstandssprecher, S. 313.
155 Krause, Zeitreise, S. 121; Wolf, Fundament, S. 41, 43; Ramm, Commerzbank-Konzern, S. 48. Commerzbank AG, GB 1971, S. 54.
156 Wolf, Hypothekenbanken-Flurbereinigung, S. 734. Daneben bestanden im Herbst 1973 noch immer enge geschäftliche Beziehungen zur Leonberger Bausparkasse und zum BHW, die vor allem für Bauzwischenfinanzierungen genutzt wurden. Vgl. PdGVS, 2.10.1973, HAC-N 26/24 IV.
157 Katharina Knoll/Moritz Schularick/Thomas Steger, No Price Like Home: Global House Prices, 1870–2012, in: American Economic Review 107 (2017), 2, S. 331–352.
158 Ausführlicher hierzu: Sattler, Pfandbrief, S. 193–196.
159 Quelle: PdGVS, 7.3.1973, mit Anlage: Vorlage betr. Mengengeschäft im Bankenvergleich, Zentrale Abt. Planung und Mengengeschäft, (unleserlich gezeichnet), 23.2.1973, HAC-N 26/24 III.
160 PdGVS, 7.3.1973, mit Anlage: Vorlage betr. Mengengeschäft im Bankenvergleich, Zentrale Abt. Planung und Mengengeschäft, 23.2.1973, HAC-N 26/24 III.
161 Ebenda.
162 PdGVS, 7.3.1973.
163 Commerzbank AG, GB 1959, S. 16f., 18; Wolf, Fundament, S. 29, 34.
164 Beide informierten den Gesamtvorstand regelmäßig über entsprechende Initiativen. Vgl. exemplarisch: PdGVS, 6.11.1963 und 16.4.1964, HAC-N 26/24 I; PdGVS, 29.9.1966 und 14.7.1969, HAC-N 26/24 II.
165 PdGVS, 16.4.1964, HAC-N 26/24 I.
166 PdGVS, 11.3.1966, HAC-N 26/24 II.
167 Die Außenhandels-Förderungs-GmbH mit Sitz in Düsseldorf verfügte 1967 über ein Stammkapital von 100 000 DM. Vgl. Ramm, Commerzbank-Konzern, S. 50.
168 PdGVS, 14.11.1968, HAC-N 26/24 II.
169 Commerzbank AG, GB 1968, S. 29.
170 Wolf, Fundament, S. 38.
171 Commerzbank AG, GB 1968, S. 30.
172 Sie tat dies häufig in enger Zusammenarbeit mit der Schiffsbeleihungs-Bank in Hamburg, der Schiffshypothekenbank in Kiel und der Deutschen Schifffahrtsbank in Bremen. Vgl. exemplarisch die Verhandlungen über eine Finanzierung für die HDW zur Lieferung von zwei Turbinentankern an die National Iranian Tanker Corp. in Teheran (Iran) im April 1969: PdGVS, 28.4.1969, HAC-N 26/24 II.
173 PdGVS, 14.7.1969, HAC-N 26/24 II.
174 PdGVS, 4.3.1971, HAC-N 26/24 II.
175 Wolf, Fundament, S. 37.
176 Ebenda.
177 Commerzbank AG, GB 1968, S. 28; Wolf, Fundament, S. 38.
178 Ebenda, S. 34. Das Volumen der Kredite mit einer über vier Jahre liegenden Laufzeit stieg von 1960 bis 1966 nur langsam, dann aber deutlich schneller, sodass es zwischen 1968 und 1970 mit einem Anstieg von 1,4 auf 3,2 Mrd. DM zu mehr als einer Verdoppelung kam. Vgl. Commerzbank AG, GB 1970, S. 42.
179 PdGVS, 12.7.1960, HAC-N 26/24 I.
180 PdGVS, 19.5.1961, HAC-N 26/24 I.
181 PdGVS, 23.7.1964, HAC-N 26/24 I.
182 Vgl. etwa die Auseinandersetzung über zwei von der Frankfurter Vorstandsgruppe angebahnte Großkredite für die AEG Allgemeine Elektricitäts-Gesellschaft in Berlin bzw. Frankfurt am Main: PdGVS, 23.7.1964, HAC-N 26/24 I.
183 Ausführungen Ernst Rieches auf einer GVS im November 1965. Vgl. PdGVS, 8.11.1965, HAC-N 26/24 II.
184 PdGVS, 13.7.1966, HAC-N 26/24 II.
185 Ebenda.
186 Ebenda.
187 Commerzbank AG, GB 1974, S. 8.
188 Commerzbank AG, GB 1967–1972, passim.
189 Ebenda.
190 Commerzbank AG, Aufstellung der Konsortien Inland K–Z, 1978, HAC-400/951, angegeben nach Ahrens, Hundert Jahre, S. 95.
191 Ebenda, S. 96.
192 Commerzbank AG, GB 1962, S. 39.
193 Ebenda.
194 Ebenda, S. 40.
195 Wolf, Fundament, S. 38.
196 Zur genauen Zusammensetzung: Éric Bussière, French Banks and the Eurobonds Issue Market during the 1960s, in: Youssef Cassis/Éric Bussière (Hg.), London and Paris as International Financial Centres in the Twentieth Century, Oxford 2005, S. 265–283, hier S. 271.
197 Commerzbank AG, GB 1965–1969, passim; Wolf, Fundament, S. 38.
198 Commerzbank AG, GB 1968, S. 31.
199 Commerzbank AG, GB 1972, S. 41.
200 Ebenda.
201 Ebenda, S. 41f.
202 PdGVS, 18.9.1972, HAC-N 26/24 III.
203 Krause, Zeitreise, S. 117; Wolf, Fundament, S. 43. Aus der Commerzbank Fonds-Verwaltungsgesellschaft mbh ging später die Commerzbank Investment Management GmbH hervor.

204 Exemplarisch für seine Berichterstattung: PdGVS, 24.6.1970, 13.10.1970 und 20.1.1971, HAC-N 26/24 II.
205 PdGVS, 13.10.1970, HAC-N 26/24 II.
206 PdGVS, 15.6.1971, HAC-N 26/24 II.
207 PdGVS, 28.10.1971, HAC-N 26/24 III.
208 Dies bestätigte sich bei der Berichterstattung von Heinz Niederste-Ostholt in den folgenden Monaten. Vgl. die PdGVS, 29.8.1972 und 20.12.1972, HAC-N 26/24 III.
209 1959 bestanden Repräsentanzen in Amsterdam für die Niederlande, in Madrid für Spanien und Portugal, in Rio de Janeiro für Brasilien, in Buenos Aires für Argentinien und Uruguay und in Beirut für den Nahen und Mittleren Osten; außerdem war die Commerzbank in Südafrika über die beiden Bankhäuser W.P. Kahrass & Co. Pty. Ltd. in Johannesburg und Kapstadt (Republik von Südafrika) bzw. Keller & Neuhaus Trust Co. Pty. Ltd. in Windhoek (Namibia) vertreten. Vgl. Commerzbank AG, GB 1959, S. 49.
210 Vgl. hierzu die Diskussion über das Brasilien-Engagement der Commerzbank auf einer Sitzung des Gesamtvorstands im September 1959: PdGVS, 14.9.1959, HAC-N 26/24 I.
211 PdGVS, 21.1.1960, HAC-N 26/24 I.
212 Ebenda; Rundschreiben der Commerzbank AG, Vorstand, an die Leitungen der Geschäftsstellen, 30.4.1960, HAC-400/3. Für die Commerzbank zeigte sich schon bald, dass eine »Doppelbesetzung« in Rio de Janeiro nicht erforderlich war. Eberhard übernahm deshalb bereits im Sommer 1962 auch wieder die Leitung der dortigen Repräsentanz. Dieser Beschluss wurde auf der Grundlage eines ausführlichen Reiseberichts von Gerhard Fuchs getroffen. Vgl. PdGVS, 17.8.1962, HAC-N 26/24 I.
213 Nur in Mexiko, Costa Rica und Kolumbien konnten sich zumindest formal demokratische Regierungen halten. In Brasilien übernahm bereits 1964 das Militär die Macht, 1968 geschah dies auch in Panama und Peru, 1973 in Chile und 1976 in Argentinien. Vgl. Nikolaus Werz, Lateinamerika. Eine Einführung, 2. Aufl., Baden-Baden 2008.
214 Das Startkapital dieser Gesellschaft betrug 50 Mio. Pesos Moneda Nacional, die Commerzbank war mit 20 % daran beteiligt. Vgl. Krause, Zeitreise, S. 107; Commerzbank AG, GB 1961, S. 23.
215 PdGVS, 15.11.1966, HAC-N 26/24 II.
216 Die Deutsche Ueberseeische Bank war schon seit 1960 in Buenos Aires (Argentinien), seit 1969 dann auch in São Paulo (Brasilien) und seit 1971 außerdem in Asunción (Paraguay) mit Auslandsfilialen präsent. Sie unterschied sich damit markant von der zur Dresdner Bank-Gruppe gehörenden Deutsch-Südamerikanischen Bank, die bis 1971 auf die Eröffnung von Filialen in Lateinamerika verzichtete. Sie baute stattdessen ein umfangreiches Netzwerk an Korrespondenz- und Beteiligungsbanken auf, wie es auch die Commerzbank versuchte. Vgl. Johannes Bähr, Zwischen zwei Kontinenten. Hundert Jahre Dresdner Bank Lateinamerika vormals Deutsch-Südamerikanische Bank, Dresden 2007.
217 PdGVS, 10.5.1968, HAC-N 26/24 II; Commerzbank AG, GB 1968 und 1969, S. 89 bzw. S. 100.
218 PdGVS, 19.9.1968, HAC-N 26/24 II; Commerzbank AG, GB 1968, S. 90.
219 PdGVS, 18.9.1972, mit Anlagen: Notiz betr. Banco de Investimento do Brasil, Rio de Janeiro, Erhöhung unserer Beteiligung am Kapital von gegenwärtig 4 % auf 5 %, Dieter Lucassen, 8.9.1972; Erhöhung unserer Beteiligung am Banco de Investimento do Brasil, hier: Berechnung der Wertsteigerung unseres Kapitaleinsatzes, Zentrale Auslandsabteilung, 11.9.1972, HAC-N 26/24 III.
220 Ebenda.
221 Commerzbank AG, GB 1961, S. 57.
222 PdGVS, 12.3.1962, HAC-N 26/24 I.
223 PdGVS, 19.11.1962 und 9.7.1963, HAC-N 26/24 I. Zur Verankerung des Crédit Lyonnais in Nordafrika: Ursel Steuber, Internationale Banken. Auslandsaktivitäten von Banken bedeutender Industrieländer, Hamburg 1974, S. 177f. Außerdem: Roger Nougaret, La banque internationale, in: Bernard Desjardins u. a. (Hg.), Le Crédit lyonnais (1863–1986). Études historiques, Genève 2003, S. 485–497.
224 Zum Engagement der Deutschen Bank in Afrika, das sich auf die französischsprachigen Länder Schwarzafrikas konzentrierte: Hans E. Büschgen, Die Deutsche Bank von 1957 bis zur Gegenwart. Aufstieg zum internationalen Finanzdienstleistungskonzern, in: Gall u. a., Deutsche Bank, S. 579–877, hier S. 827.
225 Commerzbank AG, GB 1963, S. 30; Wolf, Fundament, S. 37. Der Crédit Lyonnais war in Tunis, Casablanca und Algier weiterhin mit eigenen Beteiligungen vertreten. Vgl. Commerzbank AG, Jahresbericht 1971, S. 126.
226 Commerzbank AG, GB 1964, S. 30.
227 PdGVS, 16.4.1964 und 29.9.1966, HAC-N 26/24 I bzw. HAC-N 26/24 II.
228 Die über die SFOM hinzugewonnenen Stützpunkte bestanden in Dakar (Senegal), Bathurst (Gambia), Abidjan (Elfenbeinküste), Yaoundé (Kamerun), Brazzaville (Kongo) und Kinshasa (Demokratische Republik Kongo), Kigali (Ruanda), Kampala (Uganda), Nairobi (Kenia) und Bujumbura (Burundi). Vgl. Commerzbank AG, GB 1968, S. 90; Wolf, Fundament, S. 37.
229 PdGVS, 20.1.1971 und 7.4.1971, HAC-N 26/24 II.
230 PdGVS, 15.6.1971, HAC-N 26/24 II.
231 PdGVS, 26.6.1973, HAC-N 26/24 III.
232 Commerzbank AG, GB 1971, S. 126.
233 Vgl. exemplarisch die Berichterstattung von Gerhard Fuchs im November 1962 und im Juli 1963: PdGVS, 19.11.1962 bzw. 9.7.1963, HAC-N 26/24 I.
234 PdGVS, 16.3.1965, HAC-N 26/24 I.
235 Um die Verlegungen zu ausländischen Banken aufzufangen, unter denen auch die Zusammenarbeit der Commerzbank mit Banken in Kuwait litt, war bereits eine neue luxemburgische Trust-Company gegründet worden. Vgl. PdGVS, 16.3.1965 und 29.8.1965, HAC-N 26/24 I.
236 Krause, Zeitreise, S. 114; PdGVS, 15.11.1966, HAC-N 26/24 II.
237 Krause, Zeitreise, S. 117. Zu den Vorgesprächen: PdGVS, 19.9.1968, HAC-N 26/24 II.
238 Vgl. hierzu etwa die PdGVS, 24.6.1970, 20.1.1971 und 12.5.1971, HAC-N 26/24 II.

239 Zur Geschichte der 1889 auf Betreiben der Deutschen Bank gegründeten Deutsch-Asiatischen Bank: Maximilian Müller-Jabusch, Fünfzig Jahre Deutsch-Asiatische Bank, 1890–1939 (1940), Manuskriptdruck, Hamburg 1988; Ingrid Bauert-Keetman, Unternehmens-Chronik. Deutsch-Asiatische Bank, European Asian Bank, Deutsche Bank (Asia): 1889–1987, Manuskriptdruck, Hamburg 1988; Werner Plumpe, Die Deutsche Bank in Ostasien 1872–1988, in: Historische Gesellschaft der Deutschen Bank (Hg.), Die Deutsche Bank in Ostasien, München 2004, S. 23–89, hier S. 81–87. Die DAB konnte in den 1960er Jahren drei weitere Filialen in Asien eröffnen: 1962 in Karachi (Pakistan), 1968 in Kuala Lumpur (Malaysia) und 1969 in Jakarta (Indonesien).

240 Krause, Zeitreise, S. 107; Commerzbank AG, GB 1961, S. 57.

241 PdGVS, 8. 11. 1965 und 18. 1. 1966, HAC-N 26/24 II.

242 Commerzbank AG, GB 1969, S. 36, 102.

243 Wolf, Fundament, S. 36; Commerzbank AG, GB 1964, S. 30; PdGVS, 1. 7. 1968, HAC-N 26/24 II.

244 Commerzbank AG, GB 1969, S. 35, 100; Wolf, Fundament, S. 36.

245 Commerzbank AG, GB 1969, S. 35, 102; Wolf, Fundament, S. 36.

246 Im Juni 1972 übernahm sie beispielsweise gemeinsam mit dem Crédit Lyonnais und dem Banco di Roma die Führung einer Anleihe der Republik Singapur am Asiendollarmarkt im Volumen von 100 Mio. DM. Die Deutsche Bank, die Dresdner Bank sowie ferner M. M. Warburg-Brinckmann, Wirtz & Co., White Weld & Co. beteiligten sich ebenfalls. Vgl.: The Asian Dollar Bond Market from Birth, in: Euromoney, July 1977, S. 94–97. Außerdem: Hans Peter Linns, Asiendollarmarkt Singapur, in: Institut für Kapitalmarktforschung (Hg.), Off-shore-Kreditmärkte, Frankfurt am Main 1984, S. 172–188.

247 PdGVS, 21. 3. 1968, HAC-N 26/24 II.

248 Commerzbank AG, GB 1971, S. 126; Wolf, Fundament, S. 42.

249 PdGVS, 16. 4. 1962, HAC-N 26/24 I.

250 Detlef Krause, Die Auslandsniederlassungen der Commerzbank von 1870 bis in die 1960er Jahre, in: BA 29 (2003), 1, S. 25–46, hier S. 33 f. Zum weitgehend scheiternden Versuch, in den 1920er Jahren auch in Deutschland sogenannte Industrieschaften zu etablieren: Sattler, Pfandbrief, S. 117 f.

251 Rudolf M. Littauer, Die rechtliche Stellung ausländischer Banken in New York, in: ZfgK 7 (1954), S. 253–255, 289–291; Francis A. Lees, Foreign Banking and Investment in the United States, New York 1976.

252 Sie kam auch in den frühen 1970er Jahren trotz einer entsprechenden Initiative der Federal Reserve nicht voran. Erst 1978 wurde schließlich ein International Banking Act (IBA) verabschiedet, der es Auslandsbanken erlaubte, Bundeskonzessionen zu beantragen, ihnen allerdings auch Mindestreservepflichten für Filialen und Repräsentanzen in den USA vorschrieb. Vgl. Kobrak, Deutsche Bank, S. 431.

253 PdGVS, 16. 4. 1962 und 3. 6. 1964, HAC-N 26/24 I.

254 Commerzbank AG, GB 1967, S. 81; Schlütz, Vorstandssprecher, S. 315. Vgl. auch das Interview mit Jürgen Reimnitz am 26. 7. 2012, HAC.

255 PdGVS, 17. 9. 1970, HAC-N 26/24 II. Die EuroPartners Securities Corporation war zunächst nur an der Midwest Stock Exchange und an der Philadelphia-Baltimore-Washington Stock Exchange vertreten; erst im Februar 1979 erwarb sie zusätzlich einen Sitz an der New York Stock Exchange, 1980 außerdem an der New York Futures Exchange. Vgl. Commerzbank AG, GB 1978 und 1980, S. 49 bzw. 43.

256 1974 kamen noch zwei weitere Filialen in Los Angeles und Chicago hinzu. Vgl. Meyen, 120 Jahre, S. 260–277.

257 So die von Robert Dhom im Gesamtvorstand präsentierte erste Berechnung. Vgl. PdGVS, 17. 9. 1970, HAC-N 26/24 II.

258 PdGVS, 20. 1. 1971, mit Anlage: Nachtrag betr. Filiale New York, 29. 1. 1971, mit handschriftlichen Ergänzungen, HAC-N 26/24 II.

259 Ebenda.

260 PdGVS, 20. 9. 1971, HAC-N 26/24 III.

261 PdGVS, 30. 5. 1972 und 18. 9. 1972, HAC-N 26/24 III.

262 PdGVS, 7. 3. 1973, HAC-N 26/24 III.

263 Catherine R. Schenk, Crisis and Opportunity: The Policy Environment of International Banking in the City of London, 1958–1980, in: Cassis/Bussière, London and Paris, S. 207–228.

264 PdGVS, 15. 11. 1966, HAC-N 26/24 II.

265 PdGVS, 25. 7. 1967, HAC-N 26/24 II.

266 Will Marx übernahm einen Sitz im Board of Directors, als seine Stellvertreter wurden Robert Dhom und Gerhard Fuchs benannt. Fuchs gehörte darüber hinaus auch dem Executive Committee an, das sozusagen als gemeinsamer Kreditausschuss der Partnerbanken fungierte. Vgl. PdGVS, 25. 7. 1967, HAC-N 26/24 II; Schlütz, Vorstandssprecher, S. 283; Krause, Zeitreise, S. 113.

267 PdGVS, 28. 1. 1969, HAC-N 26/24 II; Commerzbank AG, GB 1969, S. 36. Vgl. außerdem die Ausführungen von Will Marx, der bereits im Januar 1968 von einer sehr guten Geschäftsentwicklung berichten konnte: PdGVS, 25. 1. 1968, HAC-N 26/24 II.

268 PdGVS, 3. 2. 1970, HAC-N 26/24 II.

269 PdGVS, 20. 12. 1972, HAC-N 26/24 III. Die Pläne für die Etablierung einer Konsortialbank der Europartners-Gruppe hatten sich zuvor zerschlagen.

270 PdGVS, 7. 3. 1973, HAC-N 26/24 III; Krause, Zeitreise, S. 126.

271 PdGVS, 11. 9. 1973, HAC-N 26/24 III.

272 Krause, Zeitreise, S. 117.

273 PdGVS, 28. 1. 1969, HAC-N 26/24 II. Die bereits bestehende Fides Trust Ltd. in Luxemburg sollte – aus unklaren Gründen – nicht länger weitergeführt werden. Ob ihre Geschäfte auf die neue Tochtergesellschaft übergeleitet werden konnten, blieb zunächst offen, denn dafür kam auch die Finanzierungsgesellschaft Viking S. A. in Zürich infrage, an der sich die Commerzbank möglicherweise beteiligen wollte. Zur Berichterstattung Paul Lichtenbergs über die »besondere Situation« der Tochtergesellschaft Fides Trust Ltd. im Herbst 1968: PdGVS, 19. 9. 1968, HAC-N 26/24 II.

274 Vgl. hierzu die ausführliche Berichterstattung von Will Marx: PdGVS, 25. 3. 1969, HAC-N 26/24 II; Commerzbank International S. A. Luxemburg, GB 1969.

275 Erstmals übernahm Dhom diese Aufgabe am 25.3. 1969: PdGVS, 25.3.1969, HAC-N 26/24 II.
276 PdGVS, 7.10.1969, HAC-N 26/24 II.
277 PdGVS, 4.3.1971, HAC-N 26/24 II.
278 PdGVS, 9.3.1972, HAC-N 26/24 III.
279 PdGVS, 11.4.1972, HAC-N 26/24 III.
280 Ebenda.
281 PdGVS, 29.8.1972, HAC-N 26/24 III.
282 PdGVS, 20.12.1972, HAC-N 26/24 III.
283 PdGVS, 30.1.1973, HAC-N 26/24 III.
284 Dies galt beispielsweise für die Beteiligung an der World Banking Corporation Ltd. mit Sitz in Nassau (Bahamas), an der sich die Commerzbank auf Einladung der Bank of America schon 1964 beteiligt hatte und die in den frühen 1970er Jahren auch in Luxemburg immer aktiver wurde. Vgl. Commerzbank AG, GB 1964, S.30; PdGVS, 17.9.1970, 11.4.1972 und 20.3.1973, HAC-N 26/24 II bzw. HAC-N 26/24 III.
285 Commerzbank AG, GB 1973, S.125.
286 Wolf, Fundament, S.41.
287 Bussière, European Aspirations, S.168; Schlütz, Vorstandssprecher, S.315.
288 Aus der umfangreichen Forschungsliteratur seien nur genannt: Lars Magnusson/Bo Stråth (Hg.), From the Werner Plan to the EMU: A European Political Economy in Historical Light, Brüssel 2001; Emmanuel Mourlon-Druol, A Europe Made of Money. The Emergence of the European Monetary System, Ithaca 2012.
289 Bussière, European Aspirations, S.168; Ulrich Ramm, German Banks and the American Challenge, in: Battilossi/Cassis, European Banks, S.177–199.
290 PdGVS, 17.9.1970, HAC-N 26/24 II; Steuber, Bankenkooperation, S.74. Zur Lockerung der 1941 in Frankreich eingeführten Spezialisierung der Banken auf das Depositen- oder das Kreditgeschäft im Zuge der Reformen von 1966/67: Laure Quennouëlle-Corre, Der Wandel des französischen Bankwesens von den 1960er bis zu den 1980er Jahren, in: Ahrens/Wixforth, Strukturwandel, S. 121–139, hier S.122, 124f.
291 Steuber, Bankenkooperation, S.75; Büschgen, Deutsche Bank, S.827, 831.
292 Zur Geschäftsstrategie des Crédit Lyonnais: Éric Bussière, La stratégie européenne du Crédit lyonnais de l'après-guerre à Europartenaires (des années 1950 aux années 1970), in: Desjardins u.a., Crédit lyonnais, S.679–701; Bussière, European Aspirations, S.165–168; Bussière, French Banks, S.268–273.
293 Zur Berichterstattung Lichtenbergs: PdGVS, 10.5. 1968, HAC-N 26/24 II. Zur Entstehung der EBIC-Gruppe, die bis ins Jahr 1963 zurückverfolgt werden kann, aber erst im Oktober 1970 mit der Gründung der European Banks' International Company S.A. (EBIC) in Brüssel eine feste institutionelle Grundlage bekam: Büschgen, Deutsche Bank, S.829–831; Steuber, Bankenkooperation, S.106–130.
294 Bussière, European Aspirations, S.167f.
295 Der Kooperationsvertrag vom 14.10.1970 findet sich in HAC-400/665. Außerdem: Schlütz, Vorstandssprecher, S.314; Wolf, Fundament, S.41f.; Steuber, Bankenkooperation, S.71.
296 Zum Abkommen: Wolf, Fundament, S.41f. Robert Dhom hatte die wichtigsten Verhandlungsergebnisse am 17.9.1970 im Gesamtvorstand vorgestellt. Vgl. PdGVS, 17.9.1970, HAC-N 26/24 II.
297 Steuber, Bankenkooperation, S.97. Das Kapital der Crédit Lyonnais Corporation hatte zuvor 3 Mio. US-Dollar betragen. Vgl. PdGVS, 17.9.1970, HAC-N 26/24 II.
298 PdGVS, 27.4.1970, HAC-N 26/24 II. Parallel dazu angebahnte Gespräche mit der Société Générale (Paris) wurden zurückgestellt, weil man zunächst das Gesprächsergebnis mit dem Crédit Lyonnais abwarten wollte.
299 Vgl. den Kooperationsvertrag vom 11.1.1970, HAC-400/666. Außerdem: Schlütz, Vorstandssprecher, S.334; Wolf, Fundament, S.42; Steuber, Bankenkooperation, S.71, 74f. Der Banco di Roma befand sich zu 90 % im Besitz der italienischen Staatsholding IRI.
300 Commerzbank AG, GB 1971, S.56, 127.
301 Krause, Zeitreise, S.121; Wolf, Fundament, S.42. Vgl. auch Commerzbank AG, GB 1971, S.55–58.
302 Zur sukzessiven Einführung: PdGVS, 20.9.1971 und 18.9.1972, HAC-N 26/24 III; Commerzbank AG, GB 1971, 1972 und 1973, Deckblätter.
303 PdGVS, 26.1.1972, HAC-N 26/24 III.
304 Die Svenska Handelsbanken wurde nicht Mitglied der Europartners-Gruppe, schloss sich später aber dem 1971 eingeführten TransCredit-System der Gruppe an, das von den Firmenkunden der Partnerbanken bzw. ihren Tochter- und Beteiligungsunternehmen in allen beteiligten Partnerländern in Anspruch genommen werden konnte. Außerdem beteiligte sich die Svenska Handelsbanken 1974 gemeinsam mit anderen skandinavischen Banken über die Nordic Bank Ltd. in London an der EuroPartners Securities Corporation in New York. Vgl. Steuber, Bankenkooperation, S.86, 97.
305 PdGVS, 26.1.1972, HAC-N 26/24 III.
306 Vgl. den Kooperationsvertrag vom 16.10.1973, HAC-400/667. Außerdem: Commerzbank AG, GB 1973, S.43; Krause, Zeitreise, S.126; Steuber, Bankenkooperation, S.71, 76.
307 Commerzbank AG, GB 1972, S.54; Wolf, Fundament, S.42.
308 Ramm, Commerzbank-Konzern, S.52; Steuber, Bankenkooperation, S.86–93.
309 Ausführlicher hierzu: Krause, Zeitreise, S.125.
310 PdGVS, 29.8.1972, HAC-N 26/24 III.
311 PdGVS, 17.10.1972, HAC-N 26/24 III.
312 Steuber, Bankenkooperation, S.98f.
313 PdGVS, 30.1.1973, HAC-N 26/24 III.
314 PdGVS, 30.1.1973, HAC-N 26/24 III. Die von der Commerzbank daraufhin allein eröffnete Repräsentanz in Lima war für Peru, Bolivien, Chile und Ecuador zuständig. Vgl. Commerzbank AG, GB 1973, S.124.
315 Ramm, Commerzbank-Konzern, S.51; Steuber, Bankenkooperation, S.99f.
316 PdGVS, 7.3.1973, HAC-N 26/24 III. Wichtigster Partner dieses Joint Ventures war die japanische Mitsui Bank, die 70 % des Kapitals einbrachte. Vgl. Steuber, Bankenkooperationen, S.102.
317 PdGVS, 20.3.1973, HAC-N 26/24 III. Die Beteiligung der Europartners-Gruppe wurde über die gemeinsame Tochtergesellschaft Iris – Institutional Research and Investment Services S.A. in Genf gehalten. Vgl. auch Steuber, Bankenkooperation, S.92, 102f.

318 Ebenda, S. 92, 100.
319 Krause, Zeitreise, S. 108 (mit Fotos).
320 Vgl. dazu etwa die Diskussion im Juni 1964: PdGVS, 3.6.1964, HAC-N 26/24 I.
321 Exemplarisch: PdGVS, 23.9.1964, 11.11.1964, 19.11.1964 und 19.1.1965, HAC-N 26/24 I.
322 PdGVS, 18.1.1966, HAC-N 26/24 II.
323 PdGVS, 17.4.1967, HAC-N 26/24 II. Die Prognos-Studie, offiziell nur eine Vorstudie, die allerdings nie durch eine Hauptstudie untermauert wurde, findet sich in HAC-400/1055 und 1056. Ausführlich zur Durchführung, zu den Ergebnissen und Empfehlungen: Röder, Herzogtümer (MS), Kap. 4.3.
324 PdGVS, 17.4.1967, HAC-N 26/24 II. Vorreiter der Organisationsreform unter den drei Großbanken war die Dresdner Bank, die schon 1966 eine konsequente Zentralisierung in Frankfurt eingeleitet hatte. Vgl. Ralf Ahrens, Identitätsmanagement und Kontrolle. Die Reform der Dresdner Bank um 1970, in: Ahrens/Wixforth, Strukturwandel, S. 71–95, hier S. 78f.
325 Es lagen auch bereits konkrete Personalvorschläge für die Leitung der zentralen Abteilungen auf dem Tisch. An die Spitze der zentralen Organisationsabteilung trat mit sofortiger Wirkung Wolfgang Starke aus Hamburg.
326 Krause, Zeitreise, S. 114, 123; Terrahe, Bank, S. 93f.
327 Die Gesamtbaukosten für ein Hochhaus und einen Seitentrakt wurden auf 26 bis 30 Mio. DM veranschlagt. Vgl. PdGVS, 25.7.1967, HAC-N 26/24 II.
328 Ebenda; Wolf, Fundament, S. 39.
329 PdGVS, 10.5.1968, HAC-N 26/24 II.
330 PdGVS, 1.7.1968, HAC-N 26/24 II.
331 Ebenda.
332 Müller-Gebel, Mitarbeiter, S. 65.
333 Zum späteren Ausbau des Fortbildungszentrums in Glashütten: ebenda, S. 66f.
334 Schlütz, Vorstandssprecher, S. 312.
335 Krause, Zeitreise, S. 118.
336 Gonser, Kapitalismus, S. 185; Krause, Zeitreise, S. 123; Wolf, Chronik, S. 736–738 sowie A 775/776.
337 Die zentralen Abteilungen für das Einlagenmanagement sowie für Geld und Devisen siedelte man 1972 ebenfalls in Frankfurt an, die Kontrolle des Kreditgeschäfts sowie die Verantwortung für die 1972 neu eingerichtete Zentrale Personalabteilung lag jedoch noch immer in Düsseldorf. Vgl. Ahrens, Hundert Jahre, S. 98; Krause, Zeitreise, S. 123; Wolf, Chronik, S. 736–740.
338 Die Dresdner Bank etwa hatte die Standorte Hamburg und Düsseldorf schon 1969 zu Niederlassungen der Zentrale in Frankfurt herabgestuft, deren interne Arbeitsabläufe streng rationalisiert wurden; parallel dazu kam es zu einer flächendeckenden divisionalen Neugliederung der Filialen nach Privat- und Firmenkundengeschäft. Vgl. Ahrens, Hundert Jahre, S. 97; Ahrens/Bähr, Jürgen Ponto, S. 83–87.
339 Diese zusätzlichen Sicherungsmaßnahmen verursachten Mehrkosten in beträchtlicher Höhe. Im Juni 1971 wurden sie auf 2,7 Mio. DM geschätzt. Vgl. PdGVS, 15.6.1971, HAC-N 26/24 II.
340 Krause, Zeitreise, S. 128; Wolf, Fundament, S. 40; Fischer, Bankarchitektur, S. 258f.
341 Wolf, Fundament, S. 40.
342 Geschäftsentwicklung Commerzbank AG (1952–1997), https://www.commerzbank.de/media/de/konzern_1/geschichte/download_8/CB1952-1997_zahlen_2019.pdf (zuletzt aufgerufen am 4.1.2019).
343 Müller-Gebel, Mitarbeiter, S. 65.
344 Geschäftsentwicklung Commerzbank AG (1952–1997), https://www.commerzbank.de/media/de/konzern_1/geschichte/download_8/CB1952-1997_zahlen_2019.pdf (zuletzt aufgerufen am 4.1.2019).
345 Müller-Gebel, Mitarbeiter, S. 64f. Ausführlicher zu den technischen Aspekten: Terrahe, Bank, S. 90–95.
346 Röder, Herzogtümer (MS), Kap. 4.1.
347 Müller-Gebel, Mitarbeiter, S. 65.
348 Dieser Trend gilt für alle drei Großbanken. Vgl. Gonser, Kapitalismus, S. 180f., 185f., 191–193.
349 Dokumentation »Frauen in unserer Bank. Karrieren gestern, heute, morgen. Eine Ausstellung des Historischen Archivs der Commerzbank«, HAC.
350 Müller-Gebel, Mitarbeiter, S. 77.
351 Ebenda, S. 78. Die Tarifgehälter der Bankangestellten wurden in den frühen 1960er Jahren jährlich um rund 10 %, in der zweiten Hälfte des Jahrzehnts dann jährlich um Werte zwischen 6 und 8 % angehoben. Exemplarisch: Commerzbank AG, GB 1961, 1965 und 1971, S. 25 bzw. 25 bzw. 50.
352 PdGVS, 8.3.1963, HAC-N 26/24 I. Erst 1967 wurde bei der Bemessung von außertariflichen Sonderzahlungen zusätzlich das Kriterium der Dauer der Betriebszugehörigkeit eingeführt. Bei der Staffelung der auszuzahlenden Beträge wurde das Schwergewicht allerding auch hier bewusst auf die jüngeren Angestellten gelegt. Vgl. PdGVS, 17.4.1967, HAC-N 26/24 II.
353 PdGVS, 8.3.1963, HAC-N 26/24 I.
354 Mindermann, Commerzbank, S. 110; Commerzbank AG, GB 1971, S. 52.
355 Müller-Gebel, Mitarbeiter, S. 79.
356 PdGVS, 4.3.1971, HAC-N 26/24 II.
357 Müller-Gebel, Mitarbeiter, S. 78.
358 PdGVS, 7.3.1973, HAC-N 26/24 III.
359 Ahrens, Hundert Jahre, S. 91.
360 Jürgen Jeske, Dialog mit der Öffentlichkeit, in: Commerzbank, Dienstleister, S. 192–205, hier S. 196.
361 Exemplarisch: Commerzbank AG, GB 1969 und 1972, passim.
362 Krauss, Bankwerbung, S. 228.
363 Ebenda, S. 228–230.
364 Jeske, Dialog, S. 196.
365 PdGVS, 1.8.1973, HAC-N 26/24 III.
366 Ebenda (für das Zitat); PdGVS, 14.8.1973, HAC-N 26/24 III.
367 PdGVS, 7.10.1969, HAC-N 26/24 II; Commerzbank AG, GB 1969, S. 44; Wolf, Fundament, S. 40.
368 Commerzbank-Stiftung 1970–1995, in: Commerzbank AG, GB 1994 – 125 Jahre, S. 29–37, hier S. 30.
369 Jeske, Dialog, S. 200.
370 PdGVS, 20.1.1970, HAC-N 26/24 II.
371 PdGVS, 12.5.1971, HAC-N 26/24 II; Commerzbank AG, GB 1971, S. 109.
372 Als man im November 1972 beispielsweise feststellte, noch den stattlichen Ausschüttungsbetrag von 100000 DM frei zu haben, entschloss sich das Kuratorium fast spontan dazu, einen Betrag von 25000

DM an das »Sozialversicherungsseminar« von Rudolf Hoernigk an der Goethe-Universität in Frankfurt zu geben, was auf eine gewisse Affinität zu sozialpolitisch relevanten Förderzwecken schließen lässt. Vgl. PdGVS, 20.11.1972, HAC-N 26/24 III.

373 Quelle: Geschäftsentwicklung der Commerzbank AG (1952–1997) und Geschäftsentwicklung Commerzbank-Konzern seit 1967, https://www.commerzbank.de/media/de/konzern_1/geschichte/download_8/CB1952-1997_zahlen_2019.pdf (zuletzt aufgerufen am 4.1.2019); Commerzbank AG, GB 1973, S. 66.

374 Exemplarisch: PdGVS, 4.6.1962, 16.7.1962, 16.10.1962 und 16.3.1965, HAC-N 26/24 I.

375 So etwa im Frühjahr 1966: PdGVS, 11.3.1966 und 25.5.1966, HAC-N 26/24 II.

376 PdGVS, 29.9.1966, HAC-N 26/24 II.

377 PdGVS, 17.4.1967, HAC-N 26/24 II.

378 Gonser, Kapitalismus, S. 156f.

379 Die Vorüberlegungen dafür hatten lange zuvor begonnen, denn es waren viele Fragen zu klären, vor allem natürlich, welche der zahlreichen Unternehmen, an denen die Bank inzwischen mehrheitlich beteiligt war, mit einbezogen werden mussten. Vgl. die PdGVS, 26.1.1967 und 17.4.1967, HAC-N 26/24 II; Commerzbank AG, GB 1967, S. 57.

380 Ebenda, S. 43; Ramm, Commerzbank-Konzern, S. 50.

381 Commerzbank AG, GB 1971, S. 95. Im Gegensatz zur CISAL wurde die 1973 gegründete Europartners Bank (Nederland) N. V. in Amsterdam nicht mit in den Konzern einbezogen, obwohl die Commerzbank in diesem Fall mit 60 % am Grundkapital beteiligt war; nach den Bestimmungen des Aktiengesetzes handelte es sich aber um ein selbstständiges ausländisches Unternehmen. Vgl. Commerzbank AG, GB 1973, S. 74.

382 Commerzbank AG, GB 1970 und 1971, S. 90 bzw. 102.

383 Berechnet nach: Commerzbank AG, GB 1971, S. 75.

384 Wolf, Fundament, S. 43.

385 PdGVS, 28.1.1969, HAC-N 26/24 II.

386 Quelle: Commerzbank AG, GB 1968 bis 1973.

387 PdGVS, 6.7.1972 und 14.8.1973, HAC-N 26/24 III.

388 PdGVS, 14.8.1973, HAC-N 26/24 III.

389 Vgl. hierzu aufschlussreichen Schriftwechsel von Jürgen Ponto aus dem Sommer 1969, angegeben nach Ahrens, Identitätsmanagement, S. 77.

3. Die Ölpreiskrise von 1973/74 und ihre Folgen (1973 bis 1979)

1 Mit dem Einsatz des Öls als »politischer Waffe« hatte man schon länger rechnen müssen. Vgl. Christopher R. W. Dietrich, Oil Revolution. Anticolonial Elites, Sovereign Rights, and the Economic Culture of Decolonization, Cambridge 2017; Rüdiger Graf, Öl und Souveränität. Petroknowledge und Energiepolitik in den USA und Westeuropa in den 1970er Jahren, München 2014. Zu den politischen, militärischen und wirtschaftlichen Hintergründen und Konsequenzen des Konflikts: Daniel J. Sargent, A Superpower Transformed. The Remaking of American Foreign Relations in the 1970s, Oxford 2015; Elisabetta Bini/Giuliano Garavini/Federico Romero (Hg.), Oil Shock. The 1973 Crisis and its Economic Legacy, London 2016; Simone Selva, Before the Neoliberal Turn. The Rise of Energy Finance and the Limits to US Foreign Economic Policy, London 2017.

2 Die Weltwährungsordnung von Bretton Woods war offiziell noch nicht außer Kraft gesetzt worden. Schon im März 1973 hatten sich die Gruppe der zehn größten Industriestaaten und die EWG-Staaten aber darauf verständigt, dass nur die westeuropäischen Länder zu festen Wechselkursen untereinander zurückkehren wollten, um fortan gegenüber dem US-Dollar und anderen wichtigen Währungen zu floaten. Vgl. Sargent, Superpower, S. 125–128. Das Abkommen über den Internationalen Währungsfonds mit seinen Bestimmungen zu festen Wechselkursen blieb bis zum 31.3.1978 bestehen; erst danach waren die Mitgliedsstaaten in der Wahl ihres Wechselkurssystems prinzipiell frei. Ausführlich hierzu: Margaret Garritsen de Vries, The International Monetary Fund 1972–1978. Cooperation on Trial, Bd. 2: Narrative and Analysis, Washington 1985, S. 685–782.

3 Christopher Kopper, The Recycling of Petrodollars, in: Revue d'économie financière 9 (englische Ausgabe), Special Issue 2009: Sovereign Wealth Funds, S. 37–46; Friederike Sattler, Das Geschäft mit den Staatsschulden. Banken, Kapitalmärkte und die Securitization of Debt nach der Ölpreiskrise von 1973/1974, in: GG 41 (2015), 3, S. 418–446; Carlo Edoardo Altamura, A New Dawn for European Banking: The Euromarket, the Oil Crisis and the Rise of International Banking, in: ZUG 60 (2015), 1, S. 29–51; ders., European Banks and the Rise of International Finance: The post-Bretton Woods Era, Abingdon 2017.

4 Zu den Problemen der Bank für Internationalen Zahlungsausgleich (BIZ), gestützt auf Informationen verschiedener europäischer, amerikanischer und asiatischer Notenbanken sowie die Veröffentlichungen der Emissionskonsortien, um die Größenordnung der Euromärkte abzuschätzen: Hans-Joachim Schreiber, Der Euromarkt – Drehscheibe internationaler Geld- und Kapitalbewegung, in: Institut für Kapitalmarktforschung (Hg.), Flottierendes Kapital und Kapitalmarkt, Frankfurt am Main 1975, S. 35–53, hier insb. S. 36–38 (Eurokredite) und S. 45 (Eurobonds).

5 Eine anschauliche Darstellung der Problemlage findet sich in einem Vortrag des Vorstandsmitglieds der Deutschen Bank Alfred Herrhausen: Vgl. »Probleme der Inflation«, Vortrag Herrhausen, Deutsch-Amerikanisches Industriegespräch in München, 26.–28.5.1974, Historisches Archiv der Deutschen Bank (HADB) V 30/1.

6 Ausführlicher hierzu: Sattler, Herrhausen, S. 179.

7 Gianni Toniolo, Central Bank Cooperation at the Bank for International Settlements, 1930–1973, Cambridge 2005, S. 465–469; Catherine R. Schenk, Inflation, Risk and International Banking. Responses by Regulators and the Market in the 1970s, in: Michel-Pierre Chélini/Laurent Warlouzet (Hg.), Calmer les prix. L'inflation en Europe dans les années 1970 / Slowing Down Prices: European Inflation in the 1970s, Paris 2016, S. 245–272, hier S. 253–260.

8 Ekkehard Storck, Euromarkt: Finanz-Drehscheibe der Welt, Stuttgart 1995, S. 159.
9 Auch hierfür findet sich eine anschauliche Problembeschreibung bei Herrhausen: »Internationale Währungs- und Finanzprobleme unter dem Einfluss der Ölgelder«, Vortrag Herrhausen, Handelspolitischer Ausschuss des Verbandes der Chemischen Industrie in Marl, 24. 9. 1974, HADB V 30/1.
10 Catherine R. Schenk, Summer in the City: Banking Failures of 1974 and the Development of International Banking Supervision, in: The English Historical Review 129 (2014), 540, S. 1129–1156. Zur Anlagestrategie der OPEC-Staaten: Richard P. Mattione, OPEC's Investments and the International Financial System, Washington 1983.
11 In einem Beitrag für das Handelsblatt skizzierte Robert Dhom im März 1974 die Perspektiven etwas genauer: Auf den Spuren der arabischen Öl-Milliarden (Robert Dhom), in: Handelsblatt, 11. 3. 1974.
12 Geschäftsentwicklung der Commerzbank AG (1952–1997), https://www.commerzbank.de/media/de/konzern_1/geschichte/download_8/CB1952-1997_zahlen_2019.pdf (zuletzt aufgerufen am 4. 1. 2019).
13 Krause, Zeitreise, S. 131.
14 PdGVS, 24. 8. 1976, HAC-N 26/24 VI.
15 PdGVS, 21. 12. 1976, HAC-N 26/24 VI. Erst 1989 wurde die Commerzbank-Aktie über das »Sponsored ADR program« an den amerikanischen Börsen verfügbar. Vgl. Mindermann, Commerzbank, S. 113.
16 Geschäftsentwicklung der Commerzbank AG (1952–1997), https://www.commerzbank.de/media/de/konzern_1/geschichte/download_8/CB1952-1997_zahlen_2019.pdf (zuletzt aufgerufen am 4. 1. 2019).
17 Commerzbank AG, GB 1974 und 1975, S. 8 bzw. 9.
18 Commerzbank AG, GB 1976, S. 11f.
19 Schlütz, Vorstandssprecher, S. 245; Krause, Zeitreise, S. 133; Wolf, Fundament, S. 46.
20 Gesetz über die Mitbestimmung der Arbeitnehmer (Mitbestimmungsgesetz) vom 4. 5. 1976, BGBl. I, 1976, S. 1153. Vgl. auch Abelshauser, Wirtschaftsgeschichte, S. 426–432.
21 Schlütz, Vorstandssprecher, S. 320.
22 Commerzbank AG, GB 1978, S. 8.
23 PdGVS, 9. 3. 1972, HAC-N 26/24 III.
24 Im Juli 1975 bekräftigte der Gesamtvorstand seine Absicht, künftig mindestens einmal im Jahr in Berlin zu tagen. Vgl. PdGVS, 8. 7. 1975, HAC-N 26/24 V.
25 Schlütz, Vorstandssprecher, S. 313; Interview mit Jürgen Reimnitz am 26. 7. 2012, HAC.
26 Ebenda.
27 Exemplarisch für Lichtenbergs Kontakte zu bundesdeutschen Politikern: PdGVS, 2. 4. 1974, HAC-N 26/24 IV.
28 Im März 1972, als Lichtenberg die Mandate bei der Daimler-Benz AG und der Allianz Lebensversicherungs-AG übernahm, gab er zugleich seine Mandate bei der Chemie-Verwaltungs-AG und der Chemische Werke Hüls AG an Heinz Niederste-Ostholt ab. Vgl. PdGVS, 21. 3. 1972, HAC-N 26/24 III. Exemplarisch für die Berichterstattung über Mandate im Gesamtvorstand: PdGVS, 11. 3. 1975, HAC-N 26/24 V.
29 Commerzbank AG, GB 1973, S. 7; Interview mit Jürgen Reimnitz am 26. 7. 2012, HAC.
30 Ebenda.
31 Revirement, in: Börsen-Zeitung, 17. 5. 1976; Schlütz, Vorstandssprecher, S. 337.
32 Bereits im März 1976 lud die Commerzbank den Vorstand der Deutschen Bank zu sich ein, im Mai 1976 war der Vorstand der Commerzbank dann bei der Dresdner Bank zu Gast. Vgl. die PdGVS, 13. 1. 1976 und 18. 5. 1976, HAC-N 26/24 VI.
33 Commerzbank zeigt sich rundum zufrieden, in: Frankfurter Rundschau, 19. 8. 1976; Das neue Bild der Commerzbank, in: Börsen-Zeitung, 20. 8. 1976.
34 PdGVS, 18. 5. 1976, HAC-N26/24 VI. Zur Reform der Dresdner Bank: Ahrens/Bähr, Jürgen Ponto, S. 68–90.
35 PdGVS, 26. 4. 1977, HAC-400, E 1059, O 5.
36 Geschäftsverteilungsplan des Vorstands der Commerzbank, 15. 7. 1977, HAC-S4/4, angegeben nach Schlütz, Vorstandssprecher, S. 336.
37 Krause, Zeitreise, S. 136; PdGVS, 5. 4. 1977, HAC-400, E 1059, O 5. Ausführlicher zu den vorangegangenen Diskussionen und zur Umsetzung der Reform: Röder, Herzogtümer (MS), Kap. 4.1 und 4.5. Die Commerzbank glich die Steuerung ihres Filialnetzes damit der Dresdner Bank und der Deutschen Bank an, die in den Jahren zuvor die Zahl ihrer Kopffilialen allerdings erheblich reduziert hatten. Vgl. Ahrens, Identitätsmanagement, S. 78f.; Büschgen, Deutsche Bank, S. 582–585.
38 Schlütz, Vorstandssprecher, S. 340.
39 Interview mit Jürgen Reimnitz am 26. 7. 2012, HAC.
40 Schlütz, Vorstandssprecher, S. 340. Dhom stimmte dieser Lösung zu, fühlte sich aber nicht angemessen behandelt und stellte deshalb erhebliche materielle Forderungen für den vorzeitigen Übergang in den Ruhestand und die Versorgung als Ruheständler. Daraus ergaben sich Rechtsstreitigkeiten, die erst 1987 geklärt werden konnten. Vgl. Unterlagen dazu in HAC-400/1272 und 1273.
41 Eine Delegierung von Aufsichtsrat in den Vorstand war ungewöhnlich, aber laut § 105, Abs. 2 des Aktiengesetzes möglich. Vgl. Schlütz, Vorstandssprecher, S. 322f.
42 Ausführungen Paul Lichtenbergs bei einem Presseempfang der Commerzbank in Kronberg im Taunus, 20. 2. 1970, HAC-S1/296.
43 Interview mit Paul Lichtenberg, in: Les Échos, 11. 5. 1971, zitiert nach Schlütz, Vorstandssprecher, S. 320.
44 Wolf, Fundament, S. 44.
45 Krause, Zeitreise, S. 130.
46 Interview mit Jürgen Reimnitz am 26. 7. 2012, HAC.
47 Commerzbank AG, GB 1984, S. 81; Krause, Zeitreise, S. 130 f. Über die Almüco Vermögensverwaltungsgesellschaft mbH in München war die Commerzbank indirekt an der Heidelberger Druckmaschinen AG beteiligt, über die Deutsche Gesellschaft für Anlagenverwaltung mbH an der Horten AG in Düsseldorf, über die Kistra Beteiligungsgesellschaft mbH in Frankfurt an der Hutschenreuther AG in Selb, über die Roßma Beteiligungsgesellschaft mbH in Frankfurt an der Bavaria Filmkunst GmbH in München und der Didier-Werke AG in Wiesbaden, über die Stella Automobil-Beteiligungsgesellschaft mbH in Frankfurt an der Mercedes-Automobil Holding in Frankfurt. Vgl. Commerzbank AG, GB 1969–1975, passim. In den

folgenden Jahren kamen weitere Beteiligungsgesellschaften hinzu.
48 Commerzbank AG, GB 1976, S. 11.
49 1979 überschritt es mit 802 Filialen und Zweigstellen knapp einen neuen Schwellenwert. Vgl. Geschäftsentwicklung Commerzbank AG (1952–1997) und Geschäftsentwicklung Commerzbank-Konzern seit 1967, https://www.commerzbank.de/media/de/konzern_1/geschichte/download_8/CB1952-1997_zahlen_2019.pdf (zuletzt aufgerufen am 4. 1. 2019).
50 Ahrens, Hundert Jahre, S. 100; Krause, Zeitreise, S. 132.
51 PdGVS, 12. 2. 1974, mit Anlage: »Gemeinschaftswerbung der Kreditinstitute für Konsumentenkredite«, Zentrale Abteilung Planung und Mengengeschäft (8. 2. 1974), HAC-N 26/24 IV.
52 Krause, Zeitreise, S. 130.
53 PdGVS, 28. 11. 1978, HAC-400, E 1059, O 7. Hinzu kam ferner ein »Praxisdarlehen«, das sich gezielt an die Angehörigen der freien Berufe richtete. Vgl. Krause, Zeitreise, S. 132.
54 Exemplarisch dafür war die Diskussion auf der Sitzung des Gesamtvorstands am 7. 11. 1977: PdGVS, 7. 11. 1977, HAC-400, E 1059, O 6.
55 PdGVS, 13. 12. 1977, HAC-400, E 1059, O 6.
56 PdGVS, 17. 9. 1974, mit Anlage: »Spargeschäft«, Zentrale Abteilung Planung und Mengengeschäft (16. 9. 1974), HAC-N 26/24 V.
57 PdGVS, 24. 9. 1974, HAC-N 26/24 V. Vgl. auch: Sparrekord auf den Konten, in: Frankfurter Neue Presse, 14. 9. 1974.
58 PdGVS, 8. 10. 1974, 10.12.1974 und 8. 4. 1975, HAC-N 26/24 V.
59 PdGVS, 1. 6. 1976, HAC-N 26/24 VI.
60 Hartwig, Geschäft, S. 145; Helmut Schlesinger, Banken im Spannungsfeld von Geld-, Währungs- und Finanzpolitik, in: Commerzbank, Dienstleister, S. 178–191, hier S. 181 f.; Helmut Schlesinger, Die Geldpolitik der Deutschen Bundesbank 1967–1977, in: Kredit und Kapital 11 (1978), 1, S. 3–29.
61 PdGVS, 30. 3. 1979, HAC-400, E 1059, O 7.
62 PdGVS, 30. 1. 1974, HAC-N 26/24 IV; PdGVS, 4. 3. 1975, HAC-N 26/24 V. Außerdem: Wolf, Fundament, S. 41, 43; Ramm, Commerzbank-Konzern, S. 48. 1977 erwarb die Commerzbank zusätzlich eine Schachtelbeteiligung an der Lübecker Hypothekenbank, die allerdings schon 1983 wieder veräußert wurde, genau wie die Schachtelbeteiligung an der Handelsbank in Lübeck. Vgl. Krause, Zeitreise, S. 136 und 144.
63 PdGVS, 28. 11. 1978, HAC-400, E 1059, O 7.
64 Hans Günther Schönmann, Wollen wir die totale Finanzierung?, in: Der langfristige Kredit 29 (1978), 19, S. 628–631, hier S. 629.
65 PdGVS, 28. 11. 1978 und 16. 1. 1979, HAC-400, E 1059, O 7.
66 Ruhiges Gewissen, in: Der Spiegel, 16. 7. 1979. Aus den Vorstandsunterlagen der Commerzbank lässt sich der nähere Hergang leider nicht rekonstruieren.
67 PdGVS, 30. 1. 1974, HAC-N 26/24 IV.
68 PdGVS, 24. 5. 1974, HAC-N 26/24 IV.
69 PdGVS, 16. 7. 1974 und 23. 7. 1974, HAC-N 26/24 IV.
70 PdGVS, 1. 4. 1975, HAC-N 26/24 V.
71 PdGVS, 22. 12. 1975, HAC-N 26/24 VI.
72 Exemplarisch: PdGVS, 26. 11. 1974, 4. 3. 1975, 1. 4. 1975 und 1. 7. 1975, HAC-N 26/24 V; PdGVS, 1. 12. 1975 und 31. 8. 1976, HAC-N 26/24 VI.
73 PdGVS, 9. 12. 1975, HAC-N 26/24 VI.
74 PdGVS, 10. 8. 1976, HAC-N 26/24 VI.
75 PdGVS, 21. 12. 1976, HAC-N 26/24 VI.
76 Krause, Zeitreise, S. 136.
77 PdGVS, 23. 5. 1978, HAC-400, E 1059, O 6. Nur in einem Fall ging es dabei um einen Kredit zur Förderung des deutschen Außenhandels.
78 PdGVS, 20. 6. 1978, HAC-400, E 1059, O 6.
79 PdGVS, 4. 7. 1978, HAC-400, E 1059, O 6.
80 Linns, Asiendollarmarkt Singapur. Außerdem: The Asian Dollar Bond Market from Birth, in: Euromoney, July 1977, S. 94–97.
81 Commerzbank AG, GB 1978, S. 47. Unter den ausländischen Emittenten befanden sich mit Argentinien, Australien, Dänemark, Indonesien, Kanada, Mexiko, Neuseeland, Norwegen, Österreich, den Philippinen, Spanien und Venezuela insgesamt zwölf Staaten.
82 Ebenda, S. 48.
83 PdGVS, 9. 10. 1973, HAC-N 26/24 IV; PdGVS, 2. 11. 1976, HAC-N 26/24 VI.
84 Commerzbank AG, GB 1978, S. 47.
85 Ebenda, S. 99.
86 Commerzbank AG, GB 1978, S. 48.
87 Exemplarisch für die regelmäßigen Berichterstattungen Niederste-Ostholts über die Cofo: PdGVS, 10. 12. 1974, HAC-N 26/24/V; PdGVS, 22. 12. 1975 und 21. 9. 1976, HAC-N 26/24 VI. Außerdem: Commerzbank AG, GB 1978, S. 48.
88 Zu den scheiternden Versuchen, die Wechselkursschwankungen durch die Vereinbarung einer Europäischen Währungsschlange zu reduzieren: Mourlon-Druol, Europe, insb. S. 30–98.
89 PdGVS, 26. 2. 1974, HAC-N 26/24 IV.
90 PdGVS, 16. 4. 1974, HAC-N 26/24 IV.
91 PdGVS, 25. 6. 1974 und 16. 7. 1974, HAC-N 26/24 IV. Die Herstatt-Bank musste Insolvenz anmelden. Im Zuge ihrer Liquidation konnte eine Vergleichslösung zwischen den verschiedenen Gläubigergruppen erreicht werden, an deren Umsetzung sich die Commerzbank aktiv beteiligte. Vgl. PdGVS, 24. 9. 1974, 8. 10. 1974 und 10. 12. 1974, HAC-N 26/24 V. Zu den aufsichtsrechtlichen Konsequenzen: Bernd Rudolph, Der Bankrott der Herstatt-Bank 1974. Ein Schlüsselereignis der nationalen und internationalen Bankenregulierung, in: Lindenlaub/Burhop/Scholtyseck, Schlüsselereignisse, S. 402–413.
92 PdGVS, 29. 8. 1974, HAC-N 26/24 V. Der zuständige Devisenhändler in Düsseldorf wurde verwarnt. Dhom versicherte dem Gesamtvorstand, er habe dafür Sorge getragen, dass in Zukunft die Anweisungen des Devisenhandels Frankfurt strikt befolgt würden. Vgl. PdGVS, 17. 9. 1974, HAC-N 26/24 V.
93 PdGVS, 16. 7. 1974, HAC-N 26/24 IV.
94 Man konnte davon ausgehen, im Geschäftsjahr 1974 insgesamt etwa 35,5 Mio. DM Gewinn aus den bereits eingegangenen Terminkontrakten zu ziehen. Vgl. PdGVS, 13. 8. 1974, mit Anlage: »Ertragssituation des Devisenhandels«, Zentrale Gelddisposition (12. 8. 1974), HAC-N 26/24 IV.

95 Exemplarisch: PdGVS, 18.5.1976, 13.7.1976 und 3.8.1976, HAC-N26/24 VI.
96 PdGVS, 20.7.1976, 24.8.1974 und 21.9.1976, HAC-N 26/24 VI.
97 PdGVS, 5.10.1976, 19.10.1976 und 16.11.1976, HAC-N 26/24 VI.
98 PdGVS, 26.10.1976, HAC-N 26/24 VI; PdGVS, 8.3.1977, 27.9.1977 und 4.10.1977, HAC-400, E 1059, O 5.
99 PdGVS, 13.12.1977, HAC-400, E 1059, O 6.
100 Exemplarisch: PdGVS, 15.8.1978 und 7.11.1978, HAC-400, E 1059, O 6. Außerdem: Commerzbank AG, GB 1978, S. 51.
101 Die Reaktion von Otmar Emminger, dem Präsidenten der Deutschen Bundesbank, fiel geradezu überschwänglich aus. Er lobte insbesondere auch die Pläne für umfangreiche amerikanische DM-Anleihen am deutschen Kapitalmarkt. Vgl. Dollar-Stabilisierung. Lobeshymne auf »historische Wende in der US-Währungspolitik«, in: Handelsblatt, 13.11.1978.
102 Ausführlicher hierzu: Sattler, Herrhausen, S. 198.
103 PdGVS, 7.11.1978, HAC-400, E 1059, O 7.
104 Ausführlicher hierzu: Allan H. Meltzer, A History of the Federal Reserve, Volume 2, Book 2: 1970–1986, Chicago 2009, S. 1008–1131.
105 PdGVS, 16.1.1979, HAC-400, E 1059, O 7.
106 Ebenda.
107 PdGVS, 13.2.1979, HAC-400, E 1059, O 7.
108 1971 veräußerte die Commerzbank ihre Beteiligung an die Rütgerswerke AG. Vgl. Wolf, Chronik, S. 718, A 751.
109 PdGVS, 24.1.1978 und 31.1.1978, HAC-400, E 1059, O 6. Vgl. auch: Bauindustrie. Ins Auge gegangen, in: Der Spiegel, 20.2.1978; Unternehmen. Schwere Entscheidung, in: Der Spiegel, 9.4.1979; Konkurs bei Beton- und Monierbau. Plötzlich fehlten 200 Millionen, in: Die Zeit, 13.4.1979.
110 PdGVS, 14.2.1978, 14.3.1978, 11.7.1978 und 25.7.1978, HAC-400, E 1059, O 6.
111 PdGVS, 30.3.1979, HAC-400, E 1059, O 7.
112 PdGVS, 10.4.1979, HAC-400, E 1059, O 7. Vorausschauende Wertberichtigungen waren nur in Höhe von 8 Mio. DM vorgenommen worden.
113 PdGVS, 24.4.1979, HAC-400, E 1059, O 7.
114 Mit der Commerz- und Industrie-Leasing GmbH (CIL) in Düsseldorf besaß die Commerzbank bereits seit 1969 eine Leasing-Tochtergesellschaft. Zur Gründung und frühen Entwicklung der CIL: PdGVS, 14.11.1968, HAC-N 26/24 II; Ramm, Commerzbank-Konzern, S. 54. 1976 erwarb die Commerzbank dann eine Beteiligung an der Deutschen Gesellschaft für Immobilien- und Anlage-Leasing mbH (DIL) in Düsseldorf, die sich seither im gemeinsamen Besitz der Deutschen Bank und der Commerzbank befand. Vgl. PdGVS, 28.1.1976, HAC-N 26/24 VI; Krause, Zeitreise, S. 134.
115 Ebenda, S. 136.
116 PdGVS, 21.8.1979, 28.8.1979 und 25.9.1979, HAC-400, E 1059, O 7.
117 PdGVS, 6.11.1979 und 13.11.1979, HAC-400, E 1059, O 8; Commerzbank AG, GB 1979, S. 39.
118 Müller-Gebel, Mitarbeiter, S. 63, 75; Commerzbank AG, GB 1978, S. 50; Geschäftsentwicklung Commerzbank AG (1952–1997) und Geschäftsentwicklung Commerzbank-Konzern seit 1967, https://www.commerzbank.de/media/de/konzern_1/geschichte/download_8/CB1952-1997_zahlen_2019.pdf (zuletzt augerufen am 4.1.2019).
119 Franz Heinrich Ulrich, Deutsche Bank, an die Mitglieder des European Advisory Committee (EAC) betr. European Banks' International Company (EBIC), 12.2.1976, HADB V 30/48.
120 Krause, Zeitreise, S. 128; Ramm, Commerzbank-Konzern, S. 52; Steuber, Bankenkooperation, S. 85.
121 Zu den Vorbereitungen: PdGVS, 30.1.1974, 12.2.1974, 5.3.1974 und 19.3.1974, HAC-N 26/24 IV. Zu den anlaufenden Geschäften: PdGVS, 29.8.1974 und 24.9.1974, HAC-N 26/24 V. Zur Eröffnung der Filiale Rotterdam: Krause, Zeitreise, S. 126; Ramm, Commerzbank-Konzern, S. 51.
122 Zu den 1975 aufgenommenen Vorbereitungen: PdGVS, 24.6.1975, HAC-N 26/24 V; PdGVS, 22.12.1975, 10.2.1976, 6.4.1976 und 13.7.1976, HAC-N 26/24 VI.
123 PdGVS, 10.2.1976, HAC-N 26/24 VI.
124 Ramm, Commerzbank-Konzern, S. 48, 55, 57.
125 Zur Berichterstattung Lichtenbergs: PdGVS, 8.10.1974, HAC-N 26/24 V. Zum Beginn der Planungen: PdGVS, 5.3.1974, HAC-N 26/24 IV. Zur Einweihung: PdGVS, 4.10.1977, HAC-400, E 1059, O 5.
126 PdGVS, 1.2.1977, HAC-400, E 1059, O 5.
127 Ebenda.
128 PdGVS, 14.3.1978, HAC-400, E 1059, O 6.
129 Krause, Zeitreise, S. 130, 133.
130 Schlütz, Vorstandssprecher, S. 320.
131 Krause, Zeitreise, S. 136.
132 PdGVS, 27.2.1979, HAC-400, E 1059, O 7. Letztendlich entschloss sie sich zum Verkauf dieser Beteiligung.
133 Zur Repräsentanz Jakarta: PdGVS, 25.1.1977, HAC-400, E 1059, O 5. Zur Filiale Tokio: PdGVS 15.3.1977, HAC-400, E 1059, O 5. Zur Filiale Hongkong: PdGVS, 10.10.1978, HAC-400, E 1059, O 7. Zur Commerzbank (South East Asia) Ltd.: PdGVS, 12.9.1978, HAC-400, E 1059, O 6; PdGVS, 20.2.1979, HAC-400, E 1059, O 7. Außerdem: Krause, Zeitreise, S. 136, 138.
134 PdGVS, 27.2.1979 und 3.4.1979, HAC-400, E 1059, O 7; Krause, Zeitreise, S. 138.
135 PdGVS, 30.10.1973, HAC-N 26/24 IV.
136 PdGVS, 15.1.1974, HAC-N 26/24 IV.
137 PdGVS, 26.11.1974, HAC-N 26/24 V.
138 PdGVS, 1.6.1976, HAC-N 26/24 VI.
139 Krause, Zeitreise, S. 138; Commerzbank AG, GB 1978, S. 49f.
140 Ramm, Commerzbank-Konzern, S. 48, 55. Exemplarisch für eine Diskussion im Gesamtvorstand über die Geschäfte der Filiale London: PdGVS, 10.12.1974, HAC-N 26/24/V.
141 PdGVS, 12.2.1974 und 26.2.1974, HAC-N 26/24 IV.
142 Krause, Zeitreise, S. 134. Zu der für den Sommer 1977 geplanten offiziellen Eröffnung der Geschäftsräume an der Place de l'Opéra: PdGVS, 15.3.1977, HAC-400, E 1059, O 5.
143 PdGVS, 15.5.1979, HAC-400, E 1059, O 7.
144 Krause, Zeitreise, S. 136–138; Wolf, Fundament, S. 43. Zu den Vorbereitungen für Madrid: PdGVS, 10.10.1978, HAC-400, E 1059, O 7; PdGVS, 5.2.1980, HAC-400, E 1059, O 8.

145 Ramm, Commerzbank-Konzern, S. 52.

146 Diese Zentralisierung des Führungspersonals in Frankfurt schloss Gegenbewegungen mit ein: Um den Weggang von Terrahe aus Düsseldorf zu kompensieren, ging 1973 Armin Reckel von Hamburg nach Düsseldorf; 1974 wechselte zudem Götz Knappertsbusch von Frankfurt nach Düsseldorf. Vgl. Commerzbank AG, GB 1973 und 1974, S. 7 bzw. 10.

147 Fischer, Bankarchitektur, S. 256f.

148 PdGVS, 28.3.1977 und 5.4.1977, HAC-400, E 1059, O 5. Zu den Gebietsstellen: Krause, Zeitreise, S. 136; PdGVS, 5.4.1977, HAC-400, E 1059, O 5.

149 PdGVS, 17.1.1978, HAC-400, E 1059, O 6; Müller-Gebel, Mitarbeiter, S. 66; Commerzbank AG, GB 1979, S. 49. Zu den Mitarbeiterzahlen: Geschäftsentwicklung Commerzbank AG (1952–1997) und Geschäftsentwicklung Commerzbank-Konzern seit 1967, https://www.commerzbank.de/media/de/konzern_1/geschichte/download_8/CB1952-1997_zahlen_2019.pdf (zuletzt aufgerufen am 4.1.2019).

150 PdGVS, 30.1.1974, HAC-N 26/24 IV.

151 Müller-Gebel, Mitarbeiter, S. 74.

152 Ebenda, S. 76f.

153 Ebenda, S. 76.

154 Dokumentation »Frauen in unserer Bank. Karrieren gestern, heute, morgen. Eine Ausstellung des Historischen Archivs der Commerzbank«, HAC.

155 Aufschlussreich ist in dieser Hinsicht auch ein europäischer Vergleich: Sigrid Quack, Karrieren im Glaspalast. Weibliche Führungskräfte in europäischen Banken, WZB Discussion Papers FS-I-97-104, Berlin 1997.

156 PdGVS, 26.2.1974, HAC-N 26/24 IV.

157 PdGVS, 5.3.1974, HAC-N 26/24 IV.

158 PdGVS, 24.5.1974, HAC-N 26/24 IV.

159 Commerzbank AG, GB 1979, S. 48.

160 Vgl. diverse Aufstellungen der Aufsichtsrats- und Beiratsmandate von Paul Lichtenberg in HAC-400/650 II.

161 Universalbank-System: Die Omnipotenten, in: Der Spiegel, 18.1.1971. Diese Spiegel-Titelgeschichte löste wegen ihres polemischen Tons heftige Gegenreaktionen bei den Banken aus. Vgl. Kurt Schrempf, Die deutschen Banken im Zerrspiegel, in: ZfgK 24 (1971), S. 168–169.

162 Als exemplarische Beiträge zu dieser Debatte, in der sich auch das Wirtschafts- und Sozialwissenschaftliche Institut des Deutschen Gewerkschaftsbundes zu Wort meldete: Manfred Hein/Hartmut Flöter, »Macht der Banken« – Folgerungen aus der bisherigen Diskussion, in: ebenda, S. 342–361; Bernd Mülhaupt, Gewerkschaften und Bankenreform, in: WSI-Mitteilungen 28 (1975), 7, S. 375–390.

163 Die Monopolkommission nahm 1974 die Arbeit auf und legte 1976 ihr erstes Hauptgutachten vor; von einer Verstaatlichung der Großbanken war darin keine Rede mehr. Vgl. Monopolkommission (Hg.), Mehr Wettbewerb ist möglich. Hauptgutachten 1973/75, Baden-Baden 1976, insb. S. 190–297.

164 Das Arbeitsprogramm umfasste neben systematischen Erhebungen zum Anteilsbesitz der Banken, zur Ausübung des Vollmachtstimmrechts und zur Wahrnehmung von Aufsichtsratsmandaten eine umfassende Bestandsaufnahme der in Wirtschaft, Wissenschaft, Politik und Gesellschaft geäußerten Kritik am Universalbanksystem. Zur Arbeit der Studienkommission: Sattler, Herrhausen, S. 363–381. Der Abschlussbericht lag erst 1979 vor: Bundesministerium der Finanzen (Hg.), Grundsatzfragen der Kreditwirtschaft. Bericht der Studienkommission, Bonn 1979.

165 Jeske, Dialog, S. 201.

166 Bundesverband deutscher Banken (Hg.), Jahresbericht für 1972/73, Köln 1973; Bundesverband deutscher Banken (Hg.), Stichworte für die Diskussion über Funktion und Einfluss der Banken, Köln 1973.

167 Exemplarisch: Paul Lichtenberg, Die Beteiligungspolitik der Banken, in: ZfgK 27 (1974), 5, S. 180–184.

168 Bundesverband deutscher Banken (Hg.), Banken im Fortschritt von Wirtschaft und Gesellschaft. XII. Deutscher Bankentag 1974. Referate und Podiumsdiskussion, Köln 1974.

169 Jeske, Dialog, S. 197.

170 Wolf, Fundament, S. 44. Zum Werbeetat: PdGVS, 28.1.1976, HAC-N 26/24 VI.

171 Hermann Simon, Marketing und Bankgeschäft, in: Commerzbank, Dienstleister, S. 206–219, hier S. 211; Krauss, Bankwerbung, S. 231. Der Slogan wurde ab Anfang 1977 in der Werbung eingesetzt.

172 Geschäftsentwicklung Commerzbank AG (1952–1997) und Geschäftsentwicklung Commerzbank-Konzern seit 1967, https://www.commerzbank.de/media/de/konzern_1/geschichte/download_8/CB1952-1997_zahlen_2019.pdf (zuletzt aufgerufen am 4.1.2019).

173 Ebenda.

174 Wolf, Fundament, S. 44.

175 Krause, Zeitreise, S. 126; Wolf, Fundament, S. 45.

176 PdGVS, 11.12.1973 und 2.4.1974, HAC-N 26/24 IV. Als der erste Halbjahresbericht für 1975 vorlag, konnte man erfreut feststellen, dass der Personaleinsatz im eigenen Haus günstiger lag als bei beiden Nachbarbanken. Infolge steigender Mitarbeiterzahlen waren die Personalaufwendungen aber dennoch kräftig angestiegen, während die Nachbarbanken erfolgreich Personalabbau betrieben hatten. Vgl. PdGVS, 5.8.1975, HAC-N 26/24 V.

177 PdGVS, 23.7.1974 und 13.8.1974, HAC-N 26/24 IV.

178 Wolf, Fundament, S. 45.

179 PdGVS, 16.1.1979, HAC-400, E 1059, O 7.

180 Ebenda.

181 PdGVS, 12.6.1979, HAC-400, E 1059, O 7.

182 PdGVS, 31.7.1979, HAC-400, E 1059, O 7. Die Zentrale Bilanzabteilung der Commerzbank wurde gebeten, »eine analytische Untersuchung der strukturellen Entwicklung der drei Banken anhand der Zweimonatsbilanzen zu erstellen«. Vgl. PdGVS, 7.8.1979, HAC-400, E 1059, O 7.

183 Quellen: Commerzbank AG, GB 1977–1980.

184 PdGVS, 6.11.1979 und 13.11.1979, HAC-400, E 1059, O 8; Commerzbank AG, GB 1979, S. 39.

185 PdGVS, 3.11.1979, HAC-400, E 1059, O 8.

4. Krise, Konsolidierung und neuer Aufbruch (1980 bis 1989)

1 Geschäftsentwicklung Commerzbank AG (1952–1997) und Geschäftsentwicklung Commerzbank-Konzern seit 1967, https://www.commerzbank.de/media/de/konzern_1/geschichte/download_8/CB1952-1997_zahlen_2019.pdf (zuletzt aufgerufen am 4.1.2019).

2 Krause, Zeitreise, S. 131; Mindermann, Commerzbank, S. 108 f.

3 Ebenda, S. 111.

4 Herbert Wolf, Rückblicke, Manuskriptdruck, Frankfurt am Main 1996, S. 97.

5 Ebenda, S. 112 f.

6 Zu den Vorbereitungen: PdGVS, 21.1.1986, HAC-400, E 1059, O 15. Zur Kursentwicklung: Geschäftsentwicklung Commerzbank AG (1952–1997) und Geschäftsentwicklung Commerzbank-Konzern seit 1967, https://www.commerzbank.de/media/de/konzern_1/geschichte/download_8/CB1952-1997_zahlen_2019.pdf (zuletzt aufgerufen am 4.1.2019). Zur Diskussion über die später erforderlichen Kapitalmaßnahmen: PdGVS, 8.12.1987, 23.2.1988 und 8.3.1988, HAC-400, E 1059, O 18.

7 Erst 1993 wurde wieder eine reguläre Kapitalerhöhung mit Bezugsrecht für die Aktionäre vorgenommen. Vgl. Mindermann, Commerzbank, S. 112.

8 Zur personellen Besetzung: Commerzbank AG, GB 1979–1989, passim.

9 Der Gesamtbetriebsrat berichtet, in: Commerzielles. Informationen für Mitarbeiter und Pensionäre der Commerzbank, Nr. 2/84.

10 Da es Lichtenberg schneller als erwartet gelang, einen neuen Vorstandsvorsitzenden zu finden, kehrte er bereits zum 7.5.1981 in den Aufsichtsrat zurück.

11 Krause, Zeitreise, S. 204.

12 An den Sitzungen des Gesamtvorstands nahm Dhom in der Zeit von Ende Juli bis Mitte November 1980 nicht teil, zum Jahresende 1980 schied er dann ganz aus dem Vorstand aus. Vgl. die PdGVS des Jahres 1980, HAC-400, E 1059, O 8 und O 9.

13 PdGVS, 16.12.1980, HAC-400, E 1059, O 9. Dhom, dem die weitere Mitarbeit im Verwaltungsrat angeboten und eine ganze Reihe von Privilegien gewährt wurden, entschied sich im Sommer 1982, gegen die Commerzbank zu klagen. Der Gesamtvorstand beschloss daraufhin, im Streitverfahren die Nichtigkeit der Vereinbarung vom 15.12.1980 geltend zu machen, d.h., Dhom den Firmenwagen und Fahrer zu entziehen, alle Nebenleistungen für das bankeigene Haus in Königstein einzustellen und die Miete für dieses Haus auf monatlich 5000 DM anzuheben. Der Rechtsstreit zog sich über mehrere Jahre hin, erst im Frühjahr 1986 nahmen die Parteien Kurs auf einen außergerichtlichen Vergleich. Vgl. PdGVS, 20.7.1982, HAC-400, E 1059, O 10; PdGVS, 29.4.1986, HAC-400, E 1059, O 15.

14 Die anfänglichen Bemühungen richteten sich auf eine hausinterne Lösung, die jedoch nicht zustande kam. Vgl. Interview mit Walter Seipp am 7.12.2005, HAC; Interview mit Jürgen Reimnitz am 26.7.2012, HAC.

15 Schlütz, Vorstandssprecher, S. 351/352; Interview mit Walter Seipp am 7.12.2005, HAC.

16 Zur Ressortverteilung innerhalb des Vorstands nach dem Eintritt Walter Seipps: PdGVS, 12.5.1981, HAC-400, E 1059, O 9.

17 Krause, Zeitreise, S. 139 f., 207 f.

18 Interview mit Walter Seipp am 7.12.2005, HAC.

19 Erste Weichen in diese Richtung waren von Dietrich-Kurt Frowein und Götz Knappertsbusch schon im Februar 1980 gestellt worden, die neben der Emission von frei handelbaren Bankschuldverschreibungen auch den Absatz von Inhaber-Sparbriefen anzukurbeln gedachten. Vgl. PdGVS, 3.2.1981, HAC-400, E 1059, O 9.

20 Gleich bei der ersten Sondervorstandssitzung im Mai 1981 standen grundsätzliche Fragen wie der Führungsstil und das Geschäftsmodell zur Debatte. Vgl. Protokoll der Sondervorstandssitzung (im Folgenden: PdSVS), 9.5.1981, HAC-400/2314.

21 PdSVS, 19.1.1985, mit Anlage: Vorlage der Zentralen Abteilung für Koordination und Planung »Erstes strategisches Konzept Commerzbank-Konzern« (20.12.1984), HAC-400/2311.

22 Interview mit Walter Seipp am 7.12.2005, HAC.

23 Dicken nahm schon im März 1982 nicht mehr an den Vorstandssitzungen teil, wurde aber noch als »abwesend« vermerkt. Exemplarisch: PdGVS, 23.3.1982, HAC-400, E 1059, O 10.

24 Peter Deuß nahm seit April 1982 nur noch selten an Vorstandssitzungen teil. Vgl. die PdGVS von Januar bis Dezember 1982, HAC-400, E 1059, O 10 und O 11.

25 Schlütz, Vorstandssprecher, S. 355. Außerdem: Interview mit Martin Kohlhaussen am 27.1.2010, HAC.

26 Commerzbank AG, GB 1980, 1981 und 1982, S. 9 bzw. 9 bzw. 11.

27 So wurde es jedenfalls vom Manager Magazin kolportiert und dann von der deutschen Presse immer wieder aufgegriffen. Vgl. Schlütz, Vorstandssprecher, S. 345 (Anm. 1).

28 PdGVS, 4.3.1986, HAC-400, E 1059, O 15.

29 PdGVS, 16.6.1987 und 8.9.1987, HAC-400, E 1059, O 17.

30 PdGVS, 2.11.1988, HAC-400, E 1059, O 18.

31 Ramm, Commerzbank-Konzern, S. 53.

32 Interview mit Walter Seipp am 7.12.2005, HAC.

33 Exemplarisch für die Ausdifferenzierung der Kreditkonditionen bei den privaten Baufinanzierungen und den Mittelstandskrediten: PdGVS, 1.4.1980 und 28.7.1980, HAC-400, E 1059, O 8.

34 PdGVS, 27.11.1979, HAC-400, E 1059, O 8.

35 PdGVS, 8.11.1980 und 2.12.1980, HAC-400, E 1059, O 9.

36 Die H. Maihak AG war ein Hamburger Unternehmen der Mess- und Regelungstechnik, an dessen Aktienkapital von 3 Mio. DM die Commerzbank seit 1971 mit etwas mehr als 50 % beteiligt war. Vgl. Commerzbank AG, GB 1971–1980, passim. Zum Verkauf: PdGVS, 2.12.1980, mit Anlage: Entwurf des Zwischenberichts der Commerzbank AG zum 31.10.1980 (Stand: 2.12.1980), HAC-400, E 1059, O 9.

37 Schlütz, Vorstandssprecher, S. 323; Krause, Zeitreise, S. 139f. Außerdem: Commerzbank AG, GB 1980, S. 53.

38 Commerzbank AG, GB 1980, S. 35, 82. Vgl. auch Wolf, Rückblicke, S. 8.
39 Interview mit Walter Seipp am 7. 12. 2005, HAC.
40 Commerzbank AG, GB 1980, S. 62 f.
41 Ebenda.
42 Ebenda.
43 PdGVS, 31. 3. 1981, HAC-400, E 1059, O 9.
44 Zu den Vorbereitungen: PdGVS, 3. 2. 1981, HAC-400, E 1059, O 9.
45 PdGVS, 25. 8. 1981, HAC-400, E 1059, O 9; PdGVS, 2. 3. 1982, HAC-400, E 1059, O 10; Ramm, Commerzbank-Konzern, S. 53.
46 Schlesinger, Banken, S. 181 f.
47 Ramm, Commerzbank-Konzern, S. 54.
48 Diese Wende zeichnete sich zum Jahresende 1981 ab. Vgl. PdGVS, 17. 11. 1981, HAC-400, E 1059, O 10.
49 Ramm, Commerzbank-Konzern, S. 54.
50 Krause, Zeitreise, S. 143 f.
51 Laura J. Rischbieter, Risiken und Nebenwirkungen. Internationale Finanzstrategien in der Verschuldungskrise der 1980er Jahre, in: GG 41 (2015), 3, S. 465–493.
52 Krause, Zeitreise, S. 146.
53 Zudem durften jetzt auch die Tochtergesellschaften ausländischer Kreditinstitute, die ihren Sitz in der Bundesrepublik hatten, die Konsortialführung bei DM-Auslandsanleihen übernehmen. Vgl. Krause, Zeitreise, S. 146.
54 Sattler, Geschäft.
55 Duccio Basosi/Giuliano Garavini/Massimiliano Trentin (Hg.), Counter-Shock. The Oil Counter-Revolution of the 1980s, London 2018.
56 PdGVS, 4. 2. 1986, HAC-400, E 1059, O 15.
57 Zur Diskussion über den Verkauf im Gesamtvorstand: PdGVS, 14. 1. 1986, 25. 2. 1986, 11. 3. 1986 und 15. 4. 1986, HAC-400, E 1059, O 15. Zu den ersten Vorüberlegungen: PdGVS, 17. 11. 1981, HAC-400, E 1059, O 10; PdGVS, 25. 6. 1985, HAC-400, E 1059, O 14.
58 Am 25. 2. 1986 war man sich handelseinig, am 11. 3. 1986 war die Transaktion beschlossene Sache. Vgl. PdGVS, 25. 2. 1986 und 11. 3. 1986, HAC-400, E 1059, O 15.
59 PdGVS, 4. 5. 1987 und 25. 8. 1987, HAC-400, E 1059, O 17. Zu dem von der Forschung bisher unterschätzten frühen Einsetzen des »Erosionsprozesses« der Deutschland AG: Christopher Kopper, Der langsame Abschied von der Deutschland AG? Die deutschen Banken und die Europäisierung des Kapitalmarkts in den 1980er Jahren, in: AfS 52 (2012), S. 91–110.
60 Im Juli 1987 verständigte sich der Gesamtvorstand auf Eckpunkte seiner Beteiligungspolitik, die auf den vorsichtigen Abbau bestehender Beteiligungen und den Erwerb neuer Beteiligungen in besonders innovativen Branchen hinauslief. Vgl. PdGVS, 28. 7. 1987, HAC-400, E 1059, O 17.
61 Im Mai 1987 berichtete Seipp im Gesamtvorstand über einen Besuch des Präsidenten des Crédit Lyonnais, Jean-Maxime Lévêque, der von Seipp im Juni 1987 mit einem Gegenbesuch beantwortet werden sollte. Vgl. PdGVS, 26. 5. 1987, HAC-400, E 1059, O 17. Gerüchte über das französische Angebot sickerten im August 1987 an die italienische Presse durch. Vgl. PdGVS, 25. 8. 1987, HAC-400, E 1059, O 17.
62 PdGVS, 22. 9. 1987, HAC-400, E 1059, O 17.
63 PdGVS, 6. 10. 1987, 27. 10. 1987 und 1. 5. 1988, HAC-400, E 1059, O 18.
64 PdGVS, 28. 6. 1988, HAC-400, E 1059, O 18.
65 »Allfinanz-Überlegungen« standen erstmals im März 1987 explizit auf der Tagesordnung des Gesamtvorstands. Vgl. PdGVS, 10. 3. 1987, HAC-400, E 1059, O 17. Vgl. auch: Interview mit Walter Seipp am 7. 12. 2005, HAC. Außerdem: Meyen, 120 Jahre, S. 240–243; Büschgen, Deutsche Bank, S. 672–725.
66 Hartwig, Geschäft, S. 139–142.
67 Krause, Zeitreise, S. 150; Ramm, Commerzbank-Konzern, S. 57; Hartwig, Geschäft, S. 140.
68 PdGVS, 8. 11. 1988, 29. 11. 1988, 17. 1. 1989 und 24. 1. 1989, HAC-400, E 1059, O 19.
69 PdGVS, 28. 2. 1989, 14. 3. 1989 und 25. 4. 1989, HAC-400, E 1059, O 19.
70 Ausführlicher: Sattler, Herrhausen, S. 586–601.
71 PdGVS, 7. 3. 1989, HAC-400, E 1059, O 19. Zum Gesprächskontakt zwischen Seipp und Reed: PdGVS, 1. 9. 1987, HAC-400, E 1059, O 17; PdGVS, 7. 11. 1989, HAC-400, E 1059, O 20. Vgl. auch: Interview mit Walter Seipp am 7. 12. 2005, HAC.
72 PdGVS, 14. 3. 1989, HAC-400, E 1059, O 19.
73 PdGVS, 18. 4. 1989, HAC-400, E 1059, O 20.
74 Zur weiteren Diskussion des Brady-Plans im Gesamtvorstand der Commerzbank: PdGVS, 23. 5. 1989, HAC-400, E 1059, O 20. Eine von Herrhausen angeregte Gesprächsrunde wurde von der Deutschen Bank nachträglich wieder abgesagt. Vgl. PdGVS, 5. 9. 1989 und 12. 9. 1989, HAC-400, E 1059, O 20.
75 PdGVS, 12. 9. 1989, HAC-400, E 1059, O 20.
76 Seipp hielt den Gesamtvorstand laufend über seine diesbezüglich geführten Gespräche informiert. Vgl. PdGVS, 11. 4. 1989, 9. 5. 1989 und 16. 5. 1989, HAC-400, E 1059, O 20. Während Seipp von der Idee einer Überkreuzverflechtung überzeugt war und sogar bereit gewesen wäre, dem Crédit Lyonnais eine Beteiligung von 20 % an der Commerzbank zuzubilligen, stand Martin Kohlhaussen einem solchen Verhandlungsansatz kritisch gegenüber, denn die Commerzbank wäre nicht in der Lage gewesen, sich in gleicher Höhe am Crédit Lyonnais zu beteiligen. Vgl. Interview mit Walter Seipp am 7. 12. 2005, HAC; Interview mit Martin Kohlhaussen am 27. 1. 2010, HAC. Ausführlicher zu den strategischen Überlegungen der Commerzbank und des Crédit Lyonnais: Walter Seipp, Strategien und Perspektiven im International Banking, in: Die Betriebswirtschaft 49 (1989), 6, S. 681–688; Jean-Yves Haberer, The Banks' Strategies in the Perspective of the Single Financial Market in Europe, in: Ulrich Ramm (Hg.), Challenges of Global Finance. Die Herausforderungen des globalen Finanzmarktes. Für Walter Seipp, Mainz 1991, S. 173–187.
77 PdGVS, 16. 5. 1989, HAC-400, E 1059, O 20.
78 Vorreiter dieser Entwicklung war die Deutsche Bank: Vgl. Sattler, Herrhausen, S. 472–487, 551–555; Harald Wixforth, »Global Players« im »Europäischen Haus«? Die Expansionsstrategie deutscher Großbanken nach 1945, in: Ahrens/Wixforth, Strukturwandel, S. 97–120, hier S. 110–118.
79 PdGVS, 23. 5. 1989, 13. 6. 1989 und 20. 6. 1989, HAC-400, E 1059, O 20.

80 PdGVS, 7.11.1989 und 28.11.1989, HAC-400, E 1059, O 20.

81 Zur Anpassung der Konditionen: PdGVS, 15.4.1980, HAC-400, E 1059, O 8. Zur Vorbereitung der Aufstellung von Geldautomaten, die im März 1981 in Berlin begann: PdGVS, 27.11.1979, HAC-400, E 1059, O 8. Zur Entwicklung erster Angebote im Eletronic Banking: PdGVS, 10.3.1987 und 12.5.1987, HAC-400, E 1059, O 17. Zur Ausgabe von Kreditkarten ab 1989: Krause, Zeitreise, S. 152. Eine instruktive chronologische Darstellung zur elektronischen Revolution in der Banktechnik am Beispiel der Dresdner Bank findet sich in Meyen, 120 Jahre, S. 182–187. Als profunde, umfassende Untersuchung: Bernardo Bátiz-Lazo, Cash and Dash. How ATMs and Computers Changed Banking, Oxford 2018. Eine aktuelle Überblicksdarstellung zur technischen Entwicklung in der Commerzbank bieten: Berg/Krause/Stein, Banken im Umbruch.

82 Exemplarisch: PdGVS, 18.8.1981, HAC-400, E 1059, O 9. Vgl. auch Commerzbank AG, GB 1980, S. 39.

83 PdGVS, 15.11.1983, HAC-400, E 1059, O 12.

84 PdGVS, 21.2.1984, HAC-400, E 1059, O 12.

85 PdGVS, 7.8.1984, HAC-400, E 1059, O 13.

86 PdGVS, 21.8.1984, 28.8.1984, 4.9.1984 und 11.9.1984, HAC-400, E 1059, O 13.

87 PdGVS, 13.11.1984, HAC-400, E 1059, O 13.

88 Commerzbank AG, GB 1984, S. 25.

89 Krauss, Bankwerbung, S. 232 f.

90 PdGVS, 10.4.1984, HAC-400, E 1059, O 13.

91 Der Vorschlag für eine besondere Werbeaktion »25 Jahre Ratenkredit« wurde im April 1984 vom Gesamtvorstand zurückgewiesen. Vgl. PdGVS, 10.4.1984, HAC-400, E 1059, O 13.

92 Zum Privat-Kredit: PdGVS, 17.4.1984 und 4.9.1984, HAC-400, E 1059, O 13. Zum Wertpapier-Kredit: PdGVS, 24.2.1987, HAC-400, E 1059, O 17.

93 PdGVS, 19.2.1985, HAC-400, E 1059, O 14.

94 PdGVS, 11.3.1980 und 1.4.1980, HAC-400, E 1059, O 8.

95 PdGVS, 21.9.1982 und 28.9.1982, HAC-400, E 1059, O 11. Im Januar 1984 erfolgte eine Eingliederung der Baufinanzierung in die Abteilung für Privatkunden (AfP) in den Gebietsstellen. Vgl. PdGVS, 24.1.1984, HAC-400, E 1059, O 12. Der Gesamtvorstand ließ sich regelmäßig über die Bestände und das Neugeschäft berichten. Exemplarisch: PdGVS, 15.11.1983, HAC-400, E 1059, O 12; PdGVS, 6.11.1984, HAC-400, E 1059, O 13.

96 PdGVS, 23.6.1987, mit Anlage: Vorstandsvorlage betr. Private Baufinanzierung, Zentrale Abteilung für Privatkunden (22.6.1987), HAC-400, E 1059, O 17. Zur Kooperation mit der Rheinischen Hypothekenbank, die im Frühjahr 1986 zur Rheinhyp AG umfirmierte: Ramm, Commerzbank-Konzern, S. 48; PdGVS, 4.2.1986 und 24.6.1986, HAC-400, E 1059, O 15.

97 PdGVS, 8.9.1987, HAC-400, E 1059, O 17. Schon seit 1984 wurden die »Vorausdarlehen« der Commerzbank auch kombiniert mit einer Lebensversicherung angeboten – ein Ansatzpunkt, den man im Sinne des Allfinanz-Gedankens gerne weiter ausbauen wollte. Vgl. PdGVS, 10.4.1984, HAC-400, E 1059, O 13.

98 PdGVS, 26.7.1988, HAC-400, E 1059, O 18; PdGVS, 13.12.1988, HAC-400, E 1059, O 19. Außerdem: Krause, Zeitreise, S. 150; Ramm, Commerzbank-Konzern, S. 57; Hartwig, Geschäft, S. 140.

99 PdGVS, 4.4.1989, 11.4.1989 und 25.4.1989, HAC-400, E 1059, O 20. Außerdem: Hartwig, Geschäft, S. 140.

100 Die Bank beauftragte die Boston Consulting Group mit einer Bewertung der Vertragsentwürfe. Vgl. PdGVS, 12.9.1989 und 3.10.1989, HAC-400, E 1059, O 20.

101 PdGVS, 10.10.1989 und 24.10.1989, HAC-400, E 1059, O 20; PdGVS, 21.11.1989, HAC-400, E 1059, O 21.

102 Durch sukzessive Aktienzukäufe konnte die Commerzbank ihren Anteil an der DBV Holding AG bis 1993 auf 50 % plus eine Aktie ausbauen, brachte diese Mehrheitsbeteiligung aber schon 1994 in eine neue europäische Holding-Gesellschaft ein, an der die schweizerische Winterthur-Gruppe knapp 75 % hielt. Im Gegenzug fuhr die Commerzbank ihre Beteiligungen an der europäischen Holding auf 25 % plus eine Aktie und an der DBV-Holding auf 12,5 % zurück. Vgl. PdGVS, 17.10.1989, HAC-400, E 1059, O 20; Krause, Zeitreise, S. 152; Ramm, Commerzbank-Konzern, S. 57; Hartwig, Geschäft, S. 140 f.

103 Krause, Zeitreise, S. 152.

104 PdGVS, 12.2.1980 und 26.2.1980, HAC-400, E 1059, O 8.

105 PdGVS, 26.2.1980, HAC-400, E 1059, O 8. Die Gruppenbezeichnungen wurden anfangs anders vorgenommen.

106 Schon Anfang Mai 1980 war eine Staffelung von 11,5 %, 11,75 % bzw. 12,25 bis 13,5 % erreicht. Vgl. PdGVS, 6.5.1980, HAC-400, E 1059, O 8. Den Filialen wurde die Möglichkeit eingeräumt, für die Vorzugs- und Primekunden in Ausnahmefällen Ermäßigungen zu gewähren. Vgl. PdGVS, 20.5.1980, HAC-400, E 1059, O 8.

107 PdGVS, 4.3.1980, mit Anlage: Aufstellung der Kreditkunden – Gruppe I (Stand: 3.3.1980), HAC-400, E 1059, O 8.

108 PdGVS, 11.3.1980, 1.4.1980 und 15.4.1980, HAC-400, E 1059, O 8.

109 PdGVS, 26.5.1981 und 14.7.1981, HAC-400, E 1059, O 9. Vgl. auch: Interview mit Walter Seipp am 7.12.2005, HAC.

110 PdGVS, 26.5.1981 und 2.6.1981, HAC-400, E 1059, O 9.

111 Zur ersten Neuauflage im Mai 1983: PdGVS, 2.5.1983, HAC-400, E 1059, O 11. Vgl. auch Commerzbank AG, GB 1984, S. 22.

112 Zur Kooperation mit der Rheinischen Hypothekenbank: PdGVS, 26.4.1983, HAC-400, E 1059, O 11; PdGVS, 7.6.1983 und 14.6.1983, HAC-400, E 1059, O 12. Zur Kooperation mit der CIL und der DIL: PdGVS, 14.1.1986, 18.2.1986, 4.3.1986 und 18.3.1986, HAC-400, E 1059, O 15; PdGVS, 29.7.1986, HAC-400, E 1059, O 16. Die DIL firmierte im Frühjahr 1986 um zur DIL – Deutsche Immobilien Leasing GmbH. Im Hinblick auf die Geschäftspolitik kam es 1988 zu vermehrten Reibungen zwischen den beiden Kapitaleignern Deutsche Bank und Commerzbank. Vgl. PdGVS, 31.5.1988 und 28.6.1988, HAC-400, E 1059, O 18; PdGVS, 30.8.1988, 4.10.1988, 18.10.1988 und 29.11.1988, HAC-400, E 1059, O 19. Die Com-

merzbank war deshalb bestrebt, ihre Position in der DIL – Deutsche Immobilien Leasing GmbH weiter auszubauen, was ihr 1992 mit der vollständigen Übernahme gelang. Anschließend führte sie ihre Aktivitäten in diesem Geschäftsfeld unter dem Namen CommerzLeasing zusammen, wodurch eine der größten universellen Leasing-Gesellschaften der Bundesrepublik entstand. Vgl. PdGVS, 4.11.1986, HAC-400, E 1059, O 16; Ramm, Commerzbank-Konzern, S. 54f.

113 Commerzbank AG, GB 1980, S. 35.

114 Das Kapital der Gesellschaft betrug 1 Mio. DM. Vgl. Krause, Zeitreise, S. 147; Commerzbank AG, GB 1986, S. 20.

115 Das Kapital der Gesellschaft betrug 20 Mio. DM und wurde je zur Hälfte von der Commerzbank und dem Haftpflichtverband der Deutschen Industrie VVaG aufgebracht. Vgl. PdGVS, 10.2.1987, HAC-400, E 1059, O 17; Krause, Zeitreise, S. 148; Ramm, Commerzbank-Konzern, S. 54; Commerzbank AG, GB 1986, S. 20.

116 PdGVS, 11.8.1987, HAC-400, E 1059, O 17.

117 PdGVS, 14.2.1989, HAC-400, E 1059, O 19; PdGVS, 20.6.1989, HAC-400, E 1059, O 20.

118 Krause, Zeitreise, S. 152; Hartwig, Geschäft, S. 140.

119 Exemplarisch: PdGVS, 26.2.1980, 1.4.1980 und 1.7.1980, HAC-400, E 1059, O 8.

120 PdGVS, 28.7.1980, HAC-400, E 1059, O 8.

121 PdGVS, 20.1.1981, HAC-400, E 1059, O 9.

122 Die Commerzbank wollte sich als Leadmanager mit einer Quote von 20 Mio. US-Dollar für vier Jahre minus einen Tag beteiligen und außerdem eine Wohlwollenserklärung für eine Verlängerung um weitere zwei Jahre abgeben; die offizielle Kreditzusage sollte über die Filiale New York erfolgen, auch aus steuerlichen Gründen. Vgl. PdGVS, 7.7.1981, HAC-400, E 1059, O 9.

123 PdGVS, 22.9.1981, HAC-400, E 1059, O 9.

124 PdGVS, 24.11.1981, HAC-400, E 1059, O 10.

125 PdGVS, 16.2.1982 und 22.6.1982, HAC-400, E 1059, O 10.

126 PdGVS, 10.8.1982, HAC-400, E 1059, O 11.

127 PdGVS, 24.8.1982, HAC-400, E 1059, O 11.

128 PdGVS, 30.11.1982 und 14.12.1982, HAC-400, E 1059, O 11.

129 PdGVS, 14.12.1982, HAC-400, E 1059, O 11; PdGVS, 29.6.1983, 13.9.1983, 18.10.1983 und 17.1.1984, HAC-400, E 1059, O 12.

130 PdSVS, 6.8.1983, mit Anlage: Vorlage der Zentralen Auslandsabteilung betr. »Engagements in Ländern, die von Restrukturierungsmaßnahmen betroffen sind oder werden, im Commerzbank-Konzern per 30.5.1983« (21.7.1983), HAC-400/2312.

131 Exemplarisch: PdGVS, 3.4.1984, HAC-400, E 1059, O 13; PdGVS, 26.8.1986, HAC-400, E 1059, O 16.

132 Commerzbank AG, GB 1984, S. 20; Commerzbank AG, GB 1986, S. 19.

133 Im Dezember 1985 führte sie beispielsweise den zuvor ausgeweiteten Rahmen für das kommerzielle Geschäft mit Adressen in Mexiko wieder auf 50 Mio. DM zurück. Vgl. PdGVS, 10.12.1985, HAC-400, E 1059, O 15. Zur grundsätzlichen Haltung: Walter Seipp, Internationale Finanzierungskrise: Aussichten und Auswege. Vortrag vor dem Institut für Kapitalmarktforschung an der Johann-Wolfgang-Goethe-Universität Frankfurt, 28.6.1985, HAC-S1/463.

134 PdGVS, 19.8.1986, 28.10.1986, 18.11.1986 und 9.12.1986, HAC-400, E 1059, O 16; PdGVS, 17.3.1987, 12.5.1987 und 16.6.1987, HAC-400, E 1059, O 17.

135 Exemplarisch: PdGVS, 30.12.1986, HAC-400, E 1059, O 16.

136 PdGVS, 24.11.1987, HAC-400, E 1059, O 18.

137 PdGVS, 12.1.1988 und 2.2.1988, HAC-400, E 1059, O 18.

138 PdGVS, 4.10.1988, HAC-400, E 1059, O 19.

139 PdGVS, 31.1.1989, HAC-400, E 1059, O 19.

140 PdGVS, 24.10.1989, HAC-400, E 1059, O 20; Commerzbank AG, GB 1989, S. 36.

141 Commerzbank AG, GB 1986, S. 24.

142 PdGVS, 1.5.1988, 31.5.1988, 7.6.1988, 14.6.1988 und 28.6.1988, HAC-400, E 1059, O 18.

143 Diese generellen Tendenzen spiegeln sich gut im Bericht des Gesamtvorstands der Commerzbank für das Konsortial- und Börsengeschäft im Jahr 1986 wider, das durch starke Dynamik gekennzeichnet war, zunächst stark steigende, dann stark fallende Aktienkurse. Vgl. Commerzbank AG, GB 1986, S. 31–35.

144 Commerzbank AG, GB 1980 und 1989, S. 42 bzw. 28.

145 In den späten 1980er Jahren veräußerte die Commerzbank einige angestammte Beteiligungen, kaufte aber auch zahlreiche neue hinzu: Sie trennte sich beispielsweise vollständig von ihren Anteilen an der Didier-Werke AG in Wiesbaden, der Hutschenreuther AG in Selb und der Sachs AG in München und erwarb unter anderem neue Beteiligungen an der Boge AG in Eitorf, der Computer AG in München, der Kautex-Bayern GmbH in Mallersdorf, der Kautex Werke Reinold Hagen AG in Bonn, der Linde AG in Wiesbaden, der Linotype AG in Eschborn, der Salamander AG in Kornwestheim und der Hans Wiebe Textil AG in Berlin. Vgl. Commerzbank AG, GB 1987–1990, passim.

146 Zu diesem hart umkämpften Geschäftsfeld: Interview mit Jürgen Reimnitz am 26.7.2012, HAC.

147 Exemplarisch zur Vorbereitung von Aktienplatzierungen und Börseneinführungen: PdGVS, 15.5.1984, HAC-400, E 1059, O 13. Außerdem: Commerzbank AG, GB 1986 und 1989, S. 33 bzw. 30. Zum Überblick der quantitativen Entwicklung: Commerzbank AG, GB 1980, 1986 und 1989, S. 94 bzw. 94f. bzw. 31.

148 Wolf, Rückblicke, S. 101; Commerzbank AG, GB 1989, S. 45.

149 Commerzbank AG, GB 1980 und 1986, S. 42 bzw. 20.

150 Exemplarisch: PdGVS, 16.8.1983, HAC-400, E 1059, O 12.

151 PdGVS, 24.9.1985, HAC-400, E 1059, O 14. Die Entwicklung des Private Wealth Managements zählt zu den bisher leider stark vernachlässigten Forschungsfeldern der jüngeren Banken- und Finanzgeschichte.

152 PdGVS, 23.9.1986, HAC-400, E 1059, O 16; Commerzbank AG, GB 1986, S. 34; Krause, Zeitreise, S. 147; Ramm, Commerzbank-Konzern, S. 55.

153 PdGVS, 10.6.1986, HAC-400, E 1059, O 15; PdGVS, 29.7.1986, HAC-400, E 1059, O 16. Zur Gründung einer internationalen Kapitalanlagegesellschaft: PdGVS, 2.9.1986, HAC-400, E 1059, O 16.

154 Commerzbank AG, GB 1986, S. 20.

155 PdGVS, 20.10.1987 und 10.11.1987, HAC-400, E 1059, O 18.

156 PdGVS, 17.11.1987, HAC-400, E 1059, O 18.

157 PdGVS, 21.10.1986, HAC-400, E 1059, O 16; Krause, Zeitreise, S. 147; Ramm, Commerzbank-Konzern, S. 54.

158 Zur Gründung: PdGVS, 9.12.1986, HAC-400, E 1059, O 16; Commerzbank AG, GB 1986, S. 20; Krause, Zeitreise, S. 147; Ramm, Commerzbank-Konzern, S. 54. Zur Geschäftsentwicklung: PdGVS, 17.2.1987 und 9.6.1987, HAC-400, E 1059, O 17; PdGVS, 19.7.1988, HAC-400, E 1059, O 18; Commerzbank AG, GB 1989, S. 33.

159 PdGVS, 25.4.1989 und 1.8.1989, HAC-400, E 1059, O 20. Zu den Irish Regulated Investment Companies (RIC): Fiona Reddan, Ireland's IFSC. A Story of Global Financial Success, Cork 2008.

160 Krause, Zeitreise, S. 150; Ramm, Commerzbank-Konzern, S. 54.

161 PdGVS, 11.10.1988, 14.2.1989 und 21.2.1989, HAC-400, E 1059, O 19; PdGVS, 17.10.1989, HAC-400, E 1059, O 20. Vgl. auch Kopper, Abschied, S. 99.

162 PdGVS, 26.2.1980, HAC-400, E 1059, O 8. Für eine Aufstellung der Engagements mit US-Banken: PdGVS, 15.4.1980, HAC-400, E 1059, O 8.

163 Exemplarisch für den Geld- und Devisenhandel mit sowjetischen Auslandsbanken: PdGVS, 12.1.1982, HAC-400, E 1059, O 10. Im Hinblick auf Devisentermingeschäfte mit lateinamerikanischen Banken: PdGVS, 21.9.1982, HAC-400, E 1059, O 11. Zur strengen Kontrolle: PdGVS, 12.10.1982, HAC-400, E 1059, O 11.

164 PdGVS, 30.11.1982 und 1.3.1983, HAC-400, E 1059, O 11; PdGVS, 29.6.1983, HAC-400, E 1059, O 12. Zum Bestand an Zins- und Zins-Währungs-Swaps sowie Zins-Caps der Commerzbank im März 1989: PdGVS, 9.5.1989, HAC-400, E 1059, O 20.

165 Verluste und Fehlbeträge aus Devisen- und Wertpapierhandelsgeschäften standen im Februar und März 1984 mehrfach zur Debatte. Vgl. PdGVS, 28.2.1984 und 7.3.1984, HAC-400, E 1059, O 12. Zur Anhebung des Limits: PdGVS, 23.10.1984, HAC-400, E 1059, O 13.

166 Schon im Sommer 1984 hatte sich der Gesamtvorstand auf einer Sondervorstandssitzung eingehend mit der »Entwicklung und Anwendung neuer Instrumente zur Absicherung von Wechselkurs- und Zinsrisiken« befasst. Vgl. PdSVS am 28.7.1984, HAC-400/2307.

167 PdGVS, 24.9.1985, HAC-400, E 1059, O 14.

168 PdGVS, 10.3.1987, HAC-400, E 1059, O 17.

169 PdGVS, 12.5.1987 und 30.6.1987, HAC-400, E 1059, O 17.

170 Ebenda.

171 PdGVS, 25.7.1989, HAC-400, E 1059, O 20; Commerzbank AG, GB 1989, S. 33. Die DTB Deutsche Terminbörse GmbH wurde schon 1988 durch 17 Banken gegründet, den Aufsichtsratsvorsitz übernahm Rolf-E. Breuer von der Deutschen Bank. Der Handel wurde am 26. Februar 1990 aufgenommen.

172 Commerzbank AG, GB 1989, S. 24.

173 Commerzbank AG, GB 1980 und 1989, S. 34, 44 bzw. 25, 38.

174 Umfangreiche Vorschläge dazu wurden im Januar 1983 diskutiert. Vgl. PdSVS, 23.1.1983, mit Anlage: Vorlage der Zentralen Auslandsabteilung betr. Veräußerung von Minderheitsbeteiligungen an Auslandsbanken (20.1.1983), HAC-400/2312.

175 Zum zehnjährigen Jubiläum der Europartners-Gruppe: PdGVS, 12.5.1981, HAC-400, E 1059, O 9.

176 PdGVS, 1.7.1980, HAC-400, E 1059, O 8.

177 Das »Projekt Barcelona« wurde deshalb bis auf Weiteres verschoben, 1981 dann aber doch realisiert: Vgl. Krause, Zeitreise, S. 141.

178 PdGVS, 3.2.1981, HAC-400, E 1059, O 9; PdGVS, 17.2.1981, HAC-400, E 1059, O 9.

179 PdGVS, 13.2.1981, 7.4.1981 und 14.4.1981, HAC-400, E 1059, O 9. Außerdem: Ramm, Commerzbank-Konzern, S. 55.

180 Commerzbank AG, GB 1986 und 1989, S. 78f. bzw. 79.

181 Über Veränderungen im Aktionärskreis war seit Dezember 1982 gesprochen worden. Im Oktober 1984 akzeptierten der Banco di Roma und der Crédit Lyonnais dann das Preisangebot für die Übernahme ihres Anteils von insgesamt 30 % an der Europartners Bank (Nederland) N. V. Vgl. PdGVS, 14.12.1982 und 22.2.1983, HAC-400, E 1059, O 11; PdGVS, 31.7.1984 und 23.10.1984, HAC-400, E 1059, O 13. Außerdem: Krause, Zeitreise, S. 146; Ramm, Commerzbank-Konzern, S. 55.

182 Commerzbank AG, GB 1986 und 1989, S. 81 bzw. 80.

183 PdGVS, 9.9.1986, HAC-400, E 1059, O 16.

184 Commerzbank AG, GB 1981, S. 89, 122f.

185 Commerzbank AG, GB 1979, S. 54.

186 PdSVS, 23.1.1983, mit Anlage: Vorlage der Zentralen Auslandsabteilung betr. Veräußerung von Minderheitsbeteiligungen an Auslandsbanken (20.1.1983), HAC-400/2312; Krause, Zeitreise, S. 147.

187 Die Beteiligung an dieser Bank war im Januar 1983 ebenfalls zur Disposition gestellt worden, blieb jedoch bestehen. Zum weiteren Ausbau: PdGVS, 15.9.1987 und 22.9.1987, HAC-400, E 1059, O 17; Commerzbank AG, GB 1989, S. 109.

188 PdGVS, 25.4.1989, HAC-400, E 1059, O 20.

189 PdGVS, 23.10.1984, HAC-400, E 1059, O 13. Die im Januar 1983 vorgenommene Überprüfung der Repräsentanzen hatte eigentlich die Schließung der Vertretungen in Madrid und Jakarta nahegelegt. Vgl. PdSVS, 23.1.1983, mit Anlage: Vorlage der Zentralen Auslandsabteilung betr. Überprüfung der Repräsentanzen im Ausland (19.1.1983), HAC-400/2312.

190 Krause, Zeitreise, S. 143; Ramm, Commerzbank-Konzern, S. 56; Commerzbank AG, GB 1984, S. 18. Exemplarisch für eine 50-Mio.-Pfund-Anleihe, eine 400-Mio.-DM-Anleihe, eine 75-Mio.-AUS-Dollar-Anleihe und eine 100-Mio.-US-Dollar-Anleihe: PdGVS, 18.3.1986, HAC-400, E 1059, O 15; PdGVS, 13.1.1987 und 12.5.1987, HAC-400, E 1059, O 17; PdGVS, 9.2.1988, HAC-400, E 1059, O 18. 1989 wurde das Kapital der Gesellschaft auf 10,4 Mio. DM aufgestockt. Vgl. PdGVS, 9.5.1989, HAC-400, E 1059, O 20; Commerzbank AG, GB 1989, S. 108.

191 Krause, Zeitreise, S. 152. Vgl. auch PdGVS, 24.1.1989, HAC-400, E 1059, O 19.

192 Barthold von Ribbentrop, IBF-Dollar New York, in: Institut für Kapitalmarktforschung, Off-shore-Kreditmärkte, S. 101–121.
193 PdGVS, 9.9.1980, HAC-400, E 1059, O 8. Für die Commerzbank nahm daran Wolfgang Jahn, für die Dresdner Bank Manfred Meier-Preschany und für die Deutsche Bank Alfred Herrhausen teil.
194 PdGVS, 11.8.1981, HAC-400, E 1059, O 9.
195 PdGVS, 18.8.1981, HAC-400, E 1059, O 9; PdGVS, 22.12.1981, HAC-400, E 1059, O 10.
196 PdGVS, 26.4.1983, HAC-400, E 1059, O 11; PdGVS, 6.9.1983, HAC-400, E 1059, O 12.
197 PdGVS, 27.11.1984, HAC-400, E 1059, O 13; Krause, Zeitreise, S. 147; Ramm, Commerzbank-Konzern, S. 55; Commerzbank, GB 1986, S. 114.
198 PdGVS, 15.7.1986, HAC-400, E 1059, O 16; Krause, Zeitreise, S. 149.
199 Die Vorgespräche für ein solches Rating begannen schon im März 1984. Vgl. PdGVS, 7.3.1984, HAC-400, E 1059, O 12. Erst 1985 lagen dann alle Genehmigungen und auch positive Ratings vor. Vgl. Commerzbank, GB 1985, S. 18.
200 PdGVS, 19.2.1985, HAC-400, E 1059, O 14.
201 PdGVS, 11.3.1986, HAC-400, E 1059, O 15.
202 PdGVS, 9.12.1986, HAC-400, E 1059, O 16.
203 PdSVS 31.7.1987, mit Anlage: Vorlage der Zentralen Abteilung für Koordination und Planung betr. »Statusbericht EuroPartners Securities Inc., New York« (27.1.1987), HAC-400/2308 (Protokoll) bzw. HAC-400/2310 (Vorlage).
204 PdGVS, 16.6.1987, HAC-400, E 1059, O 17; PdGVS, 6.10.1987, 13.10.1987 und 16.2.1988, HAC-400, E 1059, O 18. Im Sommer 1986 hatte sich der Gesamtvorstand erstmals ausführlich mit den Möglichkeiten zur Belebung des Investmentbankings in den USA befasst. Vgl. PdSVS am 26.7.1986, mit Anlage: Vorlage der Zentralen Abteilung für Koordination und Planung betr. »Investment Banking in den USA« (18.6.1986), HAC-400/2308.
205 Krause, Zeitreise, S. 151; Ramm, Commerzbank-Konzern, S. 56; Commerzbank, GB 1989, S. 33.
206 Beteiligungen bestanden außerdem an der Mithai Europartners Finance & Securities Company Ltd. in Bangkok, der P. T. Finconesia Financial Corporation of Indonesia in Jakarta, der Development Bank of Singapore Ltd. in Singapur, der Industrial Finance Corporation of Thailand (IFCT) in Bangkok, der Private Investment Company for Asia (PICA) S. A. in Panama/Singapur und an der Pakistan Industrial Credit & Investment Corporation Ltd. (PICIC) in Karachi. Vgl. Commerzbank, GB 1980, S. 116f. Im Januar 1983 wurde im Hinblick auf die IFCT, die PICA und die PICIC eine Veräußerung erwogen, die anderen Beteiligungen entwickelten sich jedoch sehr gut und standen nicht zur Debatte. Vgl. PdSVS, 23.1.1983, mit Anlage: Vorlage der Zentralen Auslandsabteilung betr. Veräußerung von Minderheitsbeteiligungen an Auslandsbanken (20.1.1983), HAC-400/2312.
207 Krause, Zeitreise, S. 143. Wie sich im Kontext der allgemeinen politischen Entwicklung und der deutsch-chinesischen Wirtschaftsbeziehungen der Markteintritt der bundesdeutschen Banken in der Volksrepublik China vollzog, beleuchtet am Fallbeispiel der Commerzbank: Yi Liu, German Banks' Entry in the People's Republic of China. The Case of Commerzbank, MS (Master Thesis), Bochum 2018. Für die freundliche Überlassung des Manuskripts möchte ich mich bei Yi Liu bedanken.
208 Er war damit sowohl für die Betreuung der Filialen in Tokio und in Hongkong als auch für die Commerzbank (South East Asia) Ltd. in Singapur verantwortlich, deren Board of Directors er angehörte. Darüber hinaus oblag ihm die Betreuung Großbritanniens und – in Vertretung – Nordamerikas. Vgl. PdGVS, 8.12.1981, HAC-400, E 1059, O 10. Außerdem: Interview mit Martin Kohlhaussen am 27.1.2010, HAC.
209 Exemplarisch für eine gemeinsame Reise von Seipp und Kohlhaussen nach Tokio, Hongkong und Singapur: PdGVS, 15.11.1983, HAC-400, E 1059, O 12.
210 PdGVS, 18.10.1983 und 21.2.1984, HAC-400, E 1059, O 12.
211 PdGVS, 12.8.1986, HAC-400, E 1059, O 16. Außerdem: Krause, Zeitreise, S. 149; Ramm, Commerzbank-Konzern, S. 56; Commerzbank AG, GB 1986, S. 20.
212 PdGVS, 16.6.1981, HAC-400, E 1059, O 9.
213 Zur Vorbereitung der Eröffnung der Filiale Singapur: PdGVS, 22.11.1988, HAC-400, E 1059, O 19. Außerdem: Krause, Zeitreise, S. 138; Ramm, Commerzbank-Konzern, S. 56. Zur Einrichtung einer Repräsentanz in Bangkok: PdGVS, 11.7.1989, HAC-400, E 1059, O 20.
214 Commerzbank AG, GB 1981, S. 38.
215 Interview mit Walter Seipp am 7.12.2005, HAC.
216 Vgl. hierzu auch die Diskussion im Gesamtvorstand aus Anlass der Vorlage des Jahresberichts der Zentralen Abteilung für Firmenkunden für 1986: PdGVS, 19.5.1987, HAC-400, E 1059, O 17. Die Zusammenarbeit der zentralen Fachabteilungen untereinander sowie die Umsetzung der zwischen ihnen abgestimmten Vorgehensweise mit den Gebietsstellen und Filialen verlief nicht reibungslos, etwa im Hinblick auf die Betreuung multinationaler Unternehmen. Vgl. PdGVS, 20.10.1987 und 19.4.1988, HAC-400, E 1059, O 18.
217 Commerzbank AG, GB 1983 und 1989, S. 19 bzw. 21.
218 Wolf, Fundament, S. 47.
219 Ramm, Commerzbank-Konzern, S. 58; Krause, Zeitreise, S. 154.
220 Zur Entwicklung und Implementierung des Planungs- und Steuerungssystems: PdSVS, 20.1.1983, HAC-400/2307; PdSVS, 6.8.1983, HAC-400/2312; PdSVS, 28.7.1984, HAC-400/2307; PdGVS, 16.12.1986, HAC-400, E 1059, O 16.
221 Exemplarisch für den Geschäftsbereich Privatkunden und Marketing sowie Baufinanzierungen: PdGVS, 7.10.1986, HAC-400, E 1059, O 16. Immer wieder fanden nun auch »Organisationsberatungen« statt. Vgl. etwa PdGVS, 16.9.1986, HAC-400, E 1059, O 16; PdGVS, 28.7.1987, HAC-400, E 1059, O 17.
222 PdGVS, 20.9.1988, HAC-400, E 1059, O 19.
223 Terrahe, Bank, S. 98.
224 Krause, Zeitreise, S. 143. Vgl. dazu auch PdGVS, 15.11.1983, HAC-400, E 1059, O 12; PdGVS, 13.11.1984, HAC-400, E 1059, O 13; PdGVS, 10.9.1985, HAC-400, E 1059, O 14.
225 Krause, Zeitreise, S. 143; Terrahe, Bank, S. 100.
226 Zur Störungs- und Notfallvorsorge für das »TZF«: PdGVS, 10.9.1985, HAC-400, E 1059, O 14.

227 Krause, Zeitreise, S. 146; Terrahe, Bank, S. 99f.
228 Ebenda, S. 99.
229 PdGVS, 16. 12. 1986, HAC-400, E 1059, O 16.
230 Krause, Zeitreise, S. 148.
231 Ebenda.
232 PdGVS, 25. 10. 1988, HAC-400, E 1059, O 19.
233 Geschäftsentwicklung Commerzbank AG (1952–1997) und Geschäftsentwicklung Commerzbank-Konzern seit 1967, https://www.commerzbank.de/media/de/konzern_1/geschichte/download_8/CB1952-1997_zahlen_2019.pdf (zuletzt aufgerufen am 4. 1. 2019).
234 Müller-Gebel, Mitarbeiter, S. 76.
235 Exemplarisch: PdGVS, 25. 8. 1981, HAC-400, E 1059, O 9. Als Beispiel für die Personalbedarfsplanung der zentralen Fach- und Stabsabteilungen: PdGVS, 15. 12. 1987, HAC-400, E 1059, O 18.
236 Müller-Gebel, Mitarbeiter, S. 68.
237 Die Angabe bezieht sich auf 1981. Fünf Jahre zuvor hatte er noch bei 71 % gelegen. Vgl. Commerzbank AG, GB 1981, S. 53.
238 Müller-Gebel, Mitarbeiter, S. 68.
239 Dies geschah vor allem über den »Förderkreis Studium«. Vgl. Commerzbank AG, GB 1986 und 1989, S. 42 bzw. 39.
240 Nach und nach wurden diese Programme in umfassende, bis zu fünfjährige Förderprogramme eingebunden, darunter das 1989 entwickelte Förderprogramm »Dreisprung«. Vgl. Commerzbank AG, GB 1981, 1988 und 1989, S. 55 bzw. 44f. bzw. 38.
241 Müller-Gebel, Mitarbeiter, S. 77.
242 Ebenda, S. 69; Simon, Marketing, S. 217f.
243 Müller-Gebel, Mitarbeiter, S. 78.
244 Ebenda.
245 Exemplarisch: PdGVS, 25. 11. 1986, HAC-400, E 1059, O 16.
246 Commerzbank AG, GB 1988, S. 46f.
247 Krause, Zeitreise, S. 152; Müller-Gebel, Mitarbeiter, S. 77; Commerzbank AG, GB 1988, S. 47.
248 Müller-Gebel, Mitarbeiter, S. 76; Commerzbank AG, GB 1989, S. 40f.
249 Der Gesamtbetriebsrat berichtet, in: Commerzielles. Informationen für Mitarbeiter und Pensionäre der Commerzbank, Nr. 2/84.
250 Klaus-Müller-Gebel an Gisela Feldhoff, 20. 11. 1997, HAC, Sammlung zur Ausstellung »Frauen in unserer Bank«.
251 Lebenslauf Gisela Feldhoff, 15. 11. 2011, HAC, Sammlung zur Ausstellung »Frauen in unserer Bank«.
252 Klaus-Müller-Gebel an Gisela Feldhoff, 20. 11. 1997, HAC, Sammlung zur Ausstellung »Frauen in unserer Bank«.
253 Jeske, Dialog, S. 196f.
254 Ebenda, S. 201.
255 Satzung der Commerzbank-Stiftung in der Fassung vom 15. 12. 1992, § 2. Für die freundliche Überlassung dieser Fassung danke ich Doris Schwerdtfeger. Vgl. außerdem: Commerzbank-Stiftung 1970–1995, in: Commerzbank AG, GB 1994 – 125 Jahre, S. 29–37, hier 32.
256 Satzung der Commerzbank-Stiftung in der Fassung vom 15. 12. 1992, § 2.
257 Ebenda, S. 96; PdGVS, 1. 7. 1986, HAC-400, E 1059, O 16; PdGVS, 13. 4. 1988, HAC-400, E 1059, O 18.
258 Commerzbank-Stiftung 1970–1995, in: Commerzbank AG, GB 1994 – 125 Jahre, S. 29–37, hier S. 30; Interview der Autorin mit Doris Schwerdtfeger am 18. 12. 2018.
259 Interview mit Jürgen Reimnitz, in: Institutional Investor, July 1981, zitiert nach Schlütz, Vorstandssprecher, S. 342.
260 Aufschlussreich hierzu ist die Diskussion der Aufwandsvorausschau für das Geschäftsjahr 1981 im Gesamtvorstand. Vgl. PdGVS, 27. 1. 1981, HAC-400, E 1059, O 9. Zur Diskussion über die Gestaltung der Kreditkonditionen: PdGVS, 12. 5. 1981, HAC-400, E 1059, O 9.
261 Exemplarisch: PdGVS, 27. 4. 1982, HAC-400, E 1059, O 10; PdGVS, 7. 3. 1984, HAC-400, E 1059, O 12. Zu den generellen Möglichkeiten des Controllings von Geschäftsstellen: Verbeck, Filialnetzpolitik, S. 29–31.
262 Commerzbank AG, GB 1984 und 1985, S. 18 bzw. 18.
263 Krause, Zeitreise, S. 142.
264 Commerzbank AG, GB 1984, 1985 und 1986, S. 18 bzw. 18 bzw. 17, 19. Der Gesamtvorstand verschaffte sich regelmäßig einen Überblick über den aktuellen Bestand an Zins- und Währungs-Swaps: PdGVS, 10. 6. 1986, HAC-400, E 1059, O 15; PdGVS, 1. 7. 1986, HAC-400, E 1059, O 16; PdGVS, 4. 5. 1987, HAC-400, E 1059, O 17.
265 Quellen: Geschäftsentwicklung Commerzbank AG (1952–1997) und Geschäftsentwicklung Commerzbank-Konzern seit 1967, https://www.commerzbank.de/media/de/konzern_1/geschichte/download_8/CB1952-1997_zahlen_2019.pdf (zuletzt aufgerufen am 4. 1. 2019).
266 PdGVS, 19. 7. 1983, HAC-400, E 1059, O 12. Ausführlicher zu den steigenden Insolvenzen und den voraussichtlich erforderlichen Wertberichtigungen: PdGVS, 8. 11. 1983, HAC-400, E 1059, O 12. Die Auswirkungen von Insolvenzen auf das Vertrauensverhältnis zwischen Banken und Industrie analysiert: Richard H. Tilly, Trust and Mistrust: Banks, Giant Debtors, and Enterprise Crises in Germany, 1960–2002, in: JWG 46 (2005), 1, S. 107–135.
267 Vgl. die Angaben in Tabelle 9.
268 Seit dem Sommer 1986 gab sie auch Euro-Commercial-Paper (ECP) heraus, die in London platziert wurden und den Auslandsstützpunkten außerhalb der USA zugutekamen. Zur Vorbereitung des Euro-Commercial-Paper-Programms: PdGVS, 10. 6. 1986, HAC-400, E 1059, O 15. Außerdem: Commerzbank AG, GB 1986, S. 19.
269 Commerzbank AG, GB 1986–1989.
270 Im Gesamtvorstand stand wiederholt der Umgang mit den »Ertragsbelastungen« zur Debatte. Vgl. exemplarisch: PdGVS, 16. 6. 1987 und 30. 6. 1989, HAC-400, E 1059, O 17.
271 Commerzbank AG, GB 1984–1987.
272 Commerzbank AG, GB 1989, S. 56.
273 Der Gesamtvorstand hatte im März 1988 nach einem Vortrag Kohlhaussens über die Lage der CISAL beschlossen, im Zusammenhang mit dem erhöhten Gewinnausweis und der damit verbundenen erhöhten Rücklagenzuweisung eine »Umwidmung bei den Länderwertberichtigungen« vorzunehmen. Vgl. PdGVS, 8. 3. 1988, HAC-400, E 1059, O 18.

274 Schlütz, Vorstandssprecher, S. 364. Außerdem: Steuerhinterziehung. Buße für die Commerzbank, in: Der Spiegel, 21. 12. 1998.

275 Meyen, 120 Jahre, S. 219. Ganz ähnlich sah der Entwicklungstrend bei den Bankkonzernen insgesamt aus, auch wenn er größere Schwankungen aufwies.

III. Die Commerzbank 1989 bis 2019: Zwischen Expansion und Konsolidierung

1. Geografische Expansion als Erfolgsrezept? (1989 bis 1994)

1 Für diesen Beitrag standen aufgrund der archivüblichen Sperrfristen die Protokolle der regulären Vorstands- und Aufsichtsratssitzungen nicht zur Verfügung, wohl konnte Einsicht in die Protokolle von Sondervorstandssitzungen (SVS) genommen werden. Zudem danken die Verfasser für die Möglichkeit, Einsicht in ausgewählte Handakten aus dem Büro von Martin Blessing nehmen zu können.

2 Vertrag über die Schaffung einer Währungs-, Wirtschafts- und Sozialunion zwischen der Bundesrepublik Deutschland und der Deutschen Demokratischen Republik (Staatsvertrag) vom 18. 5. 1990.

3 Abelshauser, Wirtschaftsgeschichte, S. 443 f.

4 Vgl. zur Darstellung der Rahmenbedingungen Stephan Paul, Auf dem Weg zur »verbundfokussierten Zentralbank« – Der Wandel des Geschäftsmodells zwischen Marktentwicklung und Finanzmarktregulierung (1949–2010), in: Timothy Guinnane u. a., Die Geschichte der DZ Bank, München 2013, S. 323–435, S. 338 ff.

5 Michael von Prollius, Deutsche Wirtschaftsgeschichte nach 1945, Stuttgart 2006, S. 250 f.

6 Abelshauser, Wirtschaftsgeschichte, S. 448. Die Treuhandanstalt hatte 8000 Unternehmen mit 40 000 Betriebsstätten und ca. 6 Millionen Arbeitnehmern »verwertet«; von Prollius, Wirtschaftsgeschichte, S. 252.

7 Zur Bedeutung institutioneller Faktoren vgl. Abelshauser, Wirtschaftsgeschichte, S. 449.

8 Von Prollius, Wirtschaftsgeschichte, S. 273.

9 Stefan Schirm, Deutschlands wirtschaftspolitische Antworten auf Globalisierung, in: Hans-Peter Schwarz (Hg.), Die Bundesrepublik Deutschland: eine Bilanz nach 60 Jahren, Köln 2008, S. 405–422; Werner Plumpe, Industrieland Deutschland 1945 bis 2008, in: Ebenda, S. 379–404, S. 402 f.

10 Werner Plumpe, Wirtschaftskrisen – Geschichte und Gegenwart, München 2010, S. 108 f.

11 Joachim Süchting/Stephan Paul, Bankmanagement, 4. Aufl., Stuttgart 1998, S. 35 f. und 40.

12 Süchting/Paul, Bankmanagement, S. 51–58; Stephan Paul, Bankenintermediation und Verbriefung – Neue Chancen und Risiken für Kreditinstitute durch Asset Backed Securities?, Wiesbaden 1994.

13 Wolfram Engels, Wozu braucht man noch Banken?, in: Bank und Markt, 4/1993, S. 17–22; Ingo Walter, On the Stability of the US Banking System, Referat im Kontaktseminar an der Ruhr-Universität Bochum am 28. 5. 1991, in: Joachim Süchting (Hg.), Semesterbericht Nr. 34 des Instituts für Kredit- und Finanzwirtschaft, Bochum 1991, S. 39–42.

14 Ulrich Cartellieri, Aktuelle Perspektiven deutscher Banken im internationalen Wettbewerb, Referat im Kontaktseminar an der Ruhr-Universität Bochum am 22. 5. 1990, in: Joachim Süchting (Hg.), Semesterbericht Nr. 32 des Instituts für Kredit- und Finanzwirtschaft, Bochum 1990, S. 36–39.

15 Vgl. Stephan Paul, Umbruch der Bankenregulierung – Die Entwicklung des Baseler Regelwerks im Überblick, in: Gerhard Hofmann (Hg.), Basel III, Risikomanagement und neue Bankenaufsicht, Frankfurt/M. 2015, S. 1–79.

16 Commerzbank AG, GB 1988, S. 10.

17 Dresdner Bank AG, GB 1988, S. 18–27.

18 Dresdner Bank AG, GB 1989, S. 6.

19 Ebenda, S. 27.

20 Ebenda, S. 7.

21 Commerzbank AG, GB 1989, S. 10.

22 Ebenda, Einlegeteil, S. 6 f.

23 Deutsche Bank AG, GB 1989, S. 18.

24 Walter Seipp, Kommentar zum Vortrag von Martin Bangemann, in: Bundesverband deutscher Banken (Hg.), XV. Deutscher Bankentag am 26. 4. 1990 in Bonn, S. 52–55, hier S. 52 f.

25 Seipp, Bankentag, S. 53 f.

26 DDR-Strategien der Commerzbank, in: Börsen-Zeitung, 29. 3. 1990.

27 Volker Wolff, Box-Banking, in: Capital, 6/1990.

28 Büschgen, Deutsche Bank, S. 806 ff.

29 Ebenda.

30 Volker Wolff, Box Banking, in: Capital, 6/1990.

31 Vgl. die Erfahrungsberichte vom Aufbau der Infrastruktur des Geschäfts in: Freundlich reden, in: Der Spiegel, 24/1990.

32 DDR-Strategien der Commerzbank, in: Börsen-Zeitung, 29. 3. 1990.

33 Sabine Richter, Das Kreditrisiko im Osten ist siebenmal höher, in: Welt am Sonntag, 31. 1. 1993; Müller zitiert darin die interne Studie einer anderen Großbank.

34 HAC-400/S 6 (Dresden).

35 Commerzbank AG, GB 1989, S. 10.

36 Sondervorstandssitzung (SVS), 28. 7. 1990, Top 12b, ZPA – Personalplanung 1990, HAC-400/2317, S. 4.

37 Ebenda.

38 Brief des Gesamtbetriebsrats an den Vorstand der Commerzbank AG, 24. 7. 1990, HAC-400/2317.

39 SVS, 28. 7. 1990, Top 12b, ZPA – Personalplanung 1990, HAC-400/2317, S. 6.

40 Commerzbank AG, GB 1990, S. 10.
41 Ebenda, S. 13.
42 Ebenda, S. 40.
43 SVS, 25. 1. 1992, ZPK – Strategie des Geschäfts mit Privaten Kunden in den Neuen Bundesländern, HAC-400/2320, S. 3.
44 Ebenda, S. 5.
45 Ebenda, S. 3.
46 Ebenda, S. 1.
47 Ebenda, S. 3.
48 Ebenda.
49 Ebenda.
50 SVS, 25. 1. 1992, ZFK – Firmenkundengeschäft in den Neuen Bundesländern, HAC-400/2320, S. 2.
51 Ebenda, S. 5.
52 Ebenda, S. 6.
53 Commerzbank AG, GB 1990, S. 38.
54 Ebenda, S. 42.
55 Ebenda, S. 42.
56 SVS, 25. 1. 1992, ZPK – Strategische Zielsetzung, Analyse und Planung unseres Geschäftes in den Neuen Bundesländern, HAC-400/2320, Anhang: Schema der drei Entwicklungsphasen bis 1995.
57 Ebenda, S. 3.
58 Commerzbank AG, GB 1990, S. 40.
59 Ebenda, S. 42.
60 SVS, 25. 1. 1992, ZPK – Strategie des Geschäfts mit Privaten Kunden in den Neuen Bundesländern, HAC-400/2320, S. 6.
61 Commerzbank AG, GB 1990, S. 42.
62 Ute Semkat, Bankerinnen auf dem Vormarsch, in: Die Welt, 3. 8. 1992.
63 SVS, 25. 1. 1992, ZPK – Strategie des Geschäfts mit Privaten Kunden in den Neuen Bundesländern, HAC-400/2320, S. 4.
64 Ebenda, Anhang: Schema der drei Entwicklungsphasen bis 1995.
65 Schlütz, Vorstandssprecher, S. 363.
66 Ebenda, S. 377.
67 SVS, 25. 6. 1994, Konzernentwicklung – Position der Commerzbank in den Neuen Bundesländern mit Empfehlungen für Strategien und Maßnahmen, HAC-400/2345, Anlage I.
68 Commerzbank AG, GB 1991, S. 27.
69 SVS, 25. 6. 1994, Konzernentwicklung – Position der Commerzbank in den Neuen Bundesländern mit Empfehlungen für Strategien und Maßnahmen, HAC-400/2345, S. 2.
70 Ebenda, S. 1.
71 Ebenda, S. 2.
72 Ebenda, Anlage III.
73 Ebenda, Anlage IV.
74 Ebenda, S. 5.
75 Ebenda.
76 Ebenda.
77 Ebenda, S. 3.
78 Ebenda, Anlage I.
79 Ebenda.
80 Ebenda, S. 4.
81 Büschgen, Deutsche Bank, S. 810.
82 Geschäftsverteilungsplan des Vorstands vom 1. 6. 1991, HAC-S4/4, Vorstand II, 1981-1991; zusätzlich waren die Vorstände für bestimmte Regionen zuständig.
83 Vgl. zum Folgenden Schlütz, Vorstandssprecher, S. 370 ff. Siehe auch den Beitrag von Friederike Sattler in diesem Band, S. 376.
84 Ebenda, S. 345.
85 Udo Perina, Die Zähne gezeigt, in: Die Zeit, 12. 4. 1991.
86 Vgl. Schlütz, Vorstandssprecher, S. 359 f., und den Beitrag von Friederike Sattler in diesem Band, S. 382.
87 Schlütz, Vorstandssprecher, S. 365.
88 Bernhard Jünemann, Ohne Zweifel, in: Wirtschaftswoche, 38/1994.
89 Gerald Braunberger, »Mir liegt der Banker traditioneller Auffassung sicherlich ziemlich nahe«, Gespräch mit Martin Kohlhaussen, in: Frankfurter Allgemeine Zeitung, 10. 6. 1991.
90 Ebenda.
91 Mario Müller, Stiller Nachfolger, in: Wirtschaftswoche, 3. 5. 1991.
92 Ebenda.
93 Arno Balzer, Ora et Labora, in: Manager Magazin, 12/1993.
94 Bernhard Jünemann, Aus der Deckung, in: Wirtschaftswoche 38/1994.
95 Müller, Stiller Nachfolger, in: Wirtschaftswoche, 3. 5. 1991.
96 Bernhard Jünemann, Ohne Zweifel, in; Wirtschaftswoche, 38/1994.
97 Müller, Stiller Nachfolger, in: Wirtschaftswoche, 3. 5. 1991.
98 Balzer, Ora et Labora, in: Manager Magazin, 12/1993.
99 Braunberger, »Mir liegt der Banker traditioneller Auffassung sicherlich ziemlich nahe«, Gespräch mit Martin Kohlhaussen, in: Frankfurter Allgemeine Zeitung, 10. 6. 1991.
100 Schlütz, Vorstandssprecher, S. 372.
101 Balzer, Ora et Labora, in: Manager Magazin, 12/1993.
102 Perina, Die Zähne gezeigt, in: Die Zeit, 12. 4. 1991.
103 Zitiert nach Schlütz, Vorstandssprecher, S. 361.
104 Die Dividende stieg von 6 DM (1984) auf 8 DM (1985), 9 DM (1986–89) und 10 DM (1990).
105 SVS, 27. 1. 1990, Top 6a, ZKP – Strategische Planung: Neues strategisches Konzept für den Commerzbank-Konzern, HAC-400/2317; vgl. auch entsprechende Ausführungen in Commerzbank AG, GB 1991, S. 4.
106 SVS, 27. 1. 1990, Top 6a, ZKP – Strategische Planung: Neues strategisches Konzept für den Commerzbank-Konzern, HAC-400/2317, S. 8.
107 In Anlehnung an die interne Auswertung der Commerzbank vom 20. 6. 1995 für die SVS vom 1. 7. 1995, HAC-400/2349. Entgegen der aus der Quelle übernommenen Fassung der Aufwandsrentabilität wird mit diesem Begriff zumeist der Kehrwert, die Cost-Income-Ratio, bezeichnet.
108 Hans K. Herdt, Walter Seipps Kulturrevolution, in: Börsen-Zeitung, 28. 5. 1991.
109 Jünemann, Aus der Deckung, in: Wirtschaftswoche, 38/1994.
110 SVS, 25. 1. 1992, ZPK – Strategische Zielsetzung, Analyse und Planung unseres Geschäftes in den neuen Bundesländern, HAC-400/2320, S. 1 f.
111 Commerzbank AG, GB 1991, S. 19, 24, 26, 28, 31, 39.
112 Commerzbank AG, GB 1992, S. 8.
113 Commerzbank AG, GB 1989, S. 4.

114 Commerzbank AG, GB 1991, S. 32f.
115 Schlütz, Vorstandssprecher, S. 382.
116 Commerzbank AG, GB 1991, S. 33.
117 SVS, 1.7.1995, Top 6, Konzernentwicklung/Konzerncontrolling – Ergebnisse Geschäftsstellenstrukturreform, HAC-400/2343, S. 1 (Abschlussbericht von McKinsey).
118 SVS, 26.1.1991, Top 4, ZKP – Geschäftsstellenanalyse EP001 für 1990 mit Vergleich Vorjahre, HAC-400/2317, S. 3.
119 SVS, 27.1.1990, Top 4, Geschäftsstellenanalyse EP001 1989, HAC-400/2317, Protokoll zur Sitzung.
120 SVS, 28.7.1990, Top 4, ZKP – Geschäftsstellenrentabilität, HAC-400/2317, S. 1.
121 Ebenda, S. 2.
122 SVS, 27.7.1991, Top 4a, ZKP – Neue Geschäftsstellenstruktur – Erfahrungen der Pilotumsetzungsplanung in Bremen und Frankfurt – Abschlußbericht des Z-Teams, HAC-400/2319, S. 1. Eine genauere Quantifizierung ist nicht möglich, da intern eine Produkterfolgsrechnung dominierte und auch extern keine Segmentberichterstattung erfolgte, aus der die Rentabilität des Privatkundengeschäfts ersichtlich gewesen wäre.
123 SVS, 27.7.1991, Top 4a, ZKP – Neue Geschäftsstellenstruktur – Erfahrungen der Pilotumsetzungsplanung in Bremen und Frankfurt, HAC-400/2319, S. 3.
124 Ebenda.
125 Karen Heemann/Mario Müller, Prioritäten gesetzt, in: Wirtschaftswoche, 2/1991.
126 SVS, 28.7.1990, Top 4, ZKP – Geschäftsstellenrentabilität, HAC-400/2317, S. 5.
127 SVS, 27.7.1991, Top 4a, ZKP – Neue Geschäftsstellenstruktur – Ergebnisse der Umsetzungsplanung – Abschlußbericht des Z-Teams, HAC-400/2319, Schaubild 1 und 2.
128 SVS, 27.1.1990, Top 5, Protokoll über die Sitzung des Gesamtvorstandes der Commerzbank AG, HAC-400/2317, S. 9.
129 Balzer, Ora et Labora, in: Manager Magazin, 12/1993, S. 57.
130 SVS, 27.7.1991, Top 4a, ZKP – Neue Geschäftsstellenstruktur – Erfahrungen der Pilotumsetzungsplanung in Bremen, HAC-400/2319, S. 1.
131 SVS, 27.7.1991, Top 4a, ZKP – Neue Geschäftsstellenstruktur – Ergebnisse der Umsetzungsplanung – Abschlußbericht des Z-Teams, HAC-400/2319, S. 1.
132 Ebenda, S. 15.
133 Commerzbank AG, GB 1990, S. 18.
134 SVS, 27.7.1991, Top 4a, ZKP – Neue Geschäftsstellenstruktur – Ergebnisse der Umsetzungsplanung – Abschlußbericht des Z-Teams, HAC-400/2319, S. 10.
135 Ebenda, S. 11.
136 Ebenda, S. 18.
137 Ebenda, S. 12.
138 Ebenda, S. 7.
139 SVS, 27.7.1991, Top 4a, ZKP – Neue Geschäftsstellenstruktur – Erfahrungen der Pilotumsetzungsplanung in Bremen und Frankfurt, HAC-400/2319, S. 12.
140 Eigene Darstellung nach SVS, 27.7.1991, Top 4a, ZKP – Neue Geschäftsstellenstruktur – Ergebnisse der Umsetzungsplanung – Abschlußbericht des Z-Teams, HAC-400/2319, Schaubild 15; Commerzbank AG, GB 1989, S. 21.
141 Ebenda, S. 4–8.
142 SVS, 27.7.1991, Top 4a, ZKP – Neue Geschäftsstellenstruktur – Ergebnisse der Umsetzungsplanung – Abschlußbericht des Z-Teams, HAC-400/2319, S. 11f.
143 Ebenda.
144 Ebenda, S. 12.
145 SVS, 27.7.1991, Top 4c, ZKP/ZOA – Geschäftsstellenstruktur-Reform Zwischenbericht: Bildung von AfTs/ Straffung von Arbeitsabläufen, HAC-400/2319, S. 1.
146 Ebenda, S. 2.
147 SVS, 27.7.1991, Top 4a, ZKP – Neue Geschäftsstellenstruktur – Erfahrungen der Pilotumsetzungsplanung in Bremen und Frankfurt, HAC-400/2319, S. 10.
148 SVS, 27.7.1991, Top 4c, ZKP/ZOA – Geschäftsstellenstruktur-Reform Zwischenbericht: Bildung von AfTs/ Straffung von Arbeitsabläufen, HAC-400/2319, S. 2.
149 Ebenda, S. 2f.
150 SVS, 27.7.1991, Top 4a, ZKP – Neue Geschäftsstellenstruktur – Ergebnisse der Umsetzungsplanung – Abschlußbericht des Z-Teams, HAC-400/2319, S. 1.
151 Ebenda, S. 2.
152 Ebenda.
153 Ebenda, S. 9.
154 Ebenda, S. 3.
155 Ebenda, S. 5.
156 SVS, 27.7.1991, Top 4a, ZKP – Neue Geschäftsstellenstruktur – Erfahrungen der Pilotumsetzungsplanung in Bremen und Frankfurt, HAC-400/2319, S. 8.
157 SVS, 27.7.1991, Top 4a, ZKP – Neue Geschäftsstellenstruktur – Ergebnisse der Umsetzungsplanung – Abschlußbericht des Z-Teams, HAC-400/2319, S. 6.
158 Ebenda, S. 5f.
159 Ebenda, S. 5.
160 SVS, 27.7.1991, Top 4a, ZKP – Neue Geschäftsstellenstruktur – Erfahrungen der Pilotumsetzungsplanung in Bremen und Frankfurt, HAC-400/2319, S. 4.
161 Ebenda, S. 17.
162 SVS, 27.7.1991, Top 4a, ZKP – Neue Geschäftsstellenstruktur – Ergebnisse der Umsetzungsplanung – Abschlußbericht des Z-Teams, HAC-400/2319, S. 7.
163 Ebenda, S. 8.
164 SVS, 27.7.1991, Top 4a, ZKP – Neue Geschäftsstellenstruktur – Erfahrungen der Pilotumsetzungsplanung in Bremen und Frankfurt, HAC-400/2319, S. 2.
165 SVS, 24.7.1993, Top 5, ZKP – Neuausrichtung der Geschäftsstellenstruktur: Stand der Umsetzung per Juni 1993, HAC-400/2341, S. 2.
166 Ebenda, S. 5.
167 SVS, 27.7.1991, Top 4a, ZKP – Neue Geschäftsstellenstruktur – Ergebnisse der Umsetzungsplanung – Abschlußbericht des Z-Teams, HAC-400/2319, S. 7.
168 Ebenda, ZKP – Neue Geschäftsstellenstruktur – Erfahrungen der Pilotumsetzungsplanung in Bremen und Frankfurt, HAC-400/2319, S. 19.
169 Eigene Darstellung nach SVS, 27.7.1991, Top 4a, ZKP – Neue Geschäftsstellenstruktur – Erfahrungen der Pilotumsetzungsplanung in Bremen und Frankfurt – Abschlußbericht des Z-Teams, HAC-400/2319, Schaubild 2.
170 Ebenda, S. 24.
171 SVS, 27.7.1991, Top 4a, ZKP – Neue Geschäftsstellenstruktur – Ergebnisse der Umsetzungsplanung – Abschlußbericht des Z-Teams, HAC-400/2319, S. 3.

172 SVS, 1.7.1995, Top 6, Konzernentwicklung/Konzerncontrolling – Ergebnisse der Geschäftsstellenstrukturreform, HAC-400/2343, S. 2.
173 Ebenda, S. 2–3.
174 Ebenda, S. 3.
175 Ebenda, S. 4.
176 Ebenda, S. 4–5.
177 Ebenda, S. 6.
178 Ebenda, S. 7.
179 Balzer, Ora et Labora, in: Manager Magazin, 12/1993.
180 Commerzbank AG, GB 1993, S. 19.
181 Balzer, Ora et Labora, in: Manager Magazin, 12/1993.
182 Commerzbank AG, GB 1989, S. 4.
183 Ebenda, S. 34.
184 Ebenda, S. 35.
185 Ebenda.
186 Commerzbank AG, GB 1991, S. 30.
187 Commerzbank AG, GB 1993, S. 28; Commerzbank AG, GB 1992, S. 18.
188 Commerzbank AG, GB 1993, S. 28.
189 Commerzbank AG, GB 1994, S. 25.
190 Commerzbank AG, GB 1993, S. 31–37.
191 SVS, 25.6.1994, Abteilung Konzernentwicklung – Beteiligung an der Bank Rozwoju Eksportu S. A., Warschau (Export Development Bank), HAC-400/2343, S. 6.
192 Ebenda, S. 2.
193 Ebenda, S. 3.
194 Ebenda, S. 2.
195 Ebenda, S. 6.
196 Ebenda, S. 2.
197 SVS, 25.1.1992, Top 9, ZKP – Europastrategie/Zwischenbericht, HAC-400/2320, S. 1.
198 SVS, 25.7.1992, ZKP – Europa-Strategie/weiterer Bericht, HAC-400/2338.
199 SVS, 25.1.1992, Top 9, ZKP – Europastrategie/Zwischenbericht, HAC-400/2320, S. 3.
200 Ebenda, S. 2.
201 SVS, 25.7.1992, ZKP – Europa-Strategie/weiterer Bericht, HAC-400/2338, S. 4.
202 SVS, 25.1.1992, Top 9, ZKP – Europastrategie/Zwischenbericht, HAC-400/2320, S. 2–4.
203 SVS,. 25.7.1992, ZKP – Europa-Strategie/weiterer Bericht, HAC-400/2338, S. 4.
204 SVS, 25.1.1992, Top 9, ZKP – Europastrategie/Zwischenbericht, HAC-400/2320, S. 2.
205 Ebenda, S. 5.
206 Ebenda, S. 4.
207 Commerzbank AG, GB 1991, S. 19 f.
208 Commerzbank AG, GB 1993, S. 23.
209 Commerzbank AG, GB 1995, S. 46.
210 Commerzbank AG, GB 1988, S. 114. Siehe auch den Beitrag von Friederike Sattler in diesem Band, S. 363.
211 Ebenda, S. 87.
212 Ebenda, Commerzbank AG, GB 1989, S. 81.
213 Commerzbank AG, GB 1988, S. 42.
214 Commerzbank AG, GB 1989, S. 108.
215 Commerzbank AG, GB 1991, S. 30.
216 Commerzbank AG, GB 1992, S. 21.
217 Commerzbank AG, GB 1994, S. 27.
218 Commerzbank AG, GB 1995, S. 47.
219 Zu diesem Konzept vgl. Süchting/Paul, Bankmanagement, S. 711 ff.
220 SVS, 25.1.1992, Top 9, ZKP – Europastrategie/Zwischenbericht, HAC-400/2320, S. 4.
221 SVS, 25.7.1992, ZKP – Europa-Strategie/weiterer Bericht, HAC-400/2338, S. 6.
222 Ebenda.
223 Ebenda, S. 7.
224 Banken unter Druck, in: Capital, 9/1992; zur Gründung der Europartners-Gruppe siehe Beitrag von Friederike Sattler in diesem Band, S. 318.
225 Ulrich Ramm, Der Commerzbank-Konzern heute, in: Commerzbank, Dienstleister, S. 48–59, hier: S. 52.
226 Vgl. dazu auch Gerald Braunberger, Die sperrigen Europartners – Erfahrungen der Commerzbank, in: Frankfurter Allgemeine Zeitung, 21.6.1991.
227 Ebenda.
228 Commerzbank AG, GB 1993, S. 24.
229 Ebenda, S. 23.
230 SVS, 30.6.1996, Konzerncontrolling: Strategische Allianz mit Banco Central Hispanoamericano und Banca Commerciale Italiana, Mailand, HAC-400/2355.
231 Commerzbank AG, GB 1993, S. 10.
232 Commerzbank AG, GB 1995, S. 12.
233 Zum Folgenden vgl. Büschgen, Deutsche Bank, S. 801 f.
234 Hilmar Kopper, Wir verkaufen, was dem Kunden Freude macht, in: Cash 3 (1991), Nr. 6, S. 19–25.
235 SVS, 3.7.1990, Top 15, ZPK – Zusammenarbeit mit qualifizierten Zuführern, HAC-400/2317, S. 1.
236 Commerzbank AG, GB 1989, S. 22. Siehe Beitrag von Friederike Sattler in diesem Band, S. 384 ff.
237 Ebenda.
238 Commerzbank AG, GB 1992, S. 17.
239 Süchting/Paul, Bankmanagement, S. 705 ff.
240 Krause, Zeitreise, S. 165.

2. Expansion in das Investmentbanking als Ausweg? (1995 bis 2000)

1 Schlütz, Vorstandssprecher, S. 379.
2 Süchting/Paul, Bankmanagement, S. 121 ff., sowie Beitrag von Friederike Sattler in diesem Band, S. 366.
3 Büschgen, Deutsche Bank, S. 633–676.
4 Bundesministerium der Finanzen, Studienkommission »Grundsatzfragen der Kreditwirtschaft«, Schriftenreihe Heft 28, Bonn 1979.
5 Kohlhaussen begegnet Bankenkritik, in: Börsen-Zeitung, 21.2.1995.
6 Ebenda; Banken sind keine heiligen Kühe, in: Süddeutsche Zeitung, 20.2.1995.
7 Vgl. Büschgen, Deutsche Bank, S. 657 ff.
8 Commerzbank AG, GB 1995, S. 84.
9 La Ola mit der größten Bankfiliale, in: Frankfurter Rundschau, 12.6.1995.
10 Schlütz, Vorstandssprecher, S. 380.
11 Commerzbank AG, GB 1995, S. 42.

12 Gerhard Kutscher, Die Verbesserung von Gewinn und Rendite steht im Mittelpunkt, in: Handelsblatt, 17.2.1995.
13 Commerzbank AG, GB 1994, S. 6.
14 Diese beleuchtete auf nur etwa 80 der 360 Seiten die Geschichte der Commerzbank. Es finden sich stattdessen rund 20 Beiträge, die allgemeine Entwicklungen im Bankgeschäft aufgreifen und dem Zusammenspiel von »Bank und Gesellschaft« nachgehen.
15 Martin Kohlhaussen, Zur Strategie der Commerzbank, in: Commerzbank, Dienstleister, S. 316–321, hier: S. 316.
16 In Anlehnung an die interne Auswertung der Commerzbank vom 20.6.1995 für die SVS vom 1.7.1995, HAC-400/2349.
17 Zur Aufschlüsselung der Definition vgl. SVS, 1.7.1995, Top 5b, ZKE – Geschäftsfeldplanung 1995–1997, Anlage 1.
18 SVS, 30.6.1996, ZPK – Profitabilität im Geschäftsfeld Private Kunden, HAC-400/2355.
19 Eigene Darstellung nach Daten von Thomson Reuters Datastream.
20 Kutscher, Die Verbesserung von Gewinn und Rendite steht im Mittelpunkt, in: Handelsblatt, 17.2.1995.
21 Kohlhaussen, Zur Strategie der Commerzbank, S. 317.
22 Gerald Braunberger, Mit fester Hand ins nächste Jahrtausend, in: Frankfurter Allgemeine Zeitung, 18.2.1995.
23 In der Literatur existiert keine einheitliche Definition oder abschließende Aufzählung der zum Investmentbanking gehörenden Geschäfte. Vgl. für einen Überblick Heinz-J. Hockmann/Friedrich Thießen, Investmentbanking, 3. Aufl., Stuttgart 2012.
24 Für einen Überblick vgl. Süchting/Paul, Bankmanagement, S. 54ff.
25 Mit »Big Bang« ist die infolge eines Gesetzes vom 27.10.1986 eingeleitete Reform der Londoner Börse gemeint, die vorsah, dass zukünftig Firmen anstelle von Einzelpersonen als Börsenhändler auftreten konnten und die bisherige Trennung zwischen Börsenhändler und Marktmacher aufgehoben wurde. Insgesamt fand hier also eine Modernisierung und Liberalisierung des Wertpapierhandels statt. Dies zusammen mit der Umstellung auf den elektronischen Handel katapultierte die Londoner Börse innerhalb kürzester Zeit zum drittgrößten Börsenplatz der Welt. Kritische Stimmen meinen jedoch, dass die mit dieser Reform erfolgte Abkehr von der persönlichen Haftung eine der Wurzeln der Finanzkrise des Jahres 2008 war. Siehe Gerd Zitzelsberger, Erst ignoriert, dann kopiert. 20 Jahre nach dem Big Bang in London, in: Süddeutsche Zeitung, 5.12.2008.
26 Paul, Bankenintermediation, S. 3ff.
27 Büschgen, Deutsche Bank, S. 851.
28 Deutsche Bank AG, GB 1995, S. 19.
29 Ebenda, S. 38.
30 Commerzbank AG, GB 1988, S. 24, sowie zum Vergleich Commerzbank AG, GB 1989, S. 28.
31 Commerzbank AG, GB 1988, S. 32.
32 Siehe voriges Kapitel.
33 Commerzbank AG, GB 1995, S. 37.
34 Deutsche Bank AG, GB 1995, S. 21.
35 Eigene Darstellung nach Commerzbank AG, GB 1993, S. 18, sowie GB 1995, S. 103.
36 SVS, 25.11.1995, Konzernentwicklung/Konzerncontrolling – Umsetzung der Strategie der CB im Investment Banking, HAC-400/2347.
37 Ebenda.
38 Commerzbank AG, GB 1988, S. 29.
39 SVS, 28.6.1997, Top 6a, Strategische Entwicklung Asset Management, HAC-400/2351, S. 1.
40 Ebenda.
41 Ebenda, Anhang: Wachstum Assets under Management: Intern vs. Extern.
42 Commerzbank AG, GB 1988, S. 56.
43 Commerzbank AG, GB 1990, S. 83.
44 SVS, 28.6.1997, Top 6a, Strategische Entwicklung Asset Management, HAC-400/2351, S. 1.
45 Ebenda, Anhang: Commerzbank Asset Management Standorte.
46 Commerzbank AG, GB 1989, S. 108.
47 Commerzbank AG, GB 1991, S. 30.
48 SVS, 28.6.1997, Top 6a, Strategische Entwicklung Asset Management, HAC-400/2351, Anhang: Commerzbank Asset Management Standorte.
49 Ebenda, S. 1.
50 SVS, 25.11.1995, Konzernentwicklung/Konzerncontrolling – Umsetzung der Strategie der CB im Investment Banking, HAC-400/2347, S. 1.
51 SVS, 1.7.1995, ZKE – Geschäftsfeldplanung 1995–1997, Geschäftsfeldplan ZAM, HAC-400/2343, S. 2.
52 SVS, 25.11.1995, Konzernentwicklung/Konzerncontrolling – Umsetzung der Strategie der CB im Investment Banking, HAC-400/2347, S. 1.
53 Ebenda, S. 2.
54 Ebenda, S. 1.
55 SVS, 28.6.1997, Top 6b, ZKE – Strategische Entwicklung Global Equities, Global Bonds und Corporate Finance, HAC-400/2351, S. 14.
56 Ebenda, S. 18.
57 SVS, 25.11.1995, ZKE – Umsetzung der Strategie der CB im Investment Banking, HAC-400/2347, S. 1.
58 Ebenda.
59 Asset Manager als Eckpfeiler, in: Börsen-Zeitung, 18.9.1998.
60 Commerzbank AG, GB 1993, S. 30.
61 Commerzbank AG, GB 1994, S. 28, und zur Gründung der ADIG siehe Beitrag von Friederike Sattler in diesem Band, Kap. 1.2.
62 Commerzbank AG, GB 1994, S. 49.
63 Commerzbank AG, GB 1995, S. 38.
64 Ebenda.
65 Ebenda, S. 49.
66 SVS, 20.6.1995, ZAM – Geschäftsfeldplan, HAC-400/2343, S. 1.
67 Ebenda, S. 2.
68 Montgomery an Commerzbank?, in: Frankfurter Allgemeine Zeitung, 18.1.1997.
69 Siehe hierzu unter anderen: ebenda; Commerzbank vor Übernahme der Montgomery, in: Süddeutsche Zeitung, 8.3.1997.
70 SVS, 28.6.1997, Top 6a, Strategische Entwicklung Asset Management, HAC-400/2351, S. 2.
71 SVS, 25.11.1995, Konzernentwicklung/Konzerncontrolling – Umsetzung der Strategie der CB im Investment Banking, HAC-400/2347, S. 1.
72 SVS, 28.6.1997, Top 6b, ZKE – Strategische Entwick-

lung Global Equities, Global Bonds und Corporate Finance, HAC-400/2351, S. 5.

73 SVS, 25.11.1995, ZKE – Umsetzung der Strategie der CB im Investment Banking, HAC-400/2347, S. 2.

74 Commerzbank AG, GB 1995, S. 38.

75 Ebenda, S. 28.

76 SVS, 25.11.1995, ZKE – Umsetzung der Strategie der CB im Investment Banking, HAC-400/2347, S. 2.

77 Ebenda, S. 3.

78 SVS, 28.6.1997, Top 6b, ZKE – Strategische Entwicklung Global Equities, Global Bonds und Corporate Finance, HAC-400/2351, S. 12.

79 Ebenda, S. 13.

80 Commerzbank AG, GB 1996, S. 32.

81 SVS, 28.11.1998, Top 4c, ZKE – Planung 1999–2001, hier: UB Investment Banking, HAC-400/2348, S. 6.

82 SVS, 28.6.1997, Top 6b, ZKE – Strategische Entwicklung Global Equities, Global Bonds und Corporate Finance, HAC-400/2351, S. 18.

83 SVS, 28.11.1998, Top 4c, ZKE – Planung 1999–2001, Hier: UB Investment Banking, HAC-400/2348, S. 5.

84 Spieler unter sich, in: Manager Magazin, 9/1997.

85 Bloomberg, Executive Profile of Mehmet Dalman, https://www.bloomberg.com/research/stocks/private/person.asp?personId=1471756&privcapId=41543846 (zuletzt aufgerufen am 1.3.2019).

86 Graham Bowley, Commerzbank boosts investment side, in: Financial Times, 26.5.1997.

87 SVS, 29.11.1997, Vorlage zum Top 9, Überprüfung der strategischen Ausrichtung der Commerzbank, HAC-400/2357. Dort auch die folgenden Zitate.

88 Commerzbank AG, GB 1996, S. 38.

89 Commerzbank AG, GB 1997, S. 2.

90 Commerzbank AG, GB 1999, S. 81f.

91 Commerzbank AG, GB 1999, S. 4.

92 Kein Interesse an Investment-Banking mit viel Schall und Rauch, in: Frankfurter Allgemeine Zeitung, 24.3.1997.

93 Thomas Luber, Der harte Regent, in: Capital, 1/1999.

94 Commerzbank AG, GB 2000, S. 18.

95 SVS, 28.6.1997, Top 6a, Strategische Entwicklung Asset Management, HAC-400/2351, S. 7.

96 Commerzbank AG, GB 2000, Kennzahlen des Commerzbank-Konzerns.

97 Commerzbank AG, GB 1990, S. 83.

98 Commerzbank AG, GB 2000, S. 12.

99 Eigene Darstellung nach Commerzbank AG, GB 2000, S. 94. Die hohe Eigenkapitalrendite im Geschäftsfeld Private Kunden ist im Jahr 2000 durch den Erlös aus dem Börsengang der Comdirect (s. u.) verzerrt.

100 SVS, 28.11.1998, Top 4c, ZKE – Planung 1999–2001, hier: UB Investment Banking, HAC-400/2348, S. 4.

101 Commerzbank AG, GB 2001, S. 123.

102 Commerzbank AG, GB 2000, S. 18.

103 SVS, 28.11.1998, Top 4c, ZKE – Planung 1999–2001, hier: UB Investment Banking, HAC-400/2348, S. 5.

104 Ebenda, S. 6.

105 SVS, 28.11.1998, Top 2, ZKE – Konzernentwicklung 1999–2001, HAC-400/2348, S. 6.

106 Bedeutung der Abkürzungen: ZGB = Global Bonds; ZGE = Global Equities.

107 SVS, 28.11.1998, Top 2, ZKE – Konzernentwicklung 1999–2001, HAC-400/2348, S. 6.

108 Commerzbank AG, Investor Relations, Pressemitteilung für Wirtschaftsredaktionen: Commerz Financial Products wird in Commerzbank integriert, 29.7.1997.

109 Spieler unter sich, in: Manager Magazin, 9/1997.

110 Luber, Der harte Regent, in: Capital, 1/1999.

111 Bowley, Commerzbank boosts investment side, in: Financial Times, 26.5.1997.

112 Dresdner-Verkauf bedroht Investmentbanking und Tausende Jobs, in: Spiegel Online, 29.8.2008, http://www.spiegel.de/wirtschaft/commerzbank-planspiele-dresdner-verkauf-bedroht-investmentbanking-und-tausende-jobs-a-575317.html (zuletzt aufgerufen am 4.3.2019).

113 Eigene Darstellung nach Commerzbank AG, GB 1988–2000.

114 Commerzbank hebt stille Reserven auf, in: Der Tagesspiegel, 22.3.1999.

115 SVS, 30.6.1996, Top 6, ZPK – Profitabilität im Geschäftsfeld Private Kunden, HAC-400/2355, S. 28.

116 Ebenda, S. 1.

117 Ebenda.

118 Arno Balzer, Banken im Umbruch, in: Manager Magazin, 4/1996.

119 Ebenda, S. 48.

120 Ebenda, S. 51f.

121 SVS, 30.11.1996, Top 10e, ZPK – Reengineering des Privatkundengeschäftes, HAC-400/2355, S. 1.

122 Eigene Darstellung nach SVS, 30.11.1996, Top 10e, ZPK – Reengineering des Privatkundengeschäftes, HAC-400/2356, S. 1.

123 SVS, 30.6.1996, Top 6, ZPK – Profitabilität im Geschäftsfeld Private Kunden, HAC-400/2355, S. 5.

124 Ebenda.

125 Ebenda.

126 SVS, 1.7.1995, Top 5a, Konzernentwicklung/Konzerncontrolling – Vorgang Strategisches Gesamtkonzept des Commerzbank-Konzerns, HAC-400/2343, S. 3.

127 Ebenda.

128 SVS, 30.11.1996, Top 1, Konzernentwicklung/Konzerncontrolling – Notizen für Herrn Kohlhaussen zur Ausgliederung des Geschäfts mit Privaten Kunden in die Commerzbank Privatkunden AG vom 23.10.1996, HAC-400/2356, S. 5.

129 SVS, 30.6.1996, Top 6, ZPK – Profitabilität im Geschäftsfeld Private Kunden, HAC-400/2355, S. 5.

130 SVS, 1.7.1995, Top 5a, Konzernentwicklung/Konzerncontrolling – Vorgang Strategisches Gesamtkonzept des Commerzbank-Konzerns, HAC-400/2343, Handschriftliche Anmerkungen zu den Vorlagen der Sonder-Vorstandssitzungen.

131 SVS, 30.11.1996, Top 1, Konzernentwicklung/Konzerncontrolling – Notizen für Herrn Kohlhaussen, HAC-400/2356, S. 1.

132 Ebenda, S. 1f.

133 Ebenda, Handschriftliche Anmerkungen, S. 2.

134 Ebenda, S. 3.

135 Eigene Darstellung nach SVS, 30.11.1996, Top 10e, ZPK – Reengineering des Privatkundengeschäftes, HAC-400/2356, S. 16.

136 SVS, 30.6.1996, Top 6, ZPK – Profitabilität im Geschäftsfeld Private Kunden, HAC-400/2355, S. 6.

137 SVS, 1.7.1995, Top 5a, Konzernentwicklung/Konzerncontrolling – Vorgang Strategisches Gesamtkonzept des Commerzbank-Konzerns, HAC-400/2343, S. 3.
138 SVS, 29.11.1997, Top 10d, ZPK-Profilierungs-Programm für das Geschäft mit Privaten Kunden, HAC-400/2357, S. 1.
139 SVS, 30.6.1996, Top 6, ZPK – Profitabilität im Geschäftsfeld Private Kunden, HAC-400/2355, S. 26.
140 SVS, 30.11.1996, Top 10f, ZPK – Profilierungs-Programm für das Geschäft mit Privaten Kunden, HAC-400/2356, S 2.
141 Ebenda, S. 4f.
142 Eigene Darstellung nach SVS, 30.6.1996, Top 6, ZPK – Profitabilität im Geschäftsfeld Private Kunden, HAC-400/2355, S. 13.
143 Eigene Darstellung nach ebenda, S. 13.
144 SVS, 30.11.1996, Top 10f, ZPK – Profilierungs-Programm für das Geschäft mit Privaten Kunden, HAC-400/2356, S. 3.
145 SVS, 30.11.1996, Top 10e, ZPK – Reengineering des Privatkundengeschäftes, HAC-400/2356, S. 7.
146 Commerzbank AG, GB 1995–1996.
147 SVS, 30.6.1996, Top 6, ZPK – Profitabilität im Geschäftsfeld Private Kunden, HAC-400/2355, S. 12.
148 SVS, 30.11.1996, Top 10e, ZPK – Reengineering des Privatkundengeschäftes, HAC-400/2356, S. 3.
149 Ebenda.
150 Ebenda, S. 2, handschriftliche Anmerkung.
151 Brigitte Strebel, Eigenständigkeit klar im Vordergrund, in: Schweizer Bank, 3/1997, S. 20f.
152 SVS, 30.11.1996, Top 10c, ZFO, Vorschlag des ZFO zur Bildung gebietsfilialübergreifender Operating- und Organisations-Zentren, HAC-400/2356, S. 18.
153 Luber, Der harte Regent, in: Capital, 1/1999, S. 40.
154 SVS, 30.6.1996, Top 6, ZPK – Profitabilität im Geschäftsfeld Private Kunden, HAC-400/2355, S. 7.
155 SVS, 30.11.1996, Top 8, Änderung der Aufbauorganisation des Bereiches Kredit bei Gebietsfilialen, HAC-400/2356, S. 4.
156 SVS, 30.6.1996, Top 6, ZPK – Profitabilität im Geschäftsfeld Private Kunden, HAC-400/2355, S. 24.
157 SVS, 25.6.1994, Top 9, ZPK – Filialorganisation, Vorgang Direktbank, HAC-400/2345, S. 5. Für diesen Standort sprachen nach interner Einschätzung die für das Callcenter als »Herzstück« der Bank wichtige Verfügbarkeit von Datenleitungen und Hochdeutsch sprechendem Personal. Vgl. im Folgenden auch Berg/Krause/Stein, Banken im Umbruch, S. 146ff.
158 Balzer, Banken im Umbruch, in: Manager Magazin, 4/1996.
159 SVS, 25.6.1994, Top 9, ZPK – Filialorganisation, Vorgang Direktbank, HAC-400/2345, S. 3.
160 Ebenda, S. 2.
161 Ebenda, S. 5.
162 Commerzbank AG, Investor Relations, Pressemitteilung für Wirtschaftsredaktionen: Commerzbank startet mit Direktbank, 30.3.1995, S. 5.
163 SVS, 25.6.1994, Top 9, ZPK – Filialorganisation, Vorgang Direktbank, HAC-400/2345, S. 7.
164 Über den Erfolg von Direktbanken entscheidet das Marketing, in: Frankfurter Allgemeine Zeitung, 4.4.1998.
165 Commerzbank AG, Investor Relations, Pressemitteilung für Wirtschaftsredaktionen: Vorrang für E-Commerce und Internet-Banking, 29.3.2000, S. 5.
166 Commerzbank AG, Investor Relations, Präsentation: Zahlen, Fakten, Ziele, 4/2000, S. 20.
167 SVS, 28.6.1997, Top 5a, ZPK – Fortschreibung des Grundsatzpapiers Profitabilität im Geschäftsfeld Private Kunden vom Juni 1996, HAC-400/2351, S. 11f.
168 Comdirect will 1999 Gewinn erwirtschaften, in: Frankfurter Allgemeine Zeitung, 7.5.1998.
169 Als Direktbank ungebrochene Marktführerschaft im Wertpapierhandel. Comdirect beginnt, richtig Geld zu verdienen, in: Handelsblatt, 11.2.1999.
170 SVS, 30.11.1996, Top 10e, ZPK – Reengineering des Privatkundengeschäftes, HAC-400/2356, S. 4.
171 Commerzbank AG, Investor Relations, Pressemitteilung für Wirtschaftsredaktionen: Commerzbank geht in SB-Warenhäuser, 8.4.1997, S. 1.
172 Baukredit im SB-Markt. Schalterstunden auch abends und am Samstag: Weil immer mehr Kunden die klassischen Filialen meiden, richten die Kreditinstitute Bank-Shops in Supermärkten ein. Die Kunden nehmen das neue Service-Konzept an, in: DM – Deutsche Mark 07/1997, S. 106f.
173 Ebenda.
174 SVS, 30.6.1996, Top 6, ZPK – Profitabilität im Geschäftsfeld Private Kunden, HAC-400/2355, S. 7.
175 SVS, 30.11.1996, Top 10e, ZPK – Reengineering des Privatkundengeschäftes, HAC-400/2356, S. 8.
176 Eigene Darstellung nach ebenda, S. 8; P = Privatkunden, I = Individualkunden.
177 SVS, 30.6.1996, Top 6, ZPK – Profitabilität im Geschäftsfeld Private Kunden, HAC-400/2355, S. 12.
178 Ebenda.
179 Commerzbank AG, GB 1998, S. 20.
180 SVS, 1.7.1995, Top 5a, Konzernentwicklung/Konzerncontrolling – Vorgang Strategisches Gesamtkonzept des Commerzbank-Konzerns, HAC-400/2343, S. 5.
181 SVS, 27.6.1998, Top 8c, ZPK – Private Banking. Erweiterung der Standorte und Produkte, HAC-400/2352, S. 1.
182 SVS, 28.11.1998, Top 9e, ZPK – Private Kunden-Filiale auf Mallorca, HAC-400/2348, S. 6.
183 Fragen und Antworten zur Hauptversammlung am 26. Mai 2000, Archiv-Nr. 36, HAC-400/1391, Commerzbank AG, GB 2000, S. 17.
184 Commerzbank AG, Investor Relations, Präsentation: Commerzbank im 21. Jahrhundert – CB21, Februar 2001, S. 15.
185 SVS, 27.6.1998, Top 8c, ZPK – Private Banking. Erweiterung der Standorte und Produkte, HAC-400/2352, S. 1.
186 Ebenda, S. 2.
187 Commerzbank AG, Investor Relations, Pressemitteilung für Wirtschaftsredaktionen: Expansion ins Privatkundengeschäft, 11.11.1998, S. 2.
188 Commerzbank AG, GB 1995, S. 101; Commerzbank AG, GB 1999, S. 29.
189 Ausland und Hypotöchter tragen Gewinnsprung, in: Süddeutsche Zeitung, 27.3.1996; Mitarbeiter der Commerzbank haben sich selbst angezeigt, in: Die Welt, 22.6.1999; Schlütz, Vorstandssprecher, S. 384f.

190 SVS, 30.11.1996, Top 10e, ZPK – Reengineering des Privatkundengeschäftes, HAC-400/2356, S. 2.
191 Luber, Der harte Regent, in: Capital, 1/1999.
192 Wir planen eine neue Bank, in: Die Welt, 3.10.1999.
193 Eigene Darstellung nach Commerzbank AG, GB 2000, S. 45.
194 Luber, Der harte Regent, in: Capital, 1/1999.
195 Ein »fulminanter« Start in das neue Jahr, in: Börsen-Zeitung, 25.3.1999.
196 Wir planen eine neue Bank, in: Die Welt, 3.10.1999.
197 Fragen und Antworten zur Hauptversammlung am 26. Mai 2000, Archiv-Nr. 20, HAC-400/1392.
198 Wir planen eine neue Bank, in: Die Welt, 3.10.1999.
199 Kohlhaussen sprach dezidiert von einer möglichen »gemeinsame(n) Investment Bank«, ebenda.
200 Commerzbank und Postbank haben bereits konkrete Eckpunkte vereinbart, in: Süddeutsche Zeitung, 26.6.1998.
201 Wolf Pampel, Commerzbank ausgebremst, in: Die Welt, 27.6.1998.
202 SVS, 28.11.1998, Top 2, Konzernentwicklung/Konzerncontrolling – Vorgang Planung 1999–2001. Hier: Konzernentwicklung, HAC-400/2348, S. 5.
203 Auch für Laien, in: Der Spiegel, 25/1997 und Beitrag von Friederike Sattler in diesem Band, S. 413.
204 Commerzbank büßt für Bilanztricks, in: Die Welt, 17.12.1998.
205 Die Ära Seipp endet vorzeitig, in: Börsen-Zeitung, 9.2.1999. Seipp verstarb 2015 im Alter von 89 Jahren.
206 Commerzbank AG, GB 1999, S. 4 f.
207 Ebenda, S. 56 f.
208 Eigene Darstellung nach Daten von Thomson Reuters Datastream. Im November 1996 wurde der Nennwert der Aktien von 50 auf 5 DM umgestellt.

3. Refokussierung und Expansion in der Mittelstands- und Immobilienfinanzierung als Werttreiber? (2000 bis 2006)

1 Europäisches Powerhaus, in: Der Spiegel, 13.3.2000.
2 Größte Bank war damals die Citigroup mit 1,2 Bio. DM.
3 Jetzt wird die Commerzbank als Übernahmekandidat gehandelt, in: Frankfurter Allgemeine Zeitung, 10.3.2000.
4 Commerzbank sieht sich nicht gefährdet, in: Handelsblatt, 30.3.2000.
5 1989 wurden die Privataktionäre im Geschäftsbericht noch näher aufgeschlüsselt: »27 % Arbeitnehmer & Pensionäre, 9 % Hausfrauen, 10 % Selbständige, 12 % sonstige private Anleger«. Commerzbank AG, GB 1989, S. 15.
6 1989 waren auf der Anteilseignerseite vertreten gewesen die Hoechst AG, Bayer AG, Allianz AG, VW AG, Stinnes AG, MBB GmbH, SMS AG, RWE AG. Vgl. zur früheren Besetzung des Aufsichtsrats den Beitrag von Friederike Sattler in diesem Band, S. 274.
7 Die Mitglieder des Commerzbank-Vorstands nahmen immer weniger Aufsichtsratsmandate außerhalb des Finanzbereichs wahr, 2000 war man noch unter anderem bei ABB, Ford, Unternehmen des Thyssen-Konzerns, Kolbenschmidt, Buderus, RWE, Degussa und Audi vertreten. Der Paketbesitz erstreckte sich auf die Alno AG (29,4 %), Buderus AG (10,5 %), Heidelberger Druckmaschinen AG (9,9 %), Linde AG (10 %), MAN AG (6,5 %), PopNet Internet AG (13,9 %) und Sachsenring Automobilbautechnik AG (10 %).
8 Rebon ist kein Strohmann, in: Frankfurter Allgemeine Zeitung, 25.4.2000.
9 Commerzbank und CoBRa auf offenem Konfrontationskurs, in: Börsen-Zeitung, 27.5.2000; Martin Kohlhaussen, »Geschäftslage, Strategie und Perspektiven«, Rede im Rahmen der Commerzbank-Hauptversammlung 2000.
10 Rolf Lebert, Börsianer zweifeln am Erfolg von vereinter Dresdner-Commerzbank, in: Financial Times Deutschland, 20.6.2000.
11 Ebenda.
12 Ebenda.
13 Walter Hillebrand/Thomas Luber, Die Dealbreaker, in: Capital, 17/2000; Schweigende Banker und vergessene Gäste beim Sommerpalaver, in: Frankfurter Allgemeine Zeitung, 28.7.2000.
14 Commerzbank AG, GB 2000, S. 4.
15 Schweigende Banker, in: Frankfurter Allgemeine Zeitung, 28.7.2000.
16 Schlütz, Vorstandssprecher, S. 397 ff.
17 Ebenda, S. 399.
18 Ebenda, S. 402.
19 Kontinuitäten an der Bankenspitze, in: Süddeutsche Zeitung, 18.11.2000.
20 Darüber hinaus bestanden regionale Zuständigkeiten.
21 Vgl. zum Überblick Abelshauser, Wirtschaftsgeschichte, S. 510–519; Plumpe, Wirtschaftskrisen, S. 110–115.
22 Stephan Paul/Andreas Horsch/Stefan Stein, Wertorientierte Banksteuerung I: Renditemanagement, Frankfurt/M. 2005.
23 Martin Kohlhaussen, Herbst-Pressekonferenz, Investor Relations, Commerzbank AG, Frankfurt/M., 15.11.2000, S. 3.
24 Fragen und Antworten zur Hauptversammlung am 12. Mai 2004, Archiv-Nr. 64, HAC-400/1401-2.
25 Commerzbank AG, GB 2000, S. 5.
26 Commerzbank AG, Investor Relations, Präsentation: Commerzbank im 21. Jahrhundert – CB 21, Februar 2001, S. 4, HAC-400/1325.
27 Martin Kohlhaussen, Herbst-Pressekonferenz, Investor Relations, Commerzbank AG, Frankfurt/M., 15.11.2000, S. 4; Commerzbank AG, Investor Relations, Präsentation: Commerzbank im 21. Jahrhundert – CB 21, Februar 2001, HAC-400/1325.
28 Rolf Lebert, Commerzbank konzentriert sich auf Europa, in: Financial Times Deutschland, 6.2.2001.

29 Commerzbank erneuert sich, in: Netzzeitung, 5.2. 2001.
30 Fragen und Antworten zur Hauptversammlung am 31. Mai 2003, Archiv-Nr. 1066, HAC-400/1400-1.
31 Eigene Darstellung nach Commerzbank AG, GB 1995, S. 103, sowie GB 2000, S. 67.
32 Klaus-Peter Müller, Herbst-Pressekonferenz, Investor Relations, Commerzbank AG, Frankfurt/M., 16.10.2001, S. 2.
33 Commerzbank-Chef greift durch, in: Süddeutsche Zeitung, 17.10.2001.
34 Hermann-J. Knipper/Nicole Walter, Müller verordnet Commerzbank eine Rosskur, in: Handelsblatt, 20.8.2001.
35 Commerzbank AG, GB 1989, S. 40f.
36 Commerzbank AG, GB 1996, S. 32.
37 Commerzbank AG, GB 1997, S. 38.
38 Commerzbank AG, GB 1998, S. 34.
39 Commerzbank AG, GB 1999, S. 53.
40 Commerzbank AG, GB 2002, S. 49 und 2006, S. 59f.
41 Commerzbank AG, GB 2005, S. 46.
42 Commerzbank verfehlt Ziele von »CB 21«, in: Börsen-Zeitung, 1.6.2002.
43 Lothar Gries, Abrechnung mit Martin Kohlhaussen, in: Süddeutsche Zeitung, 1.6.2002.
44 Unser Anzug war einfach zu groß geschnitten, in: Frankfurter Allgemeine Sonntagszeitung, 27.2.2002.
45 Marie-Luise Hauch-Fleck, Frankfurt in Schieflage, in: Die Zeit, 2.10.2002.
46 Siehe die Kommentierung durch das Haus selbst in Commerzbank AG, GB 2002, S. 52.
47 Dazu wurden 53 Mio. neue Aktien ausgegeben, die Gesamtzahl der Aktien stieg auf 600 Mio. Diese wurden zu 76 % von institutionellen Investoren gehalten; 52 % der Aktionäre kamen aus Deutschland; vgl. Commerzbank AG, GB 2003, S. 46f.
48 Eigene Darstellung nach Commerzbank AG, GB 2001, S. 96, 2002, S. 122 sowie 2003, S. 116.
49 Commerzbank AG, GB 2002, S. 10.
50 Commerzbank AG, GB 2000 und 2001.
51 Commerzbank AG, GB 2001, S. 13.
52 Marc Brost, Soviel Panik war nie, in: Die Zeit, 11.10.2001.
53 Commerzbank AG, GB 2002, S. 28.
54 Commerzbank AG, GB 2002, S. 26.
55 Martin Kohlhaussen, Herbst-Pressekonferenz, Investor Relations, Commerzbank AG, Frankfurt/M., 15.11.2000, S. 4.
56 Commerzbank AG, GB 2000, S. 17.
57 Commerzbank AG, GB 2004, S. 24.
58 Commerzbank AG, GB 2001, S. 14.
59 Ebenda, S. 14–16.
60 Ebenda, S. 14.
61 Commerzbank AG, GB 2000, S. 16.
62 Commerzbank AG, GB 2001, S. 14.
63 Commerzbank AG, GB 2000, S. 16.
64 Fragen und Antworten zur Hauptversammlung am 25. Mai 2001, Archiv-Nr. 100, HAC-400/1393-2.
65 Rebekka Maria Lydorf, Zurück in die Zukunft, in: Financial Times Deutschland, 26.1.2001.
66 Comdirect Bank AG, GB 2000, S. 40.
67 Commerzbank AG, GB 2000, S. 10.
68 Commerzbank AG, GB 2000, S. 17–18.
69 Comdirect Bank AG, GB 2001, S. 48.
70 Benedikt Fehr, Zur Lage der Commerzbank, in: Frankfurter Allgemeine Zeitung, 14.11.2002, S. 13.
71 Commerzbank AG, GB 2002, S. 27.
72 Comdirect Bank AG, GB 2003, S. 46.
73 Katharina Kort, Fimatex plant Zukäufe in Deutschland, in: Handelsblatt, 29.10.2004.
74 Commerzbank AG, GB 2003, S. 23.
75 Commerzbank AG, GB 2004, S. 24.
76 Commerzbank AG, GB 2005, S. 26.
77 Commerzbank konzentriert sich im Asset Management auf europäische Länder, in: Börsen-Zeitung, 25.7.2001; Verkäufe im Asset Management, in: Handelsblatt, 10.4.2002.
78 Im Asset Management kritische Größe erreicht, in: Börsen-Zeitung, 7.7.2000.
79 Commerzbank stellt den Fondsmanager Jupiter zum Verkauf, in: Frankfurter Allgemeine Zeitung, 26.2.2002.
80 Fragen und Antworten zur Hauptversammlung am 31. Mai 2003, Archiv-Nr. 115, HAC-400/1399-1.
81 Fragen und Antworten zur Hauptversammlung am 12. Mai 2004, HAC-400/1401-1.
82 Commerzbank AG, GB 2001, S. 18.
83 Commerzbank AG, GB 2005, S. 29.
84 Lebert, Commerzbank konzentriert sich auf Europa, in: Financial Times Deutschland, 6.2.2001.
85 Fragen und Antworten zur Hauptversammlung am 31. Mai 2002, Archiv-Nr. 519, HAC-400/1396-1.
86 Fragen und Antworten zur Hauptversammlung am 31. Mai 2002, Archiv-Nr. 984, HAC-400/1396-1.
87 Commerzbank AG, GB 2000, S. 15.
88 Commerzbank AG, GB 2001, S. 13.
89 Commerzbank AG, GB 2000, S. 17.
90 Commerzbank AG, GB 2005, S. 23.
91 Ebenda.
92 Simone Boehringer, Wenn der TÜV in die Bank kommt, in: Süddeutsche Zeitung, 7.10.2004, S. 26.
93 Commerzbank AG, GB 2001, Vorwort Müller, S. 2.
94 Commerzbank AG, GB 2005, S. 25.
95 Katharina Kort, Bankberater erobern die Wohnzimmer, in: Handelsblatt, 28.9.2004.
96 Commerzbank stärkt Private Banking, in: Berliner Zeitung, 2.7.2002.
97 Commerzbank AG, GB 2005, S. 25f.
98 Ebenda.
99 Commerzbank AG, GB 2003, S. 23.
100 Commerzbank AG, GB 2005, S. 24. Mit Sanierungsauftrag geholt, agierte 2004 Blessings Schwiegervater, Paul Wieandt, als Vorstandsvorsitzender der SchmidtBank.
101 Commerzbank AG, GB 2004, S. 20.
102 Commerzbank AG, GB 2003, S. 22.
103 Martin Kohlhaussen, Herbst-Pressekonferenz, Investor Relations, Commerzbank AG, Frankfurt/M., 15.11.2000, S. 1f.
104 Commerzbank AG, GB 2004, S. 21.
105 Commerzbank AG, GB 2003, S. 22.
106 Commerzbank AG, GB 2000, S. 25.
107 Martin Kohlhaussen, Bilanzpressekonferenz, Investor Relations, Commerzbank AG, Frankfurt/M., 28.2.2001, S. 4.
108 Commerzbank AG, Investor Relations, Präsentation: Commerzbank im 21. Jahrhundert – CB21, Februar 2001, S. 18.

109 Martin Kohlhaussen, Bilanzpressekonferenz, Investor Relations, Commerzbank AG, Frankfurt/M., 28.2.2001, S.4.
110 Martin Kohlhaussen, Herbst-Pressekonferenz, Investor Relations, Commerzbank AG, Frankfurt/M., 15.11.2000, S.4.
111 Commerzbank AG, Investor Relations, Präsentation: Commerzbank im 21. Jahrhundert – CB 21, Februar 2001, S.8.
112 Commerzbank will sich gesund schrumpfen, in: Handelsblatt, 17.10.2001, S.36.
113 Andreas de Maizière, Pressegespräch über Firmenkunden/Mittelstand, Investor Relations, Commerzbank AG, Frankfurt/M., 4.12.2000, S.6.
114 Fragen und Antworten zur Hauptversammlung am 25. Mai 2001, Archiv-Nr. 548, HAC-400/1393-1.
115 Commerzbank AG, Investor Relations, Präsentation: Zahlen, Fakten, Ziele, April 2001, S.4.
116 Commerzbank AG, GB 2001, S.123.
117 Commerzbank AG, GB 2004, S.126.
118 Commerzbank AG, GB 2001, S.96.
119 Commerzbank AG, GB 2003, S.116.
120 Commerzbank AG, GB 2004, S.126.
121 Ebenda, S.34.
122 Ebenda, Vorwort Müller, S.1.
123 Ernest Dichter Institut für Motiv-, Marketing- und Kommunikationsforschung UG, Grundlagenuntersuchung Unternehmerische Perspektiven des gehobenen Mittelstandes. Ergebnisbericht. Ausgearbeitet für Commerzbank AG, Dezember 2000.
124 Andreas de Maizière, Pressegespräch über Firmenkunden/Mittelstand, S.2.
125 Ernest Dichter Institut, Grundlagenuntersuchung, S.56.
126 Andreas de Maizière, Pressegespräch über Firmenkunden/Mittelstand, S.3.
127 Ernest Dichter Institut, Grundlagenuntersuchung, S.58.
128 Andreas de Maizière, Pressegespräch über Firmenkunden/Mittelstand, S.3.
129 Ernest Dichter Institut, Grundlagenuntersuchung, S.58.
130 Andreas de Maizière, Pressegespräch über Firmenkunden/Mittelstand, S.5.
131 Ebenda, S.6.
132 Fragen und Antworten zur Hauptversammlung am 25. Mai 2001, Archiv-Nr. 550, HAC-400/1393-1.
133 Fragen und Antworten zur Hauptversammlung am 31. Mai 2002, Archiv-Nr. 550, HAC-400/1396-1.
134 Klaus-Peter Müller, Bilanzpressekonferenz, Investor Relations, Commerzbank AG, Frankfurt/M., 18.2.2004, S.4.
135 Commerzbank AG, GB 2004, S.32.
136 Ebenda, S.192.
137 Klaus-Peter Müller, Pressekonferenz, Investor Relations, Commerzbank AG, Frankfurt/M., 16.2.2005, S.5.
138 Commerzbank AG, GB 2006, S.40.
139 Sebastian Jost/Andrea Rexer, Keinen Fehler ausgelassen – Das Drama der Eurohypo, in: Die Welt, 1.3.2012.
140 Commerzbank AG, GB 2005, Vorwort Müller, S.1 und 3.
141 Schlütz, Vorstandssprecher, S.406.
142 Commerzbank AG, GB 2005, S.51.
143 Commerzbank AG, GB 2006, S.65.
144 Übernahme in zwei Schritten, in: Manager Magazin, 17.11.2005.
145 Commerzbank AG, GB 2006, Vorwort Müller, S.1.
146 Ebenda, S.2.

4. Auf dem Weg zum »Nationalen Champion«? (2007 bis 2009)

1 Vgl. zu Entstehung und Verlauf der Finanzkrise mit Hinweisen auf weitere Literatur vor allem Bernd Rudolph, Die Finanzkrise 2007–2009, in: Lindenlaub/Burhop/Scholtyseck, Schlüsselereignisse, S.478–502, Stephan Paul u.a., Unternehmerische Finanzierungspolitik, 1. Aufl., Stuttgart 2017, S.449 ff.
2 Vgl. Paul, Bankenintermediation.
3 Sachverständigenrat zur Begutachtung der gesamtwirtschaftlichen Entwicklung, Jahresgutachten 2007/08: »Das Erreichte nicht verspielen«, Wiesbaden 2007, S.112.
4 Jens Weidmann, Zehn Jahre Finanzkrise – Was haben wir gelernt?, Vortrag an der Ruhr-Universität Bochum am 22.5.2017, in: impulse 11: sicher?, Bochum 2017, S.6–26.
5 Ebenda.
6 Saldiert man die tatsächlich gewährten Kapitalhilfen von Bund und Ländern (ca. 36 Mrd. Euro) mit den bereits zurückgezahlten Geldern, bleiben ca. 30 Mrd. Euro Nettohilfe für die deutsche Kreditwirtschaft (Stand Ende 2018).
7 Die Verhandlungen über die Umsetzungsdetails erstreckten sich bis Anfang 2018.
8 Vgl. ausführlich Paul, Umbruch.
9 Christina Rathmann/Markus Frühauf/Carsten Steevens, Commerzbank erhöht Prognose, in: Börsen-Zeitung, 15.2.2007.
10 Der gesamte Bestand an ABS belief sich Ende 2007 im Bankbuch auf 12,1 Mrd. Euro, im Handelsbuch auf 2,1 Mrd. Euro, jeweils 80 % trugen ein AAA-Rating; vgl. Commerzbank AG, GB 2007, S.126.
11 Christina Rathmann, Etliche deutsche Institute engagiert. Commerzbank, Allianz und Landesbanken halten Subprime-Titel, in: Börsen-Zeitung, 31.7.2007. Zur gleichen Zeit berichtete die Dresdner Bank über Papiere in Höhe von 1,3 Mrd. Euro, die zu einer Belastung von 70 Mio. Euro führen könnten.
12 Noch stärker engagiert waren allerdings die wesentlich kleinere IKB (18,4 Mrd. US-Dollar, April 2007), die deutschen Landesbanken in Sachsen (18,4 Mrd. US-Dollar), die LBBW (9 Mrd. US-Dollar), WestLB (8,45 Mrd. US-Dollar), BayernLB (7,4 Mrd. US-Dollar) und HSH-Nordbank (6,9 Mrd. US-Dollar). Die Dresdner Bank war mit knapp 8 Mrd. US-Dollar, die Deutsche Bank mit 16 Mrd. US-Dollar engagiert. Da man für diese Zweckgesellschaften – wie zu dieser Zeit

aufgrund der Rechnungslegungsvorschriften noch möglich – zumeist bewusst eine Konsolidierung vermied, sind auf Basis der Konzernabschlüsse kaum detailliertere Angaben verfügbar. Vgl. hierzu: Hypothekenkrise erreicht den Geldmarkt, in: Frankfurter Allgemeine Zeitung, 10. 8. 2007; Moody's warnt vor zweitem LTCM, in: Börsen-Zeitung, 17. 8. 2007.

13 Commerzbank AG, GB 2006, S. 46 und 50; GB 2007, S. 127. Zum Jahresultimo betrug das Volumen der Backup-Linien 3 Mrd. Euro, das der im Bestand befindlichen Papiere 8 Mrd. Euro.

14 Carsten Steevens, Subprime-Krise trifft Commerzbank härter, in: Börsen-Zeitung, 7. 11. 2007; Bernd Wittkowski, Blessings Hypothek, in: Börsen-Zeitung, 7. 11. 2007.

15 Bei der Dresdner Bank waren aus den angekündigten 70 Mio. Euro am Jahresende 1,4 Mrd. Euro geworden. Die Deutsche Bank musste im Jahr 2007 zwar Belastungen von 2,3 Mrd. Euro hinnehmen, konnte diese aber unter anderem durch die Auflösung stiller Reserven im Beteiligungs- und Immobilienbestand kompensieren und ein Rekordergebnis von 6,5 Mrd. Euro nach Steuern vorweisen.

16 Die nicht dem Handelszweck dienenden Wertpapiere werden nach den Internationalen Rechnungslegungsvorschriften IFRS im Available-for-Sale-(AfS-)Bestand ausgewiesen und zum Fair Value bewertet. Markt- oder Modell-Wertveränderungen bei diesen Papieren werden innerhalb des Eigenkapitals in der Neubewertungsrücklage berücksichtigt, berühren das Jahresergebnis also zunächst nicht. Die erfolgswirksame Realisierung von Gewinnen oder Verlusten findet erst bei einem Verkauf der Papiere statt.

17 Hier konnten allein netto 150 000 neue Kunden durch das sogenannte kostenlose Girokonto gewonnen werden.

18 Es wurden zwischen 2004 und 2007 15 000 neue Kunden gewonnen, und für besondere Aufmerksamkeit sorgte die breit angelegte Kommunikationskampagne »UnternehmerPerspektiven«. Probleme des Mittelstands wurden durch Befragungen in diesem Segment evaluiert und in aufwendigen Veranstaltungen im gesamten Bundesgebiet mit den Kunden diskutiert.

19 Commerzbank AG, GB 2007, S. 174 f.

20 Ebenda, S. 82.

21 Zur Konstruktion von Kreditderivaten vgl. Bernd Rudolph u. a., Kreditrisikotransfer, Berlin 2012; Hans-Peter Burghof u. a. (Hg.), Kreditderivate, 3. Aufl., Stuttgart 2015; hier: Markus Frühauf, Commerzbank zieht die Notbremse, in: Börsen-Zeitung, 1. 2. 2008.

22 Vgl. Näheres zur Person in: Bestimmung Bank, in: Wirtschaftswoche, 5. 11. 2007.

23 Bernd Wittkowski, Von Müller zu Blessing, in: Börsen-Zeitung, 13. 5. 2008, dort auch die weiteren Zitate dieses Absatzes.

24 Dies sah auch Müller selbst so, vgl.: »Erfolgreich und immer noch eigenständig«, Redaktionsgespräch mit Klaus-Peter Müller, in: ZfgK 61 (2008), S. 423–425.

25 Eigene Darstellung nach Daten von Thomson Reuters Datastream. Der Kurs der Dresdner Bank wurde ab dem 11. 7. 2002 auf 51,50 Euro festgeschrieben, siehe hierzu Allianz AG, GB 2002 (zuletzt aufgerufen am 4. 3. 2019), S. 138.

26 Commerzbank AG, GB 2007, S. 8.

27 Markus Frühauf, Commerzbank rüstet sich für Konsolidierung, in: Börsen-Zeitung, 16. 5. 2008.

28 Vgl. ausführlich Isabel Schnabel/Hendrik Hakenes, Braucht Deutschland eine »starke private deutsche Bank«?, in: Kredit und Kapital 39 (2006), S. 161–181. Als Präsident des Bundesverbandes Deutscher Banken von 2005–2009 (Martin Kohlhaussen hatte von 1997–2000 dieses Amt ebenfalls ausgeübt) hatte sich Müller häufig für eine stärkere Konsolidierung des deutschen Bankenmarkts – auch durch sektorübergreifende Fusionen – eingesetzt.

29 Martin Blessing, Brief an Paul Achleitner, 27. 6. 2007. Fusionsüberlegungen gab es schon in der Bankenkrise 1931 (siehe Beitrag von Dieter Ziegler in diesem Band, Kap. 4.2), 1968 (siehe Beitrag von Friederike Sattler in diesem Band, Kap. 2.1) sowie im Jahr 2000 (siehe S. 509).

30 PricewaterhouseCoopers (PwC), Präsentation Projekt Cerberus, Arbeitsstand Due Diligence, 19. März 2008.

31 Als Monoliner werden Anleiheversicherer bezeichnet, die institutionellen Anlegern wie Pensionsfonds und Versicherungsgesellschaften eine Ausfallgarantie auf die von ihnen gehaltenen Anleihen geben. Im Gegensatz zu Gebietskörperschaften in Deutschland, die über eine Staatsgarantie und daher die höchste Bonität verfügen, können amerikanische Kommunen auch in Konkurs gehen. Häufig nutzen Gebietskörperschaften mit relativ schlechter Bonität die Hilfe von Monolinern, um Anleihen mit niedrigen Zinsen zu erhalten. In der Subprime-Krise gerieten zahlreiche Monoliner aber selbst in finanzielle Schieflage, da sie die Prämien für die von ihnen abgedeckten Risiken viel zu niedrig angesetzt hatten. Nachdem die beiden größten Monoliner der USA, MBI und Ambac, am 5. 6. 2008 herabgeratet wurden, verloren auch die mit ihrem Backing versehenen Papiere massiv an Wert.

32 Nicole Bastian u. a., Bankenfusion, Sekt statt Champagner, in: Handelsblatt, 2. 9. 2008. Zur internen Kommunikation wurden den beteiligten Unternehmen Kosenamen zugewiesen.

33 Commerzbank AG, Präsentation »Cerberus«, 8. 4. 2008.

34 Commerzbank AG, Präsentation Projekt CARO, Strategisches Rational und Geschäftsmodell, 6/2008.

35 Allianz spricht über Verkauf der Dresdner Bank, in: Die Welt, 21. 5. 2008.

36 Robert Landgraf/Hans G. Nagl, Commerzbank und Dresdner öffnen Bücher, in: Handelsblatt, 12. 6. 2008.

37 Vgl. dazu Commerzbank AG, Update strategische Handlungsmöglichleiten im Rahmen der aktuellen Bankenkonsolidierung, 6. 6. 2008; Commerzbank AG, Präsentation Projekt CARO, Targetpriorisierung, 6/2008.

38 Carsten Steevens/Giovanni Binetti/Christof Roche, Commerzbank fusioniert mit Dresdner Bank – Übernahme in mehreren Stufen, in: Börsen-Zeitung, 30. 8. 2008.

39 Held to Maturity = Dauerhalteabsicht.

40 Commerzbank AG, Präsentation Projekt CARO, Zwischenstatus Analyseergebnisse Team Risiko, 10. 7. 2008.

41 Steevens/Binetti/Roche, Commerzbank fusioniert mit Dresdner Bank, in: Börsen-Zeitung, 30. 8. 2008.

42 Dies war auch noch der Informationsstand am 29. 8. 2008, vgl. Commerzbank AG, Präsentation Sonder-Vorstandssitzung Projekt CARO, 29. 8. 2008.

43 Vgl. Steevens/Binetti/Roche, Commerzbank fusioniert mit Dresdner Bank, in: Börsen-Zeitung, 30. 8. 2008; Silke Stoltenberg, Sieger sehen anders aus, in: Börsen-Zeitung, 2. 9. 2008; Die Commerzbank übernimmt die Dresdner Bank, in: Frankfurter Allgemeine Zeitung, 1. 9. 2008; Das tut am Anfang weh, in: Der Spiegel, 37/2008; Carsten Knop, Zehn Tage und ein Sonntag für die Commerzbank, in: Frankfurter Allgemeine Zeitung, 1. 9. 2008.

44 Auf Basis eines Durchschnittskurses von rund 20 Euro im Vormonat.

45 Blessing stutzt Dresdner zurecht, in: Handelsblatt, 2. 9. 2008.

46 Commerzbank AG, Commerzbank übernimmt Dresdner Bank, Presseinformation, Frankfurt, 1. 9. 2008.

47 Für den zweiten Transaktionsschritt war das Wertverhältnis der Commerzbank zur Dresdner Bank im Gegensatz zum ersten noch nicht festgelegt, die Parteien gingen von einer Bandbreite von 66:34 bis 61:39 aus. Das endgültige Wertverhältnis sollte bei Verschmelzung durch ein Wertgutachten festgestellt werden.

48 Benedikt Fehr/Marcus Theurer, Die Details der Übernahme, in: Frankfurter Allgemeine Zeitung, 31. 8. 2008.

49 Dieser bestand neben dem Vorsitzenden Müller aus Vertretern der E.ON Ruhrgas AG, GEA AG, Assicurazioni Generali S.p.A., HOCHTIEF AG, Lürssen Werft GmbH & Co. KG, ThyssenKrupp AG, E.ON AG, SMS GmbH, sieben Mitarbeiter/innen der Commerzbank sowie zwei Vertretern von Ver.di, einem Vertreter der Hans-Böckler-Stiftung sowie dem ehemaligen Personalvorstand der Bank, Klaus Müller-Gebel.

50 Die Allianz hakt die Dresdner Bank ab, in: Frankfurter Allgemeine Zeitung, 27. 2. 2009.

51 Marcus Theurer/Holger Appel, Das Zittern der Banker, in: Frankfurter Allgemeine Zeitung, 2. 9. 2008; Das tut am Anfang weh, in: Der Spiegel, 37/2008.

52 Commerzbank AG, Commerzbank übernimmt Dresdner Bank, Presseinformation, Frankfurt, 1. 9. 2008.

53 Silke Stoltenberg, Sieger sehen anders aus, in: Börsen-Zeitung, 2. 9. 2008.

54 Christian Siedenbiedel, Der Bank-Kaufmann, in: Frankfurter Allgemeine Sonntagszeitung, 7. 9. 2008.

55 Bastian u. a., Bankenfusion, in: Handelsblatt, 2. 9. 2008; Thomas Herget u. a., Gefährliche Baustelle, in: Wirtschaftswoche, 8. 9. 2008.

56 Vgl. übereinstimmend: Blessing stutzt Dresdner zurecht, in: Handelsblatt, 2. 9. 2008; Bastian u. a., Bankenfusion, in: Handelsblatt, 2. 9. 2008; Theurer/Appel, Das Zittern der Banker, in: Frankfurter Allgemeine Zeitung, 2. 9. 2008.

57 Holger Steltzner, Eine zweite große deutsche Bank, in: Frankfurter Allgemeine Zeitung, 1. 9. 2008.

58 Auch im Folgenden Bernd Wittkowski, Ritt über den Bodensee, in: Börsen-Zeitung, 2. 9. 2008.

59 Marcus Theurer, Die drei Lektionen der Allianz, in: Frankfurter Allgemeine Zeitung, 2. 9. 2008.

60 Wenige Tage zuvor war die Übernahme der Postbank durch die Deutsche Bank angekündigt worden.

61 Zudem profitierte die Commerzbank davon, dass vor dem Krisenhintergrund die Regeln zur Zeitwertbilanzierung geändert worden waren. Ein Wertpapierportfolio aus dem Bereich Staatsfinanzierung in Höhe von 44 Mrd. Euro wurde aus dem Handels- in das Bankenbuch transferiert. Ohne diese Maßnahme hätte die Neubewertungsrücklage –2 Mrd. Euro statt –1,2 Mrd. Euro betragen; vgl.: Lehman-Kollaps trifft Commerzbank voll, in: Frankfurter Allgemeine Zeitung, 4. 11. 2008.

62 Markus Frühauf, Dresdner Bank zeigt Milliardenverlust, in: Börsen-Zeitung, 9. 8. 2008; Silke Stoltenberg, Dresdner Bank rutscht tiefer in die roten Zahlen, in: Börsen-Zeitung, 11. 11. 2008.

63 Martin Blessing, Interview, 5. 10. 2018, HAC.

64 Bernd Wittkowski, Die ganz neue Commerzbank, in: Börsen-Zeitung, 9. 5. 2009.

65 Vgl. dazu Carsten Steevens, Nach Kapitalzufuhr fällt die Dividende aus, in: Börsen-Zeitung, 4. 11. 2008.

66 Silke Stoltenberg, Commerzbank-Hilfe festgezurrt, in: Börsen-Zeitung, 20. 12. 2008.

67 BayernLB zapft den Notfonds an, in: Handelsblatt, 20. 10. 2008.

68 Auf Basis eines Durchschnittskurses der Commerzbank-Anteile von 7,40 Euro.

69 Nach dem für Unternehmensbewertungen üblicherweise herangezogenen IDW-S1 auf Basis der Planungen von Dresdner Bank und Commerzbank, korrigiert um die Ergebnisse der Due Diligence.

70 Markus Frühauf, Commerzbank beschleunigt Übernahme der Dresdner Bank, in: Börsen-Zeitung, 29. 11. 2008.

71 Steevens/Binetti/Roche, Commerzbank fusioniert mit Dresdner Bank, in: Börsen-Zeitung, 30. 8. 2008.

72 Bastian u. a., Bankenfusion, in: Handelsblatt, 2. 9. 2008; Bernd Wittkowski, Dresdner-Chef Walter verzichtet auf Commerzbank-Job, in: Börsen-Zeitung, 11. 12. 2008.

73 Commerzbank AG, Antrag auf weitere Stabilisierungsmaßnahmen (Garantieübernahme gemäß Art 1 § 6 FMStG und Rekapitalisierung gemäß Art 1 § 7 FMStG), 7. 1. 2009, S. 3.

74 Ebenda, S. 4.

75 Martin Blessing, Interview, 5. 10. 2018, HAC.

76 Dresdner-Bank-Konzern, Finanzbericht 2008, S. 5 f., 188–190.

77 Carsten Steevens/Christopher Kalbhenn/Stefan Kroneck, Commerzbank flüchtet in die Arme des Staates, in: Börsen-Zeitung, 9. 1. 2009.

78 Die Commerzbank wird teilverstaatlicht, in: Frankfurter Allgemeine Zeitung, 9. 1. 2009.

79 Es entstand zunächst der Eindruck, dieser Verlust sei »verschwunden«, da er explizit weder bei der Allianz noch der Commerzbank in der GuV 2008 ersichtlich war, vgl. Markus Frühauf, Verlust der Dresdner Bank ist verschwunden, in: Frankfurter Allgemeine Zeitung, 27. 4. 2009. Die Allianz setzte den Wert der Dresdner Bank nach IFRS 5 als nicht mehr fortgeführtes Geschäft ab Verkaufsdatum nicht mehr mit dem Wert des (verkauften, aber noch nicht übergebenen) Verkaufsgegenstands selbst an, sondern indirekt über die Änderungen im Zeitwert der von der Commerzbank für den Verkauf erhaltenen Gegenleistungen. Die Commerzbank berücksichtigte die Verluste im

vierten Quartal 2008 parallel dazu durch eine Reduktion der als Beteiligungswert angesetzten Anschaffungskosten.

80 Eigene Darstellung nach Dresdner Bank AG, GB 2008, S. 82.

81 Commerzbank AG, Präsentation Sondervorstandssitzung Projekt CARO, 29. 8. 2008, S. 45.

82 Georg Meck, »Natürlich gehe ich mit Wehmut«, in: Frankfurter Allgemeine Sonntagszeitung, 29. 4. 2018.

83 Unabhängig von der Bewertungskategorie im Jahresabschluss.

84 Ernst & Young, Sonderuntersuchung Risiko- und Gesamtbanksteuerung Dresdner Bank 2008, Frankfurt, 26. 1. 2010. Ein Teil dieser Punkte wird jedoch bereits in dem im Mai 2009 veröffentlichten Geschäftsbericht der Dresdner Bank angedeutet, siehe hierzu Dresdner Bank AG, GB 2008, S. 93 ff.: »Zusammenfassende Würdigung der Finanzkrise aus Risikosicht«. Insofern relativiert sich aber auch die Aussage von Dresdner Bank-Chef Walter zur Jahresmitte: »Wir verstecken nichts, alles ist transparent.«; Markus Frühauf, Dresdner Bank zeigt Milliardenverlust, in: Börsen-Zeitung, 9. 8. 2008.

85 Silke Stoltenberg, Der Commerzbank stehen schwere Zeiten ins Haus, in: Börsen-Zeitung, 19. 2. 2009.

86 Karin Böhmert, Commerzbank bündelt toxische Papiere, in: Börsen-Zeitung, 28. 3. 2009.

87 Eigene Abbildung nach Commerzbank AG, GB 2008, S. 180.

88 Silke Stoltenberg, Blessing verordnet eine radikale Verschlankungskur, in: Börsen-Zeitung, 9. 5. 2009.

89 Ebenda.

90 Vgl. Commerzbank AG, Präsentation Roadmap 2012, 8. 5. 2009, insb. S. 5.

91 Geleitet von Jochen Klösges, der zuvor für die Konzernstrategie/-entwicklung und damit vor allem die Fusionsplanungen verantwortlich gewesen war und im Juni 2009 neu in den Vorstand kam. Die Integration (und Human Resources) leitete der ebenfalls zu diesem Zeitpunkt zum Vorstand bestellte Ulrich Sieber; der als CRO ausgeschiedene Wolfgang Hartmann wurde durch Stefan Schmittmann ersetzt, zuvor für den Immobilienbereich sowie Mittel- und Osteuropa zuständig.

92 Commerzbank AG, GB 2009, U4.

93 Krause, Zeitreise, S. 200.

94 Bernd Neubacher, Commerzbank dämpft Ergebnishoffnungen, in: Börsen-Zeitung, 24. 2. 2010; Bernd Wittkowski/Bernd Neubacher, »Man kann nicht nur aufs Spielfeld gehen, wenn die Sonne scheint« – Gespräch mit Martin Blessing, in: Börsen-Zeitung, 31. 12. 2009.

95 Commerzbank AG, Präsentation Sondervorstandssitzung Projekt CARO, 29. 8. 2008, S. 45.

96 Bernd Neubacher, Commerzbank dämpft Ergebnishoffnungen, in: Börsen-Zeitung, 24. 2. 2010.

97 Commerzbank AG, GB 2009, S. 237 f.

98 Silke Stoltenberg, Im Würgegriff von Rezession und Finanzkrise, in: Börsen-Zeitung, 7. 8. 2009; Hanno Mußler/Markus Frühauf, Die Commerzbank ist das perfekte Spiegelbild der Krise, in: Frankfurter Allgemeine Zeitung, 29. 8. 2009; Commerzbank AG, Präsentation Roadmap 2012, 8. 5. 2009, S. 11.

99 Geleitet von Eric Strutz, der das Personalressort abgab.

100 Martin Blessing, zitiert nach: Commerzbank setzt sich ehrgeizige Ziele, in: Frankfurter Allgemeine Zeitung, 9. 5. 2009.

101 Hanno Mußler, Unerklärlich, in: Frankfurter Allgemeine Zeitung, 24. 2. 2010; siehe auch die kritische Berichterstattung in: Christoph Pauly, Der Zauberlehrling, in: Der Spiegel, 11. 4. 2009.

102 Gerald Braunberger/Markus Frühauf/Hanno Mußler, »Die Übernahme der Dresdner Bank bleibt strategisch richtig«, in: Frankfurter Allgemeine Zeitung, 15. 5. 2009.

103 Martin Blessing, Interview, 5. 10. 2018, HAC.

104 Martin Blessing, zitiert nach: Braunberger/Frühauf/Mußler, »Die Übernahme der Dresdner Bank bleibt strategisch richtig«, in: Frankfurter Allgemeine Zeitung, 15. 5. 2009.

5. Fortschritte und Rückschritte: Auf der Suche nach einem zukunftsfähigen Geschäftsmodell (2010 bis 2019)

1 Commerzbank AG, GB 2010, S. 1 ff., dort auch die weiteren Angaben.

2 FDP-Finanzexperte Frank Schäffler, nach: Sven Afhüppe/Hans G. Nagl, Berlin drängt die Commerzbank, in: Handelsblatt, 9. 8. 2010.

3 Joachim Pfeiffer, wirtschaftspolitischer Sprecher der CDU, nach Sven Afhüppe/Hans G. Nagl, Berlin drängt die Commerzbank, in: Handelsblatt, 9. 8. 2010.

4 Georg Meck, Der arme Banker, in: Frankfurter Allgemeine Sonntagszeitung, 16. 5. 2010; 35 Mitarbeiter der Commerzbank erhielten ein Gehalt über dem von Blessing, vgl.: Im Würgegriff des Staates, in: Handelsblatt, 14. 10. 2010.

5 Eigene Berechnungen.

6 Martin Blessing, Interview, 5. 10. 2018, HAC.

7 Commerzbank AG, GB 2010, S. 103.

8 Martin Blessing, Interview, 5. 10. 2018, HAC.

9 Bernd Neubacher, Commerzbank zurrt Gewinnprognose 2010 fest, in: Börsen-Zeitung, 25. 9. 2010.

10 Vgl. zu den folgenden Details: Commerzbank AG, GB 2011, S. 31, 75 und 207.

11 Bernd Wittkowski/Bernd Neubacher/Silke Stoltenberg, Megakapitalerhöhung beschlossen, in: Börsen-Zeitung, 7. 5. 2011.

12 Bernd Neubacher/Silke Stoltenberg, Commerzbank wagt Befreiungsschlag. Kapital wird um 11 Mrd. Euro erhöht, in: Börsen-Zeitung, 7. 4. 2011; Commerzbank schließt größte deutsche Kapitalerhöhung ab, in: Frankfurter Allgemeine Zeitung, 8. 6. 2011. Im Jahr zuvor hatte die Deutsche Bank bei ihrer Kapitalerhöhung gut 10 Mrd. Euro erlöst.

13 Commerzbank AG, GB 2011, S. 207.

14 Bernd Wittkowski, Aussteigen ist schöner als einsteigen, in: Börsen-Zeitung, 7.4.2011. Das Grundgehalt Blessings stieg 2012 auf 1,3 Mio. Euro, das der übrigen Vorstandsmitglieder auf 750 000 Euro p. a.
15 Neubacher/Stoltenberg, Commerzbank wagt Befreiungsschlag, in: Börsen-Zeitung, 7.4.2011.
16 Wittkowski, Aussteigen ist schöner als einsteigen, in: Börsen-Zeitung, 7.4.2011.
17 Zum Jahreswechsel 2010/11 lag der Investitionsschwerpunkt im Public-Finance-Portfolio bei Staatsanleihen aus Italien (gut 10 Mrd. Euro) und Spanien (knapp 10 Mrd. Euro), erst dann folgten griechische Staatsanleihen.
18 Abschreibungen und Risikoflucht verhageln Commerzbank das Ergebnis, in: Börsen-Zeitung, 24.2.2012.
19 Commerzbank verkauft Staatsanleihen, in: Frankfurter Allgemeine Zeitung, 28.10.2011.
20 Ebenda; Hanno Mußler, Commerzbank in schwerer See, in: Frankfurter Allgemeine Zeitung, 14.11.2011.
21 Das Staatsfinanzierungsgeschäft der Eurohypo war bereits 2010 nahezu eingestellt worden. Als der damalige Eurohypo-Chef Frank Pörschke Anfang 2011 – zur Empörung vieler Beobachter – trotz der angespannten Lage der Bank auf eine längere Fortbildung nach Amerika ging, kommentierte Blessing: »Dann macht er wenigstens kein Neugeschäft mehr.«; Tim Kanning, Eine Bank verschwindet, in: Frankfurter Allgemeine Zeitung, 31.3.2012.
22 Bernd Neubacher/Martin Hampel, Schrumpfkur bei der Commerzbank, in: Börsen-Zeitung, 5.11.2011.
23 Mußler, Commerzbank in schwerer See, in: Frankfurter Allgemeine Zeitung, 14.11.2011.
24 Finanzvorstand Strutz verlässt die Commerzbank, in: Frankfurter Allgemeine Zeitung, 10.8.2011.
25 So wurde Ende April über das Osterfest die IT-Integration der Dresdner Bank bewältigt. 4500 Mitarbeiter sorgten dabei für die Migration von 1 Mrd. Kunden- und Produktdaten. »Es ist, als sollten alle Münchner nach Hamburg umziehen«, so IT-Bereichsvorstand Peter Leukert über das Mammutprojekt. Damit war nach weniger als 1000 Tagen der letzte große Meilenstein des bankweiten Integrationsprojekts erreicht; vgl. dazu: Dresdner Bank ist endgültig Vergangenheit, in: Frankfurter Allgemeine Zeitung, 26.4.2011. Vgl. auch: Berg/Krause/Stein, Banken im Umbruch, hier insbesondere das Zeitzeugeninterview mit dem damaligen IT-Vorstand Frank Annuscheit, S. 188 ff.
26 Hanno Mußler, Commerzbank muss Jahresziel 2012 kippen, in: Frankfurter Allgemeine Zeitung, 4.11.2011.
27 Ebenda.
28 Im Mai 2016 fand eine Umfirmierung in die LSF Loan Solutions Frankfurt GmbH statt. Sämtliche Vermögenswerte wurden auf die Commerzbank übertragen und die Banklizenz der Hypothekenbank Frankfurt AG zurückgegeben.
29 Schiffskredite bringen die Banken in Not, in: Frankfurter Allgemeine Zeitung, 5.7.2013.
30 Commerzbank AG, GB 2012, S. 3.
31 Ebenda, S. 1.
32 Martin Blessing in Commerzbank AG, GB 2012, S. 10.
33 Commerzbank AG, GB 2012, S. 3.
34 Markus Frühauf, In der Klemme zwischen Kostendruck und Kontrolle, in: Frankfurter Allgemeine Zeitung, 2.11.2012.
35 Commerzbank AG, GB 2012, S. 5.
36 Ebenda, S. 4.
37 Ebenda, S. 1.
38 Ebenda, S. 71.
39 In der HGB-Bilanz wurde erstmals seit 2008 ein Jahresgewinn von 102 Mio. Euro verbucht, sodass SoFFin und Allianz eine Vergütung auf die stillen Einlagen erhielten, Dividende wurde jedoch erneut nicht ausgeschüttet.
40 Bernd Neubacher, Commerzbank legt Axt an Privatkundensparte, in: Börsen-Zeitung, 19.9.2012.
41 Von konzernweit 62 600 Beschäftigten unmittelbar nach der Fusion war der Personalbestand bis Ende 2012 plangemäß bereits auf 53 600 zurückgegangen.
42 Stefanie Schulte, Commerzbank baut bis zu 6000 Stellen ab, in: Börsen-Zeitung, 25.1.2013.
43 Tauziehen um Abberufung von Commerzbank-Vorständen geht weiter, in: Manager Magazin, 14.10.2013. Im August 2015 stimmte die Commerzbank einer Einigung zu, die auf eine volle Ausbezahlung sämtlicher Vergütungsansprüche von Sieber in Höhe von 2,7 Mio. Euro hinauslief.
44 Commerzbank AG, GB 2013, S. 2. Dabei wurde darauf hingewiesen, dass bei Kunden, die sich zunächst produktunabhängig beraten ließen, ein 2,5-mal so hoher Ertrag generierbar sei, vgl. Markus Frühauf, In der Klemme zwischen Kostendruck und Kontrolle, in: Frankfurter Allgemeine Zeitung, 2.11.2012. Zudem erweise sich speziell mit Blick auf die Möglichkeiten der Beratung das dichte Filialnetz als Vorteil, vgl. Hanno Mußler, »Bankfilialen werden auch in Zukunft eine wichtige Rolle spielen«, Martin Zielke im Gespräch, in: Frankfurter Allgemeine Zeitung, 15.1.2013.
45 Commerzbank baut ihre Filialen um, in: Frankfurter Allgemeine Zeitung, 4.12.2013.
46 Bernd Neubacher, Commerzbank krempelt Angebot um, in: Börsen-Zeitung, 30.4.2013.
47 Bereichsvorstand Mandel, zitiert nach: Commerzbank gibt 540 Millionen Euro für Werbung aus, in: Frankfurter Allgemeine Zeitung, 30.4.2013.
48 Commerzbank AG, GB 2012, S. 72.
49 Ebenda, S. 75; Commerzbank beendet Abenteuer in der Ukraine, in: Frankfurter Allgemeine Zeitung, 1.8.2012.
50 Fußball-Fan Klaus-Peter Müller hatte schon vor der Weltmeisterschaft in Deutschland 2006 dafür gesorgt, dass die Commerzbank DFB-Sponsor wurde und Eintracht Frankfurt nicht mehr im »Waldstadion«, sondern in der »Commerzbank-Arena« spielte.
51 Commerzbank AG, GB 2015, S. 5.
52 Vgl. dazu: Stephan Paul/Fabian Prystav/Stefan Stein, Die neuen Banken, ZfgK 67 (2014), S. 880–885, und Stephan Paul, Schumpeter im Zeitraffer – FinTechs als Prüflabor und Experimentierfeld, in: Wirtschaftsdienst 96 (2016), S. 631–636.
53 Martin Blessing in Commerzbank AG, GB 2015, S. 10.
54 Commerzbank AG, GB 2015, S. 6 f.
55 Ebenda, S. 70–74.
56 Bernd Neubacher, Das operative Geschäft kommt voran, in: Börsen-Zeitung, 8.8.2014.

57 Commerzbank gibt 540 Millionen Euro für Werbung aus, in: Frankfurter Allgemeine Zeitung, 30.4.2013.

58 Commerzbank AG, GB 2015, S. 8f.

59 Ebenda, S. 70.

60 Commerzbank AG, GB 2014, S. 73, und 2015, S. 73. Demgegenüber waren Produktangebot und Personalausstattung in den City- und den noch kleineren Service-Filialen deutlich geringer, vgl. Lisa Nienhaus, Die neuen Spar-Filialen, in: Frankfurter Allgemeine Sonntagszeitung, 10.2.2013.

61 Commerzbank AG, GB 2015, S. 7.

62 Ebenda, S. 75.

63 Ebenda, S. 77.

64 Ebenda, S. 73.

65 Commerzbank AG, GB 2014, S. 82, und 2015, S. 11, 80ff.

66 Die große Baustelle Online-Banking, in: Frankfurter Allgemeine Zeitung, 21.11.2013; Hanno Mußler, Polen macht die Commerzbank mobil, in: Frankfurter Allgemeine Zeitung, 21.4.2015; Harald Freiberger, Per Wisch zum Girokonto, in: Süddeutsche Zeitung, 21.4.2015.

67 Commerzbank AG, GB 2014, S. 77; Bernd Neubacher, Schwerer Schock am Taxistand, in: Börsen-Zeitung, 21.4.2015.

68 Yasmin Osman/Katharina Schneider, Die Commerzbank will ein Fintech sein, in: Handelsblatt, 19.4.2016.

69 Commerzbank AG, GB 2014, S. 60f., und 2015, S. 92.

70 Commerzbank forciert den Abbau von Immobilienkrediten, in: Frankfurter Allgemeine Zeitung, 12.6. 2014.

71 Annette Becker, Commerzbank wird Reeder, in: Börsen-Zeitung, 15.6.2013.

72 Bernd Neubacher, Reedergeschäft ade, in: Börsen-Zeitung, 24.7.2015.

73 Geldwäsche-Skandal bei der Commerzbank, in: Die Welt, 25.7.2005.

74 Geldbuße in Amerika zwingt Commerzbank zu Gewinnkorrektur, in: Frankfurter Allgemeine Zeitung, 13.3.2015.

75 Martin Blessing, Interview, 5.10.2018, HAC.

76 Anja Höning, Martin Blessing überrascht mit Rücktritt, in: Rheinische Post, 2.11.2015.

77 Hanno Mußler, Blessings Bilanz, in: Frankfurter Allgemeine Zeitung, 13.2.2016.

78 Zitate nach Höning, Martin Blessing überrascht mit Rücktritt, in: Rheinische Post, 2.11.2015.

79 Anne Kunz, Blessing wählt perfekten Zeitpunkt für Rücktritt, in: Die Welt, 2.11.2015; Mußler, Blessings Bilanz, in: Frankfurter Allgemeine Zeitung, 13.2.2016.

80 Kunz, Blessing wählt perfekten Zeitpunkt, in: Die Welt, 2.11.2015.

81 Ebenda.

82 Hanno Mußler, Ein »Supermann« für die Commerzbank, in: Frankfurter Allgemeine Zeitung, 3.3.2016; Thomas Baumgartner, Zielke neuer Commerzbank-Chef?, in: Die Welt, 5.3.2016.

83 Vgl. die Spekulationen bei Kunz, Blessing wählt perfekten Zeitpunkt, in: Die Welt, 2.11.2015; Mußler, Ein »Supermann«, in: Frankfurter Allgemeine Zeitung, 3.3.2016.

84 Stefan Kaiser, Neuer Konzernchef Zielke, in: Spiegel Online, 7.3.2016.

85 Ebenda.

86 Hanno Mußler, Ein neuer Martin für die Commerzbank, in: Frankfurter Allgemeine Zeitung, 6.3.2016.

87 Ebenda.

88 Für die erste Führungsebene unterhalb des Vorstands liegt die Zielquote des Frauenanteils bei 17,5 %, für die zweite Führungsebene bei 20 %. Ende 2017 zählten zur ersten Führungsebene 35 Personen, darunter fünf weibliche Führungskräfte (14,3 %), die zweite Führungsebene umfasste 381 Personen, 62 davon waren weibliche Führungskräfte (16,3 %). Dem 20-köpfigen Aufsichtsrat gehörten sechs Frauen an, davon drei aufseiten der Anteilseignervertreter; vgl. ausführlich zu dem seit 2010 intensiv verfolgten Diversity-Ziel: Commerzbank AG, GB 2017, S. 24ff.

89 Michael Brächer/Yasmin Osman, Fehlstart für die Commerzbank, in: Handelsblatt, 4.5.2016.

90 Bernd Neubacher, Zinstief beschert Commerzbank Gewinneinbruch, in: Börsen-Zeitung, 4.5.2016; Björn Godenrath, Commerzbank kassiert Gewinnziel für 2016, in: Börsen-Zeitung, 3.8.2016.

91 Bernd Neubacher, Commerzbank kündigt Investitionen an, in: Börsen-Zeitung, 1.9.2016.

92 Zitiert nach: Commerzbank streicht tausende Stellen, in: Ntv Online, 29.9.2016.

93 Michael Brächer/Yasmin Osman/Anke Rezmer, Strategie Commerzbank 4.0 – Ein Neustart mit Hindernissen, in: Handelsblatt Online, 30.9.2016.

94 Martin Zielke, Brief an die Aktionäre, in: Commerzbank AG, GB 2016, S. 2.

95 Der Verkauf der als Equity Markets & Commodities bezeichneten Sparte erfolgte Mitte 2018 an die Société Générale. Beide Parteien vereinbarten Stillschweigen über den Transaktionspreis, der im niedrigen dreistelligen Millionenbereich gelegen haben soll, vgl. Andreas Kröner, Schrumpfen hier, Angreifen dort, in: Handelsblatt, 4.7.2018. Die Commerzbank verlor dadurch Erträge im Volumen von 300–400 Mio. Euro, wollte ihre Kostenbasis jedoch um 200–300 Mio. Euro senken und risikogewichtete Aktiva in Höhe von 3 Mrd. Euro abbauen; 520 Mitarbeiter waren von der Transaktion betroffen, vgl. Jan Schrader, Commerzbank schlägt ETF-Sparte los; Jan Schrader, Modell einer Konsolidierung, beide in: Börsen-Zeitung, 4.7.2018.

96 Nach Presseberichten habe Beumer zwar die neue Strategie mit entworfen, dann aber auf eine andere Vorstandsposition wechseln sollen, was er ablehnte, vgl.: Commerzbank zerschlägt Investmentbanking, in: Frankfurter Allgemeine Zeitung, 10.9.2016.

97 Commerzbank AG, GB 2016, S. 51.

98 Bernd Neubacher, Commerzbank baut 9600 Stellen ab, in: Börsen-Zeitung, 30.9.2016; Commerzbank AG, GB 2016, S. 3f. und 49.

99 Die Filialen sind unser Wachstumsmotor, in: Frankfurter Allgemeine Zeitung, 21.2.2018; Hanno Mußler, Die Commerzbank bläst zum Angriff, in: Frankfurter Allgemeine Zeitung, 3.1.2017.

100 Die Commerzbank auf Kundenjagd, in: Frankfurter Allgemeine Zeitung, 20.4.2017; Hanno Mußler, Bald könnte die Commerzbank wie eine Starbucks-

Filiale aussehen, in: Frankfurter Allgemeine Zeitung, 17.12.2018.

101 Mußler, Die Commerzbank bläst zum Angriff, in: Frankfurter Allgemeine Zeitung, 3.1.2017.

102 Bernd Neubacher, Management präzisiert Prognose, in: Börsen-Zeitung, 3.8.2017.

103 Björn Godenrath, Operative Erträge geben nach, in: Börsen-Zeitung, 3.8.2017; Bernd Neubacher, Mehr Kunden, stagnierende Erträge, in: Börsen-Zeitung, 9./10.5.2018.

104 Das Ergebnis des Jahres 2017 musste im Folgejahr mehrfach nachträglich nach unten korrigiert werden, daher finden sich hier andere Zahlen als in den Presseberichten oder auch im Geschäftsbericht 2017.

105 Commerzbank AG, GB 2017, S. 3.

106 So z.B. 2017 durch die Veräußerung von Beteiligungen sowie Verkauf und anschließende Rückmietung der Commerzbank-Zentrale in Frankfurt.

107 Andreas Kröner, Dax-Konzerne ungeschminkt: Martin Zielkes steiniger Weg, in: Handelsblatt, 7.5.2018.

108 Meike Schreiber, Mehr Maggi als Manhattan, in: Süddeutsche Zeitung, 7.5.2018; Andreas Kröner, Die Bilanz ist durchwachsen, in: Handelsblatt, 8.5.2018.

109 Dennis Kremer, Der Abstieg der Commerzbank, in: Frankfurter Allgemeine Sonntagszeitung, 26.8.2018; Hanno Mußler, Der Niedergang der Commerzbank, in: Frankfurter Allgemeine Zeitung, 15.9.2018.

110 Meike Schreiber, Plötzlich verdrängt, in: Süddeutsche Zeitung, 5.9.2018.

111 Zitate nach Andreas Kröner, Zielke: DAX-Abstieg bestätigt unsere Strategie, in: Handelsblatt, 17./18./19.8.2018.

112 Zielke: Bedeutung der Commerzbank hängt nicht an DAX-Abstieg, dpa, 16.8.2018.

113 Vgl. Hanno Mußler, Die Commerzbank nimmt sich Spotify als Vorbild, in: Frankfurter Allgemeine Zeitung, 15.8.2018; Andreas Kröner/Yasmin Osman, Der große Umbruch – wie sich die Commerzbank verändern will, in: Handelsblatt, 11.6.2018.

114 Hanno Mußler, Runter vom hohen Ross, in: Frankfurter Allgemeine Zeitung, 15.8.2018.

115 Kröner/Osman, Der große Umbruch – wie sich die Commerzbank verändern will, in: Handelsblatt, 11.6.2018.

116 Commerzbank gibt Pläne für europäische Onlinebank auf, Reuters, 21.8.2018.

117 Bernd Neubacher, Management kann Ziele nicht halten, in: Börsen-Zeitung, 8.8.2018.

118 Vgl. Commerzbank AG, Erfolgreiche erste Halbzeit von Commerzbank 4.0 – Konzernergebnis bei 865 Mio. Euro, Präsentation bei der Bilanzpressekonferenz am 14.2.2019; Bernd Neubacher, Die strategischen Ziele fallen, in: Börsen-Zeitung, 15.2.2019; Hanno Mußler, Commerzbank verfehlt ihre Ziele, in: Frankfurter Allgemeine Zeitung, 15.2.2019; Yasmin Osman/Andreas Kröner, Commerzbank kassiert Renditeziel, in: Handelsblatt, 15./16./17.2.2019.

119 Meike Schreiber/Markus Zydra, Aufseher rügen Commerzbank, in: Süddeutsche Zeitung, 9.11.2018; Aufseher zweifelt an der Commerzbank, in: Frankfurter Allgemeine Zeitung, 10.11.2018.

120 Hanno Mußler/Tim Kanning, Galgenhumor vor dem Bankenmonopoly, in: Frankfurter Allgemeine Zeitung, 16.3.2019.

121 Anfang Dezember wurde mitgeteilt, dass der Leiter der Firmenkundensparte, Michael Reuther, seinen Vorstandsvertrag nicht über September 2019 hinaus verlängern möchte, um »nochmal ein neues Kapitel in meinem beruflichen Leben aufzuschlagen«. Aus gesundheitlichen Gründen schied COO Frank Annuscheit im Februar 2019 aus und wurde durch Jörg Hessenmüller ersetzt, der zuvor bereits unter anderem Bereichsvorstand Digital Transformation & Strategy gewesen war.

122 Andreas Kröner, Commerzbank interessiert sich für NordLB, in: Handelsblatt Online, 24.10.2018. Im November 2018 stieg die Commerzbank dann jedoch vor der Abgabe eines verbindlichen Angebots aus dem Bietergefecht aus.

123 Hanno Mußler, Der resignierte Juniorpartner, in: Frankfurter Allgemeine Zeitung, 13.3.2019.

124 Ein Desaster in Zahlen, in: Frankfurter Allgemeine Zeitung, 22.12.2018.

125 Gunther Schnabel/Thomas Stratmann, Warum geht's unseren Banken so schlecht?, in: Frankfurter Allgemeine Zeitung, 20.1.2019.

126 Angabe per 22.1.2019 nach Yasmin Osman, Jeder Zweite rät zum Verkauf, in: Handelsblatt, 25./26./27.1.2018.

127 Eigene Berechnungen.

128 Davos, die Deutsche und die Commerzbank, in: Frankfurter Allgemeine Zeitung, 26.1.2019.

129 Tim Kanning/Manfred Schäfers, Scholz in Kontakt mit wichtigem Commerzbank-Investor, in: Frankfurter Allgemeine Zeitung, 23.1.2019.

130 Finanzinvestor Cerberus beteiligt sich an Commerzbank, in: Frankfurter Allgemeine Zeitung, 27.7.2017. Ende 2017 verfügten Cerberus und Blackrock über jeweils mehr als 5 % der Anteile, der Bund besaß gut 15 %. Die übrigen Aktien waren zu 50 % in den Händen weiterer institutioneller Investoren und zu 25 % in den Depots privater Investoren; vgl. Commerzbank AG, GB 2017, S. 17.

131 Sven Afhüppe, Commerzbank und Deutsche Bank – Nur eine verlockende Phantasie, in: Handelsblatt Online, 2.9.2016.

132 Gespräche über Fusion von Deutscher und Commerzbank, in: Frankfurter Allgemeine Zeitung, 1.9.2016.

133 Christian Sewing nährt Fusionsphantasie, in: Frankfurter Allgemeine Zeitung, 26.9.2018.

134 Andreas Kröner, Was für eine Commerzbank-Übernahme spricht, in: Handelsblatt Online, 6.5.2018.

135 Martin Greive u. a., »Plan B« für die Deutsche Bank, in: Handelsblatt, 25./26./27.1.2019.

136 Tim Bartz, Auf dem Weg zur Notfusion, in: Spiegel Online, 31.1.2019.

137 Vgl. Meike Schreiber, Berlin träumt von einer »starken deutschen Bank«, in: Süddeutsche Zeitung, 17.1.2019; Tim Kanning/Manfred Schäfers, Schwer vermittelbar, in: Frankfurter Allgemeine Zeitung, 19.1.2019. Darüber hinaus wurde in dem eher vom Bundeswirtschaftsminister verfolgten industriepolitischen Ansatz argumentiert, für die deutsche Volkswirtschaft besonders bedeutende Unterneh-

men müssten generell vor einer Übernahme durch Konkurrenten gerade aus solchen Ländern geschützt werden, die staatsdominiert seien (China) oder stark protektionistisch agierten (USA). Die Größe eines aus der Fusion von Deutscher und Commerzbank gebildeten Instituts biete einen besseren Übernahmeschutz als der Status quo; zur »Nationalen Industriestrategie 2030« vgl. Mark Schieritz/Lisa Nienhaus, Jetzt wird wieder in die Hände gespuckt, in: Die Zeit, 8.2.2019. Angesichts einer Marktkapitalisierung des fusionierten Instituts von deutlich unter 30 Mrd. Euro zu Beginn 2019 hätte das Haus unter den weltweit größten Banken zwischen den Plätzen 40 und 50 gelegen und im internationalen Vergleich wohl noch keine kritische Größe erreicht; vgl. dazu auch Gerald Braunberger, Ein Plädoyer für »richtig verstandene Industriepolitik«, in: Frankfurter Allgemeine Zeitung, 13.3.2019.

138 Lisa Nienhaus, Wahnsinnige Ehe, in: Die Zeit, 31.1.2019.

139 Vgl. Isabel Schnabel, Bankenpolitik im Glashaus, in: Frankfurter Allgemeine Zeitung, 25.1.2019.

140 Hanno Mußler, Staatshilfe für die Deutsche Bank, in: Frankfurter Allgemeine Zeitung, 13.3.2019.

141 Afhüppe, Commerzbank und Deutsche Bank – Nur eine verlockende Phantasie, in: Handelsblatt Online, 2.9.2016.

142 Schätzungen beliefen sich auf »locker 40 000 Arbeitsplätze«, die hätten entfallen können, vgl. Bernd Wittkowski, Sie tun es nicht, in: Börsen-Zeitung, 26.4.2019, und Gerald Braunberger, Berliner Bankenpolitik, in: Frankfurter Allgemeine Zeitung, 18.3.2019. Vor diesem Hintergrund hätten die Bankaufseher der Europäischen Zentralbank die Frage aufgeworfen, ob die Manager über ausreichend »rücksichtslose Brutalität« verfügten, um die Fusion zu einem Erfolg zu führen, vgl. Meike Schreiber, Blau – gelb – brutal, in: Süddeutsche Zeitung, 14.3.2019.

143 Zur Kritik am Agieren der Politik vgl. Tim Bartz, Die Dilettanten aus dem Finanzministerium, in: Spiegel Online, 17.3.2019; Angela Wefers, Opposition kritisiert die Rolle von Scholz, in: Börsen-Zeitung, 26.4.2019; Kerstin Schwenn, Ende eines politischen Projekts, in: Frankfurter Allgemeine Zeitung, 26.4.2019.

144 Commerzbank AG, Ad-hoc-Mitteilung, 17.3.2019, sowie: Banken nehmen Fusionsgespräche auf, in: Frankfurter Allgemeine Zeitung, 18.3.2019, dort auch die Diskussion unterschiedlicher Fusionsmodelle ebenso wie bei Volker Brühl/Jan Pieter Krahnen, Eine Open Banking Plattform für Deutschland – eine zukunftsorientierte Alternative zu einer Fusion Deutsche Bank/Commerzbank, SAFE Policy Letter No. 2, März 2019. Ein Rückblick auf (geplante) Fusionen der letzten beiden Jahrzehnte bei Gerald Braunberger, Deutsche Bankenfusionen: Schöne Träume und harte Realitäten, in: Frankfurter Allgemeine Zeitung, 18.3.2019.

145 Gerald Braunberger, Am Grab der Großbanken, in: Frankfurter Allgemeine Zeitung, 2.3.2019.

146 Vgl. zu diesem Ablauf Jan Hildebrand u. a., Bessere Chancen ohne Fusion? Sewings riskante Wette, in: Handelsblatt Online, 25.4.2019.

147 Von Martin Zielke etwa in Jan Dams/Anne Kunz, »Wir sind alleine stark genug«, Gespräch mit Martin Zielke, in: Die Welt, 28.4.2019.

148 Commerzbank AG, Pressemitteilung, 25.4.2019.

149 Gerald Braunberger/Dennis Kramer/Patrick Bernau, »Eins und eins ergibt nicht zwei«, Gespräch mit Christian Sewing, in: Frankfurter Allgemeine Zeitung, 28.4.2019; Dams/Kunz, »Wir sind alleine stark genug«, in: Die Welt, 28.4.2019.

150 Für die Commerzbank vgl. Martin Zielke, Rede bei der Hauptversammlung der Commerzbank am 22.5.2019.

151 Commerzbank hadert mit der Ertragskraft, in: Börsen-Zeitung, 23.5.2019.

152 Martin Zielke, Rede bei der Hauptversammlung der Commerzbank am 22.5.2019, S. 3.

153 Kein ausreichender Mehrwert, in: Börsen-Zeitung, 26.4.2019.

154 Allein aufseiten der Deutschen Bank wurde in diesem Zusammenhang mit einem Ertragsschwund von 1,5 Mrd. Euro gerechnet, vgl.: Der Bankenpoker beginnt von vorne, in: Frankfurter Allgemeine Zeitung, 26.4.2019.

155 Braunberger/Kramer/Bernau, »Eins und eins ergibt nicht zwei«, in: Frankfurter Allgemeine Zeitung, 28.4.2019.

156 Keine Fusion von Deutscher und Commerzbank, in: Frankfurter Allgemeine Zeitung, 26.4.2019.

157 Andreas Kröner, Große Mehrheit der Commerzbank-Mitarbeiter lehnt Bankenfusion ab, in: Handelsblatt, 17.4.2019.

158 Meike Schreiber, Angestellte wollen keine Übernahme der Commerzbank, in: Süddeutsche Zeitung, 12.4.2019.

159 Hanno Mußler/Kerstin Schwenn, Chefunterhändler mit leeren Händen, in: Frankfurter Allgemeine Zeitung, 26.4.2019.

160 Deutscher Bank winkt wundersamer Geldregen, in: Frankfurter Allgemeine Zeitung, 30.3.2019.

161 Scheitern der Großbankenfusion sorgt für Erleichterung, in: Börsen-Zeitung, 26.4.2019.

162 Ebenda.

163 Commerzbank-Aktionäre loben Abbruch der Fusionsgespräche, in: Frankfurter Allgemeine Zeitung, 23.5.2019.

164 Gerald Braunberger, Gescheiterte Bankenhochzeit, in: Frankfurter Allgemeine Zeitung, 26.4.2019.

165 Der Bankenpoker beginnt von vorne, in: Frankfurter Allgemeine Zeitung, 26.4.2019; Markus Frühauf u. a., Unicredit und ING schachern um die Commerzbank, in: Frankfurter Allgemeine Zeitung, 16.5.2019.

166 Bernd Neubacher, »Stand-alone ist klar eine Alternative«, in: Börsen-Zeitung, 9.5.2019.

167 Björn Godenrath, Commerzbank allein zu Haus, in: Börsen-Zeitung, 12.6.2019.

168 Dams/Kunz, »Wir sind alleine stark genug«, in: Die Welt, 28.4.2019.

169 Anna Sleegers, Commerzbank möchte aus eigener Kraft wachsen, in: Börsen-Zeitung, 26.4.2019.

170 Neubacher, »Stand-alone ist klar eine Alternative«, in: Börsen-Zeitung, 9.5.2019.

171 Martin Zielke, Rede bei der Hauptversammlung der Commerzbank am 22.5.2019, S. 5.

172 Bernd Neubacher, »Stand-alone ist klar eine Alternative«, in: Börsen-Zeitung, 9.5.2019, und: Ergebnisüberraschung dank Kostendisziplin, ebenda.

173 Martin Zielke, Rede bei der Hauptversammlung der Commerzbank am 22.5.2019, S.3.

174 Commerzbank AG, Commerzbank 5.0: digital, persönlich und verantwortungsvoll, Pressemitteilung, 26.9.2019, dort auch die folgenden Zitate.

175 Tim Bartz, Verzweifelte Strategiewende, Spiegel online, 27.9.2019; vgl. weiter Bernd Neubacher, Übertrainiert, Börsen-Zeitung, 28.9.2019; Bernd Wittkowski, Ende eines Geschäftsmodells, Börsen-Zeitung, 13.8.2019; Bernd Neubacher, Die Commerzbank verkauft das Tafelsilber, Börsen-Zeitung, 21.9.2019; Hanno Mußler, Die Commerzbank mobilisiert die letzten Reserven, FAZ, 25.9.2019; Inken Schönauer, Die Commerzbank hübscht sich auf, FAZ, 28.9.2019.

176 Meike Schreiber, Fusion? War da was?, Süddeutsche Zeitung, 9.5.2019.

177 Im August 2019 schrieb die bundeseigene Deutsche Finanzagentur ein Mandat zur »Beratung bzg. Commerzbankbeteiligung« aus. Im Rahmen dieses Auftrags sollen die Strategie und das Geschäftsmodell der Bank bewertet und »strategische Empfehlungen für das Beteiligungsmanagement« erarbeitet werden; vgl. Bernd Neubacher, Bund lässt Commerzbank durchleuchten, Börsen-Zeitung, 9.8.2019.

Abkürzungsverzeichnis

ABS	Asset Backed Securities
ADIG	Allgemeine Deutsche Investmentgesellschaft mbH
AfS	Archiv für Sozialgeschichte
AIG	American International Group
AKA	Ausfuhrkredit-Aktiengesellschaft
AMB	Aachener und Münchener Beteiligungs-Aktiengesellschaft
APK	Abteilung Privatkunden-Kredit
BA	Bankhistorisches Archiv
BEC	Banque Européenne de Crédit à Moyen Terme
BfG	Bank für Gemeinwirtschaft
bfr	Belgischer Franc
BIZ	Bank für Internationalen Zahlungsausgleich
BHW	Bausparkasse für den öffentlichen Dienst GmbH
BNCI	Banque Nationale pour le Commerce et l'Industrie
BRE	Bank Rozwoju Eksportu S. A.
CAD	Capital Adequacy Directive
CAMA	Commerzbank Asset Management Asia
CBO	Collateralised Bond Obligations
CCMC	Commerzbank Capital Markets Corporation
CCR	Caisse Centrale de Réescompte
CDO	Collateralised Debt Obligations
CFDB	Compagnie Financière de la Deutsche Bank
CFP	Commerz Financial Products
CGI	Commerz Grundbesitz-Investmentgesellschaft mbH
CICM	Commerz International Capital Management GmbH
CIL	Commerz- und Industrie-Leasing GmbH
CISAL	Commerzbank International S. A. Luxemburg
CITC	Capital Investment Trust Corporation
CLO	Collateralised Loan Obligations
CMBS	Commercial Mortage Backed Securities
Cofo	Commerzbank Fonds-Verwaltungsgesellschaft mbH
CoMEN	Conditional Mandatory Exchangeable
CRD	Capital Requirements Directive
CRE	Commercial Real Estate
DAB	Deutsch-Asiatische Bank
DBS	Deutsche Bausparkasse eGmbH
DCRM	Digital Customer Relationship Management
DIL	Deutsche Gesellschaft für Immobilien- und Anlagen-Leasing mbH
EBA	European Banking Authority
EBIC	European Banks' International Company S. A.
EGKS	Europäische Gemeinschaft für Kohle und Stahl
EIB	Europäische Investitionsbank
ETF	Exchange-Traded Fund

EWG	Europäische Wirtschaftsgemeinschaft
EZB	Europäische Zentralbank
FK	Firmenkunden
GAF	Geschäftsabwicklung für Filialen
GB	Geschäftsbericht
GG	Geschichte und Gesellschaft. Zeitschrift für Historische Sozialwissenschaft
GVS	Gesamtvorstandssitzung
HDW	Howaldtswerke-Deutsche Werft AG
hfl	Niederländischer Gulden
Hg.	Herausgeber
HRE	Hypo Real Estate
HSAM GmbH	Hanseatic Ship Asset Management GmbH
HSBC	Hongkong and Shanghai Banking Corporation Ltd.
HSH Nordbank	Hamburgisch-Schleswig-Holsteinische Nordbank, ab Februar 2019 Hamburg Commercial Bank AG
HVB	HypoVereinsbank
IBA	International Banking Act
IBF	International Banking Facility
IICY	The International Investment Corporation for Yugoslavia S. A.
IK	Individualkunden
IKB	Bis 1974 Industriekreditbank AG, dann Deutsche Industriebank
JEH	Journal of Economic History
JWG	Jahrbuch für Wirtschaftsgeschichte
KKR	Kohlberg Kravis Roberts & Co.
KWG	Kreditwesengesetz
LTCM	Long Term Capital Management
MAC-Klausel	Material Adverse Change Clause
MAN	Maschinenfabrik Augsburg-Nürnberg
NCA	Non-Core Assets
O. V.	ohne Verfasser
OMGUS	Office of Military Government for Germany, United States
OPEC	Organization of Petroleum Exporting Countries
PdGVS	Protokoll der Gesamtvorstandssitzung
PdSVS	Protokoll der Sondervorstandssitzung
PEMEX	Petróleos Mexicanos
PICA	Private Investment Company for Asia S. A.
PIIGS	Portugal, Italien, Irland, Griechenland und Spanien
PKB	Privatkundenberater
PRU	Portfolio Restructuring Unit
Pts	Spanische Peseta

RGW	Rat für gegenseitige Wirtschaftshilfe
RMBS	Residential Mortage Backed Securities
SFOM	Société Financière pour les Pays d'Outre-Mer
SFr.	Schweizer Franken
Sidor	Siderúrgica del Orinoco C. A.
SIFIDA	Société Internationale Financière pour les Investissements et le Développement en Afrique
SIV	Special Investment Vehicle
SoFFin	Sonderfonds Finanzmarktstabilisierung
Sofidin	Sociedad financiera para el desarrollo industrial y economico S. A.
SPV	Special Purpose Vehicle
UB	Unternehmensbereich
UBAE	Union de Banques Arabes et Européennes S. A.
VEBA	Vereinigte Elektrizitäts- und Bergwerks AG
VfZ	Vierteljahrshefte für Zeitgeschichte
VZK	Vollzeitkräfte
WZB	Wissenschaftszentrum Berlin für Sozialforschung
ZfgK	Zeitschrift für das gesamte Kreditwesen
ZFO	Zentrale Abteilung Filialorganisation
ZGB	Zentraler Stab Global Bonds
ZGE	Zentraler Stab Global Equities
ZKE	Zentraler Stab Konzernentwicklung
ZPK	Zentrales Geschäftsfeld Private Kunden
ZUG	Zeitschrift für Unternehmensgeschichte

Tabellenverzeichnis

Archiv- und Literaturverzeichnis

Benutzte Archive

Archiv des Bundesverbandes Deutscher Banken (ArchBDB)
Bundesarchiv Berlin/Koblenz (BArch)
Commerzbank Altbankarchiv (CBAA)
Historisches Archiv der Commerzbank (HAC)
Historisches Archiv der Deutschen Bank (HADB)
Russisches Staatliches Militärarchiv (RGVA)
Sächsisches Hauptstaatsarchiv Dresden (Sächs. HStA Dresden)

Veröffentlichte Quellen

Akten der Reichskanzlei: Weimarer Republik (hrsg. von Karl Dietrich Erdmann und Hans Booms), Boppard 1980–1990

Commerzielles. Informationen für Mitarbeiter und Pensionäre der Commerzbank

Bundes-Gesetzblatt des Norddeutschen Bundes

Bundesgesetzblatt (BGBl.)

Bundesministerium der Finanzen (Hg.), Grundsatzfragen der Kreditwirtschaft. Bericht der Studienkommission, Bonn 1979

Bundesverband deutscher Banken (Hg.), Banken im Fortschritt von Wirtschaft und Gesellschaft. XII. Deutscher Bankentag 1974. Referate und Podiumsdiskussion, Köln 1974

Bundesverband deutscher Banken (Hg.), Jahresbericht für 1972 / 73, Köln 1973

Bundesverband deutscher Banken (Hg.), Stichworte für die Diskussion über Funktion und Einfluss der Banken, Köln 1973

Commerzbank AG von 1870, Altbankenabrechnung auf den 1.1.1953. Abwicklungsrechnung zum 31.12.1977, Hamburg 1978

Der Arbeitskamerad. Werkzeitschrift für die Betriebsgemeinschaft der Commerzbank

Der Bankkredit. Ausschuß zur Untersuchung der Erzeugungs- und Absatzbedingungen der deutschen Wirtschaft. Verhandlungen und Berichte des Unterausschusses für Geld-, Kredit- und Finanzwesen (V. Unterausschuss), Berlin 1930

Ernest Dichter Institut für Motiv-, Marketing- und Kommunikationsforschung UG, Grundlagenuntersuchung Unternehmerische Perspektiven des gehobenen Mittelstandes. Ergebnisbericht. Ausgearbeitet für Commerzbank AG, Dezember 2000

Ernst & Young, Sonderuntersuchung Risiko- und Gesamtbanksteuerung Dresdner Bank 2008, 26.1.2010, Frankfurt am Main 2010

Geschäftsberichte der Comdirect Bank AG

Geschäftsberichte der Commerz- und Disconto-Bank

Geschäftsberichte der Commerz- und Privat-Bank

Geschäftsberichte der Commerzbank AG

Geschäftsberichte der Dresdner Bank AG

Geschäftsberichte der Deutschen Bank AG

Gesetzblatt für das Land Österreich

Handbuch der deutschen Aktiengesellschaften

Monopolkommission (Hg.), Mehr Wettbewerb ist möglich. Hauptgutachten 1973/75, Baden-Baden 1976

Office of Military Government for Germany, United States, Finance Division, Ermittlungen gegen die Deutsche Bank 1946/1947, übersetzt und bearbeitet von der Dokumentationsstelle zur NS-Sozialpolitik Hamburg, Nördlingen 1985

Office of Military Government for Germany, United States, Finance Division, Ermittlungen gegen die Dresdner Bank 1946, bearbeitet von der Hamburger Stiftung für Sozialgeschichte des 20. Jahrhunderts, Nördlingen 1986

Reichsgesetzblatt (RGBl)

Reichssteuerblatt (RStBl)

Reichstags-Handbuch

Sachverständigenrat zur Begutachtung der gesamtwirtschaftlichen Entwicklung, Jahresgutachten 2007/08: »Das Erreichte nicht verspielen«, Wiesbaden 2007

Seipp, Walter, Kommentar zum Vortrag von Martin Bangemann, in: Bundesverband deutscher Banken (Hg.), XV. Deutscher Bankentag am 26.4.1990 in Bonn, S. 52–55

Vertrag über die Schaffung einer Währungs-, Wirtschafts- und Sozialunion zwischen der Bundesrepublik Deutschland und der Deutschen Demokratischen Republik (Staatsvertrag) vom 18.5.1990

Lexika

Essener Köpfe (hrsg. v. Erwin Dickhoff), Essen 1985
Hannoversches Biographisches Lexikon, Hannover 2002
Neue Deutsche Biographie
Reichshandbuch der Deutschen Gesellschaft, 2 Bde., Berlin 1930/31

Zeitungen/Zeitschriften/Pressedienste

Zeitungsartikel sind nur in den Fußnoten zitiert, tauchen aber nicht im Literaturverzeichnis auf. Nur ausdrücklich namentlich gekennzeichnete Artikel sind auch mit Namen zitiert, bei allen anderen haben wir auf den Zusatz »O.V.« verzichtet.

Berliner Börsen-Courier
Berliner Tageblatt
Berliner Zeitung
Börsen-Zeitung
Capital
Cash
Der Deutsche Volkswirt
Der Spiegel
Der Tagesspiegel
Der Volkswirt
DM – Deutsche Mark
Die Bank
Die Welt
Die Zeit
dpa Deutsche Presse-Agentur
Euromoney
Financial Times
Financial Times Deutschland
Frankfurter Allgemeine Sonntagszeitung
Frankfurter Allgemeine Zeitung
Frankfurter Rundschau
Frankfurter Neue Presse
Glückauf. Berg- und Hüttenmännische Zeitschrift
Handelsblatt
Industriekurier
Manager Magazin
Reuters
Rheinische Post
Süddeutsche Zeitung
Welt am Sonntag
Wirtschaftswoche

Onlinezeitungen/-zeitschriften

Handelsblatt Online
Netzzeitung
Ntv Online
Spiegel Online

Sekundärliteratur

Abdelal, Ravi, Capital Rules. The Construction of Global Finance, Cambridge 2007.
Abelshauser, Werner, Deutsche Wirtschaftsgeschichte. Von 1945 bis zur Gegenwart, 2. überarbeitete und erweiterte Aufl., München 2011.
Ahlheim, Hannah, Die Commerzbank und die Einziehung jüdischen Vermögens, in: Herbst/Weihe, Die Commerzbank und die Juden, S. 138–172.
Ahrens, Gerhard, Das Ringen um eine Notenbank in Hamburg um die Mitte des 19. Jahrhunderts, in: Kredit und Kapital (1974), 2, S. 233–255.
Ahrens, Gerhard, Von der Franzosenzeit bis zur Verabschiedung der neuen Verfassung 1806–1860, in: Loose, Hans-Dieter (Hg.), Hamburg. Geschichte der Stadt und ihrer Bewohner, Bd. 1, Hamburg 1982, S. 415–490.

Ahrens, Karl, Die deutschen Auslandsbanken, Diss. Universität zu Kiel 1938.
Ahrens, Ralf, Bankenmacht im Aufsichtsrat? Der Bankier Jürgen Ponto und die Kontrolle deutscher Großunternehmen in den 1970er Jahren, in: ders./Gehlen/Reckendrees, Deutschland AG, S. 195–220.
Ahrens, Ralf, Der Exempelkandidat. Die Dresdner Bank und der Nürnberger Prozess gegen Karl Rasche, in: Vierteljahrshefte für Zeitgeschichte 52 (2004), 4, S. 637–670.
Ahrens, Ralf, Die Dresdner Bank 1945–1957. Konsequenzen und Kontinuitäten nach dem Ende des NS-Regimes. Unter Mitarbeit von Ingo Köhler, Harald Wixforth und Dieter Ziegler, München 2007.
Ahrens, Ralf, Hundert Jahre im Westen. Commerzbank und Dresdner Bank im Ruhrgebiet und in Düsseldorf 1917–2017 (Publikationen der Eugen-Gutmann-Gesellschaft, 11), Frankfurt am Main 2017.
Ahrens, Ralf, Identitätsmanagement und Kontrolle. Die Reform der Dresdner Bank um 1970, in: Ahrens/Wixforth, Strukturwandel, S. 71–95.
Ahrens, Ralf, Karl Rasche, in: Hans Pohl (Hg.), Deutsche Bankiers des 20. Jahrhunderts, Stuttgart 2008, S. 343–355.
Ahrens, Ralf, Unternehmer vor Gericht. Die Nürnberger Nachfolgeprozesse zwischen Strafverfolgung und symbolischem Tribunal, in: Lillteicher, Jörg (Hg.), Profiteure des NS-Systems? Deutsche Unternehmen und das »Dritte Reich«, Berlin 2006, S. 128–153.
Ahrens, Ralf, Von der »Säuberung« zum Generalpardon: Die Entnazifizierung der westdeutschen Wirtschaft, in: Jahrbuch für Wirtschaftsgeschichte 51 (2010), 2, S. 25–45.
Ahrens, Ralf/Bähr, Johannes, Jürgen Ponto. Bankier und Bürger. Eine Biografie, München 2013.
Ahrens, Ralf/Gehlen, Boris/Reckendrees, Alfred, Die »Deutschland AG«. Historische Annäherungen an den bundesdeutschen Kapitalismus, Essen 2013.
Ahrens, Ralf/Wixforth, Harald (Hg.), Strukturwandel und Internationalisierung im Bankwesen seit den 1950er Jahren (Jahrbuch der Gesellschaft für mitteleuropäische Banken- und Sparkassengeschichte, Bd. 2007/08), Stuttgart 2010.
AKA Ausfuhrkredit-Gesellschaft mbH (Hg.), 50 Jahre AKA. Von einer Liquiditäts- und Risikogemeinschaft zum modernen Anbieter von Finanzierungen und Dienstleistungen, Frankfurt am Main 2002.
Allgemeine Deutsche Investment-Gesellschaft mbH (Hg.), 10 Jahre Investment in Deutschland – 10 Jahre Allgemeine Deutsche Investment-Gesellschaft, München 1959.
Altamura, Carlo Edoardo, A New Dawn for European Banking: The Euromarket, the Oil Crisis and the Rise of International Banking, in: Zeitschrift für Unternehmensgeschichte 60 (2015), 1, S. 29–51.
Altamura, Carlo Edoardo, European Banks and the Rise of International Finance: The post-Bretton Woods Era, Abingdon 2017.
Andersen, Arne, Der Traum vom guten Leben. Alltags- und Konsumgeschichte vom Wirtschaftswunder bis heute, Frankfurt am Main 1999.
Anzinger, Heribert u. a., Aktive Minderheiten und die Rechte des Kleinaktionärs. Die Entwicklung des Aktionärsaktivismus am Beispiel Erich Nold, in: Bankhistorisches Archiv 38 (2012), 1, S. 1–34.
Assmann, Heinz-Dieter, Einleitung, in: Hopt, Klaus J./Wiedemann, Herbert (Hg.), Aktiengesetz. Großkommentar, 4. Aufl., Berlin 1992.

Bader, Axel, Wald und Krieg. Die deutsche Forstwirtschaft im Ersten Weltkrieg, Göttingen 2011.
Bähr, Johannes, »Bankenrationalisierung« und Großbankenfrage. Der Konflikt um die Ordnung des deutschen Kreditgewerbes während des Zweiten Weltkrieges, in: Wixforth, Harald (Hg.), Finanzinstitutionen in Mitteleuropa während des Nationalsozialismus, Stuttgart 2001, S. 71–94.
Bähr, Johannes, Die Continentale Bank, Brüssel, in: Wixforth, Expansion, S. 792–824.
Bähr, Johannes, Die deutsche Bankenkrise 1931, in: ders./Rudolph, Bernd, Finanzkrisen, München 2011, S. 15–144.
Bähr, Johannes, Die Dresdner Bank in der Wirtschaft des Dritten Reichs, München 2006.
Bähr, Johannes, Die Expansion im Elsaß und in Lothringen, in: Wixforth, Expansion S. 835–842.
Bähr, Johannes, Unternehmens- und Kapitalmarktrecht im »Dritten Reich«: Die Aktienrechtsreform und das Anleihestockgesetz, in: ders. Banken, Ralf (Hg.), Wirtschaftssteuerung durch Recht im Nationalsozialismus, Frankfurt am Main 2006, S. 35–70.
Bähr, Johannes, Zwischen zwei Kontinenten. Hundert Jahre Dresdner Bank Lateinamerika vormals Deutsch-Südamerikanische Bank, Dresden 2007.
Bajohr, Frank, »Arisierung« in Hamburg, Hamburg 1997.

Bakker, Age F. P., The Liberalization of Capital Movements in Europe. The Monetary Committee and Financial Integration 1958–1994, Dordrecht 1996.

Banken, Ralf, Hitlers Steuerstaat. Die Steuerpolitik des Dritten Reichs, Berlin 2018.

Barkai, Avraham, Der wirtschaftliche Existenzkampf der Juden im »Dritten Reich« 1933–1938, in: Paucker, Arnold (Hg.), Die Juden im nationalsozialistischen Deutschland 1933–1945, Tübingen 1986, S. 153–166.

Barkai, Avraham, Vom Boykott zur »Entjudung«. Der wirtschaftliche Existenzkampf der Juden im »Dritten Reich«, Frankfurt am Main 1987.

Barth, Boris, Der Gerling-Konzern als Familienunternehmen, in: Hilger, Susanne/Soénius, Ulrich S. (Hg.), Familienunternehmen im Rheinland im 19. und 20. Jahrhundert. Netzwerke – Nachfolge – Soziales Kapital, Köln 2009, S. 103–118.

Basosi, Duccio/Garavini, Giuliano/Trentin, Massimiliano (Hg.), Counter-Shock. The Oil Counter-Revolution of the 1980s, London 2018.

Bátiz-Lazo, Bernardo, Cash and Dash. How ATMs and Computers Changed Banking, Oxford 2018.

Battilossi, Stefano/Cassis, Youssef (Hg.), European Banks and the American Challenge. Competition and Cooperation in International Banking under Bretton Woods, Oxford 2002.

Bauert-Keetman, Ingrid, Unternehmens-Chronik. Deutsch-Asiatische Bank, European Asian Bank, Deutsche Bank (Asia): 1889–1987, Manuskriptdruck, Hamburg 1988.

Bavendamm, Dirk, Wagnis Westafrika. 150 Jahre C. Woermann, Hamburg 1987.

Becher, Klaus, Das betriebswirtschaftliche Wachstum der Banken insbesondere der Filialgroßbanken in der Bundesrepublik Deutschland seit 1952, Diss., Köln 1969.

Beckers, Thorsten, Kapitalmarktpolitik im Wiederaufbau. Der westdeutsche Wertpapiermarkt zwischen Staat und Wirtschaft 1945–1957 (Schriftenreihe des Instituts für bankhistorische Forschung, 26), Stuttgart 2014.

Berg, Christian/Krause, Detlef/Stein, Stefan, Banken im Umbruch – Technik in der Commerzbank von 1870 bis heute (Publikationen der Eugen-Gutmann-Gesellschaft, 13), Frankfurt am Main 2019.

Berghahn, Volker R., Unternehmer und Politik in der Bundesrepublik, Frankfurt am Main 1985.

Berghahn, Volker R./Unger, Stefan/Ziegler, Dieter (Hg.), Die deutsche Wirtschaftselite im 20. Jahrhundert. Kontinuität und Mentalität, Essen 2003.

Bini, Elisabetta/Garavini, Giuliano/Romero, Federico (Hg.), Oil Shock. The 1973 Crisis and its Economic Legacy, London 2016.

Bissing, Wilhelm M. von, Die Schrumpfung des Kapitals und seine Surrogate, in: Untersuchungen des Bankwesens 1933, 1. Teil, 1. Band, Berlin 1933.

Böhm, Ekkehard, Der Weg ins Deutsche Reich 1860–1888, in: Loose, Hans-Dieter (Hg.), Hamburg. Geschichte der Stadt und ihrer Bewohner, Bd. 1, Hamburg 1982, S. 491–539.

Bol, Angela, Die Aktionärsstruktur der Deutschen Bank 1870–1929, in: Jahrbuch für Wirtschaftsgeschichte 59 (2018), 1, S. 135–156.

Borchardt, Knut, Realkredit- und Pfandbriefmarkt im Wandel von 100 Jahren, in: Rheinische Hypothekenbank (Hg.), 100 Jahre Rheinische Hypothekenbank, Frankfurt am Main 1971, S. 107–196.

Borchardt, Knut, Zwangslagen und Handlungsspielräume in der großen Weltwirtschaftskrise der frühen dreißiger Jahre. Zur Revision des überlieferten Geschichtsbildes, in: ders., Wachstum, Krisen, Handlungsspielräume der Wirtschaftspolitik, Göttingen 1982, S. 165–182.

Bormann, Patrick/Scholtyseck, Joachim, Der Bank- und Börsenplatz Essen, München 2018.

Born, Karl Erich, Bankenkrisen der Zwischenkriegszeit, in: Pohl, Hans (Hg.), Ursachen, Anlässe und Überwindung von Bankenkrisen, Frankfurt am Main 1990, S. 22–34.

Born, Karl Erich, Die deutsche Bankenkrise, München 1967.

Bornemann, Fritz Otto/Linnhoff, Hans-Otto, Die seit der Währungsreform begebenen Industrieanleihen (Betriebswirtschaftliche Schriften, 3), Berlin 1958.

Bräutigam, Petra, Mittelständische Unternehmer im Nationalsozialismus, München 1997.

Brechtken, Magnus, Albert Speer. Ein deutsche Karriere, München 2017.

Bremer, Heinz, Grundzüge des deutschen und ausländischen Börsenrechts, Berlin 1969.

Brodesser, Hermann-Josef u. a., Wiedergutmachung und Kriegsfolgenliquidation. Geschichte – Regelungen – Zahlungen, München 2000.

Brühl, Volker/Krahnen, Jan Pieter, Eine Open Banking Plattform für Deutschland – eine zukunftsorientierte Alternative zu einer Fusion Deutsche Bank/Commerzbank, SAFE Policy Letter no. 72, März 2019.

Buchheim, Christoph, Die Errichtung der Bank deutscher Länder und die Währungsreform in

Westdeutschland, in: Deutsche Bundesbank, Fünfzig Jahre, S. 91–138.
Buchheim, Christoph, Die Währungsreform 1948 in Westdeutschland, in: Vierteljahrshefte für Zeitgeschichte 36 (1988), 2, S. 189–231.
Buchheim, Christoph, Die Wiedereingliederung Westdeutschlands in die Weltwirtschaft 1945–1958 (Quellen und Darstellungen zur Zeitgeschichte, 31), München 1990.
Büschgen, Hans E., Die Deutsche Bank von 1957 bis zur Gegenwart. Aufstieg zum internationalen Finanzdienstleistungskonzern, in: Gall u. a., Deutsche Bank, S. 579–877.
Büttner, Ursula, »Gomorrha« und die Folgen. Der Bombenkrieg, in: Hamburg im »Dritten Reich« (hg. v. d. Forschungsstelle für Zeitgeschichte in Hamburg), Göttingen 2005, S. 27–68.
Burghof, Hans-Peter u. a. (Hg.), Kreditderivate, 3. Aufl., Stuttgart 2015.
Burhop, Carsten, Banken, Aufsichtsräte und Corporate Governance im Deutschen Reich (1871–1913), in: Bankhistorisches Archiv 32 (2006), 2, S. 1–23.
Burhop, Carsten, Die Gründung der Commerz- und Disconto-Bank 1870. Aktienbanken als Pfeiler des Universalbankensystems, in: ders. et al. (Hg.), Schlüsselereignisse der deutschen Bankengeschichte, Stuttgart 2013, S. 155–165.
Burhop, Carsten, Die Kreditbanken in der Gründerzeit, Stuttgart 2004.
Burhop, Carsten, The Historiography of the 1931 Crisis in Germany, in: Jahrbuch für Wirtschaftsgeschichte 52 (2011), 2, S. 9–27.
Bussière, Éric, European Aspirations and Market Reality: Paribas, the Crédit Lyonnais, and their European Strategies in the 1960s and 1970s, in: Battilossi/Cassis, European Banks, S. 161–176.
Bussière, Éric, French Banks and the Eurobonds Issue Market during the 1960s, in: Cassis/Bussière, London and Paris, S. 265–283.
Bussière, Éric, La stratégie européenne du Crédit lyonnais de l'après-guerre á Europartenaires (des années 1950 aux années 1970), in: Desjardins u. a., Crédit lyonnais, S. 679–701.

Cartellieri, Ulrich, Aktuelle Perspektiven deutscher Banken im internationalen Wettbewerb, Referat im Kontaktseminar an der Ruhr-Universität Bochum am 22. 5. 1990, in: Süchting, Joachim (Hg.), Semesterbericht Nr. 32 des Instituts für Kredit- und Finanzwirtschaft, Bochum 1990, S. 36–39.
Cassis, Youssef/Bussière, Éric (Hg.), London and Paris as International Financial Centres in the Twentieth Century, Oxford 2005.
Chemnitzer Bank-Verein 1871–1921. Denkschrift anläßlich des 50jährigen Bestehens der Bank, Chemnitz 1921.
Cohen, Rudolf, Schuckert 1873–1923, Nürnberg 1923.
Commerzbank AG (Hg.), 100 Jahre Commerzbank 1870–1970, Frankfurt am Main 1970.
Commerzbank AG (Hg.), Die Bank – Dienstleister im Wandel. 125 Jahre Commerzbank, Frankfurt am Main 1995.
Corni, Gustavo/Gies, Horst, Brot, Butter, Kanonen. Die Ernährungswirtschaft Deutschlands unter der Diktatur Hitlers, Berlin 1997.

Däbritz, Walther, Gründung und Anfänge der Disconto-Gesellschaft Berlin, München 1931.
Desjardins, Bernard u. a. (Hg.), Le Crédit lyonnais (1863–1986). Études historiques (Publications d'histoire économique internationale, 16), Genève 2003.
Deutsche Bundesbank (Hg.), Fünfzig Jahre Deutsche Mark. Notenbank und Währung in Deutschland seit 1948, München 1998.
Dietrich, Christopher R. W., Oil Revolution. Anticolonial Elites, Sovereign Rights, and the Economic Culture of Decolonization, Cambridge 2017.
Dietrich, Yorck, Eigentum für jeden. Die vermögenspolitischen Initiativen der CDU und die Gesetzgebung 1950–1961, Düsseldorf 1996.
Donaubauer, Klaus A., Privatbankiers und Bankenkonzentration in Deutschland von der Mitte des 19. Jahrhunderts bis 1932, Frankfurt am Main 1988.

Ebi, Michael, Export um jeden Preis. Die deutsche Exportförderung von 1932–1938, Stuttgart 2004.
Ehlen, Karl Josef, Die Filialgroßbanken. Entwicklung und Stellung im deutschen Kreditsystem (Beiträge zur Erforschung der wirtschaftlichen Entwicklung, 6), Stuttgart 1960.
Ehrlicher, Werner, Geldkapitalbildung und Realkapitalbildung, Tübingen 1956.
Eichengreen, Barry, Globalizing Capital. A History of the International Monetary System, Princeton 2008.
Eichholz, Dietrich, Geschichte der deutschen Kriegswirtschaft 1939–1945, Bd. 1, München 2003.

Ellerbrock, Karl-Peter, Konsumentenkredit und »Soziale Marktwirtschaft«. Zum Wandel des Sparkassenbildes und des geschäftspolitischen Denkens in der Sparkassenorganisation, in: Westfälische Forschungen – Zeitschrift des Westfälischen Instituts für Regionalgeschichte des Landschaftsverbandes Westfalen-Lippe (2017), 67, S. 293–317.

Emminger, Otmar, Deutsche Geld- und Währungspolitik im Spannungsfeld zwischen innerem und äußerem Gleichgewicht (1948–1975), in: Deutsche Bundesbank (Hg.), Währung und Wirtschaft in Deutschland 1876–1975, Frankfurt am Main 1976, S. 485–554.

Engels, Wolfram, Wozu braucht man noch Banken?, Bank und Markt, 4 (1993), 4, S. 17–22.

Escher, Otmar, Die Wirtschafts- und Finanzkrise in Bremen 1931 und der Fall der Schröderbank, Frankfurt am Main 1988.

Essner, Cornelia, Die »Nürnberger Gesetze« oder Die Verwaltung des Rassenwahns 1933–1945, Paderborn 2002.

Feldman, Gerald D., Die Allianz und die deutsche Versicherungswirtschaft 1933–1945, München 2001.

Feldman, Gerald D., Die Creditanstalt-Bankverein in der Zeit des Nationalsozialismus 1938–1945, in: ders. u. a. (Hg.), Österreichische Banken und Sparkassen im Nationalsozialismus und in der Nachkriegszeit, Bd. 1, München 2006, S. 23–188.

Feldman, Gerald D., Die Deutsche Bank vom Ersten Weltkrieg bis zur Weltwirtschaftskrise 1914–1933, in: Gall u. a., Deutsche Bank, S. 138–314.

Feldman, Gerald D., Die Länderbank Wien AG in der Zeit des Nationalsozialismus, in: ders. u. a. (Hg.), Österreichische Banken und Sparkassen im Nationalsozialismus und in der Nachkriegszeit, Bd. 2, München 2006, S. 327–343.

Fendler, Arnold, Zur Kapitalkonzentration der Berliner Großbanken von 1914–1923, Diss., Berlin 1926.

Fiedler, Martin, Netzwerke des Vertrauens. Zwei Fallbeispiele aus der deutschen Wirtschaftselite, in: Ziegler, Großbürger und Unternehmer, S. 93–115.

Fischer, Volker, Bankarchitektur als Ausdruck der Unternehmenskultur, in: Commerzbank, Dienstleister, S. 240–265.

Flandreau, Marc (Hg.), Money Doctors. The experience of international financial advising 1850–2000, London 2003.

Florian, Ludwig, 95 Jahre Mitteldeutsche Creditbank 1856–1951. Ein Rückblick, Frankfurt am Main 1951.

Frei, Norbert/Ahrens, Ralf/Osterloh, Jörg/Schanetzky, Tim, Flick. Der Konzern, die Familie, die Macht, München 2009.

Frese, Mathias, Betriebspolitik im »Dritten Reich«, Paderborn 1991.

Friedländer, Saul, Das Dritte Reich und die Juden, Bd. 1, München 1998.

Frisch, Walther, Die Dresdner Bank von Versailles bis Hitler (Manuskript), Frankfurt am Main 1959.

Frost, Reinhard, Wünsche werden Wirklichkeit. Die Deutsche Bank und ihr Privatkundengeschäft, München 2009.

Gall, Lothar, Der Bankier Hermann Josef Abs. Eine Biographie, München 2004.

Gall, Lothar/Feldman, Gerald D./James, Harold/Holtfrerich, Carl-Ludwig/Büschgen, Hans E., Die Deutsche Bank 1870–1995, München 1995.

Gebel, Ralf, »Heim ins Reich!« Konrad Henlein und der Reichsgau Sudetenland (1938–1945), München 1999.

Gehlen, Boris, Aktienrecht und Unternehmenskontrolle. Normative Vorgaben und unternehmerische Praxis in der Hochphase der »Deutschland AG«, in: Ahrens/Gehlen/Reckendrees, Deutschland AG, S. 165–193.

Gehr, Martin, Das Verhältnis zwischen Banken und Industrie in Deutschland von der Mitte des 19. Jahrhunderts bis zur Bankenkrise 1931, Diss., Tübingen 1959.

Gonser, Simon, Der Kapitalismus entdeckt das Volk. Wie die deutschen Großbanken in den 1950er und 1960er Jahren zu ihrer privaten Kundschaft kamen (Schriftenreihe der Vierteljahrshefte für Zeitgeschichte, 108), München 2014.

Goschler, Constantin, Schuld und Schulden, Die Politik der Wiedergutmachung für NS-Verfolgte seit 1945, Göttingen 2005.

Goschler, Constantin, Wiedergutmachung. Westdeutschland und die Verfolgten des Nationalsozialismus (1945–1954) (Quellen und Darstellungen zur Zeitgeschichte, 34), München 1992.

Graf, Rüdiger, Öl und Souveränität. Petroknowledge und Energiepolitik in den USA und Westeuropa in den 1970er Jahren, München 2014.

Graf, Wolfgang, Österreichische SS-Generäle. Himmlers verlässliche Vasallen, Klagenfurt 2012.

Graul, Andreas, Die Commerzbank in Leipzig. Zum 100. Geburtstag der Filiale, Dresden 2011.

Gray, William Glenn, »Number One in Europe«: The Startling Emergence of the Deutsche Mark, 1968–1969, in: Central European History 39 (2006), 1, S. 56–78.

Grieser, Helmut, Wiederaufstieg aus Trümmern (1945 bis in die Gegenwart), in: Jensen, Jürgen/Wulf, Peter (Hg.), Geschichte der Stadt Kiel, Neumünster 1991, S. 401–456.

Günzel, Alfred, Das Berliner Altbankengesetz, in: Zeitschrift für das gesamte Kreditwesen 5 (1952), 22, S. 585–587.

Haberer, Jean-Yves, The Banks' Strategies in the Perspective of the Single Financial Market in Europe, in: Ramm, Ulrich (Hg.), Challenges of Global Finance. Die Herausforderungen des globalen Finanzmarktes. Für Walter Seipp, Mainz 1991, S. 173–187.

Hachtmann, Rüdiger, Das Wirtschaftsimperium der Deutschen Arbeitsfront 1933–1945, Göttingen 2012.

Häuser, Karl, Die Rolle des Staates auf dem Kapitalmarkt, in: 30 Jahre Kapitalmarkt in der Bundesrepublik Deutschland, Frankfurt am Main 1981, S. 95–122.

Hagen, Antje, Deutsche Direktinvestitionen in Großbritannien 1871–1918, Stuttgart 1997.

Hansmeyer, Karl-Heinrich, Das Kreditwesen der deutschen Besatzungszonen (1945–1948), in: Pohl, H., Geschichte, S. 1–22.

Happe, Katja, Viele falsche Hoffnungen. Judenverfolgung in den Niederlanden 1940–1945, Paderborn 2017.

Hardach, Gerd, Die finanzielle Mobilmachung in Deutschland 1914–1918, in: Jahrbuch für Wirtschaftsgeschichte 56 (2015), 2, S. 359–388.

Hartkopf, Carsten, Die Geschäftspolitik amerikanischer Banken in Deutschland 1960–1990 (Europäische Hochschulschriften, Reihe V, Volks- und Betriebswirtschaft, 2701), Frankfurt am Main 2000.

Hartwig, Dierk, Das Geschäft mit privaten Kunden, in: Commerzbank, Dienstleister, S. 132–145.

Hayes, Peter, Big Business and »Aryanization« in Germany, in: Jahrbuch für Antisemitismusforschung 3 (1994), S. 254–281.

Hayes, Peter, Die »Arisierungen« der Degussa. Geschichte und Bilanz, in: »Arisierung« im Nationalsozialismus (hg. v. Fritz Bauer Institut), Frankfurt am Main 2000, S. 85–124.

Hayes, Peter, Die Degussa im Dritten Reich, München 2004.

Heilbrunn, Rudolf M., Das Bankhaus J. Dreyfus & Co. Frankfurt a. M. – Berlin 1868–1939, Frankfurt am Main 1962.

Hein, Manfred/Flöter, Hartmut, »Macht der Banken« – Folgerungen aus der bisherigen Diskussion, in: WSI-Mitteilungen 28 (1975), 7, S. 342–361.

Henke, Klaus-Dietmar, Die amerikanische Besetzung Deutschlands, München 1995.

Herbst, Ludolf, Banken in einem prekären Geschäft. Die Beteiligung der Commerzbank an der Vernichtung jüdischer Gewerbeunternehmen im Altreich 1933–1940, in: ders./Weihe, Die Commerzbank und die Juden, S. 74–130.

Herbst, Ludolf/Weihe, Thomas (Hg.), Die Commerzbank und die Juden 1933–1945, München 2004.

Hesse, Jan-Otmar, Abkehr vom Kartelldenken? Das Gesetz gegen Wettbewerbsbeschränkungen als ordnungspolitische und wirtschaftstheoretische Zäsur der Ära Adenauer, in: Hockerts, Hans Günter/Schulz, Günther (Hg.), Der »Rheinische Kapitalismus« in der Ära Adenauer, Paderborn 2016, S. 29–49.

Hinz, Frank M., Planung und Finanzierung der Speicherstadt in Hamburg, Münster 2000.

Hirschfeld, Markus, Die wirtschaftliche Entwicklung Schleswig-Holsteins in der unmittelbaren Nachkriegszeit, Kiel 1995.

Hockerts, Hans Günter, Wiedergutmachung in Deutschland, Eine historische Bilanz 1945–2000, in: Vierteljahrshefte für Zeitgeschichte 49 (2001), 2, S. 167–214.

Hockmann, Heinz-Josef/Thießen, Friedrich, Investment Banking, 3. Aufl., Stuttgart 2012.

Höschle, Gerd, Die deutsche Textilindustrie zwischen 1933 und 1939, Stuttgart 2004.

Holtfrerich, Carl-Ludwig, Die Deutsche Bank vom Zweiten Weltkrieg über die Besatzungsherrschaft zur Rekonstruktion 1945–1957, in: Gall u. a., Deutsche Bank, S. 409–578.

Holtfrerich, Carl-Ludwig, Die Eigenkapitalausstattung deutscher Kreditinstitute 1871–1945, in: Bankhistorisches Archiv, Beiheft 5 (1981), S. 15–29.

Holtfrerich, Carl-Ludwig, Geldpolitik bei festen Wechselkursen (1948–1970), in: Deutsche Bundesbank, Fünfzig Jahre, S. 347–438.

Horstmann, Theo, Die Alliierten und die deutschen Großbanken. Bankenpolitik nach dem Zweiten Weltkrieg in Westdeutschland, Bonn 1991.

Houwink ten Cate, Johannes, Amsterdam als Finanzplatz Deutschlands (1919–1932), in: Feldman, Gerald D. u. a. (Hg.), Konsequenzen der Inflation, Berlin 1989, S. 149–179.

Institut für Kapitalmarktforschung (Hg.), Off-shore-Kreditmärkte, Frankfurt am Main 1984.

Jacobs, Tino, Rauch und Macht. Das Unternehmen Reemtsma 1920 bis 1961, Göttingen 2008.

James, Harold, Die Deutsche Bank im Dritten Reich, München 2003.

James, Harold, Die Deutsche Bank und die »Arisierung«, München 2001.

James, Harold, Verbandspolitik im Nationalsozialismus. Von der Interessenvertretung zur Wirtschaftsgruppe: Der Centralverband des Deutschen Bank- und Bankiergewerbes 1932–1945, München 2001.

Janetzko, Maren, Die »Arisierung« mittelständischer jüdischer Unternehmen in Bayern 1933–1939. Ein interregionaler Vergleich, Ansbach 2012.

Janetzko, Maren, Die »Arisierungs«-Vermittlung, in: Ziegler, Die Dresdner Bank und die deutschen Juden, S. 177–212.

Jeske, Jürgen, Dialog mit der Öffentlichkeit, in: Commerzbank, Dienstleister, S. 192–205.

Kahn, Daniela, Die Steuerung der Wirtschaft durch Recht im nationalsozialistischen Deutschland, Frankfurt am Main 2006.

Kaienburg, Hermann, Der Militär- und Wirtschaftskomplex der SS im KZ-Standort Sachsenhausen-Oranienburg, Berlin 2006.

Kaienburg, Hermann, Vernichtung durch Arbeit. Der Fall Neuengamme. Die Wirtschaftsbestrebungen der SS und ihre Auswirkungen auf die Existenzbedingungen der KZ-Gefangenen, Bonn 1990.

Kalveram, Wilhelm, Bankbilanzen, Teil 1: Die Bilanzen der Kreditbanken, Leipzig 1922.

Kernbauer, Hans/Weber, Fritz, Die Wiener Großbanken in der Kriegs- und Nachkriegsinflation (1914–1922), in: Feldman, Gerald D. u. a. (Hg.), Die Erfahrung der Inflation im internationalen Zusammenhang und Vergleich, Berlin 1984, S. 142–187.

Klebba, Walter, Börse und Effektenhandel im Kriege unter besonderer Berücksichtigung der Berliner Börse, Berlin 1920.

Kleinschmidt, Christian, Konsumgesellschaft, Göttingen 2008.

Kleinschmidt, Christian/Triebel, Florian (Hg.), Marketing. Historische Aspekte der Wettbewerbs- und Absatzpolitik, Essen 2004, S. 105–133.

Knoll, Katharina/Schularick, Moritz/Steger, Thomas, No Price Like Home: Global House Prices, 1870–2012, in: American Economic Review 107 (2017), 2, S. 331–352.

Kobrak, Christopher, Die Deutsche Bank und die USA. Geschäft und Politik von 1870 bis heute, München 2008.

Köhler, Ingo, Die »Arisierung« der Privatbanken im Dritten Reich, München 2005.

Köhler, Ingo, Die »Arisierung« »jüdischer« Privatbanken, in: Ziegler, Die Dresdner Bank und die deutschen Juden, S. 125–176.

Kohlhaussen, Martin, Zur Strategie der Commerzbank, in: Commerzbank, Dienstleister, S. 316–321.

Koll, Johannes, Arthur Seyß-Inquart und die deutsche Besatzungspolitik in den Niederlanden (1940–1945), Köln 2015.

Kopper, Christopher, Der langsame Abschied von der Deutschland AG? Die deutschen Banken und die Europäisierung des Kapitalmarkts in den 1980er Jahren, in: Archiv für Sozialgeschichte 52 (2012), S. 91–110.

Kopper, Christopher, The Recycling of Petrodollars, in: Revue d'économie financière (englische Ausgabe), Special Issue 2009: Sovereign Wealth Funds, S. 37–46.

Kopper, Christopher, Zwischen Marktwirtschaft und Dirigismus. Bankenpolitik im »Dritten Reich« 1933–1939, Bonn 1995.

Kopper, Hilmar, Wir verkaufen, was dem Kunden Freude macht, in: Cash 3 (1991), 6, S. 19–25.

Kratzsch, Gerhard, Der Gauwirtschaftsapparat der NSDAP. Menschenführung – »Arisierung« – Wehrwirtschaft im Gau Westfalen-Süd, Münster 1998.

Krause, Detlef, Carl Deneke und Moritz Schultze – Gründer und Gestalter der Mitteldeutschen Privat-Bank in Magdeburg, in: Soénius, Ulrich S. (Hg.), Bewegen – Verbinden – Gestalten. Unternehmer vom 17. bis zum 20. Jahrhundert, Köln 2003, S. 169–188.

Krause, Detlef, Commerzbank 1870–2010. Eine Zeitreise (Publikationen der Eugen-Gutmann-Gesellschaft, 5), Dresden 2010.

Krause, Detlef, Curt Joseph Sobernheim (1871–1940), in: H. Pohl, Deutsche Bankiers, S. 387–402.

Krause, Detlef, Die Auslandsniederlassungen der Commerzbank von 1870 bis in die 1960er Jahre, in: Bankhistorisches Archiv 29 (2003), 1, S. 25–46.

Krause, Detlef, Die Commerz- und Disconto-Bank 1870–1920/23. Bankgeschichte als Systemgeschichte, Stuttgart 2004.

Krause, Detlef, Die Filialen und Angestellten der Commerzbank in der SBZ und Berlin 1945–1949, in: Ahrens, Ralf (Hg.), Umbrüche und Kontinuitäten in der mitteleuropäischen Kreditwirtschaft nach dem Zweiten Weltkrieg, Stuttgart 2008, S. 87–119.

Krause, Detlef, Garn, Geld und Wechsel. 250 Jahre von der Heydt-Kersten & Söhne, Wuppertal 2004.

Krause, Detlef, Jüdische Traditionslinien in der Commerzbank von ihrer Gründung im Jahr 1870 bis zur Mitte der Weimarer Republik, in: Herbst/Weihe, Die Commerzbank und die Juden, S. 20–42.

Krause, Detlef, Moritz Schultze (1860–1946), in: Schlütz, Frauke, »Ein gediegener & solider Mann«. Die Vorstandssprecher der Commerzbank von 1870 bis 2008 (Publikationen der Eugen-Gutmann-Gesellschaft, 9), Dresden 2016, S. 76–99.

Krause, Detlef, Paul Lichtenberg (1911–1995), in: Pohl, H., Deutsche Bankiers, S. 241–256.

Krause, Detlef, Zur Geschichte der Mitteldeutschen Creditbank, in: Bankhistorisches Archiv 17 (1991), 1, S. 17–41.

Krause, Detlef, Zwischen Erstem Weltkrieg und Bankenkrise. Der Barmer Bank-Verein Hinsberg, Fischer & Comp., in: Bankhistorisches Archiv 18 (1992), 1, S. 22–38.

Krause, Detlef/Lege, Katrin/Zimmerl, Ulrike, Die Commerzbank am Neß in Hamburg (Publikationen der Eugen-Gutmann-Gesellschaft, 10), Dresden 2016.

Krauss, Ingo, Bankwerbung im Wandel der Zeit, in: Commerzbank, Dienstleister, S. 220–239.

Kreutzmüller, Christoph, Händler und Handlungsgehilfen. Der Finanzplatz Amsterdam und die deutschen Großbanken 1918–1945, Stuttgart 2005.

Kreutzmüller, Christoph/Kučera, Jaroslav, Die Commerzbank und die Vernichtung jüdischer Gewerbetätigkeit in den böhmischen Ländern und den Niederlanden, in: Herbst/Weihe, Die Commerzbank und die Juden, S. 173–222.

Krueger, Malte, The Introduction of Cashless Wage Payments and the Spread of Branch Banking in Post-war Germany, in: Financial History Review 24 (2017), 2, S. 185–207.

Kurzrock, Hans, Aus der Geschichte der Commerzbank, in: Commerzbank, 100 Jahre, S. 39–125.

Laak, Dirk van, Die Mitwirkenden bei der »Arisierung«. Dargestellt am Beispiel der rheinisch-westfälischen Industrieregion 1933–1940, in: Büttner, Ursula (Hg.), Die Deutschen und die Judenverfolgung im Dritten Reich, Hamburg 1992, S. 231–258.

Lambsdorff, Otto Graf, Die Großbank in der Marktwirtschaft, in: Commerzbank, Dienstleister, S. 164–177.

Lampe, Winfried, Der Bankbetrieb in Krieg und Inflation. Deutsche Großbanken in den Jahren 1914 bis 1923, Stuttgart 2012.

Lees, Francis A., Foreign Banking and Investment in the United States, New York 1976.

Lehmann, Karin, Die Reaktion der Deutschen Bank und Disconto-Gesellschaft auf die Bankenkrise von 1931, in: Jahrbuch für Wirtschaftsgeschichte 37 (1996), 1, S. 177–190.

Lenz, Rudolf, Karstadt. Ein deutscher Warenhauskonzern 1920–1950, Stuttgart 1995.

Leopold, Günter, Wandlungstendenzen in der Geschäftsstruktur der deutschen Großbanken. Bankbetriebliche Bedeutung und Problematik der Einführung von Kleinkrediten, Anschaffungsdarlehen und Lohn- und Gehaltskonten durch die deutschen Großbanken, Hamburg 1966.

Lerner, Franz, Hundert Jahre im Dienste der deutschen Wirtschaft. Ein Rückblick zur Erinnerung an die Gründung der Mitteldeutschen Creditbank am 29. Februar 1856, Frankfurt am Main 1956.

Lichtenberg, Paul, Die Beteiligungspolitik der Banken, in: Zeitschrift für das gesamte Kreditwesen 27 (1974), 5, S. 180–184.

Lieder, Jan, Der Aufsichtsrat im Wandel der Zeit. Leitlinien der geschichtlichen Entwicklung sowie der Fortentwicklung des deutschen Aufsichtssystems (Jenaer Studien zum deutschen, europäischen und internationalen Wirtschaftsrecht, 9), Jena 2006.

Liedtke, Rainer, N M Rothschild & Sons. Kommunikationswege im europäischen Bankenwesen im 19. Jahrhundert, Köln/Wien 2006.

Lilla, Joachim (Bearb.), Der Preußische Staatsrat 1921–1933, Düsseldorf 2005.

Lilla, Joachim, Der Vorläufige Reichswirtschaftsrat 1920 bis 1933/34, Düsseldorf 2012.

Lillteicher, Jürgen, Raub, Recht und Restitution. Die Rückerstattung jüdischen Eigentums in der

frühen Bundesrepublik (Moderne Zeit, 15), Göttingen 2007.
Lindenlaub, Dieter/Burhop, Carsten/Scholtyseck, Joachim (Hg.), Schlüsselereignisse der deutschen Bankengeschichte, Stuttgart 2013.
Linns, Hans Peter, Asiendollarmarkt Singapur, in: Institut für Kapitalmarktforschung, Off-shore-Kreditmärkte, S. 172–188.
Littauer, Rudolf M., Die rechtliche Stellung ausländischer Banken in New York, in: Zeitschrift für das gesamte Kreditwesen 7 (1954), S. 253–255, 289–291.
Liu, Yi, German Bank Entry in the People's Republic of China. The Case of Commerzbank, MS (Master Thesis), Bochum 2018.
Logemann, Jan (Hg.), The Development of Consumer Credit in Global Perspective. Business, Regulation, and Culture, New York 2012.
Loose, Ingo, Die Beteiligung deutscher Kreditinstitute an der Vernichtung der ökonomischen Existenz der Juden in Polen 1939–1945, in: Herbst/Weihe, Die Commerzbank und die Juden, S. 223–271.
Loose, Ingo, Kredite für NS-Verbrechen, München 2007.
Lorentz, Bernhard, Die Commerzbank und die »Arisierung« im Altreich, in: Vierteljahrshefte für Zeitgeschichte 50 (2002), 2, S. 237–268.
Lorentz, Bernhard, Industrieelite und Wirtschaftspolitik 1928–1950. Heinrich Dräger und das Drägerwerk, Paderborn 2001.
Lüke, Rolf E., Die Berliner Handelsgesellschaft in einem Jahrhundert deutscher Wirtschaft 1856–1956, Berlin 1956.
Lutter, Marcus, Der Aufsichtsrat im Wandel der Zeit – von seinen Anfängen bis heute, in: Bayer, Walter/Habersack, Mathias (Hg.), Aktienrecht im Wandel der Zeit, Bd. 2, Grundsatzfragen des Aktienrechts, Tübingen 2007, S. 389–429.

Magnusson, Lars/Stråth, Bo (Hg.), From the Werner Plan to the EMU: A European Political Economy in Historical Light, Brüssel 2001.
Maltschew, Reni, Der Rückerwerb eigener Aktien in der Weltwirtschaftskrise 1929 – 1931, Berlin 2004.
Mattersdorf, Wolfgang, Die Preisbildung am Aktienmarkt der Berliner Börse während der Inflation, Diss., Rostock 1925.
Matthies, Walther/Scholl, C. Franz, Hundert Jahre Vereinsbank in Hamburg 1856–1956, Hamburg 1956.
Mattione, Richard P., OPEC's Investments and the International Financial System, Washington 1983.
Meltzer, Allan H., A History of the Federal Reserve, Volume 2, Book 2: 1970–1986, Chicago 2009.
Meyen, Hans G., 120 Jahre Dresdner Bank. Unternehmens-Chronik 1872 bis 1992, Frankfurt am Main 1992.
Meyer, Beate, Jüdische Mischlinge. Rassenpolitik und Verfolgungserfahrung 1933–1945, Hamburg 1999.
Mindermann, Hans-Hermann, Wem gehört die Commerzbank?, in: Commerzbank, Dienstleister, S. 104–115.
Möller, Horst, Regionalbanken im Dritten Reich. Bayerische Hypotheken- und Wechsel-Bank, Bayerische Vereinsbank, Vereinsbank in Hamburg, Bayerische Staatsbank 1933 bis 1945, München 2015.
Mosse, Werner, German Jewish Economic Elite, Oxford 1989.
Mourlon-Druol, Emmanuel, A Europe Made of Money. The Emergence of the European Monetary System, Ithaca 2012.
Mourlon-Druol, Emmanuel, »Trust is good, control is better«: The 1974 Herstatt Bank Crisis and its Implications for International Regulatory Reform, in: Business History 57 (2015), 2, S. 311–334.
Mülhaupt, Bernd, Gewerkschaften und Bankenreform, in: WSI–Mitteilungen 28 (1975), 7, S. 375–390.
Müller, Martin L., DWS Investments. Eine Erfolgsgeschichte. 1956–2006, München 2006.
Müller-Erzbach, Rudolf, Die Entartung des deutschen Aktienwesens seit der Inflationszeit, Tübingen 1926.
Müller-Gebel, Klaus, Mitarbeiter in einer modernen Bank, in: Commerzbank, Dienstleister, S. 60–83.
Müller-Jabusch, Maximilian, Fünfzig Jahre Deutsch-Asiatische Bank, 1890–1939 [1940], Manuskriptdruck, Hamburg 1988.

Niethammer, Lutz, Die Mitläuferfabrik. Die Entnazifizierung am Beispiel Bayerns, Berlin 1982.
Noakes, Jeremy, Wohin gehören die »Judenmischlinge«? Zur Entstehung der ersten Durchführungsverordnung zu den Nürnberger Gesetzen, in: Büttner, Ursula u. a. (Hg.), Das Unrechtsregime: Internationale Forschung über den Nationalsozialismus, Bd. 2, Hamburg 1986, S. 69–89.
Nougaret, Roger, La banque internationale, in: Desjardins u. a., Crédit lyonnais, S. 485–497.

Oshima, Michiyoshi, Von der Rüstungsfinanzierung zum Reichsbankgesetz 1939, in: Jahrbuch für Wirtschaftsgeschichte 47 (2006), 1, S. 177–217.

Osterloh, Jörg, Nationalsozialistische Judenverfolgung im Reichsgau Sudetenland 1938–1945, München 2006.

Panwitz, Sebastian, Das Haus des Kranichs. Die Privatbankiers von Mendelssohn & Co. (1795–1938), Berlin 2018.

Paul, Stephan, Auf dem Weg zur »verbundfokussierten Zentralbank« – Der Wandel des Geschäftsmodells zwischen Marktentwicklung und Finanzmarktregulierung (1949–2010), in: Guinnane, Timothy u. a., Die Geschichte der DZ Bank, München 2013, S. 323–435.

Paul, Stephan, Bankenintermediation und Verbriefung – Neue Chancen und Risiken für Kreditinstitute durch Asset Backed Securities?, Wiesbaden 1994.

Paul, Stephan, Die Aufhebung der Zinsverordnung. Das Kreditwesen kommt in der Marktwirtschaft an, in: Lindenlaub/Burhop/Scholtyseck, Schlüsselereignisse, S. 375–386.

Paul, Stephan, Schumpeter im Zeitraffer – FinTechs als Prüflabor und Experimentierfeld, Wirtschaftsdienst, 96 (2016), S. 631–636.

Paul, Stephan, Umbruch der Bankenregulierung – Die Entwicklung des Baseler Regelwerks im Überblick, in: Hofmann, Gerhard (Hg.), Basel III, Risikomanagement und neue Bankenaufsicht, Frankfurt am Main 2015, S. 1–79.

Paul, Stephan u. a., Unternehmerische Finanzierungspolitik, 1. Aufl., Stuttgart 2017.

Paul, Stephan/Horsch, Andreas/Stein, Stefan, Wertorientierte Banksteuerung I: Renditemanagement, Frankfurt am Main 2005.

Paul, Stephan/Prystav, Fabian/Stein, Stefan, Die neuen Banken, in: Zeitschrift für das gesamte Kreditwesen 67 (2014), S. 880–885.

Petzina, Dietmar, Krise und Aufbruch: Wirtschaft und Staat im Jahrzehnt der Reformen 1965 bis 1975, in: Goch, Stefan (Hg.), Strukturwandel und Strukturpolitik in Nordrhein-Westfalen, Münster 2004, S. 105–135.

Petzina, Dietmar, Wirtschaft und Arbeit 1945–1985, in: Köllmann, Wolfgang u. a. (Hg.), Das Ruhrgebiet im Industriezeitalter. Geschichte und Entwicklung, Düsseldorf 1990, S. 491–568.

Pfleiderer, Otto, Das Prinzip »Mark = Mark« in der deutschen Inflation 1914 bis 1924, in: Büsch, Otto/Feldman, Gerald D. (Hg.), Historische Prozesse der deutschen Inflation 1914 bis 1924, Berlin 1978, S. 69–82.

Plumpe, Werner, Die Deutsche Bank in Ostasien 1872–1988, in: Historische Gesellschaft der Deutschen Bank (Hg.), Die Deutsche Bank in Ostasien, München 2004, S. 23–89.

Plumpe, Werner, Industrieland Deutschland 1945 bis 2008, in: Schwarz, Hans-Peter (Hg.), Die Bundesrepublik Deutschland: eine Bilanz nach 60 Jahren, Köln 2008, S. 379–404.

Plumpe, Werner, Wirtschaftskrisen – Geschichte und Gegenwart, München 2010.

Pohl, Hans/Jachmich, Gabriele, Verschärfung des Wettbewerbs (1966–1973), in: Pohl, H., Geschichte, S. 203–248.

Pohl, Hans (Hg.), Deutsche Bankiers des 20. Jahrhunderts, Stuttgart 2008.

Pohl, Hans (Hg.), Europäische Bankengeschichte, Frankfurt am Main 1993.

Pohl, Hans (Hg.), Geschichte der deutschen Kreditwirtschaft seit 1945, Frankfurt am Main 1998.

Pohl, Karl Heinrich, Gustav Stresemann. Biographie eines Grenzgängers, Göttingen 2015.

Pohl, Manfred, Die Konzentration im deutschen Bankwesen, Frankfurt am Main 1982.

Pohl, Manfred, Hamburger Bankengeschichte, Mainz 1986.

Pohl, Manfred, Vom Bankier zum Manager. Entwicklungslinien der führenden Schichten in den Großbanken, in: Hofmann, Hanns H. (Hg.), Bankherren und Bankiers, Limburg 1978, S. 145–160.

Pohl, Manfred, Zerschlagung und Wiederaufbau der deutschen Großbanken 1945–1957, in: Beiträge zu Wirtschafts- und Währungsfragen und zur Bankgeschichte, Band 13, Mainz 1984, S. 361–372.

Pohl, Manfred/Burk, Kathleen, Die Deutsche Bank in London 1873–1998, München 1998.

Pohl, Manfred/Raab-Rebentisch, Angelika, Die Deutsche Bank in Hamburg 1872–1997, München 1997.

Pollems, Sebastian T., Der Bankplatz Berlin zur Nachkriegszeit. Transformation und Rekonstruktion des Ost- und Westberliner Bankwesens zwischen 1945 und 1953, Berlin 2006.

Pothmann, Ute, Wirtschaftsprüfer zwischen betriebswirtschaftlicher Theorie und prüferischer Praxis – eine Fallstudie zur Bilanzprüfung nach der Bankenkrise, in: Jahrbuch für Wirtschaftsgeschichte 48 (2007), 1, S. 161–180.

Pothmann, Ute, Wirtschaftsprüfung im Nationalsozialismus. Die Deutsche Revisions- und Treuhand AG (Treuarbeit) 1933 bis 1945, Essen 2013.

Prion, Willi, Die deutschen Kreditbanken im Kriege und nachher, Stuttgart 1917.

Prollius, Michael von, Deutsche Wirtschaftsgeschichte nach 1945, Stuttgart 2006.

Quack, Sigrid, Karrieren im Glaspalast. Weibliche Führungskräfte in europäischen Banken, WZB Discussion Papers: FS I 97-104, Berlin 1997.

Quennouëlle-Corre, Laure, Der Wandel des französischen Bankwesens von den 1960er bis zu den 1980er Jahren, in: Ahrens/Wixforth, Strukturwandel, S. 121–139.

Quick, Reiner, Die Entstehungsgeschichte der aktienrechtlichen Pflichtprüfung in Deutschland, in: Zeitschrift für Unternehmensgeschichte 35 (1990), S. 5–24.

Radzibor, Woldemar von, Das Problem des langfristigen Kredits für die mittlere und kleinere Industrie, Rostock 1929.

Ramm, Ulrich, Der Commerzbank-Konzern heute, in: Commerzbank, Dienstleister, S. 48–59.

Ramm, Ulrich, German Banks and the American Challenge, in: Battilossi/Cassis, European Banks, S. 177–199.

Rasch, Manfred/Feldman, Gerald D. (Hg.), August Thyssen und Hugo Stinnes. Ein Briefwechsel 1898–1922, München 2003.

Rauh-Kühne, Cornelia, Die Entnazifizierung und die deutsche Gesellschaft, in: Archiv für Sozialgeschichte 35 (1995), S. 35–70.

Reddan, Fiona, Ireland's IFSC. A Story of Global Financial Success, Cork 2008.

Redenius, Oliver, Strukturwandel und Konzentrationsprozesse im deutschen Hypothekenbankwesen, Wiesbaden 2009.

Reitmayer, Morten, Bankiers im Kaiserreich. Sozialprofil und Habitus der deutschen Hochfinanz, Göttingen 1999.

Ribbentrop, Barthold von, IBF-Dollar New York, in: Institut für Kapitalmarktforschung, Off-shore-Kreditmärkte, S. 101–121.

Rischbieter, Laura J., Risiken und Nebenwirkungen. Internationale Finanzstrategien in der Verschuldungskrise der 1980er Jahre, in: Geschichte und Gesellschaft 41 (2015), 3, S. 465–493.

Ritschl, Albrecht, Deutschlands Krise und Konjunktur 1924–1934, Berlin 2002.

Rittmann, Herbert, Deutsche Geldgeschichte 1484–1914, München 1975.

Röder, Martin, Die Herzogtümer der Finanzen. Die organisatorische Entwicklung der Commerzbank von 1945 bis 1978, MS (Dissertationsprojekt), Hamburg 2018.

Rombeck-Jaschinski, Ursula, Das Londoner Schuldenabkommen. Die Regelung der deutschen Auslandsschulden nach dem Zweiten Weltkrieg, München 2005.

Rosenbaum, Eduard/Sherman, Ari J., Das Bankhaus M. M. Warburg & Co, 1798–1938, Hamburg 1976.

Rosenkötter, Bernhard, Treuhandpolitik. Die »Haupttreuhandstelle Ost« und der Raub polnischer Vermögen 1939–1945, Essen 2003.

Ross, Duncan M., Clubs and Consortia. European Banking Groups as Strategic Alliances, in: Battilossi/Cassis, European Banks, S. 135–160.

Rudl, Franz, Die Angestellten im Bankgewerbe 1870 bis 1933, Diss., Mannheim 1975.

Rudolph, Bernd, Der Bankrott der Herstatt-Bank 1974. Ein Schlüsselereignis der nationalen und internationalen Bankenregulierung, in: Lindenlaub/Burhop/Scholtyseck, Schlüsselereignisse, S. 402–413.

Rudolph, Bernd, Die Finanzkrise 2007–2009, in: Lindenlaub/Burhop/Scholtyseck, Schlüsselereignisse, S. 478–502.

Rudolph, Bernd u. a., Kreditrisikotransfer, Berlin 2012.

Sargent, Daniel J., A Superpower Transformed. The Remaking of American Foreign Relations in the 1970s, Oxford 2015.

Sattler, Friederike, Das Geschäft mit den Staatsschulden. Banken, Kapitalmärkte und die Securitization of Debt nach der Ölpreiskrise von 1973/1974, in: Geschichte und Gesellschaft 41 (2015), 3, S. 418–446.

Sattler, Friederike, Der Handelstrust West in den Niederlanden, in: Wixforth, Expansion, S. 682–791.

Sattler, Friederike, Der Pfandbrief 1769–2019. Von der preußischen Finanzinnovation zur Covered Bond Benchmark. Unter Mitwirkung von Fritz Engelhard, Stuttgart 2019.

Sattler, Friederike, Ernst Matthiensen 1900–1980. Ein deutscher Bankier im 20. Jahrhundert (Publikationen der Eugen-Gutmann-Gesellschaft, 4), Dresden 2009.

Sattler, Friederike, Herrhausen. Banker, Querdenker, Global Player. Ein deutsches Leben, München 2019.

Sattler, Friederike, »Investmentsparen« – ein früher Durchbruch der Geschäftsbanken zu breiteren Privatkundenkreisen?, in: Ahrens/Wixforth, Strukturwandel, S. 35–70.

Schenk, Catherine R., Crisis and Opportunity: The Policy Environment of International Banking in the City of London, 1958–1980, in: Cassis/Bussière, London and Paris, S. 207–228.

Schenk, Catherine R., Inflation, Risk and International Banking. Responses by Regulators and the Market in the 1970s, in: Chélini, Michel-Pierre/Warlouzet, Laurent (Hg.), Calmer les prix. L'inflation en Europe dans les années 1970/Slowing Down Prices: European Inflation in the 1970s, Paris 2016, S. 245–272.

Schenk, Catherine R., Summer in the City: Banking Failures of 1974 and the Development of International Banking Supervision, in: The English Historical Review 129 (2014), 540, S. 1129–1156.

Schenk, Catherine R., The Origins of the Eurodollar Market in London, 1955–1963, in: Explorations in Economic History 35 (1998), 2, S. 221–238.

Schirm, Stefan, Deutschlands wirtschaftspolitische Antworten auf Globalisierung, in: Schwarz, Hans-Peter (Hg.), Die Bundesrepublik Deutschland: eine Bilanz nach 60 Jahren, Köln 2008, S. 405–422.

Schlegel, Thomas, Dezentralisierung und Rekonzentration: Die Commerzbank AG in den Nachkriegsjahren 1945–1960, Diss., Halle (Saale) 2011.

Schlesinger, Helmut, Banken im Spannungsfeld von Geld-, Währungs- und Finanzpolitik, in: Commerzbank, Dienstleister, S. 178–191.

Schlesinger, Helmut, Die Geldpolitik der Deutschen Bundesbank 1967 bis 1977, in: Kredit und Kapital 11 (1978), S. 3–29.

Schlütz, Frauke, »Ein gediegener & solider Mann«. Die Vorstandssprecher der Commerzbank von 1870 bis 2008 (Publikationen der Eugen-Gutmann-Gesellschaft, 9), Dresden 2016.

Schnabel, Isabel, The German Twin Crisis of 1931, in: Journal of Economic History 64 (2005), S. 822–871.

Schnabel, Isabel, The Role of Liquidity and Implicit Guarantees in the German Twin Crisis of 1931, in: Journal of International Money and Finance 28 (2009), S. 1–25.

Schnabel, Isabel/Hakenes, Hendrik, Braucht Deutschland eine »starke private deutsche Bank«?, in: Kredit und Kapital 39 (2006), S. 161–181.

Schneider, Michael, Arbeiter unterm Hakenkreuz. Arbeiter und Arbeiterbewegung 1933 bis 1939, Bonn 1999.

Schneider, Michael C., »Geräuschlose« Finanzierung durch Mefo-Wechsel, in: Bähr, Die Dresdner Bank in der Wirtschaft des Dritten Reichs, S. 299–301.

Schönmann, Hans Günther, Wollen wir die totale Finanzierung?, in: Der langfristige Kredit 29 (1978), 19, S. 628–631.

Scholtyseck, Joachim, Der Aufstieg der Quandts, München 2011.

Scholtyseck, Joachim, Die USA vs. »The Big Six«. Der gescheiterte Bankenprozeß nach dem zweiten Weltkrieg, in: Bankhistorisches Archiv 26 (2000), 1, S. 27–53.

Schrafstetter, Susanna, Verfolgung und Wiedergutmachung. Karl M. Hettlage: Mitarbeiter von Albert Speer und Staatssekretär im Bundesfinanzministerium, in: Vierteljahrshefte für Zeitgeschichte 56 (2008), 3, S. 431–466.

Schreiber, Hans-Joachim, Der Euromarkt – Drehscheibe internationaler Geld- und Kapitalbewegung, in: Institut für Kapitalmarktforschung (Hg.), Flottierendes Kapital und Kapitalmarkt, Frankfurt am Main 1975, S. 35–53.

Schrempf, Kurt, Die deutschen Banken im Zerrspiegel, in: Zeitschrift für das gesamte Kreditwesen 24 (1971), S. 168–169.

Schubach, Rainer, Die Entwicklung der öffentlichen Elektrizitätsversorgung in Hamburg, Hamburg 1982.

Schwedes, Horst, Der Bund am Kapitalmarkt. Vorschläge zur staatlichen Anleihepolitik (Veröffentlichungen des Forschungsinstituts für Wirtschaftspolitik an der Universität Mainz, 27), Berlin 1972.

Seipp, Walter, Strategien und Perspektiven im International Banking, in: Die Betriebswirtschaft 49 (1989), 6, S. 681–688.

Selgert, Felix, Börsenzulassungsstellen, Reichsregierung und die (Selbst-)Regulierung der Mehrstimmrechtsaktie, 1919–1937, in: Jahrbuch für Wirtschaftsgeschichte 59 (2018), 1, S. 77–103.

Selva, Simone, Before the Neoliberal Turn. The Rise of Energy Finance and the Limits to US Foreign Economic Policy, London 2017.

Siepmann, Jürgen Dietrich, Die Standortfrage bei Kreditinstituten. Eine Analyse der Standortfaktoren, Standortstruktur und Standortpolitik des

westdeutschen Banksystems (Untersuchungen über das Spar-, Giro- und Kreditwesen, Abt. A: Wirtschaftswissenschaft, 40), Berlin 1968.
Simon, Hermann, Marketing und Bankgeschäft, in: Commerzbank, Dienstleister, S. 206–219.
Spindler, Gerald, Kriegsfolgen, Konzernbildung und Machtfrage als zentrale Aspekte der aktienrechtlichen Diskussion in der Weimarer Republik, in: Bayer, Walter/Habersack, Mathias (Hg.), Aktienrecht im Wandel der Zeit, Bd. 1: Entwicklung des Aktienrechts, Tübingen 2007, S. 440–569.
Spoerer, Mark, Von Scheingewinnen zum Rüstungsboom, Stuttgart 1996.
Spohn, Wolfgang, Betriebsgemeinschaft und Volksgemeinschaft, Berlin 1987.
Sprenger, Bernd, Währungswesen und Währungspolitik in Deutschland von 1834 bis 1875, Köln 1981.
Stein, Johann Heinrich von, Partner der Wirtschaft, in: Commerzbank, Dienstleister, S. 118–131.
Steinke, Karsten, Die Internationalisierung britischer, französischer und deutscher Kreditinstitute aus historischer Sicht: Von der industriellen Revolution bis zur Gegenwart, Aachen 2000.
Stern, Fritz, Gold und Eisen: Bismarck und sein Bankier Bleichröder, Frankfurt am Main 1978.
Steuber, Ursel, Internationale Banken. Auslandsaktivitäten von Banken bedeutender Industrieländer, Hamburg 1974.
Steuber, Ursel, Internationale Banken. Auslandsaktivitäten von Banken bedeutender Industrieländer. Ergänzungsband 1976, Hamburg 1977.
Steuber, Ursel, Internationale Bankenkooperation. Deutsche Banken in internationalen Gruppen, Frankfurt am Main 1977.
Stiefel, Dieter, Die Krise der Credit-Anstalt in den 1930er Jahren und ihre Folgen für das österreichische Bankensystem, in: Österreichische Zeitschrift für Geschichtswissenschaften 19 (2008), S. 117–141.
Stillich, Oskar, Soziale Strukturveränderungen im Bankwesen, Berlin 1916.
Storck, Ekkehard, Euromarkt: Finanz-Drehscheibe der Welt, Stuttgart 1995.
Strauß, Willi, Die Konzentrationsbewegung im deutschen Bankgewerbe, Berlin 1928.
Strebel, Brigitte, Eigenständigkeit klar im Vordergrund, in: Schweizer Bank, 3/97, S. 20–21.
Stremmel, Ralf, Kammern der gewerblichen Wirtschaft im »Dritten Reich«, Dortmund 2005.
Stücker, Britta, Konsum auf Kredit in der Bundesrepublik, in: Jahrbuch für Wirtschaftsgeschichte 48 (2007), 2, S. 63–88.
Sturm, Philipp/Cachola Schmal, Peter (Hg.), Hochhausstadt Frankfurt. Bauten und Visionen seit 1945, München 2014.
Süchting, Joachim/Paul, Stephan, Bankmanagement, 4. Aufl., Stuttgart 1998.

Teichova, Alice, An Economic Background to Munich. International Business and Czechoslowakia 1918–1938, Cambridge 1974.
Terrahe, Jürgen, Bank und Technik, in: Commerzbank, Dienstleister, S. 83–103.
Tilly, Richard H., Geschäftsbanken und Wirtschaft in Westdeutschland seit dem Zweiten Weltkrieg, in: Schremmer, Eckart (Hg.), Geld und Währung vom 16. Jahrhundert bis zur Gegenwart, Stuttgart 1993, S. 315–343.
Tilly, Richard H., Trust and Mistrust: Banks, Giant Debtors, and Enterprise Crises in Germany, 1960–2002, in: Jahrbuch für Wirtschaftsgeschichte 46 (2005), 1, S. 107–135.
Toniolo, Gianni, Central Bank Cooperation at the Bank for International Settlements, 1930–1973, Cambridge 2005.
Tooze, Adam, Ökonomie der Zerstörung. Die Geschichte der Wirtschaft im Nationalsozialismus, München 2006.

Verbeck, Dieter, Die Filialnetzpolitik deutscher Kreditinstitute seit Aufhebung der Bedürfnisprüfung im Jahre 1958, in: Bankhistorisches Archiv 15 (1989), 1, S. 21–33.
Vogelsang, Reinhard, Der Freundeskreis Himmler, Göttingen 1972.
Vollnhals, Clemens (Hg.), Entnazifizierung. Politische Säuberung und Rehabilitierung in den vier Besatzungszonen 1945–1949, München 1991.
Vries, Margaret Garritsen de, The International Monetary Fund 1972–1978. Cooperation on Trial, Bd. 2: Narrative and Analysis, Washington 1985.

Wagner, Jens Christian, Produktion des Todes. Das KZ Mittelbau-Dora, Göttingen 2001.
Walter, Ingo, On the Stability of the US Banking System, Referat im Kontaktseminar an der Ruhr-Universität Bochum am 28. 5. 1991, in: Süchting, Joachim (Hg.), Semesterbericht Nr. 34 des Instituts für Kredit- und Finanzwirtschaft, Bochum 1991, S. 39–42.
Weber, Fritz, Vor dem großen Krach. Österreichs Banken in der Zwischenkriegszeit am Beispiel der Credit-Anstalt für Handel und Gewerbe, Wien 2016.

Wehber, Thorsten (Bearbeiter), Die Sparkassen-Finanzgruppe und das Wertpapiergeschäft. Sparkassenhistorisches Symposium 2002, Stuttgart 2003.
Weidmann, Jens, Zehn Jahre Finanzkrise – Was haben wir gelernt?, Vortrag an der Ruhr-Universität Bochum am 22.5.2017, in: impulse 11: sicher?, Bochum 2017, S. 6–26, (abrufbar auch unter: https://www.ikf-server.de/home/aktuell/ – zuletzt aufgerufen am 30.8.2019).
Weihe, Thomas, Die Personalpolitik der Filialgroßbanken 1919–1945. Interventionen, Anpassung, Ausweichbewegungen, München 2006.
Weihe, Thomas, Die Verdrängung der jüdischen Mitarbeiter und der Wettbewerb um Kunden im Nationalsozialismus, in: Herbst/Weihe, Die Commerzbank und die Juden, S. 43–73.
Werner, Oliver, Regionale Konstellationen und Mobilisierungsstrategien im »Dritten Reich« und in der DDR, in: Kötzing, Andreas u. a. (Hg.), Vergleich als Herausforderung, Göttingen 2015, S. 73–86.
Werz, Nikolaus, Lateinamerika. Eine Einführung, 2. Aufl., Baden-Baden 2008.
Willems, Susanne, Der entsiedelte Jude. Albert Speers Wohnungsmarktpolitik für den Berliner Hauptstadtbau, Berlin 2002.
Wixforth, Harald, Auftakt zur Ostexpansion. Die Dresdner Bank und die Umgestaltung des Bankwesens im Sudetenland, Dresden 2001.
Wixforth, Harald, Die Ausbeutung von Ressourcen im Zeichen der Kriegswirtschaft: Die Kontinentale Öl AG, in: Bähr, Die Dresdner Bank in der Wirtschaft des Dritten Reichs, S. 360–370.
Wixforth, Harald, Die Banken und der Kollaps der Mark, in: Köhler, Manfred/Ulrich, Keith (Hg.), Banken, Konjunktur und Politik, Essen 1995, S. 55–72.
Wixforth, Harald, Die Expansion der Dresdner Bank in Europa. Unter Mitarbeit von Johannes Bähr, Jörg Osterloh, Friederike Sattler und Dieter Ziegler, München 2006.
Wixforth, Harald, Ein Bankier während und nach dem Holocaust. Die wechselvolle Karriere des Hugo Ratzmann, in: Wixforth, Harald/Osterloh, Jörg (Hg.), Unternehmer und NS-Verbrechen, Frankfurt am Main 2014, S. 269–298.
Wixforth, Harald, Finanzinnovation in der Schiffsfinanzierung – die Commerzbank und die Gründung der Deutschen Schiffsbeleihungs-Bank in Hamburg 1918, Geschichte aktuell, Oktober 2018 (hg. v. d. Eugen-Gutmann-Gesellschaft).
Wixforth, Harald, »Global Players« im »Europäischen Haus«? Die Expansionsstrategie deutscher Großbanken nach 1945, in: Ahrens/Wixforth, Strukturwandel, S. 97–120.
Wixforth, Harald, Instrumente der Kriegswirtschaft oder der wirtschaftlichen Selbsthilfe. Die Kriegskreditbanken 1914–1918, in: Jahrbuch für Wirtschaftsgeschichte 56 (2015), 2, S. 389–420.
Wixforth, Harald, Schiffsfinanzierung im Wandel. Finanzintermediäre und maritime Wirtschaft am Finanzplatz Hamburg vom Kaiserreich bis zum Ende der Weimarer Republik, in: ZUG 64 (2019), S. 217–254.
Wolf, Herbert, Chronik der Commerzbank 1945–1976, unveröffentlichtes, maschinengeschriebenes Manuskript, Frankfurt am Main 1996.
Wolf, Herbert, Das Ende privater Banktätigkeit in Mitteldeutschland – dargestellt am Beispiel der Commerzbank, in: Bankhistorisches Archiv 16 (1990), 2, S. 116–125.
Wolf, Herbert, Das Fundament wird gelegt: 1945–1975, in: Commerzbank, Dienstleister, S. 14–47.
Wolf, Herbert, Deutschland, in: Pohl, H., Europäische Bankengeschichte, S. 517–550.
Wolf, Herbert, Die Commerzbank heute, in: Commerzbank, 100 Jahre, S. 127–154.
Wolf, Herbert, Die Dreier-Lösung. Marginalien zum Niederlassungsgesetz von 1952, in: Bankhistorisches Archiv 19 (1993), 1, S. 26–42.
Wolf, Herbert, Die Hypothekenbanken-Flurbereinigung vor 25 Jahren, in: Die Bank 24 (1996), 12, S. 730–734.
Wolf, Herbert, Die Reprivatisierung der Commerzbank 1936/37. Ein Meisterstück des jungen Hermann Josef Abs, in: Bankhistorisches Archiv 22 (1996), 1, S. 27–36.
Wolf, Herbert, Nicht Fisch noch Fleisch. Zur Geschichte von vier Nachkriegs-Filialgruppen der Commerzbank, in: Bankhistorisches Archiv 20 (1994), 1, S. 28–44.
Wolf, Herbert, Rückblicke, Manuskriptdruck, Frankfurt am Main 1996.

Ziegeldorf, Vera, Zwischen Zurückhaltung und Suche nach Alternativen. Das Kreditvergabeverhalten der Kreditbanken 1945 bis 1958, Berlin 2006.
Ziegler, Dieter, »Bankenmacht«, »Verwaltungsherrschaft«, »Aktionärsdemokratie«? Zum Problem der Kontrolle der Geschäftsleitung in deutschen Aktiengesellschaften 1870–1931, in: Zeitschrift für Unternehmensgeschichte (im Druck).

Ziegler, Dieter, Der Bankier Eugen Gutmann (1840–1925), Frankfurt 2009.
Ziegler, Dieter, Der Ordnungsrahmen, in: Bähr, Die Dresdner Bank in der Wirtschaft des Dritten Reichs, S. 43–74.
Ziegler, Dieter, Die Dresdner Bank und die deutschen Juden, München 2006.
Ziegler, Dieter, Die Entschädigung jüdischer Betriebsrentner und Angestellter, in: Ahrens, Dresdner Bank, S. 287–319.
Ziegler, Dieter, Die Expansion nach Österreich, in: Wixforth, Expansion, S. 11–54.
Ziegler, Dieter, Die »Germanisierung« und »Arisierung« der Mercurbank während der Ersten Republik Österreich, in: ders. (Hg.), Banken und »Arisierungen« in Mitteleuropa, Stuttgart 2002, S. 15–42.
Ziegler, Dieter, Die Macht in der Bank. Governancedefizite deutscher Großbanken am Beispiel der Commerzbank 1870–1932 (im Druck).
Ziegler, Dieter, Die Nationalsozialisten im Betrieb, in: Bähr, Die Dresdner Bank in der Wirtschaft des Dritten Reichs, S. 129–168.
Ziegler, Dieter, Die personellen Konsequenzen von Bankenkrise und Fusion, in: Bähr, Die Dresdner Bank in der Wirtschaft des Dritten Reichs, S. 75–84.
Ziegler, Dieter, »Entjudung« und Nazifizierung 1933–1937, in: Bähr, Die Dresdner Bank in der Wirtschaft des Dritten Reichs, S. 85–100.
Ziegler, Dieter (Hg.), Großbürger und Unternehmer. Die deutsche Wirtschaftselite im 20. Jahrhundert, Göttingen 2000.
Ziegler, Dieter, Kohlenschifffahrt, Reederzechen und die Gründung der Rheinischen Kohlenhandel- und Rhederei GmbH Mülheim 1903, in: Der Anschnitt 1–2 (2018), S. 21–35.
Ziegler, Dieter, Kriegswirtschaft, Kriegsfolgenbewältigung, Kriegsvorbereitung. Der deutsche Bergbau im dauernden Ausnahmezustand (1914–1945), in: ders. (Hg.), Geschichte des deutschen Bergbaus, Band 4: Rohstoffgewinnung im Strukturwandel. Der deutsche Bergbau im 20. Jahrhundert, Münster 2013, S. 15–182.
Ziegler, Dieter, Strukturwandel und Elitenwechsel im Bankwesen 1900–1957, in: Berghahn/Unger/Ziegler, Wirtschaftselite, S. 187–218.
Ziegler, Dieter, The Origins of the »Macmillan Gap«: Comparing Britain and Germany in the early twentieth century, in: Cottrell, Philip L. u. a. (Hg.), Finance in the Age of the Corporate Economy, Aldershot 1997, S. 184–208.
Ziegler, Dieter, Zentralbankpolitische Steinzeit? Bank of England und Preußische Bank im Vergleich, in: GG 19 (1993), S. 475–505.
Zimmermann, Nicolai M., Die Commerzbank und ihre Kunden. Kundenstruktur und Geschäftsbeziehungen einer deutschen Großbank 1924–1945, Diss., Frankfurt am Main 2017.
Zimmermann, Nicolai M., Die veröffentlichten Bilanzen der Commerzbank 1870–1914, Berlin 2005.
Zimmermann, Volker, Die Sudetendeutschen im NS-Staat, Essen 1999.
Zündorf, Irmgard, Der Preis der Marktwirtschaft. Staatliche Preispolitik und Lebensstandard in Westdeutschland 1948–1963, Stuttgart 2006.

Register: Personen, Firmen, Institutionen

Autoren

Falk Liedtke, M. A., geb. 1988, studierte Geschichte, Politik- und Wirtschaftswissenschaft an der Ruhr-Universität Bochum und schloss sein Studium Ende 2015 mit einer bankhistorischen Arbeit zur Commerzbank in der Krise von 1931 ab. Seit 2016 untersucht er im Rahmen seines Promotionsprojekts die Organisation des Kreditgeschäfts in den Filialen der Berliner Großbanken während der 1920er und 1930er Jahre. Momentan ist er als wissenschaftlicher Volontär im LWL-Freilichtmuseum Hagen tätig.

Prof. Dr. Stephan Paul, geb. 1963, hat seit 2000 den Lehrstuhl für Finanzierung und Kreditwirtschaft an der Ruhr-Universität Bochum inne und ist u. a. wissenschaftlicher Leiter des Arbeitskreises »Finanzierung« sowie Mitglied des Vorstands der Schmalenbach-Gesellschaft. Er ist Mitglied verschiedener wissenschaftlicher Herausgeberkreise und Beiräte sowie Gutachter und Berater nationaler und internationaler Institutionen. In der Forschung widmet er sich der staatlichen Regulierung (»Basel III / IV«), dem Risikomanagement und der Absatzpolitik von Kreditinstituten sowie der Mittelstandsfinanzierung. Zudem hat er verschiedene Arbeiten zur Bankgeschichte vorgelegt.

Dr. Friederike Sattler, geb. 1964, studierte Wirtschafts- und Sozialgeschichte, Neuere und Neueste Geschichte sowie Wirtschaftswissenschaften an der Albert-Ludwigs-Universität Freiburg i. Br. Sie wurde an der Freien Universität Berlin in Wirtschaftsgeschichte promoviert, war an verschiedenen Forschungseinrichtungen als wissenschaftliche Mitarbeiterin tätig und lehrt seit 2012 an der Goethe-Universität Frankfurt am Main. Zahlreiche Veröffentlichungen zur Wirtschafts-, Sozial- und Finanzgeschichte, u. a. über die europäischen Wirtschaftseliten und die langfristige Entwicklung von Wertpapiermärkten. Zuletzt erschien die Biografie »Herrhausen. Banker, Querdenker, Globalplayer«.

Fabian Schmitz, M. Sc., geb. 1988, hat von 2008 bis 2011 eine Ausbildung zum Bankkaufmann bei der Sparkasse Essen absolviert. Anschließend hat er ein Bachelorstudium in Geschichte und Wirtschaftswissenschaft sowie einen Masterstudiengang in Management an der Ruhr-Universität Bochum abgeschlossen. Seit 2017 arbeitet er als wissenschaftlicher Mitarbeiter am dortigen Lehrstuhl für Finanzierung und Kreditwirtschaft. Seine Forschungsschwerpunkte liegen in der deutschen Bankengeschichte, der Finanzmarktregulierung im Privatkundengeschäft (MiFID II) und alternativen Vergütungsmodellen wie der Honorarberatung.

Prof. Dr. Dieter Ziegler, geb. 1956, hat seit 2003 den Lehrstuhl für Wirtschafts- und Unternehmensgeschichte an der Ruhr-Universität Bochum inne und ist u. a. Leiter des Arbeitskreises »Bank- und Versicherungsgeschichte« der Gesellschaft für Unternehmensgeschichte. Er ist Geschäftsführender Herausgeber des Jahrbuchs für Wirtschaftsgeschichte und Mitglied verschiedener wissenschaftlicher Herausgeberkreise und Beiräte. In der Forschung widmet er sich neben der Banken- und Währungsgeschichte u. a. der Industrialisierungsgeschichte, der Geschichte des Bergbaus und der Wirtschafts- und Unternehmensgeschichte des »Dritten Reichs«. In den Jahren 1998 bis 2005 gehörte er zum Autorenkreis der vierbändigen Geschichte der Dresdner Bank im »Dritten Reich«.